李永军

法学博士（博士后），中国政法大学教授、博士生导师，中国法学会民法学研究会副会长，中国法学会民法典起草领导小组成员，北京市破产法学会常委副会长，北京市政协常委、中国人民大学民商法研究基地兼职研究员；主要代表著作有《民法总则》《合同法》《破产法律制度》等；在《中国法学》《法学研究》《比较法研究》《法学家》《华东政法大学学报》《中国政法大学学报》等学术刊物上发表文章百余篇。

CIVIL
CODE

民法典总则论

李永军 著

中国法制出版社
CHINA LEGAL PUBLISHING HOUSE

图书在版编目(CIP)数据

民法典：总则论 / 李永军著. —北京：中国法制出版社, 2022.10

ISBN 978-7-5216-2434-2

Ⅰ.①民… Ⅱ.①李… Ⅲ.①民法－总则－研究－中国 Ⅳ.①D923.14

中国版本图书馆CIP数据核字（2022）第011433号

责任编辑：靳晓婷　　封面设计：李　宁

民法典：总则论

MINFADIAN：ZONGZELUN

著者 / 李永军

经销 / 新华书店

印刷 / 三河市紫恒印装有限公司

开本 / 710 毫米 ×1000 毫米　16 开　　印张 / 59　字数 / 930 千

版次 / 2022 年 10 月第 1 版　　2022 年 10 月第 1 次印刷

中国法制出版社出版

书号 ISBN 978-7-5216-2434-2　　定价：179.00 元

北京市西城区西便门西里甲 16 号西便门办公区

邮政编码：100053　　传真：010-63141600

网址：http://www.zgfzs.com　　**编辑部电话：010-63141827**

市场营销部电话：010-63141612　　**印务部电话：010-63141606**

（如有印装质量问题，请与本社印务部联系。）

PREFACE 自序

2020年颁布的《民法典》是我国法制史上具有里程碑意义的重大事件，自此以后，我国民法领域的司法、理论研究和法学教育有了基础和依据，为教义学的展开奠定了基础。从此，我国的法学教育和理论研究也同时进入了一个新的时期。

尽管我国《民法典》颁布于2020年，但是，作为首编的总则编，却在2017年就已经通过。这主要与我国人大法工委确定的民法典编纂“分两步走”的战略有关：第一步制定《民法总则》作为《民法典》的首编，第二步编纂整理当时的单行法形成分编，将总则编与分编统合起来形成我国的《民法典》。实践证明这种做法是节省时间的最好办法，为我国《民法典》的顺利颁布奠定了基础。对于《民法典》的颁布，无论用什么赞美之词来夸赞都不为过，她确实是我国社会主义法治建设中的一个新纪元，对于中国的法治建设、经济建设、政治制度建设、人民生活、法学教育等诸方面，将产生积极的影响。

既然是一部法典，首先就应该是一个科学的体系。科学的立法技术是形成科学体系的法宝。我国《民法典》是一部带有“总则编”模式的民法典，但仔细观察我国《民法典》“总则编”的内容和立法技术，应该说有探讨的余地。从这种带有“总则编”模式的民法典体系看，整个民法典体系结构，总的来说是一个“总＋分”的模式结构：不仅总则编是各个分编的“总的一般性规定”，是一个“总＋分”的模式，各个分编也应该是一个“总＋分”的结构。从我国《民法典》的六个分编来看，无论是物权编、合同编、人格权编、婚姻家庭编、继承编，还是侵权责任编，都是先规定本编的“一般性问题”，再规定具体问题，基本遵循了“总＋分”的结构模式。如果不看各个分编的具体内容，单就这种形式结构来看，各个分编是符合体系结构的一般要求的。但是，就《民法典》的总则编来看，其在体系化的方法上是存在需要解释之余地的：既然“总则编”是一般性规定，就应该将各个分编共同使用的“公因式”提取出来。我国《民法典》在这一点上并没有做到彻底：“基本原则”“自然人”“法人”“非法人组织”“法律行为和代理”“诉讼时效”可以说是民法典的一般性问题。但是，对“民事权利”的列举就不应该是“总则编”的任务和使命——我们既然已经分编，为什么还要单独去列举这些权利呢？如果要界定清楚哪些财产性或者非财产性的东西能够进入民法领域，完全可以通过提取“客体”的方式来达到相同的目的，没有必要通过规定“民事主体享有债权”“民事主体享有物权”“民事主体享有知识产权”“民事主体享有继承权”等这种方式来简单地列举，因为各个分编中民事主体享有这些权利是当然的；更不需要以简单列举“民事责任”的方式，用一个“责任”的帽子来强行联系各个分编。因此，可以说，总则编的立法技术和内容是值得商榷的。本书的一个很大的任务就是对此进行体系分析和说明，并通过教义学的方式来解释这种体系化问题。例如，在本书第三编的“民事权利”中，重点阐述了权利的概念、民事法律关系中权利的体系、民事权利的客体、权利与利益的区分标准和实益等。因为这种区分不仅对下面各种权利在司法实践中的确认有利，而且为侵权构成要件提供了支持。

其次，《民法典》这样一个科学体系应该是一个“规范的体系”，而每一个规范都应该有“条件＋结果”的基本构造。我国《民法典》的各编基本上遵循了这种结构，这是立法的一个很大的进步，是值得肯定的。当然，我国《民法典》中还有很多“提倡”和“宣传”的规定，大家习惯性地称之为“无害条款”，例如，《民法典》第3条规定：“民事主体的人身权利、财产权利以及其他合法权益受法律保护，任何组织和个人不得侵犯。”《民法典》“物权编”第206条规定：“国家坚持和完善公有制为主体、多种所有制经济共同发展，按劳分配为主体、多种分配方式并存，社会主义市场经济体制等社会主义基本经济制度。国家巩固和发展公有制经济，鼓励、支持和引导非公有制经济的发展。国家实行社会主义市场经济，保障一切市场主体的平等法律地位和发展权利。”这个条款从民法的视角来看，属于“无害条款”，但同时也是“无用条款”：（1）我国《宪法》第13条、第37条和第38条已经明确宣示了个人财产、自由和人格尊严受法律保护，《民法典》没有必要再去重复这种《宪法》已经宣示过了的原则；《宪法》第11条也明确承认“公有制为主体、多种经济成分并存”的社会主义市场经济模式，《民法典》为什么要在“物权编”重复这些宪法性原则？（2）《民法典》应该具体去落实《宪法》的这些基本原则和规定，具体规定“具备什么要件”才算是侵犯，“侵犯后应该承担什么样的民事责任”等，因此，《民法典》的内容应该是一个为裁判提供依据的民事规范体系。本书也是从规范体系的视角对问题进行阐述的，对将《民法典》规定的基本原则和指导思想与司法实践的结合途径进行了探讨。

应该说，我国《民法典》“总则编”中两个分量较重的内容就是：民事主体和法律行为。在民事主体部分，在编纂过程中讨论最多的就是：《民法典》

应该根据什么标准对法人进行分类？尽管我国《民法典》最后采取的是营利法人与非营利法人的方式分类，但从民法典体系化的视角来看，这并非唯一的方法。本书对此进行了详细说明和分析。同时，本书为了全面地阐述自然人，把人格权放在了自然人部分进行讨论。另外，对于法律行为，我国学界争议很大，特别是关于法律行为的独立性和无因性的讨论，几乎没有结论，《民法典》立法上对此问题留有讨论空间；司法实践中承认独立性，但无因性比较模糊。本书也对此进行了说明。

同时，我们也应该看到，尽管《民法典》已经颁行，但司法和学理以及教学的使命远远没有完成。单单从条文数量的简单比较，就可以看出，司法判例和学理研究任务艰巨：1804 年的《法国民法典》共有 2283 条，1900 年的《德国民法典》有 2385 条。我国 2020 年的《民法典》仅仅有 1260 条，而他们的民法典还不包括人格权编，侵权责任的条文也比我国《民法典》要少得多。因此，在民法典的实施过程中，还会遇到很多问题。我国最高人民法院积极主动地制定关于《民法典》的司法解释，就是一个显著的例证。当然，《民法典》的落实和实施更离不开民法教学和学理研究，最高人民法院在制定包括《民法典》“总则编”在内的各编的司法解释的时候，也积极征求民法学界的意见，并与学者、立法机关一起对很多问题进行学理上的探讨，这是形成教义学的重要途径。另外，我们对《民法典》“总则编”的研究当然必须以我国《民法典》为依据和基础，同时要结合司法解释、学理积累和判例规则，正确阐述和完善《民法典》的制度，以便于《民法典》顺利实施的同时，逐步建立和形成中国的民法教义学。本书也就是以此为指导，不仅依据我国《民法典》，也结合了我国最高人民法院在《民法典》颁布后制定的一系列司法解释。

当然，本书属于个人的著作，许多观念不一定恰当，甚至可以说难免会有错误存在，希望各位同仁不吝赐教。

李永军

2021 年初秋

CONTENTS 目录

第一编　绪　论

第二编　民事主体

第二章 自然人

第五编 民法上的时间及确定规则

第一章 诉讼时效与除斥期间

第一编

绪　论

第一章 总则的抽象性及规范性

第一节 总则的宗旨和立法技术及由其决定的基本内容

一、对问题的说明

我国 2020 年由全国人民代表大会通过的《民法典》是自 1949 年新中国成立以来第一部形式意义上的民法典，在新中国的法制史上具有里程碑意义，它标志着中国特色社会主义法律体系的形式真正完善。但是，从历史上看，新中国的民法典可以说是命运多舛：从 1954 年开始的民法典起草，到 2020 年民法典真正通过之前，已经有三次“举动”但每一次都由于条件所限没有完成。当我国的经济及社会发展到今天，结构发生了巨大的变化，如果要真正贯彻“依法治国”的基本方略，那么，“公法”与“私法”的划分就不可避免，那种以“公法”治理国家与社会的“大一统”的格局必然会发生变化。因此，党的十八届四中全会在提出“依法治国”的同时，决定编纂中国的民法典，是非常正确和及时的，反映出历史的需求和人民的愿望。此次（第四次）民法典编纂历经六个年头（2014 年 10 月至 2020 年），终获通过。

应该说，《民法典》的起草工作是一个浩大的工程，不仅要有充分的理论研究储备，还要有充分的“田野工作”。在今天这样一个社会结构复杂、价值与利益多元化的时代，像《法国民法典》那样，用几个月的时间关起门来就起草了一部百年经典的时代几乎已经不存在了。《德国民法典》用了 20 年左右的时间，创造了一个法典里程碑，不仅是百年经典，而且成为后世许多国家立法的蓝本。而我国历史上，国民政府 1929 年的民法典的起草，也下了极大的功夫，完成了“清末习惯调查”这样宝贵而且详尽的“田野工作”。我国在此次编纂民法典的过程中，立法机关不仅进行了无数的理论研究，认真听取学者的意见和建议，也进行了类似的实地考察和调研中国社会的具体现实的工作。

另外，立法需要民法学研究的理论储备。如果我们比较当今世界两部为各国效仿的立法蓝本——《法国民法典》与《德国民法典》，仅仅就立法技术而言，《德国民法典》的确精良，被称为“优良的法律计算机”，“不寻常的精巧的金缕玉衣”，任何时候都是具有最精确、最富有法律逻辑语言的私法典。[①] 这得益于《德国民法典》具有的坚实理论基础——潘德克顿法学。但这一理论的形成需要一个过程。在《法国民法典》通过以后，当年德国萨维尼与蒂堡关于是否立刻仿照《法国民法典》起草一部《德国民法典》有过一次精彩的理论论战。在此论战中萨维尼先生有一个论据：我不认为我们具备制定一部优秀民法典的能力……，我们不能在依然远离这一目标时就相信我们已经臻达这一目标。[②] 在我国决定编纂民法典时，我并不认为，我们的民法学研究不足以支持起草一部民法典。我们的民法学经过了这么多年的研究和法学教育，积累了大量的研究成果，并且有起草《民法通则》《合同法》《物权法》《侵权责任法》等的经验，还有这些年来司法实践积累的丰富的经验，足以起草一部民法典。但是，我认为，需要研究的理论问题还很多，而有些问题即使在《民法典》颁布后的今天，民法学界还存在很大的争议，需要达成理论共识。例如，“总则”部分采取什么样

① ［德］K. 茨威格特等著：《比较法总论》，潘汉典等译，贵州人民出版社 1992 年版，第 268 页。

② ［德］弗里德里希·卡尔·冯·萨维尼：《论立法与法学的当代使命》，中国法制出版社 2001 年版，第 37—38 页。

的立法技术？《民法典》的基本结构如何（尽管现行的《民法典》是这种“七编制”，但学者对此的探讨始终没有停止）？我国的民法教学、研究传统都基本上是《德国民法典》式的“总＋分”模式，即带有“总则”编的立法模式，我国《民法典》也是采取这种模式，那么，“总则”与“分则”是否存在逻辑上的联系？我们是否应当以“总则”的功能定位及法律的适用性为出发点，从技术上安排“总则”部分的内容及以下各编的划分？现在《民法典》之“总则编”的功能定位与其内容是否匹配？特别是现在《民法典》的结构，各个分编分为“物权”“合同”“人格权”“婚姻家庭”“继承”“侵权责任”这种格局下，“总则”的内容是否应与分则相适应？例如，被德国民法视为最重要的“公因式”的“法律行为”，在我们的《民法典》的“总则”部分是否还应该是其内容？因为，至少在人格权编与侵权责任编是不适用法律行为的[①]。另外，像“诉讼时效”这样的问题，究竟应该放在“总则”部分，还是放在“债编”部分？这取决于我们对“请求权”这一概念的理解。“合伙”应如何规定？因我们的立法格局属于“民商合一”，那么在“总则”中如何体现民事合伙与商事合伙？诸如这些问题，即使在《民法典》颁布后，也仍需要深入理论研究和共识。

《民法典》的内容应通过什么样的方式表现出来？尽管《民法典》已经通过，但在立法和学理上并没有达成共识。“法律应该由规范构成”，这是立法应遵守的要求，即在法律上的任何一个规定，要么是规范，要么是规范的补充（如法定定义，《德国民法典》第 90 条关于“物”的定义，我国《民法典》之合同编中关于“合同”的定义、物权编关于“物”的定义等）。如果是规范，就必须规定“条件＋结果”，如果是规范的补充就必须与规范有联系而为规范服务。这种要求是法律的本性使然，即“三段论”的法律适用逻辑，必然要求法律规范提供“大前提”和“结论”。从我国《民法典》的总则编来看，脱离规范的内容并不少见，如《民法典》第 9 条[②]，基本上属于这种“宣传性的无用条款”，

① 在德国，“法律行为”是适用于各编的，仅仅是有个别制度不适用，就遭到诟病。但在我们的民法典整编整编地不适用，是否应该是一个问题？

② 该条规定：“民事主体从事民事活动，应当有利于节约资源、保护生态环境。”因为这仅仅是一种口号，没有任何后果性规定：如果不“节约”会是什么样的后果？在民法上，一种不节约的交易会被认为是无效吗？

不可能作为裁判规范来适用。这其实也是学理和立法上的一个需要讨论和达成共识的问题：我国民事立法历来有一种观点，叫作“无害条款”。立法要不要这种条款呢？不能作为规范的内容能否规定在法典中？我想，这种问题恐怕在学理上并没有达成共识。因此，《民法典》虽然已经通过，但在《民法典》编纂过程中出现的争议问题依然存在，而这些问题很多涉及《民法典》的未来适用。

二、“总则”的概念及由来

在中国大学法学院开设的民法课程中，一般首先要讲授“民法总论”。但“民法总论”究竟为何物？它与许多国家民法典中的“总则”是什么关系？我们可以直接地说，“民法总论”是各国民法典中“总则”的“法学阶梯”，即民法总论是以民法典总则部分为对象的教科书或者学术研究成果。那么，什么是“总则”呢？

对此，我国台湾地区学者邱聪智教授指出：总则者，顾名思义，事物共同之规则也。因之，所谓民法总则云者，即是民法所共通适用的规则或者法则。其汇聚规定民法所共通适用之规则的法律编章，即是民法总则编。从广义层面来说，民事法律关系，固然以民法典之规定为大本营，但其范围并不仅仅以民法典为限，而可扩及于民事特别法。如是，所谓民法总则，即可称为一切民事法律关系共同之法则。相应来说，其录列规定一切民事共通之规则的法律编章，即为民法总则编[①]。也就是说，总则实际上就是能够适用于民法各编的共同规则。这样一种要求，必定使其具有高度的涵摄性，具有“公因式”的特征，因此，也就具有高度抽象性。但是，民法典属于法律，故不能失去法律之特征——规范性。因此，其高度抽象并不能够使其脱离规范的基本特征。例如，“法律行为”包括合同行为、遗嘱行为和婚姻行为。法律行为必须满足两个方面的特征：一是能够反映上述三种行为的共同特征；二是规范特征。德国人发现了上述三种行为的共同特征——意思表示，故对“意思表示”的规范就等于对上述三种行为的规范。

① 邱聪智：《民法总则》(上)，三民书局 2005 年版，第 4—5 页。

应该说，带有“总则”的民法典的立法例是德国人的创造。在此之前的1804年的《法国民法典》是不带有“总则”的“三编制”模式，也就是继承罗马法的“人、物、诉讼”而来的模式。而1900年的《德国民法典》，在形式结构上，沿用了学说汇纂派理论阐发的内容五分法，五部分内容各以一编设定。在债法、物法、家庭法和继承法四编之前综合名为“总则部分”的一编。[①] 从此以后，大陆法系国家的民法典分为两个阵营：德国法模式与法国法模式，即带有“总则”编的法典式样与不带有“总则”编的法典式样。在世界民法典的宝库中，它们无疑是两颗最耀眼的明珠，并成为后世许多国家民法立法的蓝本。我国自清末后开始民法起草以来，也许是因为某种机缘巧合，无论在立法上还是学理上都更多地继受了带有“总则”的《德国民法典》的“五编制”模式。我国的民法教科书就反映了这种模式。因此，在我国这一次《民法典》编纂过程中，对于是否需要“总则”并没有争议。

三、“总则”的立法技术——抽象提取“公因式”

《德国民法典》的立法技术及设计思想可以概括为：以高度抽象的方式将各编的“公因式”提取出来，并确立一般规则，适用于各编，而各编相同的东西不再重复，而是规定例外。就如德国学者梅迪库斯所言，根据民法典制定者的计划，总则应当包括那些适用于民法典以下诸编的规则，亦即总则包括的是在某种程度上被提取和抽象的一般性内容。[②] 也就是说，总则部分针对的是一些确定的基本法律制度，即法律职业者无论在债法或物法，继承法或者家庭法，甚至在整个私法领域中都加以运用的法律制度，提纲挈领地以一般化形式对其先行规定，就仿佛是“提取公因式”。人们以为，用这种方法可以提高法律的逻辑完整性和内涵经济性，从而避免冗赘的重复。[③] 但是，《德国民法典》所独有的极其抽象的概念也是其立法技术的特点，是总则对其他各编具有较强的涵摄性的原因。例如，“法律行为”这一术语的创造和运用即是著例。法律行

① ［德］K. 茨威格特等：《比较法总论》，潘汉典等译，贵州人民出版社1992年版，第271页。
② ［德］迪特尔·梅迪库斯：《德国民法总论》，邵建东译，法律出版社2000年版，第22页。
③ ［德］K. 茨威格特等：《比较法总论》，潘汉典等译，贵州人民出版社1992年版，第270页。

为的本质是意思自治，就如法国学者所言，法律行为的特殊性及其与其他法律事实的区别，均在于法律行为是一种特殊的“机制”，其目的在于引起法律效果的发生。这一机制既具有差异性，又具有同一性，其差异性在于不同类型的法律行为的构成及其效果是不同的，其同一性在于任何法律行为的要素或者原动力是不变的，亦即任何法律行为均体现了当事人的自由意志，表现了意思自治的基本原则。[①] 德国法理论中的“法律行为”，不仅仅是指通常意义上的买卖或者租赁类型的债权契约，而且还有“物权合意”。法律行为还包括家庭法中的契约，如收养契约和结婚合意。此外，法律行为还包括遗嘱的设定、契约的解除等。[②]

《德国民法典》的这种高度抽象、公因式式的立法技术，不仅在总则与其他各编的关系中得到运用，而且在每一编中也有如此的体例，就如德国学者所言，这一将一般的内容置于前面的立法技术，在民法典的其他地方还多次重现。比如，第二编（债编）的前六章是一般性规定，之后是各种债务关系；又如，第三编（物编）也是先规定一般性的占有、土地上权利通则，然后才规定具体的权利；再如，第四编也是先规定“婚姻的一般效力”，然后再规定各种具体的财产制。[③]有的学者评价说，这一体系方法是《德国民法典》的显著特征，尽快认识到这一点，将使对相关法律规定的寻找和对《德国民法典》的理解更为容易。[④]

继受《德国民法典》体例的我国台湾地区“民法”，对此问题的技术大致相同。王泽鉴先生认为，此种编制体例系建立在“由抽象到具体”“由一般到特殊”的立法技术之上。易言之，尽量将共同事项归纳在一起。[⑤]

这种立法技术抽象出来的“总则”，既有优点也有缺点，即使是德国学者之间也是存在争议的。其优点主要在于将这些规定提取概括，可以取得“唯理

---

① 尹田编著：《法国现代合同法》，法律出版社 1995 年版，第 1—2 页。

② ［德］K. 茨威格特等：《比较法总论》，潘汉典等译，贵州人民出版社 1992 年版，第 271 页。

③ ［德］迪特尔 · 梅迪库斯：《德国民法总论》，邵建东译，法律出版社 2000 年版，第 22 页。

④ ［德］哈里 · 韦斯特曼：《德国民法基本概念》，张定军等译，中国人民大学出版社 2013 年版，第 11 页。

⑤ 王泽鉴：《民法总则》，中国政法大学出版社 2001 年版，第 19 页。

化效应”。以“法律行为”为例，立法者就无须为每一项法律行为都规定其构成要件。同时，总则编避免了重复及参引。例如，立法者可以对买卖合同的订立作出规定，然后对赠与、租赁等行为参引适用有关买卖合同的规定。不过，这样一来参引规定必然太多，使总则编篇幅过大，有失简明扼要。①

其缺点主要是：（1）例外较多。为了使一项规则具有普遍的适用性，该规则必须以抽象的方式来表达。这在技术上就会客观地出现一个两难的局面——要么制定一些非常一般的规则，加强适用性（普适性），这样一来，一般规则的数量势必就很少，总则编制为以下诸编减轻负担的效果难以发挥出来；要么承认在一般规则之外，还存在个别的例外，《德国民法典》采纳了第二种方案，法律承认一般规则之外还有一些偏离。（2）理解上的困难。民法典将一般性规则提取概括，也增加了对法律规定的理解难度。要寻找对一个法律问题的法律规定，不能仅在一个地方寻找。我们要寻找的有关规定，往往分处在民法典的若干个不同地方，其中一般性规定在民法典前面，特殊规定在民法典后面。在查阅法典时，要按照“从后向前”的顺序进行，以买卖涉及的问题为例，查阅的顺序为寻找比一般买卖法更为特殊的规定（如消费信贷）——一般买卖法—有关双务合同的规定—债务合同的规定—债务关系的一般规定—合同的一般规定—法律行为的规定②。（3）教学上的困难。比如，对于初学者来说，像“法律行为”这样高度抽象的概念，难以举例说明③。在我国的民法教学中，也早已呈现出这种情况，甚至有人提出来先教具体的法，如合同法、物权法、侵权法、侵权责任法、婚姻与继承法，然后再开设民法总论。其实，德国的法学课程已经开始这一方面的改革④。

其实，这种批评并没有改变法典的式样，也不可能改变这种编排。因为，法律本来就不是给一般人制定的，是为法律职业阶层制定的。其实，这些缺点统统都可以归结为“困难”，问题是：这些困难是否是可以克服的？对于职业阶层来说，答案是肯定的。

---

① ［德］迪特尔·梅迪库斯：《德国民法总论》，邵建东译，法律出版社 2000 年版，第 31 页。

② ［德］迪特尔·梅迪库斯：《德国民法总论》，邵建东译，法律出版社 2000 年版，第 33—34 页。

③ ［德］迪特尔·梅迪库斯：《德国民法总论》，邵建东译，法律出版社 2000 年版，第 40 页。

④ ［德］迪特尔·梅迪库斯：《德国民法总论》，邵建东译，法律出版社 2000 年版，第 41 页。

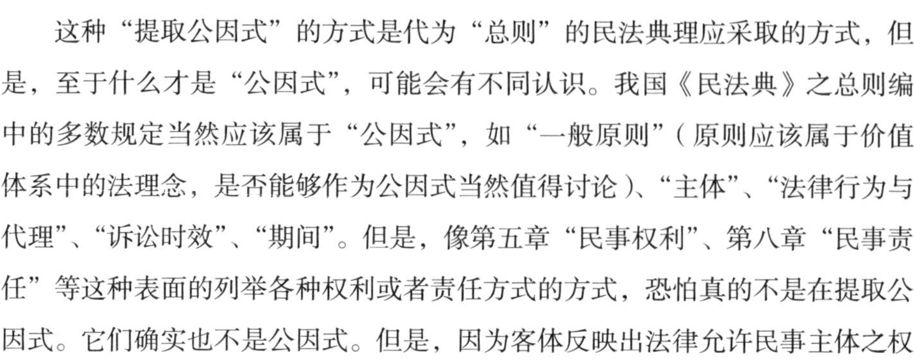

这种“提取公因式”的方式是代为“总则”的民法典理应采取的方式，但是，至于什么才是“公因式”，可能会有不同认识。我国《民法典》之总则编中的多数规定当然应该属于“公因式”，如“一般原则”（原则应该属于价值体系中的法理念，是否能够作为公因式当然值得讨论）、“主体”、“法律行为与代理”、“诉讼时效”、“期间”。但是，像第五章“民事权利”、第八章“民事责任”等这种表面的列举各种权利或者责任方式的方式，恐怕真的不是在提取公因式。它们确实也不是公因式。但是，因为客体反映出法律允许民事主体之权利或者义务载体的范围，应该是重要的公因式。

四、由民法总则宗旨及立法技术所决定的总则之内容

（一）《民法典》之“总则编”与各编的关系

虽然说，在就我国《民法典》是否需要“总则”方面不存在争议，但在“总则”中应规定什么内容，却存在不同意见。例如，比较典型的分歧有：“人格权”是应该规定在“总则”部分还是独立成编，监护制度如何与亲权部分相互衔接，行为能力究竟应该规定在“法律行为”部分还是规定在“主体”部分等。应该说，民法典的立法设计思想、总则立法技术决定了“总则”应该规定的内容，甚至法典的编排（即应有几编）都与“总则”的立法技术及内容息息相关，但在这一点上，我国《民法典》在总则与各编的关系上考虑较少。

虽然说，民法典“总则”的内容是从各编中以提取公因式的方式抽象出来的，但这种立法技术同时也影响着民法典的编排（分编）。以“法律行为”为例，在《德国民法典》中，后四编都有法律行为的适用余地（尽管有个别制度不适用），主体、客体等问题也都在各编中适用。因此，民法典的各编并不是任意划分出来的。我国《民法典》的编排是：总则编、物权编、合同编、人格权编、婚姻家庭编、继承编、侵权责任编。这样一来，民法总则的内容就值得很好地考虑。我们不妨以我国《民法典》上的“合同编”与“侵权责任编”（传统民法典上的“债编”）为例加以说明。《德国民法典》的“债编”之逻辑是这样的：所有类型的债的结果都具有请求的效果，因此，就可以将关于“债”的所有一般性问题以“请求权”为核心进行规定，然后再规定债

的各个不同产生原因及其特殊性，如合同之债、准合同之债、侵权之债等。这样，不仅逻辑统一，而且节省条文。更为重要的是，“债编”通过下列概念与“总则编”发生逻辑关联：“法律行为”（意思自治）、“客体”、“诉讼时效”等。如果像我国目前这种结构，传统民法的“债法总则”作为“合同编”的内容与“侵权编”并列，这样一来，“合同编”与“总则编”联系尚可，但“侵权编”几乎与“总则编”没有什么联系，其如何适用“合同编”中“债法总则”的内容也成为逻辑上的一个问题。加之，我国的“总则编”并没有继受德国民法上“请求权”[①]的一般概念，因此，各编与总则之间在逻辑上就难以有实质联系。民法典这样一个巨大的“逻辑体系”如何构成，在这种编排中实在值得深入思考，这并不是一个一般性的问题，而是一个重大的问题。另外，像“法律行为”这样一个在我国《民法通则》中就已经规定了的“公因式”就难以成为《民法典》的公因式了。除此之外，如果真的像现在学理上许多人主张的那样，否定“物权行为”理论，那么，“物权编”也没有法律行为适用的余地。这样，实际上，我国《民法典》各编之间的逻辑关系及规则适用，存在许多需要解释和说明的地方。

因此，在《民法典》各编的设计中，一定要注意这种“总”与“分”的关系，保持总则编的内容对各编的普遍适用性，使总则编成为民法典的灵魂。但我国《民法典》在某种程度上，从内容的对比和体系化的完成度来说，不能说不存在形式编纂的嫌疑。“编纂”不是简单的汇编，而是一种立法工作。虽然编纂要以现行法为基础，但需要在“逻辑统一”的“体系化大局”中进行。而这种工作是一个巨大的系统工程（用工程师的话说），绝不是一件一蹴而就的工作。好在今后还有修改的可能和机会在等着我们。

（二）总则之内容的分析

提取公因式的这种立法技术，其实已经决定了“总则”的基本内容，即什么是各编的“公因式”，什么是“总则”的内容。就如德国学者所指出的，总

---

① 德国民法上的所谓“请求权”，既包括债权请求权，也包括物权请求权。因此，其诉讼时效就规定在“总则”部分。

则把被提取和抽象的一般性内容汇总在一起，这一汇总决定了它的内容：总则中的内容必须具有一般性的特征，它们不仅仅适用于《民法典》的各编，也涉及权利客体及权利行使的问题。①

从《德国民法典》规定的内容来看，主要是：（1）主体（第1条至第89条）；（2）客体（第90条至第103条）；（3）法律行为（第104条至第185条）；（4）期间与期日（第186条至第193条）；（5）权利的行使与担保（第226条至第240条）。②《德国民法典》的这种规定，受到了学者的批评，有学者指出，对于总则编的内容，不可能作出积极的评价。一方面，总则编没有对一些重要的内容作出调整，特别是有关法人、法律适用方面的重要问题都付之阙如。另一方面，总则编中的有些规定被人为地从它们所属的特别的联系中割裂开来，最后变成了纯粹的概念解释或立法技术。在有些地方，总则编不过是“其他”项下的大杂烩，汇集了那些在其他地方难以安排的规定。③茨威格特指出，《德国民法典》的总则部分没有包括关于法律交往中的行为或者关于法律解释、习惯法、法官权限及举证责任基本原则的一般规定，而这些规定完全是实用的，实际上也是合乎需要的。④对《德国民法典》总则编的这些批评，给我国《民法典》的总则部分的内容提供了反面启发。

我国台湾地区“民法”是1949年以前（1930年）中华民国民法的延续，其对《德国民法典》的吸收比较彻底。其“总则编”的编排如下：（1）法例；（2）人；（3）物；（4）法律行为；（5）期日及期间；（6）消灭时效；（7）权利之行使。

（三）对于我国《民法典》总则部分的内容分析

1. 应然的分析

我认为，《民法典》的“总则部分之内容应是各编的公因式”的这样一个逻辑是不能改变的，否则，总则就徒有虚名。为此，我们必须围绕着“法律关

---

① ［德］迪特尔·梅迪库斯：《德国民法总论》，邵建东译，法律出版社2000年版，第24页。

② 《德国民法典》，陈卫佐译注，法律出版社2004年版，第1—73页。

③ ［德］迪特尔·梅迪库斯：《德国民法总论》，邵建东译，法律出版社2000年版，第28页。

④ ［德］K. 茨威格特等：《比较法总论》，潘汉典等译，贵州人民出版社1992年版，第270页。

系”及其内容实现展开。法律关系理论的创设是德国民法最具有价值的成果之一，作为一种思维工具，同时也作为一种技术手段，此种理论不仅改变了过去对于民法现象的观察角度，而且成为其法典体系安排最为重要的技术支持。[①]《德国民法典》与以《德国民法典》为蓝本编纂的《俄罗斯民法典》都是围绕着法律关系展开的，都是以法律关系的主体、客体、权利、权利的产生及保护为内容。无论是物权、债权、婚姻、继承，还是合同、侵权，最终都是以法律关系的面目展现在法律世界中的。因此，这是我们设计民法总则内容的一个入口和逻辑起点。

法律关系是人与人之间的法律纽带[②]，即民事法律关系是人与人之间的纳入民法调整范围的生活关系，也可以说，是人与人之间因民法调整而形成的民事权利义务。它不仅在实体法上具有意义，因为只有形成这种关系才具有民法上的意义，而且在程序法上，也是决定是否成立一个“诉”的关键，因为，原则上一个法律关系就构成一个诉。法律关系的实质是人与人之间的权利义务关系，而法律关系的构成要素，则有主体、客体、内容。因此，民事主体、客体、内容就是总则应规定的内容。

就法律关系的内容来看，因私法中权利本位的原则，法律关系中最重要的当是权利。就如拉伦茨所言，私法上的法律关系经常包含着一个“权利”，这个权利是私法上的法律关系的要素之一，法律关系最重要的要素是权利。[③]因此，总则中应概括规定权利及其救济（保护），即可以有一个类似这样的概括性规定：“民事主体依法享有人身权、物权、债权、知识产权、继承权以及依据本法或者其他法律规定的权利或者利益。以上权利或者利益受到侵害时，可依据本权或者其他规范请求救济。”这样一来，不仅体现了民法典作为私法之母体法的包容性，而且也增强了规则的适用性。

就法律关系的客体来说，客体是权利的载体。按照德国学者的观点，权利只是一个框架性概念，说“某人拥有一种权利”，意思是说，他依法能够享有

① 尹田：《民法典总则之理论与立法研究》，法律出版社 2010 年版，第 22 页。

② ［德］迪特尔·梅迪库斯：《德国民法总论》，邵建东译，法律出版社 2000 年版，第 51 页。

③ ［德］卡尔·拉伦茨：《德国民法通论》，王晓晔等译，法律出版社 2004 年版，第 261 页。

什么或者应该享有什么。它可以是对人的尊重或者不得侵犯，也可以是权利人的行为范围，也可以是另一个人的给付义务等。因此就产生了各种不同类型的权利。[①] 正是由于客体不同，才决定了不同的权利类型，故客体是权利类型的基础。因此，任何一种权利必须有明确的客体。就如拉伦茨所言：权利所指向的对象，也即权利人对之有权的客体，必须是十分确定的。权利人必须可以排除他人对这个特定物的使用，权利人可以处分这个特定物，或者根据法律可以要求某个特定的人（债务人）履行特定的给付。允许权利人实施所有不受法律禁止的行为，这尽管是一种符合实际的说法，但由于缺乏权利所需要的客体的确定性，所以从这种说法中并不能得出“权利”。如果不允许所有的其他人这样做，而只允许某人实施这种特定的行为，则这是一种权利。《德国民法典》的总则部分没有规定完整的法律关系客体，仅仅规定了物权的客体，就难以作为公因式对待，受到了学者的批评。因此，我国《民法典》总则部分应概括性地规定完整的权利客体。

就法律关系的产生来看，应规定“法律事实”，包括法律行为与非法律行为。关于法律行为的问题，我们将在下面具体探讨。

就法律关系的实现来看，应规定以下内容：（1）自力救济和公力救济。在自力救济中，规定自助行为与自卫行为（包括正当防卫与紧急避险）。（2）权利行使中的“权利禁止滥用原则”。

2. 实然的分析

我国《民法典》“总则编”的内容为：（1）法例；（2）主体（自然人、法人、非法人组织）；（3）民事权利；（4）民事法律行为与代理；（5）民事责任；（6）诉讼时效与除斥期间；（7）期间的计算。

在此，特别需要说明的是“法例”的概念与内容。按照我国台湾地区学者的解释，法例乃法律适用之准则，包括法源、文字适用准则及数量确定准则。从法律解释学之角度言之，即通称之一般原则也。因此，称法例云者，简言之，意指关于法律适用之基本原则。就民法而言，指民法适用上最共通

① ［德］卡尔·拉伦茨：《德国民法通论》，王晓晔等译，法律出版社2004年版，第280—281页。

之一般原则也。我国台湾地区“民法”关于法例的立法理由书指出：“谨按法例者，关于全部民法之法则，以总括规定之谓也。各国民法，导源于罗马邱斯基尼恩人民法典，要皆各按己国风俗习尚之情形，而异其编制。有设法例者，如瑞士、暹罗（泰国旧称）及苏俄之民法是。有不设法例者，如德意志、法兰西等国之民法是。惟民法为人民权利义务之准绳，间亦有共通适用之法则，分门编订，重复必多。故举其大纲，概括规定，庶几繁简适中，体例斯当，是曰法例。”①

应该指出，法例与总则并没有直接关系。实际上，有些没有设“总则”的民法典，却有法例的规定。例如，《法国民法典》虽然没有“总则编”，但其却有法例，其第 1 条至第 6 条规定的“总则”（此总则并非总则编之总则）即是法例，包括法源、法律适用、法官裁判要求等。②《瑞士民法典》也是如此，没有“总则”编，却在“引言”部分规定了法例。有些设有“总则编”的国家之民法典恰恰没有设“法例”，如《德国民法典》就没有法例。

关于法例的具体内容，各国家和地区并不相同。《意大利民法典》在第一编“一般原则”中，用两章规定了“法例”：第一章“法源”（包括法源说明、法律、条例、行业规则、惯例）；第二章“法律的适用”（包括法律效力的开始、法律的解释、行业规则类推适用的禁止、刑法和特殊规则的适用、法律的废除、外国人的待遇）。

《日本民法典》第 1 条及第 1 条之二可以看作“法例”：第 1 条规定了民法的三个基本原则（公共利益原则、诚实信用原则、权利禁止滥用原则）；第 1 条之二规定了法律解释的原则（对于本法，应以个人尊严及两性的实质平等为主旨而解释）。

《瑞士民法典》之“引言”可以看作“法例”，包括：（1）法源；（2）诚实信用原则；（3）对法官裁判之要求；（4）善意判断标准；（5）法典与各州法律的关系；（6）债法规则的适用；（7）证据规则。

---

① 邱聪智：《民法总则》（上），三民书局 2005 年版，第 51—52 页。

② 当然，也就不知何故，我国台湾地区“民法”之法例部分的立法理由书说“法兰西民法典无法例”。

《法国民法典》第一编之前的“总则”部分实际上就是“法例”，包括：（1）法律的效力；（2）法律的效力范围；（3）法官不得拒绝裁判；（4）法源。

我国《民法典》的总则部分之第一章实际上就是“法例”，主要内容包括：（1）立法目的（第1条）：为了保护民事主体的合法权益，调整民事关系，维护社会和经济秩序，适应中国特色社会主义发展要求，弘扬社会主义核心价值观，根据宪法，制定本法。（2）调整对象（第2条）：民法调整平等主体的自然人、法人和非法人组织之间的人身关系和财产关系。（3）民法的基本原则（第3条至第9条）：权利神圣原则、平等原则、意思自治原则、公平原则、诚实信用原则、公共秩序原则、人与自然和谐原则。（4）法源（第10条）。（5）地域效力（第12条）：中华人民共和国领域内的民事活动，适用中华人民共和国法律。法律另有规定的，依照其规定。

从我国《民法典》“总则编”的法例来看，我们并没有认真思考德国茨威格特对《德国民法典》缺陷的批评：《德国民法典》的总则部分没有包括关于法律交往中的行为或者关于法律解释、习惯法、法官权限及举证责任基本原则的一般规定，而这些规定完全是实用的，实际上也是合乎需要的。[①] 我国《民法典》的法例部分也没有规定法律解释、举证责任和法官权限。

我国台湾地区“民法”的法例内容是：（1）民法法源（法律、习惯和法理）；（2）要式行为的成立标准；（3）数量确定的标准（以文字为准，以最低额为准）。[②]

在我国《民法典》的编纂过程中，由我主持的中国政法大学关于总则部分的专家建议稿的法例部分规定则汲取了《德国民法典》的教训和批评意见，具体如下：

第一章　一般规定

第一条【立法目的】

为给民商事案件的审理提供裁判依据，正确处理私法主体之间的纠纷，特制定本法。

---

① ［德］K. 茨威格特等：《比较法总论》，潘汉典等译，贵州人民出版社1992年版，第270页。

② 邱聪智：《民法总则》（上），三民书局2005年版，第11页。

第二条【调整对象】

本法调整自然人的人身关系以及自然人、法人和非法人团体之间在民商事活动中形成的财产关系。

第三条【法律渊源】

人民法院裁判案件，本法及其他法律有规定的，从其规定；没有规定的，依习惯；没有习惯的，依法理。

前款所称习惯，以不违背公共秩序和善良风俗为限。

第四条【权利行使的一般准则】

行使权利、履行义务，应当遵循诚实与信用方法。

第五条【权利保护的私力救济方式】

为保护自己或他人的合法权益，可以实施正当防卫、紧急避险以及自助行为，但以不逾越必要程度为限。

第六条【一般法与特别法的关系】

同一法律关系，本法与其他特别民商事法律规范有不同规定的，适用特别规定。

第七条【法院不得拒绝审判】

人民法院不得以本法及其他民商事法律规范没有规定为由，拒绝案件的受理与裁判。

第八条【时间效力】

本法的效力不溯及既往。

本法实施之前的民商事活动，当时的法律没有规定的，适用本法，但法律另有规定的除外。

第九条【地域效力】

本法适用于中华人民共和国领域内发生的民商事活动，但法律另有规定的除外。

第十条【对人效力】

本法关于主体的规定，适用于中华人民共和国领域内的本国主体、外国主体和无国籍自然人，但法律另有规定的除外。

第十一条【举证义务】

当事人对其主张有提供证据的义务，法律另有规定的除外。

第十二条【法律解释】

只有立法机关有权对本法及其他民商事法律做出具有普遍约束力的解释。

人民法院裁判案件，应当兼顾法律文义、法律体系以及法律目的，在宪法确定的价值体系内，对法律条文含义不明确之处进行解释。①

我国《民法典》已经颁布实施，这件事也是中国法律史上的一个重大事件。但真正的体系化还并没有完成，各编仍然保持各自的完整独立体系——《民法典》中的各编从《民法典》中分离出来，都是一部可以独立实施的民事单行法。因此，我国民法典的体系化并没有真正完成。

第二节　总则立法应遵循规范性要求

一、问题的提出及意义

法律的外在形式是什么？也就是说，法律应通过什么样的方式表现出来，以区别于政策或者单纯的“口号”？这应该是一个值得认真思考的问题。法律之功能在于规范人们的行为，立法者必须将某种价值判断通过规范的方式表现出来，才能够称为法律。在法律上的任何一个规定，要么是规范，要么是规范的补充。如果是规范，就必须规定“条件 + 结果”（三段论中的大前提和结论），如果是规范的补充就必须与规范有联系而为规范服务。例如，美国的成文法一般第一章规定“定义”，大陆法系国家的法典中也会规定一些定义，这些都属于“规范的补充”，为规范服务以避免适用法律时的歧义。而我国近些年来的民事立法，似乎越来越多地脱离规范的基本属性，而更像教科书。这不能不引起我们的重视。

因此，强调私法的规范属性，特别是如何将教科书式的价值宣传通过规范的方式表现出来，将法律同法学阶梯区别开来，有特别强调的意义和价值。

① 李永军等：《中华人民共和国民法总则（专家建议稿）》，载《比较法研究》2016 年第 3 期。

二、规范与法律体系

私法的使命在实证层面上可以简单地概括为一句话："谁可以向谁，依据何种法律规范，提出何种请求。"[①] 这实际上反映了"法律关系—请求权—规范"之间的关系及人们对法律的期待。

法律关系是人与人之间的法律纽带[②]，即民事法律关系是人与人之间的纳入民法调整范围的生活关系，实际上就是法律规范对社会生活调整的结果。为了便于诉讼及法律救济，法律要求法律关系必须具有"单纯性"，即一个法律关系便构成一个诉的基础，而法律关系的内容为权利义务关系，由于私法之"权利本位原则"，法律关系中最重要的也就成了权利。结果是：根据一个法律关系只能提出一个请求权，这一请求权是源于某一规范。例如，A 租赁 B 的电脑，在租赁过程中因不正确使用而发生了损害。那么，这一生活事实却在民法上产生了两种不同的法律关系：B 可以所有权人的身份以所有权遭受侵害为由向 A 要求赔偿，则在 A 与 B 之间产生了物权人对加害人的侵权法律关系；B 可以出租人的身份要求 A 承担违约责任，即在 A 与 B 之间产生了违约的法律关系。这两种法律关系是分属于不同的法律制度的，结果可能也有差别。B 在具体诉讼中只能选择其中之一，不能同时主张。[③] 请求权只能产生于规范，并寓于由规范所产生的法律关系之中。

法律规范是法律制度的"基本粒子"[④]，可以说，法律体系也就是法律规范的体系[⑤]。民法典是体系化的民法，因此，民法典必须由规范构成。规范不仅是法律体系构成的基本粒子，同时，也为法律的适用奠定了基础。因为，这些规范调整着我们重要的生活关系，从而产生法律关系，也就成为请求权的基础。法律的适用过程，就是一个寻找规范、解释规范、将现实世界中的案件事实同规范中的前提（条件）相联系，从而得出判断结论的过程。对此，德国学者总

---

① 王泽鉴：《民法思维：请求权基础理论体系》，北京大学出版社 2009 年版，第 41 页。

② [德]迪特尔·梅迪库斯：《德国民法总论》，邵建东译，法律出版社 2000 年版，第 51 页。

③ 李永军：《民法总论》（第二版），法律出版社 2009 年版，第 34 页。

④ [德]伯恩·魏德士：《法理学》，丁小春等译，法律出版社 2003 年版，第 48 页。

⑤ [英]约瑟夫·拉兹：《法律体系的概念》，吴玉章译，中国法制出版社 2003 年版，第 54 页。

结道：适用法律由寻求法律规定（规范）开始，从中可以得出所宣称的法律后果。也就是说，所涉及的必须是将一个法律后果（如一项请求权）同特定条件（构成要件）联系起来的法律规定，这是真正意义上的法律规范，任何一个法律案件的解决办法都要从它们出发。法律中的所有其他法律规定都只能作为这些规范的补充来理解。如果找到了这种对所宣称的法律后果作出规定的法律规范，那么，第二步就是把这些规范适用于具体的事实情况，也即审查规范构成要件中所确定的前提在具体的事实情况是否成就。[①]

三、法律规范的属性、构成及种类

（一）法律规范的属性

一般的法理学者都认为，法律规范是一个"应然性规范"[②]。但什么是"应然"呢？

这其实是一个非常困难的哲学问题，哲学家之间也有争议。有一些哲学家认为，"应然"是一个范畴，它附属于观念的实质意义，指派给观念对于实践的具体地位……应然是一种思维形式；另一些哲学家则强调，应然是意然的表示……，应然是意志的关联物，一种由一个（他人或者自己的）意志所决定的要求之表示……，应然是一个意志的体现。作为指向他人行为的应然规范的法律规范是命令。[③]"应然性规范"是与"实然性规范"相对的概念，"应然性规范"是规定特定行为的规范，也可以称之为"确定规范"，因为在满足法定的事实构成的时候，法律规范调整的是特定行为的方式和法律效果。对法律规范的遵守是由国家强制力来保护的。而"实然性规范"则不同，它是描述物与事件之间现实存在的一般关系的。在自然科学中，确定规律的是"实然性规范"，"实

---

① ［德］迪特尔·施瓦布：《民法导论》，郑冲译，法律出版社 2006 年版，第 33 页。

② ［德］迪特尔·施瓦布：《民法导论》，郑冲译，法律出版社 2006 年版，第 49 页；［德］卡尔·恩吉施：《法律思维导论》，郑永流译，法律出版社 2013 年版，第 18 页；［英］韦恩·莫里森：《法理学》，李桂林等译，武汉大学出版社 2002 年版，第 355—362 页；［英］丹尼斯·劳埃德：《法理学》，法律出版社 2007 年版，第 133 页。

③ ［德］卡尔·恩吉施：《法律思维导论》，郑永流译，法律出版社 2013 年版，第 18 页。

然性规范”或者自然规律是不能改变的，如果发生了与规律相矛盾的事件就被驳倒了。[①] 一项规范即是一个应然的命题，它表达的是在给定的情形下，不是实然或者必然，而是应然。它的存在仅仅意味着它的效力，这是指它与一种自己本身即为其一部分的规范体系的联系。[②] 法律规范是应然规范，也即人们习惯说的“假定的应然规范”。它表示了一个有条件的应然，例如，如果缔结了一份关于物品的有效的买卖合同，出卖人应将物品交付给买受人，买受人应接受出卖人交付的物品并支付合意的买价。[③] 这实际上是各国合同法（或者债法）表达的相同的内容，实际上是表达了立法者维护交易的公平和交易秩序的一种愿望，进而通过这样的“买卖双方应该这样做”的规范来调整实际的交易。如果当事人一方或者双方不如此行为，对方就可以按照“应该怎样做”的规范要求请求国家强制力救济。因此，法律规范是立法者的一种要求，但与实际效果是否一样，就不是法律规范本身的问题，而是法律规范落实的问题。所以，它是应然的而不是实然的。

总之，法律仅仅是抽象世界中的人定规则，即使这种规定与社会现实脱节，也会由于具有国家强制力保障而产生规范本身应有的结果，不像实然规范那样，受制于事物本身的规律。按照“应然性规范”的属性，“恶法亦法”确实是存在的。既然如此，民法典不仅是以规范的形式表现出来，而且应该更贴近国家、社会和人民的需要。

（二）规范的构成及分类

按照纯粹法学派的代表人物凯尔森的观点，在规范中，作为结果的强制性行为与一个具体的条件相连，每一个法律规范把法律结果与权利的事实构成连接起来[④]。可以这样来表述一个法律规范的构成：法律规范是对一个事实状态赋予一种确定的具体法律后果的规定[⑤]。任何一个法律规范都由两个部分构成：

---

① ［德］迪特尔·施瓦布：《民法导论》，郑冲译，法律出版社 2006 年版，第 18—19 页。

② ［英］丹尼斯·劳埃德：《法理学》，法律出版社 2007 年版，第 133 页。

③ ［德］卡尔·恩吉施：《法律思维导论》，郑永流译，法律出版社 2013 年版，第 18 页。

④ ［德］卡尔·恩吉施：《法律思维导论》，郑永流译，法律出版社 2013 年版，第 16 页。

⑤ 徐国栋：《民法基本原则解释》，中国政法大学出版社 1992 年版，第 42 页。

（1）首先将一个通过抽象的方式加以一般地描写的“法律事实”规定为构成要件；（2）然后再以同样抽象的方式加以一般地描写法律效果，将该法律效果归属于该抽象的事实。[①] 其意义是：当现实生活中的具体案件事实符合法律规范中所规定的抽象构成要件（即抽象的事实）时，规范中的抽象法律效果就会发生在具体案件中。

法官的任务，恰恰就是要对现实生活中的具体案件的事实进行认定，通常被称为“事实认定”，然后与规范中“抽象的条件性事实（或者称为规范中假设的条件）”相连接，从而得出个案的具体的判决结果。在我国的审判实践中，往往把这一过程称为“事实认定”和“适用法律”两个部分。法院的错误判决也分为事实认定错误和法律适用错误两个部分。例如，我国《民法典》“合同编”第 577 条规定：“当事人一方不履行合同义务或者履行合同义务不符合约定的，应当承担继续履行、采取补救措施或者赔偿损失等违约责任。”其中，“当事人一方不履行合同义务或者履行合同义务不符合约定的”属于抽象的条件性事实规定，而“应当承担继续履行、采取补救措施或者赔偿损失等违约责任”则属于法律后果或者法律效果的规定。在具体个案中，假如 A 与 B 签订一个合同，A 没有按照合同约定履行义务，则属于具体案件的生活事实问题。如果 B 起诉 A 承担违约责任，则法官就要看 A 的具体事实是否符合该规范中的抽象的条件性事实，如果符合，则按照该规范中的法律后果课定 A 的违约责任。

按照不同的标准，可以将规范分为不同的种类。首先，按照“规范本身”的目的或者效果功能，可以把规范分为“行为规范”与“裁判规范”。如果法律规范要求受约束的人以规范的价值取向行为或者不行为，则为行为规范；反之，如果规范的目的在于要求裁判法律上争端的人或者机关以规范为标准进行裁判，则为裁判规范。[②] 民法虽然兼有行为规范与裁判规范的双重特征，但民法主要是由行为规范所构成的。因为，行为规范的目的在于通过权利义务的明确规定，诱导人们实施正常行为，而裁判规范的目的仅仅在于确定风险的归属和分配。民法以意思自治为基本理念，故行为规范必然占有决定性地位。当然，

① 黄茂荣：《法学方法与现代民法》，中国政法大学出版社 2001 年版，第 113 页。

② 黄茂荣：《法学方法与现代民法》，中国政法大学出版社 2001 年版，第 111 页。

从逻辑上说，行为规范必为裁判规范，因为，如果行为规范不同时为裁判规范，则行为规范所预示的法律效果就不能在裁判中被贯彻，从而也就失去了诱导人们进行正常行为而非反常行为的作用。但裁判规范却不同时为行为规范，因为它的存在仅仅是法律对风险的分配方式，属于衡平性规定。例如，以无过失责任为归责原则建立起来的法律规范，仅仅在于分配责任或者事故的风险，而不在于通过责任的宣示激励人们的行为或者不行为。

其次，按照规范本身在确定法律关系当事人权利义务中的作用，可以将规范分为主导性规范、辅助性规范、反对性规范。德国学者梅迪库斯举例说，如果所请求的是“物的返还”，则要考虑作为此种规范的《民法典》第985条[①]（这是主导性规范）。对于这一物的返还请求权来说，请求权人必须拥有所有权，而其相对人必须是占有人，二者均需审查。这样一来，关于所有权的取得和丧失的规范以及关于占有的规范就是辅助性规范，它们满足了请求权规范的构成要件特征“所有权”和“占有”，并因此而在适用请求权规范时起到辅助作用。即使满足了上述要求，结果仍然不能确定，还要考虑反对性规范，即阻碍请求权的规范。[②]以我国《民法典》第584条[③]规定的赔偿损失为例，该条显然是主导性规范，但仅仅有该规范并不能确定违约方的责任，还要看第490、492、493条[④]关于合同是否有效成立及生效的问题，第144—146、149、150、153—

①《德国民法典》第985条规定：“所有权人可以向占有人请求返还物。”

②［德］迪特尔·梅迪库斯：《请求权基础》，陈卫佐等译，法律出版社2012年版，第11—12页。

③《民法典》第584条规定：“当事人一方不履行合同义务或者履行合同义务不符合约定，造成对方损失的，损失赔偿额应当相当于因违约所造成的损失，包括合同履行后可以获得的利益；但是，不得超过违约一方订立合同时预见到或者应当预见到的因违约可能造成的损失。”

④《民法典》第490条规定：“当事人采用合同书形式订立合同的，自当事人均签名、盖章或者按指印时合同成立。在签名、盖章或者按指印之前，当事人一方已经履行主要义务，对方接受时，该合同成立。法律、行政法规规定或者当事人约定合同应当采用书面形式订立，当事人未采用书面形式但是一方已经履行主要义务，对方接受时，该合同成立。”

第492条规定：“承诺生效的地点为合同成立的地点。采用数据电文形式订立合同的，收件人的主营业地为合同成立的地点；没有主营业地的，其住所地为合同成立的地点。当事人另有约定的，按照其约定。”

第493条规定：“当事人采用合同书形式订立合同的，最后签名、盖章或者按指印的地点为合同成立的地点，但是当事人另有约定的除外。”

156条[①]关于法律行为是否无效或者条款无效的规范等。除此之外，还要看是否具备第525—528条[②]规定的同时履行抗辩权或者不安抗辩权等。

法律体系中，规范的这种不同的功能性角色是经常相互转换的，例如，在请求“合同解除”的情况下，主导性规范显然应该是《民法典》的第563条[③]，其辅助性规范和反对性规范与“赔偿损失”这样的请求权肯定不同。为什么会如此呢？如果不这样做，在每一个决定法律关系当事人权利义务的规范中，都要把这些主导性规范、辅助性规范和反对性规范重新规定一遍，结果就会使法典变得庞大而重复。

（三）规范的补充

按照奥斯汀的规范理论，没有制裁规定的法律是不完善的法律，是有缺陷

---

① 因为这些条款在下面还要详细论述，故在此不再重复。

② 《民法典》第525条规定：“当事人互负债务，没有先后履行顺序的，应当同时履行。一方在对方履行之前有权拒绝其履行请求。一方在对方履行债务不符合约定时，有权拒绝其相应的履行请求。”

第526条规定：“当事人互负债务，有先后履行顺序，应当先履行债务一方未履行的，后履行一方有权拒绝其履行请求。先履行一方履行债务不符合约定的，后履行一方有权拒绝其相应的履行请求。”

第527条规定：“应当先履行债务的当事人，有确切证据证明对方有下列情形之一的，可以中止履行：（一）经营状况严重恶化；（二）转移财产、抽逃资金，以逃避债务；（三）丧失商业信誉；（四）有丧失或者可能丧失履行债务能力的其他情形。当事人没有确切证据中止履行的，应当承担违约责任。”

第528条规定：“当事人依据前条规定中止履行的，应当及时通知对方。对方提供适当担保的，应当恢复履行。中止履行后，对方在合理期限内未恢复履行能力且未提供适当担保的，视为以自己的行为表明不履行主要债务，中止履行的一方可以解除合同并可以请求对方承担违约责任。”

③ 该条规定：“有下列情形之一的，当事人可以解除合同：

（一）因不可抗力致使不能实现合同目的；

（二）在履行期限届满前，当事人一方明确表示或者以自己的行为表明不履行主要债务；

（三）当事人一方迟延履行主要债务，经催告后在合理期限内仍未履行；

（四）当事人一方迟延履行债务或者有其他违约行为致使不能实现合同目的；

（五）法律规定的其他情形。

以持续履行的债务为内容的不定期合同，当事人可以随时解除合同，但是应当在合理期限之前通知对方。”

的。[1]也就是说，没有规定法律后果的法律规范，其实根本就不能称为规范。但是，无论哪个国家的民法都有一些诸如“定义”这样的规定，应如何解释它们呢？对此，德国学者指出，并非所有规范的结构都是对一个法律后果作出规定这种类型，例如，《德国民法典》第 90 条就是对“物”的概念下定义（法定定义）[2]，第 104 条对哪些人不具有法律行为能力作出了规定，但是，并不能看出不具备行为能力会有什么样的法律后果[3]。领会这些不规定法律后果的法律规定的含义十分重要，它们对于真正的法律规范具有“补充的功能”。当然也可以尝试在一个法律条文中完整地表述一个法律规范，但如果真的这样做的话就会发现，对于复杂的利益格局，规定的篇幅将会极其庞大。[4]这些规定，可以看成对规范的补充或者规范的素材，而且，这种补充功能及素材往往是针对整个法典而非一个具体的条文，例如，我国《民法典》第 464 条规定的“合同”的概念、第 115 条关于“物”的概念都是针对整部法律的。

这些补充所起的作用不可忽视，例如，当自然人买卖其“尸体”时，就要用到“物”的概念；当人们约定身份关系时，“合同编”规范就不能适用。也就是说，这些概念对法律效果中的条件是否得以满足的解释，有着重要意义。

说到法律中作为补充规范的概念，它要求所有规范必须与其保持一致，规范不能超出或者改变其涵摄。这一方面，我们的立法和学理是一面很好的镜子。例如，我国《民法典》第 114 条第 2 款规定：“物权是权利人依法对特定的物享有直接支配和排他的权利，包括所有权、用益物权和担保物权。”但问题是，我国《民法典》“物权编”中规定了大量的不具有“排他性”的物权，例如，第 374 条规定：“地役权自地役权合同生效时设立。当事人要求登记的，可以向登记机构申请地役权登记；未经登记，不得对抗善意第三人。”第 403 条规定：“以动产抵押的，抵押权自抵押合同生效时设立；未经登记，不得对抗善意第

---

① ［英］约瑟夫·拉兹：《法律体系的概念》，吴玉章译，中国法制出版社 2003 年版，第 15 页。

② 《德国民法典》第 90 条规定：“法律意义上的物，只是有体的标的。”第 90a 条规定：“动物不是物，动物受特别法律的保护。除另有规定外，关于物的规定必须准用于动物。”

③ 《德国民法典》第 104 条规定：“有下列情形者，无行为能力：（1）未满 7 岁的人；（2）处于不能自由决定意思的精神错乱状况的人，但以该状况按其性质来说不是暂时的为限。”

④ ［德］迪特尔·施瓦布：《民法导论》，郑冲译，法律出版社 2006 年版，第 33 页。

三人。”上述两项权利如果没有登记是否是物权？如果是物权，它们却没有排他性；如果不是物权，怎么会规定在用益物权和担保物权中呢？也就是说，补充性规范和具体规范发生了矛盾。我们在物权编规定“物权”这一概念的目的，是对所有规范的适用范围进行限制，以区别于债权、人格权、知识产权等。但具体规范却超出了物权的概念，破坏了法律的统一性。

我们以“人格权”为例，来说明其用什么规范来表达是合适的。关于“人格权”的概念以及用什么方式去规定它，我国理论上存在争议。这种争议和犹豫，不仅是我国独有的问题，恐怕其他国家也有这样的问题，否则，为什么《德国民法典》到今天为止仍然没有普遍地规定人格权，但其债法却不断修改？或许，犹豫的原因与如何设立“规范”有关，即人格权是否能够不借助于侵权法规范而独立成为请求权基础？否则，将不符合规范的要求。民法不是单纯地宣布人享有什么样的权利，而是通过规定权利本身来打开救济之途径，例如，《德国民法典》规定了“姓名权”①，该条规定显然不是在宣告自然人享有姓名权，而是将姓名权作为请求权基础，即姓名权人可以以姓名权规范基础请求法律救济，该条为姓名权的保护提供了一条不同于侵权救济的途径。就如德国学者所言，第12条赋予受害人两项请求权：第一，权利人有权要求排除妨害；第二，权利人也可以要求加害人今后停止侵害。②而我国多数学者在论述人格权的概念是否成立以及人格权是否应该独立成编时，基本都是从人格权的重要意义来论述，即基本属于价值判断的范畴，而少有从请求权基础的角度来分析的。而且，从我国《民法典》编纂过程中的几个关于民法典的建议稿及现在已经生效的规范看，人格权的问题，基本上没有脱离侵权法的规范，没有将这种权利作为请求权规范基础。无论将人格权独立成编，还是在自然人下用“一节”来规定，其问题都是一致的：正面规定人格权是否能够为民法提供一种新的不同于既有规范的请求权规范基础（救济基础）？不要忘记一点：每种权利都配备有自己的救济措施，否则就不能成为权利。

---

① 该条规定：“权利人的姓名权为他人所否定，或者权利人的利益因他人不经授权使用同一姓名而受到侵害的，权利人可以请求该他人除去侵害；有继续受侵害之虞的，权利人可以提起停止侵害之诉。”

② ［德］迪特尔·梅迪库斯：《德国民法总论》，邵建东译，法律出版社2000年版，第399—400页。

四、结论

法律，尤其是私法，属于裁判规范，即使是包含其中的行为规范也是通过“条件＋结果”的方式来引导人们正确行为，它不是教科书或者宣传书。因此，应当用规范去表现它。在这一意义上，与其说民法典是“权利的宣言书”，倒不如说是“权利的保护伞”。因为宪法早就已经宣告了自然人享有人格权、身份权和财产权，私法的任务不是再次宣告这些权利，而是通过私法的方式去保护这些权利；刑法则是通过公法的方式去保护这些权利，因此，刑法也不负有宣告这些权利的使命。“规范”是民法的基本属性，民法典应由规范或者规范的补充而构成。

第二章 民法与民法典

第一节 民法的概念与特征

一、民法的概念

对于我国来说，民法属于移植之物[①]，其产生有其历史、社会与政治背景，包含自己特殊的信息。因此，对于民法不能望文生义。西方学者一般认为，民法是调整以平等为本质特征的市民社会的法律。正因为如此，欧陆国家一般将之称为“市民法”。当然，关于市民社会是什么，西方学者也有不同的看法，通说认为，“市民社会”这一概念的使用经历了三个阶段，其含义在这三个阶段中也不相同：第一阶段，“市民社会”这一术语在中世纪的政治哲学里间或

① 中国历史上是否存在民法，学者之间存在争议。但是，我认为，我们现在讨论的民法至少在我国历史上是不存在的。因为，民法是以平等为基础的，而我国历史上民刑不分，而且身份占有重要的意义。

出现，用以与教会机构相区别[①]。第二阶段，即在17世纪，“市民社会”是与“自然状态”相对立而使用的概念，是指业已发达到出现城市的文明政治共同体的生活状况。这些共同体有自己的法典（民法），有一定程度的礼仪和都市特性，市民合作及依据民法生活并受其调整，以及城市生活与商业艺术的优雅情致。[②]第三个阶段，即在18世纪，“市民社会”才因对保护个人自由、个人财产及对专制制度的批判的自由主义政治思潮的影响，成为与政治国家相对而使用的概念，这时的“市民社会”才成为“由一套经济的、宗教的、知识的、政治的自主性机构组成的、有别于家庭、家族、地域或者国家的一部分社会”[③]。具体来说，市民社会是指与国家相对，并部分独立于国家，包括那些不能与国家相混淆或者不能为国家所湮没的社会生活领域。“市民社会”的概念表达了自下而上的独立的而不是受国家督导的社会生活方式的纲领。[④]我们今天所说的“市民社会”，大致就是18世纪后与国家相对而使用的语义。[⑤]市民法也是在这一意义上使用的。因此，德国学者梅迪库斯指出：“民法”译自拉丁文的“市民法”（ius civile）。在罗马法中，“市民法”这个概念具有多种含义。在中世纪，“市民法”是一个与“教会法”相对的概念。法国大革命后，“市民”被理解为“公民”。所谓民法，是指适用于全体人的法，是一个无等级社会的法[⑥]。由此可见，“市民社会”的概念也是随着人们的认识和需要（特别是需要）而发生变化，最后终于因资产阶级革命的需要，成为与其追求的“平等、民主和自由”相契合的概念。由于“平等、民主和自由”仍然是当今社会的主旋律，因此，“市

---

① ［美］爱德华·希尔斯：《市民社会的美德》，李强译，载邓正来主编：《市民社会与国家》，中央编译出版社2002年版，第34页。

② 邓正来：《市民社会与国家》，载《中国社会季刊》1993年5月第3期。

③ ［美］爱德华·希尔斯：《市民社会的美德》，李强译，载邓正来主编：《市民社会与国家》，中央编译出版社2002年版，第33页。

④ ［英］查尔斯·泰勒：《市民社会的模式》，冯青虎译，载邓正来主编：《市民社会与国家》，中央编译出版社2002年版，第3页。

⑤ 这里所说的“三个阶段”，是以对概念使用和发展为主线的三个阶段，而不是按照自然发展的顺序来排列的。如果按照自然的发展顺序，第二阶段显然早于第一阶段。

⑥ ［德］迪特尔·梅迪库斯：《德国民法总论》，邵建东等译，法律出版社2000年版，第15页。

民社会”的概念并未发生变化。“市民社会”仍是民法的基础。但必须强调的是，这种“市民社会”在当今社会的挑战更多的可能不是来源于政治国家，而是“混迹”于“市民社会”之中的“法人”（大型公司，尤其是垄断性的跨行业、跨国公司）正在破坏着市民社会。故各国都用“打补丁”的方式从各个方面来矫正这摇摇欲坠的“市民社会”，例如，各国的《消费者保护法》就是典型的表现。

与德国学者关于民法的概念相似，我国学理及立法（《民法典》第2条）一般认为：民法是调整社会平等成员之间的人身关系和财产关系的法律规范的总称。

二、民法的特征

（一）民法是身份平等的社会的法律

德国学者称民法为适用于全体人的法，是一个无等级社会的法。[①] 如果要理解这一特征，我们不得不考察历史。在古代罗马，由于城市及领地的划分，使得每个城市均有自己的法律或者规则，“罗马也是一个城市”。作为城邦国家的公民，其身份就是市民。对市民的各种关系进行规范的法律称为“市民法”是极其自然的。例如，在罗马，就有万民法与市民法的分别。“市民法”是罗马人的特有法律，是属于罗马私法的部分，即是指调整公民之间个人关系的法律。而“万民法”是罗马人与其他所有民族共同拥有的法律。[②]

但是，在西方社会，随着历史的演进，市民等级作为一个新生的力量不仅在经济上拥有实力，而且在政治上也逐渐取得地位，成为进步和有生命力量的阶级，而对封建势力构成威胁。这时候由市民阶层组成的市民社会就成为一个专有的名词，专门用来指称与政治国家对立的基础社会的存在。在资产阶级革命的过程中，人们纷纷以市民法为制度性武器，以平等的市民观来否定教会法和封建法等级制度。这样的称谓非常巧妙地配合了资产阶级的革命主张：“天赋人权及人人平等的思想。”正是在这一时期，“市民社会”才具有了在与政治国家相对的意义上适用的特殊含义。在许多国家，资产阶级以暴力或者非暴力取得政权后，他们便以

① ［德］迪特尔·梅迪库斯：《德国民法总论》，邵建东译，法律出版社2000年版，第15页。

② ［意］彼德罗·彭梵得：《罗马法教科书》，黄风译，中国政法大学出版社1992年版，第13页。

“市民法”来命名其新的法典，如《德意志帝国市民法典》《拿破仑市民法典》。

现在通说认为，“民法”这一术语，是日本学者在翻译欧洲市民法时实现使用的。梅仲协先生指出：民法一语，典籍无所本，清季变法，抄自东瀛。东瀛则复从拿翁法典（拿破仑法典）之 droit civil 译为今称。[①] 也有学者认为，日本学者在翻译欧洲市民法时错误地将市民法翻译为“民法”，主要是因为其不了解制度背景，以至于将市民法的制度信息在“民法”的术语中被丢掉了。[②] 因此，我们在理解民法时，必须将被“丢掉了”的信息找回来。

（二）民法为属地法

从上面的历史考察可以看出，既然将民法称为“市民法”，当然就具有属地法的特征。也有的学者将这一特征称为“国内法”，即民法系在一国主权之下规范一国民族私生活关系的法律。[③]

（三）民法是实证法法律部门

一个国家的法律制度是由许多不同的法律部门所组成的，例如，宪法、民法、刑法等。而这些法律部门由于形成的过程和目的、调整对象不同，在结构和风格上具有较大的差异。在历史上，曾经有过一次，人们试图将一个国家的全部法律包含在一部法典之中——《普鲁士普通邦法》。这一尝试是启蒙运动的产物，并未取得成功，更没有为后人所继受。所以，法律部门的划分无论在法学研究还是在立法和司法中都有重要意义。

法学家在罗马法将法律分为公法与私法的基础上，根据调整的社会关系及调整方法划分法律部门。这种划分毫无强制性，更不是一种制度。但就目前来看，尽管人们在各种法律部门的安排顺序方面有不同看法，但它在某种程度上得到了普遍的认同。文献索引、图书分类、出版常常以此划分。[④]

---

① 梅仲协：《民法要义》，中国政法大学出版社 1998 年版，第 14 页。

② 张俊浩：《民法学原理》，中国政法大学出版社 2000 年版，第 5 页。

③ 胡长清：《中国民法总论》，中国政法大学出版社 1997 年版，第 7 页。

④ [德] 罗伯特·霍恩等：《德国民商法导论》，楚建译，中国大百科全书出版社 1996 年版，第 54 页。

民法作为实证意义上的民法而与自然意义上的民法相互区别。实证意义上的民法是指具有普遍的强制力的行为规范，因这种法能够为人们所证实并进行观察和研究，故称为实证意义上的民法。而自然法是上帝统治理性动物的法，它永远是公正和善良的。实证意义上的民法永远都不可能等于自然法，但可以接近自然法。人的理性可以认识和发现自然法，并以自然法评价实证法。

我们在此所讲的民法是实证意义上的民法规范，在形式上包括民法典、特别法律法规以及具有法律效力规范性质的其他形式。前者通常被称为形式意义上的民法，而后者则被称为实质意义上的民法。在我国历史上，也区分法与律，法为总称，律则单指成文法[①]（因此，清末民法典称为民律）。大概也是指实质意义的法与形式意义的法之别。

实质意义上的民法与形式意义上的民法的区分具有重要意义。一是实质意义上的民法应当符合形式意义上的民法。二是在法律掌握上，不仅要掌握形式意义上的民法，而且要掌握实质意义上的民法，例如，民法通则与合同法、民法通则上的一般侵权与民用航空法上的侵权赔偿问题等。

（四）民法为私法

公法与私法的划分是大陆法系最基本的分类，也是最重要的分类，它反映了法律的基本属性及适用原则。私法调整私主体之间的关系，适用平等、自治、公平等原则，国家对私法领域的干预程度较低，一般属于被动干预，实行“不告不理”原则。民法就属于私法的范畴，而且是最重要的私法。

第二节　公法与私法

一、公法与私法划分的标准

（一）利益说

利益说在罗马法时就已经有人提及。乌尔比安说：“公法涉及罗马帝国的政

① 胡长清：《中国民法总论》，中国政法大学出版社 1997 年版，第 9 页。

体，私法则涉及个人利益。”也就是说，根据这一学说，判断一法律关系或者一条法律规范是属于公法还是私法，就要看其所涉及的是公共利益还是私人利益。

（二）隶属说

这一学说在很长一段时间内一直处于主导地位。该说认为：公法的根本特征在于调整隶属关系，而私法的根本特征在于调整平等关系。这种区分类似于我国新中国历史上对经济法与民法的划分。

（三）主体说

该说认为，如果一法律关系有公共权力机关的参与，并且是以行使公权的身份参与，则该法律关系即公法调整的范围。如果一法律关系的参加者为私人，或者公共权力机关参与但却不是以公共权力的行使为目的的，则是私法的调整范围。①

（四）自由决策说

对于公法与私法划分的标准与学说，许多学者颇有微词。德国学者迪特尔·梅迪库斯评价道：就利益说而言，在福利国家中，公共利益与私人利益往往是不能分离的，例如，被归于私法范畴的婚姻制度和竞争制度，在本质上也是服务于社会公共利益的；与此相反，在属于公法范畴内的社会照顾或者道路建设中，在很大程度上也涉及私人利益。就隶属说而言，隶属关系也出现在私法中，如父母子女关系；而公法也存在平等关系，如政府之间订立的就某一区域管辖的协议等。就主体说而言，有一个关键的问题没有得到回答：什么时候国家行使公权，且行使的方式足以表明国家在上述意义上参与法律关系？这一点，在国家从事照顾性行为时，殊成疑问，例如，国家根据《联邦教育促进法》向一个大学生提供贷款的行为，与该大学生的有钱的叔叔向其支付生活费的行为，在性质上没有区别。所以，他认为，所有这些划分

① 参见［德］迪特尔·梅迪库斯：《德国民法总论》，邵建东译，法律出版社 2000 年版，第 11 页；王泽鉴：《民法总则》，中国政法大学出版社 2001 年版，第 12 页。

公法与私法界限的公式化的表述均存在缺陷，将各个具体的法律制度或者法律关系归属于这个领域或者那个领域主要是受到了历史原因的影响。在今天，任何一种旨在用一种空洞的公式来描述公法与私法之间界限的尝试，都是徒劳无益的。对于以前的法律应当由历史因素来决定，只有对新产生的法律，才能对其进行合理的界分，标准是：公法是指受约束的决策的法，而私法是指自由决策的法。①

二、评价

就以上区分而言，很难说哪一个正确或者错误，都是从不同的角度和侧面对公法与私法进行了阐述，仔细品味其本质含义是相同的，并且，无论按照哪一种标准进行划分，划分的结果都会惊人的相似。我认为，对于公法与私法的区分不在于标准，而在于其超出实证法的价值与说明意义。

德国学者拉德布鲁赫指出："公法"与"私法"的概念不是实证法上的概念，它也不能满足任何一个实证的法律规则。但公法与私法的价值关系则服从于历史的发展和价值世界观。② 因此，我们必须历史地和发展地对公法与私法划分的作用与伟大意义作出恰当的评价。首先，公法与私法的划分在今天仍然有重大作用，国家在公法范围内活动，个人在私法范围内活动。在私法中实行意思自治，而在公法领域中否定意思自治，国家或者政府的作用在于保障个人利益与安全。同时，这种区分在大陆法系的司法救济、法学研究和法律教育中占有重要地位。其次，公法与私法划分的最初动机更具有说明和启发意义：罗马人将社会分为两层，一为政治国家，二为市民社会。政治国家是国家权力活动的领域，命令和服从应该是畅通无阻的。但市民社会的资源分配不能依靠国家的命令和服从，而是以自治与平等为核心。如果说，在政治国家中，市民是国家的"奴隶"，那么，在市民社会中，他们却是自己的主人。罗马人将私人平等和自治视为终极，对于国家权力的猖獗给予警惕和限制，试图以公法与私法的划分为工

① 参见［德］迪特尔·梅迪库斯：《德国民法总论》，邵建东译，法律出版社 2000 年版，第 10—14 页。

② ［德］拉德布鲁赫：《法哲学》，王朴译，法律出版社 2005 年版，第 127—128 页。

具在他们之间划出“楚河汉界”，这种经典的说明意义在今天也有其耀眼的光辉。

三、公法与私法的内容

（一）公法的内容

公法分为宪法[①]、行政法和刑法，刑事诉讼法一般也划在公法之内，理由是它同刑法紧密联系。民事诉讼法如何划分才算恰当，在学术上尚有争议，目前占统治地位的看法认为它属于公法的范畴。

（二）私法的内容

在民法与私法的关系上，如果从“民商合一”的角度看，私法就是民法；但如果从“民商分立”的角度看，私法则包括民法与商法。我国目前的立法与主流学理是实行“民商合一”的体例，但在教学与理论上，仍然实行“民商分立”的教学与科研制度[②]。因此，有必要研究民法与商法、民法与私法的关系。只有在对这种关系的研究中，才能阐述民法在私法体系中的地位。

在大陆法系国家，将商法看作民法的特别法的“民商合一”的立法体例中，民法当然就等于私法；在“民商分立”的体制下，商法的地位与民法的地位也不可同日而语：民法是商法的基础，甚至有的学者直接就把大陆法系称为“民法法系”[③]。这种称呼也足以表明民法在私法中的地位与作用。私法包括民法和商法，其中民法更为重要。[④]民法源于罗马私法，罗马法的形式理性和内容对大陆法系民法具有深刻的影响。

---

① 宪法的属性究竟是不是公法？对此学者之间存在争议。它当然是基本法而凌驾于公法与私法之上，但是，如果用符合逻辑的“二分法”——公法与私法来划分，它更多地符合公法的特征：尽管它规定了公民的基本权利，但却并不直接调整“自然人”之间的关系。民法典用“自然人”，而宪法却用“公民”。这其实从某种程度上反映了其差别。

② 从我国的教学上看，民法与商法是两门不同的课程；教育部的主干教材中，商法也是独立的；中国目前是实行民法学会与商法学会并立的研究会设立机制。

③ ［美］艾伦·沃森：《民法法系的演变及形成》，李静冰、姚新华译，中国政法大学出版社1997年版。在该书中，作者直接把大陆法系称为“民法法系”，是为证。

④ ［美］约翰·亨利·梅利曼：《大陆法系》，顾培东等译，知识出版社1984年版，第116页。

第三节　民法与商法

一、商法的概念

从一般意义上说，商法是指规制商事主体及商事行为的法律规范的总称。

从商法的内容看，商人与商行为是商法典中的两个最基本的部分。有的国家在制定商法典时，是从商人入手的。例如，《德国商法典》的制定者以“商人”为出发点。德国学者在解释这一出发点的时候认为，《德国商法典》的制定者持有一种十分陈旧的观点，即一个社会中的不同职业构成了相互独立的身份集团，而每一集团都有其专门的法律。《德国商法典》第一编就是关于商人身份的规定。有的国家则是以“商行为”作为出发点的，如法国 1807 年商法典[①]。有的则以商人与商行为作为共同出发点，如《日本商法典》。但是，不管哪国的商法典，实际上都是包括商事主体及商事行为两部分内容的，《德国商法典》与《法国商法典》莫不如此。商法关于商事主体的规定，主要是对公司、商事合伙及商自然人的规定以及其从事商事活动的基础——商业登记、商业账簿、商事代理、商业名称等的规定，体现了法律对商事主体的静态控制。商法对于商行为的规定主要是商业交易本身的法律规范，涉及票据、保险、海商、证券、代理、破产、期货，以及其他商事交易活动。

从商法的性质看，虽然我们将之称为私法，但实质上，其受国家公力的干预要远远多于民法，例如，公司的设立必须严格遵守法定程序、公司债券或者股份的发行必须符合法定条件、票据的交易必须采用严格的形式等。所以，我们必须看到，商法虽然为私法，但因商事交易之安全涉及国家经济秩序，国家对其控制自然要严于民法。除此之外，还应当看到，商法中的技术性较强，所以，其国际化趋势十分突出。例如，就票据交易规则而言，大陆法系各国的票据法几乎是一样的，彼此差不了几个字。有许多学者将这种现象称为“商法的

① ［德］罗伯特·霍恩等：《德国民商法导论》，楚建译，中国大百科全书出版社 1996 年版，第 232 页。

国际化特征”[1]。其原因恰如霍斯沃斯（Holdsworth）所言：“商人在中世纪社会只不过是严格区分的各个阶层中的一个阶层，而所有这些阶层的惯例具有类似的普遍性，只是程度有所不同。”[2]

从商法的存在形式看，有以法典形式存在的商法，也有以非法典形式存在的商法。我国许多学者将前者称为形式意义上的商法，而将后者称为实质意义上的商法。在大陆法系国家，因法典化的传统，许多国家仿照《民法大全》的模式（或者称法典化的模式）制定了与民法典并列的商法典，如德国、法国、日本等，这种私法体系被称为民商分立的体系，施行民法与商法的二元化体系。而在有的国家，则将商法的基本规定寓于民法之中，在民法之外没有独立的商法典，我们称之为民商合一的私法体系，施行一元化体系。其实，民商分立与民商合一，多是在商法的存在形式上争论的。但实际上，在民商合一的大陆法系国家中，因民法对商事规则特殊性难以包容，故较多在民法典之外以特别法形式存在的商事规则，如《公司法》《票据法》《海商法》《保险法》等。所以，在民商合一的国家中，虽没有法典化的商法，但却有实质意义上的商法，即实质上调整商事主体及商事行为的法律规范，例如，瑞士采取民商合一，无独立于民法典的商法典，但却有《公司法》《票据法》等。我国没有商法典，但也有《公司法》《票据法》《海商法》《保险法》《破产法》《证券法》等实质意义上的商法。我们下面要分析和论述的，就是在形式意义上（商法典）来使用商法这一概念。

二、民法与商法的关系

民法与商法构成了私法的基本架构，那么，民法与商法究竟是什么关系？在民法典之外是否需要制定商法典？对此，有两种截然相反的观点，即肯定说与否定说，前者为民商分立，而后者为民商合一。对于这一问题，我国学理上争论激烈，并均持之有故。

---

① 赵万一主编：《商法学》，法律出版社 2001 年版，第 29 页。

② ［英］施米托夫：《国际贸易法文选》，赵秀文等译，中国大百科全书出版社 1993 年版，第 9 页。

（一）民商合一的理由

1. 商法在中世纪的出现是因为有商人阶层，而今天商人阶层已经不存在。

2. 民商分立，难以避免民法典与商法典之间的矛盾和冲突，造成法律适用上的困难。

3. 特定交易关系可以采取特别法规的方式，不宜在民法典之外再制定商法典。

4. 有些民商分立的国家，如法国等，学者也提出建立民商合一的立法模式。由此可见，这是发展的趋势。

（二）民商分立的理由

1. 现代社会虽然不存在商人阶层，但企业已经代替商人而成为商事主体。有必要对企业商人的组织及行为作出不同于民法的调整。

2. 商法具有民法不能包容的特点，即使采取民商合一，民法典也不能包容全部商事法规，还要在民法典之外，制定特别法规，这样倒不如坚持民商分立。

三、民商分立与民商合一的分析

民商分立是一个理性的选择，还是一个自然的历史过程？是科学的分类还是历史分类？如果真的像许多学者认为的那样——商法是商人的法，那么，为什么即使在 18 世纪至 19 世纪理性思潮泛滥的时代，商法失去其产生基础——商人阶层以后，并没有合乎逻辑地消失而自然地民商合一，而是在民法典之外独立为法典？即使是在今天西方许多学者呼吁建立民商合一的具有法典化传统的国家，也只是“雷声大而雨点小”，像德国、法国这样的较早地拥有民法典的国家，民法与商法的合一也没有完成。为什么每一个民法学者在编写民法教科书时，内容几乎是一致的，而编写商法教科书则有这么大的差异？这种取舍是有根据的，还是任意的？由此可见，理性与单纯的价值判断并不是推动民商合一的全部因素，更不是决定性因素，而历史与传统才是商法产生的基础，也是其存在的基础，也是民商分立的真正支持，也许正是历史与传统的因素真正阻碍着民商合一。

（一）商法产生的历史基础

1. 商人阶层是商法典产生的基础

中世纪的商法是以商人阶层为调整对象的，故商人这一阶层的出现是商法产生的基础。美国学者伯尔曼认为，商人阶层的出现是新商法发展的一个必要前提，许多商事交易规则离开对商人集团的依赖是不可能出现的。伯尔曼以列举性的实例指出：近代商法体系的结构性要素如果不是绝大多数形成于这个时期，那么，至少也有许多是形成于这个时期。某些为当时所有的法律体系所共有并适合于商人共同体特定需要的基本法律原则，蕴含于这些要素之中。这些原则包括诚信原则和共同人格原则，前者尤其表现为各种新的信用手段，后者则特别表现为创立了各种新型的商业联合体（如有限合伙）。以票据为例，无论是可流通信用票据的概念还是做法，对于古罗马法或者日耳曼法来说均是无知的。它由 11 世纪晚期和 12 世纪的西方商人创立，而这当然是对那时出现的发达商品市场的一种反应。然而，要作出这种反应，必须有一种信用本身的储备，因为假如没有信用，或者说假如不信任组成市场的人的共同体的将来，那么就既不会有信用票据，也不会有体现于其可流通性中的那种特别信用了。假如对于所有债权人和债务人所属的社会共同体的完整性和持久性没有一种高度民主的信奉、信任或者信赖，那么把债务人将来的义务从一个债权人转移到另一个债权人的制度就无法产生和维持了。的确，只有这种对商人共同体的将来的信奉，才可能使即刻支付的价值与晚些日子支付的价值相比量[①]。也就是说，在非即时结清的交易中，一人先支付价款，而另一方则晚些日子交货，这样的交易如果没有对商人共同体的信赖，是难以成立的。另外，破产制度的产生也与商人团体有密切关系。因商业性风险较大，故作为信用体系的保障手段的破产法就必不可少。早期的各国破产法均仅适用于商人，称为“商人破产主义”。

中外法学家一致认为，近代商法起源或者完成于中世纪。伯尔曼指出：正如封建庄园法的性质一样，11 世纪晚期和 12 世纪也是商法变化的关键时期。

---

① ［美］伯尔曼：《法律与革命》，高鸿钧等译，中国大百科全书出版社 1993 年版，第 427 页。

正是在那时，近代西方商法（即商人法）的基本概念和制度才得以形成，西方商法获得了作为一种结合了各种原则、概念、规则和程序的体系的特征。与商事关系相联系的各种权利义务逐渐被自觉地看作一种完整的法律体系商法的组成部分。许多不同的商事法律制度，如票据、有担保的债权和联营，在那时得以创立，它们同那时重新塑造的许多古老的法律制度一道，被认为构成了一种独特、连贯的体系。更为重要的是，商法在西方才第一次逐渐被人们看作一种完整的、不断发展的体系，看作一种法律体系。[①] 在此之前，也有许多商事交易规则，但均未达到被作为体系化对待的程度。作为历史的考察，11 世纪的商法必然孕育于之前的社会中。为什么之前的社会也有商人却没有形成体系化的商法呢？

11 世纪前的商人的社会地位决定了商事规则的地位。泰格和利维两位学者描述了当时商人的地位：在公元 1000 年左右，商人在西欧初次出现时，被称为“泥腿子”，因为他们带着货物徒步或者骑马四处奔波，从这个城镇到那个城镇，从这个集市到那个集市，一路售卖货物。在封建领主的大厅里，商人乃是被嘲笑、愚弄，甚至憎恨的对象。利润，即商人买进卖出的差价，在那时的社会被认为是不名誉的，那个社会赞誉的是高贵的杀伐之功，敬重的是靠辛苦和勤劳生活的人。获得利润被视为高利贷的一种形式，人们因此认为，商人的灵魂是要进地狱的。商人为了保护自己及货物免遭贵族的恣意蹂躏和掠夺，感觉到必须保护经商的条件。如果要从事有秩序而又经常性的贸易，就必须有一种制度，既可保障人身安全，又使得贷款、保险和汇兑都可能办理。[②] 正是在 11 世纪至 12 世纪商人作为一个阶层出现，才为商法的产生奠定了基础。

2. 商人在封建与宗教的秩序中寻求地位是商法产生的内在动力

商人所渴望的那种从事有秩序而又经常性的贸易的安全保障的理想与现实生活相差太远，因为中世纪的欧洲实际上仍然处于封建法与寺院法的支配与控制之下，商人在商事活动中遇到的法律障碍很大：第一，封建势力下的法律，

① ［美］伯尔曼：《法律与革命》，高鸿钧等译，中国大百科全书出版社 1993 年版，第 406、424 页。

② ［法］泰格、利维：《法律与资本主义的兴起》，纪琨译，学林出版社 1996 年版，第 4 页。

不仅不认可交付行为无因性原则，而且允许连带债务可以分别偿还，甚至允许卖主可以低于市价过半为由而撤销其买卖行为。第二，寺院法的一些规定也不利于商人。这些规定不仅严禁放贷收息，而且不准借本经营。商业投机和各种转手营利活动都是违法行为，受到明文禁止。甚至连诸多非生产性中介商活动，正常的债权让与及交易也被认为是违法的。对于这些规定，商人当然难以忍受和接受[①]。

所以，商人是社会与法律的“弃儿”，商人谋求与这种制度的妥协，而从中牟利。随着商人团体的壮大，这一阶层中具有法律意识的人就谋求在封建体制之内，寻求其正当地位。他们利用各种手段，从教会和世俗两方面的王公权贵手中得到种种让步，以便建立自由贸易地带。在这一过程中，商人为自身订立了一些法律规则，为自身利益服务，处理他们之间的纠纷。

在欧洲的许多地方，商人以自身特有的手段在宗教与世俗权力之间寻求发展空间。泰格和利维两位学者描述道：在欧洲许多地方，国王与商人结盟，商人支持国王的立法和司法权力，以期获得统一规定有利于在广大地域从事贸易的法律。商人要获得利益，便报以纳税，并在很多情况下给予国王巨额贷款，以供其对外推行军事政策。教会也清楚地认识到，商人所经营的自由贸易乃是影响社会稳定的强烈腐蚀剂。如果说，古代教义曾经教导人们：经商就是罪恶，那么现实政治则教导人们：贸易正威胁着封建制度。但是，教会对于由于贸易而积累起来的巨大财富不能熟视无睹，只有染指其中，教会统治者才能盖教堂和大学，过他们已经过惯了的生活。虽然商人有时会使教会感到难以忍受，但在另一些场合，教会便力图将商业纳入它那个神学、道德与法律无所不包的体系中。[②]

如果说，在历史上有一事件最大限度地巩固了商人的地位和促进了商法发展的话，那就是“十字军东征”。“十字军东征”是为了夺取商路和传播市民意识形态，促进欧洲的商法复兴。用泰格与利维的话来说，“十字军东征”所代表的乃是与军事胜利无关的经济机会。然而，这种以东方贸易增长为代表的机会，

---

① 覃有土主编：《商法学》，中国政法大学出版社 1999 年版，第 34 页。

② ［法］泰格、利维：《法律与资本主义的兴起》，纪琨译，学林出版社 1996 年版，第 39 页、第 44 页。

若无法律和制度的体制保障，就难以利用。必须有法律与体制才可容许共同集资投入大规模海上和陆上事业，保证已筹集必要资本的商人能够受到保护，并对如何将来自东方的货物交换成来自西方的货物作出规定。具体说来，“十字军东征”具有三大成果：（1）意大利各城邦的大商人开始进行斗争，为了争取掌握政府权力，或者争取受保护，以便容许他们从事贸易；（2）这种权力乃是用于认可诸如热那亚“海会”之类的经商方法，以求能够利用增加了的东方贸易所提供的金融机会；（3）罗马法有关契约和所有权的各项原则得到再现，为扩大贸易关系提供了一个法律保护构架。① 正是“十字军东征”这样一个历史事件，极大地促进了商业的发展，壮大和巩固了商人阶层的地位。这样，商人自身的法律便较为堂而皇之地登上舞台，成为与其他法律体系相独立的体系。

总之，商人由于地位低下而为封建体制与宗教所不容，在当时的法律制度下找不到保护自身利益的规则与法律制度。于是，一方面商人向世俗权力及宗教妥协，另一方面制定保护自身利益的规则。而这一规则必然为当时制度与法律所不容。商人以坚韧的精神与特殊的手段在封建秩序与宗教权力中寻求自身生存与法律制度发展的空间，并以金钱作为力量和武器与封建势力及宗教权力谋求共存。“十字军东征”巩固了商人及商人法的地位。

3. 商事规则难以为民法所包容是商法生存至今的重要原因

商事规则虽然有自己形成的特殊历史背景和独特性，但是，如果这些规则和特殊性能够与民法找到统一的基础并能够为民法所包容，那么，商法典的独立性就真的值得怀疑，商法典也就会合乎逻辑地消亡。但情况却恰恰相反，商事规则不能为民法所包容。就像美国学者伯尔曼所指出的，古罗马法学家也承认，许多契约不是由市民法支配而是由包括万民法在内的习惯法所支配。万民法是适用于那些非罗马公民的属于诸民族的习惯法。的确，正是这种万民法支配着罗马帝国范围内的绝大多数类型的商业交易，尤其是那些涉及远距离货物运输的商业交易。罗马帝国商业习惯法的一些规则和罗马帝国市民法的一些规则独立于优士丁尼的法律文本之外，但它们从5—11世纪一直存留于西方。②

① ［法］泰格、利维：《法律与资本主义的兴起》，纪琨译，学林出版社1996年版，第66页。

② ［美］伯尔曼：《法律与革命》，高鸿钧等译，中国大百科全书出版社1993年版，第413页。

艾伦·沃森认为，民法典有许多疏漏，在这些疏漏中，一个最令人吃惊的疏漏是对商法的忽视。从理论上说，把商法并入民法典应该特别容易。但是，法国却在1807年有了自己的商法典。民法典里没有商法的简单原因是商法没有被当成“民法”看待，商法已经形成它独特的法律传统，它没有明显的与罗马法有关联的祖先。一句话，优士丁尼的《法学阶梯》中没有它，从而法国民法理论里也就没有它。这一原因同样能够解释《奥地利民法典》和《德国民法典》里为什么疏漏了商法。[①]

商事规则不能为民法所包容，而商事规则无论从国家的经济发展，还是对已经登上历史舞台的商人阶级的利益来说，都必不可少。同时，由于商事习惯规则极不统一，造成了商业贸易的困难。就像伏尔泰对法国的描写一样：“此事在这个村庄是正确的，而在另一个村庄却变为错误的，难道这不是一桩荒唐可笑而又令人畏惧的事情吗？同胞们不是在同一法律下生活，这是多么奇特的野蛮状态！在这个王国里，每当你从一个驿站到另一个驿站就出现这种情况。在每次换乘马匹的时候，适用的法律也就变了。”[②] 法律统一的实际需要和民法不能包容，制定独立的商法典也就顺理成章了。

但是，我们应当清楚，仅仅有传统和需要，如果没有体现形式理性的法典化传统，那么商法规则也许会走向另一种形式，即不是以法典化的商法典为表现，而是以单独的法规体现。因此，形式理性是商法典得以形成并与民法典分离的重要原因之一。下面我们就来分析大陆法系的形式理性对商法典形成的影响。

（二）形式理性对商法典形成的影响

1. 什么是法律的形式理性

法的形式理性主要是指由理智控制的法律规则的系统化、科学化以及法律制定与适用过程的形式化。[③] 形式理性的法律思想代表了高度逻辑的普遍性

① ［美］艾伦·沃森：《民法法系的演变及形成》，李静冰、姚新华译，中国政法大学出版社1997年版，第166页。

② 转引自［德］K. 茨威格特：《比较法研究》，潘汉典译，贵州人民出版社1992年版，第152页。

③ 黄金荣：《法的形式理性论》，载《比较法研究》2000年7月第3期。

思维，是一种体现“制度化”的思维模式。这种制度化的思维模式在立法上试图制定逻辑清晰、前后一致、可以适用于任何实际情况的完美体系。D.M. 特鲁伯克把形式理性解释为：法律思维的理性建立在超越具体问题的合理性之上，形式上达到那么一种程度，法律制度的内在因素是决定性尺度；其逻辑性也达到那么一种程度，法律具体规范和原则被有意识地建造在法学思维的特殊模式里，那种思维富于极高的逻辑系统性，因而只有从预先设定的法律规范或者原则的特定逻辑演绎程序里，才能得出对具体问题的判断。① 用德国学者马克斯 · 韦伯的话来说，只有采用逻辑解释的抽象方法才有可能完成特别的制度化任务，即通过逻辑手段来进行汇集和理性化，使得具有法律效力的一些规则成为内在一致的抽象法律命题。这种形式理性的法律可以归结为以下五个特征：（1）任何具体的法律都是抽象的法律命题对具体的“事实情事”的适用；（2）在每个案件中都能够通过法律逻辑的方法从抽象的法律命题中推演出具体的裁决；（3）法律必须是“完美无缺”的体系，或者假设如此；（4）不能从法律上构造的问题就没有法律意义②，即法律只处理法律规定的事实；（5）人们的每一种社会行为都是对法律的“适用”，“执行”，或者是“侵权”。③

法律的形式性是法律形式理性的一个重要特征，这种形式性在法律中主要体现在两个方面：首先，法律应以有形的、可以感觉到的、具有外在性的方式表现出来；其次，组成法律的是一些可能远离具体事物和行为的高度抽象的法律概念和命题，法律的适用有赖于对抽象法律概念和规则的逻辑分析以及从规则到具体判决的形式逻辑推理。这样由法律程序保障和形式主义适用要求的形式性终于得以贯彻于立法与司法的始终，法律的确定性也就得到了最大限度的保障。④

---

① ［美］艾伦 · 沃森：《民法法系的演变及形成》，李静冰、姚新华译，中国政法大学出版社 1997 年版，第 32 页。

② 任何法律关系都是法律调整的结果，如果一种现实中的事实不能与法律制度中的抽象事实相联系，这种现实中的事实就不是法律所调整的问题，也就没有法律意义，而只能是非法律规范调整的对象。这是法典化的成文法所具有的基本特点，也是形式理性的特点。也正是这一点常常受到来自各个方面的攻击。——作者注

③ ［德］马克斯 · 韦伯：《论经济与社会中的法律》，张乃根译，中国大百科全书出版社 1998 年版，第 62—63 页。

④ 黄金荣：《法的形式理性论》，载《比较法研究》2000 年 7 月第 3 期。

形式理性的法律只有在与实体理性的法律相对的关系中才能得到更好的理解。实体理性的法律类型在立法上往往对法律规范与道德、政治规范不加区分，在司法上法律的适用倾向于屈从于实体的道德、政治原则的评价，因此法律缺少独立性、确定性。这种法律总的说来是“实体性”的。而形式理性的法律则相反，它坚持法律的相对独立性，在法律规范与实体性的道德、政治原则的关系方面倾向于排除实体性要素的干扰①。形式理性的法律在适用上，要求法官必须严格执行“形式法”，至于正义、公平之类的因素，是立法者而不是法官考虑的。法官只能依据形式理性的法律规范，依照“三段论”的司法模式得出确定的判决。

2. 形式理性的合理性

形式理性的哲学基础是对人类认识能力和理性的高度信赖，相信人能够通过自己的认识能力和理性创造一个相对独立于现实世界的抽象制度王国。在这个王国里，抽象制度中的“事实”能够与现实世界中的事实对应，能够解决现实世界中的所有问题。19 世纪各国大陆法系民法与商法法典化的时代，正好反映了这种理性主义至上的思潮。但是，人类的理性毕竟有限，以法典化解决一切的理性也只能是一种完美的理性，在现实世界中无法完全实现。所以，法律的形式理性受到了各种各样的批评，霍姆斯之“法律的生命从来就不是逻辑而是经验”的著名论断，可以看成是对法律形式理性的最经典怀疑。美国学者庞德也认为，人们过去认为可以发现一个确定的、永恒的原则体系。从这个体系出发，通过纯粹的逻辑运算，一个包罗万象甚至连每个细节都完美无缺的法律体系可以推导出来。立法者的任务就是用法典的形式推广这个推论。他们还认为可以通过理性而一劳永逸地发现这些原则，因为这些原则只不过是抽象的人生的表现而已，也是抽象的个人行为内在的理性原则。可是，这种法理学方法已经是明日黄花了。② 我们说，这种批评不可谓没有道理，问题是：法律的形式理性真的就如此糟糕？一个典型的事例是：日本在制定新法典的时候，德国法在同美国法的竞争中取得了决定性

① 黄金荣：《法的形式理性论》，载《比较法研究》2000 年 7 月第 3 期。

② ［美］罗斯科·庞德：《普通法的精神》，夏登峻译，法律出版社 2001 年版，第 101 页。

的胜利[1]，这也说明了形式理性法的合理性和生命力。

形式理性的法律的最合理之处，在于它的确定性和可预测性。这也许就是它的生命力的源泉。所以，英美许多人虽然激烈批评大陆法系的形式理性主义，却从来没有否定过形式理性法律体系，甚至有人主张在美国实行成文法，并且也确实有过实验。而大陆法系国家也从来没有放弃过形式理性法。我国制定的《民法典》也是这种形式理性的实践者。

3. 形式理性在商法典形成中的作用

前面已经说过，如果仅仅有商事规则不能为民法所包容和商事法律规则的统一的需要，并不一定必然导致商法的法典化，它完全可以选择其他形式的存在。但是，大陆法系体现形式理性的法典化传统及法典化的方法，是导致这种局面的一个重要的或者说是根本性的因素。

也就是说，大陆法系因受罗马法形式理性的影响而形成了法典化传统，因法典化的传统，使得人们想把不能为民法典所包容的商事规则按照法典编纂的方式使之法典化，于是就有了民法典与商法典的并立。但是，这种形式理性与历史、需要之间的关系却极大地影响了商法典的质量，因为没有像《民法大全》那样的先例与模式为民法典所效仿的幸运，故大陆法系商法典的影响就远远不如民法典，而体系化的程度也难望民法典之项背，所以，大陆法系有时又被称为民法法系，足以看出民法典在大陆法系中的地位与影响。由于商法典的这种情况，也就难怪人们要对商法典的存在提出质疑，甚至要将之并入民法典而主张民商合一。关于此点，我们将在下面详细分析。

（三）形式理性与商事习惯结合下的商法典

许多学者认为，西方传统民商分立体制的形成并非出于理性的认识与选择，而是由于历史传统的既成事实。的确，民法与商法的分立的历史因素要超过科学的因素，就如德国学者托伦所言：民法与商法的划分与其说是一种科学的划分，还不如说是一种历史的沿革。传统因素对民商分立的形式具有压

---

① ［美］罗斯科·庞德：《普通法的精神》，夏登峻译，法律出版社 2001 年版，第 101 页。

倒一切的影响。[①]但如何理解“传统因素”？我们认为，“传统因素”主要有两个：一是西方历史上形成的商人规则；二是受罗马法形式理性影响而形成的法典化的传统。

艾伦·沃森认为，形式理性起源于《民法大全》。他说，民法制度的形式理性，可以从《民法大全》的历史资料中得到灵活的解释。在这种解释之中，社会因素就毫无立足之地了。[②]也许，正是法律形式理性的源头，使商法典产生了后遗症。因为商法，正如它在民法国家里为人所理解的那样，没有出现在优士丁尼的《法学阶梯》里，大部分与罗马法没有历史渊源。从前的注释法学家对《法学阶梯》所作的注释，由于他们的本性疏漏了商法，而使法学阶梯的形式和内容都遵循优士丁尼《法学阶梯》的模式，从而他们也没有探讨过商法。[③]问题恰恰在此，即人们想遵循形式理性的法典化传统制定商法典，但却没有办法像民法那样直接从《民法大全》中汲取营养，所以，商法典无论在外在形式上，还是在内在质量上，均不能与民法典相提并论。就像艾伦·沃森所指出的：在《法国民法典》之后很快就有了商法典与民事诉讼法典、刑法典与刑事诉讼法典，但是，后来出现的这些法典，不论在措辞上还是在质量上，都远远不及民法典。造成这些法典低质量的原因，是这些法典的起草者没有或者很少有模式可以遵循。[④]

我们可以这样来评价商法典：大陆法系各国的商法典，在形式理性上远远不如民法典完美，所以，在大陆法系令人赞叹的是其民法典而非商法典。造成这种结局的原因可以归结为传统与理性的不协调。因为大陆法系传统的形式理性具有巨大魅力，立法者在制定法律时自然受到制约。而作为大陆法系形式理性的发源地——罗马法中又没有现成的经验和具体模式可供遵循，就如艾

---

① 转引自覃有土主编：《商法学》，中国政法大学出版社 1999 年版，第 57 页。

② [美] 艾伦·沃森：《民法法系的演变及形成》，李静冰、姚新华译，中国政法大学出版社 1997 年版，第 34 页。

③ [美] 艾伦·沃森：《民法法系的演变及形成》，李静冰、姚新华译，中国政法大学出版社 1997 年版，第 224—225 页。

④ [美] 艾伦·沃森：《民法法系的演变及形成》，李静冰、姚新华译，中国政法大学出版社 1997 年版，第 170 页。

伦·沃森对《法国民法典》所作的评价一样：《法国民法典》的基本结构是法学理论传统的产物，它经过了几代法学家的巨大努力。而商法典，无论在措辞还是在规范质量上，都远远不及民法典。[①] 从商法典形成的历史因素来看，商事规则本来就是民法的"弃儿"，商法典是对游离于民法之外的"散兵游勇"的收容，故其内在联系性远远不如民法。虽然商事立法也遵循一定的脉络，有的以商人为主线，有的以商行为为主线，有的兼而有之，但也有一些基本的概念，如商人、商行为、商事权利义务等，但是，商行为、商事主体的概念是如此的不确定，以致难以抽象出共同的可称为"原则"的东西来。例如，保险行为、票据行为、破产清算、期货买卖行为、证券买卖行为之间的差异性远远大于共同性，其共同适用的原则难以抽象出来，所以无论是大陆法系的商法典，还是商法教科书，都是把这些部分放在一起，其间的联系性与柔和性令人生疑：这些商行为是否是一个有机的整体？

也许正是这个原因，许多学者主张废除商法典而改为民商合一立法体例，但是，法国虽然有一定的动作，但迄今为止仍未落实，德国的情况也大体如此。意大利的民法典据说是民商合一的结晶，但其真正的运行结果需要实践的检验。在我们国家讨论民商合一或者民商分立，其意义并不是太大。因为我们根本不存在西方那样的历史传统，商人在任何时候也没有真正成为一个相对独立的阶层，更没有自己不可动摇的商事规则。所以，我国从民国时开始就实行民商合一，是极其自然的。而在西方，民商分立却是传统，而正是传统才是民商合一的真正障碍。

第四节　民法典编纂

一、民法、民法典与民法典编纂

民法典是指由立法机关制定的体系化的成文民法。法典化思想是这样一

---

① ［美］艾伦·沃森：《民法法系的演变及形成》，李静冰、姚新华译，中国政法大学出版社1997年版，第165、170页。

种理念：把全部的法或者把一个大的规范领域完整、和谐地汇编为一部法典。①民法典是典型的形式意义上的民法，但不等于整个民法，民法典仅仅是民法的重要组成部分。民法作为一个法律部门来说，不仅包括民法典，还包括民法典之外的单行法，例如，德国和法国虽然都有自己的民法典，但在此之外，还有作为民法的单行法规，如德国1951年3月15日的《住宅所有权法》和1919年1月15日的《地上权法令》等。我国的《民法典》也不可能包括所有的民法规范，在《民法典》之外，肯定还有许多民事单行法，特别是像我国这样，实行"民商合一"的立法体例的国家，其实所有的商事法律，如《公司法》《破产法》《证券法》《期货法》等都属于民法的范畴。

民法典编纂实际上是民法的体系化、系统化的过程。"法典编纂"与"法典制定或者起草"是否有别？学者之间有所争议。从字面上看，"法典编纂"似乎应解释为：对已经存在的法律法规进行整理，去除那些过时的、相互矛盾的部分而成为一部系统的典章。而"法典制定或者起草"则是在不存在基础的情况下，做成一部新的典章。因此，《法国民法典》和《德国民法典》都称"制定或者起草"，而优士丁尼的法典只能称"编纂"。所以，日本学者指出："法典编纂是指对一国法律进行分科编制而形成具有公力的法律书面事业，或者是指将既有法令进行整理编辑而形成法典的工作，或者是指将新设法令归类编纂而形成一编的法典工作。"②我国的《民法典》只能称"编纂"而不能称"制定或者起草"，因为我国之前已经有《民法通则》《物权法》《合同法》《侵权责任法》《婚姻法》《继承法》等，所以，党的十八届四中全会决定"民法典编纂"，用词是十分准确的。

新中国的民法典可以说是命运多舛：从1954年开始的民法典起草，到今天为止，已经有三次"举动"，但由于条件所限没有完成。我国的经济及社会发展到今天，结构发生了巨大的变化，需要以法典的形式来确认和巩固这些成果，甚至需要将以前的一些政策性的东西写入民法典。因此，党的"十八届四中全会"在提出"依法治国"的同时，决定编纂中国的民法典，是非常正确和

① 参见［德］迪特尔·施瓦布：《民法导论》，郑冲译，法律出版社2006年版，第19页。

② ［日］穗积陈重：《法典论》，李求佚译，商务印书馆2014年版，第5页。

及时的，反映出历史的需求和人民的愿望。

二、法典化与反法典化

（一）法典化的基础——形式理性

学者一般都认为，法典是理性主义的产物，就如美国学者所指出的：这个时期狂热的理性主义对法国的法典产生了重要影响……，这种设想是：从自然法学派思想家所建立的基本前提进行推理，人们就能够取得一种可以满足新社会和新政府所需要的法律制度[①]。而理性主义中的形式理性对法典的制定起到了决定性的作用。

（二）对法典化的一个通常的误解

我们的教科书或者法学院的教学一般都给学生留有这种印象：法典化是大陆法系国家的专利，而英美法系国家是判例法而非法典化国家。这应该是一个误解。对此，美国学者约翰·亨利·梅利曼指出：我们经常听到一些对法律一知半解的人说，大陆法制度是法典化的法律制度，而普通法是非法典化并且主要是判例法制度。这种认识过于简单，甚至是一种曲解。美国一个典型的州所具有的生效的法规起码不少于一个典型的欧洲或者拉丁美洲国家。如同大陆法系国家一样，法规在美国同样具有法律效力，差别仅仅在于它有赖于法官根据立法精神加以解释和适用。而且，美国的成文法规的权威高于司法判例，并且可以取代相抵触的司法判例，但反之则不能。有无法典存在，也不是区分两大法系的依据。美国加利福尼亚州所有的法典比任何一个大陆法系国家还多[②]。甚至有人认为，英国的功利主义法学派的代表人物边沁是法典编纂的始祖。边沁从 19 世纪初不断提出法典编纂的思想和主张，并且向俄罗斯帝国主义亚历山大一世和美国总统麦迪逊建议法典化，而且还屡屡向各国政府赠书游说法典

① ［美］约翰·亨利·梅利曼：《大陆法系》，顾培东等译，知识出版社 1984 年版，第 31 页。

② ［美］约翰·亨利·梅利曼：《大陆法系》，顾培东等译，知识出版社 1984 年版，第 29 页。

编纂的必要。[①]

因此，我们不能认为，法典化是大陆法系国家独有的产物，它仅仅是法律的体系化、系统化的表现形式，就如美国学者约翰·亨利·梅利曼所指出的一样，美国的成文法典很多。

（三）法典化（法典编纂）的目的是什么

为什么要法典化？其作用或者说目的是什么？日本学者穗积陈重进行了系统的总结，我们结合目前法典化国家的经验和学理进行简单的说明。

1. 出于治安的目的

干戈是战乱的凶器，而法律则是治平的要具。故一国发生战乱，社会秩序紊乱，而在反复不能收聚之际，能加以恢复秩序的便是法律。正如古希腊的德拉古法典及梭伦法典、罗马的《十二铜表法》就是出于治安的策略而产生的。[②]

2. 出于巩固胜利成果的目的[③]

《法国民法典》就是出于巩固革命胜利成果的需要制定的。

3. 出于统一的目的[④]

《德国民法典》和《法国民法典》都有出于这种目的的需要：当时德国和法国国内的法律很不统一，阻碍了经济的发展。

由于历史的原因，法国的南部和北部实行着不同的法律。在北部，随着西罗马帝国的灭亡和法兰克人的入侵，罗马法让位于法兰克人的具有日耳曼渊源的习惯法。而在南部，却一直是罗马法成文法统治的领域，在这里，罗马法并未因西罗马帝国的灭亡而灭亡。另外，对《国法大全》的研究在12世纪的蒙彼利埃和图卢兹大学都确立了稳固的地位。这样，从法律的角度将法国的领土分为南部受罗马法影响的成文法地区和北方以日耳曼习惯法为基础的习惯法地区。这种民法不统一的状态，使人难以了解、难以适用，给经济发展带来了

---

① ［日］穗积陈重：《法典论》，李求轶译，商务印书馆2014年版，第8页。

② ［日］穗积陈重：《法典论》，李求轶译，商务印书馆2014年版，第27页。

③ ［日］穗积陈重：《法典论》，李求轶译，商务印书馆2014年版，第30页。

④ ［日］穗积陈重：《法典论》，李求轶译，商务印书馆2014年版，第33页。

不利。就像前文提过的伏尔泰所描述的那样："此事在这个村庄是正确的，而在另一个村庄却变为错误的，难道说这不是一桩荒唐可笑而又令人畏惧的事情吗？同胞们不是在同一的法律下生活，这是多么奇特的野蛮状态！在这个王国里，每当你从一个驿店到另一个驿店就出现这种情况。在每次换乘马匹的时候，适用的法律也就变了。"①

德意志帝国是由各个"州"（邦）组成的，而这些邦早就有自己的法律或者法典。因此，德国民法要统一这些"邦"（王国或者公国）的法律。这些法律主要有：1756年的巴伐利亚马克西米利安民法典、1794年的普鲁士普通邦法、撒克逊民法、《法国民法典》（莱茵河地区的一些邦采用）等。②

4. 出于整理既存法律法规的目的③

罗马法历史上优士丁尼法典的编纂，也有这种目的。因为，到优士丁尼时代，法律法规十分混乱繁多，于是，优士丁尼出于整理法律的需要，下令编纂法典。

5. 出于更新的目的

法律伴随社会的进步，故在一个国家有大革命，社会事物焕然一新，人心也发生激变之时，立法者编纂法典，响应社会的新世态，即是此目的。日本的明治维新后的法典编纂，就是著例。④

需要指出的是，法典的编纂有时并非仅仅出于上述目的的单独一个，有时是多个目的都可能具有。例如，我国《民法典》的编纂，就出于多个目的：一是整理法律法规的需要，二是巩固改革开放40余年成果的需要，三是中国正面临新的深化改革，出于更新的需要等。

（四）法典化与反法典化的论争

1. 支持法典化的理由

（1）能够充分贯彻民法的基本价值观念，如平等、诚实信用、私法自治、

① 转引自［德］K. 茨威格特：《比较法研究》，潘汉典译，贵州人民出版社1992年版，第152页。

② 谢怀栻：《大陆法系国家民法典研究》，载《外国法译评》1994年第4期。

③ ［日］穗积陈重：《法典论》，李求佚译，商务印书馆2014年版，第42页。

④ ［日］穗积陈重：《法典论》，李求佚译，商务印书馆2014年版，第48—49页。

维护交易安全等，同时有助于消除并防止整个法典价值观念彼此之间的冲突和矛盾。

（2）有助于消除现行民事法律制度的混乱与冲突，将各项法律制度整合为一个有机的整体，从而建立起内在和谐一致的民事规范体系。

（3）有助于民法规范的遵守与适用。

（4）体系化有助于通过保证民事法律规范的稳定性，从而最终实现社会生活关系的稳定性及人们在社会生活中的可预期性。①

2. 反法典化的理由

（1）法典不能伴随社会的进步。这种观点主要是认为，社会是不断发展的，而法典相对是稳定的。而且，法典相较于单行法规，修改比较困难。因此，许多法典制定后因难以修改只好如旧存在。所以，法典在跟随社会发展和适应社会需要方面，很不方便。

（2）法典不能包含法律的全部。即使在法典完成后，也没有终止单行法规的存在，实际上，在法典之外，还有大量的民事单行法和法规。因此，还不如以单行法的形式存在。

（3）法典不能终止判例规则。法典完成后，在具体适用法律的过程中，还需要对法律的解释和判例规则，而且法国、德国的实践证明，判例规则起到了非常重要的作用。②

如果对于以上支持和反对理由作出一个评价的话，我认为，无论是支持法典化的理由，还是反对法典化的理由，很多都有牵强附会、生拼硬凑之嫌，特别是反对的理由，大概没有一条是站得住脚的："法典不能伴随社会的进步""法典不能包含法律的全部""法典不能终止判例规则"等理由大概当代民法典的立法者从来没有否认过，恰恰相反，民法典有时候有意规避一些特殊领域，留给判例或者单行法去解决。从《德国民法典》和《法国民法典》的实践看，在他们的民法典之外存在大量的民事单行法规和判例规则，例如，德国的人格权制度、住宅区分所有权制度等都是判例和单行法在起作用；《法国民法

---

① 以上四点理由见王利明:《关于我国民法典体系构建的几个问题》，载《法学》2003 年第 1 期。

② 以上理由参考了［日］穗积陈重:《法典论》，李求佚译，商务印书馆 2014 年版，第 17—27 页。

典》的法人制度和人格权保护制度也是一样。我国《民法典》编纂的时候，从来就没有否定和取消民事单行法和判例规则的想法。至于“法典不能伴随社会的进步”，这是一个客观问题。正是因为这样，民法典不能否定判例的作用，判例是一种最好的弥补手段。当然，当法典与社会的进步差距巨大的时候，只能修改民法典。

至于支持民法法典化的理由，大概也只有“有助于消除现行民事法律制度的混乱与冲突，将各项法律制度整合为一个有机的整体，从而建立起内在和谐一致的民事规范体系”是正确的。

民法法典化在避免各种法律法规冲突方面的作用是巨大的，像《德国民法典》模式下的法典编纂，其整理法律法规方面的作用十分明显。尤其是在我国，许多法律之间，由于制定的年代不同，冲突很多，例如，《物权法》与《合同法》之间就有很多冲突，需要通过法典编纂的方式来消除彼此之间的冲突与不和谐。但在我国，法典化的理由当然还有一点十分重要：民法典能够为商事法规范提供支持基础，特别是请求权基础。因为，我国是“民商合一”的立法体例，各个商事法作为民法典的特别法存在，特别法的很多规范基础都在民法典，例如，商事交易中的不当得利返还的请求权基础、违约救济的请求权基础、物的返还请求权基础等，都必须以民法典为基础。

三、法典编纂的模式

应该说，法典编纂的模式主要集中在“法国式的三编制”和“德国式的五编制”之间。其差别是前者是没有“总则”的，包括“人”“物”与“取得财产的各种方式”三编；而后者是带有“总则”的，主要是总则、债法、物法、婚姻与继承。从我国的传统和目前的教学来看，我们主要是带有“总则”的德国模式。

但我国 2020 年《民法典》呈现出来的模式，是一种既不同于德国法模式，也不同于法国法模式的崭新模式，其特点是：（1）分为七编，即总则编、物权编、人格权编、合同编、婚姻家庭编、继承编、侵权编。（2）带有“总则编”，有公因式的存在。在这一点上，有点像德国法模式。（3）无“债法总则”，我国民法教学中长期坚持的“债法总则”的内容被规定在“合同编”中。“合同”

与“侵权”各自独立成编，并且“侵权编”作为最后一编，规定在“婚姻家庭编”和“继承编”之后，被当作所有民事权利的保护手段来对待。这样，传统民法中的“债法”的统一内容就被另一种逻辑所替代。我们必须按照“先验”的“债法理论”在我国《民法典》中整合出“债的内容”。这种体例和模式的问题和优劣，只有时间和实践能够给我们答案。

第三章 民法的基本原则

第一节 民法典（总则编）应否规定基本原则

我国民事立法不知从什么时候形成了一个惯例，即第一章一般都是关于"基本原则"的规定，例如，《民法通则》第一章是"基本原则"的规定；《合同法》第一章是"基本原则"的规定；《物权法》第一章也是"基本原则"的规定；《婚姻法》的第一章也是"基本原则"的规定（只有《继承法》和《侵权责任法》的第一章不十分像"基本原则"的规定，而是有许多"规范的补充性"规定），此次《民法典》也不例外。甚至在《民法典》颁布前的绝大部分学者建议稿中，也几乎都用专章规定了"基本原则"。[①] 但对于民事立法，特

① 参见梁慧星主编：《中国民法典草案建议稿》，第一章第二节"基本原则"，法律出版社 2013 年版，第 3 页及以下；王利明主编：《中国民法典学者建议稿及立法理由·总则编》，第一章第一节"民法的调整对象和基本原则"，法律出版社 2005 年版，第 13 页及以下；徐国栋主编：《绿色民法典草案》，第一题第二章"基本原则"，社会科学文献出版社 2004 年版，第 3 页及以下。唯独李永军主持的中国政法大学版《民法典·总则》没有规定"基本原则"。参见李永军等：《中华人民共和国民法总则（专家建议稿）》，载《比较法研究》2016 年第 3 期。

别是《民法典》是否应当规定这些基本原则，以及为什么要规定基本原则，却讨论不够深入。就如有学者指出的，我们应当思考一个更为前提性的问题：我们“要不要”采取在法典开篇集中规定基本原则的体例？显然，只有在该问题上作出“要”的回答之后，逻辑上才会存在“要哪几个”的问题。但我们在“要不要”这个问题上并未真正讨论过。①

中国政法大学于飞教授在认真考察和分析了“基本原则”的属性后认为，民法典不应该专章规定“基本原则”，其理由是：第一，“基本原则”作为民法首章的立法体例，来自苏联及社会主义国家民法典。这一历史可能对我们以往采纳该立法体例有重大影响，但时过境迁，该法史上的认识现下不应再成为影响我们选择的因素。因为一方面，我们已经不需要再依靠一种立法上的固定形式来标明自己属于某个历史上的阵营或集团；另一方面也是更根本的，我们进行法律制度设计的标准应当是科学性及能否满足本土需求，而非其他。第二，《民法通则》的做法有其特定时代背景与原因。而《民法通则》实施已经30多年了，我们的经济、社会、法律制度、思想观念都已有了巨大变化。30多年前，社会上的法律观念还非常淡薄，现在体现自由、平等、权利保护的合同法、物权法、侵权责任法等大量民商事法律已经实施多年，“维权”“自由签约”“法律上人人平等”已经成为社会普遍认可和接受的观念。如果说时至今日，还声称社会上不存在民法赖以存在的前提因素，还必须以法典规定的方式无中生有地创造出来，恐怕是难以令人信服的。第三，从比较法上看，传统大陆法系民法典，如《法国民法典》《德国民法典》《瑞士民法典》《意大利民法典》《奥地利普通民法典》《日本民法典》等也鲜有专章规定基本原则的，即使苏联的民法典也与我国《民法通则》的规定不同。② 刘凯湘教授也指出，西方民法著作及立法罕有将基本原则单列为一章的，我国民国时期的民法著作及现今我国台湾地区的民法著作也无民法基本原则之篇章，而民法基本原则之为民法著作之

① 于飞：《民法典总则中基本原则的立法安排——民法通则式“基本原则”立法体例之否定》，载《法学研究》2016年第3期。

② 于飞：《民法典总则中基本原则的立法安排——民法通则式“基本原则”立法体例之否定》，载《法学研究》2016年第3期。

必备篇章，实为我国民法学者在民法理论上的创造。[①]

我十分同意学者的上述意见，尽管我国《民法典》专章规定了“基本规定”，但是，我认为，这种做法值得思考和商榷，理由是：第一，在本书的第一章中，我十分明确地指出，民法典编纂应遵守“规范性”，而这些所谓的基本原则大多没有裁判规范的功能，而仅仅是一些理念性的宣示，不应该规定在民法典中。更何况，这些宣示在民法通则时代也许需要，但在今天已经不再需要。因为人们如果连私法的基本观念或者说理念都没有，如何编纂民法典？法典的直接使命应该是为裁判提供依据，间接使命是通过裁判引导人们正确行为。也就是说，法典的教化功能应该是间接功能，如果将法典作为教化的工具，会使法律真正的功能弱化。而我国许多人，包括许多学者在内，仍然将教化作为法典或者法律的主要功能，这就使得这些宣示变为基本原则而堂而皇之地呈现在每一部法律中。第二，不能把一些非民法的使命生硬地塞给民法典，例如，“人权保护”，“人与环境的和谐发展”，等等，这些根本就不是民法的基本使命，民法也根本没有办法完成这些所谓的“使命”。应该把民法的归民法，宪法的归宪法，环境法的归环境法。第三，诚如上述学者所言，从比较法上看，也鲜有以专章规定“基本原则”的民法典立法例。

虽然从理论上说，我国《民法典》的总则部分不应再规定基本原则，可还是沿袭《民法通则》以来的民事立法传统，在第一章明确规定了“基本原则”。如何理解和解释其作用，我们将在下面分析。

第二节　什么是民法的基本原则

一、关于基本原则的观点与争鸣

许多学者认为，无论是民法教科书还是民事立法都应该规定“基本原则”，但是，对于“究竟什么才是民法的基本原则”这一问题，学者们却存在较大的分歧。我们只要看一下民法典的学者建议稿和民法教科书就可以清楚地看出来。

---

① 刘凯湘：《民法总论》（第三版），北京大学出版社 2011 年版，第 26 页。

民法的基本原则是：平等原则、意思自治原则、过错责任原则、私有财产神圣原则、权利本位原则、诚实信用原则[①]；梁慧星教授认为，民法的基本原则是贯穿于整个民事立法，对各项民法制度和民法规范起统帅和指导作用的立法方针[②]，并认为，民法的基本原则主要包括：平等原则、意思自治原则、诚实信用原则、公序良俗原则、权利禁止滥用原则[③]；王利明教授认为，民法的基本原则是：平等原则、意思自治原则、公平原则、诚实信用原则、公序良俗原则[④]；王卫国教授主编的《民法学》中认为，民法的基本原则是：意思自治原则、平等原则、诚实信用原则和公序良俗原则[⑤]；尹田教授则认为，民法的基本原则是：意思自治原则、平等原则、诚实信用原则和公序良俗原则[⑥]；谭启平教授的主张与王卫国及尹田教授的主张相同[⑦]；而徐国栋教授则认为，民法的基本原则只有诚实信用原则[⑧]。

以上罗列仅仅是对现象的描述，应该区分不同情况：（1）作为学术研究或者教科书中的"基本原则"与民事立法中的"基本原则"。作为教科书或者著作，即使民法典没有规定基本原则，其实也是可以研究的，学者可以通过法典的规范来抽象一个国家民法的基本理念或者精神。但在这里是讨论这样一个问题：《民法典》是否应该规定"基本原则"？（2）学者是在什么意义上理解基本原则的？换句话说，是自己思想上认为《民法典》应该规定基本原则，还是对已经存在的民法规定进行阐述？（3）基本原则的功能应该是什么？由此决定的基本原则应该具体包括哪些？

什么是民法的基本原则呢？对此，徐国栋教授认为，基本原则是指：其效力贯穿民法始终的根本规则，是对立法者在民事领域所行政策的集中反映，是克服法律局限性的工具。民法基本原则有两个基本属性：（1）内容的根本性；

---

① 李永军：《民法总论》，法律出版社 2006 年版，第 45—102 页。

② 梁慧星：《民法总论》，法律出版社 1996 年版，第 40 页。

③ 梁慧星：《中国民法典草案建议稿附理由——总则编》，法律出版社 2004 年版，第 8—16 页。

④ 王利明：《民法总则研究》，中国人民大学出版社 2012 年版，第 104—142 页。

⑤ 王卫国主编：《民法》，中国政法大学出版社 2012 年版，第 11—16 页。

⑥ 尹田主编：《民法学总论》，北京师范大学出版社 2010 年版，第 35—38 页。

⑦ 谭启平主编：《中国民法学》，法律出版社 2015 年版，第 54—58 页。

⑧ 徐国栋：《民法基本原则解释》，北京大学出版社 2013 年版，第 1—35 页。

（2）效力的贯穿始终性。[①]

尹田教授认为，民法基本原则是指体现民法的基本精神和价值理念、贯穿于民法各项具体制度、对各项具体制度和规则起统帅作用的基本准则，其特征是：（1）抽象性；（2）普适性；（3）统帅性。[②]

谭启平教授认为，民法基本原则是集中反映民法的社会与经济基础，贯穿于民事立法、司法、守法及民法学研究的始终，具有普遍适用效力和衡平作用的指导思想和基本准则，是高度抽象的民事行为规范和价值判断准则，是民法精神实质所在。基本原则具有以下特征：（1）效力的贯穿性；（2）内容涵盖的广泛性；（3）存在形式上的抽象性和非规范性。[③]

张俊浩教授认为，民法的基本原则是表述民法的基本属性和基本价值、为民法所固有并对民事立法与司法活动具有最高指导意义的标准。民法的基本原则，是全部民事规范的价值主线和灵魂所在。[④]

于飞教授指出，我们现在所指称的基本原则，其实仅指其中的"传统民法理念"[⑤]，相当于我们所称的"基本原则"层级的"最高层原则"，拉伦茨称其实质是"一般法律思想"，此外拉伦茨还用"法理念的特殊表现""法理念的特殊化""实质的法律思想""主导性法律思想"等来称呼此类原则。与中国一样，不同的德国学者对于有哪些"基本原则"，也有不同的认识。如卡纳里斯认为，现行德国民法中的"一般法律原则"有自我决定原则、自我负责原则、交往及信赖保护原则、尊重他人人格及自由原则等。拉伦茨则列举了四个：法治国原则、社会国原则、尊重人性尊严的原则、自主决定与个人负责的原则。于飞教授认为，应区分"基本原则"与"概括条款"而区别对待："一般法律思想"，不是具有裁判功能的规则，因此没有必要规定于民法典中。同样被我们称为基本原则的诚实信用，在德国民法语境中只是一个"下位原则"，其实质与在德

① 徐国栋：《民法基本原则解释》，北京大学出版社2013年版，第10—11页。

② 尹田主编：《民法学总论》，北京师范大学出版社2010年版，第28页。

③ 谭启平主编：《中国民法学》，法律出版社2015年版，第50—51页。

④ 张俊浩：《民法学原理》，中国政法大学出版社2000年版，第37页。

⑤ 于飞：《民法典总则中基本原则的立法安排——民法通则式"基本原则"立法体例之否定》，载《法学研究》2016年第3期。

国法中几乎不被称为原则的善良风俗一样，都属于具有规范属性的“概括条款”，它们是真正的裁判规范，是民法典不可或缺的内容。[①]

我赞同大部分学者的观点，即民法的基本原则就是民法的一般思想和理念，是反映社会法律生活的指导思想。因此，诸如私法自治（自己决定）、所有权保护、过错责任、平等，等等。恰恰反映出私法的基本思想和要求，反映出私法与公法区别的基本特征。但它们本身并不是规范，不能直接用来裁判案件。

二、从功能视角来定位“基本原则”的地位

民法基本原则的功能是什么呢？我认为，民法基本原则具有两个主要的功能：（1）昭示民法的立法宗旨和基本精神；（2）填补法律漏洞。对此，学者之间也有争议。梁慧星教授认为，民法基本原则的功能在于：（1）民事立法的指导方针；（2）一切民事主体应遵循的行为准则；（3）解释民事法律法规的依据；（4）补充法律漏洞、发展学说判例的基础。[②]尹田教授认为，民法基本原则的功能为：（1）指导功能，即对民事立法、私法和民事主体的民事行为具有指导意义；（2）约束功能，民事基本法的具体规范、各个民事单行法受到基本原则约束，不得违反民法基本原则；（3）补充功能，民法基本原则是补充法律漏洞的基础。[③]徐国栋教授认为，民法基本原则具有以下功能：（1）立法准则功能；（2）行为准则和审判准则的功能；（3）授权司法机关进行创设性私法活动的功能。[④]谭启平教授认为，民法基本原则具有以下不可替代的功能：（1）立法准则功能；（2）法律解释准则功能；（3）指导守法的功能。[⑤]

从功能的视角看，民法基本原则是否应当规定在民法典中呢？如果民法基本原则具有“立法准则”功能的话，那是没有必要规定在民法典中的，因为民法典本身不是立法法。另外，如果是守法功能的话，也没有必要规定在民法典中，因

---

① 于飞：《民法典总则中基本原则的立法安排——民法通则式“基本原则”立法体例之否定》，载《法学研究》2016 年第 3 期。

② 梁慧星：《民法总论》，法律出版社 1996 年版，第 40 页。

③ 尹田主编：《民法学总论》，北京师范大学出版社 2010 年版，第 28—29 页。

④ 徐国栋：《民法基本原则解释》，北京大学出版社 2013 年版，第 11—12 页。

⑤ 谭启平主编：《中国民法学》，法律出版社 2015 年版，第 51—52 页。

为民法典并不规范或者要求人们遵守它，这种守法意识的培养和要求似乎是民法典之外的使命。上述学者对于民法基本原则的功能虽有争议，但有一点似乎比较接近：补充法律漏洞（授权司法机关进行创设司法活动的功能）。这恰恰是需要讨论的地方：作为补充法律漏洞的工具是应该放置在民法典之外，还是应该规定在民法典之中呢？按照于飞教授的观点，如私法自治、契约自由、交易保护、信赖保护、善意保护之类，实为民法典赖以存在的前提。民法典的存在，就意味着这些前提一定存在，犹如人活着一定以吃饭为前提一样，都属于“理所当然”而不言自明之事。于是，对于这些作为“一般法律思想”的“最高层原则”来说，民法典中不规定也“理所当然”地存在着，而规定在民法典中也没有裁判上的意义，因此就形成了基本原则不入法（民法典）的状况。[①]

我基本同意这样的观点：凡是不具有规范功能的东西都不应该规定在《民法典》中，因为《民法典》的基本使命就是为裁判提供规范。而规范就是：构成要件+结果，就如德国学者拉伦茨所说：“建构规则的开始则是：相同的案件事实在法律上应予相同处置的命令以及各种不同方向的信赖原则。”[②]但是，授权法官去创设规范的原则是否也与规范沾边呢？尤其是结合中国的实际情况：一方面，《民法典》不可能穷尽一切可能而规定得无漏洞，需要在实践中补充；另一方面，让这些“授权性原则”存在于《民法典》之外成为不可见的东西，是否会增加法律适用中的不确定性？从这一点上看，也许可以成为中国《民法典》规定基本原则的一个理由。

第三节　如何理解我国《民法典》的基本原则

一、对于我国《民法典》“基本规定”一章的分解

虽然我国《民法典》“总则编”的第一章章名为“基本规定”，但是，从内

---

① 于飞：《民法典总则中基本原则的立法安排——民法通则式“基本原则”立法体例之否定》，载《法学研究》2016年第3期。

② ［德］卡尔·拉伦茨：《法学方法论》，陈爱娥译，商务印书馆2003年版，第348页。

容上看，并不全部属于真正的"基本原则"，其属于基本原则的部分仅仅是第3条至第9条，可以概括为"权利神圣原则"（第3条）、"主体平等原则"（第4条）、意思自治原则（自愿原则，第5条）、"公平原则"（第6条）、"诚实信用原则"（第7条）、"公序良俗原则"（第8条）、"绿色原则"（第9条）。而第1条为"立法目的"，第2条为"调整对象"，第10条至第12条为"法源与法律适用"的规定。当然，"节约资源保护生态原则"可能与民法本身离得太远，似乎不值得在民法中讨论，例如，A与B签订了一个开发合作合同，该合同不符合"节约资源保护生态环境"的原则，那么，这一个合同效力如何？无效吗？显然难以认定其无效。那么，这一原则在民法上的意义是什么呢？因此，本书的下面不将其作为民法的基本原则对待。

即使在我国《民法典》"总则编"的上述原则中，与规范的联系紧密程度也是有重大区别的：诚实信用原则与公序良俗原则十分接近规范，在许多时候可以直接用来判定义务是否产生或者否定行为效力或者权利的产生，例如，附随义务直接可以根据诚实信用原则产生，合同可因违反公序良俗而无效等（因此，前述于飞教授认为它们属于概括条款而非基本原则），而其他原则则没有这样的直接功能。我国法律体系既把诚实信用原则与公序良俗原则作为民法的基本原则予以规定，在具体的制度中，又将其作为行为无效的直接原因对待，例如，《民法典》第153条第2款规定，违背公序良俗的民事法律行为无效。从这一意义上讲，我国民法学及《民法典》规定的诚实信用原则与公序良俗原则确实有"行为准则"的作用，具有规范的特征。

下面就从解释论的视角，对我国《民法典》规定的诸原则进行阐述。

二、主体平等原则

（一）主体平等原则的含义

《民法典》第4条规定："民事主体在民事活动中的法律地位一律平等。"因此，可以认为，我国《民法典》再次将我国民事立法一直强调的"平等原则"确认下来。那么，平等原则的真实含义是什么呢？

梁慧星教授认为，平等原则的含义是：参加民事活动的当事人，无论自然人或者法人，无论其所有制性质，无论其经济实力强弱，其在法律地位上一律平等，任何一方不得将自己的意志强加给对方。同时，法律也对双方提供平等的保护。必须特别注意的是，平等原则所要求的平等并非指经济地位上的平等或者经济实力的平等，而是指法律地位的平等，是对民事活动当事人的基本要求。[①]有的学者则直接将这里的“平等原则”与“权利能力平等”作相同理解，即这里的法律地位平等就是指权利能力或者人格平等[②]。这两种观点是不同的，至少第一种观点显然超出了“权利能力平等”的范畴，还强调法律要对民事主体提供平等保护，这显然是权利能力不能涵盖的。

我认为，这里的“法律地位平等”应该是指“权利能力平等”。(1)“法律地位”实际上就是指与权利义务相关的地位，因为所有主体的关系在民法上都必然表现为权利义务，故所谓法律地位就是指在承担权利义务的意义上讲的。(2)至于平等保护的问题，有两点疑问：其一，民法对任何权利的获得或者义务的课定，都规定了详细的构成要件，法院或者仲裁机构认真适用法律本身就足够了，如果提供额外的保护就是非法，其实这里的平等是没有办法贯彻的；其二，现在的民法，尤其是《德国民法典》将“消费者保护”纳入民法典之后，法律对消费者提供了特别的保护，而不是平等保护了。(3)我国《民法典》虽然规定了自然人的权利能力，也承认法人及非法人组织具有权利能力，但却未规定这些主体的权利能力是否平等，而这一问题也是学者之间具有争议的问题。平等原则能够使这些主体在权利能力上平等，也就是有学者所说的在“形式上平等”。[③]

(二)平等原则的价值

按照私法的一般理论，民法的基础本来就是社会，而社会的基本特点就是主体身份地位平等，即使是国家以民事主体享有民法上的权利能力，也是平等主体。尤其是我国《民法典》已经明确把国家机关等作为特别法人对待，也是

① 梁慧星：《民法总论》，法律出版社1996年版，第42页。

② 尹田主编：《民法学总论》，北京师范大学出版社2010年版，第29页；王卫国主编：《民法》，中国政法大学出版社2012年版，第11页；李永军：《民法总论》，法律出版社2006年版，第88页。

③ 谭启平主编：《中国民法学》，法律出版社2015年版，第55页。

强调了即使国家机关进入民法领域而作为民法上的原告与被告，也是与其他民事主体平等的主体。因此，民法中的主体地位平等本来就是不需要特别强调的事情。但在我国强调这一原则也许有其现实意义，主要有两个方面的原因：

1. 我国特殊主体的存在

在我国的现实生活中，虽然自1986年《民法通则》以来的所有民事立法都强调主体平等的原则，但实际上，由于存在不同所有制的企业，尤其是许多外资企业，许多行政机关在民法之外往往给予某些企业特别的待遇，使其实际上享有“超法律超国民”待遇，甚至有些审判机关也有明显倾向。尽管这些特殊待遇并非民法给予，《民法典》规定主体地位平等也不能彻底解决这些问题，但多少有些积极影响。

2. 主体之间的实质不平等与形式平等之间的衡平

民法虽然规定和宣称民事主体地位平等，但是，当法人这种团体主义产物出现后，地位平等面临真正的威胁，这种威胁的根源是法人垄断地位。法人的垄断地位主要表现为法律上的垄断与事实上的垄断。

所谓法律上的垄断，是指当事人根据法律的规定而对某些特殊行业或者领域拥有的独占经营权。例如，铁路、邮电、电力等的垄断经营权。由于法律的规定，使得其他主体无法介入该领域的经营，就使得法律许可的主体取得了经营的垄断权。所谓事实上的垄断，是指当事人经济上的强大优势，使其在该行业或该领域中，形成了事实上的垄断经营权。例如，汽车制造业、航海业等，由于其占有的资金巨大，从而使得许多人对该领域的经营不敢问津，而使少数经济实力强大的财团控制了该行业，从而形成了事实上的垄断。

无论是事实上的垄断抑或法律上的垄断，在进行民事活动时，均表现为交易能力的不平等或交易环境的不公正。梁慧星先生认为，传统民法是建立在两个基本的判断之上，其一为主体地位的平等性，其二为主体地位的互换性。所谓互换性，是指民事主体在市场交易中频繁地交换位置，在这个交易中作为出卖人与相对人发生交易关系，而在另一个交易中则作为买受人与相对人建立交易关系。在那时并不是所有的主体在地位上绝对平等，也存在差异性，只不过不十分显著。而地位的互换性对这种轻微的差别进行了平衡和补充，故不平等性因地位的互换性而被抵消。正是因为民事主体具有平等性和地位的互换性，因此国家可以采取放任的态度，让其根据自己的自由意志通过平等协商，决定他们之间的权利义务关系。他们订立的契约被视为具有相当于法律的效力，不仅作为行使权利和履行义务的基准，而且作为法律裁判的基准。这就是所谓的契约自由和私法自治。[①]

从19世纪末开始，人类生活发生了深刻的变化。作为近代民法基础的两个基本判断即所谓平等性和互换性已经丧失，出现了严重的两极分化和对立。其一是企业主与劳动者的对立，其二是生产者和消费者的对立，劳动者和消费者成为社会生活中的弱者。以生产者与消费者的分化与对立为例，由于生产组织形式的变革，生产者已不再是手工业者和小作坊主，而是现代化的大公司、大企业，它们具有强大的经济实力，在商品交换中处于显著优越的地位；由于科学技术的发展，使生产过程和生产技术高度复杂化，消费者根本无法判断商品的品质，不得不完全依赖于生产者；由于流通革命，商品从生产者到消费者须经过多层环节，消费者与生产者之间一般不再发生直接的契约关系；由于各种推销、宣传和广告手段的采用，使消费者实际上处于完全盲目的状态，听任其摆布。因此，在现代发达的市场经济条件下，生产者与消费者之间已不再是平等的关系，实质上是一种支配与被支配的关系。作为生产者的大公司、大企业只是无穷无尽地生产和销售，它们并不与消费者互换位置。[②]主体间的经济实力造成的地位不平等和互换性的丧失，标志着主体地位平等原则的基础的动摇。

这种现象实际上是世界各国面临的相同的问题，当这种实质上的不平等威胁到形式平等时，法院应该利用民法赋予的包括“平等原则”在内的各种手段进行衡平。

三、私权神圣原则

（一）私权神圣原则的含义

私有财产权神圣，是指私人财产是当然和自然的权利，权利人对于财产具

---

① 梁慧星：《从近代民法到现代民法——二十世纪民法回顾》，载《中外法学》1997年第2期。

② 梁慧星：《从近代民法到现代民法——二十世纪民法回顾》，载《中外法学》1997年第2期。

有排他性和专断性权利，任何人不得侵犯。我国《民法典》第3条规定：“民事主体的人身权利、财产权利以及其他合法权益受法律保护，任何组织或者个人不得侵犯。”可以认为，这是我国民法总则对于民事主体之民事权利神圣的规定。

（二）私人财产权神圣的意义

财产权是人格权发展的基础，是人格的物化。私权神圣不是要降低公权的地位，而是把私权上升到应有的位置。在社会中，恰恰是私人的权利需要特别的保护。因为个人是社会的弱者，可能受到国家权力的侵犯和来自他人的侵犯。所以，需要特别的保护。特别是在我国具有浓厚的公权主义色彩传统的情况下，尤其有意义。因此，《民法典》第3条规定的“任何组织或者个人不得侵犯”具有重要的意义。

当然，在我国民法上的所谓的“私权”，实际上是指民事主体在民法上的权利，按照民事主体平等的原则，所有民事主体的权利都受到平等的一体保护。即使是公权力主体，只要进入民法领域，从事民事活动，其权利就是民事权利，也就是私权。因此，我们所谓的私权，并不单单指个人或者民营企业，而是指所有民事主体。

四、意思自治原则

（一）意思自治原则的含义

我国《民法典》第5条规定：“民事主体从事民事活动，应当遵循自愿原则，按照自己的意思设立、变更、终止民事法律关系。”这实际上就是规定了意思自治原则。意思自治原则是我国民法学说普遍承认的基本原则之一，也是私法的本质所在，其基本含义是：民事主体可以按照自己的意思自主决定自己的权利义务，包括设立、变更和终止民事权利义务关系。对于意思自治原则需要从以下几个方面正确理解。

1. 这是由私法的本质属性所决定的

私法的本质就是允许私主体自由决定自己的事务，国家和法律所扮演的就是“被动角色”，甚至私主体之间发生纠纷都采取“不告不理”的原则，民法的许多规范，特别是合同法规范，大多都是任意性规范，即只有当事人没有约定时，这些规范才起作用。而当事人如果有约定，就按照约定。因此，《法国民法典》第1134条规定：“依法成立的契约，在当事人之间具有相当于法律的效力。”

2. 意思自治区分单方法律行为与双方法律行为而有所不同

在单方法律行为中，个人意思自治的程度要高于双方法律行为，只要个人单方意思就可以发生效力。而在双方法律行为中，只有双方意思表示一致（合意）才能发生自治的效果。虽然都属于私人意思自治，但要求是不同的。与此相适应，法律限制也不相同：在单方法律行为中，因为一方意思表示就可以发生法律效果，故只有对他人设定权利时才能够有效。从法律行为的角度看，处分行为多属于单方行为，负担行为中单方行为较少。而在双方法律行为中，由于双方同意，且法律行为的效力也仅仅在双方之间发生法律效力，故法律的限制较少，只是不得为第三人设定义务。

3. 意思自治必须在法律允许的范围内才能发生当事人预想的结果

法律虽然允许当事人自治，但任何国家都不允许民事主体超出法律允许的范围自治。因此，任何损害第三人或者国家利益的、违反法律或者违背公序良俗的自治都不能发生自治的后果，反而会产生被制裁的后果。

（二）意思自治与主体平等的关系

应该说，平等是自治的基础和前提。只有主体地位是真正平等的，其之间的关系的缔结才有可能是自愿的。因为，每一个拥有私权的主体，其地位是相互平等的，由于社会的分工使他们彼此之间的依赖成为必然，相互之间的交换不可能靠强制完成，只有靠自愿协商才能进行。因此，从这种意义上说，平等与自愿的关系是十分密切的。

需要特别说明的是，在这里所说的“平等”不仅包括形式意义上的平等，即地位平等，同时，实质上的平等也会影响意思自治，例如，虽然说自然人与法人、法人与法人在法律地位上平等，但如果法人的实力足够强大，特别是一些垄断企业，可能会滥用意思自治的权利，许多企业的“格式合同（定型合同）”

就是意思自治权利的滥用，通过表面合同的方式实现了单方意志强加于对方的目的。因此，包括我国在内的许多国家的法律对格式合同都有明确的规制。除此之外，作为社会弱者的消费者也常常受到经营者或者生产者的强制，因此，我国有专门的《消费者权益保护法》《产品责任法》等来保护消费者。

（三）意思自治在民法体系内的作用领域

在民法上，意思自治的作用领域一般是合同、婚姻和遗嘱，在这些领域内分别表现为“契约自由”“婚姻自由”“遗嘱自由”。在侵权责任法中，意思自治原则发挥作用的余地不大。即使在合同、婚姻和遗嘱三个领域中，意思自治原则只有在合同领域能够发挥较大作用，而在婚姻关系中，能够发挥作用的余地也较小。因为婚姻的缔结应当遵守意思自治原则，但与一般财产交易合同不同的是，婚姻的内容是不可以约定的（财产除外）。

（四）意思自治原则的民法体系内保障

意思自治之所以被公认为民法的基本原则，是因为在民法体系内部有对意思自治原则的保障规范，对于违反意思自治原则的行为有救济规范。

1. 结果自负

自己选择的行为，对于行为的效果，无论利益还是不利益，均由自己承担。否则，意思自治的正确行使就没有保障。正是因为有了这样一种保障，所以，人们在法律规定的限度内，如何行为、如何交易，法律并不要求说明理由。而在公法上则不同，因为在公法上，有决策权的人对于决策的事项不承担利益或者不利益的后果，所以，公法不能实行意思自治。就如德国学者迪特尔·梅迪库斯所言：公法不同于私法，公法中一般不存在将法律后果归属于决策者的现象。如果私法上的所有人进行特别奢侈的房屋建筑，就必须自己承担费用。如果行政机关如此作为，则是在给他人的钱包增加负担。[①]

2. 过失责任

自己对自己所选择的行为因违反法律赋予的对他人利益及财产所应当负有

---

① ［德］迪特尔·梅迪库斯：《德国民法总论》，邵建东译，法律出版社2000年版，第9页。

的注意义务造成他人损害时，负担消极责任。这正是自由的界限，也是意思自治的界限。应当说，侵权行为是意思自治的另一种表达。我们应当看到这种联系，而不应当将其割断。这一点，在我国强调具有重要的意义，因为我国目前的立法动态和学理研究越来越多地将侵权行为与合同独立，颇有英美法那种没有民法传统的体系化“重述”的味道。

3. 民法总则对于意思自治能力有具体要求

自治权利的行使，只有具备一定的自治能力才具有意义，让一个没有自治能力的人意思自治，不仅起不到尊重其人格的作用，相反，会损害其利益，例如，让一个几岁的孩子或者有精神障碍的人与他人签订房屋买卖合同，因其没有足够的能力来判断交易的合理价值，最终可能会损害其利益。因此，无论是我国的民法总则，还是合同法对行为能力都具有明确的要求：无行为能力、限制行为能力和完全行为能力分别赋予行为后果。这是法律对于意思自治原则的具体保障措施。

4. 对于背离意思自治原则的救济

我国民法对于背离意思自治原则的行为规定有明确的救济措施。例如，在可撤销的法律行为和可撤销的合同中，绝大部分都属于“意思表示有瑕疵”的情况，对错误（《民法典》第 147 条规定为“重大误解”）、欺诈（《民法典》第 148 条）、胁迫（《民法典》第 150 条）都规定了具体的救济措施——可撤销。

（五）意思自治原则在司法实践中的作用

应该说，意思自治原则是司法实践中的一个重要原则和指导思想，法院或者仲裁机构在处理许多涉及格式合同、消费者权益保护方面的纠纷时，就是以匡正意思自治原则为指导思想的。

（六）意思自治原则所面临的问题及其在当今民法中的地位

在世界各国，尤其是我国的今天，意思自治原则正面临巨大的挑战和问题。这些问题可以归结为：（1）由于法律垄断和事实垄断的原因，法人与自然人、具有垄断地位的法人与弱小的法人之间所存在巨大差异，这些具有优势地位的法人往往通过格式合同（定型化合同）将自己的意志强加给对方，从而破坏意思自治。（2）消费者作为一个特别的阶层，成为一个固定的弱小群体，在消费领域面对经营者和生产者往往难以有“意思自治”的机会。（3）劳动者与雇佣者之间的缔约方面，因中国巨大的劳动力市场，有大量的就业需求者，特别是随着技术进步，这种紧张关系还会加剧。这就削弱了劳动者的缔约能力，意思自治能力也会受到影响。

尽管意思自治原则受到很大的挑战和影响，但它仍然是民法的基本原则与核心价值。如果没有了意思自治，民法也就难以称为民法，因为这是私法与公法的最基本的区别。因此，为了匡正意思自治原则，民法在体系内和体系外都进行着不懈的努力去规制那些影响自治的因素。

五、公平原则

我国《民法典》第6条规定:“民事主体从事民事活动,应当遵循公平原则,合理确定各方的权利和义务。”可以认为,我国《民法典》确实规定了公平原则。

（一）公平原则的含义

从理论上讲，是难以说清楚“什么是公平”的，迄今为止的哲学和法学从来没有人能够说清楚这一问题，尽管法律一直在宣称和追求公平或者公正。因为“公平”本身应该是一种尺度,但公平背后还有一个确定什么是公平的视角。“分蛋糕”的例子就可以说明其多元化视角:分蛋糕时，年龄大的多分是公平的，因为符合“尊老”的传统;年龄大的和年龄小的多分是公平的，因为符合“尊老爱幼”的传统;按照贡献大小分也是公平的，符合“多劳多得”的原则;按照饿的程度分也是公平的，符合“按需分配”原则;平均分配也是公平的，符合人人平等原则;抓阄分配也是公平的，这是“命中注定”;等等。以上这些方式，其实在我们日常生活中都有体现。因此，如何确定，仅仅是一个主观认可问题。但在我国《民法典》“总则编”中规定的这一原则，是说在确定权利义务时，应遵循的一种习惯认可的衡平方式。

有一个值得讨论的问题是:“公平原则”适用的具体领域。有学者认为，民法上的公平原则，主要是针对合同关系而提出的要求，是当事人缔结合同关系，尤其是确定合同内容时，所应遵循的指导性原则。现代民法设立公平原则的目的，在于市场交易的合同关系，要求兼顾双方利益，并为诚实信用原则、情事变更原则、显失公平规则树立判断标准[①]。从《民法典》的该条规定看，似乎应该做出这样的解释和理解。但是，从整个民法体系来看，这种规定和解释又似乎太窄了，似乎应解释为掌握在法官手中的衡平武器，因为：（1）法律是为法官提供裁判规范的，因此，应该给法官这样一种武器，为何要对当事人提出这种要求？反过来说，当事人不遵守这种要求，但双方都愿意承受这种后果，又当如何？（2）公平在很多情况下是主观的，而不是客观的。例如，一种原材料，A 出卖给甲是 1000 元 / 吨，而出卖给乙则是 1200 元 / 吨，这种情况就很难说有什么不公平——其一，双方自愿；其二，甲的能力和技术只能出价到 1000 元 / 吨，否则就赔钱，而乙技术先进，即使 1200 元 / 吨购买原材料，仍然可以赚钱。因此，每一种东西在不同的人的眼中有不同的价值，也正因如此，民法上的自愿比公平更重要。（3）从我国民法体系的规范看，公平原则实际上也是法官手中的武器，而不是对当事人的要求。例如，我国《民法典》第 585 条第 2 款规定："约定的违约金低于造成的损失的，人民法院或者仲裁机构可以根据当事人的请求予以增加；约定的违约金过分高于造成的损失的，人民法院或者仲裁机构可以根据当事人的请求予以适当减少。"《民法典》第 1186 条规定："受害人和行为人对损害的发生都没有过错的，依照法律的规定由双方分担损失。"由此可见，公平原则在我国民法体系内，已经远远不是对当事人的要求了，实际上已经成为法官手中的武器了。在我国民法学界，将"公平原则"视为侵权法上归责原则的人也不在少数（下面详细讲）。

（二）公平原则是否应该是民法的一般原则

在我国民法学界，将"公平原则"视为民法基本原则的学者并不多见[②]，有

① 梁慧星：《民法总论》，法律出版社 1996 年版，第 43 页。

② 尹田主编：《民法学总论》，北京师范大学出版社 2010 年版；徐国栋：《民法基本原则解释》，北京大学出版社 2013 年版；谭启平主编：《中国民法学》，法律出版社 2015 年版；李永军：《民法总论》，法律出版社 2006 年版；王卫国主编：《民法》，中国政法大学出版社 2012 年版；刘凯湘：《民法总论》（第三版），北京大学出版社 2011 年版等，这些著作和教材都没有把公平原则作为民法的基本原则。

的学者仅仅将“公平原则”作为侵权责任的归责原则[①]。相反，对于将公平原则作为民法基本原则的批评声却不断，例如，于飞教授就指出，由于实践中存在相当多的直接且实质依“公平原则”裁判的案例，故可能引起公平原则有裁判功能的观感。公平原则的本质是追求当事人之间的实质公平或结果公平，也只有在这个意义上才能将其与表征形式公平的平等原则、自愿原则等区分开来。然而，民法以追求形式公平为原则，以追求实质公平为例外，关键在于例外必须是法定的，所以民法中才有了“显失公平”规则“公平分担损失”规则等法定规范。所谓“公平原则”，在体现公平的具体规范之外，不应有适用余地；否则，就意味着追求实质公平的例外不再是法定，而是可以由法官在个案中自由裁量地确定，这是不合理的，也是危险的。[②]确实，如果将公平原则作为赋予法官在规范外自由裁量的武器，的确危险，尤其是在我国，可能会造成对法律体系的破坏。

我觉得，公平确实是民法追求的目标和理想，可以作为民法的基本原则，但要注意以下几点：（1）公平原则不能是规范外法官可以适用的工具，它仅仅是法官在解释法律规范、解释法律行为内容时适用的衡平工具；（2）它绝不是，或者说绝对不仅仅是对当事人的要求，也不仅仅是在合同法中适用，应该是赋予法官裁判的衡平武器，就如《瑞士民法典》第4条的规定一样——本法指示法官自由裁量、判断情事或者重要原因时，法官应公平合理地裁判[③]。

六、诚实信用原则

我国《民法典》第7条规定：“民事主体从事民事活动，应当遵循诚信原则，秉持诚实，恪守承诺。”这一规定延续了1986年《民法通则》第4条的规定。

（一）诚实信用原则的含义

学者一致认为：给诚实信用原则下一个确切的定义几乎是不可能的。有的

① 王利明：《侵权责任法研究》（上卷），中国人民大学出版社2010年版，第195页；

② 于飞：《民法典总则中基本原则的立法安排——民法通则式“基本原则”立法体例之否定》，载《法学研究》2016年第3期。

③ 殷生根、王燕译：《瑞士民法典》，中国政法大学出版社1999年版，第3页。

学者甚至直截了当地说：在现代法学家看来，“诚实信用”这一个概念与生俱来地无法被定义。有些德国学者曾经告诫我们：不要指望找到一条清晰的规则。[①] 因此，迄今为止没有一个被普遍接受或者认同的关于诚实信用的概念。另外，诚实信用原则与公平原则、权利不得滥用原则的关系也着实令人头痛。造成这种结果的大致原因是：（1）诚实信用原则本身是一个含有很强的道德性因素的概念，是一个随着时代变化而变化的概念；（2）诚实信用原则并非概念法学体系中的抽象性概念，而是来源于社会道德、生活中的一个“活”的变化的概念。更重要的是，诚实信用原则出现并得到普遍的适用，恰恰是自罗马法开始的严格的法律诉讼及后来概念法学所导致的结果。

对于诚实信用原则的具体含义，学者之间也存在不同的见解，例如，梁慧星教授认为，诚实信用原则为市场经济活动的道德准则，它要求一切市场参与者符合于诚实商人的道德标准，在不损害他人利益和社会公益的前提下，追求自己的利益。[②] 刘凯湘教授认为，诚实信用原则包括以下四层含义：（1）民事主体应以忠实、宽宏、体谅的心态，进行民事活动，务求权利义务之对等与平衡，切忌损人利己，谋求不正当利益；（2）应遵循市场之一般规律，进行民事活动和处分权利时，充分尊重他人利益和权利，善待他人，及时、完整地履行自己的义务；（3）禁止民事主体滥用自己的权利，损害他人利益和社会利益；（4）在司法实践中，法官应以诚实信用原则解释当事人的意思表示，作为法官解释法律的指导原则，甚至可以在法律没有直接规定时，作为裁判依据。[③] 徐国栋教授认为，诚实信用原则应从以下几个方面理解：（1）诚信原则包括主观诚信和客观诚信两个方面，前者是指毋害他人的内心状态，后者是指毋害他人或者有益于他人的行为；（2）诚信原则具有保护弱者的功能；（3）诚信原则不仅是财产法的规则，也适用于人身关系；（4）社会契约论是统一主观诚信与客观诚信的基础。[④]

---

① ［美］詹姆斯·高得利：《中世纪共同法中合同法上的诚信原则》，载［德］莱因哈德·齐默曼等主编：《欧洲合同法中的诚信原则》，丁广宇等译，法律出版社2005年版，第96页。

② 梁慧星：《民法总论》，法律出版社1996年版，第44页。

③ 刘凯湘：《民法总论》（第三版），北京大学出版社2011年版，第29页。

④ 徐国栋：《民法基本原则解释》，北京大学出版社2013年版，第84—88页。

以上学者的认识和观点都有意义，我认为，诚实信用原则仅仅可以列举其含义，但却不能穷尽。诚实信用原则的含义是开放与发展的。我们大致可以归纳出（而不是定义）关于诚实信用的含义：（1）要求当事人言而有信，遵守已经达成的协议，保护对方的合理期待；（2）善意并尽合理的告知义务与披露义务；（3）任何一方不得以不合理的方式导致另一方的不利益；（4）诚实信用可以以公平合理的方式调整当事人之间的不合理与不公平的权利义务。

（二）诚实信用原则的定位

诚实信用原则究竟是民法的基本原则还是债法的基本原则？从比较法上看，传统民法以及最早的民法典都是将之作为债法的基本原则，就如日本学者所指出的："诚信原则，原本是作为债权法的原则得以发展的。这就是，在发生债权债务关系时，其中心问题是债务人的义务履行，其义务履行必须以诚实为之。"[①] 例如，《德国民法典》第 242 条第 1 款规定："债务人有义务，依诚实信用原则，同时照顾交易习惯，履行给付。"[②]《法国民法典》第 1134 条第 3 款也有类似规定。[③]《荷兰民法典》也将诚实信用原则规定在第 6 编"债法总则"部分。[④] 但自《瑞士民法典》以后，许多国家民法典将其作为民法的基本原则对待。《瑞士民法典》第 2 条第 1 款规定："任何人都必须以诚实信用的方式行使权利和履行义务。"[⑤] 而且从该条规定的位置看，是在法典的"引言"部分，显然是作为民法典的基本原则规定的。《日本民法典》第 1 条也有类似《瑞士民法典》的规定，将诚实信用作为民法的基本原则，其具体适用不仅限于债法，而且在物权法、家庭法等领域，在所有的权利行使和义务履行上都必须考虑到诚信原则所具有的支配地位[⑥]。我国《民法典》的"总则编"显然是将诚实信用原则作为民法的基本原则而非债法的基本原则。但也有学者反对将诚实

① ［日］近江幸治：《民法讲义Ⅰ》，渠涛等译，北京大学出版社 2015 年版，第 17 页。

② 杜景林、卢谌：《德国民法典评注》，法律出版社 2011 年版，第 92 页。

③ 马育民译：《法国民法典》，北京大学出版社 1982 年版，第 226 页。

④ 王卫国主译：《荷兰民法典》，中国政法大学出版社 2006 年版，序言第 9 页。

⑤ 殷生根、王燕译：《瑞士民法典》，中国政法大学出版社 1999 年版，第 3 页。

⑥ ［日］近江幸治：《民法讲义Ⅰ》，渠涛等译，北京大学出版社 2015 年版，第 18 页。

信用原则作为民法的基本原则的，认为诚实信用原则与公序良俗在性质上属于“概括条款”，它们是法官的裁判规范；两者的任何一个都不能缺少，也不能合并。原因在于，一定意义上，我们可以说民法主要解决两个问题：其一，权利如何产生；其二，权利如何行使。民法奉行“法无禁止即自由”，但具体禁止性规定总是不足，因此需要兜底性质的条款。公序良俗就是在权利产生阶段弥补禁止性规定不足的概括条款，目的在于通过宣告法律行为无效来否定权利，此即所谓针对法律行为内容进行的“内容审查”。诚实信用则是在权利行使阶段弥补禁止性规定不足的概括条款，目的在于否定既存权利的某个具体行使行为，但权利仍然存在，在调整行使方式符合诚信要求之后，权利仍得继续行使，此即所谓针对权利行使行为进行的“形式审查”。因此，虽然两者都是赋予法官自由裁量权的“委任状”，都是克服成文法局限性的工具，但却在作用阶段和根本功能上有质的差异。“诚实信用”和“公序良俗”作为概括条款，都有其确定的适用领域；若将它们视为“基本原则”并强调“效力贯彻民法始终”，一样会造成其适用范围的不适当扩大。这两者的实质就是有明确适用领域的概括条款，而非“效力贯彻民法始终”的所谓“基本原则”。两者应当各归其位，放在其各自的适用领域之中。诚实信用的核心功能是规制权利的行使，故应将其放在总则编“权利的行使”之中，公序良俗的核心功能是否定法律行为效力，故应将其放在总则编法律行为之“无效”中，这才是各归其位，各得其所。[①] 我十分同意这一观点和分析理由，但我国民法总则确认了诚实信用原则作为基本原则。

关于诚实信用原则的功能，学者之间也有不同的理解和观点。我认为，我国《民法典》的诚实信用原则应该具有下列功能：（1）它是对民事主体的要求，即民事主体从事民事活动所应当遵循的原则，不仅应该善待自己，也应该善待他人。禁止权利滥用，不能仅仅关心和追求自己的利益而置他人或者社会公共利益于不顾。（2）诚实信用原则与其他原则不同的是，它具有裁判功能，它要求在行使权利与履行义务时具有“关心、协助、保密”等具体义务，例如，

① 于飞：《民法典总则中基本原则的立法安排——民法通则式“基本原则”立法体例之否定》，载《法学研究》2016年第3期。

在接受债务人履行时，具有必要的协助等义务；在行使物权、知识产权等权利时，不能损害他人的利益，否则就承担赔偿责任。许多“先契约义务”和“后契约义务”都是根据诚实信用原则产生的，例如，我国《民法典》第 500 条规定：“当事人在订立合同过程中有下列情形之一，造成对方损失的，应当承担赔偿责任：（一）假借订立合同，恶意进行磋商；（二）故意隐瞒与订立合同有关的重要事实或者提供虚假情况；（三）有其他违背诚信原则的行为。”第 558 条规定：“债权债务终止后，当事人应当遵循诚信等原则，根据交易习惯履行通知、协助、保密、旧物回收等义务。”而违反这些义务足以产生赔偿责任。（3）它是法官解释法律行为的指导思想，例如，在解释合同内容时，当事人的真实意思往往是难以确切探明的，其实主要是根据诚实信用原则、公平原则等加以解释，用“一个诚信之人在此时应如何行为”来解释。《德国民法典》第 157 条就规定：“解释合同，应当符合诚实信用原则的要求，并且应当考虑交易习惯。”[①] 我国《民法典》第 142 条第 2 款也规定了诚信原则作为解释法律行为（包括合同）的原则。（4）它是法官具体裁判中的衡平工具。在法官具体的裁判案件中，往往需要对双方的利益或者不利益以诚实信用原则进行衡量。[②] 我国最高人民法院《关于审理买卖合同纠纷案件适用法律问题的解释》（2020 年 12 月 23 日最高人民法院审判委员会第 1823 次会议修正）第 12 条第 1 款规定：“人民法院具体认定民法典第六百二十一条第二款规定的‘合理期限’时，应当综合当事人之间的交易性质、交易目的、交易方式、交易习惯、标的物的种类、数量、性质、安装和使用情况、瑕疵的性质、买受人应尽的合理注意义务、检验方法和难易程度、买受人或者检验人所处的具体环境、自身技能以及其他合理因素，依据诚实信用原则进行判断。”这里显然不是对合同的解释，而是对合同法规范的解释，实际上就是利用诚实信用原则进行衡平。因此，我国《民法典》“总则编”仅仅将诚实信用作为对当事人从事民事活动的要求是比较狭窄的，比较 1999 年的《合同法》都有所退缩。因此，应对我国《民法典》“总则编”中的诚实信用原则做扩大解释，诚实信用原则不仅是对当事人进行民事

① 杜景林、卢谌：《德国民法典评注》，法律出版社 2011 年版，第 58 页。

② ［日］近江幸治：《民法讲义Ⅰ》，渠涛等译，北京大学出版社 2015 年版，第 18 页。

活动的要求，更是法官手中平衡的工具。

（三）诚实信用原则适用中的限制

虽然诚实信用原则在当今法律适用中越来越重要，甚至我们已经将其称为“帝王规则”，我国许多法院也有直接以诚实信用原则进行裁判的判例，但在具体适用这一原则时，应有所限制：（1）法律有具体规定时，应当首先适用法律的具体规范，不能随便抛弃具体规范而直接适用诚实信用原则。（2）在没有具体规范而需要适用诚实信用原则作为裁判依据时，应当充分阐述诚实信用原则与适用的具体案件之间的关系，以“造法者身份”利用诚实信用原则阐述出当事人的义务，然后课定责任。也就如学者所说的，民法基本原则的不确定性和衡平性，具有授权司法机关进行创造性司法活动的客观作用，诚信原则更是直接授予司法机关在一定范围内创立补充规则的权力。[①] 这就是“通过民法典而超越民法典”，通过民法典体系内的原则性规定完善和补充民法典体系本身。（3）当已有的具体规范与诚实信用原则冲突时，应有限制地允许法官适用诚实信用原则，避免法官滥用诚信原则。那么，应如何限制呢？一般认为通过最高人民法院的判例或者其他方式的审核或者控制[②]。这便是我国的现实矛盾：一方面，诚实信用是重要的原则和法官手中衡平的工具，十分需要和必要，但另一方面，又担心这一工具被滥用。因此，就想出各种方法去限制法官对诚实信用这一工具的任意适用。我可以大胆地说，如果这一工具被限制过多，肯定不好用。我同时也相信，随着法律职业阶层职业道德的提高，这一工具一定能够发挥其应有的作用。

七、公序良俗原则

我国《民法典》第 8 条规定：“民事主体从事民事活动，不得违反法律，不得违背公序良俗。”所谓“公序良俗”，实际上就是公共秩序与善良风俗的简称。公序良俗同民法的其他基本原则有很大的不同，其他基本原则离法律行为

① 徐国栋：《民法基本原则解释》，北京大学出版社 2013 年版，第 12 页。

② 徐国栋：《民法基本原则解释》，北京大学出版社 2013 年版，第 437 页。

的效力似乎很远，符合或者不符合这些基本原则似乎都不能直接否定法律行为的效力，而公序良俗基本上是以否定法律行为的效力为自己的功能，而且表现在具体的法律行为中，违反公序良俗的法律行为无效。由此可见，公序良俗属于规范中的条件部分，因此，是否能够作为基本原则值得商榷。我同意于飞教授及德国学者的观点，公序良俗应是概括条款而非基本原则，而概括条款具有规范的功能[①]。但是，我国《民法典》既然规定了公序良俗作为民法的基本原则，从民法教义学的观点看，我们只能将其作为民事活动的指导性原则，民事活动不能违反这一原则。

至于公序良俗的具体含义，我们将在“法律行为无效”的有关章节中详细论述。

---

① 于飞：《民法典总则中基本原则的立法安排——民法通则式“基本原则”立法体例之否定》，载《法学研究》2016年第3期。

第四章 民法的法源与适用

第一节　民法的法源

一、民法之法律渊源的概念

（一）关于民法之法律渊源之概念的各种观点

1. 存在形式论

例如，日本学者平井一雄认为，所谓民法的法源，是指作为私法的普通法的实质意义民法的存在形式。①

意大利学者彼德罗认为，法的渊源是借以将法律规范确定为实在法的和强制性规范的那些方式。②

英国学者尼古拉斯认为，法律的渊源可以在多种意义上使用，在这里（罗马私法——笔者注）它是指法的制定方式。罗马法的法律渊源可以划分为三种：

① 转引自梁慧星：《民法总论》，法律出版社 1996 年版，第 20 页。

② ［意］彼德罗·彭梵得：《罗马法教科书》，黄风译，中国政法大学出版社 1992 年版，第 16 页。

制定法、执法官告示和法学家解释。[①]

王泽鉴先生认为，民法的法渊源，是指法的存在形式。法律、习惯及法理为直接渊源，而判例与学说为间接渊源。[②]

曾世雄先生认为，民法的法律渊源，是指挹注成民法的各种源泉，亦即构成民法的各个部分，也就是指实质民法与形式民法。[③]

2. 法律成立原因论

德国学者萨维尼认为，一般的法的成立原因、法律制度的成立原因以及通过对法律制度进行抽象而形成的一个个法规的成立原因，就被称为法律渊源。[④]因为萨维尼始终认为，法律是一种历史文化现象，萌生于一个民族的灵魂深处并在那里经过长期的历史进程而孕育成熟[⑤]，所以，法律是民族精神的产物，法律的渊源就是民族精神。

美国法理学家格雷（John Chipman Gray）将法律与法律渊源相互区别，他认为，法律是由法院以权威性的方式在其判决中加以确定的规则组成的；而关于法律渊源，则是法官在制定法律规则时通常所诉诸的某些法律资料与非法律资料。按照格雷的观点，道德原则也是法律渊源[⑥]。

3. 混合论

这种观点是将上述两种观点混合而成。美国学者 E. 博登海默认为，法律渊源包括正式渊源与非正式渊源。正式渊源是指体现为权威性法律文件的明确文本形式，如宪法、法规等。而非正式渊源，是指那些具有法律意义的资料和值得考虑的材料，而这些资料和值得考虑的材料尚未在正式法律文件中得到权威性或者是明文的阐述与体现，如正义原则、道德信念、社会倾向等。[⑦]

---

① ［英］巴里·尼古拉斯：《罗马法概论》，黄风译，法律出版社 2000 年版，第 14 页。

② 王泽鉴：《民法总则》，中国政法大学出版社 2001 年版，第 44 页。

③ 曾世雄：《民法总则之现在与未来》，三民书局 1993 年版，第 24 页。

④ 转引自龙卫球：《民法总论》，中国法制出版社 2001 年版，第 32 页。

⑤ ［德］K. 茨威格特：《比较法总论》，潘汉典等译，贵州人民出版社 1992 年版，第 258 页。

⑥ ［美］E. 博登海默：《法理学：法律哲学与法律方法》，邓正来译，中国政法大学出版社 1999 年版，第 414 页。

⑦ ［美］E. 博登海默：《法理学：法律哲学与法律方法》，邓正来译，中国政法大学出版社 1999 年版，第 415 页。

德国学者拉伦茨认为，“法律渊源”一方面是指法律原则的产生原因，另一方面是指适用于全体人民的法本身的表现形式。[①]

李开国教授认为，就广义而言，法的渊源是指法赖以确定的根据及法的表现形式。

我国台湾地区学者陈聪富教授认为，法源是指法之渊源。民法之法源，狭义说认为系指民法的存在形式，包括民法典、特别民事法规、习惯、判例及法理。广义说则认为，法源系指法官据以为民事裁判基础之渊源，除上述列举者外，并包括法律行为规范，尤其是当事人定订的契约。[②]

（二）评价与选择

民法的法律渊源的确在含义上存在争议，就像 E. 博登海默所指出的，法律渊源这一术语迄今尚未在英美法理中获得一致的含义[③]。凯尔森则认为，法律的渊源是一个比喻性的并且极端模糊不明的说法。它被用来不仅指上面提到过的创造法律的方法，即习惯法和立法，而且也用来说明法律效力的理由，尤其是最终理由，因而基础规范是法律的渊源。但是，在广义上说，每一个法律规范就是它所调整其创造的那另一个规范的渊源，前一个规范决定着待创造的那个规范的创造程序与内容。在这一意义上，任何高级规范都是低级规范的渊源。这样，宪法就是在宪法基础上所创造的法律的渊源，法律是以它为基础所创造的司法判决的渊源，司法判决则是它为当事人所设定义务的渊源，等等。而法律渊源有时也被用来指称那些实际上影响法律机关的观念，如道德观念、政治原则、法律学说等。所以，法律渊源这一用语的模糊不明似乎使这一用语近乎无甚用处。[④]

我认为，民法的法律渊源这一概念的确有许多意义，对这一概念的界定与

---

① ［德］卡尔 · 拉伦茨：《德国民法通论》，王晓晔等译，法律出版社 2003 年版，第 10 页。

② 陈聪富：《民法总则》，元照出版社 2016 年版，第 19 页。

③ ［美］E. 博登海默：《法理学：法律哲学与法律方法》，邓正来译，中国政法大学出版社 1999 年版，第 413 页。

④ ［奥］凯尔森：《法与国家的一般理论》，沈宗灵译，中国大百科全书出版社 1996 年版，第 149 页。

论者对法律所持有的态度有关。例如，作为分析实证主义法学之纯粹法学的代表人物，凯尔森肯定坚持“纯粹的法律”才是法律，所以，在法律渊源上也就自然坚持“存在形式论”。而作为社会学法学的论者埃利希则认为，除了实定法，社会中的“活法”也是法律的渊源[①]。另外，我们也应当看到，大陆法系国家与英美法系国家因对法律的理解不同而导致的对法律渊源的不同认识。大陆法系国家的立法由专门的立法机关完成，法官不能创造法律（至少在纸面上是这样），所以，大陆法系的许多学者将法律渊源理解为法律的实际存在形式就是自然的。而英美法系国家的立法权掌握在法官手中（虽然现在不完全如此），立法与司法的职能在某种意义上是重合的，法官在创设法律规则时所用的资料很容易被当作法律的渊源，所以，美国学者理解的法律渊源就是“混合论”也并非偶然。另外，在渊源的具体表现上，大陆法系国家理解的法律渊源的重要形式为制定法，而在英美法系国家自然也就是判例法更重要。在下面的论述中，我们使用的“民法的法律渊源”一词是指具有规范效力的民法的实际存在形式。

需要说明的是，无论如何契约绝不是民法的法律渊源。德国学者拉伦茨认为，不管怎样，私法上的合同不是这里所说的“渊源”。合同虽然在当事人之间产生了法，但它不能给第三人设定义务。合同中的规定适用于合同当事人，但它却不像法律规范那样，适用于不特定的“规范对象”，而且无论规范对象是否同意，他们都必须接受法律规范的管辖。[②]另外，我认为，从法律适用上看，当事人之间订立的契约仅仅是一种法律事实，为民法所调整才能形成法律关系。契约根本就不是规范，仅仅是双方当事人发生争议，法官在裁判案件时作为“小前提”使用的事实而已。

二、我国《民法典》“总则编”规定的法律渊源

我国《民法典》第10条规定：“处理民事纠纷，应当依照法律；法律没有规定的，可以适用习惯，但是不得违背公序良俗。”由此可见，我国民法明确

---

① ［美］E. 博登海默：《法理学：法律哲学与法律方法》，邓正来译，中国政法大学出版社1999年版，第142页。

② ［德］卡尔·拉伦茨：《德国民法通论》，王晓晔等译，法律出版社2003年版，第11页。

规定的民法的法律渊源主要有两种：一是法律，二是习惯。

德国学者拉伦茨认为，通行的学说认为，法只有两种表现形式，即国家的法律与习惯法，这两种表现形式的形成方式不同，但它们具有同等的价值。法律是通过有意识的立法行为形成的。立法行为需要一个由有关国家的宪法赋予权力的立法机关，并且必须遵守宪法中规定的立法程序。而习惯法是通过法律成员对在法律共同体中占主导地位的法律信念的实际贯彻形成的。[①] 但除了这两种表现形式之外，是否还具有其他形式呢？我认为，当然还有。如判例[②]、法理、宪法等。关于这一问题，我们将在下面单独讨论。在这里就先讨论这两种表现形式。

（一）法律

法律在大陆法系的法律渊源地位，具有相当的理论支持。“只有立法者制定的才是法律，而其他的都不是”这种观点，被认为是来自孟德斯鸠的分权理论。根据该理论，立法、行政与司法应该严格区分开来，以起到相互制约的作用。但这仅仅是原因之一，另一个原因是程式化的规则和概念所具有的优越性。毫无疑问，正是19世纪令人震惊的自然科学和技术进步，以及由此形成的因果论思维模式，为实证主义提供了坚实的基础。美国学者梅里曼指出：由于立法机关是唯一由直接选举产生的代议制政府部门，所以也只有它才能反映人民的意志。所以，只有立法机关所颁布的成文法才是法律，这一观点是立法实证主义的精髓所在[③]。实证主义哲学认为，法官只是单纯地适用事先已经制定好的规则，从而将法官看作一台自动售货机。人们向法官输送事实和法律规则，就像向自动售货机投放硬币，然后便从机器下面得到相应的结果。[④]

我认为，这里的“法律”应该是一个广义的概念，不仅包括民法典、民事单行法（民事特别法）、立法机关的法律解释，还包括行政法、刑法、环境法等公法。

---

① ［德］卡尔·拉伦茨：《德国民法通论》，王晓晔等译，法律出版社2003年版，第11页。

② 需要指出的是，判例在拉伦茨的理论中，是作为习惯法对待的。参见［德］卡尔·拉伦茨：《德国民法通论》，王晓晔等译，法律出版社2003年版，第15—17页。

③ ［美］约翰·亨利·梅利曼：《大陆法系》，顾培东等译，知识出版社1984年版，第25页。

④ ［德］罗伯特.霍恩等：《德国民商法导论》，楚建译，中国大百科全书出版社1996年版，第62页。

1. 民法典

在大陆法系国家，民法规范存在的基本形式是民法典，这是大陆法系国家自优士丁尼的《民法大全》开始的形式理性传统的结果。在19世纪资本主义上升时期，也是理性主义至上的时代，许多国家纷纷将自己的民法法典化。各国民法典规定了民事法律关系的基本制度和原则，是社会的“大宪章”。所以，它是民法的基本渊源。

应当指出，在今天，由于人们越来越多地认识到了人类理性的有限性，所以，对民法的法典化提出了越来越多的批评，有些批评甚是极端。但是，法典化的传统与方法以及由此建立起来的司法系统已经渗透到人们的思想中，虽然有许多不足，然而其优点也具有不可抗拒的魅力。也许正是由于这一原因，大陆法系国家还鲜有放弃法典化的。

我国的《民法典》是我国民法的重要组成部分，属于民事“基本法”，它是所有民法规范（当然包括商法特别法规范）的基础。

2. 民法单行法（民法特别法）

所谓民事单行法或者特别法，是指针对特殊法律关系进行调整的规范。在现代社会生活中，存在一些法律关系难以纳入《民法典》的调整范畴，故需要在一般法之外，针对这些法律关系制定特别规范，是为民事单行法。例如，矿产资源法、水资源保护法、森林法、土地承包经营法等。另外，由于我国实行民商合一的立法模式，因此，许多商事法律都是作为民事特别法存在的，例如，海商法、票据法、公司法、破产法、保险法、信托法、证券法等。

在民法典与特别法的规范具体适用上，采取“特别法优于一般法”的原则，特别法有规定者，应首先适用特别法。只有在特别法无规定时，才适用一般法。例如，对于票据权利的救济，应首先适用票据法上规定的追索权。只有在不能通过票据法追索时，才适用民法上的请求权。

3. 行政法、刑法以及其他强制性法律规范

行政法、刑法等之基本宗旨都不在于调整私人相互之间的生活关系，因此，同宪法与民法的关系相似，都不属于民法的直接法源。但这些法律可能会对私人之间的民法上的关系产生否定性影响。例如，刑法规定买卖某些野生动物属于犯罪行为，动物保护法也规定了动物保护的范围。如果在民法上

以这些动物为标的签订买卖合同，就会因标的物违反刑法和动物保护法的强行性规范而无效；由于刑法规定卖淫为犯罪行为，故性交易合同在民法上也会因此而无效。

但需要注意的是，这些行政法或者刑法的强行性规范不是一定能够引起民法上的行为无效。例如，我国《公务员法》第59条禁止公务员从事经营活动，但如果从事了交易营利活动，其交易在民法上无效吗？《民法典》第153条第1款规定："违反法律、行政法规的强制性规定的民事法律行为无效。但是，该强制性规定不导致该民事法律行为无效的除外。"据此可以得出答案：显然不是——这取决于这些强行性规定是否指向法律行为的效力。因为，有些强行性规范的目的不在于否定其行为在民法效力。再如，非法集资中，A与很多人签订借款合同，构成非法集资，但即使构成犯罪，每个借款合同是否有效呢？并非所有借款合同都无效。

4. 立法机关的法律解释

有解释权的机关对民事法律所作的解释，也是民法的渊源。在大陆法系国家，一般来说，法律严格禁止法官对法律进行解释，所以，法院的解释一般不是法律的渊源，只有立法机关的解释才是有权解释。就如有的学者所指出的：大陆法系的分权理论的极端化，导致了对法院解释法律这一作用的否定，而要求法院把有关问题都交给立法机关加以解决，然后由立法机关提供权威性解释，用以指导审判实践。通过这种方法，纠正法律的缺陷，杜绝法院立法并防止司法专横对国家安全造成的影响。对大陆法系的教条主义者们来说，唯有立法者所作的解释才是可以允许的解释。①

应该特别指出的是，我国立法机关很少对民法作出解释，更多的是最高人民法院的司法解释。但这种解释不能与立法机关的法律解释等同，不能作为法律来对待（尽管在我国的司法实践中，最高法院的司法解释对各级法院来说甚至高于立法）。

---

① ［美］约翰·亨利·梅利曼：《大陆法系》，顾培东等译，知识出版社1984年版，第43页。

（二）习惯

习惯是为不同阶级或者各种群体所普遍遵守的行动习惯或者行为模式。而习惯法则是用来意指那些已经成为具有法律性质的规则或者安排的习惯，尽管它们尚未得到立法机关或者司法机关的正式颁布[①]。

尽管习惯与习惯法是有区别的，但是这两种社会控制力量之间的分界线有时是不易确定的，因为一般的观点认为，法律与习惯在早期社会中是毫无分别的，而且社会习惯与习惯法之间所划定的界限本身也只是长期渐进的法律进化的产物。一种在历史某一时期并未被认为具有法律性质的惯例，可能会在以后被提升到法律规则的地位。那么，现实的问题是：一项习惯具备了什么条件或者要素，才能发生从习惯向习惯法的转化？这一问题涉及法律的确定性与每一个潜在当事人的利益，非常有必要搞清楚，这不仅是民法所关注的问题，同时也是法理学所感兴趣的问题。

意大利学者彼得罗认为，一项习惯只有在具备两个条件时，才能属于不成文法的习惯法：（1）法律信念，或者认为应当把规范当作法来遵守；（2）对规范的自觉遵守。[②]

约翰·奥斯丁就习惯法问题采取了一种颇为简单的观点，他认为，在立法机关或者法官赋予某一习惯惯例以法律效力以前，它被认为是一种实在的道德规则。按照这一观点，对于一种习惯的遵守，即使人们在遵守该习惯时坚信它具有法律的约束力，也不足以使该习惯转换为法律。[③]这是法律实证主义的典型观点。但是，历史法学派就有相反的主张。

历史法学派认为，一旦一个家庭、一个群体、一个部落或者一个民族的成员开始普遍而持续地遵守某些被认为是具有法律强制力的惯例或者习惯，习惯法便产生了。在习惯法的产生过程中，不需要一个更高的权威对上述惯

---

① ［美］E. 博登海默：《法理学：法律哲学与法律方法》，邓正来译，中国政法大学出版社1999年版，第379—380页。

② ［意］彼德罗·彭梵得：《罗马法教科书》，黄风译，中国政法大学出版社1992年版，第16页。

③ ［美］E. 博登海默：《法理学、法律哲学与法律方法》，邓正来译，中国政法大学出版社1999年版，第467页。

例与安排作出正式的认可或者强制执行。在早期的社会中，法律规则并不是自上而下设定的。历史法学派的代表人物萨维尼认为，习惯法产生于一个民族的社会安排，这些安排是经由传统和习惯得到巩固的，而且是与该民族的法律意识相符合的，而不是源于政府当局的政令。[①] 由此可见，萨维尼的观点受到了罗马法的深刻影响，与专门研究罗马法的意大利学者彼得罗几乎一致。

法律实证主义的观点在大陆法系国家颇有影响。一些大陆法系国家要求法院将某种习惯当作法律规则加以实施前，这种习惯必须附有法律意见或者必要意见。这种要求意味着，如果社会成员坚信某种习惯不具有法律约束力而且不是实施权利与义务的渊源，那么，该习惯就不能被承认为法律规则。[②] 虽然大陆法系国家普遍承认习惯是第三法律渊源，但是大陆法系国家关于习惯的法律意义的论著可谓汗牛充栋，远远超过了习惯本身作为法的实际重要性。产生这种现象的主要原因，在于需要证明这些类似法但又不是立法机关所创制的法的合理性。由于赋予习惯以法律效力违背了国家实证主义以及分权理论，于是，学者创造了许多复杂的理论来解释这种明显的对立[③]。因为《法国民法典》与《德国民法典》均没有明确规定习惯作为法律的渊源形式。

在英美法系国家也有同样的问题。在英美法系国家，一项习惯能否被法院赋予法律强制力的一个重要标准就是某种习惯是否具有合理性。如果一项习惯具有不合理性，法院有权拒绝赋予法律效力。正如美国纽约州上诉法院的理由：合理性是某一项惯例的有效条件之一。法院不能确认一种不合理的或者荒唐的习惯来影响当事人的法律权利。英美法系国家在选择习惯时，保留了这一方法。[④] 由此可见，美国法官在对待习惯的态度上，与大陆法系国家基本相同，

---

① ［美］E. 博登海默：《法理学：法律哲学与法律方法》，邓正来译，中国政法大学出版社1999年版，第381页。

② ［美］E. 博登海默：《法理学：法律哲学与法律方法》，邓正来译，中国政法大学出版社1999年版，第470页。

③ ［美］约翰·亨利·梅利曼：《大陆法系》，顾培东等译，知识出版社1984年版，第26页。

④ ［美］E. 博登海默：《法理学：法律哲学与法律方法》，邓正来译，中国政法大学出版社1999年版，第471页。

即在被法院确认前，习惯还不是习惯法。在英美法系国家，习惯向习惯法的转化必须具备三个基本条件：（1）习惯的确认不得用来对抗制定法的实在规则，不能违反普通法的基本原则；（2）习惯必须已经有了很长时间且得到了公众持续不断的遵守，而公众也必须视这种习惯为强制性的；（3）习惯必须是合理的，也就是说，习惯不能违反有关是非的基本原则，也不能侵害不具有此项习惯的人的利益。①

应该说，在今天制定法越来越普遍和发达，习惯法作为法律渊源的重要性已经减弱。但是，由于习惯被普遍遵守的约束力特征，在法律没有规定时，用习惯调整当事人的权利义务，可能更容易被接受。因为某人长期处于一种习惯的约束环境中，让他接受这种习惯的约束没有任何不合理之处。正因为如此，许多国家的民法典明确规定了习惯的法律渊源性，例如，《瑞士民法典》第1条规定："无法从本法得出相应规定时，法官应依习惯法裁判。"在我国这样一个有着悠久历史传统的国家，习惯法作为法律的渊源更具有说服力。我国最高人民法院西南分院于1951年在一个批复中指出："如当地有习惯，而不违反政策精神者，可酌情处理。"②这一批复可以作为我国实践中承认习惯法作为法律渊源的例证。但是，应当注意，在我国由于民族众多，习惯众多，要把握习惯向习惯法的转换也更加重要。我国最高人民法院在2022年发布的《关于适用〈中华人民共和国民法典〉总则编若干问题的解释》（法释〔2022〕6号）第2条规定，在一定地域、行业范围内长期为一般人从事民事活动时普遍遵守的民间习俗、惯常做法等，可以认定为《民法典》第十条规定的习惯。适用习惯，不得违背社会主义核心价值观，不得违背公序良俗。我认为，一项习惯被法院作为习惯法而承认，应当具备下列条件：（1）待决事项确无制定法规定；（2）要确认的习惯是确实存在的；（3）该习惯长期以来被当作具有约束力的规则来遵守；（4）当事人均属于该习惯的约束范围，即当事人双方或者多方都知道这一习惯并受习惯约束，如果只有一方当事人知道该习惯而另一方不知，或

---

① ［美］E. 博登海默：《法理学：法律哲学与法律方法》，邓正来译，中国政法大学出版社1999年版，第472页。

② 转引自梁慧星：《民法总论》，法律出版社1996年版，第22页。

者虽然知道却没有被习惯的约束力约束过，都不能确认为习惯法；（5）习惯必须不与法律的基本原则相抵触，不得违背公序良俗。

同时需要思考的一个问题是：交易惯例和商业习惯是否属于法源意义上的习惯或者习惯法呢？对此，拉伦茨指出，交易惯例和商业习惯既不是法律渊源，也不是习惯法，虽然法律规定它们是解释的辅助手段。交易惯例与商业习惯只有在符合法律制度的价值标准的范围内才具有意义，它们本身不能作为认识法律的源泉。不遵守交易惯例者，可能会因此遭受损害，因为法律制度通常保护那些期待或者可以期待对方当事人遵守交易惯例的一方的利益。然而，违反交易惯例，还不足以使某项行为违法。虽然交易惯例往往受到法律制度的重视，但它本身不是法。交易惯例的要求不具备法律要求的意义，对它的承认和遵守，既不是根据其内在的法律信念，也不是根据立法者的权威。习惯法具有与法律相同的地位，而交易惯例永远必须服从法律[①]。我国《民法典》第510条规定："合同生效后，当事人就质量、价款或者报酬、履行地点等内容没有约定或者约定不明确的，可以协议补充；不能达成补充协议的，按照合同相关条款或者交易习惯确定。"从这一规定可以看出，交易习惯不是作为法律意义上的习惯使用的，而是作为一种事实认定的参照标准。因此，不能依据该条规定而认为，交易习惯属于法源意义上的习惯。

与交易习惯相联系，技术标准或者规范是否属于法源意义上的习惯？我国《民法典》第511条第1款规定："当事人就有关合同内容约定不明确，依据前条规定仍不能确定的，适用下列规定：（一）质量要求不明确的，按照强制性国家标准履行；没有强制性国家标准的，按照推荐性国家标准履行；没有推荐性国家标准的，按照行业标准履行；没有国家标准、行业标准的，按照通常标准或者符合合同目的的特定标准履行。（二）价款或者报酬不明确的，按照订立合同时履行地的市场价格履行；依法应当执行政府定价或者政府指导价的，依照规定履行。（三）履行地点不明确，给付货币的，在接受货币一方所在地履行；交付不动产的，在不动产所在地履行；其他标的，在履行义务一方所在地履行。（四）履行期限不明确的，债务人可以随时履行，

---

① ［德］卡尔·拉伦茨：《德国民法通论》，王晓晔等译，法律出版社2003年版，第17—18页。

债权人也可以随时请求履行，但是应当给对方必要的准备时间。（五）履行方式不明确的，按照有利于实现合同目的的方式履行。（六）履行费用的负担不明确的，由履行义务一方负担；因债权人原因增加的履行费用，由债权人负担。”同交易习惯相似，这些技术标准或者规范也能够对确定合同当事人的权利义务有直接影响，但它们仅仅是法官在裁判案件中适用的手段而非法律本身，就如德国学者所指出的：技术标准不是法律规范，虽然它们有时对于辨认法律具有重要的意义。技术标准有利于生产的统一化，有利于改善产品的用途，有利于对质量的监督，有利于防止技术设备在生产和使用过程中对有关人员和全社会产生危险。这些技术规范不仅是技术方面的人为规则，不仅是一些教导原则和经验原则，而且对于在技术系统从事制造和使用的人来说，具有与许多法律规范相同的真正的行为要求。这也就是说，这些技术规范具有要求得到适用的效力。而事实上，在有关部门，它们具有决定性的意义，并且在绝大多数情况下都得到遵守，它们因此在事实上得到适用。技术规范中不仅包含了技术经验，还包含了经济方面的考虑，甚至包含了评价标准以及利弊权衡，就像立法者在立法时进行利弊方面的考虑一样。但技术规范既不拘束法院，也不拘束行政机关，在执行程序中也无法实施。它们既不是国家制定法的规范，也不是习惯法规范。诚然，某条具体的技术规范有可能通过法律明示的援引而变成法律规范，这样，对它的遵守就成为一种法律义务。但是，它作为法律规范而适用的依据永远是有关的法律，尽管人们可以期待，技术规范适用的对象是知悉这些规范的，如果他们不遵守技术规范，则一般即可认定他们具有疏忽之责。①

在我国，与技术规范很相似的是许多行业内部的工作流程或者工作细则，例如，银行内部的工作流程。这些工作流程是行业内部的工作人员很熟悉的，而且确实也是实际上在该行业内被普遍遵守的规范，但却不能认定为法源意义上的规范。但是，如果在具体业务中，工作人员违反这些规程和流程而发生纠纷的，法院通常认为，银行存在过错。

① [德]卡尔·拉伦茨：《德国民法通论》，王晓晔等译，法律出版社2003年版，第19—20页。

三、民法的其他法源

（一）宪法

宪法是一个国家的根本大法，它规定一个国家的国体、政体与人民的基本权利，它显然不调整私人之间的生活关系，其使命完全不等于民法。但是，无论法官解释法律还是解释法律行为，都必须遵守宪法。也就是说，宪法虽然不等于民法规范，却对民法有着重大影响。因此，才会出现宪法是否是民法的法源的争议。

对此，有“直接效力说”与“间接效力说”两种。直接效力说认为，基本权利具有绝对效力，该权利不仅拘束国家，也可以拘束私人。私人相互之间，毋庸间接透过民事法律的媒介，即可直接适用基本权利的规定，以主张权利。间接效力说认为，基本权利只拘束国家而不拘束私人。为维护私法的独立性，避免破坏私法自治原则，基本权利之规定，只能间接透过私法规范，尤其是民法的开放性概念与概括条款（如公序良俗、诚实信用原则），对私人相互之间的法律关系发生效力。① 我国台湾地区学者及实务界多采间接效力说，即宪法仅仅是民法的间接法源而非直接法源②。

我赞同宪法为民法间接法源的观点。因为，宪法不直接调整社会中的生活关系，即宪法不直接调整私人之间的财产关系或者人身关系，它是通过对国家权力的管束来保障公民（而非民法上的自然人）的基本权利。因此，宪法不存在私法上的直接目的和宗旨。但是，宪法可能会间接或者说客观地影响到私人之间的关系。例如，历史上，许多航空公司与女乘务员签订合同，明确规定服务合同有效期间，不得怀孕或者生产。后来这种条款因违反宪法规定的人的基本权利而被宣告无效。这其实就是宪法的间接效力，即具有否定性作用，而没有私法权利主张的直接依据的作用。

尤其是在我国，宪法的根本法的作用远远没有发挥出来，更应该发挥其作

---

① 陈聪富：《民法总则》，元照出版社 2016 年版，第 22 页。

② 陈聪富：《民法总则》，元照出版社 2016 年版，第 22—23 页。

为间接法源的作用，切实保障人的基本权利在民法上不被践踏。当然，在我国的私法实践中也不乏以宪法作为法律渊源来裁判案件的，例如，著名的“齐玉苓案件”就是著例，以侵犯“受教育权”来救济原告的。这一案件从历史上看，当然是很有意义的，也是正确的。但是，有一点需要思考的问题是：“受教育权”是否是一种私法上的权利？平等主体侵犯这种权利是否可以转化为民法上的权利概念？比如，侵犯了原告的“自我发展的人格权”等。

（二）判例

判例在大陆法系与英美法系国家有十分不同的地位，在英美法系，判例作为法律的主要渊源，似乎并没有疑问。而在大陆法系即使作为次要渊源，也没有被正式确认。判例作为英美法系国家法律的主要渊源，是由“遵循先例”这一原则所决定的。“遵循先例”这一术语是拉丁语 Stare decisis et non quieta movere（即遵守先例，不扰乱确立的要点）的缩略语。如果用一般的方式来表述，遵循先例乃意味着某个法律要点一经司法判决确立，便构成一个日后不应背离的先例，即一个直接相关的先前案例，必须在日后的案件中得到遵循。英美法系国家之所以奉行这一原则，主要有以下几点支持理由：（1）该原则将一定的确定性和可预见性引入了私人活动及商业活动的计划之中。（2）遵循先例为律师进行法律推理和法律咨询提供了某种既定根据。（3）遵循先例原则有助于对法官的专断起到约束作用。通过迫使法官遵守业已确立的判例，减少了其作出带有偏袒和偏见色彩的判决的诱惑。（4）遵循先例还可以增进司法效率。它使法院在一个法律问题每次重新提出时就重新考察该问题的做法成为不必要，法官卡多佐指出，如果过去的每个判例在每个新案件中都要被重新讨论，而且一个人无法在其他走在前面的人所砌的可靠的基础上砌他自己的砖，那么法官的劳动就会被增加到几乎使他垮掉的地步。（5）“在相同的情形中，所有的人都应当得到相同的对待”支持了这一原则①。

那么，在英美法系国家中，构成被遵循的先例之判例究竟指的是什么？也

---

①［美］E. 博登海默：《法理学：法律哲学与法律方法》，邓正来译，中国政法大学出版社1999年版，第539—541页。

就是说，它是指判例本身，还是指判例所反映的内在价值和基本精神？对此，存在两种对立的观点，即宣告说与创立说。

宣告说认为，并不是先例（终审法院的判决），而是隐藏于其后或者超越其上的某种东西赋予了它以权威和效力，即使司法判决具有法律效力的力量的，并不是法官的意志或者命令，而是原则的内在价值或者体现于判决的习惯实在性。例如，英国著名法官马修·黑尔（Matthew Hale）指出：法院判决并不能成为确当意义上的法律，但它们在解释、宣布何为该国家的法律时，有着重大影响和权威性。曼斯菲尔德（Mansfield）认为：如果英国法律真的只依先例而决定，那么它就是一种奇怪的科学。英国的法律是建立在原则基础之上的，每个案件的特殊情形都可被归于上述原则中的这一原则或者那一原则之中，因而这些原则贯彻于所有的案件之中。判例的精神和理由可以成为法律，而特定的先例文字却不能。美国学者约瑟夫·斯托雷（Joseph Story）法官也指出：很难说法院的判决构成法律，它们充其量只不过是证明什么是法律或者什么不是法律以及它们自身是不是法律的证据。也就是说，先例并不是一种教条公式，而只是一种对原则的说明。换言之，正是作为判决依据的公共政策的理由或者原则而不是一般法律的阐释，在运用遵循先例时才具有价值。

创立说认为，法官通常都是以溯及既往的方式造法，而且他们在判决中所规定的规则不仅是法律渊源，甚至就是法律本身。[①]

在宣告说与创立说之间，应该说宣告说占有主导地位，因为无论是英国的法院，还是美国的法院都有一种权力，在先例不符合公平正义时修改先例，这也就是说，判决的内在原则与价值比判决本身更重要。这对我们理解判例具有重要的启示意义。

在大陆法系国家，判例作为正式的法律渊源在理论上存在较大的困难。罗马皇帝优士丁尼就曾命令：“一般案件应当根据法律而不是根据先例来审判。”

---

① 以上参见［美］E. 博登海默：《法理学：法律哲学与法律方法》，邓正来译，中国政法大学出版社 1999 年版，第 430—432 页、第 539—543 页。

从一般意义上说，这在当今仍然是占统治地位的观点[①]。但是，我们也必须看到，大陆法系国家越来越重视判例的作用。例如，德国最高法院认为：律师如果无视法院在其正式的判例汇编中所发表的判例，那么他本人便应当对此产生的后果对其当事人负责。[②]德国学者指出：孟德斯鸠的分权理论使人们难以承认法官所创立的规则是可以适用的法律。大多数著述家将判例归于以共同适用及长期不变的习惯为特征的习惯法。但是，仅仅找出判例法的这些特征，远远不能使人信服。因为实际上，较高审级法院所作的判决，哪怕是孤立的判决，也总是让人感到敬畏。[③]实际上，任何下级法院对上级法院的判例都不会置之不理。造成这种状况的另外一个原因是，由于大陆法系的上诉制度，如果下级法院不重视上级法院的判例，很有可能被改判。而下级法院为了使自己的判决不被纠正，最直接的方式就是认真对待上级法院的判例。从德国的实际情况看，判例在德国的私法和教学中都具有相当重要的地位，其许多规则都是判例创设的，也一直作为判例规则存在且起着重要作用，例如，人格权（利益）的保护问题，实际上判例起着比成文法更重要的作用。

但是，在德国，判例是作为“习惯法”被承认为民法的法律渊源的。拉伦茨认为，法官在适用法律时，必须对法律进行解释，但任何法院都没有义务在处理另一个案件时对法律作出相同的解释。不过，如果法院确信以前的解释或者补充是正确的，那么它们就会遵循这种解释或者补充，因为这样做有利于法律的连续性和稳定性。通过这种方式形成的“长期判例”，在法律交往中的效力如同法律规范，人们在事实上是遵守的。如果符合下列条件，这一长期判例即可认定为习惯法：该判例中表明的某项规则被交易实践所接受，并且它符合一般的法律意识，为人们所普遍遵循。而它之所以被遵循，并不是因为人们担忧不遵循就会败诉，而是人们认为这条规则是一项毋庸置疑的法律要求。认定存在习惯法与否，关键

---

① ［美］E. 博登海默：《法理学：法律哲学与法律方法》，邓正来译，中国政法大学出版社1999年版，第434页。

② ［美］E. 博登海默：《法理学：法律哲学与法律方法》，邓正来译，中国政法大学出版社1999年版，第434页。

③ ［德］罗伯特·霍恩等：《德国民商法导论》，楚建译，中国大百科全书出版社1996年版，第66页。

并不仅仅是它的实践，而是要看它是否具备了“必要的确信”，即人们是否普遍认为它是正确的。如果情况的确是这样的，即可认定该项判例是习惯法。[①]

其实，我认为，拉伦茨这种将法院的判例纳入“习惯法”的做法是值得我们借鉴和思考的，也适合我国现实的情况：即使是最高人民法院的判决，也不是每个都属于“判例”，即下级法院和最高人民法院后续案件必须遵守的，只有那些被法院普遍认为是正确的且认为是符合法律要求的判决，才能成为判例，并且得到持续的遵守。我国也越来越重视判例的作用，最高人民法院编的判例指导手册，实际上起到了“民法法源”的作用。

（三）最高人民法院的司法解释

法院是否具有对法律的解释权？法院是法律的执行机构，在我国立法与执法是两种不同的权力，从宪法上看，法院不能对法律进行解释。因此，法院对法律的解释不能称为“有权解释”，只能称为“司法解释”。那么，我国最高人民法院的司法解释权来自哪里呢？

我国宪法没有授予最高人民法院解释法律的权利，但是，全国人民代表大会常务委员会《关于加强法律解释工作的决议》第 2 条规定，“凡属于法院审判工作中具体应用法律、法令的问题，由最高人民法院进行解释”。据此，可以认为，最高人民法院就审判工作中的具体问题作出司法解释，是有最高权力机构的授权的，是正当解释。应该认为，其解释具有民法法源的作用。

（四）法理

关于法理的概念，学者之间多有争论。我认为，法理应当是法律的基本精神与原则。

从法律渊源的视角看，法理与学理或者学说有本质的不同。学说是学者关于成文法的解释、习惯法的认知、法理的探求等所表示的见解。[②] 学说千差万别，各有所衷，具有更大的主观性和任意性；而法理应当具有相对的确定性和

---

① ［德］卡尔 · 拉伦茨：《德国民法通论》，王晓晔等译，法律出版社 2003 年版，第 15—17 页。

② 王泽鉴：《民法总则》，中国政法大学出版社 2001 年版，第 72 页。

客观性。这也正是法理是法律渊源的表现形式，而学说则不然的原因。

正是因为学说或者学理的任意性和主观性，无论是优士丁尼还是拿破仑，虽然在法典的起草中十分重视学者与学说，但却禁止他们对法典进行评注。美国学者曾经发现了这样一个奇怪的现象：为什么大陆法系的立法者对法学家存在着爱恨参半的矛盾心理？例如，为什么优士丁尼一方面要求法学家编纂法典，而另一方面又禁止他们对《民法大全》进行评注？原因大概是：（1）优士丁尼企图恢复古老纯正的罗马法传统的愿望同时伴随着对法学家的戒心，他害怕这种评注会降低《民法大全》的权威；（2）优士丁尼认为，他的法典已经达到了尽善尽美的程度，对法典的任何评注只会有损于法典的光辉。虽然拿破仑不禁止对他的法典进行评注，但却希望评注不要公开发表，据说，当拿破仑得知第一本法典评注出版时，他神态异常地惊呼："我的法典完了！"拿破仑不主张对法典进行评注的理由有三：（1）他认为，这部法典如此清晰、完整、逻辑严密，任何评注都是画蛇添足；（2）他担心法典一旦落入法学家之手，这本在法国公民中广为流传的法典的威望就将随之湮没；（3）他不愿意法学家用保守、陈旧的观点来看待法典并加以评注。[①]

优士丁尼和拿破仑的做法说明了两点：（1）学说具有主观与任意性，不宜作为法律渊源；（2）法学家与学说在立法中具有重大作用。

应当特别指出，法理既然是法律基本原则与基本精神的体现，则无论法律是否明确规定为法律渊源，还是没有明确规定，其都是法律渊源。例如，《瑞士民法典》第 1 条规定法理为法律渊源，当无疑义。

我国《民法典》之所以没有规定法理作为法院的裁判依据，是有原因的。我认为，原因有两个：（1）究竟什么是法理，本身概念是不清楚的，因此，难以在立法中规定；（2）容易引起司法中的不确定性。其实，在我国目前的法院司法实践中，如果法律无规定时，法官也时常根据法理来裁判案件。这似乎是一个不需要直接由法律规定的问题，因为，如果法官不得拒绝裁判的话，又无法律规定或者习惯，法院该如何处理案件呢？只能根据法理。因此，我国法律虽然没有规定，但法理实际上作为民法的法源是必然的事实。

---

① ［美］约翰·亨利·梅利曼：《大陆法系》，顾培东等译，知识出版社 1984 年版，第 67 页。

第二节 民事法律关系

一、民事法律关系的概念

（一）定义

民事法律关系是人与人之间的纳入民法调整范围的生活关系，也可以说，是人与人之间因民法规范调整而形成的民事权利义务。

德国学者萨维尼认为，各个法律关系，就是由法律规定的人与人之间的关系。在自然界，人是最重要的因素，人为了生活，必然要与他人发生各种各样的关系。在这种关系中，既要让每个人自由地发展，又要防止对他人造成损害，这就需要法律来进行规范。由法律规范的人与人之间的关系，就是法律关系。[①]

德国学者拉伦茨说：法律关系是人与人之间的法律纽带。[②]因这一概念受到了人们的质疑，认为没有包括法律关系的全部，也没有超出罗马法之“法锁”的概念，于是，拉伦茨改变了自己最初的法律关系的概念，将之界定为“法律制度赋予特定人的一种可能性，一种自由空间，所有其他人都不得对此加以干涉”[③]。这一概念并没有特别之处，只不过是强调了法律关系中的权利本位，即只不过是“人与人之间法律纽带”的另一种表述而已。

（二）说明

1. 法律关系有两个基本的条件构成

学者对于法律关系可能有不同的界定，但基本上都包含两个最基本的要素：

（1）法律关系是法律规范调整的结果，即民事法律关系是民法调整的结果

例如，张俊浩教授认为，民事法律关系是民法规范中法律效果部分实施的结果。民事法律规范由两部分构成：一是“法律要件”；二是“法律效果”。其中，“法律要件”给出了“法律效果”的条件，而“法律效果”则给出了“法律要件”

① 转引自龙卫球：《民法总论》，中国法制出版社 2001 年版，第 120 页。

② ［德］迪特尔·梅迪库斯：《德国民法总论》，邵建东译，法律出版社 2000 年版，第 51 页。

③ ［德］迪特尔·梅迪库斯：《德国民法总论》，邵建东译，法律出版社 2000 年版，第 51 页。

为生活事实所充分时的效果，该效果即为具体的权利义务关系。民事法律规范实施于社会生活，方有民事法律关系的出现[①]。前述德国学者萨维尼与拉伦茨关于民事法律关系的概念也包含了这一条件。

（2）法律关系是被民法摄入自己调整范围的现实生活中的一部分

现实生活中的各种关系很多，但并不都由民法来调整，也就不全是民事法律关系。梅仲协先生认为，所谓法律关系就是法律所规定的人与人之间的生活关系。人与人之间的生活关系甚为错综复杂，法律所规定者不过是其中最小的一部分，还有大部分，则受道德、宗教等支配。法律的目的，在于追求社会生活的正义之实现，借以维持社会生活的和平，增进人类的幸福。所以，何种生活关系可以认其为法律关系，只有以法律的目的为标准，而予以认定。[②]

2. 法律关系的实质是人与人之间的权利与义务

德国学者哈丁认为，如果一项法律关系不与另一个人发生关系，那么此项法律关系就是没有意义的，因而物权也是“一个人相对于其他人的决定权能”[③]，也就是说，物权法律关系也是人与人之间的关系，只不过是通过对物的支配来体现而已。这种人与人之间的关系在民法上，体现为权利义务关系，而这种权利义务关系可能是财产性内容，也可能是非财产性内容（如人身关系）。

尽管从实质上说，难以否定哈丁先生上述观点（即法律关系的实质是人与人之间的权利与义务），但从法典构造上来说，确实物权所直接反映出来的不是人与人之间的关系，而是人对物的关系——人对物的占有和支配关系。如果用“实质关系”来理解《民法典》上的权利，那么，《民法典》的外部体系将难以构建：物权反映出来的是人对物的占有、支配关系，从而它不发生对人的请求权（除非被侵害）；而债权从表现形式上就是人对人的请求权。

（1）法律关系与法律制度

法律关系是法律制度对现实生活调整的具体指向，所以，法律制度往往是抽象的，而法律关系则是具体的。例如，买卖法律制度是抽象的法律制度，没

---

① 张俊浩：《民法学原理》，中国政法大学出版社1997年版，第58页。

② 梅仲协：《法律关系论》，转引自《民法精要》，中国政法大学出版社1999年版。

③ ［德］迪特尔·梅迪库斯：《德国民法总论》，邵建东译，法律出版社2000年版，第51页。

有任何具体的买卖指向，而买卖法律关系则必须是具体的交易。就如前面所提到的，抽象的买卖法律制度只有一种，而买卖法律制度实施的具体效果——法律关系则千差万别。例如，A 与 B 买卖汽车、D 与 C 也买卖汽车，他们适用的法律制度是同一种，但 A 与 B、D 与 C 却分属两种不同的具体法律关系。

（2）法律关系的要素

由于法律关系是具体的，所以一项法律关系的构成必须有：①具体的权利义务；②权利义务的享有者或者承担者；③权利义务的具体承载——客体。

3. 民事法律关系的单纯性

民事法律关系虽然是对现实生活的摄取，但由于立法技术的限制和需要，使得民事法律关系具有非生活化的单纯性。例如，A 租赁 B 的电脑，在租赁过程中因不正确使用而发生了损害。那么，这一生活事实却在民法上产生了两种不同的法律关系：B 可以所有权人的身份向 A 要求赔偿，则在 A 与 B 之间产生了物权法律关系；B 可以出租人的身份要求 A 承担违约责任，即在 A 与 B 之间产生了债权关系。这两种法律关系是分属于不同的法律制度的，结果可能也有差别。B 在具体诉讼中只能选择其中之一，不能同时主张。

二、法律关系的产生

1. 根据主体的自由意志而产生，法律仅仅给予消极的评价。主要体现在法律行为上，具体来说，体现在婚姻关系、合同关系和遗嘱关系上。

2. 法律的规定。例如，时效、侵权、不当得利、无因管理等。产生具体法律关系的根据主体的自由意志的行为与法律规定，在民法上统称为“法律事实”。前者通常称为“法律行为”，而后者称为“非法律行为”。

第三节　法律解释

一、关于民法解释的一般概述

（一）关于民法解释的概念

从广义的概念来看，民法解释包括立法解释、学理解释与司法解释。

立法解释也称为有权解释，是指立法机关依照法定程序对民法所作的解释，具有普遍的效力，实际上是一种立法活动。

学理解释又称无权解释，是学者依学理对民法规范的含义所作的解释，是一种学术活动。德国学者萨维尼将其称为“一种学术活动，是法学的起点与基础”[①]。

司法解释是指法官在适用民法规范处理民事案件时，对法律规范的含义进行探究的过程或者活动。这种解释发生在司法审判过程中，决定权掌握在法官手中，而且法官对法律的解释具有较大的受限制性。这种司法解释具有三个特点：（1）司法解释与民事案件的处理具有关联性。司法解释的目的在于法律的适用，所以，司法解释一般与具体案件的处理有直接关系，就像拉伦茨所言，“法律条文对解释者构成疑难时，他借着解释这一个媒介的活动来了解该条文的意旨；而一个法律条文的疑难则在其被考虑到它对某一特定的法律事实的适用性时发生”[②]。其非常清楚地表明，法律解释必须针对具体案件。也就是说，法律解释的主要任务在于确定民法规范中的条件部分（即逻辑三段论推理中的大前提）对于具体案件是否适用，如果适用应如何适用。任何法律规范，只有在针对具体待处理的案件事实时，其概念的不确定性与含糊性才能显现出来，解释才有可能发生和必要。因为法律规范的意义不在于其作为法律的单纯存在，而在于以一种公平的、可以被理解的方式普遍地规范每一个具体案件所涉及的当事人之间的权利义务。（2）这种解释要受到严格的限制。首先，司法解释要受到价值取向的限制，就如有的学者所言，法律规范旨在规范生活关系，换言之，规范追求某些目的，而这些目的又是基于某些基本的价值而决定。这些基本的价值是法律的意旨所在，是故，法律解释应取向于价值乃是自明的道理[③]。如公共秩序与善良风俗、诚实信用、公平等均是民法的基本价值，对民法解释具有重要的指导意义。其次，司法解释要受到严格规则的限制。因为司法解释不同于学理解释，它直接对当事人权利义务发生效力，故法官的解释

① 转引自［德］卡尔·拉伦茨：《法学方法论》，陈爱娥译，五南图书出版有限公司 1985 年版，第 221 页。

② 转引自黄茂荣：《法学方法与现代民法》，中国政法大学出版社 2001 年版，第 251 页。

③ 黄茂荣：《法学方法与现代民法》，中国政法大学出版社 2001 年版，第 258 页。

权应当受到严格限制，如要受到“合宪性”限制等。1942 年《意大利民法典》第 12 条规定：“在适用法律时，只能根据上下文的关系，按照词句的原意和立法者的意图进行解释，而不能赋予法律另外的含义。在无法根据一项明确的规则解决歧义的情况下，应当根据调整类似情况或者类似领域的规则进行确定；如果仍然存在疑问，则应根据国家法制的一般原则加以确定。”（3）司法解释虽然是针对具体案件，但是，其具有相对的普遍性，即类似的案件应当作相同的解释，以维护法制的安定性。

我们在这里所讲的民法解释是指司法解释，我国民法的主流观点也是如此，例如，梁慧星先生认为：所谓法律解释，指适用法律时，探求法律规范意义内容的操作。① 王泽鉴教授也认为：法律必须经由解释，始能适用。② 这也是在司法解释的意义上适用法律。

但需要特别指出的是：我国最高人民法院对民法的许多司法解释似乎已经超出“对具体案件的解释”的范畴，往往是对一部法律的“完整解释”，实际上已经是在立法了。甚至有些司法解释明确改变了立法的规定。

（二）民法解释的必要性

美国学者约翰·亨利·梅利曼指出：“在一个典型的法典中，几乎没有一条法规不需要作司法解释，因为它的意思不仅当事人及其代理人弄不清楚，就连法官自己也不清楚。” ③ 例如，《法国民法典》第 1382 条规定：“任何行为致他人受到损害时，因其过错致行为发生之人，应对该他人负赔偿责任。”在这一规定中，何为“损害”？是指物质损害，还是也包括精神损害？何为“过错”？是指主观状态还是客观状态？所有这些在司法实践中都需要解释，就拿“过错”来说，在解释什么是“过错”的过程中，产生了许多学说，许多国家的司法实践在对待过错问题上也有不同看法。再如，我国《民法典》第 584 条第 1 款规定：“当事人一方不履行合同义务或者履行合同义务不符合约定，造成对方损

---

① 梁慧星：《民法总论》，法律出版社 1996 年版，第 277 页。

② 王泽鉴：《法律思维与民法实例》，中国政法大学出版社 2001 年版，第 212 页。

③ ［美］约翰·亨利·梅利曼：《大陆法系》，顾培东等译，知识出版社 1984 年版，第 47 页。

失的，损失赔偿额应当相当于因违约所造成的损失，包括合同履行后可以获得的利益；但是，不得超过违约一方订立合同时预见到或者应当预见到的因违约可能造成的损失。”在该条规定中，对于何为“可以获得的利益”，就需要作出司法解释，否则司法实践将无法适用。因此，法律须经解释才能适用。原因大致有以下几种。

1. 法律用语的弹性

拉伦茨认为，对法律文字的精确意义产生怀疑的首要原因是法律经常利用的用语与数理逻辑及科学语言不同，它并不是外延明确的概念，而是带有弹性的表达方式。其可能的意义在一定的波段宽度之间摇摆不定，其所指称的情况、指涉的事物等可能有不同的意涵，即使是较为明确的概念，仍然经常包含一些本身欠缺明确界限的要素。[①] 所以，在法律适用中，对这些弹性概念或者用语，就必须经过解释才能适用。

2. 法律规范的排斥性

有时针对同一案件事实，有两个或者以上法律规范赋予彼此相互排斥的法律效果，也需要解释。在这里，法律解释的任务就在于消除可能的规范矛盾。即使法律规范的法律效果并不相互矛盾与排斥，也需要通过解释来解决规范竞合及不同规定的竞合问题，更一般地决定每项规定的效力范围，并在必要时划清彼此的界限[②]。例如，我国《民法典》第578条及第527条规定的“默示预期违约”与“不安抗辩”之间就需要解释，因为如果合同义务人丧失商业信誉，是适用第578条的预期违约条款结合第563条的允许债权人直接解除合同而要求债务人赔偿，还是适用第527条及第528条的规定，债权人先抗辩再解除？这就需要司法解释来解决两个法条赋予彼此相互排斥的法律效果。

3. 理性的有限性及被规范的社会生活的不断变化性

成文法，特别是大陆法系的民法典，是理性的产物。在理性主义思潮泛滥时，人们试图通过法典化来包容一切，但人的理性的有限性已经被证实，所以，

---

① ［德］卡尔·拉伦茨：《法学方法论》，陈爱娥译，五南图书出版有限公司1985年版，第218页。

② ［德］卡尔·拉伦茨：《法学方法论》，陈爱娥译，五南图书出版有限公司1985年版，第218页。

任何法律不可能穷尽一切社会生活。如果一种社会生活没有为法律规范所包容，那么就应当允许法官通过解释民法而适用于它。这已经属于法律漏洞的填补问题了。另外，即使立法者在立法时依据某一社会现实作出规范，但随着社会生活的不断变化，这一规范的原来结果已经不能适用，也应当允许法官以解释法律的方式，使法律适应社会生活的变化需求。就如美国学者 E. 博登海默所言："如果某一法规赖以为条件的社会情势、习俗和一般态度自该法规通过之时起已经发生了一种显著的、实质性的和明确的变化，那么法院就应当（通过解释——作者注）达致一个不同的结果。"[①] 这种解释实际上已经有了"造法"的功能。

（三）民法解释的基本问题

约翰 · 亨利 · 梅利曼指出，根据大陆法系关于司法解释的著作论述，司法解释主要涉及以下三个方面的问题：

1. 严格意义上的司法解释，即被解释的法律限于不清楚的规定；
2. 没有适当法律规定情况下的法律解释问题；
3. 扩张解释问题，即法规的术语未变，但含义已经发生变化。[②]

（四）大陆法系国家法官之司法解释的制度与理论障碍及其消解

虽然说在今天大陆法系许多国家都承认法官实际上享有法律解释权，但是，从理论和制度上说，法官的司法解释权仍然存在两大障碍。

1. 大陆法系的"分权理论"阻碍了法官的司法解释权

大陆法系立法权与司法权严格分离的原则和制度不允许法官对立法机关制定的法律中有缺陷、互相冲突或者不明确的地方进行解释，而要求法院把有关法律解释的问题都交给立法机关加以解决。然后，由立法机关提供权威性解释，用以指导司法实践，通过这种方法纠正法律的缺陷，杜绝法院立法并防止司法

① ［美］E. 博登海默：《法理学：法哲学与法律方法》，邓正来译，中国政法大学出版社 1999 年版，第 536 页。

② ［美］约翰 · 亨利 · 梅利曼：《大陆法系》，顾培东等译，知识出版社 1984 年版，第 48 页。

专横对国家安全造成影响。对于大陆法系的教条主义者来说，唯有立法机关所作的权威性解释才是允许的解释。[①]

2. 狂热的理性思潮对司法解释权的否定

狂热的理性主义认为，系统的法律应当完整、清晰、逻辑严密，而且要把法官的作用缩小到仅对事实适用法律的范围，即所谓“法规自动适用”。无论法官审判什么案件，都能够从现有的法律中找到可以适用的规范。所以，大陆法系法官的审判过程所呈现出来的画面是一种典型的机械式活动的操作图，法官酷似一种专门的工匠，除很特殊的案件外，他们出席法庭仅仅是为了解决各种争讼事实，从现存的法律规定中寻觅显而易见的法律后果。法官的作用也仅仅在于找到这个正确的法律条款，把条款与事实联系起来，从法律条款与事实的结合中自动产生解决办法，赋予其法律意义（此所谓“法规自动适用”）。于是，整个审判过程被框于学究式的形式逻辑的三段论之中，即成文法规是大前提，案件事实是小前提，案件的判决结果是推论出来的必然结果。……法官的形象就是立法者所设计和建造的机器操作者，法官本身的作用也与机器无异。大陆法系中的伟大人物并不是法官而是那些立法者……，大陆法系法官的形象是一个执行重要而实际上无创造性的任务的公仆。[②]

这种理想主义的实践者的典型代表是18世纪末的腓特烈大帝。他制定了详尽的法典以防止法官立法与释法的企图。在他的主持下，普鲁士通过了一部多达16000多个条文的法典——《普鲁士民法典》，试图对各种特殊而细微的事实情况开列出各种具体的、实际的解决办法。它的最终目的是有效地为法官提供一个完整的办案依据，以便法官在审理任何案件时都能够得心应手地引律据典，同时又禁止法官对法典作任何解释。遇有疑难案件，法官必须将解释和适用法律的问题提交给一个专门为此目的而设立的“法规委员会”。如果法官对法律作出解释，便是对腓特烈大帝的冒犯，将招致严厉的惩罚[③]。其实，有这种幻想的不止腓特烈大帝一人，前文中提到，优士丁尼禁止对他

① ［美］约翰·亨利·梅利曼：《大陆法系》，顾培东等译，知识出版社1984年版，第39、43页。

② ［美］约翰·亨利·梅利曼：《大陆法系》，顾培东等译，知识出版社1984年版，第40页

③ ［美］约翰·亨利·梅利曼：《大陆法系》，顾培东等译，知识出版社1984年版，第43页。

的《国法大全》进行注释，而拿破仑也不欢迎学者对他的民法典进行评注，虽然允许，但却禁止评注的公开出版。当拿破仑得知对自己法典的第一本评注出版时，他惊呼："我的法典完了！"[①] 实践证明，腓特烈大帝的这一理想是一个神话，是一个不成功的范例。因为，如果想让立法者制定一个随时空发展而发展并包罗万象、没有任何矛盾且任何概念、用语都明白无误的法典，是不现实的。人的理性的有限性、社会生活的发展与变化性，使人们必须承认法官释法。

在这种制度与现实的矛盾中，法国人首先创造出一个"上诉法庭"。这个"上诉法庭"起初不是司法系统的一个部分，而是立法机关所设立的一个机构，这一机构仅仅被授予撤销依据对法律的错误解释所作出的司法判决，然后将案件发回原审法院重新审理的权力。后来随着发展，"上诉法庭"变成了司法机关——上诉法院，于是又有了第二种职能：对法律作出正确的解释。法国人实际上既希望能够满足那些来自各个法院的如同潮水般的法律解释的要求，又不破坏分权原则。德国人创造了一个最高法院，它不仅能够解释法律，而且可以撤销下级法院依据错误的法律解释所作出的判决，还可以自己对错误案件进行"复审"。[②] 大陆法系从主张只有立法机关的解释才是有权解释的严格分权原则，到"上诉法庭"的法律解释权，再到"最高法院"的法律解释权的演变，实际上是消解了传统上的限制，使法律解释成为法官司法活动日常工作的一部分。

我国目前也承认法院的司法解释权，其模式类似于德国，为防止法官司法解释权的滥用，最高人民法院被赋予司法解释权。最高人民法院的司法解释形式大致有三种：一是对法律的集中解释，例如，最高人民法院在《民法典》颁布后发布的一系列司法解释，具体如最高人民法院《关于审理买卖合同纠纷案件适用法律问题的解释》（2020 年修正）；二是个案批复的方式，如最高人民法院《关于审理中外合资经营合同纠纷案件如何清算合资企业问题的批复》；三是以"规定"的方式出现的司法解释，如最高人民法院《关于审理农业承包合同纠纷案件若干问

① ［美］约翰 · 亨利 · 梅利曼：《大陆法系》，顾培东等译，知识出版社 1984 年版，第 67 页。

② ［美］约翰 · 亨利 · 梅利曼：《大陆法系》，顾培东等译，知识出版社 1984 年版，第 445—446 页。

题的规定（试行）》、最高人民法院《关于审理经济合同纠纷案件有关保证的若干问题的规定》等，这类司法解释一般属于立法性解释。

（五）影响民法解释的因素

在具体的司法实践中，影响民法解释的原因很多，在此，我们仅就几种常见的原因予以说明。

1. 法官的“先存理解”

作为理解与解释的诠释学（Hermeneutik）一词来源于希腊神话中的人物赫尔默斯（Hermes）。赫尔默斯是希腊神话中诸神的一位信使的名字，其任务是来往于奥林匹亚山上的诸神与人世间，传递给人们诸神的消息和指示。因为诸神的语言与人间的语言不同，因此，他的传达就不是单纯的报道或者简单的重复，而是需要翻译和解释。前者是把人们不熟悉的诸神的语言转换成人们自己的语言，后者则是对诸神晦涩不明的指令进行解释，以使一种意义关系从陌生的世界转换到我们自己熟悉的世界。[①]

从德国哲学家伽达默尔关于前理解对解释的作用的论述中，我们可以体会“前理解”对解释的影响和真正的危险：只有理解者在根本上已经着手对文本进行“前理解”时，理解才有可能。这意味着：一方面，解释者把文本对准了某些东西，即他的生活世界。由于这样一种对文本的理解，利益同时与理解相连。当我们使用文本时，我们就在打算用文本达到什么目的。另一方面，为了理解，我们一直在使用自己的概念。由于引导着文本理解的前理解，每一种文本的解释同时是解释者当下意识的应用。通过解释者的前理解，文本在解释过程中变成了各人不同的东西。伽达默尔放弃了正确解释的标准[②]。

如果法官在解释民法时，放弃了法律的限制及解释的标准，而以自己认为是“正当”的标准这样的“先存理解”（或者称为先存的司法观念）裁判案件，实际上是把自己的意见强塞进法律，这与法官对法律的忠诚义务相违背。所以，

---

① 洪汉鼎编译：《理解与解释——诠释学经典文选》，东方出版社 2001 年版，第 1—2 页。

② ［德］阿图尔·考夫曼等主编：《当代法学者和法律理论导论》，郑永流译，法律出版社 2002 年版，第 371—372 页。

拉伦茨指出，法官虽然负有实现法律正义的义务，但终究不能改变下述情况：根据宪法，他必须依据法律来裁判，而非依据其个人的“正当性确信”（先存的司法感受）。假如在解释及具体化其中的评价准则上，法律并未赋予法官自由判断或者评价的空间，法官就必须严守法律及法的结论[①]。对正义追求的“先存理解”既可能是引导法官作出司法解释的有利因素，同时也可能是诱导法官依自己的想象来操纵法律、超越法律的明确界限、以自己的正义观来替代法律标准的危险因素。

2. 法律环境的变化

在影响民法解释的诸多因素中，法律环境的变化是举足轻重的因素。主要的问题是：立法者立法时所针对的规范事实已经发生了如此重大的变化，以致既存的规范不能再适应变化后的社会现实。因为，任何法律均与时代有一种功能上的关联性，随着时代的演进，如果法律制定当时的法律理由已经不存在，即可适用罗马法上的法谚：“法律理由停止之处，法律本身也停止。”如果法律适用的理由尚存，但事实关系已经发生了变化，那么，就可以采用扩张解释或者限缩解释的方法。

3. 法律的稳定性要求

法官的民法解释虽然是对具体案件作出的，但不是仅仅适用于个案，解释的结果也能适用于相同或者类似的案件。如果在这个案件中法官作这样的解释，在那个案件中作那样的解释，就会伤害人民对法律的信赖，进而危害法律的稳定性。在我国这一问题要好一些，因为解释权在最高人民法院，最高人民法院针对某一问题所作出的解释普遍适用性较强。但是，也不能否认，在各级地方法院中，在最高人民法院没有统一解释的时候，各行其是的情形的存在。

当然，任何解释都不可能是终局的或者是绝对正确的解释，均具有其时代性。我们说民法解释的稳定性，也是相对的，当价值观或者新的社会生活出现时，司法解释也可能会发生变化。

---

① ［德］卡尔·拉伦茨：《法学方法论》，陈爱娥译，五南图书出版有限公司 1985 年版，第 251 页。

（六）法律解释与法律行为解释的区别

有学者主张，如果忽略名称这一点，法律解释与法律行为的解释是一致的。拉伦茨认为，这种主张是错误的[①]。我们认为，法律解释与法律行为解释的区别主要如下。

1. 解释的对象不同

法律解释的对象是具有普遍效力的法律，而法律行为解释的对象是一种法律事实，尽管法律行为是一种本身已经包含着预设法律效果的法律事实。

2. 解释的手段不同

在法律解释中，法官可以对法律作出扩大解释，而在法律行为解释中，法官不能对法律行为的内容作出任何扩大的解释，因为法官无权把不是当事人意志的内容强加于他们。

3. 解释的目的不同

法律解释的目的是解决法律适用问题，而法律行为解释则是在于事实的澄清。当然，在“三段论”的司法推理模式下，法官既要解释法律规范，也要解释法律行为，以便确定大前提与小前提，否则无法得出结论。

4. 解释本身的效力不同

法律解释应当具有相对普遍性的特点，而法律行为的解释则仅仅适用于个案而没有普遍适用的意义。

5. 关系人的地位不同

在法律行为解释中，因主要涉及意思表示人与受领人对意思表示的含义的不同理解，法官更多的是站在受领人的角度并结合当时的具体场景来解释，常常使用“理性第三人标准”，故在实际中客观解释的成分较大，例如，表意人因误写、误说等情形，不能以意思表示人的意思为准，只能以表示出来的意思为准，当然，表示人可以以错误请求撤销意思表示。另外，法律行为解释应当更多地遵循当事人双方的意愿，即使误写或者误说，但当事人在纠纷的处理过程中就意思表示达成一致的，法院自无干预的必要。但在解释法律时，规范制

---

① ［德］卡尔·拉伦茨：《法学方法论》，陈爱娥译，五南图书出版有限公司1985年版，第248页。

定者与被规范者的地位就和法律行为当事人的地位迥然不同。被规范者对法律的态度并不重要，法律规范制定者的意思及语言用法在此处具有核心意义。法官在解释法律时所受到的限制也远远超过法律行为解释，解释要受到法律的基本价值、基本原则、法律的伦理性、立法意图及法律理由等的限制。

我们当然也不能否认，在解释法律行为与解释法律时的规则有相同之处，如文义解释、整体解释等。

二、法律解释的目标

（一）民法解释的“二元化”观点

在传统民法上，就如对法律行为的解释存在“意思主义”与“表示主义”的二元论一样，对于法律解释的目标，也存在着“主观解释”与“客观解释”的二元论观点。

主观论认为，解释法律是对历史上立法者的意志的探求，而不能以字面意义或者当今意义为准。所以，主观论又称为意志论。主观论的代表人物为德国学者温德沙伊德（Windscheid）、赫克（Philipp Heck）等。

客观论认为，解释法律不能以历史上立法者的意志为准，而应当以现实的规范意义为准。就如有的学者所言：法律从颁布时起，便有它自己的意旨，而法律解释的目标就在于探求这一内在的意旨。而所谓法律的内在意旨，被具体地用“满足人类生活上的需要”“大家最迫切的利益”“能带来最好的结果”或者“法律的理性目的”等用语来描述。用来决定法律意旨的时间点应当是裁判时间。①

德国学者指出：解释目标或者是对历史上立法者意志的领悟，或者是对法律在今天的目的的考察。与之相适应，如果人们是主观解释的追随者，那么就必须问及：历史上立法者把哪种意义与字面含义相连，什么是基于系统关联之上的意义，这种关联存在于立法者的意图之中，历史上的立法者追求的是何种目的。如果人们遵循客观解释，则法律今日的目的是决定性的，那么解释方法

① 黄茂荣：《法学方法与现代民法》，中国政法大学出版社 2001 年版，第 268 页。

就不允许主观地而必须客观地被询问。[①]

（二）主观说与客观说的理论论战

1. 主观说及其理论根据

主观说的立论根据在于：（1）立法行为是立法者的意思行为，立法者透过立法来表示他们的看法和企图，借助于法律追求社会的目的。这些目的在法律解释中应当表现出来。主观说应当优于客观说，因为只有立法者最清楚，他们需要什么。（2）只有探求立法者的意思才能维护法的安定性，而执法机关的裁判或者决定捉摸不定，会影响法的安定性。且立法机关的意思可以通过立法文献加以探知。（3）执法机关应当依据法律裁判或者决定，而法律则只能是立法机关来制定。因此，立法者的意思，在法律的适用上应为决定性的因素，从而法律解释应当以探求立法者的意思为目标。

反对者认为：（1）所谓立法者的意思，是一个高深莫测的东西，没有人能够看透它，换言之，根本没有主观说所谓的“团体的意思”。说法律是一种意思行为，也并不能推导出立法者的意思是决定性的，这只是法律发生的描述，而不是其效力的依据。（2）至于主观说认为，其能够提高法的安定性，也不尽然。如果一成不变地固守过去的价值判断，可以获得一个坚强的安定力量，因为这时人们知道他们应作的价值取向。但是，这样做的前提是过去的价值判断还适合现在的具体情况，如果具体情况在变化，价值标准也会随着变化，则主观说的前提不成立，其主张也就不能为真。（3）立法机关固然享有立法优先权，但法院对立法机关之立法未具体化的部分加以具体化，也不违反法律的原则。故主观说认为的立法者至上的主张也不能成立。

2. 客观说及其理论根据

客观说的立论根据在于：（1）法律自颁布时起，就与立法者脱离了关系，法律思想也在那时确定下来，所以，裁判应当在法律内而不是在法律外寻找依据。（2）依照客观说的理论去裁判，会提高法的安定性。法的安定性的保障以

---

① ［德］阿图尔·考夫曼等主编：《当代法学者和法律理论导论》，郑永流译，法律出版社 2002 年版，第 382 页。

文义解释为必要，颁布法律的目的就是在于避免习惯法的不确定性。如果法律解释再以立法者的意思为标准，那么人们势必求助于一般人接触不到的立法资料。从而，事实上，受法律规范的人将无法认知法律的所在。所以，法律必须以那种人人认知的意旨为意旨，因为人因法律而负义务，同时也依法律形成自己的法律关系。所以，客观说较容易使人对法律加以控制，提高法的安定性。（3）发生法律效力的是法律的外在表现形式，而非立法者的内在意思。（4）受规范的人所信赖的，是法律的客观外在，而非立法者的内在意思。（5）立法人为何人，有时并不明确，甚至立法者为多人的情况下，彼此也有分歧。①

客观说的反对者认为：（1）法律的存在形式只是一个空壳，如果没有法律思想灌注其中，那么它是毫无意义的，所以立法者的意思应当是优先考虑的理由。（2）法律解释如果以文义为解释标准，由于文义常是复义的且变动的，因此，主张客观说能够提高法的安定性是没有根据的。（3）轻视立法者的意思，可能会导致法律意旨的根本改变。由于解释获得的结果常常是解释者基于各自不同的观点所作的偶然性决定，所以，危害了法的安定性。客观说常在法律当代的客观意旨掩护下，依据所谓的法律感情来了解法律，而仅凭法律感情是无法提供法的安定性与法效果的可预见性的。②

（三）萨维尼与拉伦茨关于法律解释的主观与客观结合理论

1. 萨维尼的解释目标理论

萨维尼认为，包含在法律解释中的精神活动，是我们将法律置于其真实性上来认识的活动，这对任何进入社会现实的法律都是必要的。这种解释是将内含于法律中的思想予以再现，只有经过这种工作，才能确实洞察法律的内容，也只有这样，才能达到法律的目的。对于完整的法律解释，萨维尼提出了解释的四个要素：（1）法律解释的语法要素。这种要素以将立法者的思考转变为我们的思维的媒介的用法作为对象，因此，其本质在于说明立法者使用的语言法则。（2）法律解释的逻辑要素。它存在于思想的组合以及由此

① 参见王泽鉴：《法律思维与民法实例》，中国政法大学出版社 2001 年版，第 217 页。

② 参见黄茂荣：《法学方法与现代民法》，中国政法大学出版社 2001 年版，第 265—270 页。

而来的思想的各个部分之间相互关联的逻辑联系之中。（3）法律解释的历史要素。它以现行法律中关于法律关系的各种法规规定的状态为对象。这种法律，应当以一定的作用方式介入这种状态，并且通过这种介入方式，即通过这种法律，使新法与旧法相互联系（或者使旧法适应新的形势）。（4）法律解释的体系要素。所有的法律制度以及法规，都是一个大的统一体，是互相联结、彼此结合、具有内在联系的。这种联系与历史的联系一样，曾为立法者所意识到。因此，我们在解释某项法律时，通过认识该法律对整个法律体系是一种什么关系，它应当如何有效地介入这种体系之中等问题，来充分认识立法者的思想和意图。

对于有缺陷的立法，即存在暧昧或者错误的法律，应当采取不同的立法方式。所谓暧昧，是指法律表达的不完整性或者多义性，一个法律规定可以作出多种解释，或者一个用语可以作出广义的与狭义的解释等；而所谓错误，是指法律规范虽然明确表述了可以适用的法律要求，但这种要求表述与立法的真实用意是相悖的，从而产生了法律之间的矛盾以及在不同规定中应当选择哪一种的问题。对于立法的暧昧表述，应当采取联系立法者的内在目的、参酌立法的理由和通过解释来发掘法律中的内涵的价值三种对策。而对于立法的错误表述，则应当采取理解立法者的真实用意的对策，即由于立法者的错误是对立法的真实用意或者表述得不充分，或者表述得太过分，故对表述不充分者，应当采取扩张解释，对表述得太过分者，则应采取限制性解释。①

从萨维尼的观点中，我们不难看出，他对法律解释的目标是主张主观与客观相结合的态度。

2. 拉伦茨的法律解释目标理论

拉伦茨认为，主观说与客观说均有一定的合理性。主观说的合理性在于：法律与自然法则不同，它是由人类为人类所创制的，是表现立法者创造的、可能符合社会需要的秩序的意志。法律背后隐含了参与立法之人的规定意向、价

① ［德］弗里德里希·卡尔·冯·萨维尼：《现代罗马法体系》（第一卷），转引自［德］阿图尔·考夫曼等主编：《当代法学者和法律理论导论》，郑永流译，法律出版社2002年版，第381页；何勤华：《西方法学史》，中国政法大学出版社2000年版，第239—240页。

值以及对于事物的考量。客观说的合理性在于：法律一经开始适用，就会发展出固有的实效性，其将逾越立法者当初的预期。法律介入立法者当时不能全部预见的、多样而且不断变更的生活关系中；对一些立法者根本没有考虑的问题，法律必须提供答案。一段时间以后，它渐渐地发展出自己的生命，并因此远离了原创者的想法。适用中的法律属于客观精神的存在阶层。它的特质在于其既非物理、也非心理上的存在，而是精神的存在，它存在于时间中，并且与之一齐并进。

但是，法律是原创者意志的具体化，此中既有主观的想法及意志目标，同时也包含立法者当时不能全部认识的客观的目标及事物必然的要求。如果想充分了解法律，就不能不同时兼顾两者。如果仅仅坚持主观说而忽略客观说，法律就不能适应变化了的社会。反之，如果坚持客观说而置历史上的立法者的意志于不顾，法律解释就不能再称为“解释”。所以，法律解释的最终目标是探求法律在今日法秩序中的规范性意义，而只有同时考虑历史上的立法者的规定意向及其具体的规范想法，而不是完全忽视它，如此才能确定法律在今日的真实意义。①

主观说与客观说如何结合？在德国占主导地位的观点赞成解释目标是法律今日的目的，主观解释是客观解释的辅助工具，德国学者考夫曼、博克尔曼、施罗特等持有这一观点②。其实，拉伦茨也基本上持这种观点。我们赞成这一观点，即仅仅以主观或者客观的方法难以达到最佳效果，应该在客观解释的前提下，辅助以主观解释。

三、解释的标准

为了防止民法解释的权力被滥用而使法律失去目标，必须规定能够实际操作的解释标准，而这些解释标准更应具体化为解释规则。

① ［德］卡尔·拉伦茨：《法学方法论》，陈爱娥译，五南图书出版有限公司1985年版，第223—224页。

② ［德］阿图尔·考夫曼等主编：《当代法学者和法律理论导论》，郑永流译，法律出版社2002年版，第382页。

（一）文义解释规则

1. 文义解释的概念

文义解释又称为语义解释，是指按照法律条文用语的文义及通常使用方式来解释法律之意义内容[①]。德国学者拉伦茨认为，文义解释（字义解释）是指一种表达方式的意义，依普通语言用法构成的语词组合的意义，或者依特殊语言用法组成的语句的意义[②]。

2. 文义解释在法律解释中的作用

文义解释具有两方面的作用：一是法官探求法律规范意义的出发点，故一切解释均起于文义；二是为解释划定界限。一般来说，法律概念具有多义性，其核心领域及边际地带，其射程的远近，应当依法律的意旨而定，在边际灰色地带容有判断余地，但不能超过其可能的意义。尊重文义，为法律解释的正当性基础，旨在维持法律尊严及其适用的安定性。[③]

如果法律解释逾越了文义可能的范围，就不再是严格意义上的解释，而是公开的造法行为了。也就是说，当法院主张法律规范的本身意义及目的应优先于文义时，当它主张解释不应局限于文义时，事实上它所从事的是“漏洞填补”“类推适用”或者“目的限缩”[④]。法官逾越文义而造法，并非不许，而是必须具备特定的条件方可允许。关于这一问题，我们将在后面讨论。

3. 文义解释的规则

（1）法律的特殊语言用法优先于一般语言用法

法律术语与数理语言不同，其多取自生活用法，所以，如何解释，应结合具体情形为之。例如，民法上的“出生”与“死亡”均非民法语言，但在民法上却有重大意义，如确定继承开始的时间、权利能力消灭的时间、婚姻关系消

---

① 梁慧星：《民法总论》，法律出版社1996年版，第278页。

② ［德］卡尔·拉伦茨：《法学方法论》，陈爱娥译，五南图书出版有限公司1985年版，第225页。

③ 参见王泽鉴：《法律思维与民法实例》，中国政法大学出版社2001年版，第220页。

④ ［德］卡尔·拉伦茨：《法学方法论》，陈爱娥译，五南图书出版有限公司1985年版，第227页。

灭的时间等，所以必须结合医学或者习惯来解释。但是，如果某一用语已经成为具有专门法律意义或者特定含义的用语时，应当优先适用法律特殊用法而排除一般用法，例如，民法上所谓的“善意”，具有“不知”的含义，而非“好心”之日常用语的含义，在解释法律时就应当采用特定用法。

（2）今日之语言用法优先于立法当时的语言用法

在以文义解释法律时，应以现实的语言用法抑或以立法时的语言用法为准？拉伦茨认为，今天的读者是以当下的语言认识来掌握规范的意义，解释当以此为基础。① 我们持相同的看法。例如，我国《民法通则》制定时的书面形式与今天互联网时代的书面形式就有较大的不同，我们只能以今天的书面形式理解《民法通则》的规定。

（3）交互澄清规则

一般语言均有弹性，包含细微差别，并且可以随着情景的变化而具适应性。这既是其优点也是其缺点，结果是：仅仅由语言的本身无法获得清晰的含义，故必须借他山之石确定其意义，应放在体系中结合立法者的目的、意志及被规范对象本身的特点等，方可确定。例如，《民法典》第 240 条规定：“所有权人对自己的不动产或者动产，依法享有占有、使用、收益和处分的权利。”《民法典》第 311 条第 1 款规定：“无处分权人将不动产或者动产转让给受让人的，所有权人有权追回；除法律另有规定外，符合下列情形的，受让人取得该不动产或者动产的所有权：（一）受让人受让该不动产或者动产时是善意；（二）以合理的价格转让；（三）转让的不动产或者动产依照法律规定应当登记的已经登记，不需要登记的已经交付给受让人。”同为“处分”，但在具体使用中的含义就不同：第 240 条中的“处分”包括法律处分与事实处分，而第 311 条中的“处分”仅指法律处分。

（二）体系解释方法

任何一种表达依其文义有多种意义时，通常可以将其放置于上下文的联系

---

① ［德］卡尔 · 拉伦茨：《法学方法论》，陈爱娥译，五南图书出版有限公司 1985 年版，第 228 页。

中推知其真正意义，同样，法律规范的意义也可以用这种方式来确定。在法律解释学上，“部分”与“整体”之间在解释上有循环说明的现象。例如，法律的条文经常是由不完全性条文，即说明性的、限制性的或者指示参照性的条文所构成，它们必须与其他法律条文相结合才能构成一个完整的法律规定，只有视其为法律规定的一部分，才能获得个别法条的含义。

法律体系可以分为外在的体系与内在的体系。法律的外在体系，按照德国学者拉伦茨的观点，是指依形式逻辑的规则建构的抽象、一般概念式的体系。此种体系乃是许多法律，特别是民法典的体系基础。此种体系的形成有赖于：由作为规范客体的构成事实中分离出来若干要素，并将此等要素一般化。由此等要素可形成类别概念，而借助于增减若干要素，形成不同抽象程度的概念，并由此形成体系。借助于将抽象程度较低的概念涵摄于较高程度的概念之下，最后可以将大量的法律素材归结到少数较高的概念之上。这种体系不仅可以保障最大可能的概观性，同时也可以保障法的安全性，因为，假如这种体系是完整的，则于体系范畴内，法律问题仅仅借助于逻辑的思考，即可得到解决，它可以保障由此推演出来的所有结论彼此不相矛盾①。王泽鉴先生直接将法律的外部体系表述为法律的编制体系，如民法的第几编、第几章、第几节、第几项。②

法律的内在体系，是由各种位阶不同的价值原则所构成的价值判断体系。按照拉伦茨的观点，是指由实质的法律思想所构成的体系，即任何法律要受到特定指导思想、原则或者一般价值标准的支配，诸多法律规范的各种价值决定借助法律思想得以正当化、一体化，并因此避免彼此之间的矛盾。③内在体系在法律解释中的意义主要体现在法律规范的价值判断之间，不能彼此矛盾，即在于消除法律规范价值判断之间的矛盾。关于法律内在价值体系的解释作用，

---

① ［德］卡尔·拉伦茨：《法学方法论》，陈爱娥译，五南图书出版有限公司1985年版，第356页。

② 此种解读是否准确，尚有思考的余地。但我觉得，其对法律解释的说明意义也有价值。参见王泽鉴：《法律思维与民法实例》，中国政法大学出版社2001年版，第223页。

③ ［德］卡尔·拉伦茨：《法学方法论》，陈爱娥译，五南图书出版有限公司1985年版，第355页。

我们将在“法律的客观目的解释”中讨论。

体系解释方法主要是指法律外在体系在法律解释中的作用，即通过部分与整体的关系、被解释规范与其他规范以及其在整个法律中的位置来解释的方法。让我们举两例来说明法律外在体系对法律解释的影响：

第一例：《民法典》第659条规定：“赠与的财产依法需要办理登记或者其他手续的，应当办理有关手续。”依据该条，如果赠与人赠与的是不动产，理应办理所有权转移的登记手续。如果赠与人没有办理登记手续，将发生如何的法律后果？是赠与财产的所有权根本没有转移，还是说已经发生了转移，但没有登记只是不能对抗第三人？这就需要结合物权的最一般的概念来解释：物权是指可以对抗一切人的权利。那么，如果受赠与人取得了赠与不动产的所有权，就可以对抗第三人；如果不能对抗第三人，则他就没有取得赠与物的所有权，因为不能对抗第三人的权利根本不能算是物权。所以，可以解释为：没有进行登记，受赠与人没有取得该不动产的所有权，登记的效力是转移所有权而非对抗第三人。这就是法律之外在体系的一般逻辑方法。

第二例：如何解释取得时效的适用范围？以《德国民法典》为例，《德国民法典》将“取得时效”规定于“物权编”（第937条至第945条），从这种体系位置看，应当将其解释为仅仅适用于物权而非债权。

（三）立法目的解释

1. 立法目的解释的概念

德国学者拉伦茨认为，立法目的解释是指依可以认识的法律规范目的及根本思想而进行的解释。[①] 我国学者梁慧星先生认为，立法目的解释是指探求立法或者准立法者于制定法律时所作的价值判断及其所欲实现的目的，以推知立法者的意思。[②]

当一个具体法律规范从文义上看存在多种意义，而根据体系解释后仍不能确定其清晰的含义时，就应按照下列标准确定：何种解释最适合立法者的目的。因

① ［德］卡尔·拉伦茨：《法学方法论》，陈爱娥译，五南图书出版有限公司1985年版，第235页。

② 梁慧星：《民法总论》，法律出版社1996年版，第279页。

为，任何立法者在制定法律时，均有其目的，故法律解释不能不顾及立法目的。

2. 如何确定立法者的立法目的

拉伦茨认为，现代国家中，立法者通常不是个人，而是一个集团（国会），在有些国家还由两院构成立法团体，甚至可能是有投票权的国民全体。[①]立法者的意志究竟是谁的意志？对此，博登海默指出：劝告法官在使用立法背景资料时要有约束的原则，是很有道理的。但是，一个立法机关的众多成员甚或一个立法委员会的成员，对于某一法规的有效范围或者目的往往也是众说纷纭，而且他们还会就某条成文条款或者规定的适用范围发生实质性的分歧，正如哈里·H. 琼斯所言：如果“立法意图”被期望表示上下两院的全体成员对法规术语所作的一种一致的解释，那么，显而易见，它只是一个纯属虚幻的概念而已。[②]

当然，我们说立法者的意志，并非指每一个立法机构的成员的意志，因为，众所周知，任何一个民主国家的立法机关中，所有成员百分之百地同意某一法规的情形是鲜见的，总有人反对，有人赞成。所以，不可能去问及每一个人的想法所代表的立法目的或者意志。但任何一部法律都是参与表决的大多数人同意方可，故大多数人所认可的立法目的或者意志，才是我们找寻的意志。那么这个意志或者目的如何获得呢？德国学者拉伦茨认为，认识参与立法者之想法的根源为国会的报道[③]。

但是，法律规范的目的在许多情况下不是单一性的，可能存在多重目的。在法律解释时，应将这些目的通盘考虑，例如，无权处分问题，法律既有保护真正权利人的目的，也有基于财产交易安全而保护善意第三人的目的。

（四）客观目的论解释标准

立法者借助于法律追求的目的，同时也是客观目的[④]，以此客观目的为标

---

① ［德］卡尔·拉伦茨：《法学方法论》，陈爱娥译，五南图书出版有限公司1985年版，第233页。

② ［美］E. 博登海默：《法理学：法哲学与法律方法》，邓正来译，中国政法大学出版社1999年版，第534页。

③ ［德］卡尔·拉伦茨：《法学方法论》，陈爱娥译，五南图书出版有限公司1985年版，第236页。

④ ［德］卡尔·拉伦茨：《法学方法论》，陈爱娥译，五南图书出版有限公司1985年版，第236页。

准所作的解释，即为客观目的解释。法律的适用其实就是这一客观目的的实现，就如德国学者施罗特所言：如果规范被适用，就是规范的意义被适用了；……如果规范没有被适用，说明规范的意义不允许根据规范来决定个案。规范如何取得意义呢？意义是通过“赋予”规范某种东西来构造的，那么，规范的意义可能被这样推导出来：立法者已经赋予规范某种东西[①]。这种意义在这里是指立法者追求的客观目的。

那么，法律的客观目的究竟是指什么呢？拉伦茨认为，法的客观目的有两种：一是指被法律所规范的事物领域的结构，即任何立法者都不能改变的事物现状；二是指法的伦理性原则，即隐含于法律之中的、反映与表达法律基本价值理念的法律基本原则。[②]

什么是“被法律所规范的事物领域的结构”呢？它是指法律规范所欲涉及的领域，即“规范范围”。德国学者穆勒（Müller）将其解释为：“法律规范计划将视其为一种规定范围而选择出来，或者创造出来的部分社会事实领域或者基本结构。”[③]这种“被法律所规范的事物领域的结构”之所以是法律解释的标准，是因为任何法律都应该追求“适合事理”的规范目的，即法律以人类的生活为其规范对象，并以将正义的基本价值实现于人类生活为目标，所以，法律规范不能脱离其规范对象的性质。而这种“人类社会生活的性质”常被学者称为“事理”。它在法律解释中的重要性主要体现在：当法律拟规范某一广泛的生活领域，但法律本身没有足够的资料来界定这个领域时，对这个领域本身结构的考察对解释就具有实质影响力。例如，如果对“法律保护艺术自由”这样一个条文中“自由”的界限进行解释，就必须借助于“艺术”这个特定领域的结构来划定自由的范围。因为在今天，艺术的形式已经相当宽泛，“艺术的自由”与他人的人格权之间的界限是划定艺术自由的关键，它必须借助于艺术的具体形式结构才能划定。

---

① [德]阿图尔·考夫曼等主编：《当代法学者和法律理论导论》，郑永流译，法律出版社2002年版，第375页。

② [德]卡尔·拉伦茨：《法学方法论》，陈爱娥译，五南图书出版有限公司1985年版，第237页。

③ 转引自[德]卡尔·拉伦茨：《法学方法论》，陈爱娥译，五南图书出版有限公司1985年版，第237页。

什么是“法的伦理性原则”呢？主要是指法律的内在价值判断体系中的法原则，如公平、诚实信用、交易安全等。这种价值判断体系在法律解释中，有时也能凸显其意义。因为在一个法律关系中，往往涉及法律应当予以保护的两个冲突利益，所以，利益的权衡就显得十分重要。而利益的权衡必须合理，所以，利益权衡需要有一套价值标准作为依据。而价值取向不能任意为之，所以以价值观取向为导向的法律的内在价值判断体系就显得十分重要。就如学者所言：体系化之后的内在价值体系当然要比那些片断的价值主张更能发挥对裁判的正确性的控制功能。从而作为体系的违反现象之一的“价值判断矛盾”便成为讨论的中心。经过学者的研究，有一些比较一般的原则（如法治国家原则、人民的基本权利平等原则）与一些具体原则（如所有权的保护、交易安全、未成年人保护、诚实信用等原则）被演绎或者归纳出来，对立法与司法者有无恣意的认定，以及相互冲突的价值在典型案件中的说明或者解决，已经提供了相当进步的帮助。[①] 例如，我们可以以我国台湾地区“民法”的规定来说明“诚实信用原则”对法律解释的影响。我国台湾地区“民法”规定：“故意或者重大过失之责任，不得预先免除。”那么，以什么时间来确定“预先”？它是以债务人所负债务发生时为准，还是以损害事故发生时为准？按照诚实信用原则，应当以“事故发生时”为准，否则当事人在这两个时间点之间一直有机会作免除责任的约定，将会使民法的这一价值目的遭受破坏。

为什么说这两种标准是客观的而非主观的呢？拉伦茨认为，之所以是客观的，是因为立法者是否意识到它的目的意义，并不重要[②]。例如，大陆法系民法典上的“诚实信用原则”在今天的使用已经远远超出了立法者当时所能够预见的目的和意义的预设。

（五）合宪性解释

在一个国家的实证法体系中，宪法为位阶最高的基本法，其代表了一个国家的基本价值取向，故对任何法律的解释必须符合宪法，否则便会无效。以宪

① 黄茂荣：《法学方法与现代民法》，中国政法大学出版社 2001 年版，第 283 页。

② ［德］卡尔·拉伦茨：《法学方法论》，陈爱娥译，五南图书出版有限公司 1985 年版，第 237 页。

法的基本价值取向为准则而进行的解释为合宪解释。

宪法为法律的解释提供了可能性及框架，任何法律解释都不能与宪法相抵触。在法律解释的多种含义中，应当选择合于宪法的解释，故合宪性是法律解释的一个标准。

但是，超越法律解释法律，是否合宪？严格地说，要维持法律解释之合宪性，就不能超越法律解释规范意义所允许的界限，法院不顾法律规定而公开创制法律的行为，在大陆法系国家当然是违宪的。但是，通过扩大解释某一个基本的原则，虽然实质上是造法，但却将这种结果归属于立法者本来的意思，此所谓“旧瓶装新酒”，也算是一种合宪的“造法行为”。

四、各种解释标准之间的关系

各种解释标准是任意适用的，还是有一定的适用规则？对此，学者一致的看法是应当有一定的适用规则，否则，法官任意选择一个解释标准，例如，不顾立法意志或者客观目的而直接采用合宪解释标准，声称自己的解释合乎宪法，将导致更严重的滥用解释权。但在具体如何适用各种解释标准上，学者又有不同观点。

一种观点认为，这些解释标准各自在整个法律的解释中担任不同的任务，发挥不同的功能，从而共同在协力下完成发现法律的规范意旨的任务。[①] 我国台湾地区学者黄立也认为：解释是一种辩证程序，各种不同的解释方式，不可机械地依次使用，适用法律者宜同时援用各种可以使用的方法，依价值判断澄清法规的意义。[②]

另一种观点以德国学者拉伦茨为代表，他主张，虽然各种解释标准还不能构成一个位阶关系，依此得以终局地确定个别标准的重要性，然而，它们毕竟不是无所关联的并立关系。文义可以划定规范规定可能的解释界限，因此应该由此开始解释工作；自然地很快会趋向体系联系的关联。而唯有基于对规范目的的认识，才能理解上述体系关联。在规范环境发生变化、基本原则发生演变，

---

① 黄茂荣：《法学方法与现代民法》，中国政法大学出版社 2001 年版，第 287 页。

② 黄立：《民法总则》，中国政法大学出版社 2002 年版，第 43 页。

以至于以历史上的立法目的及起草者的规范想法为标准的解释变得不可接受时，应当以客观目的解释标准进行解释。最后，应当以是否合宪进行审查。总体说来，多数解释问题都可以得到解决。在实践中法官也必须说明适用某种标准的理由。[①]我国台湾地区学者王泽鉴教授也认为，各种解释方法没有一种固定不变的位阶关系，但也不能认为解释者可以任意选择一种解释方法，以支持其论点。法律解释是一个以法律意旨为主导的思维过程，每一种解释方法的分量，虽有不同，但需相互补充，共同协力，始能获得合理结果，而在个案中妥当调和当事人利益，贯彻正义的理念。[②]

对于各种解释标准之间的关系，我们赞成后一种观点。如果没有一种适当的适用限制，就会导致解释权的滥用，增加法律的任意性和不确定性，而任意性和不确定性是法律的敌人。

第四节　法律漏洞及其填补

一、法律漏洞的概念

（一）何为漏洞

漏洞是指"实然"不及"应然"标准的状态。也就是说，事物现在的状态不及其应当具有的状态的情形。漏洞具有两个基本特点：（1）事物具有足以影响其功能的缺陷；（2）该缺陷按照事物的性质是不应当存在的。

（二）何为法律漏洞

德国学者拉伦茨认为，法律漏洞是指法律违反计划性的不圆满性[③]。通俗地说，法律漏洞就是指法律对于某种应当由其规范的社会现实生活类型没有规

---

① ［德］卡尔·拉伦茨：《法学方法论》，陈爱娥译，五南图书出版有限公司 1985 年版，第 247—248 页。

② 王泽鉴：《法律思维与民法实例》，中国政法大学出版社 2001 年版，第 240—241 页。

③ ［德］卡尔·拉伦茨：《法学方法论》，陈爱娥译，五南图书出版有限公司 1985 年版，第 283 页。

范或者规范不完整的状态。对于这一概念，有必要作进一步的阐述。

1. 何为违反计划

所谓计划，可以简单地概括为立法者规范社会生活现实的意图。而所谓违反计划，则是指立法者对某一生活现实应当规范而未加以规范的情形。例如，我国《民法典》以及以前的民事立法（2009 年的《侵权责任法》）都没有规定“责任能力”，因此，在涉及未成年人的“过错”责任的时候就只能参考“行为能力”之规定。但行为能力是积极行为的能力，它比责任能力要求要高。从比较法上看，一般国家的民法典都会在行为能力之外规定责任能力，例如，《德国民法典》第 828 条规定：“（1）未满 7 周岁的人，对其施加于他人的损害，不负赔偿责任。（2）已满 7 周岁而未满 18 周岁的人，如果在采取加害行为时不具有认识其责任所必要的理解力时，对于施加于他人的损害，不负责任。对于聋哑人，亦同。”而我国《民法典》对此没有规定，实际上这就是违反计划。

在理解“违反计划”时，要区分“法内空间”与“法外空间”。所谓“法内空间”，是指应当由民法加以规范或者调整的社会生活领域；而所谓“法外空间”，是指不应当由民法来规范的社会生活，而应当由其他规范，如道德或者习俗等来规范的生活领域，例如，政治信仰、思想感情、个人之间的友谊等。由于“法外空间”本来就不属于民法规范，故法律对其没有规范，不能认为是法律漏洞。

2. 不圆满性

法律的功能在于贯彻法律正义，而法律正义是通过其规范实现到人类的生活中来。如果一个社会生活类型应受到法律的规范而未受到，那么，对于该社会生活类型所发生的问题，人们便找不到法律上的答案。这种情况可以称为法律对该问题的不圆满性[①]。当然，法律漏洞并不是说法律未作任何规定，有时是欠缺依照法律的规定计划及整体政策而可以期待的规则[②]。在法律适用中，通过对法律的解释，尚不能找到对某种法律应加以规范的社会生活的明确且可以适

① 黄茂荣：《法学方法与现代民法》，中国政法大学出版社 2001 年版，第 294 页。

② ［德］卡尔·拉伦茨：《法学方法论》，陈爱娥译，五南图书出版有限公司 1985 年版，第 285 页。

用的答案时，则法律即可被认为具有“不圆满性”。法律的不圆满性主要表现为以下几个方面：

（1）立法政策或者技术上的缺陷

在法律的缺点中，有一种是属于立法政策性或者是技术性的，它基本上可以被改进，或者即使不改进，也能够起到规范上的功能，对系争生活提供适当的规范上的答案。这种带有立法政策或者技术性上的缺陷的法律仍然能够给系争事实提供正确答案，就没有法律漏洞意义上的“不圆满性”[①]。对此，我国《民法典》第658条的规定就是一个适例。该条第1款规定：“赠与人在赠与财产的权利转移之前可以撤销赠与。”按照合同法的一般原理，这里的“撤销”应当是“撤销赠与的意思表示”，而不是赠与合同。因为双方当事人依法成立的契约在当事人之间具有相当于法律的效力，任何一方均无权撤销。这属于立法技术上的缺陷。但是，撤销与解除在法律效果上基本相同，故可以为这一生活事实提供适当的答案，也就不属于法律漏洞。

但是，如果立法政策或者技术上的缺陷不能给要处理的生活类型提供清楚的答案，便有法律漏洞意义上的“不圆满”性存在。

（2）体系违反

法律体系应当是没有矛盾的，如有矛盾，即构成法秩序中的体系违反。体系违反常常以“规范矛盾”或者“价值判断矛盾”的形态表现出来[②]。

①规范矛盾

规范矛盾，是在数个不同的法律规范对同一法律事实进行规范，并赋予不同的法律效果的情况下产生的。这种矛盾大多可以依据竞合的理论，透过法律解释的途径圆满解决。能够通过竞合理论圆满解决的矛盾，一般称为“可化解的规范矛盾”；反之，则为“不可化解的规范矛盾”。规范矛盾如果不能被化解，那么依据通说，这一矛盾所涉及的法条便会相互把对方废止，形成一个“碰撞漏洞”。从而这一漏洞也只能通过法律补充的一般原则来填补[③]。

---

① 黄茂荣：《法学方法与现代民法》，中国政法大学出版社2001年版，第295页。
② 黄茂荣：《法学方法与现代民法》，中国政法大学出版社2001年版，第311页。
③ 黄茂荣：《法学方法与现代民法》，中国政法大学出版社2001年版，第312页。

例如，我国《民法典》第578条关于“默示的预期违约”之规定与第527条关于“不安抗辩”的规定可以认为是“可化解的规范矛盾”，即能够通过竞合理论而圆满解决的矛盾。但是，我国《合伙企业法》第2条的规定与该法第38条、第39条的规定，就是“不可化解的规范矛盾”。因为，按照该法第2条的规定，所有合伙人均应当对合伙企业的债务承担无限连带责任，而第38条、第39条则规定：合伙企业对其债务，应先以其全部财产进行清偿。合伙企业财产不能清偿到期债务的，各合伙人应当承担无限连带责任。从这一规定看，显然不是连带责任，而是非连带责任，因为《合伙企业法》赋予了合伙人以“先诉抗辩权”。这便是法律漏洞。

② 价值判断矛盾

价值判断矛盾与规范矛盾在表面上看有时类似，均是法律效果不同，但却有较大的差异——价值判断矛盾主要是法律后果所反映出来的法律的内在价值取向的冲突，计有四种样态：

第一，碰撞式的价值判断矛盾。

碰撞式的价值判断矛盾是指，某一规范（N1）赋予某一法律事实（T1）一种法律效果（R1），而另一法律规范（N2）赋予另一法律事实（T2）另一种法律效果（R2），虽然T2在法律上的重要评价点与T1相同[①]，而这两种法律效果所反映出来的法律内在价值不同。例如，我国《民法通则》第3条规定，当事人民事地位平等；而第73条则规定，国家财产神圣不可侵犯。这便是典型的碰撞式的价值判断矛盾，因为第3条的内在价值为主体平等，而第73条的内在价值可能反映出权利主体不平等。

第二，类推适用式的价值判断矛盾。

类推适用式的价值判断矛盾是指，某一规范（N1）赋予某一法律事实（T1）一种法律效果（R1），而对另一个与T1在法律上重要之点相同的法律事实却未作规定。例如，我国《民法通则》虽然规定了未成年人与精神病人的监护人，却未规定植物人的监护人，即为类推适用式的价值判断矛盾。

① 黄茂荣：《法学方法与现代民法》，中国政法大学出版社2001年版，第315页。

第三，目的扩张式的价值判断矛盾。

目的扩张式的价值判断矛盾是指，法律赋予某一案件事实一定的法律后果，但却未赋予基于同一立法目的的另一案件事实以相同的法律后果。与类推适用不同，类推适用是基于已规范的案件事实与未规范的案件事实的类似性，而目的扩张是基于已有规范的意旨应贯彻于未规范的事实。例如，《民法典》第736条第2款规定，融资租赁合同应当采取书面形式。但是，第471条关于要约的规定中，却没有规定书面合同的要约采取书面形式。但为贯彻融资租赁合同的要式性目的，应当认为，融资租赁合同的要约也应当采取书面形式。

第四，目的限缩式价值判断矛盾。

目的限缩式价值判断矛盾是指，立法者已作出的规定所涵盖的范围以法律的立法目的加以衡量，则其字义过宽而适用范围过大，因此应当予以限制而法律却未包含这一限制。例如，我国台湾地区“民法”规定，以不能给付为契约标的者，其契约为无效。但是，从学理上看，“不能给付”包括主观不能与客观不能，而从该条的立法目的看，应当是客观不能。显然该条规定范围过宽，应当予以限制而法律未为限制，是为漏洞，应加以限制。

目的限缩式价值判断矛盾与目的限缩解释的区别是：目的限缩式价值判断矛盾的解决方式是通过添加法律上不存在的限制来完成，而目的限缩解释是通过采取一种较为狭窄的字义来限缩规范的适用范围。

（3）体系残缺

① 部分残缺

所谓部分残缺，是指法律就某案件类型虽已加以规定，但或者对其构成要件，或者对其法律效果，或者对其权利人或者义务人等类似事项未为规定。例如，我国1995年的《担保法》第35条第1款规定：“抵押人所担保的债权不得超出其抵押物的价值。”但却没有规定，如果抵押人所担保的债权超出其抵押物的价值后的法律效果如何，是部分残缺之为漏洞。最高人民法院补充为：抵押人所担保的债权超出其抵押物价值的，超出的部分不具有优先受偿的效力。[①]

---

① 最高人民法院《关于适用〈中华人民共和国担保法〉若干问题的解释》第51条。

② 全部残缺

所谓全部残缺，是指法律就某上位法律事实已透出对下位法律事实予以规范的意旨，但却由于疏忽或者其他原因而未加规范。例如，在德国民法上的“积极侵害债权”是典型的例子。《德国民法典》已经透过“给付不能”与“给付迟延”的上位规定表现出拟对债务不履行的各种下位类型加以规范，但立法者却未为规范[①]，即为法律全部残缺的漏洞。

（4）变更后的体系残缺

所谓变更后的体系残缺，是指法律因为社会的、经济的、科技的发展变化而引起的法律的不圆满性。因为社会是发展的，而人的理性是有限的，立法者不可能预见立法后社会的全部变化，因而会发生因新事物的出现而法律缺乏相应规范的情形。因而，也属于法律漏洞。

二、法律漏洞的种类

（一）认知的漏洞与无认知的漏洞

这是以立法者在制定法律时对于漏洞有无意识到为标准对法律漏洞所作的分类。如果立法者在立法时已经意识到但有意不作规定的，为认知的法律漏洞；反之，则是无认知的法律漏洞。

一个认知的法律漏洞的发生，通常是因为立法者认为系争问题的法律规范最好让司法机关在学术界的支持下逐步完成，以免立法操之过急而作出不成熟的规范。而一个无认知的法律漏洞通常是由于立法者的错误[②]。

（二）自始的漏洞与嗣后的漏洞

这是以法律漏洞是否在法律制定时就已经存在为标准而作出的分类。法律制定时已经存在的漏洞为自始的漏洞；而法律制定后才发生的漏洞为嗣后的漏洞。

---

① 黄茂荣：《法学方法与现代民法》，中国政法大学出版社 2001 年版，第 325—326 页。

② 黄茂荣：《法学方法与现代民法》，中国政法大学出版社 2001 年版，第 337 页。

（三）真正的漏洞与不真正的漏洞

这种划分主要是德国学者兹特尔曼（Zitelmann）的观点。他认为，真正的漏洞是指法律对于应当予以规范的生活事实没有规范，而不真正的漏洞是指法律对于应当规范的生活事实未为特别规定的情形，即因缺少对一般规定的限制而形成的漏洞。其之所以被称为不真正的漏洞是因为某生活事实虽然没有被适当规范，但总算已有规范。有的学者对此提出批评，认为无论是“真正的漏洞”还是“不真正的漏洞”，都是违反计划的不圆满性，都是真正的规范，所以，真正的漏洞与不真正的漏洞的区分是不妥当的。[①]

（四）公开的漏洞与隐藏的漏洞

公开的漏洞是指就特定案件事实，法律缺乏依其目的本应包含的适用规则的情形；而隐藏的漏洞，是指就特定案件事实，法律从表面上看虽然包含适用的规则，但该规则依其意义与目的对该案件并不适用的情形。之所以称为隐藏的漏洞，是因为乍看之下并不缺乏适用规则，但该规则因缺乏必要的限制而难以适用。[②]公开的漏洞与隐藏的漏洞，同真正的漏洞与不真正的漏洞的划分只是角度不同，但所指是一样的。

三、法律漏洞的认定

拉伦茨认为，当法律就某一案件类型予以规定，而就另一类评价上应认为相同的案件却未予以相同的结果，或者依其意义、目的、内存于法律中的原则的适用应予以限制，而法律对此没有规定时，即可认为有法律漏洞的存在。[③]

黄茂荣教授认为，一个生活事实正义地被评定为不属于法外空间的事项，亦即属于法律应予以规范的事项，那么如果法律：（1）对之无完全的规范，或

---

① 黄茂荣：《法学方法与现代民法》，中国政法大学出版社 2001 年版，第 340 页。

② ［德］卡尔·拉伦茨：《法学方法论》，陈爱娥译，五南图书出版有限公司 1985 年版，第 287 页。

③ ［德］卡尔·拉伦茨：《法学方法论》，陈爱娥译，五南图书出版有限公司 1985 年版，第 309 页。

者（2）对之所作的规范相互矛盾，或者（3）对之根本未作规范，或者（4）对之作了不妥当的规范，即可认为有法律漏洞的存在。[①]

四、法律漏洞的填补方法

（一）类推适用

1. 类推适用的概念及适用基础

类推是指将一条法律规则扩大适用于一种并不为该规则所规范，但却被认为是属于该规则的政策或者规范目的范围之内的事实的情形。[②] 也就是说，将法律对事实 A 所规定的法律效果，转移到法律没有规定的 B 事实类型上去。又称为“比附援引”。

德国学者拉伦茨认为，类推是指将法律针对某构成要件 A 或者多数相类似的构成要件而赋予的法律规则，转用于法律未规定而与前述构成要件相类似的构成要件 B。类推适用的法律基础在于：两个构成要件在与法律有关的评价重要点上彼此相类，因此，二者应作相同的评价，也就是说，基于正义的要求，同类事物应作相同的处理。类推适用的法律规则所针对的案件事实与被类推的案件事实并非相同，而是相似，即在与法律评价有关的重要点上相互一致，而非所有细节相同。法律上的类推适用是一种评价性的思考过程，而非仅仅是逻辑思考。在法定要件中，哪些要素对于法定评价具有重要性，其原因何在，要答复这些问题，必须结合法律规范的基本目的、基本思想，质言之，在法律理由上来探讨。[③] 类推并非逻辑的结果，而是对政策与正义的考虑。正义的一个基本的主张就是“相同的情形应作相同的处理”，这样并不违反公平与正义的原则。

2. 类推的方法

（1）确认某案件事实在法律上没有规定，为法律漏洞。

---

① 黄茂荣：《法学方法与现代民法》，中国政法大学出版社 2001 年版，第 348 页。

② ［美］E. 博登海默：《法理学：法律哲学与法律方法》，邓正来译，中国政法大学出版社 1999 年版，第 494 页。

③ ［德］卡尔 · 拉伦茨：《法学方法论》，陈爱娥译，五南图书出版有限公司 1985 年版，第 290—291 页。

（2）寻找类似的案例类型，探求其规范旨意，发现同一立法政策和理由。

（3）将类似的法律效果适用到未有规定的案例上去。

3. 类推的实例

罗马法上有一绝妙的例子，可以说明类推的合理性。依照罗马法的规定，四脚动物的所有人，对该动物造成的他人的损害，应当负担赔偿责任。有人从非洲带回了一只两脚的鸵鸟，造成他人损害，被害人是否可以请求赔偿？对此产生疑问。学者认为应当采取类推的方式，认定赔偿责任，推理过程如下：

（1）四脚动物，依照法律的规定，不能认为包括两脚动物。但是，法律之所以规定四脚动物的所有人负担赔偿责任，主要是因为立法者不知道存在两脚动物。从法律规定的角度看，属于法律漏洞。

（2）四脚动物应负赔偿责任的规定，其立法目的在于使动物所有人尽力避免动物伤害他人，对于任何动物，不论几脚，均有适用余地。

（3）基于同一法理，关于四脚动物所有人的法律规定责任，适用于两脚动物所有人。[①]

在我国1986年《民法通则》中，植物人类推适用关于未成年人与精神病人监护的规定之过程应当与此相同。《民法通则》（第16条及第17条）仅仅规定了未成年人与精神病人的监护人，而没有规定植物人的监护人，此为法律漏洞。但是，民法规定未成年人与精神病人之监护人的目的就在于弥补那些无行为能力人或者限制行为能力人的行为能力，使其能够如正常的成年人那样充分利用权利能力。植物人也属于无行为能力人，显然这一立法目的应当适用于植物人。

（二）举重以明轻之推论与反面推论

1. 举重以明轻之推论

举重以明轻之推论，是指如依法律规定，对构成要件A应当赋予法律效果R，假设法律规则的法律理由更适合与A相似的构成要件B，则法律效果R更应当赋予构成要件B。[②] 例如，法律规定：因过失而造成他人财产或者人身

---

① 王泽鉴：《法律思维与民法实例》，中国政法大学出版社2001年版，第255页。

② ［德］卡尔·拉伦茨：《法学方法论》，陈爱娥译，五南图书出版有限公司1985年版，第298页。

伤害的，行为人应负赔偿责任。如果某人以故意而造成他人财产或者人身伤害，则更应当负赔偿责任。

2. 反面推论

反面推论是指法律仅仅赋予构成要件 A 法律效果 R，因此，R 不适用于其他构成要件，即使其与 A 相似。但是，反面推论仅仅在立法者有意将法律效果 R 只适用于构成要件 A 时，才能适用。①

（三）目的限缩

1. 目的限缩的概念

目的限缩是指某一法律规范，依法律内在的目的及规范计划，应当消极地设有限制，但法律却未设此限制，其填补之道，是将此项规定的适用范围，依法律规范意旨予以限缩②。目的限缩的填补方法，适用于隐藏的法律漏洞。例如，《民法典》第 29 条规定："被监护人的父母担任监护人的，可以通过遗嘱指定监护人。"该条实际上主要是指未成年人，因为，对于无民事行为能力或者限制行为能力的成年人来说，其第一顺序的监护人是配偶，第二顺序的监护人是父母和子女。而且《民法典》第 30 条还规定，具有监护资格的人之间可以协商确定监护人。因此，如果被监护的成年人还有具有监护能力的配偶和子女的话，父母遗嘱监护显然不妥。即使这样规定，也必须限制：被监护人的父母担任监护人的，且没有第 28 条规定的其他第一顺序和第二顺序监护人的，可以通过遗嘱指定监护人。但立法却没有限制，是为漏洞，故应当填补此限制。

2. 目的限缩的适用基础

如果说法律类推的法理基础是"相同的事物应作相同的处理"，那么，目的限缩的法理基础则是"不同的事物应作不同的处理"。所以，目的限缩虽然与类推适用相反，但同样是基于正义的要求。

3. 目的限缩的填补方法与目的限缩的法律解释之区别

目的限缩的填补方法与目的限缩的法律解释不同，前者是将某项法律规定

---

① ［德］卡尔 · 拉伦茨：《法学方法论》，陈爱娥译，五南图书出版有限公司 1985 年版，第 299 页。

② 王泽鉴：《法律思维与民法实例》，中国政法大学出版社 2001 年版，第 265 页。

的适用范围加以限缩，于特定案件类型不适用之；而后者则是将法律概念局限于其核心范围。

（四）目的性扩张

目的性扩张是指法律文义所涵盖的案件类型，有时衡量该规定的立法目的，显然过窄，以致不能贯彻该规范的意旨。因此，有越过该规定的文义之必要，将其适用范围扩张至该文义原不包括的类型。由于这里涉及将原来不为法律文义所涵盖的案件类型包括于该法律的适用范围内，故其法律适用的性质，属于法律补充。这种补充，学说上称为“目的性扩张”[①]。

（五）法益衡量

法益衡量是指当法律所保护的两种利益发生冲突时，对法律所保护的利益在法律地位上的重要性如何作出衡量，然后作出裁判。此种方式在司法实务中常被适用，例如，当法律所保护的新闻自由与人格权发生冲突时，如何划定权利的范围？这实际上涉及应当优先保护哪种权利的问题。法律对此未作规定，显为漏洞。法官不经补充，难以裁判。与新闻自由相比，人格权显然处于更重要的位置，尤其是在将新闻自由赋予团体机构的我国，更应当如此。

五、法律漏洞的补充与法律解释

法律漏洞的补充与法律解释究竟有何不同？德国学者梅叶尔（Meier-Hayoz）认为，解释主要是一个了解与澄清的心智活动，透过解释使法律更接近于其基础的思想，而臻于完足。如果为了实现这一理想，而在认识的因素外尚需加进意志的因素来发现法律，则已属漏洞的补充了。[②]也就是说，人们在找法的过程中是否加入了意志因素，是区分法律解释与法律补充的标准。

通说认为，法律解释与法律补充的界限划分，不是以法律规范“可能的文义”为标准。依此标准，如果在法律可能的文义中，能够通过解释找出答案者，

---

① 黄茂荣：《法学方法与现代民法》，中国政法大学出版社 2001 年版，第 400—401 页。

② 引自黄茂荣：《法学方法与现代民法》，中国政法大学出版社 2001 年版，第 294 页。

为法律解释；否则，即为法律补充。

德国学者拉伦茨认为，狭义的法律解释的界限是可能的字义范围；超越此等界限而仍在立法者原本的计划、目的范围内的续造，性质上为法律填补——法律内的法的续造；如果超出目的范围的界限，但仍然在整个法秩序范围内者，为超越法律的续造。虽然这三个阶段之间不能划出清楚的界限，但各有不同的方法，仍然有必要区分。[①]我国台湾地区学者黄茂荣先生认为，法院的任务在于探讨法律的意旨，并将之适用到具体案件，以在人类的共同生活中将正义实现。这个法律意旨的探讨活动就是现代法学方法论上所称的找法活动，即在规范地处理一个具体案件时寻找所谓“大前提”的活动。这个活动通常可以区分为法律解释与法律补充两个阶段。这两个活动的区分及其关系的讨论构成近代法学方法论上的主要问题之一。法律补充是法律解释的继续性活动，法律解释的活动只能在可能的文义内为之，而法律的补充，则只在可能的文义范围外为之。[②]

但是，法律解释与法律漏洞的补充之绝对界限难以区分，甚至在有的时候十分模糊。除此之外，法律解释时适用的许多标准，在法律漏洞补充时也有适用余地，例如，立法者的立法目的标准、客观目的论标准等。

六、法律解释、法律漏洞的补充与法官造法

（一）法律解释、法律漏洞的补充与法官造法的基本关系

法律解释、法律漏洞的补充在性质上究竟为何？与法官造法是何关系？历来是法学上颇有争议的问题。德国学者拉伦茨认为，司法裁判的变更解释，在性质上已经属于法的续造（法官造法）。法院对法律规定的第一次解释，构成对法律规范的续造，因为在多数文字上可能的意义中，它选择其一，称其为恰当的意义，将原本存在的不确定性排除。单纯的解释也有创意的成分，解释是法的续造的开始[③]。法官对法律漏洞的填补是继法律解释的第二阶段的造法活

① ［德］卡尔·拉伦茨：《法学方法论》，陈爱娥译，五南图书出版有限公司 1985 年版，第 279 页。

② 王泽鉴：《法律思维与民法实例》，中国政法大学出版社 2001 年版，第 352 页。

③ ［德］卡尔·拉伦茨：《法学方法论》，陈爱娥译，五南图书出版有限公司 1985 年版，第 278 页。

动，但是，法律漏洞的填补虽然已经超出某一法律规范的文义，但却仍然在立法者原本的计划和目的范围内。因此，从性质上说，法律漏洞的填补属于“法内造法”。如果法官超越法律漏洞填补的界限而以整个法秩序的基本原则来补充法律，则属于“法外造法”，即真正意义上的法官造法。

法官的法律解释与法律漏洞的补充权已经被普遍接受，那么，法官有没有“法外造法”权？如果有，其界限为何？

英国历史上许多著名法官与学者，如科克（Coke）、黑尔（Hale）、培根（Bacon）和布莱克斯通（Blackstone）等认为，法官的职责乃是宣告和解释法律，而不是制定法律。美国法官卡多佐总结说：“前辈学者的理论认为，法官的根本任务不得立法。植根于习惯法律制度中的一条先存规则，如果被遮蔽了，那么法官所能够做的，就是要揭掉其遮布并将其间的那座雕像展现在我们的眼前。”但是，以边沁（Bentham）为代表的一些学者则认为，法官像立法者一样也可造法。格雷甚至认为，法官所立的法甚至要比立法者所立的法更具有决定性和权威性。[①] 德国学者拉伦茨也认为，如果不想让漏洞概念空洞化，就不应将法官造法的权限局限于漏洞填补。对于超越法律的法的续造，其标准不是法律本身，而是法秩序的意义整体。[②] 虽然说，一定意义上的“法官造法”为理论与实践所承认，但是，大陆法系的法官造法与英美法系的法官造法有别，所以，应当对其界限进行适当的界定。

（二）法官造法的前提与界限

1. 法官造法的前提

法官造法的第一个要件是：有法律问题的存在，即要求法律性答复的问题的存在。而所谓“法律问题”是指此一问题属于“法内空间”而非“法外空间”。

---

① ［美］E. 博登海默：《法理学：法律哲学与法律方法》，邓正来译，中国政法大学出版社1999年版，第554页。

② ［德］卡尔·拉伦茨：《法学方法论》，陈爱娥译，五南图书出版有限公司1985年版，第279页。

法官造法的第二个要件是：仅仅靠法律解释或者法律漏洞的补充已经不能对前述法律问题提供符合最低要求的答案，而这种所谓“最低要求”或者来自法律生活不可反驳的需求，或者来自法律规范实用性要求，或者基于事物的本质及法伦理上的要求①。

2. 法官造法的界限

司法机关的造法必须顾及立法机关的立法权限，否则，就会触及政治体制本身。德国学者拉伦茨认为，法官造法的界限是：仅靠法律性思考已不能提供必要的裁判根据，必须基于目的性考量而为政治性决定，而这种政治性决定应当由立法者作出②。我们认为，法官造法不能超越这一界限，尤其在中国，对于法官造法应当作更严格的限制。

（三）法官造法的具体情形

1. 基于交易需要而造法

在民法领域中，若干制度在法律上并无规定，而是由司法裁判基于交易需要而予以认可并加以扩充。例如，德国民法上的让与担保制度，就是基于交易需要而由裁判发展而来的。

让与担保制度涉及许多问题，例如，担保人与担保权人破产时，因让与担保而转移的所有权如何处理？因让与担保与质权不同，其不转移占有，那么担保人在仍然占有担保物的情况下，对第三人再进行交易时，交易安全如何解决？拉伦茨认为，这种制度不能直接通过法律推论来认可，因为法律的目的倾向于反对让与担保，因此并非法律漏洞。司法裁判最终予以认可，主要是为了满足交易上的迫切需要。也就是说，让与担保制度并非自始就属于法律本身，也不是由法律目的推论而得，它事实上是司法裁判的杰作。③

例如，我国《民法典》及以前的担保立法都没有明确规定“独立保证”，最

---

① ［德］卡尔·拉伦茨：《法学方法论》，陈爱娥译，五南图书出版有限公司 1985 年版，第 333 页。

② ［德］卡尔·拉伦茨：《法学方法论》，陈爱娥译，五南图书出版有限公司 1985 年版，第 333 页。

③ ［德］卡尔·拉伦茨：《法学方法论》，陈爱娥译，五南图书出版有限公司 1985 年版，第 322—323 页。

高人民法院在司法实践中创立了关于“独立保证”的一般规则。例如，2019年最高人民法院《全国法院民商事审判工作会议纪要》（法〔2019〕254号，以下简称2019年《九民会议纪要》）第54条规定：“从属性是担保的基本属性，但由银行或者非银行金融机构开立的独立保函除外。独立保函纠纷案件依据《最高人民法院关于审理独立保函纠纷案件若干问题的规定》处理。需要进一步明确的是：凡是由银行或者非银行金融机构开立的符合该司法解释第1条、第3条规定情形的保函，无论是用于国际商事交易还是用于国内商事交易，均不影响保函的效力。银行或者非银行金融机构之外的当事人开立的独立保函，以及当事人有关排除担保从属性的约定，应当认定无效。但是，根据‘无效法律行为的转换’原理，在否定其独立担保效力的同时，应当将其认定为从属性担保。此时，如果主合同有效，则担保合同有效，担保人与主债务人承担连带保证责任。主合同无效，则该所谓的独立担保也随之无效，担保人无过错的，不承担责任；担保人有过错的，其承担民事责任的部分，不应超过债务人不能清偿部分的三分之一。”这种关于独立担保的裁判规则，就属于“法官造法”的产物。

2. 基于事物本质的造法

既然法律制度是为人而设，那么它就不能脱离人类社会的基本生活，而人类社会的基本生活的内涵与外延构成“事物的本质”。拉伦茨认为，在与正义的要求（例如，相同事物应作相同的处理，不同事物应作不同的处理）结合时，事物的本质更显示出重要性：它要求立法者（有时是法官）针对不同的事物应作不同的处理。他批评《德国民法典》关于“无权利能力社团适用民法合伙之规定”的条款时指出：民法典忽略了典型的民法合伙与无行为能力社团在基本结构上的差异。民法上的合伙通常是少数彼此有信赖关系的人之间的结合，因此，在对外关系上，合伙也是数人的结合，而非一个单一的“个体”，原则上合伙事务由全体合伙人共同执行；反之，社团即使没有权利能力，依其结构仍属于人合团体，独立于社员之外，借助于设立的机构而实现其目的。因此，这种人合团体需要一些规定来规范入社、退社、团体意志的形成及对外代表等。①

① ［德］卡尔·拉伦茨：《法学方法论》，陈爱娥译，五南图书出版有限公司1985年版，第327页。

在现代社会的法律裁判中，法官应视事物的性质并依照正义原则处理纠纷，例如，在对待自然人与法人的纠纷中，虽然根据民法“主体平等”原则的要求应同等对待，但因“事物的性质”不同，应作不同对待，因为自然人与法人的经济实力、分散风险的能力等毕竟不同，且保护社会弱者始终是正义的要求和现代社会的呼声。

3. 基于法伦理原则的造法

在认识与运用法律规范时，法伦理性原则是指示方向的标准，依其固有的说服力，足以使法律性决定正当化。我们可以将法伦理性原则理解为法理念的特殊表现。作为原则，其并非可以直接运用到具体案件的规则，而是一种指导思想，通过立法或者经由司法裁判依照具体化原则的程序，或者借助于形成案件类型演绎为特定的原则，将特定原则转化为具体的裁判规则。许多法伦理性原则，如诚实信用原则，具有宪法的位阶。诉诸诚实信用原则，民法领域近年来发展出以下原则：权利禁止滥用、情事变更、缔约过失责任、合伙人的忠诚义务等[①]。下面以耶林（Jhering）在创设“缔约过失责任”中的经过来说明法伦理性原则在法官造法中的重要性与指导性意义。

耶林多年来在讲述关于“错误”的理论时，在错误的一方是否可以向他方请求赔偿因他方的过失所造成的损害的问题上，遇到很大的困难。从法源上看，似乎应当作否定的回答。然而，结果的不公平令其失望。换言之，适用罗马法所得出的结论，显然不能满足其法伦理上的感受。通过与其他案例的比较，他发现这些案例的过失都发生在“准备缔结契约的过程中”。于是，他对自己的评价获得决定性的认识：于此涉及的是在缔结契约之际的过失事件。然后，他便在罗马法以及当时的法律文献中寻找该原则的适用实例，但是，结果是当时的案例少得可怜，并且有点冷僻的适用实例不能满足他。于是，他尝试一般地确定缔约过失责任的概念，尝试为其寻找根据并将之正当化。他发现：任何从事缔约行为者，因缔约行为而跨出属于仅负消极义务的非契约领域，进入属于负积极义务的契约领域。如果依照具体情形，他方得

---

① ［德］卡尔·拉伦茨：《法学方法论》，陈爱娥译，五南图书出版有限公司 1985 年版，第 329 页。

期待其为特定的积极行为而他却违反此义务并造成损害时，当负赔偿责任。耶林的这种想法在开始仅仅是一种思想表达，对于实证法而言，也仅仅是一种主张。其后经过法学与司法裁判的发展与运用，与诚实信用原则相关联，成为处理具体案件的法律规则。[①]

① 资料来源参见［德］卡尔·拉伦茨：《法学方法论》，陈爱娥译，五南图书出版有限公司1985年版，第329—330页。

第二编

民事主体

第一章 民法上的人的理性基础

第一节 民法上的人的形式结构

一、民法上的人的表现形式

何为民法上的人？我们常常将民法上的人称为民事主体，而民事主体则是那些在民法上能够享有民事权利并承担义务的人，并将权利能力的拥有作为民事主体地位的标志与象征。[①] 作为民事主体地位标志的权利能力与民事主体的

① 主体地位与权利能力是否是同一意义，学者之间存在争议。有人认为，此二者不同：权利能力仅仅是能够作为权利义务主体之资格的一种可能性，同权利主体显然有别。——［日］几代通：《民法总论》，青林书院，昭和 44 年（1969 年），第 22 页；有人认为：权利能力是主体地位在民法上的肯认，即为同义。——［日］星野英一：《私法中的人——以民法财产法为中心》，王闯译，载梁慧星主编：《民商法论丛》第 8 卷，法律出版社 1997 年版，第 156 页。尹田教授认为：德国人为了满足《德国民法典》在形式结构方面的需要，创立了“权利能力”一词，从技术上解决了自然人与法人在同一民事主体制度下共存的问题，从而避开了主体的伦理性。但主体地位（人格）同权利能力是不一样的（摘自尹田教授于 2004 年 5 月 20 日在中国政法大学的学术报告）。我十分同意尹田教授的分析，但我认为权利能力是主体地位在民法上的标志，至少从规范角度上看，大概不会错。

形式结构有极大的关联，并因此产生了民事主体结构形式的“二元论”与“三元论”之争。

“二元论”认为：民法上仅有两类主体，要么是自然人，要么是法人，不存在第三类主体。像合伙这样的团体不能成为一类独立的民事主体，仅仅称为“无权利能力的社团”[①]。因为合伙等团体本身不能独立享有权利或承担义务，以合伙的名义取得的财产归属各个合伙人共同共有，而合伙的债务直接归属于合伙人负担连带责任，并且，在我国及其他国家，合伙均不是一类独立的纳税主体。这就与法人这种团体有本质的区别：以法人的名义取得的财产直接归属于法人而不是其成员，法人的债务归属于法人而不直接归属于其成员。因此，合伙这种团体不是一种独立的民事主体。

“三元论”则认为，民法上的形式主体有三类：一为自然人，二为法人，三为合伙等团体组织形式。其理由是：以合伙为代表的第三类主体，虽然不能独立享有权利承担义务，但这与其主体地位无关，法律地位与责任是毫不相关的事情。

德国学者多主张“二元论”[②]，而我国学者多主张“三元论”。我个人认为，合伙等团体因无权利能力，并且，合伙既没有独立于合伙人的意思机关、代表机关、执行机关，也没有自己独立的财产与独立的责任[③]，因此不能作为一种独立的民事主体。

二、民法上的人的差异

如果我们用非抽象的生活世界的视角看待自然人与法人，则会觉得二者差异太大：自然人是一个活生生的人，而法人根本就不是“人”，而是由活人创

---

① 《德国民法典》第 54 条。

② ［德］卡尔·拉伦茨：《德国民法通论》，王晓晔等译，法律出版社 2003 年版，第 56—57 页。

③ 对此，我国《合伙企业法》存在矛盾。根据此法，合伙企业有自己独立的财产，但无独立的责任。但是，如果不能独立承担责任，独立的财产在法律上就没有任何意义。应当特别指出的是：德国判例与学理有承认无权利能力的社团是主体的倾向——［德］迪特尔·梅迪库斯：《德国民法总论》，邵建东译，法律出版社 2000 年版，第 38 页。这强烈反映出民法向经济合理性妥协的趋势。

造的“特殊物”，物何以在民法上被赋予权利能力而具有法律地位？为什么一个自然人作为民事主体负担债务时，承担无限连带责任，而公司的股东却对公司债务承担有限责任？但一个有限责任在公司赢利而分配利润时，为什么不是有限利润？风险有限而利润无限是否经得起理性说明？

另外，自然人与自然人之间、法人与法人之间存在着如此大的差别，而民法却坚定地声称“民事主体一律平等”。那么，这些如此不同的民事主体是如何以及以什么样的原则被统一到民法典中的？对此，我们不得不到理性的世界中寻找答案。

第二节　民法上的人的理性基础

一、民法上的人的标准

有的学者表达了这样的民法上的结构：只有人格人是法律主体，人并非必然是法律主体。[①] 人只有具备了相应的条件才能被法律认可为人格人而具有民事主体的地位。德国学者拉伦茨指出：对我们整个法律制度来说，伦理学上的人的概念须臾不可或缺。这一概念的内涵是：人依其本质属性，有能力在给定的各种可能性的范围内，自主地和负责任地决定他的存在和关系，为自己设定目标并对自己的行为加以限制。这一思想既源于基督教，也源于哲学。[②] 而康德与黑格尔的理性与意志学说，对整个民法的法典化构造产生了巨大的影响。

康德认为，没有理性的东西只具有一种相对的价值，只能作为手段，因此叫作“物”。而有理性的生灵叫作“人”，因为人依其本质即为目的的本身，而不能仅仅作为手段来使用。无论是在你自己，还是其他任何一个人，你都应将

① ［德］罗尔夫·克尼佩尔：《法律与历史》，朱岩译，法律出版社 2003 年版，第 59 页。

② ［德］卡尔·拉伦茨：《德国民法通论》，王晓晔等译，法律出版社 2003 年版，第 46 页。在该著作中，拉伦茨把人称为“伦理学上的基本概念”，但在论述德国民法典上的“人”的时候，却没有以伦理性区分自然人与法人。另外一个学者里特纳（Rittner）正确地指出了这种差别：使用一个简化了的纯粹法律技术上的人的概念是解决不了问题的，因为法律上的人是依据根本的，即法律本体论和法律伦理方面的基础产生的，无论是立法者还是法律科学都不能任意处分这些基础。转引自卡尔·拉伦茨上列书，第 57 页。

人类看作目的，而永远不要看作手段。[①]那么，何为理性呢？在康德看来，理性不仅是指人类认识可感知世界的事物及其规律性的能力，而且也包括人类识别道德要求并根据道德要求处世行事的能力。道德要求的本质就是理性本身。人类的这种绝对价值，即人的尊严，就是以人所有的这种能力为基础的。[②]

黑格尔认为，人格的要义在于：我作为这个人（法律上的人或者人格人——作者注）在一切方面都完全是被规定了的和有限的。当主体用任何一种方法具体地被规定了而对自身具有纯粹一般自我意识的时候，人格尚未开始，毋宁说，它只开始于对自身——作为完全抽象的自我——具有自我意识的时候，在这种完全抽象的自我中一切具体限制性和价值都被否定了而成为无效。所以，在人格人中，认识是以它本身为对象的认识，这种对象通过思维被提升为简单的无限性，因而是与自己纯粹统一的对象。个人和民族如果没有达到这种对自己的纯思维和纯认识，就未具有人格。自在自为地存在的精神与现象中的精神所不同者在于：在同一个规定中，当后者仅仅是自我意识，即对自身的意识，仅按照自然意志及其仍然是外在的各种对立的自我意识，前者则是以自身即抽象的而且自由的自我表现为其对象和目的，从而它是“人”。[③]按照黑格尔的观点，法律上的人即人格人是一种被规定了内在特质的人，即理性意志的抽象的人，现实世界生活中的人，只有认识到并达到这种纯粹抽象的人的标准时，才是法律上的人，才具有意志的自由。因此，黑格尔总结说：人实际上不同于主体，因为主体仅仅是人格的可能性，人是意识到这种主体性的主体。因为在人里面，我完全意识到我自己，人就是意识到他的纯自为存在的那种自由的单一性。作为这样一个人，我知道自己在我自身中是自由的，而且能够从一切中抽象出来，因为在我的前面，除了纯人格以外什么都不存在。然而，作为这样一个人，我完全是被规定了的东西。[④]

那么，接下来自然就有必要探讨自然界中的人与康德及黑格尔学说中的人格人（法律上的人）的差别，并探求人是如何被规定的。

---

① 转引自［德］拉伦茨：《德国民法通论》，王晓晔等译，法律出版社 2003 年版，第 46 页。

② 转引自［德］拉伦茨：《德国民法通论》，王晓晔等译，法律出版社 2003 年版，第 46 页。

③［德］黑格尔：《法哲学原理》，范扬等译，商务印书馆 1995 年版，第 45—46 页。

④［德］黑格尔：《法哲学原理》，范扬等译，商务印书馆 1995 年版，第 46 页。

二、现实中的人与理性的并具有主体性的人的区别

从康德及黑格尔的论述中，我们看到，我们每个人并非必然为法律上的人[①]，要达到这一主体性标准，就必须按照“被规定了的标准”“克己复礼”，否则就不能被当然地认为是法律上的人。诚如学者所言：就如同人格人的自由与人的自由不重叠一样，人格人的概念同人的概念也不重叠。人的本质是吝啬、贪婪、残忍、背信弃义、脆弱、轻率、狡诈等，并且人自身利益不能胜任社会交往。关于人的特征的判断总是那么悲观或者乐观，引人注目。没有人认为，法典应描述这里的人的“天生的自由”。……经验的人存在偏好、欲望和所有的主观原因，具体的人想要这个那个，有需要、兴趣和念头。[②]正因为如此，我们人性中愚昧的、无法接近的部分遵循兴趣原则并追求对欲望的满足，其无法开启“共同的意志”，该黑暗的、无法接近的部分致使“逻辑的思想法则”无法生效，从而必须在耗尽心血的文化劳动中对其加以遏止、限制，为了一个新的目标而使该部分可以利用，并且部分地加以抑制，以帮助达到锲入“现实原则”。[③]因此，教育家、法学家和哲学家的一个重要任务就是要把经验世界的人变为法律与道德上的人格人。

三、人通过“手术”被改造为法律上的人——法律主体（人格人）

现实生活中的具体的个人私欲膨胀，无理性意志，因而需要通过彻底的手术对之进行改造，方能变为构建民法所需要的具有主体性的人格人。对此，有两种“手术”会使现实生活中的人变为法律上的人格人。

（一）通过切断情感并纯化意志而使人符合理性标准

法律上的人格人（民事法律主体）的所谓意志是涤净了个性、偏好、欲

---

① 关于这一点，在奴隶社会中表达得最为充分：奴隶是自然世界的动物世界的人，却不是法律世界的人。而在今天，由于人的出生这一简单的事实就可以使人进入到法律世界，使一个自然世界的人无障碍地成为法律主体，自然世界的人与法律世界的人的原则区分却被忽视了。但是，作为自然意义上的有各种爱好的人与民法上被规定了“爱好”的人还是有本质区别的。

② ［德］罗尔夫·克尼佩尔：《法律与历史》，朱岩译，法律出版社 2003 年版，第 77 页。

③ ［德］罗尔夫·克尼佩尔：《法律与历史》，朱岩译，法律出版社 2003 年版，第 81 页。

望，其作为理性、作为道德。只有通过非感性的决定基础强迫而行为的人才是自由的，只要他通过理性的内在立法约束情感并基于此种方式成为道德律令之下的一个理性的物，即作为人格人除了受制于所给出的律令外，不受制于其他任何律令。因此，其行为是可以归责的。人格人通过其理性认识并认同作为自然法的私法的约束，并且能够依据一条可以被视为普遍法则的最优化而加以行为。……主体将相互施加的强制理解为自由的共同法则。① 真实的人类自由既不等同于毫无条件，也不等同于纯粹的意愿，而是等同于经由理性的人的决断对内在于或外在于我们的本性的控制。② 根据黑格尔的观点，当人约束住他的情感时，他就达到了最高境界，即具有人格人的内质，这就是成熟年龄的、思想健全的睁开眼的传统的民法上的人。③

通过以上手术，人的灵魂已经被升华到一个被预先规定了的理性人的标准，其作为活生生的人的所有的个性、爱好等已经被切除。但是，其意志脱离躯体，还必须经过第二次手术。

（二）通过“经验的”与“思维的”区分，使人“灵魂出窍”，成为真正的理性人

根据康德的观点，道德的人格就是道德律令之下的理性本质的自由。这些必须以完全先验的依据人的本质即独立于具体条件的人格加以想象，并区别于个人。④ 道德的或法律上的人作为唯一的、独立于具体的规定的、纯思想建构的、思辨想象中的人。⑤

这种将“经验的”与“思维的”相区分的做法对民法上的主体与客体的认识具有十分重要的意义。正是这种区分，使财产脱离其具体形态而通过价值等

---

① ［德］康德语，转引自［德］罗尔夫·克尼佩尔:《法律与历史》，朱岩译，法律出版社2003年版，第78页。

② ［德］霍克海姆语，转引自［德］罗尔夫·克尼佩尔:《法律与历史》，朱岩译，法律出版社2003年版，第79页。

③ ［德］罗尔夫·克尼佩尔:《法律与历史》，朱岩译，法律出版社2003年版，第79页。

④ ［德］康德语，转引自［德］罗尔夫·克尼佩尔:《法律与历史》，朱岩译，法律出版社2003年版，第84页。

⑤ ［德］罗尔夫·克尼佩尔:《法律与历史》，朱岩译，法律出版社2003年版，第84页。

值化，同时，使得无体财产权的概念得以产生。对于主体而言，人通过这种区分，将一个抽象的思辨中的人立于民法之中，从而使理性贯彻变得容易，并用“理性人”的标准将人在法律上统一起来。因此，现实世界中的人，无论男女老少，都是一样的法律上的人格人。

我们清楚地看到，通过上述两次手术之后，法律上的人不等同于现实世界中活生生的人，而是一个被掏空了五脏六腑、无血无肉、没有自己意志而仅有符合“被规定了的共同意志”的意志之人。就如德国学者兹特尔曼（Zitelmann）所指出的：“人格是意志的法律能力，人的肉体是其人格的完全不相关的附庸。”[①] 因此，法律上的人是思辨中的人，其是民法非感性的法律主体的典型。法律上的人不必通过拟制与人等同，或者根本不必通过人的生活加以填补，也不必被提炼成为一个较多的组织的生命单元，相反，经验中的人必须致力于约束、抑制其感情与情感，以成为道德与法律上的人。[②] 所以，《民法典》是不知晓农民、手工业者、制造业者、企业家、劳动者之间的区别的，私法中的人就是作为被抽象掉了各种能力和财力等的抽象的个人而存在。[③]

四、民法上的理性人的客观性及其在民法制度构建中的影响

（一）民法世界中主体的客观性

现实世界中的人是千孔百面的，而以理性为基础构建起来的法律世界的人则是无任何色彩的，这就必然导致法律主体的客观性及机械性。

德国学者齐美尔就曾经描述过这种客观与机械化的场景：现象的形形色色被回归到一个此岸本质的单元，民法的交易形式褪掉了单个的偶然性，并创造了等量、客观一般性，交易使得物脱离了其融入在主体性中的性质，价值变得超越主体、超越个体。货币作为替代性、无质量性、无差别的最纯的形式组织交易，并就此不仅组织交易客体的替代性，而且还组织交易主体的替代性。在

---

① 转自［美］约翰·石普曼·格雷：《法律主体》，载《清华法学》（第一卷）2002 年第 1 期。

② ［德］罗尔夫·克尼佩尔：《法律与历史》，朱岩译，法律出版社 2003 年版，第 87 页。

③ ［日］星野英一：《私法中的人——以民法财产法为中心》，王闯译，载梁慧星主编：《民商法论丛》第 8 卷，法律出版社 1997 年版，第 168 页。

满足形式的分化中，需求也在发生变化，情感在表现的客观化中淡化，人的关系在交易的抽象化与一般化中变得理性。生活自身客观化与对象化，物使得个人进入了物的文化。人被完全设定为目的的与方式的范畴。[①] 也就是说，法律的这种对人的抽象化与思辨化使得现实世界中复杂的人与人之间的关系简单化、客观化，人与人之间的关系仅仅依赖价值而联系起来，并且能够以货币衡量。在这种关系中，因所有物与劳动都可以用货币为媒介等量化，因此，没有什么是不可以替代的。更为重要的是，理性取代自然法所谓上帝意志而成为实证法的核心，就如学者所指出的：欲望与理性清晰地被区分为人本质中被唾弃的部分与神圣的部分。非常明确，人们偏爱理性。在此岸，理性完全导向于人格人与客观世界。通过近代自然科学因果律的方法，人们研究、测量、权衡并审查该人格人和人的客观世界。中世纪的"世界本身"从学术中消失了。精确到法律，这是寻求社会关系平衡的先验标准的终点，这意味着，驱逐上帝，并以一个独立于上帝意志的人类理性取代上帝。[②] 通过在个体之上添加人格体可能导致所意识的世界破裂，这虽然是理论的构造，但是并非脱离日常生活，而是以格言形式为人熟知："心灵固然原意，肉体却软弱了。"[③]

虽然有人批评这种做法，即认为：没有什么比这样一个理论更加对立于历史与事实的现实性，该理论将客观法律公然定义为一个"精神的自由"的实践，将主观权利定义为"意志的情结"。从道德上讲，在组织机体之外的人是另类。与此相适应，个人的法律遵循集体的法律，物理的人的法律遵循道德的人的法律。[④] 但确定的是，这些并没有动摇一个民法理论、一个反对人们对其加以论证的民法理论，该民法理论以其反反复复主张的观点——私人自治中人类的自由，打击与反对那些主张结构与功能的人。[⑤] 民法中的人，犹如一幅理性勾画出来的人的画像，挂在民法的圣殿中，尽管其来源于人的形象，但却不是真实的人。诚如学者所言：人格体是一种"当为"（即规范要求下的理性行为）的

① ［德］罗尔夫 · 克尼佩尔：《法律与历史》，朱岩译，法律出版社 2003 年版，第 88—89 页。
② ［德］罗尔夫 · 克尼佩尔：《法律与历史》，朱岩译，法律出版社 2003 年版，第 92 页。
③ ［德］京特 · 雅布克斯：《规范 · 人格体 · 社会》，冯军译，法律出版社 2001 年版，第 38 页。
④ ［德］罗尔夫 · 克尼佩尔：《法律与历史》，朱岩译，法律出版社 2003 年版，第 83 页。
⑤ ［德］罗尔夫 · 克尼佩尔：《法律与历史》，朱岩译，法律出版社 2003 年版，第 90 页。

形式，即一种客观的构造。[①]

（二）理性人对民法制度构建的影响

如果从哲学的角度看待人格人（法律主体）构造的积极意义的话，可以说，通过设立一个人格性的世界来达到控制个体的目的，并为个体提供其需要的安全。一方面，每个自然意义上的个人的行为模式与偏好不同，就使得法律对人的政策制定和控制变得不可能。另一方面，每个自然意义上的个人的活动方式与特性差别太大，因而具有不可预测性，而这种不可预测性恰恰对其他人的存在构成危险。而人格人的构造，统一了人的行为模式与特性，不仅使法律政策的控制变得容易，而且使每个人的行为具有可预测性，从而为人提供了自然世界中无法提供的安全。这也恰恰符合制度经济学关于制度功能的赞许：制度之所以重要，是因为所有人际交往都需要一定的可预见性，当人们受规则（我们将其称为制度）约束时，个人的行动就较可预见。当然，人们也需要制度来促进经济生活。[②]

人格人的理论构造，在民法体系的构建中意义重大。民法中的所谓人格人，即民事主体的理性创造，使得法律上的人成为思辨中的人，它不仅使非人的组织可以成为主体，而且，用一种可以量化的标准将人的行为统一到限定的有目的的秩序中去，从而使得对人与人之间关系的评价变得可能与容易。因为，按照康德的绝对命令的模式，法律关系是调整理性动物与理性动物的联系，并用一种对双方来说是实际的方式和方法来调整。在此，为了能够评价一下实际的过程，也就是说为了能够评价通过身体的相互交往，更准确地说为了能够评价其是服务于群体利益的交往，完全是相应地构造了人格体这一概念。[③]民法上的意思自治与过错归责原则都是以这种人格人构建出来的制度。

人既然是有理性的，他便有能力去独立地创设一种有利于自己的权利义务

---

① ［德］京特·雅布克斯：《规范·人格体·社会》，冯军译，法律出版社2001年版，第88页。

② ［德］Wolfgang Kasper & Manfred E. Streit：《制度经济学》，韩朝华译，商务印书馆2000年版，第1页。

③ ［德］京特·雅布克斯：《规范·人格体·社会》，冯军译，法律出版社2001年版，第35页。

关系，承认意思自治，就等于承认了人的理性能力。因此，那些尚无理性的人就被排除在意思自治的大门之外，并用一种代理或者监护制度去弥补这种不足。

人既然是有理性的，那么他便是可以归责的，即其意志的不良状态就可以被归于责任承担。在这里我们不得不再一次提到康德的论述：人通过理性的内在立法约束情感并基于此种方式成为道德律令之下的一个理性的物，即作为人格人除了受制于所给出的律令外，不受制于其他任何律令。因此，其行为是可以归责的。为了形成秩序，达到可预见性、自治的无私、能力，情感中信马由缰的意愿受到规制，主体将相互施加的强制理解为共同法则。① 即符合这种“共同法则”的人才是自由的，在此法则允许的范围内，即使对他人造成危害，也不能将责任归结于他，因为其行为为理性所容许。如果超出这种“共同法则”，那么其指挥行为的意志即为不良状态，就应将责任归结于他。问题是：用一种什么样的具体参照去衡量是否符合“共同法则”呢？许多立法、判例与民法理论创造了一个“共同法则”的化身与代言人——理性第三人。如果一个人的行为符合“理性第三人”标准，则不予归责，否则便予以归责。根据通说，这种“理性第三人”是仿照罗马法上的“善良家父”的形象创造出来的，但我们必须注意的是，这样一个“理性第三人”是客观的而非主观的，他在现实世界中根本就不存在。就如学者所言：理性的自然人的典型是这样被刻画的，法典将该概念非人化，并且导入了交易中必要的注意的客观一般性。现在，经过司法判例，交易中所要求的必要的注意中所剩余的主观部分被剔除出去了。②

经过这样的理性处理之后，现实世界中具体的人的行为就被一种规范中的“法则”所约束，并在这种理性法则中统一了人们的行为，使一种秩序成为可能并变得容易。法官在裁决案件时，当事人是否能够预见、是否应当预见以及是否具有自治的能力，不必去询问具体的行为人，只要问“理性”（其代言人就是理性第三人）即可。

---

① ［德］罗尔夫·克尼佩尔：《法律与历史》，朱岩译，法律出版社 2003 年版，第 77—78 页。

② ［德］罗尔夫·克尼佩尔：《法律与历史》，朱岩译，法律出版社 2003 年版，第 123 页。

第三节　法人的理性说明

一、法人的意志的说明障碍

以理性人为标准构建的民法体系看起来是严密的：权利为意志的自由，该意志自由即为人，并且只有人是意志天赋的。每单个法律关系作为人格人与人格人之间的关系，通过一个法律规则加以确定。[①]格雷正确地指出：为了法律权利得以实现，意志是必要的，故一如法律权利之实现所关涉的程度，主体必须具有意志。[②]法律主体与意志、理性天赋的人格人与人无条件地等同在法学理论中得以贯彻。但是，在解释下述两个问题时，这种“理性——主体——意志”的图式将变得困难：第一，如何解释在现实生活中存在的无意志而仅仅是财产集合的法人？其理性来自何方，又如何决定？第二，每个自然人的权利能力因天赋而统统被称为民事主体，但未成年人、具有精神障碍者显然是没有理性的，却是民事主体，那么其“主体性”与“无理性”的矛盾如何解释？对于以上两个问题，我国民法学理探讨甚微。

二、法人的各种理性说明理论

（一）拟制说明理论

拟制在说明将意志归属于一个无意志的主体方面有较强的说明力。而根据德国学者耶林的阐述，存在两种拟制：一种为历史拟制，另一种为独断拟制。

所谓“历史拟制”，是指将新法添加到旧法中去而无需改变旧法形式的一种拟制。[③]其作用是将一项原本不属于该诉讼范围内的事件通过拟制归属于诉讼范围，从而允许原告提起诉讼。例如，根据罗马市民法，诉讼仅仅能够由罗马市民或者对罗马市民提出，通过历史拟制，扩张到由外国人或者对外国人提

① ［德］萨维尼语，转引自（德）罗尔夫·克尼佩尔：《法律与历史》，朱岩译，法律出版社2003年版，第64页。

② ［美］约翰·石普曼·格雷：《法律主体》，载《清华法学》（第一卷）2002年第1期。

③ ［美］约翰·石普曼·格雷：《法律主体》，载《清华法学》（第一卷）2002年第1期。

出，而被告不得反驳。英国著名法学家梅因在其著名的《古代法》一书中，对此有过精辟的论述："这种拟制，是要用以掩盖或者目的在于掩盖一条法律规定已经发生变化这样事实的任何假定，其时的法律文字并没有被改变，但其运用规则已经发生了变化。……我认为英国的判例法与罗马的'法律问答'都是以拟制为基础的。在这两种情况下，法律已经完全被改变了，而拟制使它仍旧和改变以前一样。为什么各种不同形式的拟制特别适合于社会的新生时代，这是不难理解的。它们能够满足并不十分缺乏的改进的愿望，而同时又可以不触犯当时始终存在的、对于变更的迷信般的嫌恶。在社会进步到了一定阶段时，它们是克服法律严格性最有价值的权宜办法。真的，如果没有其中之一的'收养的拟制'，准许人为地产生血缘关系，就很难理解社会怎样能够脱出其襁褓而开始其向文明前进的第一步。"① 这样一种拟制，在今天法律体系已经十分完善的情况下，已经很少适用。

所谓"独断拟制"，是指将所认识到的并确立起来的原则置于最便利的形式下，而不是在旧法罩子下引入新法。② 美国学者格雷用了一个例子来加以说明：如果 A 将土地抵押给 B，之后又与 C 签订了一份转让合同，C 知道对 B 的抵押，C 则不能以任何理由来对抗 B。或者，如果 B 作了抵押登记，C 无论知道抵押与否，都不能对抗 B。在我们假设的这两种情况下，C 都被排除了，但却是基于两种不同的理由：在第一种情况下，是因为 C 知道抵押，在第二种情况下，则是由于登记，但这两种情况的结果一致使得将二者放在一起处理更为方便，于是，我们将其放在"通知"的标题之下，并且说登记是推定通知，即"通知"被拟制出来，且具有对世性。③ 现在让我们回到适用独断拟制的一个特殊情形：一个生物人先天缺乏意思能力的情形，或者法律基于这样或者那样的理由拒绝某些人具有依自己的意志就特定事项主张权利的能力。我们已经定义法律权利是社会基于其请求将强制实现的那些权利，但是，更为全面准确地说，一个人的权利是社会将基于因社会授权得提请行使该权利的某个人的请求

① ［英］梅因：《古代法》，沈景一译，商务印书馆 1995 年版，第 16 页。
② ［美］约翰 · 石普曼 · 格雷：《法律主体》，载《清华法学》（第一卷）2002 年第 1 期。
③ ［美］约翰 · 石普曼 · 格雷：《法律主体》，载《清华法学》（第一卷）2002 年第 1 期。

而予以强制实现的权利。在正常生物人的情形，唯一的由社会授权可以对其权利予以主张的是权利人自己。但在非正常生物人的情形，被授权可以这样做的不是权利人自己，而是别的某个人。这样的人是谁，是由各个特殊体系的规则决定的问题。当我们说事实上属于他人基于代理所践行的意志就是权利持有人的意志时，拟制就发生了——此时我们将另一个人的意志归属于他。通过归属的方法，将正常的生物人和非正常的生物人的权利放在一起是合适的，因为权利所赋予保护的利益在两种类型里都是相同的，而且从权利行使中获致的结果在两种类型里也都相同。①

在自康德哲学以来形成的"理性——主体——意志"图式下，这种无意志的团体要成为主体显然存在较大的困难。蔡勒认为：理性的存在，只有在决定自己的目的，并具有自发地予以实现的能力时，才被称为人格（主体）。②受康德哲学强烈影响的萨维尼更是认为：所有的权利，皆因伦理性的内在于个人的自由而存在。因此，人格、法主体这种根源性概念必须与人的概念契合。并且，两个概念的根源的同一性以如下的定式表现出来：每个人皆是权利能力者。③主体需要有意志，而法人没有意志，所以，在"主体必然是有意志"的公式逼迫人们为法人寻找理性与意志的情况下，如何将个人的意志粘贴到法人上而成为法人的意志，从而为法人的存在提供合理依据，就成为理论急需解决的问题。而在这种情况下，人们就从古代法中召回了拟制。就如学者所指出的：法律主体即法律权利或者义务主体，被相信为某些人或者某些实在物，这里存在拟制，表现为对如此实体将他、她或者它实际不具有的意志进行归属或者假定，但这仅仅是拟制而已。法人这种抽象事物的认识能力——这种抽象事物是所有感官都不能感觉到的，但它却以人作为其可见的组织机构，而且尽管其本身没有意志与激情，却可以将人的意志和激情归属于它——是人类天性中最奇妙的能力。对于法人而言，不存在什么特别之处，其对另一个人意志的归属与

---

① ［美］约翰·石普曼·格雷：《法律主体》，载《清华法学》（第一卷）2002年第1期。

② ［日］星野英一：《私法中的人——以民法财产法为中心》，王闯译，载梁慧星主编：《民商法论丛》第8卷，法律出版社1997年版，第163页。

③ ［日］星野英一：《私法中的人——以民法财产法为中心》，王闯译，载梁慧星主编：《民商法论丛》第8卷，法律出版社1997年版，第163页。

亲权人意志归属于未成年人的例子所发生的情形，具有相同的特征。用怎样的程序允许该归属出现于此类或者彼类的情形，是一个实在法问题。对于所有法律主体（不包括正常的自然人），都有相同的拟制，即将一个人的意志拟制给自己之外的某人或者某物——要紧的不是某人或者某物是什么。无论他、她或者痴呆者，马、轮船，还是社团，这一步跨越起来都具有同样的难度，但并不更难。无论是痴呆者，马、轮船还是社团，都不具有真正的意志。但对于法人，有一项额外的拟制，这一额外的拟制表现在形成了一个实在物，自然人的意志可以归属之。[①] 因此，萨维尼之“法人的法律人格并非源于法人的本质而是为法律所拟制”的论述被称为经典。

当然，在民法理论上，法人究竟是拟制实体还是实在物，存在争议。但格雷认为，这种争议在法律实践上没有任何意义，在将自然人的意志归属到法人之上，都是拟制的结果[②]。

（二）秩序说明理论

这一说明理论的代表人物为汉斯·凯尔森（Hans. Kelsen）。凯尔森认为，法人只不过是调整有些人行为的秩序的人格化而已，即对所有那些由秩序所决定的人的行为提供归责的共同点。狭义的、技术意义上的“法人”的典型就是社团，但社团并不是一种个人的有组织的团体，而是人的组织，即调整人的行为的秩序。因此，“人们组成社团”或者“属于社团”这种陈述，不过是他们的行为是由构成社团的法律秩序所调整这一事实的一个很形象化的讲法而已。除了法律秩序之外，就没有什么共同体，没有什么社团。

社团之所以被认为是一个人，就是由于法律秩序规定了某些权利与义务，它们关系到社团成员的利益却又似乎并非成员的权利与义务，因而就被解释为社团本身的权利和义务。几个人，只有当他们已经被组织起来，仿佛每个人关于别人都有特定的功能时，他们才组成一个集团、一个联合。当他们的相互行为由秩序、规范制度所调整时，他们才被组织起来。构成这一联合，使几个人组成一个联合

① ［美］约翰·石普曼·格雷：《法律主体》，载《清华法学》（第一卷）2002 年第 1 期。
② ［美］约翰·石普曼·格雷：《法律主体》，载《清华法学》（第一卷）2002 年第 1 期。

的，就是这种秩序，或者说是这种组织。这一联合具有机关的意思同组成联合的人由一个规范所组织的意思，正好是一样的。构成社团秩序或者组织就是社团的法律，社团的所谓章程，即是调整社团成员行为的规范的总和。这里应注意的是，社团只有通过它的法律才算在法律上是存在的。社团及其法律、调整某些人行为的规范秩序以及由秩序所构成的联合体，并不是两个不同的本体，它们是等同的。说社团是一个联合或者一个共同体只不过是表示秩序的统一体的另一种方式而已。人们只有在他们的行为受联合的秩序所调整时，才属于这一联合或者组成这一联合，当他们的行为不受秩序调整时，人们就不属于联合。人们只有通过秩序才被联合起来，他们共同有的就是调整其相互行为的规范秩序。①

凯尔森还强烈批评了将意志拟制于法人，或者将法律主体与意志联系起来的观点。他指出：法人的真正性质之所以通常被人误解，就是由于人们对于什么是自然人有不正确的想法。人们推定，为了成为一个人，个人一定要有意志。根据定义，个人具有义务和权利，则被错误地解释为他具有可以用以创造和追求义务与权利的一种意志。结果，人们就认为社团为了成为法人也就一定要有意志。可是，大多数法学家认识到一个法人不可能有个人意志这种意义上的意志。所以，他们就解释说，人（即法人的机关）以“法人”的名义，代替法人表明意志，而法律秩序则赋予这些意志宣告以创造法人义务与权利的效果。有人还提出未成年人或者精神病患者与监护人之间的那种假想为相似的关系，用来支持上述解释。正像法人本身虽无意志但由于其机关的意志而仍然有义务与权利一样，未成年人和精神病患者虽无法律上承认的意志，但由于他们的监护人的意志，而仍然具有义务与权利。社团机关就被视为社团的一种监护人，而转过来社团则被设想为一种未成年人或者精神病患者。机关的意志，“归诸”于社团，就像监护人的意志归诸于他的被监护人一样。②

但是，凯尔森认为，社团是具有真正意志的真正存在，同导致原始人以“灵魂”赋予自然中的事物那种万物有灵论的信念是一样的。就如万物有灵论一样，

① ［奥］凯尔森：《法与国家的一般理论》，沈宗灵译，中国大百科全书出版社 1996 年版，第 109—111 页。

② ［奥］凯尔森：《法与国家的一般理论》，沈宗灵译，中国大百科全书出版社 1996 年版，第 120—121 页。

这种法学理论将它的对象双重化起来。一个调整人的行为的秩序先被人格化，然后这一人格化又被认为是一个新的本体，它不同于个人但却仍然是由他们在某些神秘的式样下“组成”的，这一秩序所规定的人的义务与权利，因而也就被归诸超人类的存在、由人所组成的超人。这样一来，秩序就被实体化起来。这就是说，使秩序成为一个实体，而这一实体又被认为是一个分立的东西、一个与秩序以及其行为由该秩序调整的人有所不同的存在。①

值得我们注意的是，凯尔森是纯粹法学的代表人物，其从法律秩序的角度阐述法人的本质，正好反映了其纯粹法学的观点。但其关于法人本质的这种解释，对于我们从另外一种视角观察法人，却有启迪。

（三）人与财产的实质区分理论

德国学者认为，有限责任作为新时代最伟大的发现，甚于蒸汽机与电力，是促进资本主义的动力。但是，法学理论仍然局限于“人——意志”的图式，抱怨法人的概念，争论法人这种超越个人意志与作用的单位，争论法人的自由与责任，而且涉及个人伦理上的人格。因此，也形成了两个对立的学派：一个学派认为，权利能力与“人的概念”具有因果关系，只有现实的人格人（自然人）才能为人，而法人，其仿佛是人，但其实不是道德的、更不是一个神秘的超人，而是拟制的、一个能够拥有财产的、人为设定的主体，其天生无行为能力——行为以一个思想的、意愿的物体、一个单个的人为前提——由公司章程所确定的代理人加以补充。② 这一理论学派通常被称为“法人拟制论”学派。应该说，“法人拟制论”有着深厚的哲学基础与伦理基础，其最具有说服力的恰恰是将自然人与法人分离，将自然人放在了一个比法人更高的位置上，以体现民法的人文主义精神。因此，这一学说到今天为止，仍然具有很强的影响力与学术支持。德国学者带着批评的口吻说：直到今天，人们还没有改变这种观点，即法律上的私人自治为生活塑造了一个范围，并基于此种方式，该观点将

---

① ［奥］凯尔森：《法与国家的一般理论》，沈宗灵译，中国大百科全书出版社 1996 年版，第 121—1122 页。

② ［德］罗尔夫 · 克尼佩尔：《法律与历史》，朱岩译，法律出版社 2003 年版，第 68 页。

私人自治保留了自然人，而对于市场中强大的资本公司的实践和平凡的事实，法学理论却熟视无睹。[①] 与此相反的一派的观点通常被称为“法人组织体论”，该派认为：法人并非在人之外拟制的人，社团、公司自身就是一个现实的人，组织整体上的一个独立人格，同个人一样，是一个身体精神的单元，甚至是高于个人的生命单元，即法人是一个有生命的机体，在其机体活动中法人直接看起来也如同人的嘴在说话或者手在动一样。[②] 德国学者罗尔夫·克尼佩尔对这一主张同样进行了批评：这不过是另外一种拟人化的比喻，只不过是在现实之上安置了一个图画。但令人惊异的是：这种显然矛盾的关于法人作为有器官的、有生命的机体的观点竟然在过去如此成功！但是，即使当代的机体论的捍卫者已经抛弃了生物化的外衣，并且机体论接近一个广泛的代理权理论，该机体论也绝不可能成功。他同时批评凯尔森的法人秩序理论，认为：凯尔森虽然力图通过秩序理论，即法的人格的表述意味着“法律制度规定以权利义务为内容的人的行为”，来替代主观法与客观法之间的二元主义，但他并没有做到，其所要求的是另外一种非物理的方法，即“思想手术”的方法。[③]

罗尔夫·克尼佩尔在批评了他人的理论之后，对法人的本质提出了自己的观点：法人的本质在过去和现在都是对财产加以法律定义和法律调整，而不是对身体体格的定义与调整。相反，法律的本质是对财产加以组合、分割并服务于特殊目的。但经常被忽视的是，一个极其重要的先于主体划分的、对许多人来说意味着实质解放的原则区分：相对于人的财产的独立化，即人的财产与人本身相分离。该原则区分在19世纪就得以实现，有限责任公司就是这种原则区分的最典型的表现形式，这是重要的一步，从而不仅财产得以从其具体形态中解放出来并完整形成法人的抽象的特别财产，而且，这使得与其本身及其物和其特殊能力、财产直至劳动力相对立。这种区分告别了一个整体的人的形象，也告别了资不抵债时人身奴役和奴隶制度的非法性后果。他进一步批评关于法人本质的两个学派：法人的两个结构——拟制的或者真实的社团人格——的论

① ［德］罗尔夫·克尼佩尔：《法律与历史》，朱岩译，法律出版社2003年版，第69页。

② ［德］罗尔夫·克尼佩尔：《法律与历史》，朱岩译，法律出版社2003年版，第69—70页。

③ ［德］罗尔夫·克尼佩尔：《法律与历史》，朱岩译，法律出版社2003年版，第68、70页。

证都掉入了一个陷阱，即 19 世纪受启蒙哲学影响的法学思想所掉入的那个陷阱。此种观点，即所有权利根植于自由与平等的人并因为有且只有人是有理性的，所以，所有权利以人为本，该观点使得先验的权利论易于转到纯粹国家的，即立法与司法的法律制定。该理论形而上学的教条没有接受在实践与学说中业已涌现的事实：不是具体的生活关系，而是抽象的财产关系，从商品生产到市场流通的抽象性和货币关系的客观化决定了人类社会及其法律的结构。古罗马经济的法律将奴隶定义为活着的物，这并不是因为人类学上的错误判断，同样，人的自由、平等、强制与不平等也不是人类学上的发现。其实，这是规范的判决，该判决解决了人的所有权，确定了所有权产生抽象的价值，该价值在货币的客观标准中能够被相互比较，使得所有权必要的可交换性成为可能，并且抽象所有权的载体，在规范化过程中，所有权主体被定义为"法律上的人"。对于民法而言，重要的是财产划分，而不是生物、机体或者身体。因此，对于规范的实践而言，其也容易将机体的与非机体的人都解释为法律主体而平等地对待他们。学说汇纂学派理论及今天的法律实践都认识到：人在法律上被定义为法律主体，并且必须融入规范中。此种定义仅仅在表面上，在一些因果关系中取决于具体的人性。当论及情感利益、非财产损害、侵犯人格时，在法律上不涉及机体内部的感觉，而是涉及以货币单位计量的客观价值，该价值使得受保护的法益成为可交易的商品。在直索责任中，基于法人责任目的的独立性被打破，从而直索到法人的股东时，目标也不是股东的机体，而是替代承担责任的财产，股东仅仅是该财产的载体。作为物理的人的法律主体性与法人的法律主体性各自本身都是规范的、成文法的结构。为了此种身份，本质上不必同化、吸收法人与自然人。① 这是典型的"民法商品经济观"与实证主义法学观。

（四）小结

以上各种理论虽然各不相同，但却都是在承认法人存在的前提下，从不同视角去为法人的合理存在作出解释。法人拟制理论虽然在以理性说明法人的合理存在方面，能够以"主体——意志——理性"公式一以贯之，具有逻辑的

① ［德］罗尔夫·克尼佩尔：《法律与历史》，朱岩译，法律出版社 2003 年版，第 71—72 页。

一致性，并且在价值说明方面，有深厚的哲学基础，但是，法人拟制理论有一个难以解释的问题：为什么个人的意志能够被附着在法人身上而成为法人的意志？其根据是什么？正是在这一方面让凯尔森抓住了把柄，从而提出：这是法律秩序调整的结果。用通俗的话来说就是，法律让它是，它就是，而无需悬而又悬的所谓“拟制”。但是，凯尔森的问题就在于用一个拟制替代了另一个拟制，就如德国学者对他的评价一样：凯尔森想扬弃主观法与客观法之间的二元主义，但他并未做到，恰恰是在他自己的分析中，将法人之人与自然之人相区别。[①] 而与拟制理论相对立的法人实在说之所以获得成功和支持，大概在于存在于其背后的国家学说。国家在黑格尔哲学中，是绝对自在自为的理性的东西，国家是实体性意志的现实，当国家成为法人时，自然就是实在而非拟制的实体。就如德国学者罗尔夫·克尼佩尔所指出的：机体论成功的原因值得思考，其成功的原因可能在于，在法人那里涉及国家的规定，这是非常突出的，在与法人有关的民法论文中，讨论总是一再回到国家。在耶林、温德沙伊德、胡赛尔、图尔、凯尔森那里，甚至在今天的作者那里都是如下情况，他们在民法中惦记着国家公民的层面。[②] 而罗尔夫·克尼佩尔试图从另外一个角度完成凯尔森未能完成的任务，即试图改变二元的视角，从责任财产入手，去看待一个民事主体的存在及其合理性。他认为，无论是自然人还是法人，其财产而非其身体是对外承担责任的基础。因此，任何民事责任，无论是对于法人的还是对于自然人的，都是针对其财产而不是其人身，故法人成为与自然人一样的主体，并不存在困难。特别是，当货币出现以后，任何财产都可以以货币为媒介而抽象化、客观化，从而使这种法律结构更加清晰。

应该承认，康德哲学不仅在过去对大陆法系民法典的影响甚大，时至今日这种影响仍然巨大，因此，“主体——意志——理性”公式在今天的法典及法学研究中仍有重要的地位：一个有理性的主体可以依据自己的意志构建自己的权利义务，法律不仅要保护这种可能性，而且要保护其真实性。所以，任何对理性的违反都将导致法律救济，如意思表示的瑕疵，就是典型。这种公式清楚

① ［德］罗尔夫·克尼佩尔：《法律与历史》，朱岩译，法律出版社 2003 年版，第 68 页。

② ［德］罗尔夫·克尼佩尔：《法律与历史》，朱岩译，法律出版社 2003 年版，第 70 页。

地表现在大陆法系许多国家民法典及其民法理论的“法律行为制度”中。即使在没有采纳“法律行为”概念的国家中，合同制度也足以体现这一理念。但是，当社会经济生活的主体仅仅限于自然人时，这一公式所受到的挑战较少，其主要体现在未成年人与精神障碍者身上，也就是说，一个具有精神障碍的人或者一个新生儿或者一个未成年人，显然不具有理性或者不具有完全理性，但他却是民事主体。于是，法律便创造出“代理”制度，法学需要解释的恰恰就是：代理人的行为结果是如何被归于被代理人的（精神障碍的人或者新生儿或者未成年人）？代理人的意志何以被当然地认为是被代理人的意志？因为这不符合理性原则，即一个人的行为的结果不属于自己而属于他人，因此，有人认为这本身就是基于“私人自我表现决定”的可怕的法律结构。① 有人则认为，这是“天才的艺术手法”②。在解释上，人们就用“拟制”的手段解释这一现象。

当时，宗教寺庙这类事物成为法律主体而拥有财产权利是在非常有限的范围内，而且其主要是消极地享有捐助财产的所有权，而不是经济活动的主体。因此，在法学研究中，当时而有人提出宗教寺庙的主体性并提出疑问时，往往是作为例外处理。但是，当法人，特别是股东承担有限责任的有限责任公司出现并且日益成为经济活动的主体时，“主体——意志——理性”公式就受到了极大的挑战，即康德的意志理论就难以在主体的合理性说明方面一以贯之。于是，人们长期以来就法人的意志的来源及其合理性方面作出各种各样的解释与说明理论，以期为这种势不可当的存在物找出合理根据。

在前面，我们已经就法人存在的各种各样的说明理论作了详细的介绍，而我认为，社会中的法人，首先在于经济上的合理性而非哲学上的合理性，想从哲学上为法人的存在寻找依据是徒劳的。例如，有限责任公司就难以从哲学上找出其存在的合理性：一个自然人无论对外责任，还是取得利益都是无限的，这是符合自然理性的。但假如一个股东向公司投资 10 万元，在公司赢利并分配利润时，他可能分得 20 万元甚至更多而没有限制，而当公司亏损而承担对外责任时，为什么他承担的就是以 10 万元为限的有限责任？这难道符合自然

---

① ［德］罗尔夫·克尼佩尔：《法律与历史》，朱岩译，法律出版社 2003 年版，第 73 页。

② ［德］罗尔夫·克尼佩尔：《法律与历史》，朱岩译，法律出版社 2003 年版，第 73 页。

理性吗？因此，有限责任公司存在的合理性不能从自然理性中寻找，仅仅能够从减少风险而吸引和鼓励投资的积极性方面去解释。今天，以有限责任公司与股份有限公司为代表的法人已经相当普遍地存在，故我们不能仅仅从康德哲学中寻找依据，就如德国学者所指出的：为了拯救自我表现决定、行为自由与意志权力的信条，诸理论试图采取一种结构，而该结构却是站不住脚的，在这里不必去拯救信条。与此相反，在真实的成文法那里，必然涉及组织财产流通和划分风险。成文法必须避开以人的目标的意志学说的陷阱。在规范上这是毫无困难并可以达到的。[①]

也许，凯尔森与罗尔夫·克尼佩尔仅仅从法规范的角度来说明法人存在的合理性，虽然极易被指责为法律实证主义，但对法人来说，法律承认之并对之进行规范，也许是法人存在的一种合理基础。法人存在的合理性不能从自然理论中为其寻找依据，只能从经济合理性上去寻求答案。所以，任何企图从意志——理性的方向为法人寻找根据的努力，都会予人以批评的口实。

第四节　对理性为基础的民事主体平等制度的人文主义反思

如果一般地说，民法本身就是人文主义的，这大概不会错，的确，民法的权利本位、契约自由、过错责任等基本原则处处闪耀着人文主义的光芒。但是，当人们被抽空了所有的东西而仅仅剩下“意识”（不是具体的个别的意识而是以理性为基础的抽象的一般的意识）时，民法上的人就从千面百孔变为千篇一律的单元，民法以“权利能力”将他们等质化，用“行为能力”将其再分类，在这一过程中，人们的所有差别被忽略了。特别是人们通过拟制或者其他法技术创造出一个法人，在“民事主体一律平等”的旗帜下与自然人同台演出，则更像是在上演一出与狼共舞的人兽大战。在此，人们不禁生疑：将不同的人整齐划一是否真的是人文主义的体现？法人这种团体的出现是否会与民法的人文主义价值观背道而驰？

对于第一个问题，有人通过反思认为：在主张国家要积极地关心物质生产

---

① ［德］罗尔夫·克尼佩尔：《法律与历史》，朱岩译，法律出版社2003年版，第74页。

和职业活动的今天，在民事法律上是不能允许将一切权利主体一视同仁地对待的。我们必须给法律上的抽象人以及为进行论证而架空了的人穿上西服与工作服。[①] 我个人认为，这一主张的出发点是非常有说服力的：不同的人应当区别对待，这是理想的人文主义模式和法律政策模式，这恰恰与我国的传统很是契合：我们的传统中医、私塾都是因人而异、因材施教的。但是，这种理想在法典化中却难以实现：法典是一个标准化的东西，它要求相同的事件要有相同的结果，从而使人们对自己的行为产生合理的预期，因此，给法律上的抽象人穿上西服的理想与法典化难以合流。这种观点也恰恰是看到了作为民事主体的自然人与现实生活中活生生的人的严重脱节，看到了一般正义与个别正义的冲突，但这一理想如何在法典化国家中实现，诚有疑问。而所谓民法中的人文主义也恰恰是通过对这种抽象人的关怀而非具体个人的关怀体现出来，对不同的人进行同样的关怀，也许会让许多人感觉不到人文主义的温暖。

至于法人，是人们为了财产性目的或者其他非伦理性目的而创造的团体，它确实体现了人们宪法上的结社自由的权利，但是，如果对自然人与法人的关系处理不当，则会损害自然人，从而损害民法的人文主义价值。我个人向来认为，人文主义中所谓的“以人为中心”不仅在强调人与神的关系（西方学者视角）中应当以人为中心，而且应当包括在个人与团体的关系中，也强调以人为中心而把个人从团体中解放出来。西方中世纪，宗教与世俗是两个不同的中心，宗教强调以神为中心而忽视人，封建社会强调以团体为中心而将个人淹没在团体人格之中，而人文主义恰恰在两极世界中都强调人的中心位置。《法国民法典》没有规定任何团体的法律地位，除了拿破仑害怕封建势力会借助团体名义卷土重来以外，还体现了对人性的彻底解放，是真正将个人作为中心的法典。当后世的民法典创造了法人，而用“权利能力”的概念将自然人与法人视为平等主体而共居一室，就使得实质的不公平与表面的公平距离拉大。而法人这种团体借助自身的强大势力，将自然人置于自己的统治之下。因此，1931 年英国学者垦卜·亚伦（Karleton Kemp Allen）在为梅因的《古代法》作序时说：

---

① ［日］星野英一：《私法中的人——以民法财产法为中心》，王闯译，载梁慧星主编：《民商法论丛》第 8 卷，法律出版社 1997 年版，第 187 页。

在今天，个人在社会中的地位越来越多地受到职业团体的支配，梅因“从身份到契约”的著名论断，将会有一天被简单地认为是社会史中的一个插曲。如果竟然是这样发生了，这究竟标志着社会的进步还是退化，是一个非常值得有思想的人研究的问题[①]。垦卜・亚伦的担忧并非没有来由，现代民法已经充分注意到了自然人与法人的这种差异，而且在民法一般法或者特别法上予以矫正，如民法（或者合同法）对格式合同（格式条款）的规制性规定、有关消费者保护方面的法律为了对消费者的特殊保护而对法人更重的注意义务等，都是对自然人与法人不平等的关注以体现实质公平。如果说，在民法典上对于自然人难以做到“不同主体不同对待”的话，那么，在法人与自然人之间“不同主体不同对待”在很大程度上是可以做到而且能够被人理解并接受的。

我想特别强调的是：如果将法人这种主体与自然人并列，就会破坏民法的人文主义精神，容易忽略个人的存在和价值。即使在规范角度上，自然人与法人仍然有着本质上的不同：自然人具有伦理性而法人则全无伦理性，自然人除了追求物质以外，还有艺术、哲学、宗教等精神活动，自然人因其伦理性永远是主体而不能成为买卖标的物，而法人这种东西虽然是主体，但也可以被当作客体来买卖。我们不能不注意这种具有人文复兴色彩的提醒：由于对所有的人的法律人格即权利能力的承认成为民法典的规定从而成为实定法上的原理，得到法律实证主义立场的承认，但其自然法的基础却逐渐被忘却了。[②]因而，在今天有必要对人与人之外的存在加以区别而给予符合人的处理，对于自然人与法人应区别对待处理。[③]

---

① ［英］梅因：《古代法》，沈景一译，商务印书馆 1995 年版，第 18 页。

② ［日］星野英一：《私法中的人——以民法财产法为中心》，王闯译，载梁慧星主编：《民商法论丛》第 8 卷，法律出版社 1997 年版，第 164 页。

③ ［日］星野英一：《私法中的人——以民法财产法为中心》，王闯译，载梁慧星主编：《民商法论丛》第 8 卷，法律出版社 1997 年版，第 190 页。

第二章 自然人

第一节 自然人的概念

一、民法上的自然人并非物理意义上的“自然人”

民法上的自然人是指具有民事主体地位的、被法律抽象出来的、能够承担义务享有权利的非具体个人，仅仅是一种抽象的主体，“它”并不是指现实世界中的你我，而是与法人一样，是法律塑造出来的主体。我们应从以下几个方面来理解民法上的自然人。

（一）民法上的自然人是思维和抽象意义上的人而非经验和现实意义上的人

有的学者表达了这样的民法上的结构：只有人格人是法律主体，人并非必然是法律主体。[①] 黑格尔认为，人格的要义在于：我作为这个人（法律上的人

① ［德］罗尔夫·克尼佩尔：《法律与历史》，朱岩译，法律出版社2003年版，第59页。

或者人格人——作者注）在一切方面都完全是被规定了的和有限的。当主体用任何一种方法具体被规定了而对自身具有纯粹一般自我意识的时候，人格尚未开始，毋宁说，它只开始于对自身——作为完全抽象的自我——具有自我意识的时候，在这种完全抽象的自我中一切具体限制性和价值都被否定了而无效。所以，在人格人中，认识是以它本身为对象的认识，这种对象通过思维被提升为简单的无限性，因而是与自己纯粹统一的对象。个人和民族如果没有达到这种对自己的纯思维和纯认识，就未具有人格。自在自为的存在的精神与现象中的精神所不同者在于：在同一个规定中，后者仅仅是自我意识，即对自身的意识，仅按照自然意志及其仍然是外在的各种对立的自我意识，前者则是以自身即抽象的而且自由的自我表现为其对象和目的，从而它是“人”。[①] 按照黑格尔的观点，法律上的人，即人格人是一种被规定了内在特质的人，即理性意志的抽象的人，现实世界生活中的人，只有认识到并达到这种纯粹抽象的人的标准时，才是法律上的人，并且才具有意志的自由。因此黑格尔总结说：人实际上不同于主体，因为主体仅仅是人格的可能性，人是意识到这种主体性的主体。因为在人里面，我完全意识到我自己，人就是意识到他的纯自为存在的那种自由的单一性。作为这样一个人，我知道自己在我自身中是自由的，而且能够从一切中抽象出来，因为在我的前面，除了纯人格以外什么都不存在。然而，作为这样一个人，我完全是被规定了的东西。[②]

凯尔森通过论证认为，所谓“自然人”的概念也不过是法学上的构造，并且其本身完全不同于“MAN”的概念。所以，所谓“自然人”其实就是一种“法”人。如果说“自然人”就是“法”人的话，那么在“自然人”和通常被认为的“法人”之间就不可能有什么实质性的差别。传统法学确实倾向于承认所谓的自然人也就是一个法人，但在界说自然人是人（MAN），而法人则是非人类的人（NON—MAN）时，却又模糊了这两者实质上的相似性，MAN 和自然人之间的关系并不比 MAN 和技术意义上的法人之间的关系来得更密切。每个法律上的人归根结底是一个法人。因此，自然人与法人人格化的基础在原则上是相

---

① ［德］黑格尔：《法哲学原理》，范扬等译，商务印书馆 1995 年版，第 45—46 页。

② ［德］黑格尔：《法哲学原理》，范扬等译，商务印书馆 1995 年版，第 46 页。

同的，只有在以统一性给予人格化了的规范综合体的因素之间才有差别。[①]

根据康德的观点，道德的人格就是道德律令之下的理性本质的自由。这些必须以完全先验的依据人的本质即独立于具体条件的人格加以想象，并区别于个人，[②]道德的或法律上的人作为唯一的、独立于具体规定的、纯思想建构的、思辨想象中的人[③]。

民法中的人，犹如一幅理性勾画出来的人的画像，挂在民法的圣殿中，尽管其来源于人的形象，却不是真实的人。诚如学者所言：人格体是一种“当为”（即规范要求下的理性行为）的形式，即一种客观的构造。[④]

经过这样的理性处理之后，现实世界中具体的人的行为就被一种规范中的“法则”所约束，这种理性法则统一了人们的行为，使一种秩序成为可能并变得容易。法官在裁决案件中，当事人是否能够预见、是否应当预见以及是否具有自治的能力，不必去询问具体的行为人，只要问“理性”（其代言人就是理性第三人）即可。

（二）民法典构造“自然人”的价值与理性方式

既然民法典中的“自然人”是法律的构造而非自然产生，那么，民法典是如何构造自然人的呢？其实，是通过两种方式：（1）民法典是通过价值判断赋予其“权利能力”——让所有自然出生的人都具有权利能力，而且“人人平等”这种抽象的方式实现了人们的理想。（2）通过理性标准赋予自然人不同的“行为能力”——完全行为能力、限制行为能力和无行为能力，从而按照不同的理性能力赋予其行为不同的法律效果。

因此，我们看到的民法典世界的“自然人”只有两种抽象维度和特征：权利能力和行为能力。其他的所有特征都被忽略和屏蔽了。有人说，民法典是不

---

① [奥]凯尔森：《法与国家的一般理论》，沈宗灵译，中国大百科全书出版社1996年版，第120—121页。

② 康德语，转引自[德]罗尔夫·克尼佩尔：《法律与历史》，朱岩译，法律出版社2003年版，第84页。

③ [德]罗尔夫·克尼佩尔：《法律与历史》，朱岩译，法律出版社2003年版，第84页。

④ [德]京特·雅布克斯：《规范·人格体·社会》，冯军译，法律出版社2001年版，第88页。

知晓农民、手工业者、制造业者、企业家、劳动者之间的区别的，私法中的人就是作为被抽象掉了各种能力和财力等的抽象的个人而存在。[①] 所以，我们说，民法典中的人并不是现实生活中的你我他，而是一种无血无肉、没有感情的抽象存在。

二、“自然人”一词的适用在民法上的进步意义

尽管民法中的自然人，犹如一幅理性勾画出来的人的画像，而非具体的现实世界中的自然人，但在民法上适用“自然人”一词还是具有十分重要的意义的。

（一）将自然出生的人与民法上的主体地位的自然人打通了

在罗马法上，自然意义上的自然人与作为法律上的人相差太远。自《德国民法典》开始，民事主体直接适用“自然人”，使自然意义上的人从一出生就获得作为主体的“自然人”的地位，这是历史的进步，从此，自然人的主体地位始于出生成为一种普遍的现实。我国《民法典》就适用“自然人”一词，是非常正确的。

同时，“自然人”与“公民”对比，更符合对人的保护。《法国民法典》适用“公民”一词，而未适用“自然人”（见该法典第 8 条规定），更强调对法国人的保护。而适用“自然人”则不同，不仅本土的“自然人”受到本国法律保护，外国“自然人”也受到保护（双边或者多边国际条约有规定的除外），尤其在当今世界，更具有进步意义。

（二）自然人是民事主体制度的原型

尽管现代民法用“权利能力”统一了自然人与法人，但实际上不可否认的是，民法的所有权利只有自然人才能完整地享有，包括人身权利（人格权与身份权）和财产权利，而法人纯粹是充当交易主体或者其他有目的的主体而仿照自然人塑造的。例如，理性（权利能力）等（因此法人“拟制说”是有道理的）。

---

① ［日］星野英一：《私法中的人——以民法财产法为中心》，王闯译，载梁慧星主编：《民商法论丛》（第 8 卷），法律出版社 1997 年版，第 168 页。

罗马法上仅仅关注自然人是否是民事主体，《法国民法典》也仅仅规定了自然人主体。故自然人是民事主体的原型，法人所享有的民事权利主要是财产权利，法人主要是为了交易或者其他特定目的而存在。

第二节 自然人的权利能力

一、权利能力的概念和特征

（一）权利能力的概念

一般认为，权利能力是指一个人作为法律关系主体的能力，也即作为权利享有者和义务承担者的能力（或称资格）。[①] 用通俗的话来说，权利能力是一种权利义务的归属资格。我认为，用“归属资格”来解释人的权利能力更符合其创设的本意。权利能力的规范目的在于：一个人是否能够作为民事主体在民法上享有权利承担义务。因此，权利能力是一个人能够取得权利义务的前提与基础，但不是具体的权利或者义务。

从上述定义可以看出，权利能力是从“一个人能够享有权利”的角度规定的，而不是从“其是否能够主动取得权利”的角度去规定的，故对于上述定义并非不存在争议。其实，法学界一直在讨论这样一个问题：那些出生于人的生命体，但是却无法在他们身上唤醒自然人必然具备的理性时，是否也可以成为人？在任何时代里都有一些生来就具有严重智力残缺者，他们具有生物意义上的形体，但是却没有任何语言能力。很久以来，科学家们一直在探索着那些只能够呼吸的生命体是否也具有接受能力的问题，但是答案却总是让人失望。这样一种经验使得理性法学家们下决心把“智慧”当作自然人以及自然人格的确定标志。[②] 例如，康德就指出：“（法律上的）人是指那些能够以自己的意愿

① ［德］卡尔·拉伦茨：《德国民法通论》，王晓晔等译，法律出版社 2003 年版，第 119—120 页；［德］迪特尔·梅迪库斯：《德国民法总论》，邵建东译，法律出版社 2000 年版，第 781 页；王泽鉴：《民法概要》，中国政法大学出版社 2003 年版，第 47—48 页。

② ［德］汉斯·哈腾鲍尔：《民法上的人》，孙宪忠译，载《环球法律评论》2001 年第 4 期。

为某一行为的主体。”康德提出这一理论的目的，是将自然人自己的能力作为其为自己负责任的根源，并在这一基础上建立人的概念理论。在提出这一理论之后，起决定性作用的不再是人与动物之间的区分，即人所拥有的绝对的智慧，而是人能够，或者应该为其权利或者义务所抱有的善意或者恶意的心态，以及他对自己行为是有益还是有害的内心意思。为确立这种责任自负的能力，康德把人的行为深深扎根在自由这一立法的基本规则上。民法社会的自由理想和法律上的人的理论因此牢牢地融会在一起。[①] 因此，有人认为权利能力的规定是消极的，而有意义的应当是从行为能力中派生出权利能力。[②] 这一观点的代表人物法布里齐乌斯（Fabricius）认为：权利能力是指人或者其他被认可为权利主体的社会组织能有效地为法律行为或者能够由其受托人、代理人或者机构为此行为的能力。[③] 德国学者赫尔德甚至更激进地认为：私权的本质在于与权利人的愿望相结合，所以，这种权利的主体从法律上讲与那些其意志毫无意义的人是不同的。这些无行为能力人不是自身权利的主体，而是一种外在的法律力量的客体。[④] 德国学者拉伦茨反对说：确定某人具有权利主体资格，意味着将通过行使权利所获得的利益归属于权利主体。事实上，有些人即使具有完全的行为能力，他们也是由其他人来行使其权利的。重要的是，这种行使权利的行为是为谁的利益而为的。[⑤] 因此，以此种方式来表达权利能力的相对化，有害而无益。[⑥] 此种见解，颇值得赞同。

我认为，即使坚持权利能力的传统概念，也很难说是一种消极的定义方式。这种所谓积极与消极的划分，是康德与黑格尔哲学影响的体现，仍然是以“理性—主体—意志”图式来定义民事主体的表达方式，即一个主体只能是具有理性意志的人，并能够按照理性来支配自己的所有物、通过契约来设定自己的权

---

① ［德］汉斯·哈腾鲍尔：《民法上的人》，孙宪忠译，载《环球法律评论》2001 年第 4 期。

② ［德］迪特尔·梅迪库斯：《德国民法总论》，邵建东译，法律出版社 2000 年版，第 781 页。

③ ［德］卡尔·拉伦茨：《德国民法通论》，王晓晔等译，法律出版社 2003 年版，第 120 页。

④ ［德］卡尔·拉伦茨：《德国民法通论》，王晓晔等译，法律出版社 2003 年版，第 122—123 页。

⑤ 转引自［德］迪特尔·梅迪库斯：《德国民法总论》，邵建东译，法律出版社 2000 年版，第 782 页。

⑥ ［德］迪特尔·梅迪库斯：《德国民法总论》，邵建东译，法律出版社 2000 年版，第 781 页。

利义务，并可因过错而被归责，而不具有理性的东西只能是客体而非主体。于是，就形成了这样的推理公式：凡民事主体均可以理性地设立权利义务。故从积极意义上来定义权利能力，即主体资格是合乎理性规则的。而按照这样的逻辑结构，不具有理性的刚刚出生的婴儿或者有精神障碍的人就会被排斥在主体之外，有可能沦为客体。为避免此种结果的发生，人们创造出了“法定代理人制度”而将代理人的意志与理性归属于这些无理性的人，从而使他们有了理性的合法外衣，也就自然地被当作主体而非客体来对待。但问题恰恰是：代理人的意志何以被合乎逻辑地转移到被代理人身上？这也正是代理制度难以解释的问题。故人们只能用“拟制”的理性来解释之。也就是说，这些人是作为例外而成为主体的，即他们之所以是主体而非客体，是因为伦理规则而非理性规则，仅仅是以假定的理性来赋予其合理的外衣。我们不能忘记：自然人在民法上的权利能力的规定是基本法规定的人的地位在私法上的积极呼应。只要在基本法上被承认是人，那么，他在民法上就当然具有权利能力而成为主体。至于说他是否能够或者愿意亲自去取得或者行使权利则是另一个层面的问题，不能反过来否定其主体地位。没有主体地位，权利能力将变得毫无意义。而行为能力却是主体是否具有理性的体现，因此，必须区分权利能力与行为能力。这不仅具有规范意义，也具有伦理说明意义。

（二）自然人权利能力的特征

1. 平等性

与行为能力不同，权利能力不分年龄、性别、职业、精神状况等因素而一律平等。这是宪法上的平等原则在私法上的具体化，也是民法赖以生存的文明社会的本质特征。人的权利能力的平等是近代私法的重要进步之一，是资产阶级革命的胜利成果之一。就如学者所言：人的权利能力平等在今日被认为理所当然，然而，在当时应该说是西欧历史中划时代的重要事件。①

当然，有学者对权利能力的平等是否有意义以及具有何种意义提出了质

① ［日］星野英一：《私法中的人——以民法财产法为中心》，王闯译，载梁慧星主编：《民商法论丛》（第8卷），法律出版社1997年版，第156页。

疑：如果一个人不能行使权利，并就权利的客体实现自己的意愿，这样的人就不应当享有权利。[①] 拉伦茨对此表示反对：给儿童和精神病人以权利能力的意义首先在于由此能够享有权利与承担义务；此外，他们实际上也由此具有了人本身所享有的基本权利，即受尊重的权利，生命、健康等不受侵犯的权利。这些权利不受实体法的处分。他们可以通过代理人替代其取得权利及履行义务。[②] 但是，拉伦茨同时也提出疑问：如果权利所有人无行为能力，即所有者在法律上不能行使权利，这个权利的“所有”究竟是指什么？[③] 因此，他主张：这些人在法律上当然还是享有人的权利，并被认可在具有不完全或者受限制的法律行为能力的同时，具有狭义上的权利能力[④]。拉伦茨的所谓“狭义上的权利能力”也是从权利能力与行为能力的联系角度来讲的，即虽然未成年人可以享有权利能力，但毕竟是通过其代理人行使具体权利，而代理人行使的具体权利范围与具有权利能力的人比较，受到的限制多。但是，拉伦茨的这种提法是否合适有商榷的余地。

与上述德国学者的研究进路多少有些相似，我国学者从具体权利义务的享有角度来衡量与质疑权利能力的平等性，指出自然人的权利能力范围实际上有大有小，如结婚权利能力，并非人皆有之。有学者更将权利能力分为一般权利能力与特别权利能力。[⑤] 有学者对此批评道：对权利能力作“一般”与“特别”之分，表面看来周到精致，然恰巧不能反映权利能力最重要的本质即权利能力对于人的法律地位之集中表现。质言之，权利能力作为人享有权利的资格，其所指仅为享有法律允许享有的一切权利（权利之总和）的资格，正是在此意义上，权利能力与法律人格被视为等同。而享有某种特定的具体权利的资格之有无，则与人格之有无毫无关系。实质上，即便是“享有总和之权利的资格”，与直接表达和体现人之尊严、平等及自由的“人格”，仍有角度和价值理念上的不同。但是，鉴于权利能力之概念使用上的习惯，我们无必要另设概念来表

① ［德］卡尔·拉伦茨：《德国民法通论》，王晓晔等译，法律出版社 2003 年版，第 122 页。
② ［德］卡尔·拉伦茨：《德国民法通论》，王晓晔等译，法律出版社 2003 年版，第 122 页。
③ ［德］卡尔·拉伦茨：《德国民法通论》，王晓晔等译，法律出版社 2003 年版，第 122 页。
④ ［德］卡尔·拉伦茨：《德国民法通论》，王晓晔等译，法律出版社 2003 年版，第 121 页。
⑤ 罗玉珍主编：《民事主体论》，中国政法大学出版社 1992 年版，第 54 页。

达主体享有具体权利的资格，如同民法上其他许多概念一样[①]。

而有的学者正确地指出：对于平等原则应从其法律伦理价值的角度去理解，而不能机械地理解。[②]这种思路对于自然人的权利能力非常适合，但对于法人的权利能力就难能说明，因为法人的权利能力是技术的产物而非伦理的产物。

应该说，上述学者对权利能力平等原则之不同视角的阐述颇有道理，但我更愿意从另外一个角度去理解权利能力的平等原则。首先，权利能力平等是一种抽象的平等而非具体的平等，是一种资格，或者说是一种取得权利的可能性的平等，而非具体权利的平等。也就是说，这是一种起点平等而非结果平等。由于人的能力不同，因此即使作为平等的起点相同，在具体取得的权利方面肯定是不平等的，就如赛跑的人虽然起点相同而结果不同一样。这种不平等恰恰才是平等的。上述学者所认为的权利能力有大有小的观点，就是混淆了作为取得权利资格的平等与具体取得的权利的平等之间的差异。其次，实践中许多对人之行为范围的限制，是基于某种价值判断或者国家政策对自然人行为的限制而非对其“权利能力”的限制，也即由于考虑到某种行为的特殊性或者资源有限性，往往要附加一些条件，例如，上述学者举出的所谓“结婚能力”就是著例。人人都有结婚的可能性，但必须达到一定的条件才能变为现实，如没有法律禁止结婚的疾病、年龄达到一定界限等。这是对具体行为设定的条件，而非对其权利能力的限制。否则就难以解释下列矛盾：人的权利能力始于出生而终于死亡，一个人在出生时没有结婚这种权利能力而以后却具有了；在死亡前由于变为无行为能力又失去这种权利能力。这显然是荒谬的。另外，从《法国民法典》第 144 条、第 148 条和第 156 条的规定看，一个未成年人结婚（法国法规定年满 18 周岁为成年，但 15 周岁可以结婚）要征得监护人同意。由此可见，结婚等这种具体条件是决定于一个国家的基本政策的，但不能据此认为是对权利能力的限制或者是特殊权利能力。因此，用这种具体权利义务取得或者享有中的限制条件去衡量权利能力这种取得权利义务的资格是否平等的做法，是认

① 尹田：《论自然人的法律人格与权利能力》，载《法制与社会发展》2002 年第 1 期。

② 张俊浩主编：《民法学原理》，中国政法大学出版社 2000 年版，第 96 页。

识上的一个误区。[①] 另外，对于自然人来说，权利能力是宪法地位在私法上的体现，而实体法是无法处分这种地位的，故无限制的可能性。

综上所述，权利能力平等作为民法的一项基本的原则是不可动摇的，否则就会借助于所谓实质正义而消灭作为抽象意义上的平等。因此，我国《民法典》第 14 条规定："自然人的民事权利能力一律平等。"

2. 自然性

在今天，权利能力因出生的事实而当然取得，不需登记；因死亡的事实而当然消灭；不存在像物权、债权那样的转让与继承问题，其与人的自然生命同步而不得被剥夺，因此具有自然性。

权利能力不得被剥夺是没有争议的，但是，权利能力能否被限制？对此王泽鉴教授认为，权利能力为人之尊严的表现，法律虽得加以限制（如矿业权等），但须有正当理由。[②] 我认为，权利能力不受剥夺与限制，因为：（1）如果将权利能力理解为主体地位的标志，那么，权利能力就是不可限制的，主体地位如何限制？实际生活中对某人不能取得某种权利的限制，是对其行为的限制而非权利能力的限制。像王泽鉴教授列举的矿业权问题，我认为不是一个权利能力问题，而是一个国家对稀缺资源的分配问题，如果以此为例来说明权利能力的限制，那么将导致不可理解的结果——有些权利只能由法人取得而不能由自然人取得，如电信经营权、建筑资质、银行经营权等，这是否意味着法人的主体地位高于个人？另外，对外国自然人的限制问题，在许多国家的民法上都存在，更不能作为说明限制自然人权利能力的证据，这恰恰是民法属地法的特征。（2）在《德国民法典》《法国民法典》《瑞士民法典》《日本民法典》等这些常常被用来作为许多国家民法立法蓝本的法典中都没有提到权利能力可以被限制的问题，德国著名的民法著作中也没有讨论这一问题（如卡尔·拉伦茨的《德国民法通论》、迪特尔·梅迪库斯的《德国民法总论》等），这是否意味着他们认为权利能力不得被限制是一个当然的、不需要讨论的问题呢？虽然这

① 试想：虽然人人都有受教育的资格，但是，由于教育资源（特别是高等教育）的有限性，进入学校就要达到一定的条件，有人因不符合这些条件而不能接受教育，是否就意味着人与人的资格不平等？

② 王泽鉴：《民法总则》，中国政法大学出版社 2001 年版，第 105 页。

样就得出结论说“是”，显得有些武断，但我还是愿意说这样一个肯定性结论。（3）如果权利能力被允许按照实体法限制，一方面，将动摇权利能力的宪法基础，而实体法不能处分权利能力的宪法基础；另一方面，民法对权利能力的任意限制会影响权利能力的伦理价值——平等与自由。

3. 不可转让性与不可放弃性

权利能力的不可转让性与不可放弃性是基于两个方面的原因：其一是基于法律的伦理性及人文关怀。因为权利能力是一个自然人为主体而非客体的标志，因此，它与人须臾不可分离。基于此种对人的关怀，法律不允许转让与抛弃。德国学者拉伦茨指出，不存在有效地放弃权利能力的法律规定。[①] 我国台湾地区“民法”也规定，权利能力不得抛弃。其二是不存在转让的市场，因为权利能力对一个人来说，一个足矣，多余的没有意义。

4. 抽象性

权利能力是一个抽象而非具体的东西，只有在这一意义上才有伟大的说明意义。在具体生活中，权利能力的真正意义往往被行为能力的巨大差异所淡化。

二、权利能力的本质

权利能力是公法上的概念还是私法上的概念？是自然法上的概念还是实证法上的概念？是伦理的体现还是技术的产物？对此，学理上有诸多不同论述，但都缺乏系统的考察。我认为，要认清权利能力的这种本质属性，必须考察权利能力这一概念的产生背景。

通说认为，“权利能力”这一概念是由《奥地利民法典》首先创造并使用的[②]，而在此之前，无权利能力这一概念，而仅有“人格”的称谓，那么，“人格”

---

① ［德］卡尔·拉伦茨：《德国民法通论》，王晓晔等译，法律出版社2003年版，第121页。

② ［日］星野英一：《私法中的人——以民法财产法为中心》，王闯译，载梁慧星主编：《民商法论丛》（第8卷），法律出版社1997年版，第163页；梁慧星：《民法总论》，法律出版社1996年版，第57页。但我对这种说法有所怀疑：《奥地利民法典》第16条规定：“任何人生来就因理性而获得明确的天赋的权利，故得作为人格而被对待。”第18条规定：“任何人都具有在法定条件下取得权利的能力。”由此二条规定可以看出：人格仍然在能力之前，取得权利之能力是人格的体现。但这里所谓的“取得权利之能力”是否就是我们后来所谓的“权利能力”殊有疑问。我认为现在民法上的“权利能力”一词的真正含义与适用起源于《德国民法典》。

与“权利能力”是否是同一含义?

根据现有的文献及学者的论述,“人格”这一概念首先是由罗马人在划分人的身份时使用的。在词源上,“人格”一词来自拉丁文的“persona”,是指演员演出时扮演的各种角色[①]。根据我国著名罗马法学者周枏教授的考证,在罗马法上有关人的三个用语中,“homo”是指生物意义上的人,“caupt”是指权利义务主体,“persona”是指权利义务主体的各种身份。[②]一个人必须同时具有自由人、家父与市民三种身份,才能拥有“caupt”(人格),即在市民名册中拥有一章的资格,才能是罗马共同体的正式成员,否则就被视为奴隶、从属者或者外邦人。[③]

这种考证结论大致是可信的,因为它基本上契合了拉丁文“persona”所指称的“各种演员角色”的原义。另外,我们从英国学者的论述中也可以反证其可信性。英国学者尼古拉斯指出:在罗马法中,人的地位涉及三方面要素——自由权、市民权与家庭权。人的地位的变化可以根据这三项要素加以分析。罗马法上的人格还可以减等:最大的人格减等是丧失上述三种权利,即沦为奴隶;中等人格减等是丧失市民权与家庭权;最小人格减等是丧失有关家庭的权利。[④]

但是,罗马法上的人格屡屡被用作制造不平等,把奴隶和外邦人排除在法律主体范围之外的工具[⑤],以人格标记出法律舞台上的存在、标记出各种不同的角色与功能,并依据身份将这种角色与功能分配给现实中的人,同时,通过此种角色与功能将现实中的人与活着的物相区分[⑥]。也就是说,自罗马法开始,一顶顶象征身份与地位的caupt戴在个别人而非所有人头上,以显示其特殊性,人格平等,即法律地位的平等也就无法实现。直到1794年的《普鲁士一般邦法》

---

① [日]星野英一:《私法中的人——以民法财产法为中心》,王闯译,载梁慧星主编:《民商法论丛》(第8卷),法律出版社1997年版,第160页。

② 周枏:《罗马法原论》(上),商务印书馆1994年版,第97页。

③ 徐国栋:《“人身关系”流变考》,载《法学》2002年第6期。

④ [英]巴里·尼古拉斯:《罗马法原论》,黄风译,法律出版社2004年版,第103页。

⑤ 徐国栋:《再论人身关系》,载《中国法学》2002年第4期。

⑥ [德]罗尔夫·克尼佩尔:《法律与历史》,朱岩译,法律出版社2003年版,第59页。

还规定了严格的等级地位而非平等人格，规定了贵族、市民与农民之不同的人格，有些东西仅仅贵族能够获得和拥有而其他人不得拥有，有些东西市民可以拥有而农民不能拥有。[①] 在这种情况下，人格的意义就显得特别突出。

资产阶级革命胜利以后，用平等替代了等级制，从而使人人平等成为现实，因此，人格的平等就作为一种当然的事实被接受，其意义与价值也就被逐渐忘却了。就如学者所分析的：经过资产阶级革命所建立起来的欧洲资本主义国家，倡导天赋人权、人人平等，根本不需要制作任何表示某种身份或者地位的面具配发给每一个生而自由的人。因此，在《法国民法典》以及早期的各国民法理论中，不存在“人格”的概念。在法国的《人权宣言》里，人权的主体是人和市民，而非具有所谓“人格”的人。事实就是，当近代各国以其宪法、法律宣称人人平等之后，毫无必要运用一种徒增烦琐的法律技术再将“人格”赋予每一个人。质言之，作为身份区分工具的“法律人格”在人人平等的社会中，应当毫无使用价值。这正是迄今为止没有一个近代或者现代国家的宪法或者民法将“人格”明文赋予其国民的根本原因。[②] 到此处为止，我们没有看到“权利能力”的概念，今天我们所认识的权利能力的功能被“人格”（即主体地位）所涵盖，罗马法与《法国民法典》的一个最大的相同点是：法律上的主体都是个人而非团体。罗马法上没有团体人格，就如学者所言，在现在的法中，一群人可以构成区别于并且平行于其成员个人的法人，但对于罗马法学家来说，这样一种群体只不过是一定数量的并且处于一定关系中的个人。只有自然人才拥有权利，法律上的人也必然是自然人。[③] 而《法国民法典》上也无团体人格，即只有个人的法律地位而无团体的法律地位。

如果罗马法与《法国民法典》这种仅仅承认自然人为主体的状况持续下去而无团体人格出现的话，大概也就不会有发明“权利能力”这一概念的必要性。恰恰是因为法人等团体的出现，若想在私法上为团体谋得取得权利、承担义务的地位，就不能依赖基本法而必须有一个不同于基本法上所规定的人却又有在

① ［日］星野英一：《私法中的人——以民法财产法为中心》，王闯译，载梁慧星主编：《民商法论丛》（第 8 卷），法律出版社 1997 年版，第 157 页。

② 尹田：《论法人人格权》，载《法学研究》2004 年第 4 期。

③ ［英］巴里·尼古拉斯：《罗马法原论》，黄风译，法律出版社 2004 年版，第 64 页。

私法上拥有权利义务归属资格的概念出现。因为，宪法上的主体人格无论如何都不能包含团体。如果翻开包括我国宪法在内的各个主要国家的宪法，其中仅仅有自然人的主体规定而无法人的主体地位，故团体要获得私法上的地位不能依靠宪法的规定，而仅仅能够在私法上解决。因此，必须构造出一个仅仅在私法上如同自然人那样享有取得财产权利并承担财产性义务的主体性资格。正是基于这样的目的，人们创造了“权利能力”这一概念。对此，有学者正确地分析说：《德国民法典》在创制团体人格时，以“权利能力”这一仅具“私法上的主体资格”的含义的概念替代了“人格”的表达，可以同时适用于自然人与法人，从技术上解决了自然人与法人在同一民事主体制度（即所谓“人法”）的框架下的共存，满足了《德国民法典》形式结构的需要。[①] 由此我们可以得出一个肯定性的结论：权利能力是一个私法上的概念。

下面我们将要讨论的问题是：权利能力源自自然法还是实证法？德国学者梅迪库斯指出：承认每一个自然人都享有权利能力，是否渊源于同样也凌驾于基本法之上的某种自然法？这是一个法律渊源学说或者法哲学上的问题。[②] 如果将罗马法上的人格同《德国民法典》上的权利能力在相同部分的含义限度内进行对比的话，罗马法上的人格显然不是一个自然法上的概念而是一个实证法上的概念，而其规定恰恰是违反自然法的。但是，当人格发展到《法国民法典》而实现了人格平等时，人格就被认为是与生俱来的自然法上的概念。《奥地利民法典》第 16 条规定：“任何人生来就因理性而获得明确的天赋的权利，故得作为人格而被对待。”学者据此认为，人格是自然法上的权利，能够取得的权利意指实定法上的权利，所以，此处所承认的法律人格是建立在自然法上与生俱来的权利基础之上的。[③]《法国民法典》没有规定人格，而 1789 年的《人权宣言》宣称：人们生来是而且始终是自由平等的，自由、平等、安全和反抗压迫是人的自然的不可动摇的权利。由此可见，自法国资产阶级革命后，人格被认为是建立在自然法基础之上的。我认为，在今天强调人的主体地位的非实证

① 尹田：《论法人人格权》，载《法学研究》2004 年第 4 期。

② ［德］迪特尔·梅迪库斯：《德国民法总论》，邵建东译，法律出版社 2000 年版，第 784 页。

③ ［日］星野英一：《私法中的人——以民法财产法为中心》，王闯译，载梁慧星主编：《民商法论丛》（第 8 卷），法律出版社 1997 年版，第 163 页。

性，具有重要的意义，它确立了人的主体地位的神圣性，是人类认识论的巨大进步。自然人的主体地位的基础是自然法，任何实证法仅仅能够确认（或者说是体现）这种主体地位，而不能处分自然人主体地位的基础，以防止国家利用实证法来剥夺人的主体地位，从而制造人的不平等状态。

及至《德国民法典》创造了“权利能力”的概念，从而将团体也纳入法律主体中之后，权利能力就属于实证法（私法上）的概念，当属无疑。所以，拉伦茨指出：人之成为人以及与此相适应而生的权利能力是由实证法规定的。①温德沙伊德认为：人是因为并只有通过法律授予方具有权利能力。对于所有人的权利能力不存在一个先于法律的、准人类学的论证，权利能力基于实证法。②而弗卢梅则认为：权利能力是一个先于法律制度所规定的、以自然法为基础的概念，试图通过自然法的基础避免成文法的改变。③罗尔夫 · 克尼佩尔对弗卢梅的观点很不以为然，他指出：依据天主教的法律，只有被洗礼者才是完整的人。在法西斯时代只有人民同志才享有权利能力。年轻的《苏维埃民法典》只赋予那些在法律上权利没有受到限制的所有公民以权利能力。这表明规定权利能力并非那么理所当然。市民权利在任何地方都不是自然的或者自古就有的，其在欧洲大约不到一百年前通过规范方才成立。④我认为，罗尔夫 · 克尼佩尔对弗卢梅的反驳缺乏说服力，他混淆了两个不同的概念：权利能力的规范规定与权利能力的基础，自然人人人具有主体地位，该主体地位源于自然法，因此，任何国家都应该在私法上体现这种地位。而有些国家的法律没有体现这种主体地位，恰恰是反自然法的，恰恰是应当批判和纠正的。不能把一种错误的做法作为证据来使用，就比如说，法律对杀人者处以重罚，而有人杀了人后因没有被发现从而未受到刑罚，据此认为杀人合法，这种论证方式显然是错误的。我觉得，拉伦茨的话中有一部分，即“人之为人是由实证法规定的”这一论断是

---

① ［德］卡尔 · 拉伦茨：《德国民法通论》，王晓晔等译，法律出版社 2003 年版，第 121 页。

② ［德］温德沙伊德，转引自［德］罗尔夫 · 克尼佩尔：《法律与历史》，朱岩译，法律出版社 2003 年版，第 60 页。

③ ［德］弗卢梅，转引自［德］罗尔夫 · 克尼佩尔：《法律与历史》，朱岩译，法律出版社 2003 年版，第 60 页。

④ ［德］罗尔夫 · 克尼佩尔：《法律与历史》，朱岩译，法律出版社 2003 年版，第 61 页。

不能接受的，是反人文主义的体现。而“权利能力源于实证法”是可以接受的，因为法人之权利能力也包括其中。但不要忘记的是：自然人的权利能力虽然可以说源于实证法，其基础却是自然法，即实证法必须赋予自然人权利能力。弗卢梅的话大概就是作这种提醒。

需要讨论的又一个问题是：权利能力是伦理性的还是技术性的产物？如果让我们回到《德国民法典》之前的时代，即权利能力前时代（人格涵盖权利能力功能的时代），说人格具有伦理性，大概是没有争议的。日本学者星野英一分析说：persona 一词具有哲学和神学上的意义，其来源于斯多葛学派，是为显示具备理性的独立实体即人而被使用的。在基督教神学上它是作为显示三位一体的圣父、圣子、圣灵中的每一位的共同词语使用的。persona 一词被用于天使也被用于人。这种观念通用于中世纪，时至近代，在继承这一传统的同时，还确立了作为伦理上自由的主体而具有承担责任的能力。因此，人们认为，persona 的思想是人文主义的表现。[①]《奥地利民法典》的起草者蔡勒认为：理性的存在，只有在决定自己的目的，并具有自发地予以实现的能力时，才被称为人格。萨维尼坚定地说：所有权利皆因理性的内在与个人的自由而存在。因此，人格、法主体这种根源的同一性以如下的定式表现出来：每个人都是权利能力者[②]。萨维尼以法人的法律人格并非源于其本质为由，而坚持拟制理论。他虽然使用了“权利能力”一词，但他坚持的恰恰是自然人的权利能力源于其自身的本质（理性与伦理性），而非法人却无此特征。

当《德国民法典》适用了“权利能力”一词涵盖了自然人与法人作为同等主体时，权利能力一词还有伦理性吗？《德国民法典》的起草者与学者都坚称：权利能力具有伦理性。《德国民法典》第一草案说明书认为：不论现实中的人的个性与意志，承认其权利能力是理性和伦理的一个戒律。[③] 拉伦茨认为：每个人都

① ［日］星野英一：《私法中的人——以民法财产法为中心》，王闯译，载梁慧星主编：《民商法论丛》（第 8 卷），法律出版社 1997 年版，第 162—163 页。

② ［日］星野英一：《私法中的人——以民法财产法为中心》，王闯译，载梁慧星主编：《民商法论丛》（第 8 卷），法律出版社 1997 年版，第 163 页。

③ ［德］卡尔·拉伦茨：《德国民法通论》，王晓晔等译，法律出版社 2003 年版，第 121 页。

有权利能力，因为他在本质上是一个伦理意义上的人。[①] 从这些论述中，我们不难看出：他们所说的“权利能力”的伦理性都是在“民法确认了每个自然人都具有平等的人格”这一意义上来强调的，都没有把法人的权利能力考虑进去，是在自然人法律人格这一《德国民法典》前的意义上适用的。但是，一般笼统地说涵盖法人主体性的权利能力具有伦理性，实难苟同。有学者正确地分析道：《德国民法典》在创设团体人格的同时，小心翼翼地避开了“人格”这一古老而又常新的概念中所包含的伦理属性，以“权利能力”这一仅仅具有私法主体资格的含义的概念替换了人格的表达，使权利能力明确地“从伦理的人格中解放出来”，可以同时适用于自然人与法人[②]。法人法律人格是一种法律技术机制，是一种模式，一种方式，借此开展各种法律关系，以达到某一集体目的[③]。我赞同这种分析，即自然人与法人通用的权利能力是一个技术性的表达而无伦理性。

三、权利能力的功能

有人试图对权利能力的具体功能进行界定，并指出了权利能力的四项功能：（1）享有和行使各种政治权利的能力；（2）进入法律承认并保护的权利能力；（3）取得并享有财产权的能力；（4）请求人格、自由、生命和身体的法律保护的权利。[④] 这种对权利能力的界定显然将权利能力看作主体（而非仅仅是民事主体）。

对权利能力的具体功能的界定涉及逻辑可能性与价值必要性。首先，对权利能力的具体功能的界定在逻辑上是否可能？因为权利能力是一种抽象的、含义广阔的、开放性的框架，因此从逻辑上说，无论如何都不可能穷尽，就比如我们熟悉的所有权的权能一样，所有权是权利主体以自己的意志对物

---

① ［德］卡尔·拉伦茨：《德国民法通论》，王晓晔等译，法律出版社 2003 年版，第 120 页。拉伦茨的这一表述似乎与他前面所说的“人之为人是由实证法规定的”这一论断相互矛盾。

② 尹田：《论法人人格权》，载《法学研究》2004 年第 4 期。

③ ［葡萄牙］卡罗斯：《民法总论》，澳门法律翻译办公室译，澳门大学法学院 1999 年版，第 100 页。

④ ［德］埃利希：《权利能力论》，转引自［日］星野英一：《私法中的人——以民法财产法为中心》，王闯译，载梁慧星主编：《民商法论丛》（第 8 卷），法律出版社 1997 年版，第 165 页。

进行全面支配的权利，而我们将它具体化为“占有、使用、收益与处分”四项权能，是否已经是“全面支配”？这是有疑问的。故从逻辑上说，不可能用列举的方式将这种主体地位的具体功能穷尽。其次，从价值上说，权利能力既然是一种可以取得权利承担义务的资格，那么任何民事权利都可以取得，也没有必要对其进行具体化。相反，如果将其具体化，就有可能限制权利能力。

四、权利能力的取得

现代民法典一般都认为：自然人的权利能力因出生而取得，我国《民法典》第 13 条也作了相同的规定：自然人从出生时起具有民事权利能力。

前面已经论及，自然人的权利能力（私法上的地位）因出生的事实而自然取得并人人平等，是法律的伟大进步。但由于医学的发展，使得人们对出生有了更加精确的解释，也就有了不同的看法。关于出生的学说大致有：一部露出说、全部露出说、断脐带说、初啼说、独立呼吸说[①]等。我认为，民法之所以对出生的界定发生兴趣，主要是因为出生与以下两方面问题有关：（1）继承；（2）主体性问题。法律不能仅仅考虑纯粹医学上的合理性，而应当以保护人的存在为出发点，因此，应选择以上各种学说中出生最早的时间为法律上的出生。我国《民法典》第 15 条规定：“自然人的出生时间和死亡时间，以出生证明、死亡证明记载的时间为准；没有出生证明、死亡证明的，以户籍登记或者其他有效身份登记记载的时间为准。有其他证据足以推翻以上记载时间的，以该证据证明的时间为准。”我国《民法典》明确规定了胎儿的权利能力问题，第 16 条规定：“涉及遗产继承、接受赠与等胎儿利益保护的，胎儿视为具有民事权利能力。但是，胎儿娩出时为死体的，其民事权利能力自始不存在。”这显然是对“权利能力因出生而取得”的例外规定，或者说，是“拟制”。由于胎儿的利益保护问题十分复杂，下文将专门讨论，在此就不赘述了。

---

① 张俊浩主编：《民法学原理》（上），中国政法大学出版社 2000 年版，第 98 页。

五、权利能力的终止

权利能力因死亡而终止为法律的一般原则（《民法典》第 13 条）。而所谓的死亡仅仅包括自然死亡，不包括拟制死亡。

（一）关于自然死亡

近年来，由于医学的发展，如同人的出生一样，对“何为死亡”，也存在不同的观点，大致有心搏终止说、脑电波消失说、呼吸停止说等。从保护人的价值考虑，法律应选择死亡时间最晚的观点。

我国《民法典》第 15 条规定，自然人的死亡时间以死亡证明记载的时间为准；没有死亡证明的，以户籍登记或者其他有效身份登记记载的时间为准。有其他证据足以推翻以上时间的，以该证据证明的时间为准。这种规定实际上很具有中国特色：一是说明我国的户籍管理比较严格，二是说明户籍登记资料比较全，但是始终把确定私法上的问题的标准与公法关联。

（二）关于拟制死亡

拟制死亡并非真正的死亡，而仅仅是被宣告人在法律上死亡了，因此与自然死亡的法律结果是一样的。因为，自然死亡只是一个事实，其真正的意义也是在法律意义上来说的。但拟制死亡有一个不可忽视的问题是：被法律宣告死亡的人虽然在法律上死亡了，但他确实可能在自然意义上还活着。这就出现了一个矛盾：被宣告死亡的人在法律上死亡而没有权利能力，但其作为生存着的人还有权利能力，并且在生存期间所为的法律行为仍然有效。如何解释这一问题？

其实，我认为，宣告死亡的真正意义与目的根本不是解决权利能力的消灭问题，而是解决被宣告人既存的各种法律关系问题，即人身关系与财产关系问题。也就是说，被宣告死亡后，配偶关系、收养关系、父母子女关系等因此消灭；继承发生；代理关系终止；死亡人不得再作为诉讼关系的原告或者被告，而仅仅能够针对其财产诉讼等。但是，权利能力伴随生命的存在而存在，因此，生存着的被法律宣告死亡的人当然具有权利能力。

第三节 《民法典》第 16 条关于胎儿利益的保护及探析

一、对于《民法典》关于胎儿利益保护条款的疑惑

关于胎儿利益的保护问题，在比较法上有不同的立法例。在我国《民法典》的制定过程中，就存在争议。[①] 在《民法典》颁布以后，对于第 16 条的理解与适用仍然存在诸多疑问。在我看来，至少从现在的实证规范体系来观察，胎儿利益保护的理论基础及规范适用仍然存在障碍与体系断裂。该条规定："涉及遗产继承、接受赠与等胎儿利益保护的，胎儿视为具有民事权利能力。但是，胎儿娩出时为死体的，其民事权利能力自始不存在。"我对于该条的疑惑主要有以下几个方面：（1）从该条本身的文义看，是否赋予了胎儿权利能力？该条是第 13 条规范的延伸还是例外？也就是说，是对于出生后的人的利益的保护延伸至出生前，还是权利能力的延伸？就如人死亡后对其人格或者著作权的保护是否也是权利能力的延伸？（2）法律将胎儿利益的保护限制在"利益保护所需"的限度内，其真正含义是什么？是赋予其主体地位还是仅仅"原告"的地位？为什么许多国家都将胎儿的利益保护限于继承和远距离的损害赔偿？我国《民法典》一方面规定"利益保护需要"，另一方面又把赠与明确规定出来，这是否超出了"利益保护所需"的范畴？如果胎儿的利益包括赠与，但赠与需要签订合同，如何签订？谁是代理人？赠与合同什么时候生效？在胎儿出生前就赠与合同发生纠纷（例如，赠与人撤销合同），谁是被告？（3）胎儿利益保护的范围究竟多大？《民法典》第 16 条的规定是否包括远距离的损害赔偿？尽管学者对此多有肯定，但我国《民法典》立法并没有像继承和赠与那样明确规定出来，虽然在"遗产继承、接受赠与"之后有"等"字，但这个"等"中是否应该包括远距离损害赔偿问题？远距离的损害赔偿究竟是权利能力的问题，还是胎儿出生后的损害之因果关系的判定问题？（4）损害赔偿请求权的被告的范围是否应该受到限制？尤其是伦理的限制？父母在什么情况下才能作为被告？（5）胎儿利益保护是否涉及诉讼时效问题？从什么时候开始计算？

① 参见张荣顺主编：《民法总则解读》，中国法制出版社 2017 年版，第 46—50 页。

对于以上这些问题，从目前查到的文献资料看，有些尚未有人研究，有些研究则与我本人的思考大有不同，甚至对于该条的法律适用问题仍未完全解决，故有研究的必要。

二、该条是否赋予了胎儿权利能力

《民法典》第 16 条是否赋予了胎儿以权利能力？对此，许多学者持肯定态度，认为“该条一般地赋予了胎儿以权利能力”[①]；甚至连立法机关中负责《民法典》起草的同志也撰文认为该条是赋予了胎儿在母亲怀孕期间的民事权利能力[②]。我们姑且先不讨论这种观点与《民法典》的整体规范体系是否符合及与该条之规定的文义是否符合，首先应该看到的是，我国《民法典》的该条规定与第 13 条关于自然人权利能力的开始这一问题，存在一个明显的矛盾：第 13 条明确规定，“自然人从出生时起到死亡时止，具有民事权利能力，依法享有民事权利，承担民事义务”。但第 16 条却规定，胎儿在利益保护时视为具有民事权利能力。那么，自然就有一个疑惑：自然人的权利能力究竟是始于出生，还是始于受孕？这种疑惑也是我对于上述观点之正确性开始产生怀疑的一个起点。

这个疑惑必然涉及这样一个问题：“出生”这样一个自然事实，对于“人之所以为人”这样一个法律上的命题有什么影响？“人之所以为人”在民法上的表达自然就是有权利能力并能够享有权利或者承担义务。在这一点上，自然法与实证法之间具有什么样的区别呢？对此，德国学者之间存在争议。《德国民法典》第 1 条同我国《民法典》第 13 条的规定一致，即权利能力始于出生。但德国学者沃尔夫却认为，《德国民法典》第 1 条是不能适用的，因为：第一，它违反了自然法；第二，通过法律允许的例外，这条规则将走向其反面。依照自然法，人的权利能力始于受孕，因为在这一时刻，产生了人类的一个新的生命。这个所谓的胎儿的权利能力并不取决于其以后是否活着出生，因为人的胎体就意味着人即将形成，这个形成中的人体就如同哺乳婴儿一样成为一个发展中的人，因为哺乳婴儿也并非一个完全的人。《德国民法典》第 1 条的规则不

① 王洪平：《论胎儿的民事权利能力及权力实现机制》，载《法学论坛》2017 年第 4 期。

② 参见张荣顺主编：《民法总则解读》，中国法制出版社 2017 年版，第 46—50 页。

反映从受胎到从母体出世这一真实的过程。人的出生虽然在人的形成和发展过程中具有重大意义，但这不足以说明只有活着出世的人才具有权利能力。[①]对于上述言论，德国学者梅迪库斯有不同看法，他认为，承认每一个自然人都享有权利能力，是否源于同样也凌驾于《基本法》之上的某种自然法？这是一个法律渊源学说或者法哲学上的问题。但无论如何，我们不能从权利能力产生于自然法的观点中推导出这样的结论：权利能力产生于出生完成之前（如自受孕开始时起），亦即《民法典》第 1 条是违反自然法的。因为即使是某种自然法，也很难说明，一个尚未出生的人为何就必须成为权利义务的载体，毋宁说，《民法典》是在一定程度上考虑对胎儿的保护。[②]对此，拉伦茨也提出了如同梅迪库斯的反对意见，认为，人的权利能力始于受胎是不能接受的，当然，人的胚胎作为形成中的人，本身需要法律的保护，而且也需要保护其将来的权利，但是，人们不需要在其出生之前，不管他能否活着出世，就将其看作有权利能力。[③]法律规则需要尽可能清楚地确定权利主体存在的时刻。人的器官也许是从受胎之后开始发育，然而人的“人格”的发展开端，即意识、自我意识、意志和理智的开端只有在出生的时刻才能够予以确定。因此，权利能力始于形成一个独立的不依赖于母体而存在的人体是基本思想。[④]也就是说，“权利能力始于出生”具有充分的实证法依据和伦理基础，但对胎儿进行保护是需要的，但不是权利能力本身。[⑤]

笔者认为，我国《民法典》第 13 条同《德国民法典》第 1 条一样，“权利

① ［德］卡尔·拉伦茨：《德国民法通论》（上册），王晓晔等译，法律出版社 2003 年版，第 124 页。

② ［德］迪特尔·梅迪库斯：《德国民法总论》，邵建东译，法律出版社 2000 年版，第 784 页。

③ ［德］卡尔·拉伦茨：《德国民法通论》（上册），王晓晔等译，法律出版社 2003 年版，第 124—125 页。

④ ［德］卡尔·拉伦茨：《德国民法通论》（上册），工晓晔等译，法律出版社 2003 年版，第 124—125 页。Vgl. Erman/Saenger，13. Aufl. 2011 Band 1，BGB § 1 Rn. 2，其中明确指出，胎儿本身不具备权利能力，但在其出生的前提下受到特别规定的保护。

⑤ 例如 Jauernig/Mansel，16. Aufl. 2015，BGB § 1 Rn. 4 中，作者虽然认为胎儿享有“一定的法律地位”（gewisse Rechtsposition），却并未直接采用权利能力（Rechtsfähigkeit）的措辞。相同的情形参见 HK-BGB/Heinrich Dörner，9. Aufl. 2016，BGB § 1 Rn. 4。

能力始于出生”是一项基本原则，而且权利能力始于出生与胎儿在特殊情况下具有利益被保护的“能力”是不同的：出生后的人之权利能力，享有权利的范围是全方位的，既可以享有权利，也可以承担义务；既可以作为原告，也可以作为被告，是真正的民事主体而具有主体地位。而第16条赋予的胎儿的所谓“能力”仅仅是个别的，仅仅是在消极利益保护的情况下才享有，故是特别规定而不是一般地享有权利能力。其能否作为被告，颇有疑问。因此，《民法典》第16条“赋予了胎儿以一般的权利能力”的观点，实际上是夸大了这种规定，如果从体系解释的方法看，也不能得出这种观点。因为，如果立法真的想赋予胎儿全方位的一般的权利能力，如何会有第13条的规定？立法应该简单地规定：“自然人的权利能力始于受胎，但娩出为死体的，其权利能力视为自始不存在。”也就不需要再有第16条这样的例外规定。另外，如果是赋予胎儿全方位的权利能力，为什么第16条还要用“列举+兜底性”的方式将胎儿利益保护限制在“利益保护”的范围内？因此，赋予了胎儿一般的权利能力的观点并不符合《民法典》的立法目的及规范本身。

按照《民法典》第16条的规定，尽管在涉及胎儿利益保护的时候胎儿视为具有权利能力，但胎儿娩出时为死体的，其民事权利能力自始不存在。这又如何解释呢？从正常的逻辑看，权利能力有就是有，无就是无，但这里为什么自受孕开始即有权利能力，而从母体分离后为死体的，则权利能力自始不存在？对此，学者有两种不同的解释理论：权利能力的附解除条件说及停止条件说。

解除条件说认为，依胎儿身份取得的权利能力将出生为死体作为附条件，其权利能力消灭。日本学者我妻荣、几代、铃木初代、川井等持有这种观点[①]，王泽鉴教授也持有这种观点[②]。停止条件说则认为，胎儿本无权利能力，活体出生作为其停止条件而取得权利能力，但其效力可溯及问题发生之时[③]。我国有的学者认为，应区分不同情况解释附停止条件和解除条件：在继承等问题上，应采取附解除条件说，而在损害赔偿请求权方面宜解释为附停止条件[④]。学者

① 参见［日］山本敬三：《民法讲义I》，解亘译，北京大学出版社2004年版，第25页。

② 王泽鉴：《民法总则》，北京大学出版社2014年版，第115页。

③ ［日］进江幸治：《民法讲义I》，渠涛等译，北京大学出版社2015年版，第31页。

④ 朱庆育：《民法总论》，北京大学出版社2016年版，第386—387页。

之所以提出这样一种“区分说”，是因为他确实看到了一个大的问题：既然胎儿具有权利能力，为什么在受到损害的当时不由其代理人提出来呢？显然，从逻辑上无法自圆其说。

那么，这两种学说在具体的司法实务中究竟有什么区别呢？对此，日本学者指出，两种学说引起了各种各样的争论，问题的焦点在于：理论上能否为胎儿安排监护人作为法定代理人。因为，只有代理人才能通过代理行使胎儿的权利来保护胎儿利益。停止条件说，因认定胎儿无权利能力，故无法定代理人适用的余地。而解除条件说则需要法定代理人。对此，日本 1932 年（昭和 7 年）的一个判例很有说服力：A 被 C 公司的电车撞死时，遗有未婚同居者 B1 和胎儿 B2。B1 委托 D（A 的父亲）就 A 的死亡交涉损害赔偿请求事宜，D 领取了 1000 日元并签订了和解合同（合同内容是放弃嗣后的损害赔偿请求权）。此后 B2 出生，B2 以假如 A 健在将作为其嫡出子女出生并受到扶养为由，对 C 提起了诉讼。该案的焦点在于：就 B2 的请求，D 已经签订的和解合同效力是否及于 B2（前提需要为 B1 委托 D 代理胎儿 B2 进行了私了交涉）。判决认为，《日本民法典》第 721 条规定的是“于胎儿在不法行为发生后出生之情形时，对因不法行为取得的损害赔偿请求权，只是说应视为溯及其出生时具备权利能力，其宗旨不仅没有赋予胎儿于出生前得以处分该项请求权的能力，而且，假定可以理解为其已具备该项能力，也可以依据民法上不存在关于可出生前代行其处分行为的规定为理由，认为没有理由承认 D 的交涉可以代理 B2 所为的处分有效”。据此认定，D 与 C 公司的私了行为无效，承认了 B2 的损害赔偿请求权。[①] 实际上判例采取的是停止条件说。

从我国《民法典》第 16 条的规定本身来看，应该解释为“附解除条件说”，因为从该条的表面文字至少可以得出：胎儿是具有权利能力的，但娩出时为死体的，权利能力溯及性归于消灭。但问题是，我国民法却未对这种具有权利能力的胎儿规定法定代理人。如果没有法定代理人，其权利能力意义何在？关于此问题，我们将在下面详细讨论。

在讨论胎儿的权利能力问题（法律地位问题）时，是否与刑法保护相关

① ［日］进江幸治：《民法讲义 I》，渠涛等译，北京大学出版社 2015 年版，第 31—32 页。

呢？如果孕妇遭受侵害而导致流产或者堕胎，在刑法上是否被认为是犯罪而受刑事处罚呢？对此，有两种截然相反的观点。否定说认为，刑法上规定堕胎罪并不意味着民法上必须承认胎儿具有权利能力；而民法上承认胎儿在特定情形下视为具有权利能力，也并不意味着必须规定堕胎罪。侵害胎儿的行为是否构成犯罪，是各国依其国情的政策选择，与承认胎儿的权利能力毫不相干。[①]肯定说则认为，将民法赋予胎儿权利能力与刑法堕胎罪完全割裂的看法难谓恰当。因为民法一旦承认胎儿有权利能力，将其纳入“自然人”的概念范畴之内，便是对胎儿作为生物意义上的人的承认，对其独立的生命价值之肯定。此时，任何终止胎儿生命的行为，必然是对胎儿生命的侵犯。如此，堕胎在民法上也必然构成对生命的侵害，而刑法作为一种保护法，对堕胎罪予以规定自为应有之义，不能说二者毫无关系。[②]我个人认为，这两种观点都应该是正确的，但讨论的前提必须明确：如果像有的学者认为的那样，胎儿被《民法典》第16条一般地赋予了民事权利能力[③]，甚至有的学者更认为胎儿具有健康权和生命权[④]，那么，在刑法上如果不能受到保护，逻辑上的确难以成立。因此，在这种前提下，肯定说是正确的。但假如否定说得出结论的前提是：民法并未一般地赋予胎儿以权利能力，仅仅是特殊情况下有权利能力，那么，确实与刑法保护不太一样。尹田教授就认为，涉及胎儿利益保护时视为已经出生，与一般地承认胎儿具有权利能力并不相同，其并不会与“自然人权利能力始于出生”的原则发生矛盾，也不等于承认胎儿在任何情况下都具有法律人格。[⑤]在这样的前提下，得出结论说“胎儿利益的民法保护与刑法保护不同”也是有道理的。

学理和立法的共识都承认对于胎儿利益需要保护，但保护的正当基础应该是什么？对胎儿利益的保护是否必须通过“赋予权利能力”的方式实现？我国《民法典》第16条沿着这样的逻辑和思路展开：保护胎儿利益的前提是首先赋

① 尹田：《论胎儿利益的民法保护》，载《云南大学学报法学版》2002年第1期。

② 杨巍：《论胎儿利益的民法保护》，载《环球法律评论》2007年第4期。

③ 王洪平：《论胎儿的民事权利能力及权力实现机制》，载《法学论坛》2017年第4期。

④ 叶玉莎：《基于民法总则草案中胎儿利益法律保护规定的思考》，载《法制博览》2017年第2期。

⑤ 尹田：《论胎儿利益的民法保护》，载《云南大学学报法学版》2002年第1期。

予其权利能力，无权利能力胎儿就不能取得归属，也就自然没有了正当基础。对此，有学者提出了批评，认为，绝对主义的逻辑模式是胎儿在涉及利益保护时，为使其发生权利，必须使其具有权利能力。例如，李锡鹤认为，我国《民法典》的规定，回到了绝对主义逻辑模式，不仅无说服力，而且反映了对民法基本理论的一系列误解，是一种退步。[①]我们应该坚持“胎儿的权利能力始于出生”，例外地规定胎儿在利益保护时有类似主体的资格，但这种主体资格，绝对不应该是权利能力，因为胎儿当然不应该具有权利能力，也不可能真正享有利益，这种资格其实就是为未来取得现在发生的利益作准备而已。因此，从比较法上看，很少有国家像我国《民法典》第 16 条这样肢解赋予胎儿权利能力的立法例，仅仅是规定“视为出生”。例如，《德国民法典》第 1923 条规定：“（1）只有在继承开始时生存的人才能成为继承人。（2）在继承开始时尚未生存，但已被孕育成胎儿的人，视为在继承开始前已经出生。”第 844 条规定，即使第三人在受害时已经受胎但尚未出生，仍然发生赔偿义务。《日本民法典》第 721 条，《意大利民法典》第 1 条、第 784 条等，均没有直接使用“具有权利能力”，只有《瑞士民法典》例外。

从另外一个视角看，权利能力对于一个自然人来讲，是否涉及人的尊严问题，也值得考虑。德国学者认为，人的尊严也包含着人只能是权利主体而不能是权利客体的内涵，如果人是权利的客体，那么他就只能是奴隶。自由地发展人格的权利也只能为具有权利能力的人所享有。这一层关系对于我们的法律制度来说至关重要[②]。尽管德国的判例和学理有的认为胎儿享有人格尊严[③]，但笔者坚持认为，对于胎儿利益的保护，不可能涉及其人格利益，从我国《民法典》第 16 条规定的主旨看，也仅仅限于财产利益。因为，胎儿根本就不是法律意义上的人，也就不可能具有法律意义上的人格尊严问题。因此，从这个角度看，

---

① 李锡鹤：《胎儿不应有法律上的利益》，载《东方法学》2017 年第 1 期。

② ［德］迪特尔·梅迪库斯：《德国民法总论》，邵建东译，法律出版社 2000 年版，第 784 页。

③ Vgl. BverfG NJW 1993, 1751. 德国联邦宪法法院在该判决中认为未出生的生命亦享有人格尊严。在文献中占绝对多数的观点也都认为胎儿正是基于德国基本法第 1 条第 1 款以及第 2 条第 2 款第 1 句（Art. 1 Abs. 1 und Art. 2 Abs. 2 S. 1 GG）规定的基本权利而享有“基本权利能力”（Grundrechtsfähigkeit）。Vgl. MüKoBGB/Schmitt, 7. Aufl. 2015, BGB § 1 Rn. 25.

赋予胎儿权利能力与尊严无关。因此，不赋予胎儿权利能力并不违反伦理或者尊严。

总之，联系比较法上这些立法例，结合我国《民法典》第 16 条之规定，实际上，胎儿根本不具有利益或者权利的归属资格，即使像我国《民法典》第 16 条这样明确规定了胎儿的民事权利能力，其是否能够取得权利或者利益，也要看其娩出的情况——生还是死，即实际上起作用的仍然是第 13 条。因此，《民法典》第 16 条规定的这种所谓的“民事权利能力”仅仅是一种“预备性资格或者能力”，不能用第 13 条意义上的权利能力或者主体地位去理解。

三、“利益保护”的限制之规范目的范围应如何理解

从现代各主要国家关于胎儿利益保护的立法例来看，主要有“概括规定”与“具体规定”两种不同的方式。我国《民法典》第 16 条应该属于“列举 + 概括性规定”的模式，这种模式总体上应该属于“概括性模式”（至少我是这么理解的），即将对胎儿利益的保护限制在“涉及继承、接受赠与等胎儿利益保护”的范围内。那么，这里就有两个问题需要讨论：（1）这种限定的目的是什么？（2）“继承、接受赠与等利益保护”的范围如何理解和界定？

我们先来看第一个问题。笔者认为，立法之所以将对胎儿的保护限制在“胎儿利益保护所需要”的范围内，主要目的在于保证胎儿只能作为“原告”，而不能作为“被告”。因此，对胎儿的这种利益保护绝不能看成对其权利能力的赋予，或者主体地位的赋予，那样，胎儿就与一般民事主体没有区别了。那么，这种保护也就没有意义了。对此，德国学者指出，在通常情况下，享有权利能力者即具有当事人能力，而所谓当事人能力，是指合法地成为民事诉讼的原告或者被告的能力[①]。如果赋予其权利能力，胎儿就有可能成为被告。但如果只在保护利益的范围内对其进行保护，胎儿就只能作为原告。因为，从诉讼法上说，只有享有权利或者利益的人才能成为原告，也就是说，至少在目前我国的诉讼法上看，原告是主张权利的人。例如，A 欠 B 的钱到期不还，B 身为

① [德] 迪特尔·梅迪库斯：《德国民法总论》，邵建东译，法律出版社 2000 年版，第 782 页。

债权人可以作为原告起诉。反过来说，如果 A 到期还钱，B 基于情面不收，A 到法院起诉要求还钱，A 属于不适格的原告。一般法院不能立案。A 可以通过提存等方式消灭债务。因此，是否能够认为《民法典》第 16 条赋予了胎儿权利能力，甚至主体地位，既可以作为原告，也可以作为被告，实值怀疑。对此，有学者指出，胎儿的民事权利能力与自然人的民事权利能力虽然同属民事权利能力的范畴，但二者还是存在差异的。胎儿的民事权利能力仅指依法享有权利的能力，而不包括承担民事义务的能力。胎儿在出生前只是权利主体，而不能称为义务主体，即便是某人为胎儿的利益而付出了费用，例如，在母腹中为胎儿实施手术而支付费用，费用偿还义务的主体也不是胎儿，而是其父母。即便在出生后，债权人也无权向新生儿主张其胎儿时期的手术费，只能向其父母主张。[①] 这种结论是非常正确的，即被告在任何情况下都不应该是胎儿本身，而是其他人。这恰恰就是说，法律必须保证胎儿只能作原告而不能作被告。否则就违反伦理——让一个尚未出生的人就承担义务并成为被告，这难道是法律的文明和进步？

但是，这样，在我们的《民法典》中就出现了两种不同含义的“民事权利能力”：一种是既能够享有权利，又能够承担义务的民事权利能力；另一种是只能享有权利而不能承担义务的民事权利能力。这大概也是为什么大部分国家不在民法典中直接适用“权利能力”一词的主要原因，只能是“视为出生”而已。从我国《民法典》第 13 条的规定看，民事权利能力只是享有民事权利、承担民事义务的资格。那么，《民法典》第 16 条实际上是赋予了第二种含义上的“民事权利能力”，但并不是真正意义上的一般的权利能力。

在这种立法宗旨之下，我们再来看第二个问题：胎儿利益保护的范围如何界定？我国《民法典》第 16 条的这种规定，是否能够达成此种目的？

对于胎儿利益的保护范围，有人认为，应包括四个方面——生命权、健康权、继承权、纯获利益权。[②] 也有人认为，胎儿具有民事权利能力，决定

---

① 王洪平：《论胎儿的民事权利能力及权力实现机制》，载《法学论坛》2017 年第 4 期。

② 叶玉莎：《基于民法总则草案中胎儿利益法律保护规定的思考》，载《法制博览》2017 年第 2 期。

了其自从受孕开始即具有民事主体地位，已被视为自然人，享有自然人应当享有的人身权利和财产权利。就人身权而言，除了因胎儿尚未出生这一自然事实所决定的不能由胎儿享有的人身权之外，凡出生后所能够享有的人身权，胎儿都一样可以享有，如胎儿的身体权、健康权以及婚姻家庭中的一系列人身权，其中包括胎儿享有认领请求权。[①] 对于这种观点，笔者认为有值得商榷的余地。首先，胎儿并不是“自然人”意义上的民事主体，至少我国《民法典》第 16 条不能作出这样的理解和解读。其次，至于说到生命权等人身权，有两点疑惑：第一，胎儿享有这种权利的实际意义是什么？保护这种东西的现实生活意义是什么？第二，如果承认胎儿的生命权，伤害孕妇导致流产或者孕妇私自堕胎是否属于侵害“生命权”而发生刑事犯罪？最后，诚如上述有学者主张的，胎儿的所谓民事权利能力，是一个只能享有权利而不能承担义务的权利能力，如果是这样的话，这种权利能力是否应该限制在很小的范围内才具有合理性？如果胎儿享有一切人身权利和财产权利，又仅仅只享有权利而不承担义务的话，那“他”是什么主体？从我国《民法典》第 16 条的规定看，得不出这样的结论：（1）胎儿是民事主体；（2）胎儿享有一切人身权利和财产权利。

因此，为了既保护胎儿必要的利益，又不破坏“权利能力始于出生”这一原则，一般国家对于所谓胎儿“能力”或者“资格”仅仅限制在非常小的范围内。一般是两个方面：一是继承，二是远距离的损害赔偿请求。如日本学者山本敬三指出，既然未出生就没有权利能力，那么，原则上胎儿就没有权利能力。可是，胎儿在不久的将来要出生，贯彻这个原则就否定了其权利的取得，有时就会产生不公平的结果。于是，在一定情形下民法例外地承认胎儿的权利能力，尤其重要的是继承和侵权行为的情形。[②] 德国学者梅迪库斯也指出，从罗马法的各处思想中，很早就形成了一项规则：只要对胎儿有利，就应当将胎儿视作已经出生。德国民法虽然未将此作为一般原则予以规定，但却规定了多项具体的适用领域，其中最重要的两项规定如下：一是损害赔偿请求权，二是继承

① 王洪平：《论胎儿的民事权利能力及权力实现机制》，载《法学论坛》2017 年第 4 期。

② ［日］山本敬三：《民法讲义 I》，解亘译，北京大学出版社 2004 年版，第 24 页。

权。[①] 德国学者拉伦茨也持有同样的观点。[②] 德国法和日本法的这种规定确实能够保障胎儿只能作原告而不能作被告，但我国《民法典》第 16 条的规定是否也能够实现这种保障呢？本来从该条的规定看，一方面确实是将这种“权利能力”限制在胎儿“利益保护”所需要的限度内，但另一方面，却把“接受赠与”也规定进来。那么，这样，还能保障胎儿只能作原告吗？当然不能！因为，按照我国法律，赠与属于合同行为而非单方法律行为，那么，赠与人与受赠与人（或者其代理人）签订合同后，就有可能涉及合同的解除、合同的无效或者可撤销等问题，就有可能涉及诉讼，胎儿就有可能成为被告。因此，并非所有国家都承认胎儿具有“接受赠与”的这种“能力”，只有《法国民法典》及《瑞士民法典》承认之。[③]

“接受赠与”的确是“纯获利益”的行为，但应需要考虑以下问题：

（1）按照我国《民法典》（第 661 条）之规定，赠与可以分为有负担的赠与和无负担的赠与两种。在胎儿接受赠与的时候，是否可以附义务？其所负的义务应如何履行？谁来履行？只要是负有义务，胎儿肯定是不可能履行的。难道由其监护人（其实，胎儿根本不需要监护，仅仅是代理人而已）履行？其履行以后，是否可以从胎儿所获得的赠与利益中扣除？这种扣除看起来似乎没有什么障碍，也似乎顺理成章。但是，如果结合我国《民法典》第七章关于代理的规定之精神，法定代理人似乎不能直接从被代理人的财产中扣除自己应得的利益，这应该属于第 168 条禁止的行为。即使等到出生，代理人也不得为之。即使通过诉讼也难以实现，因为无法让被代理人有效地参加诉讼：代理人为了追偿，要以原告的身份起诉被代理人，由于被代理人本身无任何行为能力，必然要找一个诉讼代理人。谁来为被监护人寻找代理人？显然不能是监护人本人。法定代理人要实现对被代理人的追偿大概有三种可能的途径：①先辞

① ［德］迪特尔·梅迪库斯：《德国民法总论》，邵建东译，法律出版社 2000 年版，第 785 页。

② ［德］卡尔·拉伦茨：《德国民法通论》（上册），王晓晔等译，法律出版社 2003 年版，第 125—128 页。

③ 尽管在德国法在学理上承认胎儿可以接受赠与，但德国民法典中却无相关规定。Vgl. BeckOK BGB/Bamberger, 45. Ed. 1.11.2017, BGB § 1 Rn. 29: 胎儿可在附加的迟缓条件下，即其事后成功出生从而具备完全的权利能力的条件下，成为赠与的对象。

去监护人身份，然后为之。但这种途径在我国法上恐怕难以实现，因为，法定监护人辞去监护人资格，在我国《民法典》上并无直接规定，结合立法精神，应解释为不得辞之。②通过协商变更监护人，然后追偿。从我国《民法典》第26—33条的规定看，这里所谓的“有监护资格的人”中，似乎不应包括父母，即这些所谓有监护资格的人是指除了父母之外的人。因此，此路实际上也走不通。③在具体个案中，当发生监护人与被监护人利益冲突时，视监护人无监护能力或者监护资格而适用第27条或第32条的规定。从此两条的立法初衷来看，应该不包括这种情况，而应该解释为监护人由于本人的身体或者精神原因，即《民法典》第36—39条规定的情况。但从法律之体系解释看，可以作出“适用”的解释，即在这种情况下，可以在具体个案中视监护人无监护能力或者资格，而适用第27条或者第32条，但并不一般地否定监护人的监护地位。这样做虽然可以达到监护人向被监护人追偿的目的，但弊多于利，不利于事后监护人与被监护人的关系，不利于监护人继续工作。因此，考虑到这些情形，应当对《民法典》第16条规定的接受赠与的范围作出一个限缩性解释——不包括附义务的赠与。

（2）按照我国《民法典》第145条的规定，纯获利益的法律行为也仅仅对于限制行为能力人适用，而对于无行为能力人根本就不适用。按照这一规定，即使是出生后的自然人，纯获利益的法律行为之效力的保护都有所限制，对于尚未出生的人，在这一方面的保护意义几何？尽管权利能力与行为能力不同，但从制度之保护价值看，似乎有参考价值。

（3）如果说胎儿能够接受赠与，那么，赠与合同的效力如何确定呢？《法国民法典》第906条虽然规定胎儿可以接受赠与，但赠与合同在胎儿出生后生效。而我国《民法典》第16条似乎并没有作出这种限制，根据《民法典》第136条、第502条的规定，对于胎儿的赠与合同似乎应该认为自签订之日起生效。如果合同生效后，胎儿娩出为死体的，合同效力如何？这其实就是一个很大的理论问题：一个有权利能力的主体，后来失去权利能力，而且被视为自始不存在权利能力，那么，在“从有到无”的这一段时间内从事的法律行为后果如何？我们不妨先看看，在法人之权利能力“从有到无”的情况下，其行为的后果。从法人的一般理论来看，一个成立的法人，后来被认定自始设立无效，后果是什么呢？德国学者指出，德国判例认为：公司是一种以长期存在为目的的效能共同体，如果公司已经开始运作，那么，如果要以溯及既往的效力径直将公司从法律生活中消除，并视公司从来没有存在过，则必定会产生不可忍受的后果。有瑕疵的公司并非自始无效，而是在存在无效原因或者撤销原因的情况下仅可针对未来消灭。今天，此项原则已经成为公司法的一个稳定的组成部分。[①] 但此项原理对胎儿应不适用。对于自然人，有权利能力的时候签订了赠与合同，后来权利能力被溯及地消灭，从逻辑上说，应该认为，合同自始无效。

（4）无效之后根据赠与合同交付的财产如何处理？按照《民法典》第 157 条的规定，合同无效之后，根据合同交付的财产应当返还。在与胎儿“签订”的赠与合同无效后，向谁主张返还？请求权基础是什么呢？由于这个时候胎儿作为主体从来都没有存在过（溯及地消灭），那么请求合同相对人返还已无可能。这个时候向谁主张呢？如果向原胎儿的法定监护人主张，似乎在情理之中，但法理如何呢？这时的法定代理人如果确实保管财产，可否以“非给付型不当得利”为请求权基础请求返还？应该认为可以[②]。但是，如果法定代理人替代胎儿接受赠与后，为了胎儿的利益花费了，那么自始无效后，赠与人是否可以以原来赠与的财产额作为不当得利请求返还？应当认为不可以，因为不当得利的返还应以现存利益为限（当然，胎儿的法定代理人在花费时应为善意。从现实生活中看，恶意的情形极少）。但从实际生活中看，由于胎儿在出生前几乎没有“为胎儿利益支出”的情况，因此，在胎儿出生前接受赠与财产是没有意义的，因此，即使《民法典》第 16 条没有规定赠与合同的效力从什么时候开始发生，也应解释为“自出生时生效”为宜。

总之，从比较法上看，大部分国家将胎儿利益的保护限定在“消极利益”的保护范围内，即被动继承或者被侵害后的救济，尽量避免像赠与合同签订这样的积极行为，主要就是考虑胎儿的生命问题。如果将胎儿接受赠与也纳入其

---

① ［德］迪特尔・梅迪库斯：《德国民法典总论》，邵建东译，法律出版社 2000 年版，第 197 页。

② 当然，这里的返还请求权基础究竟为不当得利还是物权返还请求权，还要看是否承认物权行为的无因性。我国学理和立法对此认识和规定不一，我是主张无因性的，因此，在这里姑且算作“不当得利”吧。

中，是否已经走得太远了？如果赠与可以，买卖又为何不可？如果法定代理人保证只赚不赔，与纯粹获得利益又有何区别？但是，胎儿毕竟不是“人”，对其利益的保护必须在一个十分狭窄的范围内才具有合理性，即必须限制在为其出生后的基本生计所必需的范围内，才具有合理性，才符合这种制度的目的。胎儿期间父亲死亡，面临出生就失去扶养人的局面；胎儿期间遭受侵害，出生后面临治疗或者生计问题。但赠与是否也属于其中，颇值思考——这已经是锦上添花而非雪中送炭了。

四、胎儿利益保护中的代理人

无论哪种模式下的胎儿利益保护，都会涉及一个问题：谁是胎儿的法定代理人？因为，即使在日本和德国的模式下，将胎儿利益保护仅仅限制在继承和损害赔偿请求权的范围内，也会涉及“法定代理人”问题。例如，胎儿的父亲死亡，其他的继承人并未给胎儿留下其应继承的财产，侵犯了其“继承权”，如何维护这种权利？

对此，《德国民法典》第1912条有明确规定：“（1）以胎儿将来的权利需要照料为限，胎儿可以为维护其将来的权利而获得一个保佐人。（2）但在假如子女已出生父母会有权进行照顾的限度内，父母享有照料权。”德国学者指出，在胎儿享有未来权利的情况下，通常由胎儿的父母行使这些权利。不过，如果父母不能行使对其孩子的亲权（这种情况在第1923条规定的继承的情况下因为父母一方自己可能是继承人时非常普遍），则可以为其设置一名保佐人。[①]

在日本，因其民法典对此并未作出明确的规定，故存在争议，有肯定说与否定说两种。否定说认为，不应该承认胎儿的代理，理由是：（1）民法典对于胎儿的代理没有规定，所以，不能承认；（2）承认胎儿的代理，就有可能发生不利于胎儿的法律行为，为了保护胎儿的权利，就不应该承认这种危险的可能性。肯定说认为，应该承认胎儿的保护人代理胎儿的可能性，理由是：（1）民法典第721条规定将胎儿视为已经出生的孩子，把它理解为将胎儿与已经出生

① ［德］迪特尔·梅迪库斯：《德国民法典总论》，邵建东译，法律出版社2000年版，第785页。

的孩子同等对待，才更加自然，因此，关于胎儿，原则上应认为亲权人可以行使代理权；（2）保护人作出不利的法律行为的问题，在胎儿出生后也存在，这不是否认胎儿不设代理人的理由。[①] 但日本判例不承认对于胎儿的代理问题。[②]

但笔者认为，德国法上的做法是符合逻辑的：既然承认胎儿的继承能力，因其出生前就有可能发生“继承权”被侵犯的情形，而且需要当时保护，故必须承认其代理人的问题。至于胎儿的损害赔偿请求权，因只有出生才能主张，根本无代理适用的余地。我国《民法典》第 16 条虽然承认了胎儿的继承和接受赠与的权利能力，但却没有规定代理人是谁。这其实就反映出民法体系构建中的一个缺失。笔者认为，应准用我国《民法典》第 27 条第 1 款的规定。但也必须考虑到一个问题，即在胎儿的父亲死亡时，其母亲（孕妇）与胎儿同为第一顺序继承人，具有直接的利害关系，在我国法上应如何解决？如果适用第 27 条显然不合适：母亲、祖父母、兄弟姐妹都是继承人，外祖父母是利益关系人，应由何人担任法定代理人合适？应准用第 27 条第 2 款第 3 项及第 32 条规定的监护人，具体来说：（1）其他愿意担任监护人的个人或者组织，但是须经未成年人住所地的居民委员会、村民委员会或者民政部门同意；（2）没有依法具有监护资格的人的，监护人由民政部门担任，也可以由具备履行监护职责条件的被监护人住所地的居民委员会、村民委员会担任。

五、关于胎儿继承的疑惑

按照《民法典》第 16 条的规定，胎儿在遗产继承时具有权利能力，是说其具有继承权吗？其继承权是什么时候开始发生？是其出生后还是在胎儿期？这种胎儿权利能力的设置与我国《民法典》第 1155 条的区别在哪里？

对于胎儿是否具有继承权的问题，学者一般都认为，胎儿具有继承权[③]。从

① ［日］山本敬三：《民法讲义 I》，解亘译，北京大学出版社 2004 年版，第 25—26 页。

② ［日］进江幸治：《民法讲义 I》，渠涛等译，北京大学出版社 2015 年版，第 31—32 页。

③ 王洪平：《论胎儿的民事权利能力及权力实现机制》，载《法学论坛》2017 年第 4 期，第 40 页；叶玉莎：《基于民法总则草案中胎儿利益法律保护规定的思考》，载《法制博览》2017 年第 2 期，第 135 页；陈东强：《关于胎儿利益保护法律适用问题的探讨》，载《山东审判》2017 年第 5 期，第 25 页。

我国《民法典》第16条的规范逻辑看，能够得出这一结论无疑：胎儿在继承时有权利能力，岂不就是说胎儿在继承开始时具有继承权吗？在继承开始时，胎儿的继承权如何行使呢？显然应该准用未成年人之法定监护人的规定。如前所述，由于其母亲、祖父母、兄姐，甚至外祖父母都属于利益关系人，不能作为法定代理人，只能适用第27条第2款第3项及第32条规定的监护人。但是，如果胎儿在代理人的代理下，顺利取得财产，娩出时却为死体的，则继承视为自始未发生，即应该分配给其他法定继承人。由此可见，胎儿虽为继承主体，却不是“被继承的主体”，因此，一般地说胎儿具有主体地位是不客观的，也是不符合我国《民法典》第16条的规范含义的。胎儿娩出为死体时，其他法定继承人只能要求胎儿的监护人返还自己的应有份额，这样，有可能损害其他法定继承人，因为监护人在胎儿从继承到娩出这一段时间内，有可能支出继承的财产而不能返还。因此，有学者指出，根据《民法典》第16条的规定，胎儿具有民事权利能力，应当用自己的名义行使权利。继承开始后，能够参加遗产分割，而不是《民法典》第1155条的“预留份额”的问题。但因其尚未出生，无民事行为能力，且基于娩出时是否为活体尚未确定，为保持正常案件的审理秩序，一般情况下，应以胎儿出生后主张权利为宜[①]。这种观点实有相互矛盾之处：胎儿在被继承人死亡时在继承方面就有权利能力，而且也可以参加遗产分割，其可以通过代理人向遗嘱执行人请求分割遗产。这应是《民法典》第16条的应有之义。但如果在实际审判中，要等到实际出生后再“主张权利”，那么，首先，向谁主张？其次，这样一来，它与《民法典》第1115条的预留份额制有何区别？

我国《民法典》第1155条规定：“遗产分割时，应当保留胎儿的继承份额。胎儿娩出时是死体的，保留的份额按照法定继承办理。”《民法典》第16条的规定显然不能再作出如此的解释，那么，这种通过赋予胎儿“权利能力”的方式与预留份额的方式哪种更好？对此，有学者指出，按照《民法典》第1155条，保留胎儿的继承份额，归属尚不确定，胎儿死产，按照法定继承办理；胎儿活产，归属新生儿。可见，《民法典》第1155条规定的“保留胎儿的继承份额”，

① 陈东强：《关于胎儿利益保护法律适用问题的探讨》，载《山东审判》2017年第5期，第25页。

正是为了排除胎儿出生前直接继承遗产，区别于“绝对主义模式”；不作“活产溯及受孕视为出生”之类的规定，正是为了排除活产胎儿溯及继承开始继承遗产，区别于“相对主义模式”。概言之，《民法典》第1155条正是通过规定胎儿活产成为人后，与其他继承人平等享有继承资格，否定了胎儿的权利能力。第1155条在胎儿地位上坚持了形式逻辑，区别于绝对保护主义与相对保护主义，是具有里程碑意义的创造。而所谓“人身权延伸保护论”挑战逻辑，修补破绽，并无价值，反而在民法理论的众多混乱上再添混乱。第16条是一种退步[①]。这一观点值得我们认真思考：如果从法律效果上看，《民法典》的第16条与第1155条并无实质差别：胎儿出生后才能“真正”获得继承的财产，而且无论采取哪种方式都没有损害或者改变其他继承人的继承权。仅仅是从逻辑上说，《民法典》第16条是让胎儿在出生前就已经根据其权利能力取得继承的财产，《民法典》第1155条是在出生后获得预先保留的份额。但第16条却有一个问题：如果娩出为死体的，胎儿的继承人也不能继承，还是要由胎儿的被继承人的继承人按照法定继承办理。但第16条之规定，却有可能使得胎儿的继承遗产管理人侵害该财产，从而损害其他继承人利益。因此，《民法典》第16条规定之实际意义是否真的超过第1155条，甚有疑问，但却为此引起了很多问题：胎儿的法定代理人是谁？以谁的名义诉讼？诉讼时效什么时候开始计算？继承取得财产后胎儿娩出为死体时，已经继承的财产如何处理？等等。这也许是一个弊端大于实际意义的制度。

六、胎儿的远距离损害赔偿请求权

虽然说，我国《民法典》第16条没有列举规定对胎儿造成侵害者在胎儿出生后应负侵权责任，或者说，胎儿在出生后对于侵害者是否有赔偿请求权，但从保护胎儿的利益出发，有学者认为，应当包括。[②]甚至从比较法上看，如前所

① 李锡鹤：《胎儿不应有法律上的利益》，载《东方法学》2017年第1期。

② 王洪平：《论胎儿的民事权利能力及权力实现机制》，载《法学论坛》2017年第4期，第40页；叶玉莎：《基于民法总则草案中胎儿利益法律保护规定的思考》，载《法制博览》2017年第2期，第135页；陈东强：《关于胎儿利益保护法律适用问题的探讨》，载《山东审判》2017年第5期，第25页。

述，这也是一种重要的利益保护。但问题在于：这种请求权什么时候发生？这究竟属于“因果关系”问题，还是“权利能力”问题？规定这种“权利能力”的价值有多大？

在德国，尽管其民法典规定了胎儿在损害赔偿方面具有权利能力，[①] 但很多德国学者反对胎儿的损害赔偿请求权与权利能力直接相关。例如，梅迪库斯就指出，有人认为，在这些案件中，由于受害人欠缺权利能力或者缺乏一条类似第 844 条第 2 款第 2 句 [②] 的规定，因此，受害人不能享有损害赔偿请求权。[③] 但这一看法是不正确的。因为无论如何，损害行为与损害的发生之间存在时间上的距离（“有时间距离的侵权行为”），在其他情况下也是无关紧要的。例如，在对房屋的静力测算发生错误的情况下，也必须对房屋建成多年后的房屋坍塌承担责任。受害人在损害行为发生时是否已经出生或者孕育，从侵权法方面来说是毫无意义的。即使胎儿受到的侵害是立即发生的，而损害结果则是在出生之后才显示出来，由已经具有权利能力的受害人主张损害赔偿请求权也不存在任何障碍。[④] 拉伦茨也认为，未出生的人被侵害的问题并不取决于他是否具有权利能力，即使人们坚信，孩子仅是随着出生才成为法律意义上存在的人从而取得了权利能力，但这并不改变他的生命体已经存在这一个很长的“前史”。究竟什么时候是“人的生命”的开始，从什么时候起受到法律保护，这是与什么时候具有权利能力完全无关的另一个问题。[⑤] 笔者也认为，胎儿于出生前受到的侵害在其出生后具有损害赔偿请求权，与其在胎儿时期是否具有权利能力

---

① Vgl. BeckOK BGB/Bamberger BGB § 1 Rn. 26，对于出生前的损害，胎儿直接受到《德国民法典》第 823 条第 1 款的保护。

② 这里是指《德国民法典》第 844 条第 2 款的规定，该款规定：“在侵害发生时，死者与第三人处于其据以对该第三人依法律规定负有扶养义务的关系中，且因死者被致死，该第三人被剥夺请求扶养的权利的，赔偿义务人必须在死者在推测的生存期间会有义务扶养费的限度内，通过支付定期金向该第三人给予损害赔偿；准用第 843 条第 2 款至第 4 款的规定。即使该第三人在侵害发生时已被孕育成胎儿但尚未出生，也发生该项赔偿义务。”

③ 类似的争论参见 BGH NJW 1972，1126。

④ ［德］迪特尔 · 梅迪库斯：《德国民法典总论》，邵建东译，法律出版社 2000 年版，第 786—787 页。

⑤ ［德］卡尔 · 拉伦茨：《德国民法通论》（上册），王晓晔等译，法律出版社 2003 年版，第 127 页。

是毫无关联的事情，即使规定其在胎儿时期的权利能力，在出生后就因出生前受到的侵害请求赔偿也没有任何障碍——这仅仅是因果关系问题，不需要用权利能力问题解决。[①]

另外，对于我国《民法典》第 16 条，解释为不包括“胎儿本身受到损害的损害赔偿请求权的权利能力”更有利于保护胎儿的利益。因为，如果解释为包括损害赔偿请求权，就会发生这种情况：侵害发生时赔偿请求权就发生，但却不能行使，只能等到出生后才能行使。那么，在出生后，行使赔偿请求权时，出生后的原告就必须证明损害发生时的损害究竟是多少，但这几乎是无法证明的。加害之后的损害与加害当时的损害是否一致？如果扩大了，扩大的原因是什么？这些几乎都是难以证明的，对于保护胎儿利益根本没有任何好处。如果解释为不包括这种权利能力，只要能够证明或者认定，被告的行为与原告的损害后果之间具有因果关系，而不必证明具体的范围，就可以判定被告的赔偿义务。

但是，第三人加害胎儿的扶养义务人致其死亡，致使胎儿失去未来的扶养供给，对此，胎儿出生后对该第三人有无赔偿请求权？该损害赔偿请求权是否应包括在第 16 条之中？笔者认为，这才是最主要的部分。例如，胎儿之父亲被加害致死，胎儿出生后就享有对加害人的损害赔偿请求权，这种请求权实际上就是《德国民法典》第 844 条第 1 款规定的请求权，即对胎儿有扶养义务的人被加害致死，从而使其出生后失去扶养，该失去部分胎儿出生后有权请求加害人赔偿。那么，该部分能否被包含在“胎儿的继承权”上？虽然这一部分请求权也属于财产性请求权，但主张主体却恰恰不是失去生命的人，而是其继承人。所以，通过继承权方式不能解决这一赔偿问题。因此，恰恰这种赔偿请求权应包括在《民法典》第 16 条之中。而对胎儿本身的侵害，不需要通过权利能力解决。梅迪库斯认为，《德国民法典》第 844 条规定的情况，仅仅涉及因丧失扶养债务人而产生的财产损害，而不涉及胎儿的健康损害[②]，这是非常有

---

① Vgl. BeckOK BGB/Bamberger，45. Ed. 1.11.2017，BGB § 1 Rn. 33：在对母体进行伤害以及由其引起的胎儿伤害案件中，若认为未出生的胎儿具备部分权利能力（Teilrechtsfähigkeit），则应考察其因果关系。

② ［德］迪特尔·梅迪库斯：《德国民法典总论》，邵建东译，法律出版社 2000 年版，第 787 页。

道理的。

所以，如果说我国《民法典》第 16 条未明确胎儿的损害赔偿请求权问题，其中的“等”字应该包括胎儿对侵害其扶养义务人致死的损害赔偿请求权，但不应包括对胎儿本身的损害赔偿请求权。

至于损害赔偿请求权的被告的范围，有学者详细列举了一个清单①。但笔者认为，任何加害人都有可能成为被告，具体的问题应该适用我国《民法典》关于侵权责任的构成要件。但特别需要注意的，是父母作为被告时的伦理的基本要求，正如梅迪库斯所说，真正的问题是如何确定为避免有病婴儿出生而必须遵循的义务的范围。处理如下的案件，应当非常谨慎：一对男女明知或者因过失而不知自己易患遗传性疾病，仍然冒险怀孕生子。在这种情况下，他们生产的孩子患有遗传性疾病，通常必须排除对父母的损害赔偿请求权。其中的原因，并非在于孩子在损害发生时欠缺权利能力，问题的关键恰恰在于：如果父母未曾孕育，孩子根本不可能获得生命。②我国也有学者指出，生命居于自然人所享有的所有法益的最核心。给予生命，对于任何人来说都是最大的利益。任何人都不能主张自己不被生下来的权利。反之，即使父母明知胎儿严重残疾却仍然坚持将之生产出来，也不会对其生命利益构成侵犯。③这种观点值得赞同。

七、胎儿的利益保护与诉讼时效

如果说胎儿有权利能力可以取得权利或者利益，那么，该权利或者利益受到法律保护的诉讼时效期间应如何计算？按照《民法典》第 188 条的规定，诉讼时效期间自权利人知道或者应当知道权利受到损害以及义务人之日起计算。那么，这种期间计算的起点，在涉及胎儿利益保护时应当特别对待。

首先，对于接受赠与，一般来说，赠与合同签订生效后，在约定的时间点不交付或者有其他违约行为时，开始计算诉讼时效期间。因我国《民法典》并

① 朱晓峰：《民法典编纂视野下胎儿利益的民法规范》，载《法学评论》2016 年第 1 期。

② ［德］迪特尔·梅迪库斯：《德国民法典总论》，邵建东译，法律出版社 2000 年版，第 787 页。

③ 朱晓峰：《民法典编纂视野下胎儿利益的民法规范》，载《法学评论》2016 年第 1 期，第 181 页。

没有限定赠与合同生效的时间点，如果任意解释，有可能导致在胎儿出生之前就开始计算诉讼时效期间的情况出现。也就是说，如果胎儿的法定代理人与赠与人签订合同时约定了具体的交付时间，在此期间未交付的，视为违约，就应当计算诉讼时效期间。笔者认为，在此应适用“胎儿在出生前不开始计算”的规则。当然，应将赠与合同生效的时间解释为：在胎儿出生前不生效，自然也就没有诉讼时效期间计算的起点问题。

关于胎儿继承的诉讼时效期间，我国《民法典》对此没有特别规定[①]，应适用《民法典》“总则编”中的诉讼时效及其规则。那么，时效期间的起算点如何确定？这里的诉讼时效期间的计算起点，因《民法典》第16条规定了胎儿的继承能力，应自其法定代理人知道或者应当知道胎儿的权利被侵害之日起计算。但为了保护胎儿利益，应解释为在胎儿出生前不开始计算。

至于损害赔偿请求权的诉讼时效期间，当然也不能从被侵害之日起进行计算。因为，这时候虽然可能知道或者应当知道（当然是指法定代理人）权利被侵害，但由于胎儿尚未出生，根本不知道损害的具体情况，也就不能提出具体的赔偿请求，即权利实际上根本无法行使，也就不能开始计算诉讼时效期间，只能解释为胎儿出生后开始计算。

我国《民法典》虽然规定了胎儿的特殊保护，但却没有在规范上为此规定特别规则，这一点在诉讼时效方面也能够显现出来，反映出体系化中的“漏点”。

八、结论

对于胎儿利益的保护是否需要通过赋予其“权利能力”的方式进行，有讨论的余地。但是，既然我国《民法典》第16条已经明确了胎儿在涉及继承、接受赠与等利益保护所需要的范围内，视为具有权利能力，那我们就必须在这种实证规范存在的前提下讨论这一问题。在理解第16条的时候要注意：（1）这种情况仅仅是《民法典》第13条规定的“权利能力始于出生”的例外，它并不破坏“人的权利能力开始于出生”这一原则。（2）既然是“例

---

① 《民法典》颁布前，《继承法》第8条对此专门有规定：“继承权纠纷提起诉讼的期限为二年，自继承人知道或者应当知道其权利被侵犯之日起计算……”

外”，就只能在特殊情况下保护，因此，不能理解为赋予了胎儿民事主体地位，更不能理解为胎儿不仅能够享有权利而且能够承担义务。这里所谓的权利能力仅仅是在“享有利益”的限度内具有，不能包括义务。也就是说，法律之所以规定“在保护胎儿利益的范围内”，就是只能让胎儿作原告而不能作被告。因此，一般国家的民法典并不包括接受赠与。我国《民法典》第 16 条这种包括接受赠与的能力的规定实际上已经走得很远了。既然《民法典》第 16 条已经规定了赠与，就必须进行符合规范体系的解释。最好能够解释为这种接受赠与的能力可以有，但赠与合同在胎儿出生前不生效。这样就能够避免胎儿作为被告出现，因为，如果赠与合同在胎儿出生前生效，就有可能被相对人请求撤销、解除等。（3）由于《民法典》第 16 条规定了继承和接受赠与，就必然涉及胎儿的法定代理人如何确定的问题。我国《民法典》对此没有像《德国民法典》第 1923 条那样明确规定出来，反映了我国《民法典》体系化中的一个漏洞。解释上应适用《民法典》第 27 条、第 32 条的规定。（4）胎儿因在出生前受到的损害而发生的损害赔偿请求权，根本没有必要通过权利能力的方式解决，事实上也不是权利能力问题，仅仅是因果关系问题。而且从实际效果看，采用因果关系的方式比权利能力不仅逻辑上更通顺，而且保护范围、举证责任等都更有利于胎儿利益保护。因此，既然我国《民法典》第 16 条没有明确列举，就没有必要将该条解释为包括胎儿的损害赔偿请求权的能力，但应当包括胎儿对加害其扶养义务人致抚养人死亡的第三人的损害赔偿请求权，这是继承所不能包含的。（5）胎儿各种请求权的诉讼时效，必须突破《民法典》第 188 条的规定，解释为胎儿出生前诉讼时效期间不开始计算，理由就是：因胎儿娩出时为活体或者死体而区分不同法律后果，真正的权利行使也只能从出生开始。否则，对胎儿的特殊保护，反倒是诉讼时效的起算点提前了，与立法宗旨不符。

如果从《民法典》第 16 条的实际规范意义看，其作用和意义并不像人们想象的那么大。这仅仅是在特殊情况下的一种特殊处理，胎儿的所谓权利能力不能一般化、扩大化。如果像对待“出生”的人那样对待胎儿，那实际上就脱离了第 16 条本来的目的和宗旨了。

第四节　自然人的理性表现形式——行为能力

一、行为能力的概念

行为能力是权利主体依自己的意志独立实施法律行为而取得权利或者承担义务的资格。德国学者拉伦茨指出：行为能力是指法律所认可的一个人可进行法律行为的能力，即为本人或者被代理人所为的能产生法律后果的行为的能力。① 迪特尔·梅迪库斯则认为：理智地形成意思的能力，在民法中称为行为能力。自然人具备了行为能力即可通过自己而不是仅仅通过代理人的意思表示构建其法律关系。② 我国学者对行为能力的概念的认识与德国学者基本相同。

行为能力所要解决的问题是：一个具有权利能力的人能否以独立的意志去创设、变更或者消灭权利义务关系，是理性能力的直接体现。

二、制度价值

1. 体现了民法对人的关怀和保护

在民法上，权利主体与权利义务的结合有两种途径：一是通过自己的行为去积极地取得；二是通过法律的规定而被动承受。对于后一种情况，则不需要行为能力，只要有权利能力就可以了。例如，在幼儿园的小孩可以因继承而取得财产。但对于第一种情况就大不相同了，必须要求其能够认识到自己行为的性质、后果、意义等，以避免对自己造成损害。例如，一个 3 岁的孩子可能会用妈妈的金戒指与一块糖果进行交换，如果法律保护这种交易，显然会损害未成年人的利益。就像英国学者阿蒂亚所言："如果有人要问，规定关于未成年人订立合同的行为能力规则的目的是什么，那么他可能得到的答复是：要保护未成年人，使他们不至于由于自己缺乏经验而受到损害……还可能得到的答复是，防止未成年人由于借钱或赊购货物而负担债务。"③ 所以，法律要求一个行

---

① ［德］卡尔·拉伦茨：《德国民法通论》，王晓晔等译，法律出版社 2003 年版，第 133 页。

② ［德］迪特尔·梅迪库斯：《德国民法总论》，邵建东译，法律出版社 2000 年版，第 409 页。

③ ［英］阿蒂亚：《合同法概论》，程正康译，法律出版社 1982 年版，第 117 页。

为人对自己所从事的行为有认识能力与判断能力。

2. 维护完整真实意义上的意思自治

既然意思自治的真正含义是“让民事主体以自己的独立自由意志去创设权利义务关系”，那么，法律就必须关注主体是否有这样的能力去独立判断与设计自己的权利义务关系。如果让一个 3 岁的小孩或者精神病患者去自治，就会破坏意思自治的真正价值。因此，凡是实行意思自治的国家，都有行为能力的要求与制度设计。我国《民法典》用了 8 个条文（第 17—24 条）来规定行为能力，足以看出行为能力在民法中的重要性。

3. 是民法理性主义的实证贯彻

前面已经论及，民法上的人为理性人，只有具备了行为能力，才能达到“被规定了的”理性标准，才能去进行意思自治、去支配物权、被因过错而归责，否则，其虽为主体，却用理性的拟制来说明。因此，行为能力是理性主义的实证贯彻。

三、关于行为能力的立法例

关于行为能力的立法例大致有两种：一是规定在自然人中；二是规定在法律行为中。

1. 规定在自然人中的立法例

《法国民法典》《瑞士民法典》《日本民法典》，我国自《民法通则》到《民法总则》都是这种立法例。这种立法例反映了民法之人法的核心是自然人的基本理念。实际在民法上，只有研究自然人的行为能力才有意义。

也许有人会说，因《法国民法典》与《瑞士民法典》无总则编与法律行为制度，因此，行为能力只能规定在自然人中。这种说法可能有一定道理，但只要考察一下《日本民法典》就会发现，该法典既有总则编，也有法律行为制度，但其却将行为能力规定在自然人中而没有规定在法律行为中。我国民法也是如此。

2. 规定在法律行为中的立法例

这种立法例以《德国民法典》为代表。《德国民法典》将行为能力规定在法律行为中的理由有二：（1）德国人把所有的因人的意志而发生积极法律效果的情形，均以“法律行为”的概念去概括，因此，德国法及学理上的意思自治就体现在“法律行为”之中；（2）民法上只有在法律行为的场合，才有行为能力适用的余地。

从立法例上看，尽管我国《民法典》总体上是采取德国式的，但在行为能力方面，却采取法国式的立法例，将行为能力规定在自然人部分。但从逻辑和合理性上说，以我国的《民法典》体例，应该规定在法律行为中更合适，原因是：（1）只有法律行为才要求有行为能力，或者反过来说，行为能力仅仅适用于法律行为；（2）如果规定在法律行为中，就不需要在自然人、法人中再分别规定行为能力。至于说，合伙或者其他非法人团体是否具有行为能力，这一问题还存在争议，需要进一步研究。

四、行为能力的分类标准及具体分类

（一）分类标准

从前面的论述可以看出，如果对行为能力采取如同权利能力那样人人平等的做法，显然会出现不公平的结果。因此，有必要对人的行为能力进行区别。

从自然属性上说，人与人之间的差别是绝对的、普遍的，没有完全等同的两个人，否则就是机器人。因此，对于每个人的认识与判断能力进行个案审查是最精确的。但是，对于每个人进行个案审查的方式几乎是不可操作的，即使从理论上能够操作，其成本也十分高昂。因此，各国民法典采取的是非个案审查的抽象方式，将人的行为能力类型化，即判断能力的有无以及大小。《瑞士民法典》第 13 条规定："成年且有判断能力的人有行为能力。"第 16 条规定："凡非因未成年、精神病、精神衰弱、酗酒或者其他类似情况而不能理智地行为的人，均具有本法意义上的判断能力。"但判断能力如何确定？一般来说，对于没有精神障碍的人来说，随着其年龄的增长，判断能力也会同步增长，所以，年龄就成为最稳定的分类标准。另外，也必须考虑精神障碍方面的因素，对于有精神障碍的人来说，其判断能力与年龄的增长并不同步。

应当说，年龄标准是一个相对科学的标准，按这一标准可能会出现这样的情况，即一个人从无行为能力人变成限制行为能力人或从限制行为能力人变为完全行为能力人只相隔一天。在此情况下将之划分为行为能力完全不同的人，的确难谓科学，故阿蒂亚称之为“愚蠢的规则”[①]。但是，除这种“一刀切”的方式之外，也没有更合适的方式替代。我国民事立法从1986年《民法通则》开始就采取这一标准，《民法典》也是采取这种方式。

（二）我国《民法典》的分类

1. 完全行为能力人

按照我国《民法典》第18条的规定，18周岁以上的自然人为完全行为能力人。考虑到我国现实情况，即有的人在16岁就参加工作，因此，该条同时规定，16周岁以上且以自己的劳动收入作为主要生活来源的，也视为完全行为能力人。

2. 无行为能力人

根据我国《民法典》第20条、第21条的规定，无行为能力人包括三种：一是不满8周岁的人；二是不能辨认自己行为的8周岁以上的未成年人[②]；三是完全不能辨认自己行为的成年人。

3. 限制行为能力人

限制行为能力人也包括两种：一种是8周岁以上而不满18周岁的辨认能力正常的未成年人；另一种是不能完全辨认自己行为的成年人（其判断能力相当于8周岁以上不满18周岁的辨认能力正常的未成年人）。

4. 对于我国《民法典》行为能力分类的总体评价

与1986年的《民法通则》比较，《民法典》在行为能力方面的变化主要表现在三个方面：一是认定无行为能力人的年龄标准降低了2周岁；二是增加了“完全不能辨认自己行为”或者“不能完全辨认自己行为”的成年人为无行为能力人或者限制行为能力人，相较于《民法通则》更加周全；三是不再适用“精神病人”这样的字眼，避免了歧视性用语。

---

① [英]阿蒂亚：《合同法概论》，程正康译，法律出版社1982年版，第116页。

② 按照英美普通法的规定，已结婚的妇女没有缔结契约的能力，其法律主体资格被夫的法律主体资格所吸收。英国法的理论是夫和妻为一人，而这个人就是夫。妻不能享受任何财产上的权利，也无缔结契约的能力。但这种情形在19世纪后随着妇女已获得选举权而被废除。这种情形在欧洲大陆也曾一度盛行。

我国《民法通则》对无行为能力的规定年龄过高，与我国现实生活极不符合。因为我国许多地区规定儿童的入学年龄为7周岁或者更低，而一个上小学3年级（9周岁）的孩子竟然没有任何行为能力，这就意味着他的任何行为都必须通过其监护人或者其他代理人行使，即使其监护人同意都不能为之。我们不禁要问：一个上小学的孩子怎么就不能实施购买笔记本、铅笔与橡皮的日常行为？现实中小学生购买这些日常用品的行为已经非常普遍，而我们的《民法通则》却脱离生活地将无行为能力的界限规定为10周岁。《德国民法典》（第104条）规定7周岁为无行为能力与限制行为能力的分界点，我认为这种规定符合生活。我国《民法典》的这种改变无疑是符合中国现实生活和需要的。

另外，我国1986年的《民法通则》仅仅规定：不能完全辨认或者完全不能辨认自己行为的精神病人为限制行为能力人或者无行为能力人（第13条），但却忽略了现实生活中的一个巨大的群体：精神虽然正常，但可能由于年老体弱、身体状况等导致的不能辨认或者不能完全辨认自己行为的成年人，在中国步入老年社会的当今，《民法典》弥补了这一缺漏具有十分重要的现实意义和价值。

五、行为能力对行为之法律后果的影响

民法对行为能力进行分类的目的在于确定各类行为能力人的行为在法律上的后果，因此，行为能力对行为人行为后果的影响才是实质性的。如果行为人的行为超出了法律规定的可能性，将导致其行为后果的瑕疵。

（一）无行为能力人的行为在法律上的后果

按照我国《民法典》第20条、第21条规定，无行为能力人不能独立实施法律行为，应由法定代理人代理其实施法律行为。也就是说，无行为能力人无意思能力，不能与他人从事有效的交易或者缔结与权利义务有关的协议，其意思表示本身（无论是发出还是接受）都不发生民法上的效果。迪特尔·梅迪库斯指出：无行为能力人的意思表示本身就是无效的，第三人向无行为能力人发出的意思表示必须到达至法定代表人。这说明，无行为能力人仍然是权利主体，也具有权利能力，但是他不能自己实施行为来充当法律行为的参与人，亦即他

不能自己发出意思表示或者受领意思表示，而必须由他人来代理。[①]

但是，在我国理论和实践中经常出现的一个有争议的问题是：无行为能力人是否可以实施纯获利益的行为呢？我国立法和司法解释历来存在不同意见：1999年的《合同法》第47条第1款规定："限制民事行为能力人订立的合同，经法定代理人追认后，该合同有效，但纯获利益的合同或者与其年龄、智力、精神健康状况相适应而订立的合同，不必经法定代理人追认。"从解释论上看，合同法专门就限制行为能力人作出如此规定，而没有提到无行为能力人纯获利益的合同效力，根据法律解释的一般原则——列举其一等于否定其他，显然不能解释为无行为能力人订立的纯获利益的合同也具有效力。

但是最高人民法院《关于贯彻执行〈中华人民共和国民法通则〉若干问题的意见（试行）》（以下简称《民通意见》）第6条曾规定："无民事行为能力人、限制民事行为能力人接受奖励、赠与、报酬，他人不得以行为人无民事行为能力、限制民事行为能力为由，主张以上行为无效。"因此，在中国的司法实践中，一般不认为，行为能力的有无会影响这些纯粹获利的法律行为的效力。

从我国此次《民法典》第19条至第22条的规定，其采取了与《合同法》相同的处理规则，即限制民事行为能力人可以独立实施纯获利益的法律行为或者与其年龄、智力、精神健康状况相适应的法律行为。但对于无民事行为能力人却采取了不同的文字表述：无民事行为能力人，由其法定代理人代理实施民事法律行为（第20条）。显然，从法律解释的角度看，不能认为，无行为能力人可以独立实施有效的纯获利益的法律行为。

按照我国《民法典》（第19条至第22条）及《德国民法典》（第105条）的规定，以及德国学者梅迪库斯的上述论述，无行为能力人与限制行为能力人的重大区别之一是：限制行为能力人从事某种其依照法律不能从事的法律行为时，其代理人可以事前同意也可以事后追认，但是，对无行为能力人却不存在事前同意或者事后追认的问题。如果说，在现实生活中其法定代理人事后追认的话，也仅仅是进行了一项新的法律行为而不是对无行为能力人行为的追认。

---

① ［德］迪特尔·梅迪库斯：《德国民法总论》，邵建东译，法律出版社2000年版，第416—417页。

即使是纯获利益的法律行为，无行为能力人也不能有效实施，因为其根本就没有任何意思能力。

（二）限制行为能力人及其法律后果

由于限制行为能力人介于无行为能力人与完全行为能力人之间，因此，对其行为及其法律后果的判断，在实际中存在较大的困难。具体说，有下列问题需要分析。

1. 限制行为能力人能够从事哪些法律行为

我国《民法典》第 19 条规定，八周岁以上的未成年人为限制民事行为能力人，实施民事法律行为由其法定代理人代理或者经其法定代理人同意、追认；但是，可以独立实施纯获利益的民事法律行为或者与其年龄、智力相适应的民事法律行为。第 22 条规定：不能完全辨认自己行为的成年人为限制民事行为能力人，实施民事法律行为由其法定代理人代理或者经其法定代理人同意、追认；但是，可以独立实施纯获利益的民事法律行为或者与其智力、精神健康状况相适应的民事法律行为。由此可见，我国法律承认限制行为能力人可以独立从事两种法律行为而不必经其法定代理人同意：一是与其年龄、智力、精神健康状况相适应的法律行为；二是纯获利益的法律行为。

关于第一点，如何判断限制行为能力人所从事的行为是否与其年龄、智力、精神健康状况相适应？我觉得，《民通意见》虽已失效，但其第 3 条至第 5 条的规定，是可以参照的，即未成年人进行的民事活动是否与其年龄、智力状况相适应，可以从行为与本人生活相关联的程度、本人的智力能否理解其行为，并预见相应的行为后果，以及行为标的数额等方面认定（第 3 条）；不能完全辨认自己行为的精神病人进行的民事活动，是否与其精神健康状态相适应，可以从行为与本人生活相关联的程度、本人的精神状态能否理解其行为，并预见相应的行为后果，以及行为标的数额等方面认定（第 4 条）；精神病人（包括痴呆症人）如果没有判断能力和自我保护能力，不知其行为后果的，可以认定为不能辨认自己行为的人；对于比较复杂的事物或者比较重大的行为缺乏判断能力和自我保护能力，并且不能预见其行为后果的，可以认定为不能完全辨认自己行为的人（第 5 条）。对于不能辨认或者不能完全辨认自己行为的成年人也可以参照上述方式认定。

关于第二点，即“纯获利益的法律行为”，我国与《德国民法典》(第107条)的规定是一致的，而且，学者对何为“纯获利益”的解释也是一致的。例如，梅迪库斯指出：具有决定意义的并不是此项法律行为在结果上是否给未成年人带来了利润，如未成年人以低于销售价格的价格购买了一物。毋宁说，具有决定意义的是此项法律行为是否给未成年人带来了法律上的负担。这种负担，可以是一项义务，也可以是丧失一项权利。即使从总体的经济上看，此类负担性法律行为对限制行为能力人来说是有利的，也必须由法定代理人来决定，以至于限制行为能力人不会遭受什么损害。双务合同在法律上对于限制行为能力人来说永远是不利的。[①] 拉伦茨也指出：利益与不利益的斟酌以及判断某种交易给未成年人是否带来法律上的利益，原则上是由其法定代理人来决定的。在作出决定时，不仅是经济上的，还应当有教育方面的因素发生作用，所以，不可将决定权交给未成年人。在任何情况下，双务合同都不会仅仅带来法律上的利益，因为双务合同总要使另一方负担对等给付义务。义务的对面虽然常常会有显著的利益，但义务本身则总是一种法律上的不利益。这种不利益，就使得该交易需要得到法定代理人的同意。[②] 也就是说，对于是否具有纯粹的利益，应仅仅从法律意义上去评价，而不能仅仅从经济利益上考察。

关于限制行为能力人能够从事哪些法律行为，我国与德国的规定有较大的不同，实在有比较意义。《德国民法典》没有规定限制行为能力人能够从事哪些行为，而只是在第110条以“零用钱方式”来推定或者视为其父母的事前同意。该条规定：“未成年人未得其法定代理人的同意所订立的契约，如未成年人以金钱履行契约上的给付，而其金钱系法定代理人为此目的或者为未成年人的自由处分所给与，或系第三人经法定代理人同意所给与者，其契约视为自始有效。”梅迪库斯在解释这一条规定的目的的时候说，该条规定包含着一项限制：只有在限制行为能力人已用交给他的金钱实际履行了他

① [德]迪特尔·梅迪库斯：《德国民法总论》，邵建东译，法律出版社2000年版，第423页。

② [德]卡尔·拉伦茨：《德国民法通论》，王晓晔等译，法律出版社2003年版，第144页。我国大部分学者也持有这种观点，参见李永军：《合同法》，法律出版社2004年版，第214页。

应履行的给付时，由限制行为能力人订立的合同才被视为自始有效。法律不允许限制行为能力人欠下什么债务。[①] 德国民法的规定十分贴近生活，因为生活中几乎所有的父母都希望孩子仅仅能够用得到的零用钱购买他自己希望购买的小物品，而不希望先购买物品然后让父母去付款，即不希望孩子欠债。正如拉伦茨所言，这也包含对子女的教育的因素。而按照我国《民法典》的规定，只要某项交易行为与其年龄、智力、精神健康状况相适应，即使未成年人当时不能支付，权利义务关系也有效成立，未成年人也可以成为债务人。《法国民法典》与《日本民法典》等也没有规定“零用钱方式”，而是以判断能力为标准，与我国的规定十分相似。相比之下，我认为，德国法将未成年人能够独立实施的行为仅仅限制在“零用钱方式”的范围内，对保护与教育未成年人可能更加有利。

2. 限制行为能力人不能从事的行为应如何行使

限制行为能力人依法不能独立实施的行为，可以通过以下两种方式行使：一是由其法定代理人为其行使；二是事先得到其法定代理人的同意或者事后得到其法定代理人的追认。

（1）关于事先同意

事先同意既可以是对单个事项的同意，也可以是概括性的同意。这种允许既可以向未成年人作出，也可以向与未成年人进行交易的相对人作出。上述所提到的，德国民法中父母或者其他法定代理人事先给予限制行为能力人零花钱的行为，视为事先同意。

（2）关于追认

根据我国《民法典》第 19 条、第 22 条的规定，事后追认也能够使限制行为能力人从事的法律行为生效。如果未成年人在行为前未得到其法定代理人的同意，也可以在事后取得其法定代理人的追认。这种追认既可以向未成年人作出，也可以向与未成年人进行交易的相对人作出。但在追认前，行为处于效力待定状态。一经追认，被追认的行为开始有效。特别应当强调的是，如果在追认时限制行为能力人已经成为完全行为能力人，则由他自己追认。

---

① ［德］迪特尔·梅迪库斯:《德国民法总论》，邵建东译，法律出版社 2000 年版，第 435 页。

如果承认追认权，那么善意第三人的利益是否应该保护？对此，《民法典》第 145 条规定了相对人的催告权与撤销权。所谓催告权是指相对人在法定期间内催促与其缔约的限制行为能力人的法定代理人作出是否追认表示的权利。因为，需要追认的行为在追认前处于效力待定状态，因此，法律给予相对人这样一种权利以便尽快结束这种不确定状态。根据我国《民法典》第 145 条第 2 款的规定，相对人可以催告法定代理人在一个月内予以追认。法定代理人未作表示的，视为拒绝追认。

而所谓撤销权，是指法律行为被限制行为能力人的法定代理人追认前，善意相对人撤回其意思表示从而结束交易关系的权利。在撤销权中有三个问题需要讨论：①需要撤销的是什么东西？是法律行为本身还是意思表示？对此《德国民法典》第 109 条第 1 款规定：合同未经追认前，合同另一方当事人可以撤回。按照学者的解释，这里撤回的是意思表示。[①] 而我国《民法典》第 145 条第 2 款规定：合同被追认之前，善意相对人有撤销权。这里撤销的是合同还是意思表示？由于法律行为在被追认前没有生效，因此不可能存在撤销问题。而无论要约还是承诺都采取“到达主义”，即到达对方时生效。因此，这里应当解释为撤销意思表示。但是，由于我国《民法典》没有规定意思表示的撤销，仅仅有撤回。因此，只能说关于要约之意思表示的撤销之规定属于特别规定。②撤销权的性质与方式。撤销权属于形成权，以通知的方式到达对方即可有效撤销意思表示，而不需要对方同意。③何为善意？这里所谓的善意，是指相对人不知其为限制行为能力人或者虽然知道其为限制行为能力人但有理由认为他已经取得法定代理人的允许。

（3）事前同意或者事后追认的行为的后果归属

限制行为能力人事前经其法定代理人同意或者事后追认的行为有效，但该有效的结果由谁来承担呢？我国《民法典》对此未作规定，实为一疑问。德国学者拉伦茨指出：允许的结果是由未成年人本人为自己所为的法律行为享有权利并承担义务。然而这并不意味着其法定代理人本人须对未成年人的交易对方承担责任，即使他的允许是对交易对方作出的，也同样如此。如果对方希望不

---

① ［德］卡尔·拉伦茨：《德国民法通论》，王晓晔等译，法律出版社 2003 年版，第 153 页。

仅可以向未成年人本人，而且可以向其法定代理人行使请求权，他就得要求对未成年人的义务设定保证[①]（以法定代理人为保证人）。从理论上说，我十分同意拉伦茨的观点，但在日常生活中，限制行为能力人分两种情况：一是他本身具有财产或者具有履行非金钱债务的能力；二是限制行为能力人无财产也无履行非金钱债务的能力。在第一种情况下，由限制行为能力人承担后果自无问题。但在第二种情况下，即使法定代理人允许，限制行为能力人仍然没有履行能力。因此，实际的情况是，法定代理人追认的情况一般都是愿意替限制行为能力人承担履行义务。如果法定代理人不打算替代履行，那么，他一般就不会允许。

3. 社会典型交易中行为能力是否适用

技术的发展，使传统的交易方式发生了较大的变化，自动售货机、公共电话、公共汽车等类似交易行为中，是否也适用行为能力的规定？德国不来梅地方法院在关于一个 8 岁儿童乘坐电车游玩的案例中认为：儿童不仅应当支付票价，而且应当支付一般运输条件中规定的罚款。即这一判决否定了在公共运输行业中，适用行为能力的规定。这一判决受到了各界的严厉批评，有学者指出：民法典对于未成年人的保护制度，不能因为这些规定而被彻底改变。[②]但是，这一问题在我国并没有得到应有的重视，甚至有许多学者认为在这些典型的社会交易行为中，行为能力不适用。如果真的如此，随着格式交易的不断发展，民法关于行为能力的规定中对限制行为能力人的保护价值将会失去意义，这是"技术吃人"的表现。我们不能想象，原本是一个人与限制行为能力人交易，其效力为待定；而这个人发明了机器而用机器与限制行为能力人交易，他自己站在旁边管理机器，从而使这种交易变为有效，这岂不荒唐？所以，德国学者的意见值得注意。

4. 是否区分单方法律行为与双方法律行为而确定效力

《德国民法典》区分单方法律行为与双方法律行为而规定有不同的法律效力。根据该法典第 110 条的规定，未成年人未取得法定代理人的必要同意而为

---

① ［德］卡尔·拉伦茨：《德国民法通论》，王晓晔等译，法律出版社 2003 年版，第 148—149 页。

② ［德］迪特尔·梅迪库斯：《德国民法总论》，邵建东译，法律出版社 2000 年版，第 195 页。

的单方法律行为无效；而根据第108条的规定，合同经其法定代理人的追认后才生效，否则为效力待定。我国《民法典》对此明确规定，但我认为，德国民法的这种规定是合理的，而且对保护未成年人来说是有益的。因为，按照民法的一般原理，"任何人的单方行为仅得为他人创设权利而不得设定义务"，故单方行为是使他人受益而对自己不利的行为。所以，法律否定未成年人从事单方法律行为的效力，恰恰在于保护未成年人。也许有人会认为：让这种单方行为效力待定也未尝不可。但是，我们不能不顾"效力待定"的制度价值：它的目的在于让法定代理人衡量一下未成年人的行为是否对其有利，如果有利，就追认，否则就拒绝追认。既然这种单方行为不能给未成年人带来任何利益，法律直接否定其效力可能更合适。

至于双方法律行为，因双方互负债务与互享权利，故这种权利义务是否对等、是否会损害未成年人的利益，让其法定代理人进行衡量，并作出是否追认的决定。这样也不会损害未成年人的利益。

5. 限制行为能力人是否会有效地受领给付

先让我们用一个简单的例子来说明问题的本质所在：一个成年人A（完全行为能力人）与未成年人B通过其法定代理人（父亲）订立了一个买卖合同，A购买B的录音机。买卖合同签订并生效后，A没有把款项交给B的父亲，而是交给了B本人。那么，B的接受履行是否有效？或者说，A的履行是否构成有效履行？

对此问题，学理上存在不同看法。德国学者多数认为，A的履行构成不当履行。因为B可能不会意识到A的履行性质，将A交付的金钱擅自处分（随便买玩具或者零食等）或者丢失。因此，B的受领也应当经过其法定代理人追认。例如，梅迪库斯认为：对于相对于无完全行为能力人所负担的给付来说，其受领权限只归他的法定代理人所享有。所以，只有在给付客体到达法定代理人手中，或者法定代理人对给付表示追认的情况下，才能发生履行的效果。不能忽视的一个事实是：给付客体在法定代理人不知道的情况下到了限制行为能力人的手中，并且限制行为能力人可能消耗该客体。如果给付的客体是金钱，那么这种危险就特别明显。① 拉伦茨也指出：若债务人为偿还对未成年人的债

① ［德］迪特尔·梅迪库斯：《德国民法总论》，邵建东译，法律出版社2000年版，第428页。

务而进行了给付，但他未将该物交付给法定代理人，他仍然未免除债务，除非法定代理人同意由未成年人接受给付。也就是说，债务人应自己承担风险，他仍然有偿还义务。只有这样才能使未成年人得到最好的保护。[①]

我认为，德国学理的这种通说未必在我国成为通说。因为，这一问题实际上与另一个在我国颇有争议的问题相关联：物权行为与债权行为的区分。在德国法上由于承认物权行为与债权行为的区分理论，因此，将给付看成一个独立的法律行为。而在民法上凡是涉及法律行为或者意思表示的，都要求行为人或者表示人具有行为能力或者意思能力。所以，才有德国民法学上的上述通说。而在我国，目前许多人恰恰是反对物权行为与债权行为的区分的，认为履行行为仅仅是一个事实问题，那么自然的结论就是：接受履行根本不是一个法律行为问题，不需要意思表示，更不需要行为能力。所以，未成年人（限制行为能力人）的接受履行的行为是有效的。但是，我是不赞同这种观点的，它对保护未成年人十分不利。因此，我赞同德国通说。

6. 限制行为能力人是否可以作为他人的代理人

对此，《德国民法典》第 165 条规定：代理人所为或者所受的意思表示的效力，不因代理人为限制行为能力人而受影响。德国学者拉伦茨解释说：未成年人只要有代理权，就可以有效地作为他人的代理人为之进行法律行为。这对于未成年人虽不是很有利，却也是“中性”或者“无利害关系”的行为，即这种行为对他既没有法律上的利益，也没有法律上的不利益。按照通行的学说，限制行为能力人也可以不经法定代理人的同意进行这种行为，因为在这里他本人不是需要保护的对象。[②]

我国《民法典》没有具体规定，第 173 条仅仅规定了代理人丧失民事行为能力时，代理终止，但未规定部分丧失行为能力时（即变为限制行为能力时）是否还可以继续作为代理人。但明确的是：我国法律没有禁止。从代理的一般原理上说，其效果根本不损害作为代理人的限制行为能力人。而且，既然其已被授权，自然其行为已经得到结果承担人的事前同意。法律自无禁止的必要。

---

① ［德］卡尔·拉伦茨：《德国民法通论》，王晓晔等译，法律出版社 2003 年版，第 145 页。

② ［德］卡尔·拉伦茨：《德国民法通论》，王晓晔等译，法律出版社 2003 年版，第 147 页。

我国台湾地区“民法”规定：代理人所为或者所受的意思表示的效力，不因代理人为限制行为能力人而受影响。其立法理由书写道：因代理人所为或者所受之意思表示，其效力及于本人而不及于代理人，虽代理人为限制行为能力人，但其所为或者所受之意思表示，并不因此而妨碍其效力。故限制行为能力人亦得为代理人，为法律行为。此本条所由设也。

另外，委托合同与代理权授予是分离的，委托合同可能效力待定，但代理权授予具有独立性，不需要限制行为能力人的法定代理人的同意或者追认。

（三）完全行为能力人之行为的法律后果

从意思自治的完整性意义上说，完全行为能力人所为的法律行为应当有效。当然，影响一个法律行为效力的因素有许多，行为能力仅仅是一个主要的因素。法律行为也可能因诸如违法、违反善良风俗等无效。

六、需要说明的问题

（一）在行为能力问题上，是否存在善意第三人的保护

人们在实践中常常提出的一个疑问是：在缔约能力（行为能力）方面，是否有善意第三人的保护问题？即如果一个未成年人从外部看上去很像成年人，或者自己谎称为成年人，善意第三人是否会因善意信赖而主张合同有效？对此，德国学者指出：无行为能力及其原因无须具有可识别性，因此，他方当事人完全可能在没有任何过失的情况下信赖某行为的有效性，而该项行为实际上因行为人无行为能力而无效。我们的法律制度从来不是因为对交易能力的诚信导致交易效力而保护这种信赖，法律之所以规定无行为能力人从事的行为无效性，恰恰是为了保护无行为能力人，而这种保护应当与对方当事人的善意或者恶意无关，这也就是说，在通常情况下，每一个人都应当自行承担碰见无行为能力人并因此遭受信赖损害的风险。[①] 英国判例也坚持这样的原则：如果一个未成年人谎称自己是成年人并劝使另一个人和他订立合同，任凭他进行欺骗，

① ［德］迪特尔·梅迪库斯：《德国民法总论》，邵建东译，法律出版社 2000 年版，第 417 页。

该合同对他仍然是不能执行的。这种观点值得赞同，因此，在行为能力问题上，不存在善意第三人的保护问题。

我们在此所说的不存在善意第三人的保护问题，是指第三人不得基于自己无过错信赖对方有行为能力而主张法律行为有效。但是，前面我已经提到，在限制行为能力人的法定代理人追认前，善意第三人有撤销其意思表示的权利。如果在这种意义上，也存在善意第三人的保护问题。

（二）行为能力在侵权行为中是否适用

前面已经提到，只有涉及法律行为时，才有行为能力的适用问题。而侵权行为虽然有时是人的行为，但却不是法律行为，不需要意思表示。因此，即使无行为能力人也可以作为侵害他人绝对权的侵权人，如果他本人无财产赔偿，可以适用“责任转承”原则，即由他的监护人承担赔偿责任。《民法典》第1188条第1款规定：无民事行为能力人、限制民事行为能力人造成他人损害的，由监护人承担侵权责任。监护人尽到监护职责的，可以减轻其侵权责任。

（三）限制行为能力、无行为能力的宣告问题

一个完全行为能力人或者一个限制行为能力人，有可能因为某种原因而变为限制行为能力人或者无行为能力人。而在有些情况下，很难识别与辨认是否为限制行为能力或者无行为能力。例如，对于间歇性精神病患者，其行为后果常常发生疑问。从理论上说，间歇性精神病患者，在不犯病期间为完全行为能力人，在犯病期间按照无行为能力人对待。但在实践中，却难以举证。因此，为了识别的方便，法律创设了限制行为能力、无行为能力的宣告制度。对于具备法定条件的自然人，利害关系人可以申请法院宣告其为限制行为能力人或无行为能力人。自1986年《民法通则》开始，我国立法就确认了限制行为能力、无行为能力的宣告问题，《民法通则》第19条规定：“精神病人的利害关系人，可以向人民法院申请宣告精神病人为无民事行为能力人或者限制民事行为能力人。被人民法院宣告为无民事行为能力人或者限制民事行为能力人的，根据他健康恢复的状况，经本人或者利害关系人申请，人民法院可以宣告他为限制民事行为能力人或者完全民事行为能力人。”《民法典》第24条延续承继了这一

规则，但做了改动：不能辨认或者不能完全辨认自己行为的成年人，其利害关系人或者有关组织，可以向人民法院申请认定该成年人为无民事行为能力人或者限制民事行为能力人。此处使用的是“认定”而不再是“宣告”。按照法典起草者的说法，在《民法典》起草过程中，究竟是继续使用《民法通则》中的“宣告”，还是使用“认定”，存在争议。但为了保障残疾人生活正常化的国际新理念，对成年人的无民事行为能力或者限制民事行为能力状况，通过法院宣告，不符合保护新理念，会对成年人的日常生活、工作造成不必要的影响，《民法典》使用了“认定”。[①]但问题是：这种新理念与善意第三人的保护如何协调？认定如何让第三人得知？恐怕要与民事诉讼法相互衔接。

与我国的限制行为能力、无行为能力的宣告制度相类似，《德国民法典》（第 114 条、第 115 条）、《法国民法典》（第 508 条至第 514 条）、《日本民法典》（第 7 条至第 13 条）、《瑞士民法典》（第 369 条至第 395 条）等规定有“禁治产人”制度。所谓“禁治产人”，是指依法被禁止管理与处分自己财产的有心理或者精神障碍的自然人。根据这些国家的法律规定，如果成年人有精神耗弱、吸毒、挥霍财产、酗酒等精神障碍，利害关系人就可以申请法院宣告其为禁治产人。法院一旦作出宣告，他便不能再有效处分和管理其财产，而必须由监护人或者财产管理人管理和处分。但值得注意的是，现行《德国民法典》已经废除了“禁治产人”制度。梅迪库斯对此评价说：人们从法律政策上对这一规定（禁治产宣告制度）提出了越来越多的批评，宣告某人为禁治产人的做法具有歧视性的效果，而且完全丧失行为能力也超过了目的所需要的程度。因为被宣告为禁治产的人通常完全能够自行从事一些日常生活行为或者法律上并非不利的行为。因此，1992 年 1 月 1 日起，宣告某人为禁治产人的制度已经不复存在。[②]

的确，人们需要对这项制度进行反思：禁治产人宣告制度是以保护人为出发点，还是以保护财产为出发点？禁治产人宣告制度恰恰是用将财产与人分离的技术保护财产，但却忽视了对人的重视，这种制度会给被宣告人产生巨大

---

① 张荣顺主编：《中华人民共和国民法总则解读》，中国法制出版社 2017 年版，第 71 页。

② ［德］迪特尔·梅迪库斯：《德国民法总论》，邵建东译，法律出版社 2000 年版，第 411 页。

的心理压力与精神压力，造成人为歧视。《德国民法典》之所以废除这一制度，恰恰是人文主义反思的结果。也许，我们应当重新审视我国的无行为能力人与限制行为能力人的认定制度的价值所在。

（四）自然人的其他“能力”

1. 当事人能力

所谓当事人能力，是指合法地成为民事诉讼的原告或者被告的能力。[①] 一般来说，在民事实体法上具有权利能力的人，在诉讼法上都具有当事人能力。因为权利能力的根本目的就是解决权利义务的归属问题，如果一个人是权利的享有者，其正当权利受到侵害时，当然应当赋予其请求法院保护的权利。

但是，在有些国家，无权利能力的社团也具有当事人能力（如德国、日本的民法典就有关于无权利能力的社团的规定）。

根据我国《民事诉讼法》第 51 条的规定，公民、法人和其他组织都具有当事人能力。我国台湾地区“民事诉讼法”规定，有当事人能力的人为：（1）有权利能力者；（2）胎儿关于其所享有的利益；（3）非法人团体。

2. 诉讼能力

诉讼能力是指能够单独进行诉讼的能力。一般来说，能够独立从事法律行为并负担义务的人，为有诉讼能力者。诉讼能力与行为能力具有同根性，无行为能力人及限制行为能力人无诉讼能力，应由其法定代理人代为诉讼。

3. 责任能力

（1）责任能力的概念以及在我国法上的认定

所谓责任能力，又称归责能力，是指因自己的过错而承担责任的资格。责任能力的缺乏，并不排除行为客观的违法性，而是排除了行为人的过错。[②] 在德国，责任能力被称为“过错能力”。德国学者指出：只有当行为人因其过错而应当受到谴责时，才可能使他承受侵权责任的法律后果。这种对加害人的可谴责性以其具有一定程度的精神（智力能力）为前提，并从这种能力中，

① ［德］迪特尔·梅迪库斯：《德国民法总论》，邵建东译，法律出版社 2000 年版，第 783 页。

② 王利明、周友军、高圣平：《中国侵权责任法教程》，人民法院出版社 2010 年版，第 476 页。

我们能够推导出加害人的个人责任。我们将加害人的这种特质称为过错能力或者侵权责任能力，没有这种能力的人不承担责任。现行《德国民法典》的立法者最初将过错能力按照加害人的年龄来确定，并且有意识地将过错能力参照有关行为能力的条文进行了规定。也就是说，年满 7 周岁之前无须承担侵权责任，而年满 18 周岁之后具有完全过错能力。而在两者之间的年龄段，则要取决于未成年人是否具有认知责任的必要判断力。过错能力的标准为"具有认知责任的判断力"，对此，只要求对一般危险或者一般损失的认知能力，以及能够一般地理解自己的行为可能以某种方式产生责任。至于是否成熟到可以根据这种判断力而采取相应的行动，则不属于过错能力所要规定的问题。① 在欧洲许多国家，关于责任能力存在两个方面的问题：一是在是否承认责任能力上存在不一致；二是各国在如何认定责任能力方面存在很大的争议。

首先，在是否承认责任能力方面，法国并不认同，而其他国家，如德国、奥地利、希腊、意大利等则认同。正如德国学者所指出的，在欧洲大陆侵权行为法中，对儿童的责任之态度大多都是保护性的，但法国却建立了完全相反的先例。法国最高法院在 20 世纪 80 年代中期以来极大地加重了未成年人的责任。法国判例法目前的观点是：民事过错完全取决于实施的行为，与加害人的年龄、个性、智力和职业上的能力却没有关系，不是将一个幼儿的行为与另外一个幼儿的行为进行比较，而是将该幼儿的行为与一个理性的人的行为进行比较；如果一个理性的人不像他们（幼儿）那样行事的话，我们就认定他们实施了过错行为。在一个判例中，一个 5 岁的小女孩没有注意来往的车辆跑上了马路，结果被一辆机动车撞倒造成了致命的伤害。法国最高法院以孩子具有共同过错为由将加害人的责任减轻了 50%。② 法国的这种做法受到了学者的批评，认为：对成年人和孩子的待遇没有区别，即他们都负有严格的注意义务（的做法）不能证明法国最高法院所推动的进程是正确的。剥夺要求儿童有辨别能力的这一

---

① ［德］马克西米利安 · 福克斯：《侵权责任法》，齐晓琨译，法律出版社 2006 年版，第 87—88 页。

② ［德］克雷斯蒂安 · 冯 · 巴尔：《欧洲比较侵权行为法》（上），张新宝译，法律出版社 2001 年版，第 97—98 页。

保护性条件，使得他们在开始自己的生活之前就背负了沉重的义务。[①]

欧洲大陆的其他国家，在责任能力方面，要么规定一个具体的年龄，要么规定一个年龄标准 + 识别能力标准。前者如《奥地利民法典》第 1309 条："14 岁以下的儿童以及精神病人通常无须为他们引发的损害承担责任。"《荷兰民法典》第 164 条规定："不满 14 周岁的儿童所实施的行为，不得作为侵权行为由其承担责任。"后者如《德国民法典》第 828 条的规定："（1）未满 7 周岁的人，对自己给他人造成的损害，不负责任。（2）满 7 周岁但未满 10 周岁的人，对自己在与机动车、有轨电车或者悬浮轨道之事故中给他人造成的损害，不负责任。其故意引致侵害的，不适用此种规定。（3）未满 18 周岁的人，以其责任不依第 1 款或者第 2 款被排除为限，在自己于实施致害行为之际，不具有认识责任所必要的辨识时，对自己给他人造成的损害不负责任。"

但是，在年龄及具体的标准方面，各国的规定差异很大，从上面三国的具体规定就可以看出来：奥地利、荷兰是 14 岁，德国为 7 岁，而丹麦关于儿童最低年龄限于 4 岁。[②] 在欧洲的许多国家，关于责任能力（辨别能力）的最低的、普遍被接受的共同标准被以不同的方式表达为：以恰当的方式判断一个行为之社会价值的能力；区别善恶以及理解法律后果的能力和理解一个人的行为之侵权性的能力。[③]

然而，辨别能力的注意义务标准是什么呢？没有一部欧洲的民法典对此作出过回答。欧洲国家的法院（法国除外）一般是参考对与被告同龄的人可以指望的注意标准来判断少年人本人的责任能力。德国最高法院一直采取"年龄组类型过失"的标准，即对儿童的心理成熟的检验必须与对该组年龄的人可以一般地指望的注意进行比较……这与最高法院的过去的判决并不矛盾，如果事实问题仍然可以提出来，那些法院在对过失进行检验时，就会考虑一定年龄的少

① ［德］克雷斯蒂安・冯・巴尔：《欧洲比较侵权行为法》（上），张新宝译，法律出版社 2001 年版，第 102 页。

② ［德］克雷斯蒂安・冯・巴尔：《欧洲比较侵权行为法》（上），张新宝译，法律出版社 2001 年版，第 91 页。

③ ［德］克雷斯蒂安・冯・巴尔：《欧洲比较侵权行为法》（上），张新宝译，法律出版社 2001 年版，第 104 页。

年人在特定情况下自发冲动和感情行事的一些共性，如好玩的天性、对尝试和探望的渴望、缺乏纪律性、好斗、容易冲动和在激情驱使下实施行为……如果在此等情况下，未成年人的加害行为一般是不能避免的，而且行为缺乏个人主观的过失即“内部的”努力，这时他的行为就不是过失的。意大利的法院更加具体，在考虑不同年龄的人应有的注意时，行为人的年龄是有关系的。按照学者的观点，未成年人分为三组：第一组是接近于成年人（16岁和17岁的），对他们通常可以适用善良家父的标准；第二组是12岁至14岁的少年人，他们的行为应当与对其同龄的人可以被指望的注意义务进行比较；第三组是6岁至11岁的儿童，他们很少被认定有过失。①

在我国，关于民事主体的责任能力问题并无直接的民法规定，但却有行为能力的规定。因此，责任能力问题在我国引起了长期的争议，尤其是2009年通过的《侵权责任法》也没有规定这一问题。有学者指出，从我国法律规定的解释论角度可以认为，未成年人或者有精神障碍者没有责任能力，侵权责任能力与民事行为能力的判断标准同一，即没有完全行为能力就没有责任能力。但从立法论的角度看，应借鉴德国法上的侵权责任能力的规定。②

我倒是认为，如果从我国民法的整体结构来解释的话，应该也能够认为我国民法上有“责任能力”的规定。主要理由是：①我国《刑法》第17条第1款、第2款规定：“已满十六周岁的人犯罪，应当负刑事责任。已满十四周岁不满十六周岁的人，犯故意杀人、故意伤害致人重伤或者死亡、强奸、抢劫、贩卖毒品、放火、爆炸、投放危险物质罪的，应当负刑事责任。”第18条第3款规定：“尚未完全丧失辨认或者控制自己行为能力的精神病人犯罪的，应当负刑事责任，但是可以从轻或者减轻处罚。”从以上规定来看，14周岁或者16周岁的人或者尚未完全丧失辨认或者控制自己行为能力的精神病人犯罪都需要承担刑事责任，即具有“刑事责任能力”（姑且这样称呼）。那么，为什么就不能有侵权法上的民事责任能力？刑法的这一规定实际上已经清楚地显示了责任

---

① ［德］克雷斯蒂安·冯·巴尔：《欧洲比较侵权行为法》（上），张新宝译，法律出版社2001年版，第107—109页。

② 王利明、周友军、高圣平：《中国侵权责任法教程》，人民法院出版社2010年版，第477页。

能力与行为能力的区别：认识到不侵害他人的后果的消极能力标准与认识到通过法律行为为自己创设权利义务的积极后果的标准相比，前者要求要低。而且，侵权责任是从刑事责任中分离出来的，其关于故意和过失的概念都几乎相同。因此关于这种消极能力的年龄认定也应保持一致。② 我国《民法典》第 19 条明确规定，限制民事行为能力可以独立实施与其年龄、智力、精神健康状况相适应的法律行为。有学者指出，合同行为大多着眼于未来，所以，无论是从交易安全之维护还是从未成年人利益保护上考虑，立法准予未成年人独立参与民事活动，实质上肯定了未成年人的理性能力，尤其是他的认识能力与预见能力。[①] 限制民事行为能力人订立的合同都不当然认定无效，即认为其有部分积极的理性能力，在侵权责任能力方面为什么还要坚持完全行为能力呢？法律一方面承认其可以参与部分交易（与其年龄、智力、精神健康状况相适应而订立的合同不必经法定代理人追认而有效）的行为能力，却在侵犯他人时不承认其责任能力，似乎与理不符。③ 从世界上大部分国家的经验来看，一般不将行为能力与侵权法上的责任能力等同，而是在法律规定或者法院判例中确定责任能力的年龄和要求比行为能力的低，就如德国学者所指出的："在任何判决中法院几乎都不会否认，一个精神健康的少年人在其日常生活中对常见的问题有辨别是非的能力。"[②] 基于以上理由，我认为，限制民事行为能力人（被监护人）只要能够认识到相应侵权后果，就应当认为其具有相应责任能力。

（2）责任能力与行为能力的关系

应该说，责任能力与行为能力具有同根性，在某种程度上也可以说，责任能力是行为能力的伴随者或者并行者。法律承认个人有以自己独立的行为去取得权利或者承担义务的资格，实际上就等于承认了他的责任能力。也正是在这个意义上，它们区别于权利能力的"始于出生而终于死亡"。

但责任能力与行为能力是有差别的：对自然人的理性能力要求不同——行为能力要求较高，而对于责任能力则要求较低，即他只要有识别能力即可。因

① 朱广新：《被监护人致人损害的侵权责任配置》，载《苏州大学学报》2011 年第 6 期。

② ［德］克雷斯蒂安·冯·巴尔：《欧洲比较侵权行为法》（上），张新宝译，法律出版社 2001 年版，第 106 页。

为，法律行为能力的目的在于确定行为人行为的有效性，即其独立设立权利义务的行为是否有效，涉及对行为人利益的保护。而责任能力则在于保护被不法行为侵犯的人的利益。在实际生活中，这种对不法侵犯行为后果的认识能力也比从事积极的法律行为所需要的能力的要求要低。

第五节 自然人的监护

一、监护的概念、功能及与亲权的关系

由于立法体例的不同，我国的监护制度与许多国家的监护制度之内涵与外延、功能有较大不同：我国目前的监护制度不仅包括对无行为能力人及限制行为能力人的救济，而且包含了大陆法系传统民法中亲权的许多内容；而大陆法系传统民法所谓的监护是指在亲权法之外的对行为能力欠缺的救济制度。这也正是我国学者对监护制度的概念及立法体例的争议所在。

我国大部分学者写的教科书认为：监护是指对未成年人和精神病人的人身、财产及其他合法权益进行监护和保护的一种民事制度。① 这种概念直接来自我国 1986 年《民法通则》的立法体系。而张俊浩教授则认为：监护是对于不能得到亲权保护的未成年人和精神病人，设定专人以保护其利益的法律制度。② 他进一步分析说：上述界定，在大陆法系国家是通行的。自情理而言，也比较合适。因为处于亲权保护下的未成年人，其利益已得到充分的保护，因而无须叠床架屋，再设监护制度。然而，我国《民法通则》第 16 条第 2 款规定："未成年人的父母已经死亡或者没有监护能力的，由下列人员中有监护能力的人担任监护人：（一）祖父母、外祖父母；（二）兄、姐；（三）……" 对于该款文义，似乎应当理解为亲权已被监护权吸收。其实，并非如此。因为这样理解，不符合逻辑体系要求。另外，即使从字面上也可以看出，父母的地位被十分着意地强调，而不把父母列为该条第 2 款的（一）（二）（三）序列中。

① 佟柔主编：《中国民法》，法律出版社 1990 年版，第 75 页。

② 张俊浩主编：《民法学原理》（上），中国政法大学出版社 2000 年版，第 117 页。

对照观察规定精神病成年人监护人的第17条，父母则列在配偶的后面。这表明，精神病人尽管意思能力有欠缺，但毕竟为成年人，因此，父母已经没有亲权了。而从反面理解，即可得出《民法通则》承认父母对未成年人的亲权的结论。把上述两点结合起来，应当说，《民法通则》第16条第1款，尽管称父母是未成年人的“监护人”，但仅仅是在借用意义上使用该词而已，无非是说他们依其亲权，应当管理和保护未成年人。进言之，该款含有亲权和监护相互衔接和协调的意旨[①]。

与这种对监护概念的理解不同相联系，在我国《民法典》的编纂过程中，就有两种不同的关于体例的意见：一是主张保持现有的体例不变；二是主张将监护放在亲属法中，而在自然人编中仅仅规定无行为能力人与限制行为能力人的法定代理人。张俊浩教授认为：亲权与监护，本属身份法上的制度。但既然法定代理须以之为前提，故为方便计，在立法例上，便有将其规定于《民法典》的总则编中自然人的制度之下。当然，也有不计此种便利，而依逻辑体例，规定于亲属编之下的。两种体例，各有千秋。但自逻辑言之，后者似更合理。[②]我赞同张俊浩教授的这一分析，但需要补充的是，大陆法系国家有的民法典有“总则”，而有的没有“总则”，即使在有“总则”的国家，也鲜有将监护规定在“总则”中的。在以《法国民法典》为代表的无“总则”模式的立法中，也基本上将之规定在亲属法中。我国《民法通则》之所以如此规定，与中国当时的法学研究与学者群有关：婚姻家庭法长期游离于民法之外，研究民法的学者一般（在此我仅仅说是一般，也不乏研究者）不研究婚姻家庭法，而研究婚姻家庭法的学者也一般不研究民法（我还是强调一般），因此，《民法通则》中就不含有婚姻家庭法的内容。所以，为了解决法定代理与亲权的衔接问题，就将监护纳入民法通则的自然人制度中。而从逻辑上看，在无行为能力人与限制行为能力人后，应该理所当然地规定对行为能力欠缺的救济制度，即法定代理。至于对生活、教育等的照顾，则应当是亲权的内容。但遗憾的是，《民法典》依然延续了《民法通则》的体例，将监护规定在“自然人”之下。因此，从功能上来看，监

① 张俊浩主编：《民法学原理》（上），中国政法大学出版社2000年版，第117页。

② 张俊浩主编：《民法学原理》（上），中国政法大学出版社2000年版，第116页。

护就不仅是对自然人行为能力欠缺的救济，而是包括了传统民法中亲属法上亲权的内容。

这种做法的优点是：（1）使民法通则的体例得以承继，让学术研究及司法行为具有延续性；（2）使法律规范不至于因为《民法典》的分编通过而产生“无法可依”的局面。由于我国《民法典》采取分编通过的方式，如果“总则编”中不规定监护，在实施上就有可能出现中国不存在监护的问题。

这种做法的缺点是：（1）在规范体系上割裂了亲权制度的完整性，使得以自然人为中心的相关问题在“总则”中都得到了解决，完整了“自然人”而割裂了规范体系；（2）反映了我国理论研究和立法在“体系”问题上的“独特性”——不重视规范体系而重视局部完整。这种表现不仅在监护方面，在其他方面也有体现。例如，我国《民法典》在处理“法律行为”与“合同”的关系上，就重视“合同”的完整性，而把“总则”中作为“公因式”的“法律行为”割裂了——合同是合同，法律行为是法律行为。而从规范体系上看，凡是带有“总则”的《民法典》，法律行为中肯定要体现出合同，例如《德国民法典》。

我认为，还是应该除了将对行为能力的救济功能的部分留在“总则编”中之外，将其他的属于亲权的内容规定到亲权部分。

二、《民法典》与《民法通则》关于监护的差异

应该说，2017 年通过的《民法总则》总结了我国《民法通则》实施 30 年来的经验，在许多地方完善了监护的规范，主要表现在以下几个方面：

1. 增加了遗嘱监护

《民法典》第 29 条规定：被监护人的父母担任监护人的，可以通过遗嘱指定监护人。

2. 增加了临时监护

《民法典》第 31 条第 3 款规定了临时监护，即当监护人没有确定或者有争议时，被监护人的人身权利、财产权利及其他合法权益处于无人保护状态的，由被监护人住所地的居民委员会、村民委员会、法律规定的有关组织或者民政部门担任临时监护人。

3. 增加了事先协商监护人

《民法典》第 33 条规定了协议监护：具有完全民事行为能力的成年人，可以与其近亲属、其他愿意承担监护责任的个人或者组织事先协商，以书面形式确定自己的监护人。该监护人在该成年人丧失或者部分丧失行为能力时，承担监护责任。

4. 增加了撤销监护人资格的具体情形

《民法典》第 36 条规定，监护人有下列情形之一的，人民法院根据有关个人或者组织的申请，撤销其监护人资格，安排必要的临时监护措施，并按照最有利于被监护人的原则依法指定监护人：（1）实施严重损害被监护人身心健康行为的；（2）怠于履行监护职责，或者无法履行监护职责并且拒绝将监护职责部分或者全部委托给他人，导致被监护人处于危困状态的；（3）实施严重侵害被监护人合法权益的其他行为的。

5. 监护人资格的恢复

《民法典》第 38 条规定，被撤销了监护资格的人，在具备特定条件时，经其申请，经法院审查可以恢复其监护人资格。

三、监护的种类及监护人的范围

（一）法定监护

法定监护是指根据法律规定的身份而产生的监护。这种监护人称为法定监护人。根据我国《民法典》第 27 条、第 28 条的规定，法定监护人分为未成年人的法定监护人与成年人的法定监护人。

1. 未成年人的法定监护人（第 27 条）

父母是未成年子女的监护人。未成年人的父母已经死亡或者没有监护能力的，由下列有监护能力的人按顺序担任监护人：（1）祖父母、外祖父母；（2）兄、姐；（3）其他愿意担任监护人的个人或者组织，但是须经未成年人住所地的居民委员会、村民委员会或者民政部门同意。

2. 成年人的法定监护人（第 28 条）

无民事行为能力或者限制民事行为能力的成年人，由下列有监护能力的人按顺序担任监护人：（1）配偶；（2）父母、子女；（3）其他近亲属；（4）其他愿意担任监护人的个人或者组织，但是须经被监护人住所地的居民委员会、村民委员会或者民政部门同意。

3. 关于顺序问题

根据《民法典》第 27 条、第 28 条的规定，顺序在先的人优先于顺序在后的人担任监护人。但是，根据第 30 条的规定，顺序可以根据有监护资格的人之间的协议变更。这种顺序的意义还在于：一方面保护监护人的监护权，另一方面有利于被监护人的利益和成长。因此，《民法典》第 30 条规定，协议确定监护人的，应当尊重被监护人的真实意愿。

4. 对第 30 条的特别解释

需要特别说明的是：第 30 条中的协议确定监护人，其范围应当是在第 27 条和第 28 条确定的监护人范围之内，而不应包括此两条规定的监护人之外的第三人。也就是说，第 30 条所说的监护人是通过协商确定第 27 条和第 28 条规定的这些法定监护人之内的人担任监护人。

至于说，能否协商确定第 27 条和第 28 条规定之外的其他第三人作为监护人，不属于第 30 条规定的事项。如果说，通过协商确定第三人作为未成年人的监护人，法律当然没有禁止的必要，但应该适用《民法典》“合同编”关于委托的规定。

5. 法定监护中的指定监护

所谓指定监护，是指由于在有监护资格的人之间对担任监护人存在争议，由法律规定的部门从中指定的监护。

根据我国《民法典》第 31 条第 1 款、第 2 款及第 4 款的规定，对监护人的确定有争议的，由被监护人住所地的居民委员会、村民委员会或者民政部门指定监护人，有关当事人对指定不服的，可以向人民法院申请指定监护人；有关当事人也可以直接向人民法院申请指定监护人。居民委员会、村民委员会、民政部门或者人民法院应当尊重被监护人的真实意愿，按照最有利于被监护人的原则在依法具有监护资格的人中指定监护人。监护人被指定后，不得擅自变更；擅自变更的，不免除被指定的监护人的责任。

（二）补充监护

这种情况主要是指《民法典》第32条的规定："没有依法具有监护资格的人的，监护人由民政部门担任，也可以由具备履行监护职责条件的被监护人住所地的居民委员会、村民委员会担任。"

（三）委托监护

委托监护是指通过委托而设立的监护。委托监护一般分为合同委托与遗嘱委托。我国民法上是否存在这两种监护制度呢？

第一，《民法典》第29条明确规定了"遗嘱监护"，这是其不同于《民法通则》的地方，也是对《民法通则》缺漏的弥补。根据该条规定：被监护人的父母可以通过遗嘱指定未成年人的监护人。但是，如果其父亲与母亲遗嘱中指定的监护人不一致的，应如何处理？

我认为，应以最后一份遗嘱中指定的监护人为准。这样做的目的有二：一是确定遗嘱关于监护人的效力，如何解决矛盾遗嘱问题；二是更好地保护被监护人。因为，有可能在父母一方死亡后，最后死亡的一方找到了更适合未成年人的监护人。至于遗嘱是否经过公证，则并不重要，公证遗嘱并没有优先于非公证遗嘱的效力。只要能够证明遗嘱是遗嘱人的真实意思即可。

当然，可能在实际生活中，情况比较复杂。如果夫妻离婚后，未成年人父母（离婚夫妻）的遗嘱不同，情况也许就不完全是这样了。如果离婚父母对于子女有监护权，当然没有问题。如果没有监护权（被剥夺），如何？我认为，不能适用，只能以有监护权的父或者母的遗嘱为准。

第二，合同委托监护是否在我国法上存在？从我国《民法典》第33条的规定看，对于成年人来说，是存在委托监护的。该条规定："具有完全民事行为能力的成年人，可以与其近亲属、其他愿意担任监护人的个人或者组织事先协商，以书面形式确定自己的监护人，在自己丧失或者部分丧失民事行为能力时，由该监护人履行监护职责。"因此，可以认为，这是我国民法首次承认合同委托监护制度。其特点是：（1）只适用于成年人；（2）成年人在有行为能力时为自己将来失去行为能力或者部分失去行为能力时确定监护人；

（3）应以书面合同形式来确定监护人，而且这种合同是附停止条件的合同；（4）这里的“事先协商”并非指征求其近亲属或者有关部门的意见，成年人在有行为能力时，可以直接与自己认为合适的近亲属、其他愿意担任自己监护人的个人或者组织协商签订合同来确定自己的未来监护人。

同时我认为，虽然我国《民法典》没有规定委托监护，但并不代表我国不存在其产生的法律基础或者规范。我国《民法典》既然规定了委托合同，监护就可以通过合同的方式委托设立，自无法律上的限制理由。

第三，在我国《民法典》中，需要讨论的是，遗嘱监护是否适用第 28 条规定的成年人监护?

就我国《民法典》第 28 条、第 29 条的规定解释，第 29 条应该主要指的是未成年人，对于成年人需要具备特殊条件。因为，首先，从亲属法的角度看，父母应该是未成年人最合适的监护人，是未成年人利益的最好保护人，以他们的遗嘱为准来确定监护人应该说对被监护人最为有利。其次，在成年人监护中，按照第28条的规定，配偶才是第一顺序监护人，父母是第二顺序监护人，那么，说明立法者认为，配偶比父母更适合担任成年人的监护人。如果第 28 条规定的这些监护人通过第 30 条协商决定由父母来担任监护人，在配偶还存在的情况下，让父母通过遗嘱来指定监护人恐怕不妥。最后，成年人的父母、子女处于同一顺位，父母的地位并不高于子女，因此，如果父母死亡后还有子女或者配偶的，不能允许父母通过遗嘱来指定监护人。只有在有些成年人没有配偶和子女的情况下，才可以适用第 29 条。

（四）自愿监护

自愿监护主要是指依照法律本无监护义务，但主动提出愿意担任无行为能力人或者限制行为能力人的监护人，并经有关部门同意的。根据我国《民法典》第 27 条、第 28 条的规定，对于未成年人与成年人而言，愿意承担监护责任的个人或者有关组织，经被监护人住所地的居民委员会、村民委员会或者民政部门同意的，也可以成为监护人。

与《民法通则》比较，《民法典》不再将“关系密切的亲属、朋友”或者“近亲属”优先于其他个人对待，反映出中国的传统亲戚关系自 1986 年《民法通则》

时起的变迁。但是，在实际效果方面，是否比《民法通则》的规定更好，其实也很难预测。

（五）临时监护

临时监护是《民法典》第 31 条规定的情形，即被监护人有多个有监护资格的人，但这些有资格人对谁担任监护人有争议，应该由被监护人住所地的居民委员会、村民委员会、民政部门或者法院指定。但指定监护人之前，被监护人的人身、财产及其他合法权益处于无人保护状态的，由被监护人住所地的居民委员会、村民委员会、法律规定的有关组织或者民政部门担任临时监护人的情形。

除此之外，《民法典》第 34 条第 4 款还规定，因发生突发事件等紧急情况，监护人暂时无法履行监护职责，被监护人的生活处于无人照料状态的，被监护人住所地的居民委员会、村民委员会或者民政部门应当为被监护人安排必要的临时生活照料措施。

应该说，这种情况是《民法典》相对于 1986 年《民法通则》的一种进步，也是为了更好地对被监护人进行保护的措施。

四、监护人的职责范围

监护人的职责因监护的种类不同而不同。委托监护人的职责由合同约定或者遗嘱规定，而法定监护人的职责由法律规定。在此所谓的监护人职责，是指法定监护人、自愿监护人与临时监护人的职责。

由于我国的监护人制度，虽然规定在《民法典》“总则编”中，但其职责并非单纯的是对行为能力欠缺的补充，除了对行为能力不足的补充之外，还有教育、照顾被监护人等类似亲权法上的职责。因此，《民法典》第26条规定：“父母对未成年子女负有抚养、教育和保护的义务。成年子女对父母负有赡养、扶助和保护的义务。”这种规定看起来就是亲属法上的内容。

实际上，我国《民法典》并没有具体规定监护人的职责，仅仅在第 34 条、第 35 条规定了履行职责的基本原则：（1）最有利于被监护人的原则。监护人应当按照最有利于被监护人的原则履行监护职责，保护被监护人的人身、财产及其他合法权益。（2）消极处分原则。除为被监护人利益外，不得处分被监护人的财产。这里的真实意思是消极处分，只有为了被监护人的生活或者成长需要才能处分其财产，但不是指积极的营利性处分。例如，现在的股票市场很好，炒股能够赚钱；现在的房地产市场很好，炒房也可以赚钱，则监护人就可以用被监护人的财产去炒股炒房。这些所谓的营利活动，都是禁止的。（3）尊重被监护人的意愿原则。《民法典》第35条第2款规定，未成年人的监护人履行监护职责，在作出与被监护人权益有关的决定时，应当根据被监护人的年龄和智力状况，尊重被监护人的真实意愿。但这一规定似乎不是在法律层面或者法律意义上的问题，似乎是生活意义上的问题，即人们常说的"要尊重孩子意见"的生活常识。因为，在法律上，正是因为被监护人没有行为能力或者部分欠缺行为能力，才需要监护。如果被监护人能够商量的话，还需要监护吗？如果被监护人的意愿与正常判断不一致，监护人应作出怎样的选择？我认为，监护人应自己独立判断，而不必受限于被监护人的意愿。因此，在监护意义上，被监护人的意愿是否重要是很值得商榷的问题。（4）独立原则。第35条第3款规定，成年人的监护人履行监护职责，应当最大限度地尊重被监护人的意愿，保障并协助被监护人实施与其智力、精神健康状况相适应的民事法律行为，对被监护人有能力独立处理的事务，监护人不得干涉。这其实是监护的基本要求，因为按照法律规定，限制行为能力人可以实施与其年龄和智力相适应的法律行为，如果被监护人有这种相适应的能力，当然应该尊重其行为独立。但是，在现实生活中，这种"独立性"空间并不大，因为在我国有财产或者经济能力的未成年人并不多，因此，从实际上限制了其独立性空间。

《民通意见》第10条曾对《民法通则》中的监护职责作了具体化规定：（1）保护被监护人的身体健康；（2）照顾被监护人的生活；（3）管理和保护被监护人的财产；（4）代理被监护人进行民事活动；（5）对被监护人进行管理和教育；（6）在被监护人合法权益受到侵害或者与人发生争议时，代理其进行诉讼。我觉得，这些具体职责在《民法典》的解释中仍然具有参照意义。

五、监护人的责任

从我国法律上看，监护人实际上存在三种责任：一是违反职责的责任，二是侵权责任，三是转承责任。

1. 违反职责的责任

《民法典》第 34 条第 3 款规定："监护人不履行监护职责或者侵害被监护人合法权益的，应当承担法律责任。"这里实际上包括两种责任：违反职责的责任与侵权责任。我们首先来看违反职责的责任。

违反职责的责任是什么性质？其实应该也是一种侵权责任，因为法定监护人的责任为法定义务，违反这种义务属于"不作为"侵权责任，应该承担因其不作为而给被监护人造成的损失。

如果监护是因合同或者遗嘱而设立的，违反监护职责就是违约责任。

2. 侵权责任

侵权责任可以因积极行为而产生，也可以因消极不作为而产生。上面已经说到，法定监护人以"不履行监护职责"的方式侵害被监护人的，也是侵权责任。因此，从该条的规定看，这里的侵权责任仅仅是指积极侵权，例如，监护人自己或者与他人恶意串通损害被监护人的财产等，应当承担侵权责任。

3. 转承责任

由于行为能力欠缺的人有时没有赔偿能力，故许多国家民法规定了监护人的"转承责任"。我国《民法总则》对此没有明确规定，但《民法典》第 1188 条规定了这种责任：无民事行为能力人、限制民事行为能力人造成他人损害的，由监护人承担债权责任。监护人尽了监护责任的，可以适当减轻其债权责任。有财产的无民事行为能力人、限制民事行为能力人造成他人损害的，从本人财产中支付赔偿费用。不足部分，由监护人赔偿。

六、监护人权利的保护

《民法典》第 34 条第 2 款规定："监护人依法履行监护职责产生的权利，受法律保护。"这种"权利"应该是指民事权利，当属无疑。有疑问的是：监护人依法履行监护职责会产生什么样的民事权利呢？《民法典》并没有具体规定，但就可能性上说，大概包括以下两种。

1. 对于被监护人的财产请求权

如果监护人在履行监护职责时，替被监护人垫付了财产的，可以对其进行追偿（具备特定条件时，例如，被监护人有独立的财产等）的权利。

2. 对第三人的请求权

如果监护人在履行监护职责时，受到第三人侵害，监护人当然享有对第三人的请求权。或者监护人在履行转承责任后，有可能产生对第三人的请求权。

七、监护的变更与终止

（一）监护的变更

广义的监护变更有三种情形：（1）监护可以因协议而变更。我国民法允许有监护资格的人通过协议的方式变更监护人，例如，第一顺序的监护资格人可以与第二顺序的人协议，由第二顺序的人担任监护人（《民法典》第30条）。（2）监护可以因撤销而变更。监护可以因监护人不履行或者不正确履行监护职责而撤销，因而也可因此而变更监护人（《民法典》第36条）。（3）监护可以因监护人死亡或者丧失行为能力而变更（《民法典》第39条）。

（二）监护人因撤销而变更

1. 撤销的法定理由

《民法典》第36条规定，监护人有下列情形之一的，人民法院根据有关人员或者组织的申请，撤销其监护人资格：（1）实施严重损害被监护人身心健康行为的；（2）怠于履行监护职责，或者无法履行监护职责并且拒绝将监护职责部分或者全部委托给他人，导致被监护人处于危困状态的；（3）实施严重侵害被监护人合法权益的其他行为的。

2. 申请人

根据《民法典》第36条的规定，有权申请撤销监护人资格的个人和组织包括：其他有监护资格的人员；被监护人住所地的居民委员会、村民委员会，学校、医疗卫生机构、妇女联合会、残疾人联合会、未成年人保护组织、依法设立的老年人组织、民政部门等。上述人员和其他组织未及时向人民法院提出撤销监护人资格申请的，民政部门应当向人民法院提出申请。

由此可见，民政部门不仅有权提出撤销，而且在其他有权撤销的人不提出申请时，有法定义务提出申请。

3. 撤销监护人后的措施

根据《民法典》第 36 条的规定，监护人被撤销后，人民法院安排必要的临时监护措施，并根据最有利于被监护人的原则依法指定新监护人。

（三）监护关系的终止

根据《民法典》第 39 条的规定，有下列情形之一的，监护关系终止：（1）被监护人取得或者恢复完全民事行为能力的；（2）监护人丧失监护能力的；（3）被监护人或者监护人死亡的；（4）人民法院认定监护关系终止的其他情形。

监护关系终止，并非意味着被监护人不需要监护。因此，《民法典》第 39 条第 2 款规定，监护关系终止后，被监护人仍然需要监护的，应当依法另行确定监护人。

第六节　自然人的住所

一、住所的概念与种类

住所是自然人进行有民法意义的活动的中心场所。住所与居所是不同的，居所是自然人居住的处所。住所与居所的区别主要表现在：（1）大多数国家的法律规定，自然人只能有一个住所，但可以有多个居所；（2）住所是自然人为一般目的而生活的地方，而居所是为了特定目的而居住的地方；（3）居所一般具有临时性，一般不具有法律上的意义，而住所必须是稳定的、连续的，具有法律上的意义。[①]

住所大致可以分为意定住所、法定住所与拟制住所。所谓意定住所，是指

---

① 参见马俊驹、余延满：《民法原论》，法律出版社 2005 年版，第 99 页。

基于当事人的意思而设立的住所。意定住所的存在往往与迁徙自由联系在一起，因此，只有在宪法上实行“迁徙自由”的国家才有可能存在这一类型。所谓法定住所是指不依当事人的意思而由法律直接规定的住所，如我国《民法典》第 25 条规定的住所制度即为这种住所——自然人以户籍登记或者其他有效身份登记记载的居所为住所。所谓拟制住所，是指法律规定在特殊情况下将居所视为住所，如我国《民法典》第 25 条规定，自然人以户籍登记或者其他有效身份登记记载的居所为住所；经常居所与住所不一致的，经常居所视为住所。

以上三种分类在我国民法上是否存在以及在什么程度上存在，学者之间存在争议。从上述《民法典》第 25 条的规定看，似乎能够得出我国是实行“法定住所”制度的结论，但仔细分析该条，似乎规定了意定住所与拟制住所制度，即应这样理解：任何人可以通过意愿来选择与户籍不一致的居住地，只有不能确认其经常居住地时，才可以将户籍所在地的居住地视为住所。另外，加上我国现在的许多政策，如户政制度实行户口簿与身份证分离的制度，就使得自然人的意定住所在法律上得到了承认。另外，有学者认为，我国法上存在拟制住所，主要包括以下三种情况：（1）自然人的经常居住地与住所不一致的，经常居住地视为住所；（2）自然人由其户籍所在地迁出后至迁入另一地之前，无经常居住地的，仍以其原户籍所在地为住所；（3）自然人的住所不明或者不能确定的，以其经常居住地为住所。自然人有几个住处的，以与产生纠纷的民事关系有最密切联系的住处为住所[①]。

二、住所在法律上的意义

住所在法律上具有以下意义：（1）确定司法管辖。如我国《民事诉讼法》第 22 条规定的“对公民提起的民事诉讼，由被告住所地人民法院管辖”。（2）准据法的确定。在实行联邦制的国家中，住所对于确定准据法具有十分重要的意义。在我国，由于法律是统一的，此一方面的意义并不是很大。但在确定适用某些地方性法规方面，仍然具有意义。

---

① 马俊驹、余延满：《民法原论》，法律出版社 2005 年版，第 100 页。

三、住所的确定

一般来说，住所的确定采取“意定与唯一”的原则。虽然可以说，我国《民法典》在第25条实际上承认了意定住所，但还不能说我国民法采取“住所意定原则”。只能说，我国民法仍然采取住所法定原则，意定仅仅是补充。至于行为能力有欠缺的人，因其户籍往往与监护人一致或者经常居住地与监护人一致，因此，其以其监护人的住所为住所。

唯一原则，是指自然人的住所，依法只能有一个。如以户籍所在地为住所，只能有一个；如果户籍所在地与经常居住地不一致，经常居住地也只能有一个。

四、住所的变更

住所是可以变更的，如何变更才具有法律效力呢？有的国家实行住所登记制度，只要进行变更登记，就发生有效变更。但我国目前还没有这种制度，因此，我国的住所变更，主要表现在两个方面：（1）因经常居住地与户籍所在地不一致，而发生事实上的变更；（2）户籍所在地发生改变，例如，将户籍由山东济南迁到北京。

第七节 自然人的宣告失踪和宣告死亡[①]

一、自然人的宣告失踪制度

（一）宣告失踪的概念

所谓宣告失踪，是指自然人离开住所或者居所后下落不明达到法定期间，为保护其财产以稳定社会关系，法院经利害关系人的申请依法定程序宣告其为失踪人，并为之设定财产管理人的制度。

① 我国《民法典》第40条至第53条规定了宣告失踪与宣告死亡制度，详细程度和重视程度可见一斑。

宣告失踪制度为许多国家民法所规定，但立法例有所不同。我国《民法典》第 40 条至第 45 条规定了宣告失踪制度，相较 1986 年的《民法通则》可谓更加详细。《民法典》第 40 条规定：自然人下落不明满二年的，利害关系人可以向人民法院申请宣告该自然人为失踪人。

（二）宣告失踪制度的价值

宣告失踪制度的主要立法目的在于保护被宣告失踪人的财产及维护社会秩序。因为，对于自然人来说，其财产不仅是生存及发展自我的重要基础，同时也是其偿还债务的保障。而自然人失踪后，其财产处于无人管理的状态，如果任由这种状态持续存在，不仅会损害失踪人的利益，而且会损害其债权人的利益。同时，如果财产无人管理，就可能会出现失踪人的债权人为满足债权而纷纷哄抢其财产，甚至无利益关系的第三人也会抢夺其财产的情形，导致社会秩序混乱。因此，法律有必要设立此种制度。

（三）宣告失踪的条件

根据我国《民法典》第 40 条、第 41 条的规定，宣告失踪的条件如下：

1. 自然人下落不明达到法定期间

根据《民法典》第 40 条的规定，自然人下落不明必须满 2 年。何为“下落不明”？按照我国自 1986 年《民法通则》以来的司法实践及理论研究，一般认为，“下落不明”是指公民离开最后居住地没有音讯的状况。

这种 2 年的期间从何时开始起算呢？根据《民法典》第 41 条之规定，自然人下落不明的时间，从该自然人失去音讯之日起计算。战争期间下落不明的，下落不明的时间自战争结束之日起计算。

2. 经利害关系人申请

根据《民法典》第 40 条之规定，失踪宣告采取“不告不理”的原则，只有当利害关系人提出申请时，法院才能依法宣告某自然人为失踪人。利害关系人是何人呢？

我认为，从继承、监护和财产关系等方面看，申请宣告失踪的利害关系人包括被申请宣告失踪人的配偶、父母、子女、兄弟姐妹、祖父母、外祖父母、孙子女、外孙子女以及其他与被申请人有民事权利义务关系的人。

3. 由有管辖权的法院依法定程序宣告

根据《民法典》第 40 条的规定，利害关系人可以向有管辖权的法院申请宣告自然人为失踪人。人民法院审理宣告失踪的案件，比照《民事诉讼法》规定的特别程序进行（《民事诉讼法》第 190 条至第 193 条）。

（四）财产代管人

1. 财产代管人的范围

根据《民法典》第 42 条的规定，失踪人的财产由其配偶、成年子女、父母或者其他愿意担任财产代管人的人代管。

代管有争议，没有上述代管人或者上述代管人无代管能力的，由人民法院指定的人代管。另外，无民事行为能力人、限制民事行为能力人失踪的，其监护人即为财产代管人。

2. 财产代管人的职责

根据《民法典》第 43 条的规定，代管人的职责主要是：（1）以善良管理人的注意妥善管理被宣告失踪人的财产，维护其财产利益；（2）失踪人所欠税款、债务和应付的其他费用，由财产代管人从失踪人的财产中支付，其他费用主要是指赡养费、扶养费、抚育费和因代管财产所需的管理费等必要的费用；（3）在与被宣告失踪人财产有关的限度内作为原告起诉与作为被告应诉；（4）财产代管人因故意或者重大过失造成失踪人财产损失的，应当承担赔偿责任。

3. 财产代管人的变更

根据《民法典》第 44 条之规定：（1）如财产代管人不履行代管职责、侵害失踪人财产权益或者丧失代管能力的，失踪人的利害关系人可以向人民法院申请变更财产代管人。（2）财产代管人有正当理由的，可以向人民法院申请变更财产代管人。

人民法院变更财产代管人的，变更后的财产代管人有权要求原财产代管人及时移交有关财产并报告财产代管情况。

（五）对失踪宣告的撤销

根据《民法典》第 45 条的规定，被宣告失踪的人重新出现，经本人或者利害关系人申请，人民法院应当撤销失踪宣告。被宣告失踪的人重新出现，有权要求财产代管人及时移交有关财产并报告财产代管情况。

二、自然人的宣告死亡制度

（一）宣告死亡的概念与制度价值

自然人的宣告死亡是指自然人失踪达到法定期间，经利害关系人申请，由法院依法定程序宣告其死亡，从而在法律上结束其生前的人身关系与财产关系的制度。因宣告死亡仅仅是在法律上的死亡，而实际上是否死亡并不清楚，所以，又称为拟制死亡或者推定死亡。

关于宣告死亡的制度价值，我国学者张俊浩教授作了这样的论述：失踪期间达到一定长度时，依社会共同生活经验判断，其生还的可能性已经微乎其微。此时，相对人的利益——尤其是配偶的再婚利益、继承人的继承利益，上升到优先于失踪人的利益受保护的程度。保护的方式是：拟制失踪人死亡，以便其配偶取得再婚权，其继承人得以继承遗产，并清偿债权人的债务。此项拟制，须慎之又慎，而关键在于两点：其一，恰当规定利害关系人申请宣告失踪人死亡的期间；其二，当能够证明受死亡宣告的人病危死亡时，应允许撤销死亡宣告。[①] 我赞同这种制度价值的定位。

需要指出的是，宣告死亡实际上是一种推定失踪者死亡的制度，其实际是否死亡并不确定。因此，宣告死亡制度并不是从法律或者事实上消灭失踪人，而是为了保护其配偶和继承人利益。在被宣告死亡后，失踪人实际没有死亡的，其民法上的主体资格并不消灭（权利能力、行为能力都存在）。其从事的任何法律行为和非法律行为都会产生相应的法律后果。

---

① 张俊浩主编：《民法学原理》（上），中国政法大学出版社 2000 年版，第 101—102 页。

（二）宣告死亡的条件

1. 下落不明须达到法定期间

由于宣告死亡比宣告失踪的法律后果更加严重，因此，法律规定的期间也更长。根据《民法典》第46条的规定，自然人有下列情形之一的，利害关系人可以向人民法院申请宣告他死亡：（1）下落不明满四年的；（2）因意外事件，下落不明满二年。因意外事件下落不明，经有关机关证明该自然人不可能生存的，申请宣告死亡不受二年时间的限制。

但是，无法正常通信联系的，不得以下落不明为由宣告死亡。

2. 须经利害关系人申请

对于利害关系人的范围，《民法典》并没有作出具体规定，根据继承、婚姻和财产关系，可以认为，利害关系人的范围应该是：（1）配偶；（2）父母、子女；（3）兄弟姐妹、祖父母、外祖父母、孙子女、外孙子女；（4）其他有民事权利义务关系的人。

另外，《民法典》并没有规定申请的顺序，应该认为，任何人都可以申请。这种做法比《民通意见》第25条的规定更加合适，因为顺序的规定往往损害债权人。即使没有顺序规定，如果被申请人的亲属，如配偶、子女要阻止债权人申请宣告被申请人死亡，也非常简单：只要偿还债务即可。如果既不想偿还债务，又要以顺序为由阻止债权人申请，是没有道理的。

3. 法院依法定程序宣告

法院受理宣告死亡案件后，能够确认符合上述宣告死亡条件的，应当按照民事诉讼法规定的程序依法宣告被申请人死亡。被宣告死亡的人，人民法院判决作出之日视为其死亡的日期（《民法典》第48条）。

（三）宣告死亡的法律后果

宣告死亡仅仅在身份关系与继承关系方面发生与自然死亡相同的法律后果，但并非所有的方面都发生与自然死亡相同的法律后果。

因为宣告死亡不能确定的是，被宣告人是否已经真的死亡。被宣告人可能还生存着。而宣告死亡的制度价值和目的并不在于消灭被申请人或者被宣告人，因此，如果被宣告人事实上还生存的话，其权利能力和行为能力并不因法律的死亡宣告而消灭，故《民法典》第49条特别规定：自然人被宣告死亡但并未死亡的，不影响该自然人在被宣告死亡期间实施的民事法律行为的效力。中国政法大学版《民法总则（专家建议稿）》第27条为：“对于婚姻关系的终止与继承的开始，宣告死亡发生与自然死亡相同的法律后果。但配偶反对宣告死亡申请的，其婚姻关系不受宣告死亡影响。”[①] 从2017年《民法总则》的整体规定看，其实确认了中国政法大学专家建议稿中的基本精神。《民法典》延续了《民法总则》的内容。

（四）对宣告死亡的撤销

因为宣告死亡的目的在于结束被宣告人的法律关系，而不在于消灭其本人。所以，我国《民法典》第50条专门规定：被宣告死亡的人重新出现，经本人或者利害关系人申请，人民法院应当撤销对他的死亡宣告。

宣告死亡如果被依法撤销后，原则上其人身关系与财产关系应当恢复到宣告死亡前的状态。但是，实践中也有许多限制性因素。

1. 婚姻关系

按照《民法典》第51条的规定，被宣告死亡的人的婚姻关系，自死亡宣告之日起消灭。死亡宣告被撤销的，婚姻关系自撤销死亡宣告之日起自行恢复，但是其配偶再婚或者向婚姻登记机关书面声明不愿意恢复的除外。比较以前的最高法院司法解释，这一规定更加合适[②]。但从逻辑和程序法的角度看，为什么要向婚姻登记机关书面声明呢？声明之后，婚姻登记机关又如何操作呢？例如，A被宣告死亡后，其婚姻关系消灭。但结婚证件一致保留。如果A确实死亡了，当然，这种结婚证件也仅仅具有纪念意义了。如果宣告死亡被撤销，其婚姻关系恢复，是要去重新办理结婚登记吗？如果是这样的话，向婚姻登记

---

① 李永军等：《中华人民共和国民法总则（专家建议稿）》，载《比较法研究》2016年第3期。

② 最高人民法院《关于贯彻执行〈中华人民共和国民法通则〉若干问题的意见（试行）》第37条规定：死亡宣告被人民法院撤销，如果其配偶尚未再婚的，夫妻关系从撤销死亡宣告之日起自行恢复；如果其配偶再婚后又离婚或者再婚后配偶又死亡的，则不得认定夫妻关系自行恢复。

机关书面声明是有意义的；如果说A的配偶在其被宣告死亡后一直没有再婚，其被撤销死亡宣告后，婚姻自行恢复，不需要到登记机关去办理手续，原来的结婚证件也仍然恢复效力，在此情况下，去登记机关书面声明不同意，就不自动恢复，同时是否需要去办理结婚登记证件的注销手续？

其实，这种规定看起来简单，实际上非常复杂。如果宣告死亡，婚姻关系消灭。如果撤销死亡宣告，就按照复婚办理，既符合逻辑，也避免复杂。

2. 收养关系

被宣告死亡的人在被宣告死亡期间，其子女被他人依法收养，被宣告死亡的人在死亡宣告被撤销后，不得仅以未经本人同意而主张收养关系无效（《民法典》第52条），但收养人和被收养人同意的，是否可以呢？之前的《民通意见》第38条曾经作为例外规定，我认为，这种例外应当允许。

3. 继承财产的返还

按照《民法典》第53条第1款的规定，被撤销死亡宣告的人有权请求依照本法继承编取得其财产的民事主体返还财产。无法返还的，应当给予适当补偿。

这里的"适当补偿"在实践中造成了大量的误解：许多人把这里的"适当"，没有理解为"不多不少"，而是理解为"多少给点儿"，将这一立法语言口语化。我认为，这里的"补偿"，是对善意取得人而言的。补偿既不包括孳息，也不包括由此造成的损失。

另外，《民法典》第53条第一句话"被撤销死亡宣告的人有权请求依照本法第六编取得其财产的民事主体返还财产"是什么意思？是针对所有取得财产的人，还是仅仅针对继承人而言？我认为，如果是债权人因为债务人被宣告死亡而取得财产，即使宣告死亡被撤销，被撤销死亡宣告的人也无权请求其返还财产。

4. 善意第三人的保护

被撤销死亡宣告的人请求返还财产，其原物已被第三人合法取得的，第三人可不予返还。被撤销死亡宣告的人可以请求转让该财产的人赔偿相应损失。

5. 恶意申请人的赔偿责任

对于恶意申请他人死亡而取得财产的人，其赔偿责任应当重于善意取得人。

按照《民法典》第 53 条第 2 款的规定，利害关系人隐瞒真实情况，致使他人被宣告死亡而取得其财产的，除应当返还原物外，还应当对由此造成的损失承担赔偿责任。其实，我国自《民法通则》以来的私法实践一直坚持这一原则[①]。

三、宣告失踪与宣告死亡的关系

宣告失踪是否是宣告死亡的必经程序？例如，某人下落不明已经达到5年，既符合宣告失踪的条件，也符合宣告死亡的条件，申请人是否可以直接申请法院宣告死亡？《民法典》第 47 条已经进行了明确的规定：对同一自然人，有的利害关系人申请宣告死亡，有的申请宣告失踪，符合宣告死亡条件的，人民法院应当宣告死亡。也就是说，宣告失踪并非宣告死亡的前置条件。

第八节　自然人的人格权

一、关于人格权的理论与立法模式争议

应该说，在这一次《民法典》立法过程中，没有任何一种制度比人格权更富有争议的了。人们对人格权的争议主要集中在：（1）人格权的概念是什么？（2）人格权是一种权利还是利益？如果是权利的话，其客体是什么？例如，“生命权”的客体难道是生命本身？（3）人格权虽然在我国《民法典》中独立成编，从而成为少有的民法典立法例，但支持其独立成编的理论根据是什么？（4）我国《民法典》第 990 条第 1 款列举的“生命权、身体权、健康权、姓名权、名称权、肖像权、名誉权、荣誉权、隐私权等权利”与该条第2款规定的“人身自由、人格尊严”是什么关系？“生命权、身体权、健康权、姓名权、名称权、肖像权、名誉权、荣誉权、隐私权等权利”是“人身自由、人格尊严”的具体体现吗？

---

① 最高人民法院《关于贯彻执行〈中华人民共和国民法通则〉若干问题的意见（试行）》第 39 条规定：利害关系人隐瞒真实情况使他人被宣告死亡而取得其财产的，除应返还原物及孳息外，还应对造成的损失予以赔偿。

二、人格权的概念

（一）关于人格权的概念的界定

由于学者及立法对人格权本质的认识的差异，更由于人格权客体与范围的争议性与开放性，对人格权的概念的界定就有较大的不同。

1. 德国学者拉伦茨的人格权概念

拉伦茨认为：人格权是一种受尊重权，也就是说，承认并且不侵害人所固有的“尊严”，以及人的身体与精神，人的存在与应然的存在。一般来说，通过人格权所保护的东西就是人本身的生存。这包括不能把人只当作工具和手段来对待；还包括对人用以标志其个体的姓名的承认，以及对仅属于他自己的生活范围的承认……每个人都有权使自己的生命、自己的身体、自己的健康和自己身体的活动自由不受侵犯，都有权要求他人尊重自己的尊严和名誉。①

2. 谢怀栻关于人格权的概念

谢怀栻先生认为：人格权是以权利者的人格利益为客体的民事权利②。这一概念在我国具有广泛的影响力，许多学者都持有这种观点。

3. 张俊浩关于人格权的概念

张俊浩先生认为：人格权包括物质性人格权与精神性人格权。而物质性人格权是指自然人对于物质性人格要素的不可转让的支配权。所谓物质性人格要素，包括生命、身体、健康和劳动能力。物质性人格权则包括生命权、健康权、身体权和劳动能力权。所谓精神性人格权则是自然人对其精神性人格要素的不可转让的支配权的总称。③

4. 尹田关于人格权的概念

尹田先生认为：作为自然人一般法律地位的人格，具有极其丰富的内涵，其蕴含的基本价值（平等、自由、安全与人的尊严）成为近现代人权观念的核

---

① ［德］卡尔·拉伦茨：《德国民法通论》，王晓晔等译，法律出版社 2004 年版，第 282 页。

② 谢怀栻：《论民事权利体系》，载《法学研究》1996 年第 2 期。

③ 张俊浩主编：《民法学原理》，中国政法大学出版社 2000 年版，第 142、146 页。

心内容。人格由“被认识的人之为人的那些属性或者性质，例如，生命、健康、身体、名誉”等构成。当法律确认或者赋予自然人的人格时，此种地位以及构成此种地位的全部要素即获得法律的保障力，人格权由此产生。①

5. 马俊驹关于人格权的概念

马俊驹教授认为：人格权就是人对于“内在于”自己的事物所享有的权利。如果将人格权与物权、债权进行比较，虽然物权是支配权，债权是请求权，但是，它们的客体无论是物还是债务人的给付，对于权利人来说，都是外在的。因此，可以得出结论：人格权与物权、债权等其他民事权利的最大差异，就在于人格权把“内在于人的事物”作为权利的客体。②

以上学者对人格权的界定均有其支持的理由与合理性，但其间的差异不能不令我们产生这样一个疑问：人格权是否是一种权利？能否成为一种权利？是否能够对其进行定义？对此，存在争议。德国学者沃尔夫（Christian Wolf）就认为不存在人格权的一般概念，因为一个绝对的权利仅是依附一个具体的客体才能存在，一个绝对的权利不能存在于几个权利客体之上，如姓名、肖像等。因不同客体，人就有多个人格权。这些权利是人作为人的属性所具有的自然的和绝对的权利。③也就是说，沃尔夫认为：仅仅能够对具体人格权，如姓名权、肖像权等作出定义，而不可能对一般人格权作出定义。拉伦茨虽然对一般人格权作出了定义，但是，他也承认人格权的这种一般条款式的广泛性质与客体的不确定性④。《德国民法典》有意不规定人格权的理由之一就是人格权内容与客体的不确定性⑤。

尽管对于人格权的定义千差万别，但当今实证主义的立法和学理仍然认为：应当对人格权作出界定。我个人同意拉伦茨教授、尹田教授与马俊驹教授

---

① 尹田：《论人格权的本质》，载《法学研究》2003年第4期。

② 马俊驹教授与其博士生关于人格权问题的讨论：www.civillaw.com.cn，2004年2月17日访问。

③［德］卡尔·拉伦茨：《德国民法通论》，王晓晔等译，法律出版社2004年版，第171页注释部分、第282页。

④ 转引自［德］霍尔斯特·埃曼著：《德国民法中的一般人格权制度》，邵建东等译，载梁慧星主编：《民商法论丛》（第23卷），法律出版社2002年版，第413页。

⑤［德］卡尔·拉伦茨：《德国民法通论》，王晓晔等译，法律出版社2004年版，第280页。

关于人格权的分析。我国《民法典》第 990 条规定的这些人格权，尽管我从内心不愿意承认它们属于“权利”，而更确切地说，应该是“利益”，但鉴于我国当前的理论和判例，人们特别希望“人格权”，而不满足于“利益”，而且《民法典》也已经将这些规定为权利了，我也姑且将其作为权利吧。这样，我认为，可以将人格权作为一个框架性的权利进行定义，以保持其开放性：人格权是自然人具有的、对于“人之所以为人”的那些属性所享有的排他性绝对权（而绝非支配权）。此一权利是人之自由与尊严在实证法上的折射。但无论如何，像“荣誉权”绝对不应该是私法上的一种人格权（理由下面阐述）。

但是，我国《民法典》并没有对人格权作出一般的定义，而是在第 990 条规定：“人格权是民事主体享有的生命权、身体权、健康权、姓名权、名称权、肖像权、名誉权、荣誉权、隐私权等权利。除前款规定的人格权外，自然人享有基于人身自由、人格尊严产生的其他人格权益。”这种规定的意义是什么呢？在这里可能的解释有两种：一是相当于人们常说的“一般人格权”与“具体人格权”之关系——第 1 款视为具体人格权，但无法列举完毕，第 2 款“兜底”（相当于一般人格权）。二是没有对人格权作出一般性规定，仅仅是将人身自由和人格尊严作为一般利益规定，而不是作为权利来规定。第 2 款规定的权利之外的人格尊严和人身自由都属于利益而非权利。我倾向于第一种解释。但是，第 2 款与第 1 款不同的是：它指出了除第 1 款列举的人格权外，还可能存在基于“人身自由和人格尊严”产生的人格权或者人格利益。

（二）人格权的客体是什么

按照德国学者的观点，权利只是一个框架性概念，说“某人拥有一种权利”，意思是说，他依法能够享有什么或者应该享有什么，可以是对人的尊重或者不得侵犯，可以是权利人的行为范围，也可以是另一个人的给付义务等。因此就产生了各种不同类型的权利[①]。正是由于客体不同，才决定了不同的权利类型，故客体是权利类型的基础。因此，任何一种权利必须有明确的客体。

---

① ［德］卡尔·拉伦茨：《德国民法通论》，王晓晔等译，法律出版社 2004 年版，第 280—282 页。

就如拉伦茨所言：权利所指向的对象，也即权利人对之有权的客体，必须是十分确定的。权利人必须可以排除他人对这个特定物的使用，权利人可以处分这个特定物，或者根据法律可以要求某个特定的人（债务人）履行特定的给付。允许权利人实施所有不受法律禁止的行为，这尽管是一种符合实际的说法，但由于缺乏权利所需要的客体的确定性，所以从这种说法中并不能得出“权利”。如果不允许所有的其他人这样做，而只允许某人实施这种特定的行为，则这是一种权利。还有，诸如一般的“能力”，如权利能力或者行为能力，都不能算是权利。尽管这也是人能够得到的，但它是每个人都一样的。[①]

按照拉伦茨的这一观点，人格权是不能被合乎逻辑地立即推演出来的，因为人格权作为一个权利类型，其客体恰恰是不确定的。但拉伦茨却主张定义一般人格权，这似乎是他论述中的一个矛盾。因此，在关于一般人格权问题上，拉伦茨似乎否定了自己关于权利客体的理论。他指出：由于人格权的这种一般条款式的广泛性质，对之不可能作出确切的限定，它当然就不受其他权利所要求的那种固定范围的限制。因而，只能指望由判例把它逐步具体化而发展出更多的具体人格权。[②] 按照拉伦茨的观点，权利客体可以分为两种：第一顺序的权利客体与第二顺序的权利客体。第一顺序的权利客体是指支配或者利用权的标的，第二顺序的权利客体是权利主体可以通过法律行为处分的标的，主要是指权利（或者权利义务关系）。[③] 例如，在物权中，物是第一顺序的客体，即权利主体支配的客体；而存在于物上的所有权则是主体通过法律行为处分的标的，即第二顺序的客体。在买卖合同中，出卖人具有两种义务：一是交付标的物，二是转移标的物的所有权。转移标的物是支配客体的行为，而转移所有权则是处分标的物的行为。

---

① ［德］卡尔 · 拉伦茨：《德国民法通论》，王晓晔等译，法律出版社 2004 年版，第 378 页。

② 谢怀栻：《论民事权利体系》，载《法学研究》1996 年第 2 期；张俊浩主编：《民法学原理》，中国政法大学出版社 2000 年版，第 141 页；马俊驹教授与其博士生关于人格权问题的讨论：www.civillaw.com.cn，2004 年 2 月 17 日访问。

③ 谢怀栻：《论民事权利体系》，载《法学研究》1996 年第 2 期；张俊浩主编：《民法学原理》，中国政法大学出版社 2000 年版，第 141 页；马俊驹教授与其博士生关于人格权问题的讨论：www.civillaw.com.cn，2004 年 2 月 17 日访问。

拉伦茨的权利客体理论是否适用于人格权不无疑问，但对人格权客体的界定，可以清楚地解析人格权的内涵。目前，我国关于人格的客体的观点大致有以下几种。

1. 人格利益说

这种观点认为：人格权的客体为人格利益，对人格利益的认定，随着时代的发展逐步深入，所以人格利益的范围日益扩大，人格权的内容也日益丰富。①

但有的学者对此提出不同意见，认为：人格权的客体为人格利益，而权利的内容也是人格利益，岂不自相矛盾？利益本属身外之物，如何能够成为人格权这种与主体不可分离的权利的客体呢？②另外，从权利本质来看，耶林所说的“权利是受到法律保护的利益”，是从法律的目的角度来讲的，即利益是权利的目的，利益的实现是权利行使的结果。具体来说，“权利”通过作用于它所“指向的对象”，如物之支配，使利益得以实现。显然，这个“权利指向的对象”，就是权利的客体。由此可见，权利“客体”是权利中利益的来源与手段，“客体”本身并不是利益。③其实，早就有人对耶林的“权利利益理论”提出过批评，法国学者指出：利益自身只是一项简单的事实，要想变成权利，它还需要法律的保护。正是在这一点上，该理论框架是不能令人满意的。利益不是权利，不能像权利那样得到保护。耶林的分析围绕着权利的概念展开却没有能够把握其实质，该理论明晰了权利的目的或者目的之一，但概念本身却仍然是相当深奥的。④这种批评是切中要害的：所有权利对主体来说，都是一种利益。因此，人格利益是法律对人格权保护的目的或者结果，而不是权利客体。若按照这一逻辑，岂不得出这种结论：知识产权的客体是知识利益，物权的客体是物质利益，债权的客体是债的利益。

2. 人格要素说

这种观点认为：人格权的客体是人格要素。就具体人格权而言，其客体是相应的人格要素，如肖像权的客体是人的肖像，姓名权的客体是姓名，隐私权

---

① 谢怀栻：《论民事权利体系》，载《法学研究》1996 年第 2 期。

② 张俊浩主编：《民法学原理》，中国政法大学出版社 2000 年版，第 141 页。

③ 马俊驹教授与其博士生关于人格权问题的讨论：www.civillaw.com.cn，2004 年 2 月 17 日访问。

④ ［法］雅克·盖斯旦等：《法国民法总论》，陈鹏等译，法律出版社 2004 年版，第 135 页。

的客体是情感要素，自由权的客体是自然人的意志性要素。[①]

就具体人格权来说，我个人非常同意这种观点。但是，就一般人格权来说，一个一般人格权不可能建立在多个客体之上。或许，按照这种观点，仅仅可能存在具体人格权而不可能存在一般人格权。如果是这样，就与前面所说的德国学者的观点是一致的。

3. 人之外在表现形式或者形态说

这种观点认为：第一顺序的权利客体（前面提到过第一顺序与第二顺序的权利客体）也可以是人的各个可以独立的、分离的，并且由此成为一种标的的外在表现形式或者形态，比如他的肖像。但人格本身不能成为权利客体。相反，人是一切客体的对立面。因此，支配权的客体既不能是自己，也不能是他人。人身权根据它的实质，是一种受尊重的权利，一种人身不可侵犯的权利，人身权不是一种支配权。人的身体从来就不是一个完全的客体，它只是一个直接的和现存的人的本身的外在表现。对人身的权利属于人格权的范畴。[②]

按照拉伦茨的这一观点，他虽然承认有一般人格权的概念，但他却难以找到一般人格权的客体。相反，他承认人的各个独立的分离的人格要素，可以成为具体人格权的客体，如肖像、姓名等。

4. 人的内在价值说

这种观点认为：人格权与物权、债权等其他民事权利的最大差异，就在于人格权把“内在于人的事物”作为了权利的客体。[③] 简单地说，人格权的客体就是人的内在的伦理价值。

这种观点是具有相当的说服力的，特别是下面将要提到的持有这种观点的学者对于“内在于人的东西”与“外在于人的东西”的区分说明是很有必要的价值的。但是，不无疑问的是：是否只有人格权才有内在的伦理价值?

5. 个人的思考

我认为：人格权的概念的出现是法律实证主义的表现。人之所以为人，其

---

① 张俊浩主编：《民法学原理》，中国政法大学出版社 2000 年版，第 141 页。

② ［德］卡尔 · 拉伦茨：《德国民法通论》，王晓晔等译，法律出版社 2004 年版，第 379—380 页。

③ 马俊驹教授与其博士生关于人格权问题的讨论：www.civillaw.com.cn，2004 年 2 月 17 日访问。

当然享有作为人的本质属性，受到侵犯，当然受法律保护。但实证主义却遵循这样的逻辑：受法律保护的东西，必然具有法律上的依据，即它应当是一种权利。只有侵犯权利才是侵权，才负责任。如果它不是实证法上的权利，如何在实证法上受到保护呢？于是，人们不得不去创造一个一般人格权的概念，然后按照权利的一般理论，再去为这种权利寻找客体。但我们不能不注意到：为什么在关于人格权的概念与客体的问题上学者会有如此大的分歧，而在物权与债权的客体上并无这么大的争议？这难道不令人深思吗？

要解开这个谜团，我们不能不去分析观察对世界具有重大影响的民法典。在《法国民法典》中，根本就没有提及人格权问题，而仅仅在第 1382 条规定："任何行为人使人受到损害的，因自己的过失而致损害发生的人，对该他人负赔偿责任。"《德国民法典》也没有在总则的主体部分规定人格权，而仅仅在侵权行为部分（第 823 条）规定："（1）故意或者过失不法侵害他人生命、身体、健康、自由、所有权或者其他权利者，对他人因此而产生的损害负赔偿义务。（2）违反以保护他人为目的的法律者，负相同的义务。"凡是仔细阅读该条的人都会注意到一个问题：该条为什么不在"生命、身体、健康、自由"后面加上一个"权"字而与后面的"所有权或者其他权利"并列？更令人有对比感的是：该法典第 12 条明确规定了"姓名权"，但却没有将生命、身体、健康、自由后面加上"权"字而与姓名权放在一起。正如有的学者所提出的问题一样：我的疑问就是，既然《德国民法典》已经给予人的"生命、身体、健康和自由"以法律保护，那么为什么还要将它们与"所有权或者其他权利"区别规定，而不是直接把前者规定为权利？同时，"生命、身体、健康和自由"之于人的意义，要比姓名重要得多，为什么《德国民法典》认可了人对于自己姓名的权利存在，反而要将"生命、身体、健康和自由"放置在权利的范畴之外呢？[①] 在瑞士也存在同样的问题，《瑞士民法典》在第 28 条第 1 款规定："人格受到不法侵害时，为了寻求保护，可以向法官起诉任何加害人。"在这里，立法仍然是强调人格的法律保护，而未作出权利化的宣示。但在该法典的第 29 条却明确规定了"姓名权"。

---

① 马俊驹教授与其博士生关于人格权问题的讨论：www.civillaw.com.cn，2004 年 2 月 17 日访问。

马俊驹教授的一个提问颇有启发性：法律的保护能否与权利画等号？是不是受法律保护的对象就一定是权利的客体？[①]拉伦茨在批判耶林的“权利本质利益说”时就指出：各种利益通过法律制度以其他方式也能得到很好的保护，而不一定要创设一个“权利”。需要回答的问题是：以什么方式来保证这种法律保护？[②]既然法律已经承认了人的主体地位，那么作为人的那些内在于自己的本质属性，就应当得到法律的保护。任何人侵犯之，都要承担法律责任，为什么还要为此设定一个“人格权”呢？有的学者这样来解释“受法律保护”的对象与“权利客体”之间的区别：人应该是权利的主体，客体作为权利所指向的对象，必须是人以外的事物。否则，假如它成了人的组成部分，那么权利就将回指主体自身，导致主体与客体的混同。这就意味着权利在这里的存在是没有必要的，因为法律对于人的保护，就足以实现人对于其组成部分的享有。近代民法在“属于我们的东西”上，刻意地强调权利与非权利的区分，是出于这样一个观念：人是民法的目的，民法首要的目的，就是人的保护。在人的保护中，那些内在于人的，因人的存在，就会当然存在的“本来就属于我们的东西”，自然就隶属于“人本体的保护”范畴。法律保护人，就是在保护那些“本来就属于我们的东西”。而那些外在于人的，并不会因为人的存在，而当然属于人的“我们所负担的东西”，则需要用权利把它们与人连接起来，通过“权利的保护”，使之成为在法律上属于人的事物。这也就合理地解释了近代民法规定了“姓名权”，却拒绝将更为重要的生命、身体、健康和自由规定为权利的原因。正是由于后者对于人来讲是至关重要的，这才使民法将它们确定为人之所以为人的根本价值，看成人的必要的组成部分。比较而言，姓名与人的距离则要远得多。姓名之享有，与人之所以为人的价值，也无太大的联系。这就使得民法可以将姓名看成人以外的事物，从而可以成为人的权利。[③]我十分同意学者的这种分析意见，人们按照实证主义的一般逻辑，创造出一个一般人格权的概念，却难以为这种权利找出一个令人满意的客体。就如德国学者所言：帝国主义法

① 马俊驹教授与其博士生关于人格权问题的讨论：www.civillaw.com.cn，2004年2月17日访问。

② ［德］卡尔·拉伦茨：《德国民法通论》，王晓晔等译，法律出版社2004年版，第279页。

③ 马俊驹教授与其博士生关于人格权问题的讨论：www.civillaw.com.cn，2004年2月17日访问。

院拒绝承认人格权的决定性原因在于，一般人格权与现行民法不相容，仅仅存在为特别法律所规定的具体人格权客体，如姓名权、肖像权等。应受保护的人格领域在内容与范围上具有不确定性与模糊性，它不具有客观载体。① 按照权利构成的一般理论，如果不能为权利找出客体，就意味着权利没有存在的基础，此权利是否是一种权利就颇有疑问。我们不得不承认这样一个现实：现实生活中仅仅存在具体人格权而不存在一般人格权，就如生活世界中仅仅存在男人与女人，而不存在人类一样。如果能够为一般人格权找到令人信服的客体，那么就消灭了具体人格权。因此，张俊浩教授坚持具体人格权的客体是人的各个主体性要素的做法，是正确的解析思路。

当然，我们也可以理解人们创设一般人格权的良好愿望：避免人格权的封闭性而保持人格权的开放性。但是，在寻找一般人格权的客体的时候，能否将各个具体的主体性要素用一种更抽象的概念加以概括？我曾经试图用“自由与尊严”，但发现人的“生命、健康、身体”等恐怕难以归于“自由与尊严”之中。因此，对我国《民法典》第 990 条第 1 款和第 2 款的关系的解释，从客体方面看，就可能存在一定的问题：第 1 款规定的这些“权利”，是否能够纳入自然人的“人身自由与人格尊严”中？如果不能，那么说第 2 款是对第 1 款不能涵盖的部分进行补充就难以成立，因为，这两款所说的是两种完全不同的东西。但我认为是可以纳入的，第 2 款的外延要大于第 1 款的各种人格权——利益也包括在其中。如果这样解释的话，那么《民法典》第 989 条可能就存在问题了：“本编调整因人格权的享有和保护产生的民事关系。”疑问就是：第 990 条第 2 款规定的“自然人享有基于人身自由、人格尊严产生的其他人格权益”中的“益”是否适用“本编”？这显然属于逻辑上的一个“bug”。

（三）人格与人格权的关系

人格与人格权是否具有同根性？如仅仅从汉语的构词上看，似乎非常简单。但这一概念并非出自汉语，故绝不能望文生义，只能考察西方历史的发展，

---

① ［德］霍尔斯特·埃曼：《德国民法中的一般人格权制度》，邵建东等译，载梁慧星主编：《民商法论丛》（第 23 卷），法律出版社 2002 年版，第 416 页。

才能获得解释。然而，关于人格与人格权的关系，学者存在不同的看法。

1. 人格是主体地位在民法上的保护

坚持这种观点的学者认为："人格"作为一个历史范畴，表现的是人的一般法律地位（用现代观念来说，应称为"人的宪法地位"）。近代以来，作为自然人一般法律地位的法律人格是由宪法加以确认的，而现代民法上的权利能力，是法律人格在私法领域内的具体表现，甚至可以说是自然人在私法上的一种"人格"。如果将人格权理解为"人之成为其人"所获得的法律基本保障，则人格权之"人格"当然是指人的一般法律地位。由于自然人由宪法所赋予的法律人格本身即具有法律强制力，故整体意义上的人格权不过是从权利的角度对"人格"的另一种表达。有人格，即有人格权，无人格，即无人格权。[①] 也就是说，宪法既然承认自然人为人，即在宪法上为人格人（主体地位），那么，私法就应当对具有主体地位的主体进行保护，而这种保护从权利角度看，就是人格权。人格权是宪法所承认的"人格"在私法上的另一种表达。

2. 人格权是人之为人的前提

坚持这一观点的学者认为：从罗马法开始，"生物人"与"法律人"是二元对立的。而生物人要成为法律人，则必须具备"适格"的条件。这种"适格的条件"就是人的各种身份。人的生命、健康、身体、名誉等价值（人格权）就成了"适格判断"的标准，构成了人之为人的条件。[②]

这种观点与上述观点的不同之处在于：前一种观点认为只要在法律上成为人，就当然具有人之为人的属性，即人格权；而后一种观点则相反，只有具备了人格权，才能从生物人变为法律人。

3. 事实人格与法律人格的界分

这种观点认为：人格是指人之所以为人的事实阻隔，即主体性要素的整体性结构。在法律语言中，人们也使用"法律人格"这一术语。法律人格与权利能力等价，而人格则是说明事实层面上的资格的概念，与法律人格并不

① 尹田：《论人格权的本质》，载《法学研究》2003年第4期。

② 马俊驹教授与其博士生关于人格权问题的讨论：www.civillaw.com.cn，2004年2月17日访问。

等价。[①]

我认为，人格权是人之为人的那些本质属性在规范保护层面的体现。的确，从历史发展的角度看，人格这种东西曾被看作一种面具或者某些身份，有了这种面具或者身份，自然人就成为法律上的人。但自近代以来，自然人与法律人打通以后，人格直接由宪法赋予（自然法未必同意这种说法），实际上是说，宪法直接确认了人的身份或者直接给了面具（主体地位），人格权则是另外一个层面的问题。因此，我基本上同意第一种观点。

但是，第一种观点也有一个令人疑惑的问题：人格既然是一种法律地位，在私法中体现出来的人格权就应当既包括财产性的东西，也包括人身性的东西，那么，为什么现在通常意义上的人格权却仅仅限于“人身性”的东西，而不包含财产性东西呢？对此问题，有的学者提出了一个颇有启发性的解释思路：自然人的作为法律主体的人格，能不能二分为财产性的人格与人身性的人格？答案应当是肯定的。理由是：财产关系与人身关系对参与者的要求是不同的。就前者来说，其本质就是商品交易关系，因而参与者必须拥有与他人进行交换的财产；反之，没有财产就无法参加这种关系，也就无法成为这种关系的主体。显然，财产之拥有，是成为财产关系主体的前提。而人身关系则不同，它的产生或者基于出生的事实，或者基于不以财产为内容的法律行为。人是否拥有财产，对于人身关系的参与，并无影响。既然人通向财产关系与通向人身关系事实上具有高度不同的门槛，那么为什么就不可以认为，人成为两种不同法律关系的主体是建立在不同的基础之上的呢？[②]这种思路为法人具有财产关系中的人格铺平了道路。但问题是：（1）不符合历史事实，历史上人格的产生是没有二分的，这种所谓的财产性与人身性都仅仅是主体地位的外在表现；（2）当从《德国民法典》开始出现了“权利能力”以后，作为主体地位的权利能力与人格权发生了分离，因此，人格权也就没有必要再区分为人身性人格权与财产性人格权了，这种划分成为多余；（3）如果反过来理解，这种思路恰恰说明其认为法人不应该享有人身性人格权。

我们不能不注意到一个问题：现代民法用“权利能力”这一术语替代了作

① 张俊浩主编：《民法学原理》，中国政法大学出版社 2000 年版，第 14 页。

② 马俊驹教授与其博士生关于人格权问题的讨论：www.civillaw.com.cn，2004 年 2 月 17 日访问。

为主体地位的“人格”而成为人在民法上主体地位的标志，而人格权却被保留下来作为与财产权并列的权利。也就是说，人格权在这里不再是主体地位的问题，而是主体地位的本质属性在民法上受保护的状态。

三、人格权的特点

我认为，人格权的特征是：

1. 人格权是一种原始的权利，是与生俱来的。在这一点上，人格权与权利能力一样，始于出生，终于死亡，既无取得问题，也无转让问题。

2. 人格权属于专属权，不得继承，不得抛弃。

3. 人格权是绝对权，具有排他性和对世性。[①]

4. 人格权是开放性的权利。将人格权作为开放性的权利，是对人格权进行有效保护的明智选择。对此，我国《民法通则》的规定是有教训的。从《民法通则》的规定看，对人格权采取的是一种封闭式的列举方式，有些没有被列举的就不属于人格权的范畴。例如，2000 年北京朝阳区人民法院审理的一起民事案件（2000 朝民初字第 8372 号）中，就遇到了这一问题：原告（女）到一酒吧消费，因保安嫌其相貌欠佳而被挡在门外。原告到法院起诉，诉称被告侵犯了其人格权。但《民法通则》是没有规定这一种类型的。虽然最后法院以“损害人格尊严”为法律依据进行了正确的判决，但从法律条文上看，是一种突破性的判决。《民法典》吸取了《民法通则》的教训，通过第 990 条，将人格权规定为开放的权利。而这种开放性，恰恰说明了人格权的客体存在问题，因此，将人格权作为权利对待是一种“权宜之计”。

四、人格权的立法模式与我国《民法典》的选择

（一）《民法典》立法过程中我国理论界的争议

1. 人格权独立说

这种观点以王利明教授为代表，主张不能将人格权仅仅规定在“总则”的

---

① 谢怀栻：《论民事权利体系》，载《法学研究》1996 年第 2 期。

主体中，也不能仅仅规定在侵权行为中，人格权应当独立成编。其理由主要是：（1）人格权独立成编是丰富和完善《民法典》体系的需要。《德国民法典》不规定人格权在体系上存在重大缺陷。另外，从民法的调整对象看，人格权也应当独立成编制，并且，侵权法独立成编，必然要求人格权单独成编。（2）人格权制度不能为主体制度所涵盖。那种认为人格与人格权不可分离、人格权应该为主体制度所涵盖的观点，至少在理论上存在两方面的缺陷——一方面，此种观点未能将权利与主体资格在法律上作出区分；另一方面，此种观点未能解释人格利益是否能够作为权利，并在侵权法上受到保护。①（3）人格制度不能为侵权行为法替代。因为侵权行为法不具有确认权利的功能，因此，单独设立人格权编，即使是宣言式的规则而非裁判规则，在法律上也是有意义的。人格权独立成编是人格权制度发展的需要②。

2. 人格权非独立说

在这种观点之下，又有不同的理由与主张。有的学者认为：人格权与主体不能分离，不是一种与物权、债权、知识产权等并列的权利，不应独立成编，而是应当在《民法典》"自然人"一章中专设"自然人人格保护"一节，从"保护"之角度出发而非从"设权"之角度出发，对一般人格权与各具体人格权作出规定。其理由是：（1）人格权本来就不是民法上的权利而是宪法上的权利，生命权、自由权等人格权利，涉及自然人社会生存之根本，岂可由仅仅规范私人生活关系的民法赋予？（2）大陆法系几部有重大影响的民法典都没有将人格权独立成编，甚至没有正面赋权的规定。可以断言，正是人格权固有的宪法性质，阻却了各国民法典编撰者对人格权作出正面的赋权性规定并将之独立成编的任何企图。（3）将人格权与物权、债权、亲属权加以并列，表面上突出了对人格权的保护，实质上使人格权降格减等，使其从宪法权利彻底沦落成为由民法创设的民事权利。这种做法，完全截断了在自然人基本权利的保护领域，民事私法直接向宪法寻找裁判规范之依据的进路，完全否定了我国宪法直接赋

① 对此，许多人存在疑问：利益能够作为权利保护吗？许多人在批评耶林的"权利利益说"的理论时多次以此为把柄。利益是权利行使的结果，利益依存于权利，没有正当权利的利益，是不能受到保护的。不当得利制度就是很好的例证。

② 王利明：《人格权制度在中国民法典中的地位》，载《法学研究》2003年第2期。

予自然人的许多被视为“公法权利”的人格权（如宗教信仰自由权、劳动权和劳动者休息权、受教育权等）获得民法保护的可能。此等胆大“创新”，实为历史倒退。[①]

有的学者主张：人格权不能独立成编，而是应将人格权纳入《民法典》“总则编”的“自然人”一章中。这种主张与上面的主张有很大的不同：这种主张是同意规定“人格权”的，仅仅是独立成编还是不成编的问题；而上面的主张则是人格权不能以权利的形式加以规定，而仅仅以“权利保护”的方式加以规定。这种主张的理由是：（1）所谓人格权，是自然人作为民事主体资格的题中应有之义，没有人格权，就不是民事主体。（2）人格及人格权与自然人本身不可分离。（3）20 世纪 50 年代从苏联引进的民法理论中将人格权表述为“与人身不可分离的非财产权”，其中所说的“不可分离”是有合理性的。基于这样的考虑，人格权摆在自然人一章中较为妥当。[②]

3. 折中说

这种观点认为：人格权的客体是人的伦理价值。但人的伦理价值可以二分为“内在于人的伦理价值”与“外在于人的伦理价值”，也可以称为“无财产利益的伦理价值”与“有财产利益的伦理价值”。根据这样的划分，两者在《民法典》中应区别对待，具体来讲，对于不存在财产利益并与人的本体密不可分的人的价值，应该把它们视为人的要素，而规定于人的制度中。对于具有财产利益，或者可以与人的本体相互分离的人的价值，则应把它们规定于人格权的制度中，从而满足法律保护或者人的支配的需要。这个立法模式，保持了大陆法系民法对于人的伦理价值的认识理论，以及人格权利理论中的逻辑一贯性，反映了大陆法系民法自近代到现代的发展历程。而且在我国《民法典》的“人格权是否独立成编”的争论中，这种模式也可以看成一种“折中观点”，容易被争论的各方所接受。[③]这种观点实际上是将专属于自然人享有的与自然人不可分离的非财产性属性规定于自然人一编，而将具有财产性的属性（价值）规

---

① 尹田：《论人格权的本质》，载《法学研究》2003 年第 4 期。

② 梁慧星：《当前关于民法典编纂的三条思路》，载梁慧星主编：《民商法论丛》（第 21 卷），法律出版社 2001 年版，第 170—184 页。

③ 马俊驹教授与其博士生关于人格权问题的讨论：www.civillaw.com.cn，2004 年 2 月 17 日访问。

定为独立的人格权一编。在该编中，无疑也有“法人人格权”的内容。这种观点常常令人生疑的是：有财产价值而且能够用财产衡量的东西还是不是人格权？人格权一个很重要的作用实际上是与财产保持距离，即使是肖像权这种商业味十足的人格权，也很难说能够用金钱来衡量。

（二）我国《民法典》的立法选择

我国《民法典》采纳了“人格权独立成编”的观点，不仅将自然人的各种人格权详细列举，而且也规定了法人享有的名称权、名誉权、荣誉权等，承认了法人具有人格权。人格权独立成编，则一定是承认法人人格权的。

人格权尽管独立成编，但下列问题应当从理论上论证清楚：一是这种立法模式的选择是价值方面的还是技术方面的？二是法人的这些人格权是否与自然人本质上相同？三是姓名权与其他所谓人格权是否相同？

1. 人格权立法模式的选择是价值方面的还是技术方面的

我个人认为：关于人格权立法模式的选择与对人格权本质的认识有极大的关系。如果将人格权看作自然法上的权利，即与生俱来的人权，则无论实证法如何规定，都是技术层面的问题。如果将人格权看成实证法上的权利，则要讨论它是宪法上的权利还是民法上的权利。如果将其看成宪法上的权利，则民法不负有赋权的使命，仅仅具有保护的功能，自然也就不需要对具体人格权一一宣示，仅仅在侵权行为法上保护即可。如果将人格权看成民法上的权利，民法就负有赋权的功能与使命，就需要对各种具体人格权进行一一列举以宣示，在侵权行为法部分再详细规定侵犯各种人格权的构成要件与法律后果。由此可见，我国《民法典》对于人格权立法模式的选择，是价值层面的而非技术层面的问题。也就是说，我国立法机关认为，人格权是民法上的权利，因此，需要一一宣示。

在讨论人格权立法模式时，许多人都会提出这样一个问题：到目前为止，世界上许多影响较大的民法典，如《法国民法典》《德国民法典》《瑞士民法典》，为什么没有正面以赋权或者宣示的方式规定人格权，而是在侵权行为编中规定了侵权后的责任？

对此问题，学者有不同的解释。有的学者认为：《法国民法典》并不是忽略自然人的人格权，而只是否定从法定权利的角度规定人格权而已。在对近代法国立法有影响的关于自然人法的学者中，相当多的人已经承认自然人对自身利益具有高于法律权利的支配权。[①]

有的学者提出了颇有见地的观点：《德国民法典》上那些被我国许多学者认为是“人格权”规定的内容，实际上并没有被按照“权利”来对待。《德国民法典》第 823 条第 1 款规定：“故意或过失不法侵害他人生命、身体、健康、自由、所有权或者其他权利者，对他人因此而产生的损害负赔偿责任。”从这一条规定可以看出，一方面，在法典用语上，德国民法所规定的“生命、身体、健康和自由”，它们的后面并没有被附加一个“权”字。另一方面，在逻辑上，与人的“生命、身体、健康和自由”处于并列地位的，是“所有权或者其他权利”。由于前者“并列于”权利，而非“从属于”权利，因此可以得出结论：《德国民法典》中的“生命、身体、健康和自由”，在逻辑上是不属于“权利”的范畴的。与“生命、身体、健康和自由”的非权利化规定形成鲜明对照的是，《德国民法典》第 12 条明确规定了人的“姓名权”。对于这个现象，我的疑问就是，既然《德国民法典》已经给予人的“生命、身体、健康和自由”以法律保护，那么为什么还要将它们与“所有权或者其他权利”区别规定，而不是直接把前者规定为权利？同时，“生命、身体、健康和自由”之于人的意义，要比姓名重要得多，为什么《德国民法典》认可了人对于自己姓名的权利存在，反而要将“生命、身体、健康和自由”放置在权利的范畴之外呢？同样的现象又重现在《瑞士民法典》中。《瑞士民法典》在开篇的自然人一章，就规定了“人格的保护”。其核心的条款是第 28 条第 1 款：“人格受到不法侵害时，为了寻求保护，可以向法官起诉任何加害人。”在这里，立法仍然是将法律的保护依托在“人格”上，即那些人的伦理价值之上，而没有明确在这些价值上人的权利的存在。而且，与《德国民法典》如出一辙，《瑞士民法典》也是仅仅规定了“姓名权”，而对其他的人的价值未作出权利化的宣示。这是为什么呢？人应该是权利的主体，客体作为权利所指向的对象，它必须是人以外的事物。否则，假如它成了人的组成部分，那么权利就将回指主体自身，导致主体与客体的混同。这就意味着权利在这里的存在是没有必要的，因为法律对于人的保护，就

① [日]齐滕博：《人格权法研究》，一粒社 1979 年版，第 10 页。

足以实现人对于其组成部分的享有。按照这个逻辑，近代民法既然把人的伦理价值当成人的组成部分，那么也就自然意味着否认人的权利在这里的存在。与此同时，近代民法的权利观念，也就随之显现出来。在近代民法中，权利是由主体发出，指向主体之外的事物的法律工具，它也可以看成人与外部事物之间的连接。它的法律意义，就是使人把本来外在于自己的事物，能够在法律上看作自己可以支配、请求的对象。星野英一教授在《私法中的人》一文中转引了登厄鲁斯的那句名言：属于我们的东西可以分为两种，一种是本来就属于我们的东西，另一种是我们所负担的东西。按照刚才的讨论，人只有在后一种“东西”上，才可以存在权利。近代民法在“属于我们的东西”上，刻意地强调权利与非权利的区分，是出于这样一个观念：人是民法的目的，民法首要的目的，即人的保护。在人的保护中，那些内在于人的，因人的存在，就会当然存在的“本来就属于我们的东西”，自然就隶属于“人本体的保护”范畴。法律保护人，就是在保护那些“本来就属于我们的东西”。而那些外在于人的，并不会因为人的存在，而当然属于人的“我们所负担的东西”，则需要用权利把它们与人连接起来，通过“权利的保护”，使之成为在法律上属于人的事物。这个观念，对于以后的大陆法系民法，是有着深远影响的。在近代民法中，人的伦理价值没有被看作外在于人的事物，一方面原因当然在于这些价值奠定了法律人格的基础，因此它只能内在于人，而不能外在于人。另一方面，人的伦理价值不具有财产性，也是近代民法拒绝把它看成外在于人的权利客体的原因。这样看来，在近代民法传统的构架之下，“人格权”这一概念的确是没有存在的基础的。①

但是，近代为什么又出现了人格权概念呢？学者总结了以下原因：（1）“二战”以来，人们对于法西斯侵犯人权的教训的总结，开始重新强调人的自由与尊严。（2）人的伦理价值的急剧扩张，已经超出了“人之为人”的基本伦理价值，故用近代民法的保护方式已经不能满足现实的需要。因此，必须与权利相连接。（3）人的伦理价值的财产化、商业化倾向，动摇了自罗马法以来的“人格与财产相对峙”的基础。另外，人的价值之于人而言，它的法律意义也发生

① 马俊驹教授与其博士生关于人格权问题的讨论：www.civillaw.com.cn，2004年2月17日访问。

了变化。在传统民法观念中，人的伦理价值的法律意义，就是“不可侵犯性”，因此只要求法律施予侵害者以相应的责任即可。当人的价值中的财产利益产生之后，它在法律上的意义，除了固有的“不可侵犯性”之外，又出现了“支配性”，即人对于可以带来财产利益的人格价值，产生了利用并且收益的要求。比较“不可侵犯性”与“支配性”，我们可以发现，无论是将人的伦理价值看成内在于人的，还是外在于人的，“不可侵犯性”都可以实现。但是，就“支配性”而言，如果仍旧把人的伦理价值看成内在于人的事物，那么在通过法律行为对它进行支配的场合中，人就将沦为交易的对象或者标的。因此，从这个意义上讲，现代社会中人格权的出现，更应该解读为，这是人的伦理价值中财产利益凸显的结果。①

学者的上述分析颇有启发性，在历史进程中的分析甚至可以说很有说服力。但我个人认为，影响人格权产生与发展的原因主要有二：一是实证主义的影响；二是商业化对人格权的渗透导致了“支配性”倾向。

前面已经提到，《法国民法典》坚持人格权的自然本质，拒绝对人格权作出规定，而《德国民法典》开始出现人格权的规定，因为《德国民法典》是实证主义的民法典。因此，《德国民法典》就对人格权保护的根据予以了规定。而根据实证法的要求，权利必须有基础，故德国法必然要给人格权寻找实证法上的基础。但是，有一点是令人奇怪的：《德国民法典》除了将姓名权规定为权利外，对生命、健康、自由、身体等却未规定为权利，而仅仅是说它们受到侵犯时受法律保护。这是为什么呢？日本学者星野英一教授解释说：与18世纪自然法论中的法律人格与人格权理论被分别加以阐述相反，自康德以来，尽管法律人格和人格权通过人格尊严思想的介入而联系起来，但受康德及对19世纪德国私法学具有支配性影响的萨维尼的影响，《德国民法典》虽然承认了每个人不受他人意思支配的独立地支配自己意思领域的权利，但却否认了对自身的实定法上的支配权。对自己的支配权一方面不需要法律的承认，另一方面由许多具体制度加以保护。从那以后，19世纪德国历史法学的

① 马俊驹教授与其博士生关于人格权问题的讨论：www.civillaw.com.cn，2004年2月17日访问。

主流失去了对人格权的关心。[①]

德国学者霍尔斯特·埃曼指出,《德国民法典》的立法者之所以没有规定一条人格权的一般性条款,是出于以下三个方面的原因:(1)不可能承认一项“对自身的原始权利”,否则就会得出存在一项“自杀权”的结论。萨维尼认为,自然人对于他自身的合法权利是毋庸置疑的,这种权力是一切真正权利(如所有权与债权)的基础和前提。但是,这一“自然权力”不需要实定法予以承认,它受到旨在保护名誉免受侵害、免受欺骗及暴力等损害的刑法以及大量的民法规范的保护。萨维尼早就意识到,只能通过具体的保护性条款而不能通过某项绝对的权利,来保护人格的“原始权利”。(2)债的产生以财产价值受到侵害为前提。(3)人格权的内容与范围无法予以充分的明确的确定。[②]

由此可见,即使公然宣称自己是实证主义典范的《德国民法典》,也没有通过民法来对人格权作出赋权性规定。当德国的判例在创设“一般人格权”时,也是基于宪法的规定而与民法典第 823 条加以联结而成。这对我国民法典关于人格权的正面赋权性规定的做法,不能说没有启示。

除此之外,人格权的商业化导致了人格权支配性的倾向,使得人格权的创设有了内在的推动力。人格权本属于与生俱来的无财产利益的权利,因出生而取得、因死亡而消灭,人不能以法律行为对之加以处分,因此,其不同于债权与物权,人格权仅仅在受到侵害时才有意义。但如果一种具体人格权(如肖像、隐私等)可以通过允许他人有偿使用而获得利益时,人对其加以支配的欲望就显得迫切了。

从上面的分析不难看出,无论从自然法的角度,还是从实证主义的视角,人格权都没有成为一种与物权、债权并列的权利,而且不是民法赋予的权利。[③]

---

① [日]星野英一:《私法中的人——以民法财产法为中心》,王闯译,载梁慧星主编:《民商法论丛》(第 8 卷),法律出版社 1997 年版,第 177 页。

② [德]霍尔斯特·埃曼:《德国民法中的一般人格权制度》,邵建东等译,载梁慧星主编:《民商法论丛》(第 23 卷),法律出版社 2002 年版,第 413—414 页。

③ 有学者认为:我国《民法通则》最伟大的贡献之一,就是单独规定人格权,使其与物权、债权、知识产权等权利具有同等的地位。——王利明:《人格权法的发展与我国的民事立法》,载王利明主编:《民商法前言论坛》(第一辑),人民法院出版社 2004 年版,第 326 页。如果《民法通则》真的使人格权与物权、债权、知识产权等权利具有同等的地位,那么,这是否是其伟大的贡献,就有讨论的余地了。

对人格权的赋予及宣示，似乎不应当是民法的使命。我国《民法典》的这种明确宣示人格权的做法，显然与当代大陆法系民法典不同，并不是从消极保护的角度来规定人格权，而是从正面赋权的视角来看待人格权。从理论上说，确实有悖人格权本身的价值和位阶。但从实际上看，也许有利于对人格权的中国法保护。或许可以说，一部好的法律，不应该仅仅是理论上完备，而是能够实际起到好的作用。

2. 法人的这些人格权是否与自然人本质上相同

我国《民法典》（第 1013 条、第 1024 条、第 1031 条）规定的法人与非法人组织享有名称权、名誉权、荣誉权等权利是否与自然人的人格权相同？

我们先来看看，法人的名称权是否等同于自然人的姓名权？法人的名称权，如果是公司的话，与商号权如何区分？难道商号权属于人格权？商号权是可以用金钱衡量的，其与自然人的姓名权真的相同吗？这些问题我们将在下面具体分析。

荣誉权对于自然人来说，的确不是人格权，但对于法人来说，如果将它看成一种权利，倒是合适，但绝不是人格权，而是一种具有商业利益的权利。名誉权，对于自然人与法人有着绝对不同的含义：对于法人来说，损失的仅仅是财产性利益，而对于自然人来说，损失的不仅是财产性利益，更重要的是非财产性利益。

3. 姓名权与其他所谓人格权是否相同

姓名权之所以在许多国家的民法典上被非常显著地规定为“人格权”，主要有以下几个方面的原因：（1）姓名在一定程度上属于“身外之物”，一个人刚刚出生时并无姓名，但他却有姓名权。姓名权表现为自由决定、变更与使用姓名的权利。个人既可以随父姓，也可以随母姓，姓或者名可以根据程序任意改变。因此，姓名与其他人身性要素不同，具有某种可“处分性”。（2）在《法国民法典》与《德国民法典》制定时期，姓名还带有某种家族的象征。在中国的传统中，一个人的姓名更多的是具有家族特征（当然，今天这种特征已经很薄弱了）。（3）姓名权有积极意义上的请求权的作用，即可以根据姓名权请求他人为一定行为，例如，可以根据姓名权请求他人正确地称呼自己、请求他人正确地书写和使用自己的姓名等，而不像生命权、健康权那样，没有积极意义上的请求权功能，只有被侵犯后才具有消极意义上的保护功能。因此，很多国家将其放在侵权法部分规定，也就顺理成章了。

（三）我国《民法典》选择人格权独立成编是否具有理论支持

尽管支持或者反对人格权独立成编都有自己的理由，看起来也都很有道理。但是，我认为，是否能够独立成编，一个很重要或者说最重要的理由就是：它能否作为独立的请求权基础进行诉讼和裁判。例如，物权可以独立成编，因为它本身具有不同于其他编的请求权基础——物权请求权；合同可以独立成编，因为它有自己的请求权基础——违约请求权（违约责任基础）；侵权能够独立成编，也有自己的请求权基础——侵权请求权基础；亲属与继承莫不如此。人格权是否可以作为独立于物权和债权（特别是侵权）的请求权基础呢？我们不妨来看看我国《民法典》“人格权编”中的救济措施。

应该说，《民法典》“人格权编”中涉及救济措施的规定大概有 6 个条文，分别是第 991 条、第 994—997 条、第 1000 条。第 991 条规定：“民事主体的人格权受法律保护，任何组织或者个人不得侵害。”从该条中，看不出来是人格权的独立请求权基础，因为物权编中也有这种规定（《民法典》第 207 条）。第 994 条规定：“死者的姓名、肖像、名誉、荣誉、隐私、遗体等受到侵害的，其配偶、子女、父母有权依法请求行为人承担民事责任；死者没有配偶、子女且父母已经死亡的，其他近亲属有权依法请求行为人承担民事责任。”这似乎应该属于侵权责任，而且究竟是保护死者人格权还是保护生者的民事权利，还值得研究。第 995 条规定：“人格权受到侵害的，受害人有权依照本法和其他法律的规定请求行为人承担民事责任。受害人的停止侵害、排除妨碍、消除危险、消除影响、恢复名誉、赔礼道歉请求权，不适用诉讼时效的规定。”该条规定不能被认为属于人格权自身独有的请求权基础或者救济措施。第 996 条规定：“因当事人一方的违约行为，损害对方人格权并造成严重精神损害，受损害方选择请求其承担违约责任的，不影响受损害方请求精神损害赔偿。”该条非常清楚，应该属于“请求权聚合”，而且是违约责任与侵权责任的聚合，虽然是对人格权的救济，却不是人格权性救济措施。第 997 条规定：“民事主体有证据证明行为人正在实施或者即将实施侵害其人格权的违法行为，不及时制止将使其合法权益受到难以弥补的损害的，有权依法向人民法院申请采取责令行为人停止有关行为的措施。”这一救济措施虽然是针对人格权特别规定的救济措施（预防性救济），但难说是人格权独有的请求权。第1000条规定：“行为人因侵害人格权承担消除影响、恢复名誉、赔礼道歉等民事责任的，应当与行为的具体方式和造成的影响范围相当。行为人拒不承担前款规定的民事责任的，人民法院可以采取在报刊、网络等媒体上发布公告或者公布生效裁判文书等方式执行，产生的费用由行为人负担。”该条虽然属于侵权责任方式。

可见，尽管《民法典》的“人格权编”规定了对人格权的保护措施或者救济措施，却没有人格权自己的救济措施。因此，人格权独立成编很难从理论上加以说明，《德国民法典》之所以规定姓名权，是因为姓名权本身可以作为侵权之外的请求权基础——侵犯姓名权，权利人可以直接根据姓名权要求侵害人更正或者正确称呼[①]，其构成要件与侵权责任的构成不同。当然，侵害严重了需要赔偿的时候也必须借助于侵权法。所以，我国《民法典》人格权的独立成编只能说，是从“保护人民群众的人权和尊严”之需要出发，它不是一个理论问题，而是一个现实问题。

五、法人是否具有人格权

人格权是否是自然人的专利？法人是否具有人格权？对此，学者之间有不同的认识。

（一）法人人格权否定说

在我国许多学者反对法人具有人格权[②]，尹田教授认为：依照通说，法人是具有法律人格的团体。法人既然具有人格，当然就有人格权，但这是一种极其错误的理论。[③]理由是：（1）“人格权”是一个历史性概念，具有特定内涵

① ［德］迪特尔·梅迪库斯：《德国民法总论》，邵建东译，法律出版社2000年版，第796页。

② 如梁慧星，参见梁慧星主编：《民商法论丛》（第21卷），法律出版社2001年版，第181页；张俊浩，参见张俊浩主编：《民法学原理》，中国政法大学出版社2000年版，第138页；尹田，参见尹田：《论人格权的本质》，载《法学研究》2003年第4期。

③ 尹田：《论人格权的本质》，载《法学研究》2003年第4期。

和价值，不能以同等含义适用于团体人格。（2）法人的“人格权”无精神利益，实质上是一种财产权。（3）法人的“人格权”绝非一切法人均得享有，故其非为任何团体人格存在之必须。（4）法人的“人格权”亦得为营利性非法人组织乃至个人所享有，故其非为团体人格之专属权利。（5）一般人格权的基础为人类尊严之保护，故法人无一般人格权。[①] 因此，团体人格不过是对自然人人格在私法主体资格意义上的模仿，是一种纯粹法律抽象技术的产物。团体人格与体现人类自由、尊严和社会平等的自然人人格之间，在性质上毫无共通之处！所谓法人，不过是私法上之人格化的资本。法人人格离开民事财产活动领域，即毫无意义。为此，法人根本不可能享有与自然人人格权性质相同的所谓“人格权”。基于法人之主体资格而产生的名称权、名誉权等，本质上只能是财产权：法人的名称权应为无形财产权，此为有关工业产权保护之国际公约所明定；法人的名誉权应为法人的商业信用权，同样应置于无形财产权范围。而我国《民法典》将人格权独立成编的必然逻辑结果，便是不得不承认法人享有人格权，不得不完全混淆法人人格权与自然人人格权的本质区别而将两者并列规定。

（二）法人人格权肯定说

法人人格权肯定说在我国具有广泛的市场和较长的历史，《民法通则》颁布以后，我国许多学者以及通编教材都持有这种观点。薛军博士对法人人格权的分析较为透彻。他认为：法人可以享有某些种类的人格权，在现代已经得到理论和立法实践的确认。在《民法典》中不宜从这一角度对法人权利能力施加一般性的积极限制。承认法人可以享有人格权具有立法政策判断上的妥当性，对保护自然人的人格具有工具性的价值。主要理由是：（1）法人与自然人的确存在性质上的重大差别，这样的差别导致一些以自然人的生理或心理特性的存在为基础的人格权无法为法人所享有。但是，我们必须注意到，作为形态丰富的人格权的权利客体的人格利益，它的表现形态也是多样的。以自然人的生理和心理特性的存在为前提且团体不能成为承载者的人格利益不能为法人所享

① 尹田：《论法人人格权》载《法学研究》2004 年第 4 期。

有，但是，除此之外的其他人格性的利益可以不同的方式为法人所享有。在姓名、名誉方面，法人享有与自然人类似的人格利益。（2）社会团体，就其最基本特征而言，无非是自然人组织起来以实现一定的目的。在其中，经济性的目的自然是重要的方面，但是除此之外，团体仍然具有更广泛的社会功能。自然人结为一定的组织，或是要借助众人之力，实现仅凭个人之功无法实现的目标，或是以团体的力量来寻求更有效的保障；或是拓展自己的生活世界，寻求与社会的联系，满足人的社会性的需求。个人借助团体而要实现的目的，既可为营生（比如公司），也可为娱情（比如运动协会），也可为实现一定的价值，体现一定的理念。（3）有两种类型的法人人格权。一类是与法人的存在有本质联系的法人的基本利益，这些利益被作为法人正常发挥社会作用的前提条件而得到保障，从而构成法人的人格权。在这种类型中，最主要的是使法人区别于其他主体的法人的名称权。另一类是由法人承载的、但实际上是以法人的成员的某些总括性质的人格利益为保护对象的人格权。①

刘士国教授也认为法人具有人格权，并享有人格尊严②。

清华大学的博士生蓝蓝提出了法人享有人格权的另外一种理由：在现代社会中，由于个人的人格价值产生了财产利益属性，传统民法中人格与财产之间的对立，开始发生动摇。在这个背景之下，尤其是当个人的伦理价值从人的本体之中分离出去，成为权利的客体之后，法律人格的伦理性意义减退，法律技术上的意义则凸显出来。这个意义一方面在于将主体与客体区分开来，表明是主体而不是客体；另一方面则在于将一主体与其他主体区分开来，表明是民事法律关系中独一无二的主体。这也显示出在现代社会中，所谓的“法律人格”已经不再是与人的伦理性不可分割的法律上的特别的资格。因此，法人是与私法中的自然人在完全同等的资格上存在的概念。与此同时，由于人的伦理价值中财产利益的出现，在自然人那里，也出现了“人格权”与“财产权”的分野问题，比如“肖像”之上的财产价值是非常明显的，那么“肖像权”到底是人

① 薛军：《法人人格权的基本理论问题探析》，载《法律科学》2004年第1期。

② 刘士国主编：《中华人民共和国人格权法律条文建议附理由》，中国法制出版社2017年版，第1页。

格权，还是财产权？面对这个问题，“是否具有财产属性”的传统标准，已经难以给出明确的答案，而“是否与人的本体具有关联性”，则可能是唯一正确的判断方法。这个判断方法的根本标准，即在于所涉及的权利客体，一旦脱离权利人的本体，其所包含的价值，是否还具有意义。从这一标准出发，我们同样可以找到法人人格权与财产权之间的分野。因此可以说，个人的人格权与法人的人格权在这个意义上，找到了“同质性”。因此，将其两者共同置于人格权的概念之下，是完全可能的。①

我倾向于第一种观点，即法人无人格权。因为，如果把人格权看成自然法上的权利，那么，人格权当然就不可能为法人所享有。法人为人造之物，是一种无生命的东西，人无力赋予其天赋权利；如果将人格权看成实证法上的权利，则若将其看成宪法上的权利，法人也不享有人格权。因为宪法从来仅仅规定公民的人格尊严不受侵犯，而从不规定法人的人格尊严。而人格权恰恰就是人格尊严的体现。如果认为法人也享有人格尊严，那恐怕就已经走得太远了。只有那些受民法实证主义的影响而将人格权看成民法上的权利的观点，才会将人格权视为自然人与法人的共有物。另外，学者大都认为：人格权是人权的一部分，无论是我国的宪法，还是他国的人权宣言，或者是联合国人权公约，都没有把法人作为人权的主体。因此，也难为人格权的主体。在美国，一般意见认为：人权保护对公司并不适用，因为公司不是生命个体，因此，公司不能成为人权保护对象。②认为法人有人格权，实际上是把两种性质不同的东西混淆的结果，即将自然人的姓名权与法人的名称权、人格的荣誉与法人的荣誉等表面一样但实质不同的东西等同起来。试想：法人的名称是可以有偿转让、可以作出财产性评估的，而自然人的姓名可以有偿转让吗？可以对其作出财产性评估吗？一个自然人没有姓名是可以出生的，而法人没有姓名可以成立吗？一个自然人区别于他人的是其本身（内在要素），而姓名可以说是“身外之物”。一个人一生没有姓名也不失为一个法律上的人，没有人把他当作客体来对待。而一个法人没有名称能够生存吗？法人可以把自己当作客体而出卖，自然人能够自己卖自己吗？另外，荣誉之于自然人意味着

① 马俊驹教授与其博士生关于人格权问题的讨论：www.civillaw.com.cn，2004年2月17日访问。

② ［美］史蒂文·泊特利：《公司与人权》，兰蕾译，www.ccelaw.com，2004年6月23日访问。

非财产性利益，而之于法人则意味着能够带来更多的利益。因此，不能仅仅从形式上看待这一问题。除此之外，诚如前面学者所言：名称、荣誉、名誉等非法人也可以享有，这样一来，岂不是在自然人与法人之外，又出现了一个非法人人格权，如合伙人格权、其他经济组织的人格权？所以，我个人认为：法人无人格权，现在学者所谓的法人的“人格权”应当属于知识产权的范畴。[①] 如果认为法人有人格权，就是“给死人化了活人妆”。

但是，我国《民法典》显然是承认“法人、非法人组织享有名称权、名誉权、荣誉权等”人格权的。

承认法人具有人格权的话，我国《民法典》第 990 条的两款规定就存在问题了：名称权、荣誉权和名誉权是否是因“人身自由和人格尊严”而产生的？如果回答“是”，那么推理的自然结论就是：法人享有人身自由与人格尊严。这种结论似乎与宪法之规定不符：大概没有任何国家的宪法承认法人享有“自由与尊严”。为了避免这种状况，有学者提出，只有自然人享有一般人格权，法人不享有“一般人格权”[②]，即“人身自由和人格尊严”是自然人的专利。那么问题就出现了：我们不得不重新思考的问题是——“生命权、身体权、健康权、姓名权、名称权、肖像权、名誉权、荣誉权、隐私权等权利”与“人身自由与人格尊严”在应该的内涵与外延上究竟是什么关系？

六、一般人格权与具体人格权

（一）一般人格权的概念

我国《民法典》第 990 条第 1 款和第 2 款是否可以看成一般人格权与具体人格权的规定呢？尽管对此可能存在不同的观点，但我相信持有肯定观点的人一定占有相当的比例。但是，我们必须清楚的是：这种将人格权区分为一般人格权与具体人格权的做法是德国特有的。因为德国的民法典仅仅规定了姓名

---

① 这是张俊浩先生的主张，本人认为十分正确。参见张俊浩主编：《民法学原理》，中国政法大学出版社 2000 年版，第 138 页。

② 王利明：《民法总论研究》，中国人民大学出版社 2018 年版，第 407 页。

权，而其特别法上规定了为数不多的人格权，如名誉权等。因此，需要在这些个别的人格权之外，创设一般条款，解决人格权的一般性问题。这便是一般人格权的由来。我国著名的法学家谢怀栻先生就非常反对在我国采取一般人格权与具体人格权的分类方式。[①]

一般人格权是德国判例根据其宪法第1条与第2条创制的，它是指：受尊重的权利、直接言论不受侵犯的权利以及不容他人干预其私生活和隐私的权利。然而，这里没有一个明确且无争议的界限。[②]

德国判例之所以创制一般人格权，是因为《德国民法典》受萨维尼的学说的影响，有意识地未规定一般人格权，就如德国学者梅迪库斯所言：民法典有意识地未将一般人格权，也未将名誉纳入第823条保护的法益范围。帝国法院虽然在某些方面将这种保护以及特别人格权保护作了扩大，但却没有将这种保护予以一般化。[③]但是，在第二次世界大战以后，人们普遍认为，通过上述的特别人格权仍不足以保护所有方面的人格。凭着对独裁统治的经验，人们对任何不尊重人的尊严和人格的行为都变得敏感起来，这种不尊重的行为不仅有来自国家方面的，也有来自团体或者私人方面的。随着现代技术的发展，这种行为也愈加多样化。为了使这些行为的受害人在民法上得到广泛的保护，司法实践不是坐等立法，而是援引《基本法》第1条第2款，强调人的尊严和人性的发展是法律的最高价值，把所谓"一般人格权"作为被现行法合理承认了的，从而填补了重大空白。虽然这种权利因具有一般条款的性质，难以在《德国民法典》体系中予以规定，但通过司法实践，它被认为是具有"超民法典"性质的法的发展，成为习惯法。[④]

德国法院创制一般人格权实际上是在法律实证主义影响下，为多种不同的并且日益增多的人格保护提供规范层面的支持。虽然《德国民法典》与许多平行法已经规定了对具体人格权的保护，但远远不可能通过立法的方式将"人之为人"的所有属性囊括其中。一般人格权的创制为弥补立法的缺陷提

① 谢怀栻：《论民事权利体系》，载《法学研究》1996年第2期。
② ［德］卡尔·拉伦茨：《德国民法通论》，王晓晔等译，法律出版社2004年版，第171页。
③ ［德］迪特尔·梅迪库斯：《德国民法总论》，邵建东译，法律出版社2000年版，第805页。
④ ［德］卡尔·拉伦茨：《德国民法通论》，王晓晔等译，法律出版社2004年版，第171页。

供了有力的支持。当然，一般人格权是一种框架权利，难以找到客体，故这一权利是否存在尚有疑问。但一般人格权概念为人格权的保护提供了开放性的空间，使其具有极大的发展余地，为保护人的自由与尊严提供了广阔的天地。也许在这一点上，人格权作为一种“虚拟”的权利，有其存在的价值。

尽管我们不一定照搬德国一般人格权与具体人格权的分类模式，但德国人的这种分类在实际效果上的优点，为我国人格权的立法提供了宝贵的经验，使我们认识到保持人格权开放性的重要意义，我国的《民法典》，已经规定了关于人格权的一般条款，即人的自由与尊严受法律保护，实际上起到了一般人格权的作用。

（二）一般人格权适用中的问题

1. 问题概述

由于民事权利要求具体而明确的客体，而一般人格权恰恰是客体不明确且极具发展性，这也是包括《德国民法典》在内的许多国家民法典不愿意规定一般人格权的一个重要原因。就如德国学者所言：帝国法院拒绝承认人格权的决定性原因在于，应受保护的人格领域在内容与范围上具有不确定性与模糊性，它不具有客观载体。并且，一般人格权被称为“框架性权利”，违法的侵害只能通过在个案中进行法益与利益衡量才能确定①。德国学者梅迪库斯也指出：一般人格权的主要问题在于它的不确定性。因为对一个人的保护，往往是以牺牲另一个人的权利或者利益为代价的。因此，联邦最高法院早就指出，在对一般人格权作界定时，必须在“特别程度上进行利益衡量”。联邦最高法院的另一判决表达得更为清楚：利益权衡原则必须具有决定性意义。②

2. 法益和利益衡量的步骤

我们学理及立法上所谓的人格权，经常与其他权利在客体和范围上发生冲突，必须采取法益和利益衡量的原则才能解决。例如，名誉权、隐私权或者言

① ［德］霍尔斯特·埃曼：《德国民法中的一般人格权制度》，邵建东等译，载梁慧星主编：《民商法论丛》（第 23 卷），法律出版社 2002 年版，第 416 页。

② ［德］迪特尔·梅迪库斯：《德国民法总论》，邵建东译，法律出版社 2000 年版，第 807 页。

论自由权就经常在各国发生冲突，必须进行衡量才能决定是否构成侵犯名誉权或者隐私权（正是出于这种原因，许多人不承认这些所谓人格权属于一种权利，而是一种利益）。2004 年我国台湾地区“最高法院”裁决的张某某诉李某侵犯其隐私权及名誉权的判例就指出，被告的行为显然构成侵犯隐私权，应负赔偿责任，但并不构成侵犯名誉权，因为：言论自由为人民之基本权利，有个人实现自我、促进民主政治、实现多元意见等多重功能，维护言论自由即促进民主制多元社会之正常发展，与个人之可能的名誉损失，两相权衡，显然有较高的价值，应给予最大限度的保障。——纵事后证明其言论与事实不符，亦不能令其负侵权行为之赔偿责任。[①]

如何进行法益与利益衡量呢？德国学者提出了一个清晰的思路与步骤，这一过程分为三步：（1）认定相互对立的法益和利益；（2）评价相互对立的法益和利益；（3）权衡相互对立的法益和利益。

在具体个案中，在使用上述高度抽象层面上的一般性概念来权衡所描述的法益和利益时，首先要对相互对立的利益作出一般性的评价。然后对利益的表现形式作出具体的评价（例如，一方面是一个牧师或者一个色情演员的私人生活领域，另一方面是《法兰克福汇报》的新闻自由）。最后才必须对被评价过的诸利益进行相互权衡，并且赋予一方的利益或者另一方的利益以完全或者部分的优先地位。要使这一法益和利益衡量远离“偏见”与“先知”，就必须制定出“价值图表”，为评价和衡量不同的价值给出标准。[②] 这种步骤在实践中有相当重要的应用性，例如，在肖像权的保护与公安机关通缉犯罪嫌疑人的行为中，就存在法益衡量问题，显然经过衡量，应赋予公安机关以优先地位。但是，必须承认，在现代价值多元化的社会中，有时进行法益和利益衡量是很困难的。

---

① 陈聪富：《民法总论》，元照出版社 2014 年版，第 73—74 页；王泽鉴：《人格权法》，三民书局 2012 年版，第 373 页。

② ［德］霍尔斯特·埃曼：《德国民法中的一般人格权制度》，邵建东等译，载梁慧星主编：《民商法论丛》（第 23 卷），法律出版社 2002 年版，第 420—422 页。

（三）一般人格权与具体人格权的关系问题

谢怀栻先生非常反对一般人格权与具体人格权的分类方式[①]。我觉得先生所言很有道理，即使在确定是否侵犯具体人格权时，法益和利益衡量也是不可避免的，例如，个人的隐私权与新闻自由的矛盾与冲突、言论自由与名誉权的矛盾与冲突等。

对此，我国《民法典》第 999 条特别规定："为公共利益实施新闻报道、舆论监督等行为的，可以合理使用民事主体的姓名、名称、肖像、个人信息等；使用不合理侵害民事主体人格权的，应当依法承担民事责任。"德国学者拉伦茨指出，一般人格权与特别人格权的关系可作如下的概括：一般人格权作为任何人都应当受尊重的权利是所有特别人格权的基础，特别人格权是一般人格权的一部分。因此，从逻辑上讲，一般人格权优先于特别人格权。但在法律适用中，与一般人格权相比，特别人格权在内容上规定得较为明确，则优先适用特别人格权。但人们终究不可能在范围上通过划界将所有人性中值得保护的表现和存在的方面无遗漏地包括进来，故在没有特别人格权规定时，适用一般人格权。[②]

第九节　自然人的姓名权

一、问题的提出及意义

迄今为止的学术著作和教科书在谈到姓名权时，似乎毫无疑问地将姓名权列为人格权的范畴。我国自《民法通则》时起，直到《民法典》都规定有姓名权这一权利。即使在德国，虽然自萨维尼时代就反对将人格权作为民法上的权利来对待，从而在其民法典中就没有关于人格权的一般概念。但其民法典却在第 12 条明确规定了姓名权，并且其学者一般都坚称其民法典第 12 条规定的姓

① 谢怀栻：《论民事权利体系》，载《法学研究》1996 年第 2 期。

② ［德］卡尔 · 拉伦茨：《德国民法通论》，王晓晔等译，法律出版社 2004 年版，第 173—174 页。

名权属于第823条侵权行为保护的“其他权利”的范畴。[①]《瑞士民法典》也于第29条及第30条规定了姓名权，而且是在“人格保护”之外专门规定了姓名权。这种现象从逻辑上讲，有下列几种可能的推断：一是姓名权不包括在人格之内；二是姓名权特别重要，有特殊价值，应特别予以规定；三是人格的利益不能通过正面赋权的方式规定，而姓名权是作为权利正面规定的，有特殊意义。也就是说，其他人格利益属于“防御性的法益”，而姓名权属于积极意义上的权利。究竟是哪一种推断呢？人们对姓名权还有其他人格权的争议的源头其实就在这里。另外，就我的经验和知识看，身体、健康、生命和自由与姓名权相比，对于自然人来说要重要得多，但德国人却没有将之列为权利，而是作为一种人格利益列在其民法典第823条的侵权法保护之下，作为防御能性权利来对待，这究竟是为什么？

就姓名权而言，如果仔细斟酌，就会体味出其与其他人格权或者人格利益有较大的不同：首先，一般说人格权或者人格利益是人之所以为人所不可缺少的属性，如生命、健康、身体、自由和其他尊严，但姓名权却不同，一个人因出生的事实而取得人的地位，它不是一个人之所以为人的根本，一个人没有姓名，并不妨碍他是一个人，人们可以通过其他的描述来标志他，尤其是在熟人社会中更是如此。其次，姓名权主体如果愿意，他还可以按照自己的意志来改变自己的姓名。对于人来说，姓名似乎是“身外之物”。因此，其人格属性就值得探讨。最后，在欧洲，在中国，姓名权是否具有身份权的特征，都值得考察。否则，我们就无法理解《红与黑》作者司汤达笔下的主人公费尽心机地去改变自己的姓名之举；就无法理解中国古代的皇帝对某些有特别贡献的人的“赐姓”行为。在我国历史上，特别是少数民族作为统治者的朝代，姓名也代表着身份，而不仅仅是人格权问题。在中国历史上，曾经有过这样的时代：妇女出嫁后要随丈夫家姓。而今天的西方社会仍然存在这种现象。对此，西方许多国家出现了松动的痕迹，而日本直到今天也不允

---

① ［德］卡尔·拉伦茨：《德国民法通论》，王晓晔等译，法律出版社2004年版，第166—170页；［德］迪特尔·梅迪库斯：《德国民法总论》，邵建东译，法律出版社2000年版，第794—800页。

许妇女出嫁后不随丈夫家姓。这难道不是身份吗？

除此之外，侵犯姓名权往往伴随着对其他权利的侵犯，例如，将姓名注册为商标，侵犯的就不仅是姓名权，往往还有名誉权。如中国著名的齐玉苓诉陈晓琪等侵犯姓名权一案，就不仅侵犯了原告的姓名权。还有一些作家或者艺人都有笔名或者艺名，侵犯这些所谓名字是否也构成侵犯姓名权呢？单纯地侵犯姓名权与以上这些侵权行为有何区别？

正是因为有以上这些问题，因此，姓名权是一个需要认真研究和探讨的问题。

二、姓名权的概念及意义

姓名通常由姓与名（有的是一个名有的则是几个名）组成，而由于各国的历史与传统文化不同，姓名来源就有不同的途径。例如，在日本，明治维新之前，一般人是没有姓的，仅有名。[①] 在当今社会，大部分国家要求出生后要进行登记，而登记必须要有姓名。从姓名的取得看，个人的名一般都是由他人给定，而姓则是从家族的姓氏。在德国，子女由对其享有亲权的人取名，婚生子女通常由其父母取名，非婚生子女则由其母亲取名。在子女出生后一个月内须向户籍官员通告其姓名，并由该官员将之登记在出生簿中。以后姓与名的变更需经过主管机关的批准，其条件是“有重大理由进行变更”。[②] 在我国，《户口登记条例》第 7 条规定：“婴儿出生后一个月以内，由户主、亲属、抚养人或者邻居向婴儿常住地户口登记机关申报出生登记。弃婴，由收养人或者育婴机关向户口登记机关申报出生登记。”依照《民法典》“总则编”第二章第二节关于监护之规定，也应由有监护权的人取名。但由于传统的原因，我国实际上给出生子女取名的有的是父母，有的是祖父母或者外祖父母，有的甚至是家族中的长辈或者具有较高名望的人。

姓名权是自然人对自己姓名的专用权及设定或者变更的自由决定权（我国《民法典》第 1012 条）。姓名权之所以被认为是自然人的人格权，是因为它是能

---

① ［日］五十岚清：《人格权法》，铃木贤等译，北京大学出版社 2009 年版，第 9、116 页。

② ［德］卡尔·拉伦茨：《德国民法通论》，王晓晔等译，法律出版社 2004 年版，第 159 页。

够标表自然人存在的符号，这种符号能够同具体的人相联系。人的姓名的作用就在于使人们在一般交往包括法律交往中相互识别[①]，个人的姓名经过长期的使用，对该人来说，成为其人格象征，并成为其人格的一部分。这样就产生了保护姓名不受来自第三者侵害的意识。由此，作为人格权之一的姓名权逐渐得到了认可。[②]姓名权旨在保护姓名载体的个性，因此旨在保护其人格的一部分。[③]我觉得姓名和姓名权有三个方面的意义：一是生活方面的意义。在这方面，姓名有利于交往，即方便了人们的交往，人与人通过姓名而标志出人格的抽象存在，即使在没有具体的人在场的时候，也可以轻易地谈论其长短。也就是说，姓名的出现，使人们在抽象地谈论一个人的时候变得容易，即使个体的人不在场，也能够使其与其他人相区别。二是在私法上的意义。姓名使法律意义上的交易变得简单和方便，使其无论在契约自由、过错责任还是在所有权的行使方面都成为简单和容易的事情。同时，姓名更容易使人的尊严、名誉等得到更好的彰显。如果没有姓名，个人的个性的发展和名誉、信用等的积累将变得困难。这也从反面说明了为什么早期的日本只有贵族才拥有姓和名，它是贵族的特权。三是在公法方面的意义。姓名不仅与税收、服兵役等相联系，甚至跟国家的管理制度密不可分。一方面，姓名的出现使国家对人的管理更容易和更方便；另一方面，如果一个人可以轻易改变姓名而与前面的姓名失去联系，则其以前所有的历史和义务等都将消失，那么，一个债务人就可以通过改变姓名而逃避债务，一个因有严重前科而不适合从事某项工作的人将无法被甄别。这将是十分可怕的事情。

正是因为上面这些原因，各国对于姓名都有十分完整和严格的管理制度。虽然个人可以变更姓名，但必须遵守国家有关法律法规和管理制度。姓名权属于个人，但管理属于国家。不能因为法律制度的禁止就认为是侵害私人的姓名权。

---

① ［德］卡尔·拉伦茨:《德国民法通论》，王晓晔等译，法律出版社2004年版，第158页。

② ［日］五十岚清:《人格权法》，铃木贤等译，北京大学出版社2009年版，第9、117页。

③ ［德］迪特尔·梅迪库斯:《德国民法总论》，邵建东译，法律出版社2000年版，第800页。

三、姓名权的权利属性

姓名权是否是一种人格权，或者说它是否仅仅是一种人格权？它与其他的人格权或者人格利益有什么不同？对此，德国学者拉伦茨指出：姓名并非人的身外之物，如同一件东西从一只手交到另一只手，而是使人个体化的一种标志、一个象征，所以它是个人本身所具有的精神财富，一种人格财产。因此，姓名权本质上是一种人格权，即在一个人的直接存在以及他的个人生活范围内，承认他不受侵犯的权利。① 我国学者的主流观点及司法实践一般也认为，姓名权是一种人格权。

我本人对此有自己的疑问，我认为，姓名权不仅是一种人格权，同时也具有身份权的特征。理由是：

1. 从立法例上看，姓名权和其他人格权的规定不同

德国、瑞士等国家的民法典并没有将生命、健康、身体、自由等作为权利来对待，而是将其作为法益规定在其侵权行为保护的范围中，但却明确规定了姓名权。对此，德国学者拉伦茨还特别指出：（《德国民法典》）第 823 条第 1 款列举了四种在受到侵犯时就完全同权利立于同等地位的“生活权益”，即生命、身体、健康和自由。在它们受到侵害之时，司法实践准许提起除去侵害之诉，在继续受到侵害时，准许请求停止侵害。这样并不是说，有一种生命、身体、健康和自由的不可侵犯的权利，并把这种权利与法律承认的人格权并列。② 而拉伦茨与梅迪库斯坚称其民法典第 12 条的姓名权属于第 823 条中规定的“其他权利”，要受到第 823 条的保护。③

2. 从姓名的产生看，姓名权似乎完全不同于其他人格权

首先来看看德国的情况。在德国，一个人的姓名是由姓（家族名称）与一个或者几个名组成。从魏玛帝国宪法时起，贵族称号就成为姓的一部分。姓可以是出生姓氏，也可以是婚姻姓氏。出生姓氏是一个人出生时依血统关系而取

① ［德］卡尔 · 拉伦茨：《德国民法通论》，王晓晔等译，法律出版社 2004 年版，第 166 页。

② ［德］卡尔 · 拉伦茨：《德国民法通论》，王晓晔等译，法律出版社 2004 年版，第 170 页。

③ ［德］卡尔 · 拉伦茨：《德国民法通论》，王晓晔等译，法律出版社 2004 年版，第 169 页；［德］迪特尔 · 梅迪库斯：《德国民法总论》，邵建东译，法律出版社 2000 年版，第 796 页。

得。婚生子女以其父母的婚姻姓氏为其出生姓氏；而非婚生子女通常以生母的姓为其出生姓氏。在《改革婚姻法和亲属法的第一部法律》于1976年7月1日施行前，婚生子女总是冠以父姓，这种规定违反日益强烈的男女平等的原则。现在成为标准的《标准的婚姻姓氏》是他们结婚时共同采用的“共同的姓氏”。在过去，妻子随着结婚即失去其原有的姓，同时取得丈夫的姓。现在夫妻结婚时，可以向户籍官表明以丈夫或者妻子的出生姓氏作为他们的共同姓氏。在他们没有作出决定时，丈夫的出生姓氏自动作为他们的婚姻姓氏。[①]

再来看看日本的情况。夫妻结婚后，妻子不可以选择姓氏或者保留其出生的姓氏，而必须要用丈夫的姓氏。尽管已经出台了改革的方案，但人们还没有看到希望。这一点是否违反《日本宪法》第13条还有疑问。在不认可夫妻别姓的现行制度下，很多因婚姻而改变姓氏的妻子不得不把原来的姓氏作为通称使用。一般通过这种方式也能够解决问题，但当妻子是公务员的时候，就会受到很多限制。在著名的“关口案”中，身为大学教授的原告，针对限制其使用原来的姓氏的大学的规定，向法院提起诉讼，请求认定国家负有允许其使用原来姓氏的义务，并以姓名保有权受到侵害为由请求损害赔偿。原告主张，作为人格权内容的组成部分，拥有保持自己姓名的权利受《日本宪法》第13条的保护。东京地方法院指出：为了把握公务员的同一性，使用其户籍上的姓名具有合理性，而且在公务员中，把旧姓作为通称使用的情况还不能说很普遍。因此，不能支持原告的有关姓名保有权受第13条保障的主张。因此，驳回了原告的主张。[②]虽然日本有的学者当时指出：如果十年后再回头看本案的判决，恐怕谁都会看到本案在人权问题上的狭窄视野和对社会变化反应的迟钝，谁都会感到明显的不和谐。[③]但十几年过去了，这种预言并没有实现。

最后来看我国的情况。在我国，因1949年后特别强调妇女的解放和保护妇女权益，故当今结婚后随夫姓的情况，至少在汉族地区已经绝迹。但在中国历史上却是非常普遍的现象。除此之外，中国历史上的宗族制度，出于续写家

---

① ［德］卡尔·拉伦茨：《德国民法通论》，王晓晔等译，法律出版社2004年版，第158—159页。

② ［日］五十岚清：《人格权法》，铃木贤等译，北京大学出版社2009年版，第9、125页。

③ ［日］五十岚清：《人格权法》，铃木贤等译，北京大学出版社2009年版，第9、125页。

谱的需要，对名字有许多限制和要求。如姓是统一的家族姓氏，但名字却要求中间一个字或者最后一个字在同辈分的人中是统一的，例如，张某甲、张某乙等。

从这种国内与国外的历史和今天看，难道姓名权仅仅是人格权吗？是否真的与身份权不相干？《红与黑》的作者笔下的主人公之所以改变姓名，难道不是渴望一种贵族身份吗？他的目的无非是想让人一看到他的姓氏就知道他是一个贵族。直到今天，姓氏与身份也不能说丝毫没有关系。

我国有的学者也分析过姓名在中国与西方社会的身份作用，指出：姓名承担了代表群体或者个体、表明等级身份、规范婚姻关系、弥补命运缺憾、指代特殊事物、体现社会评价、凝聚文明精华等社会功能。姓名权在历史上的确曾经以身份权的形态存在过。在某些条件下，姓还可以发挥个体区分和身份区分的作用。因为在等级社会中姓本身就意味着高低贵贱。从微观上讲，家长权、夫权、亲属权等都可以通过一个具体的姓体现出来。正因为如此，德国学者莫迭尔等人才提出了姓名权为亲属权（即身份权）的观点。他们认为姓名权的发生多源于亲属关系，所以姓名权为亲属权的一部分。该观点从姓的角度论证了姓名权是一种身份权。我们可以通过行辈字号等姓名制度轻易地判断出不同人的尊卑、血族、父母双亲、婚姻、子嗣、兄弟姐妹等社会认知因素，从而确定他们之间是否有一定的亲属关系，有着什么样的亲属关系，以及由此产生的权利义务都是什么。因此，姓名在严格的等级制度下可以成为身份关系的制度抽象，一个具体的姓名就是一个具体的身份，一个具体的姓名就意味着身份关系上的具体权利义务。正是从这种意义上来讲，姓名权是一种身份权。①

在当今的中国，因新中国成立后平等观念的荡涤，贵族与平民的区分已经根除。因此，在这种意义上的身份关系几乎消失。从个人的姓氏上几乎已经不能区别身份。但姓名在以下两个方面仍然起着标志身份的作用：（1）在某些少数民族地区，某些姓氏仍然能够代表家族的身份；（2）在今天的中国，有的地方仍然存在续写家谱的现象。

① 袁雪石：《姓名权本质变革论》，载《法律科学》2005年第2期。

3. 从姓名的变更来看，姓名似乎离人很远

一般的人格权或者人格利益都具有与人不可分离的特点，但姓名权却可以依主体的意思在有理由时提出变更。从这一点上看，它似乎不具有人格权或者人格利益的一般属性。它仅仅是一种标志，而它本身却毫无意义。就比如说是一个商品的标记，仅仅是因为通过登记取得而使他人不可侵犯，但它可以被取代。因此，也就决定了姓名权的客体绝不可能是姓名，而是一种用什么来作为姓名的决定权。否则，就无法理解，为什么一个人刚刚出生没有姓名而有姓名权。

从上面的分析中可以得出结论：姓名权不仅具有人格权的特征，还具有身份权的特征。而且，它与其他的人格权具有不同的特点，是一种特殊的兼有人格权与身份权属性的权利。

四、姓名权的权能

对于姓名权的权能，学者之间具有不同的观点。我坚持姓名权仅仅属于自然人而非法人享有。法人的名称权看起来与自然人的姓名相同，但却有着本质的差别。尽管在西方有的国家，如德国、法国等可以将姓名注册为商号，对商号的保护似乎等同于对姓名的保护，但我仍然认为两者有着性质上的不同。故在此，我仅仅阐述自然人姓名的权能。

对于姓名权究竟是一项积极权利，还是仅仅是一种防御性的权利，学者之间存在争议。[①] 我认为，由于姓名权是一种由法律明确规定的权利，因此，它就不仅是一种“法益”，它有着积极的权利属性。但是，由于姓名权不存在转让问题，但却存在变更问题，姓名权与其他人格权不同的是，它需要登记。而且，它同肖像权有些相同的是，可以通过同意他人使用而收取费用。当然，当他人侵犯时，可以请求法律的救济和保护。根据我国《民法典》第1012—1017条的规定，我认为，姓名权应有下列权能。

（一）姓名的自我决定权

姓名的自我决定权是指在姓名的设定和变更方面，姓名权人具有自由决定

① ［日］五十岚清：《人格权法》，铃木贤等译，北京大学出版社2009年版，第9、124页。

权，任何第三者不得非法干预。这应该是人格发展和自我决定的重要表现形式，也是姓名权作为一种特别人格权的特别之处，其他人格权基本上不存在设定方面的问题。

虽然姓名权的设立和变更是一个私权的问题，但同时，也涉及国家的管理，甚至是公法上的利益。对此，德国学者指出：姓名的这种意义也适用于公法上的义务。所以，自然人是否有权任意变更其姓名，是一个属于公法范畴的问题。[①] 故公民个人的这种姓名的设定或者变更权利必须符合国家的法律和法规。例如，上述日本“关口案”中的姓氏争议，就非常清楚地说明，结婚妇女无权随意选择或者保留自己原来的姓氏，必须以丈夫的姓氏作为婚姻姓氏。在我国发生的“赵 C 姓名事件”也从另外一个方面说明了这种自由设定权或者变更权与管理制度之间的冲突和矛盾。

自出生起，赵某荣的儿子就一直使用“赵 C”一名。2006 年 8 月，正在贵州读大学的赵 C 到鹰潭市公安局月湖区分局江边派出所申请换发第二代身份证时，民警告诉他，公安部有通知，名字里面不能有“C”，要改名。而后，鹰潭市公安局月湖区分局户籍科也称，“赵 C”录入不了公安部户籍网序。2007 年 7 月 6 日，赵 C 向鹰潭市公安局提出申请，要求继续使用“赵 C”一名。但是，结果还是“不可以、需改名”。

赵 C 很喜欢自己的名字，认为简单、好记、不重名，而且用了 20 多年，自己所有的档案关系都是“赵 C”，要改名牵涉太多。同时，赵 C 也认为，既然公安机关在其出生时把“赵 C”的户口和第一代身份证都给办了，现在又强迫他改名，显然是侵犯了公民的姓名决定权。为了捍卫自己的姓名权，2008 年 1 月，赵 C 将鹰潭市公安局月湖分局告上法庭。2008 年 6 月 6 日，鹰潭市月湖区人民法院对此案作出一审判决，赵 C 胜诉。

鹰潭市公安局月湖区分局于 2008 年 6 月提出上诉。法院二审时，双方激烈的法庭辩论持续了 3 个多小时。双方争论的焦点是，“C”是不是《中华人民共和国居民身份证法》规定可以使用的符合国家标准的数字符号。最后，在法院的反复协调下，当事双方在庭外都表示愿意妥协，双方最后达成和解。法

---

① ［德］迪特尔 · 梅迪库斯：《德国民法总论》，邵建东译，法律出版社 2000 年版，第 795 页。

院于 2009 年 2 月 26 日对“赵 C 姓名权”一案当庭作出二审裁定，裁定撤销鹰潭市月湖区人民法院一审判决；赵 C 将用规范汉字更改名字，鹰潭市月湖区公安分局将免费为赵 C 办理更名手续。[①] 该案于 2009 年 1 月 15 日入选了 2008 年全国十大影响性诉讼案件，足见其在中国的影响之大。

该案涉及一个主要问题是：如何理解《居民身份证法》第 4 条的规定这一核心问题，该条规定：“居民身份证使用规范汉字和符合国家标准的数字符号填写。民族自治地方的自治机关根据本地区的实际情况，对居民身份证用汉字登记的内容，可以决定同时使用实行区域自治的民族的文字或者选用一种当地通用的文字。”那么，什么是“标准的数字符号”？对此条的解释无非有两种：一是 C 属于标准的数字符号；二是 C 不属于标准的数字符号。在此我不想就此作出解释，只是想说：如果 C 不符合这一规定，则公安机关就没有侵犯其姓名自我决定权；反之，如果符合这一规定，则属于侵犯其姓名自我决定权。

在未成年人的姓氏问题上，有三个问题需要说明：（1）未成年人的姓氏如何决定？（2）能否用父母姓氏以外的姓氏作为未成年人的姓氏？（3）父母离婚后未成年人的姓氏是否必然变化？是否归监护人或者抚养人单方决定？就这些问题，我仅仅以我国法为依据，进行分析说明。

对于问题（1），即未成年人的姓氏决定权，原则上说，子女可以随父姓，也可以随母姓。对于未成年人的姓氏，由夫妻双方协商决定；协商不成的，按照当地习惯确定。

对于问题（2），父母在决定姓氏的时候，能否以父母各自的姓氏以外的姓氏作为未成年人的姓氏？对此问题，有些国家，如德国和日本，法律规定有婚姻姓氏，夫妻的婚姻姓氏必须是一致的，不允许夫妻有两个姓氏，仅仅是如何决定的问题，即决定用丈夫的姓氏或者妻子的姓氏作为婚姻姓氏而有差别。如果有婚姻姓氏，子女一出生，即当然拥有婚姻姓氏，就不会发生未成年人的姓氏如何决定的问题。而我国的法律和管理制度并没有规定婚姻姓氏，因此，子女出生后就会出现如何决定其姓氏的问题。如果夫妻双方不能协商一致用丈夫的姓氏还是妻子的姓氏，那么协商一致用夫妻姓氏之外的他姓是否允许？对此，《民法典》第

① 参见 http://news.cctv.com/law/20090227/100595_1.shtml，2022 年 5 月 18 日访问。

1015 条规定："自然人应当随父姓或者母姓，但是有下列情形之一的，可以在父姓和母姓之外选取姓氏：（一）选取其他直系长辈血亲的姓氏；（二）因由法定扶养人以外的人扶养而选取扶养人姓氏；（三）有不违背公序良俗的其他正当理由。少数民族自然人的姓氏可以遵从本民族的文化传统和风俗习惯。"

对于问题（3），按照我国最高人民法院的司法解释（1951 年《关于子女姓氏问题的批复》、1981 年《关于变更子女姓氏问题的复函》及 1993 年《关于人民法院审理离婚案件处理子女抚养问题的若干具体意见》），如果子女虽未成年，但有表示其意志的能力时，离婚后要变更子女姓氏，要征求子女本人的意见，并应以子女的意志为主。如果子女没有意思表示能力的，夫妻任何一方不得擅自更改离婚前的子女的姓名。不能以抚养责任来决定姓氏的变更，即离婚后的子女的监护人或者抚养人不得仅仅以自己为监护人或者抚养责任人为由来单方决定没有意思表示能力的子女的姓氏。

另外，根据《民法典》第 1016 条的规定，民事主体决定、变更自己的姓名、名称，或者转让自己的名称的，应当依法向有关机关办理登记手续。关于姓名的变更程序，按照我国《户口登记条例》第 18 条规定，未满 18 周岁的人需要变更姓名的时候，由本人或者父母、收养人向户口登记机关申请变更登记；18 周岁以上的人需要变更姓名的时候，由本人向户口登记机关申请变更登记。

至于变更姓名后，对变更前从事的民事法律行为法律后果，按照《民法典》第 1016 条第 2 款规定，民事主体变更姓名、名称的，变更前实施的民事法律行为对其具有法律约束力。也就是说，不能通过变更姓名而逃避民事义务和责任。不仅如此，非民事责任或者义务也不能因为变更姓名而逃避或者改变。

（二）专用权

日本学者指出：每个人对于自己姓名的使用不受他人干涉，当他人超越权限范围擅自使用自己的姓名时，可以对此加以禁止。这是姓名权的本质，是很多国家的民法典作出规定的内容。[①]

这种专用权包括自己使用和允许他人使用。自己使用，是指在生活交往和

---

① ［日］五十岚清：《人格权法》，铃木贤等译，北京大学出版社 2009 年版，第 9、119 页。

法律交往中使用自己的姓名。例如，在签订合同时用自己的姓名签字；到某地参观考察可以将自己的名字签于留言簿上；也可以将自己的姓名适用到合伙、个体或者公司的商号或者商标等。

可以允许他人使用自己的姓名，这种使用既可以是有偿的，也可以是无偿的，非常类似于肖像的被允许使用。一般来说，未经许可使用他人姓名的，将构成侵犯姓名权。当然，这种许可使用应明确使用的范围和目的。超出范围和目的使用，仍然属于未经许可而使用他人姓名。例如，A 为自然人，与合伙企业 B 达成协议，允许 B 合伙企业使用自己的姓名作为该合伙的商号的一部分。后来 B 变更合伙为公司继续使用 A 的姓名作为公司的商号的一部分，但没有通知 A。A 认为变更后的公司未经其许可使用其姓名而侵犯了其姓名权。这种情况下，的确应该按照侵犯 A 的姓名权处理。

（三）姓名的持有权（保有权）

该权利包括两种含义。第一种含义是：任何人有权保持自己的姓名权，非经自己同意不得被强迫放弃或者更改姓名。这一点也是姓名自我决定权的另一种表达，但角度不同。上述发生在日本的"关口案"中的原告就认为，结婚后必须改姓为丈夫的姓氏侵犯了其姓名保有权，进而侵犯了《日本宪法》第 13 条赋予的权利。在我国曾发生过 200 多名村民因姓氏生僻而被迫集体改姓事件[①]，实际上就是侵犯了姓名的自我决定权和保有权。

第二种含义是：当就姓名权发生纠纷时，有权要求司法机关确认自己的姓名权。《德国民法典》第 12 条规定："有权使用某一姓名的人，因他人争夺该姓名的使用，或者无权使用该姓名的人使用该姓名，从而使其利益受到损害时，权利人得请求排除此侵害。有继续受侵害之虞时，权利人得提出停止侵害之诉。"即含有该含义。

在我国有学者指出：姓名是户籍登记项目，因而每个人只能有一个正式姓名，即登记在登记簿上的姓名。姓名的变更则需要公示，登记姓名的变更非依

---

① 刘远征：《论作为自己决定权的姓名权》，载《河南省政法管理干部学院学报》2011 年第 2 期。

变更登记程序不生效力[①]。例如，在诉讼中，任何人作为原告提起诉讼后，变更姓名的，必须提交相关变更的法律文件，否则其诉讼资格将成为问题，就如公司变更名称的，必须提供法律文件证明前后“两个公司”是一个主体，才有权利义务的可继受性。但现在的问题是：姓名权有无排他性？登记在先的人有无权利要求后来的人不得使用该姓名？这在我国是一个很大的问题。由于我国人口众多，姓名重合的人相当多，像“李刚”“王强”等这种姓名非常普遍。这种现象其实对社会管理是非常不方便的，从个人权利来看，也存在“合法的侵犯”问题。如果从绝对权的角度[②]看，这样的问题是否成立：登记在先的人能否排除他人对该登记姓名的使用？该登记的姓名有无排他性？如果有的话，姓名一经登记，那么后来的人不可能使用该登记姓名。如果使用，登记在先的人有权请求排除该侵害。从姓名权的私权之绝对权的意义上看，当然应具有这一权利，但我国的管理机关是否能够在技术和手段上解决姓名的公示问题，却是一个现实问题。现在中国的问题是，不仅在大的行政区划内，有姓名重合的问题，即使在一个城市，甚至是一个城市的不同区内，也存在重合问题。我认为，现在的技术已经达到避免重合的程度，应该加强管理，以利于社会和个人。否则，姓名登记的公示力和排他性不能完全实现，不利于对姓名权人的保护。

（四）请求他人正确称呼自己的权利

请求他人正确称呼自己的权利包括两方面的含义。一方面，姓名权人享有请求其他人在交往中正确地称呼自己的权利。如果在一字多音多义，或者汉语中声调不同而有不同的表示意思时，特别是带有侮辱、贬低等目的时，更是如此。在日本的“NHK 日语读音诉讼案”中，NHK 电视台违反韩国牧师明确的意思表示，将其姓名用日语发音进行了播送。对此，韩国牧师提起了诉讼，请求道歉并要求今后对自己及其他所有韩国人、朝鲜人的姓名使用朝鲜语的读音进行称呼。该案件的一审判决认为：姓名被正确称呼所带来的利益不是法律上的利益，而仅仅是事实上的利益。不过，如果这种称呼无视、蔑视人格时，可

---

① 张俊浩主编：《民法学原理》（上），中国政法大学出版社 2000 年版，第 147—148 页。

② 我国许多人认为姓名权属于绝对权。

以认定为违法行为。但本案不属于这种情况。原告不服，提起上诉。二审法院认为：人的姓名被他人正确称呼，应该说具有受侵权行为法保护的人格利益的属性。认可了姓名被正确称呼的利益的权利性。但二审法院接着又指出：姓名权被正确称呼的利益，与姓名权不被他人冒用的权利、利益不同，在性质上作为侵权行为法保护的利益并不十分坚固。即使姓名被他人不正确地称呼，也不能马上就认为侵权行为的成立。[①] 日本这一判例，有一点是有意义的，即以明确的态度承认了姓名被正确称呼是一种人格权。但一审判决与二审判决的理由却令人费解：为什么姓名被正确称呼是一种事实利益而不是法律利益？为什么说姓名权被正确称呼属于侵权行为法所保护的利益，但却在侵权行为法上不坚固？如果具有无视或者蔑视人格权的情形时，就不仅仅是侵犯姓名权了，恐怕就已经侵犯其他人格权了。在我看来，NHK 违反本人明确表示的态度，就已经属于故意的问题，而姓名受法律保护的事实就说明侵犯之具有违法性。仅仅是在确定是否具有侵害后果方面存在问题，但在姓名权人已经明确告知的情况下，说明姓名权人对此是具有利益的，起码是精神利益。因此，我认为该案构成侵权行为。

另一方面，在姓名权人已经变更姓名的情况下，姓名权人有权要求其他人用变更后的名称称呼自己。德国学者梅迪库斯指出，姓名权人在变更自己的姓名后，有权要求他人用新的姓名称呼自己。[②] 不仅如此，在自己的工作单位，在已经改变姓名的情况下，姓名权人有权要求单位用新的姓名标志自己，并有权要求同事们用新姓名称呼自己。

（五）禁止他人使用的权利

这一权利实际上在我国的《民法典》第 1014 条已经明确规定了：“任何组织或者个人不得以干涉、盗用、假冒等方式侵害他人的姓名权或者名称权。”《德国民法典》第 12 条也有专门的规定。其实，这种规定的意义实际上是在侵权行为法及不当得利制度保护之外，使姓名权有了自己特殊的救济方式和手

① ［日］五十岚清：《人格权法》，铃木贤等译，北京大学出版社 2009 年版，第 9、126 页。

② ［德］迪特尔·梅迪库斯：《德国民法总论》，邵建东译，法律出版社 2000 年版，第 797 页。

段，即使不构成侵权行为或者不当得利，也可以直接请求该条规定的救济方式。

五、姓名权的保护

（一）姓名权保护概述

1. 保护的范围

按照大部分国家户籍法之规定，一个人仅仅具有一个登记的姓名，但这并不妨碍其在现实生活中存在几个姓名的情况。有些文化名人、艺人等具有笔名或者艺名。例如，鲁迅就是一个笔名，其真名叫周树人；“小香玉”也是一个艺名。这些笔名或者艺名是否受法律保护？日本学者指出：作家、艺术家、艺人等经常使用笔名、雅号、艺名等来取代真名。当这些通称广为人知的时候，就和真名一样受到姓名权的保护[①]。在我国同样也面临这一问题，甚至有人的笔名或者艺名的知名度远远超过自己的真名，如鲁迅和小香玉这种笔名和艺名都大大超过其本人的真名的名望。因此，法律上就不能不作出保护。在现实生活中，对鲁迅这一姓名的侵犯要远远高于对周树人的侵犯。但保护的前提条件是：这一非登记姓名必须具有与本人相联系的特征，即大家都知道这一笔名或者艺名是指什么人。对此，我国《民法典》第1017条专门规定：“具有一定社会知名度，被他人使用足以造成公众混淆的笔名、艺名、网名、译名、字号、姓名和名称的简称等，参照适用姓名权和名称权保护的有关规定。”

但有疑问的是：在签署法律文件或者合同、立遗嘱时是否可以用笔名或者艺名？对此学者有不同的看法。德国学者拉伦茨认为：在公共场合使用自己选择的化名是允许的，但在向国家机关作出意思表示签名时，则须用其依法取得的名字，并且在办理结婚登记、土地登记以及在法院起诉或者应诉时都必须使用取得的姓名。但按照另一个德国学者波勒的观点，在诉讼中人们可以使用任何名字，只要它们可以用来识别当事人，从而避免混淆不清即可。[②]我同意后一种观点，只要能够区分当事人即可，尤其是用笔名或者艺名签订合同或者从

---

① ［日］五十岚清：《人格权法》，铃木贤等译，北京大学出版社2009年版，第9、118页。

② ［德］卡尔·拉伦茨：《德国民法通论》，王晓晔等译，法律出版社2004年版，第160页。

事其他法律行为时，不得以不是自己的登记取得的姓名为由而主张合同无效或者不生效力。只要能够识别是谁签订的合同，意思表示就对谁发生效力。但在实践中，我们还是提倡用户籍登记的姓名签署法律文件或者从事法律行为，避免因形式上的识别问题产生不必要的麻烦。例如，尽管“小香玉”知名度很高，但用这一名字签署合同，如果对方提出当事人异议，则要花很大的周折来证明身份。

2. 保护的法律基础

无论法律将姓名权作为一种积极权利还是防御性的权利，被侵害后，都会受到法律的保护和救济。但是，当姓名权作为一种独立的权利被规定后，其被救济的法律基础就比一般的未上升到权利层面的利益的保护要宽泛。目前，从我国及大陆法系国家的立法体系看，主要存在三种请求权基础：一是姓名权本身规定的保护基础；二是侵权行为法规定的保护基础；三是不当得利的请求权基础。例如，德国学者指出：《德国民法典》第 12 条只规定了对姓名的保护，保护方式是要求排除妨碍或者说停止侵害。但是，第 12 条并不是保护姓名权方面的唯一规定。在加害人有过错的情况下，姓名权人还可以主张第 823 条第 1 款意义上的赔偿请求权，因为姓名权属于该条款意义上的“其他权利”。除此之外，无论加害人是否具有过错，姓名人都可以根据第 812 条的规定主张返还因使用姓名而获得的利益（不当得利）。①

在我国，实际上也存在这三种请求权基础。但我们在适用的时候要注意它们的构成要件是不同的：不当得利的请求权不要求得利人具有过错或行为具有不法性，有些不当得利可能发生在合法行为中或者自然事件中。如果要适用侵权行为的请求权基础则必须要求符合侵权行为的构成要件，而在这三种请求权基础之中，侵权行为的构成要件最为严格。虽然我国《侵权责任法》第 2 条第 1 款规定：“侵害民事权益，应当依照本法承担侵权责任。”但要注意的是，并非任何侵害民事权益的行为都符合这一条件，而是依照“本法规定的条件”，包括构成要件方面。另外，法律对姓名权的保护特别规定了请求权基础，例如，

---

① ［德］迪特尔·梅迪库斯：《德国民法总论》，邵建东译，法律出版社 2000 年版，第 796 页；［德］卡尔·拉伦茨：《德国民法通论》，王晓晔等译，法律出版社 2004 年版，第 167—170 页。

《德国民法典》第 12 条及我国《民法典》第 1014 条，都有保护姓名权的特别规定。根据我国《民法典》第 1014 条规定的“禁止他人干涉、盗用、假冒”，即使干涉、盗用、假冒等不构成侵权行为或者不当得利，也可以直接根据此条请求法院救济。

（二）侵犯姓名权与侵犯其他人格权的关系

1. 侵犯姓名权与隐私权或者名誉的关系

第一种情况是：用真实存在的人的姓名刻画小说或者影视剧的人物，使人联想到真实的人与影视剧作品或者小说中的人物的关系时，侵犯了姓名人的姓名权吗？对于这种情况，德国过去采用的是“侵犯姓名权”，但现在认为，这里损害的不在于姓名的使用，而是对其私生活的暴露。侵犯了隐私权而不是姓名权。① 我觉得这种说法是有道理的，即使在刻画人物时，用一个真实的人的故事作为核心，而却用一个其他的名字，使人联想到作品中的人就是生活中的某人时，情况是一样的，要么侵犯了其隐私权，要么侵害的是名誉权或者其他人格权。

第二种情况是：在他人不愿意出现姓名的地方出现了其姓名，往往侵害的不是姓名权，而是隐私权。例如，有人不愿意他人知道自己的财富，但自己的名字却出现在“财富排行榜”中；自己虽然拥有宝马汽车，但却不愿意自己的姓名出现在拥有该车的名单中等，这些表面看是侵犯了姓名权，其实真正被侵犯的客体不是姓名而是隐私或者名誉。

第三种情况是：加害人假冒他人姓名从事某些行为，损害姓名权人的名誉的情况。这种情况也应按照侵犯名誉权来处理。

2. 侵犯姓名权与侵犯信用的关系

这种情况多发生在利用他人的姓名从事某种行为后，可能会损害他人的信用。例如，徐州市某区人民法院审理的杜某诉黄某一案就是这样的情形。2006 年 11 月，杜某准备好一切贷款手续，到工商银行申请贷款 7 万元购置门面房，却被告知有商业银行联网的不良信用记录，7 年内各专业银行不得向其贷款，经查，原来是杜某曾经在与联通公司联办的中行长城卡里恶意透支手机费，造

① ［德］卡尔·拉伦茨：《德国民法通论》，王晓晔等译，法律出版社 2004 年版，第 169 页。

成不良信用而无法贷款。无论杜某如何向银行解释，银行始终不肯撤销不良信用记录。杜某经过调查得知：2004 年 8 月，联通公司某支公司与中行联合举办“手机优惠大奉送”活动，凡事业单位工作人员带身份证和单位证明均可办理，费用委托中国银行徐州分行从长城卡账户上划缴。杜某单位的同事黄某得知该项活动后，觉得比较合适，想办理，但黄某身份证丢失了，就向杜某借用身份证，并言明是买个手机卡用。杜某就将自己的身份证爽快地借给了黄某。黄某拿着杜某的身份证到联通公司办理手机手续，填写了长城卡申请表，在持卡人亲笔命名栏上签上杜某的名字，并将申请表拿到单位加盖单位的章，与联通公司签订了协议，协议主要内容为：办理人必须承诺两年时间从入网之日起每月最少消费 66 元，在两年内最低话费总额不低于 1600 元，将获赠一部手机，两年后改为预存话费。黄某顺利地拿到一部手机，他用了一年多后，将手机及卡转卖给了他人。

2007 年 2 月，杜某向徐州市某区人民法院起诉，请求法院判令被告中国银行立即消除他在银行的不良信用记录；判令黄某、中国联通有限公司某支公司、中国银行某支行三被告停止侵害、恢复名誉、赔礼道歉、赔偿精神损害赔偿金 5 万元，判令赔偿房屋评估费损失 300 元。

法院经审理认为，本案中原告是事业单位工作人员，在正常情况下是可以获得银行贷款的，由于被告的过失行为致使他可以获得贷款的利益受损，被告存在侵权行为。被告黄某违反《居民身份证法》第 17 条规定，冒用原告的身份证、擅自以原告的名义办理手机及信用卡业务，又违反诚信原则，拖欠手机费用，并将手机随意转让他人，对杜某的损失应承担主要赔偿责任。被告联通公司在审查时存在审查瑕疵，应承担审查不严的责任。原告杜某自身疏于对身份证的管理，存在一定的过错。关于精神损害赔偿数额的确定，应当结合侵权人的过错程度、侵权行为所造成的损害后果、侵权人的获利情况等因素综合予以确定，本案要求被告赔偿 5 万元精神抚慰金的诉讼请求法院仅能部分支持。杜某的 300 元房屋评估费为其直接损失，被告黄某应按过错大小予以赔偿。故在 2007 年 3 月 29 日，判决：被告中国银行某支行于判决书生效后十日内消除此次信用卡业务中银行系统的原告杜某的不良信用记录；黄某于十日内赔偿评估费损失 210 元，赔偿原告精神抚慰金 1000 元。判决诉讼费用由原告及三被告共同负担。[①]

在该案中，法院显然是以被告侵犯了原告的姓名权而判决的，但我认为，在该案中，实际上侵害的客体是信用权，即因被告的行为导致了原告的信用遭到损害，从而有不良的信用记录而不能贷款。

3. 侵犯姓名权与其他权利

因侵犯姓名权从而侵犯其他权利的情形，在实践中也时有发生。在此，仅仅举两个案例来说明其关系。

（1）因侵犯他人姓名而导致他人不能结婚

2005 年 6 月，被告王某、李某准备登记结婚，因李某全家搬迁，户籍丢失，无法办理结婚登记。王某遂找到自己妹夫姨家（即原告方某某家），称未婚妻户籍登记丢失，无法办理结婚登记，想用方某某的户口簿和身份证附李某的照片去办理结婚登记。当时方某某在外务工，只有父母在家，其父母想只是借用女儿的户口簿和身份证，不会有什么问题，就同意把女儿的身份证和户口簿借给王某使用。2005 年 6 月 24 日，王某、李某登记结婚，结婚证上是方某某的名字。后方某某务工回家得知此事，找到王某、李某两人要求用他们自己真实姓名登记结婚。2005 年 9 月 5 日，王某、李某到登记机关办理了离婚，又于 2005 年 9 月 8 日以双方真实姓名重新登记结婚。方某某户籍簿上留下了“离异”字样，引起了男友对其有“婚史”的误解，无奈之下诉至法院。

该案在审理过程中，法院运用《民法通则》和当时即将实施的《侵权责任法》有关知识对当事人进行教育疏导，并考虑被告假冒原告姓名办理结婚登记后又立即办理了离婚，停止了侵害，且未造成严重后果，二被告又当庭向原告赔礼道歉，加之原、被告系亲属关系，对原告放弃的其他诉讼请求法院予以确认，最终法院判决被告以书面形式向原告赔礼道歉。[②]

对于该案，我认为实际上是属于排除妨碍的情形，因没有导致其他损害，仅仅是因冒用他人姓名导致该他人不能结婚。如果导致误解而失去男友或者造成其他不良影响，则可能构成侵害其他人格权、身份权或者其他权利。

---

① 郑菊：《本案侵犯的是姓名权还是名誉权》，中国民商法律网，2007 年 5 月 30 日访问。

② 余传甲：《户籍丢失嫌麻烦　侵犯他人姓名权》，中国民商法律网，2010 年 1 月 28 日访问。

（2）因冒名顶替他人上大学而使他人失去上学机会和工作机会

著名的齐玉苓案[①]的原告齐玉苓经统一招生考试后，按照原告填报的志愿，被山东济宁商校录取为财会专业委培生。由于被告陈晓琪、陈克政（陈晓琪之父）、山东省济宁商业学校、山东省滕州市第八中学、山东省滕州市教育委员会共同弄虚作假，造成被告陈晓琪冒用原告的姓名进入济宁商校学习，毕业后被分配到一家银行工作，致使原告的姓名权、受教育权以及其他相关权益被侵犯。为此，原告请求法院判令各被告停止侵害、赔礼道歉，并赔偿原告经济损失 16 万元，赔偿精神损失 40 万元。

一审法院仅仅认定被告陈晓琪、陈克政侵犯了原告的姓名权，却不支持原告齐玉苓提出的受教育权被侵犯的请求。法院认为，本案证据表明齐玉苓因不能找到委托培养单位而已实际放弃了这一权利，即放弃了上委培的机会。其主张侵犯受教育权的证据不足，不能成立。

齐玉苓不服一审判决，向山东省高级人民法院提起上诉。山东省高级人民法院认为，上诉人齐玉苓所诉被上诉人陈晓琪、陈克政、济宁商校、滕州八中、滕州教委侵犯姓名权、受教育权一案，存在着适用法律方面的疑难问题，因此依照《人民法院组织法》（1986 年）第 33 条的规定，报请最高人民法院进行解释。

最高人民法院对本案进行研究后认为：当事人齐玉苓主张的受教育权，来源于我国《宪法》第 46 条第 1 款的规定。根据本案事实，陈晓琪等以侵犯姓名权的手段，侵犯了齐玉苓依据《宪法》规定所享有的受教育的基本权利，并造成了具体的损害后果，应承担相应的民事责任。据此，最高人民法院以法释〔2001〕25 号司法解释批复了山东省高级人民法院的请示。

山东省高级人民法院据此讨论后认为：上诉人齐玉苓通过初中中专预选后，填报了委培志愿，并被安排在统招兼委培考场，表明其有接受委培教育的愿望。被上诉人陈克政辩称是由于其提供了鲍沟镇镇政府的介绍信和委培合同，齐玉苓才被安排在统招兼委培考场，但没有证据证实。即使此节属实，也因为陈克政实施的这一行为是违法的，不能对抗委培志愿是由齐玉苓亲自填

① 参见《中华人民共和国最高人民法院公报》2001 年第 5 期。

报这一合法事实。故陈克政称齐玉苓以自己的行为表示放弃接受委培教育的权利，理由不能成立。齐玉苓统考的分数超过了委培分数线，被上诉人济宁商校已将其录取并发出了录取通知书。由于被上诉人滕州八中未将统考成绩及委培分数线通知到齐玉苓本人，且又将录取通知书交给前来冒领的被上诉人陈晓琪，才使得陈晓琪能够在陈克政的策划下有了冒名上学的条件。又由于济宁商校对报到新生审查不严，在既无准考证又无有效证明的情况下接收陈晓琪，才让陈晓琪冒名上学成为事实，从而使齐玉苓失去了接受委培教育的机会。陈晓琪冒名上学后，被上诉人滕州教委帮助陈克政伪造体格检查表；滕州八中帮助陈克政伪造学期评语表；济宁商校违反档案管理办法让陈晓琪自带档案，给陈克政提供了撤换档案材料的机会，致使陈晓琪不仅冒名上学，而且冒名参加工作，使侵权行为得到延续。该侵权是由陈晓琪、陈克政、滕州八中、滕州教委的故意和济宁商校的过失造成的。这种行为从形式上表现为侵犯齐玉苓的姓名权，其实质是侵犯齐玉苓依照《宪法》所享有的公民受教育的基本权利。各被上诉人对该侵权行为所造成的后果，应当承担民事责任。

由于各被上诉人侵犯了上诉人齐玉苓的姓名权和受教育的权利，才使得齐玉苓为接受高等教育另外再进行复读，为将农业户口转为非农业户口而交纳城市增容费，为诉讼支出律师费。这些费用都是其受教育的权利被侵犯而遭受的直接经济损失，应由被上诉人陈晓琪、陈克政赔偿，其他各被上诉人承担连带赔偿责任。齐玉苓后来就读于邹城市劳动技校所支付的学费，是其接受该校教育的正常支出，不属于侵权造成的经济损失，不应由侵权人承担赔偿责任。

为了惩戒侵权违法行为，被上诉人陈晓琪在侵权期间的既得利益（即以上诉人齐玉苓的名义领取的工资，扣除陈晓琪的必要生活费）应判归齐玉苓所有，由陈晓琪、陈克政赔偿，其他被上诉人承担连带责任。各被上诉人侵犯齐玉苓的姓名权和受教育的权利，使其精神遭受严重的伤害，应当按照山东省高级人民法院规定的精神损害赔偿最高标准，赔偿齐玉苓精神损害费。齐玉苓要求将陈晓琪的住房福利、在济宁商校期间享有的助学金、奖学金作为其损失予以赔偿，该请求于法无据，不予支持。

综上，原审判决认定被上诉人陈晓琪等侵权了上诉人齐玉苓的姓名权，判决其承担相应的民事责任，是正确的。但原审判决认定齐玉苓放弃接受委培教育，缺乏事实根据。齐玉苓要求各被上诉人承担侵犯其受教育权的责任，理由正当，应当支持。

该案件在中国引起了很大的震动和讨论。但是，至今为止，我仍然认为，该案实际上不是一件侵犯姓名权的案件，各个被告实际侵犯的是两种权益：一是原告的受教育权，二是受到教育后的工作机会，即就业。因为，当时的中国，只要能够考取大学或者是大专、中专，一旦毕业就有工作的机会，而且是比较好的就业机会。因此，我认为，该案不应定性为侵犯姓名权和受教育权的案件。因为受教育权究竟是一个什么权利，在性质上有争议。对原告来说，最重要的是侵犯了其上学机会和毕业后的就业机会。当然，在山东省高级人民法院的判决书中，也已经指出：冒名顶替上学而且参加工作，以齐玉苓的名义领取工资，并判决返还该领取的工资。这显然属于不当得利返还问题。但问题是，作为一个受到侵害的人，其真正的所有的损失被弥补了吗？这种冒名顶替改变了齐玉苓一生的命运，假如她能够上学，就会有一个好的工作，就会有另外的生活。遗憾的是，本案没有认定被告侵犯原告的就业机会，故没判决被告承担原告因丧失就业机会而应得的赔偿。

（三）姓名用于商号后姓名权人死亡而企业继续使用该姓名作为商号的影响

"李福寿的五名子女诉北京李福寿笔业有限责任公司"一案，对此问题是一个很好的说明。李星三生于 1906 年，14 岁进入李福寿毛笔店做学徒，在 20 世纪三四十年代因其制笔工艺独特、精良而大有名气，至今享誉中外，并曾任北京市政协委员。1956 年，李星三增加别名李福寿。李福寿毛笔店原为一家老字号毛笔店。1954 年，李福寿毛笔店加入北京第二制笔社。1983 年，北京制笔厂（原北京第二制笔社）经国家商标局核准注册了李福寿商标。2001 年，北京制笔厂更名为北京李福寿笔业有限责任公司，其下属两个企业亦更名为：北京李福寿笔业有限责任公司金属结构加工厂、北京李福寿笔业有限责任公司文房四宝堂。2002 年 8 月，李福寿的五个子女李久生等人以李福寿笔业公司擅自使用李福寿的名字作为公司名称注册，同时还用李福寿的名字作为产品的注册商标，将李福寿的姓名用于商业目的行为，侵犯了自己的合法权益为由，要求李福寿笔业公司停止侵害，赔礼道歉，赔偿经济损失60万元，并赔偿精神损害费5万元。原审法院判决驳回其诉讼请求。判决后，李福寿的五名子女不服，提起上诉。北京市第一中级人民法院认为，李星三已于1966年8月27日去世，其人身已不复存在，其所享有的姓名权也就随之终结。李福寿的五名子女无权取得其父李星三的姓名权而成为该姓名权的合法的所有人。北京制笔厂经批准更名为北京李福寿笔业有限责任公司并在工商部门登记备案、核发企业法人营业执照，已经依法取得了企业名称，李福寿的子女以此诉称北京李福寿笔业有限责任公司侵犯了其父的姓名权不能成立。法院确认，北京李福寿笔业有限责任公司的更名行为并没有侵犯李久生等五人的合法权益。因此，法院作出驳回李星三五名子女的上诉、维持一审法院原判的终审判决。[①]

我认为，如果一个人自愿用自己的姓名注册为商号或者商标，或者允许他人将自己的姓名注册为商号或者商标，都是他使用自己姓名的正当行为。注册为商号或者商标后姓名权人死亡，其继承人继续使用的，不构成侵犯姓名权行为。但如果他人来承继，则要看：死者生前是否同意他人继续使用或者根据情况来判断死者是否同意，或者其继承人是否同意继续使用死者的姓名作为商号或者商标。德国学者拉伦茨指出：在承受人或者承租人承受营业时，如原来营业人或者其继承人明确同意可继续使用现有的商号，该商号则不管增加或者不增加说明承受关系的字样，都可以继续使用（《德国商法典》第22条）。[②] 该案是否符合这种观点？依我个人的观点，法院的判决理由是勉强的：（1）姓名权不能继承，其子女不是合法的姓名所有权人，谁来维护死者的姓名权利？人格权都不能继承，那么死者的人格权如何保护？可以任意被侵犯吗？如果是鲁迅的姓名被侵犯，法院是否也认为其子女没有合法权利？这种理由显然难以成立。（2）经过工商登记依法取得营业执照，难道就不能构成侵犯姓名权吗？大部分侵犯姓名权的商号或者商标恰恰就是经过登记而合法取得的。（3）1954年，

① 胡沛那日苏：《李福寿案审结：姓名权不能继承》，中国民商法律网，2003年6月22日访问。

② ［德］卡尔·拉伦茨：《德国民法通论》，王晓晔等译，法律出版社2004年版，第160页。

李福寿毛笔店加入北京第二制笔社时，姓名权人显然是同意使用其姓名作为商号的。但在其去世后，1983年，北京制笔厂（原北京第二制笔社）经国家商标局核准注册了李福寿商标。2001年，北京制笔厂更名为北京李福寿笔业有限责任公司，其下属两个企业亦更名为：北京李福寿笔业有限责任公司金属结构加工厂、北京李福寿笔业有限责任公司文房四宝堂。这里显然应该征求其继承人的同意，尤其是注册成商标，已经超出了商号的范围。因此，是否构成对姓名权的侵权行为值得讨论，但是构成侵犯姓名权和不当得利，应该是肯定的。

第十节　肖像权

一、肖像权的概念和性质

《民法典》人格权编明确将“肖像权”作为人格权的一种进行了规定，那么，什么是肖像权呢？根据我国《民法典》第1018条的规定，肖像是通过影像、雕塑、绘画等方式在一定载体上所反映的特定自然人可以被识别的外部形象。而肖像权则是指自然人对于自己的肖像所享有的制作、使用、公开或者许可他人使用自己的肖像的权利。

然而，在实践中，如何判断肖像权人与再现形式之间的关系，却是一个很有争议的问题。北京市东城区人民法院2002年判决的叶某诉某医院、某出版社、某广告公司肖像权纠纷案[①]，就很好地说明了这一问题。

原告叶某因与被告某医院、某出版社、北京某广告艺术有限公司（以下简称某广告公司）发生肖像权纠纷，向北京市东城区人民法院提起诉讼。原告诉称：我曾在某激光医疗中心就脸部先天的青黑色斑痕进行治疗，治疗效果良好。2001年10月，我发现被告某出版社在其出版发行的《××××旅游图》上，刊登由被告某广告公司经营的某医院的广告。该广告使用了我治疗脸部斑痕前后的照片作为病案。后查《××××旅游图》已经十几次刊登这张照片，按

① 该案例引自中国民商法律网，http://www.civillaw.com.cn/，2007年7月12日访问。

地图上的记载，每次印数高达 50 万份。被告某医院、某出版社和某广告公司的上述行为，侵害了我的肖像权。请求判令被告某医院、某出版社和某广告公司立即停止侵害，消除影响，赔礼道歉，并向我赔偿损失 10 万元。原告叶某向法庭出示、提交了其在某激光中心治疗脸部先天青黑色斑痕前后的照片和病历，以及 2001 年、2002 年《××××旅游图》，其上刊登的广告中附有标志治疗前、治疗后的特定人眼部以下照片。

被告某医院、某出版社和某广告公司对原告叶某所诉《××××旅游图》上刊登附有病案照片广告的事实均无异议。但被告某医院辩称：原告所诉的照片，是我院购买仪器设备时由供货方提供的。我院在委托被告某广告公司发布的广告中，从病理角度使用了这张照片。这是一张局部照片，照片中人物的眼睛以上部分被遮挡，不能证明是原告。照片只占地图上很小一部分，不会带来严重影响，且我院使用这张照片也未获利，没有侵害原告的肖像权，不同意原告的诉讼请求。

被告某出版社辩称：我社有发布广告的资格。原告所诉我社发布广告中附带的这张照片，根本无法辨认肖像人是谁。我社在刊发广告过程中已经依法尽了审核义务，不构成侵害肖像权，不同意原告的诉讼请求。

被告某广告公司辩称：原告所诉照片，反映的只是局部病理情况，看不出肖像人是原告。即使肖像人是原告，也只是原告的局部照片，不构成侵权。另外，地图上的印数，只反映预计的发行范围，不是实际发行量。不同意原告的诉讼请求。

北京市东城区人民法院认为：将原告叶某出示的其治疗前后原始照片与广告上使用的特定人眼部以下照片进行对比，证明广告上使用的照片就是叶某本人眼部以下照片。对此，被告某医院、某出版社和某广告公司虽先否认，但在不能驳倒叶某的证据时不再坚持。因此可以推定，叶某是广告使用照片上的原形人。法律规定的肖像权，基于公民的肖像而产生。肖像，是指以某一个人为主体的画像或照片等，通过绘画、摄影、雕刻、录像、电影等艺术手段，在物质载体上再现某一个自然人的相貌特征。肖像的特征，除肖像与原形人在客观上相互独立成为能让人力支配的物品外，再就是具有完整、清晰、直观、可辨的形象再现性或称形象标识性。这里所说的形象，是指原形人相貌综合特征给他人形成的、能引起一般人产生与原形人有关的思想或感情活动的视觉效果。画像、照片等载体，如果其内容不能再现原形人的相貌综合特征，不能引起一般人产生与原形人有关的思想或感情活动，一般人不能直观地清晰辨认该内容就是某一自然人的形象，这样的载体不能称为肖像。如果载体所表现的内容，只有凭借高科技技术手段进行对比，才能确定这是某一自然人特有的一部分形象而非该自然人清晰完整的形象，一般人不能直观地清晰辨认载体所表现的内容就是该自然人，则这一载体也不能称为该自然人的肖像。该自然人只是载体所表现内容的原形人，不是肖像人。由于这样的载体所表现的内容不构成肖像，原形人也就对这一内容不享有肖像权。肖像权，是肖像人对自己的肖像依法享有的制作、使用专有权及利益维护权。原告叶某所诉的这张照片，只有脸上的鼻子和嘴部分，不是完整的特定人形象。这张照片不能反映特定人相貌的综合特征，不能引起一般人产生与特定人有关的思想或感情活动，因此不是法律意义上的肖像。叶某据此照片主张保护肖像权，理由不能成立。综上所述，应驳回原告叶某的诉讼请求。

一审宣判后，叶某不服，以原起诉理由提出上诉，请求二审改判。北京市第二中级人民法院经审理认为，《××××旅游图》上刊登的自然人面部局部器官照片，不能体现该自然人的外貌视觉形象，本身不构成肖像。上诉人叶某据此认为被上诉人某医院、某出版社和某广告公司侵犯了其肖像权，理由不能成立。据此，北京市第二中级人民法院于 2003 年判决：驳回上诉，维持原判。

对于这种局部反映自然人外部形象的使用行为，是否在任何情况下都不构成侵犯自然人的肖像权呢？对此，杨立新教授指出：肖像之像，不仅仅指的是“五官”“面子”，而是指的自然人外貌形象在物质载体上的再现，当然主要是指人的面部形象，但是，不能仅仅理解为“面子”或者“五官”。当一个照相所承载的形象足以认定为何人形象所再现的时候，就应当认定这个肖像就是该人的肖像。有的教科书认为，“肖像须描绘包括五官的形象，完全不涉及五官的形象，例如背面、蒙面或者颈以下局部人体的作品，均不属于肖像”。这种说法不准确。肖像是自然人的形象的标志、标识，就像姓名是以文字作为自然人的标志、标识一样，借以标表此人与彼人的不同，在人格上加以区别。这样，肖像当然是以人的面部形象为主。但是，确定人的肖像的标准应当是客观标准，在虽然没有“面子”即“不露脸”的肖像上，如果不能判断是谁的肖像，当然不能认定侵害了谁的肖像，但是，已经能够确定“不露脸”的肖像就是某人的肖像，那还有什么必要再去研究这种“不露脸”的肖像要不要保护呢？[①]

我同意杨立新教授的观点，同时也支持上述两个法院的判决。无论采用什么方式，只要能够体现自然人的形象，使人能够将表现形式与某个自然人联系起来，就应当认为，该表达方式就是该自然人的肖像，属于法律保护的范围。

从性质上看，我国几乎所有学者都将肖像权作为人格权的一个类型来对待。因此，它具有人格权的所有特征。但是，与其他人格权不同，肖像权具有更多的商业性，许多肖像权纠纷都与商业活动有关。

二、集体肖像权的保护问题

如果一张照片或者其他作品仅仅涉及某一个自然人时，其对该作品中的肖像享有肖像权似乎没有什么争议，仅仅是如何才构成侵权的问题需要研究。但是，如果是两个人以上的集体照片时，肖像权如何行使？第三人侵犯时又如何保护呢？

1887 年法国巴黎高等法院作出了一个意义深远的判决。某著名演员要求判决照相馆撤去其所陈列的包括自己肖像在内的合影照片。法院认为，一人关于其肖像的所有利益为全体利益所压倒，一人的个性为全画面所掩盖，而人格权失去其存在的基础。包括该演员在内的集体照片无撤回之必要，于是判决驳回其诉讼请求。[②]这一判决对于后世影响较大，即使在今天仍然具有重大的影响，我国某人民法院 1999 年审理的“华某诉某项目咨询公司侵害肖像权纠纷案”就受到这种审判思路的影响。

1998 年 5 月 2 日，原告华某所属集团聘用温某某担任其国际策略专家，并由其负责筹建集团公司所属的上海代表处信息部。聘用期间，温某某随同原

① 杨立新：《肖像和肖像权辨正》，载《检察日报》，2001 年 6 月 5 日。

② 朱文杰：《论集体肖像中的个人肖像权的合理使用和法律保护》，载中国民商法律网，http://www.civillaw.com.cn，2004 年 1 月 14 日访问。

告出访美国，与包括原告等 4 人一起和美国某局局长 Crawford 女士合影留念。1999 年 10 月被告成立上海办事处，由温某某担任该办事处的首席代表。被告上海办事处成立时，将该办事处首席代表温某某随原告等人出访美国期间与美国某局局长的合影一并印在该办事处的资料上对外广为散发。原告以被告擅自使用其肖像用于商业目的为由，向法院提出诉讼。原告诉称，由于被告的侵权行为，致被告成功地将原属原告的大量客户转移至被告处，故请求判令被告停止侵权，赔礼道歉，并赔偿原告精神损失人民币 200 万元。法院经缺席审理认为，在集体肖像中，由于各肖像权人在照片中均享有独立的人格权，其转化（或派生）出的物质利益为全体肖像权人所共有，其肖像的权益被全体肖像权人的权益所涵盖，个人特征难以在集体肖像中突现，故丧失其人格权存在之基础。原告一人对其肖像权的主张，不能反映全体肖像权人的利益。被告未征得原告的同意，在其含有商业目的的宣传资料中，使用包含原告的集体肖像的行为虽欠妥，但并未侵害原告的肖像权。遂判决驳回原告的诉讼请求。[①] 这样的判决结果，显然存在重大的缺陷：既然每个人都无法主张侵犯肖像权，那么，即使第三人表面上是使用集体肖像，实际上意在使用某个人的肖像时，个人也无法获得救济。

对于集体肖像权的问题，中国存在两种主张。一种主张认为，集体肖像中，各肖像权人不得主张肖像权。理由是个人肖像权湮没在集体之中，全体肖像权人对该集体肖像享有无法分割的精神利益和物质利益。此时，不能因为一个人的利益而使全体肖像权人的利益受损。集体肖像由于法律意义与物理特性相分离，且牵涉第三人（其他合影者等）之利益，故在第三人与权利人之间，为利益平衡，集体合影中个人的肖像权应受一定限制。另一种主张认为，判断使用集体肖像的行为是否侵害了集体肖像中特定个人的肖像权，除了行为人客观上具备使用集体肖像行为外，还要看行为人故意的指向。如果行为人只是为了使用集体肖像中特定个人的肖像而使用集体肖像，则不具有使用该特定个人之外的其他合影者肖像的故意，因而，对该特定个人之外的合影者不构成侵权。后

① 王启扬：《华赞诉美国中国项目咨询公司侵害肖像权纠纷案——兼论集体肖像中个人肖像权的法律保护》，载《人民法院报》，2000 年 10 月 3 日第 3 版。

一种观点为法院在判决中所采用。[①]

在上述案件中，温某某使用该集体肖像是为了突出其与美国某局局长Crawford女士的关系，其行为故意的指向是Crawford女士而非原告华某，故温某某虽在客观上具有使用包括原告华某在内的集体肖像之行为，但主观上并无使用原告华某肖像之故意。对原告华某而言，温某某之行为不构成侵权，也即温某某之行为未侵害华某之肖像权。至于温某某之行为是否侵害了Crawford女士的肖像权，则是另一问题。如果认定被告的行为对原告华某构成侵权，则所有合影者均可向被告追究侵权责任，势必害及集体肖像成员合理使用集体肖像的权利。故法院驳回原告的诉讼请求，既合于法理，又能实现当事人利益之平衡。[②]

对于集体肖像权的问题，我认为应注意区分不同情况处理：（1）集体享有肖像权，也可以向第三人主张肖像权；（2）个人对第三人主张肖像权时，必须证明第三人有特别使用其个人肖像的故意；（3）集体中的任何个人为了突出自己而使用集体肖像权时，为正当使用，如在自己的自传中讲述自己的经历时使用集体照片等。

在中国引起热议的是某著名球星与某饮料公司肖像侵权纠纷案。2003年5月23日，该球星委托其代理律师就某饮料公司涉嫌侵犯其肖像权事件正式向上海市徐汇区人民法院提起诉讼，请求法院判令某饮料公司停止将其肖像及姓名用于产品外包装的行为；并在全国性新闻媒体上公开承认侵权行为，向该球星赔礼道歉，消除影响；同时判令某饮料公司赔偿原告精神损害抚慰金及经济损失人民币1元。

原告与被告的侵犯肖像权的纠纷源于当时被告在市场上热卖的一种瓶身上印有三名中国篮球队队员肖像（原告居中）的产品。原告诉称，他只与另一家饮料公司签约，授权该公司使用其肖像。而被告未经他本人同意擅自使用其肖像和姓名并用于商业销售，侵犯了其肖像权和姓名权，故要求被告停止将其肖

---

① 王成：《侵犯肖像权之加害行为的认定及肖像权的保护原则》，载《清华法学》2008年第2期。

② 王启扬：《华赞诉美国中国项目咨询公司侵害肖像权纠纷案——兼论集体肖像中个人肖像权的法律保护》，载《人民法院报》，2003年10月3日第3版。

像和姓名用于产品外包装的行为，在全国性媒体上公开道歉，并要求 1 元钱的“精神和经济损失”。原告表示，自己一贯以实际行动支持中国篮球事业的发展。同时，也非常希望全社会支持中国篮球事业。所以，原告赞赏包括被告在内的企业对中国男篮的赞助。但是，这并不等同于容忍被告侵犯自己的基本民事权利。

被告则表态说，根据他们和中国篮球协会的协议，他们有权使用 3 人以上中国队成员在一起的照片。因为当中国队队员一起穿着国家队球衣时，他们代表的并不是他们自己，而是中国队。案件的关键方——国家男篮的商务总代理中体经纪管理公司（以下简称中体公司）则称，现役运动员的所有无形资产归国家体委所有，其中包括姓名权、肖像权。中国篮球管理中心对运动员肖像权的问题也有规定，中体公司拥有国家队的集体肖像权。该公司在 3 年前代理中国男篮与被告签约，授予被告相关产品享有“中国男篮唯一专用饮料称号”，同时还拥有中国男篮的整队肖像使用权。①

对于此案，存在不同的意见。第一种意见认为：如果被告在使用包括原告在内的集体肖像时，并没有突出原告的肖像，则此时并不侵犯原告的个人肖像权。但是，如果被告在使用包括原告在内的集体肖像时，突出了原告的个人肖像，则根据以上法律观点，可以认定其主观上具有侵犯原告肖像的故意，加上其已在客观上使用了原告的肖像，此时就可以认定被告已经侵犯了原告的个人肖像权，应当依法承担侵权责任。②

第二种意见认为：在原告肖像权案中，不能混淆原告肖像权和肖像许可使用权的概念。原国家体委 1996 年 505 号文件关于“国家级运动员的肖像权等无形资产属于国家所有”的规定实际上是指国家级运动员肖像的财产性权利的使用、收益权属于国家，不是针对肖像权的人格权内涵而言，这并没有剥夺国家级运动员的肖像所有权。即使没有 505 号文件的规定，原告加入国家队后，事实上也是按照这样的约定实际履行的，从而应该推定原告在加入国家队之后

---

① 李蕊：《运动员的肖像权属于谁》，载于《人民法院报》，2003 年 7 月 31 日第 3 版。

② 朱文杰：《论集体肖像中的个人肖像权的合理使用和法律保护》，载中国民商法律网，http：//www.civillaw.com.cn，2014 年 1 月 14 日访问。

对 505 号文件“精神”是知情且明知的……只是由于双方对这种许可使用权没有是否属于专有使用权的约定，参照著作权法有关规定，只能推定国家队对原告的肖像权只具有非专有使用权，原告也可以在同时自己使用。[①]

第三种意见则认为：原告主张其对自己肖像的权利，合理合法。肖像权是公民作为民事主体固有的权利，是与生俱来的，不可转让也不能被剥夺。行政机构的文件不能作为依据来剥夺个人作为民事主体所依法享有的民事权利。除非当事人允许，否则，使用他人肖像就违反了民法有关平等、自愿、公平的原则。[②]

该案原定于 2003 年 10 月 20 日正式开庭审理。双方于 10 月 16 日晚间在上海达成了决定性的庭外和解协议。被告表示，虽然被告是中国男篮的指定赞助商，但未事先征得原告本人同意就将含有原告肖像及姓名的图片用于产品包装的行为确有不妥之处。因此，被告愿意向原告表示歉意。但该案仍然留给我们很多的思考：如果双方不和解，法院应如何判决？法院仍然可能采取对于集体肖像权的规则，即第一种观点判决。但问题是：国家体育总局没有采取合同方式而是采取文件的方式对运动员肖像权进行使用，是否合适？

三、侵犯肖像权的认定

（一）概述

根据我国《民法典》第 1165 条的规定及我国司法实践，一般认为，侵犯肖像权应当符合下列条件：（1）必须有侵害行为；（2）行为人具有过错；（3）给肖像权人造成了损害；（4）行为人无阻却违法的事由。

根据我国《民法典》第 1019 条、第 1020 条的规定，阻却违法的事由大致包括：（1）肖像权人同意；（2）其他事由。其他事由大致包括：第一，为个人学习、艺术欣赏、课堂教学或者科学研究，在必要范围内使用肖像权人已经公开的肖像；第二，为实施新闻报道，不可避免地制作、使用、公开肖像权人的

① 温毅斌：《姚明肖像权问题简析》，载《人民法院报》，2003 年 9 月 8 日。

② 李蕊：《运动员的肖像权属于谁》，载《人民法院报》，2003 年 7 月 31 日。

肖像；第三，为依法履行职责，国家机关在必要范围内制作、使用、公开肖像权人的肖像；第四，为展示特定公共环境，不可避免地制作、使用、公开肖像权人的肖像；第五，为维护公共利益或者肖像权人合法权益，制作、使用、公开肖像权人的肖像的其他行为。

必须特别指出的是，根据我国《民法典》第 1018 条、第 1019 条及第 1165 条的规定，只要加害人实施了符合侵权行为构成的四个要件，有没有违法阻却事由，都要承担侵权责任和其他民事责任，至于加害人是否“以营利为目的”并不重要。

至于“以营利为目的”，虽然在我国《民法通则》及最高人民法院的司法解释中曾有规定，但我国的法律理论和判例早已不将这一条件作为成立侵犯肖像权的要件了。特别是 1988 年最高人民法院召开的华北五省（市、区）审理侵害著作权、名誉权、肖像权、姓名权案件工作座谈会确定：擅自使用他人肖像，不论是否营利，均可认定为侵害了他人的肖像权，不能认为侵害肖像权必须以营利为目的。[①]这一点在向某某诉四川省某航天中学一案中得到了明显的反映。[②]

向某某系四川省某航天中学的学生，1996 年高中毕业后进入北京大学学习。2003 年，航天中学通过翻拍其保存的毕业合影照，制作出原告个人头像照片。6 月 13 日，航天中学在《× × 开发报》辟航天中学专版，在学生篇中使用其制作的向某某及其他升入北京大学、清华大学的航天中学学生照片 8 幅，同版刊登了《某航天中学 2003 年招生细则》，载明收取费用的标准。2004 年 4 月 22 日，航天中学在其网站相关网页发表其制作的向某某个人头像。此外，航天中学还在学校校门外的《航天中学部分精英学子风采（一）》宣传橱窗使用其制作的向某某及其他升入北京大学、清华大学的航天中学学生照片 9 幅。向某某诉称，航天中学不经本人同意，就将原告肖像多次、多处用于其效益丰厚的招生宣传，明显、严重地侵害了原告的肖像权，请求法院判决被告航天中学停止侵害，在报刊、网站、宣传橱窗公开道歉，赔偿原告精神损失费 2 万元、

---

① 转引自张俊浩：《民法学原理》（上），中国政法大学出版社 2000 年版，第 150 页；参见《1989 年中国法律年鉴》，第 940 页。

② 该案事实引自何良彬、徐文波：《营利性不是肖像权的侵权构成要件》，载《人民法院报》，2006 年 7 月 13 日第 6 版。

其他损失 3500 元。

被告航天中学辩称：学校对向某某头像的使用是健康向上的，是对社会有益的，并没有对学生造成伤害，于情、于理、于法皆无可非议。根据我国法律规定，侵害肖像权责任的构成，应看肖像的用途是否以营利为目的。航天中学作为公益事业单位，并非营利性质的单位，其使用向某某肖像是为了激励更多的学生努力学习、鞭策他们向更高目标迈进，而不是以营利为目的。因此，航天中学的行为不构成侵权。请求人民法院依法驳回原告向某某的诉讼请求。

2004 年 9 月 16 日，成都市龙泉驿区人民法院判决如下：（1）被告航天中学停止对原告向某某肖像权的侵害，并在本判决生效后二日内向原告书面赔礼道歉。（2）被告航天中学在本判决生效后二日内赔偿原告向某某精神抚慰金 3000 元。（3）驳回原告向某某的其他诉讼请求。

有学者指出，在侵害肖像权的案件中，困扰双方及法官的问题，不是过错、损害和因果关系，而是侵害肖像权的加害行为。[①] 在我国理论和判例中，最有争议的就是：在未经肖像权人同意的时候，新闻报道或者公益宣传与肖像权人权利的界限为何。下面我们将详细讨论。

（二）新闻报道与侵犯肖像权的界限

任何国家的新闻都在对一些事件进行报道，而在这些报道中，许多人在无意中就成为这些新闻报道的背景或者新闻中心人物。这些行为都难以构成侵权。但如果新闻报道超出限度，就会发生侵权问题。中国著名运动员刘某诉《×××× 指南》报社（以下简称某报社）、北京某科技发展有限公司及北京某百货有限责任公司（以下简称百货公司）案就是显著的一例。

某报社于 2004 年出版《×××× 指南》，封面主题为“影响 2004”，封面右上角标有“出版千期特别纪念专刊”，封面使用了原告刘某在第 28 届奥运会上的跨栏形象。该形象在封面上所具备的特点如下：（1）原告身着奥运会上所穿运动装跨栏形象；（2）奥运现场背景为红旗所取代，该封面底色亦为红色；

① 王成：《侵犯肖像权之加害行为的认定及肖像权的保护原则》，载《清华法学》2008 年第 2 期。

（3）原告上方有醒目的金色标题“影响 2004”；（4）原照片中奥运五环标识和刘某运动鞋的商标被修改。封面下方另有约占封面 1/6 的百货公司的广告，广告内容为“第 6 届购物节，开节狂欢连续”等文字，并有卡通人物形象，该广告使用以蓝色为主的多种颜色，与上方的刘某及背景以红色为主的图案之间有较明显的区别。《××××指南》第 18 版有原告在第 28 届奥运会场怀抱国旗、扭头挥右拳奔跑形象的图片，该图片左下角写有“中国能赢！”，上方有《刘某：栏间的飓风》一文。该期《××××指南》分别回顾评述了 2004 年与中国有关的大事，其中包括北京市市长接奥运会会旗、西安宝马案等事件。

原告诉称，某报社未经同意将其肖像用作封面，并为百货公司购物节做广告。某报社侵犯了其肖像权，故请求判令：停止使用肖像、公开赔礼道歉、赔偿经济损失 125 万元。

某报社辩称，对原告肖像的使用属于回顾性的新闻报道，属于对公众人物肖像的合理使用。将原告作为封面与百货公司的广告没有关系，其广告是连续的行为，且具有广告边框，广告画面中没有原告的肖像，原告的肖像与百货公司的广告是两个彼此分割、独立的画面。故报社正当报道行为不构成侵权。

百货公司辩称，其与某报社直接签订有为期一年的广告发布协议，发布广告是连续行为。其同时在四家媒体上刊登完全一样的广告，广告内容与原告无关。《××××指南》的版面安排与公司无关，故公司不存在侵犯刘某肖像权的事实。

一审法院认为，结合本案的具体案情，根据肖像与特定意义公共事件的关系，可将肖像分为独立于特定意义公共事件的肖像和与特定意义公共事件相结合的肖像。肖像权是以肖像为前提而存在的权利，基于上述对不同肖像的分类，必然产生具有不同权利内容的肖像权。法律对两种肖像权的权利限制和保护范围不同。前者肖像属于权利人可依个人意志决定而自由支配的私人领域，一切违背肖像权人意志而利用其肖像的行为，都可能被视为侵权；后者肖像是指权利人进入公共领域，其形象融入某公共事件，此时法律对权利人的肖像权予以限制，如果构成合理使用，即使未经权利人同意而使用其肖像，也不构成对肖像权的侵害。本案中涉及原告的肖像正属于后者。原告在赛场上的形象与具有特定意义的事件相结合，成为具有持久新闻报道价值的事件。法律保护刘某的肖像权，但在一定范围内原告的肖像权受到限制。本案所涉《××××指南》，无论从印象，还是细读其内容，均可得出该期报刊相关内容属于回顾性报道的结论。故某报社对原告相关事件进行回顾性报道并使用原告在公共领域中的肖像，不构成侵权。关于百货公司是否构成侵权行为，一审法院认为，原告的跨栏形象与百货公司广告在同一页中出现，但两者却具有不同的意义，在不同的位置属于各自独立的主题。原告跨栏形象和国旗红色以暖色为主，百货公司购物节广告以蓝色等冷色调为主。根据《××××指南》长期使用人物形象作为封面的特点，其读者群体对该报的认知常识以及从一般大众阅读理解角度分析，原告跨栏形象与购物节之间不具有广告性质的关联性。百货公司选择在《××××指南》上发布广告时，不知道报刊封面会有原告的肖像，原告肖像与其选择发布的广告出现在同一期刊不具有关联性。综上，一审判决驳回刘某的诉讼请求。

原告不服，提出上诉。

二审法院认为，如何使用肖像，原则上应由个人决定；但因社会事件以人为主，新闻报道、事物记叙评论以及信息宣传若要真实再现当时情况，增加准确性、生动性和感染力，不免要经常使用个人肖像；加之众多与特定场景相结合的特殊人物肖像，往往具有代表国家、民族或者某一历史时期的特殊象征意义，此等肖像亦不免被经常使用。在本案中，专刊内容中虽然有关于上诉人刘某奥运夺金的信息，但专刊封面使用的上诉人肖像，其背景、衣着、跨栏均有较大改动，而且头部紧连文字“影响 2004”。可见封面刊载的上诉人肖像并不是完全为了报道上诉人奥运夺金这一事件。故不属于单纯的新闻报道，不能因此当然排除上诉人肖像与购物节广告的关联性。

《广告法》第 13 条[①]规定，“广告应当具有可识别性，能够使消费者辨明其为广告”，同时“通过大众传播媒介发布的广告应当有广告标记，与其他非广告信息相区别，不得使消费者产生误解”。据此，报纸等新闻媒体发布广告，除广告本身具有可识别性以外，还必须使广告与其他非广告信息之间具有不使消费者产生误解之标记区别。因此，就本案封面的上诉人肖像与购物节广告而

---

① 2015 年《广告法》修订后，相关内容为第 14 条。

言，首先应确定上诉人肖像是否为购物节广告的组成部分；其次要确定上诉人肖像与购物节广告是否具有不使他人产生误解的区别标记。对前者，可称之为是否具有“直接的广告关系”；对后者，则可称之为是否具有“广告性质的关联性”。就购物节广告本身的观察分析而言：该广告居于专刊封面下方，仅约占封面的 1/6。广告以浅蓝色为背景、与专刊封面的整体红色背景反差较大。不同颜色之间形成的自然整齐的分界线，以及购物节广告周边的由彩灯状圆点形成的整齐线条，明确显现购物节广告为相对独立的画面。广告中的文字图像等内容无一与刘某肖像有关，而且购物节广告中自有一个卡通形象作为代言。可见上诉人肖像并不是该广告的组成部分，该广告自身内容与上诉人肖像没有联系，不存在上诉人所称的“利用其肖像做广告”。但就专刊封面的整体视觉效果而言：购物节广告虽为浅蓝色背景，但其周边背景为红色，与上诉人肖像背景红色为同色，确有“与广告背景相同”之感觉；购物节广告紧接跨栏两竖杆，且竖杆本身为蓝色，确有“广告悬挂在跨栏下”之感觉；上诉人跨栏形象的背景由赛场改为红旗，现场的半截跨栏改为艺术化的整体跨栏，突出了上诉人肖像本身，而同时却弱化了新闻效果。被突出的上诉人肖像本身的跨栏动作，与跨栏直接相连的宣传“购物节”的广告相结合，已有“上诉人跨向购物节”之感觉，再加上“××××指南”文字本身的呼应，足以令人产生“上诉人为百货公司购物节做广告”的误解。此种误解具有一定的合理根据，而并非无合理根据的单纯的主观想象。所以，专刊封面上的上诉人肖像与购物节广告之间，虽然不具有直接的广告关系，但具有一定的广告性质的关联性。某报社在发布专刊封面广告之时，未尽力注意避让他人肖像权，从而对载有上诉人肖像的图片进行了不妥当的修改，违反了《广告法》第 13 条的广告必须“与其他非广告信息相区别，不得使消费者产生误解”之规定，显然具有过错。故就某报社此种行为，确认其侵犯上诉人的肖像权，与《民法通则》第 100 条之规范宗旨并无违背。

据此，二审法院判定：撤销一审法院的判决，某报社向上诉人公开道歉并赔偿上诉人精神损害抚慰金 2 万元；驳回上诉人的其他诉讼请求。①

---

① 该案全部材料引自王成：《侵犯肖像权之加害行为的认定及肖像权的保护原则》，载《清华法学》2008 年第 2 期。

两级法院的判决结果虽然不同，但都很好地阐述了新闻报道与商业广告的区别。

（三）公益活动对个人肖像权的合理使用

公益活动可以使用个人肖像权，这也是人格权的一个特点。许多名人或者艺人都积极参加公益活动，而这些活动本身使用其肖像是被允许的。但如果超出公益活动本身的范围，或者距离公益活动较远而使用他人肖像，则可能构成侵犯肖像权的行为。陈某、李某诉某药业有限公司侵犯肖像权案很好地诠释了这一界限。

1997 年 8 月 11 日，某公司与中国某协会国际部、中国某基金会签订协议，由该公司为中国某协会、中国某基金会、日本某财团共同主办的中日老年摄影赛赞助 5 万元人民币。同年 9 月 5 日，摄影赛作品展览开幕式暨颁奖仪式在国家图书馆展览厅举行。陈某（电视台主持人）、李某（摄影家）均有摄影作品参赛，故应邀出席，李某获比赛一等奖。颁奖仪式结束后，陈某向李某表示祝贺，两人共同手捧一等奖奖杯在参赛作品前让在场的摄影记者及友人拍照留念。1998 年 12 月 16 日、1999 年 3 月 18 日，某公司与山西某文化传播有限公司分别制作印刷专刊各 5000 册。1999 年夏季以后，陈某、李某从某公司北京办事处获得上述专刊。该专刊刊名为《关于溶栓胶囊》，彩色 8 开本，第 19 版上半部分刊有 6 幅照片，其中含有陈、李手捧一等奖奖杯合影照片，下半部分则是删去两人合影照片背景、放大而成的两人手捧一等奖奖杯的肖像照片。由于照片未经陈、李二人同意而刊登，二人认为某公司印制并发行的《关于溶栓胶囊》的画册属于商业性广告画报，具有明显的营利目的，严重侵犯了二人的肖像权及相关合法权益，给二人造成了巨大的精神损害。因而诉至法院，要求：判令被告立即停止侵权；赔偿原告精神损失费 10 万元，赔偿原告应得利润及相关经济损失 60 万元；在不少于 5 家全国性报刊以及被告设立“溶栓胶囊”销售处的 28 个省区市的主要报刊上发表声明，公开向二原告赔礼道歉，消除影响。

北京市丰台区人民法院经审理认为：公民肖像权的行使应受一定的限制，这种限制来自法律的特别规定，或者来自肖像形成的特殊过程。某公司出资与中国某协会、中国某基金会共同举办中日老年摄影赛，这是一次具有公益性质的社会活动。任何与此有关联的主体都会成为该活动中地位不等的一个组成部分。陈某、李某应邀参赛并出席影展开幕式，李某荣获一等奖，可见二原告的行为已使自己成为此次活动的成员。二人共同手捧一等奖奖杯让友人及记者摄影留念，此举无论从主观意图或客观意义上看，都表明二原告的肖像与中日老年摄影赛紧密相连，完全有可能向社会公开传播。只要方式得当，宣传评价此次公益活动时使用该照片应被许可，也应被肖像权人所预知。某公司在所编画册第 19 版中使用陈某、李某共同手捧一等奖奖杯的照片，虽采用了置换背景的做法，但对原告的形象并无贬损、歪曲，也未影响照片的主要内容，尚未达到侵权程度。另外，二原告手中的奖杯依然清晰可见，并附有大号文字说明，不会误导消费者。因此，原告有关被告对其照片不加任何具体文字说明，以隐性广告误导消费者及把奖杯弄得模糊不清的主张，缺乏事实根据。画册既有产品广告内容，也有宣传企业形象和企业从事各类公益活动的内容，各自独立成篇，不能认定整本画册都是以营利为目的的产品广告。因此驳回了原告的诉讼请求。

原告不服一审判决，认为一审判决对如下事实认定不清，适用法律不当：（1）一审法院认定画报性质不准确，该画报实为广告画册而非一审法院所认定的公益活动宣传品；（2）被告制作并散发画册的行为是以营利为目的的商业行为，而非一审法院所认定的公益行为的延续；（3）一审法院以肖像权的行使应受限制为由而缩小了对肖像权合法保护的范围；（4）一审法院认为上诉人的形象并无贬损、歪曲，由此认定尚未达到侵权的程度，与法律规定相悖。为此，特提起上诉，要求二审法院撤销原判，支持上诉人的诉讼请求。

北京市第二中级人民法院于 2000 年 12 月 1 日判决驳回了陈某、李某的上诉，维持原判。理由是：中日老年摄影赛是一次具有公益性质的活动。陈某、李某应邀出席开幕式，虽然仪式已经结束，但二人共同手捧一等奖奖杯让友人及在场记者摄影留念的行为，表明其二人对他人的摄影行为持欢迎态度，且对将来照片的发表又未声明必须征得其同意，因此比赛的赞助单位某公司在宣传、评价此次公益活动时使用该照片应认为不具有违法性。况且涉诉照片刊登在《关于溶栓胶囊》画册中宣传企业形象和企业从事各类公益活动的部分，不能认定是以营利为直接目的的产品广告。故陈某、李某上诉要求认定某公司侵犯其肖像权的主张依据不足，不予支持。①

两审法院的上述判决结果与理由引起了争议，即公益活动已经结束，在《关于溶栓胶囊》画册中使用当时公益活动的照片还属于公益活动的部分吗？如果纯粹是为宣传企业形象而列举自己曾经捐助的公益活动而使用照片，又将如何？对于第一个问题，有学者指出：一、二审法院都认定合影行为是该公益活动的延续，显然是不妥当的。在本案中宣传、评价公益活动是与宣传“溶栓胶囊”相联系的，至少是其宣传画册的一个组成部分，这已与公益性质相去甚远。因此，假设合影行为是公益活动的延续，也不应成为合理使用他人肖像的理由。另外，一审法院认为“被告对于原告的形象并无贬损、歪曲，尚未达到侵权程度”也属于对法律的理解产生偏差所致。被告对于肖像权的使用不在法定保护范围之内，则认定侵权的标准仅在于无原告二人的同意或授权。既然没有陈、李二人的同意或授权，就达到了侵权的程度。因此，一审法院的认定是不恰当的②。

对于第二个问题，即如果纯粹是为宣传企业形象而列举自己曾经捐助的公益活动而使用照片，不应构成侵犯他人肖像权的行为。因为，这仅仅是对历史的回顾。但是，可能涉及摄影者的著作权问题。关于肖像权与著作权的关系问题，我们将在后面详细讨论。

四、剧中人物肖像与扮演者肖像权的关系问题

有时，某个电影或者话剧中的人物造型深入人心，因此，有人就使用剧中人物造型的照片。那么，这种行为是否构成侵犯扮演者的肖像权？下面一案的争议或许能够说明这一问题。

原告蓝某诉称：2001 年 11 月中旬，我与友人一同在被告某饭店地下一层餐厅用餐时，发现在该餐厅内摆放着含有我扮演的某人物形象的电影剧照的广告展示架，餐厅门楣处有电影剧照的广告灯箱。被告某饭店虽在我要求下暂时

---

① 钱卫清、许颖：《公益性社会活动中肖像权是否应受法律保护——兼评陈铎、李振盛诉中远威药业有限公司侵犯肖像权案》，载《中国律师》2001 年 5 月 8 日。

② 钱卫清、许颖：《公益性社会活动中肖像权是否应受法律保护——兼评陈铎、李振盛诉中远威药业有限公司侵犯肖像权案》，载《中国律师》2001 年 5 月 8 日。

撤走了广告展示架，但在我与其交涉餐厅门楣处广告灯箱处理一事未果后，又将广告展示架摆出。另悉，被告某饭店使用上述剧照已达四年之久。而我一直非常珍惜自己的艺术形象，从不曾以任何方式借曾塑造过的艺术形象做广告或许可他人营利性地使用我的形象。被告某饭店未经我本人许可，擅自使用我的艺术形象制作广告灯箱和展示架的行为不仅侵犯了我的肖像权，且使公众对我产生误解，影响了我的社会评价，构成了对我名誉权的侵犯，故起诉要求被告某饭店立即停止使用含有我形象的广告灯箱及广告展示架；赔礼道歉，恢复名誉；支付肖像权的赔偿金 10 万元，名誉权赔偿金 5 万元及代理费、公证费、查询费等经济损失 6040 元。

被告某饭店辩称：我方在餐厅内使用电影中原告的剧照属实，但电影剧照不是肖像，我方并未使用原告肖像。肖像与电影剧照利用的识别性特征或知名度是不同的。该剧照的使用也是取得了电影制片人北京某制片厂（以下简称某厂）的同意。且即使该剧照归人的肖像之列，也是集体肖像，因该剧照共有三个人物，在集体肖像中，各肖像权人不得主张肖像权。我方使用的剧照并未侵犯原告的肖像权；另，该剧照使用目的不是为餐厅做广告，而是为餐厅营造一种影视艺术文化氛围，此做法只能凸显原告的艺术造诣，并不会对原告的名誉权造成侵害，故不同意原告的诉讼请求。

被告某厂辩称：该电影是 1982 年我厂拍摄的故事片，该影片的著作权归我厂享有。由于影片剧照是影片的一部，因此剧照著作权亦属我厂享有。我厂有许可他人使用的权利。且原告作为表演者在影视作品表演中代表的不是其本人，是剧中人物即角色，角色形象不等于角色扮演者的个人形象，其不能代替角色享有角色的肖像权。我厂在被告某饭店为了宣传国产优秀影片、营造艺术氛围而许可其使用剧照不仅是行使自身权利，也是为了弘扬影视文化，并未侵犯原告肖像权和名誉权，故不同意原告的诉讼请求。

2003 年 11 月 26 日，法院对此案作出一审判决。判决认定，反映表演者面部形象特征的电影剧照不仅承载了电影的某个镜头，同时也承载了表演者的面部形象，具有双重的识别性，相互不能替代。在涉案剧照中，原告本人的面部形象特征清晰，不仅令一般公众辨别出是电影中的镜头，而且令一般公众分辨出饰演某角色的表演者是原告蓝某，因此原告对涉案剧照享有肖像权。作为一幅肖像作品，涉案剧照上存在着肖像权与肖像作品著作权的双重权利，著作权的行使不能湮没肖像权。电影的著作权人在以电影播放形式行使著作权时无须征得表演者的同意，但超出与使用或宣传电影作品有关的活动范围的使用就要征得表演者的许可或有特殊约定。某厂在未与原告就肖像使用范围进行特殊约定的情况下，允许某饭店使用涉案剧照超出了合理使用范围，某饭店由此对涉案剧照的使用存在权利瑕疵。但鉴于涉案剧照上不止原告一人，而是集体肖像，集体肖像物理上的不可分性决定了其中个人肖像权的行使要受到一定限制，加之饭店使用涉案剧照是为了营造艺术氛围，不是做广告，不具有直接的营利目的，也不具有贬损原告名誉的性质，因此不认定侵犯原告的肖像权和名誉权。尽管如此，某饭店使用了有原告形象的集体肖像应向原告支付使用费，被告某厂对此应承担连带责任，因此判决二被告向原告支付肖像使用费 6000 元及有关损失 1040 元，案件受理费由二被告负担。①

此案判决后，引起了学者的广泛讨论。杨立新教授认为，对于 2001 年蓝某肖像权纠纷，法院的判决在适用法律上是否正确？这是值得研究的。其始终认为，这个判决在适用法律上是不准确的，就是因为演员在出演戏剧等作品的时候，他的肖像权实际上已经处分了，这就是在戏剧中演员所表演的形象，并不是演员本身，而是角色的形象。蓝某表演的角色，在戏剧中，就是角色的形象，而不是蓝某的形象，蓝某本人的肖像已经淡化在剧作之中，而不属于自己。因此，蓝某认为餐厅使用他的剧照，就是侵害了他的肖像权，是没有道理的。因为在这时，剧照的著作权属于剧组，应由剧组维护自己的权利。而剧中由蓝某扮演的角色的剧照，餐厅在使用时已经征得了剧组和导演的同意。因此，这样的使用没有构成侵权。法院显然没有注意到这个规则，而判决本案构成侵权，显然不妥。② 杨立新教授的这一观点，也是目前学理的普遍观点。

我认为，未经扮演者同意使用剧中人物肖像，不构成侵犯扮演者的肖像权，

---

① 摘自北京市东城区人民法院（2002）东民初字第 6226 号民事判决书。

② 杨立新：《对名人肖像权纠纷的几点启示》，载中国民商法律网，http：//www.civillaw.com.cn，2009 年 5 月 3 日访问。

但如果未经剧照著作权人同意，则构成侵犯著作权。

五、肖像权与隐私权

肖像权与隐私权都是具体的人格权，各自表达自然人不同的人格尊严。通常情况下，两者是不会发生问题的，但在有的情况下，也会发生重合问题。这是因为，人的形体是肖像权表达的原形，但形体的某些部分也恰恰是隐私。这种情况，多数表现在裸体照片或者录像等方面，即如果散布某人的裸体照片，究竟是侵犯了其肖像权还是隐私权呢？

这一方面的案例非常多，比较著名的有2001年我国台湾地区政坛一名女性在家中的性爱场面被拍成光盘出售，对其造成极大影响。其后以侵犯名誉权为由起诉，要求被告承担民事赔偿责任。而刑事方面，法院则以侵犯秘密权（隐私权）判决各被告承担不同的刑事责任。

那么，肖像权、隐私权与名誉权在这种事件中如何保护？是吸收关系、聚合关系还是竞合关系？

有的学者提出：当肖像权与隐私权在上述情况下交集时，应由隐私权吸收肖像权。[①] 我认为，应当承认请求权的聚合比较合适，因为有时单独行使一种救济权利不能使当事人获得完全的赔偿。当肖像权、隐私权与名誉权重合时又如何呢？因为，发布他人的裸体照片，不仅是侵犯肖像权、隐私权，而且最重要的是对他人的名誉造成损害，即造成人们对其社会评价的降低。我认为，应允许当事人就侵犯肖像权、隐私权或者侵犯名誉权进行选择以求得自己满意的法律救济。如果一种方式不能使自己的损失获得完全救济，可以要求两种或者多种救济。

六、肖像权与名誉权

名誉权是社会公众的评价，侵犯肖像权在很多情况下并不必然引起名誉权的损失。但是，在有的情况下，不当使用肖像，特别是将肖像与特定的场合或者事物、事件相联系，就会造成名誉权的损失。例如，未经演员本人同意将演

---

① 张俊浩：《民法学原理》（上），中国政法大学出版社2000年版，第150页。

员的照片用于假药的广告、未经演员本人同意将演员的照片用于色情广告等。辽宁省沈阳市中级人民法院审理的杨某与某日报社肖像权、名誉权、隐私权纠纷案或许是最好的解释。

2004 年 2 月 15 日中午，某晚报实习生都某为毕业创作与其奶奶共同来到杨某住所，经征得杨某同意后对杨某母女进行了照片拍摄。当日下午，都某听说该报社记者王某欲拍摄有关单亲家庭的照片，即转告了其杨某母女的情况。2004 年 2 月 16 日，都某与记者王某经杨某同意，来到杨某住所，告知杨某王某记者的真实身份，并告知其此次拍摄的目的是给单亲家庭心理调查的文字作配片，杨某听后表示同意拍摄。双方在自然的交谈中，由王某拍摄到一张由杨某女儿侧脸亲吻杨某眉头的照片。当日下午，为再一次确认杨某母女是否同意将其照片刊登，都某的妹妹持自家手机来到杨某住所，由都某向杨某询问，杨某在电话中明确答复："孩子还在念书，不要暴露孩子的名誉，你看着办。"2004 年 2 月 17 日，某晚报教育周刊发表了题为《父母离异未必就是孩子的不幸》（以下简称《未必不幸》）的文章，其间，将王某拍摄的上述照片作为配片刊登。杨某认为某日报社主办的晚报在教育周刊版中所使用的其与女儿的合影肖像，侵犯了其肖像权、名誉权、婚姻隐私、人格尊严等权利，于 2005 年 3 月 24 日起诉至沈阳市和平区人民法院，要求某日报社向其书面赔礼道歉，并赔偿其经济损失、精神损失及继续侵权造成的精神损失。

一审法院认为：公民享有肖像权，未经本人同意，不得以营利为目的使用公民的肖像；公民、法人享有名誉权，公民的人格尊严受法律保护，禁止用侮辱、诽谤等方式损害公民、法人的名誉。某晚报教育周刊系具有维护社会公共利益性质的栏目，其发表的《未必不幸》的文章，不存在以侮辱、诽谤等方式损害公民名誉的情形。且原告是在已经知晓被告拍摄目的的前提下，同意拍摄并同意被告对其照片予以刊登。因此，原告提出被告侵害其权利的主张不能成立，故对其提出的要求被告书面赔礼道歉并要求经济赔偿和精神损失的诉讼请求，不予支持。

宣判后，杨某不服，向本院提出上诉称：（1）一审认定事实错误。被上诉人的行为已经构成了以侮辱、诽谤、宣扬隐私等方式损害我和孩子的名声名誉。被上诉人以肖像和"父母离异"等文字相结合侮辱肖像权人的形象、人格尊严；把文章的标题与孩子的真实肖像紧密相连，构成了用诽谤的方法损害名誉；把“父母离异的孩子”和肖像相连，构成了用向大众宣扬上诉人婚姻状况隐私信息的方式损害上诉人的名声名誉。（2）被上诉人未经我允许和授权，擅作主张把我和孩子的肖像搭配在文章中刊出，其行为侵害了我和孩子的肖像权、名声名誉权、婚姻状况隐私权、人格权。关于采访目的，我和孩子听到的都是“为这个特困而且是离婚的家庭做件好事拍些照片解决困难”，“了解情况向有关部门反映提高低保金”。我们并没有亲眼见到该文章，也没有在文章上表态。把肖像和文章放在一起刊登，都某、王某并没有告知我们，而且被上诉人也没有提供在采访时我方能知道此信息的证据。（3）王某、都某、孙某（证人）、都某的妹妹与被上诉人有利害关系，故四人证据依法均不能作为认定事实的依据，一审采信了几人的证言、书证、证明，未审核证据的内容是否真实。

被上诉人某日报社答辩称：一审认定事实清楚，证据确实充分，适用法律正确，程序合法，请求二审维持原判，驳回上诉人的诉讼请求。（1）我方拍摄照片是经过上诉人同意的，刊登文章的主要内容上诉人是清楚的，而且表扬了上诉人勤俭、吃苦耐劳的美德，不构成侵犯肖像权。（2）我方尊重记者职业道德进行了采访、拍照，从未说过给上诉人办理低保问题，告知上诉人是给心理调查的文章作配片，文章的主要内容都说了。（3）对于上诉人的婚姻状况问题，法律并没有将婚姻状况列为隐私权范畴，我方刊登的照片根本看不清小女孩的面孔。

二审法院认为：本案的争议焦点在于被上诉人某日报社将上诉人杨某母女的合影照片作为《未必不幸》一文的配片刊登，是否侵犯上诉人母女的肖像权、名誉权、隐私权问题。肖像权是公民对自己的肖像享有利益并排斥他人侵害的权利。公民享有肖像权，未经本人同意，不得以营利为目的使用公民的肖像。本案上诉人承认照片的拍摄和刊登均经过其同意，但称被上诉人未明确告知照片是为《未必不幸》一文作配片。都某、王某、孙某几人的证言相互印证，可以证明拍摄时记者已将照片用途即给单亲家庭心理方面的材料配片告知上诉人。照片刊登前被上诉人征询上诉人的意见时，上诉人要求“不要暴露孩子的名誉”，也间接证明其对照片的用途是明知的。上诉人提出的被上诉人未经其同意使用其肖像的主张不能成立。同时，某晚报教育周刊是具有社会公益和道德教育性质的栏目，被上诉人使用上诉人母女的肖像作为文章配片并非用于商业广告等营利目的，在使用中也未对肖像作歪曲、诋毁等不当处理，故未侵害上诉人母女的肖像权。

关于被上诉人将上诉人母女的照片作为文章配片刊登是否侵犯上诉人母女名誉权的问题，上诉人提出文章标题《父母离异未必就是孩子的不幸》和文章内容与孩子的真实肖像相连，损害了上诉人母女的名誉。法律规定，名誉权是公民或法人对自己在社会生活中获得的社会评价依法享有的不可侵犯的权利。是否构成侵犯名誉权，应当根据受害人确有名誉被损害的事实、行为人行为违法、违法行为与损害后果之间有因果关系、行为人主观上有过错来认定。《未必不幸》一文从正面分析、阐述家庭结构变化易引起子女产生情感冷淡等心理问题，但如果单亲父母用正确的方式与子女加强沟通，心理问题能够预防，甚至生活的变故也可能成为磨炼孩子的一笔人生财富，从而得出“父母离异未必就是孩子的不幸”的结论。该文主旨积极向上，从标题到内容通篇没有侮辱、诽谤性的语言，该文章使用上诉人之女亲吻其额头的照片作为配片，即使读者将二人与文中所述单亲父母与子女的情况相联系，客观上也不会降低母女二人的社会评价，上诉人称该文章和照片刊登后对其生活造成了损害后果，但未提供相应证据，故对其主张本院不予采信。综上，被上诉人没有实施侵害上诉人母女名誉权的行为，亦未造成损害结果，故肖像作为文章配片未侵害上诉人母女的名誉权。

隐私，是指公民在生活中不愿公开，为他人知悉的秘密。公民就个人隐私享有不为他人知悉、禁止他人干涉的权利。关于上诉人提出的被上诉人把“父母离异的孩子”和母女肖像相连，向大众宣扬上诉人婚姻状况侵犯其隐私权的主张，第一，上诉人明知报社记者欲拍摄单亲家庭的照片而同意拍摄并同意在报纸上刊登，无论是为解决生活困难还是为文章作配片，都证明上诉人已默认将其婚姻状况公开。第二，上诉人称因其是特困户，离婚后靠父母扶持和邻居的帮助生活，说明上诉人的婚姻状况其亲朋邻居是知道的。第三，被上诉人将上诉人母女的照片作为《未必不幸》一文的配片，选用了上诉人之女侧面的照片，且未公布二人的姓名，上诉人未能举证证明照片刊出后不特定多人知悉其婚姻状况并给母女生活带来影响。综上，被上诉人不存在擅自宣扬他人隐私的行为，未侵犯上诉人母女的隐私权。[①]

该案件虽然没有判决报社侵犯名誉权，但正确地说明了如果不正当使用肖像，可能侵犯名誉权。有的学者也指出：当肖像被侮辱、丑化或者不当使用时，权利人基于肖像权还是基于名誉权对他人加以制止及提请法院救济？对肖像的侮辱、丑化及不当使用，往往会造成他人名誉受损。此时，加害行为已经越过肖像权的界限而进入名誉权的领地。因此，就原则而言，肖像权本身可以包括维护肖像所体现的精神利益的内容，同时，权利人也可以基于名誉权获得保护。究竟何时基于肖像权、何时基于名誉权获得救济，需要结合案情具体分析。[②]也就是说，这时可以有两种权利救济的途径，当事人可以进行选择。但是，当事人可否选择两种要求救济？南京市建邺区人民法院的一例判决可以作出回答。

李某曾参加“美在金陵”影视新星大赛，后其发现自己参赛的泳装照片竟被某网站插进反映卖淫嫖娼的新闻中成了“色女郎”。网页当中是一张李某身穿红色泳装、千娇百媚的照片。而在照片的上方，一句新闻标题醒目地写着：小区拒绝色情骚扰，“色女郎”被请出居民楼。这则新闻所反映的是两名女性在自己居住的小区里进行卖淫活动时，受到小区居民的谴责与驱逐，最后被迫搬出小区的事件。李某说自己对此事根本毫不知情，感到非常气愤。她认为，这则新闻和照片的搭配无疑会让所有不认识自己的上网者误以为自己就是新闻中所说的那个“色女郎”，该网站这么做严重伤害了她的名誉。于是她以侵犯自己的肖像权与名誉权为由向法院起诉，要求该网站和其创办单位某会议会展服务有限公司赔礼道歉，消除影响、恢复名誉，并赔偿各项损失共计 5 万元。

法院对此案作出判决：该公司停止对李某的侵权行为，并自判决生效起 15 日内，在其网站的新闻栏目中，连续 30 日发布致歉声明，向李某赔礼道歉，并为其消除影响、恢复名誉。同时，该公司于判决生效起 15 日内，一次性给付李某肖像侵权赔偿金、名誉侵权赔偿金各 1 万元。本案的诉讼费 745 元，由

---

① 参见辽宁省沈阳市中级人民法院（2005）沈民（1）权终字第 2026 号民事判决书。

② 王成：《侵犯肖像权之加害行为的认定及肖像权的保护原则》，载《清华法学》2008 年第 2 期。

该公司承担。[①]

该案判决非常有启发意义的是：判决同时承担侵犯肖像权和名誉权的侵权责任。这里用的是请求权聚合而非竞合。我认为，这种情况应当允许，即当事人选择其中一种不能获得完全救济时，可以允许其同时请求。

七、肖像权与著作权

肖像权与著作权的冲突主要表现在：肖像必然通过某种载体表达出来，而当表达肖像的形式被当作作品进行保护时，作品的创作人对该作品享有著作权。而著作权人要行使著作权时，必然涉及作品所表达的具体个人的肖像；肖像权人要行使肖像权时，也会涉及著作权。因此，二者有冲突的可能性。

肖像权作为一种重要的人格权，在我国是通过民法来保护的，而著作权是通过《著作权法》来保护的。我国《著作权法》第 3 条规定了美术、摄影作品属于著作权法所保护的对象。而肖像往往通过美术、摄影、绘画、雕塑等造型艺术形式表现出来，因此，肖像作品一般也受著作权法保护。那么，一幅肖像作品上就存在肖像权与肖像作品著作权发生冲突的可能。对此，我国《民法典》第 1019 条第 2 款规定："未经肖像权人同意，肖像作品权利人不得以发表、复制、发行、出租、展览等方式使用或者公开肖像权人的肖像。"

有的学者划分了两种情况来分析和说明两者发生冲突的可能性，肖像权与肖像作品著作权发生冲突的情况有两种：第一，公民委托他人为自己拍摄照片、绘制肖像或塑造雕像；第二，以他人为原型创作肖像作品。[②]

（一）委托他人为自己拍摄照片、绘制画像或塑造雕像[③]

公民委托他人为自己拍摄照片、绘制画像或塑造雕像的情况下，按照我国《著作权法》第 19 条的规定："受委托创作的作品，著作权的归属由委托人和受

---

① 该案资料引自西北政法大学大连校友会网：www.xbzfdl.com，2004 年 6 月 9 日访问。

② 程啸、杨明宇：《肖像权与肖像作品著作权冲突之研究》，载《四川大学学报》（哲学社会科学版）2000 年第 3 期。

③ 程啸、杨明宇：《肖像权与肖像作品著作权冲突之研究》，载《四川大学学报》（哲学社会科学版）2000 年第 3 期。

托人通过合同约定。合同未作明确约定或者没有订立合同的，著作权属于受托人。”可见，如果委托人与受托人在合同中没有明确约定著作权的归属或没有订立合同的情形，著作权属于受托人。由于我国《著作权法》没有作出避免肖像权与肖像作品著作权冲突的规定，两种权利的冲突相当激烈。具体冲突表现为：

1. 肖像权人自己或许可他人修改肖像作品。

2. 肖像权人自己或许可他人将肖像作品用于商业目的，如提供给厂家做广告、商品装潢、出挂历或作为杂志的封面。

3. 肖像权人未经著作权人同意复制并有偿发行肖像作品。

4. 肖像权人未经著作权人同意编辑作品，如汇编一本画册。

5. 肖像权人未经著作权人同意自己或许可他人将肖像作品用于其他用途。

6. 著作权人未经肖像权人同意，多冲洗照片或多绘画像、多塑雕像，在将底片及肖像权人要求冲洗的相片或者画像、雕像给肖像权人之后，持有多洗之相片，多绘之画像、雕像。

7. 著作权人未经肖像权人同意，发表肖像作品。

8. 著作权人擅自出售肖像权人的肖像照片、画像或雕像。

9. 未经肖像权人同意，著作权人自己或许可他人使用肖像作品。

以上第 1 种至第 5 种情况属于肖像权人侵犯著作权人的权利，而第 6 种至第 9 种情况则属于著作权人侵犯肖像权人的权利。

如果委托人与受托人在合同中约定肖像作品著作权归属于委托人时，委托人所获得的只是著作财产权，而肖像作品的作者仍然享有著作权中的精神权利。在这种情况下，肖像权与著作权的冲突仍时有发生，这种冲突的典型表现就是作者的修改权与肖像权的冲突。

（二）以他人为原型的肖像作品

在以他人为原型创作肖像作品的情况下，作品的著作权一般归属作者。肖像权人与肖像作品著作权人可以通过合同约定肖像权与著作权的关系。[①] 在没

① 程啸、杨明宇：《肖像权与肖像作品著作权冲突之研究》，载《四川大学学报》（哲学社会科学版）2000 年第 3 期。

有约定时，著作权人行使著作权，如发表或者复制时，就有可能侵害他人的肖像权。多米尼加《著作权法》的规定，对我国的法律实践具有重要的参考价值。该法第 51 条规定："画像、塑像及摄像的被画、被塑、被摄之人，有权禁止展出其肖像或以其他商业性方式展示其肖像，肖像作者或其他人未经许可展出或展示将依法负民事赔偿责任。"我国学者也有主张这种观点的，如张俊浩先生就指出：在一般场合，肖像权人的肖像权、隐私权和名誉权，比著作权人的发表权和使用方式决定权具有更高的价值，从而具有优先性。著作权人在行使肖像作品发表权和使用方式决定权时，必须尊重肖像权人的隐私权和名誉权，非经肖像权人同意，不得将制作的肖像公开陈列、制版发表、放映或者播放等，但当肖像作品用于纯粹艺术场合时除外。另外，依照美术或者摄影模特制作的肖像，如无相反约定，制作人当然取得为了艺术目的的陈列权。[①] 我赞同这种观点。

我国台湾地区审理的一起肖像权纠纷案件中，法官的陈词十分清楚地表达了肖像权与肖像著作权的关系。

原告赖某甲报名成为网站模特，同意被告赖某乙拍摄照片。被告赖某乙支付给其报酬 3000 元。然后，被告赖某乙许可被告某创意股份有限公司（以下简称某公司）使用其拍摄的原告的照片。原告向台北地方法院起诉，称：被告某公司出版之系争书籍及所附之光盘中，未经原告同意，以原告大小不一之肖像，一次或重复使用情事，计有 28 幅（以下简称系争肖像），且将系争肖像载于系争书籍所附之光盘中，即应属侵害原告肖像权；被告赖某乙未经原告同意或授权，将原告肖像授权他人使用，即应负故意或过失侵害原告肖像权之责。两被告行为给原告造成重大损失。因原告生长在单纯家庭，自祖父、父亲以来，皆是成功之建筑商人，父母亲都希望原告不要在媒体曝光，以免遭受不必要的困扰。原告最初因经亲友介绍，且得知被告赖某乙所属上揭网站，并不会将拍摄照片转让或转载他处，因而说服家人勉为同意，然原告正有其他拍摄照片计划之时，恰发生被告赖某乙侵害原告之肖像权，致原告家人对原告十分不谅解，且因被告赖某乙不立即采取补救措施，致原告与家人关系恶劣。原

① 张俊浩：《民法学原理》（上），中国政法大学出版社 2000 年版，第 151 页。

告为法律系学生，对其学习造成重大影响。故要求：（1）被告赖某乙应给付原告250530元，以及自诉状缮本送达翌日（即2005年4月27日）起至清偿日止按年息5%计算之利息；（2）被告某公司应将系争书籍及所附之光盘中附件所示原告之肖像除去，将来出版系争书籍及所附光盘，不得有原告之肖像。

在该案中，两个被告都以被告赖某乙对摄影作品享有著作权进行抗辩。认为：本案所涉及的肖像，乃原告参加被告赖某乙经营网站举办之摄影活动中所拍摄之作品，而原告担任摄影活动之模特已收取一定报酬。由此可见，系争肖像乃在征得原告同意下完成之摄影著作，此与偷拍他人肖像之侵权行为显然不同，亦与付费定作照片之承揽情节有间。原告既已同意系争肖像作为他人摄影著作之内容，则所摄之系争肖像已成为摄影者（或举办摄影活动单位）之合法著作物，被告公司再依据拥有系争肖像著作权之共同被告赖某乙之授权，而取得重制使用此著作物之权利，自属合法之行为。原告固然就其肖像享有人格权，唯因原告参加上述摄影活动时已同意他人将其具体肖像拍摄成特定照片，应认为原告基于肖像权主体之地位已就其特定之肖像而为处分行为，使其特定之肖像转成他人著作物之部分内容，该拍摄作品即属于摄影者所有之合法著作物，原告自不得主张就此著作物内表彰之特定影像拥有肖像权。准此，被告公司获有授权使用系争照片，自亦无侵害原告之肖像权可言。

在涉及著作权与肖像权之冲突时，应以保护何者为优先？法院认为：首先，按基本权在私人间有冲突时，衡量基本权利益时，如涉及两种不同基本权，须依“基本权价值位序权衡量原则”解决，亦即应衡量何种基本权更符合基本价值秩序，此种衡量包括基本权主体之各种基本权竞合所呈现之基本权价值。其次，肖像权系人格权，为基本权，而著作权为财产权之一种，亦应予保障。唯从社会总体价值秩序来看，有关民主秩序、法治原则以及各项基本权之规定，不外以促使个人基本尊严获得确保为最高宗旨。故各种规定都应倾向于使个人之尊严获得更大之维护。最后，著作权之保护，具有调和社会公共利益，促进国家文化发展之功能，唯著作权为财产权，其行使权利不得滥用，乃法律之基本原则，而肖像权为“民法”定所保护之一般人格权，使个人人格权可获得最基本的尊重，为个人基本尊严获得确保之重要规定，当著作权与肖像权冲突时，衡量其利益结果，本院认为应以着重人格权之“人”的要素之肖像权的保护优先于着重财产权要素之著作权，故被告赖某乙自不得以其拥有系争肖像之合法著作权，而主张其在未经原告同意下即有权授予被告某公司使用原告肖像之权利。[①]

八、死后肖像权的保护问题

自然人死亡后，其肖像权是否受到保护？对此，我国《民法典》第994条对此有明确规定："死者的姓名、肖像、名誉、荣誉、隐私、遗体等受到侵害的，其配偶、子女、父母有权依法请求行为人承担民事责任；死者没有配偶、子女且父母已经死亡的，其他近亲属有权依法请求行为人承担民事责任。"其实，《民法典》之前的民法理论和判例规则一直对此持有肯定的观点。但问题在于：如何保护？保护的范围是什么？周某诉绍兴某珠宝金行侵犯鲁迅肖像权一案可以作为讨论此问题的典型工具性案例。

原告：周某（鲁迅之子）；被告：绍兴某珠宝金行。周某于1997年6月3日向绍兴市中级人民法院提起诉讼称：被告于1996年8月、9月未经原告同意制售圆形和方形鲁迅肖像金卡礼座，并于同年开始销售，其单价为935元。金卡正面除中间有鲁迅肖像外，其右侧有"绍兴近代贤人图"和落款为鲁迅的对联："横眉冷对千夫指，俯首甘为孺子牛"，鲁迅肖像左侧写着："绍兴市某珠宝行承制"和"9999纯金"字样。金卡背面是鲁迅的生平简介："鲁迅（1881—1936），原名周树人，号豫才，绍兴人。中国现代文学的奠基人，伟大的文学家、思想家、革命家。"被告未经其同意，以制作"近代贤人"为名，以获取利润为目的，制售鲁迅肖像金卡礼座，显然侵犯了鲁迅的肖像权。请求被告停止侵权，向原告赔礼道歉，以保护其合法权益。

此案经绍兴市中级人民法院审判委员会讨论，倾向于立案受理。但因此案涉及鲁迅的肖像权，且法律上又没有明确规定，故向浙江省高级人民法院请示。浙江省高级人民法院就此案能否受理、如果受理则死亡公民的肖像保护是否受一定的限制、哪些人可以提起诉讼等问题向最高人民法院书面请示。

最高人民法院答复：公民死亡后，其肖像权应依法受保护。任何污损、丑化或擅自以营利为目的使用死者肖像构成侵权的，死者的近亲属有权向人民法

① "台湾台北地方法院民事判决"，2005年度诉字第1653号。

院提起诉讼。鲁迅之子周某的起诉符合《民事诉讼法》第108条[①]规定的条件，绍兴市中级人民法院应当受理，受理后以调解结案为宜。如调解不成，你院可根据本案实体审理的情况确定是否承担责任或如何承担责任。

2000年8月21日，绍兴市中级人民法院开庭审理此案。双方就死者是否享有肖像权展开激烈辩论。鉴于被告不承认侵权，并提出原告的诉讼主体资格问题，原告代理人在庭上追加了一项诉讼请求，即根据被告的不当得利，要求法院责令其给予一定的经济赔偿。

2000年12月6日，原、被告双方经两次庭审，并在法院主持下达成调解协议，被告赔款1.5万元，赔礼道歉，停止侵权。[②]

尽管该案是以调解结案的，但在该案中仍需要思考的问题是：（1）死者是否享有肖像权？死者的肖像权受法律保护和死者享有肖像权一样吗？（2）因使用鲁迅的肖像所获得的利益应如何处理？即我国《民法典》第994条规定的"配偶、子女、父母或者其他近亲属有权依法请求行为人承担民事责任"中的"民事责任"是指什么？

我们先来看第一个问题：死者是否享有肖像权？学者一般都认为，享有权利的前提是自然人具有权利能力。而权利能力是会因人的出生当然取得，因人的死亡当然消灭。既然人已经死亡了，肖像权对其也就没有任何意义了。因此，肖像权肯定是对活着的人有意义，而非对死人有意义了。所以，死者肯定不享有肖像权。在"鲁迅肖像权案"中，原告之所以提出增加"不当得利"的请求，一个很重要的原因就在于死者是否享有肖像权是有争议的。

我认为，我国《民法典》尽管规定死者的肖像权受法律保护，但并不等于说死者享有肖像权。实际上，对死者肖像权的保护并非为了保护死者，要么是为了保护死者的亲属，或者是为了保护社会公共利益，并非对死者的侵害。对此，2001年最高人民法院《关于确定民事侵权精神损害赔偿责任若干问题的解释》（法释〔2001〕7号）的有关规定可以佐证。该司法解释第3条规定："自

---

① 2021年修正后，相关内容为第122条。

② 任清：《评"鲁迅肖像权"案中原告的两个诉讼理由》，载中国民商法律网，http://www.civillaw.com.cn，2002年3月19日访问。

然人死亡后，其近亲属因下列侵权行为遭受精神痛苦，向人民法院起诉请求赔偿精神损害的，人民法院应当依法予以受理：（一）以侮辱、诽谤、贬损、丑化或者违反社会公共利益、社会公德的其他方式，侵害死者姓名、肖像、名誉、荣誉；（二）非法披露、利用死者隐私，或者以违反社会公共利益、社会公德的其他方式侵害死者隐私；（三）非法利用、损害遗体、遗骨，或者以违反社会公共利益、社会公德的其他方式侵害遗体、遗骨。"这里仅仅是说侵害死者肖像权，死者的近亲属以自己的名义并以自己的权利受到侵害为由请求法律救济。

我们再来看第二个问题：我国《民法典》第 994 条规定的"配偶、子女、父母或者其他近亲属有权依法请求行为人承担民事责任"中的"民事责任"是指什么？主要是涉及因使用鲁迅的肖像所获得的利益应如何处理的问题。这里分以下几个层次展开讨论：（1）《民法典》第 994 条所说的是什么责任？因为第 994 条仅仅是说死者的配偶、子女、父母或者其他近亲属有权依法请求行为人承担民事责任，但并没有明确说是什么责任。我认为，这里的责任不仅指财产责任（包括以金钱赔偿精神损失、不当得利返还等），还包括非财产性责任，如赔礼道歉、消除影响等。（2）"配偶、子女、父母"与"其他近亲属"虽然都有权依法请求行为人承担民事责任，但请求权（责任范围）是否相同？我认为是相同的。这一规定，实际上是与《民法典》"继承编"关于法定继承中继承人的范围和顺序是一致的。（3）被告因使用鲁迅的肖像而获得的利益又将如何处理呢？原告能否提出不当得利返还呢？我认为，原告可以根据我国《民法典》第 1182 条（2009 年《侵权责任法》第 20 条）规定的"侵权型不当得利"提出请求（该条规定："侵害他人人身权益造成财产损失的，按照被侵权人因此受到的损失或者侵权人因此获得的利益赔偿；被侵权人因此受到的损失以及侵权人因此获得的利益难以确定，被侵权人和侵权人就赔偿数额协商不一致，向人民法院提起诉讼的，由人民法院根据实际情况确定赔偿数额"）。

九、名人肖像权的保护问题

世界各国一般都承认，对名人的隐私和肖像采取较一般人为弱的保护方式。杨立新教授指出："公众人物的肖像权要受到一定的限制，这是各国立法的一个通例，也是必然的。例如，我们的领袖受到各界人民的爱戴，悬挂他们的肖像，这也是使用，但是这构成侵权吗？显然不构成侵权。著名演员受到各界人士的喜欢，影迷们使用他们的肖像也不构成侵权。这一点与隐私权的保护是一样的。但是，这种使用公众人物肖像的限制是有界限的，这就是合理使用，而不是商业化使用。如果是出于商业化目的而使用公众人物的肖像、姓名、隐私，法律是不允许的，同样认为构成侵害公众人物的肖像权、姓名权或者隐私权，应当承担侵权责任。”① 这主要是因为，名人是社会的模范，也是道德的楷模，对他们的肖像权或者隐私权的弱化保护，其实就是加强社会公众对他们的监督，让他们真正成为模范和楷模。另外，名人所享有的社会资源也比社会一般人多，因此，让他们接受更加严格的监督也是应该的。

第十一节 隐私权与信息权

一、概述

从比较法上看，无论是理论还是判例，对于隐私与个人信息的保护，多采取“一元制”保护模式，即不区分隐私与信息，将信息纳入隐私的范畴而采取同一保护，如美国、日本等，但我国《民法典》第 1032—1039 条对隐私与个人信息采取的是二元制保护模式，显然，在这种模式下，需要区分隐私与个人信息。另外，如同日本、美国一样，隐私权属于宪法和私法同时保护的权利，个人隐私权和信息权同时属于我国《宪法》第 37 条、第 38 条规定的“个人自由与尊严”的当然部分。在这种情况下，有下列问题需要认真讨论和分析：（1）在隐私与信息二元制保护模式下，人格隐私与个人信息是否能够从理论及实务中清楚地区分开来？（2）隐私权与信息权的宪法保护与民法保护有何不同？能否用宪法保护替代民法保护？（3）大多数情况下，对于个人隐私或者

① 杨立新：《对名人肖像权纠纷的几点启示》，载中国民商法律网，http://www.civillaw.com.cn，2009 年 5 月 3 日访问。

信息的侵犯往往也涉及名誉权的侵犯（降低个人的社会评价），那么，在这种情况下，隐私权和信息权与名誉权如何区分？（4）我国《民法典》通过不同方式规定了隐私权，是否必要？下文将详细讨论这些问题。

二、隐私权与信息权的概念及立法模式

（一）概述

关于隐私权的概念，有两个因素极大地影响了对它的定义：一是它与信息的关系，信息是否包含在隐私之中？对这一问题的不同回答，直接导致了立法的“一元论”和“二元论”模式，而在这两种不同的立法模式下，隐私权的概念也就截然不同。例如，美国、日本等采取的是“一元论”的立法模式，而我国立法和学理采取的是“二元论”保护模式，因此隐私权的概念与上述国家或者地区就迥然不同。二是无论立法采取一元论模式还是二元论模式，由于隐私权的开放性和不确定性，“框架性权利”定义的方式居多。

（二）隐私权与信息权的概念与立法模式

在将信息作为隐私的一部分而对隐私进行一元化立法模式的情况下，隐私权的外延就很大。中外学者几乎一致认为，“隐私权”这一概念源于美国，具体地说，是源于两位美国学者于1890年发表在《哈佛法学评论》上的一篇题为《对隐私的权利》（The Right to Privacy）的文章，这两位学者就是萨缪尔·沃伦（Samuel Warren）和罗伊斯·布兰迪斯（Louis Brandeis）[①]。美国判例与学理对于隐私与个人信息，采取的是“一元论”的保护模式，甚至连姓名、名誉、

---

① ［美］唐纳德·M. 吉尔莫等：《美国大众传播法：判例评析》，梁宁等译，清华大学出版社2002年版，第227页；［澳］胡·贝弗利－史密斯：《人格的商业利用》，李志刚等译，北京大学出版社2007年版，第163页；［日］五十岚清：《人格权法》，铃木贤、葛敏译，北京大学出版社2009年版，第152页；王利明：《人格权法研究》，中国人民大学出版社2012年版，第500页；杨立新：《人格权法》，法律出版社2011年版，第591页；刘凯湘：《民法总论》，北京大学出版社2011年版，第156页；王泽鉴：《人格权法》，三民书局2012年版，第213页；张新宝：《从隐私到个人信息：利益再衡量的理论与制度安排》，载《中国法学》2015年第3期；等等。

肖像等都纳入隐私权的保护范畴。因而，可以说，美国是隐私权“大杂烩”，是一元论最具有代表性的立法模式。即便如此，仍有英美法系的学者认为，尽管隐私权在美国法中是一个重要的法律范畴，但被定义得很糟糕。这是一个过于宽泛、模糊而没有确定边界的、让人绝望的概念。毫无疑问，隐私概念有一种“多变的能力”，能够在不同的律师面前变为不同的事物，它那模糊的性质使得自己很容易被别人操纵。① 在美国，关于隐私权的最经典的定义是由托马斯·库雷法官给定的：隐私权为“不被打扰的权利”。这一概念屡被援引的表述反映了为绝大多数民众所拥护的关于隐私的一般观念：隐私权的核心利益在于“不受打扰的权利”，具体而言，包括为自己划定一个私密的空间、保护自己的私密事务及个人活动不受公众注意，以及能够暂时地避开世人的批评与意见以获得片刻的安宁或者实现自己的打算，这对于生活乐趣来说是不可或缺的。②关于隐私权的具体类型和范围，是美国卓有声望的法官迪安·威廉姆·普罗瑟（Dean William Prosser）在总结了截至 1960 年的 300 个判例后，总结出来的，将发展中的普通法隐私权提炼为四个相关诉因，反映这四种诉因的四种类型为：（1）侵入原告独居或者独处的状态。（2）公开披露原告的令人难堪的私人信息。（3）通过公开行为，使公众对原告产生错误的认识。最著名的判例是美国邓肯 v. WJLA 电视台案。在该案中，被告在华盛顿特区市区的街道上现场直播关于疱疹新疗法的晚间 6 点的新闻时，原告刚好从旁边走过而被摄入镜头。在画面中原告可以很清楚地被认出来。在 11 点的新闻中，被告再次使用了这些录像，但加入了对原告的一个特写镜头。原告提出了诽谤和予以错误印象之诉。法院认为，因缺乏特定的语境，6 点钟的新闻不带有负面的含义。但 11 点的新闻就不同了：原告是唯一停下来并在无意间望向镜头的人，而当原告转身从镜头消失的时候，报道的画面也就结束了。这一画面加上播音员的旁白，足以使人得出原告也是患者的推论，从而给人以错误的印象。（4）为了被告的

---

① ［澳］胡·贝弗利－史密斯：《人格的商业利用》，李志刚等译，北京大学出版社 2007 年版，第 179—180 页。

② ［美］唐纳德·M. 吉尔莫等：《美国大众传播法：判例评析》，梁宁等译，清华大学出版社 2002 年版，第 264 页。

利益，盗用原告的姓名或者肖像。[①]

有学者将美国法院保护的隐私权概括为5种类型：（1）独处不被打扰的权利；（2）对于人类尊严或不可侵犯的人格的保护；（3）个人控制获取与本人有关的信息的权利；（4）一个人对他人的有限可得性；（5）个人身份私密性的控制或者自治。[②]

也有的美国学者将隐私分为三类。（1）纯粹的隐私权。这一类隐私权主要是指披露令人难堪的私人信息，这一种隐私权也是萨缪尔·沃伦和罗伊斯·布兰迪斯考虑最多的一种。比较经典的案例是：一位整形医生在公开演示及电视访谈中使用了病人（原告）术前和术后的对比照片。当拍摄这些照片时，原告被告知这仅仅是“医生操作规程的一部分”。一年后，这位医生在华盛顿的电视节目和一次在百货商场的演讲中使用了四张照片，并指明了原告的姓名。与原告熟悉的人在看到节目后即开始传播与其手术有关的消息。这一位病人（原告）自己则完全被“击垮”而陷入“可怕的忧郁之中”。法院认为，原告的隐私确实受到了侵犯，因为，即使照片本身并不带有贬损色彩或者令人生厌，但问题在于将其曝光对于一个正常的理性人来说，也是极为令人不快的。[③]（2）特殊的隐私权。这一类隐私权涉及侵扰行为，主要是指对于个人空间的侵扰。设定这一诉因的目的在于当人们处于他认为不应受到别人窥探的地方时，保护其不受打扰的权利。一个著名的案例是善待动物协会 v. 贝鲁斯尼案。该案的基本案情是：驯兽师贝鲁斯尼在所住的酒店后台殴打训话的猩猩时，被酒店的舞蹈演员奥塔维奥·格斯蒙多偷拍下来。录像被动物权利保护组织广为公开。一审法院认定奥塔维奥·格斯蒙多侵犯隐私权成立。案件上诉到内华达州最高法院，斯普林格法官认为：要从侵扰之诉中获得赔偿，原告必须证明下列

① [美] 唐纳德·M. 吉尔莫等：《美国大众传播法：判例评析》，梁宁等译，清华大学出版社2002年版，第269—270页；[澳] 胡·贝弗利－史密斯：《人格的商业利用》，李志刚等译，北京大学出版社2007年版，第181页。

② [澳] 胡·贝弗利－史密斯：《人格的商业利用》，李志刚等译，北京大学出版社2007年版，第180页。

③ [美] 唐纳德·M. 吉尔莫等：《美国大众传播法：判例评析》，梁宁等译，清华大学出版社2002年版，第235页。

要素：① 存在故意的侵扰行为；② 针对的是他人的独处状态或者个人空间；③ 对心智正常的人会构成严重的冒犯。原告必须证明他实际上期望享有独处的权利或者被侵扰的空间为自己个人空间的权利，而且这种期望是客观的、合理的，只有这样，才能构成受法律保护的隐私利益。在本案中，录像中所显示的贝鲁斯尼训练动物的方式即使在他自己看来也没有什么不妥或者不正常，他对于单纯被其他人看到或者听到这些训练情况并不在意，而且他认为，他所有的训练活动都是正当的。这对于明确贝鲁斯尼所期待的隐私权的范围是重要因素：他没有什么可以隐藏的，也就是说，没有私密性可言。格斯蒙多的拍摄行为并没有违反这一期望：格斯蒙多并没有侵扰贝鲁斯尼所期望的"独处的权利"，出于这一原因，侵扰之诉不能成立。[①]（3）"暗示"的隐私。这种隐私是指通过某种行为给人产生错误的印象，让人认为受害人似乎有某种"隐私"，其实这些隐私并不是被害人的。上述"邓肯 v. WJLA 电视台案"就是典型的代表。[②]

在日本，隐私权最初是通过引入美国的学说而发展起来的。[③] 在学理上，对于个人信息与隐私的关系存在各种各样的见解和观点。五十岚清就主张区分隐私与个人信息，更有学者提出"二分法"与"三分法"。所谓"二分法"，是将个人信息分为与个人道德性自律的存在相关的信息（隐私固有情报），以及与个人道德性自律的存在直接相关以外的个别信息（隐私外延情报）。所谓"三分法"，是将个人信息分为无论谁都会认为是隐私的信息、一般人认为是隐私的信息以及一般人认为不属于隐私的信息。对于后面两种情况，违宪审查的严格程度和保护程度都会有所降低。[④] 但日本法院的判例都将个人信息纳入隐私保护的范畴。尤其是 2003 年 5 月，日本制定了《个人信息保护法》，更引起了人们对隐私与信息之关系的讨论。为了使隐私包含个人信息，有学者认为，有必要将

① ［美］唐纳德·M. 吉尔莫等：《美国大众传播法：判例评析》，梁宁等译，清华大学出版社 2002 年版，第 255—256 页。

② ［美］唐纳德·M. 吉尔莫等：《美国大众传播法：判例评析》，梁宁等译，清华大学出版社 2002 年版，第 232—269 页。

③ ［日］五十岚清：《人格权法》，铃木贤、葛敏译，北京大学出版社 2009 年版，第 155 页。

④ 魏晓阳：《日本隐私权的宪法保护及其对中国的启示》，载《浙江学刊》2012 年第 1 期。

隐私权理解为个人信息的自我控制权。[①] 按照日本判例及传统理论，侵害隐私权的情形包括：（1）对私生活的侵入，包括窥视居住、侵入住宅、私生活安宁受到侵害（如骚扰电话、传单等）；（2）窃听、秘密录音；（3）公开私事，如公开日记与信件、犯罪前科公开、夫妻生活或者异性关系或者性隐私、医疗信息、其他私事的公开（如大学学习成绩、出身、经历、纠纷等）；（4）个人信息。[②]

在我国，主流学者认为，应将个人信息与个人隐私区分，分别规范和保护。例如，张新宝教授认为，个人隐私又称私人生活秘密或私生活秘密，是指私人生活安宁不受他人非法干扰，个人信息保密不受他人非法搜集、刺探和公开。隐私包括私生活安宁和私生活秘密两个方面。个人信息是指与一个身份已经被识别或者身份可以被识别的自然人相关的任何信息，包括个人姓名、住址、出生日期、身份证号码、医疗记录、人事记录、照片等。单独或与其他信息对照可以识别特定的个人的信息。个人隐私与个人信息呈交叉关系，即有的个人隐私属于个人信息，而有的个人隐私则不属于个人信息；有的个人信息特别是涉及个人私生活的敏感信息属于个人隐私，但也有一些个人信息因高度公开而不属于隐私。[③]

王利明教授对隐私与信息作了最为详细的分析，他认为，二者的联系是：（1）权利主体都限于自然人；（2）都体现了个人对其私生活的自主决定；（3）客体上具有交错。二者的主要区分在于：（1）权利属性方面的界分。隐私权主要是一种精神人格权，而信息权则属于集人格属性和财产属性于一体的综合性权利；隐私权基本上属于一种消极的防御性的权利，在该权利被侵害前，权利人无法积极主动地行使；而信息权是一种主动性权利。（2）权利客体方面有区别。首先，隐私主要是私密性的信息和个人活动，而信息注重的是身份识别性；其次，隐私不限于信息形态，它还可以是个人活动、个人私生活方式等，不需要

---

① ［日］五十岚清：《人格权法》，铃木贤、葛敏译，北京大学出版社2009年版，第170—172页。

② ［日］五十岚清：《人格权法》，铃木贤、葛敏译，北京大学出版社2009年版，第161—172页。

③ 张新宝：《从隐私到个人信息：利益再衡量的理论与制度安排》，载《中国法学》2015年第3期。

记载下来，而信息必须以具体化的形态固定下来，通常需要记载下来；最后，相对于隐私，个人信息与国家安全的联系更为密切。（3）权利内容方面有区别。隐私权的内容主要是防止被不正当地公开，而信息权则是个人对信息的支配和自主决定。[①]在法律保护模式方面，王利明教授提出，个人信息权与隐私权的界分，表明在法律上对它们进行分开保护，在理论上是有充分依据的。[②]

然而，从我国截至2016年的法院判例来看，私法实践中却采取“一元化”的保护模式。例如，福建省厦门市思明区人民法院（2000）思民初字第281号判决原文写道：“公民的隐私权是公民所享有的对个人的、与公共利益、群体利益无关的，对个人信息、私人活动和私有领域进行支配的具体人格权。侵害隐私权的行为的具体形式一般是：干涉、监视私人活动；侵入、窥视私人领域等。”[③]显然，在这里，法官是将公民的隐私权与个人信息不作区分而加以保护的。另外一个更明确、更清晰的表明隐私与信息保护一体的判例是上海市浦东新区法院（2009）浦民一（民）初字第9737号判决。该判决涉及的是某网络通信公司上海分公司将客户信息告知与其有义务关联的某保险公司，该保险公司向客户销售保险产品，并为该客户免费上了保险。但是，原告客户认为个人隐私被侵犯而起诉该网络通信公司。法院认定客户隐私权被侵犯。判决认为：“法律、法规保护隐私权的目的是赋予权利主体对他人在何种程度上可以介入自己私生活的控制权，对自己是否向他人公开隐私以及公开范围的决定权。因此，个人信息的私密性是其重要内容，只要有未经许可向第三人披露他人个人信息的事实存在即可构成侵害，就侵害的成立而言无须考虑第三人究竟给原告带来的是利益还是损害，私人信息为第三人所知本身即为损害。因此，本案中被告将原告的个人信息提供给（网络公司）上海分公司，使得原告的信息被第三人所知悉，损害即成立。”[④]

从我国民事立法来看，2017年通过的《民法总则》第110条、第111条已经明确，我国立法采取将隐私权与个人信息区分保护的“二元论”模式，

① 王利明：《论个人信息权的法律保护》，载《现代法学》2013年第4期。

② 王利明：《论个人信息权的法律保护》，载《现代法学》2013年第4期。

③ 转引自张礼洪：《隐私权的中国命运》，载《法学论坛》2014年第1期。

④ 转引自张礼洪：《隐私权的中国命运》，载《法学论坛》2014年第1期。

但并没有规定隐私与信息的具体概念和范围。2020 年颁布的《民法典》不仅继受了这种“二元保护模式”，而且明确规定了隐私与信息的概念和范围。《民法典》第 1032 条第 2 款规定：“隐私是自然人的私人生活安宁和不愿为他人知晓的私密空间、私密活动、私密信息。”第 1034 条第 2 款规定：“个人信息是以电子或者其他方式记录的能够单独或者与其他信息结合识别特定自然人的各种信息，包括自然人的姓名、出生日期、身份证件号码、生物识别信息、住址、电话号码、电子邮箱、健康信息、行踪信息等。”这一概念与 2016 年 11 月 7 日颁布的《网络安全法》（2017 年 6 月 1 日起施行）第 76 条第 5 项明确规定的个人信息的基本概念大致相同：“个人信息，是指以电子或者其他方式记录的能够单独或者与其他信息结合识别自然人个人身份的各种信息，包括但不限于自然人的姓名、出生日期、身份证件号码、个人生物识别信息、住址、电话号码等。”

我国台湾地区采取对隐私和个人信息的“一元化”保护模式。陈聪富教授指出，关于隐私权，过去在于保护个人私生活不受干扰，现在则扩大到保护个人资讯的自主决定权。按照台湾地区“个人资料保护法”第 2 条的规定，个人资料是指自然人的姓名、出生年月日、身份证统一编号、护照号码、特征、指纹、婚姻、家庭、教育、职业、病历、医疗、基因、性生活、健康检查、犯罪前科、联络方式、财务状况、社会活动及其他得以直接或者以间接方式识别该个人的资料。[①] 我国台湾地区“司法院”在关于隐私权的解释中指出：维护人性尊严与尊重人格自由发展，乃自由民主宪法秩序之核心价值。唯基于人性尊严与个人主义主体性之维护及人格发展之完整，并为保护个人生活私密领域免于他人侵扰及个人资料之自助控制，隐私权乃为不可或缺之基本权利。由此可见，隐私权由二个核心部分构成：一为私密领域，一为资讯自主。[②]

我赞同二元论模式，总的说来，隐私与信息应该是有区别的，单一的个人信息在正常使用时不会对个人构成侵犯，甚至在一个正常的社会中，正常的交往必须需要个人的姓名、性别，甚至爱好等，如果每一个人都把自己变成一个

① 陈聪富：《民法总则》，元照出版社 2016 年版，第 71 页。

② 王泽鉴：《人格权法》，三民书局 2012 年版，第 240—245 页。

“装在套子里的人”，每个人就是孤零零的人，而不能成为一个社会。只有当非正常搜集、使用时才会对人造成危害。但隐私不同，即使在正常的社会交往中，人也应该有尊严，也有不愿意透露的秘密和内心的自由空间。因此，每个国家的法律对隐私的保护程度与信息的保护是不同的。因此，将二者区分保护是必要的。

但是，我们也必须承认的是，个人隐私与个人信息在有些方面的确是交叉的，因为，有一些个人隐私是通过“信息”这种外在形式表现出来的。因此，在具体生活及个案中肯定存在具体认定的情形。也许正是基于这种原因，许多国家和地区的立法和判例干脆不作任何区分，而是在具体认定时，由法官来判定保护的程度。那么，在我国这种对隐私和信息采取“二元制”保护的立法模式下，如何区分个人隐私与个人信息呢?

虽然看起来我国《网络安全法》第76条及《民法典》第1032条、第1034条规定了个人信息与隐私权的基本概念，但也不能完全解决实践中个人信息与个人隐私的明确区分。我认为，应用“三分法”来区分隐私与信息，即分为纯粹的个人隐私、隐私性信息、纯粹的个人信息。

纯粹的个人隐私，是隐私权保护的主要部分，是指个人生活最私密、直接涉及个人人格尊严与自由的部分，一旦侵入，直接会造成受害人的损害，特别是精神损害。它主要包括：(1)空间隐私权，主要是指个人的私密空间，例如，住宅、租赁的房屋、暂时居住的旅馆等。甚至有的学者主张，还应包括个人处在办公室、电话亭这样的可以“合理期待有隐私权的地方”[①]。但是，在我国，按照习俗，要将办公室也作为可以“合理期待有隐私权的地方”，恐怕难以接受。我们习惯认为，办公室属于公共场所，尤其是在工作上班期间，闯入办公室难以认定为侵入个人的私密空间。(2)私生活秘密，包括身体隐私、生活隐私(如恋爱史、情人关系、夫妻生活、日记等)。这些私生活秘密是一个人一般不愿意让他人知道的，属于“个人心中的秘密王国”，属于个人最期望“不被打扰的领地”。

---

① [美]唐纳德·M.吉尔莫等:《美国大众传播法:判例评析》，梁宁等译，清华大学出版社2002年版，第231页。

隐私性信息，实际上就是隐私与纯粹的个人信息交叉的部分。但其与纯粹的个人信息不同的是，它们与个人的人格尊严“离得较近”，每个个人对于这一部分信息的敏感程度，更接近于个人隐私。隐私性信息主要包括：医疗信息（例如，艾滋病病史资料、许多重大疾病的病历信息等，由于人们想有尊严地生活，故这一部分信息属于隐私性信息）、银行存款信息及其他财产性信息（如理财信息、投资信息等）。这些信息因与个人尊严离得较近，与隐私的关联度较高，故其保护更接近于隐私权保护。我国《民法典》显然注意到了这种交叉问题，因此，于第1032条第2款把“隐私性信息”（私密信息）放在隐私的范畴中。第1034条第3款又特别强调“个人信息中的私密信息，适用有关隐私权的规定”。

纯粹的个人信息就是我国《民法典》第1034条第1款和《网络安全法》第76条所列举的这些个人信息，包括姓名、性别、住址、出生日期、电话、身份证件号码、生物识别信息、住址、电话号码、电子邮箱地址、行踪信息等。这些信息虽涉及个人，但它们与个人的人格尊严“离得较远”，人们对它们的敏感程度远远不及隐私和隐私性信息。例如，日本关于早稻田大学侵权案的判例就是很具有争议和说明性的例子。1998年11月，时任中国国家主席的江泽民计划在早稻田大学演讲，于是，早稻田大学制作了记载有报名参加者的姓名、学号、住所和电话号码的名单。大学方面应警备当局的要求，向其提交了这一份名单。之后，6名学生以侵害隐私为由，起诉校方请求赔偿。一审的东京地方法院认为，虽然个人的姓名在传统意义上属于隐私的范围，但是，由于出示行为具有正当理由，属于社会观念上允许的范围之内，因此，足以阻却违法性（东京地判平13·4·11,《判时》1752号第3页）。二审的东京高裁认可了本案的个人信息隐私权，认为由于校规禁止对于个人信息进行目的外的使用，而校方违反了规定，因此否定了违法性阻却事由的成立。但是，在精神损失的数额上，认为作为名义上的赔偿，每人1万日元的赔偿额就足够（东京高判平14·1·16,《判时》1772号第17页）。[①] 对于该案的判决，在日本也有不同的意见：日本最高法院的多数意见认为，对于这样的个人信息，本人不想被他人随意知晓也是理所当然

① ［日］五十岚清：《人格权法》，铃木贤、葛敏译，北京大学出版社2009年版，第171—172页。

的事情。这种期待应该受到法律的保护。所以，上诉人的个人信息应该作为隐私权受到保护。但也有人认为，这样的信息从性质上看，属于不愿意被他人知晓程度较低的信息。另外，还有人认为，提交名单只要具有正当理由，侵权行为就不成立[①]。

按照我国的学理及判例规则，这种名单的提交具有正当理由，具有阻却违法性，不会成立侵权行为。如果这种情况也成立侵权行为，则个人利益与国家利益、公共安全将成为问题。即使通过法益衡量的评判，也不成立侵权行为。其实，日本的判例规则也认为，认定对信息的侵犯构成侵权行为必须具备三个要件：（1）该信息必须是与个人私生活上的事实相关的信息；（2）以一般人的感受为基准，站在当事人的立场上，如果将信息公开，会给当事人带来心理负担与不安，那么由此可以认定为当事人不愿意被公开的内容；（3）必须是还没有被一般的人所知晓的事情。[②]日本的判例及学理均主张在隐私权的问题上，采取利益衡量的原则[③]，但不知为何，在早稻田大学案中，却没有采取这一原则。

必须特别指出的是，由我国原国家质量监督检验检疫总局、中国国家标准化管理委员会颁布的《信息安全技术公共及商用服务信息系统个人信息保护指南》（以下简称《指南》）第3条（3.7与3.8）将个人信息区分为个人敏感信息（personal sensitive information）和个人一般信息（personal general information）。对个人敏感信息的定义是："一旦遭到泄露或修改，会对标识的个人信息主体造成不良影响的个人信息。各行业个人敏感信息的具体内容根据接受服务的个人信息主体意愿和各自业务特点确定。例如，个人敏感信息可以包括身份证号码、手机号码、种族、政治观点、宗教信仰、基因、指纹等。"而个人一般信息的定义是："除个人敏感信息以外的个人信息。"这种区分与我们在这里讨论的问题应该是不同的：《指南》没有将隐私考虑进去，而且也很不全面，也许像手机号码等这种信息比起财产性信息、健康信息（病历信息等）更不敏感。

---

① ［日］五十岚清：《人格权法》，铃木贤、葛敏译，北京大学出版社2009年版，第172页。

② ［日］五十岚清：《人格权法》，铃木贤、葛敏译，北京大学出版社2009年版，第172页。

③ ［日］五十岚清：《人格权法》，铃木贤、葛敏译，北京大学出版社2009年版，第166页。

这大概与《指南》的规范对象有关，它主要不是法律规范，而是行业自律规约，而且《指南》说得也很清楚："各行业个人敏感信息的具体内容根据接受服务的个人信息主体意愿和各自业务特点确定。"因此，在《指南》中被列为"敏感信息"的信息，在民法上不一定就等于"隐私性信息"。与此不同，我国《个人信息保护法》第 28 条到第 32 条对个人敏感信息的处理规则作出了非常详细的规定。

三、隐私权与名誉权的关系

众所周知，隐私权与名誉权的立法宗旨不同，所保护的客体及免责事由都是不同的。二者的主要区别是：（1）隐私权与名誉权所保护的法益不同（立法宗旨不同）。名誉权重在保护个人的品行、名声、信誉等的社会评价免受不当降低，而隐私权则重在保护私生活免受不当干扰。就如王泽鉴教授所言，隐私权着重保护私生活之不欲人知，名誉权则重在保护社会评价的降低，故两种保护的法益不同。[①]（2）侵权行为的构成要件不同。侵犯隐私权，其侵犯行为本身就足以构成侵权行为而负责任，不需要证明有损害事实或者以"公开"为要件，例如，闯入私人住宅、偷录他人性爱场景等。而侵犯名誉权不仅要求要有损害结果——社会评价的降低，而且以"公开"为要件——有第三人知道，否则难以达到"降低被害人社会评价"的效果。（3）抗辩事由不同。在侵犯名誉权的诉讼中，被告可以通过主张其所说的是事实而阻却违法；而在侵害隐私权的情况下，不可能通过证明真实性来阻却违法性。应该说，公开的内容越真实，造成的伤害也就越大。因此，在日本的判例和学说中，对于侵害隐私的行为，不存在类似解决名誉权毁损情况时应采用的"真实性相当"法理作为统一的违法阻却事由[②]。

"真实性抗辩"在我国台湾地区不同的法院之间也存在不同观点。台湾地区"最高法院"2004 年台上案字第 1805 号判决指出："事实陈述本身涉及真实与否，虽其与言论表达在概念上偶有流动，有时难期泾渭分明，若言论

① 王泽鉴：《人格权法》，三民书局 2012 年版，第 263 页。

② ［日］五十岚清：《人格权法》，铃木贤、葛敏译，北京大学出版社 2009 年版，第 173 页。

系以某项事实为基础，或发言过程中夹论夹叙，将事实叙述与评论混为一谈，在评论言论自由与保障个人名誉权之考量上，仍应考虑事实之真伪。若行为人所述事实足以贬损他人之社会评价而侵害他人名誉，而行为人未能证明所陈述为真，纵令所述事实系转述他人之陈述，如明知他人转述的事实为虚伪或未经相当查证即公然转述该虚伪之事实，而构成故意或者过失侵害他人之名誉，仍应负侵权行为侵害赔偿责任。”[①] 这里显然把“所述是否为事实”作为判断标准。台湾地区台北地方法院（2002 年重诉字第 2138 号）判决的关于录制他人性爱画面一案中，却存在不同的观点。在该案中，原告主张被告在其住宅装设窃听、窃录之设备，录得原告与他人的性爱画面等，并将性爱录像制作成光碟提供给他人或公开贩售，将原告的身体裸露给社会大众，让原告无法面对外界异样的眼光，侵害了原告的隐私权，而请求精神痛苦的非财产性赔偿损害。法院认为，被告明知为无故以录影窃录他人非公开之活动、谈话之内容而散布原告与案外人之性爱画面致其名誉受损，受有精神上的损害。[②] 这里的问题恰恰就在于：被告所公开的既然为“事实”，为何也能构成侵犯名誉权的行为而负赔偿责任？在该案中，王泽鉴教授主张：将录像的性爱画面对外公开，致贬低他人在社会上的评价时，得成立对他人名誉权的侵害。在本案中，依其侵害行为得成立对隐私权及名誉权的侵害，二者得发生竞合。[③] 对此，王泽鉴教授解释道：“关于民事侵害名誉权行为的违法性……加害人能证明其陈述事实为真实者，得阻却违法而不成立侵权行为。但涉及私德而与公共利益无关者不在此限。所谓私德，乃个人的德行，亦即有关个人私生活的事项，例如，有人经常出入 KTV、喜好黄色电影、生活奢华等。”[④] 王泽鉴教授的意思就是说，一般情况下，“真实性”会阻却违法，但如果是纯粹的个人私生活的披露或者公开，就不阻却违法而成立侵权行为。此种观点似乎值得商榷：如果这种观点成立，很多侵犯隐私权的行为都可能引起受害人一般社会评价的降低，从而侵犯名誉权。这样，有可能模糊二者的区别，

---

① 转引自王泽鉴：《人格权法》，三民书局 2012 年版，第 183 页。

② 转引自王泽鉴：《人格权法》，三民书局 2012 年版，第 264—265 页。

③ 王泽鉴：《人格权法》，三民书局 2012 年版，第 265 页。

④ 王泽鉴：《人格权法》，三民书局 2012 年版，第 189 页。

徒增烦琐。

在我国，学理一般都坚持“真实性”阻却侵害名誉权的违法性的观点。例如，杨立新教授就某事件是否侵犯了当事人名誉权的问题指出：“有人认为，齐某的行为还侵犯了当事人的名誉权，可以追究其侵害名誉权的侵权责任。对此，我有不同看法：第一，齐某公布的当事人的照片，是真实的，并不是虚构的，因此，并不涉及使当事人的客观评价因此而降低的问题，即使是降低，也不是由于虚构事实而构成。第二，如果说，齐某由于公开宣扬当事人的隐私而按照侵害名誉权处理——隐私权的保护已经采取直接保护方式进行，不必采取间接保护方式保护隐私权。第三，即使齐某的行为在客观上造成了当事人的名誉损害，也是一个违法行为引起了不同的损害后果，可以吸收在侵害隐私权的损害后果之中，不必另行确认侵害名誉权责任。”[①] 王利明教授也认为，“内容真实”是阻却违法性的抗辩事由[②]。我国的司法判例也认为，只要所陈述的事实具有真实性，就不构成对法人名誉权的侵犯。[③] 尤其是，我国最高人民法院《关于审理名誉权案件若干问题的解释》（法释〔1998〕26号）曾规定：“新闻单位根据国家机关依职权制作的公开的文书和实施的公开的职权行为所作的报道，其报道客观准确的，不应当认定为侵害他人名誉权；其报道失实，或者前述文书和职权行为已公开纠正而拒绝更正报道，致使他人名誉受到损害的，应当认定为侵害他人名誉权。”这一解释肯定了真实性作为阻却违法性的抗辩事由。但对于侵犯个人的隐私性信息无涉公共利益时，真实性是否能够成为阻却事由，我国最高人民法院上述司法解释却采取了与王泽鉴先生同样的观点：“医疗卫生单位的工作人员擅自公开患者患有淋病、麻风病、梅毒、艾滋病等病情，致使患者名誉受到损害的，应当认定为侵害患者名誉权。”在这里“真实性”不再是阻却事由，就有可能发生侵犯隐私权和名誉权的竞合。有学者认为，这实际上是通过保护名誉权间接来保护隐私权，但2001年最高人民法院《关于

① 杨立新：《人格权法》，人民法院出版社2000年版，第274页。

② 王利明：《人格权法研究》，中国人民大学出版社2012年版，第487页。

③ 江苏省高级人民法院（1994）苏民终字第42号民事判决书，转引自王利明：《人格权法研究》，中国人民大学出版社2012年版，第487页。

确定民事侵权精神损害赔偿责任若干问题的解释》已经修改。[①] 的确，这一司法解释是明确了对隐私的保护，但对于披露的隐私属于真实的事实，同时客观上造成了被害人名誉降低时，侵犯隐私权与侵犯名誉权是否竞合却没有明确。

对此，最高人民法院《关于审理名誉权案件若干问题的解答》（法发〔1993〕15号）曾指出："文章反映的问题虽基本属实，但有侮辱他人人格的内容，使他人名誉受到损害的，应认定为侵害他人名誉权。"王利明教授针对此项规定指出，这就是说，在内容真实但有侮辱行为的情况下，也可以构成侵害名誉权。例如，某人发表的文章中尽管陈述的事实是真实的，但辱骂他人是泼妇、娼妓等，也可以构成侵权。[②] 司法解释和王利明教授的说法是正确的，但我们必须正确理解，不能认为这里发生了竞合，这里其实存在两种行为：一是文章因具有真实性，故既没有侵犯原告的隐私权，也没有侵犯其名誉权；二是因为有侮辱行为，因此侵犯了其名誉权。

在侵犯隐私权与侵犯名誉权是否发生竞合的问题上，我同意杨立新教授的观点，如果披露的事实具有真实性，就不能构成侵犯名誉权，而仅仅成立侵犯隐私权。如果对隐私的披露，在客观上造成了对原告一般社会评价的降低，则这种"损害"应该作为侵犯隐私权的损害加以赔偿，尤其是在我国，法律规定的民事责任的救济措施非常广泛，能够对名誉权进行救济的措施，在侵犯隐私权的救济措施中都存在。例如，《民法典》"总则编"之"民事责任"一章对之规定得很广泛：停止侵害、赔偿损失、消除影响、赔礼道歉等。"消除影响"也可以起到"恢复名誉"的实际效果。所以，不存在保护不周延的情况，也就没有必要承认这里所谓的竞合问题。

在名誉权与隐私权的关系上，我们必须清醒地认识到：首先，影响对人的社会评价的因素很多，而各种"具体人格权"之间也存在相互联系，或许都与"名誉"这种一般社会评价相关联，构成评价的一个因子。例如，侵害所谓"荣誉权"也有可能导致社会一般评价的降低，从而导致名誉权受到客

① 杨立新：《人格权法》，人民法院出版社2000年版，第274页。注：最高人民法院《关于确定民事侵权精神损害赔偿责任若干问题的解释》已于2020年12月再次修正。

② 王利明：《人格权法研究》，中国人民大学出版社2012年版，第488页。

观上的损害，但这种结果只能在侵犯“荣誉权”中得到解决。其次，如果行为人所披露的事实是真实的，那么，法律保护的重点就不再是被害人的名誉，而是关注其隐私的保护。这也反映了法律规范的价值判断：法律在真实性与名誉之间，选择了真实性，但这时的“名誉损害”还能够在其他人格权的保护中得到相应的救济。

需要特别指出的是，我国《民法典》“人格权编”对于隐私是纳入“权利”中来保护的，而对于信息却没有冠之以“信息权”，是作为利益来保护的。

四、隐私权与“被遗忘权”

（一）“被遗忘权”是一种什么权利

“被遗忘权”究竟是一种什么权利？学者之间存在争议，而许多国家和国际组织的立法、判例及法律文件也不一致。从比较法学的视野看，被遗忘权指自然人有权要求他人在规定时间内删除自己信息的权利[①]。也有学者认为，它包含两层意思，即历史上的遗忘权与互联网时代的信息删除权。前者指犯罪人有权在服刑结束后要求他人封存犯罪档案；后者指信息主体享有的要求信息服务商删除自己被泄露信息的权利。[②] 还有学者认为，它具有三层含义：其一，指可向他人主张及时删除个人信息的权利；其二，指向社会大众主张“清白历史”的权利，这是一种不能将过往的负面信息针对相关个人的清白请求权；其三，是一种不受任何限制，更不用担心后果，能够随时随地表达个人权益的自由行为。[③] 欧盟关于被遗忘权的工作定义（working definition）涵盖两个方面：一方面是指在不侵犯表达自由（显然包括新闻表达、艺术表达和文学表达等）的情况下个人享有的要求他人从网站上删除其个人信息的权利；另一方面是指数据服务者必须从自身的服务器上及时删除侵权信息，同时需要尽力删除第三

① ［英］维克托·迈尔－舍恩伯格：《删除：大数据取舍之道》，袁杰译，浙江人民出版社2013年版，第142页。

② 转引自李佳飞：《论遗忘权》，载《中国人权评论》2015年第1辑。

③ 转引自李佳飞：《论遗忘权》，载《中国人权评论》2015年第1辑。

方服务器上有关的侵权信息。[①] 从我国学者对于“被遗忘权”的定义看，也有不同。有学者认为，综合以上几点，应当将“被遗忘权”的概念定义为：信息主体对已被发布在网络上的有关自身的不恰当的、过时的、继续保留会导致其社会评价降低的信息，要求信息控制者予以删除的权利。[②] 也有学者直接指出，“被遗忘权”语义不清。虽然“被遗忘权”这种煽情的表述很容易深入人心，但从语义解释上看，“被遗忘权”不是一个清晰的表达，究竟指向谁，何时或为何事才能实施都还值得推敲。[③] 这种争议不仅反映了这一概念被承认的程度，而且反映了不同国别的态度。因此，如果想正确定义和理解“被遗忘权”，必须从其原产地及产生背景来考察，才能清楚。

尽管之前也有许多判例涉及被遗忘权问题，有些立法在无意中也有肯定或者保护“遗忘权”之实[④]，但真正提出这一概念并加以保护的，无疑应该是欧盟于2012年1月25日颁布的《一般数据保护条例立法提案》（全称是《欧洲议会和理事会关于制定有关个人数据处理中个人数据保护和自由流动条例的立法提案》），以及2014年5月13日欧盟法院作出的“谷歌诉冈萨雷斯被遗忘权案”的裁决。

2012年1月22日，欧盟委员会副主席 Viviane Reding 女士在《2012年欧盟个人信息改革：让欧洲成为数据时代中现代信息保护法律的领跑者》的演讲中宣布，为了使人们能够控制自己的信息，有权撤回他们曾经给出的处理其个人信息的授权，欧盟委员会将在个人信息保护改革方案中提出一个新型权利——“被遗忘权”。2012年1月25日，“被遗忘权”（right to be forgotten）这一新概念在《一般数据保护条例立法提案》中被正式提出。该文件传递出的“被遗忘权”的大意为：信息主体要求信息控制者消除或不再继续散布其个人信息，或要求第三方删除关于相关信息的链接、复制品或仿制品的权利。[⑤] 由于这一

---

① Robert Kirk Walking, “The Right to be Forgotten”, *Hastings Law Journal*, 2012（64），转引自李佳飞：《论遗忘权》，载《中国人权评论》2015年第1辑。

② 杨立新、韩煦：《被遗忘权的中国本土化及法律适用》，载《法律适用》2015年第2期。

③ 夏燕：《“被遗忘权”之争》，载《北京理工大学学报》（社会科学版）2015年第2期。

④ 例如，我国《侵权责任法》第36条中，也有涉及保护被遗忘权之实，但立法在当时并未有意识地将遗忘权作为该条保护的范围。

⑤ 李倩：《被遗忘权在我国人格权中的定位与适用》，载《重庆邮电大学学报》（社会科学版）2016年第3期。

立法尚未被欧盟理事会通过，故真正使其具有法律意义的是 2014 年欧盟法院对“谷歌诉冈萨雷斯被遗忘权案”的裁决。

1998 年，西班牙报纸《先锋报》发表了西班牙将举行财产强制拍卖活动的公告，提到的遭到强制拍卖的财产中，有一件属于马里奥 · 科斯特加 · 冈萨雷斯（Mario Costeja Gonz á le），他的名字也出现在公告中。2009 年 11 月，冈萨雷斯与该报纸取得了联系，投诉称公告中登出的名字被谷歌搜索引擎（Google search engine）收录了，他希望能够在网上删除这些与他有关的信息，并且称该强制拍卖活动在几年前就已经结束，而且这些数据信息也已经失效，如果任由这些信息继续存在，则会对其声誉造成持续的伤害。《先锋报》回复称，由于该公告的授权方是西班牙劳动与社会事务部，因此有关冈萨雷斯的个人数据无法删除。冈萨雷斯于 2010 年 2 月与谷歌西班牙分部取得了联系，请求他们删除该公告的链接，后者遂将该请求转交给了美国加利福尼亚的谷歌总部。随后，冈萨雷斯向西班牙数据保护局（AEPD）提交了投诉，要求《先锋报》必须按要求删除数据信息，谷歌西班牙分部或谷歌公司则必须按要求删除数据链接。2010 年 7 月 30 日，西班牙数据保护局驳回了他针对报纸提交的诉求，但支持他对谷歌西班牙分部和谷歌公司的诉求，要求谷歌公司删除链接并保证通过搜索引擎无法打开该信息。谷歌西班牙分部和谷歌公司随后分别向西班牙国立高等法院提出了单独诉讼。西班牙国立高等法院在将两个诉讼合并后，将该案提交给了欧盟法院。欧盟法院依据《欧洲数据保护指令》[①]，对诉讼中的一些问题进行初步裁决，其中有一条涉及是否需要制定“被遗忘权”（the right to be forgotten）的问题。欧盟法院在广泛听取各方意见后，于 2014 年 5 月 13 日宣布了最终裁决，认为谷歌作为搜索引擎运营商，应被视为《欧洲数据保护指令》适用范围内的数据控制者，对其处理的第三方发布的带有个人数据的网页信息负有责任，并有义务将其消除。而对于是否制定所谓的“被遗忘权”这一问题，虽然谷歌西班牙分部、谷歌公司以及欧洲委员会等在这一点上都持否

① 具体是指欧盟在 1995 年制定的《关于涉及个人数据处理的个人保护以及此类数据自由流动的 95/46/EC 指令》，《欧洲议会和理事会关于制定有关个人数据处理中个人数据保护和自由流动条例的立法提案》就是在该指令的基础上制定的。

定态度，但是欧盟法院认为，有关数据主体的“不好的、不相关的、过分的”（inadequate，irrelevant，excessive）信息也应当从搜索结果中删除。据此，欧盟法院最终裁决谷歌西班牙分部、谷歌公司败诉，应按冈萨雷斯的请求对相关链接进行删除。自此，欧洲通过欧盟法院的这一判决，确立了“被遗忘权”的概念，并且使之成为信息主体的一项民事权利。[①]

2014年5月13日，欧盟法院作出“谷歌诉冈萨雷斯被遗忘权案”的裁决后，2014年7月9日，英国司法大臣向英国议会上议院欧盟小组委员会提交一份报告并接受质询。在此会议上，政府部门、信息专员都表达了反对“被遗忘权”的立场。司法大臣表示，无论是作为普通人还是部长，都不认为欧盟可以阻止人们获得真实信息，而这些信息在世界其他地方则是公开的。7月30日委员会发布报告，明确表示反对“被遗忘权”，同时还建议政府也一定要保持如此立场。委员会认为：谷歌和其他的搜索引擎不应该从搜索结果中决定什么样的链接应该被移除，进而认为“被遗忘权”是错误的，在实践中是不可行的。因为搜索引擎不应该对网络上的内容负责。欧盟法院法官的判决未能反映出过去20年令人难以置信的技术进步。

委员会还强调，人们没有权利要求移除对于他们是准确的和合法的信息的链接。而英国民众，包括官员个人，自“谷歌西班牙案”判决之后，纷纷向谷歌提出断开或移除相关链接的要求。根据谷歌公司发布的报告，截止到2014年11月29日，谷歌收到了来自英国民众的22467项请求，涉及81413个网页。其中已移除的占到受理总数的36.2%，未移除的占到63.8%。而谷歌移除链接的行为，又招致英国新闻媒体的反对和抗议。2014年7月初，多家英国媒体批评谷歌，指责其过度履行欧洲数据保护法中的“被遗忘的权利”，采用极为草率、粗暴的方法直接删除与名字相关的搜索链接。[②]

在美国，无论是理论，还是判例，对“被遗忘权”都存在极大的限制。例如，美国法学教授杰弗里·罗森（Jeffrey Rosen）认为：“尽管欧洲甚至全世界都有

---

① 杨立新、韩煦：《被遗忘权的中国本土化及法律适用》，载《法律适用》2015年第2期。

② 李丹林：《被遗忘权在英国：文化背景与价值启示》，载《中国社会科学报》，2014年12月3日第B01版。

提议……号召我们逃离过去，然而这种遗忘的权利会给言论自由带来很大的威胁。”[①]2013 年美国加州的“橡皮擦法案”虽然部分承认了“被遗忘权”，但也有极大限制。2013 年，美国加利福尼亚州州长杰瑞 · 布朗（Jerry Brown）签署了加州参议院第 568 号法案，即“橡皮擦法案”。该法案要求包括 Facebook、Twitter 在内的社交网站巨头应允许未成年人擦除自己的上网痕迹，以避免因年少无知、缺乏网络防范意识而不得不在今后面临遗留的网络痕迹带来的诸多困扰。该法案于 2015 年 1 月 1 日正式生效，该法案仅适用于加利福尼亚州境内的未成年人，也明确只有未成年人自行发布在社交网站上的内容可以被删除，但是对于其他人发布的有关自己的文字、图片信息，则没有要求删除的权利。[②]

（二）对“被遗忘权”核心问题的讨论

1.“被遗忘权”是一种独立的人格权还是人格权的保护手段

“被遗忘权”是否是一种独立的人格权？对此问题，学者之间的看法不尽相同。有学者认为，“被遗忘权”不是一种独立的权利，理由是：就“被遗忘权”而言，在人格利益的保护上，就是对可以识别人格特征的部分个人信息予以删除的权利，这样的权利所保护的人格利益，不具有相对的独立性，不能成为一个具体的、具有类型化的人格利益，而只是某一种具有独立性的人格利益的组成部分。对于这样的人格利益，显然不能作为一个具体人格权来保护，即使将来制定《人格权法》，也不能将“被遗忘权”作为一个具体人格权来确认。因此，“被遗忘权”不属于一个独立的人格权，而只能依附于某种具体人格权，依法予以保护。[③]有学者对此观点提出了商榷意见，认为“被遗忘权”根本不具有权利的属性，不能将其作为一项法律上的权利看待。[④]也有人认为，“被遗忘权”之所以不是一种独

---

① Jeffrey Rosen，“Free Speech，Privacy and the Web that Never Forgets”，*Telecomm & High Tech*，2011（9），转引自夏燕：《被遗忘权之争》，载《北京理工大学学报》（社会科学版）2015 年第 2 期。

② 转引自杨立新、韩煦：《被遗忘权的中国本土化及法律适用》，载《法律适用》2015 年第 2 期。

③ 杨立新、韩煦：《被遗忘权的中国本土化及法律适用》，载《法律适用》2015 年第 2 期。

④ 张浩：《“被遗忘”能否成为一项法律权利？——兼与杨立新、韩煦教授商榷》，载《广西社会科学》2016 年第 7 期，转引自《社会科学文摘》2016 年第 9 期。

立的人格权，是因为人格权必须服务于某项确定的人格利益，而“被遗忘权”实际上是一种要求删除的权利，虽然服务于自然人的人格保护，但没有实体内容。所以，与其说它是一种独立的人格权，不如说是实现某种人格利益的手段。①

其实，以上几位学者的观点没有根本的冲突：都否认所谓的“被遗忘权”是一种独立的人格权利，仅仅是隐私性信息或者一般信息权保护的法律手段而已——请求删除的救济手段。但如果笼统地说“不能将其作为一项法律上的权利看待”，也许不够周延，应该说，它不是一项独立的实体法上的权利，但它却是一项请求删除的救济权，即一种删除请求权。如果他既不是实体法上的权利，也不是程序法上的权利的话，那就说明它没有任何意义和价值了。

2. 被删除（被遗忘）的信息应该是什么样的信息

应该说，不是任何信息都能够被删除，否则，人与人的联系、人与社会的联系、社会信用及管理都将无法想象。因此，对于删除（必须遗忘）的信息应有所选择和限制。2012 年 1 月 25 日《欧洲议会和理事会关于制定有关个人数据处理中个人数据保护和自由流动条例的立法提案》首次发布时，其中第三章第三部分第 17 条（right to be forgotten or to erasure）第 1 款规定，信息主体有权要求信息控制者消除或不再继续扩散其个人信息，特别是信息主体在青少年时期公开的信息。这些情形主要包括：（1）对于信息收集和使用的目的而言，个人信息不再是必需的；（2）信息主体撤销信息采集授权、信息存储期限失效或者信息采集行为失去法律正当性；（3）信息当事人拒绝信息的处理；（4）信息的处理不符合本草案的其他规定。② 香港特别行政区 2013 年修订的《个人资料（隐私）条例》第 26 条“删除不再需要的个人资料”规定：凡资料使用者持有的个人资料是用于某目的（包括与该目的有直接关系的目的），但已不再为该目的而属有需要的，则除在以下情况外，该资料使用者须采取所有切实可行步骤删除该资料——（1）该等删除根据任何法律是被禁止的；或（2）不

① 李倩：《被遗忘权在我国人格权中的定位与适用》，载《重庆邮电大学学报》（社会科学版）2016 年第 3 期。

② 李倩：《被遗忘权在我国人格权中的定位与适用》，载《重庆邮电大学学报》（社会科学版）2016 年第 3 期。

删除该资料是符合公众利益（包括历史方面的利益）的。[①] 其实，欧盟法院关于“被遗忘权”的第一个裁决中，对限制写得很清楚：有关数据主体的“不好的、不相关的、过分的”信息也应当从搜索结果中删除。

我认为，对于该项请求法律救济的权利，应当从两个方面来考虑限制：一是从主体个人的视角考虑其主观感受，如对于主体来说过时的、不相关的、非正常采集的或者不准确的，或者过分的；二是必须考虑社会群体利益和社会公共利益考虑，舆论监督、社会正常交往、国家或者社会管理等社会公共利益所必需的，不能删除或者遗忘。

3. 被遗忘权的载体是什么

在什么载体上记载的个人信息能够适用“删除”的请求权？对此问题，学者之间有不同观点。有人认为，被遗忘权仅仅能够适用于网络信息领域，任何出现在纸质媒体上的与信息主体有关的个人信息，都不能通过该权利予以删除。同时，通过行使被遗忘权进行删除的信息必须为已在网络上发布、公开存在并为公众可见的信息。[②] 也有人认为，被遗忘权的适用范围不仅包括网络信息（即网络中流通的信息），还包括纸质信息（即存在于纸质载体上的信息），如会议记录、张贴的公告、处分记录甚至纸质档案、犯罪记录等。[③]

在这一问题上，我认为，从客观上来说，删除权仅仅能够适用在网络媒介上或者自媒体，纸质载体无法适用这种“删除”的方式，要么通过“收回”的方式，要么通过“消除影响”的民事救济措施来解决，就如“被遗忘权”在美国的倡导者维克托·迈尔－舍恩博格针对“被遗忘权”的反对者提出质疑：“真能在网络世界中被遗忘吗？数据可以瞬间在全球复制和传播，怎能删除所有数据而达到遗忘呢？就算删除了网络上流传的数据，那如何删除已下载到别人电脑中的数据呢？”[④] 维克托指出：“以上观点是一种误解：我们说你从 Google 的数

① 李倩:《被遗忘权在我国人格权中的定位与适用》，载《重庆邮电大学学报》(社会科学版) 2016 年第 3 期。

② 杨立新、韩煦:《被遗忘权的中国本土化及法律适用》，载《法律适用》2015 年第 2 期。

③ 李倩:《被遗忘权在我国人格权中的定位与适用》，载《重庆邮电大学学报》(社会科学版) 2016 年第 3 期。

④ 夏燕:《“被遗忘权”之争》，载《北京理工大学学报》(社会科学版) 2015 年第 2 期。

据库中被删除，意思就是你在网上搜索一下自己，没有相关信息出现。哪怕这时候相关信息可能还保存在Google的备份库中，只是99%的人都看不到，这时候你就已经被删得挺干净了。”[①]而且，无论从欧盟的立法草案，还是从欧盟法院关于“谷歌诉冈萨雷斯被遗忘权案”的裁决来看，“被遗忘权”的这种删除也仅仅是针对网络媒介的，当时西班牙数据保护局驳回了冈萨雷斯针对报纸提交的诉求，但支持他对谷歌西班牙分部和谷歌公司的诉求。但是，现在个别的存储于数码相机、手机或者电脑中的照片，这些是否可以适用“被遗忘权”中的这种删除权？德国联邦最高法院2015年12月21日作出判决，宣布情侣分手后有权要求对方删除交往时拍下的亲密照片及影片。该案件源于一名居住在德国中部黑森州的女子，控告其前摄影师男友仍持有两人交往时的亲密照片，法院因此判定男友需将储存在手机里的亲密照全数删除。法院认为，持有这些照片就表示该名摄影师仍对前女友具有一定的控制权，可能会在未来进行威胁恐吓等行为。即使摄影师无意公开散播这些照片，他仍然无权保有这些相片及影片。不过需要删除的照片仅限于裸露、只着内衣以及性交前后的画面，一般衣衫完整的出游照及合照等则不在此限，因为这些照片不涉及名誉损害。[②]这种情形在现实生活中有普遍性意义，可以认为是一种“被遗忘权”适用的载体。

（三）隐私权与被遗忘权的关系

“被遗忘权”中的这些被要求删除的信息，是否与隐私相关联呢？可能有些信息属于隐私的范畴，故删除部分与隐私权的客体有重合。另外，以前发布的一些信息中，可能有些本身就是隐私，例如，媒体发布的许多明星的“不雅照”或者恋爱史等，还有一些属于我国《民法典》“侵权责任编”（第1195条）规定的利用网络实施的侵权行为，当然还包括隐私与非隐私性信息。

（四）“被遗忘权”在我国现有法律体系框架下的体现

从法律规范来看，我国现在有一般法律规范和特别法规范。一般法律规

---

① 夏燕：《“被遗忘权”之争》，载《北京理工大学学报》（社会科学版）2015年第2期。

② http://news.ifeng.com/a/20151225/468279640.shtml，2016年12月5日访问。

范体现在《民法典》“人格权编”和“侵权责任编”。特别法规范体现在我国2016年11月7日通过的《网络安全法》第43条的规定。从“被遗忘权”之删除权的救济措施看，可以认为，“被遗忘权”在这三部规范中都有具体体现。

首先，《民法典》“人格权编”不仅正面规定了隐私权及个人信息，在第1037条还规定了具备一定条件的“更正与删除请求权”：（1）自然人可以依法向信息处理者查阅或者复制其个人信息；发现信息有错误的，有权提出异议并请求及时采取更正等必要措施。（2）自然人发现信息处理者违反法律、行政法规的规定或者双方的约定处理其个人信息的，有权请求信息处理者及时删除。这可以看作“被遗忘权”的具体体现。

《民法典》“侵权责任编”第1195条规定了“删除、屏蔽、断开链接请求权”：“网络用户利用网络服务实施侵权行为的，权利人有权通知网络服务提供者采取删除、屏蔽、断开链接等必要措施。通知应当包括构成侵权的初步证据及权利人的真实身份信息。网络服务提供者接到通知后，应当及时将该通知转送相关网络用户，并根据构成侵权的初步证据和服务类型采取必要措施；未及时采取必要措施的，对损害的扩大部分与该网络用户承担连带责任……”这可以看作“被遗忘权”之删除权的体现，但这里的这种请求权的前提是“构成侵权行为”。

《网络安全法》第43条规定：“个人发现网络运营者违反法律、行政法规的规定或者双方的约定收集、使用其个人信息的，有权要求网络运营者删除其个人信息；发现网络运营者收集、存储的其个人信息有错误的，有权要求网络运营者予以更正。网络运营者应当采取措施予以删除或者更正。”这是更接近“被遗忘权”之删除权的具体体现。

与上述比较法理论和实务中的“被遗忘权”比较，我国法上的救济，无论是一般法，还是特别法，都有比较严格的限制和要求，远远达不到“被遗忘权”那样广泛的救济。

在这里，还要特别提到一个部门规范性文件——《信息安全技术公共及商用服务信息系统个人信息保护指南》，它是由全国信息安全标准化技术委员会（SAC/TC 260）提出，而由原国家质量监督检验检疫总局、中国国家标准化管理委员会发布的。在该文件中，更多地体现出了相当于“被遗忘权”

的情形：（1）个人信息主体有正当理由要求删除其个人信息时，应及时删除个人信息。删除个人信息可能会影响执法机构调查取证时，采取适当的存储和屏蔽措施（5.5.1）。（2）收集阶段告知的个人信息使用目的达到后，立即删除个人信息；如需继续处理，要消除其中能够识别具体个人的内容；如需继续处理个人敏感信息，要获得个人信息主体的明示同意（5.5.2）。（3）超出收集阶段告知的个人信息留存期限，要立即删除相关信息（5.5.3）。（4）个人信息管理者破产或解散时，若无法继续完成承诺的个人信息处理目的，要删除个人信息。删除个人信息可能会影响执法机构调查取证时，采取适当的存储和屏蔽措施（5.5.4）。由于这一文件的性质难以归入"法律或者法规"的范畴，因此就难以成为请求权基础。但确实为个人信息安全和保护提供了行业性指南，对于加强行业自律意义重大。

五、宪法上的隐私权与民法上的隐私权

凡是制定有宪法的国家，都保护人的自由与尊严。因此，个人隐私在宪法上获得保护也属自然。于是，就有了隐私权的宪法保护及民法保护。但是，这不能被认为是隐私权的"双重属性"，仅仅能够解释为隐私权的不同保护，因为其保护的手段和防御的"敌人"完全不同。就如有学者所指出的，宪法上的隐私权旨在保障个人私生活不受公权力的侵害，其核心在于如何调和个人隐私与公共利益。私法上的隐私权主要在于依侵权行为法保护个人隐私不受第三人的侵害，其核心问题是如何调和个人隐私保护与言论自由。[①]美国学者认为，与其他宪法上的保障一样，对隐私的保护也仅仅延及政府行为或者那些可以构成"州行为"的情形。至于私人侵犯隐私权的问题，如果存在法律保障的话，也只能依靠普通法或者成文法解决。[②]1972年，日本学者阪本昌成教授在《宪法与隐私》一文中区分了隐私和隐私权，并将隐私权划分为公法和私法保护两种不同法益。私法上的法益保护姓名权、肖像权、经历与病历、信件、电信和电话等隐私不受私人侵犯；

---

① 王泽鉴：《人格权法》，三民书局2012年版，第238—239页。

② ［美］唐纳德·M. 吉尔莫等：《美国大众传播法：判例评析》，梁宁等译，清华大学出版社2002年版，第232页。

另外，尾随跟踪、窥视、借助暴露家族关系进行非难也都是私法禁止的行为。公法上的法益保护则禁止警察窃听电信和电话、非法搜查住宅及采用指纹、尾随跟踪、不必要的介入调查、非法侵犯人身自由和非法刑事搜查等行为。①

在我国，从理论上说，也存在宪法上的隐私权保护与民法上的隐私权之区分，因为我国《宪法》第 38 条规定："中华人民共和国公民的人格尊严不受侵犯。禁止用任何方法对公民进行侮辱、诽谤和诬告陷害。"第 39 条规定："中华人民共和国公民的住宅不受侵犯。禁止非法搜查或者非法侵入公民的住宅。"由此可见，我国也存在保护公民个人隐私权的宪法基础。但这种宪法基础也仅仅具有理论层面的意义，而对于司法实践并无任何意义，因为我国的宪法规范无法落实到法院的审判实践中，故隐私权不可能通过宪法实际受到保护。因此，我国隐私权的保护只能在民法上得到落实。

六、我国隐私权与信息权保护的请求权基础

（一）侵犯隐私及隐私性信息的样态和请求权基础

1. 侵犯隐私及隐私性信息的样态

（1）非法披露或者公开个人的隐私或者隐私性信息，包括公开他人的私密照片、病历信息、日记内容、通信信息等。

（2）侵入他人的私密空间，也就是学者所说的空间隐私权的侵害，包括非法侵入他人的住宅、公共场所的专供个人使用的更衣室以及其他可以期待有隐私空间的地方。

（3）非法侵扰他人的生活安宁，例如，对他人的住所进行监听、窥探，跟踪他人的行踪，窃听他人的私人电话，非法刺探他人的隐私或者隐私性信息等。

2. 被侵害人的请求权基础

被害人的请求权基础主要有两个：一是我国《民法典》这种一般法上的请求权基础；二是《网络安全法》这种特别法上的请求权基础。在此，我们主要

---

① 转引自魏晓阳：《日本隐私权的宪法保护及其对中国的启示》，载《浙江学刊》2012 年第 1 期。

讨论作为一般法的《民法典》上的请求权基础。

《民法典》上的请求权基础需要讨论的是："人格权编"中的请求权基础和"侵权责任编"中的请求权基础。对于我国《民法典》"人格权编"来说，似乎可以解释出自己独立的请求权基础。

对于隐私权的救济来说，大概有两种：一是《民法典》的"人格权编"中的救济措施（如果能够成立的话），即第 997 条："民事主体有证据证明行为人正在实施或者即将实施侵害其人格权的违法行为，不及时制止将使其合法权益受到难以弥补的损害的，有权依法向人民法院申请采取责令行为人停止有关行为的措施。"当然，我之所以说"如果能够成立的话"，就是因为：当具备第 997 条的条件的时候，受害人是根据侵权责任"有权依法向人民法院申请采取责令行为人停止有关行为的措施"，还是直接根据其人格权受到侵害而直接有权请求？如果是后者，当然就是人格权本身可以作为请求权基础了。如果是前者，就还要归于侵权请求权。二是侵权请求权：既可以根据《民法典》"侵权责任编"的一般构成要件来请求侵权救济，也可以根据第 1195 条的特别规定提出特别救济。

至于《民法典》"总则编"中"民事责任"一章，由于没有具体的构成要件，因此这些所谓的责任方式难以作为请求权基础。

（二）侵犯信息权的样态和请求权基础

1. 侵犯信息权的样态

我国《民法典》第 1035 条规定："处理个人信息的，应当遵循合法、正当、必要原则，不得过度处理，并符合下列条件：（一）征得该自然人或者其监护人同意，但是法律、行政法规另有规定的除外；（二）公开处理信息的规则；（三）明示处理信息的目的、方式和范围；（四）不违反法律、行政法规的规定和双方的约定。个人信息的处理包括个人信息的收集、存储、使用、加工、传输、提供、公开等。"除此之外，《民法典》第 1036 条规定了例外免责条款："处理个人信息，有下列情形之一的，行为人不承担民事责任：（一）在该自然人或者其监护人同意的范围内合理实施的行为；（二）合理处理该自然人自行公开的或者其他已经合法公开的信息，但是该自然人明确拒绝或者处理该信息侵害其重大利益的除外；（三）为维护公共利益或者该自然人合法权益，合理实施的其他行为。”这两条不仅对搜集和处理个人信息明确了原则，而且提出了“处理”的含义。由此可见，不符合上述规则的非法收集、使用、加工、传输、提供、公开等属于侵犯信息的样态。当然，侵犯样态还包括非法买卖信息的行为。

（1）非法收集和使用个人信息

我国《网络安全法》第 41 条规定：“网络运营者收集、使用个人信息，应当遵循合法、正当、必要的原则，公开收集、使用规则，明示收集、使用信息的目的、方式和范围，并经被收集者同意。网络运营者不得收集与其提供的服务无关的个人信息，不得违反法律、行政法规的规定和双方的约定收集、使用个人信息，并应当依照法律、行政法规的规定和与用户的约定，处理其保存的个人信息。”

（2）非法加工

我国《民法典》第 1038 条规定：“信息处理者不得泄露或者篡改其收集、存储的个人信息；未经自然人同意，不得向他人非法提供其个人信息，但是经过加工无法识别特定个人且不能复原的除外。信息处理者应当采取技术措施和其他必要措施，确保其收集、存储的个人信息安全，防止信息泄露、篡改、丢失；发生或者可能发生个人信息泄露、篡改、丢失的，应当及时采取补救措施，按照规定告知自然人并向有关主管部门报告。”

以“非法目的”或者“非法手段”加工个人信息，都构成非法加工。

（3）非法传输、提供或者公开

这里所谓的非法传输、提供或者公开就是指非法转移，而转移是指将个人信息提供给个人信息获得者的行为，如向公众公开、向特定群体披露、由于委托他人加工而将个人信息复制到其他信息系统等。

我国《个人信息保护法》将非法加工、非法传输、非法收集个人信息的行为统称为“个人信息的处理”，这与《民法典》第 1038 条是一致的。《个人信息保护法》第 4 条第 2 款规定：“个人信息的处理包括个人信息的收集、存储、使用、加工、传输、提供、公开、删除等。”该法在区分一般个人信息和个人敏感信息的基础上明确规定了个人信息处理规则。

首先，一般个人信息的处理规则是：①处理个人信息应当遵循合法、正当、必要和诚信原则，不得通过误导、欺诈、胁迫等方式处理个人信息。②处理个人信息应当具有明确、合理的目的，并应当与处理目的直接相关，采取对个人权益影响最小的方式。③收集个人信息，应当限于实现处理目的的最小范围，不得过度收集个人信息。④处理个人信息应当遵循公开、透明原则，公开个人信息处理规则，明示处理的目的、方式和范围。⑤处理个人信息应当保证个人信息的质量，避免因个人信息不准确、不完整对个人权益造成不利影响。⑥个人信息处理者应当对其个人信息处理活动负责，并采取必要措施保障所处理的个人信息的安全。⑦任何组织、个人不得非法收集、使用、加工、传输他人个人信息，不得非法买卖、提供或者公开他人个人信息；不得从事危害国家安全、公共利益的个人信息处理活动。⑧基于个人同意处理个人信息的，该同意应当由个人在充分知情的前提下自愿、明确作出。⑨个人信息处理者必须适格，符合下列情形之一的，个人信息处理者方可处理个人信息：（a）取得个人的同意；（b）为订立、履行个人作为一方当事人的合同所必需，或者按照依法制定的劳动规章制度和依法签订的集体合同实施人力资源管理所必需；（c）为履行法定职责或者法定义务所必需；（d）为应对突发公共卫生事件，或者紧急情况下为保护自然人的生命健康和财产安全所必需；（e）为公共利益实施新闻报道、舆论监督等行为，在合理的范围内处理个人信息；（f）依照本法规定在合理的范围内处理个人自行公开或者其他已经合法公开的个人信息；（g）法律、行政法规规定的其他情形。

其次，《个人信息保护法》第 28 条对个人敏感信息的定义是：敏感个人信息是一旦泄露或者非法使用，容易导致自然人的人格尊严受到侵害或者人身、财产安全受到危害的个人信息，包括生物识别、宗教信仰、特定身份、医疗健康、金融账户、行踪轨迹等信息，以及不满十四周岁未成年人的个人信息。个人敏感信息的处理规则是：①只有在具有特定的目的和充分的必要性，并采取严格保护措施的情形下，个人信息处理者方可处理敏感个人信息。②处理敏感个人信息应当取得个人的单独同意；法律、行政法规规定处理敏感个人信息应当取得书面同意的，从其规定。③个人信息处理者处理敏感个人信息的，除该法第 17 条第 1 款规定的事项外，还应当向个人告知处理敏感个人信息的必要性以及对个人权益的影响；依照该法规定可以不向个人告知的除外。④个人信息处理者处理不满十四周岁未成年人个人信息的，应当取得未成年人的父母或者其他监护人的同意。⑤法律、行政法规对处理敏感个人信息规定应当取得相关行政许可或者作出其他限制的，从其规定。

我国《民法典》第 1039 条针对国家机关及其工作人员专门规定："国家机关、承担行政职能的法定机构及其工作人员对于履行职责过程中知悉的自然人的隐私和个人信息，应当予以保密，不得泄露或者向他人非法提供。"在我国《民法典》上，国家机关作为民法上的特别法人，其工作人员非法泄露和提供在履行职责过程中知悉的自然人的隐私和个人信息的，也应该承担民事责任。

我国《个人信息保护法》第 34 条至第 37 条还对国家机关处理个人信息规定了详细规则：①国家机关为履行法定职责处理个人信息，应当依照法律、行政法规规定的权限、程序进行，不得超出履行法定职责所必需的范围和限度。②国家机关为履行法定职责处理个人信息，应当依照该法规定履行告知义务；有该法第 18 条第 1 款规定的情形，或者告知将妨碍国家机关履行法定职责的除外。③国家机关处理的个人信息应当在中华人民共和国境内存储；确需向境外提供的，应当进行安全评估。安全评估可以要求有关部门提供支持与协助。④法律、法规授权的具有管理公共事务职能的组织为履行法定职责处理个人信息，适用该法关于国家机关处理个人信息的规定。

我国《网络安全法》第 42 条第 1 款规定："网络运营者不得泄露、篡改、毁损其收集的个人信息；未经被收集者同意，不得向他人提供个人信息。但是，经过处理无法识别特定个人且不能复原的除外。"第 44 条规定："任何个人和组织不得窃取或者以其他非法方式获取个人信息，不得非法出售或者非法向他人提供个人信息。"

违反上述规定，以违法目的或者手段传输、提供、公开个人信息的，即构成非法传输、提供和公开个人信息。

（4）出售个人信息

出售个人信息与一般的非法提供、披露或者传输、公开不同的是，出售是以获取"对价"或者说营利为目的。目前，这种情况在我国各地非常普遍：将个人买卖房屋的电话号码、理财信息、婴儿出生信息、拥有某某品牌汽车的信息、家里有适龄儿童信息等出售给某些房屋中介、推销产品的企业或者个人，意图谋利。生活在今天的我们，经常收到一些垃圾短信或者骚扰电话，其实与这种情况有关。按照上述《网络安全法》第 44 条之规定，任何个人和组织不得非法出售或者非法向他人提供个人信息。

出售个人信息，无论什么理由都属于“非法”。当然，上述“非法收集和使用”“非法加工”“非法传输、提供或者公开”个人信息中的“非法”，如果称为“不当”，可能更加合适。因为，这里的所谓“非法”，很多都属于违反社会一般观念或者说“善良风俗”等，不见得一定是明确的法律的禁止性规范，就好比侵权行为构成中的“违法性”一样，很多实际上属于“不当行为”。

对于信息保护来说，其请求权基础也有两个：一是自身带有的请求权基础，即《民法典》第 1036 条规定的要求“更正或者删除”的请求权及第 997 条之请求权；二是侵权请求权，既可以根据《民法典》“侵权责任编”的一般构成要件来请求侵权救济，也可以根据第 1195 条的特别规定提出特别救济。

2. 救济与请求权基础

对于信息保护来说，其请求权基础也有两个：一是自身带有的请求权基础，即《民法典》第 1036 条规定的要求“更正或者删除”的请求权及第 997 条之请求权；二是侵权请求权，既可以根据《民法典》“侵权责任编”的一般构成要件来请求侵权救济，也可以根据第 1195 条的特别规定提出特别救济。

（1）预防性救济措施及请求权基础

我国《民法典》第 997 条规定：“民事主体有证据证明行为人正在实施或者即将实施侵害其人格权的违法行为，不及时制止将使其合法权益受到难以弥补的损害的，有权依法向人民法院申请采取责令行为人停止有关行为的措施。”

我国《网络安全法》第 42 条也为预防性救济措施提供了请求权基础。该条第 2 款规定：“网络运营者应当采取技术措施和其他必要措施，确保其收集的个人信息安全，防止信息泄露、毁损、丢失。在发生或者可能发生个人信息泄露、毁损、丢失的情况时，应当立即采取补救措施，按照规定及时告知用户并向有关主管部门报告。”

（2）责任性救济措施及请求权基础

由于侵犯信息权与侵犯隐私权或者隐私性信息不同，侵犯信息权对人损害的程度一般来说比侵犯隐私权或者隐私性信息"要弱"，因此，救济性措施也就比较广泛，有时候仅仅要求删除或者更正就可以达到救济目的。

从请求权基础来看，我国《个人信息保护法》《网络安全法》《民法典》都给其救济提供了请求权基础及救济措施[①]，具体来说，有以下几种：

① 删除请求权

对此，《网络安全法》第42条、第43条及第47条，《民法典》第1037条、第1195条都规定了要求删除的权利。当然，《民法总则》第八章"民事责任"中，也可以解释出这种措施。

② 承担侵权责任的请求权

如果采取删除、屏蔽、断开链接等方式，并不必然排除其他责任方式。如果采取上述措施不能或者不能完全对受害人提供充分的救济，受害人可以请求承担其他的侵权责任。对此，我国《民法典》"侵权责任编"可以提供有效的请求权基础和救济措施。

③ 更正请求权

我国《民法典》第1037条、《网络安全法》第43条都提供了这种救济。例如，根据《网络安全法》第43条的规定，个人发现网络运营者收集、存储的其个人信息有错误的，有权要求网络运营者予以更正。网络运营者应当采取措施予以更正。

七、隐私权保护中的问题

（一）对于以前的公开事件，尤其是犯罪前科的公开，是否构成侵害隐私权的行为

对此问题，各国的立法例及理论并不相同。例如，在日本，三级法院对

① 当然，这里的救济措施是指"民事救济措施"，像《网络安全法》第59条至第75条规定的诸如罚款、没收非法所得等，不属于民事救济措施。所以，在这里不讨论之。

于此问题的看法就有不同。在某案中，被告京都市某区长按照日本《律师法》第 23 条的规定，在接受对驾校技能指导员的前科调查时，将该指导员（原告）的犯罪前科和犯罪经历全部做了汇报。由此，原告以侵害隐私权为由，请求京都市政府对其进行损害赔偿。京都地方法院认为，由于区长无故意和过失，且本案的回答是正当的业务行为，所以，不具有违法性，不构成侵害隐私权的行为。但大阪高等法院认为，对于有关自己的名誉、信用、隐私相关的事项，任何人都有不让他人不当知晓的生活权利。公开前科和犯罪经历的行为，仅限于有法律规定或者因公共福利需要优先考虑的情况，因此在本案中，区长应该予以拒绝。但区长没有拒绝，构成对原告的隐私权侵害，故认可原告的精神损失赔偿费。日本最高法院判决的多数意见也支持大阪高等法院的意见，认为无论犯罪的种类与轻重，将前科全部报告的行为是公权的违法行使。伊藤法官的补充意见更是认为，不想被他人知道的个人信息，即使是与事实相符的内容，也作为隐私受到法律的保护，不允许将此随便公开，违法侵害他人隐私的行为不得不说构成了侵权行为。本案中，成为焦点的前科等问题是个人隐私中最不想被他人知道的内容之一。①

在美国，占主导地位的隐私权理论认为，当涉及的信息已经在公共档案中出现过，隐私利益就无从谈起了。任何一件发生于过去的、为公众所关注或者载入公共档案的事件，一般法院都会认为，即使旧事重提，也不构成侵犯隐私权。在罗曼诉凯琳格（Romaine v. Kallinger）一案中，法官认为，本案中所涉及的信息来自凯琳格审判的官方法庭记录，而这些记录本身是公开的——原告所宣称的那些侵犯了他们的细节描述已经因为他们自己及其证人在法庭上的证言而被公开了。这些信息是凯琳格审判记录的一部分，而且曾经在审判时被长篇累牍地报道过——即使是已经被删除了的犯罪前科，如果有新闻价值被旧事重提，也不会构成侵犯隐私权。② 另外，美国先后制定了《梅根法案》《杰西卡法案》《萨拉法案》等性犯罪者资讯公开法，并依法建立了面向全社会公开的性犯

① ［日］五十岚清：《人格权法》，铃木贤、葛敏译，北京大学出版社 2009 年版，第 156—158 页。

② ［美］唐纳德·M. 吉尔莫等：《美国大众传播法：判例评析》，梁宁等译，清华大学出版社 2002 年版，第 241—249 页。

罪者数据库。警方会将性犯罪者的照片、体貌特征、住址等个人信息正式建档，并上传至互联网以供公众查阅。[①] 由此可见，在美国，对犯罪前科的公开或者旧事重提是否构成侵犯隐私权，至少有许多抗辩事由，难以追究侵权责任。

在我国，犯罪信息是否属于隐私权，学者之间也有不同的观点。例如，王利明教授就认为，个人犯罪信息在符合一定条件时属于隐私，即如果某人确实已经改过自新，从鼓励犯罪行为人改过、重返社会的需要考虑，应当将其过去的经历作为一种隐私而加以保护，不得对其进行随意的披露。随着时间的推移，其过去的经历所具有的公共色彩也会逐渐减退，如果在长久之后将该事实披露，不仅会造成精神上的困扰和痛苦，更会影响其与他人之间的人际关系、社会形象和职业。因此，对这类过去的事实的披露，可能构成对隐私权的侵害。[②] 也有其他学者认为，犯罪前科属于隐私。[③] 但也有人反对将犯罪前科作为隐私加以保护。例如，郝铁川先生认为，犯罪人的隐私权不需要加以保护，即使由此而让罪犯的亲属、后代蒙受一定的耻辱，也是不可避免的，或者是有必要的（可以增加犯罪成本）。[④] 有人认为，从罪犯的隐私权和公众安全之间的矛盾出发，行为人的犯罪记录不应当作为隐私，而应当为公众所知悉以实现预防犯罪的目的。[⑤] 还有人认为，犯罪记录属于违法隐私，不应受法律保护。[⑥]

在此问题上，我同意王利明教授的观点，犯罪前科作为隐私应该受到限制，除了应该受到像一般隐私的限制，如公共利益原则、公众合理关注等限制外，还应该受到“利害关系人合理利益”限制，即任何有利害关系的人探听等都不构成侵犯隐私权，经常居住的邻居、招工的单位或者个人（其他雇主）、出租房屋的房屋所有权人、恋爱的对象、生意伙伴等，只要有合理利益存在，就应当允许他们关注。例如，现在许多人从事某些行业，需要公安机关开具的“无

---

① 杨立新、韩煦：《被遗忘权的中国本土化及法律适用》，载《法律适用》2015 年第 2 期。

② 王利明：《人格权法研究》，中国人民大学出版社 2005 年版，第 610 页。

③ 郭明龙：《个人信息权利的侵权法保护》，中国法制出版社 2012 年版，第 203 页；王要霞：《论公民犯罪前科资料的隐私权保护》，西南政法大学 2010 年硕士学位论文。

④ 郝铁川：《罪犯的隐私权保护》，载《法制日报》，2004 年 6 月 24 日。

⑤ 王丽萍：《信息时代隐私权保护研究》，山东人民出版社 2008 年版。

⑥ 佚名：《论媒体侵权与罪犯隐私权的法律保护》，http://www.chinajianyu.cn/html/fagui/200903/29-1862.html?jdfwkey=ejpdm，2009 年 12 月 29 日访问。

犯罪记录证明”等，应当认为属于合理利益关注。

（二）转手获得的隐私或者信息是否构成侵权行为

对此，王利明教授认为，获取他人的信息，只要他人信息是私密性的，属于权利人不愿意为外人知道的，就构成了对隐私权的侵害，只要获取，就构成对隐私的侵犯。[①] 但是，美国的侵权法理论和判例认为，只要行为人本人没有参加窃取行为，就不必为此负责，即使他将转手获得的信息公开。[②]

在此问题上，我同意王利明教授的观点，因为：（1）这种行为虽然不是直接从被害人处获得信息或者隐私，但是，其在不同范围内的公开，会直接造成对受害人的损害或者扩大这种损害。因此，不能认为这种行为不构成侵权行为。（2）从我国的实际情况看，将这种行为认定为侵权行为，更符合我国的国情，对于保护自然人来说，更加有利。

（三）处理侵犯隐私权或者信息权案件中的两个重要原则

我认为，在处理侵犯隐私权和个人信息权的案件中，有两个基本原则是值得注意的。

1. 合理期待原则

所谓“合理期待”原则，从原告的视角来说，只要其隐私或者信息能够被认为是“合理期待”的，即应得到法律的保护。例如，原告的日记即使丢失，他会期待捡到日记的人看到是日记后，会自动终止翻阅。如果这种期待是合理的，那么，捡到日记会翻阅的人就构成侵犯隐私权。反之，如果某件事或者某种行为不能被合理地期待，就不会构成侵犯隐私或者信息的行为。例如，警察如果要检查被丢弃在路边的垃圾，就不需要取得法官的许可，虽然对于一般的搜查这种许可是必需的。美国联邦最高法院对此的解释是：“众所周知，放置在公共道路上或者路边的塑料垃圾袋随时可能遭到动物、孩子们、清洁工、私

---

① 王利明：《人格权法研究》，中国人民大学出版社 2012 年版，第 548 页。

② ［美］唐纳德·M. 吉尔莫等：《美国大众传播法：判例评析》，梁宁等译，清华大学出版社 2002 年版，第 265—266 页。

家侦探或者社会成员的翻动。”[①] 在这种情况下，即使垃圾袋中有“隐私或者信息”，也不能被认为是能够被“合理期待”的领域，也就不构成侵犯隐私或者信息。

我认为，这种合理期待原则，在保护隐私权和信息权的具体实践中，是很实用的，也经得起理论推敲。

2. 公共利益原则（法益衡量）

实际上，个人信息与隐私的保护始终都与他人之宪法或者其他合法权益相冲突，对隐私和信息权的保护也始终与这种法益衡量的原则相伴随。例如，日本教授佐藤幸治认为，隐私权意味着个人有控制自己信息的权利——隐私权和受宪法保护的言论自由应视为等价利益加以衡量。[②] 任何一个社会要想运转有序，必须把每一种权利都控制在合理的限度内，才能够达到这种目的。而一个人要有尊严地生活、有自由地存在，就必须让其精神有安放的地方，而隐私与信息的保护，正是给予和保护人们保有这样一种地方。但社会的正常运转，也必须为这种“地方”划出边界，法益衡量正是这种冲突的化解方式。对隐私或者信息的保护必须注意公共利益的需求，例如，正当行使舆论监督，必然会对人的行为进行评价，尤其是公众人物，如官员、明星等，其某些行为可能就是最不愿意为他人所知道的隐私，如婚外情关系。再如，合法行使职权，如对犯罪嫌疑人的通缉，自然要涉及其信息；对犯罪嫌疑人的侦查，可能还要涉及隐私等；对财产犯罪或者税收的调查，可能要涉及对银行存款或者其他财产的调查。有时，为了国家安全利益，也可能涉及个人隐私或者信息等，所有这些都是个人隐私或者隐私保护的对抗性因素。在法益衡量时，如果这些利益高于对个人隐私或者信息的利益保护时，应优先保护这些利益。

八、结论

在我国《民法典》将隐私与信息区分而作二元保护的立法模式下，正确区

---

① ［美］唐纳德 · M. 吉尔莫等：《美国大众传播法：判例评析》，梁宁等译，清华大学出版社 2002 年版，第 231 页。

② 转引自魏晓阳：《日本隐私权的宪法保护及其对中国的启示》，载《浙江学刊》2012 年第 1 期。

分信息及隐私有重大意义，因为二者的救济措施是不同的。例如，对信息的保护有“请求更正”的权利，但对于隐私就不可能采取这种方式，如果“隐私”有错误，就属于“不真实”，则可能构成侵害名誉权。另外，即使是“删除”这种保护措施，对于隐私和信息也有不同的救济效果。

当然，必须承认的是，隐私与信息有时可以清晰地区分开来，有时则难以区分。因为，隐私由两部分构成：一部分属于“空间隐私权”，如住宅、公共场所（如商场）中的更衣室、浴室等，该部分隐私与信息的区分是泾渭分明的。一部分隐私是通过一定的载体体现或者表达出来的，其表现形式就是“信息”，尤其是在今天这样一个越来越“无纸化”的生活时代，如个人的数码私密照片等。还有一些信息，虽然看起来确实是信息，但这一部分信息离个人的“人格尊严或者自由”很近，对信息主体来说，就属于“不想让他人知道的秘密”，如艾滋病患者的病历信息、理财信息等。这一部分隐私可能与信息交织在一起，有时难以区分。因此，许多国家或者地区干脆不作区分，而是在个案中具体认定。在我国区分的立法保护模式下，我们更应该在实践中根据具体个案来区分它们，然后确定请求权基础及救济措施。

至于请求权基础，我国既有一般法，也有特别法。就一般法来说，我们有《民法典》；就特别法来说，主要有《网络安全法》及其他法规。就隐私权来说，由于隐私权没有支配性，故其最一般的救济方式就是停止侵害、赔偿损害（主要是精神损害）、消除影响（包括删除）、赔礼道歉。就信息权来说，除了上述救济措施之外，还有请求更正的救济措施。

第十二节　名誉权

一、名誉与名誉权的概念

名誉权是自我国《民法通则》到《侵权责任法》，再到《民法典》都明确规定的一种独立的人格权，而且我国学理及司法实践对于其为一种独立的人格权几乎没有争议。但对于什么是名誉及名誉权却存在一些不同的认识。

（一）名誉的概念

在任何一个有正常人际交往的社会，名誉都弥足珍贵，因为它与人们的生存息息相关。正是名誉的存在及对名誉的顾忌，才使得舆论有了力量，每一个人都在克己，这是社会秩序的另一种保障工具。因此，各国法律对此也十分重视，以不同方式和模式对名誉权加以保护。那么，什么是名誉呢？由于人们的认知不同，故对名誉的概念也就有不同定义。

1. 客观评价说

该说总的认为，名誉是一种社会评价，具有客观性。但对具体定义也有认识上的不同。

有人认为，名誉是指社会上人们对公民或者法人的品德、情操、才干、声望、信誉和形象等各个方面的综合评价。①

也有人认为，名誉是指个人凭其天赋、家世、功勋、财富、品德、学历及地位等各种人格之上之特质，在他人心目中所具有的功名与令誉。②

还有人直接认为，名誉是对特定主体的客观评价。③

也有人认为，名誉是指对他人就其品性、德行、名声、信用等的社会评价。④

日本判例认为，名誉是指每个人因其自身的品性、德行、名声、信用等，所接受的社会对其人格价值的客观评价。⑤这一概念同王泽鉴教授的定义一致。

---

① 唐德华：《谈谈审理损害赔偿案件中的几个问题》，转引自王利明：《人格权法研究》，中国人民大学出版社 2012 年版，第 445 页。

② 杨敦和：《论妨害名誉之民事责任》，转引自王利明：《人格权法研究》，中国人民大学出版社 2012 年版，第 445 页。

③ 刘凯湘：《民法总论》（第三版），北京大学出版社 2011 年版，第 151 页。

④ 王泽鉴：《人格权法》，三民书局 2012 年版，第 175 页。

⑤ ［日］五十岚清：《人格权法》，铃木贤、葛敏译，北京大学出版社 2009 年版，第 17 页下注。日本在 1947 年之前的最高法院也有一个判例确认：名誉是指每个人因其自身的品性、德行、名声、信用等，所应该得到的世人的相应的评价。但这一判例规则似乎强调“应该得到的相应评价”，而不是已经有的客观评价。但民法上的名誉应该是现有的社会评价。因此，本人选择日本 1947 年后最高法院的判例规则。

2. 客观评价与主观评价综合说

这种观点认为，名誉包括两个内容，即外部名誉与内部名誉，外部名誉是客观名誉，是他人的客观评价，而内部名誉则是主观评价，是对自我的感情和自我评价。名誉权保护包括这两个方面。①

3. 自然人与法人名誉区分界定说

这种观点在坚持客观评价说的基础上，认为应区分自然人与法人的名誉：对于自然人来说，名誉是指社会对其品行、思想、道德、生活、贡献、才干等方面的社会评价。而对于法人来说，因其作为一个组织体不像自然人那样享有对品行、才干、思想作风等专属于自然人的名誉，所以，法人的名誉是指对其经济活动、生产经营成果等方面的社会评价。它是在法人的整个活动中逐渐形成的，是社会对法人的信用、生产经营能力、生产水平、资产状况、活动成果、贡献等因素的综合评价。②

我国《民法典》对名誉的界定与王泽鉴先生的概念相似，第1024条第2款规定："名誉是对民事主体的品德、声望、才能、信用等的社会评价。"

（二）名誉权的概念

由于对名誉的概念的认识不同，当然也就会导致对名誉权的概念的认识不同。例如，史尚宽先生认为，名誉权者，以人在社会上应受与其地位相当之尊敬或者评价利益为内容之权利也。③王泽鉴教授则认为，名誉权是人享有名誉的权利，为人格权的一种。④王利明教授认为，名誉权是指公民和法人对其名誉所享有的不受他人侵害的权利。⑤杨立新教授认为，名誉权是指自然人和法人就其自身属性和价值所获得的社会评价所享有的保有和维护的具体人格权。⑥

---

① 王崇敏：《自然人名誉权研究》，载《海南大学学报》1991年第1期。

② 王利明：《人格权法研究》，中国人民大学出版社2012年版，第447页。

③ 史尚宽：《债法总论》，荣泰印书馆1978年版，第145页。

④ 王泽鉴：《人格权法》，三民书局2012年版，第175页。

⑤ 王利明：《人格权法研究》，中国人民大学出版社2012年版，第447页。

⑥ 杨立新：《人格权法》，法律出版社2011年版，第506页。

（三）分析与说明

对“名誉”与“名誉权”的定义，应该始终与法律保护名誉权的制度价值相联系，即“名誉权”的“法益”究竟是什么？

我认为，法律对名誉权的保护之主旨在于维护一个人的一般社会评价不受恶意或者非正常因素的干扰而降低，从而使其体面地面对社会及他人（体面的生活）。因此，这里所谓的名誉当然应该是外部的社会的一般评价，而不应包括主体对自己的“主观评价”，即所谓的“名誉感”。

有学者对名誉（一般的社会的外部评价）与名誉感（自我的内部评价）进行了区分，指出，在审判实践中，确定名誉权的客体对于正确处理名誉纠纷具有重要作用。所谓名誉感，是指公民对自己的内在价值（如素养、素质、思想、品行、信用等所具有的感情）的评价，也有学者将之称为个人的自尊心。[①]法律之所以不将对名誉权的保护扩大至“名誉感”，是因为：（1）名誉感是极为脆弱的，很容易被他人的侮辱行为所伤害，对其予以完全保护是不可能的，也是不必要的；[②]（2）名誉权与名誉感在本质上有区别，因而应区别保护；（3）如果将名誉感纳入名誉权的保护范围，将不能确定法律保护名誉权的目的；（4）如果名誉权包括名誉感，将使名誉权的客体变得不确定；（5）名誉权的客体如果包括名誉感，将不能解释法人的名誉权，因为法人没有自尊心和情感。[③]

也有人认为，名誉权应保护名誉感，侮辱行为一般是针对名誉感的，一般不会使被侮辱者的社会评价受到不良影响，即使有影响也是轻微的。名誉感极易受到伤害，如果法律不保护名誉感，受害人就不能向侵害人提起诉讼，侮辱行为就不能受到追究，从而不利于保护受害人的权利。[④]

如果名誉权中不包括名誉感，那么名誉感能否独立于名誉权而受到法律保护呢？日本判例认为，如果受害人的社会评价并未因此下降时，通常认为，是

---

① 王利明：《人格权法研究》，中国人民大学出版社 2012 年版，第 454 页。

② 杨立新：《人格权法》，法律出版社 2011 年版，第 504 页。

③ 王利明：《人格权法研究》，中国人民大学出版社 2012 年版，第 456 页。

④ 参见史尚宽：《债法总论》，荣泰印书馆 1978 年版，第 147 页；王崇敏：《公民名誉权问题研究》，载《海南大学学报》1991 年第 1 期。

受害人的名誉感受到了伤害，这时侵害名誉权就不成立。但由于名誉感也是一种人格利益，所以，对于超出一定限度的违法侵害，至少应当认可对其精神赔偿的请求。[①] 对此，我国学者也坚持同样的观点，即以侵犯其他人格尊严为由请求保护，而非以名誉权受到侵害为由请求保护。[②]

我同意以上学者关于区分名誉权与名誉感的观点，并在我国民法体系内，区分保护。从我国《民法典》来看，应以第 990 条的“人格尊严”受到侵害为由请求保护，而不是以第 1024 条中的名誉权受到侵害为由请求保护。

如果侮辱一个人时，没有第三人在场，能否构成侵害名誉权呢？有学者认为，这时难以成立侵害名誉权，只是侵害了原告的名誉感。[③]

在名誉权的概念上，我同意杨立新教授的定义，应当从名誉权本身所保护的“法益”入手来定义，只有这样才能区分不同的人格权，而不能从“不受侵犯”入手来定义之。例如，说“所有权是一种对于物的占有、使用、收益和处分的权利”，说“债权是权利人得请求他人为或者不为特定行为的权利”等，都是从法律保护的“法益”入手来定义的，而不是从“不受侵犯”入手。因此，名誉权是指民事主体对其一般社会评价所享有的保有和维持的人格权。

（四）名誉权的特征

1. 名誉权是一种独立的法益（独立的人格权）

名誉权所保护的法益是民事主体对其一般社会评价所享有的保有和维持，目的在于使个人的外部客观评价不受不当或者非法干扰而降低，与其他人格权所保护的法益不同，具有独立性。因此，我国学理及立法均将其作为独立的人格权对待。

2. 名誉权的法益具有时代性

由于名誉是一种社会评价，但在不同时代，社会评价的尺度和标准也不同，

---

① ［日］五十岚清：《人格权法》，铃木贤、葛敏译，北京大学出版社 2009 年版，第 19 页。

② 王利明：《人格权法研究》，中国人民大学出版社 2012 年版，第 457 页；杨立新：《人格权法》，法律出版社 2011 年版，第 506 页。

③ 王利明：《人格权法研究》，中国人民大学出版社 2012 年版，第 455 页；杨立新：《人格权法》，法律出版社 2011 年版，第 517 页。

因而，名誉权具有时代性。例如，社会对于“婚前同居”这一现象的一般评价观念，在过去与现在就有很大的不同，现在人们对于这种现象给予非常宽容的态度，并不认为是一种不名誉的事情，但在20年前，却是一件很不光彩的事情，会直接影响到名誉。

3. 名誉权保护的法益是特定人既有的社会评价，不限于积极评价

名誉权保护的法益是社会对特定人的客观评价的维持与保有，即特定人之社会客观评价不因他人的侵害而降低，究竟是积极评价或者消极评价在所不问。因此，有学者提出名誉权的客体是“美誉”的观点[①]，值得思考。因为，人们对于任何一个生活在社会中的人的评价本来就有积极的，也有消极的，每一个人都可能因为一个偶然的事件而导致社会评价降低或者提高。例如，当某人看到一个需要救助的人却视而不见，就可能因为自己的这种行为降低大家对他的评价；有人伸出援助之手，就可能提高自己的社会评价。但这些与法律保护的名誉权无关，法律仅仅关注人的社会评价不被他人的行为不当降低，从而使人与人的交往变得安全。

二、名誉权的主体

我国从《民法通则》开始，就明确规定自然人与法人都享有名誉权（第101条），2017年通过的《民法总则》第110条延续了这一立法例，《民法典》仍然承继之。虽然立法上如此规定，但在理论上仍然存在争议。争议主要存在于两个方面：（1）名誉权这种人格权是否能够为法人所享有？（2）名誉权从性质上来说，是人格权还是商誉权？

有学者认为，法人享有人格权，但专属于自然人的除外。非专属于自然人的人格权，如名誉、信用、隐私等可以为法人享有。无权利能力社团，因其具有组织结构，从事社会经济活动，亦应使其享有相当于社团法人的人格权。合伙因为契约关系，故不享有人格权。[②] 这种学说可以说在中国属于通说。日

① 王利明：《人格权法研究》，中国人民大学出版社2012年版，第452页。

② 王泽鉴：《人格权法》，三民书局2012年版，第65—67页。

本的判例也持有相同的观点。[①] 有学者认为，名誉权的主体是自然人与法人。[②] 也有学者认为，名誉权的主体是自然人与法人，但其名誉权的内容不同，应加以区别对待：法人的名誉权实际上就是指法人的商誉权。[③] 还有学者认为，作为人格权之一的名誉权，其保护对象只能理解为与自然人的人格尊严有关的社会评价，法人不能享有人格权意义上的名誉权。[④] 从其意思可以推知，非法人团体肯定也不能享有名誉权。

从我本人的内心来说，我是坚决反对法人享有所谓名誉权等人格权的，我国立法虽然一直肯定法人，甚至非法人团体的人格权（包括名誉权），但是在理论说明时是很勉强的。因为，法人根本就不存在所谓的“尊严”问题，法人的存在根本就不是为了尊严，要么是为了交易，要么是为了其他特定的目的（如财团法人），如果说人可以创造一个有尊严的法人，那简直就是对人的尊严的亵渎——这是为国家至上与团体至上奠定了理论基础。因此，即使是承认法人名誉权的学者，有些也认识到法人的名誉权与自然人的名誉权不同，是商誉权。

我国《民法典》第 1024 条第 1 款尽管已经明确规定，“民事主体享有名誉权”。但从法律解释的视角看，仍然可以对“民事主体”作“限缩解释”——解释为自然人。当然，如果直接解释“民事主体”，也可以说，《民法典》明确规定了法人与非法人团体的名誉权。从实证法的角度看，已经是事实。

三、侵害名誉权的侵权行为的构成

（一）必须有侵害行为

一般来说，侵害名誉权的行为包括两种：侮辱和诽谤（《民法典》第 1024 条）。《民通意见》第 140 条曾规定：“以书面、口头等形式宣扬他人的隐私，或者捏造事实公然丑化他人人格，以及用侮辱、诽谤等方式损害他人名誉，造

---

① ［日］五十岚清：《人格权法》，铃木贤葛敏译，北京大学出版社 2009 年版，第 27—28 页。

② 王利明：《人格权法研究》，中国人民大学出版社 2012 年版，第 450 页

③ 王利明：《人格权法研究》，中国人民大学出版社 2012 年版，第 450 页。

④ 尹田主编：《民法学总论》，北京师范大学出版社 2010 年版，第 136 页。

成一定影响的，应当认定为侵害公民名誉权的行为。以书面、口头等形式诋毁、诽谤法人名誉，给法人造成损害的，应当认定为侵害法人名誉权的行为。”因此，在我国司法审判中，也基本上认为包括这两种行为。

所谓侮辱行为，是指故意以暴力、语言、文字等方式贬低他人人格、毁损他人名誉的行为[①]。而所谓暴力行为，是指对受害人施以暴力或者以暴力相威胁，使他人人格、名誉受到损害。例如，以暴力或者暴力相威胁让他人从自己胯下爬过去等行为[②]。而所谓语言、文字方式，是指通过语言或者文字、图形，甚至数据等方式，对他人进行嘲笑、谩骂，甚至是不正当定性来毁损他人名誉的行为，例如，甲与某外国人见面，被乙无辜骂为汉奸、卖国贼等。

所谓诽谤，是指通过向他人传播散布虚假事实，从而导致该他人社会一般评价降低的行为。诽谤有两个最基本的特征：一是所述或者散布的是虚假事实，属于“造谣”；二是必须向受害人以外的人散布或者描述，具有第三人效应，也就是说，必须具有“公然性”特征。在现实生活中，诽谤行为是否成立往往与“真实性”抗辩相联系，特别是媒体侵权，对此，我们将在下面详细讨论。

（二）必须有损害事实

在侵害名誉权案件中，要求必须有造成受害人之一般社会评价降低的事实。但是，如果严格地要求受害人自己来证明自己因加害人的行为给自己造成多大损害，即在多大程度上降低了受害人的一般社会评价，往往十分困难。因此，应该采取“推定”的方式，即如果加害人的侵害行为已经让第三人知道或者有第三人在场，就推定损害已经发生，除非加害人能够证明损害没有发生。例如，我国台湾地区 2001 年台上字第 2283 号判决指出：其行为不以广布社会为必要，仅使第三人知悉其事，亦足当之。有轻信不实之事，转述与第三人，亦可能过失侵害他人名誉权。[③] 对此，王泽鉴教授指出，甲如果写信给乙，不实指责其

---

① 王利明：《人格权法研究》，中国人民大学出版社 2012 年版，第 469 页；刘凯湘：《民法总论》（第三版），北京大学出版社 2011 年版，第 154 页。

② 王利明：《人格权法研究》，中国人民大学出版社 2012 年版，第 469 页。

③ 王泽鉴：《人格权法》，三民书局 2012 年版，第 175 页。

与有夫之妇同居，道德沦丧，不足为人师表。这种行为未发生第三人对乙的评价，不成立对名誉权的损害；另如，甲当丙之面，污指乙与有夫之妇同居，知悉其事者虽然仅有一人，仍得成立对乙名誉权的侵害。如果丙将甲对乙的不实指责告知丁，丁复转述给戊时，甲、丙、丁均成立侵害乙的名誉权。①

日本学者指出，为了证明某种言辞造成受害人的社会评价降低，原则上要求侵害名誉权这一事实必须在一定范围内得到流传。关于这一点，对某一特定人物进行告知时，名誉权侵害是否成立就成为问题。以往的判例是，只要将有损他人社会地位的事实向第三人进行了表达，即使并未造成社会的广泛流传，也已侵害他人的名誉权。在当今社会，有的判例认可了即使在流传范围有限的情况下，也成立侵害名誉权行为，但也有否定成立侵害名誉权的判例。在新闻报道引起侵害他人名誉权的情形中，刊载使他人社会评价降低的新闻报道被发行时，即被报道对象因该报道而产生社会评价有降低的危险时，侵权行为即告成立②。

我认为，从侵权行为的构成看，只要侵害行为超出了受害人而被第三人知道，就已经构成侵害名誉权，但被告能够证明范围较小，可以是责任课定的参考。

（三）过错

一般侵权行为的成立要求有过错——故意或者过失，一般情况下，证明加害人具有过错比较容易——违反注意义务标准即可。但在两种情况下，认定加害人具有过错特别应当注意：一是“误认为真实”的情况下；二是面对公众人物的时候。关于此两点，我们将在下面详细讨论。

（四）违法性

对于什么是“违法性”，学者之间存在争议。如果我们将“违法性”看作“侵犯了受法律保护的权利”，那么，侵害名誉权中的过错的认定就不成问题了。正如日本学者所言，侵害人格权的行为原则上是违法的，所以，如果不存在阻

---

① 王泽鉴：《人格权法》，三民书局 2012 年版，第 176—177 页。

② ［日］五十岚清：《人格权法》，铃木贤、葛敏译，北京大学出版社 2009 年版，第 18—22 页。

却违法事由，那么，对于名誉权的侵害即告成立。[①]

（五）因果关系

因果关系问题始终是侵权行为法中最复杂和争论最多的问题，在侵害名誉权的因果关系上，我认为，只要证明被告的行为是造成原告社会一般评价降低的原因即可。

四、侵权责任外的救济

我们可以把《民法典》第1028条、第1029条的规定，看作名誉权自身配置的在侵权责任外的救济措施——更正删除请求权。第1028条规定："民事主体有证据证明报刊、网络等媒体报道的内容失实，侵害其名誉权的，有权请求该媒体及时采取更正或者删除等必要措施。"第1029条规定："民事主体可以依法查询自己的信用评价；发现信用评价不当的，有权提出异议并请求采取更正、删除等必要措施。信用评价人应当及时核查，经核查属实的，应当及时采取必要措施。"

五、侵害名誉权案件中值得探讨的问题

（一）抗辩事由

1. 真实性抗辩

一般学者都承认"真实性"是侵害名誉权案件中的一个重要的抗辩事由，但是，"真实性"是对所有人都适用，还是仅仅针对"媒体侵权"而特有的抗辩事由？

从比较法上看，"真实性"抗辩多用于"媒体侵权"。例如，日本学者就认为，不仅真实性，而且"相当性"及"基本真实"都属于媒体的免责事由，但该事实必须以"公共利益的实现"为目的。所谓真实性、相当性法理，是指日本最高法院在1966年（昭和四十一年）6月23日的一个判决中确立的规则，

① ［日］五十岚清：《人格权法》，铃木贤、葛敏译，北京大学出版社2009年版，第23页。

该判例的观点位居不可动摇的地位而被适用至今。其内容是："作为民事侵权行为的名誉毁损，如果该行为事实是与公共利益相关的事实，且以实现公共利益为目的，如果能够证明所揭示的事实具有真实性，那么上述行为就不具有违法性，所以，理解为侵权行为不成立是比较恰当的。如果对于上述事实无法证明其真实性，但是行为人有相当的理由确信其为事实的时候，对于上述行为因不具有故意或者过失，也应当理解为侵权行为不成立。"① 除此之外，日本法院还创设了所谓"配信服务的抗辩"规则。所谓"配信服务的抗辩"，根据日本最高法院的定义，是指报道机关对于从公认的通讯社获得的信息在不作实质性修改的情况下被登载时，即使损害了他人的名誉，也不必承担侵害名誉权的责任，除非所发布的消息一看便知并不属实或者明知是错误的仍然登载。② 但是，通过"真实性"的证明来阻却违法性，仅适用于报纸对公共关心事务以公益目的而进行的报道。因此，对于公共关心事务以外的报道，即使其真实性能够得到证明，也无法阻却其侵害名誉权的违法性。③ 当然，即使属于个人私生活的行为，但是根据其所从事的社会活动的性质及其对社会造成的影响程度等，都可看作对其所从事社会活动的批评或者评价材料的一部分，应该理解为属于公共关心事务。④

美国判例也将"真实性"和"公众关心性"作为媒体侵权的抗辩事由。⑤

王泽鉴教授对此问题的态度与日本、美国的态度相似：关于民事侵权行为的违法性，只要加害人能够证明其陈述事实为真实者，得阻却违法而不成立侵权行为，但涉于私德而与公共利益无关者不在此限。⑥

我国主流观点认为，不论公益与私益，"真实性"都构成侵害名誉权的抗

① ［日］五十岚清：《人格权法》，铃木贤、葛敏译，北京大学出版社 2009 年版，第 37 页。

② ［日］五十岚清：《人格权法》，铃木贤、葛敏译，北京大学出版社 2009 年版，第 46 页。

③ ［日］五十岚清：《人格权法》，铃木贤、葛敏译，北京大学出版社 2009 年版，第 39—40 页。

④ ［日］五十岚清：《人格权法》，铃木贤、葛敏译，北京大学出版社 2009 年版，第 40 页。

⑤ ［美］唐纳德 · M. 吉尔莫等：《美国大众传播法：判例评析》，梁宁等译，清华大学出版社 2002 年版，第 235—255 页。

⑥ 王泽鉴：《人格权法》，三民书局 2012 年版，第 189 页。

辩事由。[①]

我认为，"真实性"应当作为侵犯名誉权的一个重要的抗辩事由，只要行为人所陈述的事实是真实的，就不构成侵害名誉权的行为。因为，从我们前面所列出的侵害名誉权的样态看，无论是诽谤还是侮辱，都与"不真实"有关，只要是真实的，就不能说是诽谤或者侮辱。另外，是否与"公众关注"有关，应该作为在认定"真实性"时宽严的一个因素，也就是说，当行为人的行为涉及公众关注或者公共利益目的时，在认定"真实性"方面要放宽，只要大部分真实或者基本真实就可以了，但在不涉及上述因素时，应该严格掌握"真实性"标准。这是因为，"真实性"之所以成为一个抗辩事由，是因为要调和言论自由与名誉权保护之间的矛盾。就如日本学者所言，报道的自由根植于国民的"知情权"，是实现民主社会的基础。因此，过于尊重个人名誉，就无法避免地会造成媒体从业者的萎缩，这一点是必须避免的。[②] 因此，不仅民事判例如此，《日本刑法》第 230 条之二的第 1 款也规定："行为，经认定是与公共利益有关的事实，并且目的纯粹是出于谋求公益的，则应判断事实的真伪，证明其为真实时，不处罚。"这一规定实际上也构成了日本最高法院民事判例的法律基础[③]。因此，所谓的"言论自由"仅仅在涉及公共利益时，才具有合理性，故在认定"真实性"方面要放宽。但是，在仅仅涉及私人生活时，则要严格执行"真实性"原则。当然，当有些"私人"属于公众人物（名人），或者某人参加的某个活动或者事件关涉公共利益而能够引起公众关注时，也属于"公共利益"的范畴。例如，某个人大代表的言行、某个政府官员或者演艺界明星的言行等，都属于公共关注的范畴。再如，某个普通人，因参加"保钓"活动，则其参与的这一活动就属于公众关注的事件，也属于公众关注事件之列。

另外需要注意的一个问题是：即使是涉及公共关注的事件，也应该区分"事实陈述"与"意见表达"（评论），这种区分对于认定"真实性"以决定是否构成侵害名誉权时具有重大作用。当涉及公共关注的事件或者公共利益时，

---

① 王利明：《人格权法研究》，中国人民大学出版社 2012 年版，第 487 页；杨立新：《人格权法》，法律出版社 2011 年版，第 523 页。

② ［日］五十岚清：《人格权法》，铃木贤、葛敏译，北京大学出版社 2009 年版，第 57 页。

③ ［日］五十岚清：《人格权法》，铃木贤、葛敏译，北京大学出版社 2009 年版，第 37 页。

特别是对于媒体来说，即使是过分的“评论”（表达意见）都会被宽容。

所谓“事实陈述”，是指陈述过去或者现在一定的具体过程或者事态，具有描述或者经验的性质。所谓“意见表达”，是指对事务发表自己的见解或者立场，具有主观的确信，包括赞同或者非议。[①] 法律之所以对于自媒体等涉及公共关注事件或者公共利益持有如此的态度，主要原因有二：一是维护言论自由，意见表达是言论自由的重要表现形式；二是通过言论自由进行舆论监督，是维护民主制度的重要工具。如果对于“意见表达”（评论）持有严格的态度，就会压制人们的言论自由，让人们表达意见付出很高的成本，担心自己动辄获咎，不敢表达意见，破坏舆论监督和民主制度。

但是，同时也必须指出，对于“评论或者意见表达”持有宽容的态度，并非等于说“意见表达”或者“评论”在任何时候都不构成对名誉权的侵害，仅仅是说，区别两者的目的在于构成要件不同，对于受害人的损害也不同，就如日本学者所言：“在揭示事实的名誉毁损和意见及评论引起的名誉毁损中，由于是否构成侵权行为的要件不同，对出现问题的表达，非常有必要区分其究竟是属于对事实的揭示还是表达了意见或者评论。”[②] 如果从一般的社会生活经验来说，对于事实的歪曲与评论比较，前者对于原告的损害更大，因为评论是主观的，每个人的主观想法不同，评论就不一样，人们对于“评论”或者“意见表达”的相信度并不高，但如果是事实陈述，则是客观的，如果不真实，就会导致人们对其评价降低。所以，一般来说，只要评论者的评论公正或者恰当，没有恶意，一般不会承担侵权责任。但是，如果意见表达离开事实，或者具有恶意，同样会构成侵权。也正因为如此，日本的判例认为，对于作为评论的前提的事实也要求具有真实性和相当性，对于没有事实真实性前提的评论或者意见表达，如果使用了带有侮辱性的言辞，侵害了名誉权或者名誉感，被告要承担侵权责任。[③] 我同意这种做法，因为如果没有任何的事实作为前提，哪怕是基本真实的或者有理由相信是真实的事实，就定性评论，甚至带有侮辱性的评

① 王泽鉴：《人格权法》，三民书局 2012 年版，第 182 页。

② ［日］五十岚清：《人格权法》，铃木贤、葛敏译，北京大学出版社 2009 年版，第 35 页。

③ ［日］五十岚清：《人格权法》，铃木贤、葛敏译，北京大学出版社 2009 年版，第 56—58 页。

论，与侮辱就没有本质的不同。

根据我国《民法典》第1025条、第1026条的规定，我国民法是承认“真实性抗辩”的，其特点是：第一，抗辩的主体主要是新闻报道和舆论监督机构。第二，详细规定了不承担责任的例外情形——行为人实施新闻报道、舆论监督等行为，影响他人名誉的，不承担民事责任，但是有下列情形之一的除外：（1）捏造事实、歪曲事实。（2）对他人提供的失实内容未尽到合理核实审查义务。在认定行为人是否尽到“合理的核实审查义务”的时候，考虑的因素主要是：①内容来源的可信度；②对明显可能引发争议的内容是否进行了必要的调查；③内容的时限效性；④内容与公序良俗的关联性；⑤受害人名誉受贬损的可能性；⑥核实审查能力和核实审查成本。除此之外，行为人应当就其尽到合理审查义务承担举证责任。（3）使用侮辱性言辞等贬损他人名誉。

2. 正当防卫

正当防卫作为一般侵权行为的抗辩事由或者免责事由是没有问题的，但是，在侵害名誉权的案件中如何为作为免责事由，是一个需要认真讨论的问题。那么，侵害名誉权中的正当防卫是指什么呢？王泽鉴教授指出，如甲不法公开乙的隐私，乙以足以侵害甲的名誉的言辞加以反驳，依具体客观情事，不超过必要程度时，得成立正当防卫，但在台湾地区尚未见判例。[①] 我觉得像王泽鉴教授所说的这种情况，不十分像是“正当防卫”，更像是相互侵权，值得思考。

在日本，最高法院及地方法院判例都有承认“正当防卫”的情形。按照日本最高法院的判例观点，为了保护自己的正当利益，不得已损害了他人的名誉、信用时，其行为人与他人的言行相比，在方法、内容上如果没有超出适当的范围，可以认为缺乏违法性。[②] 其中，东京地判第1116号判决具有一定的代表性：东京都东村山市市议员A被怀疑扒窃后坠楼死亡。围绕这一案件，因为A的遗属在周刊杂志上发表了文章称“A被创价学会杀害”，创价学会会长就在《圣教新闻》上发言说：A的扒窃是事实，坠楼死亡是自杀的可能性较大，说是创价学会策划谋杀，简直是荒唐的无稽之谈。A的遗属认为该发言是对自己的名

① 王泽鉴：《人格权法》，三民书局2012年版，第187页。

② ［日］五十岚清：《人格权法》，铃木贤、葛敏译，北京大学出版社2009年版，第23页。

誉的毁损，将创价学会告上法庭。法院认为，这是对先行发生的名誉毁损行为的正当反驳。上诉审也驳回了上诉。[①] 但是，从这一判例中，根本看不出有毁损名誉权的问题存在：很清楚，如果说“A 的扒窃是事实”，这显然属于“事实陈述”；说“坠楼死亡是自杀的可能性较大”，是评论或者观点发表。如果“A 的扒窃是事实”属实的话，根本不成立侵害名誉权；如果不属实，则属于侵害名誉权；如果被告在说“坠楼死亡是自杀的可能性较大”时没有恶意，即使没有前面的事实真实存在——“A 的扒窃是事实”，也不构成侵害名誉权。如果法院查证，确实 A 没有扒窃行为，则被告的行为无论如何都不构成“正当防卫”，而是另外一个侵权。不能对一个已经完成的“违法行为”进行正当防卫。

因此，我反对在侵害名誉权方面存在所谓的“正当防卫”，因为它不符合正当防卫的基本属性——对于正在发生的侵害的防止，而这些所谓的名誉权侵害基本属于已经完成的侵害行为。如果一方针对对方所说的事实针锋相对地提出反驳，像上述日本判例，不属于正当防卫。同时，从道德层面看，也不能鼓励在侵害名誉权方面适用“正当防卫”，这样往往是相互伤害。所以，应该各自按照构成要件来判定是否构成侵权行为。

（二）不当诉讼与告发

不当诉讼，是指没有事实根据向审判机关对他人提起诉讼的行为。既包括没有事实根据而捏造事实向审判机关控告他人，属于诬告；也包括没有事实根据而错误地认为存在事实向审判机关控告他人。

不当告发，是指没有事实根据而向国家有关机关或者组织揭发他人的行为，包括诬告和错告。

在上述两种情况下，诬告肯定构成侵害名誉权的行为无疑。但是，在错告的情况下，还要认定被告是否具有过失，从而确定是否构成侵害名誉权。

（三）对团体名誉损害的认定

关于“对团体名誉损害的认定”，可以讨论的问题主要有两个：一是认定

---

① [日]五十岚清：《人格权法》，铃木贤、葛敏译，北京大学出版社 2009 年版，第 23—24 页。

团体侵权中的“特定”问题；二是个人与团体的关系问题。

对于第一个问题，例如，有人说“某某省的人都是骗子”，我本人就属于这一个省份，这种定性的评价是否侵害了我的名誉权？对此，日本判例认为，在这种情况下，对象比较模糊，原则上应理解为对该集团的所属人群不造成名誉损毁。但是，如果集团比较小，且集团组成人员是特定的，对这样的集团进行诽谤时，则构成对集团成员名誉权的侵害。例如，法院认为某新闻报道对于居住在某公寓的人成立的自治会及其成员构成名誉侵害。[①] 我赞同日本判例的观点，因为，如果集团较大，则在两个方面就出现变化：一是无法确定“特定的人”，即被告是指集团中的哪一个人；二是当集团足够大时，人们也难以相信如此大的集团中的每个人都是“骗子”，从而对名誉权的损害也就难以成立。例如，我们到国外，会听到有个别的外国人评价“中国人都如何如何”，尽管我们觉得这种评价过于偏激，听后觉得不舒服，但难以认定这种评价是针对我本人的，或者说这种评价不客观。

对于第二个问题，在一个具体的法人（集团）中，如何看待个人与法人的关系？例如，北京市海淀区人民法院曾经受理过一个案件：2012 年 8 月 21 日，教授邹某在其新浪实名认证微博中发布消息，称“某院长在某餐馆吃饭时只要看到漂亮服务员就必然下手把她们奸淫。某教授系主任也不例外。所以，某餐馆生意火爆，除了邹某，某高校淫棍太多”。某高校为此以侵害名誉权为由起诉邹某。这里其实就涉及一个问题：邹某本人的这种行为没有直接说某高校，而是说“某高校的教授”，实际上就涉及个体与团体的关系问题。在一审和二审中，某高校是否是适格的原告，就是一个辩论焦点。被告方坚持说某高校不是其批评言论的直接对象，邹某主要是批评某高校少数院长、副院长、教授生活作风问题。2014 年 8 月 20 日，北京市海淀区人民法院一审认定邹某构成侵害某高校名誉权，判决其删除相关微博，并于判决生效 10 天内公开在新浪微博连续 7 天向某高校道歉。被告不服，上诉至北京市第一中级人民法院。2014 年 12 月 23 日北京市第一中级人民法院二审公开宣判上诉人邹某与被上诉人某高校及北京某餐饮有限公司两起名誉权纠纷案，驳回上诉，维持原判。这是我

① ［日］五十岚清：《人格权法》，铃木贤、葛敏译，北京大学出版社 2009 年版，第 27 页。

国首例对不特定人的诽谤造成对团体侵害的案例，是值得肯定的。在该案中，实际上某高校的每一个教授都是适格的原告，因为某高校的组成人员是固定的，对某高校的这种诽谤确实侵害了某高校教授的名誉权，即引起人们对于某高校教授社会评价的降低。对于某高校，也造成了很坏的影响，也造成人们对某高校社会评价的降低。

反之，如果对于一个法人（团体）的诽谤，也有可能损害其成员的名誉权，就如日本的判例观点，如果集团比较小，且集团组成人员是特定的，对这样的集团进行诽谤时，则构成对集团成员名誉权的侵害。

（四）对于政治人物或者政治事件的评价

从比较法上来看，对于政治人物与政治事件的评价，一般都持有十分宽松的态度。这是因为，对于一个民主国家和民主制度来说，言论自由和舆论监督属于不可缺少的部分。因此，甚至在一般人看来十分“过分”的评价，法院都不认为是侵权。

（五）文学、艺术作品侵害名誉权的情形

我国《民法典》第 1027 条规定：“行为人发表的文学、艺术作品以真人真事或者特定人为描述对象，含有侮辱、诽谤内容，侵害他人名誉权的，受害人有权依法请求该行为人承担民事责任。行为人发表的文学、艺术作品不以特定人为描述对象，仅其中的情节与该特定人的情况相似的，不承担民事责任。”对于该条第 2 款规定的免责事由，我认为，值得思考。

因为，虽然行为人发表的文学、艺术作品不以特定人为描述对象，但如果全部情节或者大多数相似，让认识某个人的大多数人，从该作品中能毫不犹豫地与该某人联系起来，难道不构成侵害该某人的名誉权？因此，对该条应作“限缩解释”，即行为人发表的文学、艺术作品不以特定人为描述对象，仅其中的个别情节与该特定人的情况相似的，不承担民事责任。

六、名誉权与信用

对于名誉与信用、名誉权与信用权的关系问题，我国学理上存在争议。例

如，有学者认为，信用与名誉应加以区别，名誉与信用虽然都是一种社会评价，广义的名誉也包括信用在内，但信用也有名誉不能包含的内容，其中不含侮辱或者贬损人格之意者，不能一律以名誉律之。[①] 同时，也应该区分信用权与名誉权，信用权的客体具有单一性、财产性因素和信赖因素。[②] 有学者更进一步指出，两者在评价内容、侵害方式、救济方式等方面存在差异。信用权的内容应该是信用享有、信用维护和信用利用、信用救济。[③]

尽管名誉与信用确实如上述学者所言有很多不同之处，但这些不同之处是否能够足以支持信用作为一种独立的人格权呢？我对此持怀疑态度，理由如下：（1）名誉本身就是一种综合评价，将信用包括其中有何不可？（2）主张区分名誉与信用的学者一般都认为，名誉权的主体是自然人与法人，而信用权的主体也是自然人与法人，试想一下：对于一个法人，尤其是以经济目的（交易目的）而成立的法人来说，对其评价难道不是主要从经济角度去评价吗？它所谓的名誉难道主要不是信用问题（产品质量与声誉、服务质量、偿债能力、社会责任等）吗？如果把法人的经济能力从名誉权中独立出来，那么，法人的名誉还能剩下什么呢？法人真的能够享有经济及交易之外的如同自然人一样的自由与尊严吗？（3）从比较法上看，也鲜有国家和地区将信用作为一种独立的权利对待，即使我国台湾地区“民法”明确列举了“信用”，也仅仅是作为一种利益而不是权利。[④]（4）从救济措施看，几乎是一样的。另外，“真实性”都是抗辩事由，即“不真实陈述”是构成侵害名誉权及信用权的主要行为。

综上，我认为，信用权不应是一种独立的人格权，我国《民法典》没有将信用作为一项独立的人格权而是将其作为名誉权的内容的做法是正确的。侵害信用即侵害名誉权。因为两者的救济手段和抗辩事由几乎一样，这样既不会造成对信用的保护不周延，同时也避免了“利益的权利化”和“权利泛

---

① 史尚宽：《债法总论》，荣泰印书馆 1978 年版，第 147 页；杨立新：《人格权法》，法律出版社 2011 年版，第 536 页。

② 杨立新：《人格权法》，法律出版社 2011 年版，第 539 页。

③ 王利明：《人格权法研究》，中国人民大学出版社 2012 年版，第 591—599 页。

④ 王泽鉴先生在其《人格权》一书中，明确使用了“信用权”一词，并指出，信用权属于一种人格权，具有精神利益。参见王泽鉴：《人格权法》，三民书局 2012 年版，第 193—198 页。

滥化”趋势。

第十三节　荣誉权①

一、荣誉与荣誉权的概念

对于什么是荣誉，学者之间存在争议。佟柔先生认为，荣誉与名誉一样，都是社会对特定的自然人或者法人行为的一种评价，但荣誉与名誉不一样，它是根据一定程序或者由国家行政机关给予特定人的评价。② 有学者认为，荣誉是特定人从特定组织获得的专门性和定性化的积极评价。③ 也有人认为，荣誉就是自然人或者法人光荣的名誉，它的表现形式是获得嘉奖或者光荣称号等。④ 还有人认为，荣誉是指特定民事主体在社会生产、社会活动中有突出表现或者贡献，政府、单位团体或者其他组织所给予的积极的、肯定的正式评价。⑤

学者的上述定义虽然有所差别，但有几点是共同的：

（1）荣誉是一种积极的评价

作为荣誉的这种评价实际上是一种褒奖，而不是对某个人的一般社会评价，这就与名誉相区分，因为名誉这种一般社会评价不见得是积极的。

（2）这种评价一般是针对特定主体的定向评价

所谓定向评价就是对某个主体的特定方面所作的评价，而不是一般的评价，例如，“优秀教师”“优秀共产党员”“优秀干部”“先进集体”“先进个人”“五一劳动模范”等，都是定向评价。

（3）荣誉是按照一定程序或者标准进行的评价

一般来说，所有的荣誉都是按照一定的程序并且按照一定的标准进行评价

---

① 其实，我本人从来都没有认为荣誉权是一种民法上的权利，更不是什么人格权。只是因为我国《民法典》规定了荣誉权，在此不得不使用之。

② 佟柔主编：《中国民法》，法律出版社 1990 年版，第 489 页。

③ 张俊浩主编：《民法学原理》，中国政法大学出版社 2000 年版，第 155 页。

④ 杨振山：《民商法实务研究·侵权行为卷》，山西经济出版社 1993 年版，第 162 页。

⑤ 杨立新：《人格权法》，法律出版社 2011 年版，第 566 页。

的结果，而且具有固定性和制度性，例如，“诺贝尔奖”“五一劳动模范”等的评选，有一定标准，而且具有固定性和制度性特点。

名誉与荣誉的区别，主要表现在：（1）评价的主体不同。荣誉是特定组织依据特定程序作出的，而名誉是一般社会评价。（2）内容不同。荣誉是积极评价，而名誉则不一定是积极评价。（3）是否可撤销不同。荣誉是可以被撤销的，而名誉则不存在撤销的问题。[①]（4）对自然人的影响不同。单就荣誉与名誉比较，名誉对于自然人来说，要比荣誉重要得多。

对荣誉权的定义也有不同理解，有学者认为，荣誉权是指民事主体对其获得的荣誉及其利益所享有的保持、支配的具体人格权。[②]有人认为，荣誉权是公民、法人或者非法人组织，依法享有的参与荣誉授予活动、接受和保持荣誉称号，并不受他人非法侵害和剥夺的权利。[③]也有人认为，荣誉权是自然人、法人对于自己的荣誉称号获得利益而不受他人非法剥夺的一种民事权利。[④]还有人认为，荣誉权是自然人获得荣誉称号的权利。法人的荣誉权是法人在工作、生产、经营中成绩卓著时获得的光荣称号。[⑤]在这些不同的定义中，就存在很大的一个分歧，也是需要认真讨论的一个问题：荣誉权究竟是一种获得荣誉称号后对称号所享有的权利，还是也应该包括有权获得各种荣誉的权利？显然大部分学者主张荣誉权是对获得荣誉后的一种权利，而不是获得荣誉的权利。但有的学者却主张，对于自然人来说，“荣誉权是自然人获得荣誉称号的权利”，但对于法人来说，是“在工作、生产、经营中成绩卓著时获得的光荣称号”。我们可以直接思考这样一个问题：一个人一生可能没有获得过任何一种荣誉，但他是否具有荣誉权呢？这不禁让我们联想到姓名权：一个人一生可能没有姓名（因为其因出生的事实取得权利能力，因此不影响他是一个人），但他是否享有姓名权呢？显然应该说，一个人从出生就享有姓名权，这与他是否具有姓名没有任何关系，姓名权就是指设立、变更、保持和维护姓名的权利。那么，荣誉权为什么就不

---

① 张俊浩主编：《民法学原理》，中国政法大学出版社 2000 年版，第 154 页。
② 杨立新：《人格权法》，法律出版社 2011 年版，第 569 页。
③ 冯涛：《论荣誉权被侵害的样态与救济》，载《洛阳大学学报》2006 年第 1 期。
④ 佟柔主编：《中国民法》，法律出版社 1990 年版，第 489 页。
⑤ 李由义主编：《民法学》，北京大学出版社 1994 年版，第 571 页。

是这样呢？因此，在对荣誉权下定义时，不要忘记这两个方面的含义：既包括可以获得荣誉的权利，也包括获得荣誉后的保持和维护的权利。因而，在保护荣誉权时，不仅要针对那些侵犯荣誉权的行为，还要保护他人获得荣誉权的权利。

二、荣誉权的性质

虽然我国立法从《民法通则》直至《民法典》都明确将“荣誉权”作为一种人格权进行保护，但学理上对荣誉权究竟是一种什么性质的权利的讨论和争议从来就没有停止过。大概有以下几种观点：（1）荣誉权属于人格权。持有这种观点的人在我国非常普遍，这主要是因为民法通则、侵权行为法等明确规定的原因。[①]（2）荣誉权属于身份权。有学者曾经提出，由于荣誉权并不是给予每个自然人或者法人的，而是授予在各种社会活动中有突出贡献的自然人或者法人的，因而荣誉权并非每个自然人或者法人都能够享有，尤其是荣誉权的取得有赖于主体实施一定的行为，做出一定的成绩，可见它不是每个自然人出生或者法人成立后就依法享有的。因此，荣誉权是身份权而不是人格权。[②]（3）荣誉权实际上是一种非民事权利。这种观点认为，荣誉权仅仅是立法为其披上了民事权利的外衣，实际上无论从权利体系还是救济体系上，都无法符合法理及逻辑。[③]也有人从另外的角度来反对荣誉权作为人格权。[④]（4）荣誉权实际

① 参见杨立新：《人格权法》，法律出版社 2011 年版，第 562 页；谭启平主编：《中国民法学》，法律出版社 2015 年版，第 119—120 页等。

② 王利明：《人格权法新论》，法律出版社 1994 年版，第 11 页。

③ 姚明斌：《褪去民事权利的外衣——“荣誉权”三思》，载《中国政法大学学报》2009 年第 6 期；满洪杰：《荣誉权——一个巴别塔式的谬误》，载《法律科学》2012 年第 4 期。另外，在梁慧星教授主编的《中国民法典草案建议稿附理由》中的“人格权”部分，根本没有“荣誉权”这种具体人格权，参见梁慧星主编：《中国民法典草案建议稿附理由 · 总则编》，法律出版社 2004 年版，第 27—42 页；孙宪忠教授主编的《民法总论》中，也没有“荣誉权”论述，参见孙宪忠主编：《民法总论》，社会科学文献出版社 2004 年版，第 120—130 页；刘凯湘教授主编的《民法总论》也没有将荣誉权列为一种独立的人格权，参见刘凯湘：《民法总论》（第三版），北京大学出版社 2011 年版，第 138—160 页；李永军主编的《中国民法典总则编草案建议稿及理由》中，甚至没有将“荣誉”列为一种人格利益，参见李永军主编：《中国民法典总则编草案建议稿及理由》，中国政法大学出版社 2016 年版，第 39 页。

④ 张新宝：《人格权法的内部体系》，载《法学论坛》2003 年第 6 期。

是名誉权的一种特殊类型。这种观点认为，荣誉权不是一种独立的人格权，仅仅是名誉权的一种类型，可以利用名誉权的保护对其进行保护，没有必要专门规定为一种独立的人格权。[①]

如果仅仅从理论上说，我坚决不同意所谓荣誉权是一种民事权利，它更不是什么人格权。因为：（1）荣誉权的有无，与一个社会中正常的“人之所以为人”的属性没有必然的联系，荣誉基本上属于“身外之物”，不是“人之所以为人的必要因素”。恰恰相反，有些有气节或者个性的人，还故意拒绝各种荣誉。因此，不能讲荣誉是人的自由与尊严的表现，也就自然不能作为人格权来对待。（2）荣誉是按照一定的组织程序和标准对特定主体进行评价，有时还可以撤销，也就更不能认为荣誉属于人的尊严和自由。这也进一步说明荣誉本身就是“身外之物”，这与其他人格权的属性相差太大。（3）荣誉的取得、消灭或者撤销与民法毫不相干，因此，有的学者主张其不是民事权利是有一定道理的。（4）从民事救济方面看，各种荣誉评价体系都不一样，甚至有的很混乱，是否公平难以判定，如何进行民法上的救济？例如，中国法学会评选“中青年法学家”的年龄限定在 45 岁，而我 50 岁，我认为组织者剥夺了我参加评选的资格，从而侵犯了我的荣誉权；或者认为评选不公正，法院是否应该受理？显然不能。这其实就像各个大学评职称或者论文答辩一样，都不属于民事问题，不能进行民事救济。（5）如果真的是如上述有的学者所认为的荣誉权是“获得荣誉之后的权利”的话，那就更不是人格权了——这说明并非人人都有。如果是人格权的话，人为地造成“人格权”不平等现象，岂不违反民法的平等原则？我们所有的其他人格权都是人人都享有的，而且与是否获得或者享有人格利益没有直接联系（或者不以此为要件）。例如，自然人的姓名权不是自然人出生并起名后才享有；不能说孩子出生后且获得名誉后才享有名誉权。（6）从比较法上看，诚如有学者所指出的，从作为人格权理论源头的罗马法的 actio iniuriarum，到对人格利益保护持不同态度的法国法和德国法，以及深受德国法影响的苏联法，均将荣誉（honour）作为人的主观自我认知。荣誉强调了人在自我认知上的差异性。在当代，荣誉这种差异性人格利益逐渐让位

① 王利明：《人格权法研究》，中国人民大学出版社 2012 年版，第 110 页。

于强调平等性的人格尊严（dignity）。在大陆法系法律语言环境中，荣誉从不是以“荣誉称号”为内容的人格利益，《民法通则》关于荣誉权的规定缺乏比较法基础，是一个巴别塔式的谬误。[①]

当然，如果说对荣誉的侵犯，引起个人名誉的损失的话，可以放在名誉权的保护中进行救济。例如，不当撤销某人已经获得的荣誉，导致该人的社会一般评价降低，从而损害了人的名誉权，可以以名誉权遭受损害为由要求救济。就如王利明教授所言，如果侵害荣誉导致对名誉的侵害，可以适用侵害名誉权来进行保护。[②]

但是，从实证法上看，我国《民法典》已经明确规定，我们也只能将其作为一种民法上的特别权利对待。但在解释上，应该作为一项民事权利而已，绝不能将其作为人格尊严来对待。尤其是在我国有的评奖不是很规范的情况下，将这种荣誉视为民法上的个人的尊严，实际上对社会百害而无一利。

三、侵犯样态及救济措施

（一）侵犯样态

根据我国《民法典》第 1031 条第 1 款的规定，民事主体享有荣誉权。任何组织或者个人不得非法剥夺他人的荣誉称号，不得诋毁、贬损他人的荣誉。侵犯荣誉权的样态大致有如下几种。

1. 非法剥夺他人获得荣誉的权利

我认为，既然按照我国《民法典》的规定，荣誉权是一种人格权，不仅自然人享有法人也享有，那么就应当承认荣誉权包括获得荣誉的权利，保护每个人都有机会去获得荣誉的权利。只有这样，才能实现人人平等，才能使荣誉权更像是一种人格权。因此，非法剥夺他人获得荣誉的权利，也构成侵犯荣誉权。例如，通过不正当手段，使他人不能正常获得荣誉，具体如伪造或者变更姓名而获得荣誉，使他人无法获得荣誉。

---

① 满洪杰：《荣誉权——一个巴别塔式的谬误》，载《法律科学》2012 年第 4 期。

② 王利明：《人格权法研究》，中国人民大学出版社 2012 年版，第 110 页。

2. 非法剥夺他人荣誉

非法剥夺他人荣誉包括以各种各样的手段剥夺他人荣誉。例如，荣誉权授予单位未经合法程序而剥夺他人已经获得的荣誉：某人获得“见义勇为先进个人”称号，授予单位收到举报说见义勇为的行为虚假，授予单位未经核实即撤销该称号，就属于非法剥夺他人荣誉。

3. 非法侵害他人荣誉

非法侵害他人荣誉是指损害他人已经获得的荣誉的行为，例如，向授予荣誉的机关诬告，以期望撤销某人已经获得的荣誉的行为；毁坏他人已经获得的荣誉证书、奖杯等行为；侵害荣誉之物质利益，如授予荣誉单位拒发奖金、奖品或者少发奖金、奖品的行为等。[①]

（二）救济措施

1. 侵权的救济

按照我国《民法典》“侵权责任编”的规定，侵害名誉权的救济措施可以是：（1）停止侵害；（2）恢复荣誉、消除影响；（3）赔偿损失，包括物质损失和精神损失；（4）赔礼道歉。

2. 荣誉权的自身救济

获得的荣誉称号应当记载而没有记载的，民事主体可以请求记载；获得的荣誉称号记载错误的，民事主体可以请求更正（《民法典》第 1031 条第 2 款）。

第十四节　自然人的其他人格权

一、生命权

1. 定义

我国学者通常认为，生命权是自然人以其生命维持和安全利益为内容的人

① 参见杨立新：《人格权法》，法律出版社 2011 年版，第 572—573 页。

格权。[1] 生命权是否为一种人格权，学者之间存在争议。历史法学派的代表人物萨维尼就坚决反对将生命权等在民法上进行规定，否则，就会得出一项“自杀权”。但是，我国民法学认为，既然生命被侵害能够得到法律的救济，实际上就承认了生命是一项权利。如果不是权利的东西，在法律上如何被救济？因此，生命权这种东西在我国民法上也就毫无障碍地被认为是一种权利了。实际上，如果将生命看成对自然人主体的一种法律保护的利益也是完全可以的，也不会导致对自然人保护不周延的问题。

我国《民法典》还是对生命权作为一种人格权进行了肯定（第1002条）：“自然人享有生命权。自然人的生命安全和生命尊严受法律保护。任何组织或者个人不得侵害他人的生命权。”

2. 问题

如果将生命作为一种权利进行规定，那么学术上的问题是：生命权对于自然人究竟有什么意义？因为生命权不像物权或者债权等财产权，不存在权利的取得与消灭的问题、不存在权利的转让与公示问题、不存在以生命为客体的任何交易，仅仅是在被侵犯时受到法律救济。那么，被法律救济的一定是权利吗？“占有”是一种状态，在被侵犯时不也受到法律救济吗？如果是这样的话，将其放在侵权行为法中不是很好吗？《德国民法典》就是如此。而且，无论是《德国民法典》，还是《瑞士民法典》都没有将生命作为一种权利客体来对待过，在其民法典上，“生命”“健康”等后面没有加上一个“权”字。这些问题，是很值得我们研究的。

二、健康权

我国学者一般认为：健康权是自然人维护其生理机能正常运行和功能正常发挥，从而维持其生命活动的人格权。[2]

在健康权中存在的问题，如生命权中存在的问题一样：自然人的健康究竟

---

① 张俊浩主编：《民法学原理》，中国政法大学出版社2000年版，第143页；马俊驹、余延满：《民法原论》，法律出版社2005年版，第105页。

② 马俊驹、余延满：《民法原论》，法律出版社2005年版，第106页。

是一种权利还是一种受法律保护的利益？尽管我国《民法典》第1004条将其作为一种人格权进行规定，但其妥当性仍需要进一步研究。

三、身体权

1. 定义

身体权是自然人对其肢体、器官及其他组织的完整性所享有的人格权。有许多学者将身体权定义为“支配权”，我们难以苟同。因为，人格权的本质就不属于支配权，而是一种绝对权。

2. 生命权、健康权与身体权的关系

这些权利对于自然人来说，联系密切，都直接关系到自然人的生存与生活。但是，这三者之间在法律上存在显著的区别：生命权关系人的存活，在现实生活中，侵害人的健康或者身体的，不一定侵害到生命，例如，将人的胳膊打断，则侵害的仅仅是身体权，被侵害人可能还很健康，生命也没有问题；健康权则着眼于人的各种生理机能的协调与发挥，一个人的身体完整性或者生命没有受到侵害，但可能会侵害其健康，例如，精神错乱仅仅是健康存在问题；身体权着眼于人体组织器官的完整性，主要是从人的具体的、外部的物质性器官来判断。

当然，如果因对人的身体或者健康的侵犯，导致人丧失生命的，则是对生命权的侵犯。

3. 关于对身体的处分

《民法典》第1006条规定了对身体的处分，共有三款：（1）完全民事行为能力人有权依法自主决定无偿捐献其人体细胞、人体组织、人体器官、遗体。任何组织或者个人不得强迫、欺骗、利诱其捐献。（2）完全民事行为能力人依据前款规定同意捐献的，应当采用书面形式，也可以订立遗嘱。（3）自然人生前未表示不同意捐献的，该自然人死亡后，其配偶、成年子女、父母可以共同决定捐献，决定捐献应当采用书面形式。

需要注意的是，虽然能够捐献，但不能买卖，禁止以任何形式买卖人体细胞、人体组织、人体器官、遗体。违反者买卖行为无效（《民法典》第1007条）。

四、与生命、健康、身体有关的其他规范

我国《民法典》第 1008 条至第 1011 条还规定了一些与上述三种权利相关的规范。

1. 与医疗有关的临床试验的限制

为研制新药、医疗器械或者发展新的预防和治疗方法，需要进行临床试验的，应当依法经相关主管部门批准并经伦理委员会审查同意，向受试者或者受试者的监护人告知试验目的、用途和可能产生的风险等详细情况，并经其书面同意。

2. 人体基因和胚胎活动的限制

从事与人体基因、人体胚胎等有关的医学和科研活动的，应当遵守法律、行政法规和国家有关规定，不得危害人体健康，不得违背伦理道德，不得损害公共利益。

3. 性骚扰的防止与责任

违背他人意愿，以言语、文字、图像、肢体行为等方式对他人实施性骚扰的，受害人有权依法请求行为人承担民事责任。机关、企业、学校等单位应当采取合理的预防、受理投诉、调查处置等措施，防止和制止利用职权、从属关系等实施性骚扰。

4. 对人身自由的妨害及搜身的禁止

以非法拘禁等方式剥夺、限制他人的行动自由，或者非法搜查他人身体的，受害人有权依法请求行为人承担民事责任。

我认为，《民法典》第 1008 条至第 1011 条的这些规定，与自然的生命权、健康权和身体权的关系十分牵强。试问：（1）以非法拘禁等方式剥夺、限制他人的行动自由，或者非法搜查他人身体，属于侵犯生命权、健康权还是身体权？（2）性骚扰行为属于侵犯上述三种权利的哪一种？

五、上述三种权利的救济问题

对于生命权、健康权、身体权受侵犯的救济，我国《民法典》第 1002 条至第 1011 条没有给予任何特别的救济途径，只能依靠侵权责任进行救济。

第三章 法人

第一节 民法典编纂中关于法人的主要争议及评说

一、关于法人的主要争议

由于社会经济制度的变迁，民事与商事的传统划分呈现出非常微妙的关系，许多国家的判例和理论开始挑战既有的理论和立法。尤其是在我国，更是呈现出非常混乱的状态：立法上实行民商合一的体例，但是，从教学和实际运行中，却处处都以民商分立的状态存在。例如，许多大学的民法教学与商法教学是分离的，中国法学会既有民法学会，也有商法学会。在此次《民法典》的编纂中，这种状态就凸显出来。因此，在构建民法中的法人制度时，民事法人与商法上的法人如何协调，就出现了重大的争议。这种争议主要体现在：究竟是应该以"社团法人与财团法人"还是以"营利法人与非营利法人"或者以"公法人与私法人"的分类作为构建我国民法典法人制度的基本框架。

从最终通过的《民法典》"总则编"来看，其实，是采取了一个"折中"的方案来处理这一问题的：在"总则"的"法人"部分，先是将"一般规定"

作为第一节，然后分为营利法人与非营利法人、特殊法人（包括公法人）。尽管立法已经作出了这种选择，但在理论上探讨如何分类才是更科学和合理的，仍然具有意义。因此，我在此仍然想对这种分类作出自己的评说。

二、评说

在学理上，根据不同标准对法人进行不同的分类，大致可以分为公法人与私法人、社团法人与财团法人、营利法人与非营利法人等。[①] 但这种学理上的分类是否可以直接拿来作为民法典构建法人制度的基础，是值得思考和讨论的问题。

民法典既然是体系化、系统化的民法，在构建其法人制度时，就应从体系化的视角来看待这一问题。那么，从体系化的视角，哪种分类方式更契合民法典的体系化要求呢？特别是我国《民法典》以“营利法人与非营利法人”的基本分类作为构建民法典法人制度的基础，是否符合体系化要求？我们不妨从体系化的视角并从以下七个方面来分析和判断。

（一）以“营利法人与非营利法人”作为基本分类来构建我国民法典之法人制度的基础是否更能够体现“民商合一”的基本原则

“民商合一”是我国立法及教学的传统体例，到目前为止，全国人大法工委也没有制定商法典的立法规划，因此，可以说，“民商合一”是我国民商事立法的基本原则。我们在编纂《民法典》的过程中，必须坚持这一原则。那么，是否就可以认为：只有采取“营利法人与非营利法人”作为基本分类来构建我国民法典之法人制度的基础才能更好地体现出“民商合一”？

答案当然是否定的。因为，从《民法典》“总则编”的立法技术看，它是通过提取“公因式”的方式来组织其内容的，就法人制度来说，“总则编”应当提取现行中国社会中存在的各种法人的共同点来规范法人，而不是规定哪类

---

① 李永军：《民法总论》，中国政法大学出版社 2015 年版，第 104—109 页；刘凯湘：《民法总论》（第三版），北京大学出版社 2011 年版，第 182—189 页；谭启平主编：《中国民法学》，法律出版社 2015 年版，第 132—133 页。

具体的法人。社团法人与财团法人的分类囊括了所有类型法人的共同特点，包括了民法上的法人与商法上的法人。因为这些法人的成立要么是以纯粹的财产为基础，要么是以人为基础（当然也有财产要求）。其中，因为财团法人无社员，即使其从事营利活动，也无法分配所得利益，也就当然是非营利的。而社团法人有的从事经营活动并分配给其社员，自然就是营利性法人；有的虽然从事经营活动，但其章程明确规定不分配给其社员的，也是非营利性法人。

通过法人的成立基础而非成立目的来构建法人制度，不仅包括了营利法人与非营利法人的所有类型，而且也体现了民商合一的基本原则。

恰恰相反，以“营利法人与非营利法人”作为基本的分类来构建我国法人制度之基础，却正是“民商分立”的基本思路。因为，按照大陆法系传统民法理论，民法上的法人一般都是非营利性的，而商法上的法人一般都是营利性的[①]。营利法人与非营利法人的分类，本身就来自“民商分立”。这一点，在我国的《民法总则》中就明显地体现出来了：第一节中的“一般规定”就没有将法人的一个最为重要的“公因式”提炼出来——与民法的意思自治原则密切相关的法人的意思的来源。而这一公因式只有在以“营利与非营利”为分类标准时才能体现出来——自律还是他律的问题。

除此之外，营利性法人与非营利性法人的分类是否准确？能否涵盖所有类型的法人？对此，德国学者拉伦茨指出：《德国民法典》区别两种社团，即经济性社团与非经济性社团（营利与非营利）。对于经济性社团，如果它们不是由其他法律所规定的人的联合（如股份或者有限责任公司）的法律行为，从而应首先适用这些法律的话，则可以通过国家授权取得权利能力。非经济性社团则只要满足法律规定的前提条件，在初等法院登记簿上登记后，就可以取得权利能力……今天，人们已经认识到，这种区分是很不确切的，因为对于经济性社团来说，经营活动本身不是目的，而只是手段。根据旧的学说，这一点取决于社团的目的或者主要目的是否通过经济性经营活动以取得经济利益，并将之归属于社团本身或者以某种方式归于其社员所有。但联邦最高法院已经有一个

① [德]迪特尔·梅迪库斯：《德国民法总论》，邵建东译，法律出版社2000年版，第829—832页。

判例，这一判例涉及一个出租车企业联合会，它有一个预约出租车的营业点和无线电通信中心。对此，联邦最高法院不考虑它对第三方是否提供有报酬的服务这一特点，直接认定其为具有经营性特征的社团。① 梅迪库斯也指出，在何为“营利性”这一标准的界定方面，存在着巨大的困难。② 在我国其实也存在同样的困难：有许多私立学校，形式不同，有的是以营利为目的，有的则完全没有营利的目的，按照“营利法人与非营利法人”的分类方法，则属于两种不同的法人类型；同样是公司或者合作社，只要目的不同，就分为两种不同的法人类型。假如，某出租汽车司机成立了一个俱乐部，该俱乐部是免费为出租司机服务的，其无偿为出租司机提供调度，以便让出租司机多赚钱，那么，该俱乐部是属于营利性法人还是非营利性法人呢？按照我们现在的学理和分类，很难界定。另外，在我国还存在其他的情况，例如，有的非营利性法人的营利活动及盈利比营利法人多得多，这就使这种分类变得有几分尴尬。而采取社团法人与财团法人的分类标准来构建法人制度，就不会出现这种问题。

我们在坚持“民商合一”的立法原则时，要注意以下两个问题：（1）“民商合一”不是要求将商法的内容机械地照搬进民法典，像《意大利民法典》，直接将公司、合伙、企业、合作社等搬入民法典，造成“形合而神不合”的现象。（2）在民法典之外，肯定还有许多单行法，作为民法的特别法来规定各种类型的特别商事主体或者民事主体，如《公司法》《合作社法》《合伙企业法》《土地承包法》等。即使在民商分立体制的国家，在民法典和商法典之外，也有特别法来规范特别的主体。因此，不能认为，只要有特别法规范特别主体，民法典就不是“民商合一”的。

（二）以“营利法人与非营利法人”作为基本分类来构建我国民法典之法人制度的基础是否更适合构建法人的基本规则（提取法人之公因式）

以“社团法人与财团法人”分类比以“营利法人与非营利法人”作为基本

① ［德］卡尔·拉伦茨：《德国民法通论》，王晓晔等译，法律出版社2003年版，第203页。

② ［德］迪特尔·梅迪库斯：《德国民法总论》，邵建东译，法律出版社2000年版，第830页。

分类来构建我国的法人制度之基础更适合构建法人的基本规则。法人首先分为社团与财团，其成立基础、目的、解散理由等不同，可以分别规定；在社团法人中，其成立基础是相同的，但目的可能不同：有的为营利，有的为非营利，以目的将二者分开，但成立基础、意思形成、解散等相同之处巨大，因而，容易构建规则，逻辑上通顺。

以“营利法人与非营利法人”作为基本的分类来构建法人制度之基础，则仅仅能够看出法人存在的目的，而不能反映出法人的其他特征。另外，从立法技术上说，采用这种分类来构建法人制度，必然会给立法带来极大的困难，难以从逻辑上解决法人的共同规则。因为，非营利性法人有的无任何社员，如各种基金会；有的则有社员，其成立目的仅仅在于从事公益活动。这两种类型的法人仅仅是目的相同，而无任何其他的相似之处，其成立、意思形成、解散及解散后的财产归属等差距如此之大，基本无法找出相同的规则。其结果，可能就如商法中的破产、保险、海商法等，仅仅是罗列在一起，难以形成有机的联系。因此，从现在大陆法系国家的民法典来看，几乎没有采用这种区分标准来构建自己的民法典的。但这并没有引起我们的重视，我们的《民法典》仍然坚持了以这种划分标准作为法人分类的基础。

（三）以“营利法人与非营利法人”作为基本分类来构建我国民法典之法人制度的基础是否能够体现法人“组织体”的基本特征

法人是“组织体”，故应从“组织体”的视角去构建法人制度更符合民法典关于法人制度设立的目的和宗旨。因为，民法视野中的“法人”，包括自然人的组织体或者为特定目的存在的财产集合体。民法最关心的是法人的成员之财产与法人财产的关系（财产是否相互独立）、法人的责任与成员责任的关系（责任是否相互独立）、法人人格与成员人格的关系（人格是否独立），实际上，目的并不是民法最关心的问题，甚至在有的情况下目的与交易无任何联系。例如，一个法人的法定代表人到商场去订购商品，商场最关心的是谁承担付款责任，是法定代表人个人还是其所代表的法人？在司法实践中绝大多数纠纷是法定代表人签字却未盖公章，法人是否承担责任的问题，而法人的目的（是营利性的还是非营利性）往往不是争议的问题。社团法人与财产法人的分类不仅能够反映法人的组织及成立基础，而且能够反映出组织体的上述责任、人格与财产的关系。而营利性法人与非营利性法人恰恰是从法人的目的入手的，这种分类反映不出财产、责任与人格等私法的根本性问题。因此，营利与非营利不宜作为民法典法人制度的基本分类。

意味深长的是，我国在《民法典》颁布之前的所有关于法人的各种分类正是从法人的目的和功能的角度进行的。如机关法人、事业单位法人、企业法人、社会团体法人等。有学者在批评这种分类时指出，我国《民法通则》关于法人的分类存在明显的不足:(1)这一划分没有充分体现民法的社会功能。由于《民法通则》的时代局限性，未能对潜藏于民事主体背后的私法性给予充分的认识。(2)这一划分有计划经济的痕迹且类型不周延。《民法通则》中对法人分类的规定与当时的社会现状是相适应的，但现在已经不再适应。在市场经济条件下，我们应当按照不同法人形态在市场规律及其自身进化规律的共同作用下所体现出的特征，对法人作出分类。然而，《民法通则》并没有采用财团的概念，这就限缩了法人制度的功能，同时又因基金会等财团法人形态被归入社会团体法人而带来了理论上的混乱。(3)这一划分在体系上存在逻辑缺陷。这种基于经济功利主义的分类方式忽视了法人自身发展规律在法人类型化过程中的意义。由于在每种分类内部的具体类型之间不具有共同的成立基础，致使法律无法完成对亚分类层面具体类型共同特征的二次抽象，而不得不通过特别立法作出烦琐的规定。这反过来又使分类本身丧失了意义。[①] 目前这种以“营利与非营利”之目的来区分法人分类，并将其作为民法典法人制度的基础分类，是否正中这种批评的下怀?

总之，从组织体视角而非从目的论出发构建法人制度，更具有私法上的合理性，能够反映出人格、财产与责任的私法需求与特征。例如，公司与合作社，其目的并非相同，但从组织体的视角看，它们的共同点是与人格、财产责任相关的部分，即公司或者合作社的财产、公司或者合作社与其股东或者社员的关系、公司或者合作社的责任与其股东或者成员的责任关系等，这

① 马俊驹:《完善我国法人制度的几点建议》，载中国民商法律网，http://old.civillaw.com.cn/article/default.asp?id=7855，2004年2月17日访问。

些统统可以放在一起规定为社团法人。另外，如果一个公司虽然有自己的股东，但所有股东通过章程写明不分配公司利润，而是专门将之用于公益事业，那么它与基金会都属于非营利性法人，但它们之间除了共同的目的之外，什么地方相同呢？这样的法人放在一起，如何构建统一规则呢？其组织体的特征丝毫反映不出来。

（四）以“营利法人与非营利法人”作为基本分类来构建我国民法典之法人制度的基础是否能够更好地将我国现实存在的法人存在形式容纳进去

民法典中的法人制度的分类，应该能够将我国现存的法人类型有机地容纳进去，这是我们必须完成的任务。应该说，无论是采取社团法人与财团法人的分类，还是营利法人与非营利法人的分类，无疑都能够将我国现存的法人容纳进去。但需要衡量的是，哪种分类更能够有机地容纳呢？

有学者在论述民法典应采取“营利法人与非营利法人分类的科学性”时指出：传统民法将法人分为“公益法人”与“营利法人”，意在揭示法人设立之不同目的，并导致法人设立方式和法律适用上的重大区别，是法人的一种最为重要的基本分类。但这种分类的缺陷在于无法包括一些既非公益，亦非营利的法人组织（中间法人），从而留下法律漏洞。我国《民法通则》规定的企业法人实际上就是营利法人，而所谓国家机关法人、事业单位法人以及社会团体法人则基本上应属于公益法人。考虑到我国民法更为注重法人在经济生活中的地位和作用，可以保留《民法通则》关于企业法人与非企业法人之分类的基本思路。但应依学者的建议，借鉴德国法与瑞士法的做法，采用“营利法人与非营利法人”的分类，而在营利法人中，则不再区分全民所有制法人、集体所有制法人等。[①] 这种观点，具有合理性，我部分同意，而有的部分则有不同看法：

1.“公益法人”与“营利法人”之分类是大陆法系国家关于法人的重要分类，但并不是最基本的分类，社团法人与财团法人才是最基本的分类。《德国民法典》与《瑞士民法典》首先将法人分为社团与财团法人，而营利与非营利

---

① 尹田：《民法总则之理论与立法研究》，法律出版社 2010 年版，第 372—373 页。

法人则是社团法人之下的属类（详见后文）。

2. 从《德国民法典》与《瑞士民法典》的具体规定看，他们也没有将营利法人与非营利法人作为基本分类，因此，也应该不是其通行的做法。而且，我上文提到，德国学者拉伦茨就指出：《德国民法典》区别两种社团，即经济性社团与非经济性社团（营利与非营利）[①]；梅迪库斯在其著名的《德国民法总论》一书关于法人分类的章节中甚至都没有提及营利法人与非营利法人（德国人通常称之为经济性法人与非经济性法人）这一分类[②]。

3. 国家机关法人不应属于公益法人，而事业单位法人至少不全部属于公益法人。国家机关法人属于公法人，但它不应是公益法人。事业单位法人是以目的和功能为标准的划分，而中国的事业单位情况千差万别，不能统一划归为公益法人。例如，中国证监会、中国银保监会等都属于国务院直属事业单位，但其履行的是国家监督职能，与大学、图书馆等性质完全不同。另外，我国还有经营性的事业单位，如出版社、各种设计院等。在德国，国立大学一般都属于公法人。因此，这些法人不能简单地用民法的视角去分析和概括之。我个人觉得，在制定民法典时，应从私法的视角去看待法人的分类。大陆法系国家民法典中的社团与财团法人的分类或者营利法人与公益法人的分类，肯定都是指私法上的法人，而不包括国家机关或者国家设立的具有管理公共事务的事业单位。我们如果仔细来分析一下《德国民法典》的法人分类布局就非常清楚了。《德国民法典》第一编（总则）第一章（人）第二节（法人），法人部分共有3目：第一目社团，第二目财团，第三目公法人。在第一目“社团”中，进一步区分为营利与非营利法人。第三目实际上只有1条（第89条），主要规定了两点：一是第31条的规定准用于国库以及公法上的团体、财团和机构；二是关于支付不能准用于公法上的团体、财团和机构。从这种规定的逻辑结构可以清楚地看到，社团与财团（无论是营利还是非营利）都不包括公法人，公法人是作为例外加以规定的。《瑞士民法典》在其第一编第二章关于“法人”部分的第

---

① ［德］卡尔·拉伦茨：《德国民法通论》，王晓晔等译，法律出版社2003年版，第203页。

② ［德］迪特尔·梅迪库斯：《德国民法总论》，邵建东译，法律出版社2000年版，第816—820页。

59 条也对公法人进行了特别规定。这就涉及民法典应如何对待公法人的问题。我认为，对于公法人与私法人的分类，在民法上并没有太重要的价值和意义。因为，这种分类实际上就是对应公法与私法的划分而来的。民法本来就是私法，民法规范的法人当然应该是私法上的分类，诸如国家、国家机关、各级政府等公法人本来就不是私法上的法人，其成立基础、依据的规范、职能、解散等本来就与民法无关。仅仅是因为它们的有些活动涉私法领域，会例外地按照民法上的法人来承担义务或者享有权利，对其准用民法法人的规定即可，没有必要把这种法人作为民法重要的关注点。从比较法上看，《德国民法典》第 89 条仅仅用这一条规定了民法上的法人之规定准用于公法人即可。其实，这也是自罗马法以来大陆法系的传统：罗马法上本无法人之规定，国家及宗教团体享有财产权利是作为例外来处理的。《法国民法典》中也根本无法人的规定，国家等公法人也可以例外地作为财产的所有权人。

总之，我们只能被动地承认公法人在民法上的主体地位，给予其民法上的原告与被告的资格，其主要职能不在民法。因此，我们在设计民法典之法人制度时，没有必要刻意地将国家机关、事业单位等这样的法人当作民法上的重要类型去对待，因为它们的成立、使命、运行、解散等基本上与民法无关。

因此，以“营利法人与非营利法人”作为基本分类来构建我国民法典之法人制度的基础之科学性就值得怀疑，而以“社团法人与财团法人”作为基本分类来构建我国民法典之法人制度的基础不仅能够更好地反映私法上法人的本质特征，而且更能够有机地容纳我国现存的私法上的法人类型。

或许有人会提出这样一个问题：目前许多国家及我国《公司法》上存在的“一人公司”是否能够容纳进社团法人中？应该说，一人公司的出现对传统大陆法系的社团法人理论提出了重大挑战。因为按照大陆法系的团体人格理论，法人要区别于自然人，必须有两个以上的自然人组成方可达此目的，否则，法人与自然人就难以区分，最终会导致对债权人的损害。因此，早期的各国公司法无不强调公司的社团性，并将其作为区别于个人商业组织的基本特征。[①] 但随着经济发展和社会的需要，各国通过立法或者判例逐渐承认一人公司的合法

① 李建伟：《公司法学》，中国人民大学出版社 2008 年版，第 43 页。

性和现实存在，学者便开始重新检讨法人的社团性问题，以期为一人公司的存在作出合理说明。有学者在说明一人公司与社团法人之融合时，提出了四种学说，即“法人拟制说”“股份社团说”“潜在社团说”“特别财产说”。[①]

我认为，对这一问题之合理性的解释其实可以从两个方面来说明：（1）对法人之社团性的本质的解释。法人的核心问题是什么呢？对此问题有不同认识和观点，有学者指出，团体人格独立的支柱在于独立的财产与独立的意思，而不在于其他[②]。这种观点与康德、黑格尔、萨维尼关于主体的本质理论是一致的（下面将详细论述）。我赞同这种观点，即一个团体之所以区别于个体，是因为其具有不同于个体的独立意思和财产，进而能够独立承担责任。一人公司并非不能构造出独立于个人意思的法人的独立意思，因而也就有可能成为社团法人。当然，当这种组织体中只有一个人时，其对组织体的控制和人格混同的可能性会增大。但如果反过来说，即使组织体中有多个股东，就不存在控制和人格混同的问题吗？夫妻与儿子创立一个有限责任公司（这种家族公司实际上很多），难道这种可能性会小吗？因此，应加强控制、监督和管理。所以，无论是我国，还是其他国家，都有很多法律措施方面的限制和管控。[③]（2）作为社团法人的例外处理。实际上，一人公司在公司法上也是例外而非常态，因此其与民法的法人制度比起来，更是例外。在民商合一的体例下，商法（公司法）完全可以规定特殊的法人，从而适用特别法规范，也没有任何问题。公法上的法人（如国家机关）、事业单位等都属于特别法上的法人。另外，像破产法、票据法实际上都是处理债权债务关系的法律规范，但都不同于一般债法，我们也没有说传统债法有遗漏而不能容纳这些法律关系。

---

① 请详细参阅李建伟：《公司法学》，中国人民大学出版社2008年版，第43—44页。

② 丁亮华：《公司法律地位研究》，载梁慧星主编：《民商法论丛》（第29卷），法律出版社2004年版，第157—159页。实际上，在我国持这种观点的学者很多，在此不一一列举了。

③ 参见我国《公司法》第59条至第63条。在德国，如果一家有限责任公司只有一名股东，则该公司在获得注册登记之前，其需要交纳的现金出资中必须至少有1/4已经被交付，且约定的任何实物出资已经被置于公司的处分之下。现金出资加任何实物形式的出资必须达到1.25万欧元。出资者还必须对现金中未交纳的剩余部分向公司提供保证（《德国私人有限责任公司法》）。参阅［挪威］马德斯·安登斯、［英］弗兰克·伍尔德里奇：《欧洲比较公司法》，汪丽丽等译，法律出版社2014年版，第60页。

从比较法上来看，德国、日本等国家都承认一人公司，但他们的民法典也都没有因此发生变化。因此，不能说，社团法人与财团法人的分类不能容纳一人公司，从而否定这种分类。

（五）以“营利法人与非营利法人”作为基本分类来构建我国民法典之法人制度的基础是否能够与民法的“意思自治”之本质相契合

如果说到民法的基本特征或者内在特质，最典型的莫过于“意思自治”与“过错归责”原则，那么，我们就以此为基点来分析法人分类与民法这两个最基本特征的契合问题。

在大陆法系，对法人之合理性的说明理论有很多，其中最有代表性的就是以康德、黑格尔、萨维尼等为代表的“理性或者意志理论”了。民法上的意思自治与过错归责原则都是以这种依理性与意志为核心构造出来的人格人为基础构建出来的制度：人既然是有理性的，他便有能力去独立地创设一种有利于自己的权利义务关系，承认意思自治，就等于承认了人的理性能力。因此，那些尚无理性的人就被排除在意思自治的大门之外，并用一种代理或者监护制度去弥补这种不足。人既然是有理性的，那么他便是可以归责的，即其意志的不良状态就可以被归于责任承担。在这里我们不得不再一次提到康德的论述：人通过理性的内在立法约束情感并基于此种方式成为道德律令之下的一个理性的物，即作为人格人除了受制于所给出的律令外，不受制于其他任何律令。因此，其行为是可以归责的。为了形成秩序，达到可预见性、自治的无私、能力，情感中信马由缰的意愿受到规制，主体将相互施加的强制理解为共同法则。①

在自康德哲学以来形成的“理性—主体—意志”图式下，无理性与意志的团体要成为主体显然存在较大的困难。主体需要有意志，而法人没有意志，所以，在“主体必然是有意志”的公式逼迫人们为法人寻找理性与意志的条件 / 前提 / 情况下，如何将个人的意志粘贴到法人上而成为法人的意志，从而为法人的存在提供合理依据，就成为理论亟待解决的问题。社团法人与财

① ［德］罗尔夫 · 克尼佩尔：《法律与历史》，朱岩译，法律出版社 2003 年版，第 77—78 页。

团法人的分类也就顺理成章了。因为，在社团法人必须有一个“意思机关”或者“决策机关”，从而能够产生意志，成为“自律法人”；而在财团法人，因无意思机关，其意思必须由外在形成，因此，就成为“他律法人”。但它们都是有意志的，符合作为主体的条件，从而能够适用“意思自治”与“过错归责”原则。

也正是法人的这样一种特征，在传统民法上，使法人与合伙区别开来：法人是有意思机关或者外在意思的，而合伙则不同，因为法律强迫要求，合伙事务基本上都需要由全体合伙人一致同意，这样一来，合伙人的意思与合伙的意思就难以区分，因此，合伙就不被承认为具有权利能力的主体。而法人因具有意思机关，并实行“少数服从多数”的原则，使法人的意志与法人股东个人意志不同，法人就具有了自己独立的意志。

因此，大陆法系国家将社团法人与财团法人的基本分类作为民法典构建的基础分类，是有理论支撑，而不是随意的。这一点，我们应该充分认识。

（六）从比较法上看，以“营利法人与非营利法人”作为基本的分类来构建民法典上的法人制度之基础是否存在具有代表性的立法例

从比较法的视角看，纵观自 1804 年以来的大陆法系各国家和地区民法，鲜有以“营利法人与非营利法人”作为基本分类来构建民法典的立法例。因当年拿破仑害怕反动势力借助于团体人格的合法途径卷土重来，从而其民法典不给任何团体以合法地位，因此，《法国民法典》没有法人制度。因而，可以说，法人制度始自《德国民法典》。那么，我们就以《德国民法典》及以降民法典为立法例进行简单的考察。

《德国民法典》第一编（总则）第一章（人）第二节（法人），法人部分共有 3 目：第一目社团，第二目财团，第三目公法人。在第一目“社团”中，进一步区分为营利与非营利法人。

《瑞士民法典》第一编（人法），第一章为自然人；第二章为法人，在该章中共有三节：第一节为一般规定，第二节为社团法人，第三节为财团法人。

《日本民法典》第一编第二章也是采取德国法的模式，在社团法人与财团

法人的分类之下，区分营利与公益法人。而且学者也持同样的观点[①]。现在在日本，营利法人已经完全不在民法典中规定，而在公司法等法律中规定。

《意大利民法典》第一编第二章采取社团法人与财团法人的基本分类，具体的企业类型则放在第五编中分别规定。

就连被视为欧洲最叛逆的荷兰最新民法典也未突破将社团法人与财团法人的分类作为基本分类来构建其民法典，其第二编也是采取了社团与财团（基金会）作为基本分类，辅以股份有限公司与有限责任公司作为社团法人的再分类。

应当特别指出的是，我并不认为“外国的月亮比中国的圆”，当然也不认为，域外民法典没有规定的，我们就一定不能规定。但是，“他山之石，可以攻玉”，这些立法例都没有将营利法人与非营利法人的分类作为构建民法典法人制度的基础，这种做法是否具有合理性？其不采取营利法人与非营利法人的分类作为基础的原因与理由是什么？这是值得我们思考和借鉴的。另外，我国台湾地区“民法”采《德国民法典》体例，也将社团法人与财团法人作为基本分类。其于第一编第二章第二节规定了法人，该节分为三款：第一款为通则，第二款为社团法人，第三款为财团法人。

（七）从一般法与特别法的关系看，《民法典》中的“营利法人”部分如何同《公司法》等特别法协调将会成为问题

从《民法典》“总则编”第三章第二节“营利法人”的基本内容看，几乎就是从《公司法》中搬过来的：第 76 条与第 77 条基本相当于《公司法》的一般原理，第 78 条基本相当于《公司法》第 7 条，第 79 条基本相当于《公司法》第 11 条，第 80 条基本相当于《公司法》第 37 条，第 81 条基本相当于《公司法》第 46 条，第 82 条基本相当于《公司法》第 53 条、第 54 条，第 83 条基本相当于《公司法》第 20 条，第 84 条基本相当于《公司法》第 21 条，第 85 条基本相当于《公司法》第 22 条，第 86 条基本相当于《公司法》第 5 条，第

① ［日］山本敬三：《民法讲义 Ⅰ》，解亘译，北京大学出版社 2004 年版，第 296—297 页；［日］近江幸治：《民法讲义 Ⅰ》，渠涛译，北京大学出版社 2015 年版，第 84 页。

87 条为非营利法人，《公司法》中无对应条款。

我们不禁要问：将特别法——《公司法》中的特别规定搬到《民法典》中来，意义何在？难道这些问题在《公司法》中不能得到有效或者合理的解决吗？那么，将来的《公司法》规定什么？假如说：我们从组织体的视角去构建《民法典》，而这些特别问题交给特别法——《公司法》去解决，难道不是一个很合理的方案吗？这样做既符合民商合一的基本原则，又符合《民法典》之一般法与《公司法》之特别法的关系。

第二节　私法人的一般性问题

一、法人的概念与特征

我国《民法典》第 57 条规定："法人是具有民事权利能力和民事行为能力，依法独立享有民事权利和承担民事义务的组织。"我国许多学者都坚持这一概念。[①] 也有的学者认为，法人是法律认可其主体资格的团体。[②] 还有的学者认为，法人是具有民事权利能力的社会组织。[③] 德国有的学者认为，法人是被法律认可为独立法律主体的团体或者财产集合。[④] 也有的学者认为，法人被法律认可具有权利能力，并可以成为权利的所有者和义务承担者，法人既可以是其成员的变更与其存在没有关系的人的联合体，也可以是为着一定目的并具有为此目的而筹集的财产而组建起来的组织体。[⑤] 我国台湾地区学者也认为，法人乃自然人之外，由法律所创设，得为权利义务主体的组织体。其由社员结合而成者，

---

① 参见刘凯湘：《民法总论》（第三版），北京大学出版社 2011 年版，第 175 页；孙宪忠主编：《民法总论》，社会科学文献出版社 2004 年版，第 131 页；谭启平主编：《中国民法学》，法律出版社 2015 年版，第 125 页；王利明：《民法总则研究》，中国人民大学出版社 2012 年版，第 265 页。

② 朱庆育：《民法总论》，北京大学出版社 2016 年版，第 418 页。

③ 尹田：《民法学总论》，北京师范大学出版社 2010 年版，第 154 页。

④ ［德］汉斯・布洛克斯、沃尔夫・迪特里希・瓦尔克：《德国民法总论》，张艳译，中国人民大学出版社 2012 年版，第 432 页。

⑤ ［德］卡尔・拉伦茨：《德国民法通论》，王晓晔等译，法律出版社 2003 年版，第 178 页。

为社团；其以独立财产为组成基础者，为财团。[①] 日本学者几乎持有相同的观点。[②] 对于这一概念，在域外民法上，都没有异议，但在我国现在的民法体系框架内，或者直接说《民法典》的规范体系内是否准确呢？

其实，关于法人的上述概念是否准确的评价，与如何看待非法人组织的地位有直接的关系。如果像德国、日本将其称为“无权利能力的社团”，那么，法人与非法人团体的质的区别就是，是否具有权利能力、能否独立享有权利承担义务，由此，上述概念就是正确的。但是，我国现在的学理和立法，特别是《民法典》已经把非法人组织看成具有权利能力的团体，而且能够以自己的名义取得权利承担义务（可以成为权利主体和义务主体——具体见《民法典》第102 条、《合伙企业法》第 20 条），那么，上述传统的关于法人的定义就难以说是准确的了，因为它没有将法人与非法人团体区别开来。如果想在我国现行的理论和立法下，将法人与非法人组织区别开来，必须在上述法人的定义中加入更多的内涵：法人是具有民事权利能力和民事行为能力，依法独立享有民事权利和承担民事义务，并且与其成员的意志、责任及财产相互独立的组织（包括人的集合和财产集合）。当然，这里是指私法人。这也符合我国《民法典》的规定体系：公法人是作为特别法人规定的。

尽管对于法人这种纯粹法律技术之产物的许多问题至今仍然存在许多争议，但法人所具有的下列特征已为多数学者所接受。

（一）只有人的结合体与依特殊目的所组织的财产才有可能成为法人

这是大陆法系传统民法所持有的一贯原则，过去和现在没有多少差别。人的结合体可以成为社团法人，而财产组织体可以成为财团法人。我国《民法典》也承认这两种法人。

但是，对于“人的结合体”的理解却发生了重大变化。传统民法坚持至

---

① 陈聪富：《民法总则》，元照出版社 2016 年版，第 90 页；王泽鉴：《民法总则》，中国政法大学出版社 2001 年版，第 148 页。

② ［日］山本敬三：《民法讲义Ⅰ》，解亘译，北京大学出版社 2004 年版，第 295 页；［日］近江幸治：《民法讲义Ⅰ》，渠涛等译，北京大学出版社 2015 年版，第 79 页。

少有两人才能组成团体，但随着“一人公司”也可以取得法人资格的盛行，对于什么是“结合体”的理解发生了重大的认识上的变化：既然独立意思、独立财产、组织机构并可以承担独立责任是法人的本质特征，那么，这些条件在一人公司难道不可以达到吗？就如有的学者所指出的：团体是否具有独立的人格，最终取决于团体与其成员的人格是否彻底分离并独立存在。企业与企业成员的法律分离，是企业取得法律人格的充分条件。企业成员的团体性只是使企业的非个人意志便于体现和识别，但它却不是构成企业法人成立的充分条件（我认为此处应为“必要条件”）。基于这一思想，一人公司法人得以设立和存在。[①]

（二）法人资格的取得是法律承认的结果

这一特征显示出法人的主体地位为法律所赋予，而法律是否赋予团体或者组织以法人地位，则要取决于一个国家的立法政策。例如，德国学者在评述德国民法典对于法人制度的规定时指出：对于《德国民法典》关于法人这种难以令人满意的立法的理解，首先应置于当时政治不稳定的背景下。在德国直至 19 世纪中叶，有关社团的立法深深地带有对在当时社会中所结成的各种大的人的结合体不信任的烙印，当时的国家视之为对自己权力的潜在威胁。因此当时的国家在已不能对这种人的结合体采取禁止或者镇压手段时，必然会试图通过法人设立许可与国家监督的方法而对其予以控制。在此前提下法人资格的授予只能视为国家主权的行使。在 19 世纪下半叶，这种立场虽然随着自由化的进程而逐渐被抛弃，但在《德国民法典》制定时仍然是很现实的。即使是现在的《德国民法典》仍然带有这种立场的痕迹。《德国民法典》关于法人的这种客观上非常不合理的规定，主要是针对政治党派以及工人工会组织的，即借助于这些规定可以对其进行控制。[②]《法国民法典》未规定法人制度，其原因也大致如此，只不过法国人走得更远——干脆不规定法人制度而不给团体的合法存在留下任何余地。

---

① 董学立：《法人人格与有限责任》，载《现代法学》2001 年第 5 期。

② ［德］托马斯·莱赛尔：《德国民法中的法人制度》，张双根译，载《中外法学》2001 年第 1 期。

方流芳教授在考察中西公司法律地位的时候指出了国家与法人制度之间的另一个侧面的关系：西方商业社团之所以争取法人地位，正是求助于国家权力的介入，以形成私人力量难以单独实现的行业垄断。国家之所以确认商业社团的法人地位——一种以团体名义受领、行使和持有行业垄断权的资格，正是将商业社团改造成推行公共政策的工具。因此，用“政企合一”来描述法人的初始形态是最恰当不过的了。①

当然，从一个国家的管理和秩序来看，也不可能对任何一个团体都赋予法人资格，即使在今天成立法人十分便利和简单的情况下，大部分国家对于团体法人资格的取得也有控制。我国《民法典》第 58 条第 1 款明确规定：“法人应当依法成立。”

（三）法人具有权利能力

具有权利能力，即独立享有权利与承担义务的资格，是传统民法上法人不同于其他团体的标志。但是，法人“拥有权利能力”的确切含义是什么？如果按照传统的理解，应该是法人独立享有权利与承担责任的能力，这样才能得出法人与其成员人格分离的结论，否则若法人被淹没在其成员人格中，则其主体地位就难以成立。例如，在合伙中，重要的是作为合伙人的人格，而联合体附属于其成员。但是，这一点并不是没有争议的，就如德国学者所言：法人得享有一切非以自然人之本质为要件的权利义务，对此在解释上尚存在着问题。尤其是法人责任仅限于法人财产而排除其成员的责任是否为法人概念的一项要素，在这个具有特别的实际意义的问题上，也未得到彻底的澄清。尽管占统治地位的观点一直到今天对该问题均持肯定意见，但他们又不得不承认大量例外，而恰恰是这些例外已使人们对该规则的正确性提出质疑。②

关于权利能力是否意味着法人以其自有财产承担有限责任，德国学者之间

---

① 方流芳：《中西公司法律地位历史考察》，载《中国社会科学》1992 年第 4 期。

② ［德］托马斯 · 莱赛尔：《德国民法中的法人制度》，张双根译，载《中外法学》2001 年第 1 期。

也存在不同看法。例如，像拉伦茨与梅迪库斯就持有肯定的观点[①]。这也是德国的主流观点。而有学者则认为：法人以其自有财产承担有限责任不应是法人概念的标志，这与德国的流行观点不同。[②]日本学术界的主流观点也是持肯定的态度。[③]

但在我国，权利能力是否是法人区别于其他团体的标志？基本上可以说不是。因为，大部分学者都认为，合伙等也有权利能力。那么，权利能力的概念在这里实际上已经发生了变异。因为，按照权利能力的传统民法概念，它是指团体能够独立享有权利和承担义务的资格，如果团体具有了这一资格，成员必然是有限责任。以团体名义从事活动，权利或者义务直接归属团体，它像一堵墙，隔开了其成员与团体的财产、权利、责任。甚至有人主张，只要以团体的名义从事活动，都具有权利能力。那么，团体人格就显得模糊不清了：所有的法人与非法人组织之间的区别，仅仅就是其成员的责任不同了。但权利能力的概念似乎与责任存在矛盾。

尽管如此，我国《民法典》第59条仍然规定，法人不仅具有权利能力与行为能力，而且是从法人成立时产生，到法人终止时消灭。

在这里我们不禁有一个疑问：行为能力究竟是自然人的专利，还是法人也享有？因为，从比较法上看，其多强调法人的权利能力，很少讨论法人的行为能力问题。但是，法人既然可以从事法律行为，从理论上说，应该是具有行为能力的。其原因大概如学者所言，法人仅是法律拟制的主体，无法自为法律行为，须借由其代理人对外为意思表示。因此，法人一般借由其董事为代表机关，代表法人为法律行为，其行为即为法人的行为。[④]所以，讨论法人的行为能力就显得多余，法人不同于自然人——其智力有一个由弱到强的过程，因此，法人的行为能力几乎是一个在民法上不需要讨论的问题。在实践中也多是关于法

---

① [德]迪特尔·梅迪库斯：《德国民法总论》，邵建东译，法律出版社2000年版，第818—857页；[德]卡尔·拉伦茨：《德国民法通论》，王晓晔等译，法律出版社2003年版，第179—199页。

② [德]托马斯·莱赛尔：《德国民法中的法人制度》，张双根译，载《中外法学》2001年第1期。

③ [日]山本敬三：《民法讲义Ⅰ》，解亘译，北京大学出版社2004年版，第295—296页。

④ 陈聪富：《民法总则》，元照出版社2016年版，第102页。

人是否具有权利能力的问题，几乎难以遇到行为能力之纠纷判例。但在我国法上及实践中，讨论行为能力的情况可能有以下两种情形。

第一，我国企业法人被市场监管部门吊销营业执照，但没有注销登记。这时候，需要讨论的问题就是：吊销营业执照是否意味着行为能力被停止，但权利能力没有被消灭，因为法人没有清算和注销登记。

第二，法人破产宣告。一般来说，法人被宣告破产，其法人资格并没有终止，在清算的限度内其法人资格依然存在。但一般不能经营，其行为能力没有终止，但也是被大大地限制。

二、法人的本质

（一）关于法人本质的各种学说

德国学者指出：在整个 19 世纪没有一个问题像关于法人的本质问题这样使德国民法界投入那么多的精力，而且到《德国民法典》颁布时这个争论还没有终结[①]。关于法人本质的争论，大致有以下几种观点。

1. 法人拟制说

法人拟制说来自德国法学家萨维尼，依其主张，在罗马法传统、基督教神学、启蒙学说以及理想主义德国哲学中，仅视自然人为法律秩序的法律主体，因为只有自然人是能够在上帝面前负责且能道德自律的产物。[②]罗马教皇伊诺生徒四世就曾说过：被视为法人的信徒团体，其与个人不同，因其不能接受洗礼，也不能因异端而受破门制裁，故法人完全是法律上被拟制的一个观念上的存在。[③]因此，若要使超个体的社会团体像自然人一样享有同等的权利能力，则只能借助于客观法所创设的使其与自然人享有同等地位的方法，而这种同等地位并不能取代个人所固有的属性，仅仅是拟制而已。至于这种同等地位是否

---

① ［德］托马斯·莱赛尔：《德国民法中的法人制度》，张双根译，载《中外法学》2001 年第 1 期。

② ［德］托马斯·莱赛尔：《德国民法中的法人制度》，张双根译，载《中外法学》2001 年第 1 期。

③ 刘得宽：《民法诸问题与新展望》，三民书局 1991 年版，第 438 页。

存在以及在多大范围内存在，是实证法规范的事情，即取决于立法者的决定。[①]

2. 目的财产说

该学说认为：倘若超个体的社会团体自身并不能当然地是法律上的人，而只能通过法律制度视其与自然人享有同等法律地位，则将具有特殊目的的但没有主体参与的特别财产也视为法人，在理论上不应有任何障碍。同时，该学说还指出了这样一个不容忽视的事实，即机构法人与财团法人历来就是无成员的法人，进而以此作为其学说的主要依据。[②]

以布林兹（Brinz）为代表的人格化的目的财产说，在法人拟制说看来，只是该学说的一个分支，更确切地说是拟制思想的逻辑产物。[③] 因此，这仅仅是法人拟制说在背面的展开。

3. 法人实在说

法人实在说由德国法学家基尔克（Otto von Gierk）提出并以其为代表。法人实在说更看重社会团体的社会实在性与精神实在性，他们视团体为超个体的生物，是社会实体。他们通过为其作决定的人来行为，如同自然人通过其器官来行为一样。故在他们看来，只要团体在社会生活中仅以一个行为单位的面目出现，且他人亦认为它们是一个行为单位，则原则上就可以在法律中将它们同自然人一样当作法律上的人来对待。该学说的模型是早期的社会群体，如家庭协同体、氏族与城邦。个人生活于该社会群体，而该社会群体则决定他的生活，在群体内个人很少能够表现其个体的存在。同时，法律不是主动地创造这些社会群体，而只是去发展与限制，并根据其生活条件进行规范。此外，依该学说，新成立的团体也拥有超个体的自有生存，且该自有生存在该学说看来如同自然人的一样。再者，国家法律虽然可以通过承认来对新成立的团体授予法人资格，并按自己的希望对其发展予以引导，但国家对其不能进行创造和遏制。[④]

---

① ［德］托马斯·莱赛尔：《德国民法中的法人制度》，张双根译，载《中外法学》2001年第1期。

② ［德］托马斯·莱赛尔：《德国民法中的法人制度》，张双根译，载《中外法学》2001年第1期。

③ 刘得宽：《民法诸问题与新展望》，三民书局1991年版，第440页。

④ ［德］托马斯·莱赛尔：《德国民法中的法人制度》，张双根译，载《中外法学》2001年第1期。

该学说在说明“何为实在”时，又分为两派：一是有机体说，二是组织体说。

有机体说为基尔克所倡导。他认为：存在于社会的人类之结合体，在各个所结合形成的全体中，内存着其统一性。在此所谓统一性者，一方面，与其所担当之个人多数性相分离，而宛如保有其单一性。然另一方面，还以多数性为其基础而依存且内在于此。这种统一体因实存于人类结合的内部而具有统一体固有的生命，其与自然人的有机体个人一样，以个人为其构成部分形成社会有机体而具有一个团体的存在性，同时还具有类似于个人意思的团体意思。这种实体是法人的本体，法人格者，乃对此社会的实在者在法世界里所予以承认的法律上的主体。因此，法人乃依其自己的意思由自己的机关行动。①

总之，根据有机体说，个人要结合成一个团体时，便存在一个与其构成成员并存的独立实体。所谓团体者，虽然由个体所构成，但同时还具有与个体分离的独立存在。这里颇类似于个人，即一个人虽然由各个肢体所构成，但人却以一个有机的整体而存在。而对于法人，法律在承认其为主体前已经是一个实际存在者，故法律承认其为主体，犹如自然人出生而取得权利能力一样。个人存在的本质有其独立的意志，而法人也有其独立于成员的意志。这种原理也适用于财团法人，即财团法人也在为一定目的所捐助的财产上存在着单一的独立意志。② 基尔克的这一思想深受日耳曼团体主义影响，其法人说明的原型其实也是日耳曼早期的社会群体。

组织体说乃由法国的米修德（L. Michoud）与塞雷勒斯（R. Saleilles）所倡导。该说在关于法人实在说方面的主张虽与基尔克一致，但在说明何为“实在”时，却与基尔克不同。他们认为：法人存在的基础，不在于其为社会的有机体，而在于其有适于权利主体的组织。此项组织，就是基于一定目的的社团或者财团。③ 也就是说，组织体说认为，法人并非依赖于拟制的方式而存在，而是实在者。然其实在者，并非如有机体说所言以意思主体而存在，而是在法人制度下将适合作为权利主体的团体或者目的财产组织化，以之承认组织体的意思形

① 刘得宽：《民法诸问题与新展望》，三民书局 1991 年版，第 441—442 页。

② 刘得宽：《民法诸问题与新展望》，三民书局 1991 年版，第 441—442 页。

③ 胡长清：《中国民法总论》，中国政法大学出版社 1997 年版，第 100 页。

成，而对其实体赋予法人格。[①]

（二）评价

以上三种关于法人本质的学说，若从认识论上看，目的财产说的贡献在于它强调了团体所具有的目的性，并指出：任何法人为了能够在法律交易中像自然人那样行为，就必须拥有意思决定机关与财产基础。[②]但它其实是拟制说的另外一种展现，故我们把评价视野仅仅限于法人拟制说与法人实在说。

但是，我国台湾地区有的学者将"目的财产说"归结为"法人否认说"[③]，我认为是不准确的。其实，无论是法人"拟制说"，还是"实在说"，都是在承认法人在实证法上现实存在的前提下，为其存在的合理性寻找法律根据。"拟制说"承认法人在法律上的存在，却又不得不追问：一个不是人的"人"为什么会在法律上存在？其旨在为此作出说明。"目的财产说"当然也不否认法人的存在，也是从"法人为什么会存在"这一角度去解释，只不过其视角与"拟制说"略有不同。"实在说"也是在力图解释法人是一种什么样的存在。

对于"法人拟制说"，有学者作出了这样的评价：法人拟制说与萨维尼生活的时代相吻合，即当时国家极力避免介于个人与国家之间的团体的存在，在当时，对于社会上现实活动团体的存在，已经成为不可否认的事实。但在这些团体中值得在法律上受保护的，由主权者（国王）之特许授予法人资格而被拟制为财产主体。法人是一种借助于法律完成的观念上的存在，其内部构造全由法律决定。社会团体在事实上即使有意思形成的可能，也不具有固有的意思，它虽然属于权利义务的归属者，却不能为独立的行为，故其行为只有通过代理人来代行。该学者还指出了拟制说的三个缺点：（1）拟制说忽视了这样一个事实，即无论是自然人还是法人的权利能力都是由法律赋予的。拟制说认为自然人有权利能力是因其有意思能力，那么刚刚出生的婴儿与白痴岂不无权利

① 刘得宽：《民法诸问题与新展望》，三民书局1991年版，第443页。

② ［德］托马斯·莱赛尔：《德国民法中的法人制度》，张双根译，载《中外法学》2001年第1期。

③ 刘得宽：《民法诸问题与新展望》，三民书局1991年版，第440页。

能力？[①]（2）拟制说不承认团体的侵权行为能力，在理论上有不够充分之嫌。（3）拟制说关于团体在对内对外关系上的说明不能与现实生活中团体以一个意思主体或者行为主体的事实相符合，因此，拟制说已经丧失一般人的支持。[②]也有学者认为，在现代社会，法人林立，从事各类社会公益与经济活动，无法否认法人的独立人格，从而“法人拟制说”与“法人否定说”，均与社会实情不合，无法成为有力的见解。[③]这些评价显然是曲解了萨维尼学说最本质的东西：“法人拟制说”从来没有否认过法人在实证法上的存在，仅仅是在解释“法人为什么存在”时的一种理论而已。

对于“法人实在说”，有学者认为，虽然其在“为何法律承认团体之主体性”问题上未作说明，但承认法人的事实存在，较之“目的财产说”有所进步，又不以意思作为说明权利能力的根据，且可以避免法人拟制说与有机体说的非难，故各国学者多从此说。[④]

但是，许多学者认为：对于法人本质的讨论其实在法律上的意义并不大。例如，德国学者梅迪库斯指出：19世纪人们曾经对法人的理论进行过激烈的争论。但这两种中的任何一种，即使仅仅是作为短语，也都不适合于把握那些已被承认为法人之性质的东西。因此，今天的人们大多认为，这一争论是无益之争。[⑤]美国学者格雷也指出：团体是否是一个拟制实体，或者是否是一个没有实在意志的实体，或者依据基尔克的理论，是否是一个具有实在意志的实体，看起来是一个不具有实践重要性或者利益的事情。基于任何一种理论，

① 这一理由不够充分，因为婴儿与白痴通过代理而对其意思有了一种拟制的存在。另外，有的学者也提出了另外一种对拟制的合理性说明：所谓“拟制”，就是仿制，很明显，视自然人为人，从而确认其人格，是承认事实、尊重事实，不存在什么拟制问题。而视团体或者财产为人，赋予其人格，那就只能是拟制了。参见李锡鹤：《论法人的本质》，载《法学论坛》1997年第2期。美国学者格雷也认为：应该注意到，即使社团是实在物，它也仍然是拟制主体，因为它没有真正的意志。参见［美］格雷：《法律主体》，龙卫球译，载《清华法学》2002年第1期。

② 刘得宽：《民法诸问题与新展望》，三民书局1991年版，第439—440页。

③ 陈聪富：《民法总则》，元照出版社2016年版，第90页。

④ 胡长清：《中国民法总论》，中国政法大学出版社1997年版，第100页。

⑤ ［德］迪特尔·梅迪库斯：《德国民法总论》，邵建东译，法律出版社2000年版，第823页。

由国家强加的义务都是相同的。[①] 日本学者也指出：这样的本质讨论可以追溯至 19 世纪德国和法国的议论。当时，传统的法律体系是以个人为中心构成的，所以如何评价、定位新兴的拥有力量的法人，就成了一个问题。以上的议论，在以这样的时代背景为前提时才有意义。可是，在今天，法人在社会中的地位已经确立，相应的法律技术也已经完备。在这种情况下，法人拟制说与法人实在说哪一个正确的这种问题的设问方法，只会误导人们对法人的理解。不过，如果要对问题进行法律构成的话，不可否认，基于拟制说的观点更为合适。[②] 德国学者罗尔夫指出：法人的两个结构——拟制或者真实的团体人格——的论证都掉入了一个陷阱，即 19 世纪受启蒙哲学影响的法学思想所掉入的那个陷阱。[③] 德国学者拉伦茨认为：这些相互对立的观点，没有一个能够完全站得住脚。拟制说的出发点是：法人在其本来意义上仅仅是自然人的一种表现。他们把法人看作一种法律技术的产物，是把不同的东西看作相同，但并没有回答法人的本质是什么以及从这种本质出发它在哪些方面和多大程度上同自然人是相同的。基尔克的“实在的组织人格”的理论避而不谈作为自然界生命体的和伦理意义上的自然人与那些由法律所规范的社会世界的产物之间的差别。后者的权利能力仅仅是被赋予的。这种理论仿佛是把法人看作一种扩大了的人，它不是把法人与人同等地看作人为的技术手段，相反认为是一种事实真相。与这种观点相反，人们必须承认的是，这里根本不存在相同之处，充其量不过是一种类推。法人本身的基本特征是它作为一个法律实体与其作为法律实体的成员或者职能机关的个人相分离，从而它本身能够作为法律主体，享有权利和承担义务，具有与自然人相同的地位。[④]

我赞同上述学者关于法人本质讨论在法律实践中并无太大意义的观点，即“法人拟制说”与“法人实在说”在关于法人作为权利义务主体方面无任何差别。私法中的人都是法律上的人而非现实中的人，即使是民法上规定的自然人

---

① ［美］格雷：《法律主体》，龙卫球译，载《清华法学》，2002 年第 1 期。

② ［日］山本敬三：《民法讲义 Ⅰ》，解亘译，北京大学出版社 2004 年版，第 310 页。

③ ［德］罗尔夫·克尼佩尔：《法律与历史》，朱岩译，法律出版社 2003 年版，第 71 页。

④ ［德］卡尔·拉伦茨：《德国民法通论》，王晓晔等译，法律出版社 2003 年版，第 180—181 页。

也是法律世界中的人而不是现实中的人。因此，许多学者认为这种观点是正确的，但争议是无实益的。就如德国学者梅迪库斯所言："人们更倾向于采取中性的表述：法人就其宗旨而言被视为归属载体。"[①]

三、法人的分类

在传统民法上，根据不同的标准，可以将法人分为不同的种类。而这些分类有的是根据学理，有的则是根据立法。特别是在学理分类中，对于具体标准及分类意义，学者之间尚有不同的争议，例如，对于公法人与私法人的分类标准就存在很大的争议。虽然说，历史已经演进了许多年，有些分类在今天看来也许已经作为历史的陈迹而存在，但我们今天研究这些分类，对于正确把握法人仍然具有重要的意义。

（一）公法人与私法人

1. 公法人与私法人的概念及分类标准

公法人与私法人的概念的界定实际上取决于人们对于这种分类标准的认识，故在界定这种概念时，必须首先对分类标准进行研究。德国学者梅迪库斯指出，对公法人与私法人进行分类，可以从不同的角度进行：（1）可以强调设立行为。设立公法人依据公法行为或者法律；设立私法人依据法律行为（大多是设立合同或者捐助行为）。（2）另一项标准是任务。公法法人旨在执行国家的任务。（3）还可以根据法人以何种身份出现进行区分。[②] 另一位德国学者拉伦茨指出，今天占主导地位的观点是：私法人与公法人的区别在于，前者是根据私法的设立行为而成立的，后者是基于一种公权力行为，特别是依照法律而成立或者后经法律认可作为公共事业的承担者而成立的。就人的组织来说，私法上的联合体的成员是基于其私法上的意思行为而得到成员资格。相反，公法上团体的成员则是根据法律规定的事由得到成员资格，在大多数情况下不取决

① ［德］迪特尔·梅迪库斯：《德国民法总论》，邵建东译，法律出版社 2000 年版，第 823 页。

② ［德］迪特尔·梅迪库斯：《德国民法总论》，邵建东译，法律出版社 2000 年版，第 816—817 页。

于当事人的意思。公法上而且只有公法上的法人，才可以行使主权者的强制手段。[①]

各种划分的手段虽有差异，但实质是一样的：其同国家权力与公共利益的关联性。各种划分标准的实质内容是一致的，归根到底还是社会利益和公共利益的问题。依公法设立的法人、由国家或者公共团体设立的法人、与国家有特别关系并受其特别保护以及行使或者分担国家权力或者政府职能的法人，其设立或者活动主要是为了社会的利益，国家不过是社会利益的集中代表者。而依私法设立的法人、由私人设立的法人、与国家无特别利害关系以及不行使国家权力的法人，其设立和活动则是为了私人利益。因此，在公法人与私法人划分标准上存在的差异是形式上的差异，而不是实质上的差异，在确定某个社会组织是公法人还是私法人时，这些不同标准的结论又大致是相同的。

2. 公法人与私法人的具体区别

（1）私法人是根据私法规范并基于私人设立行为而成立的，而公法人大多数是基于一种公权力行为，特别是依据法律（公法）而成立的。

（2）就人的组织来说，私法上的联合体的成员是基于其私法上的意思行为而得到成员资格。公法上团体的成员则是根据法律规定的事由得到成员资格，在大多数情况下不取决于当事人的意思。

（3）公法上的法人可以行使主权者的强制手段，而私法上的法人因彼此地位平等而无实施强制手段的可能性。

（4）私法人必须有自己的章程，章程是私法人的“宪法”，法人的成员依章程而统一起来，章程使法人“活”起来。而公法人活动的依据则是宪法，不可能有自己的章程，法律也不可能允许其制定自己的章程。

（5）法律要求多数私法人成立须经登记，而公法人成立一般不要求其进行登记。

（6）私法人一般要求一个意思机关（或者称为权力机关或者决策机关），而公法人没有这样的机关，公法人活动的范围或者职责直接由法律规定。

（7）公法人存在的目的在于行使国家权力或者社会公共利益。从公法人

① ［德］卡尔·拉伦茨：《德国民法通论》，王晓晔等译，法律出版社 2003 年版，第 179 页。

的一般目的来看，公法人一般不得从事营利性活动，即使其偶尔作为民事主体而涉足民事领域，也多为非营利性活动，如政府机关作为办公用品的采购者的采购行为。而私法人有的为营利，有的则为公益，其行为与其成立宗旨有关。

3. 公法人与私法人划分的意义

公法人与私法人的划分在西方已经有很长的历史，并且在学理上是一种重要的分类。这种分类主要与西方社会中政治国家与市民社会、公法与私法的划分直接相关，并形成了许多规则。从最初的理论意义上说，是为了防止国家权力无限制地干预私人生活从而给私人社会的安全提供理论支持。但是，我个人认为，公法人与私法人的这种划分，在民法实践中的意义要远远小于其在法理学与宪法上的意义。因为公法人的设立与规范均不属于民法，就如学者所言：关于公法的规则，定之于公法，不属于民法。[①] 民法上所说的法人，本来仅仅限于私法人，但是，公法上的法人作为私法之外的一种存在，私法无法排除其在民法中的地位而必须承认之，甚至从法人的发展历史看，公法人的存在要远远早于私法人。所有权等私法权利本来仅仅是民法上的权利，但没有任何人可以排斥国家作为财产的所有者而存在于民法中。而当其存在于民法中时，它与其他民事主体并无不同。我们前面所说的公法人与私法人的不同，并非民法上的不同。因此，我十分赞同我国《民法典》不以这种标准来划分法人的做法。

（二）社团法人与财团法人

1. 分类标准及概念

社团法人与财团法人分类的标准是法人成立的基础：凡是以人的集合为基础成立的法人为社团法人[②]；而以财产为基础成立的法人为财团法人。就如日本学者所言：对于人的团体，承认其具有成为权利主体资格的，叫作社团法人；

① ［日］富井政章：《民法原论》，陈海瀛等译，中国政法大学出版社 2003 年版，第 141 页。

② 在此应当特别强调：社团法人的成立并不是不要求财产，实际上对于社团法人的成立，为保证法人活动的相对人的利益，法律往往也要求一定的财产。这里所谓的“以人的集合为基础”，是指以人的集合为主要特征。

对于财产的集合，承认其具有成为权利主体资格的，叫作财团法人[①]。

2. 社团法人与财团法人的主要区别

（1）成立基础不同

如前所述，社团法人是以人的集合为基础成立的法人；而财团法人则是以财产为基础成立的法人。

（2）设立人的地位不同

一般来说，社团法人的设立人在法人成立后会成为该法人的成员，而财团法人因无社员，因此，设立人设立后不成为法人的成员。

（3）设立行为不同

社团法人的设立一般是双方或者多方的生前契约行为，而财团法人的设立可以是单方行为，并且也可以以遗嘱的方式设立。

（4）有无意思机关不同

社团法人必须有意思机关（或称决策机关），而财团法人则无该机关。因此，前者称为“自律法人”，后者称为“他律法人”。

（5）目的事业不同

社团法人的目的事业既可以是公益事业，也可以是营利性事业；而财团法人一般为公益事业而非营利事业[②]。

（6）法律对其设立的要求不同

总的来说，法律对于财团法人的设立要比社团法人的设立要求严格，一般来说，社团法人的设立采取“准则主义”，而对于财团法人的设立则采取“许可主义”。这是因为财团法人涉及许多税收等方面的优惠，因此，为防止有人以设立财团为名而逃避遗产税，特作如此严格的规定。例如，一个人死亡后其财产由其继承人继承的话，一般要求缴纳一定的遗产税。为避免纳税，此人就设立一个财团法人，然后指定其继承人为受益人。这实际上是变相继承从而逃避遗产税。

（7）解散的原因及解散的后果不同

社团法人可以因许多原因而解散，其中成员的自愿解散是一种重要的方

---

① ［日］山本敬三：《民法讲义Ⅰ》，解亘译，北京大学出版社2004年版，第296—297页。

② 张俊浩主编：《民法学原理》，中国政法大学出版社2000年版，第180—181页。

式。而财团法人因其没有社员，故不存在自愿解散的情形。财团法人多是因存在期间届满或者因财产不足以支持目的事业而解散。

另外，社团法人解散后，经清算有剩余财产的，应分配给其社员；但财团法人没有社员，即使解散也不可能归属其成员。我国《民法典》第 95 条规定："为公益目的成立的非营利法人终止时，不得向出资人、设立人或者会员分配剩余财产。剩余财产应当按照法人章程的规定或者权力机构的决议用于公益目的；无法按照法人章程的规定或者权力机构的决议处理的，由主管机关主持转给宗旨相同或者相近的法人，并向社会公告。"从比较法上看，该条规定的基本精神很类似于《德国民法典》：按照《德国民法典》（第 46 条、第 88 条）的规定，财团法人解散后，财产归章程指定的人。如果章程没有指定，则归属国库。国库应当以最符合该社团目的的方法使用该财产。

但问题是：我国《民法典》虽然作出了类似德国法的规定，但如果没有配套措施，就很难起到德国法那样的实际效果。例如，3 个人向市场监管部门登记成立一家公司，该公司的章程明确规定，该公司的目的在于从事公益事业，所有营利都不分配。显然这家公司属于公益法人。如果没有税收等方面的优惠，为何在这种公司终止时，不允许将公司的剩余财产分配给设立人呢？所以，配套的措施和制度很重要，单单在《民法典》中作出规定，内容与其他国家或者地区相同，是远远不够的。

3. 社团法人与财团法人作为民法法人基本分类的原因

传统民法典之所以将社团法人与财团法人作为构建法人的基础分类，主要是因为：（1）容易从组织体的视角抽象出最一般的公因式；（2）这种分类反映了社会生活最一般的需要——人们有的想进行交易而赚钱，有的人则想做好事（公益事业）。对于想赚钱的人来说，他们想组织起来进行交易，从而聚合财产与凝聚精神，又想使这一组织体脱离自己而单独承担责任，从而减少自己的风险。这种想法只有社团法人能够满足：一方面使自己成立的社团法人独立承担责任和享有权利，但自己又可以分配权利（财产利益）；另一方面使自己的责任降到最低——仅仅以出资承担风险。对于想做好事的人来说，他们也想把用于做好事的财产与自己的财产区分开来，从而也能降低风险。实现这一目的，其实有两种方式：一种是成立一个特别的法人——财团法人（如基金会、学校、教堂等）；另一种是通过英美发明的“信托制度”。但成立财团法人与信托相比，在各个方面更加清晰和方便。

（三）营利性法人与非营利性法人

根据法人是否从事经营性活动并且是否将经营所得分配给其成员为标准，将法人分为营利性法人与非营利性法人。

1. 营利性法人

以营利为目的且向其成员分配利益的法人称为营利性法人。按照我国《民法典》第 76 条的规定，以取得利润并分配给股东等出资人为目的成立的法人，为营利法人。营利法人包括有限公司、股份有限公司和其他企业法人等。

2. 非营利性法人

按照我国《民法典》第 87 条的规定，为公益目的或者其他非营利目的成立，不向出资人、设立人或者会员分配所取得利润的法人，为非营利法人。非营利法人包括事业单位、社会团体、基金会、社会服务机构等。按照传统民法，它又分为两种：

（1）公益法人

按照日本学者的观点，有关祭祠、宗教、慈善、学术、技艺以及其他公益的社团和不以营利为目的的社团法人称为公益法人[①]。

（2）中间法人

虽然不以营利为目的，但也不以公益为目的的法人，称为中间法人[②]。例如，同乡会等。但是，按照我国《民法典》第 87 条的上述规定，公益法人的范围将被大大地缩减。因为，传统民法本身就包括两种：一是根本不从事经营活动的法人，如中间法人、某些宗教团体（有限宗教团体从事经营活动）和有些事业单位等；二是有些虽然从事经营活动，但不将经营活动的所得分配给成员或者设立人，例如，有些基金会、事业单位等是从事经营活动的，但其经营所得是为了扩大或者充实其公益事业。但是，我国《民法典》第 87 条的规定，

① ［日］山本敬三：《民法讲义Ⅰ》，解亘译，北京大学出版社 2004 年版，第 297 页。

② ［日］山本敬三：《民法讲义Ⅰ》，解亘译，北京大学出版社 2004 年版，第 297 页。

似乎难以包括这两种。或者说，立法者是想表达包括这两种类型的意思，但表达不精确。准确的表达应该是：不以从事经营活动或者虽然从事经营活动但其经营所得并非用于分配给成员，而是为扩大目的事业而成立的法人，为非营利法人。

营利法人与非营利法人的分类，是我国《民法典》最基本的法人分类，但这种分类缺乏体系性，难以抽象出共同的法人规则。因此，我国《民法典》中的法人之一般规定，似乎难以反映出法人之基本的问题。

对于非营利法人的问题，日本在这一方面的改革应当引起我们的注意。日本已经看到人们对公益法人的滥用，不再刻意区分公益法人与非公益法人，而是采取事后认定的方式来确认一个法人是公益的还是营利的。因此，一个一般性的法人可以通过事后认定其是否一直从事公益事业而成为公益法人。就如日本学者所指出的："在一般法人中，因实施特定的公益为目的事业而获得行政厅授予的公益认定，可以成为公益法人。因此，公益法人再不是与过去的营利法人相对应的概念了。"①

四、法人的设立

"法人非依法律不得设立"已经成为大部分国家认可的原则，但是不同的国家对于不同类型和目的的法人的设立，所采取的控制措施和干预程度是不同的。例如，在我国及大陆法系许多国家，一般来说，设立一个经营性的贸易公司要比设立一个基金会容易得多。因此，在这里有必要对设立法人的原则、条件和程序作简单的阐述。

（一）法人设立的原则

1. 特许主义原则

所谓特许主义原则，是指任何一个法人的设定必须依据法律或者国家元首许可。此种原则盛行于昔日法国②。实际上，这一原则在英国历史上也曾一

① ［日］近江幸治：《民法讲义Ⅰ》，渠涛等译，北京大学出版社 2015 年版，第 85 页。

② ［日］富井政章：《民法原论》，陈海瀛等译，中国政法大学出版社 2003 年版，第 145 页。

度实行。例如，1628 年，英王授予扑克牌行会制造专营国产扑克的权力，行会同意按固定价格每周向英王出售一定数量的扑克牌，每年缴纳 5000 英镑到 6000 英镑的赋税，因此，特许状又被认为是国王与行会之间的契约。①

特许主义原则在目前私法中已经鲜有使用，仅有少数国家的中央银行、大型国有企业等仍然使用这一原则。但在公法中仍然可以作为重要的原则。

2. 许可主义原则

许可主义原则是指法人须经国家行政主管部门的许可方得成立。这一原则因适应国家对特殊行业法人的控制，故在许多国家仍然使用。例如，《德国民法典》对于民法上的营利性社团及财团采取许可制②。在我国，对于公益法人当然要采取许可主义，而有些行业的公司设立，也采取这一原则。例如，根据我国《保险法》第 67 条第 1 款的规定，设立保险公司应当经国务院保险监督管理机构批准。实际上，在我国所有金融类企业的设立都必须经过有关主管机关的批准。

大部分国家对于公益法人采取较强的干预政策，原因有二：（1）对于公益法人之所以采取如此严厉的做法，是因为其背后存在这样一种想法，即有关公益的事项本来是属于国家的任务③。（2）因公益法人一般不纳税，为避免有人通过设立公益法人并指定受益人的方式逃避税收，故采取严厉的措施，采取许可主义原则。

对于有些营利法人之所以采取许可主义原则，主要是国家认为有些行业关涉国计民生，或者对于国家的经济秩序有重大影响，须加以控制和管理。

---

① 方流芳：《中西公司法律地位历史考察》，载《中国社会科学》1992 年第 4 期。

② 由于德国采取“民商分立”的立法模式，商法上的公司法人采取“准则主义”，但民法上的社团法人则采取“许可主义原则”。原因正如其学者所指出的：如果社团以经营营利性事业为目的（所谓营利性社团），则其权利能力同样只能依特许制取得。实践对营利性社团持非常保守的态度。这样做是正确的，因为如要从事营利性活动，就应当采取商法上的法律形式。而如采取商法上的法律形式，要么由股东承担个人责任，要么公司法对某个特定的最低资本额规定了筹措原则，部分也规定了维持原则。因此，只有商法道路上的大门乃无法合理期待的例外情况下，才能根据第 22 条授予营利性社团权利能力，将社团法的大门向经济活动展开。只有对非以营利性事业为宗旨的所谓“非营利性社团”才适用规范制。[德]迪特尔・梅迪库斯：《德国民法总论》，邵建东译，法律出版社 2000 年版，第 829 页。

③ [日]山本敬三：《民法讲义Ⅰ》，解亘译，北京大学出版社 2004 年版，第 300 页。

因此，我国《民法典》第58条第3款规定：“设立法人，法律、行政法规规定须经有关机关批准的，依照其规定。”

3. 准则主义

准则主义是指法律对法人的设立规定了具体要件，只要符合这些条件，发起人就可以向登记机关申请登记。经登记机关审核认为符合法定条件的，就予以登记并成立法人。从目前来看，准则主义是私法人成立的主要原则，为世界许多国家的立法所确认，如德国对于商法上的公司法人以及民法上的非经营性社团法人采取准则主义原则。我国《公司法》对于有限责任公司和股份公司的设立也采取准则主义原则。

准则主义原则之所以成为当代世界许多国家设立营利性社团法人普遍适用的原则，主要是因为：商品经济要求从事经济活动的主体本着平等、自由的原则在统一的市场上展开公平竞争，任何组织、个人不得享有特权，这与特许设立或者许可设立下的营利性社团因承担某些公共职能而享有对市场的行政性垄断权根本不相容。准则主义使营利性社团法人失去行政性垄断权与分担国家职能的地位，使之成为纯粹的民事主体，适应了这一趋势。此外，根据法律规定的要件，设立法人不仅可以使营利性法人的设立规范化、有序化、平等化，而且减少了烦琐的特许设立程序或者行政审批程序，从而极大地减少了营利性法人组织的设立费用，提高了工作效率，避免了社会财富的浪费。

4. 关于强制设立主义原则及疑问

有许多学者认为：在法人设立中，还有一种原则称为强制设立主义，即依法律规定，在某些领域必须设立法人，如我国台湾地区规定，商业同业工会、工业同业工会、建筑师工会、律师工会等必须设立[①]。我认为这一原则能否称为原则殊值探讨，因为：（1）若有强制设立主义原则，就必有任意设立主义原则。按照这一逻辑，所谓强制设立主义原则的划分标准显然与上面诸原则有本质差别。（2）这些法人的设立也多是基于公共政策的考虑，而且这些法人也不以从事私法上的事务为主业。因此，将其作为私法上的法人之设立原则值得商榷。

---

① 邱聪智：《民法总论》（上），三民书局，2005年版，第276—277页；王泽鉴：《民法概要》，中国政法大学出版社2003年版，第59页。

（二）法人设立的条件

在《民法典》的编纂过程中，是否需要规定法人设立的条件，存在争议。有的主张在《民法典》中不必要像《民法通则》一样，再规定法人设立的具体条件。《民法通则》之所以规定具体条件，是因为其颁布时，没有《公司法》等法律，需要其解决法人成立的具体条件问题。而现在，法人依据不同法律成立，法律中详细规定了成立条件，例如，《公司法》对于成立不同的公司规定有详细的具体的条件，故没有必要再在《民法典》中规定之。有的则主张，还是应该在《民法典》中大致规定法人成立的一般条件，具体法律另有规定的，从其规定。其实，《民法典》采取了第二种主张，在第 58 条第 1 款、第 2 款规定了法人成立的条件。我其实是主张第一种观点的，确实各种法人的成立条件不同，既然法人必须依法设立，依据什么法设立，就按照什么法规定的条件即可。从比较法上看，《民法典》中也鲜有直接规定法人成立条件的。但关于具体法人的法律，都直接规定该类型法人的成立条件，如《公司法》等。

按照《民法典》第 58 条的规定，法人成立的一般条件包括下述几点。

1. 法人设立应当有规范基础

德国学者拉伦茨指出：（法人的设立）除组织成员的利益外，还会涉及第三人，特别是债权人利益，所以，在公司类型上存在着强制归类的状况。[①] 任何法人的设立都必须符合该类法人的设立规范，进而让任何一个与该法人打交道的人都知道该法人的财产归属、义务承担及其与成员的责任关系。同时，考虑到不同类型的存在对社会的影响，许多国家对不同类型法人制定了不同的规范。例如，在民商分立的国家中，商事公司的成立必须遵循商法规范，而民法上的经营性与非经营性法人，则要遵守民法规范。在我国，公司的成立要遵循《公司法》的规范，基金会财团法人的设立除了遵照《民法典》之外，还要遵循《社会团体登记管理条例》《基金会管理条例》等规范。

2. 法人的设立应当具有自己的章程

无论是社团法人还是财团法人，无论是营利法人还是非营利法人，原则上

---

① ［德］卡尔·拉伦茨：《德国民法通论》，王晓晔等译，法律出版社 2003 年版，第 179 页。

说，设立法人必须要有章程。例如，根据我国《公司法》第 11 条的规定，设立公司必须要制定章程；根据《民法典》第 79 条的规定，设立营利法人应当依法制定法人章程；按照《民法典》第 87 条至第 93 条的规定，非营利法人成立一般也应当有自己的章程，法律规定不需要章程的除外。

对于社团法人来说，所谓章程，是指以设立社团为目的、就社团的名称、宗旨、组织及社员地位等重要事项加以规定，社团运作及社员权利义务的确定所依据的法律文件。社团成立后，章程为社团运行及社员权利义务的主要依据与基本规范，故民法的立法者认为：章程乃法人组织及活动的基础[①]。

对于财团法人或者非营利法人来说，所谓章程，是指以设立财团法人为目的、就财团的名称、宗旨、组织机构、财产来源及使用方式、财团解散后的财产归属等重要事项加以规定，财团法人运作所依据的法律文件。

从本质意义上讲，章程是法人的"宪法"，法人之所以成为民法上的一个整体意义上的"人"，很重要的就是因为它有一个章程。对此，拉伦茨指出：为了使法人能够通过其机关确立统一的意思，并进行活动，就要建立机关，确定活动范围，就必须在设立过程中制定规定联合活动和机关行为的规范，也就是说，需要制定一个章程。法人之所以成为一个"活动体"，只是因为章程规定了它自己的法律制度，如果没有这个章程，便不能有这个活动体。[②]

3. 法人设立必须有自己的财产或者经费

财产是法人对外活动的基础，也是责任的保障，因此，法人必须有完成其目的的事业的财产。因为，法人不同于自然人，自然人生存于社会的根本不在于其财产，而在于其"能力"；而法人存在于社会的基础，便是其财产。关于这一点，在许多国家的破产法上表现得尤为明显。在德国与日本的破产法上，宣告法人破产可因两种原因：一是不能清偿到期债务，二是"资不抵债"（即债务超过财产）；但宣告自然人破产的原因仅仅是不能清偿到期债务。由此可见，财产之于法人与自然人有极大的不同。

如果一个法人没有必要的财产，就是通常戏称的"皮包公司"，这种法人的

---

① 邱聪智：《民法总论》（上），三民书局 2005 年版，第 333 页。

② ［德］卡尔·拉伦茨：《德国民法通论》，王晓晔等译，法律出版社 2003 年版，第 183 页。

存在对于交易安全有极大的潜在威胁，因此，许多国家的法律对法人成立都有财产方面的要求。以我国《公司法》为例，以前的《公司法》对于不同类型的公司要求的最低注册资本有具体要求，现在已经取消，但根据《公司法》第23条、第76条的规定，必须有财产。但是，对于特殊行业和特殊类型的公司，仍然要求有最低出资额。例如，经营证券经纪，证券投资咨询，与证券交易、证券投资活动有关的财务顾问等证券公司的注册资本最低限额为5000万元，且为实收资本（《证券法》第121条）。设立证券登记结算机构，应当具备下列条件：（1）自有资金不少于人民币二亿元；（2）具有证券登记、存管和结算服务所必须的场所和设施；（3）国务院证券监督管理机构规定的其他条件（《证券法》第146条第1款）。经营证券承销与保荐、证券自营、证券资产管理等业务之一的证券公司的注册资本最低限额为1亿元且为实收资本；经营证券承销与保荐、证券自营、证券资产管理等业务两项以上的证券公司的注册资本最低限额为5亿元，且为实收资本（《证券法》第121条）。信托投资公司的最低注册资本为3亿元人民币或等值的可自由兑换货币，注册资本为实缴货币资本（《信托公司管理办法》第10条）。期货经纪公司注册资本的最低限额为人民币3000万元（《期货交易管理条例》第16条第1项）。基金管理公司的最低注册限额为1亿元，且为实缴资本（《公开募集证券投资基金管理人监督管理办法》第6条第3项）。全国性商业银行的注册资本最低限额为10亿元，且为实缴资本（《商业银行法》第13条）等。

当然，近年来学理与立法对于法人之财产的意义进行了反思与讨论，许多学者对于传统民法对法人财产的强行性要求提出了质疑，认为：法人之财产的有无对于交易安全的影响是否真的存在？如果有人愿意与一个没有财产的法人进行交易，这是一个自我选择的结果。而任何一个自愿选择其行为的人，应对选择后果承担风险，法律不应替代当事人的选择与控制。这种观点有一定的合理性，但法律不仅关涉个人利益，更重要的是关系社会的经济秩序。如果一个社会的交易秩序完全交给个人，将会产生灾难性后果。因此，法律必须进行最低限度的控制，将个人选择的风险降低。因此，我认为，法律对法人财产的强行性要求有其充分的理由。

当然，基于特定的目的，也可以对某些种类的法人作出特别规定。例如，在日本，对特定的非营利性法人就没有规定最低限度的财产，目的在于使小规模的团体也有可能取得法人资格。[①]

4. 法人应当有自己的名称

名称对于法人与自然人有十分不同的意义：一个自然人一生没有名字也可以生存，而法人没有名称一天也不能生存。因为，自然人是一种自然存在，而法人是一种法律存在。

关于名称问题，我国《公司法》（第 23 条、第 76 条）规定为法人成立的必要条件。除此之外，有关法规及部门规章对法人的名称也有许多限制性规定，例如，《企业名称登记管理规定》第 4 条、第 6 条、第 17 条规定了法人名称的两个主要规则：（1）企业只能有一个名称，而且在登记主管机关管辖区域内不得与已经登记注册的同行业企业名称相同或者近似；（2）一般情况下，企业名称应当含有下列部分：企业所在地省或者市或者县行政区划的名称、字号、行业或者经营特点、企业的组织形式，如山东某某粮油有限责任公司，即为包含上述四个部分的名称。[②]

5. 应有自己的组织机构

与自然人不同，法人不是"人"，其活动是由不同建构的组织依章程被统一起来的，因此，一个法人如果想正常运转，必须有必要的组织。德国学者拉伦茨指出：社团需要必要的机关，因为只有通过机关，社团才能作为法律上联合起来的整体，形成同意的总意思，并且进行活动，特别是参与法律交往。[③]具体来说，社团法人应有自己的决策机关、代表机关、执行机关，有时还要求有监督机关。而财团法人应当有自己的执行机构、监督机构。

五、设立中的社团之法律地位

（一）研究设立中的社团的意义

任何社团的设立都需要一个过程，而在这个过程中，作为一个团体可能要进

---

① ［日］山本敬三：《民法讲义 I》，解亘译，北京大学出版社 2004 年版，第 303 页。

② 关于名称的问题，国务院及市场监管总局（原工商行政管理局）有许多文件规范这一行为。这些文件实在太多，因此，在此不便一一列举。

③ ［德］卡尔·拉伦茨：《德国民法通论》，王晓晔等译，法律出版社 2003 年版，第 209 页。

行某些民事法律行为，那么，这些法律行为的后果属于该团体还是全体设立人？该团体登记并取得权利能力后，是否当然转移给法人？如果该团体不能被登记为法人，设立过程中的这些权利义务将如何处理？这便是研究这一问题的意义所在。

（二）设立中的社团的法律地位

设立中的社团因已经有协议与章程，故已经是一个类似于合伙的团体，因此，传统民法及学理认为对之应准用合伙的规定，确有理由。但该团体在未经登记之前，没有权利能力，也不得以法人的名义从事民事法律行为，为当今通说。我国的学理也基本上主张这种观点。但这种主张已经受到挑战。

（三）设立中的社团与设立后的法人于权利义务关系上的承继

一个法人在设立过程中（设立中的社团）所承担的义务或者获得的权利，在法人有效设立后是否当然地自动地转移？

早期的德国学理对于设立中的法人与成立后的法人之间的关系，严格坚持“分离说”，即法人成立后，设立中的法人所发生的权利义务，除非另有特别的法律转移程序，否则不得自动转移于成立后的法人。因此，设立中的法人发生的一切权利义务或者诉讼，在法人成立后获得转移时，法人也可以以自己的名义重新起诉。设立中的法人的不动产，非经办理所有权变更登记，不能转移给成立后的法人。[①] 也就是说，这种理论主张一个法人在设立过程中（设立中的社团）所承担的义务或者获得的权利，在法人有效设立后并非当然地自动地转移，其坚持了形式上的主体二元性。

现在德国的主流学派已经坚持“同一性”原则。例如，德国学者托马斯认为：传统理论认为，在社团登记簿或者商事登记簿中进行登记是取得法人资格的前提条件。如在登记之前就以法人的名义从事行为的话，则如同无权利能力的社团，由行为人自行承担责任。此外，若在登记之前因从事交易而受到损失，从而使公司的资金不能得到保障时，则该公司就不能再到商事登记机关去

① 黄立：《民法总则》，中国政法大学出版社 2002 年版，第 141 页；龙卫球：《民法总论》，法律出版社 2001 年版，第 405 页。

登记了。但由于登记程序的漫长，参与公司成立的股东实际上多在取得登记之前就已经对外从事交易活动了，而在法律上却对这种很强烈的实践采取否定的态度，这本身就说明这种学说不是很可靠。现在联邦最高法院已经承认成立中的公司具有独立的法律主体资格，可通过其机关为法律行为，可取得自己的权利与承担义务，并可进行诉讼。如果成立中的公司将来登记于商事登记簿，则该成立中的公司的财产权及针对第三人的权利义务均自动地转移于登记后的法人。[①] 梅迪库斯也指出：设立中的社团与事后取得权利能力的社团存在着同一性，因此，为设立中的社团形成的权利义务，都直接转移于法人。权利义务转移后，为设立中的社团从事行为的行为人的个人责任也随之消灭。[②] 拉伦茨也指出：前社团作为开始时无权利能力的社团与登记后成为有权利能力的社团是同一个社团。因为这里涉及的是同一个由设立合同建立起来的人的长期联合体，它们有着同一个名称。不同之处仅仅在于其权利与义务的归属方式不同而已，社团在无权利能力时，其权利义务归于相互成为一个整体的全体成员；而在取得权利能力后，则归于作为法律主体的社团本身。这个权利义务的归属方式发生了变化，但这个真实的社会组织体却没有改变，即权利义务都归属于这个社会组织体。这里也无须将原来属于相互结成一个整体的成员的权利转移给有权利能力的社团。并不是那个合法组成的团体解散了，而只是表现为另一种组织形式而已，以前和以后都是同一个团体。[③]

其中，拉伦茨的主张虽然在许多地方很具说服力，但也有不合逻辑之处：既然是同一个团体，为什么在登记前权利义务归属于团体的个人而使个人承担无限责任，登记后就归属于团体从而使成员承担有限责任？既然是同一个团体，为什么在登记前不能以法人的名义从事活动？登记前个人对设立中团体的责任是基于什么转移给成立后的法人的——是成立后的法人对成立前团体个人的债务的免责承担，还是基于法律的规定？因此，我认为，这种同一性学说，其实是迁就于实践的功利需要，而分离说则更注重理论说明。

---

① ［德］托马斯·莱赛尔：《德国民法中的法人制度》，张双根译，载《中外法学》2001年第1期。

② ［德］迪特尔·梅迪库斯：《德国民法总论》，邵建东译，法律出版社2000年版，第832页。

③ ［德］卡尔·拉伦茨：《德国民法通论》，王晓晔等译，法律出版社2003年版，第208页。

按照我国《民法典》第 75 条的规定，设立人为设立法人从事的民事活动，其法律后果在法人成立后由法人承受；法人未成立的，其法律后果由设立人承受。设立人为二人以上的，享有连带债权，承担连带债务。设立人为设立法人以自己的名义从事民事活动产生的民事责任，第三人有权选择请求法人或者设立人承担。[①]

六、法人的设立标志与权利能力、行为能力

一般来说，法人的设立需要登记。只有极少数情况下，才不需要登记。因此，我国《民法典》第 77 条规定，营利法人经依法登记成立，取得法人资格。第 88 条至第 93 条规定，非营利法人依法经登记成立；依法不需要登记的，自成立时起具有法人资格。

一般来说，法人自成立之日起，取得权利能力与行为能力。但是，在关于什么叫“成立”的问题上，在营利法人与非营利法人之间存在较大的差别。

对于非营利法人，自登记之日或者在不需要登记时，成立之日就取得权利能力和行为能力。但对于营利法人，按照我国《民法典》第 78 条的规定，营利法人的成立日期为营业执照的签发日期。

前面已经提到，讨论法人的行为能力一般来说是没有意义的，因为法人一般不能“自己行为”，当然也不存在行为能力的欠缺或者限制问题。相反，人们更多的是讨论以下问题：谁可以代表法人从事行为？代表人的行为后果在什么情况下由法人承担？代表人本身有什么责任？

法人可能由很多成员组成，但由于法人与其成员人格分离的缘故，这些人的行为与法人的行为不能混为一谈。这些成员的行为一般来说由他们自己负责，所谓“自己行为自己责任”。只有在特殊情况下，这些人的行为才例外地由法人负责——法人授权或者法律规定。为了方便辨认谁能够对外代表法人，《民法典》专门规定了“法定代表人”制度，其行为对外代表法人。第 61 条第 1 款规定：“依照法律或者法人章程的规定，代表法人从事民事活动的负责人，

① 如果想详细了解设立中的法人与设立人的关系，请参照最高人民法院《关于适用〈中华人民共和国公司法〉若干问题的规定（三）》。

为法人的法定代表人。”

但是，法定代表人本身也有自己独立的人格，那么，其行为什么时候属于自己的行为，什么时候属于代表法人的行为呢？对此，《民法典》第61条第2款规定：“法定代表人以法人名义从事的民事活动，其法律后果由法人承受。”但是，在我国，什么是“以法人名义从事的民事活动”，需要认真解释。因为，我国有法人“公章”辨认习惯，大多数情况下，凡是法人的行为除了由法定代表人签字外，还需要法人盖章。这样，就可以比较准确地认定为“以法人的名义从事民事活动”，属于法定代表人的职务行为。但有时候法人没有盖章，仅仅是有法定代表人的签字。这时候，就需要来认定：法定代表人这时候的行为是自己的行为而应该由自己负责，还是职务行为而由法人承担。而这种不同的责任主体，往往涉及第三人利益。我国的司法实践一般来说，要按照事务的性质来认定。例如，由江苏省宜兴法院在2015年审理的一起劳动工资纠纷案件中，就出现了对这一问题的认定：原告张某2014年在被告公司工作，公司拖欠工资，直到2015年1月15日，被告公司的法定代表人蒋某才出具欠条，写明欠张某工资67700元。嗣后，经多次催要，蒋某偿还了15000元，还欠52700元。为此，张某起诉到法院，请求该公司与蒋某承担连带责任。法院经过审理认为，蒋某的签字属于职务行为，应该由该公司承担支付责任，而蒋某不承担责任。[①] 在近几年，由于民间借贷十分普遍，许多中小企业在借款时，很多借条上都是有法定代表人签字但并无公司盖章，因此在认定谁是被告时，应特别注意该法定代表人是个人行为还是职务行为。

七、法人的不法行为责任

从一般意义上说，无论是社团法人还是财团法人，对其法定代表人造成第三人损害的不法行为，都应该承担赔偿责任，是没有异议的。但是，法人承担的这种责任究竟是法人自身的责任，还是替代责任，是有争议的，主要有肯定说和否定说。

---

① 参见《“老总”签了字，缘何不担责》，载《江苏法制报》，http://pufa.jschina.com.cn/31036/201512/t2594246.shtml，2015年12月28日访问。

肯定说主要是从“法人实在说”出发，认为既然承认法人自身的行为，那么，只要该行为至少在表面上为“目的范围内”的行为，对作为其结果的不法行为就应该承担损害赔偿责任。否定说从“法人否定说”出发，认为法人自身不能够行为，因此，不存在法人自身的不法行为。法人的不法行为责任应解释为对于被法人使用的人的责任，是对他人行为的赔偿责任的一种类型[①]（替代责任）。

在我国，学理一般不区分法人实在说或者拟制说。前面已经提到，这种学说对于法人的存在实际上是没有意义的。我认为，由于法人本来就是法律模拟自然人而创制的主体（民法上的自然人也是法律模拟的），因法定代表人本来就是法人的一个机关，是法人的当然组成部分，其行为应可以视为法人的行为，当然包括不法行为。

当然，常常被我们忽视的问题是：为什么法定代表人的意思就可以是法人的意思，其行为也是法人的行为？这里实际上存在着一种“拟制”。

但是，法人与其法定代表人毕竟是具有相互独立的人格，法定代表人在履行职责时，应尽到“善良管理人”的注意义务。如果其具过失时，法人对第三人承担赔偿责任后，可以向法定代表人追偿（《民法典》第 62 条）。日本判例也认为，无论任何人，只要实际侵害了他人权利并有损害的事实，他自己的不法行为当然由此而成立。既然不存在关于其作为法人之理事履行职务时所为的个人责任可予以免除的规定，理事就应该按照一般规定，作为个人与法人共同负担起损害赔偿之责。[②]

八、法人与其成员或者设立人的关系

按照通常的理论，社团法人与其成员或者设立人的关系包括以下三个方面。

（一）法人与其成员或者设立人的人格彼此独立

法人的人格不依赖于其成员或者设立人的人格而独立存在，法人的成员或者设立人也不因加入法人或者设立法人而丧失其固有的人格。法人人格与其成

---

① ［日］近江幸治：《民法讲义Ⅰ》，渠涛等译，北京大学出版社 2015 年版，第 117 页。

② ［日］近江幸治：《民法讲义Ⅰ》，渠涛等译，北京大学出版社 2015 年版，第 120 页。

员或者设立人人格的“二元化”，是法人财产独立与责任独立的基础，也正是在这个意义上法人区别于合伙。

（二）法人的财产与其成员或者设立人的财产相互区别而独立存在

法人作为具有独立人格的团体，在法律上可以独立享有财产所有权。虽然法人的最初财产来源于其成员或者设立人（捐助人）的出资，但其成员或者设立人一旦出资，财产所有权就发生转移而归法人所有，其成员或者设立人不得直接支配法人的财产。于是，形成了法人财产与其成员或者设立人财产的明显区分，这是法人独立承担责任的先决条件。“法人人格否认理论”与实践恰恰从反面解释了这一基本原则，即当法人的财产与其成员的财产彼此不独立时，成为个案中视法人独立人格于不顾的因素。

（三）法人债务与其成员或者设立人的债务彼此独立

法人既然是一种具有独立人格的主体，就应当能够独立承担责任，这也是法人区别于合伙的主要标志之一，即法人不为其成员或者设立人的债务承担责任，其成员或者设立人也不为法人的债务承担责任，其成员或者设立人仅仅以出资额或者捐助额为限对法人的经营承担风险。这一原则的最典型的表现形式为有限责任公司与股份有限公司。对此，我国《民法典》第60条规定：“法人以其全部财产独立承担民事责任。”

但是，近年来许多学者对法人与其成员之间的责任关系提出了质疑，认为成员的有限责任并非法人的必然特征，股东对公司的债务既可以承担有限责任，也可以承担无限连带责任，这并不影响法人的存在。我国《民法典》及现行《公司法》并没有采取这种观点，没有承认股东的无限责任。

九、法人的变更

（一）法人变更概述

法人的变更是指法人的登记事项（如经营范围、法定代表人、住所等）、组织形式发生变更或者法人的分立或合并。

法人登记事项（如经营范围、法定代表人、住所等）的变更，必须经过法人章程规定或者法律规定的程序作出决定，然后再到登记管理部门办理变更登记。否则，不可对抗善意第三人。我国《民法典》第64条至第66条规定，法人在存续期间登记事项发生变化的，应当依法向登记机关申请变更登记。法人的实际情况与登记的事项不一致的，不得对抗善意相对人。法人登记机关应当及时公示法人登记的有关信息。

法人组织形式的变更，主要是指法人成立后组织类型发生变化，如从有限责任公司变为股份有限公司等。由于前面所讲的原因，即法律对法人组织形式强行归类的需要，法人组织形式是必须明确公示的事项，因此，其变更需要依照法律规定进行。例如，从有限责任公司变为股份有限公司，实际上是有限责任公司的消灭和股份有限公司的成立。

当然，组织形式的变更不仅应当包括有限责任公司变为股份有限公司，也应包括股份有限公司变为有限责任公司。但从法理上讲，公司组织形式的变更主要是公司决策机关的意思自治问题，在不损害债权人利益的前提下，应当没有禁止的理由。

在法人的变更中，最重要的是法人的分立与合并。下面专门就这一问题作简单阐述。

（二）法人的分立

1. 法人分立的概念与形式

法人的分立是指一个法人分为两个或者两个以上法人的行为。在实践中，法人的分立可分为存续式分立与新设分立。

（1）存续式分立

存续式分立是指法人分出一个法人后，原法人继续存在。例如，原来山东大学艺术系从山东大学分立出来而成立了山东艺术学院（独立法人）后，山东大学作为法人继续存在。可以用图式表示为：

$$A \longrightarrow A与B$$

（2）新设分立

新设分立是指一个法人分为两个或者两个以上法人后，原来的法人不再存在。可以用图式表示为：

A ——→ B 与 C

2. 法人分立后的债权债务关系的处理

《民法典》第67条第2款规定，法人分立的，其权利和义务由分立后的法人享有连带债权，承担连带债务，但是债权人和债务人另有约定的除外。

我国《公司法》第175条、第176条对公司法人的分立有特别的规定：公司分立，应当编制资产负债表及财产清单。公司应当自作出分立决议之日起十日内通知债权人，并于三十日内在报纸上公告。公司分立前的债务由分立后的公司承担连带责任。但是，公司在分立前与债权人就债务清偿达成的书面协议另有约定的除外。

3. 法人分立的一般程序

以公司法人的分立为例，法人分立的程序一般是：

（1）由股东会作出分立的决议；

（2）对债权人的通知或者公告（《公司法》第185条）；

（3）主管机关批准（如果需要的话）；

（4）注册登记（包括设立登记与注销登记）。

（三）法人的合并

1. 法人合并的概念与形式

法人的合并是指两个或者两个以上的法人归为一个法人主体的行为。法人的合并分为吸收式合并与新设合并两种，我国《公司法》第172条就规定了这两种合并：公司合并可以采取吸收合并或者新设合并。一个公司吸收其他公司为吸收合并，被吸收的公司解散。两个以上公司合并设立一个新的公司为新设合并，合并各方解散。

（1）吸收式合并

数个法人合并，其中一个法人存续而其他法人终止的，谓之吸收式合并。通俗地讲，吸收合并就是数个（包括一个的情形）法人被一个法人所吞并，该吞并法人力量得到了壮大而继续存在，而其他法人消灭的情形。用图式来表示就是：

$$A + B + C + D = A$$

（2）新设合并

新设合并是指参加合并的各方均在合并中消灭，而一个新的法人实体从而产生的行为。如中南政法学院与中南财经大学合并后，成为中南财经政法大学，而原来的中南政法学院与中南财经大学都消灭了。

2. 法人合并后债权债务关系的处理

法人合并后债权债务如何处理？对此，我国《民法典》与《公司法》有较大的区别。根据《民法典》第 67 条的规定，法人合并后，它的权利和义务由变更后的法人享有和承担。而《公司法》第 173 条规定："公司合并，应当由合并各方签订合并协议，并编制资产负债表及财产清单。公司应当自作出合并决议之日起十日内通知债权人，并于三十日内在报纸上公告。债权人自接到通知书之日起三十日内，未接到通知书的自公告之日起四十五日内，可以要求公司清偿债务或者提供相应的担保。"这两种规定显然有较大的区别，试看一例，便能得出结论：A 公司是一个经营状况良好、银行信誉很高的企业，由于其资产状况良好、经营与信誉都好，故许多债权人甚至不需要担保也愿意与其交易。B 企业是一个负债累累（达 8000 万元）的濒临破产的企业。当地政府为了避免 B 企业破产职工下岗，强迫 A 企业与 B 企业合并。结果合并后，A 企业的债权人的债权根本无法获得完全清偿，而 B 企业的债权人能够得到比合并前更好的清偿。由此可见，《公司法》的规定比《民法典》的规定更加合理。

十、法人的解散、终止

（一）解散的原因

按照我国《民法典》第 69 条的规定，法人的解散大致有以下几种原因：（1）法人章程规定的营业期限届满或者章程规定的其他解散事由出现；（2）法人的最高权力机关决议解散；（3）因法人合并或者分立需要解散的；（4）法人依法被吊销营业执照、登记证书，被责令关闭或者被撤销的；（5）法律规定的其他情形。一般来说，（1）与（2）所列原因称为法人"意定解散"的原因，（3）与（5）所列原因称为"法定解散"的原因，（4）称为"命令解散"的原因。

（二）解散与权利能力的关系

德国学者区分法人的解散与法人权利能力的丧失，如德国学者拉伦茨指出，法人因下列原因而解散：（1）全体社员不存在了；（2）法人章程规定的消灭期间届至或者解散社团的条件已经具备；（3）社员大会作出决议解散法人；（4）依照主管机关的命令而解散。法人因下列原因而丧失权利能力：（1）法人开始破产程序；（2）主管的国家机关因法定理由剥夺法人的权利能力。[①] 这种区分在德国学理上仍然存在争议，有的学者就主张，丧失权利能力就是被解散[②]。

但在我国，按照《民法典》（第72条、第73条）及《公司法》（第188条）之规定，法人解散并不意味着法人消灭，只有经过清算并注销登记后，法人资格才丧失，权利能力才消灭。

（三）解散与终止的关系

从我国《民法典》第68条至第70条的规定，显然可以看出，解散与终止是不同的：解散仅仅是终止的一个原因而已。第68条规定，有下列原因之一并依法完成清算、注销登记的，法人终止：（1）解散；（2）被宣告破产；（3）法律规定的其他原因。由此可见，解散仅仅是终止的原因之一。我国《民法典》沿用了《民法通则》第45条的规定。但有的学者提出这是一种错误，其理由有二：第一，法人出现上述原因后，法人人格“终止”，但同时又规定“法人终止，应当依法进行清算，停止清算范围外的活动”。这两条规定之间显然存在矛盾——法人既已终止，又何来清算？既然清算又何以终止得了？因此，这里所谓的“终止”实为“解散”的误写。第二，我国《公司法》《合伙企业法》《个人独资企业法》已经不用“终止”而用“解散”了。[③]

学者的这种分析区分在我国法上确实具有实证依据，特别是在法人破产

---

① ［德］卡尔·拉伦茨：《德国民法通论》，王晓晔等译，法律出版社2003年版，第233页。

② 德国学者恩尼的观点，转引自［德］卡尔·拉伦茨：《德国民法通论》，王晓晔等译，法律出版社2003年版，第233页下注。

③ 张俊浩主编：《民法学原理》，中国政法大学出版社2000年版，第212页。

时，因我国《企业破产法》没有使用“破产财团”的概念而是使用了“破产财产”的概念，使得法人的人格在破产清算时继续存在，因此，可以说破产清算时被清算的法人的人格并没有终止，而是在破产清算的限度内视为存续。但应当注意的是，《公司法》虽然使用了“解散”而没有使用“终止”，但其仍然没有将破产列为解散的原因，而是仅仅规定（第 180 条）：“公司因下列原因解散：（一）公司章程规定的营业期限届满或者公司章程规定的其他解散事由出现；（二）股东会或者股东大会决议解散；（三）因公司合并或者分立需要解散；（四）依法被吊销营业执照、责令关闭或者被撤销；（五）人民法院依照本法第一百八十二条的规定予以解散。”而《公司法》第 187 条第 1 款规定：“清算组在清理公司财产、编制资产负债表和财产清单后，发现公司财产不足清偿债务的，应当依法向人民法院申请宣告破产。”由此可见，破产宣告不是公司解散的原因，更不是一般民法典或者公司法上法人清算的原因，而是特别法上的特别清算制度。故第二个理由是不充分的。

特别需要说明的是：从境外学者的论述看，很多人将破产程序的开始作为法人解散的原因[①]。我认为，这种观点并不十分准确，因为，在许多国家和地区的破产法上，破产宣告与法人的终止没有必然的联系，甚至破产宣告后，债权人会议可以与债务人达成和解协议，或者申请重整，从而结束破产程序，法人继续存在，并不因此消灭或者终止，《德国支付不能法》如此规定。在我国，因为破产法不允许在破产宣告后进行和解或者重整（《企业破产法》第 70 条、第 95 条），因此，可以说破产宣告会引起法人的终止。

十一、法人的清算

（一）清算概述

我国《民法典》第 70 条至第 73 条规定了法人终止后的清算。清算是指对

① ［德］卡尔·拉伦茨：《德国民法通论》，王晓晔等译，法律出版社 2003 年版，第 233 页；［日］近江幸治：《民法讲义 I》，渠涛等译，北京大学出版社 2015 年版，第 120 页；陈聪富：《民法总则》，元照出版社 2016 年版，第 124 页。

一个即将终止主体资格的法人之债权、债务及财产所作的综合清理行为，其主旨在于一次概括性地结束其在存续期间的财产关系，以保护债权人及股东利益。

清算分为非破产清算与破产清算。非破产清算与破产清算的本质区别在于：破产清算是在法人的现有财产不足以清偿其全部债务的情况下，为公平地概括性地清偿所有债权人的债权所设的一种特别清算程序。而非破产清算程序则是在法人解散或者因其他原因而消灭的时候，对所有的债权债务关系进行清理以便结束所有的财产关系，并最终将法人的剩余财产分配给出资人或者作出其他处理。

我国《民法典》所说的当然是非破产清算。但是，大多数国家的公司法或者合伙法规定，当在非破产清算中发现法人的财产不能清偿所有债务的，应当从非破产清算转化为破产清算。我国《公司法》第 187 条也作了相同的规定。

（二）清算（非破产清算）的意义

1. 保护债权人利益

任何法人在其存在的过程中，可能已经缔结了许多财产性契约关系，也可能因侵权行为负担债务，也可能因其他原因负担 / 承担财产性义务，如果该法人没有清理这些义务而悄然消失，将会给这些债权人造成巨大的损害，对交易安全构成威胁。所以，包括我国法律在内的许多国家的法律都规定，法人的消灭以清算为必要程序。

2. 确定出资人最后分配的财产从而保护出资人利益

无论是公司的股东，还是合伙企业的合伙人，都是企业的最初出资人，也是最终所有人——当法人消灭时的剩余财产的所有者。只有经过清算才能确定最终分配给出资人的财产。如果法人的财产不足以清偿其所有债务的，出资人如果是公司的股东，不再在出资以外承担责任，即有限责任。

（三）清算义务人及其职责

按照我国《民法典》第 70 条的规定，除法律、行政法规另有规定或者权力机构另有决议外，法人的董事、理事等执行机构或者决策机构的成员为清算义务人。

清算义务人在法人解散时，应当及时组成清算组对法人进行清算。如果其未履行该义务时，主管机关或者利害关系人可以申请人民法院指定有关人员组成清算组进行清算（《民法典》第70条）。清算期间，法人虽然具有主体资格，但不得从事与清算无关的行为（《民法典》第72条）。

至于清算组的职权和清算程序，法律有规定的依其规定，没有规定的，参照我国《公司法》有关规定（《民法典》第71条）。这主要是因为，不同性质的法人，其清算程序是有所不同的，例如，社团法人与财团法人就有所不同。在我国，商事主体与非商事主体的清算也有不同。

此外，在我国司法实践中，有一个非常普遍而且争议很大的问题——如果清算义务人没有履行清算义务，后果是什么？按照《民法典》第70条第3款，清算义务人应当对因此给他人造成的损失承担责任。那么，这个“损失”如何计算？我认为，应该是因为迟延清算导致的直接财产损失，一般不应该包括受害人的间接损失。

十二、未经清算即注销法人的后果

法人的消灭以注销法人登记为标志，但注销的前提是清算。如果未经清算即注销法人登记，会产生什么样的法律后果呢？可以参照最高人民法院《关于适用〈中华人民共和国公司法〉若干问题的规定（二）》（以下简称《公司法司法解释（二）》）的规定，确定法人清算义务人的责任。根据该司法解释第19条、第20条的规定：（1）有限责任公司的股东、股份有限公司的董事和控股股东，以及公司的实际控制人在公司解散后，恶意处置公司财产给债权人造成损失，或者未经依法清算，以虚假的清算报告骗取公司登记机关办理法人注销登记，债权人可以向其主张赔偿责任；（2）公司未经清算即办理注销登记，导致公司无法进行清算，债权人可以主张有限责任公司的股东、股份有限公司的董事和控股股东，以及公司的实际控制人应对公司债务承担清偿责任；（3）公司未经依法清算即办理注销登记，股东或者第三人在公司登记机关办理注销登记时承诺对公司债务承担责任，债权人可以向其主张清偿责任。

在这里有一个重要问题，也是司法实践中非议最多的问题之一：如果公司未经清算即办理注销登记，导致公司无法进行清算，债权人能够向有限责任公司的股东、股份有限公司的董事主张什么样的债务清偿责任？特别是有些小股东、非控制股东、董事根本没有能力组织法人清算，并且有些股东在公司中占有的股份很少（有的甚至只占 1%），也让这种股东承担全部债权的损失？我国司法实践中有不少这样的“冤枉性”判例。对此，2019 年《九民会议纪要》的“对于有限责任公司清算义务人的责任”部分指出：关于有限责任公司股东清算责任的认定，一些案件的处理结果不适当地扩大了股东的清算责任。特别是实践中出现了一些职业债权人，从其他债权人处大批量超低价收购僵尸企业的“陈年旧账”后，对批量僵尸企业提起强制清算之诉，在获得人民法院对公司主要财产、账册、重要文件等灭失的认定后，根据《公司法司法解释（二）》第 18 条第 2 款的规定，请求有限责任公司的股东对公司债务承担连带清偿责任。有的人民法院没有准确把握上述规定的适用条件，判决没有“怠于履行义务”的小股东或者虽“怠于履行义务”但与公司主要财产、账册、重要文件等灭失没有因果关系的小股东对公司债务承担远远超过其出资数额的责任，导致出现利益明显失衡的现象。需要明确的是，上述司法解释关于有限责任公司股东清算责任的规定，其性质是因股东怠于履行清算义务致使公司无法清算所应当承担的侵权责任。在认定有限责任公司股东是否应当对债权人承担侵权赔偿责任时，应当注意以下问题：（1）严格“怠于履行清算义务的认定”。《公司法司法解释（二）》第 18 条第 2 款规定的“怠于履行义务”，是指有限责任公司的股东在法定清算事由出现后，在能够履行清算义务的情况下，故意拖延、拒绝履行清算义务，或者因过失导致无法进行清算的消极行为。股东举证证明其已经为履行清算义务采取了积极措施，或者小股东举证证明其既不是公司董事会或者监事会成员，也没有选派人员担任该机关成员，且从未参与公司经营管理，以不构成“怠于履行义务”为由，主张其不应当对公司债务承担连带清偿责任的，人民法院依法予以支持。（2）因果关系抗辩的支持。有限责任公司的股东举证证明其“怠于履行义务”的消极不作为与“公司主要财产、账册、重要文件等灭失，无法进行清算”的结果之间没有因果关系，主张其不应对公司债务承担连带清偿责任的，人民法院依法予以支持。（3）诉讼时效期间的抗辩。

公司债权人请求股东对公司债务承担连带清偿责任，股东以公司债权人对公司的债权已经超过诉讼时效期间为由抗辩，经查证属实的，人民法院依法予以支持。公司债权人以《公司法司法解释（二）》第 18 条第 2 款为依据，请求有限责任公司的股东对公司债务承担连带清偿责任的，诉讼时效期间自公司债权人知道或者应当知道公司无法进行清算之日起计算。

最高人民法院上述的司法观点是值得肯定的。

第三节 营利法人①

一、《民法典》中营利法人概述

我国的《民法典》不是从有利于提取公因式的角度去规范法人，而是以法人的目的为营利还是非营利来规范法人，这样就使得整个法人制度失去了作为组织体的“核心”或者说“灵魂”，因此，在营利法人中也不可能抽象出相同的东西。那么，现实生活中，哪些法人属于营利法人呢？当然，公司是典型的营利法人。立法者在起草这一部分的时候显然是以公司法人为典型或者模型的，内容几乎就是现行公司法中的内容的搬迁。但由于《民法典》以“目的”来划分法人类型，那么，除了公司之外，还有没有其他类型的营利性法人呢？当然有。

根据我国《民办教育促进法》第 10 条第 3 款规定：“民办学校应当具备法人条件。”2016 年教育部、人社部、原国家工商总局为贯彻落实《国务院关于鼓励社会力量兴办教育促进民办教育健康发展的若干意见》，规范营利性民办学校办学行为，促进民办教育健康发展，根据《教育法》、《民办教育促进法》和 2016 年 11 月 7 日《全国人民代表大会常务委员会关于修改〈中华人民共和国民办教育促进法〉的决定》等，制定了《营利性民办学校监督管理实施细则》。

---

① 由于我国《民法典》以“营利法人与非营利法人”作为法人的基本分类进行规定，因此，本书不得不这样列出目录，但写起来觉得非常别扭，无逻辑性可言。《民法典》如此规定，令人遗憾和不解。

该实施细则第 3 条第 2 款规定："营利性民办学校应当坚持教育的公益性，始终把培养高素质人才、服务经济社会发展放在首位，实现社会效益与经济效益相统一。"第 16 条第 1 款规定："营利性民办学校应当建立董事会、监事（会）、行政机构，同时建立党组织、教职工（代表）大会和工会。"说明这种法人与一般的公司型营利性法人除了"营利"这一点相同之外，其他毫无相同之处。因此，《民法典》关于"营利法人"的部分难以成为所有营利法人的共同规则。

另外，《民法典》关于"营利法人"的具体规定主要包括营利法人成立日期的特别规定，营利法人的组织机构，法人人格否认，法人组织机构之决议等违反法律、法规和章程规定的救济方式，法人的社会责任等。前面已经提到，这些内容完全都是从公司法中抽出来的，以特别法规定又有什么不妥？为什么一定要规定在《民法典》中？

二、营利法人的组织机构

按照我国《民法典》第 80 条至第 82 条的规定，营利法人的组织机构主要包括：权力机关、执行机关、代表机关、监督机关（不是必设机关）。

（一）权力机关

1. 权力机关的构成与职权

法人的决策机关又称为最高权力机关或者意思机关，是法人的"中枢机关"，法人的"意思"就形成于这一机关。因此，法人必须有此机关，否则，就是"无头的苍蝇"。《民法典》第 80 条第 1 款规定："营利法人应当设权力机构。"这一机关通常可以称为"社员大会"或者"成员大会"。

因为社团是一个由不断变动的多个成员为了统一行动而组成的团体，原则上所有成员都参与对社团事务的决定。为此目的，他们就必须按照一定规则召开大会。社员大会以与会的多数作出决议[①]。

社员大会的主要任务是决定社团的内部事务，社团内部的重大事项需要社员大会作出决定，如公司重大经营政策的变化、章程的修改、分立或者合并等。

---

① ［德］卡尔 · 拉伦茨：《德国民法通论》，王晓晔等译，法律出版社 2003 年版，第 209 页。

但社员大会一般不直接支配法人的财产，也不直接与第三人发生关系，也就是说，社员大会不能对外代表法人。

按照《民法典》第 80 条第 2 款规定，权力机构的主要职权是：修改法人章程、选举或者更换执行机构、监督机构成员并行使章程规定的其他职权。具体到作为典型的营利法人的公司，按照我国《公司法》，有限责任公司法人的决策机构是股东会（第 36 条），其职权是：（1）决定公司的经营方针和投资计划；（2）选举和更换非由职工代表担任的董事、监事，决定有关董事、监事的报酬事项；（3）审议批准董事会的报告；（4）审议批准监事会或者监事的报告；（5）审议批准公司的年度财务预算方案、决算方案；（6）审议批准公司的利润分配方案和弥补亏损方案；（7）对公司增加或者减少注册资本作出决议；（8）对发行公司债券作出决议；（9）对公司合并、分立、解散、清算或者变更公司形式作出决议；（10）修改公司章程；（11）公司章程规定的其他职权（第 37 条）。按照《公司法》第 99 条规定，上述关于有限责任公司股东会的职权的规定适用于股份有限公司的股东大会。

应当特别指出的是：意思机关是社团法人特有的机关，财团法人及公法人均无这一机关。

2. 成员资格的取得与丧失

（1）社团法人成员资格的取得

社团法人的成员资格可因下列途径而取得：

① 因设立行为而取得

一般来说，社团法人的设立人在法人有效成立后，便成为该法人的社员，无论是有限责任公司，还是股份有限公司以及其他的社团法人均是如此。

② 因加入而取得

法人设立后，其他人（自然人或者法人）可因加入而取得成员资格。当然，任何人加入社团必须经过章程规定或者法律规定的程序。

③ 因接受股权转让而取得

无论在股份有限责任还是有限责任公司，股东可以将自己的股份或者出资额按照法定程序或者章程规定的程序转让给第三人，接受转让的第三人便成为新的股东。

④ 股东资格因继承而取得

我国《公司法》第 75 条明确规定了其合法继承人可以继承，但公司章程有限制性规定的除外。但对此问题，德国学理认为，应当区分经济性社团与非经济性社团而区别对待：对于非经济性社团，社员资格不能转让、不能抵押，也不能继承，理由是，社员对于社团的隶属关系建立在人法的关系上，在这种关系中人与人之间的信任起很大的作用，因此，社员资格和由此产生的权利既不能转让，不能抵押，也不能继承。但对于经济性社团，社员资格可以继承与转让。因为，公司，特别是股份公司，成员资格表现为股票。当然，这些内容取决于公司章程的规定，章程可以规定成员资格的转让、继承。①

（2）社员资格的终结

① 法人成员的资格因成员死亡或者法人解散而终结

② 公司法人之社员资格可因其股份转让而终结

③ 因退出而终结

这种情形主要适用于非公司型的法人，因为，在公司型的法人中，可以通过股权转让的方式退出社团而终止社员资格。

④ 因开除而终结

法人的成员可以因被开除而终结，这也主要适用于非经济性法人。因为，从我国的《公司法》及《民法典》上看，一个营利性法人（如公司）的权力机构能否通过决议开除股东，是一个值得研究的问题。我国最高人民法院《关于适用〈中华人民共和国公司法〉若干问题的规定（三）》（2020 年修正）第 17 条仅仅规定了公司股东不缴纳出资且经催告后仍然不缴纳的，公司可以以股东会决议方式解除该股东的股东资格。② 但除了这一种情形外，其他是否可以？从法律上看，没有禁止的情形。如果公司章程上有明确的规定，公司可以通过决议的方式开除一个股东，是否属于禁止或者无效条款呢？我认为，很难认为

① ［德］迪特尔·梅迪库斯：《德国民法总论》，邵建东译，法律出版社 2000 年版，第 836 页；［德］卡尔·拉伦茨：《德国民法通论》，王晓晔等译，法律出版社 2003 年版，第 224 页。

② 该条第 1 款规定："有限责任公司的股东未履行出资义务或者抽逃全部出资，经公司催告缴纳或者返还，其在合理期间内仍未缴纳或者返还出资，公司以股东会决议解除该股东的股东资格，该股东请求确认该解除行为无效的，人民法院不予支持。"

无效或者被禁止，应尊重股东自治。但是，如果成员大会关于开除的决议违反法律程序或者《民法典》第 85 条规定的情形的，可以请求法院救济。

但必须看到，在我国有一个很现实的问题：如果一个公司盈利能力很强，有很好的收益，不排除大股东通过这种方式排斥或者损害小股东的情形。因此，如果承认这种开除的情形，必须强调对开除决议的救济，并就理由进行实质审查。

关于此问题，我国台湾地区“民法”规定，社团最高权力机关可以开除社员，但必须有正当理由，且经由社团权力机关按照法律规定作出决议。学者一般都认为，除社团法人之最高权力机关外，任何机构作出决议或者代行开除职权，都违反法律规定。[①]

（二）执行机关

执行机关是执行决策机关的决策或者执行法人章程规定事项的机关。任何法人必须有执行机关，因此，我国《民法典》第 81 条第 1 款明确规定：“营利法人应当设执行机构。”根据《民法典》第 81 条之规定，执行机关的职权一般是：（1）召集权力机关会议；（2）决定法人的经营计划和投资方案；（3）决定法人内部的管理机构的设置；（4）章程规定的其他职权。

按照《民法典》第 81 条第 3 款的规定，如果设立了董事会或者执行董事的，董事会或者执行董事就是执行机构；如果未设董事会或者执行董事的，法人章程规定的主要负责人为其执行机构。

以我国为例，公司法上有限责任公司与股份有限公司的执行机关为董事会，董事会由公司权力机关选举产生。根据我国《公司法》第 46 条的规定，有限责任公司的董事会对股东会负责，行使下列职权：（1）负责召集股东会议，并向股东会报告工作；（2）执行股东会的决议；（3）决定公司的经营计划和投资方案；（4）制订公司的年度财务预算方案、决算方案；（5）制订公司的利润分配方案和弥补亏损方案；（6）制订公司增加或者减少注册资本的方案以及发行公司债券的方案；（7）制订公司合并、分立、解散或者变更的方案；（8）决

① 陈聪富：《民法总则》，元照出版社 2016 年版，第 115 页；王泽鉴：《民法总则》，中国政法大学出版社 2001 年版，第 192 页。

定公司内部管理机构的设置；（9）决定聘任或者解聘公司经理及其报酬事项，并根据经理的提名决定聘任或者解聘公司副经理、财务负责人及其报酬事项；（10）制定公司的基本管理制度；（11）公司章程规定的其他职权。

（三）代表机关

所谓法人的代表机关是指法人的意思表示机关，即代表法人对外进行民事活动的机关[①]。在法人的代表机关问题上，学理上主要有以下几个问题需要研究：（1）代表说与代理说之争及实质；（2）关于代表机关的立法例；（3）代表权限的限制及其效力；（4）如何区分代表人的个人行为与代表行为。

1. 代表说与代理说之争及实质

基于对法人性质的不同认识，在关于对外表示法人的机关的性质上形成了“代表说”与“代理说”。基于法人拟制说的立场，“代理说”认为：法人并非与自然人一样的主体，而是拟制的法律上的存在，因此，法人不存在行为能力，如同无行为能力人，只能由代理人代理。代理人有不同于法人人格的独立人格，其行为之所以归于法人，是基于代理的关系。

“代表说”则基于法人实在说的立场，认为：代表人与法人属于同一人格，代表机关是法人的有机组成部分，因此，代表机关的行为就是法人本身的行为，行为的后果自然归于法人。

代表说与代理说的区别主要是：（1）基础不同。代理说的基础是法人拟制说，而代表说的基础是法人实在说。（2）机关与法人的关系不同（如上所说）。（3）法人有无侵权能力及责任的基础不同。代表说认为法人是一个实际的存在，而法人的代表机关是法人的有机组成部分，代表机关的行为本身就是法人自身的行为，因此，法人具有侵权能力，对于不法侵害他人的行为承担侵权责任是顺理成章的。而代理说在对这一问题上的说明，则不免颇费口舌——由于民法上的代理仅仅能够代理合法行为，而对于非法行为，如侵权等不能归于被代理人。因此，虽然在事务上也承认法人应对其代理人的不法行为承担责任，但这种责任的基础却是责任转承担。

---

① 张俊浩主编：《民法学原理》，中国政法大学出版社 2000 年版，第 198 页。

关于这一点，我们在前面已经作了专门讨论。在此，我不得不再一次重复前面论述过的观点：代表说与代理说之争实与拟制说与实在说之争一样，在实务上没有任何差异，仅仅在理论说明上不同而已，尤其是在我国，立法从来没有考虑过法人拟制说或者实在说，仅仅用“法定代表人”就明确了是代表而非代理。

2. 关于代表机关的立法例

在关于如何代表（或者代理）法人的问题上，大致有共同代表制、单一代表制与单独代表制度三种。

德国民法是共同代表制的范例，按照其民法典第 26 条的规定，董事会对外代表社团，具有法定代表人的地位。当董事会作为法人的代表机关出现时，必须由董事会按照法律规定或者章程规定作出决议。但是，章程也可以规定，各个董事具有单独代表权，在这种情况下，董事的单独代表权就不取决于董事会的决议。决议是作为对外统一行动的集体的董事会所形成的意思。①

我国大陆是单一代表制的典型。根据《民法典》第 61 条第 1 款规定，依照法律或者法人章程的规定，代表法人从事民事活动的负责人，为法人的法定代表人。依据第 81 条第 3 款规定，如果法人设立董事会或者执行董事为执行机构为的，董事长、执行董事或者经理按照法人章程的规定担任法定代表人；未设董事会或者执行董事的，法人章程规定的主要负责人为其执行机构和法定代表人。按照《公司法》第 13 条的规定，董事长、执行董事或者经理都可以担任法定代表人，对外代表公司，具体由公司章程来规定，并经依法登记方具有对抗第三人效力。

在单独代表制下，法人的每个董事或者理事都可以对外代表法人。例如，我国台湾地区“民法”规定：法人应设董事，执行法人事务。董事就法人的一切事务，对外代表法人。法人董事有数人者，除法律和章程另有规定外，各董事均得代表法人。当然有时也有另外的规定，例如，我国台湾地区“公司法”第 208 条第 3 款规定，就股份公司对外关系而言，应由董事对外代表公司。常务理事或者理事，在一定条件下，始得代表公司（副董事长只有在董事长请假

① ［德］卡尔·拉伦茨：《德国民法通论》，王晓晔等译，法律出版社 2003 年版，第 214 页。

或者因故不能行使职权时，方可代表公司；没有副董事长或者虽有副董事长但因其请假或者因故不能履行职务时，由董事长指定常务理事一人代表公司；未设常务理事者，指定理事一人代行）。对比“单独代表制”，单一代表制仅仅有一个人能够代表公司，而不是所有董事都能够对外代表公司，体现了本土化特点，避免了实践中出现的矛盾和问题。

3. 代表权限的限制及其效力

按照我国《民法典》第 61 条第 3 款的规定，公司章程对法定代表人代表权范围的限制，不得对抗善意第三人。但是，在内部效力上，若法定代表人超出章程授权，即使在外部对第三人有效，也可能受到法人的内部责任追究。我国台湾地区“民法”也规定，有关董事代表权的限制，不得对抗善意第三人。①

从比较法上看，按照《德国民法典》的规定，章程中有关限制董事会代表权的规定需要在社团登记簿上进行登记，仅当章程的规定进行过登记或者与之进行法律行为的第三人知道这种规定时，这种限制才能对抗第三人。② 日本民法的规定，大致与德国相同。③

4. 如何区分法定代表人的行为是个人行为还是代表法人的行为

在我国由于施行单一代表制，而法定代表人在实际的担当者上具有双重角色：一方面，他是一个自然人，具有自己独立的人格，可以从事由自己负责任的行为；另一方面，他却是法人的代表机关，其行为由法人承担责任。这样就必然带来一个问题：其行为在什么时候被认定为个人行为而由个人承担责任，在什么情况下被认定为法人的行为而由法人承担责任？例如，在其侵犯他人合法权益（侵权）时，应当由法人承担赔偿责任还是由个人承担赔偿责任？在取得一项权利时，该权利属于个人还是法人？应当指出的是，公司的法定代表人的人格具有双重性：他一方面是法人的代表人，而另一方面又是一般民法意义上的自然人。法律必须解决这样的问题：什么时候个人将被认为作为法人的机关来行为。凯尔森教授认为，如果个人的行为在一定方式下符合构成社团的特

① 邱聪智：《民法总论》（上），三民书局 2005 年版，第 306 页。

② ［德］卡尔 · 拉伦茨：《德国民法通论》，王晓晔等译，法律出版社 2003 年版，第 214 页。

③ ［日］山本敬三：《民法讲义 I》，解亘译，北京大学出版社 2004 年版，第 319 页。

殊秩序，他就作为社团的机关而行为。[①] 这个所谓“特殊秩序”是什么呢？那就是法人自己的法律——章程。正是法人的这个特殊秩序使法人机关的行为区别于其个人的行为，以此使得法人对其代表人的行为负责任的范围清晰化。但是，在实际生活中，可能会发生无法区分法人代表人的行为之属性究竟是代表法人抑或其个人的情形。应当说，如果法人的代表人是以法人的名义为法律行为，或者，一个合理的第三人站在相对人的地位会毫不犹豫地信赖法人的代表人是代表法人行为时，该行为即应被认为是法人的行为。

（四）监督机关

从我国《民法典》关于法人的规定看，除了捐助法人之外，监督机关不是其他类型法人的必设机关，在一般情况下，是由法人权力机构决定是否设立，《民法典》第 82 条也规定了这一思想。但是，作为特别法的《公司法》，却有不同规定，对于公司法人来说，无论是有限责任公司，还是股份有限公司，监事会都是必设机关[②]。

监督机构的职责应该是什么呢？如果从私法的视角看，应该是维护全体股东（投资者）利益、代表全体投资人（出资人）利益而对执行机关和代表机关执行职务进行日常监督。从《民法典》第 82 条的规定看，其主要职责是：检

---

① ［奥］凯尔森：《法与国家的一般理论》，沈宗灵译，中国大百科全书出版社 1996 年版，第 111 页。

② 我国《公司法》第 51 条规定：“有限责任公司设监事会，其成员不得少于三人。股东人数较少或者规模较小的有限责任公司，可以设一至二名监事，不设监事会。监事会应当包括股东代表和适当比例的公司职工代表，其中职工代表的比例不得低于三分之一，具体比例由公司章程规定。监事会中的职工代表由公司职工通过职工代表大会、职工大会或者其他形式民主选举产生。监事会设主席一人，由全体监事过半数选举产生。监事会主席召集和主持监事会会议；监事会主席不能履行职务或者不履行职务的，由半数以上监事共同推举一名监事召集和主持监事会会议。董事、高级管理人员不得兼任监事。”第 117 条规定：“股份有限公司设监事会，其成员不得少于三人。监事会应当包括股东代表和适当比例的公司职工代表，其中职工代表的比例不得低于三分之一，具体比例由公司章程规定。监事会中的职工代表由公司职工通过职工代表大会、职工大会或者其他形式民主选举产生。监事会设主席一人，可以设副主席。监事会主席和副主席由全体监事过半数选举产生。监事会主席召集和主持监事会会议；监事会主席不能履行职务或者不履行职务的，由监事会副主席召集和主持监事会会议；监事会副主席不能履行职务或者不履行职务的，由半数以上监事共同推举一名监事召集和主持监事会会议。……”

查法人财务，对执行机构成员及高级管理人员执行法人职务的行为进行监督，并行使章程规定的其他职权。以公司法人为例，公司的监事会是代表全体股东的利益，对公司的董事会、法定代表人、公司高管等执行职务进行日常监督的机关。从其职责看，主要是：（1）检查公司财务；（2）对董事、高级管理人员执行公司职务的行为进行监督，对违反法律、行政法规、公司章程或者股东会决议的董事、高级管理人员提出罢免的建议；（3）当董事、高级管理人员的行为损害公司的利益时，要求董事、高级管理人员予以纠正；（4）提议召开临时股东会会议，在董事会不履行本法规定的召集和主持股东会会议职责时召集和主持股东会会议；（5）向股东会会议提出提案；（6）依照《公司法》第 152 条的规定，对董事、高级管理人员提起诉讼；（7）公司章程规定的其他职权（《公司法》第 53 条）。

顺便说，从《公司法》第 53 条的规定看，公司监事会的职权与公司职工的利益毫无关系，但《公司法》第 51 条规定监事会中必须有一定比例的职工代表，意义究竟是什么？这似乎与私法无关，实值思考。

三、法人组织机构之决议等违反法律、法规和章程规定的救济方式

《民法典》第 85 条规定："营利法人的权力机构、执行机构作出决议的会议召集程序、表决方式违反法律、行政法规、法人章程，或者决议内容违反法人章程的，营利法人的出资人可以请求人民法院撤销该决议。但是，营利法人依据该决议与善意相对人形成的民事法律关系不受影响。"从该条规定看，有两层主要意思：（1）程序违法或者违反章程的撤销权。当营利法人的权力机构、执行机构的会议召集程序、表决方式违反法律、行政法规、法人章程，或者决议内容违反法人章程时，营利法人的出资人可以请求人民法院予以撤销。这种情况在我国私法实践中是一种常见的诉讼。（2）对善意第三人的保护。虽然决议的程序存在瑕疵，但在以决议的基础上与善意第三人形成的正常民事法律关系不受影响。这里所谓的"善意第三人（相对人）"就是指任何不知道决议有瑕疵的第三人。

但是，如果决议的内容违反法律应如何处理？那应当属于决议无效的范

畴，就不是撤销问题了。实践中最需要研究的问题恰恰是：权力机构、执行机构的会议召集程序、表决方式没有违反法律、行政法规、法人章程，决议内容也没有违反法人章程，但决议实实在在地损害了个别股东的利益，特别是大股东利用这种合法行使损害小股东利益时，如何救济？

对此问题，在《民法典》中，只有第 83 条规定了相关的救济规范，即“营利法人的出资人不得滥用出资人权利损害法人或者其他出资人的利益；滥用出资人权利造成法人或者其他出资人损失的，应当依法承担民事责任”。但这里的“依法承担民事责任”，显然是指损害赔偿责任，具体的决议效力如何，却没有具体规定。根据《民法典》第 154 条规定的“恶意串通，损害他人合法权益的”法律行为无效之规范，受到损害的人可以请求该决议无效。

四、营利法人的出资人滥用出资人地位损害法人本身或者其他出资人利益的行为之效力（内部损害）

由于这种损害仅仅涉及公司内部（公司本身及其他出资人利益），可以称为“内部损害”。《民法典》第 83 条第 1 款明确规定：“营利法人的出资人不得滥用出资人权利损害法人或者其他出资人的利益；滥用出资人权利造成法人或者其他出资人损失的，应当依法承担民事责任。”这其实是直接从《公司法》第 20 条第 1 款、第 2 款照搬过来的[①]，仅仅是规定了在营利法人的出资人滥用出资人地位损害法人本身或者其他出资人利益时，受到损害的法人或者其他出资人可以请求其承担民事责任。但这里的“民事责任”究竟应该如何理解呢？能否理解为包括损害行为的无效或者可撤销？还是仅仅指赔偿责任？依据前后文的逻辑，这里仅仅能够理解为赔偿责任。因此，这种损害行为本身的效力就成了问题。

例如，控股股东利用自己的地位和权利损害公司利益，公司请求其赔偿

① 《公司法》第 20 条第 1 款、第 2 款规定：“公司股东应当遵守法律、行政法规和公司章程，依法行使股东权利，不得滥用股东权利损害公司或者其他股东的利益；不得滥用公司法人独立地位和股东有限责任损害公司债权人的利益。公司股东滥用股东权利给公司或者其他股东造成损失的，应当依法承担赔偿责任。”

这一问题在上述规定中得到了解决，但“损害行为”本身效力如何？因为绝大部分“损害行为”从外表上看都是“合法”的。再如，大股东利用自己的优势地位通过的决议损害了其他小股东利益，但这些决议无论从形式上还是从程序上都没有违反法律的强行性规定，其本身效力如何？这其实在司法实践中也是难以举证，因此也是难以处理的问题。在损害他人利益的问题上，最好的方式还是用“可撤销”，因为，是否要让行为归于无效，应该由受害人来决定，并且有的时候情况在不断地发生变化，之前是损害行为，随着时间推移，也有可能会变成无害甚至是有利的行为。因此，用“无效”来处理，不如用“可撤销”更合适。

五、公司出资人滥用权利损害债权人利益（外部损害）——法人人格否认

我国《民法典》第 83 条第 2 款规定：“营利法人的出资人不得滥用法人独立地位和出资人有限责任损害法人债权人的利益；滥用法人独立地位和出资人有限责任，逃避债务，严重损害法人债权人的利益的，应当对法人债务承担连带责任。”这实际上是从《公司法》第 20 条第 3 款直接照搬过来的，可以看成法人的出资人对第三人——债权人的损害，而这一条规定可以看成法人人格否认的规范基础。

（一）法人人格否认的概念及制度价值

按照法人的一般理论，法人（尤其是有限责任公司）与其成员的人格彼此独立，法人不为其成员的债务承担责任，其成员也不为法人的债务承担责任。但是，当法人在运行中出现了有悖法人责任独立的前提时，可不可以在个案中突破这种独立责任而将法人的责任直接归属于其成员，即将法人成员的有限责任变为无限责任呢？许多国家的法理与实践对此作出了有条件的肯定性回答，这就是通常所说的“法人人格否认”或者“揭开公司面纱”。具体来说，所谓法人人格否认是指：法人虽为独立的主体，承担独立于其成员的责任，但当出现有悖法人存在目的及独立责任的情形时，若再坚持形式上的独立人格与独立责任，将有悖公平，故而在具体个案中视法人的独立人格于

不顾，直接将法人的责任归结为法人成员的责任。美国一个司法判例的经典表述为：作为一般规则，在没有相反的充分理由出现时，公司将被视为一个法律实体。但是，当法律实体的概念被用于挫折公共便利、正当化违法行为、保护欺诈，或者替犯罪辩护时，法律将视公司为多数人的联合。这里揭示的是：（1）公司人格的利用应当符合一定的法律政策前提，即法律实体的概念只有当其被援引和使用于正当合法的目的时才能被确认，如果滥用这一概念于不适当的用途和不诚实的目标，则是不允许的。（2）一旦出现此种违反法律和公共政策目标而滥用实体概念的情形，法院将考虑无视公司人格的单一实体性而直接追及法人外壳或者面纱掩蔽下的股东个人责任，以防止欺诈并实现衡平。[①]

我国《民法典》（第 83 条）对此的表述是：营利法人的出资人不得滥用法人独立地位和出资人有限责任损害法人的债权人利益；滥用法人独立地位和出资人有限责任，逃避债务，严重损害法人的债权人利益的，应当对法人债务承担连带责任。

法人人格否认理论的价值在于：（1）平衡了股东的有限责任与债权人利益损失之间的矛盾。法人的独立人格与股东的有限责任作为近代经济生活中最伟大的发明，效力于世界经济的发展，尽管有人提出了诸多意见，但仍然是经济活动主体中的中流砥柱。但是，处在两极的股东与债权人之间的利益却具有内在的必然联系，有限责任的最初功能是避免投资风险，但其能动性使其很快就成为形成资本联合的有效法律机制，并进而分化出集资功能、固化公司财产内涵的功能、促使资本所有与经营相分离实现管理现代化的功能等。确认股东有限责任的结果，是股东对公司债权人不负任何责任，因此，只能用公司的财产来偿还公司债务。由此及彼引出了大陆法系国家传统的资本三原则以及与此相联系的最低资本额原则，以确保公司财务结构的健全和资本的稳定性，从而保护公司债权人的利益。公司法上的利益均衡原理由此获得证实。而在采取授权资本制的美国法中，利益均衡理念的实现却选择了另一条道路，即通过“揭

① Sanborn J. v. Milwaukee Refringteator Transit Co.，转引自陈现杰：《公司人格否认法理评述》，载《外国法译评》1996 年第 3 期。

开公司面纱”而获得衡平救济。尽管这一做法已经被大陆法系所借鉴，但它仍然是美国法上具有价值选择意义的重要特征。[①]（2）为防止股东控制权的滥用提供了规范性保障。由于法人本身的特性，其本来就是由其机关操控的工具，如果这种操控被控制在法律规则之内并用于正当目的，便是法人的正常运行。但如果法人的机关被股东所操控并用来作为获得利益而损害债权人的工具时，就构成了控制权的滥用。法人人格否认的理论与实践正是对这种权利滥用的规制。

（二）法人人格否认的法理基础与实证依据

许多国家并没有像我国《民法典》和《公司法》这样，直接把法人人格否认的规范依据明确地制定在法律中，其法律并没有直接规定法人人格否认的规范，因为，依据通说，法人人格的否认并非法律的预设，而是司法的规制，因此，许多国家都是以判例的方式来进行事后规制或者矫正。那么，就需要法院（法官）必须为这种规制或者矫正找出合理的理论依据或者实证法上的其他依据。在我国就不存在这种寻找法律依据的烦恼，仅仅可能存在为《民法典》第83条的这种法律规定提供合理性说明的理论。也许，下面这些理论与实证法依据的立法例正好为我国《民法典》第83条提供了理论说明基础。

1. 公平

由于这一制度是伴随着以美国为代表的授权资本制而产生的，并在美国得到了广泛的应用，因此，美国法院适用这一制度的法律基础颇有影响力。在美国，这一制度的法理论基础乃是基于维护公共法律政策与实现公司正义的考虑，不存在任何固定的理由要求对公司人格的否认必须是一件“要么全部要么都不”的事情。[②]而美国法院在对于个案运用这一制度时，首先要考虑的是这一领域内的法律与公共政策，要考虑的一个很重要的弹性标准是：一旦法院不

---

① 陈现杰：《公司人格否认法理评述》，载《外国法译评》1996年第3期。

② ［美］罗伯特 · C. 克拉克：《公司法则》，胡平等译，工商出版社1996年版，第59—60页；陈现杰：《公司人格否认法理评述》，载《外国法译评》1996年第3期。

否认公司人格将导致不公平。①

而在大陆法系传统的国家，公平为民法的基本理念或者称为基本原则。我国《民法典》也在第6条明确规定了公平原则。故完全可以将公平作为法人人格否认的法律基础。

2. 法人人格滥用

法人人格的滥用作为法人人格否认的法理基础，在大陆法系具有广泛的影响。在日本，这是一种颇有影响的观点，日本学者指出：法人人格滥用是指为了规避法律而滥用法人人格的现象。多数学说与判例解释认为，控股股东随意将公司利用成工具，以不正当目的去利用公司法人人格时，应否认法人人格。这里包括利用法人人格规避法律或者逃避合同义务，还包括利用法人人格欺诈债权人。②

在德国，这一法理依据也有广泛的市场。该理论由塞里克（Serick）所主张，认为：如果法人实体被故意地滥用并且被用于法律所没有规定的目的，就应当穿透法人面纱而直接追究股东责任。③

3. 规范适用理论

该理论由德国的米勒–费赖菲尔（Muller-Freienfels）提出，认为：法人是由法律制度创造的一种实体，人们一开始就仅仅需要在现行法律规定的、允许法人活动的范围内尊重法人。由于仅需对适用的相关法律规定进行解释，就能够说明穿透理论的合法性，所以该学说比滥用学说更容易实施。④

4. 成本与收益平衡理论

这一理论由美国学者弗兰克（Frank H. Easterbrook）与丹尼尔（Daniel R. Fischel）提出，认为：法院有时候允许公司债权人追索到股东个人的财产，这样做的法律依据是很模糊的。并且，法院在审查公司是否有“独立的属于它自己的意思”、是否是一个被利用的“纯粹的工具”等问题时，所采用的测试方式通常对于案件的审理是于事无补的。这些名义上的测试的武断性，暗示着其

---

① 陈现杰：《公司人格否认法理评述》，载《外国法译评》1996年第3期。

② ［日］末永敏和：《现代日本公司法》，金洪玉译，人民法院出版社2000年版，第15页。

③ ［德］托马斯·莱赛尔：《德国资合公司法》，高旭军等译，法律出版社2005年版，第481页。

④ ［德］托马斯·莱赛尔：《德国资合公司法》，高旭军等译，法律出版社2005年版，第481页。

功能基础的缺乏。我们认为，揭开公司面纱的理论及法院制定的区分标准可以粗略地看成法院为了平衡有限责任的成本和收益的尝试。在绝对有限责任的规则下，投资者与管理者可以将其风险限定在公司财产的范围内，并且将更多的风险转嫁给第三方。投资者与管理者可以降低第三方承担风险的程度，这尤其有利于那些无法与公司进行谈判的交易债权人与侵权债权人。①

5. 个人观点

就法人人格否认的法理基础与实证依据、构成要件等问题，在许多国家的法学理论及司法实践中并不一致，即使在同一个国家内也不尽相同，有的国家的判例甚至引用不同的法理基础进行判决。就如学者所言：在理论界，对法人穿透学说依然存在着争论；在司法实践中，人们或者满足于对此作出一般性质的阐述，而解决不了任何实际问题；或者仅仅对个案进行判决，却造成了很大的法律不安全。在法人穿透说中，混合着法人理论、衡平理论以及有关在市场经济中有限责任作用的政治学方面的考虑。因此，只能将其理解为一些启发式的推测，而不是准确的、方便可用的法律规范。在这一方面存在着许多很有价值的而且经过深思熟虑后作出的判决，这些判决融入了许多不同的观点，但其中的任何一种观点都无法解决有关法人责任穿透中所有争论的问题。②

我认为：法人人格否认的实证法基础在于对法人制度规范本身的违反。因为大陆法系国家对法人人格的获得与保持都规定了具体的条件，如法人应当有自己独立的财产、独立的意思机关、独立的管理机关、独立从事活动从而独立承担责任，只有满足了这些条件，让法人承担独立责任才具有合理性与合法性。而当法人背后的股东违反了这些条件，即违反了法人独立承担责任的前提条件，而仅仅将法人作为一种抵挡债务而损害债权人利益的“挡箭牌”，这样，法人的独立责任与股东的有限责任的前提及目的均无从存在。故应打破横在股东责任与法人责任之间的这一道“法律之墙”，直接将法人责任归于股东。这恰恰是对法人制度的反面肯定与维护，是对违反法人制度规范的矫正。

---

① ［美］弗兰克·伊斯特布鲁克、丹尼尔·费希尔：《公司法的经济结构》，张建伟等译，北京大学出版社 2005 年版，第 61—62 页。

② ［德］托马斯·莱赛尔：《德国资合公司法》，高旭军等译，法律出版社 2005 年版，第 481—482 页。

（三）法人人格否认适用的范围

在此讨论的问题主要有两个：一是法人人格否认的法律关系主要包括哪些？二是什么类型的公司常被判例揭开其独立责任的面纱？

1. 法人人格否认所适用的法律关系

（1）美国的司法判例规则

在美国，法人人格否认制度在契约、侵权、破产及税收等领域有着广泛的适用。实践中，公司人格否认在反避税立法领域获得了广泛的发展。避税是指纳税人利用私法中的漏洞和不明之处以及各国税赋的差异，减少或者不承担纳税义务的行为。通常纳税人利用避税港避税都是通过在避税港设立公司这种形式进行的，主要的方式有：在避税港设立转销售公司，将所得利润转移到低税国而不在高税国纳税；在避税港设立持股份公司，集中利润在避税港，免交或者迟交母公司所在国的税收；在避税港设立信托公司，将有关财产的经营所得挂在信托公司的名下，逃避经营财产所在国的收税等。这种行为不仅会造成国家税收的大量流失，严重损害国家的财政利益，还将引起国际资本的不正常流动，导致国际资本流通秩序的混乱，妨碍国家之间的正常经济交往。因此，许多国家将纳税人为逃避税收而在避税港设立的公司的人格予以否认，重新核定纳税人应当承担的合理税赋。

在契约与侵权案件中，法院更倾向于在侵权的情形中否认法人人格。因为，契约债权人通常在事前已经获得对事后增加的不履行风险的补偿，与此相反，侵权债权人则未被补偿。

在破产法领域，法院在对待破产公司的控制或者支配的股东时具有相当大的灵活性：法院可以否认公司实体而让股东个人对公司债务负责，或者否定公司股东对公司的债权，或者使其债权劣后于其他债权人的债权。

（2）大陆法系的日本与德国

在大陆法系，由于法官更多地受到法律的具体拘束，因此，在法人人格否认适用的范围上表现出更加谨慎的态度，多数学者主张，如果能够由契约条款或者既存的法规作出合理解释而对当前案件作出妥当的解决，就不应适用法人人格否认理论。[①]而且其更倾向于尽量缩小适用范围，基本上适用于契约与侵权案件[②]。

（3）我国《民法典》第 83 条的适用范围

如果严格地解释我国《民法典》第 83 条规定的构成要件，可以解释为：法人人格否认能够适用于契约、侵权和不当得利。因为，利用法人人格和出资人有限责任逃避债务，似乎只能因为契约行为或者侵权行为、不当得利行为才能发生。例如，以法人的名义签订契约，由法人承担债务，但利益却由出资人获得，当债权人请求法人承担债务时，法人无任何财产清偿。或者，出资人以法人的名义侵犯他人权益，自己控制法人并获得利益，让法人承担赔偿义务，而法人可能根本没有任何财产。在不当得利行为中，亦同。

在税收方面，也可能发生这种问题，但从《民法典》第 83 条的规定看，不应包括在其中。尽管如果出现了法人人格否认的具体条件，在税收问题上也应该考虑刺破法人面纱的问题，但这应该是公法问题了。

2. 法人人格否认所适用的法人类型

（1）法人人格否认所适用的法人类型一般是出资人承担有限责任法人

对此，德国学者梅迪库斯指出：法人人格否认对于社团（非经济性社团）和财团来说几乎没有什么意义，它的意义主要在有限责任公司领域。[③]从法律制度的设置来看，这种公司最有必要适用这一法理。因为，这类公司是从事交易行为的社团，而且，其股东以出资为限对法人经营承担风险，而法人独立对第三人承担责任，因此，公司的股东有足够的动机控制公司而将利益归于自己、将风险转移给第三人。

从我国《民法典》的规定看，将这一制度规定在“营利法人”中，显然也是主要针对交易性法人的。但是，在我国的司法实践中，是否绝对不存在非

---

① 陈现杰：《公司人格否认法理评述》，载《外国法译评》1996 年第 3 期。

② ［德］托马斯 · 莱赛尔：《德国资合公司法》，高旭军等译，法律出版社 2005 年版，第 485—491 页；陈现杰：《公司人格否认法理评述》，载《外国法译评》1996 年第 3 期。

③ ［德］迪特尔 · 梅迪库斯：《德国民法总论》，邵建东译，法律出版社 2000 年版，第 824 页。但这种说法可能过于绝对，即使在德国也有非经济性社团被适用法人人格否认的案例——德国联邦最高法院第 8 民庭就判决了一个协会的所有成员对协会的债务承担责任。参见［德］托马斯 · 莱赛尔：《德国资合公司法》，高旭军等译，法律出版社 2005 年版，第 487 页。

经营性法人的出资人滥用法人人格和出资人的有限责任损害债权人利益的情况呢？甚有疑问！有些非营利性的法人，其出资人也可以滥用法人的人格和出资人的有限责任，从而损害债权人利益。因此，我认为，《民法典》第 83 条的规定应准用于非营利性法人。

另外，从我国营利性法人的类型看，其出资人一般都承担有限责任。

（2）出资人为一人的营利性法人

所谓出资人为一人的法人是指由一人出资设立的法人，这类法人的典型就是一人公司。虽然法人的实质是财产独立、意思独立、人格独立，而从理论上说，这些完全可以在一人公司中做到。但不可否认的是，一人公司与股东为二人以上的公司比较，股东更容易控制与支配公司，公司的财产更容易与股东财产混淆，因此，从许多国家的司法实践上看，为了防止股东损害债权人利益，许多法人人格否认的案例是针对一人公司的。

我国《公司法》已经明确承认了一人公司，而从我国的实践看，一人公司中的控制、资产混淆等情况十分普遍，因此，更应该适用法人人格否认。

（3）母公司与子公司

所谓母公司是指拥有另一公司一定比例的股份，能够从法律上控制该公司的公司；被控制的公司叫作子公司。日本学者非常明确地定义道：持有其他股份公司已经发行股份过半数的股份或者其他有限公司的资本之过半数出资的公司叫作母公司。[①] 在母子公司的关系上，子公司之所以经常在个案中被否认法人人格，是因为从法律上说，母子公司各为独立的法人，各自拥有自己的财产、组织机构、独立承担责任，但是，在事实上母公司又能够控制子公司，因此，有时母公司在实际上将子公司作为分公司对待，即在意志上、财产上、利益上并不彼此独立。所以，与其他形式的企业法人比较，法院更愿意在母子公司关系上适用法人人格否认。

美国法官道格拉斯在总结了大量案例后指出，母公司必须遵守以下四个条件，子公司的人格才不致被否认：（1）子公司作为一个独立的财政单位的

① ［日］末永敏和：《现代日本公司法》，金洪玉译，人民法院出版社 2000 年版，第 21 页。

地位必须得到维持；（2）母子公司的日常营业应保持独立；（3）应维持两个公司管理机构的一般界限，以保证两个公司的业务不至于陷入有害的混同；（4）两个公司不表现为一个整体，那些对外缔约的人应充分表明他们的独立身份。①

有的美国学者从经济分析的角度分析了法院更愿意在母子公司关系中适用法人人格否认的原因：（1）追及母公司资产并不会给任何个人带来无限责任，从而不会影响资本市场的多元性、流通性及其监督机制等利益；（2）在母子公司的情形，由于子公司缺少投保动机因而具有较大的道德风险因素，尤其是在母公司管理人员同时兼为子公司管理人员的情形，以及母公司以最低限度的资本投入建立子公司从事风险事业的情形，母公司以有限责任获得子公司经营利益但却不承担相应的成本。②

在我国的司法实践中，母公司完全控制子公司、通过关联交易损害债权人利益的情况时有发生，因此，从客观上看，应有更多的适用法人人格否认的情形。

（四）法人人格否认的适用条件

1. 我国立法及司法规则

从我国《民法典》第83条的规定看，法人人格否认的具体条件是：（1）法人的出资人滥用法人独立地位和出资人有限责任。前面已经说过，法人的独立责任与出资人的有限责任都是有条件的，具体就是法人的财产独立、意思独立。只有满足了前两项条件，法人的人格独立和责任独立、出资人的有限责任才具有合理性和合法性。如果法人的出资人置前两项条件于不顾，否定法人的独立意思而代之以“自己控制”、随意支配法人的财产，甚至把法人作为取得利益和权利的手段，抽空法人资产，让法人仅仅成为对外抵挡债务的工具，那

① Robert W. Hamilton，“The Law of Corporation”，转引自蔡立东：《公司人格否认论》，载梁慧星主编：《民商法论丛》（第2卷），法律出版社1992年版，第357页。

② 陈现杰：《公司人格否认法理评述》，载《外国法译评》1996年第3期。

么，再保持法人的独立责任与股东的有限责任将违背法律之宗旨，违背公平之原则，就必须考虑穿透这种责任的法律壁垒。（2）逃避债务从而严重损害债权人利益。这里所谓的“逃避债务”，不是指法人逃避债务，而是指出资人滥用法人独立地位和出资人有限责任，透过法人取得利益或者财产，从而逃避出资人本应该承担的债务。这实际上是让法人的债务无法清偿，从而损害了债权人利益。当然，我国《民法典》使用了“严重损害债权人利益”，如何解释，实成问题。对于这个问题，最高人民法院 2019 年《九民会议纪要》结合我国的司法实践，作出了更为细致的解读。

该纪要在第二个问题“关于公司纠纷案件的审理”之（四）“关于公司人格否认”的开始就指出：公司人格独立和股东有限责任是公司法的基本原则。否认公司独立人格，由滥用公司法人独立地位和股东有限责任的股东对公司债务承担连带责任，是股东有限责任的例外情形，旨在矫正有限责任制度在特定法律事实发生时对债权人保护的失衡现象。在审判实践中，要准确把握《公司法》第 20 条第 3 款规定的精神。一是只有在股东实施了滥用公司法人独立地位及股东有限责任的行为，且该行为严重损害了公司债权人利益的情况下，才能适用。损害债权人利益，主要是指股东滥用权利使公司财产不足以清偿公司债权人的债权。二是只有实施了滥用法人独立地位和股东有限责任行为的股东才对公司债务承担连带清偿责任，而其他股东不应承担此责任。除此之外，上述纪要总结我国的司法实践，指出了滥用的三种情形：实践中常见的滥用行为情形有“人格混同”“过度支配与控制”“资本显著不足”。

（1）人格混同（《九民会议纪要》第 10 条）

认定公司人格与股东人格是否存在混同，最根本的判断标准是公司是否具有独立意思和独立财产，最主要的表现是公司的财产与股东的财产是否混同且无法区分。在认定是否构成人格混同时，应当综合考虑以下因素：①股东无偿使用公司资金或者财产，不作财务记载的；②股东用公司的资金偿还股东的债务，或者将公司的资金供关联公司无偿使用，不作财务记载的；③公司账簿与股东账簿不分，致使公司财产与股东财产无法区分的；④股东自身收益与公司盈利不加区分，致使双方利益不清的；⑤公司的财产记载于股东名下，由股东占有、使用的；⑥人格混同的其他情形。

在出现人格混同的情况下，往往同时出现以下混同：公司业务和股东业务混同；公司员工与股东员工混同，特别是财务人员混同；公司住所与股东住所混同。人民法院在审理案件时，关键要审查是否构成人格混同，而不要求同时具备其他方面的混同，其他方面的混同往往只是人格混同的补强。

（2）过度支配与控制（《九民会议纪要》第 11 条）

公司控制股东对公司过度支配与控制，操纵公司的决策过程，使公司完全丧失独立性，沦为控制股东的工具或躯壳，严重损害公司债权人利益，应当否认公司人格，由滥用控制权的股东对公司债务承担连带责任。实践中常见的情形包括：①母子公司之间或者子公司之间进行利益输送的；②母子公司或者子公司之间进行交易，收益归一方，损失却由另一方承担的；③先从原公司抽走资金，然后再成立经营目的相同或者类似的公司，逃避原公司债务的；④先解散公司，再以原公司场所、设备、人员及相同或者相似的经营目的另设公司，逃避原公司债务的；⑤过度支配与控制的其他情形。

控制股东或实际控制人控制多个子公司或者关联公司，滥用控制权使多个子公司或者关联公司财产边界不清、财务混同，利益相互输送，丧失人格独立性，沦为控制股东逃避债务、非法经营，甚至违法犯罪工具的，可以综合案件事实，否认子公司或者关联公司法人人格，判令承担连带责任。

（3）资本显著不足（《九民会议纪要》第 12 条）

资本显著不足指的是，公司设立后在经营过程中，股东实际投入公司的资本数额与公司经营所隐含的风险相比明显不匹配。股东利用较少资本从事力所不及的经营，表明其没有从事公司经营的诚意，实质是恶意利用公司独立人格和股东有限责任把投资风险转嫁给债权人。由于资本显著不足的判断标准有很大的模糊性，特别是要与公司采取“以小博大”的正常经营方式相区分，因此在适用时要十分谨慎，应当与其他因素结合起来综合判断。

2019 年《九民会议纪要》（第 13 条）除指出我国实践中存在的上述三种需要进行法人人格否认的情形外，对此类案件的诉讼当事人的地位也进行了具体规定，具有重要的实践意义和价值。具体来说：人民法院在审理公司人格否认纠纷案件时，应当根据不同情形确定当事人的诉讼地位：（1）债权人对债务人公司享有的债权已经由生效裁判确认，其另行提起公司人格否认诉讼，请求股东对公司债务承担连带责任的，列股东为被告，公司为第三人；（2）债权人对债务人公司享有的债权提起诉讼的同时，一并提起公司人格否认诉讼，请求股东对公司债务承担连带责任的，列公司和股东为共同被告；（3）债权人对债务人公司享有的债权尚未经生效裁判确认，直接提起公司人格否认诉讼，请求公司股东对公司债务承担连带责任的，人民法院应当向债权人释明，告知其追加公司为共同被告。债权人拒绝追加的，人民法院应当裁定驳回起诉。

2. 比较法上的理论与实践

从比较法上看，美国法院在考虑适用公司法人人格否认时，往往坚持三个基本的原则，即“真实原则”（资本充实并不作关于公司资本或者净值的虚假陈述）、“首要原则”（债务人应当把满足法律义务放在捐赠、个人事务和道德义务的前面）及“公平原则”。[①] 法院在个案中决定是否对公司人格进行否认时，要通过两种测试：（1）股东的行为表明他们在进行活动时从未对公司实体的“独立性”加以考虑；（2）如果法院不否认公司人格将导致不公平。前者称为“独立性测试”，后者叫作“不公平测试”，也叫“资本不足测试”。就独立性测试而言，假如法院发现公司被其股东仅仅当作一种可以不断改变的“自我”而无视其独立性，则公司实体将会被否认。就“不公平”测试而言，假如债权人能够证实公司是在没有充足的股份资本以应付经营上可能遭受的风险的情况下设立的，法院就能据以“刺破公司面纱”。大多数法院正是依靠显示公司资本不充足的事实来证明公司设立的不公平性。法院在判断公司法人人格是否应当被否定时，独立性测试与不公平测试都必须使用，但由于各个法律领域的法律政策不同，对两种测试的具体要求也不同。[②] 法院在法人人格否认中的政策考量，在母子公司或者关联公司的情形中体现得最为明显，故我们仅以此作为说明的典型。

---

① ［美］罗伯特·C. 克拉克：《公司法则》，胡平等译，工商出版社 1996 年版，第 55 页。

② 陈现杰：《公司人格否认法理评述》，载《外国法译评》1996 年第 3 期。

在考量是否对母子公司或者关联公司适用法人人格否认时，就这一法理的具体适用要件，法院发展了三个变体学说，即“工具说”“另一自我说”“同一体说”。[①]

德国判例及学理对于公司法人人格的否认，主要有四种考察标准，但有时也有交叉：

---

① 工具说

“工具说”由三个要素组成，即“过度控制”“违法或者不公平行为”“与原告损失的因果关系”。

“过度控制”是指不仅对多数或者全部股份进行控制，而且是完全地支配，即不仅在财务方面，而且在受到非难的交易的方针和经营活动方面全面支配，以致公司实体在此同时没有任何独立的思想、意志和自身利益的存在。

“违法或者不公平行为”是指上述控制已经被用于欺诈或者违法行为，永恒化对制定法或者其他法律义务的违反，或者用于一个与原告法律权利相抵触的不诚实或者不正当的行为。

“与原告损失的因果关系”是指上述控制和对义务的违反必须是被控伤害或者损失的直接原因。

“三要素说”在美国各州法院获得了广泛的接受。

另一自我说

“另一自我说”是指两个公司之间的所有和利益如此一致，以至于已经停止其相互独立的存在，而子公司被降至作为母公司的“另一自我”的地位。并且，如果承认其各自为独立的实体将鼓励欺诈或者导致不公平结果。这时，法院就应当揭开公司面纱。

同一体说

“同一体说”是指公司之间的所有和利益如此一致，以至于其各自的独立性事实上已经停止或者从未开始，附加一虚构的独立是为了使企业整体逃避产生于为了整体的利益从事经营的某一公司的债务，从而危害公平与正义。在符合这种条件时，法院即可无视各公司在法律地位上的独立性而着眼于其经济上的结合将其作为一个经济上的统一体，一个单一企业，从而追及企业整体的责任。参见陈现杰:《公司人格否认法理评述》，载《外国法译评》1996 年第 3 期。

在比斯凯勒房地产公司诉奥斯藤房地产公司一案中，法院用“另一自我说”否定了被告公司的法人人格。在该案中，布希与其妻为经营不动产设立了奥斯藤房地产公司，并拥有该公司的全部股份。该公司实际上并无任何财产，也未经营不动产业务，只是股东用来买卖不动产的工具。二股东通常以公司的名义购买不动产，除付清订金外，其余价款则以公司的名义签发支票给付，出卖人将不动产转移于公司后，二股东随即将不动产转移于自己名下，使公司名下无不动产。其后，因以公司名义签发的支票无法兑现，被诉至法院。法院认为:在此情形，公司仅为股东的“另一自我”，股东以公司作为逃避债务的手段，实际上买卖业务为股东自身利益经营。法院进而指出，假如公司的股东为图个人私利进行交易，利用公司名义仅为交易上的便利，公司在交易上没有任何利益，徒使债权人产生误信，进而导致欺诈，应无视以其名义从事交易的法律主体，当事人应当自负责任。法院支持了原告的请求。本案虽然不是母子公司之间的关系，但颇有相似的说明意义。案例来源于蔡立东:《公司人格否认论》，载梁慧星主编:《民商法论丛》(第 2 卷)，法律出版社 1992 年版，第 357 页。

（1）资产混淆。如果公司的资产与其股东个人的财产没有或者没有足够认真地进行分离，那么，股东就必须以其个人财产来承担责任。由于簿记不清，已经根本无法清楚地判定公司财产和个人财产之间的界限，因此不可能再审查公司是否遵守了资本维持的原则。这一思想论证了穿透责任的合法性：谁想享有法人的有限责任，就必须遵守财产分离原则。这是享有有限责任特权的前提条件。

（2）资本过低。资本过低是指与企业的营业规模比较，股本太少。在德国，又区分名义资本过低和实质资本过低。名义资本过低是指虽然资本金不能满足企业对资金的需要，但是缺少的资本额可以由股东提供贷款解决。对此，德国1980年的《有限责任公司法》（第32A条、第32B条）修正案已经作出了规定，即应当像对待责任股本金一样来对待具有代替资本性质的股东贷款。这样一来，股东实际上以其他方式给企业提供了其所必要的资本，法律也就成功地对最常见的和最明显的资本过低情况进行了规范。实质资本过低是指公司除了基本资本外，股东根本没有根据企业经营原则投入与其经营规模相适应的、必要的资金。资本过低实际上就是指实质资本过低。

（3）康采恩关系。如果谁借助于其支配地位利用公司为自己谋取利益，并使公司宣布破产从而对债权人造成了损失，那么他就要赔偿这一损失。在存在康采恩关系的情况下，居支配地位的股东必须直接对其公司的债权人承担清偿责任。

（4）毁灭性生存。人们试图借助资产混淆标准、资本过低标准和康采恩关系标准严格具体地作出界定，但是结果并不令人满意。此后，学术界与司法判例又提出“毁灭性生存”理论，并试图以此来解释责任穿透问题。这一理论的核心内容是：股东不得挪用公司资产使公司陷入破产，并使债权人的债权没有或者没有全部得到清偿，否则公司股东应承担责任。这一理论的基本思想是：法律仅仅保护与基本资本数额相当的公司资产，但公司行为对股东意愿有着很强的依附关系。这就使得有限责任公司不仅是一种最容易破产的企业形式，而且股东可以很容易地“侵吞”公司用于清偿债权人的资产。这就是为什么世界各地的法院都愿意在某些情况下突破法律规定的有限责任原则而作出有利于债权人的判决。股东的有限责任实际上是为了使公司享有更多的经济自由权，也是为了鼓励公司进行风险投资，从而给股东的一种特权。但是，法律授予这种特权是有条件的，即股东不得以此损害公司债权人的利益。根据规范适用理论，股东应当将这种特权用于法律规定的目的而不得滥用这一特权。德国联邦最高法院在“不莱梅佛尔康”一案的判决中适用了这一理论，该案的案情大致是：母公司设立了一个全资子公司，由于母公司对子公司的现金收入和财务账目实行全面管理，后该子公司全面破产，法院判决母公司对债权人承担赔偿责任。

“毁灭性生存”的具体适用条件是：①公司不能清偿债权人的债权，即公司已经支付不能；②公司的支付不能是由其中一个或者几个股东侵吞公司财产引起的，其间他们忽略了公司的清偿能力；③债权人不能借助于公司法的规定提起补充请求，也不能根据有关保护资本的法律规定弥补债权人的损失。[①]

（五）法人人格否认的具体效果

法人人格否认，不是一般地消灭或者否定法人的存在，而是在个案中，视公司的独立人格及股东的有限责任于不顾，将分割法人与其股东责任的法律面纱揭开，将法人的责任直接归于股东，是对股东有限责任的绝对贯彻所带来的不公平的矫正。就如有学者形象地比喻的一样：公司人格被否认，意味着在某种情形下由公司形式所竖起来的有限责任之墙上被钻了一个孔，但对于被钻孔以外的所有其他目的而言，这堵墙依然矗立着。[②] 即使某一法人的人格独立在此一案件中被否认，但其效力也仅仅及于此一案件，而对以往案件无任何溯及力，对以后的案件也无约束力，故法人人格的否认与法人人格的消灭迥然不同。我国《民法典》的规定更为直截了当：法人的出资人应当对法人的债务承担连带责任。上述最高人民法院 2019 年《九民会议纪要》在“法人人格否认”部分的表达更为清晰：公司人格否认不是全面、彻底、永久地否定公司的法人资

① ［德］托马斯 · 莱塞尔：《德国资合公司法》，高旭军等译，法律出版社 2005 年版，第 486—491 页。

② 飞利浦 · I. 布拉姆博格语，转引自陈现杰：《公司人格否认法理评述》，载《外国法译评》1996 年第 3 期。

格，而只是在具体案件中依据特定的法律事实、法律关系，突破股东对公司债务不承担责任的一般规则，例外地判令其承担连带责任。人民法院在个案中否认公司人格的判决的既判力仅仅约束该诉讼的各方当事人，不当然适用于涉及该公司的其他诉讼，不影响公司独立法人资格的存续。如果其他债权人提起公司人格否认诉讼，已生效判决认定的事实可以作为证据使用。

六、营利法人的社会责任

我国《民法典》第 86 条照搬了现行《公司法》第 5 条，将法人的所谓“社会责任”纳入：“营利法人从事经营活动，应当遵守商业道德，维护交易安全，接受政府和社会的监督，承担社会责任。”对此，我们首先来讨论一下什么是“法人的社会责任”，然后再对其从民法的视角进行评价。

（一）法人社会责任的含义

尽管许多中外学者都在讲“法人（公司）社会责任”，但对于究竟什么是法人的社会责任，其内容是什么，却没有统一的认识。美国学者威廉姆斯和司格尔认为，公司社会责任是指公司的一些改进社会福利的行为，这是超乎企业利益的，由政府所要求的行为。[①] 而最为广泛引用的是世界可持续发展商业委员会（World Business Council for Sustainable Development，WBCSD）对公司社会责任的定义——公司社会责任是指企业做出的一种持续承诺：按照道德规范经营，在为经济发展做贡献的同时，既改善员工及其家人的生活质量，又帮助实现所处社区甚至社会的整体生活质量的改善。[②]

我国学者对此认识也不相同，主要有下列观点：

（1）公司社会责任（确称“公司的社会义务”），是指公司在增进股东利益的同时，还应尽量关怀和增进股东之外的利益相关者的利益及社会公共利益。

---

① 转引自史际春、肖竹、冯辉：《论公司社会责任：法律义务、道德责任及其他》，载《首都师范大学学报》（社会科学版）2008 年第 2 期。

② 转引自史际春、肖竹、冯辉：《论公司社会责任：法律义务、道德责任及其他》，载《首都师范大学学报》（社会科学版）2008 年第 2 期。

其中，利益相关者（stakeholders）泛指消费者、职工、债权人、中小竞争者、当地社区和社会弱势群体等与公司生存发展具有利害关系的社会主体，既包括既存的利益相关者，也包括未来或潜在的利益相关者。利益相关者的利益既表现为自然人的权益（尤其是根本人权与自由），也表现为法人和其他组织的权益。公司社会责任的核心要义是，在承认公司营利性的基础上，重视公司的社会性。公司的营利性与生俱来，但其社会性却需要后天培育。股东利益与其他利益相关者的利益既相互对立，又辩证统一，共同组成了公司利益。公司社会责任的核心价值观是以人为本、以义为本，而非以钱为本、以利为本。[①]

（2）对公司社会责任的讨论纠葛于法律责任、道德责任、经济责任抑或环境责任等，可能会使我们陷入泥潭，因为它们是不同维度上的问题，法律责任、道德责任讨论的是公司社会责任的形式，而经济责任、环境责任、劳工责任等讨论的是公司社会责任的内容。就形式维度而言，法律和道德均是促进公司社会责任担当的工具、方法和手段，法律规范、道德准则乃至于软法规则均是公司社会责任的载体，公司社会责任既非单纯的道德责任，亦非仅指法律责任，但它既可以表现为法律责任，也可以表现为道德责任，公司社会责任在法律和道德之间的游移具有充分的正当性。从内容维度来讲，如果我们认可并采纳利益相关者理论并且认为公司利益相关者中除员工、社区、消费者等之外，还包括股东，那么，也就意味着公司社会责任除了公司环境责任、劳工责任等之外，公司经济责任也是公司社会责任的应有之义。公司社会责任中的“责任”是指角色义务，即公司这一角色对社会公众应负担的义务。总之，在形式维度上，公司社会责任既可以表现为法律责任，也可以表现为道德责任；在内容维度上，公司社会责任除公司环境责任、劳工责任等之外，也包含公司的经济责任。[②]

（3）事实上公司社会责任有伦理意义上的社会责任和法律意义上的社会责任之别，应把关涉个人利益和公共利益的公司社会责任概念称为道德化社会责任；把只关涉公共利益的公司社会责任概念称为狭义的公司社会责任。前者主

---

① 刘俊海：《论全球金融危机背景下的公司社会责任的正当性与可操作性》，载《社会科学》2010年第2期。

② 刘萍：《公司社会责任的重新界定》，载《法学》2011年第7期。

要关涉与公司相关的个人利益，主要包括公司与债权人、雇员、供应商、用户、消费者的关系，又可称为广义的社会责任，后者则主要涉及社会公共利益层面，主要包括公司和当地住民的利益以及政府代表的税收利益、环保利益等之间的关系，又可称为狭义的社会责任。对于狭义的社会责任，其概念可以界定为公司在从事营利性的经营活动中负有的维护社会利益的法律义务，以及侵害社会利益应承担的法律责任。如果采用道德化社会责任概念，把个人利益相关者和公司的关系纳入公司社会责任，一方面不仅和公司法的伦理基础相抵牾，而且会降低公司经营的效率；另一方面此种关系完全可以用公司法固有的诚实信用原则来调整，且更能实现博弈双方的利益平衡。社会利益既包括社会中的个人利益，也包括社会中的公共利益，而社会中个人利益和公共利益相比较而言并不具有当然的优位性，所以在公司社会责任的概念中，我们把社会利益限定为社会公共利益。我们应采法律化社会责任概念，把公司社会责任的范围限定在公司经营中关涉社会公共利益的层面。据此对于公司社会责任我们可得出如下定义：公司社会责任是公司在从事营利性的经营活动中负有的维护社会公共利益的义务，以及侵害社会公共利益应承担的法律责任。①

（4）一般认为，广义的公司社会责任包括企业的经济责任、法律责任、道德责任和慈善责任；狭义的公司社会责任仅指道德责任和慈善责任。我们认为，慈善责任属于道德责任的范畴，而经济责任涵盖在法律责任和道德责任中，从逻辑上讲不能与法律责任和道德责任并列。法律、道德和社会中的个体行为构成一个社会最基本的制度环境体系，所以公司社会责任应当是守法责任、做好自己的责任和对社会的其他道德承担这三者的统一体。②

（二）对法人社会责任的评价

在《民法典》出台以前，仅《公司法》中规定了“公司社会责任”，也仅仅能够在一些公司法的著作中看到“社会责任”，很少从民法学者的著作或者讨论

---

① 赵万一、朱明月：《伦理责任抑或法律责任——对公司社会责任制度的重新审视》，载《河南省政法干部管理学院学报》2009 年第 2 期。

② 转引自史际春、肖竹、冯辉：《论公司社会责任：法律义务、道德责任及其他》，载《首都师范大学学报》（社会科学版）2008 年第 2 期。

中听到“法人社会责任”这样的词句。现在,《民法典》“总则编”对此作出了规定。我的评价，总体上来说是消极的，原因如下。

1. 法人的这种所谓“社会责任”是否属于私法上的责任？这种责任在私法上的正当基础和根据是什么？

无论是民法还是商法，法人的责任一定是来自某种具体的根据，如合同、侵权行为、不当得利、无因管理等；或者是某种具体的交易，如票据、破产、保险、期货或者信托等。当然，也有可能来自一种具体的条款，如“诚实信用原则”等。但让公司承担社会责任来自什么地方呢？对于一个营利性法人来说，公司依法纳税、依法经营，追求最大利润以回报股东，难道这还不足以存在于私法中吗？其是否“遵守商业道德，维护交易安全，接受政府和社会的监督”难道需要民法典对其作出规定吗？如果这种逻辑成立的话，那么，我们的民法典在“自然人”部分为什么不规定“自然人应当遵纪守法、依法纳税，接受党的领导，热爱国家、热爱社会主义，坚持传统道德”？这些都是一个自然人应该做到的，但不必在民法典中规定。

2. “社会责任”是否是经营性法人特有的？

当我们在讨论法人社会责任时，发现这些非法律上的要求，其实并非经营性法人独有，经营性的个体户和农村承包经营户、商业合伙、自然人是否也应该具有那些道德义务和法律义务呢？“遵守商业道德，维护交易安全，接受政府和社会的监督”难道不是每个人都应该做到的吗？至于说到“慈善”责任，自然人也应该有替国家分忧、替政府出力的道德义务，为什么民法典仅仅让经营性法人承担？

3. 这些所谓的“法人社会责任”与民法规范有什么关系？

法律应该是由规范构成的，而规范就是调整生活关系的“规矩”。任何法律规范都有自己的调整对象和调整方法，而这些所谓的“法人社会责任”应该是民法典调整的对象吗？显然不能说“是”。就如学者所指出的，从历史发展来看，公司社会责任最初并不是既定法律框架内的讨论，而是对传统公司法律框架将股东权利之维护作为单一核心进行的反思和批判，是对传统公司法律框架可能存在漏洞的一种补救。因此，公司社会责任一开始是超越当时既定法律框架的。超越了既定法律框架，却又需要具有正当性，于是人们开始在道德伦理层面寻找公司社会责任正当性之理由。故早期对公司社会责任的讨论是从道德伦理层面展开的，公司社会责任主要指公司在道义上对公众应负担的责任，是自愿的。在一些国际组织对公司社会责任下的定义中我们也可以看到这种倾向。世界可持续发展商业委员会认为："公司社会责任是公司针对社会——既包括股东也包括其他利益相关者的合乎道德的行为。"欧盟委员会认为："公司社会责任，即公司在自愿基础上整合其业务活动中以及与利益相关者互动中存在的社会和环境问题。"[①] 有学者更直接地指出，这个概念从一开始就超越了法律，属于社会自治或社会性规制的范畴。也就是说，公司社会责任中的责任（responsibility），指的主要是道德义务或道德领域的角色责任，这就不宜通过国家强制力来保障实现——事实上也保障不了。在这个意义上，法人社会责任（Corporation Social Responsibility，CSR）是一种社会规制（Social Regulation），而不是法律的调整或规制。[②] 有学者显然注意到了这些问题，主张将"法人社会责任"中的道德义务剔除，保留"公共利益"这样一个与法律有关的义务，从而来说明其正当性。但问题是，如果这样的话，就更没有必要了：一方面，无论是营利性法人还是非营利性法人，或者自然人，都应当遵守社会公共利益，这显然不是营利性法人独有的社会责任；另一方面，民法专门有针对违反社会公共利益的具体调整，完全没有必要放在法人部分进行规定。

另外，从规范的构成来看，必须采取"条件（大前提）+结果"模式，而这种所谓法人社会责任是提倡性的，而非强制性的，有何规范可言？

4. 国外的这些鼓噪"法人社会责任"的学者出身是私法学者还是经济学家？我们能否将一个经济学的概念简单拿来作为民法典的概念使用？

应该说，我国学者的这些所谓"法人社会责任"是引进国外的产物，那就让我们看看国外这些鼓噪"法人社会责任"的人的出身是私法学者还是经济学家。1924年最早提出"公司社会责任"的学者谢尔顿（Oliver Sheldon）

---

① 刘萍：《公司社会责任的重新界定》，载《法学》2011年第7期。

② 史际春、肖竹、冯辉：《论公司社会责任：法律义务、道德责任及其他》，载《首都师范大学学报》（社会科学版）2008年第2期。

是经济学家，这一概念是其在《管理哲学》(*The Philosophy of Management*)一书中提出的；在20世纪30年代至60年代，关于“公司社会责任”的大争论中，争论的群体也多是经济学者。例如，伯利(Adolf. A. Berle)，多德(Dodd E. Merrick)，弗里德曼(Friedwan)等，都是经济学者。那么，问题就是：经济学家观察问题有其自身的角度，这些概念拿到法律领域是否合适？如果说商法学者在著作中讨论到对公司的规制时谈到这一问题，是正常的，但如果作为一种规范规定在民法典中，就实在难以接受。

即使在经济学者中间，对于公司的社会责任也有反对声音。其实，自从“法人社会责任”这一概念出笼以来，反对声就没有停止过。诺贝尔经济学奖得主弗里德曼反对所谓的“公司的社会责任”。弗里德曼指出，要求公司及其管理者承担“社会责任”虽已成为某种社会时尚，但实际上，这是一个颠覆性的概念，很少有风尚比这一风尚更能如此彻底地损害我们自由社会的基础。原因在于，责令私人公司承担社会责任，一方面是对公共机构职能的僭越；另一方面，即便令其承担，追求私人利益的公司以及非经民主程序产生的管理者也无从判断社会利益之所在，没有能力以恰当的方式协调其所服务的股东利益与社会利益之间的关系。[①] 弗里德曼反对公司社会责任的依据主要有三：一是认为公司只是股东的公司；二是坚持公司的目标是利润最大化；三是将管理者仅仅看作股东的代理人。[②] 还有学者认为，公司的唯一任务就是将其资产用在最有利可图的事情上，而无权做出这样的价值选择：令其资源服务于别人的价值——让公司接受含混不清的“社会责任”，从短期看，其作用是增加不负责任的权力，从长期看则注定会增加国家对公司的控制。[③] 当然还有很多反对的声音。[④]

5. 这种所谓的社会责任，如果说在私法中有意义的话，也只能在某些情况下，在认定公司的法定代表人或者其他机构的“过错”时，作为参考标准。例

---

① 朱庆育：《民法总论》，北京大学出版社2016年版，第420页。

② 史际春、肖竹、冯辉：《论公司社会责任：法律义务、道德责任及其他》，载《首都师范大学学报》(社会科学版)2008年第2期。

③ 转引自朱庆育：《民法总论》，北京大学出版社2016年版，第420页。

④ 史际春、肖竹、冯辉：《论公司社会责任：法律义务、道德责任及其他》，载《首都师范大学学报》(社会科学版)2008年第2期。

如，一个公司的董事会作出的决议有可能符合社会责任标准但不符合公司利益最大化标准，在认定管理层是否具有过错时，可以作为抗辩理由适用。但这种抗辩是否能够有说服力，也甚有疑问：一个公司的管理者面对社会责任与股东责任的矛盾时，它应该先向公司及股东负责还是先向社会负责？

因此，将这样一种所谓的法人社会责任，不是在判例或者理论中展开，而是直接规定在民法典中，是十分不妥的。我国的《民法典》承载了多少不该由其承担的负载！

第四节 非营利性法人

一、关于非营利性法人概述

《民法典》第 87 条规定了非营利法人的基本概念：“为公益目的或者其他非营利目的成立，不向出资人、设立人或者会员分配所取得利润的法人，为非营利法人。非营利法人包括事业单位、社会团体、基金会、社会服务机构等。”从这一规定来看：（1）非营利法人实际上包括了传统民法认为的公益法人与中间法人（既非公益也非营利），如有的社会团体和社会服务机构。（2）《民法典》将非营利法人概括为事业单位、社会团体、基金会、社会服务机构等，是否能够涵盖所有实际存在的各种形式的非营利法人？例如，ABC 三人各出资 1 亿元，设立了一个公司，该公司章程明确规定：（1）该公司的宗旨是专门资助贫困中小学生完成义务教育；（2）该公司股东不分配利润，所有盈利全部用于资助事业等；（3）其他的事项与一般公司相同。那么，这一公司是否属于非营利法人？

《民法典》以营利和非营利为标准区分法人，实际上还是以“目的”为标准分类，与之前《民法通则》上的机关法人、事业单位法人、企业法人等分类比较，没有太大的区别，甚至可能还不如《民法通则》的区分更符合中国国情。从《民法典》第 88 条至第 94 条关于公益法人、事业单位法人、社会团体法人、捐助法人的具体规定看，几乎是一种法人类型的简单罗列。

二、公益目的法人终止时的财产分配

我国《民法典》第 95 条规定："为公益目的成立的非营利法人终止时，不得向出资人、设立人或者会员分配剩余财产。剩余财产应当按照法人章程的规定或者权力机构的决议用于公益目的；无法按照法人章程的规定或者权力机构的决议处理的，由主管机关主持转给宗旨相同或者相近的法人，并向社会公告。"这是对一般公益法人的要求，但是，如果是按照公司法设立的、专门从事公益事业的公司，其章程规定只能从事公益，股东不能分配利润，又该如何呢？例如，上述公司股东 ABC 各自出资 1 亿元，共 3 亿元，公司存续为期 10 年。10 年间公司共盈利 5 亿元，全部用于资助中小学生。10 年期满，现在按照章程解散公司，公司清算后还剩余 3 亿元资产。那么，这些资产也不能分配给这些最初出资的股东吗？这一个公司应该算是公益法人，当然算不上是捐助法人。显然，《民法典》的这一规定不能从法人的基本构成上来构建法人制度，仅仅从"目的"出发，就会造成这种尴尬的局面——逻辑上不能自恰。

三、公益性事业单位

我国《民法典》主要规定了公益性事业单位的设立和组织机构：（1）具备法人条件，为实现公益目的设立的事业单位，经依法登记成立，取得事业单位法人资格；依法不需要办理法人登记的，从成立之日起，具有事业单位法人资格（第 88 条）。（2）事业单位法人设理事会的，除法律另有规定外，理事会为其决策机构。事业单位法人的法定代表人依照法律、行政法规或者法人章程的规定产生（第 89 条）。

实际上，像事业单位法人、机关法人这种法人类型，根本就不是私法上典型的法人，其设立、运行和消灭等都应该由特别法律或者法规来处理，仅仅是某些方面准用民法法人的规定即可。

在我国《民法典》中，令人疑惑的是：事业单位为什么会有决策机关？这一类法人的目的是明确的，有的甚至就几乎等同于机关法人（公法人），如中国证监会等。这就如同《民法典》第 93 条规定的捐助法人也有决策机关一样，令人不解。难道这个"决策机关"在我国《民法典》上是与法人的"权力机关"

不同的机关？根据我国立法机关的学者解释[①]，这种机关的设立根据是国务院的文件——《关于建立和完善事业单位法人治理结构的意见》。在该文件中，要求事业单位"建立健全决策监督机构。决策监督机构的主要组织形式是理事会"。根据我国《民法典》关于法人的规定，只能理解为：这种所谓的"决策机构"就是"决策"如何执行法人章程或者法律规定的职责，并不是真正意义上的决策机构。例如，在我国公司治理结构中，只有权力机构（学理上有时称其为决策机构、意思机构）、执行机构、监督机构等，在权力机构之外没有决策机构。如果按照这一逻辑，我国《公司法》也应该在股东会、执行机构之外再设一个"决策"如何执行权力机构决策的机构。其实是没有任何必要的。事业单位这种法人仅仅具有执行机构和监督机构即可（甚至监督机构都不是必设机构）。

四、非营利的社会团体法人

在我国《民法典》中，社会团体法人有两种类型：一种是为公共利益设立的社会团体法人；另一种是为会员共同利益而设立的社会团体法人，如同乡会、同学会等（但这类团体仅仅在理论上符合《民法典》第 91 条的规定——为社员共同利益，在我国实际生活中能否给予登记，则是一个问题。但是，从理论上来说，是可以成立法人的）。

按照我国《民法典》第 90 条、第 91 条的规定：（1）设立社会团体法人应当依法制定章程。（2）社会团体法人应当设立权力机构、执行机构和代表机构。会员大会或者会员代表大会等为社团法人的权力机构；理事会等为执行机构；理事长或者会长等负责人依照法人章程的规定担任法定代表人。（3）社会团体，经依法登记成立，取得社会团体法人资格；依法不需要办理法人登记的，从成立之日起，具有社会团体法人资格。

（一）社会团体法人概述

2016 年的《社会团体登记管理条例》第 2 条规定："本条例所称社会团体，是指中国公民自愿组成，为实现会员共同意愿，按照其章程开展活动的非营利

① 张荣顺主编：《中华人民共和国民法总则解读》，中国法制出版社 2017 年版，第 282—285 页。

性社会组织。国家机关以外的组织可以作为单位会员加入社会团体。”《民法典》第90条规定：“具备法人条件，基于会员共同意愿，为公益目的或者会员共同利益等非营利目的设立的社会团体，经依法登记成立，取得社会团体法人资格；依法不需要办理法人登记的，从成立之日起，具有社会团体法人资格。”对比二者我们会发现，《民法典》第90条明确规定两个目的：一是公益目的，二是会员共同利益。但是，《社会团体登记管理条例》好像只有一种。我认为，应该包括两种目的。

社会团体法人包括哪些呢？1989年的《社会团体登记管理条例》第2条规定：“在中华人民共和国境内组织的协会、学会、联合会、研究会、基金会、联谊会、促进会、商会等社会团体，均应依照本条例的规定申请登记……”现在的社会团体法人大概也就是这些。不过，基金会除外——属于捐助法人（传统民法上的财团法人）。2016年的《社会团体登记管理条例》第3条第3款规定：“下列团体不属于本条例规定登记的范围：（一）参加中国人民政治协商会议的人民团体；（二）由国务院机构编制管理机关核定，并经国务院批准免于登记的团体；（三）机关、团体、企业事业单位内部经本单位批准成立、在本单位内部活动的团体。”

（二）组织机构

《民法典》第91条规定：“设立社会团体法人应当依法制定法人章程。社会团体法人应当设会员大会或者会员代表大会等权力机构。社会团体法人应当设理事会等执行机构。理事长或者会长等负责人按照法人章程的规定担任法定代表人。”

（三）成立需要的条件

2016年的《社会团体登记管理条例》第10条、第11条规定，成立社会团体，应当具备下列条件：

（1）有50个以上的个人会员或者30个以上的单位会员；个人会员、单位会员混合组成的，会员总数不得少于50个；

（2）有规范的名称和相应的组织机构；

（3）有固定的住所；

（4）有与其业务活动相适应的专职工作人员；

（5）有合法的资产和经费来源，全国性的社会团体有10万元以上活动资金，地方性的社会团体和跨行政区域的社会团体有3万元以上活动资金；

（6）有独立承担民事责任的能力；

（7）要有章程。

第14条规定："社会团体的章程应当包括下列事项：（一）名称、住所；（二）宗旨、业务范围和活动地域；（三）会员资格及其权利、义务；（四）民主的组织管理制度，执行机构的产生程序；（五）负责人的条件和产生、罢免的程序；（六）资产管理和使用的原则；（七）章程的修改程序；（八）终止程序和终止后资产的处理；（九）应当由章程规定的其他事项。"

五、捐助法人

（一）捐助法人的概念

我国《民法典》第92条至第94条规定了"捐助法人"。其中，第92条规定："具备法人条件，为公益目的以捐助财产设立的基金会、社会服务机构等，经依法登记成立，取得捐助法人资格。依法设立的宗教活动场所，具备法人条件的，可以申请法人登记，取得捐助法人资格。……"这一概念基本上等同于传统民法中的"财团法人"。

财团法人就是为实现一定的目的，利用为此提供的一定财产而设立的永久性的组织体。[①] 这里所谓的"为此提供的一定财产"，其实就是指捐助财产。

自然人为了更好地经营或者其他目的而以人的集合为基础成立一个法人，已经为法律所允许并已成为经济生活中常见的事情了。那么，如果有人欲建立一个无成员而仅以其提供的一定财产为基础并以特定目的存在的法人，是否也为法律所允许？法律所允许的这种法人实际上就是西方传统民法中常说的财团法人，也就是我国《民法典》上的捐助法人。

① ［德］卡尔·拉伦茨：《德国民法通论》，王晓晔等译，法律出版社2003年版，第248页。

作为私法中常见的一种法人形式，财团法人（捐助法人）具有与社团法人非常不同的特征，这些特征我们已经在前面法人的分类中作了介绍，在此再特别强调一下。

1. 社团法人与财团法人的存在都有自己特定的目的，但社团法人的目的无论是营利性的，还是非营利性的，其目的均是可变的，即可以随着需要而由成员大会决定变更；而财团法人的目的是比较具体的非营利性的，而且这种目的常常是不能变更的，这恰恰也是设立人愿意设立这种法人的动机之一。

2. 正是以上差别，导致了传统民法立法模式的巨大差异：营利性法人一般规定在商法典中，而财团法人一般规定在民法典中。《德国民法典》中所讲的法人实际上是商法典中规定的营利法人之外的法人形式。因此，也就出现了《德国民法典》中的法人采取许可主义原则的现象。

3. 财团法人与社团法人设立的程序存在巨大差别，由于财团法人的非营利性，往往享有许多优惠政策，故为了防止有人以设立财团为外壳规避法律（如避税），通常对财团法人的成立采取非常严格的审查与管理制度。财团法人的成立往往采取“许可制”。

4. 社团法人是“自律法人”，而财团法人是“他律法人”。社团法人因有自己的决策机关，可以改变法人的章程。而财团法人无自己的决策机关，必须完全按照章程或者捐助人的遗嘱执行。一般说来，即使章程中规定或者遗嘱中写明理事会或者董事会可以修改章程，这种规定条款也是无效的。这完全体现了他律法人的特征。①

5. 法人解散及解散后的财产归属不同。由于财团法人没有成员，故不存在因成员大会的决议而解散的情形。一般来说，财团法人的解散都是因财团的目的事业不能达到或者不能维持，且无其他捐赠，导致财团财产不足以支持目的事业而造成的。

法人解散后，财团法人的财产归属完全不同于社团法人。由于社团法人有自己的成员，故社团法人解散并清算后，有剩余财产的，应分配给成员。但财

① 但我国《民法典》第94条还规定了捐助法人的“决策机构”，实在值得思考。

团法人无成员，如解散后有剩余财产的，应根据章程的规定处理；若章程没有规定，各国法律规定并不相同。我国《民法典》第95条规定，其剩余财产应当按照章程的规定或者权力机构的决议用于公益目的；无法按照法人章程规定或者权力机构的决议处理的，由主管机关主持转给宗旨相同或者相近的以公益为目的的法人，并向社会公告。

（二）财团法人的制度价值

任何一种制度的设置均有其价值，财团法人制度也不例外。简单地说，财团制度的设置价值有二：（1）设立人想把自己的意志永远地贯彻下去；（2）设立人想把用于这一目的的财产同自己的其他财产独立开来而让这种“独立财产”承担责任。下面我们就在与其他存在形式的比较中，阐述其制度价值。

如果仅仅是为了公益或者其他非营利性目的时，难以构成设立一个财团法人的充分理由，其完全可以设立社团法人而用于公益事业或者其他非营利性目的，现实生活中也确实存在为了公益事业的社团法人。目的虽然可以达到，但其他方面却有所不同：因社团法人有成员，成员可以通过成员大会的决议来改变设立人的意志。正因如此，德国学者梅迪库斯指出：财团提供了使一个人的意思（同时还有捐助者的姓名）永垂不朽的可能性。在财团中，确定捐助行为的宗旨可不受时间方面的限制。[①] 例如，世界上最负盛誉的诺贝尔基金会因设立人诺贝尔在设立基金会时，明确禁止数学家获此殊荣，至今仍然没有改变，数学家至今仍无缘问鼎这一奖项。因此，一个人若想把自己的财产用于特定目的并使该目的永远不被改变，最好的方式就是设立财团法人。

另外，如果有人仅仅想从事公益事业，也不必设立一个法人，在现有的法律框架下就可以通过其他法律制度实现这一目的，如信托制度就是一种可以利用的制度。信托制度源于英国，我国也于2001年颁布了《信托法》。信托是指委托人基于对受托人的信任，将其财产信托给受托人，由受托人按照委托人的意愿以自己的名义，为受益人的利益或者特定目的，进行管理或者处分的行为。也就是说，委托人可以拿出一定的财产交给受托人管理，并指定受益人。这种

---

① ［德］迪特尔·梅迪库斯：《德国民法总论》，邵建东译，法律出版社2000年版，第865页。

方式也完全可以用于公益事业。现实生活中这种以信托的形式表现出来的为特定目的的财产是普遍存在的，如自然人或者法人接受一定财产，且这些财产是作为与接受人的其他财产在经济上相分离的特别财产而被管理，并为一定的目的而使用。例如，大学经常以法人的名义接受捐款，规定从资金的受益中为一定的研究课题或者为某些科研机构提供资助，或者安排奖学金，或者类似的其他目的。这样，这些被捐助的财产就成为管理这些财产且按照既定目的使用其权益的受托人的财产。如果捐助人不想把资金捐助于现有的自然人或者法人，因为担心他们不能按照其意愿使用资金，或者认为现有的组织不适宜承担他的任务，那么，他就需要建立新的组织。这个组织只为他所规定的目的服务，其本身作为"法人"是财产的所有权人。他可以通过设立一个财团做到这一点。① 因此，财团法人的制度价值是不能仅仅用"公益"来涵盖的，公益之外的其他目的是促使设立人设立财团法人而非其他方式的主要原因。有的学者更直接地指出：一个人情愿为无家可归的人提供居所，于是花钱买了一栋房屋，购置了必要的家具、电器，让无家可归者免费居住。这些公益活动需要设立一个法人吗？② 但是，如果不设立财团法人，则用于公益目的的财产就无法与自己的其他财产相分离，责任也就无法分离。

我国有一个著名的案例就清楚地说明了这一点：1995 年 7 月，广西壮族自治区某县地税局职工余某，被某医学院附属医院诊断为慢性白血病。医生告诉他：最理想的治疗方法是进行骨髓移植，费用为 25 万元至 30 万元。高额的医疗费使余某一家陷入一筹莫展的困境中。此时，地税局和余某的母校广西某学院同时发起了募捐活动，共计捐款 1 万多元，相比骨髓移植需要的费用，杯水车薪。于是，又号召全国地税系统捐款，并设立了专门的账户。截至 1996 年 6 月 5 日，共收到来自四川、贵州、海南等全国各地的捐款 193 笔，共计 22 万余元。但是，爱心并没有挽回余某的生命，1998 年 11 月 2 日，余某去世。处理完后事后，还剩余 14 万多元，地税局以工会的名义存入银行。死者的父亲找到税务局领导，

① [德]卡尔·拉伦茨：《德国民法通论》，王晓晔等译，法律出版社 2003 年版，第 249 页。

② 参见葛云松：《中国的财团法人制度展望》，载《北大法律评论》第 5 卷第 1 辑，法律出版社 2003 年版。

要求继承这一笔遗产。一审法院判决驳回余某父亲的诉讼请求，余某父亲不服，上诉到中级人民法院，二审支持了其诉讼请求。此案在全国引起了极大的反响。该案结束后，地税局的领导意识到：如果当时设立一个财团法人，让全国地税系统给这个财团法人捐款，再由财团法人给予余某救济，就不会发生这种情况了。[①]

（三）财团法人设立的条件

按照德国学者拉伦茨的观点，设立一个财团法人的基本实质要件是：财团目的、财团法人的组织与必要的资金。[②] 我认为，除了上述条件之外，还应有一个主要的要件，即财团章程，下面分别述之。

1. 财团目的

设立财团必须有明确的目的，即财团设立人为财团规定的永久性任务，财团为此而存在。财团的目的可以是慈善方面的、学术方面的、宗教方面的、社会方面的或者其他广泛意义上的有益于公众的，只要目的不违反法律的禁止性规定或者善良风俗即可。该目的必须明确地记载于章程中。

2. 必须有章程或者遗嘱

由于财团法人没有意思机关而仅有执行机关，而执行机关的行为依靠章程，故无章程的财团法人就难以存在。我国《民法典》第 93 条第 1 款也要求设立捐助法人应当依法制定章程。章程中应当记载：（1）财团的目的；（2）财团的组织形式和组成方式；（3）捐助的财产；（4）财团的管理方式。[③]

在法人没有章程而有遗嘱时，财团法人也可以成立。遗嘱中应当有财团的目的及主要管理方式[④]。

当章程或者遗嘱没有规定或者规定不明确但为财团法人的设立或者存在必须者，由法院补正，如法人执行机关的组成方式等。

---

① 案情摘自《京华时报》，2002 年 11 月 3 日第 7 版。

② ［德］卡尔·拉伦茨：《德国民法通论》，王晓晔等译，法律出版社 2003 年版，第 248 页。

③ ［德］卡尔·拉伦茨：《德国民法通论》，王晓晔等译，法律出版社 2003 年版，第 249 页；邱聪智：《民法总论》（上），三民书局 2005 年版，第 381 页。

④ 邱聪智：《民法总论》（上），三民书局 2005 年版，第 381 页。

3. 必须有组织

这种组织通常是执行机关，此机关一般是财团法人的主要甚至是唯一的常设机构，为完成财团的永久性任务而存在。当然，还可以设监督机构和代表机关。按照我国《民法典》第 93 条的规定，捐助法人应当设理事会、民主管理组织等决策机构，并设执行机构。理事长等负责人依照法人章程的规定担任法定代表人，捐助法人应当设监事会等监督机构。

在这里需要对我国《民法典》第 93 条进行讨论和思考。第 93 条规定了捐助法人必须设立“决策机构”。这样规定实际上违反了法律设立这类法人的基本宗旨和目的——这种法人必须是“他律法人”，必须不能设立“决策机构”，因为捐助人就是想把一部分财产分离出来，让这一部分财产按照其意志做某种公益事业，任何人都不能改变捐助人的意愿和目的，就像诺贝尔捐助成立的诺贝尔基金会，该基金会设立之初，诺贝尔就不允许数学家获得此奖。即使在今天，也没有人能够改变这种意愿。如果有决策机构，就失去了这种法人类型的最直接的意义，捐助人也就没有必要设立捐助法人了，直接设立一个一般法人从事慈善事业或者其他公益事业不就可以了吗？因此，我认为，《民法典》这种规定实际上是对捐助法人或者财团法人的误解。

4. 必须有捐助的财产

由于财团法人存在的基础即财产，故必须有财团法人所需要的财产。许多国家的法律根据财团法人的不同目的而要求有不同的财产。例如，在日本，就要求财团法人获得足够的、设立之初的捐赠财产和持久的赞助收入等。[①] 我国《民法典》既然规定为“捐助财产”，那么，就必然要求有足以支撑捐助法人完成目的事业的财产。

（四）财团法人设立的一般程序

1. 捐助行为

财团法人的捐助人必须捐助财产，制定财团的根本规则，并将其用书面形

① ［日］山本敬三：《民法讲义 I》，解亘译，北京大学出版社 2004 年版，第 302 页。

式记载，这些行为统称为“捐助行为”[①]。捐助行为可以是生前行为，也可以是死因处分行为。

生前的捐助行为是一项不需要受领的意思表示的单方法律行为，财团的设立一经获得许可，捐助人就有义务提供允诺的财产。至于死因处分的捐助行为，根据德国法的规定，就捐助人的捐助行为而言，财团视为在捐助人死亡之前已经设立，因而它有继承能力[②]。

2. 须经过官方许可

在大陆法系的许多国家，对于财团法人采取严格的审查制度，因此，财团法人的设立适用许可制度，如《德国民法典》第 80 条规定：“设立有权利能力的基金会，除捐赠行为外，需要得到基金会住所所在地的邦的许可。”我国实践中，财团法人的设立也必须得到有关行政管理机关的许可。

3. 登记

同社团法人一样，财团法人也必须进行登记。从我国《民法典》本身（第 92 条）的规定以及之前中国的实践看，捐助法人必须经过有关机关批准并登记，方可取得法人资格。但是，在比较法上，就登记的效力而言，却因不同的国家的法律规定不同而不同。例如，在德国，登记是财团取得权利能力的必经程序；而在日本，则采取登记对抗主义，即使不登记也可以取得权利能力，但不得对抗第三人。[③]

（五）财团法人的监督

财团法人由何人监督？我国《民法典》第 93 条专门规定了捐助法人应当设立监督机构，由其对捐助法人的执行机构及法定代表人等的行为进行监督。但是，除此之外，其他人是否可以进行监督呢？按照我国《民法典》，“利害关系人”可以通过多种方式进行监督。这里所谓的“利害关系人”，是指捐

---

① ［日］山本敬三：《民法讲义Ⅰ》，解亘译，北京大学出版社 2004 年版，第 302 页。

② ［德］迪特尔·梅迪库斯：《德国民法总论》，邵建东译，法律出版社 2000 年版，第 866—867 页。

③ ［日］山本敬三：《民法讲义Ⅰ》，解亘译，北京大学出版社 2004 年版，第 302—303 页。

助人等。捐助人有权向捐助法人查询捐助财产的使用、管理情况，并提出意见和建议，捐助法人应当及时、如实答复。捐助法人的决策机构、执行机构或者其法定代表人作出的决定违反捐助法人章程的，捐助人等利害关系人或者主管机关可以请求人民法院予以撤销（第94条）。

在这里需要指出的是，“捐助人”不应该是捐助法人的“利害关系人”，任何人一旦捐出财产，就与捐助法人没有任何利害关系了，以防止其控制捐助法人。我国对于捐助法人的整体规定，几乎是不符合捐助法人（财团法人）之基本宗旨的。

（六）章程的修改与目的变更

从传统民法上看，由于财团法人无成员，故财团法人的章程不可能按照社团法人的规定而由社员大会决议修改。恰恰相反，财团法人的主要目的之一就是防止他人改变设立人的意志。因此，法人章程规定的目的，只有在特殊情况下才可以被修改或者撤销。对此，《德国民法典》第87条规定：“（1）基金会的目的不能完成或者其完成会危及公共利益时，主管行政机关可以为基金会另定目的或者将其基金会撤销。（2）在变更基金会目的时，应尽可能地考虑捐赠人的本意，尤其应考虑的是，基金会财产的收益应尽可能按照捐赠人的意思，继续由其预期的人享受。如果基金会的目的需要变更，主管行政机关可以变更基金会章程。（3）在变更目的和章程之前，应听取董事会意见。”

关于目的变更，例如，以防治天花为目的的财团，因医学发达天花已经灭绝，主管机关可以衡量客观情况，并斟酌捐助人的意思，变更目的为SARS防治，其结果仍然是财团法人。①

但是，从我国《民法典》的规定看，由于捐助法人有自己的决策机关，还把捐助人作为利害关系人对待，这是否代表决策机关可以随时改变章程之规定的目的？从决策机构的职能上看，应该作出这样的解释。甚至作为“利害关系人”的捐助人也可以请求决策机构作出变更；而当决策机构不作出这种变更的决议时，捐助人还可以请求法院撤销。但是，这种做法是违反捐助法人的一般原则的。

---

① 邱聪智：《民法总论》（上），三民书局2005年版，第386页。

（七）财团的受益人

财团的受益人由章程规定，章程既可以规定特定人为受益人，也可以不规定特定受益人，仅仅规定财团目的。如果仅仅规定特定目的，则在该目的范围内的人都可以成为受益人。

（八）财团法人的破产问题

财团法人与社团法人的区别并不在于是否经营，而在于经营所得的去向。在实践中，许多财团法人为了扩大目的事业，也进行经营活动。既然有经营，就肯定存在风险，就有可能出现财产不足以支付债务的情形，就存在破产分配的可能性和现实性。

第五节　特别法人

一、关于“特别法人”的概述

“特别法人”这一提法应该说是我国《民法典》的创举，它反映了我国社会生活中，存在很多“似是而非”的“类法人”。这些法人在私法实践中，是否作为法人主体对待，常常存在争议，如“居民委员会”“村民委员会”等基层组织。

按照我国《民法典》第96条至第101条的规定，所谓特别法人，包括机关法人、农村集体经济组织法人、合作经济组织法人、基层群众性自治组织法人。实际上，在这些所谓的特别法人中，最有实际意义的，就是“农村集体经济组织法人”“居民委员会”“村民委员会”等基层组织法人资格的确认。因为，其是否具有法人资格，即使在理论上也存在争议。而机关法人在实践中一般都作为法人来对待；农村合作经济组织不仅有具体的法律法规或者部门规章，在实践中也一般不会发生主体资格问题。

二、机关法人

（一）概述

机关法人，在理论上一般都会将其作为“公法人”对待，如各级政府、国务院各个部委等。而且，1986年《民法通则》第50条第1款就规定：“有独立经费的机关从成立之日起，具有法人资格。”因此，我国无论从理论，还是从实践上，都对机关法人之主体资格没有争议。

我个人认为，机关法人等这类公法人，确实属于“特别法人”，其特别之处就在于：其成立目的、成立程序和运行程序、消灭程序等，与民商法毫无关系，因此，它们根本就不是民商法上的法人。但是，其存续过程中，会偶尔介入或者说涉及民商法，尤其是民法，因此，民法上将其作为有民事主体资格的法人对待。《德国民法典》第89条仅仅用一个条文规定了公法人的准用。我国将公法人放在“特别法人”中规定，也是妥当的。

我国《民法典》第97条之规定，与1986年的《民法通则》第50条相比，更加完善合理。该条规定：“有独立经费的机关和承担行政职能的法定机构从成立之日起，具有机关法人资格，可以从事为履行职能所需要的民事活动。”这里强调的是，法律虽然赋予其民事主体资格——法人地位，但其在“履行职能所需要”的范围内从事民事活动。

（二）机关法人终止后权利义务的承担

机关法人因被撤销而终止的，其民事权利和义务由继续履行其职能的机关法人承担；没有继续履行其职能的机关法人的，由撤销该机关法人的机关法人享有和承担（《民法典》第98条）。

三、农村集体经济组织法人和村民委员会法人

由于历史的原因，在中国形成了非常特别的法人类型：农村集体经济组织法人和村民委员会法人。对于很多人来说，这是既熟悉又十分模糊的概念。实际上，农村集体经济组织在中国是如何形成的？其真实存在的状态是什么？

为什么中国会存在乡镇集体经济组织、村集体经济组织、村内各个集体经济组织？乡镇集体经济组织、村集体经济组织与乡镇政府组织、村委会等是什么关系？这些很有研究的必要。限于篇幅的原因，本书将在下面专门用一节来论述和考察。

四、居民委员会法人

（一）我国居民委员会的概念

居民委员会简称“居委会”“社区居委会”，是中国城市街道、行政建制镇的分区即“社区”的一个主要社会组织机构。按照我国《城市居民委员会组织法》第 2 条的规定，居民委员会的性质是“居民自我管理、自我教育、自我服务的基层群众性自治组织”。居民委员会属于城镇居民的自治组织，地位相当于农村的村民委员会，管辖对象以城市、镇非农业居民为主。其与村委会一样，具有“行政性”（虽然不是权力机关）。

通常情况下，居委会的直接上级是不设区的市、市辖区的人民政府或者它的派出机关——街道办事处。按照我国《城市居民委员会组织法》第 2 条的规定，不设区的市、市辖区的人民政府或者它的派出机关对居民委员会的工作给予指导、支持和帮助。居民委员会协助不设区的市、市辖区的人民政府或者它的派出机关开展工作。而街道办事处，习惯上简称为街道办，是我国市辖区和不设区的市政府的派出机关，“街道办事处”管辖区域称为“街道”，街道一般与乡和镇处同一行政区划层次，但本身不构成一级政权机关。以北京市海淀区为例，城市街道办事处全称如“北京市海淀区人民政府 ×× 街道办事处”，同级党的机构为“中国共产党北京市海淀区委员会 ×× 街道工作委员会”，同时设有“北京市公安局海淀区分局 ×× 街道派出所”。其具体职责为：指导、帮助社区居委会开展组织建设、制度建设和其他工作；负责辖区社区建设、管理和服务工作；做好社会救助和其他社会保障工作；执行辖区内经济和社会发展计划、财政预算，管理辖区内的社会事务管理、劳动和社会保障、计划生育、环境保护、文化、卫生、安全生产等行政工作。

居民委员会的设立、撤销、规模调整，由不设区的市、市辖区的人民政府决定。居民委员会根据居民居住状况，按照便于居民自治的原则，一般在一百户至七百户的范围内设立（《城市居民委员会组织法》第6条）。其职责是：（1）宣传宪法、法律、法规和国家的政策，维护居民的合法权益，教育居民履行依法应尽的义务，爱护公共财产，开展多种形式的社会主义精神文明建设活动；（2）办理本居住地区居民的公共事务和公益事业；（3）调解民间纠纷；（4）协助维护社会治安；（5）协助人民政府或者它的派出机关做好与居民利益有关的公共卫生、计划生育、优抚救济、青少年教育等项工作；（6）向人民政府或者它的派出机关反映居民的意见、要求和提出建议（《城市居民委员会组织法》第3条）。

居民委员会是居民会议的常设机构，居民会议为权力机构。居民会议由十八周岁以上的居民组成。居民委员会向居民会议负责并报告工作。

居民委员会的工作经费和来源，居民委员会成员的生活补贴费的范围、标准和来源，由不设区的市、市辖区的人民政府或者上级人民政府规定并拨付；经居民会议同意，可以从居民委员会的经济收入中给予适当补助。居民委员会的办公用房，由当地人民政府统筹解决（《城市居民委员会组织法》第17条）。由此可见，其具有一定的“行政性”。

居民委员会办理本居住地区公益事业所需的费用，经居民会议讨论决定，可以根据自愿原则向居民筹集，也可以向本居住地区的受益单位筹集，但是必须经受益单位同意；收支账目应当及时公布，接受居民监督（《城市居民委员会组织法》第16条）。

（二）居民委员会具有法人资格的意义

我国《民法典》第101条赋予居民委员会以法人资格十分符合我国实际需要，因为居民委员会可以开展便民利民的社区服务活动，可以兴办有关的服务事业，具有自己的财产（《城市居民委员会组织法》第4条），因此，就应当具有主体资格。而赋予其法人资格比非法人组织更能够使其财产、责任明晰。

第六节 集体经济组织法人及村委会法人

一、问题的提出

尽管我国关于“集体经济组织”的立法颇多，此次《民法典》特意区分了城镇集体经济组织和农村集体经济组织、农村集体经济组织和村民委员会作为不同的“特别法人”，但对于大多数人来说，即使是教授民法的人，“究竟什么是集体经济组织”以及它是如何在中国诞生和发展的，特别是对于“乡镇政府与乡镇集体经济组织”是什么关系、“农村集体经济组织和村民委员会及村民小组”是什么关系、乡镇集体经济组织和农村集体经济组织现存的状况和表现形式等问题，是一些既熟悉又模糊的概念。况且，我国的许多立法，例如，《土地管理法》以及一些法规和规章中，对这一概念的使用很不规范，特别是《物权法》第59条对于农村土地所有权的主体界定容易将人引向歧义。《民法典》第261条延续了这一规定。尽管可以说，《民法典》将集体经济组织和乡镇政府、村民委员会（以下简称村委会）区分而作为特别法人来规定，在中国具有里程碑式的意义，但如果不了解这种法人的历史变迁和法律结构，就难以真正从法律上保护其合法权益。因此，本节的目的就在于说清楚下列问题：（1）什么是集体经济组织？它是如何形成的？中国为什么会出现乡镇集体经济组织和农村集体经济组织？它在农村实际存在的形态是什么？有多少种类？（2）在一个具体的行政村里面，村委会和集体经济组织是什么关系？二者是分离的还是合一的？[①]（3）《民法典》中所说的“农村集体经济组织”与依据《农民专业合作社法》以及其他法律法规成立的合作经济有何区别？

二、集体经济组织的由来

可以概括地说，新中国成立以后，经历了从土地私有并以此为基础的农民自愿互助，到国家推动的初级社、高级社，再到人民公社的过程。只有到了人

① 有许多教授民法的教师和法院的法官都认为，集体经济组织就是村委会，村委会就是负责管理农村集体经济组织的机构。这种认识其实是非常不准确的。

民公社阶段，才彻底消灭了土地和生产资料私有，变为了集体所有。今天所谓的乡镇集体所有就是从人民公社开始的。

革命胜利后，中央政府 1950 年 6 月通过了《中华人民共和国土地改革法》，决定在全国范围内开展一场大规模的土地改革运动。土地改革的核心是没收地主的土地、房屋、牲畜等财产分给无地或少地的农民，使农民“耕者有其田”。到 1952 年年底，除一部分少数民族地区外，都胜利地完成了土地改革任务。土地改革满足了农民的愿望，农民获得土地后，产生了前所未有的生产积极性。但是，在生产过程中也产生了一些问题。例如，在人多地少的地区，一家一户生产经营规模小，生产分散，不能合理利用土地和劳动力，也无力采取新技术，抵御自然灾害能力弱，劳动生产率明显不高；在土地相对较多的地方，由于耕种、收获季节集中，人畜以及农机具利用矛盾突出，一家一户生产常常延误农时，影响农业产出量。在这种情况下，为了克服上述矛盾，全国许多地区的农民自发地组织起来，开展互助合作活动，互相帮助。互助组是在生产资料私有制基础上产生和发展起来的。它以自愿互利为原则，实行劳动和生产资料之间的互换，是具有集体性质的劳动组织。但是，它不是一种生产资料的所有或者组织形式，而是在农民私有的基础上一种互相帮助的方式，因此，不能认为是后来集体经济的开端，更不能认为是初期形式。

真正的集体经济组织作为土地和生产资料的所有者、生产组织者开始于 1955 年 7 月农业生产合作化。到 1956 年上半年，我国农村基本上实现了由半社会主义性质的初级社向完全社会主义性质的高级社的转变。到此时为止，所谓的集体经济组织的雏形已经具备。

农业合作化刚完成不久，我国农村又掀起了“三级所有，队为基础”① 的人民公社化的运动。1958 年 8 月 29 日，中央政治局通过了《关于在农村建立人民公社问题的决议》。1958 年 9 月底，我国农村基本上实现了人民公社化。人民公社建立以后，其特点主要是“政社合一”，不仅是基层政权组织形式，也是经济组织形式。但实践证明，人民公社不适合中国社会的生产和生活，更

---

① 公社、生产大队（1962 年前为生产队）、生产队（1962 年前为生产小队）掌握所有权，以生产队为基本核算单位。

不适合中国广大乡村的实际需求。1983年10月，中共中央、国务院发布《关于实行政社分开建立乡政府的通知》，要求改革政社合一的体制，在农村建立乡政府。到1984年年末，全国共建乡84340个，建制镇7280多个，新建村民委员会82.2万个。乡镇政权的建立和村民委员会的形成，标志着农村人民公社制度的最终解体和新的农村管理体制的产生。[①] 人民公社解体成立乡镇后，仅仅是将原来人民公社的行政职能分离出来给了乡镇政府，但其作为集体经济组织的载体不能再转给乡镇政府，否则又是新的"政社合一"。因此，乡镇集体经济组织实际上就是原来以人民公社为载体的那一部分集体经济组织；村集体经济组织包括两个部分：一是生产大队（一般是一个自然村委一个生产大队）分割出行政职能与经济职能后，出现了村委会（行政性组织）和村集体经济组织（原来的生产大队为载体的集体经济组织）；二是生产小队为载体的集体经济组织。因此，"三级所有、队为基础"其实造就了中国集体经济组织的基本形式，尽管这种形式在我国现在的不同地方有所不同。就如有学者所言，从20世纪70年代末开始农村经济改革实行联产承包责任制，终结了问题重重的人民公社组织体制，但集体经济组织又以其他形式继续发展着。[②]

我国《土地管理法》《土地承包经营法》等都是以人民公社时代的"三级所有"为基础划分集体经济组织形式的。我国《土地管理法》第11条规定："农民集体所有的土地依法属于村农民集体所有的，由村集体经济组织或者村民委员会经营、管理；已经分别属于村内两个以上农村集体经济组织的农民集体所有的，由村内各该农村集体经济组织或者村民小组经营、管理；已经属于乡（镇）农民集体所有的，由乡（镇）农村集体经济组织经营、管理。"《国土资源部、中央农村工作领导小组办公室、财政部、农业部关于农村集体土地确权登记发证的若干意见》（国土资发〔2011〕178号）第4条规定："确定农村集体土地所有权主体遵循'主体平等'和'村民自治'的原则，按照乡（镇）、村和村民小组农民集体三类所有权主体，将农村集体土地所有权确认到每个具

① 马晓河：《中国农村50年：农业集体化道路与制度变迁》，载《当代中国史研究》1999年第5—6期。

② 文启湘、周晓东：《农村集体经济组织长期生存与制度变迁原因探讨》，载《现代财经》2008年第9期。

有所有权的农民集体。凡是村民小组（原生产队）土地权属界线存在的，土地应确认给村民小组农民集体所有，发证到村民小组农民集体；对于村民小组（原生产队）土地权属界线不存在、并得到绝大多数村民认可的，应本着尊重历史、承认现实的原则，对这部分土地承认现状，明确由村农民集体所有；属于乡（镇）农民集体所有的，土地所有权应依法确认给乡（镇）农民集体……”第5条规定：“属于村农民集体所有的，由村集体经济组织或者村民委员会受本农民集体成员的委托行使所有权；分别属于村内两个以上农民集体所有的，由村内各该集体经济组织或者村民小组代表集体行使所有权；属于乡镇农民集体所有的，由乡镇集体经济组织代表集体行使所有权；没有乡（镇）农民集体经济组织的，乡（镇）集体土地所有权由乡（镇）政府代管……”上述土地管理法及各部委的意见实际上就是按照我国农村集体经济组织的历史形成原因进行的当下划分，也基本上反映了我国集体经济组织的现状。

三、《民法典》将集体经济组织赋予法人资格具有重大意义

既然历史上就存在三种所有形式，我们必须尊重历史事实。因此，我国各种民事立法（如上所述）的做法是正确的。由于这些经济组织实际上不仅具有土地和其他生产资料，也有可能与他人发生经济来往从而发生债权债务关系，因此，让其具有权利义务归属能力——权利能力，并且具有独立于其成员的法人资格，这在中国具有十分重要的现实意义。因为，在《民法典》之前，我国民事立法一般都是将“集体经济组织”作为“非法人组织”来对待的。例如，《民法通则》第74条及第80条，《合同法》第2条，《物权法》第4条、第58条至第63条、第124条、第152条等，虽然都规定了“集体经济组织”为所有权主体或者债权主体，其权利受法律保护，但都将其作为“非法人组织”对待。特别是在具体的诉讼主体方面表现得更为突出，《民事诉讼法》规定：“公民、法人和其他组织可以作为民事诉讼的当事人。”在司法实践中，法院也确实将集体经济组织作为“诉讼当事人”对待，如最高人民法院《关于适用〈中华人民共和国民事诉讼法〉的解释》规定：村民委员会或者村民小组与他人发生民事纠纷的，村民委员会或者有独立财产的村民小组为当事人。《陕西省高级人民法院关于审理农村集体经济组织收益分配纠纷

案件讨论会纪要》第 2 条规定：“本意见所指的诉讼当事人是乡镇集体经济组织、村集体经济组织（村民委员会）或村民小组与该集体经济组织成员。当事人发生变更的以其权利义务的承受者为诉讼当事人。”但对他们以什么“身份”作为当事人却没有明确。并且，前述司法解释在解释什么是《民事诉讼法》规定的“其他组织”时，恰恰没有明确集体经济组织属于“其他组织”，仅仅能够在该条的最后一项规定的“其他符合本条规定条件的组织”中，解释出包括“集体经济组织”。①

正是因为以上原因，此次《民法典》将集体经济组织规定为具有独立地位的法人，具有重大意义，具体如下：（1）明确了集体经济组织财产的归属。由于《民法典》之前的集体经济组织法律地位不甚明确，学理和实践中存在许多争议，究竟集体经济组织财产归属于集体所有还是成员共有？明确了集体经济组织为法人后，这一问题实际上就已经明确了。（2）明确了集体经济组织与其成员之间的责任关系。集体经济组织既然是法人，那么，它与集体经济组织成员之间就必然是财产相互独立、责任相互独立、意思相互独立，集体经济组织法人的意思必须按照法律规定的程序形成。（3）更加明确地与行政组织脱离——乡镇集体经济组织与乡镇政府脱离、村集体经济组织与村委会脱离，防止政府利用行政手段支配集体财产。（4）许多民事立法应该从此走向“正规”，如《农村土地承包法》第 13 条规定：“农民集体所有的土地依法属于村农民集体所有的，由村集体经济组织或者村民委员会发包；已经分别属于村内两个以上农村集体经济组织的农民集体所有的，由村内各该农村集体经济组织或者村民小组发包。……”《民法典》第 261 条、第 262 条也有类似含混的规定。最高人民法院《关于村民小组诉讼权利如何行使的复函》中答复：遵化市小厂乡

① 最高人民法院《关于适用〈中华人民共和国民事诉讼法〉的解释》（2021 年修正）第 52 条规定：“民事诉讼法第五十一条规定的其他组织是指合法成立、有一定的组织机构和财产，但又不具备法人资格的组织，包括：（一）依法登记领取营业执照的个人独资企业；（二）依法登记领取营业执照的合伙企业；（三）依法登记领取我国营业执照的中外合作经营企业、外资企业；（四）依法成立的社会团体的分支机构、代表机构；（五）依法设立并领取营业执照的法人的分支机构；（六）依法设立并领取营业执照的商业银行、政策性银行和非银行金融机构的分支机构；（七）经依法登记领取营业执照的乡镇企业、街道企业；（八）其他符合本条规定条件的组织。”

头道城村第三村民小组可以作为民事诉讼当事人。以第三村民小组为当事人的诉讼应以小组长作为主要负责人提起。这些民事立法和司法解释都是在“集体经济组织”没有规定为法人时，村委会、村民小组与村集体经济组织、村内各个集体经济组织不区分的“政社不分”的表现：最基层的“政权组织”与集体经济组织形式混同。《民法典》将集体经济组织规定为法人后，村委会与村集体经济组织、村民小组与村内各个集体经济组织必须清楚地加以区分。

当然，这里所谓的集体经济组织，是指历史上以“三级所有”为基础而形成的集体经济组织，而不是指改革开放以后依据《公司法》或者《农民专业合作社法》等成立的法人。这些法人也有可能是集体经济组织出资设立的，但它们本身依据成立基础就具有法人资格。

但在这里需要强调的是：（1）在一个村内无论有多少因历史及现状存在的集体经济组织，都适用《民法典》第99条规定，取得法人资格。（2）村民委员会与集体经济组织不是同一概念，村委会仅仅是一个“行政性”的机构，它依据《民法典》第99条规定取得法人资格，依据《村民委员会组织法》运营。（3）如果一个村内的农民或者集体经济组织根据我国《农民专业合作社法》《公司法》《合伙企业法》等成立的法人或者非法人组织，依法取得相应主体资格，不是《民法典》的“农村集体经济组织法人”。所以，《民法典》第100条第2款规定：“法律、行政法规对城镇农村的合作经济组织有规定的，依照其规定。”

四、乡镇集体经济组织与乡镇政府的界分

（一）乡镇是一个历史悠久的行政建制

我国西周出现乡制，春秋产生县制，秦朝形成郡制，其中对乡制的规定，从西周至今已有3000多年历史。[①] 周时，乡是地方最高自治组织。根据《周礼》记载，当时封建国家社会控制的结构为“四闾为族，五族为党，五党为州，

---

① 柳成焱：《略论我国乡镇行政区划的历史演变及其发展趋势》，载《科学社会主义》2006年第4期。

五州为乡”[①]。即西周时期以 12500 家为一乡。乡设乡大夫，由卿担任。[②]

国民党统治时期，乡村基层政权可分为自治（1927—1934）、重建保甲（1934—1939）和新县政（1939—1949）三个阶段。[③] 在自治阶段，国民党的政令只能到达县一级，“一切政令逮县之后，即等于具文，无法推进”[④]。1941 年又公布《乡（镇）组织暂行条例》，将乡镇正式确定为行政组织机构。

新中国成立后，乡建制随着政治、经济形势的发展进行过几次较大的调整，乡建制的发展演变可分为四个时期：（1）1949—1953 年。这一时期，根据当时不同地方的特点，特定乡为基层政权组织。（2）1954—1957 年。1954 年颁布的《宪法》规定乡为农村基层行政区域，设相应的政权机关，即乡人民代表大会和乡人民委员会。首次以根本大法确定乡的法律地位，行政村一律改称乡。（3）1958—1982 年。1958 年全国实行农村公社化，乡建制被人民公社所取代。人民公社成为农村基层行政建制。（4）1982 年至今。1982 年《宪法》重新规定“县、自治县分为乡、民族乡、镇”。1983 年 10 月中共中央、国务院发布《关于实行政社分开建立乡政府的通知》，据此，各地普遍进行了恢复建立乡政权的工作，到 1985 年基本完成。[⑤]

至于“镇”，作为一种人类生活的聚居形式古已有之，但作为行政建制单位则始于北魏。中华人民共和国成立后，镇建制的设置和发展大致经历了如下四个时期：（1）1949—1954 年，过渡时期。由于受当时的条件限制，这段时期国家没有就镇行政建制制定专门的法规，因此，镇的行政地位不明确，镇的设置标准也不统一，造成镇建制设置的行为失范[⑥]。（2）1955—1961 年，规范发展时期。1954 年我国颁布第一部《宪法》，规定：“县、自治县分为乡、民族乡、镇”，明确了镇的行政地位。1955 年 6 月 9 日国务

---

① 孙冶让：《周礼正义》（卷十九），中华书局 2016 年版。

② 侯宝疆：《乡镇建制：历史、现状及未来》，载《汕头大学学报》（人文社会科学版）2005 年第 4 期。

③ 王奇生：《革命与反革命》，社会科学文献出版社 2010 年版，第 395 页。

④ 高亨庸：《县政机构之改进》，中正书局 1941 年版，第 42—43 页。

⑤ 侯宝疆：《乡镇建制：历史、现状及未来》，载《汕头大学学报》（人文社会科学版）2005 年第 4 期。

⑥ 韩明谟：《农村社会学》，北京大学出版社 2001 年版，第 74 页。

院颁布《关于设置市、镇建制的决定》，进一步明确规定，镇是工商业和手工业的集中地，镇同乡一样，是县、自治县所辖的基层行政单位，并规定了镇的设置标准。（3）1962—1978年。为使镇建制的设置同国民经济的发展相适应，国家在20世纪60年代初采取了压缩城镇人口、减少镇制的措施。1962年《中共中央、国务院关于当前城市工作若干问题的指示》要求各地对镇逐个审查，撤销不符合设置条件的镇。到1962年年底全国镇减少为4219个。1963年《中共中央、国务院关于调整市镇建制、缩小城市郊区的指示》提高了设镇标准，各地按新的设镇标准对建制镇作了调整和压缩。到1965年全国镇的数量减少为2000个左右。此后，镇的数量基本维持不变。到1978年全国仅有2173个镇。（4）1979年至今，恢复性增长时期。党的十一届三中全会以后，在政社分开、建立镇政府的过程中，镇逐渐恢复重建。[①]

乡镇是如何划分的呢？按照我国《地方各级人民代表大会和地方各级人民政府组织法》第四章的规定，镇和乡同级，镇和乡对所在辖区内农村的领导和管理职权也一样。不同的只是镇有城镇居民，乡则几乎没有。镇有建制镇和非建制镇之分，城镇居民主要住在建制镇里。建制镇才是一级政权机关。1955年6月9日，国务院通过了《关于设置市、镇建制的决定》，对设镇条件作了具体规定，镇是属于县、自治县领导的行政单位。县级或者县级以上的地方国家机关所在地聚居人口在2000以上、有相当数量的工商业居民，聚居人口虽不及2000，确有必要的工矿基地，规模较小、聚居人口不多，但由县领导的，可设镇的建制。镇以下不再设乡[②]。在重建乡政权组织过程中，镇的建制开始被重视。1983年10月中共中央、国务院颁布的《关于实行政社分开建立乡政府的通知》，要求重视集镇建设。辖区面积较大、人口达到一定数量的集镇，可成立镇政权组织，以促进农村经济、文化事业的发展。[③]

---

① 参见侯宝疆：《乡镇建制：历史、现状及未来》，载《汕头大学学报》（人文社会科学版）2005年第4期。

② 高岩等编·《中华人民共和国行政区划手册》，光明日报出版社1986年版，第461页。

③ 全国人民代表大会常务委员会法制工作委员会编：《中华人民共和国法律行政法规规章司法解释分卷汇编》，北京大学出版社1998年版，第231页。

作为乡级政权组织，镇是一种较为特殊和充满生命力的基层政权组织，建制在政社分开后得到迅速发展。1984 年 11 月 22 日，国务院批准民政部《关于调整建制镇标准的报告》强调，要按照积极发展小城镇的方针要求，调整基层政权行政规划；[①] 放宽了市镇设置标准，规定总人口在两万人以下的乡，乡政府驻地非农业人口占全乡总人口 10% 以上的，也可以建镇。[②] 全国实行小乡制的地方普遍进行撤区并乡，改乡为镇。乡的总数逐渐减少，镇的总数逐渐增加。

综上所述，乡镇实际上在我国已经存在很多个世纪了，中华人民共和国成立后也一直沿用。但“乡”和“镇”还是有区别的。1958 年人民公社化后，乡被人民公社彻底取代，但镇却一直存在，仅仅是数量减少了。现在所谓的乡镇集体组织就与这种变化有直接的关联。

（二）乡镇集体经济组织的存在形式以及与乡镇政府的关系

人民公社改为乡镇后，原人民公社直接管理的土地现在由乡镇农村集体经济组织继续直接经营、管理。但是，这一部分乡镇仅仅涉及与原人民公社相关的乡镇，那些历史上保留下来的乡镇并不存在这一问题。

由于原来的人民公社实行“政社合一”的模式，将行政职能与组织生产和所有制合二为一，因此，将政社分开后，乡镇成为政府政权组织形式，另一种财产所有者意义上的载体自然也就成为乡镇集体经济组织，但这种组织形式在我国各地并不相同。

有学者指出，所谓乡（镇）集体经济组织，应当是从事生产经营活动，其

---

① 根据 1984 年 11 月 22 日国务院同意民政部《关于调整建镇标准的报告》对 1955 年和 1963 年中共中央和国务院设镇的规定作如下调整：（1）凡县级地方国家机关所在地，均应设置镇的建制。（2）总人口在二万以下的乡，乡政府驻地非农业人口超过二千的，可以建镇；总人口在二万以上的乡，乡政府驻地非农业人口占全乡人口 10% 以上的，也可以建镇。（3）少数民族地区、人口稀少的边远地区、山区和小型工矿区、小港口、风景旅游、边境口岸等地，非农业人口虽不足二千，如确有必要，也可设置镇的建制。（4）凡具备建镇条件的乡，撤乡建镇后，实行镇管村的体制；暂时不具备设镇条件的集镇，应在乡人民政府中配备专人加以管理。

② 农村经济概论参考资料编写组编：《农村经济概论参考资料》，中国金融出版社 1989 年版，第 160 页。

产权和收益归属全乡（镇）农民，并且全体集体成员能够通过一定民主管理程序行使社员权的组织。[①] 对于土地，按照原来的“三级所有”模式，属于原人民公社所有的，应该确定为属于现在由原人民公社改制而来的乡镇集体经济组织所有。对此，我国《土地管理法》第 11 条已经进行了明确的确认。至于其他的财产，各地的做法则差别更大。

无论从历史上还是从理论上说，乡镇政权组织与乡镇集体经济组织都是分离的。因为首先，在人民公社的发展过程中，在高级社阶段，人民已经把土地和其他生产资料的所有权转移给了高级社，在那时乡镇政权组织是存在的。也就是说，这种经济所有的形式与政权组织是分离的。只是到了人民公社阶段，才把政权组织与经济组织功能合一。其次，在撤掉人民公社恢复乡镇建制时，实行了“政社分离”，政权组织和经济职能相互分离，但在实际操作过程中，这种分离却始终难以进行。很多地方都是相互交叉，“两块牌子，一套人马”。在我国实际生活中，乡镇集体经济的实际存在形式是什么呢？根据实际情况，具体的管理、执行机构往往是政府的内设机构或者事业单位。比如，在《农业部办公厅关于布置 2012 年农村经营管理情况统计年报工作的通知》（农办经〔2012〕26 号）附件 2 中出现的农经机构，这些政府的内设机构或者事业单位是由地方政府在乡镇一级设立的，专门承担农村经营管理职能。比如，行政性的处、办、科、股和常见的事业性的农经站、土地流转服务中心、农业综合服务站（中心）等，诸如此类都是承担乡镇集体经济组织职能的具体执行主体。因此，在乡镇一级的集体经济组织中，更多体现的是借助行政职能来完成的组织形式。[②] 在 20 世纪 90 年代后期的乡镇机构改革中，不少地方更是直接由政府发布文件撤销乡镇集体经济组织，由乡镇政府来直接管理全乡农民集体所有的资产和事物，乡镇集体经济组织缺位的情况进一步恶化。[③] 少数地方实际建立了集体经济组织并使其存续至今，但具体做法各地并不一致，有的是建立乡镇农工商联合总公司、村农工商联合公司、组农工商联合社。例如，北京市丰

① 杨青贵：《集体土地所有权视线法律机制研究》，西南政法大学 2014 年博士学位论文。

② 详见《农业部办公厅关于布置 2012 年农村经营管理情况统计年报工作的通知》（农办经〔2012〕26 号）附件 2。

③ 高达：《农村集体经济组织成员权研究》，西南政法大学 2014 年博士学位论文。

台区原黄土岗人民公社在改制后就将原来的人民公社拆分为乡政府、乡党委和乡农工商联合总公司，其中乡农工商联合总公司就是立法上所指的乡镇农村集体经济组织，下辖的村和村民小组亦成立了相应的农工商联合公司、农工商联合社等不同级别农村集体经济组织，并由其实际行使农村集体所有权的经营管理职能。而其他地方尤其是沿海发达地区，如广东，则将原来的人民公社改组为（股份）经济合作总社，将原来的生产大队改组为（股份）经济合作社，将原来的生产队改组为（股份）经济联合社。[①]

五、村集体经济组织、村内集体经济组织与村民委员会、村民小组的关系

在原来“三级所有、队为基础”的经济生产模式下，一个村的最典型和最基本的结构是：一个村里面有一个生产大队，生产大队下面有许多生产小队。大队有大队的生产资料，小队有小队的生产资料。农村组织生产基本上都是以生产小队为基本单位，而且每个生产小队的土地划分都是明确的。大队管理全村的事务，例如，有的地方，全村宅基地的划拨是由大队以自己所有的土地分配的。当时的机构设置并没有“村委会”或者“村民小组”的概念，大队设“大队支书”和“大队长”，一个是“党的干部”，一个是“行政干部”。小队设“小队长”，管理生产小队的全部事务。大队有自己的会计，小队也有自己的会计，各自独立核算。

“村委会”“村民小组”和今天所谓的“集体经济组织”是改革开放后，农村改革后出现的农村“政权性”组织形式和经济结构形式。“村委会”实际上属于村民自治的组织形式，是一种“行政组织形式”。我国《村民委员会组织法》第2条规定：“村民委员会是村民自我管理、自我教育、自我服务的基层群众性自治组织，实行民主选举、民主决策、民主管理、民主监督。村民委员会办理本村的公共事务和公益事业，调解民间纠纷，协助维护社会治安，向人民政府反映村民的意见、要求和提出建议。村民委员会向村民会议、村民代表

---

① 黄中廷：《新型农村集体经济组织设立与经营管理》，中国发展出版社2012年版，第19页。

会议负责并报告工作。”村委会是一个常设机构，村的最高权力机构是“村民会议或者村民代表会议”。村委会设村主任，为行政“长官”，党的机构为村支部，设“村支部书记”。村集体经济组织是村民土地所有权及其他财产所有权的组织形式，因为按照我国的法律法规，集体经济组织的土地归集体经济组织的成员集体所有（我国《民法典》第261条）。因此，必须将村集体的经济组织形式和行政组织形式相区别。

但是，由于我国农村情况千差万别，各地情况不同。有些地区的农村没有设村集体经济组织，村集体经济组织的职能如何实现？《民法典》第101条第2款专门规定：“未设立村集体经济组织的，村民委员会可以依法代行村集体经济组织的职能。”《农业部办公厅关于布置2016年农村经营管理情况统计年报工作的通知》（农办经〔2016〕15号）附件2中也有这样的阐述：“没有明确设立村集体经济组织，由村民委员会代行管理、协调行政村范围内的农村集体土地资源和其他集体资产的开发、经营以及为农户家庭经营提供服务等集体经济组织有关职能。”

正是因为有这样的情形，让许多人难以区分村委会和村集体经济组织之间的区别，甚至有人把村支部书记（村支书）看成村集体经济组织的最高领导。

村内的各个集体经济组织实际上就是原来“三级所有”中的最基础的“生产小队”的变种，其名称在全国各地不同。从组织形式上看，这些集体经济组织的机构设置与“村民小组”的关系，就如村集体经济组织与村委会的关系一样，村民小组是作为与“村委会”对应的“行政组织形式”，从理论上说，村内各个集体经济组织与其村民小组的职能是分离的。但是，我国的情况千差万别，有些集体经济组织根本就没有“形式上的组织”，因此，许多法律和行政法规都规定，如果集体经济组织没有设置自己的机构的，由“村民小组”代行。例如，我国《民法典》第262条规定：“对于集体所有的土地和森林、山岭、草原、荒地、滩涂等，依照下列规定行使所有权：（一）属于村农民集体所有的，由村集体经济组织或者村民委员会依法代表集体行使所有权；（二）分别属于村内两个以上农民集体所有的，由村内各该集体经济组织或者村民小组依法代表集体行使所有权；（三）属于乡镇农民集体所有的，由乡镇集体经济组织代表集体行使所有权。”这就是针对这种情况作出的灵活性规定。

也就是说，在我国从总体上或者典型意义上的集体经济组织结构形式上看，村委会、村民小组和集体经济组织是可以区分的，而且也必须分开。就如有学者指出的，随着家庭承包经营的深入发展，乡村集体经济组织的职能和体制也在发生变化。按照当时政社分开的改革方案，农村集体经济组织要从以前依附政权组织的境况中分离出来，使其成为自我组织、自我发展、自主经营的组织实体——其职能主要是：（1）搞好管理。农村集体拥有耕地、林地、草地、荒山、荒滩以及水面等自然资源，还有乡村集体企业。管理并保护这些财产资源是乡村集体组织的重要职能。（2）提供服务。实行家庭联产承包责任制以后，对于一家一户办不了或办不好的事情，自然要由集体组织承担起来。比如，良种供应、机械服务、植保服务、化肥农药供应、科技推广、农产品储运销售和公共设施的维护等，都需要集体组织来完成，对集体财产资源行使管理职能[①]。我国的许多关于农村土地的所有或者承包的法律都认可这些区分，特别是一个村内可能存在两个以上集体经济组织。例如，除了上述《民法典》和部委规章外，我国《农村土地承包法》第13条规定："农民集体所有的土地依法属于村农民集体所有的，由村集体经济组织或者村民委员会发包；已经分别属于村内两个以上农村集体经济组织的农民集体所有的，由村内各该农村集体经济组织或者村民小组发包。村集体经济组织或者村民委员会发包的，不得改变村内各集体经济组织农民集体所有的土地的所有权。国家所有依法由农民集体使用的农村土地，由使用该土地的农村集体经济组织、村民委员会或者村民小组发包。"这一规定实际上明确区分了村集体经济组织、村委会、村内各个集体经济组织和村民小组的不同职能，当然，也可以看出有"重合"的情况，为什么呢？

《农村土地承包法》《土地管理法》以及各个部委的规章，实际上反映了中国集体经济组织存在的现实情况。上面的分析是以典型的村集体经济组织形式和村内各个集体经济组织为模型的。但实际上，在我国，集体经济组织在各地很不相同，甚至是混乱的。就如有学者指出的，在实际运行中，由于

① 马晓河：《中国农村50年：农业集体化道路与制度变迁》，载《当代中国史研究》1999年第5—6期。

农村社会经济条件的复杂性，往往是许多村民委员会（又称村民自治组织）与社区集体经济组织，相互交叉相互依赖，形成“两块牌子，一套班子”的组织结构。[①]上述《农业部办公厅关于布置2016年农村经营管理情况统计年报工作的通知》（农办经〔2016〕15号）附件2中的第一条之3和6有这样的描述：依据相关法律和有关政策精神，行政村范围内应当设立相应的集体经济组织，有些地方设立了村集体经济组织，还有些地方尚没有设立，由村民委员会代行村集体经济组织职能。村集体经济组织有的地方称为经济联合社，有的经过改制成立股份经济联合社，也有的改制成立了名称不一的“公司”；有的地方村集体经济组织的负责人与村党支部、村民委员会成员交叉任职；有的地方，在一个村内，存在多个原来“三级所有”模式下的生产大队（如在山东省博兴县曹王公社曹王村内，就存在曹一大队到曹五大队五个生产大队，这些大队下面各有生产小队）；村内的部分村民小组联合成立集体经济组织；极少数地方存在村民小组与原生产小队不一致的情况等。有学者对湖北农村实地考察后，指出：从调查结果来看，只有8.60%的受访农户反映本村具有独立的农村集体经济组织，而91.40%的受访农户反映村委会取代了本村的农村集体经济组织。在访谈中，村委会与农村集体经济组织的功能合为一体基本为受访者所认可，但是受访者普遍主张，无论是否在村委会之外另行设立独立的农村集体经济组织，都必须将农村社区的经济职能和社会职能予以区分，如果不设立独立的农村集体经济组织，那么就应当在现行村委会体制下安排专人负责农村社区经济发展事务。[②]另外，目前中国的集体经济形式也发生了一些载体上的变化，如《农业部、监察部关于印发〈农村集体经济组织财务公开规定〉的通知》（农经发〔2011〕13号）第2条就指出：“本规定适用于按村或村民小组设置的集体经济组织（以下称村集体经济组织）。代行村集体经济组织职能的村民委员会（村民小组）、撤村后代行原村集体经济组织职能的农村社区（居委会）、村集体经济组织产权制度改革后成立的股份

① 马晓河：《中国农村50年：农业集体化道路与制度变迁》，载《当代中国史研究》1999年第5—6期。

② 高飞：《农村集体经济有效实现的法律制度运行研究——以湖北省田野调查为基础》，载《农村经济》2012年第1期。

合作经济组织，适用本规定。”该通知反映出我国农村集体经济组织在当下实际存在形式的变化。但如前所述，《民法典》将集体经济组织规定为法人后，这种局面将得到彻底的改变。

六、集体经济组织法人的财产归属之疑惑

在我国立法和民法理论上，始终在争论和讨论的问题是：集体经济组织是什么性质？其财产究竟属于“谁”所有？是集体经济组织所有，还是集体成员共有？或者是类似于德国历史上的“总有”？

对此，有学者指出，农村集体产权为一种变异的权利，或者至少是一种难以落实到实处的权利。通过考察集体土地所有权的形成史可以看出，这一权利本质上为“反权利”而非“弱权利”，其以“空权利”的方式否定了在农村土地上原有的私人所有权。[①] 也有学者认为，对我国农民集体所有权，在民法界，总是习惯地表述为农村集体经济组织的所有权。但实际上，我国农民集体所有权的实质，并非单纯的农村集体经济组织所有权，而是一定范围内全体农民集体直接享有的所有权，是把集体意志和利益同集体成员个人意志和利益有机统一的所有权。农民集体所有权是农民集体所有制的法律反映，农民集体所有的实质就是由农民集体所有制的性质决定的。我国农民集体所有制，是由一定的农村集体组织范围的全体农民直接占有、使用、收益、处分该集体范围内的生产资料和财产的公有制形式，它体现了劳动者与生产资料的直接结合，表明了农民集体成员不仅是利用这些生产资料的劳动者，而且，他们结合在一起成为这些生产资料的所有者。[②] 还有学者认为，我国既有规范性文件在“集体所有权人为谁”的问题上表述不一，理论上也争议巨大。集体所有权人为“农民集体”，“农民集体”投资设立“集体经济组织”。关键在于，“农民集体”并非、也不需要以土地所有权进行投资，而只需以各种用益物权进行投资。经营失败的“集体经济组织”需以自己的全部财产——包括前述用益物权偿债，土地所

① 张林江：《围绕农村土地权利的权力博弈——不确定产权的一种经验分析》，社会科学文献出版社 2012 年版，第 168 页。

② 韩松：《我国农民集体所有权的实质》，载《法律科学》1992 年第 1 期。

有权不被波及。[①] 有人认为，集体所有不同于共同共有。集体所有权的主体是劳动者集体组织，所有劳动者个人并不是所有权主体，其个人原则上不得请求对集体财产的分割。[②] 还有人认为，就我国的集体所有制而言，作为一种团体所有，与法制史上日耳曼法中以团体共同生存为目的的“总有”最相近。其相似之处，如团体享有所有权；个人需先成为团体成员，才能享有团体财产权益；团体成员众多且不固定；团体具有财产的管理和处分权，而个人具有使用和收益权；个人不得请求对团体财产进行分割，连潜在份额也没有等。实行总有制度的目的是在人口众多、资源不足、物资匮乏的背景下，保证有限的资源满足团体成员共同生存的需要。[③]

以上这些观点基本上代表了学界的主要观点，但如果从集体经济形成的历史看，这些观点有些可能就难以成立。首先需要说明的是，“农民集体”投资设立“集体经济组织”的这一观点显然与我们这里所要讨论的主题——集体经济组织，不完全相同。这种观点显然不是说历史延续中的集体经济组织，而是在说历史上形成的“农民集体”（准确地说，应该称为“集体经济组织”，因为历史上并没有形成过农民集体这种组织）。投资设立新的主体——准确地说，投资设立的是专业化的法人，如农民专业合作社、公司等。至于第一种观点，其并没有说清楚谁是所有权人，仅仅是批判这种所有权形式。按照这种观点，“国家所有权”还不是一样是“虚化”的——“谁是国家”？其实，从法律的视角看，仅仅有以下三种观点才需要分析说明，即农民集体成员所有、集体组织所有、公有。

如果从人民公社形成的历史看，“农民集体成员所有”，即“一定范围全体农民集体直接享有的所有权”的观点，是难以成立的。因为，在人民公社成立的时候，农民已经把土地交给了公社，所有权已经发生了变化。也就是说，农民个体不享有土地所有权了。1958 年，为了便于生产，中央在河南召开了两次会议，又重新划分生产资料，由最初的公社所有划分为“三级所有”，从而

① 于飞：《农民集体与集体经济组织：谁为集体所有权人？——风险界定视角下两者关系的再辨析》，载《财经法学》2016 年第 1 期。

② 马俊驹：《论合作制与集体所有权》，载《吉林大学社会科学学报》1993 年第 5 期。

③ 黄延信：《发展农村经济的几个问题》，载《农业经济问题》（月刊）2015 年第 7 期。

形成了今天的三种不同的集体经济组织——乡镇集体经济组织、村集体经济组织和村中以原来的生产小队为基础变化而来的各个经济组织。更重要的是，在划分“三级所有”时，农村的各个经济组织获得的土地中，不一定就是当初这些经济组成成员交给高级社或者人民公社的土地了。而且，当时在划分这些土地时，中央明确的就是划分给“生产大队”或者“生产小队”的，而不是划分给“生产大队的社员”或者“生产小队的社员”的。因此，如何能够说“现在集体组织的土地就属于集体经济组织成员共有”呢？即使从今天的法人理论看，一旦“出资”给其他主体，出资物的所有权就属于该主体而非出资人。因此，从历史上说，不能认为集体经济组织的土地所有权属于集体成员。因此，我同意“集体所有权的主体是劳动者集体组织，所有劳动者个人并不是所有权主体，其个人原则上不得请求对集体财产的分割”这种观点。

但是，必须指出，《民法典》对这一概念使用很不清晰。该法第 261 条第 1 款规定：“农民集体所有的不动产和动产，属于本集体成员集体所有。”这一规定与该法的第 246 条第 1 款如出一辙：“法律规定属于国家所有的财产，属于国家所有即全民所有。”用词不够准确清晰：集体所有和成员所有、国家所有与全民所有明显是两种不同的主体，如何能够等同？

“总有”的观点是否成立呢？这就不能不说到中国的立法和农村政策的现实。按理说，既然农村土地和其他生产资料归属集体经济组织，那就只能由当初“入社”的“出资人”享有集体经济组织成员权，但中国的现实却是：无论是谁，哪怕是之后出生的、不知人民公社为何物的人、嫁入该集体经济组织成员的人等，都能够成为该集体经济组织的成员，享有成员权。我国的民事法律也是这么规定的。例如，《民法典》第 261 条就规定他们拥有这样的权利。而且，无论是集体经济组织的成员以什么理由离开集体经济组织，都不能要求分割集体经济组织的财产。只要在集体经济组织中，就可以享有成员权利：土地承包权、决策权、受益权等。因此，从这一现实看，确实像是“总有”。从这一意义上看，也就更加能够否定“成员所有”的观点。但必须明确，“集体所有”与“总有”不同的是，集体经济组织的所有者是明确的——集体经济组织，而不是集体经济组织内的成员。可是，如果仔细分析中国农村集体所有的现状，也会发现这种“集体所有”的形式虚化的现实——无论是宅基地，还是耕地，都无偿给农民使用，无论是因为何种原因成为集体成员的，都有权无偿使用。这样一来，集体所有的意义何在？也正是因为这一点，我国的《民法典》虽然将集体经济组织规定为法人，但也不能解决这种现实的问题，仅仅是对于保护其利益有重大影响。正因为如此，《民法典》将其定义为“特殊法人”是一个智慧的创举。

七、结论

通过历史和实证考察，我们已经清楚地界定了集体经济组织概念和形成原因、中国为什么会出现乡镇集体经济组织和农村集体经济组织的原因以及其实际存在的形态、乡镇政府和乡镇集体经济组织的关系、村委会与村集体经济组织之间的关系、村内集体经济组织和村民小组之间的关系等问题，从而为界定“集体经济组织法人”的概念提供了坚实的事实基础和法律基础。

《民法典》将集体经济组织规定成为“特殊法人”，具有重大的意义，特别对于保护其权益，具有现实意义。但是，在中国的实践和理论上，对于历史上形成的集体经济组织的所有权归属问题始终存在很大的争议，有各种各样的观点。只有从历史演进和变迁的视角，才能说清楚集体经济组织法人的财产归属——是属于集体经济组织所有还是属于集体成员所有。我们从互助组—初级社—高级社—人民公社—乡镇恢复的历史，清楚地分析了集体经济组织土地所有权的来源，从而坚定地认为，集体经济组织是集体土地及其他财产所有权的主体。但是，从中国集体经济组织与其成员的关系上看，实际上我国集体经济组织与成员的关系很类似于“总有”，任何当代法人理论或者经济学理论都难以准确定义和解释这种法人。因此，冠之以“特殊法人”就最为准确。

第四章 其他主体

——个体工商户、农村承包户与非法人组织

我国《民法通则》第二章“自然人”下设立一节（第四节）专门规定了农村承包经营户和个体工商户。由此从法律上奠定了两户的民法地位。在这一次《民法典》的编纂过程中，有许多学者提出来，应该废除这种规定，但颁布后的《民法典》还是保留了“两户”。

第一节　农村承包经营户

一、农村承包经营户的概念及具有主体资格的必要性

农村的土地承包经营户是中国改革开放后的一种特殊主体，是针对中国特殊土地所有权制度所采取的一种主体制度，自从 1986 年《民法通则》颁布以来，我国就承认了农村承包经营户的主体地位。《民法通则》第 27 条规定：“农村集体经济组织的成员，在法律允许的范围内，按照承包合同规定从事商品经营的，为农村承包经营户。”《民法典》延续《民法通则》的规定，继续保留和承认农村承包经营户的主体地位，于第 55 条规定：“农村集体经济组织的成员，依法取得农村土地承包经营权，从事家庭承包经营的，为农

村承包经营户。”

有学者提出要废除这种主体，指出：农村土地承包经营户赖以存在的社会背景、文化背景都发生了变迁，《民法典》应当秉承个体主义制度构建的理念，不能再继续规定农村承包户的民事主体。[①]还有的学者认为，我国实行社会主义经济体制改革，就是要让“人”成为真正独立的个体，具有独立的人格，而不必通过“家长”或者“户主”对外从事民事活动。废弃家庭或者户的概念，直接以集体经济组织的成员作为土地承包经营权的承包人并无不妥。[②]我觉得这种观点从民法的市民社会甚至可以说个人主义角度看，确实有道理，但从中国的本土情况看，未必适合我国实际。理由是：

1. 中国的土地所有权制度是“二元制”，集体作为一个土地的所有权者，它实际上是代表国家拥有土地。因为，集体所有不等于集体成员所有，集体并不是由全体集体成员为社员（股东意义上的社员）出资成立的法人，集体成员无权通过决议解散集体，也无权通过决议分配集体的土地。因此，任何一个集体成员迁出集体，无论是进城工作还是出嫁，都不得要求分割集体的土地。从这一意义上看，集体土地的所有，非常类似于德国历史上的“公有”。以“户”为单位而不是以个人为单位的土地承包方式，一方面可以减少土地的纠纷，另一方面可以保持集体土地的稳定。

2. 尽管在诉讼中，有时诉讼主体并不是户而是个人，但不可否认的是，我国之前的《土地承包法》和《物权法》，都规定了“户”是承包合同的主体，当发生土地承包纠纷时，户就应该是诉讼主体，承担责任的也是“户”，而不仅仅是个人。特别是在承包权作为物权登记后，户在农村土地承包权这种用益物权中是有地位的。

3. 以“户”为单位的承包，符合我国的传统及生活的实际需要。我国传统的家庭，不仅是一个稳定的生活单元，也是一个稳定的生产单元，以户为单元的承包恰恰是适合了这种需要。因为，农村的生产，需要农具、农资等，如果

---

① 申惠文：《论农村承包经营户的现代转型》，载《中国民法学研究会2015年年会论文集》（中册），第160页。

② 岳兵、姚狄英：《两户民事主体地位的再思考》，载《中国民法学研究会2015年年会论文集》（上册），第539页。

以个人为单位承包，特别对于未成年人、失去劳动能力的人等就会产生困难。另外，如果经济上家庭中的成员之间相互独立的话，作为生活单元和生产单元必然会受到损害，进而会产生许多问题。因此，尽管民法是尽量使财产个人化，行为个人化，从而增加或者说保障个人的自由，但在土地承包方面，以“户”为单位的承包却是中国本土化的典型。

4. 从我国的诉讼实践来看，在司法实践中，土地承包经营户也可以作为诉讼的原告与被告，而不像有人提出的“在诉讼实践中不存在以承包经营户出现的原告或者被告”。例如，湖北省阳新县人民法院民事判决书［（2015）鄂阳新民二初字第00117号］中就写有“原告彭某家庭承包户”，案由是“原告彭某家庭承包户诉被告何垅村某组土地承包经营权纠纷”。内蒙古自治区赤峰市中级人民法院民事裁定书［（2015）赤民一终字第1143号］写道：“上诉人姚某家庭联产承包户因农村土地承包合同纠纷一案，不服赤峰市松山区人民法院（2014）松民再字第11号民事裁定，向本院提起上诉。本院依法组成合议庭审理了本案。本案现已审理终结。”青海省湟中县人民法院民事判决书［（2015）湟民一初字第00431号］写道：“原告冶某玉家庭承包户与被告湟中县上新庄镇东沟滩村村民委员会不当得利纠纷一案，本院于2015年3月18日立案受理。依法由审判员李霞适用简易程序公开开庭进行了审理。原告农户代表人冶某玉及其委托代理人钟某庭、被告湟中县上新庄镇东沟滩村村民委员会的委托代理人苏某仓到庭参加诉讼。本案现已审理终结。”湖北省阳新县人民法院民事判决书［（2015）鄂阳新民太初字第00008号］写道：“原告谭某甲家庭承包经营户诉被告谭某乙家庭承包经营户土地承包经营权纠纷一案，本院于2014年12月31日立案受理，依法由审判员余国力适用简易程序公开开庭进行了审理。原告谭某甲家庭承包经营户的代表人谭某甲及其委托代理人费某福，被告谭某乙家庭承包经营户代表人谭某乙均到庭参加诉讼。本案现已审理终结。”重庆市第三中级人民法院民事判决书［（2015）渝三中法民终字第00112号］写道：“上诉人杨某强因与被上诉人喻某华家庭承包经营户、喻某禄家庭承包经营户、喻某明家庭承包经营户、喻某胜家庭承包经营户、喻某超家庭承包经营户、喻某渠家庭承包经营户、喻某江家庭承包经营户、喻某敬家庭承包经营户、喻某合家庭承包经营户、喻某泉家庭承包经营户（以下简称喻某华等十经营户）财产损害赔偿纠纷一案，不服重庆市武隆县人民法院（2014）武法民初字第01312号民事判决，向本院提起上诉。本院受理后，依法组成合议庭审理了本案，现已审理终结。”重庆市第四中级人民法院民事判决书［（2015）渝四中法民终字第01242号］写道：“上诉人简某兵农村承包经营户（以下简称简某兵农户）与被上诉人简某寿农村承包经营户（以下简称简某寿农户）、原审第三人彭水苗族土家族自治县洋霍村二组（以下简称洋霍村二组）土地承包经营权确认纠纷一案，彭水苗族土家族自治县人民法院于2015年8月12日作出（2015）彭法民初字第01079号民事判决，简某兵农户不服该判决，向本院提出上诉。”等等。从这些案例中可以看出，农村土地承包经营户在司法实践中的称呼基本上是以“某某家庭承包经营户”，或者“某某家庭联产承包户”，或者“某某家庭承包户”，或者“某某农村承包经营户”的形式。这些原告或者被告代表的不是个人，而是家庭承包户，因此，与个人是不同的。

5. 从理论上说，我国自《民法通则》到《民法典》，一直承认农村承包户的主体地位，当然也就必然承认其诉讼主体地位。否则，其主体地位也就没有任何意义。

所以，基于我国的土地所有制，以及中国多年的家庭联产承包经验，《民法典》第55条没有否定自《民法通则》以来的农村土地承包经营户的民事主体地位，而是保留了其独立于“自然人”的主体地位。

二、财产与责任关系

主张废除农村承包经营户的学者的一个很重要的观点，就是个人与户难以分清。实际上，从《民法通则》开始，就对财产和责任有一个基本的区分：农村承包经营户的债务，个人经营的，以个人财产承担；家庭经营的，以家庭财产承担（《民法通则》第29条）。

《民法典》对此进行了部分修改：“农村承包经营户的债务，以从事农村土地承包经营的农户财产承担；事实上由农户部分成员经营的，以该部分成员的财产承担。”（第56条第2款）。

第二节　个体工商户

一、个体工商户的概念与现实状况

应该说，个体工商户是自我国1986年《民法通则》颁行后的一种不同于自然人的主体，当时具有重大的意义和作用：公民在法律允许的范围内，依法经核准登记，从事工商业经营的，为个体工商户。个体工商户可以起字号（《民法通则》第26条）。但是，经过了这么多年后，特别是在《公司法》《合伙企业法》等法律颁布后，在允许一人公司存在，有限责任公司的注册资金减少、手续方便，合伙企业中的合伙类型较多、设立简单的情况下，个体工商户还有存在价值吗？对此，有学者认为，个体工商户的存在已经没有必要了，因为个体工商户与个人独资企业这两种形式并无本质区别，个人独资企业与个体工商户的划分本身没有经济上与法律上的科学性与合理性：两者的投资人均为个人（或者以家庭财产投资），两者对于所产生的债务均由投资人个人财产（家庭经营的则以家庭财产）承担，在组织形式上都较为简单。作为历史产物和改革初期成果的“个体工商户”的名称不应继续保留，其大部分功能为个人独资企业所涵盖。规模较大的个体工商户，以商事组织或者企业称之并无不可，可以登记为个人独资企业。对于规模较小的个体工商户，与自然人密切关联，如其不愿意登记为个人独资企业的，应将其作为小商人，允许其不经登记而从事商业活动，并给予税收、商号、商事账簿等方面的灵活对待。①

这种观点不能说没有道理，但是，我如果把问题从反面提出来，则这种观点的逻辑出发点及理由就难以成立：当个体工商户与个人独资企业冲突时，为什么不是个人独资企业让位于个体工商户呢？在我看来，个人独资企业才不应该存在呢。个人独资企业相较于个体工商户，其优势是什么？如果想成为法人，我们有公司法上的一人公司；如果想成为非法人团体，我们有合伙企业法上的

① 岳兵、姚狄英：《两户民事主体地位的再思考》，载《中国民法学研究会2015年年会论文集》（上册），第538—539页。

各种合伙企业；如果想个人经营或者以家庭财产经营，我们早在个人独资企业法之前就有个体工商户，为什么还要搞个人独资企业？是先有的个体工商户，后又叠床架屋搞的个人独资企业，而不是相反。我们应该通过改善个体工商户的方式来消灭个人独资企业才符合当今社会的发展：西方无论过去还是现在都有无数个体经营者，难道都登记成为个人独资企业了吗？

我们可以通过权威统计数字来考量一下，个体工商户在我国社会实际生活中的分量。截止到 2021 年 3 月 15 日，全国实有各类市场主体 1.25 亿户，其中企业 3905 万户，个体工商户 8353 万户。[①] 从这些数字可以看出，个体工商户比个人独资企业数量多得多，我们不禁要问：既然个人独资企业这么好，注册也方便，功能也与个体工商户差不多，为什么人们还是愿意成立注册个体工商户呢？肯定是个体工商户对自然人或者家庭来说，更方便，更适合人们的需要。我们为什么要消灭之而迫使他们成为个人独资企业呢？

由此可见，个体工商户在我国社会生活中占有十分重要的意义，因此，《民法典》第 54 条保留了这一主体。

二、个体工商户的民事主体地位

《民法典》第 54 条规定："自然人从事工商业经营，经依法登记，为个体工商户。个体工商户可以起字号。"第 56 条第 1 款规定："个体工商户的债务，个人经营的，以个人财产承担；家庭经营的，以家庭财产承担；无法区分的，以家庭财产承担。"《个体工商户条例》第 2 条第 1 款、第 2 款规定："有经营能力的公民，依照本条例规定经工商行政管理部门登记，从事工商业经营的，为个体工商户。个体工商户可以个人经营，也可以家庭经营。"

《民法典》及《个体工商户条例》可以看成我国确认个体工商户之民事主体地位的实体法依据，其主要特征是：（1）自然人可以登记为个体工商户。（2）必须经登记方可成立。（3）必须从事工商业经营，如果是从事农业生产经营，则

① 《全国实有市场主体达 1.25 亿户 个体户超 8000 万》，大众网·海报新闻北京 3 月 23 日讯（记者 姜雪颖），http://www.saic.gov.cn/zwgk/tjzl/zxtjzl/xxzx/201510/t20151030_163438.html，2021 年 8 月 3 日访问。

是农村承包经营户。（4）个体工商户可以个人经营，也可以家庭经营。个人经营的，以个人财产承担；家庭经营的，以家庭财产承担；无法区分的，以家庭财产承担。（5）个体工商户可以起字号。

从我国的《民事诉讼法》第51条来看，应该包括个体工商户。最高人民法院《关于适用〈中华人民共和国民事诉讼法〉的解释》第59条规定："在诉讼中，个体工商户以营业执照上登记的经营者为当事人。有字号的，以营业执照上登记的字号为当事人，但应同时注明该字号经营者的基本信息。营业执照上登记的经营者与实际经营者不一致的，以登记的经营者和实际经营者为共同诉讼人。"确立了个体工商户的诉讼法律地位。

从我国个体工商户的制度运行和实践效果看，各级工商行政管理部门已经摸索出一套对个体工商户行之有效的管理模式，成立和申请比较方便，税收政策也比较灵活，因此我认为，《民法典》延续《民法通则》的做法保留个体工商户及其主体地位是正确的，如果我们真的照搬西方的非登记商自然人模式而抛弃我们30年多来对个体工商户的管理经验，将会适得其反。对于农村承包户或者自然人，其经营农副产品可以按照商自然人对待。对于不需要登记、无固定场所的"游动性自然人商人"也有相应的管理方式，不能随便抛弃个体工商户。

我们可以再从成立和登记程序上，来观察个体工商户的主体地位及责任承担情况。

三、个体工商户的登记

（一）登记成立

《个体工商户条例》第8条规定："申请登记为个体工商户，应当向经营场所所在地登记机关申请注册登记。申请人应当提交登记申请书、身份证明和经营场所证明。个体工商户登记事项包括经营者姓名和住所、组成形式、经营范围、经营场所。个体工商户使用名称的，名称作为登记事项。"《个体工商户登记管理办法》第2条规定："有经营能力的公民经工商行政管理部门登记，领取个体工商户营业执照，依法开展经营活动。"

从这里可以看到，个体工商户必须进行登记方可取得这一民事主体地位。否则，自然人的经营只能被视为个人的商行为而不是商主体行为。

（二）登记申请人

根据《个体工商户登记管理办法》第12条的规定，个人经营的，以经营者本人为申请人；家庭经营的，以家庭成员中主持经营者为申请人。

（三）申请事项

根据《个体工商户登记管理办法》第6条至第11条的规定，个体工商户的登记事项包括：经营者姓名和住所；组成形式；经营范围；经营场所。其中，经营者姓名和住所，是指申请登记为个体工商户的公民姓名及其户籍所在地的详细住址。组成形式，包括个人经营和家庭经营。家庭经营的，参加经营的家庭成员姓名应当同时备案。经营范围，是指个体工商户开展经营活动所属的行业类别。经营场所，是指个体工商户营业所在地的详细地址，个体工商户经登记机关登记的经营场所只能为一处。个体工商户可以不使用名称；个体工商户决定使用名称的，应当向登记机关提出申请，经核准登记后方可使用。一户个体工商户只准使用一个名称。个体工商户名称由行政区划、字号、行业、组织形式依次组成。经营者姓名可以作为个体工商户名称中的字号使用。[①]

从申请登记的程序和事项看，个人经营与家庭经营是严格分开的，申请人与申请事项是不同的，当然，承担责任的主体也是不同的。

四、司法判例对个体工商户的主体性态度

我搜集了与个体工商户诉讼有关的300个案例，在这些案例中，个体工商户的主体性情况大概有这样几种。

1. 绝大多数案例没有将个体工商户列为原告或被告，而是列作为实际经营者的自然人为原告或被告。在这部分以自然人为原告或被告的案例中，一多半是仅列个体工商户中的自然人的个人信息，但大多数案例都在列自然人为原告

---

① 《个体工商户名称登记管理办法》（2009年4月1日施行）第2条、第5条、第6条、第8条。

（被告）的基础上列明了自然人的经济属性（即个体工商户）。

例如，湖南省资兴市人民法院民事判决书［（2011）资法民二初字第1047号］写明：原告刘某某，男，1958年10月20日出生，汉族，广东省大埔县人，住资兴市鲤鱼江。被告黄某某，女，1978年5月4日出生，汉族，资兴市人，个体工商户，住资兴市唐洞新区大全路居委会。广东省广州市南沙区人民法院民事判决书［（2013）穗南法万民初字第91号］写明：原告李某国与黄某强、陶某连（广州市增城南阳服装工艺厂个体工商户主）机动车交通事故责任纠纷一审民事判决书，等等。

2. 在有些案例中，是以个体工商户作为原告和被告的，但表述方式有很大的差异，这可能与个体工商户是否有名称的登记有关。

（1）一种表述方式是"某某个体工商户""某某（个体工商户）""个体工商户某某"。

例如，重庆市铜梁区人民法院民事裁定书［（2014）铜法民初字第05231号］载明："本院于2014年10月24日立案受理了原告黄某勇诉被告个体工商户张某婷工伤保险待遇纠纷一案。依法由审判员周某力使用简易程序公开进行了审理。原告黄某勇于2014年12月8日向本院提出撤诉申请。"重庆市第二中级人民法院民事判决书［（2014）渝二中法民终字第01146号］载明："上诉人向某川个体工商户与被上诉人吴某桃、冉某秀、刘甲、刘乙确认劳动关系一案，奉节县人民法院于2014年4月29日作出（2014）奉法民初字第00585号民事判决，向某川个体工商户不服，向本院提起上诉。本院依法组成合议庭审理了本案，现已审理终结。"重庆市荣昌县人民法院民事裁定书［（2014）荣法民初字第04448号］载明："陈某萍（个体工商户）与荣昌县某发型沙龙、黄某莎等物权保护纠纷。"

（2）另一种表述方式即直接列明个体工商户的字号，并注明其个体工商户的组织性质，如"宁波市鄞州下某轻钢结构活动房厂（个体工商户，组织机构代码为……，业主：董某某）"[①]。北京市第一中级人民法院执行裁定书

---

① 宁波市鄞州区人民法院（2014）甬鄞商初字第2217号民事判决书写明："原告：宁波恒达装饰工程有限公司。被告：宁波市鄞州下应诚达轻钢结构活动房厂（个体工商户，组织机构代码为L3647716-1，业主：董某某）。"

[（2014）一中执字第195-1号]写明：时某杰（个体工商户，字号韩城市某电子商务部）与北京某科技有限公司国内非涉外仲裁裁决裁定书。

由此可见，我国的司法实践已经将个体工商户纳入民事诉讼主体及权利义务主体的范畴中。我国《民法典》应该保留个体工商户的主体地位。

第三节　非法人组织

一、定义

无论历史上还是今天，无论中国还是外国，社会生活中实际存在许多自然人的集合体却又没有登记成为法人的“组织”（团体），如何称呼它们？它们究竟包括哪些类型？其有无权利能力？团体本身与成员责任如何？等等。学理上一直争论不休。

关于非法人团体应如何称呼的问题，各个国家或者地区在民法上的称谓并不相同：德国法上这些团体是由民法典规定的“无权利能力社团”和其他特别法上的“商事合伙”组成；日本一般称为“法人外团体”，包括“组合”（各当事人通过出资，并约定经营共同的事业，从而成立的组合）和“无权利能力社团”（包括能够取得法人资格却没有取得的情形——如成立中的法人——和无法取得法人资格的情形）。[①]我国的许多立法（如《民事诉讼法》《著作权法》等）都以“其他组织”来称呼这些法人外团体；《民法典》将之称为“非法人组织”，并将之定义为：非法人组织是指不具有法人资格，但是依法能够以自己的名义从事民事活动的组织（第102条）。

我认为，用“非法人组织”这一概念来通称这些法人外团体，可能更加合适，因为它体现了与自然人及法人的区别，比“其他组织”具有更强的包容性。但是，《民法典》对“非法人组织”所作的定义难以令人满意：正是《民法典》来赋予“非法人组织”以权利能力和“以自己的名义从事民事活动”，那么，第102条的“依法能够以自己的名义从事民事活动”中的“法”是指什么法？

---

① [日]山本敬三：《民法讲义Ⅰ》，解亘译，北京大学出版社2004年版，第326—327页。

因此，作为立法语言和规范，应该这样规定：非法人组织经登记取得权利能力，以自己的名义从事民事活动。如果学者再根据这种规范，作出类似的定义："非法人组织是指不具有法人资格，但是依法能够以自己的名义从事民事活动的组织。"那就正常了，因为学理概念往往来自法律的规定（规范）。但有时法律直接用学理概念是不妥当的。

二、非法人团体究竟包括哪些类型及规范原则

对此，学者之间争议很大。例如，有学者认为，现实生活中存在各种不具备法人资格的组织体，诸如业主委员会、无法人资格的分公司、各种企业的分支机构、独资企业、合作企业、合伙企业、非企业合伙组织（如律师事务所、会计师事务所）、各种协会与学会的分会、学校的学生会、校友会、同乡会、各种俱乐部（如高尔夫俱乐部、足球俱乐部）、大学内部的学院、系、所、教研室、科学院内部的研究所、研究中心、研究室、课题组等。[①] 也有的学者提出了不同的内容，认为非法人团体包括非法人企业、非法人经营体、非法人非营利性团体。其中，非法人企业又具体包括：合伙企业、个人独资企业、乡镇企业、非法人乡村集体企业、非法人外资企业；非法人经营体具体包括：个体工商户、农村承包经营户、个人合伙、合伙型联营、企业分支机构、设立中的公司、企业集团；非法人非营利性团体具体包括：非法人机关、非法人事业单位、非法人社会团体。[②] 还有学者认为，非法人团体包括非法人社团（营利性社团和非营利性社团）、非法人财团、合伙（民事合伙与合伙企业）、个人独资企业、设立中的法人、其他。[③]

对于以上观点，我觉得各有道理，但是，有些是否应该归入非法人团体中，值得考虑。例如，各种企业的分支机构、大学内部的学院、系、所、教研室、科学院内部的研究所、研究中心、研究室、课题组等不应该属于非法人团体，而是法人本身的内部组织机构或者组成部分。另外，像民事合伙也不是所有的都属于非法人团体，例如，合伙契约型的就不是非法人团体，而是自然人之间

---

① 梁慧星：《中国民法典草案建议稿附理由：总则编》，法律出版社 2013 年版，第 183—184 页。

② 苏号鹏：《民法总论》，法律出版社 2006 年版，第 118 页。

③ 李昊：《我国民法总则非法人团体的制度设计》，载中国政法大学民法学青年教师学术创新团队 2015 年 11 月 28 日召开的"民法主体制度的立法与解释研讨会"论文集，第 41 页。

的合同关系。除此之外，像非法人财团能否成为非法人团体也存在疑问：各国对财团的控制是非常严格的，因为财团与社团不同，可能存在危及社会的各种风险。因此，我国《民法典》第 102 条对于非法人组织种类的限制采取比较严格的态度，将非法人组织限定为：个人独资企业、合伙企业、不具有法人资格的专业服务机构（如律师事务所、会计师事务所）等。

三、赋予非法人“团体”权利能力的条件

在《民法典》编纂过程中，对于非法人组织地位（权利能力）的问题，最大的争论在于：究竟是采取“严格主义”还是“放任主义”？严格主义实际上就是采取“登记方可取得权利能力”，方能以团体的名义进行民事活动，才会被法律承认为“非法人组织”，否则就是个人的简单组合，每个个人为主体而不是非法人组织；放任主义实际上就是采取“形式主义”，只要在形式上对外以团体的名义从事民事活动，法院就承认其为非法人组织，按照非法人组织对待，不需要进行登记。而且持这种“形式主义”观点的人占有较大的比例。但从正式颁布的《民法典》来看，还是采取了“严格主义”原则，即非法人组织必须进行登记，否则不能取得权利能力。

除了登记之外，一个非法人团体还应该具备什么条件，才能被赋予权利能力呢？从民法典的历史上看，许多国家的民法典都不会毫无条件地赋予一个团体以权利能力，德国法为了惩罚那些不愿意登记并接受政府审查的法人外团体，根本不赋予其权利能力，所以，《德国民法典》有“无权利能力社团”之规定，就是那段历史的痕迹。但随着历史的变迁，这种态度发生了根本的变化。甚至德国学者指出，在德国法上，无权利能力社团因具有权利能力而可享有财产权利，可以作为所有权人被登记在土地登记簿上。[①] 无权利能力的社团是一个其成员变动对其结构不发生影响的团体，在这一点上与民法上的合伙不同。因此，现在人们一般认为《德国民法典》第 54 条的规定是不恰当的。无权利能力的社团在其整体结构上不是近似于民法上的合伙，而是近似于有权利能力的社团。典型的民法上的合伙是特定的合伙人松散的或者紧密的联合，各个合

① ［德］汉斯 · 布洛克斯：《德国民法总论》张艳译，中国人民大学出版社 2014 年版，第 314 页。

伙人的人格对于联合体有着重要的意义。……司法判决已经普遍承认对之类推适用《德国民法典》关于有权利能力社团的规定。[①]

除了登记之外，非法人团体还应具备什么条件才能赋予其权利能力呢？有学者指出，非法人团体应当具备下列条件：（1）有自己的名称、组织机构和场所；（2）有自己的章程或者组织规章；（3）有自己享有处分权的财产或者经费；（4）根据法定程序设立[②]。日本的判例确定了四项条件：（1）组织性，即具备作为团体的组织；（2）少数服从多数的原则；（3）团体与成员的分离，即团体的存续不受成员变更的影响；（4）团体内容的确定性，即代表的方法、大会的运营、财产的管理及其他作为团体的主要方面确定。[③]

我认为，非法人团体既然作为一个独立于其成员的资格存在，必须有一种团体的结构，同时又不同于法人。主要应具备下列条件：（1）有将其成员组织起来的章程或者其他文件，就像凯尔森所言："社团之所以被认为是一个人，就是由于法律秩序规定了某些权利与义务，它们关系到社团成员的利益但却又似乎并非成员的权利与义务，因而就被解释为社团本身的权利和义务。几个人只有当他们已经被组织起来，仿佛每个人关于别人都有特定的功能时，他们才组成一个集团、一个联合。当他们的相互行为由秩序、规范制度所调整时，他们才被组织起来。构成这一联合，使几个人组成一个联合的，就是这种秩序，或者说是这种组织。这一联合具有机关的意思同组成联合的人由一个规范所组织的意思，正好是一样的。构成社团秩序或者组织就是社团的法律，社团的所谓章程，即调整社团成员行为的规范的总和。"[④]（2）有自己的名称、组织机构和场所，否则难以区分于个人。（3）有形成团体意思的表决方式，以区别于团体每个人的意思，只有具有了这种机制，团体才能够区别于个人而存在或者去行动。（4）非营利性非法人组织还应该具有自己的财产，并具有保证这种财产同成员财产分离的机制。

需要说明的是，有无财产其实对于营利性非法人组织和非营利性非法人组

---

① ［德］卡尔·拉伦茨：《德国民法通论》，王晓晔等译，法律出版社2003年版，第236页。

② 梁慧星：《中国民法典草案建议稿附理由：总则编》，法律出版社2013年版，第185页。

③ ［日］山本敬三：《民法讲义Ⅰ》，解亘译，北京大学出版社2004年版，第329页。

④ ［奥］凯尔森：《法与国家的一般理论》，沈宗灵译，中国大百科全书出版社1996年版，第109页。

织是不同的：对于非营利性非法人组织应该要求其具有自己的财产，因为在财产与责任的相互联系上，一般来说，非营利性非法人组织的成员对于非法人组织的债务承担有限责任，因此，才要求团体必须具有财产；而营利性非法人组织的成员对于非法人组织的债务承担无限连带责任，因此，对于营利性的非法人组织来说，有无财产就不重要了。

四、非法人团体与其成员的责任关系

在非法人团体中，其成员是否无一例外地都对团体的债务承担无限责任？在这一点上，德国法的判例与理论可资借鉴：在对外债务方面，对于无权利能力的社团，尤其是非经济性社团不适用合伙法上的成员对于合伙债务承担无限连带责任的规定。因为，如果让无权利能力社团的成员对团体债务承担无限连带责任，就不会有任何人加入非经济性社团，会成为这种社团吸引新社员的一个不可逾越的障碍。所以，司法判决和学说就寻找各种可能，将社员对社团的责任限制在社团财产的范围内。[①] 但对于营利性团体，其成员对团体债务则承担无限连带责任。[②]

但是，我国《民法典》并没有区分营利性与非营利性的非法人组织，第 104 条直接规定：当非法人组织的财产不能清偿债务的，其出资人或者设立人承担无限责任。这种规定实际上不利于许多非营利性的非法人组织的存在，而这些非营利性的非法人组织对于社会的文化建设、丰富人民生活等往往具有重大意义。

五、非法人组织的解散与清算

按照《民法典》第 106 条的规定，有下列情形之一的，非法人组织解散：（1）章程规定的存续期间届满或者章程规定的其他解散事由出现的；（2）出资人或者设立人决定解散的；（3）法律规定的其他情形。

非法人组织解散后，要参照法人的规定进行清算（第 107 条）。其实，《民法典》的这种规定实属多余，因为我国不区分营利与非营利非法人组织而让其成员全部承担无限连带责任，因此是否清算并不影响债权人的利益。

---

① ［德］卡尔·拉伦茨：《德国民法通论》，王晓晔等译，法律出版社 2003 年版，第 242 页。

② ［德］迪特尔·梅迪库斯：《德国民法总论》，邵建东译，法律出版社 2000 年版，第 859 页。

第三编

民事权利

第一章 权利与民事权利的概念

第一节 “权利”的概念分析和说明

一、关于“权利”概念的说明

“权利”是法哲学的核心范畴。迄今为止，虽然学界有诸多从各个角度对“权利”这一概念进行定义的学说，但没有一个概念树立起毫无争议的权威。所以，美国著名学者庞德叹道：“法学之难者，莫过于权利。”[①] 他进一步指出，作为一个名词，“权利”这个词比别的任何一个词的含义都丰富，它至少在六种意义上被人们所使用：一是指应当得到承认与保护的利益；二是指实际上得到法律承认与保护的利益；三是指通过政治社会的强力来强迫另一个人或者所有其他人作出一定行为或者抑制一定行为的能力；四是指一种创立、改变或者剥夺各种法律权利从而创立或者改变各种义务的能力，这最好称为“法律上的权力”；五是指某种可以说是法律不过问的情况，也就是对自然能力不加法律

① 张文显：《法哲学范畴研究》，中国政法大学出版社 2001 年版，第 298 页。

限制的情况，这就是自由权及特权；六是指纯伦理意义上的正当之物。[①] 德国著名哲学家康德也指出：问一位法学家“什么是权利”，就像问一位逻辑学家一个众所周知的问题“什么是真理”同样使他感到为难。他的回答很可能是这样，且在回答中极力避免同义语的反复，而仅仅承认这样的事实，即指出某个国家在某个时期的法律认为唯一正确的东西是什么，而不正面回答问者提出的那个普遍性的问题。对于具体实例指出什么是正确的，这是很容易的……但是，要决定那些已经制定出来的法律本身是否正确，并规定出可以被接受的普遍标准以判断是非，弄清什么是公正或者不公正的，这就非常困难了。[②] 但是，民法是以权利为本位的私法，不讨论“权利”的概念，就无法理解民事权利，也就无法理解民法的内在体系与外在体系。所以，有必要对各种权利概念及形成基础进行梳理，从而解读权利的内涵。

二、关于“权利”概念的诸家学说

（一）“资格说”

“资格说”借助于“资格”概念阐释“权利”概念。“资格说”认为，权利就是一种资格，即去行动的资格、占有的资格或者享受的资格，而不管其客体是什么。权利就是有权行动、有权存在、有权享有、有权要求。例如，自然法的代表人物格劳秀斯从自然权利的理论出发，把权利看作理性动物的人所固有的“道德品质”：“由于它，一个人有资格正当地占有某种东西或者正当地作出某种事情。”[③] 英国学者 A. J. M. 米尔恩认为：权利概念的要义是资格。说你对某物享有权利，是说你有资格享有它……说权利就是资格，不过是换一个字眼，但是这种替换对于阐述权利却大有益处。如果你有资格享有某物，那么，因他人的作为或者不作为而否认你享有它，就是不正当的。他人因你享有它而使你陷于不利或者使你受难，也是不正当的。此乃资格应有之义。如果他人可以正

---

① 张文显：《法哲学范畴研究》，中国政法大学出版社 2001 年版，第 287 页。

② ［德］康德：《法的形而上学原理》，沈叔平译，商务印书馆 1997 年版，第 39 页。

③ 张文显：《法哲学范畴研究》，中国政法大学出版社 2001 年版，第 300 页。

当地否认你有资格享有某物，别人因你享有它而可以正当地使你陷于不利或者使你受到困扰，那么，该物就不可能是你有资格享有的东西。因此，将“资格”称为“权利”是恰如其分的……对于任何权利，都必须有可能说出何种作为或者不作为将构成对它的侵犯，如果没有此种作为或者不作为可以证实，那么，就不存在一项权利。[①]

（二）“主张说”

“主张说”把“主张”作为权利概念的指称范畴，把“权利”定义为法律上有效的、正当的、可以强制执行的主张。这里的“主张”指言论行为，其内容是以某种正当的、合法的理由要求或者诉请承认主张者对某物的占有，或者要求返还某物，或者要求承认某事实的法律效果。例如，美国哲学家费因伯格（Feinberg）说：拥有某项权利就是针对某人某事提出某种主张。[②] 按照主张说的观点，权利就等于有效的主张。

（三）“意思说”

17、18 世纪，资产阶级在反对封建统治的过程中，提出了“天赋人权”理论，以反对封建专制与教会权力。与此相适应，以人的理性为核心的“古典自然法”理论也作为主流理论登上历史舞台。按照古典自然法法理，法律分为自然法与实证法（人定法）。实证法是以人的理性为基础并以自然法为指导而制定的。既然实证法本身就是理性的产物，那么，法律权利自然也就表现为人之理性的意志权力。康德与黑格尔是“权利意思说”的代表人物。

康德关于权利性质的阐述为：“权利的普遍法则可以表述为——外在的要这样行动，即你的意志的自由行使，根据一条普遍的法则，能够和所有其他人的自由并存。”康德进一步指出了“权利”概念的三个基本特征：（1）权利只涉及一个人对另一个人的外在的和实践的关系，因为通过他们的行为这种事

---

① ［英］A. J. M. 米尔恩：《人的权利与人的多样性》，张志铭等译，中国大百科全书出版社 1995 年版，第 111—112 页。

② 张文显：《法哲学范畴研究》，中国政法大学出版社 2001 年版，第 301 页。

实，可能直接或者间接地彼此影响；（2）权利的概念只表示他的自由行为与他人行为的自由关系；（3）在这些有意识的行为的相互关系中，权利的概念并不考虑意志行动的内容，只考虑彼此意志的关系。意志行为或者有意识的选择之所以被考虑，只是由于它们是自由的，并考虑二人中一个人的行为，按一条普遍法则，能否与另一个人的自由相协调的问题。① 康德的哲学理论对大陆法系国家私法体系构建的影响不可谓不大，其关于“权利概念的普遍法则”被大陆法系学理概括为“法律关系”这一概念。

黑格尔认为：“一般地说，权利的基础是精神，它的确定的地位与出发点是意志。而意志是自由的，所以，自由既是权利的实质又是权利的目标，而权利的体系则是已经成为现实的自由王国。”② 黑格尔在论述所有权时更明确地表达了这一概念：在所有权中，我的意志是人的意志；但人是一个单元，所以所有权就成为这个单元意志的人格的东西。由于我借助于所有权而给我的意志以定在，所以所有权也就必然具有成为这个单元的东西或者我的东西的这种规定。这就是关于私人所有权的必然的重要学说。③

（四）“利益说”

“利益说”从权利的目的出发考察权利的本质，认为权利的目的在于追求利益，故“利益”是“权利”的另一种表达形式。明确以“利益”界定“权利”概念者，当推德国法学家耶林。耶林将适用于客观世界的“因果律”引入主观意志领域，来说明意志目的的重要性：根据“充足理由律”，没有任何东西能够自我产生。这意味着任何事物的产生、世界上任何有意义的变化皆为此前另一变化所导致的结果，没有先前事件的发动就没有事后的结果。这一事实是我们的思想假定，同时它又为经验所证实。如众所知，我们将其冠以“因果律”之名。因果律在意志领域同样有效。欠缺充足原因的意志活动与缺乏充足原因的物质运动都是不可想象的。而如果说在没有外在推动原因的情况下意志能够

---

① ［德］康德：《法的形而上学原理》，沈叔平译，商务印书馆 1997 年版，第 39—40 页。

② 转引自张文显：《法哲学范畴研究》，中国政法大学出版社 2001 年版，第 302 页。

③ ［德］黑格尔：《法哲学原理》，范扬等译，商务印书馆 1995 年版，第 55 页。

自我表现产生，那么所谓意志自由，将无异于一个人能够抓住自己的头发将自己从泥沼中拔出来的哲学神话。所以，对于一个人来说，他有意识地实施某项行为，是因为他想获得某种东西。易言之，目的乃是引发行为的根源所在，是所谓“无目的即无行为”。因此，对于法律来说，更重要的不在于“意志”本身，而在于借以产生该意思的目的。那么，该“目的”是指什么呢？耶林将其归为“利益”。他认为，在人的自主行为中，利益是每一行为不可或缺的条件——无利益的行为正如无目的的行为一样荒唐，它在心理上是不可能的。所以，耶林将权利的本质归结为受法律保护的客观利益。①

耶林的这种论证方式与结果恰如功利主义的进路，所以，许多人将他归为功利主义学派也就不奇怪了。

当然，有许多人对于耶林的权利“利益说”提出了批评，认为他混淆了权利本身与权利行使之间的界限：利益是权利行使的结果而不是权利本身。这种批评可以说切中要害。在我国许多学者将人格权定义为“受法律保护的人格利益”，大概也是一种混淆人格权本身与人格权行使结果的做法。

（五）“法力说”

启蒙运动解放了人性，使自然科学得到了飞速发展，而这一巨大成就又诱发了人们以自然科学模式来统一各学科的倾向，法学也难逃此运。在科学观念的影响下，法学研究中的实证主义取向逐渐取代此前的自然法理论。加之伴随着欧洲民族国家的兴起，法律实证主义强调了国家实证法的地位，表现在对权利概念的阐释上就是突出权利的“法律强制性”因素。这一观点认为，仅仅是利益本身不能令其成为法律上的权利，某种利益上升为实证法上的权利，并因此而区别于其他利益的根本在于法律对其加以规定并提供保护。换言之，权利的本质在于法律所提供的强制保障力。这一主张被称为权利的“法力说”。②

---

① 朱庆育：《权利的非伦理化：客观权利理论及其在中国的命运》，载《比较法研究》2001年第3期。

② 转引自朱庆育：《权利的非伦理化：客观权利理论及其在中国的命运》，载《比较法研究》2001年第3期。

根据“法力说”的主张，权利是法律赋予权利主体的一种用以享有或者维护特定利益的力量，义务则是对“法力”的服从，或者为保障权利主体的利益而对一定法律结果所应承受的影响。德国学者梅克尔认为，权利的本质是由法律和国家权力保证人们为实现某种特定利益而进行一定行为的“力”。[①]“法力说”对大陆法系的民法产生了重大影响，对我国民法也有较大的影响。

（六）“可能说”

“可能说”是苏联法学界比较流行的观点，根据这一学说，权利乃是法律规范规定的有权人作出一定行为的可能性、要求他人作出一定行为的可能性以及请求国家强制力量给予协助的可能性。[②]

（七）“选择说”

“选择说”是英国学者哈特在“意志说”的基础上阐发的一种权利理论，有时也被称为“新意志说”。“选择说”不给权利下定义，而是重在分析。其基本分析是：“权利”意味着在特定的人际关系中，法律规则承认一个人（权利主体）的选择或者意志优越于他人（义务主体）的选择或者意志。换言之，某人之所以有某项权利，取决于法律承认他关于某一标的物或者特定关系的选择优先于别人的选择。正是法律对个人自由和选择效果的承认构成了权利观的核心。权利的选择性首先体现为：主体既可以做某事，也可以不做某事；既可以得到某种东西，也可以放弃某种东西。其次体现为权利主体对相对义务的选择：权利主体既可以强制义务主体履行义务，也可以免除和取消他的义务；当违反义务或者违反义务的危险发生时，主体可以诉诸国家有关机关强制义务主体履行义务，也可以放弃诉权；权利主体可以接受也可以拒绝责任主体给付补偿。相对于权利，义务则是无选择、不自由，即排除其选择与自由。[③]

① 转引自张文显：《法哲学范畴研究》，中国政法大学出版社2001年版，第303页。
② 转引自张文显：《法哲学范畴研究》，中国政法大学出版社2001年版，第304页。
③ 转引自张文显：《法哲学范畴研究》，中国政法大学出版社2001年版，第305页。

（八）“权利概念分析说”

美国法学家霍菲尔德（Hohfeld）认为，分析法学的目的之一在于对所有法律推理中应用的基本概念获得准确的、深入的理解。因此，如果想深入和准确思考并以最大合理程度的精确性来表达我们的思想，就必须对权利、义务以及其他法律关系的概念进行严格的考察、区别与分类。霍菲尔德把权利和义务视为法律的“最低公分母”，以此强调对权利和义务进行分析的重要性。由于霍菲尔德的权利概念中既包括法律权利，也包括道德权利，以表明霍氏的分析只把握权利本身，而不问权利来源，[①] 所以，我们在此姑且把霍菲尔德的权利理论称为“权利概念分析说”。

霍菲尔德认为，“某人有某项权利”可能意指下列各种意思：第一，该有权人对任何人都不负有做某事的义务。在这种意义上，“权利”等于“特权”，也就是别的法学家所说的“自由权”，例如，任意打发闲暇时间的权利，任意留胡须的权利等。第二，它意味着任何一个人都有义务不干预或者协助有权人做某事，在这种意义上，权利等于主张权或者权利要求。权利要求既包括要求积极协助的权利，也包括消极的不受干预的权利，例如，要约人要求对方信守诺言的权利。第三，它意味着一个人改变法律的安排或者法律关系的能力或者权力，例如，我有权出卖我的财产或者把它赠给我乐意给的人。这种权利不大涉及我作出的行为，而着重行为的结果。通过出卖或者赠与，我改变了原来的法律关系。第四，在个别情况下，它意味着权利人的法律地位免受法律的改变。与权利的这四种意义相适应，有四种法律关系：（1）（狭义的）权利——义务关系；（2）特权——无权关系；（3）权力——责任关系；（4）豁免——无能力关系。第一种法律关系意味着“我主张，你必须”；第二种法律关系意味着“我可以，你不可以”；第三种法律关系意味着“我能够，你必须接受”；第四种法律关系意味着“我可以免除，你不能”。[②]

---

① ［英］A. J. M. 米尔恩：《人的权利与人的多样性》，张志铭等译，中国大百科全书出版社1995年版，第216—217页。

② 转引自张文显：《法哲学范畴研究》，中国政法大学出版社2001年版，第286页。

（九）“规范说”

该学说认为，权利是法律所保障或者允许的能够作出一定行为的尺度。我国有的学者也采用此说，即认为“权利是人实现正当利益的行为根据”[①]。

（十）“归属—控制说”

这是法国学者达宾（Jean Dabin）提出的关于权利的新定义。他认为：从根本上说，主观权利是“归属—控制”，归属引起并决定着控制。权利在主体与客体之间建立起了一种关系，这种关系便是一种归属关系。因而，权利就是归属于主体的东西，为其所有的东西。这样一来，权利就表现为主体与事物之间的归属联系：一方面，权利的观念只随着这种归属关系产生；另一方面，这种归属关系构成并决定着权利的内容。而控制是归属的后果，它是主体针对其财产的权利，更明确地说，就是自由处分作为权利客体的物的权利。

归属与控制意味着一个专属于权利人的领域，换句话说，也就是权利对第三人的对抗力。这种对抗力表现为不可侵犯性和可请求性两点：任何人都不得侵犯主体的权利，权利主体则得要求他人尊重自己的权利。[②]

有人这样评价达宾的定义：将权利定义为归属—控制，对所有权来说很适合，而要适用于其他的某些权利，就有些勉强。尤其是涉及法律明确禁止所有法律处分行为的情形时，例如，对那些以与主体人身不可脱离的价值或者财物为客体的权利的情况，如生命与自由，“控制说”就很难予以解释。[③]

三、关于权利界定的前提性讨论——主观权利与客观权利

之所以将主观权利与客观权利的区分作为前提性问题加以讨论，是因为便于对上述各种学说的评价和理解。另外，以后的各节讨论的问题主要是在主观权利的基础上进行的，如物权与债权的划分、绝对权与相对权的划分、人身权

---

① 张俊浩主编：《民法学原理》，中国政法大学出版社2000年版，第64页。

② ［法］雅克·盖斯旦：《法国民法总论》，陈鹏等译，法律出版社2004年版，第135—137页。

③ ［法］雅克·盖斯旦：《法国民法总论》，陈鹏等译，法律出版社2004年版，第138页。

与财产权的划分等，都是对主观权利的再划分。

（一）主观权利与客观权利争议的问题所在

关于权利的主观性及客观性的争议之问题在于：权利是相对于法律独立存在的，抑或权利仅仅是法律规范的客观效果？对此问题的不同回答，就区分为主观权利说与客观权利说两个不同的思想流派。

主观权利说主张：权利（主观权利）是指民事主体的个体权利，权利源于人性本身，法律仅仅是为保护个体权利的目的而存在的。因此，必须承认权利相对于法律的独立存在性及优势地位。

而客观权利论者认为：权利仅仅是社会规则的个体结果，权利是法律规则的副产品，个人的所谓权利、自由等仅仅是法律规则作用于个人的客观效果，仅存在规则而不存在权利。

（二）争议的实质

主观权利与客观权利争议的背后，实质上是自然法学派与实证主义法学派之争。

主观权利学说在其形成的过程中受到了基督教思想与自然法学思想的重要影响。[①] 基督教思想在权利概念的历史发展中有过决定性的影响，在其原本不同于法律生活的领域内，基督教主义是个人主义的酵母，它给予个人以最高的价值。由此很容易衍生出将个人作为利益中心、法律组织源泉和目的的理论。所以，早在14世纪的天主教的思想中，就可发现最初的法律个人主义架构，它们将个人特权置于首要地位。[②]

以洛克和卢梭为代表的社会契约论，则以先国家和法律的自然状态为假设，在个人权利与国家关系的说明方面，颇具说服力地将个人权利说成先于国家而存在并独立于国家的天赋权利，国家存在的目的在于保护这种权利的安

---

① 基督教与自然法有着天然的联系，以托马斯·阿奎那为代表的神学自然法，是自然法的重要流派。

② ［法］雅克·盖斯旦：《法国民法总论》，陈鹏等译，法律出版社2004年版，第128页。

全。主观权利在这里是毫无怀疑余地的。

客观权利说则是在法律实证主义的影响下产生的，最具有说明力的是狄骥的社会连带责任理论与凯尔森之纯粹法学的规范实证主义理论。狄骥将自然人享有权利的观念看作“形而上的”，因而加以排斥，他质疑这一概念的用处，甚至在技术层面上也是如此。他认为：在法律领域中唯一能够为人们所观察到的是客观规则，这些规则适用于个体时决定着他们的状态。所以，不应当说主观权利而应当说法律状态。法律状态，不论是消极的还是积极的，当它被适用于个体时，就是从主观方面观察规则本身。个体仅仅是根据规则被定了位。因此，没有权利，只有法律状态。①

与狄骥的思想进路不同，凯尔森提出了一套国家实证主义的新构思，即规范实证主义体系。在他看来，应当对法律作纯粹的理解，排除一切社会的、道德的、政治的、自然法的因素。他通过一种“金字塔”式的宏伟构造来描绘不同等级规范、规则，这些不同等级的规范、规则的整体构成了法律框架。宪法为最高规范，每一级规范之所以具有效力，仅仅是因为它符合更高一级的规范，例如，法律仅仅因为它符合宪法就具有强制力。在这样一个“法律帝国”中，主观权利自然没有存在的余地，仅仅是法律规范的副产品，是法律规范的结果。

（三）论者的论据

1. 客观权利论的论据

（1）决定个人特权的是有权机构制定的法律规则，因此，个人只能在客观法划定的范围内享有主观权利。主观权利不是借助于自身就能存在，它们不是从虚无中自发产生的，不是天赋的权利。主观权利只能存在于不同法律规则所划定的范围内、所制定的条件下。

法律现实的观察者不得不接受这一分析，没有人能够在法院面前主张一项不为广义上的法律承认的权利。即便人们承认某些个人的权利可以在人性本身找到深刻的根源，但也应当知道这些权利只有在实体规则承认其存在的

---

① ［法］雅克·盖斯旦：《法国民法总论》，陈鹏等译，法律出版社 2004 年版，第 124 页。

限度内才具有有效性。从实际的角度看，客观法处于优先地位是不可否认的事实。

（2）从私法上讨论主观权利渊源问题的传统方法中也可以得出补充性的论证。当代绝大多数民法学者都借助区分法律行为与法律事实来回答这一问题，当人们研究法律行为和法律事实时，人们考察什么呢？是个人为从某些情势中获得权利所应具备的法律要求的条件：使个人意愿产生法律效力的法定要求，依据具有法律后果的法定范畴对某些事实定性时所必需的法定要素。因而，通过在“主观权利渊源”中考察引发法律适用的具体事件，所有实体法的学者都心照不宣但又绝对明确地承认，主观权利只以客观规则为源泉。

（3）在有组织的社会生活中，人与人之间的关系定位并不完全取决于他们自己，而是取决于法律规则。简言之，是客观的法律规则在有组织的社会生活中给个人定了位。

（4）接受这样的观念并不会导致放弃主观权利的概念，也不会造成对人的尊严的否认，而是避免极端的个人主义。实际上，立法者在制定法律时并不是任意的，他们要充分考虑个人的追求和幸福。在现代社会里，人的福祉是最高的价值，而客观法是让人们协作寻求共同福祉的手段。这种观念不但没有消灭主观权利，反而是将其融入法律体系之中。这样，以主观权利形式承认的个人特权，在某种程度上表现为大树分出的一个枝条，而大树是法律秩序的一个整体。①

2. 主观权利论的论据

（1）由于主观权利是旨在保护个体对抗国家专制主义侵犯民主与自由理念的产物，它所代表的政治价值对人们来说十分重要。除此之外，经济与社会的发展不仅产生了许多新鲜事物，而且使得对个人的保护更加必要。因此，主观权利就成为从法律角度考虑这一现实的便利手段。结果是，主观权利不仅没有消亡，相反还在增多。

（2）主观权利能够更好地实现自身价值和保护自我、突出自我。另外，从社会组织的角度看，承认个人享有权利能够有效地推动公民发展自主精神和责

① ［法］雅克·盖斯旦：《法国民法总论》，陈鹏等译，法律出版社 2004 年版，第 130—132 页。

任意识，而不是仅仅被动地接受法律的定位，确保公民具有一种安全感。

（3）无论我们是同古典自然法的拥护者一起考察“法的关系”，还是与实证主义者一道审视“法律状态”或者“规范的个体适用”，都会显现出一些个体专有利益和一些受法律保障的个人权利范围。对于某些人来说属于负担或者义务的事项，经常体现为其他人的权利，而不管人们愿意与否。因而，有一个能够把握法律关系这一方面的概念，并非毫无根据益处。主观权利概念至少在要就某一法律状态作出决定，或者要清楚地知道某一法律地位该归属何人并因而受司法保护的权利时，是恰当的。即使是这一概念的反对者在技术层面上也不可能真正抛弃它。

因此，有必要注意这样一个事实：权利的概念在日常生活中被使用着，它一点也没有因为存在指向它的批评而受损，以至于可以这样说，在试图介绍我们的私法时，如果不借助于主观权利的概念，就很难令他人理解我们的法。其结果是：即便它是一个神话，我们也必须承认它具有异常的活力。①

（四）小结

虽然说论者都持有相当令人信服的一面，我还是认为，主观权利至少在两个方面的价值上不能不令我们相当谨慎：（1）从价值的说明意义上看，主观权利更能够体现法律的人文主义关怀，对个体的保护和对国家权力侵害个人的防御。如果仅仅认为人只是被法律简单地定了位，人就成为国家与法律的附庸，个人的能动性和主动性就会消灭，其结果是，个人是国家的牺牲品。（2）从大陆法系各国的民法典的技术构造方面看，恰恰是主观权利为民法典的构造提供了技术支持，如物权、债权、知识产权、人身权等都是主观权利。

四、对于权利概念的界定

以上权利的各种概念，是从不同的角度与立场对权利所作的界定，由于权利是法哲学的核心概念，所以，任何一个法哲学流派必须回答这一问题，就如任何一个法哲学流派必须回答“法律是什么”这一问题一样。也可以说，权利

---

① ［法］雅克·盖斯旦：《法国民法总论》，陈鹏等译，法律出版社2004年版，第126—127页。

是什么的问题与法律是什么的问题有直接的关系，对法律是什么的不同回答，直接影响到权利概念的界定。例如，实证主义法学派自然坚持“法力说”“可能说”，而自然法学派则坚持“意思说”。

我个人认为，以康德为代表的“权利意思说”最符合民法权利的本质。也就是说，权利的本质应当从人的本质上去寻找，而人的本质则是自由意志，故将权利本质定位于意思的效力，是与人的本质定位相和谐的。[①] 我们可以说：权利是自由意志的范围。权利是自由意志的体现，某人拥有权利，意味着他拥有在该权利允许范围内的自由。实际上，康德在谈到权利之“与他人自由意志的并存”时就已经含有自由意志是有限制的这一意思。当然，权利主体在行使自由意志时，其目的可能是追求一种正当利益，自由意志的行使结果也可能是获得一种正当利益，但这是权利的目的或者结果，却不是权利本身。

第二节　民事权利概述

一、民事权利的概念及意义

民事权利是权利的下阶位概念，是指权利主体以实现其正当利益为目的而自由行使意志的范围。民事权利的说明意义如下。

1. 权利是私法秩序维持的手段

德国学者指出，要使某人负有的义务在私法上得到实现，最有效的手段就是赋予另一个人一项对应的权利。否则，义务就难以实现。澳大利亚法学家斯托尔雅（Stoljiar）指出：“义务的核心意义在于，它是作为权利的相关物发挥作用的，义务的承担者不仅被告知他必须做某事，而且被告知他理应去做某事，它之所以受约束，乃是因为如果他规避义务，所受到的不是他自己善良动机的挑战，而是另一个人的挑战，因为那个人拥有权利。”[②] 例如，许多破坏环境的行为就是因为没有赋予对方私法上的权利而变得猖獗。[③]

---

① 张俊浩主编：《民法学原理》，中国政法大学出版社 2000 年版，第 65—66 页。

② 转引自张文显：《法哲学范畴研究》，中国政法大学出版社 2001 年版，第 336 页。

③ ［德］迪特尔·梅迪库斯：《德国民法总论》，邵建东译，法律出版社 2000 年版，第 65 页。

2. 权利为个人人格发展提供自由空间

权利为人的自由意志划定了范围，也就为个人人格的发展提供了可能的空间。

二、权利的对应物——义务

（一）义务的意义

义务是权利的对应物，一个人权利的实现是依靠另一方的义务履行。例如，澳大利亚法学家斯托尔雅就指出："权利关涉利益，而义务则表示为保障这些利益所必需的作为或者不作为。权利暗示一个人的请求或者申诉，义务则规定了义务者必须避免的行为。权利规定了自由的范围，义务则规定了一个人应当应答或者负责的行为。简言之，权利系于利益，而义务则系于与利益相应的负担。"① 义务的意义在于保障权利的实现，所以，义务的内容就表现为不利益，不履行就有责任课定。

（二）分类

1. 作为的义务与不作为的义务

有的义务要求义务人以积极的行为来履行才能满足债权人的利益，例如，买卖合同之债中债务人交付标的物的义务就是积极行为。有的义务仅仅要求债务人消极的不行为就能够满足权利人的利益，如对所有权人的权利不侵犯的义务。绝大多数义务都是作为的义务。

2. 真正义务与不真正义务

不真正的义务是指义务人自己照顾自己的义务，例如，在损害发生时，若受害人不采取积极措施防止损害扩大的，就扩大部分不得要求赔偿。真正的义务是关涉他人利益义务，即义务的不履行损害的是他人的利益。

---

① S. J.Stoljiar，*An Analysis of Law*，The Macmillan Press Ltd.，1984，p.46.

第三节　民事权利的体系分类[①]

一、绝对权与相对权

（一）分类的标准

这是以权利所及的人的范围为标准进行的划分。如果一项权利相对于所有的人产生效力，即可以对抗所有人的权利，是绝对权。典型的绝对权是所有权，任何人都不得侵犯这种权利，否则就要负赔偿责任。

如果一项权利仅仅对某个特定的人产生效力，这种权利就是相对权。债权是典型的相对权，如 A 对 B 享有债权，则这种权利仅仅能够对 B 产生效力，A 不能要求 B 之外的人履行债务。

（二）说明

1. 这种区分的意义在于：从学理上掌握权利的性质和适用的规则。绝对权与相对权的划分是民法权利的基本分类，始于罗马法，在今天大陆法系国家的民事立法或者学理上仍然具有说明意义。绝对权与相对权的法律规则不同：

（1）在债权中保护权利人免受第三人的侵害是作为例外规定的，如当第三人处分了债权人的债权或者第三人接受了本来应当由债权人接受的债务履行等。

（2）如果第三人对债权的标的物进行侵犯，原则上不受法律保护。[②] 即只有对绝对权的侵犯在民法体系上才作为侵权处理，而对相对权的侵犯不作为侵权处理。

（3）正是因为对相对权的侵犯不作为侵权行为处理，而对绝对权的侵犯作为侵权行为处理，所以，债权的变动不需要公示，而绝对权的变动需要以交付

---

① 这是对主观权利的再分类。

② ［德］迪特尔·梅迪库斯：《德国民法总论》，邵建东译，法律出版社 2000 年版，第 59 页。

或者登记来公示。

2. 相对权例外地具有绝对权的特点，主要的例外表现在：

（1）债权的不可侵犯性。债权的不可侵犯性无论在大陆法系，还是英美法系，都只是作为相对性的例外，因为，两大法系即使在今天也坚持合同的相对性原则，没有根本的改变。

在英美法系，对债权的不可侵性理论有重大贡献并对合同权利义务相对性原则具有革命性意义的突破是1853年发生在英国的拉姆利诉吉厄（Lumley v. Gye）一案。在该案中，一个戏院的老板拉姆利（Lumley）与歌星维戈（Wager）签订契约，约定由维戈在其戏院独台演出三个月。就在合同履行前，另一戏院的老板吉厄以高薪将维戈挖走，从而使维戈违反其与拉姆利的演出合同。后来，虽然拉姆利获得了法院颁发的禁止令，但维戈无意履行原来的契约。于是，拉姆利就向法院提起诉讼，要求吉厄赔偿损失。上诉法院判决拉姆利胜诉[①]。拉姆利诉吉厄一案的积极意义在于它突破了合同相对性原则的约束，并将具有身份关系的主仆引诱之诉扩张适用于非主仆关系的待履行合同，从而为将侵害债权的第三人之行为确定为独立的侵权行为类型奠定了基础。诚如拉姆利一案的审理法官之一Erle所言："引诱侵害合同权利，凡侵害行为为可得起诉的不法行为的情形，即得同侵害财产权一样，成立诉因。"[②]故第三人诱使合同一方违反或撕毁合同，受损害的另一方有权控告第三人。

拉姆利一案所确立的规则在英美法系引起了广泛的影响，此后的许多判例，如1871年马萨诸塞州对沃尔克案的判决、1876年Bixsox v. Dunlop一案的判决，均是以此原则为依据。

法国判例也对债权的不可侵性持积极肯定的态度，1908年的洛德乃斯诉达威利特（Raudnits v. Doeuillet）一案便是最好的证明。在该案中，巴黎时装设计师达威利特挖走了洛德乃斯的数位高级职员。1901年又与洛德乃斯所雇用的饰边师理查德（Rechard）女士签约，许以优厚的待遇，并同意补偿理查德因违反前约的违约费用。理查德在开始履行后约之后，洛德乃斯为留住

① ［英］丹宁：《法律的训诫》，法律出版社1985年版，第152页。

② 梁慧星主编：《民商法论丛》（第6卷），法律出版社1997年版，第768页。

理查德，重新与理查德达成协议，由洛德乃斯为理查德提高薪水，并支付她因违反与达威利特的契约而应支付的违约金 10000 法郎。之后，洛德乃斯向法院对达威利特提起诉讼，要求其支付原告因留住理查德所支出的额外费用。巴黎上诉法院判决达威利特对诱使理查德违约从而侵犯洛德乃斯的债权承担侵权责任。最高法院维持巴黎上诉法院的判决，认为“上诉法院的判决并非让达威利特承担违约责任，对于该合同来说，其乃合同外第三人，而是让其为自己的故意的、为自己的私利的准侵权行为负责，正是这种行为导致并促前一合同被违反”。在该案中法院没有坚持合同的相对性原则，因为如果严格地坚持合同相对性原则，则对原告有失公允，有悖法律的公平和正义精神。正是基于此项利益平衡和价值判断，法院直接以《法国民法典》第 1382 条为依据判决被告负责，从而抛弃了合同相对性原则排斥第三人侵权责任的立场[①]。法国学者弗鲁尔和沃倍尔根据法国司法判例，列举了对债权侵害的三种类型：其一，一雇员在其雇佣合同尚未解除的情况下，又与一新的雇主订立雇佣合同，该新的雇主被认为是这一违法行为的共同行为人（根据巴黎法院 1970 年 7 月 7 日的判决）；其二，一房屋所有人在承诺将房屋出卖给他人时，又将同一房屋出卖给第三人从而违背了其承诺，该第三人的行为使其被认定为前述违法行为的共同行为人（根据法国最高法院第一民事法庭 1965 年 12 月 15 日的判决）；其三，一零售商与一批发商订立了一“专营权协议”，依照该协议，该零售商只能从该批发商处进货，但该零售商违反了其义务，从另一批发商处进货，第二批发商被认定为违反行为的共同行为人（根据法国最高法院商事法庭 1971 年 10 月 11 日判决）。[②]

在德国法和瑞士法上，侵权行为并不以权利的侵害为要件，违反法律保护规定及违背善良风俗的加害，均构成侵权行为[③]。故对债权的侵害也应包括在内。

我国台湾地区学理对于债权的不可侵性基本上持肯定的态度。史尚宽先生

---

① 梁慧星主编：《民商法论丛》（第 6 卷），法律出版社 1997 年版，第 761 页。

② 尹田编著：《法国现代合同法》，法律出版社 1995 年版，第 250 页。

③ 史尚宽：《债法总论》，荣泰印书馆 1978 年版，第 136 页。

认为，应在适当的范围内承认债权的不可侵性。[①] 王泽鉴先生对债权的不可侵性也持肯定的观点，并认为对债权的侵害的样态大致有四：其一，侵害给付标的物，使债务人给付不能或给付迟延；其二，侵害债务人人身，使债务人给付不能或给付迟延；其三，引诱债务人违约；其四，对于债权归属的侵害，例如，债权人于让与债权后，复自债务人受领给付，致债权消灭。[②] 我国台湾地区关于第三人侵害债权的判例也时有出现。台湾地区 1929 年台上字第 2633 号判决言："债权的行使虽应对特定的债务人为之，但第三人若教唆债务人，合谋使债务之全部或一部陷于不能履行时，则债权人因此所受的损害，得依侵权行为的原则，向第三人请求赔偿。"[③] 台湾地区 1983 年台上字第 599 号判决言："买卖标的物经第三人侵害的结果，出卖人依'民法'第 225 条第 1 项之规定免除给付义务者，买受人非不得依侵权行为之法则，径向该第三人请求赔偿所受的损害。"[④]

在我国大陆，债权的不可侵性并未引起足够的重视，不仅未见诸立法，而且学理上的讨论也有待深入，只有少数著作对此有所涉及。1999 年通过的《合同法》实际上否定了债权的不可侵性理论，《民法典》第 593 条延续了《合同法》的规定："当事人一方因第三人的原因造成违约的，应当依法向对方承担违约责任。当事人一方和第三人之间的纠纷，依照法律规定或者按照约定处理。"但在司法判例中，已有出现。例如，在一起研究生出国培养费纠纷案中，某校图书馆助理馆员孙某申请自费出国留学，但因服务年限未满而未获得校方的批准，后由被告方出具虚假证明，使孙某得以出国。原告（孙某的学校）要求被告赔偿孙某服务期未满而应交付校方的 9000 元培养费。法院判决被告侵犯了原告的人事权。[⑤] 其实这种所谓的人事权就是劳动合同关系。

我认为，应当在一定范围内承认债权不可侵性的合理存在。因为，传统民法之所以不承认债权具有不可侵性，是因为在严格区分债权与物权的民法体系

---

① 史尚宽：《债法总论》，荣泰印书馆 1978 年版，第 136—137 页。

② 王泽鉴：《民法学说与判例研究》（第五册），三民书局 1994 年版，第 212 页。

③ 转引自王泽鉴：《民法学说与判例研究》（第二册），三民书局 1994 年版，第 213 页。

④ 转引自王泽鉴：《民法学说与判例研究》（第二册），三民书局 1994 年版，第 213 页。

⑤ 周焕鸿：《对一起研究生出国培养费纠纷主体资格的探讨》，载《法学与实践》1994 年第 1 期。

中，物权有公示方式，第三人能够知道权利的存在，所以，即使承担侵权责任，也不是不当的打击。而债权没有公示方式，第三人难以知道债权的存在，所以即使其真正侵犯了债权而让其承担侵权责任，也是对他的不当打击。然而，如果一个人明明知道他人的权利存在，仍然去侵犯，则让其承担侵犯债权的责任，也具有合理性。但是，债权的这种不可侵犯性只是作为一种例外而存在，绝不是体系化的法律的逻辑必然。

（2）买卖不破租赁。在租赁合同中，承租人有权以债权对抗任何人。例如，我国《民法典》“合同编”第725条规定：“租赁物在承租人按照租赁合同占有期限内发生所有权变动的，不影响租赁合同的效力。”有人说这是相对权与绝对权的混合形式。

（3）小结

相对权例外地具有对抗第三人的效力只是个别情况，是在相对权与绝对权的划分出现严重的不公平时法律例外地所作的纠正。绝对权与相对权这样一种古老的划分对认识权利的性质是有帮助的。

3. 绝对权例外地具有了相对权的特征

当我国《民法典》“物权编”规定了很多种“未经登记不能对抗第三人的物权”后，绝对权与相对权的上述区分标准实在成了问题，使得本来成为“物权”的权利，例外地成了相对权，如未经登记的动产抵押权、未经登记的不动产役权等。

二、支配权、请求权、抗辩权和形成权

这是依据权利的作用与功能对权利所进行的划分。

（一）支配权

支配权是权利人排除他人干涉而凭自己的意志对标的物进行处分的权利。这种权利的利益实现不需要他人的积极协助。例如，所有权人对所有物的支配，这种权利是物权的典型特征，但不限于物权，债权人对于债权本身也具有支配权，知识产权人对于知识产权本身也具有支配权。所以，不能把支配权等同于物权。

支配权具有以下特征：（1）利益的直接性。权利人直接凭单方意思实现其利益，而不需要义务人的积极行为。（2）权利的优先性。支配权必然具有排他

性特点，所以在权利之间的关系上必然体现为优先性。支配权的优先性表现在两个方面：① 支配权之间的优先性，即成立在前的支配权优先于成立在后的支配权；② 支配权相对于请求权的优先性，例如，物权优于债权。（3）对应义务的消极性。支配权因无须他人的积极行为就可以实现权利人的权利，所以，义务相对人的义务一般表现为消极的容忍或者不干涉。

（二）请求权

1. 请求人的概念

请求权是请求他人为一定行为或者不为一定行为从而实现权利人权利的权利，例如，债权人之债权需要请求债务人履行才能实现。这种权利的利益实现要靠义务人的作为或者不作为。

债权与请求权究竟是什么关系？从《德国民法典》的体系结构上看，请求权规定在"总则"中，而债权规定于分则中，所以，请求权比债权似乎更具有一般性，如因占有产生的返还请求权、扶养请求权、遗产请求权等。在我国学理和立法体系中，请求权的外延也比债权大。但需要注意的是，债权本身的属性就是请求权，而物权和知识产权本身属于支配权，只有被侵害才适用"请求权"。我们常常把债权作为请求权的典型，原因就在于此。

2. 请求权规范基础

（1）请求权规范基础的概念及重要性

请求权的规范基础，是指一项请求权在法律上的依据，具体说，就是法律上的具体规定。例如，契约法上的价金支付请求权，其规范基础就是契约法上对当事人权利义务的具体规定。其重要性在于：

① 法律实务上的方法。请求权基础是法律实务的核心，可以说，整个法律实践工作就是对请求基础的寻找。如果一个人提出一项法律上的请求，却无法律规定的支持，最终，他的请求权将不能实现。因为，法律实践的基本构造就是："谁可以向谁，依据何种法律规定，提出何种权利请求或者主张。"例如，A 在 B 处购买了一辆自行车，约定由 B 送货。B 在送货途中被 C 抢夺。则 A 若想提出对 C 的请求，就要看 A 对 C 有没有法律上的支持，没有的话 A 就不能向 C 主张任何权利。

② 法律思维的方法。因为民法归根到底是权利本位法，所以，应将所有的权利分为不同的性质，再分别规定权利的发生根据来确定当事人之间的具体权利义务，找出救济的方法。这样，不仅在思考中避免权利的遗漏，而且会准确判断权利实现的可能。所以，德国学者说：实体法上的请求权对于未经严格训练的学生来说，是分析具体案例的不可缺少的思维方法。[①]

（2）请求权规范基础的寻找

① 自己的请求目的与请求权类型相符合。例如，A 将自己的自行车借给 B 使用，B 在使用中损坏，则 A 将向 B 提出损害赔偿的主张。这种主张就是请求目的。但是，A 可以向 B 依据租赁关系提出主张，即债权请求权，也可以根据所有权向 B 提出赔偿主张，即物权请求权。A 将作出选择：将目的与具体请求权联系。

② 找出主导性规范基础。例如，上述例子中，如果 A 选择根据债权请求权提出主张，则进一步找出租赁关系的规范基础。在租赁关系中 A 有权要求 B 正确使用租赁物。B 违反了这种义务，A 有请求权。

③ 找出辅助性规范，即有没有排除请求权的规定。在上述例子中，如果有规范规定，因不可抗力造成租赁物的损害免责，则 B 不负责任。

④ 用三段论的方式，将案件事实与规范事实构成要件连接，得出结论。

3. 请求权竞合与请求权规范竞合、请求权聚合

（1）请求权聚合

请求权聚合是指当事人对于数种给付内容不同的请求权，可以同时主张。例如，身体受到伤害的时候，当事人可以同时主张物质赔偿与精神损害赔偿。

（2）请求权规范竞合

请求权规范竞合是指一个事实同时满足了两个请求权的要件，当事人可以选择适用一个法律规范来支持自己的请求权。当行使一个请求权后，不得再行请求。但是，如果一个请求权因目的达到之外的原因归于消灭时（如因诉讼时效超过），可以再行使另外的请求权。

（3）请求权竞合

请求权竞合是指因一个法律规范产生了两个请求权，当事人可以选择其中

---

① ［德］迪特尔·梅迪库斯：《德国民法总论》，邵建东译，法律出版社 2000 年版，第 72 页。

之一行使。例如，一方当事人违约，他方可以请求继续履行合同，也可以请求解除合同。

因各种请求权的构成要件、举证责任、内容与赔偿范围各有不同，在处理具体案件时，所有可能成立的请求权都需要进行考量，并辨清有没有请求权竞合、请求权规范竞合、请求权聚合等问题，以切实维护当事人的利益。例如，有人在一商场购买了一台热水器，因存在质量问题而在洗澡时被烫伤。那么，受害者就有以下几项请求权基础可以考虑：（1）根据《民法典》“合同编”请求赔偿（第577条）；（2）根据《民法典》“侵权责任编”要求其承担侵权责任（第1167条）；（3）根据《产品质量法》要求其承担赔偿责任；（4）按照《消费者权益保护法》要求其承担赔偿责任。但是，如果选择违约责任，那么就不存在精神损害赔偿问题，而选择其他责任基础就有可能要求精神损害赔偿。这就是请求权规范竞合问题。如果选择《产品质量法》作为请求权基础，可能存在请求权聚合问题，即物质损害与精神损害可以同时请求。

（三）抗辩权

1. 抗辩权的概念

抗辩权是阻止请求权的权利，也就是说，义务人对权利人提出的权利请求予以有理由的拒绝，以阻止权利人实现权利。例如，诉讼时效期间超过的抗辩。从诉讼法的角度看，主要有三种抗辩。

（1）关于权利未发生的抗辩，即主张对方的请求根本不存在。民法规定的主要抗辩事由有：① 合同不成立；② 行为人无行为能力；③ 行为违法；④ 无权代理未经被代理人同意；⑤ 行为的形式不合法律规定，例如，所有权的转移没有登记。

（2）关于权利消灭的抗辩，即对方的权利曾经存在，但却因符合法律规定的方式消灭，如因清偿、免除等原因消灭。主要原因有：

① 清偿：清偿是指债务人按照债的要求履行义务，从而消灭债权债务关系的法律事实。

② 提存：提存是指在一定条件下，债务人或其他清偿人将有关货币、物品以及有价证券等提交给一定的机关保存，从而消灭债权债务关系的一种法律制度。

③ 免除：免除是债权人以债的消灭为目的而抛弃债权的意思表示。债务人因债权人抛弃债权而免除清偿义务，所以免除也是债之消灭的一种原因。

④ 抵销：又称“充抵”，是指二人互负债务且给付种类相同时，各得以其对他方的债权充销自己对他方的债务，从而使各自的债务在对等的数额内消灭的意思表示。

⑤ 混同：混同是指债权与债务归于同一人的法律事实。我国《民法典》“合同编”第 576 条规定：债权和债务同归于一人的，债权债务终止，但是损害第三人利益的除外。混同可因债的特定承受或概括承受而发生。

（3）排除权利的抗辩。这种抗辩权是指当一方当事人提出请求权时，对方有拒绝履行的权利，也就是民法实体法上的抗辩权。这种抗辩的根据在于民法上规定的抗辩权，主要包括：

① 永久抗辩，其效力在于永久地排除对方的请求权，包括诉讼时效超过的请求权。

② 一时抗辩，其效力在于暂时阻止请求权，又称“延缓抗辩”，包括：

第一，同时履行抗辩权。同时履行抗辩权，也称为履行契约的抗辩权，是指双务契约当事人一方于他方当事人未为对待给付前得拒绝自己给付的权利。①

第二，不安抗辩权。所谓不安抗辩权，是指当事人一方依照契约约定应向他方先为给付，但如在订立合同后他方的财产明显减少或资力明显减弱，有难为给付之虞时，得请求该他方提供担保或为对待给付。在他方未履行对待给付或提供担保前，得拒绝自己的给付。

第三，保证人的先诉抗辩权。先诉抗辩权，又称检索抗辩权，是指保证人在债权人未就主债务人的财产申请强制执行或执行担保物权而未果前，得拒绝债权人之请求的权利。这是由保证的从属性所决定的。但是在连带责任保证中，保证人无先诉抗辩权。

2. 抗辩的适用及立法政策考量

（1）抗辩的适用

根据是否需要当事人提出，可以分为需要主张的抗辩权与无须主张的抗

① 史尚宽：《债法总论》，荣泰印书馆 1978 年版，第 554 页。

辩。上面讲的三类抗辩中，前两种是不需要当事人主张的，最后一种当事人必须主动提出。也就是说，前两种即使当事人不提出，法院也会主动依职权审查。而最后一种如果当事人不提出，法院就不主动适用。

（2）立法政策

有些抗辩需要由抗辩人自己就风险和良心作出选择，例如，在保证人的抗辩中，他是否抗辩，要对风险作出评估，如果对债务人的执行没有结果，他将对执行费用也承担保证责任。

而时效抗辩，实质上是在逃避一种真实存在的义务，有时是损害名誉的。所以，需要他自己作出决定。

（四）形成权

1. 形成权的特征

（1）形成权的对方必须接受权利的结果而不参与决策。形成权为单方法律行为，仅仅以形成权人单方的意思就足以使结果发生，而不需要对方的同意或者以其他方式的参与。例如，合同解除权，只要具备了合同法规定的解除原因，有解除权的一方就可以以向对方通知的方式解除合同，合同自通知到达对方时解除（《民法典》“合同编”第565条）。

（2）形成权行使的结果是使权利发生、变更或者消灭。

2. 形成权的类型

（1）使法律关系发生效力的形成权

① 追认权。例如，对于限制行为能力人不能从事的行为，其法定代理人的追认权。

② 同意权。例如，在债务承担中，债权人对于债务人转移债务的同意权以及保证人对于债务转移后继续承担保证责任的同意权等。

③ 确定权。例如，选择之债的确定权。

（2）使权利义务变更的形成权

使权利义务变更的形成权是指因一方的单方行为就可以使既存的权利义务发生变动，例如，因重大误解而请求变更合同权利义务的权利（原《合同法》

第 54 条[①])。

（3）使法律关系消灭的形成权：① 抵销权；② 撤销权；③ 解除权；④ 终止权。

3. 形成权产生的根据

形成权的产生根据主要有两种：一是法律的规定，二是当事人的约定。例如，《民法典》“合同编”上的合同解除权既可以根据当事人约定的事由发生而发生，也可以根据法律规定的事由发生而发生。

《民法典》“合同编”第 562 条规定：“当事人协商一致，可以解除合同。当事人可以约定一方解除合同的事由。解除合同的事由发生时，解除权人可以解除合同。”这便是当事人约定而产生的形成权。

《民法典》“合同编”第 563 条第 1 款规定：“有下列情形之一的，当事人可以解除合同：（一）因不可抗力致使不能实现合同目的；（二）在履行期限届满前，当事人一方明确表示或者以自己的行为表明不履行主要债务；（三）当事人一方迟延履行主要债务，经催告后在合理期限内仍未履行；（四）当事人一方迟延履行债务或者有其他违约行为致使不能实现合同目的；（五）法律规定的其他情形。”这便是根据法律规定而产生的形成权。

4. 形成权的行使

（1）行使的方式

① 诉讼外行使

一般情况下，形成权以权利人向对方为单方意思表示的方式就可以有效行使，不必经过诉讼程序，如抵销权的行使、合同解除权的行使等。因为，对于这些权利的发生，基础法律已经作出明确规定或者当事人已经作出明确约定，只要存在这些理由，权利人就可以行使。如果对形成权发生的理由有争议，也可以请求法院裁判。

② 诉讼行使——形成之诉

在例外的情况下，有些形成权只能通过司法途径才能行使之。形成权人必

① 但这种变更权未来是否存在，也值得研究。从现行《民法典》第 147 条至第 152 条的规定看，已经取消了这种权利。

须提起诉讼，形成权也只有在判决具有了既判力后才能发生效力。与给付判决不同，形成判决不需要执行。

法律之所以对此类形成权作出特别规定，是为了对权利行使情况加以控制，也是为了避免在形成行为是否有效方面出现不确定性。特别是在形成权必须具备特定理由的情况下，就会出现这种不确定性。通过判决之后形成权才发生效力，那么，这种不确定性就可以避免了。这种形成权主要出现在亲属法与公司法上，因为在这些领域，上述不确定性令人难以忍受。例如，在亲属法上的离婚、对子女婚生地位的撤销等。[①]

（2）行使的限制

① 形成权通常不得附条件，但可以附期限。

② 不得撤回行使的意思表示。

形成权行使的不可撤回性与不得附条件的理由主要是：既然形成权相对人必须接受他人行使形成权的事实，那么就不应该再让他面临不确定的状态。[②]但是，形成权是可以附期限的，因为期限是确定的、必然发生的。

5. 形成权规定的合理性

法律赋予一方当事人形成权，主要是给其强有力的保护，即不需要对方同意即可使法律关系效力发生、变更或者消灭。所以，形成权的产生必须有明确的理由。

三、财产权、人身权[③]、知识产权和社员权

这是以权利的内容为标准所作的分类。

1. 财产权是以财产为客体的权利。其特点是：（1）权利直接体现经济价值；（2）权利可以转移。在传统民法中，财产权的主要形式是物权和债权。进入 20 世纪以后，知识产权中的财产权在民法的财产权中越来越重要。

2. 人身权是以人身利益为标的的权利。其特点是：（1）权利不直接体现为经济利益，但受到侵犯时，可以请求经济补偿；（2）权利不可转移。

---

① ［德］迪特尔 · 梅迪库斯：《德国民法总论》，邵建东译，法律出版社 2000 年版，第 77 页。

② ［德］迪特尔 · 梅迪库斯：《德国民法总论》，邵建东译，法律出版社 2000 年版，第 79 页。

③ 有的学者不赞成用“人身权”这一概念，主张使用“人格权”与“亲属权”替代之。参见谢怀栻：《论民事权利体系》，载《法学研究》1996 年第 2 期。

3. 知识产权是以智力成果为标的的权利。因知识产权与民法中的财产权和人身权不同，所以，知识产权法逐渐独立出来成为民法的特别法。

4. 社员权是指社团中的成员依据其在社团中的地位而对该社团产生的权利。社员权的主体是社员，其相对人是社团。社员权与上面的权利不同，它不是个人法上的权利，而是团体法上的权利。

社员权具有以下特点：（1）社员权以社员资格（地位）为发生基础，与这种资格相伴终始。近代私法上的团体主要是依社员自己的意思组成的社团，所以，社员权的发生归根到底决定于个人的意思。从这一点上说，社员权仍然属于私权。（2）社团与社员在一定情形下并不是平等的，社员要受团体意思（决议）的拘束。（3）社员权是一个复合权利，包括多种权利，其中，有经济性质的，也有非经济性质的。（4）社员权具有专属性，只能随着社员资格的转移而转移，一般不能继承。

在我国目前的社员权中，股东权是主要的表现形式。在其他社团中，社员权还不为人们所重视。不过随着社团的增多，特别是各种俱乐部的设立，社员权将会日益得到人们的重视，受到人们的尊重。①

四、专属权与非专属权

这是依照民事权利是否可以与其主体相分离为标准而作的分类。

1. 专属权

专属权是指只能由其主体享有或者行使的权利，例如，人身权是典型的专属权。专属权又分为享有上的专属权与行使上的专属权。享有上的专属权是指专属于特定人享有、不可与权利人分离、不得转让于他人的权利。人身权属之，它既不能让与也不能继承。行使上的专属权是指权利是否行使只能由权利人决定，他人不得代理的权利，结婚权、离婚权等属于此类权利。②

2. 非专属权

非专属权是指非专为特定人设立的、可以与权利主体分离、可以转让、可

① 谢怀栻：《论民事权利体系》，载《法学研究》1996 年第 2 期。

② 张俊浩主编：《民法学原理》，中国政法大学出版社 2000 年版，第 77 页。

以继承的权利。民法上的大多数财产权属于非专属权。

专属权与非专属权的区分在民法上具有重大意义。首先，区分专属权与非专属权可以明确什么权利可以作为交易的标的，专属权因与主体不能分离，所以不能作为交易的标的，权利人也不能任意处分。其次，在强制执行中，专属权不能作为强制执行的对象。

五、主权利与从权利

这是以在权利的相互关系中权利是否能够独立存在为标准进行的分类。

1. 主权利

主权利是指在几个相互关联的权利中，不依赖于其他权利的存在而独立存在的权利。

2. 从权利

从权利是指在几个相互关联的权利中，以他权利的存在为存在基础或者没有其他权利的存在其存在就没有意义的权利。例如，在抵押权与债权的关系中，债权为主权利，而抵押权则为从权利，因为如果没有债权的存在，抵押权的存在就没有任何意义。

从民法的意义上看，一般的原则是“对主权利的处分及于从权利”，例如，随着债权的转移，抵押权也随之转移。但是，法律有例外规定或者当事人有相反约定的，不在此限。

第四节　权利主体、权利的取得与丧失

一、权利主体

1. 权利主体的概念

权利主体是权利的享有者，具体有人、法人、自然人的其他组织体。

2. 权利主体享有权利的资格——权利能力

权利能力是主体享有民事权利的法律资格。没有这种资格，就不是权利的主体，也就不能取得民法上的权利。例如，古罗马的奴隶就没有权利能力，是

物而不是人。

二、权利的取得

（一）权利取得的样态

1. 原始取得

（1）定义：不以他人既存的权利为前提的取得，如先占。但是，有的权利的取得方式从表面上看，也是以他人既存的权利为前提的，但法律却规定其为原始取得，如善意取得在效果上犹如原始取得。

（2）效力：权利人取得的是没有负担的权利，如善意取得的物上的质权消灭。

2. 继受取得

（1）定义：以他人的既存权利为基础的取得。例如，买卖取得物的所有权。这种取得又称为“传来取得”。

（2）效力：他人物上的权利不因取得而消灭。例如，房屋上设有抵押权，房屋买卖后，抵押权不因此而消灭。

（二）权利取得的实质

实质是权利与主体的结合。

三、权利的丧失

1. 绝对丧失：权利消灭但他人也没有取得。

2. 相对丧失：权利从一个人处丧失，但为另一个人取得。

第五节　权利的实现

一、权利实现的方法与手段

（一）权利实现的概述

人们所追求的并不是纸面上的权利，而是实际得到的权利。但是，我们民法上的权利体系是以抽象权利为基础的。这些抽象的权利如果要具体到个人身上，需要实现的途径。也就是说，法律规定的权利与我们实际享有的权利并不是同一个概念。例如，A 对 B 有金钱支付请求权，但能否实现取决于许多因素：（1）B 是否愿意支付；（2）B 是否有能力支付；（3）A 是否愿意放弃请求权；（4）请求权是否已经超过诉讼时效等。这些原因都有可能使 A 的权利难以实现。

为了使抽象权利落到实处，就需要在抽象与具体之间找出实现途径。

（二）权利实现的方法与手段

这种途径主要有两种：一是非救济手段，二是救济手段。权利人可以自己要求义务人履行义务，如果义务人履行义务，则权利就可以实现，不需要救济。但是，如果义务人被要求后不履行或者拒绝履行，则需要救济。而救济又分为公力救济与自力救济。

二、公力救济

公力救济是权利人请求国家以法定程序帮助其实现权利的手段。公力救济之所以必要，主要有两个原因：（1）避免强者欺负弱者，使弱者的权利能够实现；（2）避免暴力冲突。

三、自力救济

（一）自力救济的概念与必要性

自力救济是法律允许权利人依靠自己的力量实现权利，包括暴力在内。

自力救济之所以必要，是因为保护权利人急迫的需要。虽然说，让权利人依靠自己的力量实现自己的权利会导致许多弊端，但有时因情况紧急，如果不及时自救，则会使权利人的权利难以实现。所以，法律容忍私人采用暴力行为来实现权利的救济。自力救济的特点是：

（1）情况紧急，公力救济不能达到目的。例如，公共汽车上的乘客无票乘车。

（2）要有合理界限。私人的自力救济毕竟有较大的权利滥用危险，如果不对其要求合理的界限，极有可能导致权利滥用。

自力救济的手段主要有：正当防卫、紧急避险和自助行为。

（二）正当防卫

1. 概念

正当防卫是指为了避免自己或者他人受到现实的不法侵害而进行防卫的必要行为。民法上的正当防卫与刑法上的正当防卫是一个概念，只是民法是从民事损害赔偿角度看，而刑法则是从刑事处罚方面看。《民法典》第 181 条规定："因正当防卫造成损害的，不承担民事责任。正当防卫超过必要的限度，造成不应有的损害的，正当防卫人应当承担适当的民事责任。"

2. 条件

（1）必须有侵害。这里的侵害是指对现实权利的侵害，如对身体、财产等进行侵害。如果是对相对权的侵害，不能防卫。例如，债务人不履行债务。如果债权人要求债务人履行债务，债务人不履行并且要殴打债权人，则有防卫的必要。

（2）违法性。

（3）侵害行为的现实性。侵害必须是现实发生的，即已经开始并且正在持续。

（4）防卫的必要性。防卫行为必须为避免侵害所必需，但是，判断防卫是否必需，应当以一般人的标准而非防卫人的主观判断为准。

（5）防卫的适度性。

第一，不能超过界限。例如，有人空手打人，你用刀防卫将对方刺死，防卫超过限度。但情况紧急，不能要求防卫人过严。

第二，禁止权利滥用。一是不能将正当防卫作为报复的工具。例如，A 与 B 本来就有仇，A 借助防卫来报复 B。二是不能滥用防卫权。例如，德国民法教科书有一个经典的例子：一个身体瘫痪的老人，坐在院子里，邻居家的小孩进入院子偷樱桃。这位老人当然不能举枪向孩子射击而是必须牺牲他的樱桃。①

3. 防卫的后果

如果防卫超过必要限度，则属于非法侵害，防卫人应负担民事赔偿责任；

---

① ［德］迪特尔·梅迪库斯：《德国民法总论》，邵建东译，法律出版社 2000 年版，第 127 页。

如果防卫适度，则不负担民事责任。

（三）紧急避险

1. 概念

紧急避险是指为了避免自己或者他人的生命、身体、自由或者财产遭受紧迫的危险，不得已实施的侵害他人的引起危险的物或者非为引起危险物的行为。《民法典》第182条规定了紧急避险[①]。

紧急避险与正当防卫不同，后者针对的是人的行为，而前者针对的是危险。所以，正当防卫伤害的往往是人，而紧急避险往往针对的是物。

2. 紧急避险的类型

按照《德国民法典》的规定，紧急避险分为两类：

一是对引起危险的物的侵害，称为防御型紧急避险。该类型规定在《德国民法典》第228条：为使自己或者他人避免紧迫危险而损坏或者损毁引起此紧迫危险的他人之物的人，如果损害或者损毁行为是为防止危险所必要，而且造成的损害又未超过危险程度时，其行为不违法。如果行为人对危险的发生负有过失，则应当负赔偿的义务。

二是对非引起危险的他人之物的损害，称为攻击型紧急避险。该类型规定在《德国民法典》第904条：如果他人对所有权的侵害是为了防止当前的危险所必要，而且其面临的紧急损害远较因干涉他人的所有权造成的损害为大时，物的所有权人无权禁止他人对物的干涉。物的所有权人可以要求对其所造成的损害进行赔偿。

3. 要件

（1）需要有现实性紧迫的危险；

（2）避险的目的是避免自己或者他人的生命、人身、自由或者财产免遭危险；

---

① 《民法典》第182条规定："因紧急避险造成损害的，由引起险情发生的人承担民事责任。危险由自然原因引起的，紧急避险人不承担民事责任，可以给予适当补偿。紧急避险采取措施不当或者超过必要的限度，造成不应有的损害的，紧急避险人应当承担适当的民事责任。"

（3）避险所造成的损害应当小于危险所造成的损失。

4. 责任

（1）德国民法上的责任：如果紧急避险人损害的物不是引起危险的他人的物，则应当承担赔偿责任。如果紧急避险人损害的是引起损害的物，且未超过必要限度的，不负担民事责任。但是，如果行为人对危险的发生负有过失，则应当赔偿。例如，狗咬人，为避免危险，将狗打死，紧急避险人不负担民事赔偿责任；但是，一个人招惹狗，被狗咬，则应当负担赔偿责任。

（2）按照我国《民法典》（第182条）的规定，因紧急避险造成损害的，由引起险情发生的人承担民事责任。如果危险是由自然原因引起的，紧急避险人不承担民事责任或者承担适当的民事责任。因采取措施不当或者超过必要限度而造成不应有的损失的，紧急避险人应当承担适当的民事责任。而《民通意见》第156条规定："因紧急避险造成他人损失的，如果险情是由自然原因引起，行为人采取的措施又无不当，则行为人不承担民事责任。受害人要求补偿的，可以责令受益人适当补偿。"回过头来再看《民通意见》的这一规定，就显然不合适。

如果从民事责任的民法视角看，德国法的规定显然比我国《民法典》和《民通意见》的解释合理：为什么一个人为了避免自己的财产或者人身遭受损害就有权侵害那些与其无关的他人财产？如果与此有关，则只要在必要限度内，就可以免除责任可以理解。美国法律也是采取与德国相同的原则。例如，A把钱放在B家。有些人为了抢夺钱而要伤害B时，B把钱交出，则不负担责任。如果这些人是要来报复B，B把A的钱交出是为了自己的生命安全而牺牲与此无关的A的钱，则应当负担赔偿责任。

因此，我认为，《民法典》在考虑因紧急避险造成对他人的损害时，没有从受害人的角度且站在私权的视角来看待这一问题，而是从鼓励紧急避险的"社会效益"去规定这一问题，恐与民法之私法精神相背离。

（四）自助行为

1. 自助行为的概念

自助行为是指为了保护自己的权利，而以自己的力量对加害人的自由、财物进行约束或者扣押的行为。例如，对于在饭店就餐不付款的行为人，饭店可约束其自由。

2. 要件

（1）权利受到不法侵害；

（2）时间紧迫，来不及请求公力救济；

（3）手段合理；

（4）不超过必要限度。

3. 法律效果

自助行为的目的是保护那些来不及请求国家公力救济的紧急情况，但这种自助行为是否具有保全权利的效力，还要请求法院确认。

第二章 民事权利与利益及权利客体

应该说，几乎到现在为止，没有看到大陆法系任何一个国家的《民法典》在总则部分或者在《民法典》中规定“民事权利”的立法例，可以说，在《民法典》[①]的语境下，专章规定“民事权利”是我国立法的首创。那么，这种立法例是否符合“总则编”的立法技术及规范要求？因为，《德国民法典》开创了带有“民法总则”的立法模式的先河，其“总则编”的立法技术简单地说，就是要“提取各个分编的公因式”，或者更直接地说，“总则编”是由“公因式”组成的。那么，我国以“民事权利”作为宣示性规定是否符合这种要求？另外，法律应该是由规范构成的，这种方式符合“规范”的要求吗？《民法典》“总则编”这样的规定是否还有其他的意义和作用？对以后《民法典》各编会产生什么样的影响？

第一节　对《民法典》第五章“民事权利”部分的总体评价

对于我国《民法典》第五章“民事权利”，我的总体评价大概如下。

---

① 虽然说，我国《民法通则》第五章就规定了“民事权利”，但那时是可以作为过渡性规定的，也可以说，既然是“通则”，可以这样笼统规定。但作为《民法典》来说，这种立法体例却十分引人注目。

一、“民事权利”一章延续了《民法通则》的章名并进行了权利宣示性规定

我们可以这样说，在大陆法系国家的民法典模式中，有《法国民法典》式的不带“总则”的三编制模式，也有带有“总则”编的德国式五编制模式。[①]但这两种模式中都没有“民事权利”这样的先例。我国的这种模式可以称之为“权利宣示模式”，即直接将《民法典》涉及的全部权利正面规定出来，让人一看到该章，就对《民法典》的全部权利一目了然。这种做法与德国法典模式[②]差别巨大：德国的基本做法是将权利的效力与救济方式体现出来，例如，《德国民法典》总则中除了姓名权外就没有人格权的规定，其人格权实际上是在侵权部分通过对其提供救济来规定的。而物权与债权、知识产权、继承权、股权、亲属权等则是在相应部分分别规定以体现权利本身的效力，凡是这些权利本身不能救济的，都归于侵权救济。而“总则编”部分仅仅规定这些权利的共同性——能够形成“诉”的基础的法律关系。也就是说，在“总则编”部分，不提供所有民事权利的权源。

这种“权利宣示”的方式是否具有意义呢？学者之间的意见是不同的，通过人格权立法的讨论的分歧就可以看出大家不同的意见：有的人认为正面规定人格权是有意义的；有的则认为正面规定人格权是没有意义的。[③]从理论上和民法典体系化的要求看，正面规定权利似乎是没有意义的，而在权利救济方面似乎更具有实际作用。但是，如果从中国目前的实际情况看，由于权利的观念

---

① 修改后的《法国民法典》是四编，增加了“担保编”，但仍然没有改变三编制的基本结构。像《荷兰民法典》这样的“十编制”仅仅只是个案。该法典大概有10编，第1编：人法与家庭法；第2编：法人（含总则、社团、有限责任公司、基金会）；第3编：财产法总则；第4编：继承法；第5编：物权法；第6编：债法总则；第7编：有名合同；第8编：运输法；第9编：智力成果法；第10编：国际私法。参见王卫国主译：《荷兰民法典》，中国政法大学出版社2006年版，第5—8页。

② 之所以提到德国模式，是因为我国的民法典无论从历史渊源，还是理论基础都可以归于《德国民法典》模式。

③ 参见王利明：《人格权制度在中国民法典中的地位》，载《法学研究》2003年第2期；杨立新、刘召成：《抽象人格权与人格权体系构建》，载《法学研究》2011年第1期；尹田：《论人格权的本质》，载《法学研究》2003年第4期；李永军：《论我国人格权的立法模式》，载《当代法学》2005年第6期。

及权利的保护有待加强，因此，从实际效果来看，正面规定权利在我国当下或许是有意义的。

二、从本章内容看具有“总则”的特征

《民法典》“总则编”的基本特征就是要找出其余各编的公因式，或者说，要找出维系总则编与各编的共性，也可以理解为：总则与各编之间存在某种联系。从内容看，立法者显然是在为“总则编”与以下各编找出联系点，该章其实与亲属编、继承编、物权编、债权编（合同编、侵权编等）都联系起来了。具体来说，第 109 条规定：“自然人的人身自由、人格尊严受法律保护。”第 110 条规定：“自然人享有生命权、身体权、健康权、姓名权、肖像权、名誉权、荣誉权、隐私权、婚姻自主权等权利。法人、非法人组织享有名称权、名誉权和荣誉权。”第 111 条规定：“自然人的个人信息受法律保护。任何组织和个人需要获取他人个人信息的，应当依法取得并确保信息安全，不得非法收集、使用、加工、传输他人个人信息，不得非法买卖、提供或者公开他人个人信息。”这三条显然是与人格权编和侵权责任编的关联。第 112 条规定：“自然人因婚姻家庭关系等产生的人身权利受法律保护。”显然，这是与亲属编的联系所在。第 124 条第 1 款规定：“自然人依法享有继承权。”显然，这是与继承编的联系。第 114 条规定：“民事主体依法享有物权。物权是权利人依法对特定的物享有直接支配和排他的权利，包括所有权、用益物权和担保物权。”这显然是与物权编的联系。第 118 条规定：“民事主体依法享有债权。债权是因合同、侵权行为、无因管理、不当得利以及法律的其他规定，权利人请求特定义务人为或者不为一定行为的权利。”显然，这里是与合同编、侵权责任编的关联。第 121 条规定：“没有法定的或者约定的义务，为避免他人利益受损失而进行管理的人，有权请求受益人偿还由此支出的必要费用。”这一条规定显然是针对无因管理规定的。第 122 条规定：“因他人没有法律根据，取得不当利益，受损失的人有权请求其返还不当利益。”这一条显然是针对不当得利规定的。从这些方面来看，该章从形式上也体现了“总则编”的特征。但从实质上看，却没有“公因式”的作用。

三、体现了“民商合一”的立法精神

由于我国的历史传统和现代法律发展的趋势，我国制定商法典的可能性微乎其微。因此，像《公司法》《破产法》《证券法》《保险法》等都是民法的特别法。这就要求《民法典》必须秉承“民商合一”的立法精神，将商法规范作为特别规范，而将《民法典》作为一般法。在该章中体现了这一规定的，主要是第 125 条：“民事主体依法享有股权和其他投资性权利。”

不过，虽然《民法典》体现了民商合一的基本精神，但并不等于《民法典》一定要将商法规范统统纳入自己的调整范围之内。特殊的商事法律关系需要特别法调整。因此，即使《民法典》已经生效，许多商法规范仍然会继续独立存在。仅仅是说，如果商事特别法没有规定时，可以适用《民法典》的一般规定。例如，公司成立协议就应适用《民法典》关于“法律行为”的规定；破产法上的债权及票据法上的债权应准用《民法典》中债权的一般规定；保险法中的合同除了适用保险法的规则外，准用《民法典》“合同编”的规定；等等。

四、体现出《民法典》作为私人权利的上位法的特征

该章除规定了商法上的权利及其他权利外，还规定了知识产权。近些年来，知识产权的观念和保护在我国有长足的发展，对于知识产权这种特殊的财产权利确实有用特别法调整和规范的必要，知识产权法是非常重要的法律规范。但是，也有一个趋势和倾向：知识产权法似乎越来越脱离民法而成为一个独立的系统。我认为，知识产权法的基础是民法，它仅仅是规定特殊的规则，其一般保护应该在民法。因此，我觉得，本章将知识产权的一般保护进行规定是有意义的，不仅体现出《民法典》是所有财产权利的上位法和一般法，而且能够促进知识产权的良性和健康发展。第 123 条规定了两款，第 1 款规定：“民事主体依法享有知识产权。”第 2 款规定：“知识产权是权利人依法就下列客体享有的专有的权利：（一）作品；（二）发明、实用新型、外观设计；（三）商标；（四）地理标志；（五）商业秘密；（六）集成电路布图设计；（七）植物新品种；（八）法律规定的其他客体。”

其中，对知识产权客体的规定具有很重要的意义，为知识产权的保护提供

了民法的客体支持。

第二节　需要讨论和说明的重大问题

一、问题概括

我对《民法典》“总则编”中“民事权利”的规定总体持积极的评价，但也有下列问题需要认真研究：

1. 冠以“民事权利”的做法是否符合“总则编”的立法技术要求？

2. 是否应在本章中规定“权利客体”（本章是否应冠以“民事权利与客体”）？

3. 在民事权利外是否应规定“利益保护”？

4. 本章中关于债的规定是否能够替代“债法总则”？

二、冠以“民事权利”的做法是否符合“总则编”的立法技术要求

制定“总则编”有两个技术性要求：一是采用提取“公因式”的抽象方式；二是“规范性”的要求。

（一）提取“公因式”的抽象方式

自我国清末开始民法起草以来，也许是因为某种机缘巧合，无论在立法还是学理上更多地继受了《德国民法典》的“五编制”模式。我国的民法教科书即反映了这种模式。这种立法及学理传统，决定了我国《民法典》是带有“总则”的德国模式而非法国模式。但是，《德国民法典》的立法设计思想、总则立法技术决定了其“总则”应该规定的内容，甚至法典的编排（即应有几编）都与“总则”的立法技术及内容息息相关。

《德国民法典》的立法技术及设计思想可以概括为：以高度抽象的方式将各编的“公因式”提取出来，并确立适用于各编的一般规则，而各编相同的东西不再重复，只规定例外。就如德国学者梅迪库斯所言，根据民法典制定者的计

划，总则应当包括那些适用于民法典以下诸编的规则，亦即总则包括的是在某种程度上被提取和抽象的一般性内容。[①] 总则部分针对一些确定的基本法律制度，即法律职业者无论在债法或者物法、继承法或者家庭法，甚至在整个私法领域中都加以运用的法律制度，提纲挈领地以一般化形式对其先行规定，就仿佛是“提取公因式”。人们以为，用这种方法可以提高法律的逻辑完整性和内涵经济性，从而避免冗赘的重复。[②] 提取公因式的这种立法技术，其实已经决定了“总则”的基本内容，即什么是各编的“公因式”，什么就是“总则”的内容。就如德国学者所指出的，总则把被提取和抽象的一般性内容汇总在一起，这一汇总决定了它的内容：总则中的内容必须具有一般性的特征，它们不仅仅适用于民法典的各编，部分也涉及权利客体及权利行使的问题。[③] 从《德国民法典》规定的内容来看，主要是：（1）主体（第 1 条至第 89 条）；（2）客体（第 90 条至第 103 条）；（3）法律行为（第 104 条至第 185 条）；（4）期间与期日（第 186 条至第 193 条）；（5）权利的行使与担保（第 226 条至第 240 条）[④]。

《德国民法典》的这种抽象方式是否是唯一可行或者正确的方式呢？其实，这种规定也受到了学者的批评。有学者指出，对于总则编的内容，不可能作出积极的评价。一方面，总则编没有对一些重要的内容作出调整，特别是有关法人、法律适用方面的重要问题都付之阙如。另一方面，总则编中的有些规定被人为地从它们所属的特别的联系中割裂开来，最后变成了纯粹的概念解释或立法技术。在有些地方，总则编不过是“其他”项下的大杂烩，汇集了那些在其他地方难以安排的规定。[⑤] 这种立法技术抽象出来的“总则”，既有优点也有缺点，即使是德国学者之间也是存在争议的。其优点主要在于将这些规定提取概括，可以取得“唯理化效应”。但同时，其缺点也是显而易见的，法律职业阶层在理解和适用法律方面存在一定的难度。[⑥]

---

① ［德］迪特尔 · 梅迪库斯：《德国民法总论》，邵建东译，法律出版社 2000 年版，第 22 页。
② ［德］K. 茨威格特等：《比较法总论》，潘汉典等译，贵州人民出版社 1992 年版，第 270 页。
③ ［德］迪特尔 · 梅迪库斯：《德国民法总论》，邵建东译，法律出版社 2000 年版，第 24 页。
④ 《德国民法典》，陈卫佐译，法律出版社 2004 年版，第 1—73 页。
⑤ ［德］迪特尔 · 梅迪库斯：《德国民法总论》，邵建东译，法律出版社 2000 年版，第 28 页。
⑥ ［德］迪特尔 · 梅迪库斯：《德国民法总论》，邵建东译，法律出版社 2000 年版，第 41 页。

因此，德国法的这种极端抽象的“公因式”的模式不一定是我们毫无保留地学习和模仿的方式。但是，我们必须坚持我国《民法典》的“总则部分之内容应是各编的公因式”的这样一个逻辑，否则，总则就徒有虚名。那么，《民法典》“总则编”之“民事权利”部分是否符合“公因式”的要求呢？

可以这样说，《民法典》“总则编”中的“民事权利”的规定，基本还是符合“公因式”之要求的，因为它也是围绕着“法律关系”及其内容实现展开的。法律关系理论的创设是德国民法最具有价值的成果之一，作为一种思维工具，同时也作为一种技术手段，此种理论不仅改变了过去对于民法现象的观察角度，而且成为其法典体系安排最为重要的技术支持。[①]《德国民法典》与以《德国民法典》为蓝本编纂的《俄罗斯民法典》都是围绕着法律关系展开的，都是以法律关系的主体、客体、权利、权利的产生及保护为内容。无论是物权、债权、婚姻、继承，还是合同、侵权，最终都是以法律关系的面目展现在法律世界中的。因此，这是各国设计“总则编”内容的一个入口和逻辑起点。

就法律关系的内容来看，因私法中权利本位的原则，法律关系中最重要的当属权利，正如拉伦茨所言，私法上的法律关系经常包含着一个“权利”，这个权利是私法上的法律关系的要素之一，法律关系最重要的要素是权利[②]。因此，《民法典》“总则编”对“民事权利”的规定，也是符合立法技术的基本要求的。

但是，我国《民法典》“总则编”的“民事权利”一章中没有规定“民事权利的保护或者救济”，而是用“民事责任”来替代传统民法典中的“民事权利的实现或者保护或者救济”，是值得商榷的。其问题主要表现在：（1）各种民事责任的具体构成要件是不同的，例如，违约责任与侵权责任就很不同。（2）没有体现出“请求—抗辩”的民法特征。（3）没有涵盖所有的受保护或者救济的对象——《民法典》第179条规定的“承担民事责任的方式”中，有“赔偿损失”，仅仅能够包含违约责任中的损失，而在侵权法中应被称为

① 尹田：《民法典总则之理论与立法研究》，法律出版社2010年版，第22页。

② ［德］卡尔·拉伦茨：《德国民法通论》，王晓晔等译，法律出版社2003年版，第261页。

“损害”更为准确。这种“夹生”的情形其实在《民法典》“侵权责任编”中也存在:《民法典》第 1168 条规定:“二人以上共同实施侵权行为，造成他人损害的，应当承担连带责任。”第 1170 条规定:“二人以上实施危及他人人身、财产安全的行为，其中一人或者数人的行为造成他人损害，能够确定具体侵权人的，由侵权人承担责任;不能确定具体侵权人的，行为人承担连带责任。”第 1171 条规定:“二人以上分别实施侵权行为造成同一损害，每个人的侵权行为都足以造成全部损害的，行为人承担连带责任。”第 1172 条规定:“二人以上分别实施侵权行为造成同一损害，能够确定责任大小的，各自承担相应的责任;难以确定责任大小的，平均承担责任。”第 1179 条规定:“侵害他人造成人身损害的，应当赔偿医疗费、护理费、交通费、营养费、住院伙食补助费等为治疗和康复支出的合理费用，以及因误工减少的收入。造成残疾的，还应当赔偿辅助器具费和残疾赔偿金;造成死亡的，还应当赔偿丧葬费和死亡赔偿金。”第 1182 条规定:“侵害他人人身权益造成财产损失的，按照被侵权人因此受到的损失或者侵权人因此获得的利益赔偿;被侵权人因此受到的损失以及侵权人因此获得的利益难以确定，被侵权人和侵权人就赔偿数额协商不一致，向人民法院提起诉讼的，由人民法院根据实际情况确定赔偿数额。”只有这一条是使用“损失”的，“赔偿损失责任”如何就能够替代“损害赔偿责任”呢?例如,《民法典》第 1183 条第 1 款规定:“侵害自然人人身权益造成严重精神损害的，被侵权人有权请求精神损害赔偿。”在这里，“损害”与“损失”就严重不同。(4)没有规定出民事权利的救济与自我救济，没有规定正当防卫和紧急避险，还有其他自助行为，而这些自我救济，从比较法上看，不应该规定在“侵权部分”，因为，这属于权利自我保护或者救济，并非仅仅是不承担侵权责任的问题。(5)对这些责任方式的罗列规定，在《民法通则》时代是有意义的，因为当时《物权法》《侵权责任法》《合同法》都还没有，这种责任的罗列是清楚的。但到今天，各种责任的构成方式已经很清楚了，这种规定反倒觉得与体系不和谐。因此，从民事权利保护的角度看，应当规定“民事权利的保护或者救济”更合适，哪怕只有一个类似这样的概括性规定:民事主体依法享有人身权、物权、债权、知识产权、继承权以及依据本法或者其他法律规定的权利或者利益。以上权利或者利益受到侵害时，可依据本权或者其他规范请求救济。这样一来，不仅体现了《民法典》作为私法之母体法的包容性，而且也增强了规则的适用性。

（二）“规范性”要求

法律规范是法律制度的“基本粒子”[①]，可以说，法律体系也就是法律规范的体系[②]。民法典是体系化的民法，因此，民法典必须由规范构成。规范不仅是法律体系构成的基本粒子，同时，也为法律的适用奠定了基础。因为，这些规范调整着我们重要的生活关系，从而产生法律关系，也就成为请求权的基础。法律的适用过程，就是一个寻找规范、解释规范、将现实世界中的案件事实同规范中的前提（条件）相联系，从而得出判断结论的过程。对此，德国学者总结道：适用法律由寻求法律规定（规范）开始，从中可以得出所宣称的法律后果。也就是说，所涉及的必须是将一个法律后果（如一项请求权）同特定条件（构成要件）联系起来的法律规定，这是真正意义上的法律规范，任何一个法律案件的解决办法都要从它们出发。法律中的所有其他法律规定都只能作为这些规范的补充来理解。如果找到了这种对所宣称的法律后果作出规定的法律规范，那么，第二步就是把这些规范适用于具体的事实情况，也即审查规范构成要件中所确定的前提在具体的事实情况是否成就。[③]

我国《民法典》“总则编”第五章“民事权利”是否符合“规范”的特征呢？从这一章规定的“民事权利”来看，能够构成“规范”的，只有第 121 条（关于无因管理之规定）及第 122 条（关于不当得利之规定），其他的因没有“法律后果”，也就不能构成规范。但是，所有条文几乎都可以构成“规范的补充”。例如，第 109 条至第 111 条，为保护人格权提供了一般基础；第 114 条对“物权”的概念、第 115 条对“物”的概念、第 118 条对“债权”的概念、第 123 条对知识产权客体的概念等，都构成了规范的补充，是具有重要意义和作用的。因

① ［德］伯恩·魏德士：《法理学》，丁小春等译，法律出版社 2003 年版，第 48 页。

② ［英］约瑟夫·拉兹：《法律体系的概念》，吴玉章译，中国法制出版社 2003 年版，第 54 页。

③ ［德］迪特尔·施瓦布：《民法导论》，郑冲译，法律出版社 2006 年版，第 33 页。

此，可以说，从立法技术上看，这一章基本符合“规范”之要求。

三、是否应规定民事权利的客体

（一）客体是什么

客体是法律关系的要素之一，是权利的基础。按照德国学者的观点，权利只是一个框架性概念，说“某人拥有一种权利”，意思是说，他依法能够享有什么或者应该享有什么。它可以是对人的尊重或者不得侵犯，也可以是权利人的行为范围，也可以是另一个人的给付义务等。因此就产生了各种不同类型的权利。[①] 正是由于客体不同，才决定了不同的权利类型，故客体是权利类型的基础。因此，任何一种权利必须有明确的客体。就如拉伦茨所言：权利所指向的对象，也即权利人对之有权的客体，必须是十分确定的。权利人必须可以排除他人对这个特定物的使用，权利人可以处分这个特定物，或者根据法律可以要求某个特定的人（债务人）履行特定的给付。允许权利人实施所有不受法律禁止的行为，这尽管是一种符合实际的说法，但由于缺乏权利所需要的客体的确定性，所以从这种说法中并不能得出“权利”。如果不允许所有的其他人这样做，而只允许某人实施这种特定的行为，则这是一种权利。[②] 也就是说，权利必须有明确的客体，没有“客体”的权利是不存在的。民法上权利与权利之间的差别实际上就是客体之间的差别。有无客体、客体是否明确是区分权利与利益的基本标准。

民法上的客体在不同的法律行为所涉及的权利中是不同的。例如，同样涉及“处分”时，以法律行为对物进行的处分实际上有两个方面：一是转移物的所有权；二是交付标的物。我国《民法典》第 598 条规定：“出卖人应当履行向买受人交付标的物或者交付提取标的物的单证，并转移标的物所有权的义务。”出卖人的这一义务实际就包含两个客体：一是交付标的物；二是转移标的物的所有权。如果是“事实处分”，则仅仅包括标的物而不包括所有权。德国

---

① ［德］卡尔·拉伦茨：《德国民法通论》，王晓晔等译，法律出版社 2003 年版，第 280—281 页。

② ［德］卡尔·拉伦茨：《德国民法通论》，王晓晔等译，法律出版社 2003 年版，第 282 页。

学者拉伦茨将第一个意义上的标的物称为“第一顺序的客体”，将“所有权及所有能够转移的权利”称为“第二顺序的客体”。[①] 法律对客体的限制也是在这两个不同意义上的客体分类中进行的。

（二）《民法典》“总则编”是否应规定民事权利客体

对于民事权利客体的重要性以及要规定在《民法典》中，这一点学者之间是不存在争议的。仅仅是这种客体应该规定在什么地方，即在《民法典》“总则编”中规定还是在具体的各编中规定，存在争议。大部分学者持肯定意见，认为权利客体应该规定在《民法典》“总则编”部分。[②]

有的学者认为，基于以下理由，权利客体应当依照其类别，分别纳入相关权利的规范中进行规定，不宜在《民法典》“总则编”中规定其一般准则。首先，民法上的权利类型多样，各种权利的客体并不相同，且相互之间基本上不具有共性，故无法归纳抽象出权利客体的一般规则。与此同时，即使在总则编将各种不同的权利客体以分别列举规定的方式予以安排，鉴于除“物”之外的权利客体根本不具有单独规定的价值，故此种安排既不符合“总则为提取和抽象的一般规定，普遍适用于分则各编所规定的权利”的基本要求，而且为规定而规定，徒增烦琐。其次，如果仿照《德国民法典》的做法，在总则编仅规定“物”，则不免存在两方面的弊端：一是“物”仅为物权的客体，总则编有关物的规定完全不能适用于物权之外的其他权利，不符合总则规范之一般性的特点；二是“物”本身并非法律的规范对象，如果切断其与物权人之间的归属、利用关系，则有关“物”的独立规定是没有多少规范意义的。但物的归属问题应由物权规

---

① ［德］卡尔·拉伦茨：《德国民法通论》，王晓晔等译，法律出版社 2003 年版，第 377—378 页。

② 梁慧星：《中国民法典草案建议稿附理由：总则编》，法律出版社 2013 年版，第 190—213 页；王利明：《试论我国民法典体系》，载《政法论坛》2003 年第 1 期；杨立新：《我国民事权利客体立法的检讨与展望》，载《法商研究》2015 年第 4 期；孙宪忠：《民法总则应该规定“客体”一章及该章编制方案的议案》，载“中国法学网”，http://www.iolaw.org.cn/showArticle.aspx?id=4694，2016 年 11 月 10 日访问；徐国栋主编：《绿色民法典草案》，社会科学文献出版社 2004 年版，第 6—9 页；温世扬：《民法总则中权利客体的立法考量》，载《法学》2016 年第 4 期；李永军：《民法典总则的立法技术及由此决定的内容思考》，载《比较法研究》2015 年第 1 期。

范解决，不应当规定于权利客体的内容之中。[①]

尽管反对将民事权利客体规定在总则中的观点是很有道理的，但从体系和实际效果看，我还是认为，《民法典》“总则编”应该规定“民事权利客体”，理由具体如下。

1. 从民法的使命和宗旨来看，这一部分内容也只能在《民法典》“总则编”中加以规定。原因是，自罗马法以来民法所要解决的问题，就是“人—物—权利”三者之间的关系问题，以物为核心的各种权利客体怎样进入民法的范畴、为民法所许可，成为社会经济或者人民生活的支配对象，这就是“总则编”要解决的重大问题。如果“总则编”不写“客体”或者“物”，没有权利客体的任何内容，必将使社会经济和人民群众的生活生产混乱。[②]

2. 从法律关系的完整性上看，客体应该是民事法律关系的要素之一，《民法典》“总则编”仅仅规定了法律关系的另外两个要素——主体和权利，而缺乏权利的载体和主体支配的对象，权利无从落实。就如有学者所说的，最为重要的是，“总则编”规定的是法律关系的抽象规则，是按照民事法律关系三要素，即主体、客体和内容进行编排的。如果“总则编”不规定权利客体规则，那么“总则编”的逻辑结构就少了一个独立的部分，造成民事权利客体的规则缺失，使民事主体行使民事权利和履行民事义务失去了对象，“总则编”就变成了残缺的法律关系的一般性规则。这正是“总则编”规定权利客体的逻辑正当性和基础理论全面性之所在。[③] 另外，没有了客体，权利的边缘也就无法分界，甚至“权利”与“利益”就没有办法划分清楚。而这一问题不能放在物权法或者侵权法中解决，这是“总体性”问题。

3. 这是划分现实存在的一切形式的“物”与能够进入民法保护范围的“物”的界碑。在这一意义上，有两个方面的问题需要注意。一是由于市民法的属性和法律的需要，有些自然界中存在的东西并不一定能够进入民法的保护范畴，就如有学者指出的，世界上很多物品是不能成为民事权利的客体的，如宇宙最为重要

---

① 尹田：《论中国民法典总则的内容结构》，载《比较法研究》2007 年第 2 期。

② 孙宪忠：《民法总则应该规定“客体”一章及该章编制方案的议案》，载“中国法学网”，http://www.iolaw.org.cn/showArticle.aspx?id=4694，2016 年 11 月 10 日访问。

③ 杨立新：《我国民事权利客体立法的检讨与展望》，载《法商研究》2015 年第 4 期。

的太阳就不是法律意义的客体，月亮也不能成为民事权利客体。在这种情况下，立法必须对哪些物品可以成为民事权利的客体作出清晰的规定，以免造成司法障碍。历史上曾经出现过对于太阳和月球土地主张民事权利的案件，但是最后都成为法学界的笑话。如今我国又出现了对于阳光和太阳能的归属提出权利主张的案例。除了这些典型案例之外，现实中对于自然水源、自然动植物、沙漠、海洋等能不能进入民事权利支配范畴的争议，不但在理论界一直没有中断过，而且实践中也出现了争议的案例。这些情况说明，民法必须对于大千世界的物如何进入民事权利客体范畴确定出规则。[①]空气、阳光、自然风景等都不是民法上应该保护的物，也就是说，这些东西本身由于其不能被实际支配，因此，不能作为客体进入民法领域。当然，这种区分也许会随着人们改造自然的能力的加强而发生改变：人们具有了实际支配的能力。例如，人们可以通过淡化海水来获取饮用水；人们用海水在陆地进行养殖，就使得海水能够进入交易领域。二是由于伦理的考虑有些东西不能进入民法的交易领域，或者禁止其成为民法上的客体，如胚胎、人体器官、尸体、精子或者卵子等。有学者曾在讨论《民法总则》时指出，2007 年制定《物权法》时，立法机关曾经明确表示，“物”的内容不仅仅涉及物权，还涉及其他很多民事权利，因此应该在《民法总则》中加以规定。现在进行《民法总则》立法，不规定这一部分是不可以的。[②]

4. 这是划分民法规范范围与其他法律调整范围的重要手段。对于土地、森林、矿藏、水流等自然资源财产，目前的立法基本上仅仅只有行政法规在发挥作用，这些法规不但体系零散，而且行政色彩过于浓厚，不能表现这些物质财富的权利属性。有学者曾在讨论《民法总则》时指出，法律实践亟须《民法典》对它们建立总括性、权利性的指引规则。如果本次《民法总则》立法不规定权利客体[③]，那么，这些财产的属性就难以确定，其难以受到民法保护，最终会

① 孙宪忠：《民法总则应该规定“客体”一章及该章编制方案的议案》，载“中国法学网”，http：//www.iolaw.org.cn/showArticle.aspx?id=4694，2016 年 11 月 10 日访问。

② 孙宪忠：《民法总则应该规定“客体”一章及该章编制方案的议案》，载“中国法学网”，http：//www.iolaw.org.cn/showArticle.aspx?id=4694，2016 年 11 月 10 日访问。

③ 孙宪忠：《民法总则应该规定“客体”一章及该章编制方案的议案》，载“中国法学网”，http：//www.iolaw.org.cn/showArticle.aspx?id=4694，2016 年 11 月 10 日访问。

损害当事人利益。

5. 如果不在“总则编”部分规定权利客体，《民法典》作为我国民商合一的精神就难以体现，作为一切民事权利的范围的上位法就无法体现。在我国，商事权利，如股权、商号权，票据权利，知识产权等都应该属于特殊的民事权利，仅仅是由于法律关系的特殊性，由特别法调整，但是，当他们本身没有特别规定时，都适用民法的一般原则。因此，有必要将他们的客体纳入“总则编”中，体现出《民法典》上位法的地位。

（三）应该如何规定民事权利客体

对于如何规定民事权利客体，学者之间也存在不同的意见。有学者反对对民事权利客体的一般性规则作出规定，因为《民法总则》规定民事权利客体，主要是界定民事权利义务所指向的对象的范围，一一列出即可。[①] 有学者认为，我国《民法总则》应在吸收、借鉴既有理论成果和相关立法经验的基础上对民事权利客体作出总括性规定。[②]

我同意第一种观点，即不对权利客体作出一般性的概括性规定，而是具体规定各种客体。因为，从各种客体中抽象出一般规则的任务已经由“法律关系”完成了，如果再想从这些特别不一样的具体的客体中抽象出一般规则，几乎是不可能的，或者重新回到法律关系中去，因为它们的共同特点本来就是作为权利的基础或者对象。那么如何具体规定呢？是否应当仿照《德国民法典》和《日本民法典》在“客体”部分仅仅规定“物”？[③]《民法典》中有许多权利，而这些权利的客体也各不相同，为什么《德国民法典》和《日本民法典》在“总则”部分仅仅规定了“物”，却不把“物”放在物权法部分规定，而偏偏规定在“总则”部分呢？对此，日本学者指出，因为设定全部客体的“通则”在技术上有困难，而“物”又是物权、债权中共通的重要事项。所以，在民法中，仅设置

① 杨立新:《民法总则编的框架结构及应当规定的主要问题》，载《财经法学》2015 年第 4 期。

② 温世扬:《民法总则中权利客体的立法考量》，载《法学》2016 年第 4 期。

③《日本民法典》第一编第四章第 85 条至第 89 条仿照《德国民法典》规定了“物”，包括“物”的定义（有体物）、不动产和动产、主物与从物、天然孳息与法定孳息。

了与“物”有关的规定。另外，即使是以“人的行为”为目的的债权，实现其利益的中心（构成要素），一般也是物（向某人要求某物）。[①] 因此，我们不能认为，《民法典》“总则编”如果仅仅规定“物”作为客体就是“遗漏”了其他权利的客体，或者认为“物”应该放在“物权法部分”调整或者规定（从我国《民法典》“总则编”立法及许多学者的论述来看，持有这种观点的人并不在少数）。但遗憾的是，我国《民法典》确实没有在“总则编”规定“客体”，而是放在了各编中。例外的是，《民法典》“总则编”的“民事权利”部分规定了“物”的概念、知识产权的客体。但是，这种“零碎”的规定并不等于民事权利的完整客体规定。

四、利益与权利是否有必要区分规定在“总则编”中

（一）利益与权利是否应该区分以及具体区别是什么

从比较法上看，权利与利益在法律上是被区别对待而保护的，就如有学者所指出的，实质性的法益区分保护思想在各国侵权法中都存在。在德国法中，立法区分不同类型的法益保护直接规定了不同的构成要件，从而采纳了法益区分保护思想；而有些国家并未在立法上对不同类型的法益保护规定了不同的构成要件，但在具体司法实践中，仍然要区分不同类型的法益给予不同程度的侵权法保护，只不过是通过其他要件，如损害的不法性、权益侵害等规范技术予以实现。换言之，对不同类型的法益进行不同程度的侵权法保护的这种法益区分保护思想是各国侵权法的制度共识。[②] 在我国，理论界普遍持“区分保护”的观点[③]，但2009年《侵权责任法》的规范及立法机关权威人士的解读却引起了关注和讨论。

2009年《侵权责任法》第2条第1款规定：“侵害民事权益，应当依照本

① ［日］进江幸治：《民法讲义Ⅰ》，渠涛等译，北京大学出版社2015年版，第139页。

② 朱虎：《侵权法中的法益区分保护：思想与技术》，载《比较法研究》2015年第5期。

③ 参见王利明：《侵权责任法研究》（上），中国人民大学出版社2010年版，第99页；杨立新：《侵权责任法》，法律出版社2010年版，第19页；于飞：《侵权法中权利与利益的区分方法》，载《法学研究》2011年第4期；方新军：《利益保护的解释论问题》，载《华东政法大学学报》2013年第6期；朱虎：《侵权法中的法益区分保护：思想与技术》，载《比较法研究》2015年第5期；等等。

法承担侵权责任。”第 2 条第 2 款规定：“本法所称民事权益，包括生命权、健康权、姓名权、名誉权、荣誉权、肖像权、隐私权、婚姻自主权、监护权、所有权、用益物权、担保物权、著作权、专利权、商标专用权、发现权、股权、继承权等人身、财产权益。”第 6 条第 1 款规定：“行为人因过错侵害他人民事权益，应当承担侵权责任。”在上述规定中，有两个问题是值得考虑的：一是虽然提到了“民事权益”，却未列出“益”是什么，而是始终将“权”“益”联系在一起；二是没有说明民事权利与民事利益是同等保护还是分别保护。为《侵权责任法》和《物权法》的立法做出重大贡献且主持立法项目的负责人王胜明先生的话更是加剧了这种关注和讨论：我一直努力学习如何将权利和利益划分清楚，但我还没有看到一本教科书清楚划分什么是权利、什么是利益。若从内容划分，由于权利的落脚点还是利益，很难划清楚。若从形式划分，即认为法律写明某某权的可以称为权利，没有写明又需要保护的，就属于法律保护的利益，也不妥当。如未明确冠以“权利”称谓的，可能实际上享有权利地位，如我国法上的“婚姻自由”、曾经的“隐私”及从未在立法上出现过的“身体权”；且权利与利益也是不断转变的，如德国法上的一般人格权、营业权、名誉权。因为有这么多的疑问，我不敢大胆接受在侵权责任法中规定侵害的对象一类是权利，一类是利益。我采取更多人都能接受的办法，那就是写侵害民事权益，不写“民事权利”，也不写“民事权利和利益”。对侵害“民事权益”，可以理解为一个“口袋”，也可以理解为两个“口袋”。同时也将“人身权、财产权”改为“人身、财产权益”。[①] 实际上，这是留下了解释权的空间。因此，在我国的学界就分为两派观点：一种解释方案认为《侵权责任法》对权利和利益的保护完全等同，该方案可被称为“法益平等保护”理论；而另一种解释方案认为，虽然《侵权责任法》的保护对象包括权利和利益，但对不同类型的法益的保护程度并不相同，该方案可被称为“法益区分保护”理论。[②] 我国《民法典》“侵权责任编”中，第 1165 条仍然保留了“民事权益”的规定，因此，

① 王胜明：《侵权责任法的立法思考（一）——民商法前沿论坛第 339 期实录》，载中国民商法律网，http: //www.Civillaw.com.en/artiele/default.asp?sd—47193，2016 年 6 月 25 日访问。

② 参见朱虎：《侵权法中的法益区分保护：思想与技术》，载《比较法研究》2015 年第 5 期。

这种争议仍将存在。

但是，平等保护是不现实，也是不可能实现的。因为，权利与利益的重要性、客观公开性以及法律赋予主体与指向对象的关系是完全不同的。对此有学者指出，尽管利益保护的范围有扩张的趋势，但是全世界还没有一个国家对当事人提出的所有利益都进行保护。作为一个心理学的概念，利益表达的是主体对客体的一种欲望，基于这种欲望的主观性，我们可以想见有多少人就会有多少欲望，而且这种欲望在很多时候是完全不同的，甚至是完全对立的——因此我们必然要对当事人主张的利益进行筛选，选出其中一部分进行法律保护，而另外一部分只能处于法外空间。① 因为，对于权利或者利益的保护必然会引起对非权利人或者利益者的自由的限制，对于利益的保护过度，就必然会限制他人的行为自由。因此，对于什么可以规定为权利要非常的谨慎，而对于哪些利益需要给予法律的保护要特别予以筛选。那么，筛选的机制或者标准是什么呢?

有学者提出，同时具备“归属效能”“排除效能”“社会典型公开性”的为一种侵权法上的权利，反之则只能归于一种利益。② 也有学者提出，对法益进行区分的标准可以认为至少有两个：受保护法益的价值和社会典型公开性。受保护的法益价值越高，所得到的侵权法保护越全面，生命、健康以及涉及人的尊严和自由的人格权受最全面的保护。社会典型公开性指的是被侵害法益所具备的客观性的、典型性的公开性和可识别性，法律对被侵害法益的界定越精确和明显，该法益就越具有社会典型公开性，所得到的侵权法保护就越全面。③

这两种观点都很有道理，但可能前一种更符合中国的实际和法律实证主义的规范理论。这三种特征实际上是以“所有权”为原型推导出来的。德国学者

① 方新军：《利益保护的解释论问题》，载《华东政法大学学报》2013年第6期。当然，在这里我觉得方新军博士的论述非常精彩，但有一点可能会引起争议：利益是否是主体对客体表达的一种欲望。也许这是从哲学的视角对利益的诠释，因为康德哲学的权利学说就是意志学说。但从实证法和实证主义法哲学的角度看，利益也许是法律对主体对客体的一种客观关系的认定或者确定，例如，主体的所有权与承租权，实际上就是确认了主体对客体的某种关系。

② 于飞：《侵权法中权利与利益的区分方法》，载《法学研究》2011年第4期。

③ 朱虎：《侵权法中的法益区分保护：思想与技术》，载《比较法研究》2015年第5期。

认为，主观权利的根本功能即在于将某项确定的利益内容归属于特定主体，这一点已经达到了权利理论的根本，无法再继续引申和解释。拉伦茨、沃尔夫指出：“某人拥有一项主观权利，意味着他依法应当享有什么或依法被归属了什么。某人依法应享有什么，是规范领域中一种不能再继续引申的基础类型。”在《德国民法典》第823条第1款“权利侵害”这种侵权类型中，正是由于法律已经通过主观权利的方式将一项确定的利益归属于特定主体，当其他主体侵害此已被归属的利益内容时，法秩序即被破坏，由此产生了违法性，此即所谓权利侵害直接“征引”出违法性的理论[①]。只有当法律将一项确定的、边界清晰的利益内容归属于某主体时，该主体与潜在侵权人之间才有一条清晰的界线。当侵权人越过该界线时，权利主体可以请求排除该非法干涉，法官此时则应当予以保护，这才谈得上排除效能。反之，如果利益内容不确定、边界不确定，则何时、到达何种地步构成非法干涉，侵害者不甚明了，权利人也不甚明了。此时，是否构成侵害，利益主体能否请求排除，只能由法官在个案中权衡受害人利益与加害人行为自由何者更值得保护之后，再作决定。由于不具有排除效能，所以这种法律地位，也就不具备成为侵权法上权利的资格，只能是一种利益。[②]

还有一种更直接的区分方式，那就是：权利一般都是具有客体的，而利益一般没有客体或者客体是不确定的。德国学者拉伦茨指出，“权利”所指向的对象，也即权利人对之有权的客体，必须是十分确定的。权利人必须可以排除他人对各特定物的适用，权利人可以处分这个特定物，或者根据法理可以要求某个特定人履行特定给付。允许权利人实施所有不受法理禁止的行为，这尽管是一种符合实际的说法，但由于缺乏权利所需要的客体的确定性，所以，从这种说法中不能得出“权利”。[③] 例如，在德国，除了其民法典第823条第1款规定的生命、身体、健康、自由和所有权外，其他的像“一般人格权”，虽然被称为“权利”，但由于其客体不确定，因此，也只能作为利益来保护，在实

① 转引自于飞：《侵权法中权利与利益的区分方法》，载《法学研究》2011年第4期。

② 于飞：《侵权法中权利与利益的区分方法》，载《法学研究》2011年第4期。

③ ［德］卡尔·拉伦茨：《德国民法通论》，王晓晔等译，法律出版社2003年版，第280页。

践中，由法官按照具体情况来决定是否需要保护。

（二）这种权利与利益是否必须规定在“总则编”

多数学者在论述权利与利益相区别保护的时候，一般都是从侵权法保护的意义上来论述的，而且主张分别保护。但是否应当规定在《民法典》“总则编”呢？这应该是一个大的问题。我认为应该规定在“总则编”，理由如下。

1. 利益也涉及法律关系问题，也是属于民法规范调整的对象，属于民法的法内空间，既然“总则编”规定了权利，也应该规定利益，以表示其属于法律关系中的要素，属于民法保护的范围。但其客体具有不确定或者不明确性，需要由法院按照具体情况来确定是否保护，或者是否值得保护。例如，公众人物与隐私的关系问题，就很有可能因为其身份而被法官否定其有些为一般人所享有的隐私利益（权）。这与客体确定的权利不同，如物权、债权，不会因为人的身份而被由法官决定其是否享有。

2. 利益不能仅仅规定在“侵权责任编”中，因为有些利益不仅具有消极的受保护的功能，还有积极的处分功能。例如，商业秘密就不属于权利的客体，但是，受到法律保护，其不仅具有消极的受到保护的功能，也有积极的处分的意义和价值。因此，利益仅仅在侵权法中规定是不够的。

3. 因为利益的概念有重大争议，可以在“总则编”中规定其判断标准，为侵权法保护提供基础。

（三）应如何规定

民事利益产生的规范很多，有的可能根据宪法规范产生，我国许多民事利益的保护恰恰是根据宪法产生的，例如，山东省高级人民法院审理的著名的“齐玉苓案”，就是将宪法上的权利解释为民法上的利益而判决的。有的可能根据行政法而产生，例如，根据《道路交通安全法》第 15 条的规定，救护车应该按照规定的用途和条件使用。这一规定就给一般人以安全利益，违反之后就可能承担赔偿责任。也有的可能根据刑法产生，例如，我国《刑法》第 219 条规定了侵犯商业秘密罪，其中，第 1 款规定：“有下列侵犯商业秘密行为之一，情节严重的，处三年以下有期徒刑，并处或者单处罚金；情节特别严重的，处三年以上十年以下有期徒刑，并处罚金：（一）以盗窃、贿赂、欺诈、胁迫、电子侵入或者其他不正当手段获取权利人的商业秘密的；（二）披露、使用或者允许他人使用以前项手段获取的权利人的商业秘密的；（三）违反保密义务或者违反权利人有关保守商业秘密的要求，披露、使用或者允许他人使用其所掌握的商业秘密的。”第 2 款规定：“明知前款所列行为，获取、披露、使用或者允许他人使用该商业秘密的，以侵犯商业秘密论。”第 3 款规定：“本条所称权利人，是指商业秘密的所有人和经商业秘密所有人许可的商业秘密使用人。”该条实际上就产生了民法上将商业秘密作为一种利益保护的基础；这种基础也可以根据民法规定的基本原则（如诚实信用原则、公平原则等）或者社会的基本道德原则产生。

同时，这些民事利益有可能在与其他更重要的利益冲突时，由法官根据法益衡量的原则判定是否予以保护。

基于以上考虑，我认为，可以在“总则编”部分对“民事权益”作出如下规定：（1）民事利益受法律保护。（2）法官在裁判案件时，可以根据民法规范（包括商法规范、知识产权法规范），刑法规范，行政法规范、宪法及民法的基本原则或者社会公认的道德原则，综合判定民事利益是否存在及其保护程度。（3）法官在判断是否对民事利益进行保护时，特别应适用法益衡量的原则。

五、本章中关于债的规定能否替代债法总则

（一）概说

从目前《民法典》“总则编”的“民事权利”一章的规定看，由于其中规定了“债权”的概念和产生的根据（债权是因合同、侵权行为、无因管理、不当得利以及法律的其他规定，权利人请求特定义务人为或者不为一定行为的权利——《民法典》第 118 条第 2 款），与“合同编”的部分内容一起替代了传统民法典的“债法总则”。虽然这种事实已经存在，但从理论上仍然是可以讨论的。实际上，从 2002 年《民法典草案》第一稿之后，学者关于是否在《民法典》中规定“债法总则”的争议就一直存在。其中，主流学者都是主张规定

“债法总则”的[①]，也有少数学者赞同不规定“债法总则”[②]。我与主流学者的观点一样，主张我国《民法典》应该规定“债法总则”。

（二）规定“债法总则”有其不可替代性的理由

1. 这是由带有“总则编”的法典模式及其逻辑结构所决定的

是否带有“总则编”这种立法模式是德国法与法国法的巨大区别，而这种模式的一个很大的特点就是“层层提取公因式”，即“民法总则”应该是其他各编的“公因式”，而各编中的“第一章”也应该是其他部分的“公因式”。对此，德国学者指出，这一将一般的内容置于前面的立法技术，在《民法典》的其他地方还多次重现。比如，第二编（债编）的前六章是一般性规定，之后是各种债务关系；第三编（物编）也是先规定一般性的占有、土地上权利通则，然后才规定具体的权利；第四编也是先规定“婚姻的一般效力”，然后再规定各种具体的财产制。[③]有的学者评价说，这一体系方法是《德国民法典》的显著特征，尽快认识到这一点，将使对相关法律规定的寻找和对《德国民法典》的理解更为容易。[④]对此，我国有学者也认为，假若我国民法采取的

---

① 参见梁慧星：《我国民法典制定中的几个问题》，载公丕祥主编：《法制现代化研究》（第九卷），南京师范大学出版社 2004 年版，第 359 页；王利明：《债权总则在我国民法典中的地位及其体系》，载《社会科学战线》2009 年第 7 期；杨立新：《论民法典中债法总则之存废》，载《清华法学》2014 年第 6 期；崔建远：《债法总则与中国民法典的制定——兼论赔礼道歉、恢复名誉、消除影响的定位》，载《清华大学学报》（哲学社会科学版）2003 年第 4 期；陈华彬：《中国制定民法典的若干问题》，载《法律科学（西北政法大学学报）》2003 年第 5 期；李开国：《评〈民法草案〉的体系结构》，载《现代法学》2004 年第 4 期；王竹：《民法典起草实用主义思路下的“债法总则”立法模式研究》，载《四川大学学报》（哲学社会科学版）2012 年第 3 期；柳经纬：《从非典型之债看债法总则的设立——以添附中的求偿关系为个案》，载《厦门大学法律评论》（第 13 辑），厦门大学出版社 2007 年版，第 48—65 页。

② 参见王胜明：《制定民法典需要研究的部分问题》，载《法学家》2003 年第 4 期；许中缘：《合同的概念与我国债法总则的存废——兼论我国民法典的体系》，载《清华法学》2010 年第 1 期；覃有土、麻昌华：《我国民法典中债法总则的存废》，载《法学》2003 年第 5 期。

③ ［德］迪特尔·梅迪库斯：《德国民法总论》，邵建东译，法律出版社 2000 年版，第 22 页。

④ ［德］哈里·韦斯特曼：《德国民法基本概念》，张定军等译，中国人民大学出版社 2013 年版，第 11 页。

是普通法的风格，债法总则可以不设。但事实是我国民法继受了大陆法系的风格，民法采取了抽象概括式的法律体裁，使用抽象化的概念，对概念进行严格的界定。如果立法者的首要目的是维护法律的稳定性和裁判的可预见性，那么，他就会选择抽象概括方法。概念之间的逻辑关系和上下属关系，概念之间的相对性或兼容性以及如何将整个法律材料划分为各类总体概念，简单地说就是体系，具有特别重要的意义。这就是债法总则存在的理论基础之一①。我们继受《德国民法典》，不是照抄照搬，当然应该有自己的特色，但是，这种逻辑结构属于体系性和框架性问题，如果改变，将彻底动摇民法典的基础。

另外，我国《民法典》的“物权编”，也是采用“总—分”结合的方式，即先规定“物权的一般原则和其他共同问题”，然后再规定各种物权：所有权、担保物权、用益物权、占有。那么，在债法部分为什么就不采取这种方式了呢？②如果《民法典》将合同与侵权各自成编，却没有“债法总则编”，则“物权编”直接对应“合同编”“侵权责任编”，这种结构无论是从逻辑结构还是形式结构上看，似乎都很难令人接受。

2. 债法总则具有不可替代性

《民法典》中的“债法总则”是不可以替代的，具体理由如下：

（1）合同法和侵权法中的内容不能替代债法总则

在《民法典》颁布之前，就有学者以我国《合同法》已经有相关内容为理由来否定债法总则存在的必要性，认为有《合同法》的一般规定，有《侵权责任法》的一般规定，以后再进一步完善有关无因管理、不当得利的规定，债法

---

① 崔建远：《债法总则与中国民法典的制定——兼论赔礼道歉、恢复名誉、消除影响的定位》，载《清华大学学报》（哲学社会科学版）2003 年第 4 期。

② 实事求是地说，我国《民法典》将合同与侵权独立成编，本来就是违反体系结构的做法。如果按照合同与侵权独立成编的论证理由，《物权法》中的所有权、担保物权和用益物权都应该独立成编，这三部分哪一个不如合同和侵权重要？如果仅仅是因为，《物权法》制定时就是一部独立的法律，《合同法》和《侵权责任法》也都是独立成为一部法律，因此就认为其在《民法典》中独立成编的话，这种理由十分牵强。德国人将所有发生债的原因之结果归为“请求权”，然后用“债”统一起来，本来是功德一件，其实，我国又回到了德国法之前的“零碎”局面。

的有关规定基本上就得以解决，因此没有必要再规定债法总则[①]；在我国现有理论与相关立法已经将《侵权责任法》作为责任而不是债的产生原因。这已经将传统债法编的内容进行了分割。而且，侵权不仅仅产生债，主要是产生责任。我国的合同法部分在总则性的规定中已经将传统债法总则的内容几乎全部涵盖。在此种情况下，再规定债法总则无疑多余。传统债法总则的设立主要建立在物权与债权二元区分体系的基础上。而这种二元划分是建立在物权法是调整静态的财产归属关系，债权法是调整动态的财产流动关系基础上的。这种区分具有严重的弊端，主要是大量的中间性权利的出现使得这种分离更加困难。在《物权法》制定的过程中，《物权法》调整动态的财产流转与财产交换的关系已经成为现实，这就说明传统物权与债权区分的基础不再存在。债法总则的设立不具有体系的融洽性，因为，债法总则不能涵盖不当得利的内容，债法总则不能涵盖侵权责任法的内容，债法总则统率各种债的共同性的基点理由并不充分。[②] 这种观点和理由成为反对者的主要理由。

我觉得，首先需要指出的是，我们编纂《民法典》，需要解决的第一个问题是：《合同法》应该服从《民法典》的体系安排，还是相反？《合同法》制定的时候，我国没有《民法典》，而《民法通则》中又没有债的一般制度，因此将本来应该属于债法总则的内容规定进了《合同法》。例如，代位权问题本来就应该是债法的问题，而我们规定进了《合同法》。但是，这难道应该是《合同法》的内容吗？因而出现了这样的问题：其他国家的“代位权”的客体很广泛，而我国代位权的客体仅限于债权。即便如此，也已经超出了合同的范围：因为这里的债权包括合同之债以外的债权。把本来就不应该放在《合同法》的内容规定进去，我们应该在《民法典》编纂时将这些内容放在应该规定的地方，因而不能反过来将之作为反对的理由。

合同法的基本精神是契约自由，反映任意法规范的基本特征，而侵权责任法恰恰是强行性规范，反映的是法定责任。因此，这里面的一般规定，都不可

---

① 参见王胜明：《制定民法典需要研究的部分问题》，载《法学家》2003 年第 4 期。

② 许中缘：《合同的概念与我国债法总则的存废——兼论我国民法典的体系》，载《清华法学》2010 年第 1 期。

能替代债法总则。无论是合同行为，还是侵权行为，包括无因管理和不当得利，其结果恰恰是产生对特定人的请求权，而债法总则就是从这一相同的结果来进行规范的。例如，多数人之间的请求权（债）、相对性、履行等都是一般的内容，应该统一规定。

（2）“总则编”与债法总则的功能不同，不能用“总则编”替代债法总则

“总则编”是物权、债权、知识产权、继承和婚姻等共同的公因式，而债法总则仅仅是债的公因式。如果将本来应该放在债法总则中规定的内容，放在“总则编”中规定，不仅降低了“总则编”的适用性，而且破坏了民法体系的逻辑性。

3. 这是《民法典》的使命和宗旨所决定的

《民法典》是民事基本法，是统领民法与商法从而实现真正的民商合一目的的基本法，是知识产权法等特别民事立法或者财产法的基本法，如果没有债法总则，《民法典》将不能起到基本法的作用。债分为典型之债与非典型之债，根据合同、侵权行为、无因管理和不当得利产生的债属于典型之债。除了这些典型之债以外，还有大量的非典型之债，例如，很多特别法上的债其实都属于非典型之债。如果没有债法总则，这些非典型之债将适用什么规则解决呢？难道让它们统统准用合同法的规定吗？就如有学者指出的，在四种典型之债之外，还存在着大量债的群体。它们也同样存在一个法律上的归宿问题。我们显然不能将它们归类到物权制度或其他制度。例如，夫妻双方离婚以后，一方对另一方还有经济上的帮助义务，这个义务不能归到婚姻关系里去，因为婚姻关系已经终止了。这些关系应该归类到哪里去呢？应该说把它们归类到债的体系是比较恰当的，但是这些债的关系又不能脱离它所依附的特定制度而存在。其实，很多商事特别法都属于特别债的关系，如果没有了债法总则，《民法典》真的就难以为这些特别债的关系提供一般支持。因此，我们在制定债法的时候，也必须考虑到这些在传统债法体系以外大量存在的债的关系的法律适用问题。《民法典》运用的是一种抽取公因式的方式，层层抽取，以至最终形成最基本的规范。因此《民法典》的典型结构是总则、分则这样一个规范体系，用总则来统率分则，层层统率。我们既然编纂《民法典》，那么就要考虑到债编的规定中也要有关于这种非典型之债的法律适用问

题。这些非典型之债的法律适用的一般规则是什么呢？这个一般规则应该就是债法总则中的一般性规范。[①] 曾有学者统计了民法外适用债的一般规则的情形，2012 年时，我国有效法律中与民法意义上“债”有关的概念广泛使用于 36 部法律中；有关债的司法解释超过 700 个 [②]，而且像“债权与债务”这样的概念是学术研究和法律实务中的基本概念和工具。如果取消债权总则，这些一直适用债的一般规则的关系将难以为《民法典》所统领，《民法典》也就起不到基本法的作用，同时，这些关系的法律适用也将成为问题。

同时，由于债本身的特征，其是最灵活最便捷的财富手段，随着社会的不断发展，非典型债的产生也会越来越多，对债的一般规则的需求也就越来越多。而保持债的体系的开放性，必须通过债的一般规则才能达到。

4. 从比较法上看，无论是德国式民法典模式，还是法国式的民法典模式，其实，在债法方面都是有类似债法总则这样的规定的。德国带有“民法总则”式的民法典自不必说，即使是法国模式的民法典，在债法方面，也是规定债法总则的。比较典型的就是《瑞士债务法》，其本来属于法国式的“三编制”，但在其债的部分规定了“总则”，分为三部分：债的发生、债的效力和债的终止。没有债法总则的民法典，比较少见。尽管有人可能会提出这样的问题：人家不这么规定，我们就不能规定吗？但比较法上的参考还是有意义的。

（三）小结

我认为，我国《民法典》还是应该规定“债法总则”，把这些已经存在的民事单行法作为基本的素材，按照《民法典》的体系结构重新编排。但问题是：我们的《民法典》并没有完成这种使命和任务，仅仅是把当时存在的各种民事单行法稍加修改，便作为《民法典》的一编充填到法典中，不仅“总则编”仅完成了部分的体系化，而且债法的部分内容被放在了“总则编”，而其余内容规定在了“合同编”。这样一来，便割裂了债法的统一内容，使《民法典》难

---

① 柳经纬：《从非典型之债看债法总则的设立———以添附中的求偿关系为个案》，载《厦门大学法律评论》（第 13 辑），厦门大学出版社 2007 年版，第 64—65 页。

② 王竹：《民法典起草实用主义思路下的“债法总则”立法模式研究》，载《四川大学学报》（哲学社会科学版）2012 年第 3 期。

以成为民商法的统一基本法，很难为特别法提供统一的规范基础。也许是因为此次《民法典》的编纂时间紧迫，无法完成真正的体系化，我想未来还有继续修订的机会。

第四编

法律行为与代理

第一章 法律行为概述

第一节 法律行为的概念

一、《民法典》第 133 条关于法律行为的概念

《民法典》之前，我国学者关于法律行为的概念有诸多争议，这主要源自《民法通则》对于法律行为的规范本身。《民法典》吸收了学理成果，于第 133 条对法律行为进行了这样的定义："民事法律行为是民事主体通过意思表示设立、变更、终止民事法律关系的行为。"该定义与《民法通则》相比较，有显著的进步，主要表现在：（1）明确了"意思表示"在法律行为中的作用和核心地位。应该说，这是一个很大的进步，"意思表示"是法律行为的核心，而《民法通则》当年就没有将这一核心要素规定在法律行为中："民事法律行为是公民或者法人设立、变更、终止民事权利和民事义务的合法行为。"（《民法通则》第 54 条）由于该条规定中没有"意思表示"这样的表达，其实就没有定义出"法律行为"的实质，也就难以与其他概念和制度清楚地区分。例如，"无因管理"是否也符合《民法通则》第 54 条之规定呢？因为，无因管理也具有该条规定

的所有要件：客观上能够引起民事权利义务，也是合法行为。但无因管理与法律行为的区别在于：是否具有主观上设立、变更或者终止民事权利义务的意思表示。（2）去掉了《民法通则》对法律行为"合法性"的要求，也是吸收学理关于法律行为研究成果的具体体现。因为，《民法通则》通过之后，许多学者对这种"合法性"的要求进行了批判，认为"合法性"要求是不必要的[①]。因此，可以说，此次《民法典》对法律行为的定义是一个进步，或者说回归了"法律行为"的本来面目。

但是，《民法典》仍然保留了"民事法律行为"的概念，应该说这是一个遗憾。因为，法律行为是私法中独有的概念，只有私法中才有意思自治，才需要通过法律行为来表达。公法中，如行政法与刑法根本不存在意思自治原则适用的余地，当然也就不可能有法律行为生存的土壤。正如有学者指出的：我国《民法通则》使用的是"民事法律行为"的概念，而不是"法律行为"这一概念。民事法律行为这一概念来源于苏联，虽然从表面上看与法律行为这一概念没有什么差别，但如果仔细分析，就可以看出它们之间的差别其实是很大的。因为，我国过去的立法观念简单地将法律行为当作具有"法律意义"的行为，因此，成立了所谓的"民事法律行为""行政法律行为"等法律概念。但是，法律行为的核心是意思自治，在公法领域，并不存在依据当事人自己的意思发生法律效果的可能，也就是说，公法上不可能存在"行政法律行为"。使用"民事法律行为"这样一个似是而非的概念，原因是苏联法学基本上不承认意思自治原则，甚至在民事立法中基本上否定了这一原则，这就完全抽掉了法律行为理论的灵魂。[②] 许多学者对此都提出了相似的批评。[③] 因此，在这一次《民法典》的编纂过程中，许多人提出应该废除"民事法律行为"的称谓，直接适用"法

---

① 王利明：《民法总则研究》，中国人民大学出版社 2012 年版，第 514 页；董安生：《民事法律行为》，中国人民大学出版社 1994 年版，第 104—105、126—127 页；李永军：《民法总则》，法律出版社 2006 年版，第 428—429 页；谭启平主编：《中国民法学》，法律出版社 2015 年版，第 187 页；朱庆育：《民法总论》，北京大学出版社 2016 年版，第 92—103 页；等等。

② 孙宪忠：《民法典立法中法律行为制度的应然设计》，于 2003 年在中日"中国民法典"制定国际研讨会提交的论文。

③ 刘凯湘：《民法总论》，北京大学出版社 2011 年版，第 262—263 页；朱庆育：《民法总论》，北京大学出版社 2013 年版，第 104 页。

律行为”概念，但有些学者认为，我国已经适用很多年，可以继续适用。特别是法理学的一些学者极力维护在“中国式”法理学中适用的“法律行为”概念，而主张民法中只能适用民事法律行为。这样一来，《民法典》并没有改变中国式“民事法律行为”的概念。

对于法律行为的这一概念，我们应该从以下几个方面加以理解和把握。

1. 法律行为以意思表示为要素

这使其区别于其他的同样能够引起法律上权利义务的事实，如不当得利、无因管理、侵权行为等。我国《民法典》第 133 条强调“通过意思表示设立、变更、终止民事法律关系”正是这一思想的体现。甚至在早年，德国学者根本不区分意思表示与法律行为。由此可见，意思表示之于法律行为的重要性。

2. 法律行为的目的在于引起明确的法律后果

这一含义是说法律行为的目的在于产生具体的私法上的权利义务关系，并且这种法律后果来源于主体意思表示中所预设的希望发生与积极追求的，并不是法律强加于当事人的。我国《民法典》第 133 条明确表达了这一思想，正如德国学者所指出的，我们说法律行为的目的是引起法律后果，这一表述的意思是，法律行为之所以产生法律后果，不仅是因为法律制度为法律行为规定了这样的后果，首要的原因在于从事法律行为的人正是想通过这样的行为引起这种法律后果。可见，在通常情况下，法律行为是一种有目的的行为，即以最后引起某种法律后果为目的的行为。[①] 法律行为的这一含义就使其同以下两种行为区别开来：

第一，情谊行为，即人们之间的友谊交往行为。例如，今天我邀请你来我家做客，你愉快地答应了邀请。但这并不成立一个法律行为（合同），因为双方在发出或者接受这种意思表示的时候，并没有在具体权利义务的意义上为之。

第二，有些人的行为虽然也产生法律后果，但这种法律后果并非基于行为人的意思及效果预设，而是基于法律规定，如侵权行为虽然是人的行为，但却是典型的非法律行为，其侵权行为的赔偿义务之后果是基于法律的强制性规定，而不是基于行为人积极的预设。

① ［德］卡尔·拉伦茨：《德国民法通论》，王晓晔等译，法律出版社 2003 年版，第 426 页。

3. 法律行为的本质为私法自治

几乎所有学者都认识到了这一点，即法律行为是实现私法自治的工具，如梅迪库斯指出：意思表示是法律行为的工具，而法律行为又是私法自治的工具。[①]拉伦茨认为：《德国民法典》所称的“法律行为”，是指一个人或多个人从事的一项行为或者若干项具有内在联系的行为，其目的是引起某种私法上的法律后果，亦即使个人与个人之间的法律关系发生变更。每个人都通过法律行为的手段来构建他与其他人之间的法律关系。法律行为是实现《德国民法典》的基本原则——私法自治的工具。[②]法律行为的这一本质，在其作用范围中明显地体现出来：凡是允许私法自治的领域才适用法律行为，因此，法律行为在民法中具体为合同行为、婚姻行为与遗嘱行为。自然地，法律行为也就作为合同行为、婚姻行为与遗嘱行为的上位概念。这三种行为的共同性规则就是法律行为的规则，反过来说，法律行为的制度规则对于这三种行为通用，也就是说，其具有“公因式”的特征。

4. 法律行为具有抽象性

“法律行为”是一种抽象的概念，现实生活中根本不存在所谓的“法律行为”这种东西，只存在具体的合同、遗嘱和婚姻等。法律行为恰恰是从这些具体的“以意思表示”为核心的行为中抽象出来的。比如，现实生活中不存在“人”，只存在男人和女人、老人和小孩。就如德国学者所指出的，法律行为的概念是所有在法律秩序中形成的行为类型的抽象，就法律秩序针对这些行为类型所规定的内容而言，其目的在于使个体能够以意思自治的方式通过制定规则来形成、变更或者消灭法律关系，也即旨在实现私法自治。现实中不存在“某一”法律行为本身，而仅存在法律所认可的、因其而存在的各种行为类型，如买卖合同、债权让与、订婚、结婚、遗嘱等行为，这些行为都可以被置于抽象的法律行为概念之下去理解。[③]除了法律行为的共性之外，人们还必须注意到各种法律行为所具有的特性。只有当法律行为被理解为对法律秩序所认可的各

① ［德］迪特尔 · 梅迪库斯：《德国民法总论》，邵建东等译，法律出版社 2000 年版，第 142—143 页。

② ［德］卡尔 · 拉伦茨：《德国民法通论》，王晓晔等译，法律出版社 2003 年版，第 426 页。

③ ［德］维尔纳 · 弗卢梅：《法律行为论》，迟颖译，法律出版社 2013 年版，第 26—27 页。

种类型的法律行为的抽象，而不是法律行为本身时，才可能存在注意各类法律行为的余地。[①]

因此，我们在理解法律行为这一概念的时候，一定要注意“总则编”中的抽象的法律行为规则与其他各编中具体的各个法律行为之间的关系，即法律行为与合同、法律行为与遗嘱、法律行为与婚姻等之间的关系：法律行为规则是一般规则，而各个具体的法律行为（如合同）部分则规定独特的规则。这也应该是我国民法典编纂时，处理“总则编”与“合同编”之间关系的一般原则。但在正式颁布的《民法典》中，合同法独立成编，因此，如何处理法律行为与合同编的关系，就成为一个关键的问题。如果处理不好，将严重破坏民法体系的内部结构。

5. 法律行为是法律事实的一种

法律行为是法律事实的一种，法律事实包括以人的意志为转移的行为和与人的意志无关的事件，前者为法律行为，而后者就是非法律行为。法律事实这一概念是与法律规范的构成直接相关的，美国学者梅利曼指出：法律行为概念是以“法律事实”为基础的。我们知道，法律规范中包含着一个典型的事实状态和一个法律后果的表述。如果与典型事实状态相吻合的具体事实发生，那么法律后果就随之出现。法律事实指一个事件（如人的出生或者死亡，一个契约的订立等）。这个事件同典型的事实状态相吻合，因而就带来一定的法律后果。它是一个与法律有关的事实，有别于那些无任何法律意义的事件。法律事实包含了“不以人的主观意志为转移而自然发生的事实（如人因疾病、地震而死亡等）以及人的自愿、审慎的行为”。因此，法律事实分为两种：严格意义上的法律事实（即纯粹的法律事实）和自愿、审慎的法律行为。[②]我们所说的法律行为，是在后一种意义上使用的。

二、法律行为与意思表示

法律行为与意思表示究竟是什么关系？从我国《民法典》“总则编”第六

---

① ［德］维尔纳·弗卢梅：《法律行为论》，迟颖译，法律出版社 2013 年版，第 39 页。

② ［美］约翰·亨利·梅利曼：《大陆法系》，顾培东等译，法律出版社 2004 年版，第 79 页。

章的整体结构看，我国立法从来没有把意思表示等同于法律行为，而仅仅把意思表示作为法律行为的一部分来对待，这一点，在该章的第二节“意思表示”规定中，体现得非常明确。

但是，从“法律行为”的发源地——德国的立法和理论看，法律行为和意思表示的关系却远远没有这么简单。可以这样说，虽然法律行为概念是由德国人创造的，但在早期的德国学理与立法中，法律行为与意思表示是作为同义语使用的。后来的学者虽然区分二者之间的差别，但有时也在同义上使用之。这一点从《德国民法典》及其立法理由书中就可以清楚地看出来。《德国民法典》之“总则编”第三章的标题是“法律行为”，但在该章中，有的地方使用“法律行为”，有的地方则使用“意思表示”（见该法典第 104 条、第 105 条、第 107 条、第 111 条、第 116 条、第 124 条、第 125 条、第 134 条、第 138 条）；有的地方称为“法律行为的撤销”，而有的地方则称为“意思表示的撤销”（见该法典第 119 条、第 120 条、第 123 条、第 142 条）。有学者指出：德国民法典如此跳跃式地混用这两个概念，说明法律行为与意思表示这两个概念的区别微乎其微。[①] 温德沙伊德在其权威著作《学说汇纂法学教科书》中指出，法律行为就是意思表示。人们表达了发生特定法律效果的意思，法律秩序之所以承认该法律效果，是因为法律行为的行为人希望发生这一法律效果。[②] 法典的立法理由书更直接地写道：就常规而言，意思表示与法律行为是同义的表达方式。使用意思表示者，乃侧重于意思表达的本身过程，或者是由于某项意思表示是某项法律行为事实构成部分而已。[③]

那么，在什么情况下，法律行为与意思表示接近，在什么情况下二者的区别才有意义呢？

按照德国学者的观点，在单方法律行为中，亦即法律关系由一个意思表示就可以形成的话，那么，“法律行为”与“意思表示”就是重合的，例如，单方终止合同就属于这种情形。该终止合同的表示是一个意思表示，该意思表示是终止合同这一法律行为的表达，这里的意思表示就等于法律行为。只有当法

① ［德］迪特尔 · 梅迪库斯：《德国民法总论》，邵建东等译，法律出版社 2000 年版，第 190 页。

② ［德］维尔纳 · 弗卢梅：《法律行为论》，迟颖译，法律出版社 2013 年版，第 38 页。

③《立法理由书》（第一卷），第 125 页，转引自［德］迪特尔 · 梅迪库斯：《德国民法总论》，邵建东等译，法律出版社 2000 年版，第 190 页。

律行为由多个意思表示构成的情况下，区分意思表示与法律行为才有意义。典型的是合同。合同缔结各方的意思表示共同构成合同这一法律行为，例如，买卖这一法律行为由卖方和买方的意思表示构成。有鉴于此，就合同而言，应当区分“意思表示”和“法律行为”。[①] 具体来说，在下列情况下，意思表示就仅仅是法律行为的构成要素：

（1）在合同行为和多方法律行为中。梅迪库斯指出：在一项法律行为必须有若干项意思表示才能成立的情况下，如在合同的情形，区分法律行为与意思表示才具有意义。合同的成立，必须有两个有效的意思表示，即“要约”与“承诺”。[②] 仅有一项有效的意思表示，不构成合同。在多方法律行为中，亦然。

（2）要物行为。拉伦茨指出：在许多情况下，法律规定当事人要想产生预想的法律后果，除了应发出意思表示外，还必须从事其他行为，特别是某些实施行为。[③] 在一般情况下，这种“实施行为”就是指要物行为，即除了意思表示外，还要实施交付标的物，如保管合同、定金合同、质押合同等。但在承认物权行为的国家中，仅仅有“物权合意”，而没有交付或者登记行为，物权行为是不成立的。[④]

（3）意思实现。所谓简单的、法律行为上的意思实现，是相对于意思表示而言的。它是指行为人的一种行为，这种行为并不是通过行为人的表达法律行为意思的方式而使法律的后果产生，而是以创设相应的状态的方式，使行为人所希冀的法律后果实现。这也就是说，意思实现是一种实施行为而不是表示行为，[⑤] 如抛弃动产所有权。

（4）社会典型行为。德国学者罗伯特·霍恩等指出，推定契约条款是当事人之间自由协商的结果，这是《德国民法典》崇尚个人主义的突出表现，但是它远远落后于现代商业的实际情况。当人们乘坐地铁或公共汽车、使用电力或

---

① ［德］维尔纳·弗卢梅：《法律行为论》，迟颖译，法律出版社 2013 年版，第 29—30 页。

② ［德］迪特尔·梅迪库斯：《德国民法总论》，邵建东等译，法律出版社 2000 年版，第 191 页。

③ ［德］卡尔·拉伦茨：《德国民法通论》，王晓晔等译，法律出版社 2003 年版，第 427 页。

④ 但在这里，物的交付究竟是法律行为成立或者生效的条件，即属于法律行为之外的东西，还是法律行为本身的构成部分，也是有不同意见的。参见［德］维尔纳·弗卢梅：《法律行为论》，迟颖译，法律出版社 2013 年版，第 30—31 页。

⑤ ［德］卡尔·拉伦茨：《德国民法通论》，王晓晔等译，法律出版社 2003 年版，第 429 页。

煤气时，根本就不存在什么个人之间的特定交易，因为有关的费用是事先规定好的，而且消费者的行为表明了其对这些服务项目的迫切需要，他们一般会接受这些条件……契约成立中的自愿要素，常常可以被实际行为所完全取代，由此产生的结果是人们可以不必进行意思表示。[①] 这就是德国著名学者、莱比锡大学教授豪普特（Haupt）于 1941 年 1 月 29 日在一次演说中所提出的“事实上的契约关系”的理论。豪普特教授认为，传统的契约理论拘泥于“意思合意”的套路之中，将事实上产生类似契约权利义务的关系但却根本不存在合意的情形，用纯粹人为的拟制或借助于默示的方式强行将其归于“权利义务产生于合意”的思维模式中去。他以公共电车为例，来说明事实上的契约关系的发生：“对于实际服务于社会的公共福利设施的使用，并非基于公司与乘客之间的合意，而是由电车公司所负担的社会的给付义务与乘客的事实上的需求，即乘车以及依照规定利用电车的单纯事实结合而成，具有直接相互权利义务的契约关系。该契约上的权利义务是固定不变的，故无须有法律行为上的合意。”[②] 在这里，意思表示显然也不等于法律行为。

德国立法和学理上的关于法律行为与意思表示的上述观点，尽管可以从理论上做如此的区分和说明，也具有相当的说服力，但在我国立法和理论上，还是要明确区分：意思表示只是在特殊情况下才与法律行为重合，无论是在双方和多方法律行为中，还是在要求特定形式和其他条件的单方法律行为中，意思表示都不等于法律行为，仅仅是在仅有一方的意思表示就能够发生行为人预设的法律效果时，才与法律行为重合。

三、法律行为的边缘界定

（一）法律行为与非法律行为

我们必须明白，如果仅仅从概念去理解法律行为，对于实践而言，往往是

① [德]罗伯特·霍恩等：《德国民商法导论》，楚建译，中国大百科全书出版社 1996 年版，第 85 页。

② 转引自刘得宽：《民法诸问题及新展望》，三民书局 1980 年版，第 94 页。

不够的。因为概念绝不等于实际的存在，而且，对于任何一个概念来说，其中心地带都是非常清楚明了的，但往往在与其他事物的连接地带就变得模糊不清。对于法律行为来说，法律行为与非法律行为的区分边缘就经常困惑实践。具体说来，在实践中我们常常当作法律行为来对待的东西，往往不是法律行为，不应当受到法律行为规范的调整。所以，有必要对法律行为边缘作出适当的界定。让我们来看以下几个典型的例子：

例一：甲盛情邀请乙共进晚餐，乙愉快地答应了。二人之间是否成立合同？如果乙没有依约赴宴，甲是否可以要求乙承担违约责任？

例二：甲是一位孩子的母亲，与邻居约定由邻居来无偿暂时照看孩子。甲与邻居之间是否成立合同？

例三：ABCDE 五人组成一个摸彩小组。他们约定：每人每周付给 E10 元，然后 E 用 50 元总金额购买彩票，并填写事先商定好的顺序的数字。有一次，E 没有如约填写彩票，而是填写了自己确定的彩票。但是，事先商定好应填写的数字却中了奖。ABCD 要求 E 赔偿其应得的份额。那么，ABCDE 之间是否成立合同？E 的行为是否为违约而应当赔偿？

例四：甲乙二人为非婚姻同居的男女，双方约定在同居期间，女方应当服用避孕药。但是，女方在没有向男方发出警告的情况下停止了服用，导致女方怀孕并生下一子。法院判决男方负担这个孩子的抚养费。男方则要求女方承担违约赔偿责任。法院是否应当支持？①

合同与非合同的主要区别是双方当事人是否以共同的意思（合意）追求某种具有民法意义的后果（权利义务），也就是我们前面已经详细论述过的“合意 + 权利义务”公式。在判断一行为是否为合同时，应当同时采用两个标准。但是，在不容易判断时，应当以“合意”为主，还是以实际存在权利义务为主？在具体的规范性标准上，德国的学理与判例有两种不同的观点，即主观标准与客观标准。

主观标准认为，区分一种行为是法律行为（合同）抑或非法律行为（非

---

① 参见［德］迪特尔·梅迪库斯：《德国民法总论》，邵建东译，法律出版社 2000 年版，第 150、152、154、156 页。

合同）应当以当事人的意思为标准。一种行为，只有在给付者具有受法律约束的意思时，才具有法律行为（合同）的性质。这种意思表现为：给付者有意使他的行为获得法律行为（合同）上的效力，而且受领者也是在这个意义上受领这种给付的。如果不存在这种意思，则不得从法律行为（合同）的角度来评价这种行为。而客观标准则认为，在通常情况下，当事人一般不会对法律约束作出实际的思考，只有出现了麻烦，特别是一方当事人不自愿履行义务或者一方当事人受到了损害时，法律约束问题才具有重要意义。但是，当事人一般是不会想到今后会出现麻烦的。如果想到，就不会有这种行为了（如替他人暂时无偿照看小孩）。因此，通常情况下是无法认定当事人具有一项明示的或者默示的受法律约束的意思。认定当事人具有受法律约束的意思，是一种欠缺实际基础的拟制。应当采取客观标准来认定，即应当“考虑到双方当事人的利益状态，依据诚实信用原则及交易习惯”来判断是否存在法律义务。[①] 德国学理在主观与客观标准上多有争议，但学理与判例在具体问题上呈现出灵活性。

对于例一，学者认为，如果有人邀请另一人共进晚餐，显然并不想给对方一项可以诉请的履行请求权，而被邀请者显然也没有当成一项请求权来接受。即使被邀请者享有这样一项请求权，也没有什么意义。因为邀请他人用餐旨在社交和娱乐，而社交和娱乐是无法通过法律来请求的。……邀请者与被邀请者均没有要受法律约束的意思。[②] 这里显然是主观标准。

在例二与例三中，则采取客观标准。对例二的判决中，法院认为 E 没有赔偿义务，理由是：由一个人来承担某种可能危及其生存的责任，与摸彩共同体的性质不符。如果事先对这一问题进行考虑，并作过明确的讨论，大概就不会有人愿意承担这样一种风险。学者解释说：在不能认定当事人具有真正的意思的情况下，应当根据客观标准来判断是否存在受法律约束的义务。客观标准主要涉及两个方面：一个方面是风险；另一个方面是能否苛求有关当事人对这

---

① 参见［德］迪特尔·梅迪库斯：《德国民法总论》，邵建东译，法律出版社 2000 年版，第 150、152、153—154 页。

② 参见［德］迪特尔·梅迪库斯：《德国民法总论》，邵建东译，法律出版社 2000 年版，第 150、152 页。

种风险承担责任。在摸彩案件中，一起参加摸彩的人不能期望此次会中奖，而受托人 E 则可能承担一项危及其生存的义务，而且他也没有因此而获得任何回报。从这个角度来看问题，同样会使人得出无偿行为不产生法律约束力的结论。这一理由同样适用于无偿替他人照看小孩的情形。[①]

对于例四，德国联邦最高法院认为，男方没有合同上的请求权。因为非婚姻关系的伙伴，一般不愿意将其自由的伙伴关系置于法律规则的管辖之下。即使当事人例外地有受法律约束的意思，他们之间也不成立有效的合同（法律行为）。因为，此项意思涉及最为隐秘的个人自由领域，而这个领域是不容通过合同予以约束的。[②] 我觉得，后一个理由是重要的，即人的基本权利和自由不得通过合同而约定。

以上行为都不是合同（法律行为），但是均有财产上的支出或者损失，例如，请人赴宴要支出费用，赴宴也要支出交通费，替人暂时无偿照顾小孩可能会造成孩子的伤害而支出医疗费用，等等，这些纠纷如何处理？德国学者认为，应当以侵权行为来对待，但在通常情况下对侵权人应当减轻责任，对于轻微过失造成的损害应当免除赔偿责任。[③] 我赞同这种观点。

总之，当法院能够认定当事人的约定“根本不属于法律约定的范畴”时，就不是法律行为。家庭关系、爱情、友情及社会交往中的人际关系等领域，“根本不属于”法律约定的内容，例如，结伴旅行、结伴参加活动、邀请等约定，都不能通过法律行为来达成，也不能因此而产生参加旅行等法律义务。但关于与上述活动有关的财产性支付则具有法律行为的性质，例如，约定结伴旅行的一方当事人支付全部旅行费用的，则具有法律行为的性质。[④]

---

① 参见［德］迪特尔·梅迪库斯:《德国民法总论》，邵建东译，法律出版社 2000 年版，第 150、152、154—155 页。

② 参见［德］迪特尔·梅迪库斯:《德国民法总论》，邵建东译，法律出版社 2000 年版，第 150、152、157 页。

③ 参见［德］迪特尔·梅迪库斯:《德国民法总论》，邵建东译，法律出版社 2000 年版，第 150、152、157—158 页。

④ ［德］维尔纳·弗卢梅:《法律行为论》，迟颖译，法律出版社 2013 年版，第 97 页。

（二）法律行为与准法律行为

1. 准法律行为的概念

民法的核心内容可以分为三部分：一是主体，二是权利义务，三是主体与权利义务的联结点或者媒介——法律事实。《法国民法典》秉承罗马法传统，实际上不折不扣地通过“三编制”的方式规定了这三部分内容。

在这些媒介中，有的是与人的行为完全无关的自然事件，如洪水、期间的届满等；而有的则与人的行为有关。在这些与人的行为有关的法律事实中，又可以分为两种：一种是权利义务是否发生以及如何发生以人的意志为定，如买卖合同等；另一种虽是人的行为，但行为结果是否发生以及如何发生非以行为人的意志为转移，而是由法律直接规定，如侵权行为，虽然是人的行为，但损害赔偿的方式与数额却完全不取决于侵权行为人的意志，而是由法律直接规定。前一种称为法律行为，后一种称为非法律行为或者事实行为。法律行为与事实行为的区别主要有以下几个方面：（1）是否适用行为能力不同，凡是法律行为以行为人有相应的行为能力为有效要件，而事实行为不要求行为能力为其生效要件；（2）是否能够适用代理不同，法律行为能够代理，而事实行为不能代理，仅仅能够适用辅助制度；（3）是否有意思表示不同，法律行为要求必须有意思表示，而且法律行为的后果是行为人设定在意思表示之中的，而事实行为没有意思表示，其后果不是行为人预设的，而是由法律直接规定的。

以上分类似有粗糙之嫌，因为在现实的法律之上存在一些这样的行为：从过程上看，似乎是法律行为，从结果上看，又似乎是事实行为。例如，诉讼时效的中断行为，这种中断必须是有行为能力的人为意思表示，但中断的效果却不一定是中断的人预设的，而是由法律直接规定的。也许一个人根本不知道自己请求履行的行为具有中断时效的法律效果，从而根本不可能在行为中预设这种法律后果，但只要具有这种请求的行为，就具有中断时效的结果。这些行为我们称之为“准法律行为”。具体来说，准法律行为是指由法律直接规定结果的当事人的表示行为。

我们必须正确地把握法律行为与准法律行为的区别。首先，从概念上说，准法律行为完全不是法律行为，就如历史法学派在英国的代表人物梅因在批评英国人将“准契约”等同于“契约”时指出的：准契约完全不是契约，而是罗马人用来进行分类的名词。[①]之所以将一个不是法律行为的东西前面加上一个“准”字而称为“准法律行为”，是基于以下两点：其一，表明两者的不同；其二，该行为是当事人的行为，并且有明确的意思表示，类似于法律行为，有关法律行为的一些规则，可以准用，如行为能力、意思瑕疵等。其次，虽然法律行为与准法律行为的共同点在于都具有意思表示、都要求行为人的行为能力，但法律后果发生的根据存在巨大的不同：法律行为之所以能够产生某种法律后果，是因为行为人具有这种法律后果的愿望，并将这种后果表达出来；而准法律行为虽有意思表示行为，但这种后果并不包含在意思表示中，或者说意思表示中是否具备这种后果并不重要，该表示行为的后果是由法律直接规定的。

2. 种类

（1）催告

催告是指债权人要求债务人履行到期债务的通知，或者要求法律关系的对方当事人确定某种关系的通知。如担保法中留置权人对于债务人的履行催告、无权代理关系中相对人对于被代理人是否追认的催告等。

（2）通知或者告知

在这类行为中，行为人表示的并不是某项意思，而是一种他知道的事实。[②]具体如债权转移对债务人的通知（《民法典》第546条）、迟到的承诺的通知（《民法典》第486条）、标的物瑕疵告知（《民法典》第621条）等。

我国台湾地区的学者普遍将准法律行为分为三种：意思通知、事实通知与感情表示。意思通知是指当事人的表达具有一定的期望，法律因其表示而赋予一定的法律后果（如催告）；事实通知是指当事人表达一定的事实上的观念，法律因其表示行为而赋予一定的法律后果的行为（如留置权人定有一定期限要求债务人履行债务，否则就实行留置权）；感情表示是指当事人表达一定的感情，法律因其表示行为而赋予一定的法律后果者，如夫妻一方与他人通奸，另

① ［英］梅因：《古代法》，沈景一译，商务印书馆1996年版，第193页。

② ［德］迪特尔·梅迪库斯：《德国民法总论》，邵建东译，法律出版社2000年版，第160页。

一方表示原谅的表示。[1] 除了最后一种，这种分类方式与上面的分类几乎相同。

3. 关于法律行为规则对于准法律行为的类推适用

德国学者梅迪库斯指出：由于准法律行为与法律行为之间不存在一条清晰的界限，因此有关法律行为的规定也应该可以类推适用于准法律行为。但是，由于各类准法律行为之间存在着重大的区别，也无法作出一般性的断言。例如，法律有关“法律行为违反善良风俗的法律行为”的规定就几乎不能适用于准法律行为；行为能力一般可以适用。[2] 我认为，日本学者提出的一般性原则可以采用，即判断有关行为能力、意思表示瑕疵等是否准用于准法律行为时，应根据准法律行为所关注的规定不同而有不同的答案。具体来说，（1）有关行为能力的规定——当有关行为能力的规定的立法目的也适合准法律行为时，允许类推；（2）有关意思欠缺、意思表示瑕疵的规定——当法律规定的有关意思欠缺、意思表示瑕疵的规则也适合准法律行为时，也允许类推适用。反之亦然，也应根据准法律行为的法律规定的立法目的来决定是否类推适用法律行为的有关规定。[3]

4. 小结

（1）法律行为与准法律行为是不同的概念，因均有意思表示并且法律行为的有关规则可准用于准法律行为而得名，而且，准法律行为为学理上的概念，实际的各种类型的准法律行为散见于民法的各个部分。

（2）法律行为的有关规定是否能够适用于准法律行为，要根据具体情况而定。这一问题在我国的司法实践中，尤其应得到重视。

四、法律行为的作用范围

很多人都已经注意到，对法律行为的一般理论进行研究很重要，因为法律行为这一概念最基本的特征是“私法自治”，即法律承认在私法领域中可以按照自己的意志处分个人权利。而法律活动的很大一部分，是由法律行为构成

① 邱聪智：《民法总则》（上），三民书局 2005 年版，第 646—650 页；王泽鉴：《民法概要》，中国政法大学出版社 2003 年版，第 81 页。

② ［德］迪特尔 · 梅迪库斯：《德国民法总论》，邵建东译，法律出版社 2000 年版，第 161 页。

③ ［日］山本敬三：《民法讲义Ⅰ》，解亘译，北京大学出版社 2004 年版，第 73 页。

的[①]。然而，关于法律行为在私法中的作用范围却始终存在争议，就如德国学者所指出的：尽管“法律行为”这一概念在法律上的重要表述有不同的来源和意义，但民法典还是列举了关于契约因错误、欺诈或者胁迫而无效及有关代理、法律条件方面的规定，并且还确信无疑地加以强调，它们可适用于任何类型的法律行为。这充分说明了关于一般规定的适用范围的争议从来不曾停止的原因所在。[②] 按照后来民法学者的归纳，到 20 世纪初时，在这一问题上相互冲突的学说已达 17 种之多。[③]

由于早期对私法自治的尊重，那时许多德国学者都认为，法律行为不仅包括合同行为，而且包括多边行为和单方行为；法律行为制度作为《民法总则》的基本规定不仅适用于债，而且适用于其他法律关系；既然法律确认私权的可处分性，就应当承认通过法律行为创设法律关系的制度适用于全部私法领域，即所谓“私法自治”。在德国学者看来，私法自治原则必然意味着承认个人在私法领域内就自己生活之权利义务，作为最佳的决定者。在不违背国家法律规定的前提下，个人得基于其意思自由创造规范，以规律自己与他人的私法关系。[④] 现在的德国学者一般认为，法律行为一般包括合同行为（订立债务合同、债权转让合同、所有权转移合同）、缔结婚姻、做成遗嘱。[⑤]

我认为，私权的产生可以基于与当事人意志完全无关的法律规定，也可以基于私人意志的自由决定。而什么样的权利可以由私人自由意志决定，则取决于立法政策的取向。一般来说，如果任当事人自由决定会损及法律秩序、交易安全或者构成权利滥用等情况时，法律就不会允许个人自由决定而是直接规定，如物权种类、内容等就不会让个人自由决定而是采用“法定主义原则”。虽然法律行为是从婚姻行为、合同行为、遗嘱行为中抽象出来的，并一般地说，

---

① ［美］约翰·亨利·梅利曼：《大陆法系》，顾培东等译，法律出版社 2004 年版，第 81 页。

② ［德］K. 茨威格特、H. 克茨：《比较法总论》，高鸿钧等译，贵州人民出版社 1992 年版，第 271 页。

③ 董安生：《民事法律行为》，中国人民大学出版社 1994 年版，第 45 页。

④ 董安生：《民事法律行为》，中国人民大学出版社 1994 年版，第 44 页。

⑤ ［德］K. 茨威格特、H. 克茨：《比较法总论》，高鸿钧等译，贵州人民出版社 1992 年版，第 271 页；［德］迪特尔·梅迪库斯：《德国民法总论》，邵建东等译，法律出版社 2000 年版，第 27 页。

适用于这三个领域，但也有例外。例如，法律行为制度就不适用于全部婚姻关系，夫妻财产关系可以通过契约约定，但人身关系不适用约定而是法定；订立的婚约是不可以强制执行的；有关人的生命、人格、尊严等诸方面的约定也常常会导致无效。因此，法律行为制度的彻底贯彻仅仅是在具有财产交易性质的契约法中才能进行。

第二节　法律行为的分类及其意义

一、单方法律行为与多方法律行为

这是以法律行为的成立对意思表示的依赖为标准而作的分类，也是我国《民法典》第 134 条明确规定的分类。该条第 1 款规定："民事法律行为可以基于双方或者多方的意思表示一致成立，也可以基于单方的意思表示成立。"

（一）单方法律行为

单方法律行为是指只需要一项意思表示就可成立的法律行为。[①] 也就是说，单方法律行为是指原则上由一个人即可单独有效地从事的行为。[②] 由于"任何人不得为第三人创设义务"的规则，单方法律行为大致可以分为三种情况：（1）仅仅以单方行为处分自己的权利，如所有权的抛弃；（2）为他人设权的行为，如授予代理权的行为、立遗嘱的行为；（3）行使法律规定或者当事人约定的权利，如解除权、撤销权、追认权，即形成权的行使一般为单方法律行为。

在单方法律行为中，根据意思表示是否需要受领或者是否需要向他人作出，可以分为有相对人的和无相对人的单方法律行为。[③]《民法典》第 138 条和第 142 条涉及这种分类。对此，德国学者指出，从事物的本质来看，原则上，意思表示应当"向他人作出"，这是因为，一般而言，只有当意思表示"向他

---

① ［德］迪特尔 · 梅迪库斯：《德国民法总论》，邵建东译，法律出版社 2000 年版，第 165 页。

② ［德］卡尔 · 拉伦茨：《德国民法通论》，王晓晔等译，法律出版社 2003 年版，第 432 页。

③ 有相对人与无相对人的法律行为的分类，和需要受领意思表示与不需要受领意思表示的法律行为的分类是否相同，有不同观点。在此，我采取相同的观点。

人作出”时，也即向它所针对的那一方作出时，它才具有意义。因此，多方法律行为要求一方当事人应“向另一方当事人”作出意思表示，以便双方能够达成合意。据此，以意思表示是否需受领为标准来划分法律行为的做法，仅适用于单方法律行为。[①] 仅在个别情形中，即在那些法律行为不直接关涉他人，实施法律行为的行为人仅仅为自己的权利领域制定规则的情形中，人们可以通过无须受领的意思表示来实施单方法律行为，典型的是遗嘱行为。例如，《德国民法典》第 144 条对于“可撤销法律行为的认可”属于无须向他人作出的单方法律行为，而第 182 条对于尚未生效的法律行为的同意，则属于需要向他人作出意思表示的单方法律行为。这是因为，表意人对第 144 条的认可属于对于自己撤销权的处分，而经认可的法律行为原本已经生效。反之，需经其同意的法律行为尚未生效，其效力有待确定。因此，同意表示属于需要受领的表示。[②]

这种分类的意义主要在于意思表示的生效时间和法律行为的成立时间不同、意思表示的解释不同。对此，我国《民法典》第 138 条规定：“无相对人的意思表示，表示完成时生效。法律另有规定的，依照其规定。”第 142 条规定：“有相对人的意思表示的解释，应当按照所使用的词句，结合相关条款、行为的性质和目的、习惯以及诚信原则，确定意思表示的含义。无相对人的意思表示的解释，不能完全拘泥于所使用的词句，而应当结合相关条款、行为的性质和目的、习惯以及诚信原则，确定行为人的真实意思。”

（二）多方法律行为

多方法律行为是指必须有两个或者两个以上的意思表示才能成立的法律行为。由于在多方法律行为中情况比较复杂，学理上一般要对多方法律行为进行再分类，即双方法律行为、多方法律行为与决议。

1. 双方法律行为

双方法律行为一般是指契约，即由两个意思表示一致而成立的法律行为。契约的当事人可以是多个，但这多个当事人必须形成“两造”，即对立双方。

---

① ［德］维尔纳·弗卢梅：《法律行为论》，迟颖译，法律出版社 2013 年版，第 163—164 页。

② ［德］维尔纳·弗卢梅：《法律行为论》，迟颖译，法律出版社 2013 年版，第 164—165 页。

当事人虽为多人，但却仅仅能够形成两个意思表示，例如，ABC 三个当事人，AB 为一方，C 为一方，双方所期待的法律后果是因他们之间相互一致的意思表示而产生的。[①] 有些人认为，双方法律行为应称为契约，以区别于下面所说的因多方意思表示一致而形成的合同。[②]

2. 多方法律行为

多方法律行为应准确地称为“共同行为”，即因当事人多个方向相同的意思表示趋于一致而形成的法律行为，因其特征为多数意思表示的平行一致，故也称为合同行为。[③] 这就是合同与契约的区别（即多方法律行为与双方法律行为的区别），如合伙协议、公司发起协议等，就属于多方法律行为。

3. 决议

德国学者一般认为，应该将决议从合同中分离出来。决议是人合组织、合伙、法人之由若干人组成的机构（如社团的董事会）通过语言形式表达出来的意思形成的结果。决议可以以全票通过的方式作出，也可以多数票通过的方式作出。[④]

决议不同于合同或者其他多方法律行为之处在于：（1）若干意思表示一致，且方向相同，而不像合同那样，是对立两造的意思表示的重合。但仅在此点上，决议难以同多方法律行为相区别。（2）决议有的是以全票做出的（如合伙的许多事务都要求一致同意），但在许多情况下，决议都不实行全票制，如公司的董事会决议或者股东会决议实行多数表决制。在这一点上，决议同多方法律行为有所区别。（3）调整关系不同，决议主要调整组织内部关系，而不调整组织与第三人的关系，而合同则调整行为人之间的交易关系。另外，决议与合同的区别还在于，决议一旦以规定的方式作出，无论对于赞成决议的人还是反对的人都具有约束力。而在合同中，任何一方不同意，都根本无法形成合同。

但是，决议是否属于法律行为有时是值得探讨的。因为：（1）有时，决议实际上是单方法律行为形成的一种方式，例如，公司的意思机关（股东会议）

---

① ［德］卡尔·拉伦茨：《德国民法通论》，王晓晔等译，法律出版社 2003 年版，第 432 页。

② 张俊浩主编：《民法学原理》，中国政法大学出版社 1991 年版，第 571 页。

③ 邱聪智：《民法总则》（上），三民书局 2005 年版，第 463 页。

④ ［德］卡尔·拉伦茨：《德国民法通论》，王晓晔等译，法律出版社 2003 年版，第 433 页。

形成一个关于收购其他公司股权的决议，实际上仅仅是公司的单个意思的形成机制，说这是一个“多方法律行为”，未免过于牵强；（2）在这一个“决议”的形成过程中，一般实行“多数决”，有些股东的意思完全被否决，这哪里还是多方法律行为呢？因此，对于《民法典》第 134 条第 2 款规定的法人、非法人组织依照章程规定的议事方式和表决程序作出的决议，是否属于法律行为，实在值得商榷，最多是一个“准法律行为”。

（三）区分的实益

学者对于单方法律行为与多方法律行为的分类在民法上的实益论述较少。我认为，研究分类的意义并不在于分类本身，而在于分类的意义。这种分类在民法上的意义，主要体现在以下两个方面。

1. 研究这种分类对于把握各种不同法律行为的成立具有重要意义

单方法律行为仅有一个意思表示就可以成立；而双方法律行为必须有两个方向相反的意思表示在规定期间内重合，重合部分就是该法律行为的效果意思，即我们通常讲的“意思表示一致”，如果意思表示未能重合或者未能在规定的期间内重合，则不能成立。因此，在实践中，双方法律行为比单方法律行为要复杂得多。

多方法律行为是多个意思表示的平行，与双方法律行为不同，作为法律行为的效果意思是方向相同而不是方向相反的意思表示。但在多方法律行为中，决议与一般的多方法律行为又有所不同：在决议中，多个主体只能依自己的意志对某一相同的效果意思进行表决，如公司发起协议、合伙协议、股东会决议等。一般情况下，简单少数人的反对不影响决议的通过。而多方法律行为则要求意思表示完全重合。

2. 对于把握各种不同法律行为的效力具有重要意义

从效力上来说，各种不同的法律行为之间的差异巨大。单方法律行为因有“仅能给第三人创设权利而不能给第三人设定义务”的规则限制，决定了单方法律行为仅是为了给他人设权的行为或者是为了行使法定权利的行为（如形成权）。而且，法律对于许多单方法律行为设有限制，如形成权的行使（解除、追认、同意、撤销合同，意思表示的撤回等）不得附条件或者期限。

双方法律行为因是两造权利义务的对立，故必须是意思表示一致方可成立，并且其权利义务原则上应在双方当事人之间具有效力，因此，《法国民法典》第 1384 条规定：依法成立的契约在当事人之间具有相当于法律的效力。对于第三人而言，仅仅在对第三人设权的限度内有效。因此，民法（尤其是合同法）的一条基本规则是：双方当事人的约定不得对抗善意第三人。双方法律行为因效力发生在双方当事人之间，故意思自治原则可以最大限度地贯彻。

对于多方法律行为而言，比较单方法律行为与双方法律行为，其应用领域较为狭窄，如公司股东会决议、董事会决议、合伙协议等，其效力也仅仅涉及内部，而且，一般也不会因为一个人的意思表示无效或者有其他瑕疵而使决议或者协议无效或者可撤销。在实行“多数票决定制”的情况下，即使少数人不同意该决议，也不影响决议对他的拘束力。

二、身份行为与财产行为

（一）区分的标准

这是以法律行为的效果意思为标准所作的分类。身份行为是指以发生身份上的效果为目的的法律行为，如婚姻行为、抚养行为等；而财产行为则是指以发生财产上的效果为目的的法律行为，如交易合同等。

按照我国台湾地区学者的观点，身份行为有广义与狭义之分：狭义的身份行为仅指亲属行为，而广义的身份行为则除了上述狭义的法律行为之外，还包括以身份为基础的财产关系，如夫妻财产契约、遗嘱等。[①] 我国大陆学者也有此主张者。[②]

但我认为，身份行为应从其狭义。因为无论是夫妻之间的财产约定，还是立遗嘱，与非身份性法律行为的区别仅仅是主体方面的，而效果都发生在财产领域。因此，不能把这种法律行为纳入身份领域。

另外，关于婚约的性质，学者也存在争议：有人认为是法律行为，有人

---

① 邱聪智：《民法总则》（上），三民书局 2005 年版，第 481—482 页。

② 张俊浩主编：《民法学原理》，中国政法大学出版社 1991 年版，第 239 页。

认为婚约仅仅是双方表示相互同意的一种事实行为。[①]应当认为，它是一种法律行为，因为它符合法律行为的要件，但效力方面存在问题。关于婚约的效力，大部分国家不承认其具有强制执行力。在我国，有的地方虽然还存在缔结婚约的习俗，但法律也不承认其强制力。因为，如果婚约可以强制执行，不符合婚姻的基础——感情基础，易造成诸多“捆绑夫妻”，与婚姻法的宗旨相背离。

在财产法律行为中，是否再区分为债权法律行为与物权法律行为（负担行为与处分行为），学者间存在较大的争议。有学者认为，因民法分为“债编”与“物权编”，这两编合为财产法，相应的，财产行为，得因其发生效果为债的关系或者物权关系，而区分债权行为与物权行为[②]。

（二）区分的实益

由于在实际生活中，人与人之间的关系就分为具有财产内容的关系与不具有财产内容的身份关系，民法也就相应作出财产行为与身份行为的区分。这种区分在民法上具有重要意义。首先，民法的意思自治原则在身份关系上的适用受到极大的限制，例如，父母子女关系不可以通过契约关系来终止，夫妻关系中身份关系的内容也不可以通过契约来约定；其次，基于对人格的尊重，身份法上的许多权利不具有支配性或者可转让性。

三、负担行为与处分行为

（一）负担行为与处分行为的概念

1. 负担行为

所谓负担行为，是指使一个人相对于另一个人（或者另若干人）承担为或者不为一定行为之义务的法律行为。负担行为的首要义务是确定某项给付义

---

① ［德］卡尔·拉伦茨：《德国民法通论》，王晓晔等译，法律出版社 2003 年版，第 434—435 页。

② 邱聪智：《民法总则》（上），三民书局 2005 年版，第 481 页。

务，即产生债务关系。[①] 梅迪库斯解释说：负担行为仅产生一项或者多项请求权，或者产生一种有效给付的法律原因。[②]

之所以将其称为负担行为，是因为这种法律行为的直接后果是使义务人负担了一项义务，故以此称之。但这种义务仅仅以观念上的义务而存在，尚未开始履行。故对于一项具体的交易过程来说，负担行为不是目的，而仅仅是手段，是暂时的。它仅仅是一种物权或者其他权利变动的准备阶段。

通说认为，负担行为既可以通过合同行为表现出来，也可以通过单方法律行为的方式表现出来。[③]

2. 处分行为

（1）定义

处分行为是指直接作用于某项现存权利的法律行为。[④] 通俗地说，处分行为就是直接使权利发生变动的法律行为，是支配权行使的具体表现。例如，动产中的交付行为，直接转移所有权。

在许多情况下，处分行为被人们等同于物权行为，这实际上是一种曲解。在此应当明确指出：处分行为不同于物权行为，虽然物权行为是处分行为的典型，但二者还是有区别的。首先，概念的对立面不同：处分行为是与负担行为相对应的，而物权行为是同债权行为相对应的。而且，这两组概念的分类标准及目的不同：处分行为与负担行为是以行为人负担某种义务还是直接使权利发生变动为标准，而债权行为与物权行为则是以行为的直接结果是产生债法上的效果，还是物权法上的效果为标准的。虽然说，二者在具体法律关系上的效果可能相同，但这种区分的说明意义不同。其次，物权行为的客体一般是物权，而处分行为的客体除了物权外，还包括债权及其他准物权。

（2）处分行为的客体

处分行为的客体可以是权利，如物权、债权、知识产权，也可以是物。

---

① ［德］卡尔·拉伦茨：《德国民法通论》，王晓晔等译，法律出版社 2003 年版，第 436 页。

② ［德］迪特尔·梅迪库斯：《德国民法总论》，邵建东译，法律出版社 2000 年版，第 167 页。

③ ［德］卡尔·拉伦茨：《德国民法通论》，王晓晔等译，法律出版社 2003 年版，第 436 页。

④ ［德］卡尔·拉伦茨：《德国民法通论》，王晓晔等译，法律出版社 2003 年版，第 436 页。

（二）负担行为与处分行为的区别

1. 法律后果不同

负担行为产生债法上的后果，即直接产生请求权；而处分行为则产生权利直接变动的结果，有的是物权上的，有的则是准物权的变动。

2. 适用的法律原则不同

处分行为要求处分的客体在处分前必须确定，而负担行为并不要求特定。[①]因此，负担行为成立时，即使标的物不存在，也不影响其效力。

3. 对处分人的要求不同

对于处分行为，法律不仅要求处分人有行为能力，而且要求处分人具有处分权，其处分行为才能生效。就如德国学者所言，处分人享有处分权，是处分行为生效的前提条件。[②]与此相反，任何人都可以从事负担行为，法律仅仅要求其行为能力的具备。

4. 是否要求公示不同

对于物权法上的处分行为，法律一般要求公示，即处分行为必须通过某种公示手段表现出来；而对于负担行为一般不要求公示。[③]

（三）负担行为与处分行为在现实中的存在样态

1. 既有负担行为也有处分行为

这种状态为现实生活中的常态，特别是在合同行为中，先有权利义务的约定，然后再去履行这种权利义务。

2. 仅有处分行为而无负担行为

这主要是指权利的变动并没有负担的根据或者基础，如无相对人的所有权抛弃，并不以负担行为为基础。

① ［德］迪特尔·梅迪库斯：《德国民法总论》，邵建东译，法律出版社 2000 年版，第 168 页。

② ［德］维尔纳·弗卢梅：《法律行为论》，迟颖译，法律出版社 2013 年版，第 167 页。

③ ［德］迪特尔·梅迪库斯：《德国民法总论》，邵建东译，法律出版社 2000 年版，第 169 页。

（四）分类的实益

1. 对于理解交易过程具有重要意义

拉伦茨指出：区分负担行为和处分行为，除了可以明确处分权利必须具备相应的处分权限外，在整个法律体系中也具有重大意义。这些行为具有某种分配的属性，它们的法律后果对有关权利的归属做了变更，进而改变了财物的归属，这类处分行为的效果可以对抗任何人。这种效果是绝对的。与处分行为相反，负担行为使人仅仅相对于另一个人或者另一些特定人承担义务，因此，它们仅具有相对的效果。一个人可以承担任意多次的义务，虽然他无法履行所有这些义务。而有效地转让权利，一个人仅能够进行一次，因为他一旦转让了权利，他就丧失了该项权利，也就不再具有处分的权限。一个人可以多次出卖同一物（负担行为），在这种情况下，出卖人对于每一个买受人都负有移转物的所有权并交付物的义务，虽然他只有能力履行一次这样的义务。① 这种区分对于理解现实生活中的交易过程颇有意义，特别是“一物多卖”的现象更容易得到解释。

2. 构成了公示公信原则的基础

因为处分行为的效果是绝对的，具有可以对抗所有的人的效力，因此，其必须通过特定的方式让人知晓。这就是公示原则。由于负担行为不具有对抗效力，仅仅具有相对的效果，故不需要公示。因此，梅迪库斯指出：公示原则仅仅适用于物权法。② 故公示公信原则是负担行为与处分行为、债权行为与物权行为区分后的必然要求，是德国法以及秉承德国民法典立法模式的继承者的特有概念。

我国有许多学者离开了负担行为与处分行为的划分的历史，离开了整个民法体系，一方面否定物权行为的概念、否定债权行为与物权行为的划分，另一方面却大谈“公示”原则，必然会导致牵强附会的结果。其实，当谈到公示原

---

① ［德］卡尔·拉伦茨：《德国民法通论》，王晓晔等译，法律出版社 2003 年版，第 439—440 页。

② ［德］迪特尔·梅迪库斯：《德国民法总论》，邵建东译，法律出版社 2000 年版，第 169 页。

则时，其已经承认了债权行为与物权行为的划分。

（五）问题的说明

1. 负担行为与处分行为、债权行为与物权行为的划分是“债编”与“物权编”分列的必然结果。在民法明确区分债编与物权编的模式后，负担行为与处分行为、债权行为与物权行为的划分就是必然的结果。因为，法律行为在债法上的效果与在物权法上的效力是不同的——在债法上产生相对效力，而在物权法上产生绝对效力。负担行为在债法上的效力是产生请求权，而处分行为在物权法上就要发生物权变动的效果，是支配权的体现。由于《法国民法典》没有采取明确的债编与物权编的模式，故其没有负担行为与处分行为的划分也就合乎逻辑了。

2. 负担行为与处分行为的划分不能囊括所有的法律行为。负担行为与处分行为、债权行为与物权行为的划分虽然是法律行为制度极其重要的分类，但难以囊括法律行为的全部。例如，撤销、解除等形成权的行为虽为法律行为，但因其标的非权利义务本身，因此，难以归于负担行为与处分行为的分类中去。[①]

3. 负担行为与处分行为是从法律关系的一方来定义的，如负担行为是对于义务人来说的，而对于相对人则是取得行为；处分行为也是从具有处分权限的人的角度来说的，如果有相对人的话，对方也无处分权。

4. 负担行为与处分行为、债权行为与物权行为的区分，再加上有因法律行为与无因法律行为（要因法律行为与不要因法律行为）的区分，即“独立性 + 无因性”是法律行为理论中最复杂，也是最具有争议的问题。关于法律行为的要因与不要因，我们将在下面的分类中详细论述。

四、要因法律行为与不要因法律行为

（一）要因法律行为与不要因法律行为区分的标准及概念

1. 区分标准与概念

要因法律行为与不要因法律行为的区分标准，是法律行为是否能够与其原

---

① 邱聪智：《民法总则》（上），三民书局 2005 年版，第 494 页。

因相分离。能够与其原因相分离的法律行为，即法律行为的成立与其原因相脱离，原因非为法律行为成立的要件，称为不要因法律行为；反之，若法律行为以原因为成立要件而与原因不可分离者，称为要因法律行为。[①] 一般来说，负担行为多为要因法律行为，处分行为多为不要因法律行为。

要因行为与不要因法律行为的区分，与负担行为与处分行为的区分密切相关，前面已经说过，“独立性 + 无因性”才是法律行为理论的全部。拉伦茨明确地阐述道：负担行为，如买卖合同和赠与的约定，往往是为转移财产权，特别是转移所有权做准备的。转移行为本身是通过第二项合同即物权合同才完成的，这项合同就是出卖人对其所有权的处分。通过处分，出卖人履行了他在买卖合同中承担的义务。价金的支付行为是通过转移货币的所有权完成的，即价金的支付也是通过支付和物权合同完成的。显然，这三项行为（负担行为、物权合意、支付）依据其内在的意义是一个整体。只有在完成了这三项行为后，当事人所设想的法律行为才能得到履行，当事人所追求的经济效果才能达到。虽然物权上的履行行为正是为了执行债权上的基础行为，但物权上的履行行为的效力，原则上不受债权上的基础行为之有效与否的影响。也就是说，即使买卖合同因某种原因不产生效力，转移所有权的行为仍然有效。我们把这种物权行为同作为其基础的负担行为作严格的分离的做法，称为物权行为的不要因性。……不要因的问题是《德国民法典》独有的特点，其他国家的民法典大都不具备这一特点。从历史上看，不要因原则发端于 19 世纪的普通法学，主要源自萨维尼的学说。[②] 因此，必须将负担行为与处分行为的区分同要因行为与不要因法律行为的区分联系起来才能理解。

2. 原因的概念

要理解要因行为与不要因行为的关键是如何理解“原因”。关于何为此处所谓的“原因”，学理上的观点基本上是一致的，即交易的直接目的。例如，邱聪智教授指出：此称原因，系指法律行为的原因，即当事人为财产给付的

① 邱聪智：《民法总则》（上），三民书局 2005 年版，第 502 页。

② ［德］卡尔 · 拉伦茨：《德国民法通论》，王晓晔等译，法律出版社 2003 年版，第 441—442 页。

目的。在法律行为的成立生效上，原因为法律行为的构成部分，也是法律行为的内容。例如，给予财产恒有一定目的，如其意在使相对人无偿获得利益者，其给付目的即为赠与；反之，如其意在使自己获得相对之金钱利益或者其他财产上的利益者，则为买卖或者租赁。给付目的的欠缺（自始欠缺或者嗣后不存在），即所谓其受到利益而无法律上的原因，不仅原定的赠与等行为不发生效力，于当事人成立不当得利，其受益人应返还利益于受害人。[①]王泽鉴先生也指出：法律行为的原因是法律行为的构成部分，原因乃是当事人为财产给付的目的。[②]

德国学者拉伦茨的表述最为清楚：所谓的“要因”，是指负担合同本身包含的一个原因，即承担义务的法律目的，这个法律目的同时也表明了负担合同所追求的经济目的。对于要因行为，人们从其本身出发即可理解之，而不再需要行为本身以外的其他行为或者法律关系中所包含的目的原因。要因的负担行为的典型表现形式是双务合同。在这些合同中，一方之所以承担给付义务，是因为他要因此使对方承担对待给付义务。一方承担义务的目的产生于负担行为本身，该目的就是使另一方承担义务。出卖人之所以承担将买卖标的物转移于买受人的义务，是因为他要使买受人承担支付价金的义务，反之亦然。一方使另一方承担义务，是一个在其本身承担的义务之外，但根据法律行为的内容为每一个行为人所明确期待的其他的法律后果。因此，我们不应将法律行为的经济目的看成行为人承担义务的“原因”，而应把行为人在从事法律行为时根据该行为的内容所期待的、超出其本人承担义务的、其他的法律效果视为承担义务的原因。例如，在借贷合同中，贷款人到期支付本金与利息的义务，就是为了使用对方的资金，这个目的就是他承担义务所要期待的其他法律效果。[③]其他德国学者也表达了相同的观点，即原因不是指当事人心目中要达到的各种各样的目的，而是指所承担的义务的近前的、典型的目的，每一类合同的目的都是相同的，即雷内尔（Lenel）所谓的“典

---

① 邱聪智：《民法总则》（上），三民书局 2005 年版，第 502—503 页。

② 王泽鉴：《民法总则》，中国政法大学出版社 2001 年版，第 267 页。

③［德］卡尔·拉伦茨：《德国民法通论》，王晓晔等译，法律出版社 2003 年版，第 444 页。

型的交易目的不会因当事人不同而有不同”[①]。大陆法系国家的法律上主要有三种原因，即取得债权的原因、清偿原因与赠与原因。[②]

从这些论述中我们可以看出，大陆法系所谓的原因已经非常接近，甚至可以说等于英美法系的“约因”了。这说明两大法系在关于交易的规范思想上又重新走到了一起：任何人作出财产上的给付，必定有一种原因或者根据，否则便不符合私法的精神。但我们要考虑的问题是：一个人的给付行为，一定有回报的伴随吗？这一问题恰恰是要因理论必须回答的。我们将在下面讨论这一问题。

在这里，我们必须区分原因与动机：动机是形成交易目的的动因。法律对动机的关注程度较低，因此，动机在法律行为中的影响也较小。因为，不同的人在为法律行为时，即使交易目的相同，其动机也是各种各样的。例如，同样是买汽车，其典型的交易目的都是一样的，但动机却各不相同：A 买车是为了上班方便，B 买车是为了开出租车赚钱，C 买车是为给上司送礼，D 买车是为了送给妻子作为生日礼物，E 买车是为了满足收藏的需要。因此，动机一般不会影响法律行为的效力。对此，弗卢梅指出，人们应当严格区分基于法律行为所确定的给予原因和虽然促使行为人实施法律行为却不构成法律行为内容的动机这两种情形。例如，在买卖合同中，法律行为规则一般仅限于买卖标的物与价金的确定。法律秩序正是以此对作为合同类型的买卖合同的前提条件予以规定的，且人们在法律交往中也是以此对作为行为类型的买卖合同予以应用的。至于买方为何买入，卖方为何卖出，即动机，不属于买卖这一法律行为的约定。原因即卖方的价金请求权和买方的标的物交付请求权产生的法律原因，是一方所获得的请求权以对待给付为前提。至于促使卖方或者买方订立合同的其他“原因”，通常不构成其所订立的买卖合同的法律行为的规则。“动机”属于“远因”，它通常不构成其所订立的买卖合同的法律行为规则的内容。[③]

---

① 沈达明等编著：《德意志法上的法律行为》，对外贸易教育出版社 1992 年版，第 67 页。

② 沈达明等编著：《德意志法上的法律行为》，对外贸易教育出版社 1992 年版，第 67 页。

③ [德] 维尔纳 · 弗卢梅：《法律行为论》，迟颖译，法律出版社 2013 年版，第 185 页。

（二）要因法律行为与不要因法律行为区分的意义

负担行为与处分行为的相互独立，且处分行为的不要因性使得处分行为虽然根据负担行为而产生，甚至是为了履行完成负担行为中的义务，但处分行为却不会因为负担行为的无效或者不成立而影响其效力。那么，法律区分要因法律行为与不要因法律行为的目的何在？其意义主要有三。

1. 保护交易安全

《德国民法典》以前的民法一致贯彻这样一种思想：只有权利的让与人是权利人的情况下，权利的继受取得才能生效。也就是说，若想从他人那里取得权利，就必须确认自己的前手享有此项权利。如果该前手又是从他人那里取得权利，那么，他还必须对此取得行为及再前手是否享有权利进行调查[①]，除非他能够证明自己是善意的而适用善意取得制度保护自己。但《德国民法典》则发明了另外一种思想，那就是使取得人不必对其前手们之间的原因行为进行考察。这些原因行为的无效，不应影响让与人享有权利。民法典旨在通过无因原则，维护法律交易的方便性和安全性。[②]这一意义是不要因原则的主要意义，也是我国民法学者主张不要因性的主要理论支持。

2. 方便交易

负担行为与处分行为的分离与无因原则，可以使当事人对负担行为的效果与处分行为的效果约定不同的条件。例如，在所有权保留的买卖合同中，双方订立买卖合同时不附条件，而对所有权转移行为附停止条件，即买受人支付全部价金，因此，分离原因便于当事人有可能约定这种内容以及作出其他有意义的约定。[③]同时，不同约定的效果分别发生，互不影响。

3. 从民法典逻辑体系上看，是逻辑结构的必然结果

前面已经说过，只要有物权与债权的明确区分，只要将物权变动作为法律行为作用的结果而不是债的自然效果，只要存在交付和登记使权利发生或者变

① ［德］迪特尔·梅迪库斯：《德国民法总论》，邵建东译，法律出版社2000年版，第177页。
② ［德］迪特尔·梅迪库斯：《德国民法总论》，邵建东译，法律出版社2000年版，第178页。
③ ［德］迪特尔·梅迪库斯：《德国民法总论》，邵建东译，法律出版社2000年版，第176页。

动的必要条件，那么，无因性就是必然存在的。

（三）需要说明的问题

1. 不要因法律行为与意志的关系

在此，我们不禁要问：无因行为（不要因法律行为）原则与意志因素的关系如何？是意志重要还是原因重要？如果有人以意志排除对待给付，这种负担行为是否有效呢？由于大陆法系国家一直非常重视意思自治的原则，因此，如果当事人以意志排除对待给付的话，当然应当是有效的。因此，即使在德国法上也不得不规定许多例外。拉伦茨指出：负担行为并不总是要因的，亦即负担行为本身并不总是包含着当事人承担义务时所期待的其他法律效果。在我们的法律制度中，行为人也可以承担不要因的法律义务，即他承担义务时是不考虑这一其他法律效果的，是脱离了这种效果的。[①] 如债务承担、票据行为等。

在无偿的负担行为中，如何理解这种行为的原因及效力？梅迪库斯指出：在无偿的债务合同中，获得对待给付的愿望为提供无偿给付的意思所取代了。此类行为不需要其他法律原因。[②] 由此可见，意志对有因与无因的关系仍然起着重要的作用。

但从罗马法的历史来看，“原因”恰恰是限制意思表示的工具。在罗马法上，合同可以分为要式契约与非要式契约。要式契约是不需要原因的，只要具备法律要求的形式，即可发生效力。但在非要式契约，仅仅有当事人的意思是不够的，必须有“原因”，否则，意思是没有意义的。

在我国法上，没有原因的合同总是作为例外处理的。例如，赠与合同，在赠与标的物转移前，赠与人可以任意撤销合同。再联系我国法上的同时履行抗辩权、不安抗辩权等，就更容易理解原因在交易中的意义了。

2. 要因与不要因仅仅在财产性法律行为才有意义

拉伦茨指出：某项行为是要因的还是不要因的这个问题，通常仅仅出现在那些向当事人一方给予财产的法律行为中，在其他行为中便不问是有因还是无

---

① ［德］卡尔·拉伦茨：《德国民法通论》，王晓晔等译，法律出版社 2003 年版，第 445 页。

② ［德］迪特尔·梅迪库斯：《德国民法总论》，邵建东译，法律出版社 2000 年版，第 169 页。

因的。[①]问题是，为什么在这类法律行为中才有要因与不要因的问题呢？这是从平等社会关系的本质来理解交易行为的典型表现，即平等社会关系中的人允诺一项财产性支付必然要求相应的回报，无偿仅仅是例外。如果这样理解的话，就如同英美法系的“约因”了，但德国人恰恰把一个交易行为分为了两种：负担行为与履行行为。而“约因”仅仅停留在了第一阶段——负担行为阶段。而第二阶段作为履行阶段为维护交易安全的目的切断了与原因的联系。这种思维方式可谓绝妙。但这是否是唯一或者最好的模式？围绕这一问题历史上曾经发生过十分尖锐的争论，今天也未停止。尤其是在我国民法典立法中，这一问题争议也较大。

五、有偿法律行为与无偿法律行为

（一）分类的标准及概念

这是以法律行为有无对价性（而非等价性）为标准而作的分类。所谓有偿的法律行为，是指法律行为一方在为财产性给付时，有对待给付的法律行为；而无偿法律行为则是指法律行为的行为人在为财产性给付时，没有对待给付的法律行为。

在实践中，因单方法律行为的本质所决定，其一般为无偿法律行为，而双方法律行为因其一般为交易行为，故多为有偿法律行为。但也不尽然，康德指出，无偿的合同（双方法律行为）主要有三种：无偿保管、借用和赠与。[②]其实，委托合同既可以为有偿，也可以为无偿。在多方法律行为中，因其多个意思表示的平行，并非对价的交易关系，因此，难以用有偿或者无偿来评价之。

在罗马法上，有偿的双方法律行为又分为实定契约与射幸契约两种。实定契约是指在契约订立时，双方的权利义务即确定地由双方分别负担的契约；而射幸契约是指双方的权利义务决定于一偶然事件，如赌博、买彩票等。《法国民法典》对之有明确的规定，该法典第1104条第2款规定：“对于当事人

---

① ［德］卡尔·拉伦茨：《德国民法通论》，王晓晔等译，法律出版社2003年版，第445—446页。

② ［德］康德：《法的形而上学原理》，沈叔平译，商务印书馆1997年版，第106页。

各方根据不确定的事件而在取得利益或遭受损失方面存在偶然性时，此种契约为射幸契约。”对于有偿契约进行再分类的意义在于：只有对于实定契约，当事人方有可能以遭受损害为由而提出撤销契约的请求，而射幸契约不存在双方给付是否等价的问题，故“合同的偶然性即排除了合同导致一方损害的可能性”①。

（二）分类的法律意义

有学者指出：有偿行为与无偿行为的划分对于民法总则来说没有什么意义。② 这种观点实值得商榷，因为总则的意义不仅在于总则，对于各分则也有统领作用。法律行为制度虽在总则，但却适用于所有的具体行为，如合同、遗嘱与婚姻，因此，这种分类对于民法体系至关重要。

无偿法律行为与有偿法律行为在具体制度上有重大差别，主要表现在：（1）在无偿法律行为中，其债务人不负标的物的权利瑕疵担保和品质瑕疵担保责任（特殊情况例外）；但在有偿法律行为中，如法律无特别规定时，适用买卖契约的规定。（2）当事人所负的过失责任的程度不同。在无偿法律行为中，给付只对一方有利，对债务人自身无利益，所以他只负故意和重大过失责任；在有偿法律行为中，给付对债务人和债权人均有利益，债务人对此应负抽象的轻过失责任。（3）限制行为能力人未经其法定代理人的同意一般不能实施有偿法律行为，但可实施无负担的无偿法律行为，接受他人给付的利益。③《民法典》第 145 条就规定了这种差异。（4）是否适用善意取得制度有所不同。对于有偿法律行为，适用善意第三人保护制度，而对于无偿法律行为，一般不适用善意第三人的保护制度。总之，无偿法律行为是法律行为的例外，法律设有专门制度加以调整。

---

① 尹田编著：《法国现代合同法》，法律出版社 1995 年版，第 9 页。

② ［德］迪特尔·梅迪库斯：《德国民法总论》，邵建东译，法律出版社 2000 年版，第 172 页。

③ 周枏：《罗马法原论》，商务印书馆 1994 年版，第 661 页。

六、要式法律行为与非要式法律行为

（一）分类的标准及概念

以法律行为的完成是否需要一定的形式为标准，将法律行为分为要式与非要式两种。因私法自治原则的缘故，在民法上，法律行为以不要式为常态，而以形式的强制性要求为例外。因此，法律行为除法律有特别规定者，其成立不需要特定形式。当然，当事人也可以通过契约的方式，约定某种法律行为的形式。这种约定的形式虽然必须遵守，但却不能改变非要式法律行为的性质。只有法律特别要求形式时，才是要式法律行为。

（二）分类的意义

要式法律行为与非要式法律行为分类的意义在于对法律行为的效力说明方面。如果法律行为欠缺法律规定或者当事人约定的形式时，法律行为是不成立还是不生效？学者对此存在不同认识。有的学者认为：如果法律行为的方式未完成者，法律行为不成立，甚至认为该法律行为要素所在的意思表示尚不成立。[①] 大多数学者认为形式为生效要件，即法律行为不具备相应方式的，应认为不生效。我赞同后者的观点，因为，从法律行为本来的意义上说，是意思自治的体现，故意思表示生效的，法律行为即成立。至于形式，则是法律或者当事人对于法律行为效力的控制，因此，应为生效要件。当然，法定形式与约定形式不同，后者只有在当事人有异议时，才无效。

七、连续性给付的法律行为与非连续性给付的法律行为

（一）分类的标准及概念

这是以法律行为的标的为一次性给付抑或连续性给付为标准，对法律行为所作的分类。连续性给付的法律行为是指法律行为的标的为持续性给

---

① 邱聪智：《民法总则》（上），三民书局2005年版，第500页。

付才能达到目的者，如租赁合同中的出租方的给付义务，雇佣合同中受雇佣方的给付义务，供电、供水合同中供应方的给付义务等。而非连续性给付义务是指法律行为的给付义务因一次性给付就可以完成的法律行为，如一般货物买卖合同中双方的给付行为。生活中大部分法律行为都是非连续性给付行为。

（二）分类的意义

这种分类的意义在于，当法律行为无效、撤销或者合同被解除后的法律后果不同：非连续性合同一般可以恢复原状，即具有溯及力，而连续性法律行为不能恢复原状，即无溯及力。例如，租赁合同解除或者被撤销后，没有恢复原状的可能性。

八、诺成性法律行为和实践性（要物）法律行为

这是以法律行为的成立在当事人的意思表示之外是否尚需要交付标的物为标准所做的划分。诺成性法律行为是指在当事人意思表示之外，无须再为实物的交付的法律行为；实践性法律行为，又称为要物法律行为，是指在当事人意思表示以外，尚需交付标的物的法律行为（至于为什么会出现要物性法律行为，请参见“法律行为的成立与生效”一章）。诺成性法律行为和实践性法律行为的分类是一种古老的分类，从梅因在对早期契约史的考察中可知，诺成契约是在罗马后期作为最后一种契约成立的方式而产生的，但是一种主要的形式，并对后世影响较大，罗马人将其归于“万民法”中。①

在传统民法中，买卖契约、租赁契约、雇佣契约、承揽契约、委托契约等属于诺成性法律行为；借用契约、借贷契约、保管契约等属于要物法律行为。②

区分诺成性法律行为和实践性法律行为的意义在于（以合同为例）：一是二者成立的要件不同，在诺成契约中，当事人一经合意契约即告成立，要物契约除此之外，尚要交付标的物；二是二者成立的时间不同，诺成契约成立的时

① ［英］梅因：《古代法》，沈景一译，商务印书馆 1995 年版，第 188 页。

② 王家福主编：《中国民法学 · 民法债权》，法律出版社 1991 年版，第 274 页。

间即合意达成的时间，而要物契约成立的时间为物的交付时间。

九、生前法律行为与死因法律行为

（一）区分的标准及概念

这是以法律关系的成立是否以死亡为条件而做的分类。若以法律行为产生的法律关系在行为人生前就可以成立，而与行为人死亡无关的，就是生前法律行为；反之，若行为人死亡才成立法律关系的法律行为，即为死因法律行为，又称死后法律行为。该种法律行为，必须等到死亡的事实发生时，法律关系才能成立，如遗嘱、死因赠与等。

在实践中，应该区别死因法律行为与那些以某人的死亡为条件的生前法律行为。在生前法律行为中，也经常会涉及有关法律行为当事人或者第三人死亡情形的规定。然而，类似规定只能以合同作出，而不能以单方法律行为作出。典型的例子是人寿保险合同，特别是利他的合同。就法律行为的内容而言，以任何一种形式将某人的死亡设为条件的生前法律行为与死因法律行为的区别是，在死因法律行为中，某人基于自己的权利针对其领域，特别是针对其财产就自己死亡后的事项予以安排。死因财产处分所涉及的是被继承人就其财产所进行的于其死后发生效力的给予。有鉴于此，法律关系于死亡之时才基于因死因处分而形成。反之，在作为生前法律行为的合同中，当法律行为规则以某人的死亡为条件时，当事人并没有针对其领域进行死后处分，死亡仅属于由合同双方基于自己现有的权限针对正在形成的法律关系所设定的法律行为规则的一个日期。有鉴于此，即使法律行为规则以死亡为条件，法律关系也已经于生前成立，死亡仅仅是基于该法律行为所产生的权利的产生期限或者条件。①

（二）分类的意义

这种分类的意义主要在于对法律行为所产生的法律关系的成立方面：生前

---

① ［德］维尔纳·弗卢梅：《法律行为论》，迟颖译，法律出版社2013年版，第174—175页。

法律行为所发生的法律关系能够在生前成立，而且，有的法律行为只能发生在行为人生前，如成立公司或者加入公司而成为股东。而有些法律行为之法律关系只能发生在行为人死后，如遗嘱或者遗赠。

第二章 法律行为的成立与生效

第一节 法律行为的成立

一、法律行为成立的概念及含义

学者很少论及什么是法律行为的成立，而是更多地从成立要件的角度阐述之。但我认为，对法律行为成立的研究殊有意义，因为它是法律行为生效的基础，也是意思表示的最初效果。因此，必须给法律行为的成立一个明确的定义，并与生效区别开来。我认为：法律行为的成立是指法律对于一项法律行为之事实存在的确认。正如有的学者所指出的：法律行为成立与否是一个事实判断问题，其着眼点在于：某一法律行为是否已经存在，行为人从事的某一具体行为是否属于其他表示行为。[①] 例如，在合同行为中，法律只是从意思表示是否一致的角度来确认合同是否已经存在，而不是从效力控制的角度进行评价。另外，法律还要确认其成立的是一种什么样的法律行为，例如，当事人虽然签订的合

① 董安生：《民事法律行为》，中国人民大学出版社 1994 年版，第 180 页。

同名为“买卖合同”，但却是无偿的，则可能没有成立买卖合同，而是成立了赠与合同。法律对法律行为的这一评价角度，已经与生效区别开来了。

研究法律行为的成立与生效对于整个法律行为体系的把握颇有助益，二者的区别具体如下。

（一）成立与生效的制度价值不同

成立是一种私人行为，法律仅仅对这种私人行为是否存在进行判断，即使这种私人行为中存在意思瑕疵、违反法律等内容，法律也不会否定其存在。也就是说，法律行为既然是主体欲达到一定法律效果的行为，那么，法律仅仅判断：这种欲发生一定后果的行为是否已经达到最起码的要求与条件。

法律行为是否生效则是国家以一个管理者与统治者的身份、以国家和社会利益为尺度，通过法律对私人已经成立的法律行为进行评价，决定是否允许其产生当事人希望发生的效果。如果作出肯定性评价，则是生效；若作出否定性评价，则是无效。

（二）适用的法律规则不同

法律行为生效与成立的上述价值理念的区别，必然导致适用的规则不同。笼统地说，判断一项法律行为是否成立，适用较为简单的规则，故成立要件要比生效要件简单得多，而且不会以国家或者社会利益为尺度。但生效因涉及私人法律行为之效果放置到社会或者国家中的影响，法律就不得不考虑这种法律行为对于其他主体的利益影响的正当性。因此，法律多是从国家利益、社会利益及第三人利益角度去评价它，而当事人利益之间的平衡不是法律否定性评价的关注点，这种东西要由当事人按照意思自治的原则去决定（是否行使撤销权）。

（三）法律行为的效力依赖于法律行为的成立

从各国民法的规定看，法律行为效力的起始时间原则上不能脱离法律行为的成立时间而独立得到确定，这主要表现在：（1）除附条件与附期限的法律行为外，法律行为的效力开始于法律行为的成立。《民法典》第 136 条第 1 款规定："民事法律行为自成立时生效，但是法律另有规定或者当事人另有约定的除外。"（2）无效与可撤销的法律行为的效果必然与法律行为的成立时间相联系，具体来说，无效与可撤销的法律后果只能溯及法律行为成立之日。（3）法律行为的有些规则直接与法律行为的成立时间相联系，如可撤销的法律行为的除斥期间的起算点就是从法律行为的成立开始的，《民法典》第152条第2款规定："当事人自民事法律行为发生之日起五年内没有行使撤销权的，撤销权消灭。"该五年的起算点就是法律行为成立之日。

二、法律行为成立的条件

法律行为的成立要件实际上就是法律行为应具备的最基本的条件，若缺少之，法律行为就不能存在。想了解法律行为成立的要素，就必须分析法律行为的构成，然后再进行分析。

（一）法律行为的构成

多数学者认为，法律行为由"要素"、"常素"与"偶素"组成[①]，它们各自对法律行为的影响不同。

1. 要素

所谓要素，是指组成法律行为本质的元素。若缺少之，法律行为便不得成立。[②]然关于法律行为的要素为何，学者之间存在不同观点。有的学者认为，法律行为成立所不可缺少的要素为意思表示及目的，而目的即当事人所欲发生私法上效果的事项，质言之，即组成其意思表示的内容。[③]有的学者认为，要素即当事人指定的最低限度的法律效果，此为构成法律行为的根本要素，亦即

---

① 芮沐：《民法法律行为之全部》，中国政法大学出版社2003年版，第76页；［日］富井政章：《民法原论》（第一卷），陈海瀛等译，中国政法大学出版社2003年版，第230页。

② ［日］富井政章：《民法原论》（第一卷），陈海瀛等译，中国政法大学出版社2003年版，第230页。

③ ［日］富井政章：《民法原论》（第一卷），陈海瀛等译，中国政法大学出版社2003年版，第232页。

标明法律行为个性的必然成分。[①]而有的学者则认为，要素是指构成某种法律行为所必须具备的目的意思内容。对此，应从三个方面去理解：（1）要素为特定种类的法律行为典型内容要求与个别内容要求的统一。一方面，民法对于不同种类法律行为设有不同的要素要求，行为人从事该行为时，必须具备该类行为所应有的典型要素类型（故有学者认为，要素仅与有名契约或者典型法律行为相联系[②]）。另一方面，民法又允许行为人根据该要素类型的要求具体明确其要素内容。例如，买卖合同仅抽象地规定以标的、数量等为要素，行为人的意思表示应符合必要条款的要求，又赋予其具体的内容。（2）要素是必须由行为人以意思表示确定的意思内容，而不是由法律直接规定的内容。（3）要素完整明确是具体法律行为成立的基本条件，要素不完整、不明确会导致法律行为不能成立。由此可见，民法中有关意思表示要素的理论实质上是法律行为之必要条款制度具体条款据以建立的基础。[③]

我认为，法律行为的要素即是意思表示，该意思表示在单方法律行为即表现为意思，而在双方法律行为，则表现为"合意"。该意思表示当然应含有效果意思。至于有人认为，当事人、标的、数量等是法律行为的要素，实际上是将法律行为的要素同这种要素的具体体现混淆在一起。因此，董安生先生所说的"民法中有关意思表示要素的理论实质上是法律行为之必要条款制度具体条款据以建立的基础"是正确的。此次《民法典》的一个巨大进步，就是强调了法律行为的"要素"——意思表示。

2. 常素

常素是指法律行为的效力（法律行为中常设的内容和条款），这种效力当事人虽然可以以意思自治的方式约定、改变或者排除法律规定，但即使当事人不约定，此种元素尚在，故称为常素。[④]如合同法中的违约责任、生效条件等，法律有明确规定，但当事人可以在法律规定之外约定不同于该法律规定的违约

---

① 芮沐：《民法法律行为之全部》，中国政法大学出版社 2003 年版，第 77 页。

② 史尚宽：《债法总论》，荣泰印书馆 1978 年版，第 14 页。

③ 董安生：《民事法律行为》，中国人民大学出版社 1994 年版，第 228—229 页。

④［日］富井政章：《民法原论》（第一卷），陈海瀛等译，中国政法大学出版社 2003 年版，第 230 页；芮沐：《民法法律行为之全部》，中国政法大学出版社 2003 年版，第 76 页。

责任或瑕疵担保责任，也可以排除其适用。但是，如果当事人在合同中不约定，法律的相关规定会自动补充。

3. 偶素

偶素是指当事人特加于法律行为的条款[①]。与常素不同，如果当事人不增加，则无法律规定自动补充之。例如，法律行为的附条件与附期限，如果当事人不约定附条件与附期限，法律行为则按照正常规则发生效力。

偶素在法律行为制度中的表现最常见者有三：（1）因偶素的规定，而使整个法律行为暂不发生效力者，如附期限与附条件的法律行为；（2）因偶素的约定与法律规定不合，使得偶素本身无效者，如利息的约定超过法律允许的限度（超过部分无效）、法律行为所附的条件违反法律规定等；（3）因偶素的约定不合法律对该类法律行为的特征要求，而转变为其他法律行为，例如，当事人双方签订“质押合同”，却有附加质押标的物不转移占有，就使得质押的法律效果难以发生，而发生抵押的法律效力。

对以上三种要素的理解，之于理解法律行为的成立要件甚为重要。其对法律行为构成要件的影响，容后述之。

（二）一般法律行为的成立要件

1. 学者关于一般成立要件的论述

（1）王泽鉴先生认为：法律行为的成立要件，可以分为一般成立要件与特别成立要件。前者是一切法律行为所共通的要件，即当事人、标的、意思表示；后者是个别法律行为特有的要件，如要式、要物等。[②]

（2）邱聪智先生认为：法律行为的成立要件是，当事人的存在、标的的存在、意思表示的生效。[③]

（3）日本学者山本敬三认为：法律行为的一般成立要件是意思表示的存在，

---

① ［日］富井政章：《民法原论》（第一卷），陈海瀛等译，中国政法大学出版社2003年版，第230页。

② 王泽鉴：《民法概要》，中国政法大学出版社2003年版，第82页。

③ 邱聪智：《民法总则》（上），三民书局2005年版，第527页。

特殊要件是特殊形式的完成、物的交付。[①]

（4）董安生先生认为：所谓法律行为的一般成立要件，是指一切法律行为依法成立所必不可少的共同条件。这一共同条件就是意思表示。[②]

2. 本书的观点及说明

我认为，法律行为的成立要件即意思表示生效或者合意达成，理由是：（1）从法律行为的内部构造看，缺少常素自有法律规定补充之，另外，常素也无须当事人一定改变之，故不应是法律行为的成立要件；偶素并非法律行为的必备要素，法律不要求当事人一定约定偶素，偶素仅仅是法律对意思自治的最大限度的承认。因此，缺少偶素当然也不影响法律行为的成立。所以，只有缺少法律行为的要素——意思表示，法律行为才不能成立，才能从根本上否定一项法律行为的存在。因此，意思表示是法律行为成立的唯一要素。当然，这种意思表示在单方行为中就直接体现为意思表示生效，而在双方或者多方法律行为中，体现为合意的形成。（2）将行为人纳入法律行为的成立要件并无实际意义，因为，只要明确了意思表示要素，就意味着行为人已经确定。就如日本学者所言，将当事人列为法律行为之要素则不可，由主观之方观察之，当定意思表示之效力，不必问当事人为何人。[③]（3）至于法律行为的标的，已经包含在意思表示之中了，它是意思表示之内容的不可分割的部分。但是，标的的不存在，仅仅是法律行为不能履行的问题，并不影响法律行为的成立。修改后的《德国民法典》已经不将标的的存在作为成立或者生效要件了（第 311A 条）。（4）至于有人将一定的形式也认为是法律行为的成立要件，是混淆了法律行为的成立与生效的界限。因为法定形式或者约定形式的要素是法律或者当事人为了交易安全特加于行为的东西，是控制法律行为的生效要件，即对一项法律行为效力的评价要件，而非成立要件。另外，一般来说，法律行为成立要件的欠缺具有不可补救性，而生效要件的欠缺则是可以补救的。许多国家的民法都规定，形式要件的欠缺可因履行而补

① ［日］山本敬三：《民法讲义 Ⅰ》，解亘译，北京大学出版社 2004 年版，第 83—84 页。

② 董安生：《民事法律行为》，中国人民大学出版社 1994 年版，第 189 页。

③ ［日］富井政章：《民法原论》（第一卷），陈海瀛等译，中国政法大学出版社 2003 年版，第 231 页。

正，这里显然是指生效要件而非成立要件。[①] 正是由于这种原因，《民法典》第 134 条第 1 款规定："民事法律行为可以基于双方或者多方的意思表示一致成立，也可以基于单方的意思表示成立。"也即合意的达成或者单方意思生效足以成立法律行为。

一般法律行为的成立之要件为意思表示生效或者合意达成，但该意思表示应含有以下含义：（1）行为人的意思表示中必须含有设立、变更或者消灭民事法律关系的意图，即必须有效果意思；（2）行为人的意思表示中必须含有明确的权利义务，即内容；（3）行为人的内在意思必须通过一定的方式表达出来，并足以为外界所识别。[②]

三、对要物法律行为的特别说明

学者一般都认为，在要物法律行为，其成立除意思表示外，尚需要有物的交付。[③] 但要物法律行为出现的原因是什么？为什么法律行为的成立要求在意思表示之外尚需交付标的物？对此，国内学者研究较少。

（一）要物法律行为的种类

要物契约源自罗马法，按照英国著名法学家梅因的观点，它是以历史发展顺序而排成的四类契约（口头契约、文书契约、要物契约、诺成契约）中的第

---

① 《民法典》之前，我国《合同法》在这一方面显然存在含混之处。例如，该法第 36 条规定："法律、行政法规规定或者当事人约定采用书面形式订立合同，当事人未采用书面形式但一方已经履行主要义务，对方接受的，该合同成立。"第 37 条规定："采用合同书形式订立合同，在签字或者盖章之前，当事人一方已经履行主要义务，对方接受的，该合同成立。"显然，第 36 条应用"生效"。《德国民法典》第 125 条规定："不规定法律规定的形式的法律行为，无效。"这显然说明，形式是法律行为无效的控制条件而不是成立的要件。德国学者拉伦茨指出：如果说，在以前人们必须严格遵守形式，是因为人们认为形式是形成法律约束力的真正原因，那么，现在人们则认为，产生法律约束力的原因在于行为人表达出来的意思本身。因此，形式仅仅是法律行为发生效力的一个附加要求。参见［德］卡尔·拉伦茨：《德国民法通论》，王晓晔等译，法律出版社 2003 年版，第 555 页。

② 董安生：《民事法律行为》，中国人民大学出版社 1994 年版，第 190—191 页。

③ 张俊浩主编：《民法学原理》，中国政法大学出版社 2000 年版，第 255 页；邱聪智：《民法总则》（上），三民书局 2005 年版，第 496 页；董安生：《民事法律行为》，中国人民大学出版社 1994 年版，第 194 页。

三阶段。[①] 罗马法中，要物法律行为主要有五种，即信托、消费借贷、使用借贷、寄托、质押。[②] 在我国法上，除上述种类外，定金合同、保管合同也属此类。

（二）要物法律行为的说明理论

梅因在论述罗马法的要物契约时认为，这是伦理道德因素被纳入契约法的产物。因为，在要物契约产生前，即使借贷双方当事人有了合意，而且交付了金钱，但如果缔约方之一由于疏忽而忽视了法定手续，将不被法律所承认，即借钱的人是不能诉请返还的。但在要物契约发明后，仅仅一方实际交付金钱的履行，就能使他方负担债务。这是基于伦理的根据，第一次把道德上的考虑认为是契约中的一个要素[③]。在今天，要物法律行为的数量比罗马法时代有所减少，其原因何在呢？因为，按照梅因的说法，它仅仅是诺成契约发明前的产物，但在诺成契约产生后，它为什么没有消失呢？学者对这一问题几乎没有研究，也几乎找不到现成的答案。我个人认为，要物法律行为之所以被保留下来，主要是基于以下两个原因：

（1）基于道德的因素

在现有的要物法律行为中，有些法律行为，人们之所以以交付标的物为成立要件，是基于道德上的考虑，如民间借贷、借用等，这些法律行为都是无偿的（例外的情况下借贷可以是附加利息的），而且是多基于互助而为之。而对方没有对应的义务，故若达成协议就给借用人以法律诉求力，便与这些行为的基础不符。因此，将之定为要物法律行为，即只有交付才成立，不交付标的物不成立法律行为，从而免除了出借人的仅仅因许诺而产生的义务，符合无偿且互助的道德基础。

（2）基于这些特殊法律行为本身的性质所决定

有些要物法律行为，对方承担法律义务的根据就是交付标的物，因而，"合意＋标的物交付"更明确了义务人的义务，如借用合同与保管合同，借

---

① ［英］梅因：《古代法》，沈景一译，商务印书馆 1995 年版，第 183 页。

② ［意］彼德罗 · 彭梵得：《罗马法教科书》，黄风译，中国政法大学出版社 1992 年版，第 361—369 页。

③ ［英］梅因：《古代法》，沈景一译，商务印书馆 1995 年版，第 187 页。

用人与保管人的主要义务就是对标的物的到期返还，因此，这种返还的义务是以标的物的交付为根据和前提的。对此，意大利学者在谈到消费借贷时指出：物的交付，即对物之所有权的转移，债务人承担义务的根据，恰恰是按照所接受的数量承担义务。如果未发生所有权的转移，则不产生消费借贷。①

这些要物法律行为都有一个共同的特征，即针对对方的交付承担义务，如借贷合同的借款人的义务是到期返还借款；保管合同的保管人的义务是到期返还保管物；借用合同的借用人的义务是到期返还借用物；定金合同的接受人之义务是返还定金（合同履行后）或者返还双倍定金（合同不履行）。若对方不实际移交这些标的物，对方则无法返还。因此，对方的义务或者权利直接以标的物的交付为条件或者基础。这与买卖合同显然不同，出卖人与买受人形成对价关系，即使出卖人不交付标的物，买受人仍然可以履行自己的义务，而请求对方履行对待给付。但在要物法律行为中，如果对方不交付，自己将无法履行自己的义务。因此，这些法律行为本身的属性就决定了其必然是要物性的，即以标的物的实际交付为成立要件。所以，这些法律行为属于特殊法律行为，而不是如有的学者所说的“法律行为成立的特殊要件”。

（三）我国现行立法对于要物法律行为的实证规定与分析

要物法律行为究竟是以物的交付为生效要件还是成立要件，在我国现行立法的规定上并不一致，有混乱之处，需要分析说明。

1. 实证规定

（1）《民法典》第 679 条规定：“自然人之间的借款合同，自贷款人提供借款时成立。”

（2）《民法典》第 890 条规定：“保管合同自保管物交付时成立，但是当事人另有约定的除外。”

（3）《民法典》第 586 条第 1 款规定：“当事人可以约定一方向对方给付定金作为债权的担保。定金合同自实际交付定金时成立。”

---

① ［意］彼德罗·彭梵得：《罗马法教科书》，黄风译，中国政法大学出版社 1992 年版，第 363 页。

2. 分析说明

我国《民法典》将所有要物行为都规定为“交付标的物合同生效”，我认为这种做法值得商榷。因为：

（1）从要物法律行为的概念看，物的交付应为成立要件，而这一概念在现代学理上仍然没有打破。我国许多学者都将要物法律行为定义为：以物的交付为成立要件的法律行为。[①] 因此，立法将物的交付定为生效要件，与我国主流观点不合。

（2）以物的交付作为法律行为的生效要件，实际上已经等同于附条件的法律行为。一则这种附条件的法律行为是当事人意思自治的表现，即将合同的生效与否系于某种条件的成就或者不成就，法律替当事人规定是对自治的侵犯；二则既然民法规范中已经具有附条件法律行为，法律自然也就没有必要再通过这种方式重复。

四、法律行为成立的法律效力

一般来说，法律行为自成立之日起即对行为人具有约束力，待法律行为经法律评价后生效，生效之效力自成立时计算。但这并不是说，法律行为成立就发生行为人欲想的结果，而是于生效后溯及成立之时（附条件的法律行为除外）。

而且必须说明的是：绝大多数法律行为的成立与生效之间并无真正的时间上的间隔，一成立即生效，《民法典》第 136 条规定的正是这个意思。我们研究成立与生效，是用解剖的方式分析之。

当然，法律行为成立的目的在于生效，如果一项成立的法律行为生效，则产生当事人欲想的法律后果。法律行为成立的具体效力仅仅是当事人不能撤回或者撤销其意思表示。但如果仅仅是成立而不生效，将不产生行为人欲想的法律后果，而是产生法律规定的后果——缔约过失责任。

---

① 参见王利明、崔建远：《合同法新论》，中国政法大学出版社 1996 年版，第 45 页；崔建远主编：《合同法》，法律出版社 2003 年版，第 27 页；梁慧星：《民法总论》，法律出版社 1996 年版，第 159 页。

第二节 法律行为的要素——意思表示

一、意思表示的概念及构成

（一）意思表示的概念

意思表示是指表意人向他人发出的表示，据此向他人表明，根据其意思某项特定的法律后果应该发生效力[①]。有学者更直接地将意思表示定义为：意思表示是表示令一定的私法上的法律效果发生的意思的行为[②]。我国学者一般表述为：意思表示是行为人把进行某一民事法律行为的内心意愿，以一定的方式表达于外部的行为[③]。

虽然学者用不同的语言表达，但基本内容是一致的，即表意人将自己内心形成的意在设定、变更或者消灭私法权利义务的意志通过可被认知的方式表达于外，以使其内心的意愿变为现实。

根据学者的考察，“意思表示”这一概念是与“法律行为”同时出现的，也是德国民法的基本概念。18 世纪，德国学者沃尔夫首次在其《自然法论》中提出并阐明了意思表示这一概念，在随后的 19 世纪，意思表示成为历史法学派与注释法学派的基本概念[④]。后来这一概念为《德国民法典》及其继受者所普遍接受。

（二）意思表示的构成

从意思的形成原因入手来分析意思表示的全过程，是一个非常复杂的问题，哪些是法律关注的问题，往往引起学者的争议。而学者在分析意思表示的构成时，其实就是从过程开始的。

日本学者指出：关于意思表示，传统上从表意人心理过程的角度进行意思

---

① ［德］卡尔·拉伦茨：《德国民法通论》，王晓晔等译，法律出版社 2003 年版，第 451 页。

② ［日］山本敬三：《民法讲义Ⅰ》，解亘译，北京大学出版社 2004 年版，第 84 页。

③ 佟柔主编：《民法总则》，中国人民公安大学出版社 1990 年版，第 218 页。

④ 沈达明等编著：《德意志法上的法律行为》，对外贸易教育出版社 1992 年版，第 49 页。

表示的构造分析。按照这种分析，意思表示具有这样的构造：由“动机”引发而形成一定的“效果意思”，以想把这种效果意思表示出来的“表示行为”为媒介，实施“表示行为”。①

动机是指形成效果意思的原因，如行为的效果意思是买房，而买房是因为行为人想自己居住，居住便是动机。由于动机本身千差万别（如同是买房，但动机不同），学者一般都主张将其排除在法律关注的视角之外。关于意思表示构造的理论各异，下面择其要者进行观察分析。

1. 关于意思表示之构造的理论观点

（1）日本学者山本敬三认为，意思表示由三部分构成，即效果意思 + 表示意识（表示意思）+ 表示行为。所谓效果意思，是指与因该意思表示而最终获得认可的法律效果相对应的意思。所谓表示意思，是指想把效果意思对外部表示出来的意思。在意识到想要作意思表示这个意义上，称为表示意识才正确。所谓表示行为，是指将内心的效果意思表示于外的客观行为。②

（2）日本学者富井政章认为，意思表示，即表彰其意思于外形也。意思发表于外，始成为行为，故意思表示必具意思与表示二元素。无意思，故无从表示；虽有意思，而未表示于外部，则不过人心内部之作用，与法律行为无涉。民法既曰意思表示，则必两者兼备可知，此通例也。意思主义，亦非谓可全不表示者，所与表示主义异者，是当意思与表示不一致时，将置重何地，以定意思表示的效力而已。③

（3）王泽鉴先生认为，意思表示是指将企图发生一定私法上效果的意思，表示于外部的行为。其构成要件是：主观要件（行为意思 + 表示意识 + 效果意思）+ 客观要件。其中，行为意思是指表意人自觉地从事某项行为，如签名于慈善乐捐簿。客观要件是指在客观上可以认为其在表示某种效果意思的外部行为。④

---

① [日] 山本敬三：《民法讲义 I》，解亘译，北京大学出版社 2004 年版，第 84 页。

② [日] 山本敬三：《民法讲义 I》，解亘译，北京大学出版社 2004 年版，第 85 页。

③ [日] 富井政章：《民法原论》（第一卷），陈海瀛等译，中国政法大学出版社 2003 年版，第 240 页。

④ 王泽鉴：《民法概要》，中国政法大学出版社 2003 年版，第 104 页。

（4）德国传统民法认为，意思表示的构成要素有以下几项：目的意思＋效果意思＋表示意识＋行为意思＋表示行为。其中，前四项为内在的意思要素，最后一项则为外在的表示要素。[①]

（5）德国学者弗卢梅教授认为，意思表示是：效果意思＋表示意思或者表示意识＋行为意思。其中，表示意思或者表示意识是指表意人有意识地作出具有法律上相关性的表示。在德国特里尔葡萄酒拍卖会上，某甲举起手来招呼他的一个朋友，以示问候。但他并不知道，按照特里尔葡萄酒拍卖活动的惯例，举手意味着拍卖活动中的出价。人们可以认为，尽管某甲具有行为意思，但他却不具有表示意思或者表示意识。“行为意思”是指表意人有意作出表示的意思要素，例如，在没有知觉的状态下或者催眠状态下作出的表示行为或者在身体受到强制而不能自主的情况下被迫签署合同的行为不具有实施行为的意思，被强制人因欠缺行为意思而未实施任何行为。[②]

（6）史尚宽先生认为，意思表示的成立，须有外部的表示行为及内部行为意思、表示意识。所谓行为意思，是指欲为可使认识为表达效力意思的外部动作的意思（如在强制的情况下点头，不能说是有同意的行为意思）；表示意识是指就外部的举止有无效力意思的表示力的认识。表示意识以知其表示行为具有某种效力意思的表示力为已足。表示意识与行为意思合称为表示意思。所谓表示行为，是指将效力意思使外部认识的行为。[③]

（7）曾荣振先生认为，意思表示的基本构成要件包括目的意思、效果意思及表示行为三项。目的意思是指达到经济上一定效果的欲望，它实际上表现着法律行为的内容；效果意思是指将目的意思附以法律上效果的意思；表示行为是指将目的意思与效果意思置于他人可以认识的状态的行为。[④]

（8）陈聪富先生认为，意思表示的过程为：第一，当事人有期望其发生某种法律效果的意思，称为效果意思；第二，当事人有将此效果意思表达于外部

---

① ［德］科勒：《德国民法典·总则》，第125—126页，转引自董安生：《民事法律行为》，中国人民大学出版社1994年版，第224页。

② ［德］维尔纳·弗卢梅：《法律行为论》，迟颖译，法律出版社2013年版，第53—54页。

③ 史尚宽：《民法总论》，正大印书馆1970年版，第312—314页。

④ 曾荣振：《民法总整理》，三民书局1981年版，第73—74页。

的意思，称为表示意思；第三，当事人进而将此表示意思表达于外部的行为，称为表示行为。意思表示是由效果意思、表示意思及表示行为所构成，但其如何影响意思表示的效力，学说不一。[①]

2. 个人的观点

我认为，由于意思表示是法律行为的核心要素，甚至有时候意思表示就等同于法律行为，因此，意思表示的构成分析有助于对意思表示完整性的理解。从制度规范角度说，有助于对意思扭曲进行法律救济。但由于意思表示过程的复杂化，应尽量减少法律关注的环节，以便于司法救济，不能将司法救济当作心理医生来对待。

实际上，如果从法律行为的全过程来理解意思表示的过程，应当是：（1）产生动机，即产生效果意思的理由，如买房是因为自己需要居住还是投资，还是其他目的；（2）基于动机产生效果意思；（3）产生将内心形成的效果意思表达于外的意思，即有意识地将内心意思表达于外，学者一般将之称为“表示意识”；（4）通过能够被外部所认识的方式将效果意思表示于外。其中，由于动机千差万别难以规范，意思表示的构造不应包括动机，因此，意思表示的构造为：效果意思 + 表示意识 + 表示行为。

人们之所以将意思分解为上述要素，是为了确定哪一意思要素构成意思表示的“本质”，即在个案中确定哪一意思要素实际上属于“意思表示必备要素”[②]。实质上，就是在解释意思表示时，哪个阶段是决定性要素。

在学理上最有争议的是表示意识和表示行为在意思表示构成中，哪个是决定性因素。所谓表示意识，文献上或称表示意思，意指表意人将其效果意思表达于外部的意思。由于意思表示的目的在于发生一定的法律上的效果，故学理上也将表示意识诠释为：表意人认识其将进行之表示具有某一特定的法律上之意义的心理状态。[③]关于表示意识在意思表示构成中的角色，学者之间颇有争议，主要有消极论与积极论两种观点。消极论者认为：如果表意人具有效果意思，通

① 陈聪富：《民法总则》，元照出版社 2014 年版，第 176 页。

② ［德］维尔纳·弗卢梅：《法律行为论》，迟颖译，法律出版社 2013 年版，第 55 页。

③ 邱聪智：《民法总则》（上），三民书局 2005 年版，第 533 页。

常即依效果意思产生表示行为。反之，表意人如无效果意思，其表示行为本来就没有意思表示的意义。因而，在意思表示的构成上，殊无另将表示意识作为独立要件的必要。而积极论者认为：表示意识为接续效果意思而产生的另一概念，在意思表示的构成上，它不仅需要与效果意思严格区别，而且是意思表示的成立不可或缺的因素，其地位或在效果意思之上。[①] 而且，积极论者常常列举在拍卖场所招呼友人的例子作为理论论据，认为：在拍卖场所招呼友人虽然具有买受的外观，但因缺乏表示购买的意识，故不成立意思表示。[②] 对于这种论据有的学者颇有微词：在此情形，表意人根本就没有效果意思，其表示行为也无表示意识可以作为依据，不言自明，我们是否需要因此开启表意人无效果意思或者效果意思并不必要但需要表示意识的理论？我们之所以将表示意识作为意思表示构成的要件，是因为表示意识具有作为效果意思与表示行为桥梁的角色。但过度强调，将其凌驾于效果意思之上，是否必要，颇感疑惑。[③] 在德国对此长期存在争议：有些学者认为，不具备表示意思或者表示意识的表示，不构成意思表示；而另外一些学者则认为，只要某一表示具有行为意思（表示行为），就构成意思表示，而不问行为人是否具有表示意识或者表示意思。按照第二种观点，前面提到的“特里尔葡萄酒拍卖案”中的打招呼行为也可以认为是意思表示。[④]

我认为，表示意识与表示行为都是意思表示不可或缺的构成要素，表示意识之所以重要，是因为表示意识具有作为效果意思与表示行为桥梁的角色，并且在实证法上具有重要意义。如果某人虽然在内心形成了效果意思，但尚没有表示于外的意识（或称意思），此时一种偶然的无意识的行为被他人误认为是表示行为或者被他人施加暴力表达于外（如强制捺手印），法律就有救济的必要，也就是说，其表示行为必须是在其意志的控制之下，将内心的效果意思自觉自愿地表示于外。诚如拉伦茨所言：意思表示首先是以一种可受意志控制的作为或者不作为为前提的。因此，某人在睡眠状态下、麻醉状态下或者在类似

① 邱聪智：《民法总则》（上），三民书局 2005 年版，第 534 页。

② 史尚宽：《民法总论》，正大印书馆 1970 年版，第 313 页；王泽鉴：《民法概要》，中国政法大学出版社 2003 年版，第 107 页。

③ 邱聪智：《民法总则》（上），三民书局 2005 年版，第 534 页。

④ ［德］维尔纳·弗卢梅：《法律行为论》，迟颖译，法律出版社 2013 年版，第 55 页。

的无法对其行为进行有意识控制的状态下作出的表示，就不属于“行为”的范畴，因此，也就不是意思表示。举手（如在表决时）和某种头部动作都可以具有意思表示的意义，但这种动作必须是一种受意志控制的作为，如果是一种纯粹机械的反应则不可能具有意思表示的意义。此外，如果某种身体上的动作不是根据行为人自己的意志决定的，而是在他人对行为人身体施加直接的强制力的情况下做出的，那么这种动作也不是行为，因此也不是意思表示。[①] 但必须注意的是，如果某人在无表示意识的情况下受到胁迫而为的表示，不能认为不是意思表示。因为，虽然行为人心理上受到压力而产生恐惧，其意志决定受到侵犯，但其行为本身仍然是一种有意识的行为，然而，他可以请求法院撤销之。《德国民法典》在此问题上，经过长期激烈的争论，最终确定受胁迫和欺诈的法律行为是可撤销的，而不是无效的。

二、意思与表示的关系

如果行为人在内心形成了效果意思，并意欲表达出来，而且作了不折不扣的表达，相对人也作了如同表意人欲表达的意思一样的理解，那么意思与表示就是一致的，这个过程就是理论所设计的理想的完美的过程。但是，如果表意人在表达过程中使用的表达方式不能表达或者不能恰当地表达表意人意欲表达的效果意思，或者相对人作了不同于表意人欲表达的意思的理解，那么最终的法律行为效果就与行为人在效果意思中预设的效果不符，在这里，法律将如何解决这种矛盾？这就是所谓的主观主义与客观主义、意思主义与表示主义的矛盾问题，是法律行为解释中不可回避的问题，是法律行为理论中非常重要且实践中需要解决的问题。

意思主义与表示主义各有其合理的理论基础。意思主义背后的理论基础是私法自治的原则，即一个人是否进行意思表示、作什么样的意思表示应完全由自己决定。因此，当意思与表示不一致时，应当根据行为人的内心意思来确定法律行为的内容。而表示主义的理论基础则是信赖原理与交易安全，即一个人

① ［德］卡尔·拉伦茨：《德国民法通论》，王晓晔等译，法律出版社 2003 年版，第 451 页。

的合理信赖应受到应有的保护，以维护交易安全。[①]

“意思主义”理论产生于18世纪的理性主义时代并滥觞于18、19世纪。根据这一理论，法律行为的实质在于行为人的内心意思，法律行为本身不过是实现行为人意思自治的手段。在法律行为的构成要素上，行为人的意思被视为权利发生、变更和消灭的实质性要素。与此相反，表示行为只起着一种从属性的作用，仅仅是使行为人内心的意思让第三人知道。因此，当内心意思与表示不一致时，应以内心意思而非表示于外的行为确定意思表示的内容，法律行为解释的目的就在于探求或者发现行为人的真实意思。对此，拉伦茨指出：长期以来，学者们认为，意思是独立于表示的一种内心事实，意思表示的陈述价值就在于它表达了表意人旨在使法律后果产生的意志，意思表示就是对这个意思的告示。如果这样来观察意思表示，那么表示就只具有某种证据的意义。在19世纪占主导地位的“意志说”认为，即使这一证据有错，即使能够证明表意人不具有这样一种法律行为意志，意志在私法自治制度的适用范围内，仍然是与表示无关的、产生法律后果的唯一原因。[②]《法国民法典》显然是这一思想的典型代表，其在第1156条规定：“解释契约时，应探究当事人的意思，而不拘于文字的字面意思。”

“表示主义”是19世纪末德国民法学说争论的产物，也是对理性主义泛滥进行纠正的结果。按照这一理论，法律行为的本质不是行为人的内在意思，而是行为人表示出来的意思。法律行为是由一种表示的意志，而不是一种内部保留的意志所形成的。法律行为成立的全部问题仅仅在于意志是如何表示的或者意志怎样被理解。[③]

英美法系国家多采取表示主义，而大陆法系的国家中，受《法国民法典》影响的国家采取意思主义。在德国，尽管学理有主张意思主义的，但《德国民法典》却没有采取意思主义，而是侧重于表示主义。拉伦茨指出：同“意志说”相比，《德国民法典》在更大程度上重视表示的意义，表示的受领人通常可以

---

① ［日］山本敬三：《民法讲义Ⅰ》，解亘译，北京大学出版社2004年版，第86页。

② ［德］卡尔·拉伦茨：《德国民法通论》，王晓晔等译，法律出版社2003年版，第452页。

③ 董安生：《民事法律行为》，中国人民大学出版社1994年版，第238页。

信赖表示的可资识别的内容。因为，事实上法律行为中的意思表示并不是一种告识，根据意思表示的意义，它是一种有效表示。在通常情况下，意思表示作为有效表示，同时也是表意人法律行为意思的实现过程。这一法律行为意思就是通过意思表示发生效力的，仅仅停留在内心的意思，不能产生任何效果。如果认为意思表示是直接引起法律后果产生的行为，那么表示就不是证明相应的法律行为意志存在的证据了，而是直接引起法律后果产生的基础。意思表示具有双重功能，首先，意思表示是一种决定性的行为，它是表意人实现其法律行为意思的一种手段。从这一角度看，通常处于意思表示背后的表意人的意思，似乎就对法律后果具有关键意义。我们可以这样说：意思表示之所以生效，是因为表意人想使这一意思表示发生效力。其次，意思表示同时也是一种表达出来的东西，它的性质决定了它应为他人所知道。因此，意思表示是一种人际交往的行为，一种社会交际的行为。作为这样一种行为，意思表示与它所涉及的地方也有着某种联系。这个人对意思表示有自己的理解，或者他应该对意思表示有某种理解。对于他所理解的内容，他通常是可以信赖的。因此，意思表示的表述内容就获得了独立的意义。这里，表示的受领人信赖了他对意思表示所理解或者他应该理解的内容，而表意人则认为他的表示具有其他意义，那么，出于什么理由应保护受领人的信赖，而由表意人来承担不利的后果呢？这个问题的答案是：意思表示的意义是可归责于表意人的，因此表意人必须对表示的意义承担责任。如果表意人的表示有误，使相对人对意思表示作出了不同于表意人所想表达的理解，那么，表意人必须承认相对人实际所理解的意义是有效的。[①]

但是，从意思自治的完整性来说，意思与表示的不一致，是意思表示的例外，就如萨维尼所言，意思与表示的一致是必然的而非偶然的，人们不能将其理解为在本质上是相互独立的，人们应该将其理解为在本质上是两个相互关联的因素。[②] 意思主义与表示主义在实证法上的重要意义在于：在解释法律行为（意思表示）的内容时，特别是意思与表示不一致时，应以内心意思为准，还

① ［德］卡尔·拉伦茨：《德国民法通论》，王晓晔等译，法律出版社 2003 年版，第 452 页。

② 转引自［德］维尔纳·弗卢梅：《法律行为论》，迟颖译，法律出版社 2013 年版，第 57 页。

是以表示于外的可识别的意思为准？法律在处理意思与表示的不一致时，实际上是在进行法益的权衡：一方面来保护善意相对人的信赖利益以保护交易安全，故应侧重表示；但另一方面，法律也不能不顾意思自治的完整性，同时，法律也赋予表意人以撤销权。另外，在解释法律行为的内容时，也不能仅仅看表示于外的表示，也应兼顾主观意思。《德国民法典》正是这种“利益衡量”的结果——第一草案采取了当时的主流学说“意思说”，于第98条规定：“如果因错误而导致真正的意思与表示的意思不一致，则意思表示无效。”然而，第二草案对第一草案做了修订：错误的意思表示不导致法律行为无效，而只能导致意思表示的可撤销。德国学者认为，这是在意思说与表示说之间所进行的一种妥协。①

在我国《民法典》中也是如此，因重大误解、欺诈或者胁迫的情况下所为的法律行为，不是当然无效，而是可撤销（第147条至第155条），可以认为是采取了“表示主义为主，意思主义为辅（对意思瑕疵进行救济）”的原则。

三、意思表示的方法

意思表示虽然由效果意思、表示意识与表示行为三个要素构成，但在具体交易中，仅仅表示行为才具有为相对人所认识的客观形式。因此，此处所谓的意思表示的方法，当然是指表示行为的方法。我国《民法典》第140条第1款规定：“行为人可以明示或者默示作出意思表示。”第2款规定：“沉默只有在有法律规定、当事人约定或者符合当事人之间的交易习惯时，才可以视为意思表示。”第1款可以称为一般表示方法，第2款可以称为特别表示方法。

（一）意思表示的一般方法

在传统民法上，意思表示的方法主要有明示与默示两种。明示的意思表示是指表意人以语言、文字、符号、手势或者其他方式，将其效果意思直接表示于外部的行为，又称为直接的意思表示。②所谓默示的意思表示，是指表意人

---

① ［德］维尔纳·弗卢梅：《法律行为论》，迟颖译，法律出版社2013年版，第64—65页。

② 邱聪智：《民法总则》（上），三民书局2005年版，第537页。

以某种行动或者态度所显示的意思，学理上称之为意思证实。[①]也就是说，默示是表意人以举动或者其他可以推知其效果意思的方法间接表示其意思于外部的方法，又称为间接的意思表示。[②]如在租赁合同期满后，出租人继续接受承租人交付的租金，则视为同意延期的意思表示。

明示的意思表示在实践中为常见者，法律有时甚至明确规定有些意思表示必须采取明示的方式。我国《民法典》第484条规定："以通知方式作出的承诺，生效的时间适用本法第一百三十七条的规定。承诺不需要通知的，根据交易习惯或者要约的要求作出承诺的行为时生效。"但是，明示的表示方法与默示的表示方法在制度价值上并无不同。我国台湾地区规定：数人负同一债务，明示对于债权人各负全部给付之责任者，为连带债务。无前项之明示时，连带债务之成立，以法律有规定者为限。

（二）特别表示方法

1. 沉默

在民法上，沉默与默示不同，默示是一种表达意思的方式，而沉默根本就不构成表示，它既不构成同意，也不构成拒绝。[③]因此，沉默不构成意思表示的方法为一般原则，但在下列情况下，沉默也例外地构成意思表示的方法。

（1）当事人有特别约定时

如果当事人特别约定，沉默表示其同意或者不同意的意思时，可以作为意思表示的方法。这实际上已经等同于明示而非沉默了。

（2）符合交易习惯

如果按照交易习惯，沉默可以作为意思表示的方法，也应认可。这种习惯，既包括行业习惯，也包括当事人之间的长期交易习惯。

我国《民法典》第140条规定："行为人可以明示或者默示作出意思表示。沉默只有在有法律规定、当事人约定或者符合当事人之间的交易习惯时，才可

---

① 沈达明等编著：《德意志法上的法律行为》，对外贸易教育出版社1992年版，第49页。
② 邱聪智：《民法总则》（上），三民书局2005年版，第537页。
③ ［德］维尔纳·弗卢梅：《法律行为论》，迟颖译，法律出版社2013年版，第75页。

以视为意思表示。”

（3）规范性拟制

有时，法律规定在特别情况下，沉默可以构成意思表示，如我国《民法典》第 638 条第 1 款规定：“试用买卖的买受人在试用期内可以购买标的物，也可以拒绝购买。试用期间届满，买受人对是否购买标的物未作表示的，视为购买。”

2. 事实合同关系

（1）概念

事实合同关系，又称为社会典型行为，是指无须当事人意思表示的自身具有确定含义的行为，如乘坐公共汽车、拨打自动投币电话等。这里虽然没有任何意思表示或者法律行为的形式，但最终所形成的结果与法律行为是一致的。如前文提及的，德国学者罗伯特·霍恩等指出，推定契约条款是当事人之间自由协商的结果，这是《德国民法典》崇尚个人主义的突出表现，但是它远远落后于现代商业的实际情况。当人们乘坐地铁或公共汽车、使用电力或煤气时，根本就不存在什么个人之间的特定交易，因为有关的费用是事先规定好的，而且消费者的行为表明了其对这些服务项目的迫切需要，他们一般会接受这些条件……契约成立中的自愿要素，常常可以被实际行为所完全取代，由此产生的结果是人们可以不必进行意思表示。[①] 这就是豪普特提出的“事实上的契约关系”的理论。他对事实契约关系的经典定义是：事实合同关系是指不是由合同的缔结而形成而是由事实上的过程发生所形成的法律关系。它与民法典上所规定的合同的区别，只是它的成立过程的差异，当一种事实成就的时候，这种合同关系也就产生了。[②] 豪普特教授认为，传统的契约理论拘泥于“意思合意”的套路之中，将事实上产生类似契约权利义务的关系但却根本不存在合意的情形，用纯粹人为的拟制或借助于默示的方式强行将其归于“权利义务产生于合意”的思维模式中去。他指出：在当代人类共同生活的组织结构中，个人越来

① ［德］罗伯特·霍恩等：《德国民商法导论》，楚建译，中国大百科全书出版社 1996 年版，第 85 页。

② ［德·］君特·豪普特：《论事实合同关系》，转引自［德］汉斯·哈腾保尔：《法律行为的概念——产生以及发展》，孙宪忠译，载《民商法前沿》2002 年第 1·2 辑，第 149 页。

越强烈地遇到这样一种压迫，即他在法律上所应履行的义务或者接受的义务履行，不能由他自己选择对方当事人，或者不得由他自己与对方协商确定合同的内容。在这种现实面前，当事人之间意思表示一致越来越失去其法律制度的本来意义，即失去现行民法典所确定的制度意义。正如高速公路运输公司在经营中订立合同的情况一样，公司不会向每个乘客提出订立合同的要求，也不会在每个合同缔结之后才承担他自己的义务。为了避免过多的人为概念所造成的混乱，我想把上述这种现实的法律关系表述为“事实合同关系”。[①] 虽然有许多关于这一理论的文献，但是，它们都没有能够明显超越豪普特在 30 页的篇幅中所阐述的内容。[②]

（2）适用范围

事实上的契约关系理论的适用范围，学说上并不一致，豪普特将其分为三类，但弗卢梅就分为两类（尽管他反对事实合同的理论），拉伦茨仅承认一类。

豪普特的三分法主要包括：①基于社会接触而生的契约关系。所谓基于社会接触而生的契约关系，其所涉及的现象为缔约过失问题。当事人为缔结契约，势必有所接触，因当事人一方之过失致使他方遭受损害者，时常有之。在此情形，若适用侵权行为法将涉及举证与时效问题，被害人请求赔偿，常常遇到困难。为使被害人得主张契约上的权利，德国判例学说另辟蹊径，认为当事人为缔约而接触时，即以默示的意思表示成立了一种“预备性契约”或者“维护契约”。但是，豪普特教授认为，此种契约成立的方式纯属拟制，因为，当事人之间并无缔约的意思。另外，如果适用意思表示的规定，有责任的一方更能够以意思表示错误为借口而撤销其意思表示，从而逃避契约上的责任。因此，豪普特教授主张应当放弃以意思表示为契约关系成立的基础，另寻客观要件，即社会接触的事实，当事人因社会接触的事实而产生相互照顾、通知和保护的义务等，凭借此等事实，足以成立契约关系。[③] ②基于团体关系而生的事实上的契约关系。基于团体关系而生的事实上的契约关系之最主要者，为事实上的合

---

① ［德］君特·豪普特：《论事实合同关系》，转引自［德］汉斯·哈腾保尔：《法律行为的概念——产生以及发展》，孙宪忠译，载《民商法前沿》2002 年第 1 · 2 辑，第 149 页。

② ［德］维尔纳·弗卢梅：《法律行为论》，迟颖译，法律出版社 2013 年版，第 111 页。

③ 王泽鉴：《民法学说与判例研究》（第一册），中国政法大学出版社 1998 年版，第 106 页。

伙及事实上的劳动关系。合伙或者劳动契约在实施或者履行之后，才发现其为无效或者因瑕疵而被撤销时，依照德国民法的原则，当事人所受的给付应当因不当得利而负返还义务。但是，这必然会引起复杂繁难之结果，所以，豪普特教授认为，合伙的共同事业既已实施，或者劳务已为一部或者全部给付，无论在内部或者外部既已发生复杂的法律关系，则此种法律关系实际上已经存在的事实即不容否认。合伙或者企业是具有团体性的组织，当事人既已纳入其中，即可基于此事实而成立契约关系，并依此而处理彼此之间所发生的权利义务关系。[①] ③基于社会给付义务而生的事实上的契约关系，如公共交通、自来水、煤气等基于社会生存而生的给付关系。此类行业为社会生活所必需，而且，通常由大企业经营，就使用的条件及所产生的权利义务，多采取格式合同而订有详尽规定，相对人少有选择自由，对企业所订的条款，也难以变更。依照传统观念，利用此等给付是基于对企业者要约的默示承诺。豪普特教授认为，如此的合意，乃为无血肉之形体，与契约的本质并不符合。利用者对使用条件没有讨价还价的余地，而提供者非有正当理由不得拒绝。所以，不必假借当事人的意思，拟制法律行为的要件，应当直接承认，利用此等给付的事实，即可成立契约，确定当事人之间的权利义务。[②]

弗卢梅认为，就该理论当下的发展水平而言，主要涉及两个方面的内容：一方面是公共交通的情形；另一方面是法律对于基于不生效的合同所产生的长期之债的处理问题，特别是基于不生效的合伙合同与雇佣合同所产生的长期之债。[③]

但是，如学者艾瑟尔（Esser）不承认第一类事实上的契约关系，拉伦茨也反对将事实上的契约关系的理论在适用范围上的扩大，而主张在第三类上有适用。

依我的观点看，豪普特的事实合同关系的适用范围的确过宽，实际上也没有必要，所谓的事实契约，如果承认的话，也应该限制在弗卢梅所说的两个类型方面。因为，在公共交通方面，的确是缔结“交通运输合同”的相当特殊情

---

① 王泽鉴：《民法学说与判例研究》（第一册），中国政法大学出版社 1998 年版，第 107 页。

② 王泽鉴：《民法学说与判例研究》（第一册），中国政法大学出版社 1998 年版，第 107 页。

③ ［德］维尔纳·弗卢梅：《法律行为论》，迟颖译，法律出版社 2013 年版，第 111 页。

形：一方面，确实没有“任何意思表示”，仅仅是按照公交公司设定的“上车条件（方式）”直接履行，就构成公交公司方面的义务履行（上车人已经开始接受履行），上车人付费义务的确定；另一方面，行为能力能否适用，也值得讨论。在团体关系方面，合伙合同虽然没有生效，也形成事实合伙合同同样的效果，即使在合伙合同订立时双方并没有这样的效果意思，更没有意思表示。

（3）理论争议

既然事实上的给付权利义务关系并非基于当事人的合意，为何又将其归于“契约关系”之中？这正是事实上的契约关系最薄弱、最不能自圆其说，也是最受到人们攻击的地方。因此，豪普特的事实契约理论的出现，以其对传统契约理论的部分否定引起了德国法学界的震动，当时有名的学者几乎均有涉及。反对者有之，支持者有之，一时形成了两大阵营。

支持事实合同关系理论的学者认为，法律行为这一概念无法涵盖公共交通中的给付关系。他们声称，对公共交通所提供的给付加以利用的人没有实施私法自治的设权行为，这是因为，给付提供的条件业已确定，双方都没有缔结合同的表示。此外，他们还认为，有关法律行为的规定，特别是有关行为能力和意思表示瑕疵的规定，对于公共交通中的给付关系而言，不属于恰当的规则。[①]其中最为有力者为拉伦茨教授以及他所提出的“社会典型行为理论”，即“现代大量交易产生了特殊现象，即在甚多情形，当事人无须为真正的意思表示，依交易观念因事实行为，即能创设契约关系。其所涉及的客体，主要是生活中不可缺少的照顾给付。对于此种给付，任何人均得支付一定的费用而利用。在此种情形，事实上的提供给付及事实上的利用行为，取代了意思表示。此两种事实行为并非以发生特定的法律效果为目的的意思表示，而是一种事实上的合意行为，依其社会典型意义，产生了与法律行为相同的法律效果。乘坐公共汽车，使用人未先购票，径行登车，即为著例。在此情形，乘客的通常意思是运送到目的地，并未想到应先缔结运送契约，同时，也未有此意思表示；一般言之，登车人多意欲承担其行为的结果，并愿支付车费。然而，其是否有此意思，

① ［德］维尔纳·弗卢梅：《法律行为论》，迟颖译，法律出版社 2013 年版，第 112 页。

他人是否认识，对于成立依契约原则加以处理的契约关系，不生任何影响”[①]。由此可见，拉伦茨教授之社会典型行为理论所主张的适用范围较豪普特教授的事实契约关系理论为窄，故更为普遍地受到重视。

1956年德国联邦最高法院审理的首例停车场案，即确认了事实契约理论。在该案中，被告将汽车驶入一个带有明显收费标记的停车场，但是，他拒绝向管理人员交纳停车费，理由是根据习惯和惯例，他有权在此停放汽车，而且他根本没有订立契约的意图。联邦最高法院引用豪普特事实契约关系理论和拉伦茨的“社会典型行为理论”作出判决，认为当汽车停放在该停车场时，事实上的契约关系已经发生，尽管个别人可能强烈地表示了相反的意图，但这并不影响事实契约关系的成立。[②]之后，该院于1957年1月29日与1957年2月5日又以同样的规则审理了两个案件。

反对派以弗卢梅为代表，他指出，针对公共交通的私法设权行为，正确的说法是：对于公共交通提供的给付予以利用的个体只能决定自己“是否利用公共交通”。事实上，即便在这一点上，他通常也是不自由的。然而，这一现象不仅存在于所有日常生活必需品供给的情形中，而且普遍存在于所有日常生活的行为之中。历来在一些国家里，对涉及日常生活的行为进行讨价还价的做法是不常见的，买卖合同作为涉及日常生活中的行为仅限于决定“是否”进行行为。有鉴于此，针对公共交通中的给付关系，人们不能认为，没有法律行为存在的空间。对此，拉伦茨的观点是不正确的，他认为，在这一情形中，设施利用者通常仅旨在达到实际效果，而不旨在产生法律效果。因此，他仅实施了社会典型行为，并未作出任何表示。假如拉伦茨的上述观点是正确的，那么，医生与病人之间就不可能成立合同。因为，病人的意思肯定是以“实际效果”为目的，即希望自己的病能够被治愈，病人也没有向医生作出任何表示。然而，医生和病人之间基于就诊行为成立合同的事实从未受到任何质疑。另外，通过自动售货机或者在自选商场中进行的买卖与在商场中进行的买卖有何不同呢？

---

① 转引自王泽鉴：《民法学说与判例研究》，三民书局1992年版，第99页。

② ［德］罗伯特·霍恩等：《德国民商法导论》，楚建译，中国大百科全书出版社1996年版，第85页。

有必要为区分卖报者收到买报纸的人支付的金钱从而交付报纸的买卖，与无人售报亭中的买卖报纸的区别吗？①

至于不生效的合同而产生的长期之债的问题，弗卢梅认为，在债法中，通常认为，当合同不生效时，人们对已经履行的给付适用不当得利的规定。然而，对于已经履行完毕的不生效的合伙合同和雇佣合同，适用不当得利的做法是不合理的。在这种情形中，人们必须就不生效的后果作出不同规定。然而，这一问题同样不能通过“事实合同关系”的概念得到解决。人们不正确地认为，似乎存在着“事实合同关系”这一客观实体，它似乎可以像形成法律关系的法律行为那样引起“法律效果”。但是，此处所探讨的基于“事实合同关系”形成的法律关系，根本不是基于“事实”而产生，而是基于法律行为（即使是不生效的）而产生。当法律行为无效时，作为规则的法律行为不为法律所认可，然而，这并不意味着，就已经实施的法律行为而言，人们也应当忽略法律关系基于法律行为产生这一事实。倘使本身不生效的合伙合同或者雇佣合同包含某些就其自身的产生和内容而言在法律上都属于无可争议的规则，那么，这些规则在合同不生效的情况下，仍然可以被适用于基于不生效合同的履行而产生的法律关系。②

弗卢梅因此总结说，对公共交通予以利用的行为被视为对要约进行承诺的法律行为属于合适的解决方案；长期债务关系的情形所涉及的是法律行为不发生效力的特殊问题。所以，事实上，事实合同关系既没有存在的必要，也没有存在的空间。③

（4）对事实契约理论的思考

事实上的契约关系理论之所以能引起德国学者的争论和法院判例的采用，说明其有一定的说服力。如豪普特教授和拉伦茨教授所言的社会公共福利设施的问题，在各国均普遍地存在，因此，对各国的契约法理论和侵权法理论均有启发意义。这就使得我们不得不对这一理论的价值理念做深入的思考，最值得

---

① ［德］维尔纳 · 弗卢梅：《法律行为论》，迟颖译，法律出版社 2013 年版，第 113—115 页。

② ［德］维尔纳 · 弗卢梅：《法律行为论》，迟颖译，法律出版社 2013 年版，第 118—120 页。

③ ［德］维尔纳 · 弗卢梅：《法律行为论》，迟颖译，法律出版社 2013 年版，第 113 页。

思考的问题应该是：事实契约关系的理论基础究竟为何？换句话说，当权利义务产生的原因非基于当事人的合意时是否得以契约关系规范去调整？是否应该像传统民法对待“无因管理”和“不当得利”那样，由于其产生的效果很像“契约”，就将其称为“准契约”？

从大陆法系传统民法的一般原理看，债权债务关系既可以根据法律规定而产生，也可以根据当事人的约定而产生。在法定之债，法律直接对结果予以规定而不问当事人的意思如何，如无因管理之债、侵权行为之债、不当得利之债等。而在约定之债，债权债务关系的产生是根据当事人的意思，契约之债权债务关系是典型的约定之债，没有当事人的合意，是不可能产生契约关系的，这无疑是大陆法系传统民法的普遍原则。但事实契约关系理论与一般契约关系之最大的不同就是前者是基于事实行为，而后者则是基于意思表示的法律行为。按照事实契约理论，契约得基于没有意思表示的事实行为而产生。这就使得传统的契约理论体系中出现了一个极不协调的音符，故 Lehmann 教授将之称为“足以摧毁忠于法律的思想方式的原子弹”。王泽鉴先生也认为：“契约的基本精神，自由及自主，故非有意思合致，不能成立。若仅有事实行为，当事人并无创设规律彼此权利义务规范之意思，其去契约之理念与本质实亦远矣！所成立之法律关系能否称为契约关系，诚有疑问。”[①]的确，若将非基于合意而生的权利义务关系归于契约法的范畴之中，无疑会对契约的一般概念及理论体系产生破坏性的影响，就如弗卢梅所言，就这一基于公共交通给付关系所形成的理论而言，唯一令人质疑的是其构建和其蕴含的对整体合同法律产生的影响和风险。有鉴于此，极其有必要对于公共交通给付关系在合同法律中予以正确定位，否则整体合同法律将存在被事实合同关系理论推翻的风险。[②]

另外，所谓的“事实合同理论”，实际上是对于那些在我们日常生活中没有明显的“意思表示”的典型社会行为予以说明的理论，问题恰恰在于：我们是否有相应的制度或者理论对于这些现象予以合理的说明？对此，弗卢梅认为，在正常情况下，任何对于可供利用的有偿给付进行利用的人都知道，自己

① 王泽鉴：《民法学说与判例研究》，三民书局 1992 年版，第 104 页。

② ［德］维尔纳·弗卢梅：《法律行为论》，迟颖译，法律出版社 2013 年版，第 117 页。

是在按照为给付所设定的条件对于给付加以利用，尽管他对给付条件的内容一无所知（如登上公共电车）。有鉴于此，在正常情况下，对可供利用的有偿给付的利用，与严格按照规定对“要约”进行承诺一样，皆属于有意识的设权行为，它属于法律行为。该设权行为与严格按照规定对要约进行的承诺一样，仅限于“是否”形成要约所希望形成的法律关系。当某人无意识地利用了某一可供利用的有偿给付的情形，则属于例外情形，应该像前面在意思表示中所说的“特里尔葡萄酒拍卖会”上的举手打招呼不是出价一样对待。因此，就法律行为理论而言，公共交通给付并不构成特殊问题。①

这仅仅是对于这些所谓的“事实合同关系”中有“意思表示”的结构进行的说明，应该说，也有很强的说服力，但仍然有两个问题需要解决：一是这些所谓的事实合同中，是不适用“行为能力”的，即合同当事人不能以自己没有行为能力或者限制行为能力为由对合同效力进行抗辩；二是对于事实合同也不适用法律行为的因错误而撤销的规定。对此，弗卢梅反对就公共交通方面不适用行为能力的观点。对于因错误而撤销的问题，他认为，这里几乎不涉及基于错误而撤销的问题，这是因为，出于事实原因，几乎无法想象存在可以导致撤销的错误，对于条件的认识错误，不构成撤销的理由，因为条件不构成通过对给付予以利用而进行的法律行为的标的。此外，例如，某人虽然搭错有轨电车，但是他的行为仍然构成对给付的利用，因此他必须支付相应的票款。②

我认为，弗卢梅在这里的说明理由至少有部分是难以令人信服的。在这些社会典型性适用“行为能力”的问题上，弗卢梅从逻辑出发得出的结论是正确的，但确实是不现实的。从逻辑上看，所有这些行为都是人创造出来的，就应该适用行为能力。就如德国学者梅迪库斯指出的：在具有决定性意义的表示内容产生于数据处理设备的情况下，法律行为也显得与它的意思基础相割裂。在这里，至少不能直接看出法律行为与某种人类意思之间的联系。但是，即使是最复杂的数据处理设备也只能执行输入进去的程序。由于程序是人设计的，设备表达的内容，最终还是起源于人的意思。因此，以人类脑力活动过程为出发

---

① [德]维尔纳·弗卢梅：《法律行为论》，迟颖译，法律出版社 2013 年版，第 117 页。

② [德]维尔纳·弗卢梅：《法律行为论》，迟颖译，法律出版社 2013 年版，第 116 页。

点的各种形式，也适用于自动化的意思表示。[①] 这是逻辑判断问题。但在实际生活中，不可否认的事实却是：在这些领域行为能力是被忽略的。这也就是许多德国学者讨论这一问题的初衷和原因——源于对生活的观察。尽管我同意弗卢梅的下述观点：特别不值得赞同的是，对于公共供给公司所产生的信赖保护强于对于私人信赖的保护。[②] 也认为，对于行为能力欠缺人的保护，无论在行为能力的价值判断，还是逻辑判断方面，都应该承认。但问题是，现实生活并非如此。另外，弗卢梅所说的"几乎无法想象存在可以导致撤销的错误，对于条件的认识错误，不构成撤销的理由"也难以说服人。例如，饭店中放在餐桌上的面包或者饮料，顾客吃掉或者喝掉了，成立买卖合同吗？虽然可以说，无论如何，你都要付钱，就如弗卢梅所说的"某人虽然搭错有轨电车，但是他的行为仍然构成对给付的利用，因此他必须支付相应的票款"，但在理论说明方面就差别很大了：假如有人错误地认为，放在餐桌上的面包是酒店餐前赠送的，如何？在这一方面，事实合同理论比较法律行为理论就更有说服力。

因此，我认为，对于那些能够用法律行为理论说明的"事实合同"，就不应该再牵强附会地拉入契约关系之中，但对于那些确实不能用契约理论说明的日常生活中的行为，可以用"事实合同"去说明，就像"准契约"一样，也没有任何不利于合同法的体系完整。但是，必须把"事实合同"限制在狭窄的范围中。在这狭窄的范围之中，不必考虑意思表示甚至行为能力等问题，以明确区别于法律行为与意思表示。

四、意思表示的生效

意思表示的目的在于引起预设的法律后果，而意思表示是引起预设法律效果的第一步。那么，意思表示何时生效呢？这一问题因不同类型的意思表示而有所不同。我国《民法典》分三种情况予以规定，即有相对人的意思表示的生效时间（第 137 条）、无相对人的意思表示的生效时间（第 138 条）、公告方式

---

① [德]迪特尔·梅迪库斯：《德国民法总论》，邵建东译，法律出版社 2000 年版，第 199—200 页。

② [德]维尔纳·弗卢梅：《法律行为论》，迟颖译，法律出版社 2013 年版，第 116 页。

作出的意思表示的生效时间（第139条）。

（一）无相对人的意思表示的生效时间

所谓无相对人的意思表示，也称为无需受领的意思表示，是指意思一旦表示于外即告完成并生效，即表示就能产生效力而不需要他人得悉此项表示[①]，如放弃动产所有权的意思表示即是。

因为这种法律行为不需要任何人对表意人的意思表示作出反应，因此，只要表意人之意思表示脱离自己的控制即可生效。而此类意思表示之所以不需要受领，是因为这里不存在一个合适的相对人。比如，悬赏广告人根本不知道谁将实施其提供悬赏的行为。又如，所有权抛弃后，任何人都可以以先占的方式取得抛弃物的所有权。因此，抛弃所有权的意思表示并不是特别针对特定人发出的。再如，根据我们的法律传统，遗嘱对于利害关系人——未得到遗产的法定继承人以及得到遗产的人——应当予以保密，因而以将遗嘱告知其他人作为其生效的条件是没有意义的。[②]也正是基于这种考虑，我国《民法典》第138条规定："无相对人的意思表示，表示完成时生效。法律另有规定的，依照其规定。"

这类意思表示虽然没有相对人，但并非不涉及第三人利益。例如，遗嘱当然涉及第三人——继承人利益，仅仅是说意思表示不需要第三人获得并作出反应。但是，由于涉及第三人利益，因此，在撤销意思表示时，则不能任意撤销。例如，悬赏广告撤销时，法律是有要求的，要求以做出公告时的方式撤销，并对于已经按照悬赏广告实施行为的人，给予补偿，除非广告人能够证明行为人不可能完成广告中指定的行为。

（二）有相对人的意思表示的生效时间

有相对人的意思表示，也称为需要受领的意思表示，是指这种意思表示是针对特定人而发出的，因此，需要对之作出反应。就如德国学者所指出的：由

① 沈达明等编著：《德意志法上的法律行为》，对外贸易教育出版社1992年版，第84页。

② ［德］迪特尔·梅迪库斯：《德国民法总论》，邵建东译，法律出版社2000年版，第204—205页。

于意思表示旨在相互沟通，因此意思表示的相对人至少必须知道意思表示的内容。民法典以“相对于”他人发出的意思表示为必要，来表达意思表示的须受领性。[①]

这种意思表示又分为以对话的方式与非对话的方式而为的意思表示，这两种意思表示的生效时间有较大的差异。

1. 有相对人的以非对话方式作出的意思表示的生效时间

在有相对人的以非对话的方式发出的意思表示的生效时间问题上，历史上有四种学说。

（1）表达说。根据此说，表意人的意思决定一旦具备外在形态（如信件已经写完），要约（意思表示）就应当生效。此说的不足在于：这样一来，要约人无法再对其意思进行控制。但是，表意人可能根本不想使其意思表示产生效力。另外，相对人充其量也只有一种偶然知悉表意人意思表示的可能性。

（2）发出说。根据此说，意思表示不仅已经做成，而且必须发出（如将信件寄出）。此说的不足之处在于：意思表示在运输途中的风险（如信件丢失）由相对人承担。例如，即使终止租赁合同的信件没有到达，终止表示仍然有效。

（3）到达说（受领说）。此说以要约到达相对人为意思表示生效的时间。根据此说，意思表示运输途中的风险由表意人承担，相对人仅仅承担意思表示到达后的风险。

（4）了解说。根据此说，相对人必须通过感官交接意思表示，意思表示才能生效。此说要求相对人承担最轻的风险，他只需要承担将意思表示做了错误的理解之风险。[②]

我国《民法典》与大陆法系国家民法一样，采取“到达说”（受领说），之所以如此，主要是与意思表示所欲达到的法律目的相关：例如，在合同法上，要约使受要约人产生承诺的权利，即确定契约关系的权利，但在要约到达受要

① ［德］迪特尔·梅迪库斯：《德国民法总论》，邵建东译，法律出版社2000年版，第204页。

② ［德］迪特尔·梅迪库斯：《德国民法总论》，邵建东译，法律出版社2000年版，第209页；沈达明等编著：《德意志法上的法律行为》，对外贸易教育出版社1992年版，第84—85页。

约人之前，这种权利并不发生；从要约人方面讲，在要约到达受要约人之前，受要约人并不知道有此要约的存在。在这段时间内让要约人受到要约效力的拘束，也殊欠公允，故各国法律均允许要约人在要约到达受要约人之前撤回要约。我国《民法典》第 137 条第 2 款规定：“以非对话方式作出的意思表示，到达相对人时生效……”

然而，虽然许多国家法律或者国际公约规定要约以到达受要约人（相对人）为生效时间，但何为送达却没有具体的规定。根据德国学理，有以下几种争议的观点：

第一，送达必须以相对人对要约这一意思占有为条件。这一学说主要表现在早期的民法学理中，现在已不占重要的地位，但仍然对学理和司法产生影响。如有的学者认为，书面文件的送达是指该项文件已经到达“收件人的某种空间关系中，以免依据生活的观点以及在通常的情况下，知悉文件的内容与否取决于收件人”。

第二，送达应以受领人对意思表示具有事实上的处分权为准。事实上的处分权，是指受领人随时可能对包含意思表示的文件进行处分。例如，在表意人向受领人发出“留局待领”的信件，而邮局通知受领人领取的情形，受领人对信件有事实上的处分权。

第三，只要表意人向受领人发出意思表示，以至受领人可以在通常的情况下知悉意思表示的内容，并且依据受领人自己采取的措施或根据交易上的习惯，表意人也可以期待受领人知悉意思表示的内容，要约即视为送达。根据此说，要约的送达，不以意思表示到达受领人空间上的支配范围为要件。意思表示到达受领人“空间上的支配范围”，虽然可视为意思表示送达的间接证据，但这一因素本身既不构成送达，也不是送达的必要条件。

第四，通说认为，意思表示的送达是指意思表示已经送达受领人的支配范围，受领人具有知悉的可能性，并且在通常情况下可以期待其知悉。依据此说，要约送达应包括以下要件：首先，意思表示必须到达受要约人的“支配范围”。“支配范围”通常是指受领人空间上的效力范围，如住宅、营业所、家用信箱、邮政专用箱等。不过，支配范围不应限于空间上的支配范围，而应包括受领人有知悉要约内容的任何范围。其次，受领人应有知悉意思表示的能力，而且在通常情况下，表意人也可以期待受要约人知悉意思表示的内容。[①] 早在1902年德国帝国最高法院就适用了这一原则。当时，一家彩票公司写信给一位过去经常购买其彩票的人，提出要卖给他一张编号彩票。某天早上，当这位工人离家上班之后，这封信随同编号彩票一同寄到其寓所。中午时分，这家彩票公司获悉他们寄给这位工人的编号彩票中了奖，于是，在这位工人下班回家之前，彩票公司的人用花言巧语劝说房东将那封信退还给他们。帝国法院认为，彩票公司的要约进入那位工人的控制区而被“送达”，尽管该工人对此一无所知，彩票公司应受其要约的约束。[②] 笔者赞同第四种观点。

另外，在当今的“互联网 +”时代，传统的缔约方式也在发生变化，因此，《民法典》第137条第2款专门规定：“……以非对话方式作出的采用数据电文形式的意思表示，相对人指定特定系统接收数据电文的，该数据电文进入该特定系统时生效；未指定特定系统的，相对人知道或者应当知道该数据电文进入其系统时生效。当事人对采用数据电文形式的意思表示的生效时间另有约定的，按照其约定。”

2. 有相对人的以对话方式发出的意思表示的生效时间

通说认为，对于以口头（无载体）的意思表示的生效时间，应适用“了解说”，即在通常情况下，只有在相对人实际听到并了解意思表示的内容时，意思表示才能生效。然而，何为“了解”呢？学者的下述见解可资赞同：所谓“了解”者，是指相对人认知表意人意思表示的内容之谓。了解与否，依通常情形客观上可能了解与否而定。换言之，如依其情形，为客观上可能了解者即是。因之，对于正常人而为对话意思表示，除相对人能够证明其不了解者之外，应认定该意思表示已为相对人所了解。但对于聋哑人为对话的意思表示，或者对于不懂中文的外籍商人所为的以中文对话的意思表示，因相对人客观上无从了解，自无因之生效可言。[③] 对此，我国《民法典》第137条第1款规定：“以对话方式作出的意思表示，相对人知道其内容时生效。”

---

① 邵建东：《论意思表示的生效时间——德国民法的启示》，载《外国法译评》1995年第3期。

② ［德］罗伯特·霍恩等：《德国民商法导论》，楚建译，中国大百科全书出版社1996年版，第82页；邱聪智：《民法总则》（上），三民书局2005年版，第544页。

③ 邱聪智：《民法总则》（上），三民书局2005年版，第543页。

（三）以公告作出的意思表示的生效时间

以公告作出的意思表示，有的有相对人，有的无相对人。由于公告的特殊性，已经发出，即视为到达。因此，无论是否有相对人，以公告方式作出的意思表示，公告发布时生效（《民法典》第 139 条）。

五、意思表示的撤回

在有相对人且意思表示采取“到达主义”的场合，在发出意思表示与到达相对人之间就有一个时间，在这段时间内，法律允许表意人撤回其意思表示。因为，这时不会对相对人造成任何损失。我国《民法典》第 141 条就规定了这种精神：“行为人可以撤回意思表示。撤回意思表示的通知应当在意思表示到达相对人前或者与意思表示同时到达相对人。”

在无相对人的意思表示的撤回问题上，因其发出即可产生效力，故与有相对人的意思表示的撤回不同，一般应采用与发出意思表示同样的方式或者其他特别方式才能撤回。如《德国民法典》第 658 条关于悬赏广告撤回的规定：“悬赏广告得在完成行为前撤回。撤回仅限于与悬赏广告同样的方式通告时，或以特殊通知为之者，始为有效。”

六、有瑕疵的意思表示

（一）概述

由于私法自治是民法的基本原则与精神所在，而有瑕疵的意思表示是与这一原则背道而驰的，法律虽然不直接否定其效力，但在具备一定条件时也给予救济。

然而，意思表示瑕疵是一个比较宽泛的概念，各种情况有较大的差别。有些瑕疵涉及意思的分离，即真正的意思与其外部表现之间存在分歧。分歧可能是有意识的，这种情形又分为两种：有时只是表意人一方有意造成的分歧，这就是“心理保留”与“游戏表示”；有时是表意人与相对人双方有意造成的分歧，这就是“虚假的意思表示”。另外，意思与表示之间的分歧还可能是无意的，这就是指单纯的“表示上的错误”，意思在表示上的错误不涉及意思本身在形成中的价值。意思瑕疵还可能涉及意思本身，即意思在形成过程中的不完善情况。这里不是指在其表达阶段的瑕疵。欺诈、胁迫就属于此种情况。①

由于我国在《民法典》中适用的“意思表示”的概念，与《德国民法典》及学理不同，仅仅把“意思表示”作为法律行为的组成部分适用，甚至“虚假的意思表示”也放在第六章第三节“法律行为的效力”中规定，因此，关于错误、欺诈与胁迫、以虚假行为实施的法律行为的救济问题，我们将在“无效的法律行为”与“可撤销的法律行为”的有关章节中论述，在这里，我们主要讨论“心理保留”与“游戏表示”这两种形式，其被德国学者统称为“意思保留”。梅迪库斯指出：“意思保留”是指《德国民法典》第116条至第118条规定的几种情形（即心理保留、游戏表示与虚假的意思表示）。其共同特点是：（1）表意人发出了某项意思表示；（2）表意人不想使其表示出来的内容产生法律效力。② 但是，这几种行为的效力是有区别的。

（二）意思保留

1. 心意保留

心意保留又称为心理保留或者真意保留，是指表意人内心秘密保留意思表示的非约束性。③ 至于心理保留的法律效力，许多国家和地区规定：法律行为以表示于外的意思发生效力，但相对人知道表意人心意保留的，外在的意思表示无效。如《德国民法典》第116条规定：“表意人暗地里作出保留，对被表示的事物并不愿意的，意思表示不因此而无效。意思表示须向他人作出，并且相对人知道此保留的，该意思表示无效。”我国台湾地区也规定：“表意人无欲为其意思表示所拘束之意，而为意思表示者，其意思表示，不因之无效。但其情形为相对人所明知者，不在此限。”例如，A与B是要好的朋友，A有字画一幅，本无赠与之意思，但出于礼貌与客套，故作赠与的表示，没有想到的是，B欣然接受。则该表示有效。若B明知A酷爱此画，不可能赠给他人，其赠与的表示

---

① 沈达明等编著：《德意志法上的法律行为》，对外贸易教育出版社1992年版，第97页。

② ［德］迪特尔·梅迪库斯：《德国民法总论》，邵建东译，法律出版社2000年版，第444页。

③ 沈达明等编著：《德意志法上的法律行为》，对外贸易教育出版社1992年版，第100页。

无非是客套而已，则该赠与不发生效力。学者对于“意思表示不因保留而无效”的规定一般并无异议，诚如学者所言：这一点具有理所当然的正确性。其实，运用一般的解释规则，也可以得出这一结论：谁知道并且愿意其意思表示应被他人作无保留的理解，谁就必须承认其意思表示对自己产生效力。① 但对于第二种情况，即相对人明知该保留的无效之规定，学者间存在不同观点。

拉伦茨认为：受领人知道表意人有保留的，表示即无效，这一点并非理所当然。由于心意保留是为了欺骗行为相对人，因此，应该受到保护的不是表意人而首先应该是行为的相对人。即使行为的相对人看透了表意人的欺骗意图，他仍然有权要求表意人承认其表示是有效的。法律之所以作出了与此不同的规定，是由于历史方面的原因：它受到了“意志说”的影响。诚然，如果行为相对人知道表意人发生了错误，他就必须予以重视。然而，心意保留并不是表意人的错误，而是一种故意迷惑相对人的行为，因此法典第 116 条第 1 句之规定在法律政策上是不正确的。同样，该条第 2 句的规定也不适用于虽想承担义务，但内心却打算尽一切可能不履行义务的人。因此，即使对方知道这一意图，表意人承担的义务也并非无效而应当是有效的。② 梅迪库斯显然不同意拉伦茨的观点，但也提出应对之作“限缩性解释”：即使意思表示的受领人觉察到了表意人的保留，只要该意思表示还针对其他的、不知道该保留的人发出，那么该意思表示仍应有效。③

在我看来，梅迪库斯的解释并不必要，因为该条的规定显然是针对知情者而规定的，对于不知情者（善意人）当然不会无效。其实，心意保留从立法政策上看，采取的是“表示主义”，即法律行为以表示于外的内容生效，但在相对人知道该保留的情况下，则采意思主义，即表示于外的内容无效。这一点正好反映出《德国民法典》侧重表示主义的立法特点，如果在《法国民法典》中，这种心理保留因外在的表示不合真实意思，肯定是无效的。

由于我国《民法典》及其他民事立法都没有规定“真意保留”，故在我国

---

① ［德］迪特尔 · 梅迪库斯：《德国民法总论》，邵建东译，法律出版社 2000 年版，第 444 页。

② ［德］卡尔 · 拉伦茨：《德国民法通论》，王晓晔等译，法律出版社 2003 年版，第 494—495 页。

③ ［德］迪特尔 · 梅迪库斯：《德国民法总论》，邵建东译，法律出版社 2000 年版，第 445—446 页。

法上应是何种效力，值得重视。我认为，应作与德国立法相同的解释。

2. 游戏表示

游戏表示，又称为“戏谑性表示”，是指吹嘘、开玩笑或者出于礼貌上的考虑所作的不严肃的表示，学理上往往用游戏表示统称这类表示。表意人感觉到并且有理由或者无理由地期待对方不会误认为是真的。[①]

对于这种表示行为的效力，《德国民法典》第118条规定：“不是出于真意，并且期待真意的缺乏不被误解所作出的意思表示，无效。”这就是说，表意人期待着其并非出于真意的事实不会被他人所误解，表意人期待相对人能够认识到自己的真实意思。但是，如果相对人出乎意料地没有理解表意人的真实意思，反而相信其表示行为时，法律效力如何？这时，表示行为依然无效，但表意人应向信赖其表示为有效的相对人赔偿消极利益，赔偿的数额以积极利益为限。这一规定，与因错误撤销意思表示的法律后果一样。[②]但是，如果相对人因疏忽大意而未认清表意人并非出于真意，则不享有此项权利（《德国民法典》第122条第2款）。如果表意人看到相对人信赖其游戏表示时，应根据诚实信用的原则，向对方说明情况。表意人怠于说明的，这种表示应被视为有效。[③]

《瑞士民法典》采取了不同于《德国民法典》的立法政策，虽然《瑞士民法典》对此问题没有作出明确规定，但其学理与判例按照信赖主义原则从相对人的客观角度而不是从表意人的主观角度考虑问题，即表示的非严肃性是否达到了在正常情形下能够被认清的程度？如果是的，应绝对无效，且相对人无损害赔偿请求权；相反，如果在一般情形下，相对人不能够搞清，则表意人应受约束。尽管表意人没有真正的意思仍然产生义务[④]。

我国《民法典》及其他民事立法并没有直接作出规定，我认为，瑞士学理及判例的观点值得赞同和参照，因为，在此情况下更需要保护的是相对人，故用合理信赖原则比德国法的赔偿原则更利于保护相对人。

---

① 沈达明等编著：《德意志法上的法律行为》，对外贸易教育出版社1992年版，第98页。

② ［德］迪特尔·梅迪库斯：《德国民法总论》，邵建东译，法律出版社2000年版，第448页；沈达明等编著：《德意志法上的法律行为》，对外贸易教育出版社1992年版，第98页。

③ ［德］卡尔·拉伦茨：《德国民法通论》，王晓晔等译，法律出版社2003年版，第497页。

④ 沈达明等编著：《德意志法上的法律行为》，对外贸易教育出版社1992年版，第98页。

（三）小结

到目前为止，我国的相关民事立法并没有对以上两种“意思保留”作出明确规定，仅仅规定了对虚假意思表示、重大误解、胁迫、欺诈、显失公平等情形的法律救济。因此，对于意思完整性的保护尚欠完善。在实践中，这些情形应当通过解释《民法典》中现存的上述几种情形并以“保护相对人的合理信赖”的原则给予法律救济。

七、意思表示的解释

我国《民法典》第 142 条规定了“意思表示的解释”：“有相对人的意思表示的解释，应当按照所使用的词句，结合相关条款、行为的性质和目的、习惯以及诚信原则，确定意思表示的含义。无相对人的意思表示的解释，不能完全拘泥于所使用的词句，而应当结合相关条款、行为的性质和目的、习惯以及诚信原则，确定行为人的真实意思。”关于该条规定，值得思考的问题是：在意思解释方面，区分有相对人的与无相对人的意思表示而分别规定的上述规则是否合理？在解释的时候，有相对人的意思表示与无相对人的意思表示，关于保护对象和利益有什么不同的指导思想？

至少在我看来，当然应当区分有相对人的意思表示与无相对人的意思表示而制定不同的解释规则，从而区分不同的保护对象：在有相对人的意思表示中，确实应该注意相对善意人的利益，更多地应该适用“客观兼主观解释原则”，即重点不是表意人表示了什么，而是一个正常的理性第三人如何理解其表示。因此，适用“行为的性质和目的、习惯以及诚信原则，确定意思表示的含义”是正确的。在无相对人的意思表示的解释中，重点应该保护表意人的意思，关键是看他（她）表示了什么，更多地应该适用主观解释规则，诚信及习惯解释大概就难以适用，应适用“不能完全拘泥于所使用的词句”的解释原则。

因此，我国《民法典》第 142 条规定这种解释规则需要作出“限缩解释”。

第三节　法律行为的效力概述

一、法律行为的效力概述

一个法律行为成立之后，并不一定能够发生行为人预设的效果，其效力状态可能会出现以下几种情况：（1）成立后生效（有效）；（2）完全不发生当事人预设的效果（无效）；（3）虽然生效，但违背当事人的真实意思，法律赋予当事人自我决定是否让其无效的权利（可撤销）；（4）效力待定。当然，法律行为的当事人还可以自己设定生效或者失效的条件来控制法律行为的效力（附条件和期限的法律行为）。我国《民法典》第六章实际上是按照法律行为的有效、无效、可撤销、附条件和期限来设计的（第 143 条至第 160 条）。在本节我们主要讨论法律行为的有效（生效及其要件）、效力待定的问题，至于法律行为的无效与可撤销、附条件和期限的问题，将在下面分别详细讨论。

二、法律行为的有效（法律行为的生效及其要件）

（一）法律行为生效与成立的区别

法律行为的有效实际上是法律行为生效后的效力持续状态，包括“正常”的法律行为和意思表示有瑕疵的法律行为（可撤销的法律行为）。法律行为成立后，一般立即生效（《民法典》第 136 条），生效后的状态即为有效。因此，我们下面讨论分析法律行为生效及其要件，目的恰恰就是在讨论有效问题。

法律行为的生效是指法律按照一定的标准与尺度对私人成立的法律行为进行评价后的肯定性结论。如果说，法律行为的成立是意思自治的充分体现，那么，法律行为的生效则体现了法律对意思自治的控制。

与法律行为的成立比较，法律更加关注法律行为的生效。因为，任何国家的法律都不可能规定，只要当事人愿意（或者意思表示一致）就可以毫无限制地发生其预设的效果。之所以如此，主要是基于以下两个因素：其一，任何法律都为个人自治划定了界限，个人的意思自治自由在这一界限的框架内才能发生效力，任何违反或者超越这一界限的，法律自然不能允许其生效，也就是说，法律要对其进行否定性评价。因为，任何人的意思表示（或者合意）的效果可能会涉及社会利益、其他个人利益，如果法律行为损害或者违反这些利益，将会被法律切断其效果的发生，如违反善良风俗的法律行为等。其二，因为国家是保护个人利益的公平机器，因此，当个人之间的利益发生严重不平等时，就可以施加均衡性影响。也就是说，在意思自治的游戏中，当事人之间的利益关系可能会因为各种因素（如信息的不对称、另一方当事人的欺诈等）导致当事人之间的利益不平等。而国家在社会中所扮演的角色，有对法律行为的均衡性施加影响的可能性。但问题是，什么样的原因所导致的不公平或者不公平达到什么样的程度才能允许国家介入，且国家是主动介入还是被动介入？一般来说，在第一种情况下，法律会作出直接的否定性评价，而在第二种情况下，法律不直接作出否定性评价，而是被动性介入，在当事人请求的情况下，才作出否定性评价。前者即为法律行为的无效制度，而后者为法律行为的可撤销制度。

应当特别指出的是，我们应当严格区分法律行为的成立与生效。具体来说，有两点不同：（1）性质不同。法律行为的成立是解决法律行为是否已经存在的问题，而生效则是对已经存在的法律行为进行评价后的肯定性结论。因此，法律行为的成立更重要的是一个事实问题（意思表示是否有效或者是否达成合意），是一个私人的问题，而生效则是侧重法律评价。以合同为例，从契约订立的目的和过程看，是当事人为满足私人的目标而欲达到一定的法律效果的合意。欲缔结契约的当事人各自怀有不同的目标和需要，经过讨价还价和充分的协商，即经过要约、反要约、再要约、承诺的复杂过程达成一致时，契约即告成立。由此可见，契约的成立完全是个人之间的事情，是每个缔结契约的当事人对自己利益和义务的衡量和肯定。这就使得其与生效严格地区分开来，因为生效是国家或法律以一个管理者和统治者的身份，以国家和社会的利益为尺度，对缔结契约的当事人之间已经成立的契约进行评价，决定是否让其产生缔结契约的当事人希望发生的效果。如果当事人之间已经成立的契约有悖国家或社会利益，应否定其效力。可见，生效已不再是私人之间的事情了。（2）要件不同。法律行为的成立仅仅要求意思表示有效或者当事人意思表示一致即可，而生效则要求多角度评价，如法律行为是否违反法律的强行性规定、是否符合善良风俗、形式是否符合法律规定等。

但是，法律行为的成立与生效的上述区分是在理论层面的“解剖学”式的分析，实际上，很多法律行为在成立时就立刻生效，除非当事人有特别约定或者法律有特别规定。因此，我国《民法典》第 136 条第 1 款规定：“民事法律行为自成立时生效，但是法律另有规定或者当事人另有约定的除外。”

（二）法律行为的生效要件及其评价

1. 立法及学理之观点

既然法律行为的生效与否是国家和法律对私人之间已经成立的行为进行评价，就要有一个评价的标准。这个评价标准就是法律行为生效的要件，只要不与这些要件相抵触，法律行为就被允许产生当事人预先设计的结果。虽然可以提炼出影响法律行为生效的因素：行为能力、意思表示瑕疵、违法性或者违反公序良俗、形式要件，但是，如何适用这些要件则是一个重大的技术问题。从立法例上说，大概存在三种立法例：

一是法国民法典式的——直接规定生效要件。根据《法国民法典》第 1108 条的规定，契约（因《法国民法典》上无法律行为之概念，契约即具备法律行为的所有特征）的生效要件是：（1）承担义务的当事人的同意；（2）当事人的缔约能力；（3）构成义务客体的标的的确定；（4）债的合法的原因（现在修订后的《法国民法典》已经取消了原因）。

二是德国民法典式的——不直接规定有效要件，而是仅仅规定哪些因素会引起法律行为无效的排除法。根据《德国民法典》的规定：（1）无行为能力而为的法律行为无效（第 105 条）；（2）因心里保留、虚伪表示、欠缺真意而为的法律行为无效（第 116 条至第 118 条）；（3）法律行为因欠缺形式而无效；（4）违反法律的强制性规定或者违反善良风俗的法律行为无效（第 134 条、第 138 条）。

三是我国自《民法通则》到《民法典》的立法例：先规定法律行为的有效要件，再规定法律行为的无效要件，当然还有法律行为的可撤销要件。例如，我国《民法典》第 143 条规定：“具备下列条件的民事法律行为有效：（一）行为人具有相应的民事行为能力；（二）意思表示真实；（三）不违反法律、行政法规的强制性规定，不违背公序良俗。”第144条规定：“无民事行为能力人实施的民事法律行为无效。”第146条规定：“行为人与相对人以虚假的意思表示实施的民事法律行为无效。”第153条规定：“违反法律、行政法规的强制性规定的民事法律行为无效。但是，该强制性规定不导致该民事法律行为无效的除外。违背公序良俗的民事法律行为无效。”第154条规定：“行为人与相对人恶意串通，损害他人合法权益的民事法律行为无效。”第147条至第152条规定的是“法律行为的可撤销”。

2. 分析与评价

从以上几个立法例可以看出，对法律行为进行评价的方式虽然不完全相同，但基本政策选择是一致的，即要把以法律行为体现出来的意思自治控制在合理的范围内，而且因素大多是相同的：（1）行为人行为能力（缔约能力）的控制；（2）违法性与善良风俗；（3）交易安全的形式。

但是，从控制方式上，即立法例上看，上述三种立法例哪种更好呢？我认为，还是德国式的控制方式更为合理。因为从正面规定生效要件，往往难以涵盖所有情况。例如，符合《法国民法典》第1108条及我国《民法典》第143条规定的法律行为（合同）就一定能够有效吗？在法国，假如合同不符合法定形式（如公证形式）能够生效吗？在我国更是如此：不符合《民法典》第143条的法律行为就无效吗？恰恰不是！因为几乎所有意思表示不真实的法律行为都有效，仅仅是可撤销而已。问题在于：该条中的“意思表示真实”作为法律行为的有效要件，似乎完全排除了可撤销的法律行为。由此产生的疑问就是：在我国《民法典》上可撤销的法律行为究竟是有效的还是无效的法律行为？无权代理的法律行为也不能有效；附条件和附期限的法律行为也不一定是有效的。另外，如果我们能够用排除的方式规定所有无效的情形，为什么还要规定“法律行为的有效要件”呢？这种做法实属重复，甚至是矛盾。[①]

① 《民法典》第143条与第147条至第151条。

（三）对几个特殊因素的说明

1. 关于行为能力问题

行为能力究竟是法律的生效要件还是成立要件？我个人更倾向于行为能力是法律行为的成立要件而非生效要件，因为：一个无行为能力人所为的意思表示是不能生效的，而意思表示的生效应是法律行为的成立问题。因此，在法律行为的成立（即意思表示的生效）中，包含着对行为能力的要求。

2. 意思表示真实

意思表示真实的含义较广，心理保留、虚伪表示、戏谑表示、欺诈、胁迫、错误等都可以解释为意思表示不真实。但因欺诈、胁迫、错误等而成立的法律行为不是不生效，而是能够生效的法律行为（仅仅是当事人有撤销权），故将意思表示真实作为法律行为的生效要件是解释不通的。仅仅在个别情况下，意思表示瑕疵能够影响法律行为的生效，如虚伪表示、戏谑表示等。

3. 关于法律行为的形式

我坚持认为，法律行为的形式要件是对法律行为生效的控制条件而非成立的条件。如果像有的学者认为的那样，是成立要件的话，就不可能再在生效要件中作出要求，因为一个不遵守形式的法律行为连成立都不成立，如何能够谈到生效问题？

三、效力待定的法律行为

（一）效力待定的法律行为的概念

关于效力待定的法律行为的通说概念是：由于法律规定的某种原因，法律行为既非有效，也非无效，其效力有待于第三人的确定。效力待定的法律行为通常包括：无权代理、无权处分、限制行为能力人实施的依法不能实施的法律行为。我认为，这种概念有不够周延之嫌，因为这些法律行为难以用一个“效力待定”加以涵摄。下面具体分析之。

（二）无权代理人以他人名义从事的行为

无权代理是指代理人无代理权、超越代理权或者在代理权终止后以被代理人的名义从事的法律行为。这种法律行为是真正的效力待定的法律行为，因为它是以被代理人的名义从事的，而被代理人却未给予授权，因此，代理的法律后果就难以归属于被代理人。故代理的后果要对被代理人生效，就必须得到被代理人的追认（《民法典》第 171 条）。

（三）限制行为能力人实施的依法不能实施的法律行为

《民法典》第 145 条规定："限制民事行为能力人实施的纯获利益的民事法律行为或者与其年龄、智力、精神健康状况相适应的民事法律行为有效；实施的其他民事法律行为经法定代理人同意或者追认后有效。相对人可以催告法定代理人自收到通知之日起三十日内予以追认。法定代理人未作表示的，视为拒绝追认。民事法律行为被追认前，善意相对人有撤销的权利。撤销应当以通知的方式作出。"前面已经提到，我认为，行为能力对于法律行为来说不应是生效问题，而是成立问题，因为限制行为能力人不能为有效的意思表示，故其代理人的补充应是对成立的补正。因此，不是效力待定，而是成立的效力待定。也可以说，又成立了一个新的法律行为。

（四）无权处分人所从事的法律行为

无权处分人所从事的法律行为的效力问题，在我国学理上颇有争议，究竟是无效还是效力待定？

对于这一问题，应该说我国的学理和司法实践经历过一个很大的转变。在 1999 年前后，对这一问题虽然有争议，但主流观点仍然认为，无权处分人所从事的法律行为效力待定。1999 年《合同法》第 51 条就体现了这一观点："无处分权的人处分他人财产，经权利人追认或者无处分权的人订立合同后取得处分权的，该合同有效。"但是，随着 2012 年最高人民法院《关于审理买卖合同纠纷案件适用法律问题的解释》的出台，主流观点开始发生变化。该解释第 3 条规定："当事人一方以出卖人在缔约时对标的物没有所有权或者处分权为由主张合同无效的，人民法院不予支持。出卖人因未取得所有权或者处分权致使标的物所有权不能转移，买受人要求出卖人承担违约责任或者要求解除合同并主张损害赔偿的，人民法院应予支持。”

这是我国主流观点主张区分负担行为与处分行为的必然结果：在负担行为，因为仅仅发生权利义务，所以有无处分权并不重要。因此，负担行为的效力应该不受此影响。但是，在处分行为则不然，这一行为应该受到有无处分权人的限制，是真正的效力待定，但要受到“善意取得制度”对善意第三人的影响。

四、效力不能对抗第三人的法律行为

有一些法律行为是可以生效的法律行为，但该效力不能对抗第三人。对此，拉伦茨指出：法律所说的处分行为的相对无效性是指，一个处分行为尽管原则上是有效的，但是，对于特定人来说它是无效的，即法律使这个人不能行使对某种请求权的处分，或者使与这个人有关的某种强制执行措施不能采用。[①] 例如，我国《合伙企业法》第 21 条第 2 款规定：“合伙人在合伙企业清算前私自转移或者处分合伙企业财产的，合伙企业不得以此对抗善意第三人。”即为著例。

第四节　附条件与附期限的法律行为

一、附条件的法律行为

（一）附条件的法律行为的概念

附条件的法律行为是指以未来的不确定的事实的发生或者不发生，作为法律行为发生效力或者失去效力的限制条件的法律行为。这种法律行为在实践中并不罕见，是行为人分配风险与计划未来的重要手段。《民法典》第 158 条规定了这种法律行为：“民事法律行为可以附条件，但是根据其性质不得附条件

---

① ［德］卡尔·拉伦茨：《德国民法通论》，王晓晔等译，法律出版社 2003 年版，第 652 页。

的除外。附生效条件的民事法律行为，自条件成就时生效。附解除条件的民事法律行为，自条件成就时失效。”

（二）附条件法律行为产生的制度基础

附条件法律行为产生的制度基础主要是意思自治原则以及在此基础上构建起来的债法的任意性规范，使得法律行为具有了可计划性的特征，因而人们可以通过自治的方式，将法律行为的效力的发生或者终止系于特定的条件。

（三）附条件法律行为的制度价值

1. 附条件法律行为体现了对私法自治的尊重

私法自治是民法的基本原则，而法律行为本身也是私法自治的具体体现，因此，法律不仅应允许对法律行为的内容自治，对于其效力也允许以自治的方式做出安排。

2. 符合社会经济生活的实际需要

通过这种制度，当事人可以将不确定的风险做事先的安排。因为，在现实社会生活中，有许多不确定因素，当事人可以根据目前的这些不确定因素并考虑未来的发展，对法律行为做出适当的安排，以分配风险。例如，A 有公寓住房一套，现在正在办理出国留学，想出租给他人，但签证何时办妥难以估计。但签证一旦下来，再找承租人就十分仓促；但若现在就找承租人，又不能确定何时交付使用房屋，若盲目确定租赁合同生效日期，一旦签证未果，就面临违约责任。这时，如果用附条件的法律行为制度，就能够解决这一问题，即先签订租赁合同，但合同的生效日期是出租人的出国签证下来 15 天以后。这样一来，既避免了签证一旦下来仓促中找不到合适承租人的问题，也避免了盲目确定日期而面临违约的问题。

（四）“条件”的概念与特征

“条件”是行为人控制法律行为效力的发生或者消灭的手段。它具有以下几个特征。

1. 条件是未来发生的事实

如果是已经发生的事实，一般不能作为法律行为的控制手段。问题是：如果事实已经发生，但是，法律行为的双方当事人均不知道已经发生的事实，而以该事实作为限制法律行为效力发生的条件，是否有效？例如，弟弟对哥哥说：如果我得到父亲的全部遗产，将付给你一半。但是，父亲已经写下遗嘱，将财产给弟弟。如何？

对此，学者之间存在争议。有的学者认为，如果双方当事人规定行为的有效性有赖于一个现在或者过去已经决定了的情况，只是因为这个情况在行为实施时不被当事人所知道，那么，在这里并不存在一个客观上不确定性和由此引起的行为的不确定状态，因此，这种情况不属于附条件的法律行为，并把它称为“不真正的条件”①。有的学者认为，应准用有关条件的规定。② 我同意第一种观点。

2. 条件是否发生具有不确定性

也就是说，条件的发生具有不确定性，才符合对风险的分配功能。如果条件是确定的，往往会成为一方当事人损害另一方当事人的手段。例如，一个人死亡是确定的，所以，不可能是条件。但是，如果说，一个人在一段时间内是否死亡，则可能是条件。

3. 必须是合法的事实

以非法的条件作为限制法律行为效力的条件的，不发生附条件法律行为的效力，如以伤害他人作为赠与的条件者。

4. 法律行为的效力必须与条件具有依赖关系

也就是说，行为人有意使法律行为的效力受条件的约束。

（五）条件的性质

条件不是独立的行为，也不是从属性行为，而是法律行为的一部分，只不过是起到控制法律行为的效力而已。

---

① ［德］卡尔·拉伦茨：《德国民法通论》，王晓晔等译，法律出版社 2003 年版，第 684 页。

② ［德］迪特尔·梅迪库斯：《德国民法总论》，邵建东译，法律出版社 2000 年版，第 628 页。

（六）条件的分类

1. 停止条件与解除条件（《民法典》第 158 条规定了这两种条件）

分类标准：条件对法律行为限制的作用。

（1）停止条件：限制法律行为发生效力的条件，即当条件发生的时候，法律行为开始发生效力。因此，停止条件又称为延缓条件。如果条件不发生，法律行为就不会发生效力。例如，AB 订立租赁合同约定：当 A 的儿子出国时，A 将房子租赁给 B。

（2）解除条件：限制法律行为效力消灭的条件，即在条件发生时，法律行为失去效力。例如，AB 订立租赁合同，约定 A 的儿子回国时，B 从房子搬出，解除合同。

2. 积极条件与消极条件

分类标准：究竟是以事实的发生作为条件还是以不发生作为条件。

（1）积极条件：以事实的发生作为条件。例如，如果你考上大学，将如何如何。

（2）消极条件：以事实的不发生作为条件。例如，如果你考不上大学，将如何如何。

实际上，停止条件与解除条件都可以设立积极条件或者消极条件。

3. 真正条件与不真正条件

不真正条件有：

（1）法定条件——法律已经规定的条件。例如，合同约定，如果一方违约将承担违约责任。

（2）既定事实条件——如果是已经发生的事实，即使当事人不知道，也不是条件。

（3）不能的条件。

（4）不法条件。

以上述事实为条件者，法律行为视为没有条件约束。例如，在前述例子中，弟弟虽然不知道父亲已经死亡并且将遗产留给自己，那么他与哥哥的约定有效，但可以适用《民法典》第 147 条请求可撤销的救济。

（七）不许附条件的法律行为

1. 有关身份的法律行为不得附条件。有关身份的法律行为主要是指婚姻、收养等，如果允许这些行为附条件，就会明显有悖于公共利益，同时也有悖于基于上述关系形成的共同关系。[①]另外，如果允许婚姻附条件，那么当事人的身份关系就处于一种与婚姻的本质不相符合的不确定状态中，违反了婚姻的终生性规则。[②]

2. 形成权不得附条件，如撤销、追认、解除、权利的抛弃等。因为，形成权的功能就在于使某种不确定的行为的效力得以确定，如果再允许附条件，就会使行为的效力变得更加不确定。

3. 登记行为不得附条件，如房屋的所有权登记等。因为，登记应当记载权利的真实情况，而不能将一种权利的不确定状态登记于登记簿，否则难以起到权利公示的作用。

4. 特别法上的限制，如票据法上禁止票据行为附条件，这是由票据的无因性决定的。另外，继承的接受或者拒绝、遗赠的接受或者拒绝、担任遗嘱执行人的接受与拒绝，都不能附条件，因为，这些行为对其他人具有意义，因此应避免出现效力未决的状态。

（八）条件发生的结果

1. 附停止条件的法律行为，在条件发生时发生效力。

2. 附解除条件的法律行为，在条件发生时失去效力。

在此应当明确指出，附条件的法律行为与其他效力待定的法律行为不同，其没有溯及力。

（九）违反诚实信用恶意阻止或者促成条件发生的后果

由于条件的发生或者不发生对于当事人双方具有利益，所以，当事人可能

---

① ［德］卡尔·拉伦茨：《德国民法通论》，王晓晔等译，法律出版社 2003 年版，第 689 页。

② ［德］迪特尔·梅迪库斯：《德国民法总论》，邵建东译，法律出版社 2000 年版，第 639 页。

会为了自己的利益而违反诚实信用恶意阻止或者促成条件发生。无论是按照我国的法律规定，还是大陆法系国家的一般规定，结果都是向相反的方向发生效力，即违反诚实信用恶意阻止条件发生的，视为条件已经发生；违反诚实信用恶意促成条件发生的，视为条件没有发生（《民法典》第159条）。

但是，需要讨论的问题是：如果一种法律行为的生效需要政府部门决定的，一方当事人通过各种手段和关系，促使政府部门没有批准或者批准的，是否适用上述规则？尽管从理论上说，不应适用，因为政府部门的行为是不应，也不能被当事人所左右的。但是，这种情况在我国实在是一个很普遍的问题，因此，我建议应该适用。而且还可以适用侵权行为法进行救济——相对人与第三人共同侵权或者政府部门以作为或者不作为的方式侵害权利，但政府部门确有理由批准或者不批准的除外。

（十）在条件没有发生期间的法律行为的效力

德国学者指出：尽管依赖于条件的法律效果在条件成就时才发生效力，但下面的说法仍然是错误的，即附条件的法律行为在条件成就前根本没有任何法律约束力。实际上，双方当事人在实施法律行为时，尽管条件的成就与否还很不确定，但他们都已经认为行为的效果是有效的，并同时使自己承担下列义务，即任何当事人不得单方撤回他的意思表示。而且，实际上，在这段不确定的时间里，双方当事人的行为也已经受到某些特定法律要求的约束，而这些要求也全面保证了一旦条件出现时，法律行为所要达到的法律效果能够得到实现。① 简单地说，附条件的法律行为在条件没有发生期间，是已经成立但尚未生效的法律行为。

（十一）负担行为与处分行为都可以附条件

负担行为，如买卖合同，当然是可以附条件的，但处分行为也可以附条件，例如，所有权保留就是典型的附条件的处分行为。

---

① ［德］卡尔·拉伦茨：《德国民法通论》，王晓晔等译，法律出版社2003年版，第694页。

二、附期限的法律行为

（一）附期限的法律行为的概念与制度价值

附期限的法律行为是指以将来确定发生的事实作为限制法律行为效力的条件的法律行为。制度价值同于附条件的法律行为。《民法典》第160条规定："民事法律行为可以附期限，但是根据其性质不得附期限的除外。附生效期限的民事法律行为，自期限届至时生效。附终止期限的民事法律行为，自期限届满时失效。"

（二）期限的种类

1. 始期与终期。始期与终期，相当于停止条件与解除条件的效力。实际生活中，始期一般用"届至"，而终期往往用"届满"的措辞。

2. 确定期限与不确定期限。确定期限是指具体日期，如2020年8月8日；不确定日期是指具体日期在设定时不能确定的，如在某人死亡时。

（三）期限与条件的区别

期限是必定到来的，而条件则不一定。但有的时候要根据具体情况加以判断。例如，"下次下雪时"，是条件还是期限？如果在哈尔滨，就是期限；如果在广州，则为条件。总之，只要事实不确定，就是条件。

（四）期限的具体计算

1. 以具体日历设立的——以具体时间。

2. 以期间设立的——按照《民法典》第203条的规定，期间的最后一日是法定休假日的，以法定休假日结束的次日为期间的最后一日。期间的最后一日的截止时间为24时；有业务时间的，停止业务活动的时间为截止时间。

3. 以事实发生为设立的——以事实的发生具体时间为期限的到来。

（五）期限到来后的效力

在始期到来时，法律行为发生效力。在终期到来时，法律行为失去效力。

（六）不许附期限的法律行为

一般来说，不许附条件的法律行为，同时也不得附期限。但也有例外，如在形成权行使中，关于终止某种法律关系的行为可以附期限。就如学者所指出的：附期限在终止中不仅仅被允许，而且还被作为规则来适用。因为这样做的原因在于考虑到另一方的利益，使他们对于由此对终止后引起的法律状态有所准备。[①]

① ［德］卡尔·拉伦茨：《德国民法通论》，王晓晔等译，法律出版社2003年版，第690页。

第三章 法律行为的无效

第一节　法律行为无效概述

一、法律行为无效的概念

法律行为的无效是指法律按照一定的标准（条件）对于已成立的法律行为进行评价后所得的否定性结论。也就是说，法律行为因不具备生效条件而使得当事人预设的法律后果不能发生。在理解法律行为无效这一概念时，应注意与其他法律救济制度的区别。

二、无效与可撤销的区别

（一）无效与可撤销的价值考量方面的区别

法律行为的无效与可撤销，又称为法律行为的绝对无效与相对无效制度。前者是指因法律行为严重违反法律规定的生效条件，当事人预定的法律效果不仅在当事人之间不发生，而且在其与第三人之间也不发生[①]，即体现了法律对这种法律行为的坚决否定的态度。而可撤销的法律行为则多是因为当事人的意思表示存在瑕疵，即不具备《民法典》第143条中规定的“意思表示真实”之要件，虽然法律不对其作否定性评价而允许其生效，但法律同时赋予受不利影响的一方当事人在一定期间内根据自己的利益衡量对法律行为作出有效或者无效的自由决定，即决定是否撤销的权利。

对于法律行为的无效与可撤销制度是否区别对待，各国学理有较大的差异和争论。在德国存在着两种截然对立的观点，即区别说和统一说。统一说反对区别无效法律行为制度与可撤销的法律行为制度。最著名的代表人物为凯普（Kipp）与马尼克（Manick）。凯普试图证明无效和可撤销之间的竞合，即无效的行为同时也是可撤销的，进而达到相同的后果来说明二者是相同的。他认为，一切法律现象均可归结为一点，即在法律规定的事实条件发生前，该项判断是假设性的；由于以后事实的发生，这一判断就失掉其假设性，成为非假设性的。例如，法律规则的内容为：凡损害他人的人应该支付损害赔偿。使人遭受损失的这一事实就使该项法律规则内含的法律判断成为非假设性的。利用这一机制可以理解一切法律现象。如果我们承认一切法律现象都是从假设性的判断过渡到非假设性的判断，可以设想人们既可以援用无效原因，也可以援用可撤销原因达到无效的效果，即非假设性的判断。几种原因同时能够达到同一结果或同样一套事实能被列入不同性质的分类，在这种限度内无效的法律行为是可以撤销的。例如，甲使用欺诈手段向未成年人乙购买一项财产，如果监护人不追认，买卖是不生效力的。未成年人的无行为能力是一项无效原因，而欺诈则是一种可撤销原因。无论行使哪一种，效果是一致的。[②]

凯普的反对者认为，凯普忽视了一个基本的要点，即一项法律行为能否展开法律效力。区别无效的民事行为和可撤销的民事行为就是从这一点出发的。凯普的理论实际上是放弃了这一区别。但实际上，在他们自著的著作中仍然存

---

① ［德］卡尔·拉伦茨：《德国民法通论》，王晓晔等译，法律出版社2003年版，第628页。

② 沈达明等编著：《德意志法上的法律行为》，对外贸易教育出版社1992年版，第180页。

在这种区别，所以，他们是自相矛盾的。[①]

与凯普一样，马尼克也否认无效与可撤销之间的差别。他的出发点是无效的法律行为是没有效益的。他认为，可撤销性的真正意义在于使真正的法律行为对抗法律行为的表象。法律行为无效的原因与可撤销的原因同样需要说明。两者之间的区别仅在于能主张无效力的人数不同，因而，二者的区别在于诉讼法而不在实体法。但其反对者指出，马尼克将一个可撤销的法律行为的效力归结为表象，而不是真正的法律行为，这是错误的。因为，这些效力尽管是暂时性的，但在这个限度内是真正的法律效力而不是幻想。[②]

《德国民法典》并没有采用这种统一理论，仍然在法典中保留了可撤销与无效之间的区别。例如，该法典第 116 条至第 118 条是关于意思表示无效的规定，而第 119 条至第 120 条则是关于意思表示可撤销的规定。

在法国，学理上也有人否定区分无效和可撤销的实际意义。如法国学者谢瓦里埃迪里认为，由于每一种无效原因均有其自己的特殊性质，故应当抛弃绝对无效与相对无效的分类。[③]但学理上的主流观点仍然认为对二者的区分具有实际意义。《法国民法典》也采取肯定的观点，该法典第 1110 条至第 1113 条是关于无效的规定，第 1114 条、第 1115 条、第 1117 条均是关于可撤销的原因。

在法国民法的发展史上，对适用无效制度和可撤销制度的区分标准，经历了一个从量到质的发展过程。对合同（法律行为，因《法国民法典》无法律行为的概念，但其学者都认为合同制度就是法律制度的典型代表）无效制度（这里包括绝对无效与相对无效）这一法律现象，法国作家采用了一种形象化的解释方法：他们将合同比喻为某种“机体”，无效则是这一机体所具有的特殊状态。而绝对无效与相对无效的确定，就取决于这一状态的严重程度。他们认为，当合同的特殊状态极为严重时，为绝对无效。由于绝对无效的合同缺乏合同成立的条件，故其犹如“死产儿”，一开始就注定了不能生存。当合同的特殊状态不严重时，为相对无效。相对无效的合同只是不健全、有缺

① 沈达明等编著：《德意志法上的法律行为》，对外贸易教育出版社 1992 年版，第 187 页。

② 沈达明等编著：《德意志法上的法律行为》，对外贸易教育出版社 1992 年版，第 187 页。

③ 尹田编著：《法国现代合同法》，法律出版社 1995 年版，第 199 页。

陷，是可以治愈的。属于相对无效的合同包括：因同意具有瑕疵而无效、因行为人缺乏行为能力而无效、合同因存在损害而被撤销等。法国现代通行理论就合同绝对无效与相对无效的区分确定了这样的标准：在法律有关合同无效的规定中，某些规定是基于保护社会利益的需要，当合同违反法律的这些禁止性规定时，为绝对无效；而另一些规定是基于保护个人利益的需要，当合同违反这些规定时，为相对无效。[①]

在我国，无论是学理上还是立法上，对无效与可撤销制度均采取区分说：1986 年《民法通则》在关于无效和可撤销的问题上就是采取区分说；1999 年的《合同法》沿用了这一区分说观点；2017 年通过的《民法总则》，以及 2020 年通过的《民法典》，都仍然坚持区分说。

我国主流的学理也坚持“区分说”。例如，有学者指出，合同的无效制度和可撤销制度是法律对欠缺有效条件合同的否定性评价，但两者的否定性程度有所不同。无效这种否定性评价是坚决不按当事人的意思赋予法律效果，因而无效的合同是自始绝对地不发生履行效力，而且无效的确认权在法院而不在当事人，即使当事人双方都愿意使合同有效，也无济于事。合同的撤销这种否定性评价具有相对性，是在尊重受害人意思基础上的否定性评价：如果受害人仍然让合同有效，愿意继续履行其债务，法律承认并保护之，不再强制地令合同无效；如果受害人不愿意受合同约束，为使自己免受不利益，可以主张合同归于消灭。也就是说，法律将决定合同命运的权利交给当事人自己。为什么会出现这种差别呢？因无效制度所要解决的是严重危害国家和社会公共利益的合同，这类合同与合同制度的目的背道而驰，法律自然应当取缔；至于一般地欠缺有效条件的合同，它的存在与否主要关系到当事人之间的物质利益分配是否公正，对国家利益或社会公共利益没有损害或损害较轻，即使按受害人的意愿使合同有效履行，也无妨大局，故以撤销制度来救济这类合同，将请求撤销的权利交给受害人。[②] 也就是说，区分无效法律行为与可撤销法律行为的标准是根据其损害的是国家利益和社会公共利益，还是私人利益。损害前者的为无效

---

① 尹田编著：《法国现代合同法》，法律出版社 1995 年版，第 199 页。

② 王家福主编：《民法债权》，法律出版社 1991 年版，第 345—346 页。

制度救济的对象，损害后者的为可撤销制度救济的对象。

法律行为的无效与可撤销制度，反映了国家对私法社会干预的尺度和标准，在法律行为效力方面对意思自治的限制。如果法律行为违反或者损害了除了当事人之外的他人利益而对之造成损害，则法律行为的当事人就已经超出了私法自治的界限，显然就不是自治的问题，即当事人不能对法律行为效力作出有效的决定，法律必须采取坚决否定的态度，这就是法律行为的无效制度。反之，如果法律行为仅仅限于双方当事人之间，当事人就可以自由约定和决定，特别是在合同这种法律行为中仅仅损害缔约当事人之一方时，法律自然没有坚决否定的必要，于是，就把对法律行为效力的决定权交给受损害人自己。这就是法律行为的可撤销制度。从下面所讲的法律行为无效与可撤销原因的区分，可以看出这种制度价值的明显体现。

（二）无效与可撤销制度在原因上的区别

法律行为的相对无效与绝对无效制度反映了国家对私人关系的干预和评价的态度，故建立合理的评价制度具有重要意义。无效和可撤销的区分对当事人的利害得失有较大影响，对国家经济秩序也有不同程度的影响。这种评价标准（无效与可撤销的条件）从我国《民法通则》到《合同法》，再到2017年《民法总则》，最后到《民法典》，有较大的变化，而这种变化也反映了我国民法的进步，反映了国家对私人行为干预的减少，对私法自治的尊重。下面我们就这一制度的变迁作一个简单的纵向对比。

我国《民法通则》第58条规定了使法律行为无效的原因：（1）无民事行为能力人实施的；（2）限制民事行为能力人依法不能独立实施的；（3）一方以欺诈、胁迫的手段或者乘人之危，使对方在违背真实意思的情况下所为的；（4）恶意串通，损害国家、集体或者第三人利益的；（5）违反法律或者社会公共利益的；（6）经济合同违反国家指令性计划的；（7）以合法形式掩盖非法目的的。第59条规定了可撤销合同的两种原因：（1）行为人对行为内容有重大误解的；（2）显失公平的。与大陆法系国家民法典相比，我国《民法通则》的规定无限地扩大了无效法律行为的范围，而极大地缩小了可撤销法律行为的范围。这样就将许多本来应由当事人个人行使的决定法律行为命运的权利归到法院或者其他机关，扩大了国家对私人生活的干预，造成了严重的后果。首先，法律行为，尤其是合同的大量无效导致了交易成本的增加和社会资源的大量浪费；其次，法律行为的大量无效导致了人们对这一制度的不信任，从而使法律行为制度这一市场经济制度的纽带和桥梁作用得不到有效的发挥；最后，法律行为无效制度的过于宽泛的适用，滋生了当事人利用无效制度违约背信而逃避法律责任。① 在某种程度上，无效制度成了某些当事人损人利己的避风港。这些弊端受到了学理的尖锐批评，并引起执法和立法的高度重视，故在1999年《合同法》的立法过程中，改变了《民法通则》的体例，扩大了可撤销合同制度的范围，而缩小了无效制度的范围。这在实质上是扩大了私人支配的领域，从而将确定法律行为效力的权利更多地赋予了当事人。具体说来，《合同法》作了如下规定。

1. 关于绝对无效的原因：（1）一方以欺诈、胁迫的手段订立合同，损害国家利益的；（2）恶意串通，损害国家、集体或者第三人利益的；（3）以合法形式掩盖非法目的的；（4）损害社会公共利益的；（5）违反法律、行政法规的强制性规定的。

2. 关于可撤销的原因：（1）因重大误解订立的合同；（2）在订立合同时显失公平的；（3）一方以欺诈、胁迫的手段或乘人之危，使对方在违背真实意思的情况下订立的合同。

到2017年的《民法总则》，我国对于法律行为的无效与可撤销的原因又一次进行了改变。在《民法总则》第六章第三节“民事法律行为的效力”中，对于无效的原因规定是：（1）无民事行为能力人实施的法律行为；（2）以虚假意思表示实施的法律行为；（3）违反法律、行政法规的强制性规定的法律行为；（4）违背公序良俗的法律行为；（5）行为人与相对人恶意串通，损害他人合法权益的法律行为。

《民法总则》（第147条至第151条）关于可撤销的具体原因是：（1）基于重大误解实施的法律行为；（2）一方以欺诈手段，使对方在违背真实意思的情况下实施的法律行为；（3）第三人实施欺诈行为，使一方在违背真实意思的情

---

① 王卫国：《论合同无效制度》，载《法学研究》1995年第3期。

况下实施的法律行为（对方知道或者应当知道该欺诈行为的）；（4）一方或者第三人以胁迫手段，使对方在违背真实意思的情况下实施的法律行为；（5）一方利用对方处于危困状态、缺乏判断能力等情形，实施的显失公平的法律行为。

《民法典》坚持了2017年《民法总则》的规定。从《民法典》的规定看，原因是比较合理的，基本上反映了法律行为无效的宗旨，反映了立法对这些年来理论研究成果的尊重，也反映了对私法自治的尊重。

三、法律行为无效与效力待定的区别

效力待定并非无效，而是待定的条件出现或者经同意或者追认后可以生效的法律行为。

效力待定之中所谓的“效力”与无效中的“效力”不同，前者是指法律行为因不完整而等待完整中的效力状态，而后者则是指预设效果能否达到的问题。例如，未经法定代理人同意的限制行为能力人所为的行为，因意思表示的不完整故为效力待定的法律行为。但即使其法定代理人同意后，还必须经过法定条件的评价，有可能成为有效的法律行为，也可能成为无效的法律行为。因此，可以说，法律行为无效与效力待定有以下几个主要的区别：（1）制度目的不同。无效制度是法律对当事人行为的控制，而效力待定则有的是当事人自己对法律行为的控制（如附条件与附期限的法律行为），有的则是因第三人有决定权而尚未实施决定的行为（如同意和追认），可以将其归于私人控制。（2）控制条件不同。法律对无效的控制主要限于损害法律、公序良俗、第三人利益等；而效力待定则是某些事件的发生或者某人的行为的出现。（3）效果不同。效力待定的法律行为是指法律行为因某种特殊原因处于不确定状态，有可能发生预设法律效果，也有可能不发生当事人预设的效果。而无效则是已经确定不能发生法律效力的法律行为。

四、对于无效原因的简单梳理及本书研究的重点

从《民法典》“总则编”第六章第三节中关于法律行为无效的原因看，主要有：无行为能力人实施的法律行为，虚假法律行为，违反法律与行政法规的强制性规定的法律行为，违背公序良俗的法律行为，行为人与相对人恶意串通、

损害他人合法权益的法律行为。

鉴于对无行为能力、恶意串通而损害他人合法权益的法律行为之无效的讨论已经相当充分，故本书不再作详细讨论。

第二节 法律行为因缺欠法定形式或者约定形式而无效

一、形式与意思自治原则的对立和统一

按照意思自治原则，法律行为发生效力的唯一根据是当事人之间的意志或者合意，如果法律强行要求某种形式作为其附加物，即是对意思自治的侵犯。这是 18、19 世纪“意志至上论”在民法典上的必然结论，但从民法的历史发展上看，却远非如此。

众所周知，罗马法推崇形式主义，罗马法学家甚至宣称“形式是自由的天堂”。根据形式主义的要求，当事人在订立契约时必须履行特定的仪式，合同方可对当事人产生效力。[①] 关于此点，梅因在考察罗马契约早期史时，就作了较为详细的论述，即使是口头契约，也要履行特定的仪式，否则，就不产生债的约束力。[②] 在罗马法上，凡是符合法律规定的外在形式的合同当然发生效力，但不具备形式的合同，则有很多限制，例如“原因”就是控制条件之一。因此，当 1804 年的《法国民法典》第 1108 条出现“合法的原因”作为契约生效条件时，我们不应该感到惊讶。罗马法的形式主义在日耳曼法中得到了较好的继承，这与日耳曼法一贯坚持表示主义有较大关系。

法国中世纪的教会法长期地继承了形式主义的传统。教会法学者们在不断地教诲人们“恪守诺言”的同时，发觉这一道德准则上升为法律规范所存在的某种危险。这是因为缺乏特定形式的许诺总有可能是基于当事人的轻率或由于当事人的受欺诈而作出的。而要求当事人完成某种仪式，则无异于强迫当事人对其诺言进行慎重的考虑。因此，直到 13 世纪，作为一种神圣的和宗教的行

① 尹田编著：《法国现代合同法》，法律出版社 1995 年版，第 180 页。

② ［英］梅因：《古代法》，沈景一译，商务印书馆 1995 年版，第 182—190 页。

为的当事人之宣誓，仍然是合同被赋予债权效力的必经程序。到 15 世纪同意主义学说才在法国得以确立。[①]

从表面上看，对法律形式的要求的确与契约自由存在矛盾的一面，但是也有诚如罗马法学家所说的“形式是自由的天堂”的一面，即使得表意人再次考虑自己的意思以免轻率。如果仅仅从理论上说，非要式主义（同意主义）无疑是最符合逻辑的。但在实际上，交易安全始终是行为人的共同追求，在这一方面同意主义显然不如形式主义有力。当绝对的不要任何形式的自由使得彼此同意一致的内容无法证明或被歪曲时，这种自由就会变得徒有其表。故即使是采取非要式主义的国家，也越来越需要凭借书面或其他的方式作为证明权利义务存在的辅助手段。

二、形式的意义与分类

（一）形式的意义

从历史的发展来看，形式的意义经历了一个从“实质”到“形式”的变化过程。在罗马法上，法律后果产生于形式化的行为[②]，人们必须严格遵守形式，因为人们认为形式是形成法律约束力的真正原因。那么，现在人们则认为，产生约束力的原因在于行为当事人表达出来的意思本身。因此，形式仅仅是法律行为（合同）发生效力的一个附加要求。这一观点取得最终胜利，大概在自然法崛起的 17 世纪……对于旨在引起法律后果的意思表示而言，形式成了一个并非必不可少的因素。[③] 在今天的合同法上，以契约自由支持的形式自由取得了真正的胜利，而法律对形式的要求仅仅是例外。相对来说，法律在关于绝对权契约方面的形式要求比关于相对权契约方面的形式要求要多。

虽然形式自由具有统治地位，但如果认为形式在现代合同法上没有任何意义，也是错误的。学者普遍认为，从私法意义上来讲，形式在今天的意义主要

---

① 尹田编著:《法国现代合同法》，法律出版社 1995 年版，第 181 页。

② ［德］海因·克茨:《欧洲合同法》，周忠海译，法律出版社 2001 年版，第 113 页。

③ ［德］卡尔·拉伦茨:《德国民法通论》，王晓晔等译，法律出版社 2003 年版，第 555 页。

有以下几个方面。

1. 形式有利于维护法当事人的利益，避免因操之过急而遭受损害

我们必须承认，口头形式与非口头形式相比，非口头形式更能提醒或者唤起当事人的注意。德国学者指出：人们，特别是普通人会有这样的印象，即一旦拿起笔他们便进入义务领域。这时便使其注意力集中在这样的问题上，他们是否真的想要从事一项法律上可履行的交易。[①] 德国人在关于法律行为形式的立法理由书中这样写道："遵守某种形式的必要，可以给当事人产生某种交易的气氛，唤醒其法律意识，确保其作出决定的严肃性。此外，遵守形式可以明确行为的法律性质，仿佛硬币上的花纹，将完整的法律意思印在行为上面，并使法律行为的完成确定无疑。最后，遵守形式还可以永久保存法律行为存在及内容的证据，可以简化诉讼程序。"

2. 形式有利于维护第三人利益[②]

有时，第三人虽然不是当事人，但是，法律行为的效力会对第三人产生重要影响。例如，抵押合同对不动产购买人、土地上的地上权对土地所有权的购买人等。所以，对抵押合同采取特定形式，对第三人利益的安全会起到保护作用。

3. 一旦发生纠纷，便于当事人举证

从这个意义上说，书面形式比口头形式更有价值。

（二）形式的分类

1. 以形式产生的根据为标准，可以将形式分为法定形式与约定形式

法定形式，是法律要求的形式，而约定形式是当事人根据意思自治原则商定的形式。

法律之所以要求某些法律行为必须遵循特定形式，主要是基于两个原因：（1）对于有些行为，必须规定特别清楚明了的方式，因为这些行为对于当事人本身，有时对于第三人或者对于某个人的法律地位，都具有长时间的、深刻的意义；（2）敦促当事人认清有关行为的经济意义或者固有的风险，促使他们尽

① ［德］海因·克茨：《欧洲合同法》，周忠海译，法律出版社 2001 年版，第 116 页。

② ［德］迪特尔·梅迪库斯：《德国民法总论》，邵建东译，法律出版社 2000 年版，第 462 页。

量表达得准确，并可方便今后对行为的证明。[①]

对于法律行为的形式，在法律没有特别要求的前提下，当事人也可以根据意思自治的原则，进行自由约定。但是，法定形式与约定形式的法律意义不同，因此，当事人违反形式的后果也就有所不同。

2. 以形式的外部表现为标准，可以将形式分为书面形式、认证形式、公证形式与其他形式

（1）书面形式。书面形式是可以有形地表现法律行为内容的形式。根据《民法典》第 469 条，书面形式是合同书、信件、电报、电传、传真等可以有形地表现所载内容的形式。以电子数据交换、电子邮件等方式能够有形地表现所载内容，并可以随时调取查用的数据电文，视为书面形式。

可以说，书面形式是法律效力最弱的法定形式，因为满足书面形式要求最为容易，因此，这种形式提供的避免操之过急的保护也最弱。行为人只需要亲笔签名即可，而不需要亲笔书写有关文件。这样也在很大程度上提高了伪造签名的危险。[②]

（2）认证形式。认证形式是指公证人仅仅对签名的真实性公证，而不涉及法律行为内容。认证形式的对象仅仅是法律行为当事人的签名，而不是法律行为（合同）的整个内容，它可以保证签名的真实性，避免了签名的伪造，但无法保证内容的适当性。

（3）公证形式。公证形式是指公证人不仅仅对法律行为（合同）的签名，而且对法律行为（合同）整个内容进行证实的形式。这种形式对当事人的保护最强，在最大程度上达到了避免当事人因操之过急带来的损害以及明确法律关系并保全证据的目的。而且，这种形式还可以保障当事人在合同订立过程中有专门的法律咨询。

（4）其他形式。例如，在承认物权行为的国家中，关于转移不动产所有权的合意，必须要求双方当事人亲自到场，并将合意进行登记。其实，在我国的不动产买卖登记中，也含有这样的意义。

---

① ［德］卡尔·拉伦茨:《德国民法通论》，王晓晔等译，法律出版社 2003 年版，第 556 页。

② ［德］迪特尔·梅迪库斯:《德国民法总论》，邵建东译，法律出版社 2000 年版，第 463 页。

三、关于法律行为形式问题的学理和立法

应该说，我国是从计划经济转化而来的市场经济国家，因此形式的要求是一种惯性。尽管我国《民法典》“总则编”关于法律行为生效的要件中，没有明确列明“形式要件”的要求，但这并不代表我国就形式要件对于法律行为效力的影响没有规定。《民法典》第 135 条规定：“民事法律行为可以采用书面形式、口头形式或者其他形式；法律、行政法规规定或者当事人约定采用特定形式的，应当采用特定形式。”第 143 条规定了“不违反法律、行政法规的强行性规定”的要求。而《民法典》“合同编”中对某些合同要求了特定的形式，例如，《民法典》第 668 条规定的非自然人之间的借款合同、第 348 条规定的土地使用权出让合同要求书面形式等。违反这些法律要求的形式，会导致法律行为无效。

但是，如果认为，仅仅是我国法律要求法律行为的形式，那就大错特错了。根据《德国民法典》第 125 条第 1 款的规定，不遵守法律规定的形式而完成的法律行为无效。对该条可作各种解释，但根据《德国民法典》的起草者的解释，这是对契约形式自由原则的反面规定，因为民法典不必规定契约形式自由的原则，只有法律对形式有特别要求时，契约的生效才以该形式为要件，而当法律不提出形式要件时，就承认形式自由为一般原则，故《德国民法典》与《瑞士债务法》第 9 条的规定一样，是就形式自由原则的例外作出规定并明确其制裁。[①]

法国是公认的实行“不要式主义”的模范，但法国学理界也注意到，在一个不要求任何形式的合同法体系中，谨慎就不再是订立合同时必须注意的问题。于是，当事人就有可能成为自己轻率或相对方欺诈行为的牺牲品。由于没有任何明显的外部方式将当事人的确定的同意与其成立合同前的协商相区别，故当事人有可能在完全出乎意外的情况下被自己的某句话所约束。而法律对合同形式的强制要求可以避免上述危险，因为当事人借此可以知道自己身在何处。故从某种意义上讲，形式主义是当事人意志的保护神，它可以使每一方当事人不受自己的疏忽或对方欺骗的损害，所以，形式主义的道德价值也是不可

---

① 沈达明等编著：《德意志法上的法律行为》，对外贸易教育出版社 1992 年版，第 93 页。

忽视的。与此同时，依同意主义订立的合同的最大不足是口说无凭，出现纠纷时当事人有可能无法履行其举证义务。而合同之外的第三人又可能因对合同成立的一无所知而处于不利的境地。同时，如果当事人总是秘密地订立合同，从财税上考虑，也完全有可能损害国家利益。[①] 于是，《法国民法典》于第三编第六章专门规定了“债务及清偿的证明”，在实际上也就间接地采用了形式主义。

在英国，原则上对合同的成立没有任何形式的要求，合同性允诺的有效性并不需要作成书面或其他形式的要求。[②] 合同的书面形式仅仅起到证据的作用。但是，在 17 世纪初期的诉讼制度下，依当事人之间的口头协议审理的案件造成了一些严重的弊端。那时，事实问题由陪审团根据自己的判断作出裁判，当事人无权就双方所作的事实陈述进行证明，法官没有对陪审团的武断裁判进行控制的有效手段。这种情况使一些人觉得有机可乘，诱使他们使用虚假的口头证据去证实合同或诺言的存在。为了防止这种现象，英国议会于 1677 年通过了《防止欺诈和保证法》，即通常所说的《欺诈行为法》。该法规定了 6 种合同必须采取书面形式：（1）有关遗嘱执行和遗产管理的合同；（2）担保合同；（3）就婚姻的对价订立的合同；（4）不动产合同；（5）不在一年内履行的合同；（6）买卖合同。[③] 随着时间的推移，英国议会于 1954 年废止了该法的大部分内容，只保留了担保条款和不动产条款。

美国法在合同形式方面可以说是步英国之后尘，就在英国 1954 年废止了《诈欺行为法》后，美国法至今仍就存废问题争论不休。美国大多数州全盘接受了英国的 1677 年的《诈欺行为法》所规定的几种需要采取书面形式的合同之规定，甚至美国《统一商法典》第 2—201 条规定，对价金超过 500 美元的合同必须采用书面形式，这也是采纳英国法的结果。[④]

因此，对于形式的要求，绝不是我国法上才有的特例，大部分国家对形式都有要求。但无论如何，法律对于形式的要求属于特别要求，对于大部分法律行为来说，法律并不要求特定形式，当事人可以自由约定。因此，法律行为的

---

① 尹田编著：《法国现代合同法》，法律出版社 1995 年版，第 182 页。

② 沈达明编著：《英美合同法引论》，对外贸易教育出版社 1993 年版，第 78 页。

③ 王军：《美国合同法》，中国政法大学出版社 1996 年版，第 88 页。

④ 王军：《美国合同法》，中国政法大学出版社 1996 年版，第 90 页。

形式也就自然分为法定形式和约定形式两种。法律行为不符合法定形式和约定形式，法律后果也不相同。下面分别论述。

四、违反法定形式的后果

既然法律规定了某些法律行为（合同）必须遵守特定形式，如果当事人没有遵守这种形式，将导致无效的法律后果。大陆法系的许多国家都采取这一原则，例如，《德国民法典》第 125 条、《瑞士债务法》第 11 条、《荷兰民法典》第 339 条、《希腊民法典》第 159 条、《意大利民法典》第 325 条、《葡萄牙民法典》第 220 条、《波兰民法典》第 73 条等。许多国家的判例采取严格的原则，即使当事人在诉讼中不主张法律行为（合同）无效性，并且愿意将未遵守法定形式的法律行为（合同）视为有效，仍然适用无效原则。[①] 法官不得以“诚实信用”要求当事人在未遵守形式的情况下履行诺言为由来限制法律行为的无效性。法律规定在不遵守强制形式的情况下订立的合同无效，这是保证当事人遵守这些形式的唯一途径，否则，形式规定就会变成无约束力的建议。[②]

但是，是否对所有违反形式要件的法律行为都无一例外地确定为无效？是否有个案的公平性矫正？许多国家的学理、判例，甚至立法均予以特别关注。有的学者指出：在解释形式的规定时，应当特别强调立法者所追求的目的。如果形式的目的仅仅是保护一方当事人免受因操之过急带来的危害，那么，如果他已经履行了他应当承担的义务，形式瑕疵即可补正。[③] 我国《民法典》第 490 条规定：法律、行政法规规定采用书面形式的合同，当事人未采用书面形式但一方已经履行主要义务，对方接受的，该合同成立。这显然也是采取了同样的原则。但是，如果法律行为（合同）形式的立法目的在于维护社会公共利益或者第三人利益，那么，违反合同形式就不能因为履行了合同义务而成为有效。例如，不动产的物权性合同，因涉及第三人安全利益，若不遵守法定形式，即使购买人交付了房款而对方接受，也将会导致合同无效。德国判例还持

---

① ［德］卡尔 · 拉伦茨：《德国民法通论》，干晓晔等译，法律出版社 2003 年版，第 563 页。

② ［德］卡尔 · 拉伦茨：《德国民法通论》，王晓晔等译，法律出版社 2003 年版，第 564 页。

③ ［德］卡尔 · 拉伦茨：《德国民法通论》，王晓晔等译，法律出版社 2003 年版，第 556 页。

这样一种观点："无害于遵守形式要件这个一般要件是重要的，而同样重要的是，法律不应当如此没有弹性，以致在不符合这一原则时造成令人难以接受的困境。"[①] 也就是说，当适用"无效规则"导致令人难以接受的结果时，判例可以进行个案矫正。例如，德意志帝国高等法院 1919 年的一份判决中指出：如果由于卖方的欺诈行为致使善意的买方认为交易合同有效，而后因价格上涨又打算终止合同时，卖方不能援引合同形式要件欠缺作为理由。[②] 德国有的学者主张，应当分析形式瑕疵产生的环境来评价未遵守形式的法律行为（合同）之效力。可以区分三类案件：（1）一方当事人就形式要件对对方当事人进行了恶意欺诈，以达到不承担有效义务的目的；（2）双方当事人都知道形式要件的存在，合同之所以未遵守形式要件，要么是由于双方当事人本来就相互信任，要么是由于一方当事人未能成功地说服另一方当事人遵守形式规定；（3）双方约定遵守形式，但由于疏忽大意而没有遵守。在第一种情形下，由被欺诈人在合同有效与无效之间进行选择；在第二与第三种情况下，合同无效。但是，在合同形式规定的目的不起作用时，合同有效，例如合同已经完全履行。[③]

我认为，德国判例规则与学理，对我国司法实践具有很高的借鉴意义。即使法律行为的形式是法定的，也应该区分具体情况来确定法律行为的效力，不能将形式要求绝对化，应参照法律对形式要求的目的及诚实信用原则来确定违反形式的法律后果。特别是，参照《民法典》第 153 条的规定，看这种形式是否属于指向法律行为效力的强行性规定。

五、违反约定形式的后果

根据契约自由的原则，即使合同法对合同的形式没有特别规定，当事人也可以进行约定。如果当事人违反约定形式的合同效力如何呢？对此，有的学者指出：在形式瑕疵的后果方面，意定的形式要求与法定的形式要求之间存在着重大区别。由于意定的形式要求只是当事人的创造物而已，因此，他们掌握着

---

① ［德］海因·克茨：《欧洲合同法》，周忠海译，法律出版社 2001 年版，第 131 页。

② ［德］海因·克茨：《欧洲合同法》，周忠海译，法律出版社 2001 年版，第 132 页。

③ ［德］迪特尔·梅迪库斯：《德国民法总论》，邵建东译，法律出版社 2000 年版，第 473—474 页。

决定违反形式要求的法律后果的权利。[①]《德国民法典》第125条规定："缺少由法律行为约定的形式者，在发生疑义时，也为无效。"当事人约定合同的特别方式，大体有两种情形：一是以从合同的方式对主合同的形式进行约定；二是在主合同中规定形式条款，如"本合同经双方签字盖章并经公证后生效"。只要当事人对法律行为（合同）的形式有特别的约定，则不论以何种方式，合同的生效均应以约定的方式具备后方生效力。

但是，当事人的约定毕竟不同于法律的规定，所以对当事人关于形式约定的"内容"的确定就显得十分重要。首先，应探讨当事人对形式的约定是作为法律行为（合同）的生效要件还是仅仅为了提供证据。当事人虽然约定了形式，但目的是作为权利义务存在的证据时，就不能认为法律行为（合同）不生效力。其次，即使形式是作为法律行为（合同）生效的要件，当事人可以明示或默示的方式改变或者废除先前的有关形式的约定，以避免无效后果的发生。最后，即使法律行为没有遵守约定形式，但双方都没有对法律行为的效力提出异议时，法官不得认定法律行为无效。

第三节　法律行为因违反强制性法律规定而无效

一、概述

我国《民法典》第153条第1款规定："违反法律、行政法规的强制性规定的民事法律行为无效。但是，该强制性规定不导致该民事法律行为无效的除外。"这里所谓的"除外条款"就是指，法律或者行政法规虽然是强行性规定，但其强行性并非指向法律行为之民法上的效力。例如，非法集资违反强行性规定，但集资的每一个合同的民法效力并不必然因为违反法的强行性规定而无效。应该说，该条规定是对我国最高人民法院《关于适用〈中华人民共和国合同法〉若干问题的解释（二）》（法释〔2009〕5号）第14条规定的继受。该条规定："合同法第五十二条第（五）项规定的'强制性规定'，是指效力性强

① ［德］迪特尔·梅迪库斯：《德国民法总论》，邵建东译，法律出版社2000年版，第477页。

制性规定。”

二、对于“效力性强行性法律规范的界定”

（一）学理上的争议

那么，何为“效力性强制性规定”呢？许多学者主张，强制性规定可以分为效力性规定和管理性规定（或者称为取缔性规定），违反前者将导致合同无效，而违反后者只是对违反者进行制裁，不否认其效力。[①] 有学者进行了非常有意义的分类，即“三分法”。其中，王利明教授和王轶教授的“三分法”具有代表性。按王利明教授的分类：（1）法律法规规定违反该规定，将导致合同无效或者不成立的，为当然的效力性规定；（2）法律法规虽然没有规定违反该规定将导致合同无效或者不成立，但违反该规定若使合同继续有效将损害国家利益和社会利益，也应属于效力性规定；（3）法律法规没有规定违反该规定将导致合同无效或者不成立，违反该规定若使合同有效并不损害国家利益和社会利益，而只是损害当事人利益的，属于取缔性规定。[②]

王轶教授的“三分法”是从对象入手的，即从强制性规范的对象来看，可以将其分为三种：（1）禁止性规定禁止的是某一类型的合同行为，当事人不得为该合同行为，只要相应的合同行为发生就会损害国家或者社会公共利益的；（2）禁止性规定禁止的是市场准入的主体、时间和地点问题，它与合同行为无关，相应的合同行为本身依然为法律所允许；（3）禁止性规定禁止的是合同的履行行为，合同本身依然有效，不能履行要承担违约责任。其中，（1）是效力性的强制性规定，（2）和（3）则为学者所称的管理性规定。[③]

上述学者的论述和分类，是从不同的视角对违反强制性规范进行的理论上的探讨和总结，也是对中国司法实践的总结，有积极的意义。我们可以以此为基础展开讨论。

---

① 张谷：《略论合同行为的效力——兼评〈合同法〉第3章》，载《中外法学》2000年第2期。

② 王利明：《合同法新问题研究》，中国社会科学出版社2003年版，第320—322页。

③ 王轶：《民法典的规范配制——以对我国〈合同法〉规范配制的反思为中心》，载《烟台大学学报》（哲学社会科学版）2005年第7期。

（二）个人的观点

1.“强行性规范”的概念及问题渊源

众所周知，“强行性规范”是与“任意性规范”相对应的概念，是指当事人不能依意思自治排除其适用的法律规定。但是，强行性规范仅仅是必须适用而不能排除的法律规范，但并不都是指向合同效力的。因此，并非违反任何强行性规范都将导致合同效力的病态。因此，在判断违反强行性法律规范对合同效力的影响时，一定要结合规范的目的和合同法的体系来综合判断。

2. 判断“效力性强制性规定”的标准

（1）判断何为“效力性强制性规定”的核心问题是规范的目的

任何规范都有目的，如果规范的目的在于对当事人意思自治的否定，则属于效力性强制。否则，就不应影响私法意义上的合同之效力。例如，史尚宽先生举例说，有的国家对营业时间在法律上有强制性限制，但立法目的仅仅是保护受雇人，而不是禁止交易行为效果的发生，属于取缔性或者管理性规定。[①]因此，即使在法律禁止营业的时间内交易，也不影响合同效力，但会引起对营业主的处罚。我国《公务员法》第 53 条对公务员经商的限制，也是为了加强对公务员的管理，但对于其已经从事的交易并不否认其效力。

（2）合同涉及的利益主体

一般来说，合同是双方当事人之间的事情，如果不涉及第三方利益，法律一般不会否定其效力，因此，违反《民法典》第 5 条的自愿原则并不必然引起合同无效。但是，如果合同涉及国家利益、集体利益或者第三人利益，特别是损害其利益时，就会引起无效。学者一般都同意这一观点。

（3）注意区分“物权行为”效力与“债权行为”的效力

我国法上是否存在物权行为与债权行为的区分，尽管在学理上存在争议，但在立法和司法解释中却始终都不能摆脱这种区分。因此，我们必须区分效力性强制性规范是针对物权的，还是针对债权，即合同的效力的。例如，我国《城市房地产管理法》第 36 条规定：“房地产转让、抵押，当事人应当依照本法第

① 史尚宽：《民法总论》，中国政法大学出版社 2000 年版，第 330 页。

五章的规定办理权属登记。”第 45 条第 2 款规定：“商品房预售人应当按照国家有关规定将预售合同报县级以上人民政府房产管理部门和土地管理部门登记备案。”而这里的要求是针对债权合同的，还是针对物权的？

在区分物权行为与债权行为时，显然登记或者备案都属于物权问题，而不是债权合同的问题。因此，我国最高人民法院《关于审理商品房买卖合同纠纷案件适用法律若干问题的解释》第 6 条第 1 款规定：“当事人以商品房预售合同未按照法律、行政法规规定办理登记备案手续为由，请求确认合同无效的，不予支持。”我国《民法典》第 215 条也明确规定，登记与否不影响合同效力。

（4）结合其他因素的综合判断

不能机械地套用标准进行判断，而是要结合其他因素综合判断。同样是涉及“市场准入的主体”问题，法律效力可能会不一样，有的是效力性强制，有的则不是效力性强制而是管理性强制。例如，违反金融管理法规，未经批准从事金融业务，就属于被否定效力的行为；违反《公务员法》第 53 条对公务员经商的限制，与他人进行一般商业性合同交易，就不属于被否定合同效力的行为。因为，前一种交易损害了国家的金融经济秩序，需要否定其效力；而后一种是一般性商业交易，并不损害市场秩序或者国家利益。因此，最高人民法院《关于当前形势下审理民商事合同纠纷案件若干问题的指导意见》规定：“人民法院应当综合法律规范的意旨，权衡相互冲突的权益，诸如权益的种类、交易安全以及所规制的对象等，综合认定强制性规范规定的类型。如果强制性规范规制的是合同行为本身即只要该合同行为发生即绝对地损害国家利益或者社会公共利益的，人民法院应当认定合同无效。如果强制性规定规制的是当事人的‘市场准入’资格而非某种类型的合同行为，或者规制的是某种合同的履行行为而非某种合同行为，人民法院对于此类合同效力的认定，应当慎重把握，必要时应当征求相关立法部门的意见或者请示上级人民法院。”

3. 我国司法判例规则

最高人民法院 2019 年《九民会议纪要》指出，人民法院在审理合同纠纷案件时，要慎重判断“强制性规定”的性质，特别是要在考量强制性规定所保护的法益类型、违法行为的法律后果及交易安全保护等因素的基础上认定其性质，并在裁判文书中充分说明理由。下列强制性规定，应当认定为“效力性强制性规定”：强制性规定涉及金融安全、市场秩序、国家宏观政策等公序良俗的；交易标的禁止买卖的，如禁止人体器官、毒品、枪支等买卖；违反特许经营规定的，如场外配资合同；交易方式严重违法的，如违反招投标等竞争性缔约方式订立的合同；交易场所违法的，如在批准的交易场所之外进行期货交易。关于经营范围、交易时间、交易数量等行政管理性质的强制性规定，一般应当认定为“管理性强制性规定”。

第四节　法律行为因违反善良风俗或者公共秩序而无效

尽管我国的学理很早就使用了“公序良俗”一词，但从民事立法上看，我国《民法典》第一次正式使用“公序良俗”的概念，并且规定违反之将导致法律行为的无效（《民法典》第 153 条第 2 款）。下面我们就来分析其概念及具体适用条件。

一、善良风俗

（一）善良风俗的概念与制度价值

善良风俗与诚实信用原则一样，属于民法中弹性较强的一般条款，其内涵与外延具有较大的伸缩性，并具有随时代变迁而变化的特点。能否对善良风俗进行一般性的定义呢？对于这一问题，存在两种不同的观点。一种观点认为，事实上由于善良风俗本身的特点，不能作出一般性定义，而只能进行类型化考察和研究。例如，德国学者迪特尔·梅迪库斯认为，所有关于善良风俗的概念表述都有正确的方面，无疑，社会道德具有重要意义，在评判有关行为是否违反善良风俗时，也要考虑这种行为是否与法律共同体的基础和基本制度相符合。但所有这些表述都不理想，因此，我们大概必须放弃对善良风俗做统一定义的尝试，而应当满足于描述同样类型的、可以认定存在善良风俗性的案例。[①]另一种观点则认为，可以而且应当对善良风俗作出一般性定义。在这种观点中，

① ［德］迪特尔·梅迪库斯：《德国民法总论》，邵建东译，法律出版社 2000 年版，第 514 页。

对于什么是善良风俗以及如何表达其内涵，也存在较大的不同。

德国学者哈伯施特隆普夫（Haberstrumpf）将其表述为：一切公平和正义的思想者的礼仪感。这一思想最初出现在萨维尼的著作中，《德国民法典》第826条的立法理由书中也曾有表述，《德国民法典》颁布实施后不久，帝国法院在一判例中引用了这一表述。[①] 这一观点立刻受到了学者的批评，认为，这一表述存在两个缺陷：（1）以"礼仪感"作为判断标准，几乎不能提供任何适合于第三人进行客观审查的标准。（2）将被考察的主体限制在"公平和正义的思想者"范围内，增强了这一表述的不确定性，更为重要的是，这一表达方式为利用善良风俗摧毁法制的意识形态开启了方便之门——裁判者可以将那些异于自己看法的思想，作为不公平的和非正义的思想予以铲除。例如，法西斯时期的1936年帝国主义法院的一项判决就将善良风俗等同于"人民的健康感受"，又将"人民的健康感受"等同于"国家社会主义的世界观"。[②]

德国学者西米蒂斯认为：善良风俗应该是指法官在处理有关涉及宗族与家庭生活领域内的条件时所要考虑的道德规范。对此，有学者反对说：没有任何理由说明就像西米蒂斯所一厢情愿的那样，善良风俗用于宗族生活与家庭生活而与商业活动无关。相反，在商业活动中，也大量适用善良风俗。[③]

德国法院普遍而且现在经常运用的判例规则确认，善良风俗是指所有善良合理思想的理智感觉。对此，有学者评论说，这一解释的缺点在于："善良和合理的思想"本身也需要被明确而客观地解释清楚，因此，就要求这种概念要有一个标准，即"善良合理思想"本身也要求一个定义。[④]

拉伦茨提出了一个解释性的概念，他认为，善良风俗包括两方面含义：一是包含了现今社会"占统治地位的道德"性行为标准，二是包含了法制本身内在的伦理性道德价值和原则。但是，下列几点应当注意：（1）"占统治地位的道德"并不是严格意义上的伦理学，并不是私人经验理智的准则，而

① ［德］迪特尔·梅迪库斯：《德国民法总论》，邵建东译，法律出版社2000年版，第512页。
② ［德］迪特尔·梅迪库斯：《德国民法总论》，邵建东译，法律出版社2000年版，第513页。
③ ［德］卡尔·拉伦茨：《德国民法通论》，王晓晔等译，法律出版社2003年版，第598页。
④ ［德］卡尔·拉伦茨：《德国民法通论》，王晓晔等译，法律出版社2003年版，第597页。

是社会的行为要求。这一社会的行为要求是基于我们文化团体成员的共同信仰，即大多数民众的道德观点。这些规定不仅运用于宗族生活和家庭生活，而且也运用于商业生活。（2）在一般社会生活和商业生活中，违反“占统治地位的道德”的行为，也是法制本身反对的行为。例如，高利贷、对经济弱者的剥削、利用短缺造成的普遍匮乏为自己私利而不顾后果的掠夺、故意给自己可能的合同对象制造假象，以及其他不公平的商业手段等，这些都是社会普遍反对的。法制本身也反对这种行为。因此，“占统治地位的道德”实际上就是《德国民法典》第 138 条规定的法律本身内在的伦理原则和价值标准。以事实上的行为方式和综合的评价标准来看，每一种被接受的社会道德或多或少地清楚地表明了他们实际上是一种对行为的要求，善良风俗这一法律概念也意味着一种对行为的要求，并且，这些对行为的要求来源于法律伦理标准的具体化，而这些法律伦理标准在法律制度中就能够找到它们的痕迹。尽管对善良风俗的概念的解释是多种多样的，比如，一方面是“标准的”解释，即占统治地位的社会道德，另一方面的解释是法律伦理的要求，而且这种法律伦理的要求已经存在于现行的法律制度之中。但这两种解释之间存在着内在联系，即这两个解释在法律和社会伦理上是交叉重叠的。（3）法律制度内在的法律伦理原则相对“占统治地位的道德”来说，具有优先地位，因为法院首先是和“法律与法”联系在一起的。法院只有在这种情况下才能适用“占统治地位的道德”标准——当“占统治地位的道德”和现行法律制度的基本原则相符合时，即当“占统治地位的道德”是对现行的法律制度的更好的解释。所以，当“占统治地位的道德”在关于某个问题的规定上不明确，或者相互矛盾或者不清楚时，法院根据它不可能作出明确的判决时，法院就必须首先适用法律制度的评判标准。①

拉伦茨关于“占统治地位的道德”这一观点，在法国也有相当的市场。在法国，关于确定善良风俗的标准，存在两种对立的观点：一种是经验主义的观点，而另一种是唯心主义观点。经验主义主张，应根据具体的时间和地点来考察某一行为是否正常和符合习惯。因此，对善良风俗标准的确定，不应根据宗教的或哲

① ［德］卡尔·拉伦茨：《德国民法通论》，王晓晔等译，法律出版社 2003 年版，第 601—602 页。

学的思想，而是根据事实和公众舆论。唯心主义认为，应由法官根据社会生活中居主导地位的道德准则去判断行为是否违反道德。因此，行为是否符合道德无须作具体的考察，而只需要作出判断即可。这种观点认为，经验主义实际上只能使善良风俗成为空洞的概念，因为法官不应服从于公众舆论。但这并不是说法官有可能确立一种关于善良风俗的一般原则，因为对某一国家的法律产生支配性影响的道德，本来就具有自身的某种特点。而善良风俗标准无非就是这种道德在善与恶之间划的界限。①实际上，善良风俗这一概念采用的是两种观念之间的某种妥协和调和。不过，不能将善良风俗与道德完全等同起来。善良风俗仅仅是指人们的外在行为表现是否符合习俗，即人们外在行为的社会道德。但这种社会道德不等同于“绝大多数人的实际做法”。例如，根据统计，法国已婚夫妇大多都对对方有点“不忠诚”，因此，不能认为符合这种“大多数人的做法”就是符合善良风俗。可以将善良风俗定义为：为社会秩序本身来说属于最基本的道德规则。②

我认为，在讨论任何问题之前，必须明确我们要讨论的问题是一个什么样的问题，即能否或者应否定义它，然后再讨论其具体内容。但在讨论善良风俗这一问题时，当人们试图按照传统的思路作定义时，会遇到两个方面的障碍：（1）抽象与具体的矛盾。一方面我们不应该忘记，善良风俗是作为民法上的行为规范和裁判规范③来适用的，因此，必须有适用的标准，这就要求其具体化，即将善良风俗的法律内在价值具体化到行为要求中去。另一方面，在将善良风俗具体化、概念化的过程中，却有一种巨大的风险——若内涵过大，就会影响其外延，进而影响其伸缩性，随着社会的发展和道德标准的变化，善良风俗将失去应用的适应性，最终会被人们抛弃。（2）任何社会的道德标准都存在多元化的特征，“占统治地位的道德”无非就是这多元中的一元，并且，随着社会的变化，占统治地位的道德可能也要发生变化，因此，善良风俗必须具有开放

① 尹田编著：《法国现代合同法》，法律出版社 1995 年版，第 169 页。

② ［法］弗朗索瓦·泰雷等：《法国债法.契约编》(上)，罗结珍译，中国法制出版社 2018 年版，第 756—757 页。

③ 在行为规范和裁判规范的关系上，行为规范必为裁判规范，而裁判规范却不一定是行为规范。善良风俗既是行为规范，也是裁判规范。

性和普遍性的特点。这两个方面的原因足以给那些试图给善良风俗作定义的人造成畏惧和困惑，因此，至今为止，没有人会自信地认为其对善良风俗的定义是正确甚至是唯一正确的。即使是主张给善良风俗作定义的人，也主张对善良风俗作类型化研究。

我们不应当将民法上的善良风俗这一行为规范同社会道德规范等同，所以，应当特别强调善良风俗的制度价值。拉伦茨指出：善良风俗只起到一种消极的作用，即限制当事人的私法自治。当然，这绝不意味着法律要积极地强制某种道德行为的实施，不管那种道德行为是占统治地位的道德，或者是严格伦理学的要求，这是做不到的，它只是意味着法律不承认那些在法制社会中严重违反被大家公认的社会公共道德的法律行为。[①] 也就是说，是因为法律不可能预见一切损害道德的法律行为并将其包容，故设此抽象与弹性原则，具体到每一个法律行为（合同）是否违反社会利益，立法者只能将其交给法官去具体判断。但是，违反善良风俗的规定，并非想把道德上的义务变成法律上的义务，而是阻止法律行为为实施不道德行为提供合法的服务，即当事人不得通过法律行为使违反道德的行为变为可以强制执行的行为。

（二）各国立法例

由于各国的传统、司法制度等方面的差异，在关于善良风俗的立法上也存在相应的不同。

1. 法国

《法国民法典》第 6 条规定：“不得以特别约定违反有关公共秩序与善良风俗的法律。”由于《法国民法典》采取“原因理论”，在承认契约自由的原则的前提下，对当事人意志自主划定界限。按照原因理论，法官在确认某项合同是否有效时，应当探求当事人承担债务所追求的目的，该目的为合同内容的一部分，因此，承担义务的债务人不得把承担义务的意思与承担义务的直接目的分别开来。直接目的就是承担义务的法律原因，但该原因不必载明于合同。

既然法律原因即债务人承担债务的直接目的，那么，如果原因为法律所禁

① ［德］卡尔 · 拉伦茨：《德国民法通论》，王晓晔等译，法律出版社 2003 年版，第 603 页。

止或原因违反善良风俗或公共秩序时，此种原因即为非法原因。不法原因之债的法律后果是什么呢？因不法原因所生之债，不生法律效力。[①]

2. 德国

在《德国民法典》中，与合同有关的善良风俗的规定，主要有二。第 138 条第 1 款规定："违反善良风俗的法律行为，无效。"第 817 条之一规定："给付的目的约定为受益人因受领而违反法律的禁止规定或善良风俗者，受益人应负返还的义务。"在德国民法学理上讨论的主要是第 138 条。

3. 英美法国家

在英美法系，也有类似大陆法系国家的违反善良风俗的合同，即所谓不道德的合同。按照英美法的解释，不道德合同是指违反社会公认的道德标准，如果法院予以承认合同效力将引起人们愤慨的合同。[②]

4. 我国

由于受苏联民法理论和民事立法的影响，我国在合同法以前的民事立法从来未使用过"公共秩序与善良风俗"的概念，而是用"社会公共利益及社会公德"，如《民法通则》第 7 条规定的"民事活动应当遵重社会公德，不得损害社会公共利益"。但依学理通说，我国现行法所谓的"社会公共利益"及"社会公德"在性质和作用上与公序良俗相当。"社会公共利益"相当于"公共秩序"，"社会公德"相当于"善良风俗"。[③]故有学者认为，因"社会公共利益""社会公德"并非法律用语，应改用通用的法律概念，即"公共秩序"与"善良风俗"。[④]在 1999 年《合同法》的起草中，曾一度使用了公共秩序与善良风俗，但在最后几稿及颁布后的《合同法》中又重新回到了《民法通则》的用词。《民法典》正式使用了"善良风俗"这一概念，但如何确定其内涵和外延，比较法上的借鉴是必不可少的。

---

① ［法］弗朗索瓦·泰雷等：《法国债法.契约编》（上），罗结珍译，中国法制出版社 2018 年版，第 731 页。

② 冯大同主编：《国际商法》，对外经济贸易大学出版社 1991 年版，第 96 页。

③ 梁慧星：《民法总论》，法律出版社 1996 年版，第 45 页。

④ 梁慧星：《民法总论》，法律出版社 1996 年版，第 45 页。

（三）违反善良风俗的类型化考察

英美法系国家由于判例法的特点，在对违反道德合同的确定方面，必然是类型化考察。即使在大陆法系国家，由于存在对善良风俗一般定义方法的危险性与现实困难性，使得对违反善良风俗的考察也是靠司法类型化完成的。由于各国的道德传统与司法传统不同，在类型化方面，也有区别。

1. 法国的类型化考察

（1）违反性道德的行为

性道德在善良风俗中占有重要的地位，故各国法为维护社会起码的道德秩序，对违反性道德的合同一般均认其为无效。例如，在法国，在原因违反道德的合同中，违反性道德的合同占有重要地位。原因违反性道德的合同主要有两大类：一是以开设妓院或卖淫为目的的房屋所有权或使用权的转让合同；二是以支持违反性道德的行为为目的而订立的合同。[①]

（2）赌博行为

赌博行为是因他人的损失而受偶然利益的行为，因其有害于一般的社会秩序，故许多国家的法律均规定其为无效合同。如《法国民法典》第 1965 条规定："法律对于赌博的债务或打赌的债务，不赋予任何的诉权。"

（3）限制人身自由的行为

人身自由是人权的重要组成部分，限制人身自由的合同应确认无效。但是，对人身自由的内容以及如何评价对人身自由进行限制，却往往难以有统一的标准。例如，对于限制当事人选择生活方式的自由的合同的评价，就是一个典型的例子。在许多国家中，有些行业对从业人员选择个人生活的方式之自由就有限制，例如许多航空公司的标准合同均规定航空小姐必须是未婚者。1963 年 4 月 30 日巴黎法院就曾判决法国国营航空公司在有关合同中限定空中小姐必须为未婚者的条款为无效。但在许多国家这种条款仍然具有约束力。

（4）违反家庭伦理道德的行为

善良风俗对家庭的保护主要是对家庭本身具有的法律地位的保护。当事人

---

① 尹田编著：《法国现代合同法》，法律出版社 1995 年版，第 167 页。但现代判例有所松动。

既不得违背法律规定，以法定之外的其他条件建立家庭关系，也不得使家庭关系产生法定效果之外的其他效果。例如，“子宫出借”合同、“幼儿赠与”合同等，均不具有法律效力。[①]

（5）为获得其他不道德利益的行为

这类合同包括的范围也很广泛，例如，国家公务员因完成职业工作而接受第三人额外报酬的合同；自由职业者，如律师或医生之间订立的“顾客转让合同”等，因为顾客的信任不应被出卖，而且受让人也可能借机诈骗。

（6）违反人类一般道德的行为

这类行为主要是指其内容对人的生命、身体未予必要的尊重的合同。但并非涉及人的身体及其完整性的合同均为无效，只有那些不道德地利用自己的肉体或者将之毫无意义地置于危险状态的合同行为，才是违反道德的。[②]

2. 德国民法上的类型化考察

（1）束缚性行为

这类法律行为被法院宣告无效，是因为其极大地限制了另一方当事人的人身或者经济自由，或者极大地限制了另一方的职业自由或者从事艺术性事业的自由。例如，德国法院曾经判决一个抵押合同因束缚性而无效。这个案件中，抵押者抵押的财产是抵押人的全部财产，这一抵押使抵押人不可能再满足其他债权人的请求。[③]

（2）违反职业道德的行为

违反职业道德的法律行为，主要是针对律师、税务顾问和医生。对于这些从事自由职业的人员，因必须遵循某些职业道德而受制于某些限制。在这里，道德之所以对这种行为作出否定性评价，主要是因为，否则的话，不遵守职业道德规则的人就能够相比遵守规则的竞争者获取不正当的优势。[④]

（3）违反性道德的行为

违反性道德的法律行为的适用在德国一度是比较宽泛的，但现在有限制的

① 尹田编著：《法国现代合同法》，法律出版社1995年版，第168页。

② 尹田编著：《法国现代合同法》，法律出版社1995年版，第168页。

③［德］卡尔·拉伦茨：《德国民法通论》，王晓晔等译，法律出版社2003年版，第605页。

④［德］迪特尔·梅迪库斯：《德国民法总论》，邵建东译，法律出版社2000年版，第525页。

趋势。一般说来，关于有偿性行为的合同是无效的。但是，许多纯粹的辅助行为却不被看成违反善良风俗的行为。例如，一项旨在将房屋出租给妓女的合同是有效的，向妓院供应啤酒的合同并非违反善良风俗而依然有效。[①]

（4）诱使他人违反合同的行为

从债法义务的相对性原则出发，此类义务对第三人不具有法律上的束缚力，因此，道德秩序也不把它升华到绝对的、相对于任何人都受保护的法律地位上。但是，德国司法判例认为，如果在第三人侵入合同双方当事人之间的关系的过程中，对相关人实施了某种特别程度的肆无忌惮行为，一扫法律交易中的忠诚性，以致第三人若援引合同的相对约束效力，将表现为一种为自己利益过度利用法律制度的、滥用性行为，将违反善良风俗。[②]

（5）暴利行为

按照德国判例，只要存在给付与对待给付之间不成比例，就可以把它看作一个违反善良风俗的法律行为问题。但是，仅仅有这一项还不能构成违反善良风俗，还要再加上一个主观因素，即法律行为的受益方明知另一方的不利地位而加以利用，从而使自己受益，或者他轻率地不加以考虑，合同的另一方在不利地位的情况下接受了不利的合同。[③] 暴利行为主要包括信用暴利、销售暴利和租赁暴利。[④] 当然，究竟达到什么程度才构成暴利，则是一个根据具体情况具体判断的问题。

（6）对于违反道德目的的无偿资助行为

如果无偿资助是为了鼓励合同另一方从事某种违反道德的行为，或者是对另一方实施这种行为的一种奖励，则这种无偿资助根据判例是违反善良风俗的。[⑤]

由于违反善良风俗的类型是司法结果，所以，在法国与德国现在与将来的类型不止这些，这些仅仅是一些典型的类型。

---

① ［德］迪特尔 · 梅迪库斯:《德国民法总论》，邵建东译，法律出版社 2000 年版，第 527 页。
② ［德］迪特尔 · 梅迪库斯:《德国民法总论》，邵建东译，法律出版社 2000 年版，第 530 页。
③ ［德］卡尔 · 拉伦茨:《德国民法通论》，王晓晔等译，法律出版社 2003 年版，第 609 页。
④ ［德］迪特尔 · 梅迪库斯:《德国民法总论》，邵建东译，法律出版社 2000 年版，第 538—540 页。
⑤ ［德］卡尔 · 拉伦茨:《德国民法通论》，王晓晔等译，法律出版社 2003 年版，第 614 页。

（四）对是否违反善良风俗的判断规则

1. 判断的对象

在判断一个法律行为是否违反善良风俗时，对判断对象的确定是首要问题。对此，德国学者弗卢梅指出：善良风俗要评判的是当事人的法律行为，而不是他所从事的行为。德国联邦最高法院的一个判决指出：在《德国民法典》第138条的框架下，关键的问题并不在于对某一人的行为进行评判并对某种不道德的行为进行制裁，而仅仅是判断某项法律行为是否违反了善良风俗。由于是否违反善良风俗的判断涉及的对象是法律行为，因此，即使当事人的行为是应该受到道德指责的，但其从事的法律行为却可能是有效的。反之，如果当事人的行为无可厚非（行为是善意的），但法律行为的结果是不可忍受的，该法律行为也可能违反善良风俗。例如，一位妻子提起离婚诉讼，后因丈夫的下列承诺而撤回诉讼：丈夫承诺在今后不再进行单独的业务活动或者娱乐旅行活动。法院认为：双方的行为意图在道德上是无可非议的，旨在防止丈夫进行进一步实施有害婚姻的行为，但这一承诺作为法律行为违反了善良风俗，因为对丈夫的行动自由作出这样的限制，是违背婚姻的道德本质的。① 而德国联邦最高法院曾经判决一个被继承人在剥夺了其妻子继承权的情况下，立他的情妇为单独继承人的遗嘱行为有效，正是基于善良风俗的判断对象是法律行为的是否具有可指责性而非行为的是否具有可非难性。

2. 判断的时间

一般来说，应当以法律行为当时的标准而非现在的标准来判断。但有的学者也指出，如果一项法律行为在行为当时是违反善良风俗的，而按现在的标准不违反善良风俗者，应当维持其有效性。②

3. 主观要件的讨论

在判断一个人的行为是否构成违反善良风俗时，是否以他“知道或者应当知道”为条件？通说认为不需要。因为，如果认为知道或者应当知道这一

---

① ［德］迪特尔·梅迪库斯：《德国民法总论》，邵建东译，法律出版社2000年版，第515页。

② ［德］卡尔·拉伦茨：《德国民法通论》，王晓晔等译，法律出版社2003年版，第618页。

事实为必需条件，就会导致置善良风俗于不顾的人可以有效地订立合同。因此，法律行为的有效性不能取决于当事人是否知道其行为被评价为违反善良风俗的事实。[①]

（五）善良风俗的类型化及判断标准对我国司法实践的启示

虽然我国《民法典》规定了违反“公序良俗”会导致法律行为无效，但根据什么规则来判断以及违反善良风俗的类型化研究却十分薄弱。例如，在我国，由于以各种形式赌博的现象可谓普遍，并时常发生因赌债不能偿还而家破人亡、妻离子散的悲剧，所以，我国法律也确认这类法律行为（合同）无效。基于对人权的尊重，对于那些限制当事人一方人身自由的合同应当引起我们的足够重视。

同时，如何判断一个合同或者一项法律行为是否违反善良风俗、判断的对象和标准等问题，在我国也存在巨大问题。德国学者所指出的判断对象尤其重要，即民法善良风俗的判断对象是一个人的法律行为而不是其行为。例如，前面提到的，一个人没有将遗产留给其妻子，而是遗留给其情妇的行为，在德国与法国是有效的，而在我国具体的实际存在的案例却被判决为无效，原因恐怕就在于对判断对象的认识错误。民法既然规定一个人在不损害他人利益的前提下，有权处分其个人财产。那么，这个人就有权利将财产给予任何人，包括罪犯、精神病患者等，当然，也包括其情人。只要其权利的行使没有损害其他人利益，其法律行为就是无可指责的，就应该是有效的。其行为是可以指责的，但那属于道德的范畴，而不是法律的范畴。

二、公共秩序及其适用

（一）公共秩序的概念

所谓公共秩序，是指一种强制性规范，是当事人意志自由的对立物，其本

① ［德］迪特尔·梅迪库斯:《德国民法总论》，邵建东译，法律出版社 2000 年版，第 517 页。

质在于反映和维护国家的根本利益。[①]

关于公共秩序与善良风俗之间的关系问题，学者有不同的看法。德国学理上进行过激烈的争论。西米蒂斯认为，公共秩序就是现存的社会秩序。[②]帕兰特等人则认为，人类为了一个有序的共同生活，必须有一个最低的道德规范。因此，可以这样解释，违反了善良风俗，就是违反了公共秩序。[③]显然，帕兰特等人是将公共秩序作为一个上位阶的概念来使用，而把善良风俗等作为达到人类共同生活秩序的手段，当然也就是一个下位阶概念。但有的德国学者反对这种试图用公共秩序的观点替代善良风俗。例如，拉伦茨和梅迪库斯都认为：公共秩序涉及公共安全与外部秩序，适用于所有国际私法领域，它被作为外国法在本国适用的界限。所以，人们应该把公共秩序限制在这一范围，而不应该把它扩大适用于解释善良风俗。[④]其实，按照《德国民法典》制定时期的理解，公共秩序是指一切宪法性的原则，这些原则是社会秩序、政治秩序的基础；善良风俗是指对私道德的要求和交易上的诚实的一般评价。第二次起草委员会删去了公共秩序，只剩下纯粹以经验为基础的善良风俗，即废除了双重标准。立法者认为把过于广泛、过于不确定的公共秩序标准授权法官使用未免危险。[⑤]因此，现在的《德国民法典》只有善良风俗的规定，而没有公共秩序的规定。

与德国法不同，《法国民法典》保留有公共秩序的概念，这就是《法国民法典》第6条的规定："不得以特别约定违反有关公共秩序与善良风俗的法律。"法国学者韦尔指出，作为对契约自由的限制，公共秩序与善良风俗表现了社会对个人的一种"至高无上"的地位，即社会强迫个人遵守构成该社会基础的一些规则。正因为如此，对公共秩序与善良风俗的区分就表现出一种人为的特点：由于法律的目的并非直接地对人进行道德教育，所以，某些基本的道德规范之所以应当被遵

① 尹田编著：《法国现代合同法》，法律出版社1995年版，第170页。

② ［德］卡尔·拉伦茨：《德国民法通论》，王晓晔等译，法律出版社2003年版，第598页。

③ ［德］卡尔·拉伦茨：《德国民法通论》，王晓晔等译，法律出版社2003年版，第597页。

④ ［德］迪特尔·梅迪库斯：《德国民法总论》，邵建东译，法律出版社2000年版，第514页；［德］卡尔·拉伦茨：《德国民法通论》，王晓晔等译，法律出版社2003年版，第599页。

⑤ 沈达明等编著：《德意志法上的法律行为》，对外贸易教育出版社1992年版，第180页。

守，其原因并不在于为了实现该道德本身，而在于为了实现该道德所具有的社会价值，以及它给社会所带来的某种秩序。因此，从根本上讲，公共秩序与善良风俗这两个概念并无本质的不同，善良风俗是公共秩序的特殊组成部分。[①] 公共秩序与善良风俗具有某种相近的特征：（1）两者都是实现同样的功能，都是限制契约自由的各种社会禁止事项；（2）它们表明在个人利益之上还存在着各种整体利益，个人意志不得无视这种整体利益；（3）公共秩序与善良风俗一样，都没有明确它的定义及标准。因此，往往通过法官来作具体认定。[②]

诚然，从法律保护的最终效果上看，无论是善良风俗，还是公共秩序原则，均在于实现某种社会价值，即给社会带来某种秩序，但二者的法律渊源及出发点是不同的。所以，在许多方面具有差异。

与善良风俗不同，公共秩序反映和保护国家与社会的根本利益，表现了国家对社会生活的积极干预。其渊源大多数来自公法，如宪法、行政法等；也有些规定来自私法。公共秩序表明，在一个国家的法律制度里面存在着一种更高的价值秩序，而这种更高的价值秩序不能受到个人之间的特别约定的损害：个人的特别约定不得损害公共秩序。这就是国内公共秩序。或者，一国的这种更高价值秩序也帮助能受到外国法律规范的侵害：外国法的规范不得损害法国法的规范。例如，尽管外国人的结婚实质条件原则上受外国人的本国法的调整，但是，即使外国人的属人法准许实行“一夫多妻制”，因而也不得缔结这种一夫多妻的婚姻，因为，一夫多妻制违反法国社会价值。这就是国际公共秩序。遵守这种更高价值的规范，也就是尊重公共秩序。对于法国社会的内举行与统一性实属必要。它是法国社会赖以立足的基石。[③]

根据其内涵不同，可将公共秩序分为政治公共秩序与经济公共秩序。

政治公共秩序的目的在于保护社会的基本结构，使之免受合同当事人个人意志的侵犯，其保护的目标以国家、家庭和社会公共道德为目的。政治公共秩序与

---

① 转引自尹田编著：《法国现代合同法》，法律出版社 1995 年版，第 165 页。

② ［法］弗朗索瓦·泰雷等：《法国债法.契约编》（上），罗结珍译，中国法制出版社 2018 年版，第 733 页。

③ ［法］弗朗索瓦·泰雷等：《法国债法.契约编》（上），罗结珍译，中国法制出版社 2018 年版，第 734—735 页。

财产及劳务的交换，即市场的活动无直接关系，因为市场经济活动应由当事人依照契约自由的原则为之。政治公共秩序仅在于防止对国家和家庭秩序的损害。

经济公共秩序是为了调整当事人之间的契约关系，即对当事人之间的财产或交换进行干预，其目的在于使双方当事人的交换关系更为平等，或者是更好地维护社会整体利益。而从方法上看，这种干预不仅表现为禁止当事人订立某些合同，而且更重要的表现为立法者对法律关系常常直接予以支配，即通过颁布具体的实体法，直接规定某些合同的法律后果。[①] 例如，关于消费合同的立法，关于劳动契约的规定等。经济公共秩序又可以分为“引领性经济公共秩序”和“保护性经济公共秩序”。所谓“引领性经济公共秩序”是指国家期待将其用于疏导合同活动，使这种活动朝着最符合社会效益的方向发展的各种规则。例如，外汇管制与价格控制。所谓“保护性经济公共秩序”，其宗旨在于使处于强势与弱势的两方当事人之间回复那种仅仅依靠契约力量不能实现的平衡。例如，雇主与雇员之间的合同、保险人与被保险人之间的合同等。[②]

就政治公共秩序与经济公共秩序的区别而言，大体有以下两点：（1）就目的而言，政治公共秩序的目的不是直接调整财产与服务的交换关系，而是保护经济利益之外的利益，即文明社会的基本原则；而经济公共秩序则直接调整财产或服务的交换关系。所以，在具体规范上，前者往往是消极的，即主要是禁止性规范；而后者主要是积极的，也即主要是命令性规范，其目的不在于阻止当事人订立某些合同，而在于强迫当事人按照法律的规定订立合同。例如，劳动契约中的最低工资待遇及休息的权利等。（2）由于政治公共秩序的目的在于保护文明社会的基本原则，这些原则变化较为迟缓，故政治公共秩序规范具有相对稳定的特点；而经济公共秩序则相反，其必须适应不断变化发展的经济条件，故其具有多变性。

在英美法系，公共政策原则大体相当于大陆法系国家所说的公共秩序。所谓违反公共政策是指损害公共利益、违反某些成文法所规定的目标或政策，或

① 尹田编著：《法国现代合同法》，法律出版社 1995 年版，第 173 页。

② ［法］弗朗索瓦·泰雷等：《法国债法.契约编》（上），罗结珍译，中国法制出版社 2018 年版，第 747—751 页。

旨在妨碍公众健康、安全、道德以及一般社会福利。公共政策这个概念十分广泛，十分灵活，它随着社会、经济、政治环境的变化而变化。特别是在美国，各州之间对公共政策的解释往往也有分歧。这是因为各州的经济利益对其公共政策的形成和发展起着重要作用。违反公共政策的合同包括多种，例如：（1）违反刑法的合同；（2）在履行上构成侵权的合同；（3）限制贸易的合同；（4）妨碍司法的合同；（5）故意规避法律的合同；（6）破坏家庭关系的合同；（7）限制竞争的合同、限制价格的合同等。[①]

我国《民法典》显然没有采取德国式的民法体例，而是规定了公共秩序的概念。我认为，这是正确的选择，因为，私法的自治应当在宪法、刑法、行政法等允许的框架内发挥作用，这些法律虽然不直接调整法律行为关系，但是，作为消极的限制仍然起作用。因此，公共秩序作为限制私法自治的手段是必要的。

（二）违反公共秩序的类型

我认为，结合我国法律体系之规定，应当认为，下列行为属于违反公共秩序的类型。

1. 违反国家公序行为

国家公共秩序，是指国家经济、政治、财政、税收、金融、治安等秩序，关系国家人民的根本利益，违反国家公共秩序属于违反公共秩序的重要类型。例如，身份证、学历证明的买卖合同，规避国家税收的合同等。

2. 限制经济自由行为

经济自由为市场经济的基本条件，其违反行为当然无效。例如，竞业禁止条款，限制职业自由的条款。利用经济地位或行政权力分割市场、封锁市场、限制商品和人员流动的规定或协议，亦可归入这一类，应认定为无效。

3. 违反公正竞争行为

公正竞争为市场秩序的核心，当然应受公共秩序原则的保护。属于这一类的行为有：拍卖或招标中的围标行为；以贿赂方法诱使对方的雇员或代理人与

① 冯大同主编：《国际商法》，对外经济贸易大学出版社 1991 年版，第 96 页；徐罡等：《美国合同判例法》，法律出版社 1999 年版，第 114 页。

自己订立契约；以使对方违反对于第三人的契约义务为目的的契约等。

4. 违反消费者保护行为

现代市场经济条件下，消费者为经济上的弱者，不能与拥有强大经济实力的企业相抗衡，于是各国制定并执行消费者保护政策，由国家承担保护消费者的责任。因此，消费者保护成为公共秩序原则适用的重要领域。违反消费者保护的行为，主要是利用欺诈性的交易方法、不当劝诱方法，及虚假和易使人误信的广告、宣传、表示，致消费者遭受重大损害的行为。

5. 违反劳动者保护行为

同消费者一样，劳动者也是现代市场经济条件下最易于遭受损害的弱者，因此保护劳动者为现代保护的公序的重要领域。运用公共秩序原则保护劳动者，是各国依公共秩序原则处理的重要类型。例如，劳动关系中以雇员对企业无不利行为作为支付退职金条件的规定；女雇员一经结婚视为自动离职的所谓“单身条款”；“工伤概不负责”的约款；雇员须向雇主交纳保证金的约款；要求雇员为顾客对雇主的债务担保的约款；男女同工不同酬的差别待遇规定等。[①]

（三）法律适用

违反公共秩序的法律适用的后果，与违反善良风俗是一样的，即会导致合同无效的结果。

第五节　虚假的法律行为无效

一、虚假法律行为的概念

（一）概念

我国《民法典》第146条规定了虚假意思表示之法律行为及其效果，这是我国民事立法第一次明确规定“虚假意思表示”，尽管之前我国《民法通则》

---

① 梁慧星：《民法总论》，法律出版社1996年版，第204页。

第 58 条及《合同法》第 52 条都有关于“以合法形式掩盖非法目的”及“恶意串通，损害国家、集体或者第三人利益”的法律行为或者合同无效之规定，从中也可能能够解释出“虚假意思表示”的含义，但与《民法典》第 146 条之规定毕竟不同：虚假的法律行为所掩盖的不一定就是非法目的的法律行为或者损害国家集体或者第三人利益的法律行为。因此，“虚假法律行为及其效力”之规定，是有独立价值和意义的，而且这种形式在实践中也经常出现。那么，什么是虚假的意思表示或者法律行为呢？

所谓虚假的法律行为，是指在意思表示需要受领的法律行为中，意思表示的表意人与意思表示的受领人一致同意（同谋）而作出的旨在掩盖另外一项法律行为的外在的法律行为。就如德国学者拉伦茨所指出的，虚假法律行为是指表意人与表示的受领人一致同意表示事项不应该发生效力，亦即双方当事人一致同意仅仅造成订立某项法律行为的表面假象，而实际上并不想使有关法律行为的法律效果产生。[①]

（二）构成要件

1. 意思表示的双方具有“通谋性”

这一要件要求意思表示的表意人与受领人对于该意思表示的“虚假性”是共知的，如果仅仅有一方知道而对方不知道，否则构成“欠缺真意”或者“心里保留”。有时，意思表示的表意人误认为对方已经理解并接受其意思而具有“共识”，但对方并没有理解并与之达成“共识”时，则会成为“失败的虚假表示”，就如德国学者所言，虚伪行为以双方当事人的一致同意为前提条件，只有当两个表示都经双方当事人一致同意而虚伪作出时，才可能将该合同视为虚伪行为。如果表意人希望另一方将表示理解为虚伪表示，而另一方却没有意识到表示的虚伪性质，也就是说，双方未就虚伪作出表示达成“一致同意”，则为失败的虚伪行为。[②]

① ［德］卡尔·拉伦茨：《德国民法通论》，王晓晔等译，法律出版社 2003 年版，第 479 页。
② ［德］卡尔·拉伦茨：《德国民法通论》，王晓晔等译，法律出版社 2003 年版，第 480 页。

2. 表意人所作出的意思表示必须是需要受领的意思表示

因为虚假法律行为的构成要求具有“通谋性”，要求双方对于“虚假性”具有共识，因此，必须是需要受领的意思表示才有可能符合这一要求。

3. 不存在效果意思

在虚假的法律行为中，双方当事人虽然有意思表示的外观，但却不具有意思表示中的效果意思，也就是说，双方当事人不具有使法律行为发生预期效果的真实意思。相反，当事人可能会隐藏另一个法律行为，欲使另一个法律行为发生效力，即另一个法律行为具有效果意思。因此，一般来说，另一个被隐藏的法律行为可能会发生效力（《民法典》第 146 条第 2 款）。

虚假法律行为的目的往往具有欺骗第三人的动机，但这不是虚假法律行为构成的必要条件，就如德国学者所言，虚假行为的双方当事人大多是想欺骗某个第三人，如债权人或者税务机关等。不过，这一欺骗意图并不是构成虚假行为的必要前提。①

4. 虚假法律行为常常是为了掩盖另一个当事人真正希望发生法律效果的法律行为

任何法律行为都有其目的性，虚假法律行为往往是为了掩盖另一个法律行为，并有意使另一个法律行为（隐藏的法律行为）发生效力。因此，我国《民法典》第 146 条第 2 款规定：“以虚假的意思表示隐藏的民事法律行为的效力，依照有关法律规定处理。”

（三）虚假法律行为与其他意思表示具有瑕疵的法律行为的区别

1. 与真意保留的区别

如前所述，心意保留又称为心理保留或者真意保留，是指表意人内心秘密保留意思表示的非约束性。②

真意保留与虚假法律行为的主要区别是：（1）真意保留不具有双方的“通

① ［德］卡尔·拉伦茨：《德国民法通论》，王晓晔等译，法律出版社 2003 年版，第 497 页。

② 沈达明等编著：《德意志法上的法律行为》，对外贸易教育出版社 1992 年版，第 100 页。

谋性”，另一方事前并不知道表意人的“虚假意思”。（2）法律效果不同。真意保留原则上具有效力，只有对方知道该保留的，才例外地无效。而虚假法律行为原则上就无效。

2. 与游戏表示的区别

游戏表示，又称为“戏谑性表示”是指吹嘘、开玩笑或者出于礼貌上的考虑所作的不严肃的表示，学理上往往用游戏表示统称这类表示。表意人感觉到并且有理由或者无理由地期待对方不会误认为是真的。[①] 对于这种表示行为的效力，《德国民法典》第 118 条规定：“不是出于真意，并且期待真意的缺乏不被误解所作出的意思表示，无效。”这就是说，表意人期待着其并非出于真意的事实不会被他人所误解，表意人期待相对人能够认识到自己的真实意思。但是，如果相对人出乎意料地没有理解表意人的真实意思，反而相信其表示行为时，法律效力如何？这时，表示行为依然无效，但表意人应向信赖其表示为有效的相对人赔偿消极利益，赔偿的数额以积极利益为限。这一规定，与因错误撤销意思表示的法律后果一样。[②] 但是，如果相对人因疏忽大意而未认清表意人并非出于真意，则不享有此项权利（《德国民法典》第 122 条第 2 款）。如果表意人看到相对人信赖其游戏表示时，应根据诚实信用的原则，向对方说明情况。表意人怠于说明的，这种表示应被视为有效。[③]

虚假法律行为与游戏表示的区别在于：（1）游戏表示没有双方的“通谋性”；（2）尽管游戏表示与虚假法律行为的结果都是无效，但在游戏表示，表意人存在过错，应赔偿对方的信赖利益；但在虚假法律行为，其无效后，因双方具有通谋性，故不存在赔偿问题。

3. 与重大误解（错误）的区别

重大误解主要是表意人对于与法律行为有关的重大事项发生错误认识，从而作出意思表示的行为。其与虚假法律行为的主要区别是：双方不是故意通谋“发生错误”，有时，即便是双方都发生了错误的认识，这种错误认识也没有通

---

① 沈达明等编著：《德意志法上的法律行为》，对外贸易教育出版社 1992 年版，第 98 页。

② ［德］迪特尔·梅迪库斯：《德国民法总论》，邵建东译，法律出版社 2000 年版，第 448 页；沈达明等编著：《德意志法上的法律行为》，对外贸易教育出版社 1992 年版，第 98 页。

③ ［德］卡尔·拉伦茨：《德国民法通论》，王晓晔等译，法律出版社 2003 年版，第 497 页。

谋性。例如，双方签订了名为“动产抵押”的合同，合同内容中约定了转移动产的占有给权利人，尽管双方都认为是“抵押合同”，但实际上因内容的原因而属于“质权合同”。在这种情况下，不属于虚假的法律行为。

4. 与信托行为的区别

应该说，在大陆法系，由于不承认“双重所有权”的障碍，信托法的实施远不及英美法顺畅。因为，信托人将信托财产转移给受托人，受托人仅仅享有“名义所有权”，即仅仅是让受托人以所有权人的名义为信托人的利益而行为，真正享有所有权的仍然是信托人。例如，我国《信托法》第 15 条规定：“信托财产与委托人未设立信托的其他财产相区别。设立信托后，委托人死亡或者依法解散、被依法撤销、被宣告破产时，委托人是唯一受益人的，信托终止，信托财产作为其遗产或者清算财产；委托人不是唯一受益人的，信托存续，信托财产不作为其遗产或者清算财产；但作为共同受益人的委托人死亡或者依法解散、被依法撤销、被宣告破产时，其信托受益权作为其遗产或者清算财产。”第 16 条规定：“信托财产与属于受托人所有的财产（以下简称固有财产）相区别，不得归入受托人的固有财产或者成为固有财产的一部分。受托人死亡或者依法解散、被依法撤销、被宣告破产而终止，信托财产不属于其遗产或者清算财产。”因此，从表面上看，这种转移所有权具有“虚假性”。其实，大陆法系国家存在的“让与担保”也具有这种属性。

虚假的法律行为与信托行为不同的是，虚假法律行为的当事人根本不具有效果意思，不想使表面的法律行为发生效力。而信托行为的当事人则不同，其意思表示是真实的，确实也具有意思表示中的效果意思，并追求这种效果意思的发生，只是在效果的归属上不同于一般法律行为：一般法律行为的效果归属行为人，而信托法律行为的后果则归属“背后的非行为人”——信托人。正如德国学者所言，在信托行为中，双方当事人希望使行为产生法律效力，这一点与虚假行为不同。

5. 与间接代理的区别

间接代理与一般代理不同，是代理人以自己的名义与第三人为法律行为，先由间接代理人取得法律行为后果，然后再转移给委托人。因此，严格地说，间接代理就不是代理。就如德国学者所言，有的人不愿意抛头露面，因此，往往在对方当事人知道或者不知道的情况下，适用一个所谓的“间接代理人”。这个人虽然以自己的名义，即不是作为代理人同对方为法律行为，但他是以他身后的真正行为人的费用，并为此人的利益从事行为的，例如，某人通过间接代理人购买股票，或者在拍卖会上购买艺术品等。①

虽然从表面上看起来，这种间接代理人的行为有某些虚假性，但与虚假法律行为的区别是：间接代理人与相对人在法律行为的效果追求上，即效果意思方面是真实的，仅仅是法律行为的后果归属于委托人。其目的多种多样，往往是背后的委托人不愿意让人知道是他本身来参与某些法律行为，但其目的并没有否认法律行为的旨意。就如德国学者所言，即使间接代理人的行为相对人知道间接代理人的真正受益人是谁，该行为仍然是出自双方的真意，而不是虚假行为。因该行为，间接代理人既享有权利，也承担义务，他仅负有将其所获权利转移给委托人的义务。②

6. 与欺诈的区别

虽然虚假法律行为往往具有欺骗第三人的目的，但与欺诈法律行为不同的是：（1）虚假法律行为具有双方“通谋”性，而欺诈则是法律行为的一方当事人欺诈另一方，不具有通谋性；（2）虚假法律行为可能是欺骗第三人，但不是欺诈法律行为的相对人；（3）从后果看，虚假法律行为无效，而因欺诈行为发生的法律行为则是可撤销的法律行为。

7. 与《民法典》第 154 条的区别

我国《民法典》第 154 条规定：“行为人与相对人恶意串通，损害他人合法权益的民事法律行为无效。”那么，该条规定与第 146 条规定的“虚假法律行为”之间有什么本质区别吗？

这两条非常相似，都具有“通谋性”。而且，第 154 条在其他大陆法系国家民事立法中难以见到。我认为，其与虚假法律行为的区别是“通谋”的内容不同：虚假法律行为其本身的“通谋性”在于双方都同意法律行为不发生表面行为的效力，即不具有效果意思，而第 154 条规定的恶意串通行为则效果意思

---

① ［德］卡尔·拉伦茨：《德国民法通论》，王晓晔等译，法律出版社 2003 年版，第 499 页。

② ［德］卡尔·拉伦茨：《德国民法通论》，王晓晔等译，法律出版社 2003 年版，第 499 页。

是真实的，而且也在追求这种意思的发生，但其目的在于让这种法律行为的效果损害第三人利益。

问题是：在实际中，是否会发生虚假法律行为与恶意串通法律行为的竞合问题呢？例如，德国学者拉伦茨所举的例子：债务人为了达到使债权人无法执行其财产的目的，而虚假地将自己的财产让与第三人。那么，这种让与行为就是虚假法律行为而无效，债权法就可以主张这种行为无效，它仍然能够执行这些财产。[①]另如，房屋的买卖双方在买卖房屋合同中，为了逃避税收，将实际成交的价格隐藏起来，在正式提交给登记机关的合同中用一比较低的价格表现，目的就是逃税。这时，是适用第 146 条规定的“虚假法律行为”，还是适用第 154 条的“恶意串通损害第三人利益的行为”呢？

在拉伦茨教授所举的例子中，按照我国法律，既可以适用第 146 条关于“虚假法律行为”的规定，认定该行为无效，也可以根据第 154 条关于“恶意串通的”规定认定其无效。按照德国学者的观点，虚假的法律行为也可以是“部分虚假”，最典型的就是买卖合同的价格虚假，以欺骗税务机关。这样的法律行为也属于“虚假法律行为”，适用“部分无效”规则，即价格部分无效，买卖合同按照真实价格生效。[②]我认为，在这种情况下，应该适用我国《民法典》第 146 条之规定。同时，这种情况也构成第 154 条的“恶意串通损害第三人利益的行为”，也属于无效。

二、虚假法律行为无效的理由及具体效力

（一）虚假法律行为无效的理由

为什么虚假法律行为是无效的？如果双方当事人想让其生效是否能够生效？对此，德国学者指出，虚假的法律行为之所以无效，就是因为双方当事人

① ［德］卡尔·拉伦茨：《德国民法通论》，王晓晔等译，法律出版社 2003 年版，第 500 页。

② ［德］维尔纳·弗卢梅：《法律行为论》，迟颖译，法律出版社 2013 年版，第 480 页；［德］卡尔·拉伦茨：《德国民法通论》，王晓晔等译，法律出版社 2003 年版，第 501 页；［德］汉斯·布洛克斯等：《德国民法总论》，张艳译，中国人民大学出版社 2012 年版，第 242 页。

一致同意该意思表示无效。[①] 从意思自治的原则看，既然双方当事人没有这样的真实意思，就不能让这种意思表示生效，这是符合意思自治原则的。

虚假法律行为无效的理由是一个价值判断问题，还是逻辑判断问题？也许有人会认为，虚假行为之所以无效，是因为虚假的行为，从价值判断方面来讲，就不应该有效，否则就会让一个虚假的行为变为真实的法律行为并产生效力。其实，这是一种误解。在私法领域内，让虚假的行为发生效力的情形很多很多，法律一般不予直接干预。虚假法律行为的无效实际上是逻辑判断的结果，因为从法律行为的概念看，“意思表示”是其核心要素，而从意思表示的构成看，“效果意思”是意思表示不可或缺的因素，而虚假法律行为中恰恰就缺少“效果意思”，当事人不追求这种表示出来的效果，因此，不成立真正的意思表示，意思表示也就无效，意思表示无效，从而导致法律行为无效。所以，它是一个逻辑判断问题。

（二）具体效力

从我国《民法典》第 146 条的规定看，对于虚假法律行为的规定有两层意思：一是虚假表示的法律行为无效；二是“以虚假的意思表示隐藏的民事法律行为的效力，依照有关法律规定处理”。在此，重点讨论第二层意思。

首先，第 146 条的意思是说，如果被隐藏的法律行为符合我国法律关于法律行为生效要件的，可以生效，否则，被隐藏的法律行为也不可以生效。例如，被隐藏的法律行为违反国家强行性法律规范的，不能生效。

其次，特别需要指出的是，被隐藏的法律行为需要特定程序或者特定形式的，当被隐藏的法律行为不符合这种特定要求时，也不能生效。就如德国学者所指出的，被要求的法律行为属于要式法律行为却未履行形式要件时，它因欠缺形式要件而无效。[②]

在此，特别需要讨论的是，最高人民法院《关于审理民间借贷案件适用法

---

① ［德］维尔纳 · 弗卢梅：《法律行为论》，迟颖译，法律出版社 2013 年版，第 480 页；［德］卡尔 · 拉伦茨：《德国民法通论》，王晓晔等译，法律出版社 2003 年版，第 499 页。

② ［德］维尔纳 · 弗卢梅：《法律行为论》，迟颖译，法律出版社 2013 年版，第 481 页。

律若干问题的规定》(2020年第二次修正)中的“虚假法律行为”之效力认定的情况。其第23条第1款规定:“当事人以订立买卖合同作为民间借贷合同的担保,借款到期后借款人不能还款,出借人请求履行买卖合同的,人民法院应当按照民间借贷法律关系审理。当事人根据法庭审理情况变更诉讼请求的,人民法院应当准许。”第2款规定:“按照民间借贷法律关系审理作出的判决生效后,借款人不履行生效判决确定的金钱债务,出借人可以申请拍卖买卖合同标的物,以偿还债务。就拍卖所得的价款与应偿还借款本息之间的差额,借款人或者出借人有权主张返还或者补偿。”显然,该条的第1款实际上是将“买卖合同”作为“虚假法律行为”认定的:本来是担保,结果双方当事人形式上作出了“买卖合同”的虚假表示。因此,法院就认为这种买卖合同不应当保护,故“释明”其变更诉讼请求。如果原告不变更而仍然坚持买卖合同的诉讼请求,法院就应当驳回其诉讼请求。如果变更诉讼请求的,法院就按照民间借贷法律关系审理。按照第2款之规定,按照民间借贷关系审理后,取得胜诉判决的,如果债务人不履行或者不能履行金钱债务的,就可以申请拍卖标的物,并且具有受偿权。

当然,“释明”本身是否违反程序公正就值得讨论。更大的疑问是:原告主张买卖合同实际上是在主张担保权实现,而按照我国《民法典》第402条之规定,房屋抵押需要登记才产生受法律保护的抵押权,而仅仅具有买卖合同而无抵押权登记,难道债权人的抵押权就成立并且生效?就可以申请拍卖房屋而优先受偿?我认为,该司法解释违反了《民法典》第146条第2款的规定:“以虚假的意思表示隐藏的民事法律行为的效力,依照有关法律规定处理。”但最高人民法院没有按照“有关法律规定处理”,而是直接认定具有担保的效力。

三、第三人的保护问题

虚假法律行为往往涉及第三人,因此,第三人的保护应该是一个重大问题。一般来说,在虚假法律行为的第三人保护方面,主要涉及物权、准物权以及授权方面的第三人。对此,德国学者指出,只要善意取得受到保护,从基于虚伪行为而享有权利的人处取得权利的人的善意就应受到保护。[①] 在这一方面，主要可以从三个具体方面来说明分析。

（一）授权情形

当处分授权相对于第三人作出时，只有当第三人明知或者应知该处分授权无效时，才能对第三人主张授权的虚伪性质。一般来说，基于虚伪行为所作出的处分授权表示不因虚伪行为的无效而受到影响。作为对第三人作出的表示，处分授权不构成虚伪行为，而构成真意保留。[②] 例如，在外部意定代理权授予的情形中，即使意定代理授权人与意定代理人就虚伪授予代理权达成一致，意定代理权也可以基于外部意定代理权的授予行为而成立。[③] 前提是，意定代理人的相对人并不知道这一事实。因此，基于这种虚假行为而成立的意定代理权，对于意定代理行为的相对人来说，产生正常代理的效力，受到善意第三人制度的保护。

（二）债权让与

如果A与B因虚假行为而产生债权，作为债务人的B给A出具了债权凭证。在他们之间，双方都可以主张债权债务关系因虚假行为而无效。但是，如果事后A将该债权转让给C，并交付了债权凭证。那么，作为债务人的B就不可以向C主张虚假法律行为无效，C受到善意取得制度的保护。

（三）物权让与

如果A与B以虚假法律行为（买卖合同）约定将房屋转移给B，并且通过虚假的物权合意不经过登记将房屋过户于B名下。在这种情况下，因为不涉及第三人问题，A或者B都可以主张房屋买卖合同因虚假法律行为无效（债权行为无效），也可以主张物权合意及登记因虚假法律行为无效（物权行为无

① ［德］维尔纳·弗卢梅：《法律行为论》，迟颖译，法律出版社2013年版，第486页。
② ［德］维尔纳·弗卢梅：《法律行为论》，迟颖译，法律出版社2013年版，第489页。
③ ［德］维尔纳·弗卢梅：《法律行为论》，迟颖译，法律出版社2013年版，第487页。

效）。但是，如果 B 将房屋再出卖给 C，则 C 因信任登记的公信力而应该受到善意第三人制度的保护。

第六节 法律行为无效的法律后果

我国《民法典》关于法律行为无效后果的规定，主要集中在第 155 条至第 157 条[①]。应该说，这些规定与 1986 年《民法通则》和 1999 年《合同法》关于无效的规定几乎没有区别，主要表现在：自始无效、返还财产、赔偿责任。但是，关于以下两点却没有规定：（1）谁可以主张无效？是任何人都可以主张吗？法院可以主动认定吗？（2）无效合同有没有补正的可能性？补正的合同从什么时候开始生效？下面我就这些问题进行分析。

一、法律行为无效的一般法律后果

不能认为，法律行为无效后，不发生法律后果。这种想法违背法律行为的立法目的：法律行为不是按照法律“规定”的效果而发生效果，而是按照“当事人的预定”（效果意思）发生效果。因此，被宣告无效的法律行为不发生法律效力，只是指不发生当事人希望发生的法律后果，即使当事人在法律行为中规定的产生、变更或终止民事权利义务的意图不能得以实现，但并不是不发生任何法律后果。法律行为无效后发生的法律后果是当事人在法律行为之外的不希望发生的后果。德国学者拉伦茨指出：法律行为完全无效的说法不能导致这样的观点，即这种行为就等于“零”。这种行为是作为一种“曾经进行过的行为”而作为事件存在的，只是这种行为的法律后果是不被承认的，例如，赔偿责任等。[②] 我们可以对拉伦茨的话作这样的解释：无效法律行为作为法律行为来讲，

① 《民法典》第 155 条规定：“无效的或者被撤销的民事法律行为自始没有法律约束力。”第 156 条规定：“民事法律行为部分无效，不影响其他部分效力的，其他部分仍然有效。”第 157 条规定：“民事法律行为无效、被撤销或者确定不发生效力后，行为人因该行为取得的财产，应当予以返还；不能返还或者没有必要返还的，应当折价补偿。有过错的一方应当赔偿对方由此所受到的损失；各方都有过错的，应当各自承担相应的责任。法律另有规定的，依照其规定。”

② ［德］卡尔·拉伦茨：《德国民法通论》，王晓晔等译，法律出版社 2003 年版，第 629 页。

其后果不被法律所承认，而作为行为，其后果是存在的。因为，我们不止一次地强调，法律行为的核心是当事人的意思，法律行为的后果是按照当事人的意思中预设的效果发生后果。法律行为无效之后，这种后果当然不能发生。但作为行为来讲，其后果是存在的，例如，侵权行为等，其后果不是根据当事人的意思而发生，而是根据法律规定而发生。无效后的后果就是这种不是以当事人的意思发生效果的后果。因此，这里的后果是行为的法律后果而不是法律行为的后果。

（一）法律行为自始无约束力

从我国《民法典》第155条之规定看，无效法律行为的法律后果在法律上绝对无效，自法律行为成立之日起就不发生当事人预定的法律效力。这是由无效法律行为的认定标准决定的，因为无效是根据特定的条件对法律行为进行“评价”后的否定性结论，而这些条件都是意思自治绝对不可逾越的界限。

在无效法律行为的溯及力问题上，在我国大陆占主导地位的理论是：无效法律行为在法律上当然无效，无须经过任何法定程序判决或裁定其为无效，也无须当事人之间相互主张无效。① 梁慧星先生认为，所谓无效，是指当然地、确定地自始完全不发生法律效力。② 这与法国学理关于合同绝对无效的传统理论是一致的，即绝对无效是“理所当然的无效”，故无须司法上的裁决，因为“人们不能去摧毁本来就不存在的东西”。但是，现代法国合同理论认为，传统理论在这一点上对绝对无效与相对无效的区分纯粹是人为的。因为法官对无效与可撤销合同的认定均是针对已经存在的事实状态的宣判。如果说相对无效是基于法庭判决才得以发生的话，那就无法解释为什么相对无效与绝对无效一样具有溯及力。在具体问题上，法官所作的判决并不受两类无效的不同特点的影响。③ 这种分析不能说没有道理：即使是无效的法律行为，也有一个司法认定

---

① 王家福主编：《民法债权》，法律出版社1991年版，第331页。

② 梁慧星：《民法总论》，法律出版社1996年版，第191页。

③ 尹田编著：《法国现代合同法》，法律出版社1995年版，第200页。

的过程，未经司法裁判，如何知道一个法律行为无效还是有效？而这种裁判，也是在发生纠纷时才会出现。因此，在实践中，可能会存在大量的无效合同被当事人履行完毕且当事人没有任何纠纷的情形，也就“没有”所谓的无效问题。“法律行为无效”指的就是被司法机关按照法律规定的条件对法律行为评价后的否定性结论，未经司法机关裁判，那些“实际上”所谓无效的法律行为，难以称为真正的无效法律行为。

关于可撤销法律行为在撤销前的效力状态问题，德国学者认为：可撤销的法律行为是有效的，如果它不被撤销，它将继续有效。[①] 但在过去很长一段时期内，我国学理将可撤销法律行为视为效力未定的法律行为。例如，我国著名学者梁慧星先生就曾有过这样的主张。[②] 在我国民商法界较有影响的《民法债权》一书也采用了这样的观点。[③] 但近来，梁慧星先生改变了这一观点，认为可撤销法律行为应是效力不完全的法律行为而非效力未定。[④] 这种观点也值得商榷，我认为：可撤销的法律行为不仅是生效的，效力也是完全的，不过仅仅是法律行为本身存在瑕疵而可以被撤销而已。但在被撤销前，法律行为效力是完全的。我们不能把可撤销法律行为的瑕疵看成效力方面的瑕疵，而是法律行为存在瑕疵。

可撤销法律行为具有可治愈性，即如果有撤销权的人在法律规定的权利行使期间内不行使撤销权的话，该法律行为即变为完全有效的法律行为。但是，如果撤销权人在法定期间内行使撤销权，法律行为就会溯及地归于消灭，即自法律行为成立之日起就不具有约束力。在结果上，同绝对无效的法律行为是一致的。我国《民法典》第 155 条就作了这样的规定，该条规定也延续了我国《民法通则》和《合同法》的一贯做法（《民法通则》第 59 条及《合同法》第 56 条就作了这样的规定）。《德国民法典》第 142 条也有相同的规定：“得撤销的法律行为，经撤销者，视为自始无效。”

但是，无效法律行为溯及力也并非没有限制和例外。一般地说，连续性法

---

① [德]卡尔·拉伦茨：《德国民法通论》，王晓晔等译，法律出版社 2003 年版，第 659 页。

② 梁慧星：《民法》，四川人民出版社 1988 年版，第 13 页。

③ 王家福主编：《民法债权》，法律出版社 1991 年版，第 331 页。

④ 梁慧星：《民法总论》，法律出版社 1996 年版，第 194 页。

律行为（合同）无效后，就不具有溯及既往的效力。这类法律行为主要包括租赁合同，雇佣合同，供电、供水、供热合同等以一方的“不可逆转性给付”为标的的合同。依照法国通行的理论，合同被确认无效后，合同所已经产生的效果应作为一种事实状态予以保留。这就是说，当合同无效的溯及力会导致承租人无代价地获得对租赁财产的使用或导致雇主无偿地使用雇员的劳动力时，合同无效的溯及力应予以排除。[①] 因为，连续性给付的合同（法律行为）已经履行的部分具有不可消灭的特点，故不适用无效的溯及力原则。

（二）恢复原状

恢复原状就是法律对无效法律行为效力否定的直接体现。换句话说，法律既然不承认无效法律行为的法律效力，就应该使得当事人双方的财产状况不因法律行为的成立而发生任何变化，即当事人行为前的财产状况应予以恢复。这样，才能体现法律行为溯及地消灭的效力。

恢复原状的必然要求是将当事人因无效法律行为而交换的财产进行返还，具体地说，双方尚未履行的，停止效力即可，不发生返还问题。但一方或双方因法律行为已经交付的财产应当予以返还。在财产返还问题上，有以下两点颇值得强调：

1. 返还财产

返还的理论根据就是财产返还请求权的性质问题，即因法律行为无效而发生的财产返还请求权，究竟是物上请求权，还是债权请求权？我国立法自《民法通则》开始到《合同法》，再到《民法典》，对此规定一直不明确，学理上存在纷争。因此，在此特别需要分析说明。

对于这种性质的认识因是否承认物权行为的无因性而分为两种立法体例和理论观点：一是不当得利返还请求权；二是物上请求权。

以《德国民法典》为代表的承认物权行为无因性的国家之立法和理论认为，负担法律行为无效后，因此而取得的物的所有权人的权利不受影响，但因取得所有权的基础原因因负担行为的无效而不复存在，从而使得该财产成

① 尹田编著：《法国现代合同法》，法律出版社 1995 年版，第 227 页。

为没有合法根据而取得的财产，故应为不当得利，对方可依此为请求权基础而主张返还。

以《法国民法典》为代表的否认物权行为与债权行为分立的国家，还有一些承认物权行为与债权行为分立但否认物权行为无因性的国家的立法和学理认为，当财产移转所赖以发生的原因——合同无效及原因消失后，合同标的物的所有权自始没有有效移转，因此，物之所有权人可基于物上请求权而请求对方返还。

这种区别的重大意义不仅是理论上的，还对当事人的权利影响甚大，主要表现在：

（1）返还的范围不同。如果根据不当得利返还请求权制度，返还义务人的返还责任因其善意或恶意而有不同：当返还义务人为善意时，不仅以获益为限，而且仅以不当利益现存者为限。而依物上请求权，返还义务人应以对方当事人给付时的财产为准负返还责任。

（2）效力不同。物上返还请求权为物权，有优先力和排他力，若返还义务人破产时，其享有别除权；而不当得利返还请求权为债权，无优先力与排他力，当返还义务人破产时，仅具有一般债权的效力而受比例分配。

当然，在采取不当得利返还请求权的国家中，由于仅以现有利益为限负返还责任，特别是在如买卖合同这样的双务合同被宣告无效或被撤销时，若买受人所取得的标的物因意外事故灭失，一方面他可以免除返还义务，另一方面却可要求对方返还价金，就会发生一方当事人将全部风险转嫁于他方而自己不受任何损失，他方徒遭不幸。这与公平理念及双务契约的本质相背离，故各国判例均在避免这种情况的发生。一般来说，有两种措施可以有效防止这种情况的发生：（1）当合同无效时，当事人各有独立的不当得利请求权，即买受人对于出卖人有价金返还请求权，而出卖人对买受人有所有物的返还请求权，双方各得主张同时履行抗辩。其应返还的标的相同者，得相互抵销。（2）现在大陆法系的通说为“差额说”，即买受人计算所灭失之物的价值与其所支付的购买标的物的价值之间的差额，返还责任以该差额为限。例如，A 出卖汽车于乙，价金为 10 万元，乙取车后，A 以意思表示错误为由撤销合同。在此情形，判例规则如下：①A 先行交付汽车，而乙尚未付款，这时汽车灭失，乙可主张所受利益不存在而免除返还责任，A 承担先为给付的风险；② 假如灭失的汽车按现在的市场价格应值 10 万元，出售价格也正好是 10 万元，两者之间无差额，双方均免除返还责任；如果汽车现在的价格是 9 万元，而出售的价格是 10 万元，差额为 1 万元，买受人乙对于 A 有 1 万元的返还请求权；假如灭失的汽车现在的市场价格应该值 11 万元，差额也为 1 万元，但汽车既然已经灭失，买受人得主张所受利益已经不存在而免除返还责任；③ 乙买受的汽车尚存在，其出售的价格与现在市场上的价格一致时，其差额为零，但双方均可主张相互返还，即出卖人得请求返还汽车，而买受人可主张返还价金。[①] 这样就避免了传统理论关于不当得利返还中所出现的不公平。

我国立法及学理，特别是最高人民法院的司法解释，现在对于物权行为与债权行为以及无因性问题的态度有所变化：立法中已经明确承认这些区分及无因性，如《民法典》第 215 条、第 311 条；学理上承认这种理论的学者已经成为主流；司法解释中也有承认的。因此，我认为，应该将其理解为“不当得利”返还请求权比较合适。

根据我国最高人民法院 2019 年《九民会议纪要》第 32 条至第 34 条的规定：（1）在确定合同不成立、无效或者被撤销后财产返还或者折价补偿范围时，要根据诚实信用原则的要求，在当事人之间合理分配，不能使不诚信的当事人因合同不成立、无效或者被撤销而获益。合同不成立、无效或者被撤销情况下，当事人所承担的缔约过失责任不应超过合同履行利益。（2）合同不成立、无效或者被撤销后，在确定财产返还时，要充分考虑财产增值或者贬值的因素。双务合同不成立、无效或者被撤销后，双方因该合同取得财产的，应当相互返还。应予返还的股权、房屋等财产相对于合同约定价款出现增值或者贬值的，人民法院要综合考虑市场因素、受让人的经营或者添附等行为与财产增值或者贬值之间的关联性，在当事人之间合理分配或者分担，避免一方因合同不成立、无效或者被撤销而获益。在标的物已经灭失、转售他人或者其他无法返还的情况下，当事人主张返还原物的，人民法院不予支持，但其主张折价补偿的，人民法院依法予以支持。折价时，应当以当事人交易时约定的价款为基础，同时考

① 王泽鉴：《民法债编总论》（第二册），三民书局 1980 年版，第 207 页。

虑当事人在标的物灭失或者转售时的获益情况综合确定补偿标准。标的物灭失时当事人获得的保险金或者其他赔偿金，转售时取得的对价，均属于当事人因标的物而获得的利益。对获益高于或者低于价款的部分，也应当在当事人之间合理分配或者分担。（3）双务合同不成立、无效或者被撤销时，标的物返还与价款返还互为对待给付，双方应当同时返还。关于应否支付利息问题，只要一方对标的物有使用情形的，一般应当支付使用费，该费用可与占有价款一方应当支付的资金占用费相互抵销，故在一方返还原物前，另一方仅须支付本金，而无须支付利息。

这里有一点很重要：在双方返还的时候，可以主张“同时履行抗辩权”。

（三）基于缔约过失而生的赔偿责任

根据我国《民法典》第157条的规定，法律行为无效或者被撤销后，有过错的一方应当赔偿对方由此而遭受的损失，双方均有过错的，应当各自承担相应的责任。但是，当法律行为被确认无效或被撤销后，既已不存在法律行为，该责任所产生的请求权基础为何？这便是大陆法系各国所谓的“缔约过失责任”。

法律行为因违法而无效时，是否适用过错赔偿原则呢？有学者持否定意见。[①] 我们同意这种观点。但是，引起无效的原因不仅仅是违法，还有违反善良风俗、缺乏法定形式等，所以，不应当一概而论。如果法律行为因为缺乏法律要求的形式而无效，那么：如果一方负有完成形式的义务（按照约定），则他有赔偿对方的义务，例如，一个需要批准的法律行为，双方约定由甲方去办理，而甲方没有去办理，导致法律行为无效，则甲方有赔偿对方的义务；如果双方都不知道法律对形式的要求，则双方均没有赔偿义务；如果一方（特别是被信赖的一方，如房地产公司）就法定形式对对方进行了欺诈，则按照过错大小分担责任（因对方的轻易信赖也可能使其信赖利益不值得保护）。因违反善良风俗而引起的无效法律行为，情况就比较复杂。例如，在因高利贷行为、暴利行为、违反职业道德、束缚对方自由等原因引起的无效法律行为中，就有因

① 王家福主编：《民法债权》，法律出版社1991年版，第337页。

过错分担损失责任的问题；而在因违反性道德、赌博等原因引起的无效法律行为中，就没有因无效的过错责任分担问题。

至于赔偿责任的具体范围，有的国家的法律有明确的规定，如《德国民法典》第122条规定：赔偿数额不得超过相对人或第三人于意思表示有效时所受利益的数额。世界上大部分国家采取信赖利益的赔偿原则，并以“合理信赖”为限定。我国有的学者也主张：确定有过错的一方所应承担的缔约过失的损害赔偿责任范围，应当相当于对方因信赖该合同有效所受的损失，但不得超过当事人在订立合同时应当预见到的因合同无效所可能遭受的损失。[①] 我们同意这种观点。虽然我国《民法典》没有在一般法律行为无效部分规定这一原则，但在关于“代理”部分的第171条第3款规定了：行为人（无权代理人）实施的行为未被追认的，善意相对人有权请求行为人履行债务或者就其受到的损害请求行为人赔偿。但是，赔偿的范围不得超过被代理人追认时相对人所能获得的利益。上述2019年《九民会议纪要》第35条明确了确定返还范围的因素：“合同不成立、无效或者被撤销时，仅返还财产或者折价补偿不足以弥补损失，一方还可以向有过错的另一方请求损害赔偿。在确定损害赔偿范围时，既要根据当事人的过错程度合理确定责任，又要考虑在确定财产返还范围时已经考虑过的财产增值或者贬值因素，避免双重获利或者双重受损的现象发生。”

（四）法律行为无效对第三人利益的影响

法律行为一旦被确认无效或被撤销，与之相关的第三人的利益往往会受到威胁。而在现实交易中，第三人往往难以对于作为标的物“权源”产生基础的另外一个法律行为是否有效作出合理的判断，故为保护交易安全，法律行为无效或被撤销的效力，就不能不受到法律对善意第三人保护的制约。对此，我国《民法典》第157条规定的“不能返还或者没有必要返还的，应当折价补偿”是否包含这种含义呢？我们认为，基于我国法对善意第三人保护的原则，应包含这一含义。

---

① 梁慧星：《民法》，四川人民出版社1988年版，第144页。

二、法律行为无效之权利主张的归属

德国学理强调无效是当然的，既不需要通过诉讼，也不经过当事人的意思表示，法律行为一律当作无效，法官一经发现，就应以职权予以宣告。但原告可以提起确认之诉，申请法院证实已存在的合同无效，但在这种情况下原告应举证证明其起诉的利益。第三人也可作为利益第三人而申请法院证实他人之间订立的合同无效。[①] 就如拉伦茨所指出的：完全无效的法律行为不需要任何特别的行为，如对行为进行某种意思表示，或者向法院起诉，或者法院的判决等来宣布行为的无效。任何人都可以提出法律行为的无效性。在诉讼中，不管当事人是否提出行为无效的要求，如果根据诉讼中的事实可以得出某种法律行为是无效的，那么，法院就应当考虑这种事实情况。[②] 上述论述似乎存在矛盾："任何人都可以提出"，向谁提出？由谁来确认无效？难道任何人都可以认定合同无效吗？因此，拉伦茨先生的观点似乎有难以理解之处。因此，弗卢梅的观点更容易被人们接受：基于诉讼而宣布无效。[③] 但是，有两点是德国学者共同的认识：（1）任何人都可以主张法律行为的无效性；（2）法院也可以主动审查导致无效的事实，从而宣告法律行为无效。[④]

就无效的性质而言，法国传统理论认为，绝对无效是理所当然的无效，故无须司法上的裁决，因为人们不能去摧毁本来就不存在的东西。诚然，在当事人就合同是否无效的意见不一致而发生纠纷时，当事人应当诉诸法庭，使合同所产生的某种事实状态得以消灭。因此，相对无效的性质与其说是"无效"，不如说是"被撤销"。总之，传统理论认为，对于绝对无效合同，法官只能"确认"其无效，而对于相对无效的合同，法官可以"宣布"其无效。但现代学者认为，传统理论的上述区分纯粹是人为的，因为确认无效与宣布无效在事实上具有完全相同的特征：一方面，法庭认定行为无效的判决都是宣告性的，因为

---

① 沈达明等编著：《德意志法上的法律行为》，对外贸易教育出版社 1992 年版，第 184 页。

② ［德］卡尔·拉伦茨：《德国民法通论》，王晓晔等译，法律出版社 2003 年版，第 628 页。

③ ［德］维尔纳·弗卢梅：《法律行为论》，迟颖译，法律出版社 2013 年版，第 663 页。

④ ［德］卡尔·拉伦茨：《德国民法通论》，王晓晔等译，法律出版社 2003 年版，第 628 页；［德］维尔纳·弗卢梅：《法律行为论》，迟颖译，法律出版社 2013 年版，第 663 页。

这种判决应当是针对事先已经存在的事实状态，如果说行为相对无效只是基于法庭的判决才得以发生的话，那就无法解释为什么相对无效与绝对无效一样具有溯及力；另一方面，在具体问题上，法官所作的判决并不受两类无效的不同特点的影响。就主张无效的权利的归属而言，传统理论认为，主张无效的权利是法律赋予当事人以否认无效行为的权利。这种权利使当事人可以不受无效行为的约束。由于绝对无效是对合同业已存在的状态进行确认，故任何利害关系人均可主张其无效，而相对无效的主张则只能由法律规定意在保护的特定当事人提出。法国现代理论仍然坚持这样的观点，即对于绝对无效的合同，一切利害关系人均可主张其无效，这样做的目的在于尽量扩大享有主张无效的权利人的范围，以最大限度地保护公共利益；而对于相对无效的合同，其撤销请求权只能由法律规定的特定当事人才能行使。[①] 另外，在合同违反公共秩序而诉讼当事人中的原告方又不愿意主张合同无效的情况下，法官可依职权确认合同无效；检察官也可以以公诉人的身份主张合同无效，以避免公共秩序遭受不法行为的侵害。[②]

在我国，长期以来占统治地位的理论主张，绝对无效的民事行为，不以当事人之间为限，任何人均可主张其无效。[③] 当然，法院在诉讼中发现有导致法律行为无效的原因的，也可以直接认定合同无效。这种观点同德国学者的观点是一致的，但是，在实际生活中，也只有利害关系人才可能主张合同无效。再具体地说，只有法律行为的存在会使其受到不利益的人才有可能主张合同无效，一个无关的第三人有谁愿意通过垫付诉讼费的方式去主张他人之间的法律行为无效呢？因此，尽管说“任何人都可以主张”，那仅仅是一种说法而已。

三、法律行为的部分无效

（一）概念

在法律行为（合同）无效制度中，在具备特定条件时某些具有相对独立性的

① 尹田编著：《法国现代合同法》，法律出版社 1995 年版，第 200—201 页。

② 尹田编著：《法国现代合同法》，法律出版社 1995 年版，第 207 页。

③ 梁慧星：《民法总论》，法律出版社 1996 年版，第 193 页。

条款无效或法律行为（合同）在量上的违法并不必然引起整个法律行为（合同）的无效，这就是所谓的法律行为（合同）部分无效问题。自罗马法就有“有效部分不因无效部分而受影响”的规定。自此以后的大陆法系各国民法典均继受这一原则。例如，《德国民法典》第139条规定：“法律行为的一部为无效者，其全部无效。但如可认定除去此无效部分，法律行为仍可成立者，不在此限。”我国《民法典》继受了《民法通则》第60条及《合同法》第56条，于第156条规定：“民事法律行为部分无效，不影响其他部分效力的，其他部分仍然有效。”

但问题是：什么样的“部分”无效才能适用第156条的规定？该“部分”与“其他部分”是什么关系？其实，这是论题的核心问题。

（二）如何判断部分与整体的效力关联

如果一个法律行为（合同）的部分无效，那么它在什么情况下会引起该法律行为（合同）全部无效，在什么情况下仅仅是该部分无效而不影响其他部分效力的依然存在？

《意大利民法典》第1419条规定了一个简单而直接的判断公式：“在契约如果没有无效部分或者无效的个别条款，缔约人就无法缔结契约的情况下，契约的部分无效或者个别条款无效将导致整个契约无效。”根据这一公式，如果无效的部分是当事人的“行为基础”或者称为主要目的，没有这一部分，缔约当事人就不会缔结合同时，那么这种部分无效将导致整个契约无效。如果不是这种情况，那么部分无效将不会导致整个契约无效而是不影响其余部分的效力。那么，如何判断“没有这一部分当事人就不会缔结契约”呢？这里需要对当事人的缔约目的和意思进行判断。在这一点上，《意大利民法典》与《德国民法典》有相似之处。

按照德国学者的解释，适用《德国民法典》第139条应当具备三个条件：

（1）法律行为（合同）的一体性。拉伦茨指出：如果一方当事人或者双方当事人在他们的意思表示中都称一个完整的法律行为，而不是几个或者各自独立的法律行为，则可以说“整个法律行为”与法律行为的“部分”。[①] 也

---

① ［德］卡尔·拉伦茨：《德国民法通论》，王晓晔等译，法律出版社2003年版，第632页。

就是说，这一条件要求被判定的行为（有效部分与无效部分）从外部表现看，是一个口头或者书面的法律行为（合同）。例如，在一个买卖合同中，原告将自己的机器设备和生产用原材料都出卖给被告，而且双方就此两个标的物签订了一份合同，可以认为这一行为是一体性行为。如果后来因原材料的特殊性需要有关部门批准才能转让，但未获得批准。这时合同的部分发生无效，有可能买卖机器设备的部分仍然有效。无论如何，在适用“部分无效”的规则时，无论从当事人的意思表示或者外在的形式上看，有效部分与无效部分必须是一个整体。

（2）行为的可分性。将无效部分分离出来，还能够使一项可以想象为有效的行为继续存在，而且这项行为也不与当事人的意愿相违背。根据这一条件要求，如果一项要约的无效，或者在一项双务合同中对待给付的规定无效，根本不能提出使一部分有效的问题。在通常情况下，只要涉及某项给付的范围或者排除责任的范围，就不能认为存在可分性，因为对过高的给付或者过度的排除责任进行效力限缩，不会使合同部分无效，而是对合同作全部变更。[①] 但是，合同部分无效对合同整体的影响，有两点值得注意：一是在部分无效的情况下引起合同整体无效是原则，部分无效只是例外；二是部分无效对其他部分的影响的关系，即一个合同的各个部分是否可分，最终取决于当事人本人的明示或者可推知的意思。即这是一个主观问题而非客观问题，有时虽然从客观上说，合同的各个部分是可以分离的，但是依据当事人的意思是不可分的，就不能适用部分无效而是整体无效。德国学者举例说：建筑工程承揽人出卖土地的条件是，买主必须委托他实施待建工程。这里就应当尊重当事人的这种搭售意思，不论买主是否只想购买这一块土地，也不管这种搭售从经济上是否合理。[②] 例如，上面提到的买卖设备和原材料的例子，如果当事人在意思表示中明确设备与原材料必须一体购买时，就不适用“部分无效”的规则。

但是，当事人的这种意思有时是明确表示的，而更多的时候则是法院的推定。然而，推定绝不是法官的主观臆断，故推定的标准就应当确定。对此，拉

---

① ［德］迪特尔 · 梅迪库斯：《德国民法总论》，邵建东译，法律出版社 2000 年版，第 384 页。

② ［德］迪特尔 · 梅迪库斯：《德国民法总论》，邵建东译，法律出版社 2000 年版，第 387 页。

伦茨指出：如果当事人对此没有约定，那么就要看，他们可能会怎样约定。如果他们在合同签订时就曾遇到这一问题，他们是否愿意合同在除去无效部分后继续有效？我们可以推测，如果一方当事人不同意有疑问的部分仍然有效，那么整个行为就会因此无效。与此相反，我们也可以推断，如果双方当事人都承认有疑问的部分是有效的，那么除去无效部分后剩余下来的行为就是有效的。人们必须这样推测，即每个当事人从无效行为中失去的利益不是主要的，他们的利益可以从剩余的行为中得到保证。[①] 但是，这里既不是法律行为的解释，也不是对某项心理事实的认定，而是对当事人之具有决定意义的利益的查明及权衡性评价。在进行评价或者评判时，主要应当以当事人的立场为准，而不应当以某个“理智第三人”或者审理法官的立场为标准。[②]

（3）剩余部分应当是一个原来意思表示没有改变的符合合同有效性的法律行为。德国学理对这一条规定作了这样的解释：《德国民法典》第 139 条所指出的是一个复杂的法律行为，这个复杂的法律行为根据当事人的意思构成一个法律单一体。如果意思表示同时涉及几个分别的法律行为，其中之一无效或被撤销，当然不影响其他法律行为的有效性。因此，执行本条时首先应当考虑形成单一体的法律行为包括哪些因素。第 139 条第 1 段制定的原则是一条解释意思的原则，即法律认为在当事人的心目中，法律行为的所有因素相互支持，当事人所欲为的法律行为就是表示所提出的包括全部条款在内的法律行为。在缺少一个条款的场合，如果这一条款并非法律行为的主要因素，去掉这一条款合同仍然能够存在，但是，继续存在的法律行为将是不同于当事人欲为的法律行为。这一法律行为按其性质，并非来源于当事人的意思，故法律就不应当承认其法律价值。也就是说，法律不能通过意思的推定或解释而用一个法律行为代替另一个法律行为，人们不能推定，没有这一法律行为时，当事人曾经愿意成立另一个法律行为。这样做，就等于承认当事人没有意思的行为也具有法律效力。第 139 条第 2 段是这样来解释当事人的意思的——原来的法律行为继续存在，这是当事人所欲为的法律行为，但缺少一项因素。人们可以说，当事人认

① ［德］卡尔·拉伦茨：《德国民法通论》，王晓晔等译，法律出版社 2003 年版，第 639 页。

② ［德］迪特尔·梅迪库斯：《德国民法总论》，邵建东译，法律出版社 2000 年版，第 386 页。

为这一因素具有次要的价值，即使是去掉了，也不会改变原来法律行为的性质，所以他们仍然保持原来的法律行为。简言之，去掉一项因素并不能使继续存在的法律行为成为一个新的法律行为。人们所推定的是该因素在与整个法律行为的关系上，只具有次要的价值。就合同来说，无效往往是能够涉及两个中的一个，例如，意思表示有瑕疵。这一表示既告无效，另一表示也就孤立起来了。按照第 139 条第 1 段属于全部无效，而按照第 139 条第 2 段，无效可能是涉及意思表示的一个次要点，从而推定法律行为继续有效。[①] 其实，《意大利民法典》第 1419 条也包含了这一意思，即合同缔结人的主要的意思表示仍然存在，而且主要利益仍然存在。

英美合同法也承认合同的部分无效，在某一合同中包含若干允诺，其中一部分为非法的情况下，如果其中合法允诺可以与非法允诺相分离，则该合法部分仍然有效。[②] 阿蒂亚指出，如果合同是部分无效的，例如，因其是限制贸易的，或包含有规避法院管辖的条款，一般情况下不会影响合同其他部分的效力。法院有时甚至将无效条款本身的不法部分分出来，而宣布其余部分仍然有效。[③]

在法国，由于民法典制定时期的特殊历史环境，拿破仑为防止封建“长子继承权”的复辟，在合同部分无效与全部无效的关系上，采取区别有偿与无偿而为规定。《法国民法典》第 900 条规定：“在一切生前赠与和遗赠的条款中，不可能的条件、违反法律和善良风俗的条件（这里的条件是指条款而言），应视为未订立。”这是针对无偿合同而言的，即对于无偿的赠与合同而言，无效条款不影响赠与行为的效力。对于有偿合同，《法国民法典》第 1172 条作出了相反的规定：合同所附的条件无效的情况下，合同本身也归于无效。由于时过境迁，《法国民法典》制定时期的基础已经不复存在，故法院在审理各个具体案件时，不再考虑合同的性质是有偿还是无偿，而是考虑该违法的条款对于当事人而言究竟应视为合同的“决定性因素”抑或“次要

① 沈达明等编著：《德意志法上的法律行为》，对外贸易教育出版社 1992 年版，第 194—195 页。
② 董安生等编译：《英国商法》，法律出版社 1991 年版，第 147—148 页。
③ ［英］P. S. 阿蒂亚：《合同法概论》，程正康等译，法律出版社 1982 年版，第 246 页。

因素”。如果违法条款是合同的决定性因素，即使合同在性质上为无偿，该合同也应全部无效；反之，如果违法条款是次要因素，即使合同为有偿，该合同也应部分无效[①]。

在对我国《民法典》规定的部分无效在什么时候“不影响其他部分的效力”进行判断时，应当注意两个问题：

（1）合同无效部分与其他部分在客观上是可以分离的，而且当事人的明示或者可推知的意思也是可分的。法官不能以客观经济合理标准或者以自己的意志来认定法律行为（合同）部分的可分性。

（2）《民法典》第156条规定：民事法律行为（合同）部分无效，不影响其他部分的效力的，其他部分仍然有效。那么，如何理解“不影响其他部分的效力”？在这里，《意大利民法典》规定的判断公式、德国学者主张的第三个条件及法国判例的“决定性因素”具有很强的实用性和参考价值：应当考虑一个合同当事人的主要意思表示和主要缔约目的是什么，如果无效部分是合同当事人的主要目的或者主要意思表示，当这一部分无效时，整个合同的存在意义也就不存在，这时就不能再主张其余部分仍然有效。例如，在一个买卖合同中定有“违约条款”或者“定金条款”，当“违约条款”或者“定金条款”部分无效时可以认定其余部分仍然有效；反之，如果其余部分无效，而仅仅“违约条款”或者“定金条款”有效时，这种有效对当事人缔约来说也就没有任何意义，将会引起整个合同无效。

四、无效法律行为（合同）的转换

（一）无效法律行为（合同）转换的概念

一个完全无效的法律行为，如果具备另一法律行为的要件，而且可以认为，当事人知道此行为无效即愿意另一行为有效的，可以作为另一法律行为而生效。像这样，把一个无效的法律行为转变为一个其他有效的行为，称为无效

---

① 尹田编著：《法国现代合同法》，法律出版社1995年版，第237页。

法律行为的转换。[①] 在罗马法上，就有“一个行为无效而具备其他行为的要件时，如他行为合于当事人之意思者，则他行为有效”的原则。这一原则为大陆法系许多国家民法典所继受。如《意大利民法典》第 1424 条规定：“如果当事人知道契约无效，在当事人力求达到的目的时，则应当推定使无效契约得以产生包括实质要件和形式要件在内的另一个契约的效力是当事人所希望的。”《德国民法典》第 140 条规定：“无效的法律行为若具备另一法律行为的要件，并可认定当事人如知其无效即有意为此另一法律行为者，则此一法律行为为有效。”德国学理认为，第 140 条涉及的问题不同于上述第 139 条（前面已经提到）。因为第 139 条所指的无效只触及法律行为的一个次要部分，该法律行为在保持其特征的前提下将继续存在。第 140 条则不同，无效使原来的法律行为失去其特征，但允许使用无效没有触及的各要素重新构造一个不同于原来的法律行为。可以说，这个新的法律行为不是当事人的意思所欲为的，甚至不是他们所能预料到的。法官用新的法律行为代替原来的法律行为，是基于这样的理念：如果当事人预料到法律行为（合同）无效，他们也会有这样的意思。德国学理称这种以新的法律行为替代原来的法律行为为更换。第 140 条的规定授予法官替代当事人重作一个从法律方面来说当事人设计不够完善的法律行为。这是《德国民法典》给予法官解释私法行为的权力。立法理由是：法官解释私法行为应以该行为所追求的经济目的为重点。就如学者所言：通常当事人着眼于其行为的经济效果，而对其为达到这一效果所使用的手段的兴趣则是次要的。因此，第 140 条允许在特定条件下对无效的法律行为进行转换：当事人所选择的不适当的手段为另一种适当的手段所替代。[②]

英美法系国家也承认无效行为的转化，美国学者科宾指出，双方当事人的交易事实上已经构成相互一致的协议，但在法律上无效时，以及在因为缺乏相互同意的表示而无合同存在的情况下，当事人仍不妨以本身在法律上有效的行为从事该项交易[③]。

---

① ［德］卡尔·拉伦茨：《德国民法通论》，王晓晔等译，法律出版社 2003 年版，第 646 页。

② ［德］迪特尔·梅迪库斯：《德国民法总论》，邵建东译，法律出版社 2000 年版，第 395 页。

③ 转引自王卫国：《论合同无效制度》，载《法学研究》1995 年第 3 期。

（二）无效法律行为转换的要件

1. 应当是一个无效法律行为

首先，其应当是一个无效的法律行为，如果通过解释或者其他途径可以消除无效，那么，就不存在这里所讲的转换问题了。就如德国学者所指出的，已经表示出来的法律行为必须是无效的，法律行为是否无效，往往首先要通过解释才能加以认定。只要一项法律行为的无效性仍然可以被消除，就不存在第140条的转换问题。①

2. 替代法律行为应当符合当事人意图及法律规定

（1）替代的法律行为必须符合当事人的意图。必须可以认为，如果当事人知道其所订立的合同的无效性，将愿意从事该替代合同行为。但是，由于在现实生活中当事人一般不会考虑到其合同的无效性，因此，他们不会有真正的意思，所以，这里的意思是指可推测的意思。这种可推测的意思相当于具有理智的人在当事人位置上可能具有的意思。当然，以此方式查知的可推测的意思，不能与当事人的真实意思相抵触。德国联邦最高法院的下面一个判例受到了学者的广泛批评：在本案中，当事人为了扩建和共同使用一幢商业用房，而设立一家无限责任公司，但登记法院拒绝给予公司登记，理由是该公司不是以经营商业为宗旨的。于是，原告想通过把无限责任公司转变为民事合伙的方式来挽救合同效力。但被告辩称，他从一开始就反对设立民事合伙，因为他父亲在民事合伙方面有过不愉快的经历。但联邦最高法院认为被告的这一真实意思并不重要，因为其意思是以其对各种公司形式的选择可能性持有错误的看法为基础的。于是，法院就认可了转换。② 拉伦茨批评说：法官不应当以自己的价值观或者他认为具有某种目的的价值观来替代当事人的价值观，法官必须从他知道的当事人的价值基础出发，尽管法官认为当事人的这种价值观是不合理的，而且是基于不能解释的利益上的，他仍然必须这样做。根据这一

① ［德］迪特尔·梅迪库斯：《德国民法总论》，邵建东译，法律出版社2000年版，第395页。

② ［德］迪特尔·梅迪库斯：《德国民法总论》，邵建东译，法律出版社2000年版，第397—398页。

观点，联邦最高法院判决将一个有限责任公司的建立转换为一个民事合伙的做法是不可思议的。[①]

我认为，“符合当事人可以推测的意思”要件对于无效法律行为的转换非常重要。因为，法律行为与其他法律事实的不同就在于它是以当事人的意思为核心要素的，如果没有了当事人的意思，法律行为制度的基本价值将不复存在。无效法律行为的转换制度无非是想通过一种可能的方式对法律行为进行的一种挽救，这种挽救首先是基于经济合理性的考虑，但是，我们不能忘记，这种经济的合理性只能由当事人自己决定。一个经济上极不合理的法律行为，如果双方当事人都自愿为之，法律自然不能干预，这就是私法自治的基本精神。当然，在无效行为转换问题上，通常当事人不可能具有明确的意思，只能根据推测的意思。但这种推测不能违背其意愿，尽管当事人的意愿所赖以存在的价值观念是不合理的。否则，就不是当事人在为法律行为，而是法官在为当事人为法律行为，法律行为中的价值观念与利益标准就不是当事人的而是法官的价值观念与利益标准，当事人也就会被其未曾同意的义务所约束。总之，无效法律行为的转换不能导致对私法自治的破坏。

（2）替代法律行为应当符合法律行为生效的其他要件。替代法律行为应当是一个“健康”的法律行为，即应当符合法律行为的生效要件，如行为能力、合法、形式要求等。

3. 法律行为的转换不能违背法律规定该行为无效的基本宗旨

法律行为的转换不能违背法律规定该行为无效的基本宗旨，也就是说，如果当事人的法律行为所追求的意图本身是违背法律的，则法律行为的转换是不可能成立的，特别是当法律行为的目的违反善良风俗时，法律行为的转换就更加不可能。[②] 例如，一种高利贷行为是违反善良风俗的，如果允许这种无效行为转换为一个非高利贷行为，则法律对这种行为的禁止性规范的目的就会荡然无存，法律的威慑力也就不复存在，人人都可以从事这种行为，因为至多是转换为非高利贷的有效行为。如果一个不具备法律规定形式的法

---

① ［德］卡尔·拉伦茨：《德国民法通论》，王晓晔等译，法律出版社 2003 年版，第 648 页。

② ［德］卡尔·拉伦茨：《德国民法通论》，王晓晔等译，法律出版社 2003 年版，第 648 页。

律行为可以通过转换成为一个有效的法律行为，那么法律对形式的要求之目的就不复存在。

(三)我国法上是否存在无效法律行为的转换问题

对于无效法律行为的转换问题，我国《民法典》未作明文规定。这种所谓的转换对当事人的意思自治损害的可能性巨大，而且无效合同原则上应严格否定其效力。因此，考虑到中国的现实，不宜作与以上国家相同的解释。

五、无效法律行为(合同)的补正

由于绝对无效的法律行为违反法律、社会公共秩序或善良风俗，故各国法一般尽量阻止其发生效力以避免危及国家与社会，如《意大利民法典》第1423条规定：如果法律没有不同规定，不得对无效合同进行追认。所以，从性质上说，绝对无效的法律行为是不能救治的，故不存在补正问题。

但是，“绝对无效法律行为不能救治”这一原则也不是绝对的，罗马法就允许对绝对无效的合同进行补正。①《德国民法典》也继承了这一制度，该法典第141条规定：“无效的法律行为经行为人确认者，其确认应视为重新实施的法律行为。”这一规定从表面上看，似乎是追认，但实际上是成立新的法律行为，所以，必须具备新的法律行为所具备的一切有效要件。②也就是说，绝对无效的法律行为不能像相对无效的法律行为那样经承认或追认就可有效，而是重新成立一个新的完全具备法律要件的法律行为。德国学者指出：确认并不直接使行为有效，因为待确认行为也必须符合一般的有效要件。例如，先前没有遵守的形式现在必须遵守；先前违反了法律禁令，现在必须加以消除；违反善良风俗的规定必须通过确认加以避免。③

在法国，传统理论认为，补正应具备三个条件：(1)承认须基于对合同行

① [意]彼德罗·彭梵得：《罗马法教科书》，黄风译，中国政法大学出版社1992年版，第76页。

② 沈达明等编著：《德意志法上的法律行为》，对外贸易教育出版社1992年版，第185页。

③ [德]迪特尔·梅迪库斯：《德国民法总论》，邵建东译，法律出版社2000年版，第405页。

为瑕疵即无效原因的认识；（2）当事人须有治愈瑕疵即放弃主张无效的权利的意思；（3）承认须能使瑕疵得以排除。[①]

在我国，从历史上看，只有1985年的《涉外经济合同法》规定了无效合同的补正。该法第9条规定：合同中的条款违反中华人民共和国法律或社会公共利益的，经当事人协商同意予以取消或补正后，不影响合同的效力。由此可见，对无效合同补正后，合同具有溯及力。但我国现行立法并没有规定无效合同可以补正的规范。我认为，没有必要承认无效的法律行为的补正，所谓补正的法律行为，实际上是重新从事了一个法律行为。如果不考虑其溯及力的话，补正就没有意义。如果符合部分无效规则时，可以适用《民法典》第156条的规定。

① 尹田编著：《法国现代合同法》，法律出版社1995年版，第217页。

第四章 法律行为的可撤销

第一节
关于《民法典》中可撤销法律行为的特别说明

应该说，与《民法通则》和《合同法》比较，《民法典》关于可撤销法律行为的规定，主要有以下变化。

1. 增加了“第三人欺诈”的可撤销原因

《民法典》第 149 条：“第三人实施欺诈行为，使一方在违背真实意思的情况下实施的民事法律行为，对方知道或者应当知道该欺诈行为的，受欺诈方有权请求人民法院或者仲裁机构予以撤销。”

2. 增加了“第三人胁迫”的可撤销原因

《民法典》第 150 条：“一方或者第三人以胁迫手段，使对方在违背真实意思的情况下实施的民事法律行为，受胁迫方有权请求人民法院或者仲裁机构予以撤销。”

3. 将原来的显失公平和乘人之危合并为一个可撤销原因

《民法典》第 151 条：“一方利用对方处于危困状态、缺乏判断能力等情形，致使民事法律行为成立时显失公平的，受损害方有权请求人民法院或者仲裁机构予以撤销。”

4. 增加了因受胁迫的撤销权人行使撤销权的除斥期间的特别规定

《民法典》第152条第1款第2项，“当事人受胁迫，自胁迫行为终止之日起一年内没有行使撤销权”，则撤销权消灭。

5. 取消了可撤销的法律行为的可变更性

无论是《民法通则》还是《合同法》，在法律行为（合同）的可撤销原因具备时，都允许当事人提出变更，而且把“变更”放在“可撤销”之前，作为首选的救济方式。① 而此次《民法典》取消了可撤销的法律行为的可变更性。

应该说，这种做法是正确的。因为，变更一个法律行为，例如合同，实际上是重新协商合同内容，而如果对方不同意，那么，法院就运用强制的方式让对方接受这种变更。这实质上是对意思自治原则的极大侵犯。

下面就引起法律行为的可撤销的原因进行详细分析。

第二节　因重大误解而导致的可撤销的法律行为

一、重大误解与错误的概念辨析

误解与错误是否为同一含义？有的学者认为，传统民法严格区分错误与误解两个概念。错误是指表意人非故意的表示与意思不一致；误解是指相对人对意思表示内容的了解的错误。② 但从大陆法系各国民法典的立法来看，却均用“错误”而不用“误解”（如《德国民法典》第119条、《法国民法典》第1110条、《日本民法典》第95条、《瑞士债务法》第23条等）；我国从《民法通则》到《民

① 《民法通则》第59条第1款规定：“下列民事行为，一方有权请求人民法院或者仲裁机关予以变更或者撤销：（一）行为人对行为内容有重大误解的；（二）显失公平的。”《合同法》第54条第1款规定：“下列合同，当事人一方有权请求人民法院或者仲裁机构变更或者撤销：（一）因重大误解订立的；（二）在订立合同时显失公平的。”第2款规定：“一方以欺诈、胁迫的手段或者乘人之危，使对方在违背真实意思的情况下订立的合同，受损害方有权请求人民法院或者仲裁机构变更或者撤销。”

② 梁慧星：《民法总论》，法律出版社1996年版，第169页。

法典》一直用“误解”而不用“错误”。这二者的内涵与外延，就成为问题的关键。我们应从立法及学理两个方面去把握。

德国学理认为，错误是指意思表示的客观含义未能反映存于其后的关系到意思表示内容和后果的主观意图的情形。[①] 根据这一概念并结合《德国民法典》第119条第1款的规定（表意人所为意思表示的内容有错误时，或表意人根本无意为此种内容的意思表示者，或如可认为，表意人若知其情事并合理地考虑其情况即不为此项意思表示时，表意人得撤销其意思表示），德国法上的错误可分为两类：一是表达错误，即内心意思形成时并无瑕疵问题，只是因表达行为而发生的错误；二是对内容的错误，即在内心意思形成过程中因对事物认识的不正确而导致所形成的意思发生瑕疵。

而根据法国学理，错误是指契约的订立是基于对实际存在的事实不一致的认识，亦即至少有一方当事人对行为的基本条件发生认识上的错误。[②] 这一概念与《法国民法典》第1110条的规定内容十分符合。该法典第1110条规定：“错误仅涉及契约标的物的本质时，始构成无效的原因。如错误仅涉及当事人一方愿与之订约的他方当事人个人时，不成为无效的原因；但他方当事人个人被认为是契约的主要原因时，不在此限。”由此可见，《法国民法典》所说的“错误”，并不包括德国法上所说的“表达上的错误”，而仅仅是意思形成过程中所发生的错误。

从《德国民法典》和《法国民法典》对错误的不同规定中可以得出这样的结论：《德国民法典》所规定的错误可称为真正的“错误”，既包括意思形成过程中的错误，也包括表达上的错误；而《法国民法典》所规定的错误实为“误解”，不包括表达上的错误。正如学者所指出的：“可见第1110条（《法国民法典》）所指的错误是涉及成立法律行为的意思在形成中的错误。但是除了这种错误之外，尚有另一种错误，这种错误在德意志法系中起着重要的作用，但法国法上却无视这种错误。这就是罗马法注释法学派曾经深入探讨过的涉及意思表示的错误，即所表示的与真正的意思不一致的错误。例如，表意人有成立

---

① 沈达明等编著：《德意志法上的法律行为》，对外贸易教育出版社1992年版，第88页。

② 尹田编著：《法国现代合同法》，法律出版社1995年版，第71页。

某项法律行为的意思，在意思形成过程中不存在任何瑕疵，但是内心真正的意思与表意人表示的意思所使用的表达方式不一致、有分歧。”[①]故有的专门研究法国合同法的学者将《法国民法典》上的错误直接称为“误解”。[②]

从我国1986年《民法通则》开始，立法及学理均采用“误解”这一概念，1999年的《合同法》没有改变而沿用之，《民法典》也用了这一概念。若仅仅从字面上理解，显然应作与《法国民法典》的规定同样的解释。但我国学理一致认为，我国法上的误解，同德国法及日本法上的错误是在同一意义上适用的。如梁慧星先生认为：“所谓误解，应解释为不仅包括表意人无过失的意思与表示不符，也包括相对人对意思表示内容之了解的错误。”[③]我认为，将我国法上的“重大误解”理解为包括“相对人对意思表示内容了解上的错误”是没有实际意义的：如果相对人对于意思表示作了错误的理解，但没有发出任何意思表示，则这种情况下是否错误是没有意义的；如果他发出了意思表示，则是一般的错误。因此，董安生先生的意见更符合立法的解释：“有重大误解的行为在传统民法中被称为‘无意识非真意表示’的一种，它又称为错误、法律行为错误等。”[④]故对我国法上规定的“误解”应作与《德国民法典》规定的“错误”同样的解释。

二、为什么因错误而导致的法律行为是可以请求撤销的

许多国家的法律之所以规定因错误而导致的法律行为可以撤销，实际上是要在私法自治、个人责任与对第三人的信赖利益保护之间寻找一个公平的平衡点：

1. 私法自治的目的在于使每一个人都能够按照其意志构建法律上的权利义务关系，如果这种自治建立在意思瑕疵的基础之上，那么这种自治的意义也就大打折扣。所以，从私法的基本价值出发，对于因错误而导致的法律行为进行法律救济就有充分的理由。

---

① 沈达明等编著：《德意志法上的法律行为》，对外贸易教育出版社1992年版，第114页。

② 尹田编著：《法国现代合同法》，法律出版社1995年版，第71页。

③ 梁慧星：《民法总论》，法律出版社1996年版，第169页。

④ 董安生：《民事法律行为》，中国人民大学出版社1994年版，第209页。

2. 从个人责任的角度看，私法之所以能够实行意思自治，就在于这种自治的后果由自治人承担而不是由他人来承担。这种后果包括积极后果和消极后果，这也就意味着：即使是因为自身的错误，也应当负责，否则这种自治的不利后果将由他人来承担。从这一意义上看，就不能支持因错误而成立的法律行为可以请求撤销。

3. 从相对人的信赖利益来看，如果相对人没有任何过错而允许一方当事人因为错误而撤销法律行为，将对交易安全构成极大威胁。所以，有的学者指出：只有在有理由认为对方对合同有效性的依赖的确不值得保护时，才可以撤销。①这一原因又构成了阻碍法律行为撤销的理由。

所以，民法上的撤销制度必须对这三个方面的利益进行衡量：如果绝对不允许撤销，将会降低意思自治的质量；如果随便可以撤销，那么，第三人的信赖利益将得不到保护，并且，意思自治的屏障将会被破坏，可能导致意思自治的滥用。正因如此，法律对什么样的错误允许撤销是有严格限制的，也就是说，法律在极其例外的情况下才允许一方当事人因错误而撤销。②

因法律行为一方当事人的错误而撤销，对方的利益应如何保障？我国民事立法自《民法通则》到《合同法》，再到《民法典》一直没有任何规定，这是不妥当的。例如，A 与 B 进行了一场正常的交易，A 因为错误而要求撤销交易，但 B 没有任何过错或者不当，那么，法律允许 A 撤销交易后，B 的利益如何保障？能否按照《民法典》第 157 条予以赔偿？显然不能！因为第 157 条的赔偿责任是以过错为前提的，A 发生错误可能也没有任何过错。因此，应该明确 A 的赔偿责任：必须给对方以补偿，用来弥补对方因此遭受的损失。

三、什么样的错误是可以撤销的

由于法律关系的社会性，当事人意思形成过程及表达过程中，难免会出现偏差，但问题在于什么样的错误会影响法律行为的效力。如果任何细微的错误均会引起法律行为的无效，那就会有太多的法律行为会因此而失去效力，交易

---

① ［德］海因·克茨：《欧洲合同法》（上），周忠海等译，法律出版社 2001 年版，第 250 页。

② ［德］海因·克茨：《欧洲合同法》（上），周忠海等译，法律出版社 2001 年版，第 250 页。

安全和公正将会受到威胁。就如德国学者所指出的：当事人缔约时承诺和期待的后果，并没有如其所愿地出现，他能否主张基于错误而订立合同因而不受合同约束？一般来说，答案是否定的。然而，有的时候，答案会有所不同。因此，问题是如何区分有意义的错误与无关宏旨的错误。① 然而，如何区分在法律上有意义的错误（即能够引起法律救济的错误）与在法律上无意义的错误，却没有统一的标准。各国立法并不一致，学理观点也有不同。

（一）大陆法系的主观主义原则与客观主义原则

在大陆法系，有两种理论影响了各国的立法：主观主义原则与客观主义原则。按照主观主义理论，合同义务只是因为义务方“意图”约束自己时才可以执行。② 也就是说，任何一方的义务出乎其“意图”之外，则不受合同义务的约束，即可以撤销。而客观理论则认为，一个公开表达其意见的人必须承担他对环境错误估计的风险。因为，如果他仅仅因为自己犯了一个错误就能够怀疑法律行为的有效性的话，就会极大地破坏交易安全。按照这一观点，仅仅应当在极其例外的情况下才允许一方当事人因错误而撤销法律行为。反过来说，只有在有理由认为对方对合同有效性的信赖的确不值得保护时才可以撤销合同③。从这两种不同的理论可以看出，主观主义原则重在保护表意人之意思自治的完整性，而客观主义原则重在保护相对人的信赖利益，即交易安全。

从立法体例上看，大陆法系国家，有的坚持主观主义原则，有的则坚持客观主义原则。《法国民法典》《德国民法典》《瑞士债务法》都遵循主观主义原则。《法国民法典》第 1109 条、《德国民法典》第 119 条、《瑞士债务法》第 26 条都表达了这样的宗旨：即使表意人具有重大过失，也不是阻碍合同撤销的理由，他仍然可以撤销合同。错误的可识别性也同样没有意义，仅仅对撤销权人的赔偿义务具有意义。④ 所谓错误的可识别性，是指对方当事人根据当时的

---

① ［德］海因 · 克茨：《欧洲合同法》（上），周忠海等译，法律出版社 2001 年版，第 249 页。
② ［德］海因 · 克茨：《欧洲合同法》（上），周忠海等译，法律出版社 2001 年版，第 249 页。
③ ［德］海因 · 克茨：《欧洲合同法》（上），周忠海等译，法律出版社 2001 年版，第 250 页。
④ ［德］迪特尔 · 梅迪库斯：《德国民法总论》，邵建东译，法律出版社 2000 年版，第 565 页。

环境，知道或者应当知道表意人错误的存在。

而在大陆法系的另外一些国家，则对相对人的信赖利益保护特别重视。也就是说，如果非错误方知道或者应当知道对方是基于错误而成立的法律行为，即他对法律行为的信赖不值得保护时，错误方才能以错误为由撤销法律行为。例如，《意大利民法典》第 1428 条规定："当错误是本质性的并为缔约另一方可识别时，错误是契约得撤销的原因。"而根据该法典第 1431 条规定，根据契约的内容、契约的具体情况或者缔约人的身份，如果是正常注意即可发现的错误，则错误视为可识别的错误。也就是说，《意大利民法典》规定了合同因错误而撤销的两个基本条件：（1）错误是根本性的；（2）错误必须能够为对方所识别。如果一种错误虽然是根本性的，但对方即使尽到如《意大利民法典》第 1176 条规定的善良家父的注意义务也不能识别的，错误方就不得主张撤销。《奥地利民法典》第 871 条也有类似的规定。有的学者赞同《意大利民法典》的模式，认为：合同不能仅仅因为一方的意图是以误解为基础或者未得到准确的表达而被撤销。当然，在这种情况下一方急于撤销合同，但是另一方却依赖于合同的有效性，他有需要对其依赖性进行保护的相应的利益。这些利益之间需要平衡，交易安全和法律确定性的要求，只有在例外的情况下才允许以错误为由撤销。对合同至上的尊重，要求撤销只有在经过对合同的恰当解释后，它仍留有允许撤销之余地的情况下才可以，而且，除非有特别的理由支持撤销，就应当对另一方当事人对合同的依赖予以保护。[①]

从上面的分析可以看出，大陆法系国家虽然对错误方的保护采取不同的政策，但有一点是共同的：并非所有的错误均能引起法律的救济，只有"重大错误"或者"根本性错误"才是可以撤销的理由。何为"重大错误"或者"根本性错误"呢？《意大利民法典》第 1429 条以列举的方式指出，下列错误是本质性的：（1）涉及契约的性质或者标的物时；（2）涉及交付标的物的同一性或者根据一般标准或者有关情况应当由合意确认的同一标的质量时；（3）涉及由缔约方确认他方缔约人的身份或者基本情况时；（4）涉及构成唯一或者主要原因的法律错误时。同样，《瑞士债务法》第 24 条也以列举的方式指出，在下列

① ［德］海因·克茨：《欧洲合同法》（上），周忠海等译，法律出版社 2001 年版，第 278 页。

情形中，认为合同当事人具有重大错误：（1）错误的一方真正希望订立的合同是其表示同意而订立的合同之外的合同的；（2）错误的一方本意不是与合同对方当事人，而是与其他特定之第三人订立合同的；（3）错误的一方承担远远高于其预期的负担，或者取得远远低于其预期的利益的；（4）错误的一方在订立合同时，对其善意地相信为合同基础之事实认识错误的。仅为对订立合同之动机的误解，不属于重大错误。《德国民法典》第 119 条则以抽象的方式规定了重大错误：表意人所作的意思表示的内容有错误，或者表意人根本无意作出此种内容的意思表示，如果可以认为，表意人若知悉情事并合理地考虑其情况后即不会作出此项意思表示者，表意人可以撤销该意思表示。《法国民法典》第 1110 条规定：错误，仅在涉及契约标的物的本质时，始构成无效（相对无效）的原因。法国学者莱尼 · 达维指出："为了保护当事人他方的权益并为商业提供安全，一些保障经常被认为是必要的，这些保障可以是基于不同的观念。首先，只有明显的证据表明错误是当事人缔结契约的决定因素，错误才能成立。"①

在以德国为代表的主观主义立法体例中，法律虽然允许错误方撤销法律行为，但是，应当赔偿相对方因信赖法律行为有效之信赖利益。就如德国学者所言：发生错误的人撤销其意思表示的，辜负了意思表示受领人的信赖。这种信赖遭到辜负，可能产生多方面的损害——受领人可能已经为履行法律行为支付了费用，而现在这些费用就白费了。此外，受领人可能放弃了另外一项行为，而如果他没有信赖被撤销的行为的话，他本来可以从事另外一项行为。此类损害叫作信赖损害。撤销人通常必须赔偿这些损害，而且不论撤销人对错误是否具有过错。毋宁说，这一赔偿义务即发生错误的人为摆脱其意思表示而必须支付的代价。②但是，根据大陆法系许多国家民法典的规定，如果非错误方知道或者应当知道撤销原因的（即错误），那么，损害赔偿义务根本就不会发生。

① ［法］莱尼 · 达维：《法国法与英国法》，潘华仿等译，中国政法大学内部用书，1984 年 8 月印刷，第 105 页。

② ［德］迪特尔 · 梅迪库斯：《德国民法总论》，邵建东译，法律出版社 2000 年版，第 591 页。

（二）英美法系国家关于错误对合同效力影响的判例规则[①]

对英美法系法律颇有研究的德国学者海因·克茨（Hein Kötz）指出：在普通法系，直到19世纪，合同可以因错误而撤销的观念几乎没有受到任何认同。当然，现在如果一方当事人进行交易是基于对另一方当事人在谈判中的误述或者虚假声明的合理依赖，则合同可以被撤销。但在此处，并不过多地强调造成的错误，而是强调由于误述而引起的错误。普通法系的律师从来没有像大陆法系律师那样关注表示意图被破坏的问题，也没有关于由于错误而撤销的一般规则。普通法更加关注相对人对错误表示方的信赖保护——一种由于商业需要的性格偏好。[②]在英美法系国家，就如科宾所说，在教科书和法院判决书中，这样的说法异乎寻常地普遍：除非错误是双方的，不会因为错误而给予救济。为数众多的陈述都表达了这样的意思：仅有一方合同当事人发生错误，不能作为要求普通法或者衡平法上救济的理由。[③]美国法学会的观点是这样的：单方的错误，无论其对发生错误的当事人的利益多么事关重大，不能使合同可以撤销。[④]在英国，根据合同法的一般规则，只有在当事人对合同的误解威胁到真实性协议的存在，或者当事人之间虽存在协议但双方在其中重要问题上均犯有同样误解的情况下，才能影响合同效力。因此，在一般情况下，当事人一方基于自己的误解而发生的错误，不影响合同效力。根据普通法规则，以下误解不影响合同效力：（1）当事人基于自身原因对其意图表达有某种错误时，不影响合同效力；（2）当事人的错误或误解仅仅是基于对交易含义的错误解释而产生时，不影响合同效力；（3）当事人自己在判断上产生误解或错误，不影响合同效力；

---

① 众所周知，英美法上是不存在“法律行为”这一概念的，但在这里我将其合同法上的规则进行论述的原因有二：其一，合同是最重要的法律行为，对合同的论述其实就是对法律行为的论述；其二，我国在制定自己的合同法时，大量地引进了英美合同法上的制度。而我国合同法上的合同却是重要的法律行为。

② ［德］海因·克茨：《欧洲合同法》（上），周忠海等译，法律出版社2001年版，第251页。

③ ［美］科宾：《科宾论合同》（上），王卫国等译，中国大百科全书出版社1998年版，第698—699页。

④ ［美］科宾：《科宾论合同》（上），王卫国等译，中国大百科全书出版社1998年版，第702页。

（4）当事人一方因对其履约能力估计错误而产生的双方误解，不影响合同效力。[①]

科宾对英美法系关于错误的传统理论提出批评，认为如果仅仅将双方的错误作为合同撤销的观点，是误导性和不真实的。我们不能认为，单方的错误不会影响合同的效力。[②]但是，美国的司法判例不是以意思的瑕疵或者不完整性为由来认定合同的可撤销性的，而是从公正立场或者非错误方的信赖利益是否可以保护入手来决定合同是否可以撤销。科宾指出，是双方当事人还是一方当事人发生错误，实际上无关紧要。法院在给予救济前需要知道的是：错误是否实质地影响了寻求救济的当事人，可否将他方当事人置于原来的地位，允许的救济对象对第三人有怎样的影响，对请求人的行为是否应当适用禁止反悔规则。[③]所以在美国，构成影响合同效力的错误条件之一即错误对双方同意的履行的互换有重大影响。受到不利影响的一方必须证明，这一错误使双方同意的履行的互换变得不平衡，这种不平衡是如此严重，以致要求他履行这一互换是不公平的。在决定错误对双方交易的影响是否重大时，法院往往还要考虑采用除了使合同无效之外的其他救济方法的可行性。如果是可行的，则不应认为该影响是重大的。在一些案件中，法院甚至认为，错误必须涉及标的物的存在或性质才能使合同无效，如果仅涉及标的物的特征、品质或价值，合同依然有效。[④]

（三）我国法上的“错误”

我国《民法典》第147条关于“重大误解的”规定中，确实没有要求“造成重大损失”作为可撤销的要件，因此，从表面上看，似乎与《德国民法典》坚持“意思表示完整性”的立场相同。但是，《民通意见》第71条曾要求“造成较大损失”作为要件。这一点与大陆法系国家民法典仅仅从意思表示不完整

① 董安生等编译：《英国商法》法律出版社1991版，第91—92页。

② ［美］科宾：《科宾论合同》（上），王卫国等译，中国大百科全书出版社1998年版，第702页。

③ ［美］科宾：《科宾论合同》（上），王卫国等译，中国大百科全书出版社1998年版，第702页。

④ 王军：《美国合同法》，中国政法大学出版社1996年版，第162—163页

出发的原则不同，一般来说，大陆法系国家民法不要求错误方有重大损失，只要求意思表示方面有不完整，就可以撤销。也就是说，大陆法系之所以对错误进行救济，是因为它破坏了意思自治的完整性，而是否有重大损失在所不问。所以，我国法上的“错误”更多的是借鉴了美国法的概念。但问题在于：《民法典》是从“意思表示完整性”的视角和逻辑出发的，因此，在解释上仍然应该坚持这种逻辑，不能要求“造成重大损失”作为要件。

至于错误的对象，《最高人民法院关于适用〈中华人民共和国民法典〉总则编若干问题的解释》（法释〔2022〕6号）第19条作出了明确的解释：行为人对行为的性质、对方当事人或者标的物的品种、质量、规格、价格、数量等产生错误认识，按照通常理解如果不发生该错误认识行为人就不会作出相应意思表示的，人民法院可以认定为民法典第147条规定的重大误解。

另外，赔偿以过错为前提。按照《民法典》第157条的规定，法律行为（合同）被撤销后，有过错的一方应当赔偿对方因此所造成的损失。双方都有过错的，应当各自承担相应的责任。在法律行为（合同）被撤销后，关于撤销权人的赔偿义务，在大陆法系国家，有的不要求过错，如《德国民法典》第122条；有的则要求有过错，如《瑞士债务法》第26条。但是，这些国家的民法都肯定一点：如果非错误方有过错的，他的信赖利益就不值得保护，那么，撤销权人就没有赔偿义务。但是，我国法却规定，即使对方有过错，撤销权人也应当赔偿对方。这种规定值得商榷。因为，这种做法不利于保护非错误方的利益：如果双方都没有过错，则撤销后错误方就没有赔偿责任，那么交易撤销后非错误方的信赖利益如何保护？

（四）小结

意思自治的完整性必须得到尊重，但交易安全、信赖利益也确实需要保护，因此，在什么样的错误能够引起法律救济的问题上，任何一种法律制度都在力图平衡这两者之间的关系。这种平衡的手段与方法可能有所不同，但目标是一致的：如何通过平衡当事人权利义务实现法律的自身价值。让我们用法国学者莱尼·达维的话作为对大陆法系许多国家关于什么错误在什么条件下可以撤销的总结：（1）只有明显的证据表明错误是当事人缔结契约的决定性因素，这一错误才能成立。（2）错误必须与成为契约范围以内的事实或者条件有关，而且必须为一个有理智的人从当事人任何一方角度上看，都认为是具有实质性的意义，这样的错误才能被承认。对于他方当事人，或者对于契约的一项条款，以及对双方当事人的共同的基本设想的确认，也可以凭借这一规则加以考虑。但是，另一方当事人是否知晓错误有可能是促使对方当事人缔结契约，并不是主观的理由。（3）假如错误是由于有错误的当事人的疏忽造成的，法律将不予考虑。（4）当法院判决因错误而使契约撤销时，考虑对他方当事人给予赔偿，因此他可以免于因契约被撤销而遭受损害。[①]

四、错误发生的阶段

（一）意思形成阶段

任何法律行为的效果意思的形成往往都有一个过程，在这一过程中，也就是表意人在法律行为的效果意思形成阶段，可能会因自身对影响决策的诸因素的不正确设想或者认识而发生错误。例如，A 考虑是否购买汽车时，可能会对下列诸因素进行思考：（1）国家对汽车消费的有关政策，如附加购置费、燃油费、车船使用税、养路费等；（2）汽车在使用过程中的各种费用计算，例如，2.0 升、1.6 升、2.3 升、3.0 升排气量的汽车的耗油量每年多少，修理费用大致多少；（3）汽车的折旧率是多少等。如果购车人对这些因素发生错误认识，就会影响其决策。

（二）决定使用何种符号表示意思的阶段

表意人形成了效果意思之后，必须寻找一种能够为相对方理解的语言符号或者其他载体。在将意思转化为符号的过程中，可能会发生错误。例如，表意人认为一种符号能够代表某种含义，但实际上该符号却代表另外一种含义。

---

① ［法］莱尼 · 达维：《法国法与英国法》，潘华仿等译，中国政法大学内部用书，1984 年 8 月印刷，第 106 页。

（三）表达阶段

表意人在选择好了语言符号或者载体以后，通过特定方式表达出来。在这一阶段的错误往往表现为写错了字或者说错了话。

（四）意思的运送阶段

在意思发出与到达对方当事人之间往往还有一个运输过程，在这一过程中也可能会发生错误。例如，传达人所传达的内容不同于他应当传达的内容；电子邮件在传送到对方的接收器时，因电脑病毒而发生内容变化等。

（五）意思的理解阶段

意思表示到达对方以后，对方当事人作出了错误的理解或者不同于表意人本人的最初意思。①

五、错误的类型及法律救济

（一）动机错误

动机错误是发生在意思形成中的错误，就如德国学者所言：动机错误对某些情形怀有不正确的设想，而这些情形于他决定发出这一意义上的表示有着重要意义。如果他具备了正确的观念，他就会作出另一决定。动机错误在意思形成阶段就产生了，因此，它破坏的是意思的决策。② 动机错误是否能够请求法律救济呢？

在私法领域，由于动机是一种禁忌，所以，法律行为就不会仅仅因为动机而被撤销。许多国家的民法典都肯定这一原则。例如，根据《瑞士债务法》第 24 条的规定，仅为对订立合同之动机的误解，不属于重大错误，因而不

① ［德］迪特尔·梅迪库斯：《德国民法总论》，邵建东译，法律出版社 2000 年版，第 565—566 页。

② ［德］卡尔·拉伦茨：《德国民法通论》，王晓晔等译，法律出版社 2003 年版，第 514 页。

能被撤销。《奥地利民法典》第 901 条、《希腊民法典》第 143 条都规定了这一原则。德国学者认为，《德国民法典》第 119 条虽然没有直接规定动机错误不能撤销，但已经含有这样的意义。[①]“动机错误不能撤销”这一原则可以追溯到萨维尼，他认为必须将当事人形成订立合同的意图阶段与他表达意图阶段区分开来，在早期阶段的错误是动机错误，没有法律意义，而意图形成没有错误但表达有错误则使人有权撤销。作为政策的基本立足点，动机错误应当被忽略。促使一方订立合同的动机，如预期、假定、希望通过合同达到的目标或者计划，这些都是对方所不知道或者不关心的问题。如果合同的有效性仅仅因为一方不切实际的预期或者不恰当的推定而受到质疑，那么结果将是灾难性的。[②]因此，一个购买了结婚礼物的人，不能因为婚礼取消了就撤销该买卖合同。一个房屋买卖合同也不会因为购买人对国家有关商品房的政策发生误解而具有可撤销性。

（二）内容错误

内容错误，又称为意义错误，是指在为意志寻找某种表示符号的过程中发生的错误，即表意人对所选择的符号的意义发生了错误，这一符号的意义，不同于表意人的本意。[③]内容错误是严重的错误，是可以撤销的。

（三）表示错误

这是发生在表达阶段的错误，它是指表意人所表示出来的符号，不是他想表达的符号，最典型的就是说错了话或者写错了字，例如，将“10000 元”写成“1000 元”。表示错误也是比较典型的错误，是可以撤销的。

（四）传达错误

这是发生在意思运输过程中的错误。在非面对面所为的双方法律行为（缔

---

① ［德］海因 · 克茨：《欧洲合同法》（上），周忠海等译，法律出版社 2001 年版，第 263 页。
② 转引自［德］海因 · 克茨：《欧洲合同法》（上），周忠海等译，法律出版社 2001 年版，第 264 页。
③ ［德］迪特尔 · 梅迪库斯：《德国民法总论》，邵建东译，法律出版社 2000 年版，第 567 页。

结合同）的方式中，往往还存在一个意思的运输过程。特别是在通过第三人传达的情况下，还存在这样一种风险：第三人传达给受领人的意思可能不同于意思表示人的意思。

法律规定传达有误的意思表示是可以撤销的，因为传达人的表示应当归责于表意人。[①] 许多国家的民法典规定，传达错误是可以撤销的。例如，《德国民法典》第 120 条规定："意思表示由传达人或者传达机构传达不实时，可以在第 119 条关于因错误而作的意思表示所规定的同样条件下撤销。"《瑞士债务法》第 27 条规定："合同成立后，因送信人或者其他人的原因造成要约或者承诺传递错误的，适用有关错误的规定。"

对于此问题，《最高人民法院关于适用〈中华人民共和国民法典〉总则编若干问题的解释》第 20 条规定："行为人以其意思表示存在第三人转达错误为由请求撤销民事法律行为的，适用本解释第十九条的规定。"而根据第 19 条，行为人能够证明自己实施民事法律行为时存在重大误解，并请求撤销该民事法律行为的，人民法院依法予以支持；但是，根据交易习惯等认定行为人无权请求撤销的除外。从这一规定看，显然是可以撤销的。但是，它不同于其他国家的法典规定之处有以下两点：（1）传达仅仅限于义务性传达。这就意味着如果是有偿的传达，例如，邮局的原因等，就不能撤销而仅仅追究邮局的责任。实际上，由于传达人所传达的意思是意思表示人的意思，而意思表示的后果当由意思表示人承担，如果由于传达人的错误导致意思表示的内容同表意人的意思不同，事实上还是让表意人承担了一种与其意思不同的后果。所以，许多国家的民法典规定是可以撤销的。而我国这种做法值得探讨。（2）除错误传达之外，该条还规定了没有传达的情形，而结果是由意思表示人负赔偿责任。如果是没有传达，也就是相当于意思表示人没有为意思表示，究竟是谁遭受损失？无论是传达要约，还是传达承诺，均不会给对方当事人造成损失，而仅仅会给表意人造成损失。让表意人自己赔偿自己？

我认为，传达错误不能仅仅限于义务传达，只要发生传达错误，就应当适用有关错误的规定而撤销。义务传达与有偿传达仅仅是在区分表意人与传

---

① ［德］迪特尔·梅迪库斯：《德国民法总论》，邵建东译，法律出版社 2000 年版，第 569 页。

达人之间的责任方面具有意义，而在对于法律行为相对方的效力方面没有任何意义。

（五）受领错误

这是发生在意思理解阶段的错误，在意思到达对方之后，受领人作了错误的理解。[①] 如果受领人虽然作了错误的理解而没有表示什么，则他根本不需要撤销。只有当他作了错误的理解并作出意思表示时，才能根据错误的规定而撤销。而如果这种错误没有受外界影响，如欺诈、胁迫等情况，它就是一般的错误。

六、主要国家立法例

（一）德国法上的错误

《德国民法典》关于错误的实质性规定为第 119 条、第 120 条，尤其以第 119 条为重。该条规定："（1）表意人所为意思表示的内容有错误时，或表意人根本无意为此种内容的意思表示者，或如可认为，表意人若知其情事并合理地考虑其情况即不为此项意思表示时，表意人得撤销其意思表示；（2）关于人的资格或物的性质的错误，交易上认为重要者，视为关于意思表示内容的错误。"

对于这一规定，学者通行的看法是：该条仅仅规定了表示错误与内容错误两种，而不包括动机错误。[②] 有的德国学者将其通称为"表示错误"。[③] 表示上的错误有两种主要形式：（1）误作非所欲为的表示。误作非所欲为的意思表示是最明显的最简单的表示错误的形式。表意人不但对其所作出的表示的意义，甚至表示的用词都不是他所愿意的，如笔误。在这种情况下，意思与表示之间、表意人的意思与相对人的意思之间存在全面的不一致。（2）表示内容的错误。

---

① ［德］迪特尔 · 梅迪库斯：《德国民法总论》，邵建东译，法律出版社 2000 年版，第 569—570 页。

② ［德］迪特尔 · 梅迪库斯：《德国民法总论》，邵建东译，法律出版社 2000 年版，第 567 页；［德］卡尔 · 拉伦茨：《德国民法通论》，王晓晔等译，法律出版社 2003 年版，第 504 页。

③ ［德］卡尔 · 拉伦茨：《德国民法通论》，王晓晔等译，法律出版社 2003 年版，第 504 页。

表示内容上的错误，从形式上看，表意人所说的或所写的是其所欲为的，但是其表示并不具有其认为的本来意义，他的错误也正在于此。例如，一个不熟悉法律的人不正确地使用法律概念，使得其所表示出来的词语的意义与其所欲表达的意义之间存在差异。[①]

虽然《德国民法典》第 119 条没有规定动机错误，但是，大多数学者认为：尽管第 119 条第 2 款规定的是表示内容上的错误，实际上这是指起决定作用的动机错误，是一种特殊性质的动机错误。[②] 这里的动机与性质（交易上的人或物的性质）紧密结合。德国判例认为，性质的错误属于决定性动机的错误。性质错误的特征是指某项交易中的约定或视为约定的性质与真正性质有差别。[③] 关于性质错误与动机错误的关系，我们将在下面讨论。

（二）法国法上的错误

1. 法国法上关于错误的理论基础

《法国民法典》关于错误的规定主要集中在第 1110 条的规定中。该条规定："错误仅涉及契约标的物的本质时，始构成无效的原因。如错误仅涉及当事人一方与之订约的他方当事人个人时，不成为无效的原因；但他方当事人个人被认为是契约的主要原因时，不在此限。"

按照学者的解释，《法国民法典》第 1110 条沿用法典起草时通行的 13 世纪注释学派的分类，即分为法律行为性质的错误、当事人本人的错误、标的物的错误、主要性质的错误。第 1110 条规定了主要性质错误和当事人本人的错误。法国学理认为，主要性质错误是指作为法律行为决定性动机的理由（即广义的原因）的错误。当当事人本人为契约的主要原因时，对当事人本人的错误，也视为主要性质的错误。[④]

---

① 沈达明等编著：《德意志法上的法律行为》，对外贸易教育出版社 1992 年版，第 118 页。

② 沈达明等编著：《德意志法上的法律行为》，对外贸易教育出版社 1992 年版，第 123—124 页；［德］迪特尔·梅迪库斯：《德国民法总论》，邵建东译，法律出版社 2000 年版，第 567 页；［德］卡尔·拉伦茨：《德国民法通论》，王晓晔等译，法律出版社 2003 年版，第 514—525 页。

③ 沈达明等编著：《德意志法上的法律行为》，对外贸易教育出版社 1992 年版，第 123—124 页。

④ 沈达明等编著：《德意志法上的法律行为》，对外贸易教育出版社 1992 年版，第 113 页。

《法国民法典》只论述了主要性质的错误，成文法上的错误的范围已经很狭窄，再加上19世纪法国正统学理对主要性质及当事人资格作纯粹物质的、客观的解释，使错误的范围更加狭窄。对于法国法对错误的限制性倾向，有人提出这样的解释：法国法向来不赞成使用错误概念，认为援用错误概念会扰乱法律秩序。法国法采用维持社会秩序的客观概念。但是法国判例一直试图突破成文法关于狭窄的错误的概念，广泛地采用主观错误概念。自《法国民法典》颁布之日起，100多年来，法国法院虽不公开表示，但在第1110条“主要错误”的掩护下，越来越多地考虑各种各样的决定性动机错误。此外，法国判例还采用一种新的、被称为障碍性错误的理论，以绝对无效作为制裁。[①]

2. 法国法关于错误的具体分类

（1）障碍性错误

障碍性误解是一种最严重的误解，它的出现使契约合意根本不存在，从而使合同根本不能成立。

障碍性误解包括对合同性质的误解（如一方认为自己是在购买房屋，而另一方认为自己是在出租房屋，既不存在买卖，也不存在租赁）、对合同标的统一性的误解（如一方认为自己是购买一楼的公寓，而另一方则认为自己出售的是三楼的公寓）、对合同原因客观上是否存在的误解（如父亲以为儿子在战争中死亡，就将自己的财产赠给某慈善机构。数年之后，儿子出现。按照《法国民法典》第1117条的规定，作为错误的原因处理）。[②]

（2）对标的物本质的误解

对于《法国民法典》第1110条规定的“对标的物本质的误解”的含义，学说上有两种不同的解释：一种是客观解释，另一种是主观解释。前者认为，标的物本质是指构成标的物的物质材料，例如，误将一镀金佛像当作纯金佛像而订立合同。后者认为，不能将标的物的本质理解为具有客观的或物质性的含义，只能理解为具有主观的和精神上的含义。标的物的本质并非作为标的物的物品本身，而是标的物的基本特征，它是促使当事人订立合同的决定性因素。

① 沈达明等编著：《德意志法上的法律行为》，对外贸易教育出版社1992年版，第114页。

② 尹田编著：《法国现代合同法》，法律出版社1995年版，第72页。

学者认为，上述两种解释在实际运用过程中的结果有时是一致的：如果买受人误将镀金雕像认为是纯金的，而这种认识又是促使其决定购买的根本原因，则无论运用哪种标准，均会导致合同无效的结果。但在另外一些情况下，运用不同的解释则会有不同的结果：虽然买受人对于雕像是纯金或镀金发生了错误认识，但促使其购买的原因是，雕像是古董。如果依照客观解释的原则，合同应为无效；而依照主观解释的原则，合同应为有效。法国大部分学者主张，应用主观解释的原则理解标的物本质这一概念。[①]

（3）对当事人的误解

按照一般的合同理论，对缔约当事人的误解并不必然导致合同的无效。因为，在一般情况下，合同相对人是谁，并不重要。只有在特别情况下，缔约相对人才具有较大意义。因此，《法国民法典》明确规定，只有当对方当事人被认为是合同的基本原因时，才会导致合同无效。法国学者将法典规定的这种合同称为“基于人的关系而订立的合同”。

何为对当事人的误解？法国学者认为应从广义的角度去理解“对当事人的误解”，而对这种误解的评价方式，实际上相当于“对标的物性质的误解”。因为，如同标的物一样，当事人存在着一种“基本性质”。对于当事人的误解，实际上就是对相对方当事人自身所具有的“性质”的误解。[②]

（三）英美法上的错误

英美合同法上的“错误”一词是指合同当事人对于构成他们之间交易基础的事实在认识上发生错误。用美国《第二次合同法重述》的措辞来表达，即“与事实不符的信念”[③]。在英美法上，虽然有普通法和衡平法之分，但二者只是在救济措施上有所不同，在关于错误的具体分类上并无不同。其分类主要有如下几种。

---

① 尹田编著：《法国现代合同法》，法律出版社1995年版，第73页。

② 尹田编著：《法国现代合同法》，法律出版社1995年版，第79页。

③ 王军：《美国合同法》，中国政法大学出版社1996年版，第157页。

1. 关于合同标的物的错误

关于合同标的物的错误主要是指当事人对标的物同一性、是否存在以及质量的认识发生错误。

对标的物同一性的认识错误，主要是指当事人双方所认为的合同标的物实际上是不同的事物。对这一问题最好的说明是 1864 年发生在英国的 Raffles v. Wichelhaus 案。该案的案情如下：有一个内容为从孟买装运 125 包棉花到英国并在利物浦码头交货的销售契约。契约规定，棉花将从孟买由皮尔斯号货船运达。原告声称：棉花确实是由从孟买开来的皮尔斯号船运来，并已经停在利物浦港，他已经提出交付棉花的请求，但被告拒绝接收货物。被告声称：被告所指的皮尔斯号船是 10 月从孟买开出的船，而原告没有将棉花装运到该船上，却将棉花装运到 12 月从孟买启航的皮尔斯号上。法官认为，双方并未达成合意，故不存在合同。①

对标的物是否存在的认识错误是指当事人均认为同一标的存在或不存在，但这一认识与事实并不符合。② 例如，双方当事人均认为买卖标的物为黑色汽车，但实际上是白色的。

对质量的认识错误不涉及标的物是否存在的问题，而涉及对合同标的物的质量、功能、价值等属性的误解。③

2. 关于合同当事人的错误

如同大陆法系国家的理论一样，英美法契约法理论也认为，一般情况下，当事人对合同相对人身份的错误认识并不影响合同的效力。就如科宾所言，如果交易当事人的身份对他方事实上无关紧要，后者很少以错误为由非难交易的有效性。成千上万的合同都是在一方当事人不知道，也无意知道他方当事人为谁的情况下订立的。柜台上发生的一切现金货物买卖实际上都是这种情况。甚至在购物人误认为职员为店铺的所有人，而职员误认为购物人是威尔士亲王的

① ［美］格兰特 · 吉尔默：《契约的死亡》，曹士兵等译，载梁慧星主编：《民商法论丛》（第三卷），法律出版社 1995 年版，第 233 页。当然，格兰特 · 吉尔默对于该案判决的公正性颇有怀疑，请参阅该文。

② 董安生等编译：《英国商法》，法律出版社 1991 年版，第 99 页。

③ 董安生等编译：《英国商法》，法律出版社 1991 年版，第 101 页。

情况下，一旦相互表示同意，合同就会生效。[①]但如果对方身份属合同实质性要素时，即如果知道对方不具有某种身份就不与之缔约，则可能使合同无效。得到法律救济的错误必须具备以下要件：（1）当事人对合同对方当事人身份的错误认识是基于他人以信函的方式欺诈而产生的；（2）当事人欲与之缔约的对方当事人的身份具有一定程度的重要性；（3）一方当事人明知对方不欲与自己缔约而故意以欺诈的方式骗签合同。对于是否是根本性的错误，判断标准为：如果法院发现卖方除了欺诈人声称的主体外，不会将货物出卖给任何人时，主体身份错误为实质性的；如果卖方更多的是关心货物的价值或信任站在面前的任何人时，就不存在实质性的错误。[②]

3. 关于合同性质的错误

如果当事人签订的合同是与他所认为的合同性质完全不同的合同时，他可以提出该合同无效的抗辩。因为这种误解足以威胁真实性协议的存在，他排除了合同成立的必要因素——同意要约。一般说来，当事人应当对其所签署的合同负责，故谨慎的当事人在签署文件之前应对文件内容进行认真的阅读。但在某些情况下，当事人可能对合同性质发生误解。在此情况下，该当事人可以依据“非我所为的原则”（nonest factum）提出有效抗辩。[③]这一原则颇似《法国民法典》的障碍性错误。

“非我所为”的抗辩原则，在19世纪就已经出现。当时适用的情况是：一个文盲在曾向自己宣读契约但并未正确说明契约内容而签署契约的情况下，他可以不受该契约的约束。签署的该契约不仅因为宣读人意图欺诈而无效，即使善意第三人也不能在此种契约下取得任何权利。[④]

但是，这一抗辩原则的无限制地适用，就会导致当事人注意义务的松弛和合同无效范围的扩大，所以，在适用上不能不有所限制，主要有：（1）对于具

① ［美］科宾：《科宾论合同》（上），王卫国等译，中国大百科全书出版社1998年版，第688页。

② 刘守豹：《意思表示瑕疵的比较研究》，载梁慧星主编：《民商法论丛》（第一卷），法律出版社1994年版，第79页。

③ 董安生等编译：《英国商法》，法律出版社1991年版，第93页。

④ 杨桢：《英美契约法论》，北京大学出版社1997年版，第209页。

有充分理解能力的人来说，如果他要提出这一抗辩，就必须对于自己无辜导致误解负举证责任，并且证明他所签署的合同与他所欲签订的合同之间具有本质的区别。但对于文盲或其他缺乏理解能力的人来说，法院一般采取比较宽容的态度，其举证责任较轻。（2）如果合同签署人对于合同性质的误解是基于自己的过错，则他不能援引这一抗辩。（3）在当事人一方签署了空白合同，而他方以欺诈的方式填写了空白合同时，如果前者没有对后者填写的合同条款提出异议，则不能提出这一抗辩。（4）如果当事人签署的合同虽然与他所欲签署的合同性质不同，但具有相同的法律后果时，签署人也不得主张该抗辩。①

4. 言词上的错误

在英美法上，言词上的错误有两种：一是用来规定合同约定事项的文件中包含一项错误，因此，与当事人所达成的协议有出入。这一情形引起的唯一问题是举证上的困难。如果一方能够证明另一方援用的文件不符合合同约定，得申请法院予以纠正。

二是一方不小心说错了或写上了他不想说或写的话，这种情形为单方面错误。按照普通法，合同既非无效，也不能宣告无效。普通法对于这种错误的唯一救济是：如果能够证明另一方当事人知道这一情形，就可认为这一情况已纳入合同，法律就可以不予执行。衡平法对于这种错误给予救济——拒绝作出具体履行的判决，其条件是要求履行合同的一方并非没有做可以谴责或者要求履行是违背良心的。②

（四）我国法上的错误

我国法上的错误概念来自《民法通则》《合同法》《民法典》的有关规定。《民法典》第 147 条基本上沿用了《民法通则》和《合同法》规定的这一概念：基于重大误解实施的民事法律行为，行为人有权请求人民法院或者仲裁机构予以撤销。由此可见，我国法采取了法国法与德国法上关于合同内容错误的规定。依我国学者的解释，意思表示的错误分为：（1）关于当事人本身的错误，

① 董安生等编译：《英国商法》，法律出版社 1991 年版，第 94—95 页。

② 沈达明：《英美合同法引论》，对外贸易大学出版社 1993 年版，第 106 页。

这种错误仅于赠与、雇佣、委任等注重当事人其人的法律关系时，才构成意思表示内容的错误；（2）关于标的物本身的错误；（3）关于当事人资格的错误；（4）关于标的物性质的错误，但对这种错误的判断仅以标的物的性质在交易上是否重要为尺度；（5）关于法律行为性质的错误；（6）关于价格、数量、履行地、履行期的错误；（7）关于动机上的错误，仅当该动机表示于外而构成意思表示的一部分时，才构成意思表示内容上的错误；[①] 如果将动机表示于外而构成意思表示的一部分时，还是不是"动机"就值得研究了。

七、对于与错误有关的几个问题的思考

（一）对法律的错误能否影响法律行为效力

"任何人不得以不知法律为由而进行抗辩"，是大陆法系和英美法系普遍承认的规则，所以，两大法系在法律的误解与法律行为（或者合同）效力的关系问题上采用的传统原则是：对法律的误解不影响其效力。但是，现在这一规则在两大法系的判例及学理上有所变化。

在法国学理看来，这一格言所要说明的仅仅是无论当事人是否知道法律的某一规定，该规定照样适用。而这里所谓的对法律的误解，是指当事人对有关合同效力的法律产生误解，这种误解使当事人的同意产生瑕疵。具体来说，对法律的误解必须涉及标的物的性质才能导致合同无效。因此，在通常情况下能导致合同无效的这种误解是对合同标的的权利的存在、权利的性质或权利的适用范围发生误解，例如，当事人基于对夫妻财产制度的错误理解而放弃对夫妻共同财产的权利等。[②]

在德国，学者将法律错误直接称为"对法律后果的错误"，即由于表意人对法律规定的法律后果发生认识错误。例如，出卖人对法律关于出卖人对出卖物的瑕疵应负担保责任的规定发生认识错误，这种错误是否可以撤销？学者指出，法律规定因错误可以撤销的宗旨是：由于发生错误的人并非真正想使特定

---

① 梁慧星：《民法总论》，法律出版社 1996 年版，第 168 页。

② 尹田编著：《法国现代合同法》，法律出版社 1995 年版，第 77 页。

的法律后果发生，因此他应当有权通过撤销来消除这种后果。如果尽管行为人不想使这种后果发生，但这种后果依然要发生，那就不符合私法自治的原则了。但是，这种宗旨不能以相同的方式适用于那些由法律对某种行为规定的法律后果。因为，在某种程度上说，这些后果的正确性已经有客观的法律制度作了保障。[①]也就是说，法律规定的法律后果，不是当事人意思自治的对象，是"客观"法律的结果，是必定发生的，所以，当事人是否对这种后果发生认识错误并不重要。当然，对于因法律后果发生错误而撤销表示所作的这种限制并不是一种符合逻辑的必然结果，而是一种评价。其原因在于：如果允许表意人因对任何法律后果发生错误而撤销表示，那么，法律交往的稳定性就会受到不可承受的破坏。[②]

在美国，一个实践中经常引起争议的问题是：对法规、法院判决或当事人行为的法律后果的错误认识是不是合同法意义上的"错误"？有些美国法院对此持否定态度。他们认为，法律不是事实，每个人均应知法，因此，对法律的认识错误不能成为主张合同无效的理由。可是，现代的法院判决所持的观点是：合同成立时现存的法律是事实的组成部分，因此，对法律的认识错误也能成为免除合同义务的理由。这种观点已为大多数美国法院所接受[③]。美国著名合同法专家科宾就非常赞成美国《合同法重述》第17章没有区分法律上的错误与事实上的错误的做法，他认为，法律并不是由对着天空发光的字母组成，其规则并不是跑过去就能读懂的。他们不能，也并未被指望了解他们的权利所依赖的全部法律。所以，无论事实错误还是法律错误，都可能导致法律救济。[④]

由此可见，对法律的误解并非在任何情况下都不能影响法律行为的效力。对法律错误是否可以撤销的讨论，在我看来，有一个如何将法律错误归类的问题：是将这种错误归为内容错误还是动机错误？我们不妨做一个选择性的分析：错误人由于对法律后果等的错误理解，已经将这种错误转化为自己的意思

---

① ［德］迪特尔·梅迪库斯：《德国民法总论》，邵建东译，法律出版社2000年版，第572页。

② ［德］卡尔·拉伦茨：《德国民法通论》，王晓晔等译，法律出版社2003年版，第513页。

③ 王军：《美国合同法》，中国政法大学出版社1996年版，第157—158页。

④ 参见［美］科宾：《科宾论合同》（上），王卫国等译，中国大百科全书出版社1998年版，第714—718页。

而融入法律行为中去，成为意思表示的部分而非“既存法律”，所以，对法律理解的错误实际上是意思表示内容的错误，因而是可以撤销的；或者，可以将之归入动机错误中去，因为对法律的误解而作出决定，因而是不可撤销的。我个人主张，应当将之归入动机错误而不可撤销。因为，对法律的错误认识，至多是行为人在决策时影响其意思的一个因素。我国法律对此无明确的规定，学理对此的讨论也不深入，更无这一方面的判例。在此情况下，我们还应坚持古老的格言：对法律的误解不影响合同的效力。从另一个意义上说，并非任何人均是法律专家，故他们对法律产生误解是经常发生的事。而法律服务的普遍性已为避免这种情况的发生提供了现实的基础，当事人可以通过这种途径避免误解。否则，如果允许当事人动辄以对法律的误解而主张法律行为无效，对交易安全将构成威胁。

（二）当事人的重大过失是否影响因错误而发生的撤销

如果当事人的错误是由于自己的明显的过错所导致，即如果他能够尽到必要的谨慎注意义务就可以避免的错误，是否有权请求法院撤销？

在法国，当误解方的误解是由于过分的轻率或疏忽引起时，当事人即具有不可原谅的过错，无权主张合同无效。从心理分析的角度看，只要发生了误解，当事人的同意便具有瑕疵。但是，由于当事人对误解的发生具有过错，其利益便不应得到法律的特别保护。[①] 比利时与西班牙也采取同样的标准。[②]

但在大陆法系的德国与瑞士，错误方的重大过失，并不是禁止其撤销的法定理由，仅仅会影响其赔偿责任。但是，这并不是说，司法实践对重大过失不予考虑。事实上，正如德国学者所指出的一样：在回答错误是否仅仅是动机错误或者属于错误一方的风险范围问题上，德国法官可以考虑的因素同促使法国法官认为错误一方有过错的因素是相同的。[③] 也就是说，在具体案件中，如

---

① 尹田编著：《法国现代合同法》，法律出版社 1995 年版，第 82 页。

② ［德］海因·克茨：《欧洲合同法》（上），周忠海等译，法律出版社 2001 年版，第 269 页。

③ ［德］海因·克茨：《欧洲合同法》（上），周忠海等译，法律出版社 2001 年版，第 269 页。

果错误方具有明显的过失，法官可能判定这种错误属于其风险范围或者动机错误。例如，如果一个人租用一块土地养鱼，结果发现该土地不适合养鱼，故以错误为由请求法院撤销租赁合同时，法官可以认定这属于其风险范围的事情而拒绝救济。因为，在租赁合同订立前他完全能够查明而他没有这样做，这种结果属于他应当承担的风险。

在英国，当事人基于不应有的误解而作出的许诺应视为具有法律效力。这里所说的不应有的误解是指该当事人完全是由于其自己的原因发生的误解，而这种误解在正常情况下对其他人来说是不会发生的。根据普通法规则，当事人单方的不应有的误解通常不影响合同的效力。但是，如果当事人一方产生了误解，而对方当事人又确知其发生了误解，则不构成当事人不应有的误解。在此情况下，误解方可以主张合同无效。①

在美国，当事人在发生错误时有疏忽，常常作为法院拒绝救济的理由，“一个人必须承担他自己的‘蠢行’的后果”甚至是一条拒绝救济的原则②，法院常常引用“自知无知”（conscious ignorance）来处理此类情形。在1899年威斯康星州最高法院审理的科瓦尔克诉米尔沃基火车和电灯案中，一位妇女在遭受交通事故后没有经医生检查就与被告和解，并签署了一份弃权声明。这一事故后来导致了该妇女流产，但依该声明，她不能再向被告提出声明范围之外的请求。法院认为，这份声明是一份有效的声明，由此引起的风险应由该妇女承担。“自知无知”标准要求当事人在签订合同时应具有最起码的谨慎，应对他不懂但显然应当弄懂的事进行调查。但是，“自知无知”规则不同于一般的疏忽。根据美国《第二次合同法重述》第117条的规定，错误方的疏忽不应使该方丧失因错误而要求解除合同义务的权利，除非这种疏忽等于非善意地行事以及未依公平交易的合理标准行事。③也就是说，因过分的疏忽而产生的错误将使错误方丧失请求解除合同义务的权利。科宾解释说：如果他方当事人为善意且

---

① 董安生等编译：《英国商法》，法律出版社1991年版，第102页。

② ［美］科宾：《科宾论合同》（上），王卫国等译，中国大百科全书出版社1998年版，第694—695页。

③ 参见王军：《美国合同法》，中国政法大学出版社1996年版，第164—166页。

实质性地改变了其地位，不允许因疏忽发生错误的人解除合同。[①] 相反，如果因疏忽发生的错误并没有使对方当事人的利益发生改变或者受到损害，则允许撤销合同。

从我国《民法典》第 157 条的规定看，即使发生错误的人具有过错，也不影响其撤销法律行为的权利，只不过要负担赔偿责任，其解释应同于《瑞士民法典》。

（三）瑕疵担保责任与错误

在买卖合同中，如果买受人将有瑕疵之物误认为是无瑕疵之物时，是适用瑕疵担保责任规则还是适用错误规则予以救济？

对于这一问题，存在两种不同的立法体例。德国判例认为，瑕疵担保规则优于错误规则。1905 年德国联邦最高法院的一个原则性判例指出：在货物买卖上，关于货物瑕疵担保之诉的法律规定压倒主要性质错误的规则。例如出售假画，买卖双方都善意地认为画是真的，如果该画不是双方当事人所认定的那个画家的作品，出售物有瑕疵，法院应援用有关瑕疵担保之诉。

瑞士固定的判例法规则向来承认买方得选择援用瑕疵担保或性质错误两种诉权。法国判例与瑞士基本相同，即允许当事人在两种诉权中选择。[②]

我国无此明文的法律规定或固定的判例规则，我们认为，应采用法国法及瑞士法的判例规则，即允许当事人选择一种有利于自己的救济方法。

（四）风险与错误

在错误属于行为人所承担的风险范围时，可排除因错误而撤销。这一点法律虽然没有明确规定，但已为人们所承认。例如，在通常情况下，主债务人的给付能力属于保证人的风险范围，因为保证的作用就是消除债权人对于主债务人是否具有给付能力的不确定性，所以，保证人不得因这一风险而撤销。[③]

---

① ［美］科宾：《科宾论合同》（上），王卫国等译，中国大百科全书出版社 1998 年版，第 695 页。

② 沈达明等编著：《德意志法上的法律行为》，对外贸易教育出版社 1992 年版，第 123 页。

③ ［德］迪特尔·梅迪库斯：《德国民法总论》，邵建东译，法律出版社 2000 年版，第 589 页。

在商事交易中，大多数情况下不存在正确与错误的问题，仅仅存在交易的风险，即对未来不确定性的知与不知。从这一意义上说，任何一个从事商事交易的人，都自愿地有意承担了对自己不利的风险。如果当事人对未来的风险有所预料，可能会对这些风险的分配作出事先约定，否则，将按照法律规定来分担风险的损失。因此，如果允许对于风险范围内的事项以错误为由撤销合同，将产生下列极其不利的影响：（1）将使风险分配的法律规则丧失价值；（2）一方当事人可能成为另一方当事人转移风险的牺牲品，法律也就成为一方损害另一方的合法工具。

（五）格式合同条款能否适用因错误而撤销之规则

如果一方当事人对格式合同条款发生错误认识，能否适用因错误而撤销的规则？由于格式合同的特征，格式合同的使用方在起草格式合同时，没有与对方当事人协商，在使用时对方当事人也不得提出协商，只能在“签订与不签订”之间作出选择，因此，在许多情况下，被使用方对格式条款的错误理解或正确理解并没有多大意义，因此有的学者主张，对格式合同的内容控制优先于因错误而撤销的适用，令人意外的条款与内容违法的条款因无效而不需要被撤销。[①]

但我个人认为，内容控制与因错误而撤销的结果并不相同，如果被使用格式合同的一方当事人想彻底摆脱格式合同的约束，只有撤销才可以达到目的。因此，如果格式合同的使用者没有以合理的方式提请对方注意重要条款，并按照对方的要求予以合理解释，对方既可以主张该条款无效，也可以请求撤销合同。

（六）计算错误

计算错误能否引起法律行为的法律救济？有的学者指出：计算错误不能构成一种独立的错误范畴，而应当根据具体案情区别对待。[②] 也就是说，计算错误能否请求法律救济，要看其属于何种类型。计算错误可以分为三类。

---

① ［德］迪特尔·梅迪库斯:《德国民法总论》，邵建东译，法律出版社 2000 年版，第 575 页。

② ［德］迪特尔·梅迪库斯:《德国民法总论》，邵建东译，法律出版社 2000 年版，第 578 页。

1. 决定是否为法律行为（例如，是否订立合同）的计算错误

这类错误主要是行为人在决定自己行为时，将计算作为决定的因素。例如，合同一方当事人在缔约前，对于此次交易是否赢利作了错误的计算，即将不能赢利的交易计算为可以赢利的交易，并因此订立合同。此种错误应视为动机错误而不能请求法律救济。

科宾指出：要约人的错误是在其作出要约前发生的。他在发出要约时，确切地说了他打算说的话，他确切地向对方当事人传达了他打算传达的意思。……他的错误是完全在其表达和传达前的计算错误。把 2 与 8 相加时，他的得数是 13——这显然是重要的错误，是导致他作出要约的错误，但提出来由他方承诺的是加法的结果而不是错误的加法的运算本身。因此，法院认为此种情况下可以成立能够强制执行的有效合同。① 德国学者拉伦茨也认为，如果他还没有把结果告知对方，那么这时的计算错误只是一种内部的计算错误。这种错误只是一种动机错误，因此原则上是无关紧要的。这一点是没有争议的。②

2. 数字错误

如果不是由于动机方面的原因，而是由于在选择表达意思的符号时发生错误，例如，不清楚土地的计量单位“公顷”的含义而在计算土地价格时，将每“亩”的价格计算为每“公顷”的价格；或者在表达过程中将结果计算错误，例如，约定外币的买卖价格为 1∶8.5，但在计算时小数点向前靠了一位。这种错误，一般情况下可以通过解释来消除错误或者矛盾而不需要撤销，例如，《瑞士债务法》第 24 条规定：合同不因单纯的计算错误而无效，但应当对错误予以纠正。《意大利民法典》第 1430 条也有这样的规定。如果不能通过解释解决，则前者属于内容错误，而后者则作为表示错误来撤销。

3. 计算中的共同错误

如果决定双方当事人之间交易的基础是价格的计算，而双方当事人据以为

① ［美］科宾：《科宾论合同》（上），王卫国等译，中国大百科全书出版社 1998 年版，第 704 页。

② ［德］卡尔·拉伦茨：《德国民法通论》，王晓晔等译，法律出版社 2003 年版，第 508 页。

行为出发点的计算基础被证明是不正确的，在此情况下，可以认定为共同错误而撤销。例如，货币买卖的双方当事人因都不熟悉货币买卖比价，认为美元对人民币的比价为1:7，并以此为基础进行了交易，那么，就属于计算中的共同错误，可以请求撤销。

（七）同一性错误

同一性错误，是指意思表示所涉及的客体或者指向的人，不同于想涉及的客体或者指向的人。[①] 同一性错误一般归入内容错误而允许撤销。

（八）性质错误及其归类

所谓性质错误，是指意思表示虽然涉及表意人真实所指的客体或者真实所指向的人，然而，该客体或者人所具有的性质，与表意人所设想的性质不同。[②] 例如，某男性演员想聘请一位个人美容师，从众多应聘者中选择了一位，但后来发现该美容师是专为女性美容者。从许多国家的民事立法看，对于物或者人的性质错误对交易行为有重大影响者，是允许撤销的。例如，《德国民法典》第119条规定：交易中被认为重要的有关人的资格或者物的性质的错误，视为意思表示内容的错误。根据《奥地利民法典》第871条的规定，与主要事物或者根本性质有关的错误可以撤销。根据《法国民法典》第1110条的规定，如果契约涉及个人身份时，仅仅在个人身份被认为是契约的主要原因者，可以请求撤销合同。

但许多国家的民事立法在允许以性质错误为由撤销法律行为时，都有一个限制：性质错误必须对交易具有重要意义。如何认定是否具有重大意义呢？德国学者拉伦茨指出："交易中被认为是重要的"这句话，与其说是一种独立的要求，还不如说是对法律设想的"性质"一词的意义内涵的解释。一般承认，认定某种性质能否视为"交易上的重要性质"，应当以有关法律行为所追求的典型的经济目的为标准。例如，具备良好的信用在信贷中是人的"重要性质"，

---

① ［德］迪特尔·梅迪库斯：《德国民法总论》，邵建东译，法律出版社2000年版，第579页。

② ［德］迪特尔·梅迪库斯：《德国民法总论》，邵建东译，法律出版社2000年版，第579页。

而在现金买卖中则不是人的重要性质；在合伙合同和长期的雇佣合同中，可信、可靠、认真是人的重要性质，但在短期的销售行为中就不是人的重要性质。[①] 我同意拉伦茨这种根据不同的交易关系来确认性质是否具有重要性的观点。

但是，长期以来，关于性质的归属，存在争议。也就是说，性质错误是属于动机错误，还是意思表示内容的错误？今天，在学术界占主导地位的学说认为，性质错误是动机错误的一种类型。[②] 拉伦茨指出：《德国民法典》将性质错误视为表示内容上的错误，仅仅是指法律对性质错误的处理与内容错误一样，但它却不属于内容错误，而属于动机错误。因为，性质错误永远是一个不影响表示过程，而是影响到发出该表示的决定的错误，正是这一点决定了性质错误是一个动机错误。只有在表意人对某种性质发生了错误认识，而在其观念中，他又仅仅是通过这一性质来具体确定标的的情况下，亦即在他想象中的标的不是他表示所指的标的时，性质错误才会成为表示错误。[③] 法律规定性质错误如在交易中具有重要意义时，可以撤销，只是对"动机错误不得撤销"规则的例外规定。

在司法实践中，所谓的"人或者物的性质"，应当理解为不仅包括涉及人或者物的事实上的特性的情形，如人的年龄、性别、职业和能力；物的形状、质量、颜色、气味、化学成分等。"性质"还包括那些根据交易的观点对人的地位具有影响或者对物的使用性或者价值具有意义的事实上的和法律上的关系。[④] 这一解释，对我们在司法实践中如何认定性质错误的范围具有重要的参考意义。

（九）共同错误

共同错误是指法律行为当事人双方对于法律行为成立的基础，具有共同的主观的假想（错误），或者对于决定其合同订立的客观环境具有错误的认识。

① ［德］卡尔·拉伦茨：《德国民法通论》，王晓晔等译，法律出版社 2003 年版，第 522 页。

② ［德］迪特尔·梅迪库斯：《德国民法总论》，邵建东译，法律出版社 2000 年版，第 581 页。

③ 参见［德］卡尔·拉伦茨：《德国民法通论》，王晓晔等译，法律出版社 2003 年版，第 519—522 页。

④ 参见［德］卡尔·拉伦茨：《德国民法通论》，王晓晔等译，法律出版社 2003 年版，第 521 页。

对于共同错误，无论是大陆法系国家，还是英美法系国家，都认为是法律应当救济的原因。但救济的方式不同，英美法系国家多将其作为合同无效的原因处理，法国法也是如此，而德国司法判例则是将其作为行为基础瑕疵并认为是引起合同变更与解除的原因。

在我国，共同错误也只能按照“错误”来处理和对待，错误中的任何一方都有权请求撤销法律行为。在赔偿责任方面，按照过错比例分担损失。

第三节　因胁迫而导致的可撤销的法律行为

一、胁迫的概念

在大陆法系国家，胁迫一般是指行为人对表意人施加精神上的压力而使之产生恐惧，从而产生意思扭曲的情形。德国学者梅迪库斯与拉伦茨认为：胁迫是指预告某种危害，而胁迫人声称该危害是否实现取决于自己的意志的行为。[①]胁迫的目的是使受胁迫人发出屈服于胁迫人意志的意思表示。《法国民法典》第1112条规定：“如行为的性质足以使正常人产生印象并使其担心自己的身体或财产面临重大且现实的危害者，即为胁迫。”《瑞士债务法》第29条称之为“害怕”，更加明确。

因胁迫而成立的法律行为，是指以非法加害或者不正当预告危害而使他人产生心理上的恐惧，并基于这种恐惧作出违背自己意志并迎合胁迫人的意思表示的行为。根据《民法典》第150条的规定，胁迫人可以是法律行为的一方当事人，也可以是之外的第三人。

对于胁迫行为的认定，已经废止的《民通意见》第69条之规定仍然具有参考意义：“以给公民及其亲友的生命健康、荣誉、名誉、财产等造成损失或者以给法人的荣誉、名誉、财产等造成损害为要挟，迫使对方作出违背真实的意思表示的，可以认定为胁迫行为。”

---

① ［德］迪特尔·梅迪库斯：《德国民法总论》，邵建东译，法律出版社2000年版，第613页；［德］卡尔·拉伦茨：《德国民法通论》，王晓晔等译，法律出版社2003年版，第546页。

在大陆法系国家，包括我国民法中关于胁迫的一个重要问题是，胁迫不包括暴力在内。如果是在直接暴力下所成立的法律行为，如抓住对方当事人的手使其签字或捺手印，根本无所谓意思表示可言，故不是意思瑕疵问题。

英美法对胁迫的概念与大陆法系各国略有差异，其胁迫是指一方当事人为了把某种合同条件强加给另一方而对其实施的人身强制或不适当的威胁。它包括两种基本类型：人身强制和威胁[①]，即包括暴力行为。

二、对因胁迫而成立的法律行为进行法律救济的法理基础

法律对于因胁迫而成立的法律行为进行救济的法理基础是在意思自治（契约自由）与自己责任之间寻求平衡。一方面，传统民法理论认为：在胁迫的情况下，当事人真正的意思自由受到破坏，法律行为是在违背意思自治原则的前提下产生的，因此，法律是应当进行干预的。这种观点具有很强的说服力与理论支持。另一方面，也有人对这种理论提出批判，认为：在胁迫的情况下是否存在当事人的意志是值得怀疑的。例如，亚里士多德就认为：即使某人在最严重的强制下（如在风暴中将自己的货物丢入水中以拯救船只）做出了某事，他仍然是根据自己的意志在行动。虽然他是在两道难吃的菜中进行选择，但是，他仍然是自由地作出了选择。同样，如果某人在枪口的威胁下签署了一份合同，那么可以认为他仅仅是在被杀和签署文件之间进行自由选择。[②] 从这种意义上说，就不能支持法律对因胁迫而成立的法律行为的救济。

我认为，这是问题的两个极端，坚持任何一极均不会产生令人满意的结果。如果对枪口下订立的合同都不予以救济，那么私法的基本原则——意思自治与契约自由将受到极大的破坏，弱肉强食将会吞噬民法的精神。但是，如果对任何微小的胁迫都进行救济，将会使交易的安全性受到破坏。就像阿蒂亚所言：我们必须承认所有的合同都是在某种强制下缔结的，不仅没有完全自愿的合同，而且也没有完全自愿的选择。每一个合同都是在某种形式的强制下缔结的，每一个合同性要约都是在某种恐吓下发生的。强制和恐吓在整个概念交换

① 王军：《美国合同法》，中国政法大学出版社 1996 年版，第 192—193 页。

② ［英］P. S. 阿蒂亚：《合同法导论》，赵旭东等译，法律出版社 2002 年版，第 282 页。

中是默示的，因为要约人总是要求某物作为他的要约的回报，用另一种方式说，他正在恐吓对方，除非对方能为他提供他所要的东西作为回报，否则他不会提供对方想要的东西。这就意味着必须发现法律允许的不会使合同无效的强制和恐吓与法律不允许的会使合同无效的强制与恐吓。[①] 按照阿蒂亚的观点，法律所面临的真正问题不是“意志是否受到胁迫”，而是“什么样的胁迫是非法的”。我同意阿蒂亚的观点，因为无论是大陆法系国家的学理与立法，还是英美法系国家的判例与学理，在关于胁迫问题上最关注的问题恰恰就是胁迫的“非法性”与程度问题，并将之作为能否引起法律救济的条件。

三、胁迫的法律构成

（一）应当有胁迫的事实

胁迫是一种使对方产生心理压力的事实，既可以表现为语言，也可以表现为具体的行为。英国的科克勋爵曾经就受到胁迫的主要表现开列了一个清单：（1）担心丧失生命；（2）担心丧失身体器官；（3）担心肢体受到伤害；（4）担心受到监禁，或害怕受到殴打，或担心其货物或类似的东西被掠走或毁坏。[②] 但事实上远不止这些，用列举的方式是无法穷尽的。按照英国普通法判例，胁迫的形式有以下几种：（1）当事人直接对对方当事人施加人身暴力或约束性人身暴力；（2）当事人以语言威胁将向对方施加人身暴力或约束性人身暴力；（3）当事人以毁坏对方名誉相威胁；（4）当事人非法扣押对方财产或以语言相威胁将要扣押对方财产，但有法律根据的不构成胁迫。[③]

胁迫的手段既可以是物质的，也可以是精神的，既可以针对相对人本人，也可以针对足以对相对人产生影响的利害关系人，如相对人的亲属。《法国民法典》第 1113 条规定：“不仅对于缔约当事人一方进行胁迫，而且对于缔约人的配偶、直系卑亲属或直系尊亲属进行胁迫时，胁迫均成为契约无效的原因。”

---

① ［英］P. S. 阿蒂亚：《合同法导论》，赵旭东等译，法律出版社 2002 年版，第 282—283 页。

② 王军：《美国合同法》，中国政法大学出版社 1996 年版，第 192 页。

③ 董安生等编译：《英国商法》，法律出版社 1991 年版，第 128 页。

我国最高人民法院的司法解释也确定了这一要旨。这里有两点应特别予以强调：（1）行为人用来胁迫的事项的内容具有将来性。也就是说，这种胁迫的内容之危害在受胁迫人拒绝其要求时才能发生。如果是已经发生的事实，一般不发生胁迫问题。另外，行为人用来胁迫的事项的内容具有发生的可能性。也就是说，胁迫人能够控制这种危险的发生，如德国学者霍恩指出："如果一个人以某种恶果相威胁，而他又对这一恶果拥有某种控制力，那么他的这种威胁就构成了胁迫。"[①]（2）实施胁迫的人可以是当事人本人，也可以是第三人。但是，由于各国对善意第三人是否保护的立法政策不同，因此，因第三人的胁迫而成立的法律行为是否允许撤销的结果也就有所不同。以《德国民法典》为代表的罗马法系认为，订立合同者的意志在胁迫的情况下比欺诈的情况下遭到的破坏更甚，因此，即使对方是善意的，也允许撤销合同。[②]基于这样的立法政策，《德国民法典》就把保护受胁迫人的利益放在善意第三人利益之上，故该法典第123条仅仅规定了第三人的欺诈只有在被受益人知道或者应当知道时才能撤销，而没有规定胁迫的事实为相对人知道才能撤销。拉伦茨指出，法律坚决反对采取胁迫行为对表意人意志施加非法影响的做法。因此，即使相对人对胁迫一无所知，也无法知道，他也不应当受到保护。[③]德国联邦最高法院1966年的一个判例判决法院作为第三人的胁迫是成立的：一所州法院的审判庭对支持诉讼请求的判决进行了审议，并且以书面的方式记录下来。然后，庭长威胁说，如果被告不同意原告提出的和解条件，法庭将对被告作出不利的判决，被告因此订立了和解协议，但事后根据《德国民法典》第123条规定的胁迫提出撤销，联邦最高法院支持了其请求。[④]根据《法国民法典》第1111条的规定，无论胁迫是合同当事人实施抑或第三人实施，其引起的法律后果是相同的。《瑞士债务法》第29条规定："缔约之一方当事人受另一方当事人或者第三人非法胁迫而订立的合同，受胁迫的一方不受合同的约束。因为第三人的胁迫而

---

① ［德］霍恩等：《德国民商法导论》，楚建等译，中国大百科全书出版社1996年版，第86页。

② ［德］海因·克茨：《欧洲合同法》（上），周忠海等译，法律出版社2001年版，第309页。

③ ［德］卡尔·拉伦茨：《德国民法通论》，王晓晔等译，法律出版社2003年版，第542页。

④ ［德］迪特尔·梅迪库斯：《德国民法总论》，邵建东译，法律出版社2000年版，第614页

订立合同，受胁迫的一方请求撤销合同的，依据公平原则应当赔偿因此给对方造成的损失，但订立合同的对方当事人已经知道或者应当知道该胁迫行为的除外。”也就是说，瑞士民法仅仅把对方当事人是否知道或者应当知道胁迫的事实作为是否能够获得赔偿的条件。但是，《奥地利民法典》（第 875 条）与《荷兰民法典》（第 3：44 条）都有善意第三人的保护问题，即只有在对方当事人知道或者应当知道第三人实施了胁迫时，才允许以胁迫为由撤销法律行为。

我国《民法典》第 150 条的规定与德国法及学理相似，从这一规定看，我国立法的态度是不采取善意第三人保护政策，只要法律行为一方受到胁迫，无论是相对人或者第三人为之，都构成撤销的要件，不像第 149 条规定的欺诈那样，要求撤销权人的相对人知道或者应当知道欺诈的事实。

（二）胁迫具有非法性

这一要件是胁迫构成的关键要素。如果胁迫不具有非法性，则胁迫将不成立，大陆法系各国民法及判例均将非法性作为胁迫构成的要件之一。

1. 法国学理与立法

法国民法典及判例继承了罗马法的传统，规定只有违法的胁迫行为才能导致意思表示的瑕疵并受到法律制裁。所以，下列情形为例外：（1）以权利的行使为目的的威胁。在审判实践中，当事人以行使权利相威胁，不构成胁迫。例如，以起诉相威胁逼迫债务人履行债务。（2）因对长辈的敬畏而订立合同，不构成合同无效的原因。《法国民法典》第 1114 条规定：“在不存在胁迫的情况下，当事人基于对父母或其他直系尊亲属的敬畏所产生的压力而遵照其旨意订立合同，不构成合同无效的原因。”从心理学的意义上说，当事人基于对长辈的敬畏与其订立合同有可能完全不符合当事人的真实意思，但长辈所施加的影响只是一种“道德权利”的行使，其行为无可指责，所以不成为合同无效的原因。[①]

---

① 尹田编著：《法国现代合同法》，法律出版社 1995 年版，第 94 页。

2. 德国学理与立法

关于胁迫的非法性问题，德国学理的讨论引人深思。学者认为，胁迫的非法性是法律救济的前提，但应当从胁迫的手段、目的及目的与手段之间的关系来具体区分。[①]

（1）手段非法性

如果用以胁迫的手段为法律所禁止，亦即用以胁迫的手段是非法的，那么胁迫就具有当然的非法性。至于胁迫行为所追求的目的，则可以在所不问。[②]例如，债权人用暴力威胁的方式逼迫债务人偿还债务，胁迫就具有非法性，虽然目的合法。但是，如果债权人用起诉的方式威胁债务人，如果不及时偿还债务，就到法院起诉债务人，则不具有非法性。因为起诉以及强制执行恰恰是法律制度为实现这种目的所提供的手段。

（2）目的非法性

如果手段非法而目的合法，这种胁迫当然具有非法性。而在手段合法而目的不合法时，胁迫也属于非法。例如，以检举某人的犯罪行为为手段，要求犯罪行为人给自己一笔“沉默费”，即著例。

（3）目的与手段结合时的非法性

对于目的与手段结合时的非法性，德国司法判例作了这样的表述：虽然手段和目的就其本身来说并不违法，但是手段和目的的联系仍然可能违法。如果使用此种手段以达到彼种目的的做法，违反了一切具有公平和正义思想的人的观点，在此，特别应当考虑胁迫人对达成其所追求的效果是否具有某种正当利益，以及胁迫是不是一种适当的手段。[③]例如，A 是 B 的债务人，B 向 A 催债而 A 屡次不还。B 就以检举 A 的犯罪行为要挟 A 偿还债务，在此基础上 A 与 B 达成了偿还债务的协议。在这里，B 的手段与目的分别开来，均没有任何非法性，但是，两者结合就具有了非法性。因为，检举犯罪行为并不是法律赋予债权人实现私权的合法手段。

---

① ［德］迪特尔·梅迪库斯：《德国民法总论》，邵建东译，法律出版社 2000 年版，第 614 页；［德］卡尔·拉伦茨：《德国民法通论》，王晓晔等译，法律出版社 2003 年版，第 547 页。

② ［德］迪特尔·梅迪库斯：《德国民法总论》，邵建东译，法律出版社 2000 年版，第 614 页。

③ ［德］迪特尔·梅迪库斯：《德国民法总论》，邵建东译，法律出版社 2000 年版，第 616 页。

德国学理与判例非常注重对“胁迫人对达成其所追求的效果是否具有某种正当利益”的审查，例如，因刑事犯罪行为导致受害人财产或者人身伤害的，受害人以举报相胁迫，就具有正当利益。因为，在这样的犯罪行为中，往往有刑事附带民事诉讼，如果胁迫人的胁迫是为了获得因犯罪行为带来的民事赔偿利益，就具有利益正当性。拉伦茨举例说：假如A感到自己受了B的欺骗，因此对B说，如果B不马上赔偿其损害，A就将指控B犯有诈骗罪。如果B真的从事了诈骗行为，而且A的赔偿请求权从实质上来说是合情合理的，则A的胁迫就不具有非法性。[①] 德国的另一判例则更进一步：债务人S向其债权人G签发了空头汇票，G向S的妻子F威胁说，如果F不对S的汇票债务提供保证，G将举报S签发空头汇票的行为。F自己也参与了其丈夫的业务，F在G的威胁下就订立了保证合同。之后，F向法院起诉，以胁迫为由要求撤销保证合同。联邦最高法院拒绝了F的请求，理由是,F也参与了S的业务并从中获得了利益。如果法律不能使F对S的债务承担责任的话，道德制度也应当使F对S的行为承担责任。因此，G胁迫的非法性不存在。[②] 即G对F有正当利益存在。

3. 英美法系的学理与判例

英美的法学理论认为，在订立合同的过程中一方对另一方进行威胁是不可避免的，只有当这种威胁超过了一定限度而成为不适当的（improper）时候，才会被认为是胁迫。例如，要约就可以被看成一种胁迫。货物的卖方提出供给买方一定数量的货物，同时提出了成交的价格及其他条件，该价格及条件如得不到满足，货物就将出售给其他人，这就是一种威胁。但这种威胁是正常存在的，因而是适当的。然而，如果此种货物十分紧俏，买方急需这批货物，卖方乘机而将价格提得惊人的高，结果就会有所不同。涉及适当的威胁与不适当的威胁之间的界限划分，英美法院的判例经历了长期而曲折的发展演变过程。在早期的判例法中，威胁是一种违法的行为（unlawful action）或至少是一种不当行为（wrongful action），受到威胁的一方只能依刑法或侵权行为法起诉。不过，当威胁的程度比较轻微时，尽管威胁属于不适当的威胁，法院仍会以威胁没有

① ［德］卡尔·拉伦茨：《德国民法通论》，王晓晔等译，法律出版社2003年版，第548页。

② 参见［德］迪特尔·梅迪库斯：《德国民法总论》，邵建东译，法律出版社2000年版，第617页。

导致受害方接受合同条件为由或以受害方仍有合理的选择余地为由判受害方败诉。今天，威胁依然是刑法和侵权行为法的诉因，但不适当的威胁可以成为撤销合同的理由。

在现代审判实践中，美国法院在区别适当的威胁与不适当的威胁时逐渐倾向于使用道德标准进行衡量。但在实践中，运用道德标准对威胁的适当性进行衡量造成了很大程度的主观随意性和不确定性。于是又有人呼吁采纳一种新的更为确定的标准，即对在威胁下订立的合同是否公平进行考察。这种倾向得到了《第二次合同法重述》的确认。其第176条将不适当的威胁分为两类，第一类是传统的观点所确认的不适当的威胁，即这种威胁“如此地令人震惊，以至法院不用再追究在威胁下达成的交易是否公平……或者……这种威胁就其本身而言已带有不公平的成分”。第二类是比较现代的观点所确认的不适当的威胁：“这种不适当是由威胁的存在和结果的不公平结合而成的。”①

4. 我国的学理与判例

我国的学理与判例一致认为，胁迫行为必须具有非法性。合法行为即使令某人产生恐惧心理，也不构成这里所说的胁迫。例如，以起诉对方的方式向对方讨债，即使债务人因此产生恐惧心理，因此偿还债务或者签订债务偿还合同，也不构成因胁迫而可撤销。

（三）胁迫与法律行为的成立之间有因果关系

也就是说，法律行为当事人为法律行为是由于对方或第三人胁迫的结果。如果只有胁迫行为但这种胁迫行为并没有影响缔约人的意思自由时，不构成胁迫。

（四）胁迫必须达到足以影响当事人意思自由的程度

法律对胁迫的救济目的在于保护意思表示的自由，所以，只有在胁迫行为的程度达到足以影响表意人意思自由的时候，才能得到救济。如《法国民法典》第1112条便作了这样的规定。从我国《民法典》第150条的规定看，也强调

---

① 王军：《美国合同法》，中国政法大学出版社1996年版，第194—196页。

达到“使对方在违背真实意思的情况下订立合同”的程度。

就胁迫是否达到上述程度，大陆法系与英美法系的衡量标准不尽相同。在大陆法系，以法国为例，由于《法国民法典》第1112条的规定，学者认为有一般标准与个别标准之分。第1112条第1款规定：“如行为的性质足以使正常人产生印象并使其担心自己的身体或财产面临重大且现实的危害者，为胁迫。”这显然是一般标准。该条第2款又规定：“在此方面，应考虑到受胁迫人的年龄、性别及个人状况。”这又是个别标准。如用一般标准，胁迫的严重性就应根据通常情况下一个合理人的标准予以判定；如依个别标准，则胁迫的程度就必须根据各当事人的表现予以判断。法国学理在解释这种双重标准时说，这反映了《法国民法典》有关胁迫立法上的二重性：合同因胁迫而无效，其原因一方面可以说是对胁迫人的过错予以制裁；另一方面也可以说是因为受胁迫人的同意不自由。如果认定胁迫是为了制裁有过错的胁迫人，那就要采用一般标准；如果认定胁迫是为了确定受胁迫人的同意不自由，则应采用个别标准。[①] 但是，从法律救济的角度看，无论采用一般标准还是个别标准，其结果均是一样的：对不自由意志人的保护及对胁迫人过错的制裁。但是，法国司法实践常常采用“个别标准优于一般标准”的规则，即在确定胁迫的严重性是否足以使当事人违心地表示同意时，优先适用个别标准予以判定。[②]

根据德国学理与判例，胁迫必须使一个通情达理的人害怕极大祸患的到来[③]，而违心地表示同意。

在英美法系，就胁迫之威胁对于相对方影响的程度而言，早期的普通法要求威胁足以克服“一个具有一般意志的人”的意志，这是一条客观标准。在20世纪初美国法院的判决中，多采用主观标准，即威胁只需达到剥夺特定的被胁迫者的自由意志的程度。然而，“自由意志”一词是难以确定的，所以，在后来的判决中，美国法院又采用另一条标准，即威胁必须使特定的被威胁者“没有合理的选择余地”[④]。由此可见，在英美法系国家，为维护个别正义，

---

① 尹田编著：《法国现代合同法》，法律出版社1995年版，第95页。

② 尹田编著：《法国现代合同法》，法律出版社1995年版，第96页。

③ 沈达明等编著：《德意志法上的法律行为》，对外贸易教育出版社1992年版，第141页。

④ 王军：《美国合同法》，中国政法大学出版社1996年版，第196页。

即实质正义，由早期的客观标准过渡到后来的主观标准，即以受胁迫的个体为衡量标准。

我国《民法典》及相关司法解释或判例均未规定何为检验标准，我认为，应以客观标准为主要原则，而以主观标准为补充，即如果胁迫人的威胁足以使一个正常人产生恐惧而作出有违自己意志的表示，即应认为胁迫已达到法定程度；但是，如果使用客观标准的结果会导致严重的不公正时，应结合个别主体予以认定。

四、经济胁迫问题

经济胁迫（economic duress），是指当事人一方滥用其优势地位以及相对方的需要，以暴力强迫以外的方式迫使相对方接受自己提出的成立法律行为（订立合同条件）的情形。在大陆法系与英美法系，早期立法与判例均不承认这种胁迫。但是，随着契约自由原则的衰落以及定式合同的大量出现，经济胁迫问题逐渐引起了人们的重视，特别是在英美法系国家，已成为重要问题并形成了固定的判例规则。阿蒂亚指出：在大量的最近的判例中，法院已经开始承认经济胁迫的概念。①

在大陆法系中，法国学理认为，凡是导致当事人意志不自由的压力均可构成胁迫，因此，人的行为之外的、纯粹由于客观事实而引起的压力，也可成为合同无效的原因。事实上，在完全不存在他人威胁的情况下，当事人也有可能因为客观情况而不得不订立合同。这种情况称为“紧急危难情况”，其最典型的例子就是所谓“海难救助”：在危难之际，船长为求生存，无任何可能与他人讨论合同条件。在这种情况下订立的合同，也应如同胁迫的情形一样，判定当事人的同意具有瑕疵，其同意不自由。②

但是，在现实的经济生活中，缔约双方的经济地位的平等仅仅是个别的，而绝对平等更仅仅是理论上的，不平等的情形为多数，而且，大多数合同的一方或双方当事人有急需的情形。那么，如何判断一方利用自己的地位优势和对

---

① ［英］P. S. 阿蒂亚：《合同法导论》，赵旭东等译，法律出版社 2002 年版，第 284 页。

② 尹田编著：《法国现代合同法》，法律出版社 1995 年版，第 97 页。

方的危难是否达到足以使对方的意志发生扭曲的程度?

依据法国判例所确定的规则，如果一方利用对方的危难与其订立的合同条件显失公平，并利用这种危难牟取暴利时，才构成经济胁迫。例如，外科医生利用病人急需手术治疗之机，要求增加酬金。法国学理认为，对这种行为的处理使其与道德结合起来：一方面客观情况的压力使当事人丧失了同意的自由，导致其同意具有瑕疵；另一方面一方当事人虽然未实施违法行为迫使对方订立合同，但利用对方的急需而牟取暴利，其主观上具有过错。[①]

在美国，法律对经济胁迫的确认，是因为它使被胁迫者失去了合理的选择余地。“合理选择余地”之有无，是美国判例确定是否构成经济胁迫的标准。按照这一标准，如果受到威胁的一方能够在市场上找到可适用的替代物，他就有摆脱威胁的合理的选择余地，另一方就不构成经济胁迫。相反，如果一方利用另一方的某种经济上的需要，迫使另一方接受显失公平的合同条件，而另一方除了接受之外别无选择，前者的行为就构成了经济胁迫。[②] 从美国判例法的标准看，构成经济胁迫也同样须具备两个条件：其一是当事人处于危急之中，且除了接受对方的合同条件别无选择；其二是合同条件有失公平。美国联邦最高法院在审理 1918 年发生的“美国诉伯利恒公司”一案中，就使用了经济胁迫的规则。该案案情是：1918 年年初，美国航运委员会舰队公司——一家政府公司，与伯利恒军舰建造公司——伯利恒钢铁公司的一个分公司，在事前讨价还价的基础上签订了一系列合同。在谈判中，伯利恒公司所坚持要求的合同条件是，政府支付的建造军舰的费用应包括成本费和一笔固定费用，还包括一笔节约奖金，其数额为实际成本费与估算成本之间的差价的 50%。为了加快生产进度和避免承担责任，该政府公司一方的谈判代表最终作了让步。根据该合同条件，由于结算成本大大超过了实际成本，伯利恒公司有权得到的钱，除了 9100 万美元的建造成本费之外，还包括 1100 万美元的固定费用和 1300 万美元的节约奖金。后来，政府向伯利恒公司支付了成本费、该固定费用和 800 万美元的奖金，扣留了该合同规定应当支付的 500 万美元。不仅如此，政府还对

① 尹田编著:《法国现代合同法》，法律出版社 1995 年版，第 98 页。

② 王军:《美国合同法》，中国政法大学出版社 1996 年版，第 199 页。

该公司提起衡平诉讼，要求公司凭合同的补偿进行计算，然后由被告返还多支付给他的那一部分，其法律根据是欺诈和经济胁迫。伯利恒公司则提起反诉，要求政府就其违约行为进行赔偿。法院最后支持了政府公司的请求。判词写道：通常，当交易的一方不正确地利用了另一方的经济要求，法院将拒绝强制执行这一交易。政府的代表是“睁大眼睛”去签订这一合同的事实，并不意味着他们不曾出于被迫而行事。受胁迫的一方为了自身利益总会两害相权取其轻。[①] 本案的特点就在于：另一方当事人除了与前者签订合同外，别无选择，伯利恒公司利用了政府因战争对军舰的急需并依靠伯利恒公司的技术专业化这一因素，且合同是不公平的。

造成经济胁迫的基础性原因主要有二：一是所有权制度赋予权利人的排他性的支配力；二是因垄断而形成的供求关系。阿蒂亚指出，我们必须记住：整个所有权制度是建立在承认所有权人的垄断权力的基础之上——即只有他享有所有权，而且只有他有权利使用该财产。因此，所有权人能够选择任何价格出卖他的所有物，他也能恐吓不出卖该财产除非支付他所要求的价钱。人类的劳动也是一样的：每个人都能以自己在市场中可以获得的价钱出卖劳动，他是自己劳动的垄断的所有者。[②] 另外，在商业交易中所存在的经济胁迫是极其普遍的，企业之间或者当事人之间长期的或者暂时的地位不平等现象在一个竞争社会中司空见惯。当然，如果在一个非垄断的竞争的市场中以拒绝供货或者提供服务来威胁，不属于经济胁迫，因为被威胁方可以在其他供货商那里得到货物或者服务。但是，如果在法律垄断或者事实垄断的情况下，这种威胁就足以构成经济胁迫。另一种常见的垄断就是暂时的事实垄断，即某人急需某种物品，如果得不到将受到很大的损失，或许正好有一个可能的供应者，这时候供应者就有极大的权力，可能索取极高的价格。正是因为有这两个方面的因素，经济胁迫就有被扩大适用的危险。所以，必须在所有权制度与垄断所允许的范围内界定经济胁迫。认定经济胁迫应当具备三个最基本的条件：（1）胁迫的程度。阿蒂亚指出，如果要避免人们广泛地使用经济胁迫观念使合同无效这一危

---

① 王军：《美国合同法判例选评》，中国政法大学出版社 1995 年版，第 114 页。

② ［英］P. S. 阿蒂亚：《合同法导论》，赵旭东等译，法律出版社 2002 年版，第 289 页。

险，那么必须对如何使用这个新学说加以限制。威胁的性质显然必须是严重的胁迫以至于可以无疑地认为受害方除了屈服几乎没有真正的或者有效的替代方法。[①]（2）权利滥用。法律虽然赋予所有权人全面支配所有物的权利，包括以任何他认为合适的价格出卖标的物，但是，如果高价出售借助于他方的危难，则构成权利滥用。（3）结果有失公平。胁迫的目的一般来说是追求某种不正当的利益或者不公平的结果，前面已经提到，许多国家的判例已经将结果的有失公平作为经济胁迫的条件。

经济胁迫问题在我国应该说也是普遍存在的，但是以什么作为请求权基础来救济这种情况呢？我认为，如果符合《民法典》第 150 条的胁迫之构成要件的，可以将其作为请求权基础规范。当然，如果符合《民法典》第 151 条“显失公平”或者关于格式合同的构成要件的，也可以将其作为请求权基础规范。

第四节　因欺诈而导致的可撤销的法律行为

一、欺诈概述

（一）欺诈的概念

欺诈是指故意向对方提供虚假情况或者在有说明义务时，故意隐瞒事实而违反说明义务。德国学者拉伦茨指出：欺诈是指通过夸耀虚假事实，或者隐瞒真实事实，故意或者有意引起或者维护某种错误，以达到影响被欺诈者决策的目的。[②]因欺诈而成立的法律行为是指欺诈人故意向对方提供虚假情况或者在有说明义务时，故意隐瞒事实而违反说明义务，致使对方在不真实的基础上作出了错误的判断，并基于错误的判断作出了意思表示的法律行为。欺诈在不同国家有不同的称谓：在英美法系国家称为“错误陈述”（或称为不正确陈述），在德国与瑞士称为“故意欺诈”，在奥地利称为“欺瞒”，在我

① ［英］P. S. 阿蒂亚：《合同法导论》，赵旭东等译，法律出版社 2002 年版，第 286 页。

② ［德］卡尔 · 拉伦茨：《德国民法通论》，王晓晔等译，法律出版社 2003 年版，第 542 页。

国民法上称为欺诈。

英美法系的错误陈述（或称为不正确陈述）是指当事人在正式缔约前为引导缔约而作出的与事实不符的事实陈述。根据陈述人对其所陈述的事实的真实性的认识不同，又可分为无辜的陈述和欺诈性陈述。前者是指陈述人相信其陈述是真实的，即其陈述是非故意的，它又分为两种类型：如果陈述人没有合理的理由相信其陈述是真实的，他本来应当知道陈述是错误的，则该陈述构成“疏忽性”无辜陈述；如果陈述人有合理的根据相信其陈述是真实的，而无法知道其陈述是错误的，则其陈述构成“非过失性”陈述。欺诈性陈述是指陈述人并非真诚地相信其陈述是真实的或者故意作错误陈述。[①] 在英美法上，疏忽性陈述与欺诈性错误陈述的法律后果是被陈述方可以解除合同并要求损失赔偿，而非过失性的错误陈述则只能要求解除合同。但是，如果从合同效力的角度看，与大陆法系国家的欺诈并无多大区别。

（二）欺诈的类型

1. 积极欺诈与消极欺诈

积极欺诈是指以积极的言辞，提供虚假情况，例如，夸大商品的性能等，使得对方在意思的形成过程中，受到自身以外的因素的影响，导致意思表示的错误。

消极欺诈是指行为人根据法律或者根据诚实信用原则，具有对事实说明的义务，但是，行为人违反这种义务，故意不作说明，致使对方认为自己的行为建立在真实的基础上，作出判断，并为意思表示。例如，商品的出售人明知自己的商品具有瑕疵，但却故意隐瞒这种瑕疵，致使对方以为自己购买的商品是合格产品。

积极欺诈与消极欺诈也是我国学理和司法实践之通说。例如，1988 年的《民通意见》第 68 条就规定：“一方当事人故意告知对方虚假情况，或者故意隐瞒真实情况，诱使对方当事人作出错误意思表示的，可以认定为欺诈行为。”这其实就是积极欺诈行为与消极欺诈行为。尽管《民通意见》已经随

① 董安生等编译：《英国商法》，法律出版社 1991 年版，第 111 页。

着《民法典》的实施而废止，但这种分类是被普遍承认的。

2. 法律行为当事人的欺诈与第三人的欺诈

我国《民法典》第 148 条、第 149 条就规定了这两种欺诈，其对法律行为之可撤销的具体影响不同：当第三人欺诈时，只有受欺诈人的相对人知道或者应当知道欺诈行为时，受欺诈人方可撤销。

（三）欺诈与其他类似概念的区别

1. 欺诈与错误

欺诈与错误的联系主要表现为：（1）均构成可撤销的法律行为的基础原因；（2）都是意思表示方面的缺陷，最终都是错误。

欺诈与错误的区别主要表现为：（1）错误是当事人自发产生的不正确认识，即其产生并不是因为对方或第三人的引诱所导致的。而欺诈是一方当事人为引诱他方陷入错误而故意对事实作虚假陈述。欺诈的结果也是使对方陷入错误，但这种错误却不是自发产生的。因此，德国学者主张把欺诈称为“引起的错误”①。当然，在有的情况下，如果一方当事人对事实的说明负有法定或约定义务，其消极的不说明而使对方陷入错误时，虽然从表面上看，这种错误的产生也是“自发”的，但大陆法系许多国家立法或判例均将其规定为欺诈。（2）欺诈的行为人在行为被撤销后，没有对相对人的因缔约过失的请求权。而在错误的情况下，被撤销人有这种权利。因为，在欺诈的情况下，欺诈人的合理信赖不值得保护。相反，受欺诈人在撤销合同后，对欺诈人具有根据缔约过失而生的赔偿请求权。（3）在欺诈的情况下，发生在动机方面的错误，也可以撤销。但在错误的情况下，动机错误一般是不能撤销的。

2. 欺诈与胁迫

从手段上看，胁迫是以直接的、明显的方式使对方当事人的意思发生扭曲，而欺诈则是用狡猾的手段隐蔽地、间接地使当事人的意思产生扭曲。如果说胁迫是“砒霜”的话，那么欺诈则是“鸦片”。

从与第三人的关系上看，法律对胁迫的干预要大于对欺诈的干预。根据我

---

① ［德］海因 · 克茨：《欧洲合同法》（上），周忠海等译，法律出版社 2001 年版，第 283 页。

国《民法典》第 149 条、第 150 条的规定：在第三人胁迫的情况下，即使一方当事人不知道胁迫的事实，相对人也有权撤销法律行为；但在第三人欺诈的情况下，只有一方当事人知道欺诈的事实时，对方相对人才能撤销法律行为。

3. 欺诈与侵权行为

在大陆法系，欺诈与侵权行为具有不同的理论基础。欺诈的法律构成要件要比侵权行为宽松得多。例如，欺诈要求有欺诈行为，但并不要求有实际的财产损失；而侵权行为尚要求有实际的损失。另外，欺诈与侵权行为制度的着眼点也不同：欺诈制度是针对意思表示不真实而设；而侵权行为制度则是针对损失的补偿而设（虽然补偿并不是侵权行为制度的唯一制度价值）。当然，如果欺诈对对方当事人引起实际的财产损失，也可以请求侵权行为救济，那就不是本书所讨论的范围了。

二、欺诈的法律构成

（一）必须有欺诈的事实

有欺诈的事实，是指欺诈人作了与事实不符的表达。这种表达既可以是语言，也可以是行为；既可以是积极的，也可以是消极的。

在欺诈中，积极的行为居多。积极的行为既可以表现为用与事实不符的虚假言词对相对人进行误导，如夸大自己产品的具体性能而诱导消费者购买；也可以表现为以积极的行为对事实进行掩饰。例如，在 1957 年美国宾夕法尼亚州最高法院审理的德约瑟夫诉赞姆贝利（Dejoseph v. Zambeili）一案中，一个不动产的卖主将已经生有白蚂蚁的房子进行了粉刷，使人看不出该建筑物有瑕疵。法院认为，该隐瞒行为等于一项关于该瑕疵并不存在的陈述，从而构成不正当说明。隐瞒是一种有意使另一方不能了解事实的行为，或者虽然不是有意的，但在他人看来很可能使另一方不能了解事实。[①]

对欺诈事实认定有困难和争议的是：单纯的消极的沉默能否构成欺诈以及在何种情况下才能构成欺诈？

---

① 王军：《美国合同法》，中国政法大学出版社 1996 年版，第 175 页。

在大陆法系国家，只有在特定条件下沉默才能构成欺诈。沉默是指对某种事实知晓且知道对方当事人已根据与事实不符的判断而作出了错误的决定，但却不指出。例如，商品的出卖人明知自己的产品有瑕疵，但买受人没有发现该瑕疵而作出了购买的决定，出卖人仍保持沉默而不将事实告诉买受人。

在法国，长期以来，判例不承认沉默也构成欺诈，亦即“不说话就不存在欺诈”。其理由是：道德规范并不强迫人们作出对自己不利的事情，即不强迫当事人必须将合同中对相对方不利的因素告诉对方，因为相对方的利益应由相对方自己去保护。但是，鉴于相对方当事人有时有可能根本不能保护自己的利益，法庭根据立法上的某些规定，对上述原则采取了灵活的方法。当法律规定，合同的一方当事人有义务向对方披露有关信息时，当事人保持沉默将构成欺诈。在法国当代审判实践中，沉默已经成为欺诈的一种普遍的类型。当然，在具体处理案件时，法院也考虑相对方当事人是否犯有不可原谅的轻率或疏忽，以此确定当事人的沉默是否构成欺诈。[①]

在德国，如果表意人的错误并非对方以诈术引起，即错误是自发产生的时，原则上不认为沉默构成欺诈。但是，如果根据双方当事人之间的关系、合同的性质或合同成立的环境，发现对方有错误的一方有义务向前者披露时，沉默就构成欺诈。其过失不在于引起错误，而在于使错误保持下去。[②]就如德国学者霍恩所言：“欺诈可以是某种积极行为的结果，也可以是某种不作为的结果。换言之，提示虚假的事实或者隐瞒真实情况都可构成欺诈。但只有当事人负有告知义务时，不作为才能构成欺诈。”[③]但问题恰恰就在于：在什么情况下才能认定当事人负有说明义务？德国学者克茨指出：所有的法院都必须面对的问题是，在什么时候存在告知对于对方谈判具有重要意义的信息的义务。通常的法律规定在此领域无能为力，正如《德国民法典》起草者认识的那样：这是一个立法者所不能提供答案的问题。[④]

是否有告知的义务，要根据当事人的约定、法律的规定或交易的一般习

---

① 尹田编著：《法国现代合同法》，法律出版社 1995 年版，第 87—88 页。

② 沈达明等编著：《德意志法上的法律行为》，对外贸易教育出版社 1992 年版，第 145 页。

③ ［德］霍恩等：《德国民商法导论》，楚建等译，中国大百科全书出版社 1996 年版，第 87 页。

④ ［德］海因·克茨：《欧洲合同法》（上），周忠海等译，法律出版社 2001 年版，第 288 页。

惯而定。德国的司法判例认为：如果诚实信用依据交易中的看法要求行为人说话，对方当事人根据实际的业务交往可以期待行为人作出说明，行为人即具有说明义务。即使在对方当事人追求相反的利益的合同谈判阶段，一方也负有下列义务：他必须对可能破坏对方合同目的的，因而对对方的决定具有重要意义的情形作出说明，只要对方根据交易观点可以期待他作出说明。[①]但是，这仅仅是一般的抽象性的描述，如何在实践中判定仍然是具体案件具体对待的问题。说明义务如果运用不好或者任意扩大，就会使市场经济的激励机制失去作用，因为在市场经济中的信息是公开的，任何人均应当靠自己的力量获得并分析信息而不能靠对方提供交易信息。而且，法律一般不能逼迫当事人说出对自己不利的信息，例如，A在分析自己所拥有的某物的价格要跌落时出售于B，他就没有义务向B说明其出售物要跌价的信息。因此，德国判例也同时限制：告知的义务必须不被不合理地扩大，通常从商业的角度看，买方和卖方存在冲突，不能相互期待提供与价格有关的市场因素方面的信息，尤其是不能提供价格是否可能上涨或者下跌的信息。这些问题人们只能向无利害关系的第三人咨询。[②]根据德国学者的看法，信息说明义务的分配实际上也是与经济分析有关的，如果一方当事人花费了许多金钱和精力得到的市场行情与分析数据，是没有义务提供给对方当事人的，一个跑遍了市场的艺术家也没有义务告诉卖主们他们艺术品的真正价值。[③]所以，一方当事人是否具有说明义务，要根据诚实信用原则，结合交易习惯和人们的一般交易观念、双方当事人的具体地位等进行平衡。例如，在旧货交易中，当事人一般不负有告知的义务。但根据德国判例，在买卖旧汽车的交易中，卖方有告知的义务。[④]因为汽车的出卖人与买受人相比，汽车的缺陷信息的获得所花费的成本显然是出卖人更少。一个机器的出卖人对于机器的具体性能有说明义务，如果有缺陷，即使对方不询问，他也有主动说明的义务。对于房屋的出卖人来说，如果其出卖的房屋正在确权诉讼中，他有主动说明房屋

---

① ［德］卡尔·拉伦茨：《德国民法通论》，王晓晔等译，法律出版社2003年版，第543页。

② ［德］海因·克茨：《欧洲合同法》（上），周忠海等译，法律出版社2001年版，第289页。

③ ［德］海因·克茨：《欧洲合同法》（上），周忠海等译，法律出版社2001年版，第290页。

④ ［德］霍恩等：《德国民商法导论》，楚建等译，中国大百科全书出版社1996年版，第87页。

涉诉的义务等。

我国学理和司法实践的通说认为，根据诚实信用原则负有说明义务的时候，故意隐瞒真实情况构成欺诈，例如 1988 年的《民通意见》第 68 条曾明确规定了故意隐瞒真实情况也构成欺诈。

在英国，虽然法律一般不接受“告知义务”的观念，但是根据普通法的一般规则，在三种情况下当事人对合同事实的沉默或隐瞒将构成欺诈：（1）如果当事人在订约谈判中所陈述的事实是真实的，但在合同正式订立前已经变成不真实时，则不论对方是否询问，该事实陈述人必须主动更正该陈述，否则将构成欺诈；（2）如果当事人所陈述的某些事实具体看来是真实的，但由于存在着某些其他限制性因素，而这些限制性因素从整体上改变了该具体陈述的真实性，在此情况下，陈述人负有指出有关限制性因素的义务，否则将构成欺诈；（3）在某些法律规定的特殊合同中，当事人隐瞒某些事实也构成欺诈，英国法称此类合同为“要求绝对真诚的合同”（最高诚信合同）。在英国法中，“沉默不构成误述（欺诈）”规则的最重要例外是要求绝对真诚的合同。所谓“要求绝对真诚的合同”，是指当事人对有关具体事实必须如实陈述，不得隐瞒，要求当事人绝对诚实的合同。由于在此类合同中，往往仅当事人一方对某些具体事实有充分的了解，而另一方当事人很难了解或者只能靠对方陈述才能了解，因此法律强制知情方当事人向对方负有事实揭示义务。具体地说，要求绝对真诚的合同有以下几种：第一，保险合同，在保险合同中投保人或被保险人有义务向保险人陈述一切有关具体风险的事实，使保险人得以决定是否订约，并根据风险大小决定保险费和保险金；第二，公司募股书；第三，家庭协议；第四，土地买卖合同；第五，担保与合伙合同；第六，信托关系。按照英国法院的判例，如果一个人与另一个人具有信托关系，那么受托人负有不滥用这种信任的义务，受信任的当事人有义务向另一方当事人提供和合同相关的信息。[①]

在美国，一个十分重要而又难以解决的问题是在什么程度上当事人一方

---

① 参见［英］A. G. 盖斯特：《英国合同法和判例》，张文镇等译，中国大百科全书出版社 1998 年版，第 238—245 页；董安生等编译：《英国商法》，法律出版社 1991 年版，第 124—126 页。

有义务向另一方披露他所了解而对方不了解的事实。在 1817 年由联邦最高法院作出终审判决的莱德劳诉奥根案中，奥根在与莱德劳签订向后者购买大量烟叶的合同之前得知了一个重要情报：美国与英国将签署《根特条约》（Ghent Treaty）。这将使两国间的 1812 年战争结束，从而使英国对新奥尔良的封锁得以解除。奥根确信，这会使烟草的价格大幅度上涨，因而与莱德劳订立了这一协议。该协议订立之后，烟草的价格果然上涨了 30%—50%，莱德劳则以奥根没有向他披露有关《根特条约》的情报，从而实施了欺诈行为为由主张撤销合同。首席法官约翰·马歇尔在判决中说：奥根没有义务将他所知道的告诉对方。“在当事人双方能够平等地运用各自的智慧时，为运用相反的理论限定一个适当的范围简直太难了。”根据这一判决，消极地不披露有关事实并不能构成不正确说明；只有积极地掩盖事实真相的行为才构成不正确说明。然而，在美国法院的现代判决中，上述由马歇尔奠定的原则已经在很大程度上被修正了。首先，在证券交易领域，自 20 世纪 30 年代以来，所有的知内情者（insider），包括公司的董事和高级职员以及持有股份达到一定比例的股东，都有义务向证券的购买者披露影响证券价值的情报；证券的经纪人也不例外。其次，在买方是消费者的交易中，卖方在许多情况下对买方负有披露事实的义务。再次，默示担保义务的发展使买卖合同的卖方不得不向买方披露影响货物的所有权和货物品质的情报。最后，即使上述各种特殊情况都不存在，在以下三种情况下，法院将认为没有对某种事实进行披露等于作出了此种事实不存在的不正确说明：第一种情况是，如果在说明方与被说明方之间存在着某种信托关系或信任关系；第二种情况是，如果说明方已经就有关事实作了陈述，但该事实在事后出现了变化，说明方就有义务将其所了解的这一变化情况向被说明方披露；第三种情况涉及更难解决的问题，即说明方已经意识到被说明方对有关事实存在错误认识，并正基于这种错误认识行事，但这种误解并非由说明方造成的，那么，说明方在什么情况下有义务让另一方知道说明方获得的情报呢？《第二次合同法重述》第 161 条规定，如果另一方是基于一种基本的假定而订立的合同，该方就这一基本的假定在认识上发生了错误，而说明方知道对事实的披露将使该错误得到纠正，那么，说明方没有披露这一事实就等于说该事实不存在。[①] 在上述情况下，说明方的消极的不说明或不披露将构成欺诈。

但是，应当特别指出：对不需要说明的问题的虚假回答不构成欺诈。例如，在招工合同的签订过程中，招工的人询问受聘人：你是否在近期内准备结婚？你是否喜欢旅游？你有什么业余爱好？如果受聘人不作出回答，可能会影响其受聘的可能性。他可能会作出一个不真实的回答。这种不真实的回答，不能认为是欺诈。另外，对法律的虚假的错误的陈述也不构成欺诈。因为任何一个有理性的人均不应该被对方的错误的法律陈述所引诱，但是，如果是权威执法部门的对法律的错误陈述，可以构成第三人欺诈。

（二）欺诈人既可以是法律行为一方，也可以是第三人

根据我国《民法典》第 149 条的规定，虽然欺诈行为既可以由法律行为一方当事人作出，也可以由第三人作出，但受欺诈方在撤销法律行为时，必须证明对方知道或者应当知道第三人实施欺诈行为。例如，A 向 B 借款，B 要求 A 提供担保。A 以欺诈的手段让 C 担保，C 在被 A 欺诈后，与 B 签订担保合同。这种情况下，C 如果欲撤销其与 B 签订的担保合同，必须证明 B 知道 A 对 C 欺诈的事实。否则，不能以自己受到欺诈为由撤销担保合同。

（三）欺诈的手段超出法律、道德或交易习惯所能允许的限度

各国的交易习惯均允许商品生产者对其商品作一定的夸大宣传，以便能够更好地推销，道德与舆论对于“老王卖瓜，自卖自夸”也给予一定的宽容。各国法律也尊重这种习惯，在一定限度内允许夸大宣传。如果仅仅在一般概念上抽象地宣传是被允许的，如“性能优越、质高价廉”等。但如果具体地涉及某项性能的夸大时，则会导致欺诈。在英国，商人对其货物所作的单纯吹嘘或夸赞不属于对事实的陈述，也不构成误述；制造商在广告中对其产品的适当夸大宣传也属于法律允许的“商业吹嘘”。例如，洗衣粉制造商在广告中声称他的产品增白力最强，但顾客使用后发现该产品并非最好。在此种情况下，该制造

---

① 王军：《美国合同法》，中国政法大学出版社 1996 年版，第 176—179 页。

商的广告不属于误述，顾客也无权以此起诉求偿。但如果该制造商宣称他的产品不具有碱性，而顾客使用后皮肤受到碱的伤害，则该制造商的陈述已涉及事实并构成误述。再如，当事人如果宣称他所要出售的旧汽车仍具有相当的价值，这仅属于一般性见解；如果该当事人声称他的汽车是同类车型中式样最佳者，则其陈述属于商业吹嘘；在这两种情况下，无论其陈述真实与否，均不构成误述，不影响合同效力。但是如果该当事人声称他的汽车只跑过不足 1 万千米，则该陈述属于对事实的陈述；如果这一陈述不真实，则构成误述；如果该误述人明知其误述是虚假的，则构成欺诈性误述，并应承担责任。①

在英美法系国家有一个区分是否为欺诈的重要标准性规则，对我们有非常大的启发和参考价值：构成欺诈的错误性陈述必须是对事实的陈述，仅仅是对自己意见或者见解的错误陈述不构成欺诈。例如，一个卖西瓜的人说“我的西瓜很甜”，这仅仅是一种意见或者自己的见解，不构成欺诈；如果说“我的西瓜很甜，含糖量 35%”，就是对一种事实的陈述，如果其陈述与实际含糖量不符，就构成欺诈。就像阿蒂亚所言：法律承认，必须给订约的一方当事人在对其商品广告时享有一定的自由。例如，房地产代理商在其铅版上刻着“一个称心如意的住所”，这就不是一种事实陈述，因此不能作为错误陈述而起诉。更常见的是对商品作言过其实的吹嘘，由于它不会影响任何有理性的人，所以，法律不把它作为错误陈述。② 这种区分，对于我们司法实践有重要的参考意义。

我国《反不正当竞争法》第 8 条第 1 款规定：“经营者不得对其商品的性能、功能、质量、销售状况、用户评价、曾获荣誉等作虚假或者引人误解的商业宣传，欺骗、误导消费者。”

（四）欺诈必须成立于法律行为成立之前

既然欺诈是引诱相对方当事人产生错误的手段，所以，只有在法律行为成立前为之才具有法律意义。在法律行为成立后的虚假陈述并不构成欺诈，除非法律行为成立后的欺诈使对方据此变更法律行为。

---

① 参见董安生等编译：《英国商法》，法律出版社 1991 年版，第 112 页。

② ［英］P. S. 阿蒂亚：《合同法导论》，赵旭东等译，法律出版社 2002 年版，第 272 页。

（五）欺诈必须使对方当事人产生合理的信赖

如果被欺诈人想得到法律的救济而主张法律行为不具有法律效力，他就必须证明：对方的欺诈使他产生了信赖，该信赖必须建立在合理的基础上，并在法律行为的成立过程中起了决定性的作用。也就是说，欺诈人的欺诈行为与被欺诈人作出意思表示之间有一定的因果关系。

美国判例就坚持合理信赖的规则。这里有两个基本点：其一是一方当事人决定订立合同必须是基于对对方欺诈陈述的信赖。如果案件的情况表明，被说明方是依据自己的调查就该事实得出结论的，而不是依赖说明方的陈述得出结论的，被说明方就无权撤销合同。然而，如果被说明方对说明方的陈述和自己的调查都发生了依赖，法院就可能允许被说明方解除合同。其二是这种信赖必须有合理的理由。为了以不正确说明为理由而撤销合同，被说明方不仅要证明他对不正确说明产生了依赖，而且还要证明他的依赖是有正当理由的。根据这一规则，如果说明方的陈述显然是虚假的，或者显然是不应受到认真对待的，法院就不会允许撤销合同。根据《第二次合同法重述》第 172 条，如果不正确说明的虚假性没有被被说明方发现，则这种失误如果等同于“没有善意地行事以及没有依公平交易的合理标准行事”，合同就不能撤销。在决定被说明方是否有正当理由对说明方的陈述产生依赖时，法院考虑的重要因素之一是，该陈述是对有关事实的说明，还是对纯粹的见解（opinion only）的表述。作为一般规则，被说明方不应对纯粹属于见解的陈述给予认真的对待，即对其产生依赖。因此，当说明方的陈述仅仅涉及个人的见解时，被说明方没有正当理由对其产生依赖，因而没有理由撤销合同。大法官肯特曾经说：“当一个人有平等的机会形成和作出其自己的判断时，如果他对其他人的见解发生了依赖，他就要因此而承担风险。”[①]

法国判例也坚持这样的观点，过分轻信谎言的人不应得到法律的特别保护。如果当事人任凭自己被谎言所欺骗，其订立的合同也不应归于无效。因为

① 王军：《美国合同法》，中国政法大学出版社 1996 年版，第 184—186 页。

人们不应当被过分明显的谎言所欺骗。[①]

除此之外，受欺诈人必须证明，对欺诈人之合理的信赖对法律行为的成立起了决定性的作用。这里所谓的决定性作用，是指如果没有欺诈人的虚假陈述，他将不会凭自己的判断作出决定而成立法律行为。否则，法律行为将不能归于无效。

但是，在此必须指出：有些国家的法律或者判例要求“发生信赖有合理理由”，主要的目的在于考察主张被欺诈的人是否真的发生了欺诈，而不是对被欺诈人存在疏忽大意或者重大过失的条件要求。我们不能认为：欺诈人曾经欺诈过 100 个人，别人都已经识破欺诈而你为什么没有识破？说明你本身存在重大过失，因而法律拒绝救济。而是要理解为：“合理的理由”是支持是否发生欺诈或者欺诈是否发挥作用的证据而已。大陆法系传统的民法，以及我国法律，都不要求考虑被欺诈人的过失问题。另外，在欺诈人的欺诈与被欺诈人作出意思表示之间的因果关系问题上，仅仅要求必要条件即可，而不要求充分条件。就像阿蒂亚所言：当事人没有必要说明错误陈述是订立合同的唯一诱因，假如不知情的一方至少在部分上信赖了虚假陈述，他就有权撤销该合同。[②]

（六）主观故意

欺诈只有在行为人故意为之时，即意图使相对方当事人对事实作出错误的判断并以此判断为基础而成立法律行为时，相对方当事人才能主张法律行为可撤销。这是欺诈与误解的一个重要的区别点，因为欺诈的结果往往也是使相对方当事人对事实发生误解。我国大多数学者主张欺诈必须是当事人故意为之。[③] 我国台湾地区“民法”这样规定：欺诈是指欲使相对人陷入错误，故意告之以不实之事，令其因错误而为意思表示。其他国家一般也采这种观点。如法国学理与立法认为，欺诈必须有故意的精神因素时，即有意使对方上当受骗时，才能构成欺诈。[④] 德国学理也持相同的观点，并直接反映在其

① 尹田编著：《法国现代合同法》，法律出版社 1995 年版，第 88 页。

② ［英］P. S. 阿蒂亚：《合同法导论》，赵旭东等译，法律出版社 2002 年版，第 275 页。

③ 梁慧星：《民法总论》，法律出版社 1996 年版，第 170 页。

④ 尹田编著：《法国现代合同法》，法律出版社 1995 年版，第 88 页。

民法典第123条中。

但是，如果欺诈不是由当事人作出，而是由第三人[①]所为时，对与该第三人有关联的一方当事人的主观方面应有何种要求呢？对此，我国学理认为，欺诈可以由合同当事人之外的第三人为之。但是，仅以相对人明知或应知其受欺诈者为限，表意人得撤销其意思表示。[②]《民法典》第149条明确规定："第三人实施欺诈行为，使一方在违背真实意思的情况下实施的民事法律行为，对方知道或者应当知道该欺诈行为的，受欺诈方有权请求人民法院或者仲裁机构予以撤销。"

三、法律救济手段的竞合问题

在因欺诈而成立的法律行为问题上，也可能发生其撤销法律行为的请求权与瑕疵担保责任的请求权竞合的问题。当然，如果一方行使了撤销权，则基于有效的法律行为存在的瑕疵担保责任的请求权也就不再存在。

第五节　因显失公平导致的可撤销的法律行为

一、显失公平的概念

按照我国《民法典》第151条的规定，显失公平的法律行为是指一方利用对方处于危困状态、缺乏判断能力等情形，而成立的显失公平并使对方受到损害的法律行为。对于这种法律行为，受损害方有权请求人民法院或者仲裁机构予以撤销。

应当引起我们注意的是，在《民法典》之前，《民法通则》《合同法》都把"显失公平"与"乘人之危"作为两种不同的影响法律行为效力的原因对待。《民通意见》第72条规定："一方当事人利用优势或者利用对方没有经验，致使双方的权利与义务明显违反公平、等价有偿原则的，可以认定为显失公平。"第70条规定："一方当事人乘对方处于危难之机，为牟取不正当利益，迫使对方

---

① 应当说明的是，这里的所谓"第三人"，并不包括其行为结果可以直接归合同一方当事人所有的第三人，如代理人、代表人、占有辅助人或者受托人等。

② 梁慧星：《民法总论》，法律出版社1996年版，第170页。

作出不真实的意思表示，严重损害对方利益的，可以认定为乘人之危。”

除此之外，在对法律行为效力的影响方面，《民法通则》将“乘人之危”作为无效法律行为的原因（第58条），而“显失公平”则是可撤销法律行为的原因（第59条）；《合同法》虽然将显失公平和乘人之危作为两种不同的原因对待，但都是作为引起可撤销的法律行为的原因规定的（第54条）。这种做法受到了学者的批评，即使从最高法院的司法解释的观点看，显失公平显然也是有“乘人之危”的因素在内，因此不能分开。① 另外，从国外的立法例看，也鲜有将二者分开适用者。此次《民法典》不再沿用《民法通则》与《合同法》的模式，而仅仅规定了“显失公平”的法律行为，而将乘人之危作为显失公平的内在因素写进其中，于第151条规定：“一方利用对方处于危困状态、缺乏判断能力等情形，致使民事法律行为成立时显失公平的，受损害方有权请求人民法院或者仲裁机构予以撤销。”这种做法是值得肯定的。

二、法律对显失公平的法律行为救济的正当性讨论

法律对显失公平的法律行为进行救济，是否具有充分或者正当的理论根据？不可否认，显失公平制度与古典契约理论明显不合。因为根据古典契约理论，法律仅仅能够关注缔约程序公正，而不关心结果或者实质公正。也就是说，法律仅仅能够保证缔约过程是在没有错误、欺诈或者胁迫的影响下订立的，如果缔约过程受到这些影响，则法律的救济是自然与当然的。但如果当事人订立合同的意志是自由的，则结果公平问题应当由当事人自己把握，他完全可以不订立对自己不利的合同。因此，在意志自由和自愿的基础上达成的协议具有不公正性，是古典契约理论不能理解也不能接受的。法律绝对尊重当事人自己自由意志的选择物——合同，至于公平与否，只要是当事人自愿的结果，就应当发生效力，故拒绝对显失公平的合同进行救济是自然的结论。

在英美法系，根据普通法，约因不必是相等的，只要存在即可，其格言为：“一把胡椒面也构成有效的约因。”这就表明，合同的内容对一方极不公平并不能使自己订立的合同丧失强制执行力。另外，在英美法系国家，还有一种“价

① 参见李永军：《民法总论》，法律出版社2016年版，第596页。

值主观论”思想对拒绝对显失公平的合同进行救济也有很大的影响力。根据这种观点，所有的价值纯粹都是主观的，所以，从理论上说，就没有什么不公平合同这类东西。如果双方对他们的合同都满意，第三人完全没有理由宣告合同为不公平。①

但是，随着社会的发展，古典契约理论所赖以建立的假定基础已经发生了很大的变化，甚至可以说是发生了动摇。因此，虽然古典契约理论的影响还在许多国家根深蒂固，但立法、学理与判例也例外地承认显失公平问题的存在，也有条件地给予救济。

三、各主要国家立法、判例与学理对显失公平之法律救济的态度

在大陆法系的契约法历史上，拒绝对显失公平的合同进行救济的观念始自罗马法。由于罗马法坚持严格的形式主义，只要合同的成立符合法定形式，就应具有绝对的效力，其内容是否公正，并不影响其效力。所以，在罗马法上，不论财产的价格和实际价值之间关系如何，买卖合同都是有效的。② 这一观念对后来大陆法系各国影响很大。但是，法律应始终贯穿公平原则，故罗马法后期开始萌芽了显失公平的合同思想。③ 那时罗马法产生了非常损失规则（laesic enormis），即如果合同标的物价金过分偏离其真实价值，当事人可以此为由拒绝履约。但是这个原则当时仅适用于不动产买卖。如果买卖不动产的合同所定之价格在其实际价格的一半以下，卖方可以要求撤销合同，除非买方同意付给卖方全价。这一原则也仅适用于卖方，不适用于买方。如果买方不动产的合同规定价金超过土地真实价格的一倍，买方仍不可以此为由要求撤销合同。

法国在起草拿破仑法典时，对是否应当继承罗马法的上述原则问题发生了激烈的争论。否定此原则的人认为，物价并无真实价值、价格可言，物价只有通过买卖中的讨价还价才能显示出来。肯定此原则的人认为，就大多数财物而

---

① ［英］P. S. 阿蒂亚：《合同法导论》，赵旭东等译，法律出版社2002年版，第301页。

② ［德］海因·克茨：《欧洲合同法》（上），周忠海等译，法律出版社2001年版，第189页。

③ 这一制度究竟是产生于3世纪还是6世纪尚有争议。这一发明的背景是：由于皇帝残酷的税收政策，贫困的农民需要出售土地给城市的资本家，为保护农民免受因低价出售土地而造成损失而颁布。

言，既然是商品，就有商品市场，就可根据当时的市价确定其大致的价值，如果合同价过于偏离其价值，应当允许当事人撤销合同。两方相争不下，最后拿破仑亲自裁定，继承这一原则，但仅在不动产买卖的范围内适用。这就产生了《法国民法典》第 1674 条：如出卖方因低价所受损失超过不动产价金十二分之七时，有权请求取消买卖。后来许多大陆法国家逐步采纳了这一原则。

在德国，学理认为：在以合同、创业和竞争自由为基础的追逐金钱的社会中，其中信念之一就是人们都非常实际地照顾自己，任何允许法官基于实质不平等为由而宣布合同无效的规则都是家长式的做法，并有损于法律的确定性。因此《德国民法典》的起草人直到最后只能规定一个通用的条款。该通用条款就是《德国民法典》第 138 条第 1 款：违反善良风俗的法律行为无效。但是，最后，由于不平等合同是值得怀疑的和不公平的信念占了上风，于是增加了第 2 款规定[①]："特别是，法律行为是乘他人穷困、无经验、缺乏判断能力或意志薄弱，使其为对自己或第三人的给付作财产上的利益的约定或担保的，而此种财产上的利益比之于给付，显然为不相称者，该法律行为无效。"这里说的"显然不相称"与显失公平的原则已相距不远。后来一些大陆法系国家直接引申出显失公平原则。[②]与法国法不同，德国民法并没有提出一个具体的显失公平标准。

在英美法系，显失公平制度是衡平法的产物。公平是衡平法的精神，当合同违反这一精神时，应得到特别救济。所以，显失公平之精神早已存在于衡平法之中。但是，其传统的标准是：触动了法官的良知，并且，衡平法以显失公平为由拒绝强制执行合同的案例大多涉及不动产交易，涉及其他交易的很少。进入现代社会，传统法律中的显失公平制度由于多种原因已不能适应现实社会的需要。社会的发展要求把它从一种隐秘的良心裁判变为一种公开的可适用于各种合同的一般性制度。这种要求首先产生于现代社会法律保护重点的变化，即从强调保护私有财产和契约自由向强调保护人身和社会公共利益的转变。在美国，这一转变突出表现在 20 世纪 30 年代的"新政时期"。要实现这种转变，传统的合同法规则已经不能满足需要。在很多情况下，一个合同依照传统合同

---

① ［德］海因·克茨：《欧洲合同法》（上），周忠海等译，法律出版社 2001 年版，第 190 页。

② 徐炳：《买卖法》，经济日报出版社 1991 年版，第 190 页。

法的标准具有强制力，但根据今天盛行的显失公平标准却是可以撤销的。[①] 新的现代意义上的显失公平制度得到了美国《统一商法典》的确认。该法典第2–302条规定：“（1）如法院在适用法律时发现合同或合同的某些条文在合同订立时是显失公平的，法院可以拒绝强制执行，或只执行没有显失公平条款的合同剩余部分，或者用此种方法限制适用显失公平的条款，以避免显失公平的结果。（2）法院受理关于合同或合同部分条文可能显失公平的条件时，当事人应有合理机会就商业背景、目的和效果问题提出证据，以帮助法院作出判决。”

在我国，自1986年《民法通则》规定显失公平制度以来，我国各种相关立法、司法解释及学理均认可显失公平制度，但是，司法实践中，法官运用该规范的判例却不多。有的学者对显失公平制度存在的合理性提出了质疑，认为，显失公平标准非常抽象，不易于审判人员掌握与操作，从而导致了执法上的不统一，甚至出现了滥用现象。它不利于交易安全和经济秩序，许多人一交易不成功便以显失公平为借口要求撤销合同，不利于交易的稳定。要求任何交易结果对当事人都是公平的，是不可能做到的。法律只能规定公平的交易条件，而不能保证交易结果的公平。[②] 这种对《民法通则》中规定的显失公平的质疑不能说没有道理，但我认为，任何一个有秩序的社会，必须保障各种制度的公正才能维持。合同虽然具有相对性，是私人的领域，但如果法律赋予不公平的合同以法律强制力，就会破坏法律的价值，进而危及社会。所以，法律对于不公平的合同给予救济是必要的。问题并不在于该不该，而是我国《民法通则》的体系不尽合理。从法国、德国等民法典的体系看，是将其放在合同中专门予以规定，作为法律救济的理由。我国《民法典》将其放在民事法律行为中加以规定，但显失公平只有在合同法中才有意义。

另外，如果说不要显失公平制度，其所针对的问题能否在现行的法律框架内得到解决？以《德国民法典》为代表的法典体系，即法典中带有“总则”编的国家中，如日本、德国等，总则中均有诚实信用及公平原则的规定；而在以《法国民法典》为代表的国家中，即法典无“总则”的国家中，如瑞士、土耳

① 王军：《美国合同法》，中国政法大学出版社1996年版，第208页。

② 沈庆中：《显失公平民事行为的规定弊大利小》，载《法学》1993年第8期。

其等国，也将诚实信用作为债法的基本原则。那么，显失公平制度所针对的问题能否在这些基本原则下得到解决呢？应该说能够解决。但是，各国仅仅是在合同法中指出了对不公平合同进行衡量的具体标准——显失公平标准。这就是说，并不是所有的不公平合同均可得到法律的救济，只有显著不公平的合同才能成为法律救济的对象。所以说，显失公平的具体判断标准还是需要的。我国最高人民法院的司法解释[①]曾规定："对于……'明显不合理的低价'，人民法院应当以交易当地一般经营者的判断，并参考交易当时交易地的物价部门指导价或者市场交易价，结合其他相关因素综合考虑予以确认。转让价格达不到交易时交易地的指导价或者市场交易价百分之七十的，一般可以视为明显不合理的低价；对转让价格高于当地指导价或者市场交易价百分之三十的，一般可以视为明显不合理的高价。"由此可以作为"显失公平"的参考标准。但是，我国《民法典》并非仅仅要求一个客观的标准，还有主观标准——一方利用对方处于危困状态、缺乏判断能力等情形，致使民事法律行为成立时显失公平的。

四、显失公平的法律构成

（一）关于构成的争议

关于显失公平的法律构成的争议主要集中在：显失公平是一种单纯的对合同条款进行客观衡量的尺度，还是也包括除客观外的其他因素？在大陆法系，对此有不同的立法例。《法国民法典》规定显失公平为一条客观标准而作为撤销合同的理由，即不论当事人订立合同时是否有特殊的处境，只要价格太不公道，就可撤销合同；而以德国民法为代表的国家，则把显失公平与一方当事人在订立合同时的危难处境、急迫、轻率、无经验联系在一起，只有具有这些情节，合同本身又显失公平时，才可以适用显失公平原则而撤销合同。[②]

在美国，尽管合同内容的显失公平可以成为传统的衡平法拒绝承认合同强

① 最高人民法院《关于适用〈中华人民共和国合同法〉若干问题的解释（二）》（法释〔2009〕5号）第19条第1款、第2款。

② 徐炳：《买卖法》，经济日报出版社1991年版，第191页。

制力的理由，但衡平法并不会轻易作出这样的判决。在通常情况下，合同内容的不公平，作为唯一因素，不会使法院依衡平法否认合同条款的强制力。[①] 如在由哥伦比亚特区上诉法院（1971 年）审理的帕特森诉沃克一托马斯家具公司案中，就体现了这样的精神。该案的案情是：1968 年，帕特森太太从沃克一托马斯家具公司购买了数件商品。其中包括电视机、吃饭间里用的小型家具等。全部商品的总价值为 597.25 美元。在以分期付款的方式向该店支付了 248.40 美元之后，帕特森没有继续付款。于是，该家具公司向法院起诉。帕特森太太在其答辩状中声称，她所支付的款项已经超过了她从该店购买的商品的公平价值，家具公司对这些商品的定价实在太高，以至于这些合同的条件显失公平；因此，这些合同不应得到强制执行。初审法院判被告败诉。其理由是，本司法管辖区从未确认过单纯以价格过高为理由主张显失公平的辩护。上诉法院认为，在一定的情况下，定价过高可以作为显失公平的一种因素在答辩中指出。然而，价格作为不合理的合同条件只是支持证明存在显失公平的证据的诸种因素当中的一种因素。在本案中，该合同是否公平不能单纯通过考查有关价格的规定或某种其他的合同条件来衡量，而应同时考虑上诉人在签订合同时是否作了有意义的选择。上诉人并没有主张合同的其他条件显失公平，也没有说她没有作出过有意义的选择。我们认为，显失公平的构成要件有两个，即未作出有意义的选择以及合同的条件不合理地有利于另一方。[②]《堪萨斯州消费者保护法》规定："一种行为或做法是否显失公平是一个由法院决定的问题。在决定一种行为或做法是否显失公平时，法院应考虑供应方知道或有理由知道的情况，比如考虑，但是不仅限于以下情况：（1）该消费者由于其生理缺陷、无知、不识字、没有能力理解协议的语言或由于类似的因素，不能对他或她的利益进行合理的保护，而该供应方利用了这一点。（2）在该消费者交易达成时，价格大大高于相似的消费者在相似的交易中容易获得的相似的财产或服务的价格。"

在我国，《民法典》颁布前，关于显失公平的构成也存在不同的观点。目前多数学者主张，显失公平的构成要件是单一的，即客观上当事人之间的利益

---

① 王军：《美国合同法》，中国政法大学出版社 1996 年版，第 206 页。

② 王军：《美国合同法判例选评》，中国政法大学出版社 1995 年版，第 123 页。

不均衡。按照这些学者的观点，显失公平就是指利益不平衡，显失公平的认定就是对行为结果的认定。正是由于显失公平只考虑结果，这就免除了受害人就显失公平的发生原因进行举证的负担，从而也免除了受害人因欺诈、胁迫举证不能而败诉的危险，充分保护了受害人的合法权益，保证了民法公平、等价有偿基本原则在实践中的贯彻和运用。[①] 也有的学者反对这种观点，认为，考察合同是否构成显失公平而应当被撤销，不仅应考察结果是否公平，而且应寻找造成显失公平的原因。首先，如果显失公平是由欺诈、乘人之危等行为造成，则应按欺诈或乘人之危的规则去处理。因此，不考察引起显失公平的原因，只考虑由于欺诈、乘人之危、重大误解等可能引起显失公平的后果，就很难使显失公平与其他的行为相区别。其次，如果仅仅考虑结果是否公平，不利于交易秩序的稳定。因为在市场交易活动中，任何当事人从事某种交易活动，都应当承担交易风险，盈亏赔赚是正常的现象，法律绝不可能也不应当保证每个交易当事人都获得利益，否则就不可能有交易。如果某人在实施一项不成功的交易以后，便以结果对其不利、显失公平为由要求撤销已订立甚至已经履行的合同，不仅会使交易的另一方为交易不成功的一方承担交易风险，而且必然导致经济秩序的紊乱。最后，如果仅仅考虑结果是否公平，必然会不适当地扩大显失公平的适用范围，甚至使这一制度被滥用，使许多有效的合同难以得到执行。[②] 但是，在《民法典》颁布后，明显是要求除了客观要件外，还要求其他因素——一方利用对方处于危困状态、缺乏判断能力等情形，显然是采纳了第二种观点。

我认为，我国《民法典》所采纳的观点是正确的。像法国法一样，将显失公平的衡量标准仅仅限于客观上的不公平有失得当，因为，这将与“私法自治”的基本原则不相协调。如果没有导致不利方“不得已而选择”的情况，就应当认为合同是双方当事人自愿订立的，应具有法律约束力。不利益方就不能以此为由请求法律救济，否则，将危及交易安全。如果有其他情况，如当事人地位不平等、交易能力不平等、无交易经验等，就可推定合同（法律行为）是在违

① 沈庆中:《显失公平民事行为的规定弊大利小》，载《法学》1993年第8期；周玉文:《经济合同显失公平的初讨》，载《法学与实践》1991年第5期。

② 王利明等:《合同法新论》，中国政法大学出版社1996年版，第283页。

背当事人真实意思的情况下作出的，违反私法自治原则，应当给予法律救济。

（二）显失公平的法律构成

1. 双方权利义务显著地不平等

由于民法所规范的社会关系处于世俗之中而非世外桃源，所以，古典契约理论所谓的“当事人权利义务对等”也不过是理论上的假定。当将这种理论上的假定适用于纷繁复杂的社会关系中时，就会发现权利义务绝对对等的情形几乎是不存在的。所以，法律必须规定一个衡量的尺度，以避免当事人动辄以“权利义务不对等”为由而主张否定法律行为效力。对此，各国一般均规定“显失公平”为衡量尺度。但问题是：权利义务的不对等“显失”到何种程度时，才能请求法律救济？

美国过去占主导地位的观点是：合同当事人在对待给付方面的悬殊不能导致实质性的不公平。因为，货物价格在通常情况下是可以协商的，买方有理由对货物的合理价值作出判断；卖方对有关货物价格的陈述只是一种个人见解，买方没有理由对这种陈述发生依赖。进一步说，将货物以高于市场价格出售并不违反商业道德准则。然而，根据美国法院的现代判决，买卖合同定价过高可以造成实质性的显失公平。[①] 在美国，实质上的显失公平也可分为两种情况：一种是合同定价过高；另一种是违约责任过于不当。美国法院根据《统一商法典》第 2-302 条的规定，认为不论当事人在何种情况下订立的合同，只要合同定价过高就可以显失公平为由撤销合同。也有些法官和学者认为，仅以过高合同价为由撤销合同似有不够，同时应当注意是在什么情况下达成这种过高合同价的。也就是要把程序上的显失公平与实质上的显失公平相结合，而不能孤立地看白纸黑字写成的合同。至于合同价过高的标准现在尚未有定论。但从美国的司法实践看，大致有 3 个不同的标准：（1）如果卖方所取得的利润过大，即为显失公平，这是就卖方是货物的产家而言的；（2）如果卖方取得的价差过大，也构成显失公平，这是就批发零售商而言的；（3）合同价过分高于市价，也是

① 王军：《美国合同法》，中国政法大学出版社 1996 年版，第 211 页。

显失公平。[①] 何为“过高”？这个问题通常由法院根据具体情况而定。法院在决定一个买卖合同是否定价过高时，所考虑的首要因素是合同价格与公平的市场零售价格之背离的程度。根据美国大部分州的判例，当合同价格为商品零售价格的 2.5 倍以上时，法院宣告合同显失公平的可能性就大大增加了。法院通常考虑的另一个重要因素是合同的特殊性质。[②] 违约责任的约定过于不当是另一种实质性显失公平的买卖合同。违约责任不当主要有两种：一种是约定的违约责任过于苛刻。威斯康星州法院就曾如此作过判决，在这个案件中，买卖合同规定，如到时买方拒不接受买卖标的物——汽车，卖方有权收取相当于汽车价五分之一的价金作为违约金。法院认为这个违约金过高，是显失公平的，因而也是无效的。另一种过于失当的违约责任是卖方在合同中明确排除自己的违约责任，特别是排除产品质量保障的责任。[③] 美国《统一商法典》第 2–719 条第 3 款明确规定：“当事人可以约定限制或排除间接损害赔偿，这种约定导致显失公平者除外。”

在法国，根据其民法典第 1674 条的规定，出卖人因低价所受的损失超过不动产价金的十二分之七时，即达到显失公平的标准。

按照《意大利民法典》第 1448 条的规定，如果一方与他方之间的给付是不均衡的，并且这一不均衡是在一方利用相对方的需要乘机牟取利益的情况下发生，则遭受损害的一方得请求废除契约。如果损害没有超过被损害方给付或者订立契约时承诺给付价值的一半，则废除契约的权利不得行使。

在我国，上面提到的最高人民法院《关于适用〈中华人民共和国合同法〉若干问题的解释（二）》虽然已随着《民法典》的实施而失效，但其第 19 条规定的与市场价格相差 30% 的标准在实践中仍可参考。

2. 导致显失公平的原因必须是受害人缔约时处于显著不利的地位并受到损害

根据《德国民法典》第 138 条的规定，受害人处于穷困、无经验、缺乏判

---

① 徐炳：《买卖法》，经济日报出版社 1991 年版，第 194 页。

② 王军：《美国合同法》，中国政法大学出版社 1996 年版，第 212 页。

③ 徐炳：《买卖法》，经济日报出版社 1991 年版，第 195 页。

断力或意志薄弱的情况下，订立的合同显然不利于自己时，才能主张法律救济。而根据美国判例规则，这种情况称为“程序性的显失公平”。用美国法院使用的措辞来表达，是指合同当事人一方在订立合同时没有作出“有意义的选择”。美国著名法官赖克说：“显失公平一般被认为是合同一方当事人对合同条款在事实上没有选择余地，而合同条款又过分有利于另一方。”现在美国几乎公认赖克的这个表述，提出了认定显失公平合同的标准。[①]

我国《民法典》规定了导致显示公平的原因，即“一方利用对方处于危困状态、缺乏判断能力等情形”致使民事法律行为成立时显失公平的，方构成可撤销的显示公平。

第六节　撤销权的行使

一、撤销权的归属

对于可撤销的法律行为的主张权利之归属问题，各国民法几乎均规定只有由法律规定的意在保护的特定当事人才能提出，其他人或机关无权提出或依职权否定法律行为效力。例如，我国《民法典》第 147 条至第 151 条规定，当事人一方可以请求人民法院或仲裁委员会撤销法律行为。法律将撤销权赋予一方当事人的原因有二：一是在可撤销法律行为中，利益关系仅涉及双方当事人，如果一方当事人愿意承受法律行为带来的不利益时，他可以不行使撤销权而使法律行为发生法律效力；当他不愿意承受法律行为带来的不利益时，才行使撤销法律行为的请求权而使法律行为不生预定的效力，从而使其恢复到缔约前的状态。二是在有的情况下，因情事变更，使得可撤销的法律行为变得对撤销权人有利。例如，不动产买受人 A 因重大误解而购买房屋一处，价格对其显著不利。后来房地产价格猛涨而使得原来对其不利的价格变得对其十分有利，在这时，他可以不行使撤销请求权而使法律行为发生效力。也就是说，否定法律行为效力并非在任何情况下均对撤销权人有利。将请求否定法律行为效力的权

① 徐炳：《买卖法》，经济日报出版社 1991 年版，第 193 页。

利交给当事人自己，可能会使其作出更有利的选择。

在具体问题上，最高人民法院 2019 年《九民会议纪要》第 42 条规定："撤销权应当由当事人行使。当事人未请求撤销的，人民法院不应当依职权撤销合同。一方请求另一方履行合同，另一方以合同具有可撤销事由提出抗辩的，人民法院应当在审查合同是否具有可撤销事由以及是否超过法定期间等事实的基础上，对合同是否可撤销作出判断，不能仅以当事人未提起诉讼或者反诉为由不予审查或者不予支持。一方主张合同无效，依据的却是可撤销事由，此时人民法院应当全面审查合同是否具有无效事由以及当事人主张的可撤销事由。当事人关于合同无效的事由成立的，人民法院应当认定合同无效。当事人主张合同无效的理由不成立，而可撤销的事由成立的，因合同无效和可撤销的后果相同，人民法院也可以结合当事人的诉讼请求，直接判决撤销合同。"

对于上述"司法解释"（或者称为"准司法解释"）有两点需要说明：（1）如果一方提出履行合同，对方仅仅以"可撤销抗辩"而没有提起反诉，法院可以直接审查可撤销的理由而判决撤销吗？这符合诉讼所得一般原理吗？如果合同不撤销，就有效，就应该支持原告的诉讼请求。（2）如果当事人主张合同无效的理由不成立，而可撤销的事由成立的，因合同无效和可撤销的后果相同，人民法院也可以结合当事人的诉讼请求，直接判决撤销合同？如果是这样的话，民法上的所有请求权基础将变得毫无意义。仅仅因为结果相同就可以任意判决？同样是赔偿，违约和侵权能一样吗？如果有原告提出违约损害赔偿，但违约责任不构成，但却符合侵权行为构成要件的，法院直接按照侵权来判决赔偿？同样的返还请求，但既可以根据物上请求权，也可以根据不当得利返还请求权。那么，如果不成立物上返还请求权的，法院直接根据不当得利判决返还？这种做法不应当得到提倡。

具体来说，按照我国《民法典》的规定，在重大误解的情况下，发生误解的当事人有权请求撤销（第 147 条）；在受欺诈的情况下，符合撤销权行使要件的，受欺诈方有权请求人民法院或者仲裁机构予以撤销（第 148 条、第 149 条）；在受胁迫的情况下，符合可撤销要件的，受胁迫方有权请求人民法院或者仲裁机构予以撤销（第 150 条）；在显失公平的情况下，符合可撤销要件的，受损害方有权请求人民法院或者仲裁机构予以撤销（第 151 条）。

二、撤销权的行使与期间

关于撤销权的行使，我国《民法典》有自己的特色。根据德国、日本等国的民法典之规定，撤销权的行使为撤销权人的单方行为，撤销权人仅以意思表示向相对人为之即可达到撤销的效果，不一定必须通过诉讼方式行使。而按照我国民事立法，一般都要求撤销权人应向人民法院或仲裁机关提出撤销申请。如果撤销权人不采取向人民法院起诉或向仲裁机关提出申请的方式，而直接向对方当事人为意思表示，不生撤销的法律效果。[①]

对于法律行为相对无效的撤销权的时效问题，各国法均有规定。从各国的立法体例上看，大体有两种：一为差别制；二为统一制。《德国民法典》及《法国民法典》均为差别制。例如，《法国民法典》第 1304 条规定："请求宣告契约无效或取消契约之诉，应在 5 年内提出，但在一切情况下特别法有较短期限规定者，从其规定。"法国学理一致认为，这是对撤销权时效的一般规定。该法典第 1676 条规定："取消买卖的请求，自买卖之日起满二年后不予受理。"这是短期时效的规定。

从我国《民法典》第 152 条的规定看，是采取"差别制"，不仅区分不同情况规定了期间，而且也区分主观与客观情况规定了行使期间。

撤销权消灭的期间因知道或者不知道而有差别，而且区分不同事由而又不同。具体来说，第一，在不考虑当事人主观因素的情况下，当事人自民事法律行为发生之日起五年内没有行使撤销权的，撤销权消灭（《民法典》第 152 条第 2 款）。第二，在有当事人主观因素影响的情况下，撤销权消灭的期间如下：（1）当事人自知道或者应当知道撤销事由之日起一年内、重大误解的当事人自知道或者应当知道撤销事由之日起三个月内没有行使撤销权；（2）当事人受胁迫，自胁迫行为终止之日起一年内没有行使撤销权；（3）当事人知道撤销事由后明确表示或者以自己的行为表明放弃撤销权（《民法典》第 152 条第 1 款）。

---

① 梁慧星：《民法总论》，法律出版社 1996 年版，第 195 页。

三、撤销权的性质

撤销权在性质上属于形成权，如果以诉讼的方式进行则为形成之诉。因此，它有以下两个显著的特征：

1. 撤销权不得与法律行为分离而单独转让。但是，撤销权可以随着法律行为的概括承受而转移，如继承、企业合并或者合同地位的让与等。

2. 撤销权不得附条件或者期限。这是由撤销权的形成权特性所决定的。按照民法一般理论，形成权不能附条件或者期限，因为，形成权赋予权利人单方面对另外一个人的法律地位进行干预的权利，其相对人不应再受到附条件或者期限造成的悬而未决状态的不利影响。[①] 但是，就一般情况来说，由于期限是必定要到来的，因此，形成权是否能够附期限，就有争议。但在撤销权问题上，就其功能作用看，是不应该附条件和期限的。

四、撤销相对人

一般来说，在法律行为中撤销相对人是对方当事人。如果法律行为是由代理人所为的，则撤销相对人不是代理人而是被代理人。如果合同是一个真正有利于第三人的合同，则第三人是撤销相对人，因为第三人直接从合同中取得了给付请求权。[②]

五、法律后果

一般来说，法律行为无效或者被撤销后，法律行为溯及地归于消灭，因此，法律行为的无效与可撤销的基本后果都是一样的。因此，我国民事立法都是将无效与可撤销的法律后果规定在一起（《民法典》第 157 条）。

但后果也有不同的地方，主要体现在赔偿请求权方面。我国《民法典》等立法在这一问题上的最大不足，即没有规定在什么情况下才有赔偿责任问题。因为，不仅赔偿责任因法律行为或者合同无效与可撤销而有重大区别，即使

---

① ［德］迪特尔·梅迪库斯:《德国民法总论》，邵建东译，法律出版社 2000 年版，第 639 页。

② ［德］迪特尔·梅迪库斯:《德国民法总论》，邵建东译，法律出版社 2000 年版，第 553 页。

在可撤销的情况下，因各种引起可撤销的原因的不同也有不同。一般来说：（1）在因一方错误而引起的可撤销，撤销一方应当赔偿对方因错误方撤销法律行为而受到的信赖损失的赔偿，除非对方知道或者应当知道错误的存在。在共同错误的情况下，应当根据错误的大小分担责任。（2）因胁迫或者欺诈而发生的可撤销的法律行为，撤销一方无义务赔偿胁迫方或者欺诈方因此受到的损失。相反，胁迫方或者欺诈方应当赔偿撤销方因其胁迫或者欺诈所造成的损失。（3）在因显失公平而引起的法律行为可撤销的情况下，撤销权人也没有赔偿对方损失的义务。相反，对方应当根据其过错赔偿撤销权人因此遭受的损失。

第五章 代理

第一节 《民法典》关于“代理”之规范与之前民事立法的不同

应该说，《民法典》在关于“代理”的问题上，吸收了自《民法通则》以来的学术研究成果及司法判例规则，规定了许多之前仅仅在学理上或者司法解释中存在的观点和做法，具体包括以下几点。

一、关于“不得代理”的规定

《民法典》第 161 条第 2 款规定：“依照法律规定、当事人约定或者民事法律行为的性质，应当由本人亲自实施的民事法律行为，不得代理。”《民通意见》第 78 条的规定与之相似，但有所不同：“凡是依法或者依双方的约定必须由本人亲自实施的民事行为，本人未亲自实施的，应当认定行为无效。”

对比两种规定，差异主要是在“效力”方面：司法解释直接说“无效”，但《民法典》在效力方面并没有直接规定为无效。我认为，《民法典》的做法是正确的，因为，除了法律的明确规定及行为的性质决定不得代理外，还有一种当事人约定。在当事人双方约定的情况下，如果不是行为性质决定必须由行为人亲自实施，行为人授权代理人实施，对方接受的，可以认定行为后果有效。应该说，只有接受履行方有疑问时，行为才无效。

二、关于代理种类的规定

关于代理的种类，《民法典》仅仅规定了委托代理和法定代理两种（第163条），而《民法通则》则规定了三种——委托代理、法定代理和指定代理（第64条）。我认为，《民法典》的规定是准确的，因为，严格来说，指定代理也是法定代理。

三、关于自己代理与双方代理

在《民法典》之前，自己代理和双方代理仅仅局限于学理和某些司法判例，但立法和司法解释从来没有对其作出明确的规定。

《民法典》第168条第1款规定了自己代理："代理人不得以被代理人的名义与自己实施民事法律行为，但是被代理人同意或者追认的除外。"第168条第2款规定了双方代理："代理人不得以被代理人的名义与自己同时代理的其他人实施民事法律行为，但是被代理的双方同意或者追认的除外。"

四、在转委托方面有所不同

《民法通则》第68条规定："委托代理人为被代理人的利益需要转托他人代理的，应当事先取得被代理人的同意。事先没有取得被代理人同意的，应当在事后及时告诉被代理人，如果被代理人不同意，由代理人对自己所转托的人的行为负民事责任，但在紧急情况下，为了保护被代理人的利益而转托他人代理的除外。"

《民法典》第169条分三款对之进行了规定：（1）代理人需要转委托第三人代理的，应当取得被代理人的同意或者追认。（2）转委托代理经被代理人同意或者追认的，被代理人可以就代理事务直接指示转委托的第三人，代理人仅就第三人的选任以及对第三人的指示承担责任。（3）转委托代理未经被代理人同意或者追认的，代理人应当对转委托的第三人的行为承担责任，但是在紧急情况下代理人为了维护被代理人的利益需要转委托第三人代理的除外。

我认为，《民法典》对于三方当事人的权利义务规定得更为明确，更适合司法实践的需要。

第二节 代理的基本概述

一、代理的概念

代理是指一人在法定或者约定的权限内，以他人的名义为法律行为，而法律行为的结果却归属该他人的行为。该他人称为被代理人或者本人，实施法律行为的人，称为代理人。这是传统民法关于代理的概念，而从这一概念看，代理仅仅是指直接代理，就如日本学者所言："近世不称间接代理为代理，盖通则也。"[①] 对这一概念可作如下分析。

（一）代理关系有三方当事人

代理关系一般涉及三方当事人，即代理人、被代理人（本人）与第三人（法律行为的相对人）。正是因为代理行为涉及三方当事人，才体现了代理是被代理人行为的延伸，从而使代理达成了被代理人与第三人权利义务的对接。

（二）代理人从事法律行为以被代理人的名义为之

这是法律行为结果归属本人的基本条件，如果代理人以自己的名义从事法律行为，则该结果是否归属被代理人就会产生疑问。因此，《民法典》第162条规定了这一主旨："代理人在代理权限内，以被代理人名义实施的民事法律行为，对被代理人发生效力。"

（三）代理行为的结果归属本人承担

这是代理的根本问题所在。一个人从事了一项法律行为，却不是行为结果

① ［日］富井政章：《民法原论》（第一卷），陈海瀛等译，中国政法大学出版社2003年版，第287页。

的归属主体。这不是民法的本质使然，而是民法创设的一种特别制度，目的就在于使行为人的结果归属他人，这是代理的制度价值之一。

（四）代理权是代理的基础

代理人的行为结果之所以直接归属被代理人，其中一个非常重要的基础就是被代理人通过授予代理人以代理权，有效地表明了以下两点：（1）代理人在授权范围内所为的法律行为如同本人所为；（2）代理人行为的结果由本人承担。当然，这种原理在法定代理中也能适用，只不过是法定而已。

二、代理的制度价值

（一）扩张了完全行为能力人的行为空间而使人有了分身术

从意思自治及法律行为本身来看，其意味着自己的行为自己负责，但代理却是代理人的行为后果不为自己所有，而是归他人所有。代理的这一特征，就使得享有结果的人与行为人可以分离：缔结法律关系的人不是法律关系的当事人，其所缔结的法律关系为另一人享有。这恰恰迎合了现代社会人们希望有分身术的梦想，因为人们不可能在同一时间在不同地点从事法律行为，而代理制度实现了人们的梦想。正如德国学者拉伦茨所言：在发达的社会经济交往中存在着这种不容否认的需求，即任何人都可以由他人代理，并使代理人可以与被代理人自己一样为他创设法律后果。被代理人让代理人为自己活动就使他扩大了在法律交往中实现自己利益的范围。代理人可以在诸如被代理人在时间上不可能或者在另一地方而无法自己活动的情况下代替自己进行法律行为。而这种法律行为就如同被代理人自己所为一样，权利与义务皆及于被代理人。①

但是，相同的目的可以通过两种途径达到：一是委托他人去完成，而被委托人首先取得行为后果，然后再转移给委托人（如行纪，这种方式也被称为间接代理）；二是委托他人去完成某种行为，行为结果绕过行为人而直接归属委

① ［德］卡尔·拉伦茨：《德国民法通论》，王晓晔等译，法律出版社2003年版，第814—815页。

托人（这便是代理）。这两种制度各有千秋，并且至今存在于现行法律之中。这两者比较起来，后一种对于委托人来说，更加安全，因为行为结果直接归属被代理人从而避免了行为人从中处分行为结果的可能性，而前一种方式因结果首先归属行为人，然后由其转移给委托人，故有处分结果的可能；从另外一个方面说，对于行为人来说，第一种方式的风险大，而第二种风险小。因此，人们可以根据需要自由选择。

（二）弥补了无行为能力人和限制行为能力人的行为能力，使权利能力的平等成为可能

这主要是针对法定代理而言的。自《法国民法典》以降，各国民法典都以宪法为基础来规定主体在民法上的平等，但出于理性的考虑，却在行为能力方面划分了类别与等级，从而出现了无行为能力人与限制行为能力人。而限制行为能力人与无行为能力人因自己根本不能从事任何有意义的法律行为或者不能从事所有的法律行为，从而使权利能力的平等变得虚无缥缈。因此，法定代理制度的出现，使得限制行为能力人与无行为能力人所不能从事的法律行为由其法定代理人为之，从而使得权利能力的平等有了坚实的制度支持。

（三）使法人制度真正成为可能

现代社会，法人制度十分发达，但法人是由人来操纵的，如果说，公司中的每一个人的行为都归属于他自己的话，那么法人的主体资格——权利义务的归属资格将变得毫无意义。而且，与公司进行交易的相对人也愿意将自己的权利义务同法人而不是个人联系起来，这样法人的信誉才能发挥，债权人的权利才能得到最安全的保障。代理制度能够满足这一需要：例如，一家百货公司有1000人，有人采购、有人销售、有人贷款、有人租赁等，但这些人的行为的结果不归属这些人个人，而是由公司承担其行为的权利与义务。也就是说，他们行为的相对人的权利直接指向公司，当权利人的权利不能实现的时候，权利人以公司而不是这些行为人个人作为被告。一句话，代理人实施了行为，但行为的结果却不由他们承担，也就是说，法律行为绕过了代理人。

三、代理的性质

在今天，我们虽然已经将代理看成一种非常普遍的制度，并服务于我们的生产与生活，但代理制度在各国法律上的确认却经过了一个漫长的过程。

学者一般认为，早期罗马法因以下原因不承认代理制度：(1)罗马人坚持“行为的结果只能发生在行为之间”的原则，而代理制度却使后果发生于非行为人之间，故与这一观念不合；(2)罗马法坚持形式主义，即任何一个债只有具备了严格的形式才能产生，因此，代理在此情形下难以产生；(3)在罗马法的“家父”制度下，家长对其所属的子女及奴隶，无须代理而可直接取得其财产。因此，无代理制度并没有给罗马人带来不便。[①] 后来随着经济的发展，罗马人在监护、债权转移等方面承认了代理制度，但大体上都是间接代理，而那时的直接代理只限于公法上的国家行为，如使节的交换、结盟等。罗马法禁止直接代理的原则直接影响了欧洲的法律文化。直到17、18世纪自然法学家才发展了直接代理的原则，[②] 而18、19世纪的法典化运动虽然在事实上承认了直接代理，但对于代理的本质，即在解释代理制度与法律行为的关系时，却存在不同的观点。

(一)本人行为说

这是德国著名法学家萨维尼提出的主张。这种学说认为，不仅代理人发出的意思表示的法律效果由被代理人承受，而且从法律上说，被代理人是借助其代理人发出意思表示，所以，表意人是被代理人而不是代理人。根据这种理论，代理行为被看作被代理人本人的法律行为。

这种学说的理论基础是严格意思主义。按照这种理论，人们之所以受到法律关系的约束，是因为他们自己愿意被约束，即他本人参与或者说决定了这种关系的产生。没有人能够让他人受到自己意志产生的法律关系的支配。早期的罗马法之所以不承认代理关系，就是担心行为的结果不发生在行为当事人之

① [日]富井政章：《民法原论》(第一卷)，陈海瀛等译，中国政法大学出版社2003年版，第278页。

② 黄立：《民法总则》，中国政法大学出版社2002年版，第392页。

间，而是发生在不是行为人的人们之间。

这种学说虽然不能否定代理制度在现代法律上的意义，但却坚持“行为结果只发生在行为人之间”这种原则。

（二）代理人行为说

这种学说认为，代理的意思表示，完全由代理人来决定，代理是代理人自己的行为，只不过代理人表达了这一行为的结果归属被代理人的意思。从事法律行为的当事人是代理人而不是被代理人，因此，有关法律行为的成立与生效要件只能以代理人为根据而不能以被代理人为根据判断。代理人的行为的结果归属被代理人是基于行为人的意思自治，即代理人表示将行为的结果归属被代理人。

（三）共同行为说

该说认为，法律行为中的意思表示未必不可分割开来，合作地加以实施。在代理中，本人通过授权行为实施了一部分意思表示，代理人则通过代理行为实施了另一部分意思表示。从而代理不过是本人与代理人的共同行为而已。[①]

（四）统一要件说

该说认为，代理由授权行为与代理行为共同构成。授予代理权的行为，既含有目的，又含有表示意识和表示行为，因而属于法律行为；而代理行为，却因欠缺为自己取得法律效果的意思而不能成立法律行为。因此，只有同授权行为相结合，方始统一地构成法律行为。易言之，代理的统一构成要件是：本人的目的意思（经授权行为）+代理人的补充和具体化+代理人的表示意思+代理人的表示行为。在代理中，代理人不是简单地传达本人的意思，而是秉承为本人计算的宗旨，使本人的意思得以具体形成，因而属于目的形成阶段。这一观点由德国学者穆伦（Mullen Freinfers）于1955年提出，并得到了许多学者的支持。[②]

---

① 张俊浩主编：《民法学原理》（上册），中国政法大学出版社2000年版，第312页。

② 张俊浩主编：《民法学原理》（上册），中国政法大学出版社2000年版，第312页。

（五）个人的观点

代理制度因是一个“桥梁性制度”，代理人并不是最终的权利义务享有者，其行为的结果不归属行为人，而是归属被代理人，故从一个方面看，表面上是代理人在行为，而实际上相当于被代理人在行为，之所以如此，是因为被代理人意思自治的结果，所以，“本人行为说”恰恰是看到了这一点。从另一个方面看，代理人不同于传达人，代理人向第三人表达的是自己的意思而不是被代理人的意思，且从法律救济的角度看，是否善意、意思表示是否具有瑕疵等均以代理人来判断，因此，代理应理解为代理人的行为，只不过结果归属被代理人而已。从这个方面看，“代理人行为说”似乎更合理。但是，代理人虽然为意思表示，却不受该意思表示的约束，即欠缺目的，因此，“共同行为说”与“统一要件说”似乎有合理之处。

我个人认为，以上观点难以用对或者错来评价，而这些争议与实践并没有影响。实践中有许多制度其实早已存在且运行良好，而学者为了以理性对之进行说明，便挖空心思地为其寻找理论基础，但许多说明理由即使连制度的发明者也闻所未闻。这种牵强附会的解释或者说明的意义何在？这不能不引起我们的重视。代理制度是一个独立的制度，且该制度与民法体系并没有不协调之处，其关键在于：一个人在他人的授权范围内为意思表示或者接受意思表示，而该他人取得意思表示的归属。这其实就是代理的本质。

四、代理制度的基本构造

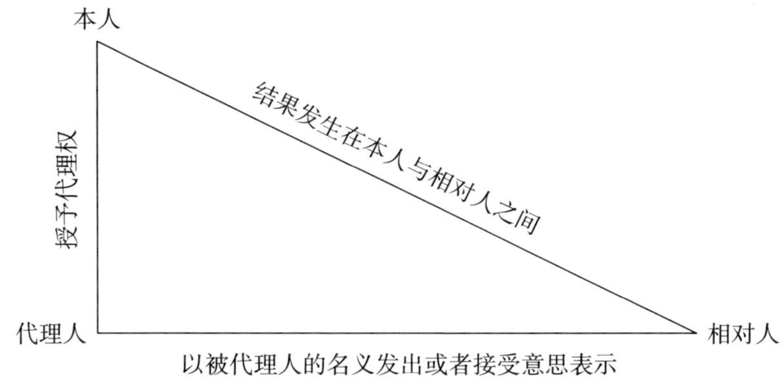

（一）本人与代理人的关系

在委托代理关系中，本人与代理人之间的关系主要有两层：一是本人与代理人签订委任合同，约定由一方替另一方处理事务，另一方支付报酬或者不支付报酬。这在学理上称为“基础关系”。二是授权行为，即委任人授予被委任人以代理权。

在民法上，基础关系与代理权的授予之间的关系也是民法代理制度的核心问题，授权行为独立于授权关系。当然，在特殊情况下，代理关系中也许仅有第二层关系而没有第一层关系，即仅有代理权也可以成立代理。

在法定代理中，基础关系就是根据法律规定的关系，例如，亲权关系；代理权也是法律授予的，例如，我国《民法典》中的监护部分对未成年人法定代理权的授予。

（二）代理人与相对人的关系

代理人与相对人的关系实际上是一种外部关系，即代理人依据代理权以被代理人的名义为意思表示或者接受意思表示，而相对人也因代理人具有代理权的外观信赖确信自己是在与本人交易，而不是与代理人交易。

仅仅在无权代理的情况下，代理人与相对人才发生损害赔偿或者履行关系。

（三）本人与相对人的关系

代理人在代理授权的范围内以被代理人的名义所为的法律行为，无论是利益还是不利益，都归属被代理人。

如果是无权代理，则本人与相对人之间的关系取决于本人是否追认。而如果相对人为善意，在本人追认前，可以行使催告权与撤销权（《民法典》第 171 条）。

五、代理的种类

（一）法定代理与意定代理

这是以代理权发生的条件为标准所做的分类。

1. 意定代理——根据被代理人的授权而发生的代理，即根据法律行为而发生的代理。我国《民法典》称为委托代理。

2. 法定代理——代理人的代理权基于法律规定而发生者，为法定代理。我国《民法典》第34条所规定的代理即法定代理。

（二）单独代理与共同代理

这是以代理权属于一人或者多人为标准所做的分类。

1. 单独代理——代理权属于一人的代理。无论是法定代理还是意定代理，均可产生单独代理。

2. 共同代理——代理权属于两人以上的代理。共同代理权的行使，应当由代理人共同行使，责任共同承担。如果一人未与其他代理人协商而为的代理行为，责任如何承担？《民法典》第166条规定："数人为同一代理事项的代理人的，应当共同行使代理权，但是当事人另有约定的除外。"该规定仅仅指出了共同行使代理权，但未说明如何承担。《民通意见》第79条规定："数个委托代理人共同行使代理权的，如果其中一人或者数人未与其他委托代理人协商，所实施的行为侵害被代理人权益的，由实施行为的委托代理人承担民事责任。被代理人为数人时，其中一人或者数人未经其他被代理人同意而提出解除代理关系，因此造成损害的，由提出解除代理关系的被代理人承担。"应该说，《民法典》第166条应含有该意思。

在共同代理中，主要问题是发出意思与接受意思的效力、意思表示瑕疵的认定。根据通说，不应当增加第三人送达意思表示的困难，共同代理也不应给第三人产生不利影响。因此，相对人只要向共同代理人中的一人发出意思表示就足以使被代理人受领该意思表示；只要共同代理人中的一人是恶意的，就可以认定被代理人为恶意；只要基于代理人中的一人发生了意思瑕疵，同样可以认定法律行为的意思瑕疵。①

---

① ［德］迪特尔·梅迪库斯：《德国民法总论》，邵建东等译，法律出版社2000年版，第711页。

（三）显名代理与隐名代理

这是以代理行为是否以本人的名义实施为标准所做的分类。

1. 显名代理——是以被代理人的名义实施的代理。我国《民法典》规定的代理原则上都要求是这种代理，但并没有否定隐名代理的效力。

2. 隐名代理——不是以被代理人的名义实施，但第三人知道或者根据情况可以得知被代理人的代理。

从隐名代理的意义中可以看出，实际上第三人也知道被代理人，如果第三人知道被代理人就不与代理人为法律行为的，代理不产生对被代理人的归属结果，即第三人不与被代理人发生法律上的权利义务关系。

应该说，从传统民法来看，以显名为必要和常态。因此，许多学者都将“显名”作为代理的有效要件[①]。其实，隐名代理也仅仅是形式上的问题，实质上也是能够知道被代理人的。我国《民法典》第 925 条显属隐名代理。该条规定：“受托人以自己的名义，在委托人的授权范围内与第三人订立的合同，第三人在订立合同时知道受托人与委托人之间的代理关系的，该合同直接约束委托人和第三人；但是，有确切证据证明该合同只约束受托人和第三人的除外。”

（四）直接代理与间接代理

首先应当说明的是，直接代理与间接代理根本不是代理的分类，因为间接代理并不是代理。在这里仅仅是为了说明的方便，而将其作为类别来处理，目的在于说明二者的本质差异。

1. 直接代理

直接代理中的“直接”意为：代理的效力是由自身发生的，不需要由代理人通过一项特别的行为将行为效果转移给被代理人。也就是说，某人与代理人订立了合同就可以直接因该合同起诉被代理人，反之，也可以被被代理人起诉。而代理人虽然实施了法律行为，但是他不承担行为的法律后果，法律行为恰似

① 参见［日］富井政章：《民法原论》（第一卷），陈海瀛等译，中国政法大学出版社 2003 年版，第 230 页；［德］卡尔·拉伦茨：《德国民法通论》，王晓晔等译，法律出版社 2003 年版，第 815 页。

绕过了代理人[①]。我们通常所谓的代理，一般是指直接代理。

2. 间接代理

间接代理是指受托人（代理人）接受委托人的委托，以自己的名义从事法律行为，从而自己首先取得行为的法律后果，然后通过一项特殊的行为将行为后果转移给委托人的制度。就如德国学者所言：在间接代理中，法律后果首先是在行为人那里产生，然后必须通过其他行为（如债权转让、债务承担或者免除等）将法律后果转移给另外一个人。[②]

委托既可以产生直接代理，也可以产生间接代理，这其实取决于委托人的选择。当然，在大陆法系，民法所称的代理，以直接代理为限，所谓的“间接代理”根本不是真正意义上的代理，只是类似于代理的一种制度，所以，直接代理与间接代理并不是代理的分类。

3. 直接代理与间接代理在法律意义上的区别

（1）一般区别

① 在行为的效果归属方面。直接代理的效果直接归属本人，在法律关系方面，本人与相对人成为法律关系的当事人。但在间接代理，因法律行为的效果不直接归属本人，所以，在法律关系方面，本人与相对人根本不成立当事人关系。例如，A 代理 B 与 C 签订买卖汽车合同，B 与 C 是买卖合同的当事人。假如，A 为一行纪人，受 B 的委托，以自己的名义为 B 向 C 购买汽车，则汽车的所有权首先转移给 A，然后由 A 转移给 B，B 向 A 支付报酬，B 与 C 没有当事人关系。

② 因欺诈、胁迫、错误的撤销权方面。在直接代理，法律行为因欺诈、胁迫、错误的撤销权归属本人，而在间接代理，因欺诈、胁迫、错误的撤销权归属间接代理人。在上述第一种情况，A 没有撤销权，而在第二种情况，A 有撤销权。

③ 直接代理是代理人以被代理人的名义所为的法律行为，而间接代理是代理人以自己的名义所为的法律行为。

---

① ［德］迪特尔 · 梅迪库斯：《德国民法总论》，邵建东等译，法律出版社 2000 年版，第 671 页。

② ［德］迪特尔 · 梅迪库斯：《德国民法总论》，邵建东等译，法律出版社 2000 年版，第 672 页。

④ 从法律关系上看，直接代理是被代理人与第三人的法律关系，而间接代理是代理人与第三人的法律关系，这种关系约束被代理人仅仅是例外，即在披露第三人或者被代理人时或者在订立合同时第三人知道被代理人的情况下，才能约束被代理人。

（2）我国《民法典》上关于间接代理的特别规定

我国《民法典》除规定了传统民法上的典型的间接代理——行纪外，还规定了英美法系国家外贸代理中的"间接代理"。

在国际贸易中，所谓的间接代理制度实际上是指英美法系国家的一种代理制度。英美法系国家与大陆法系国家不同，其没有直接代理与间接代理的概念。对于第三人究竟是同代理人订立了合同还是同本人订立了合同的问题，英美法的标准是：对于第三人来说，究竟是谁应当对该合同承担义务，即采取所谓义务标准。英美法在回答这个问题时区分三种不同情况：

① 代理人在同第三人订立合同时具体指出了本人的姓名。在这种情况下，这个合同就是本人与第三人订立的合同，本人应对合同负责，代理人一般不承担个人责任。

② 代理人表示出自己的代理身份，但不指出本人的姓名。在这种情况下，这种合同仍然认为是本人与第三人之间的合同，应由本人对合同负责，代理人对该合同不承担个人责任。

③ 代理人在订立合同时根本不披露代理关系的存在。如果代理人虽然得到了本人的授权，但他在同第三人订立合同时根本不披露代理关系一事，即，既不披露有本人的存在，更不指出本人是谁，这在英美法上叫作未经披露的本人。在这种情况下，第三人究竟是同本人还是同代理人订立了合同，他们中谁应对合同负责，就是一个比较复杂的问题。毫无疑问，在这种情况下，代理人对合同是应当负责的，因为他在订立合同时根本没有披露代理关系的存在，这样他实际上就是把自己置于本人的地位同第三人订立合同，所以，他应当对合同承担法律上的责任。问题在于，在这种情况下，未经披露的本人能否直接依据这一合同取得权利并承担义务？英美法认为，未经披露的本人原则上可以直接取得这个合同的权利并承担义务，具体说来有以下两种方式：第一，未经披露的本人有权介入合同并直接对第三人行使请求权或者在必要时对第三人起

诉，如果他行使了介入权，他就使自己对第三人承担个人义务。按照英国判例，未经披露的本人行使介入权要受到两种限制——其一，如果未经披露的本人行使介入权会与合同的明示或者默示条款相抵触，他就不能介入合同；其二，如果第三人是基于信赖代理人而与其订立合同，则未经披露的本人也不能介入合同。第二，第三人在发现了本人之后，便享有选择权——他可以要求本人或者代理人承担合同义务，也可以向本人或者代理人起诉。但第三人一旦选择了本人或者第三人承担义务后，就不能再改变。[①]

我国《民法典》第926条规定："受托人以自己的名义与第三人订立合同时，第三人不知道受托人与委托人之间的代理关系的，受托人因第三人的原因对委托人不履行义务，受托人应当向委托人披露第三人，委托人因此可以行使受托人对第三人的权利。但是，第三人与受托人订立合同时如果知道该委托人就不会订立合同的除外。受托人因委托人的原因对第三人不履行义务，受托人应当向第三人披露委托人，第三人因此可以选择受托人或者委托人作为相对人主张其权利，但是第三人不得变更选定的相对人。委托人行使受托人对第三人的权利的，第三人可以向委托人主张其对受托人的抗辩。第三人选定委托人作为其相对人的，委托人可以向第三人主张其对受托人的抗辩以及受托人对第三人的抗辩。"这显然是参考了上述英美法的制度，其特点可以具体归纳为：

第一，代理人的披露义务——如果代理人丧失了清偿能力或者对被代理人实施了根本违约行为，或者在合同债务的履行期限届满前，就已经明示了将违约，则被代理人有权要求代理人披露第三人。反之亦然，代理人因被代理人的原因对第三人不履行义务，代理人有义务向第三人披露被代理人。

第二，被代理人的介入权——代理人向被代理人披露第三人后，被代理人可以行使代理人对第三人的权利，但第三人与代理人订立合同时如果知道该委托人就不会订立合同的，或者被代理人行使介入权同代理人与第三人订立的合同条款相抵触的除外。代理人在接到被代理人行使介入权的通知后，不得再向第三人履行义务。

第三，第三人的选择权——代理人向第三人披露被代理人后，第三人可

① 沈达明等编：《国际商法》（上），对外贸易出版社1982年版，第300—303页。

以选择代理人或者被代理人作为相对人主张权利，但第三人不得变更选定的相对人。

第四，第三人或者被代理人抗辩权——被代理人行使代理人对第三人的权利的，第三人可以行使其对代理人的抗辩权；第三人选定被代理人作为相对人主张权利时，被代理人可以行使其对代理人的抗辩权及代理人对第三人的抗辩权。

（3）小结

大陆法系国家在确定第三人究竟是与代理人还是同本人签订了合同的问题上，采取的标准通常是看代理人是以代表的身份同第三人订立合同，还是以他自己个人的身份同第三人订立合同。如果代理人是以代表的身份同第三人订立合同，这个合同就是第三人同本人之间的合同，合同的双方当事人就是第三人与本人，合同的权利义务直接归属本人，由本人直接对第三人负责。在这种情况下，代理人在同第三人订立合同时，可以指明本人的姓名，也可以不指出本人的姓名，而仅仅声明他是受他人的委托进行交易，但无论如何代理人必须表示他作为代理人订约的意思，或者缔约时的环境可以表明这一点，否则，就将认为是代理人自己同第三人订立合同，代理人就应当对合同负责。反之，如果代理人是以他个人的名义同第三人订立合同，则无论代理人是否得到本人的授权，这种合同都将被认为是代理人与第三人之间的合同，代理人自己承担法律后果。[①] 这样做的目的有三：① 保护本人的利益，避免代理人将自己行为的不利后果归属本人。代理人具有双重角色——一是代理人的角色，二是具有自己的民事主体角色，这两种角色必须明确区分。② 维护合同的相对性。③ 维护逻辑上的一致性——既然代理人没有以被代理人的名义签订合同，就没有将这种法律后果归属于本人（被代理人）的法律依据。

基于这种标准，大陆法系明确区分直接代理与间接代理。直接代理是指代理人在本人授予的代理权限内，以本人的名义同第三人订立合同，其效力直接及于本人的代理；而间接代理是指代理人以自己的名义但为了本人的利益计算与第三人订立合同，自己取得权利义务后，再将取得的权利义务转移给本人的

---

① 沈达明等编：《国际商法》（上），对外贸易出版社 1982 年版，第 299 页。

代理。在大陆法系的德国与法国，间接代理称为行纪。行纪人虽然是受本人的委托并为本人的计算而与第三人订立的合同，但在订立合同时不是以本人的名义而是以代理人自己的名义缔约，因此这个合同的双方当事人是代理人与第三人，而不是本人与第三人。本人不能仅仅凭借这个合同直接对第三人主张权利，只有当代理人把他从这个合同中所取得的权利转让给本人之后，本人才能对第三人主张权利。[①] 而英美法系则采取义务标准（如前述）。

我国民法在基本结构上是借鉴《德国民法典》的基本框架，当无疑问。《民法典》规定的这种间接代理是否与民法体系协调，实有疑问。

（五）本代理与复代理

这是在多层代理中，以代理关系所处的层次为标准而作的分类。

1. 概念

本代理是指第一层代理，即由被代理人选任或者法律规定的代理人而产生的代理。而复代理是指由代理人为被代理人再选任代理人，使其行使全部或者部分代理权而形成的代理，也即第二层代理。相对于第一层代理来说，称为复代理或者再代理。我国《民法典》第 169 条规定的“转委托”，实际上就是复代理。

2. 复代理的基础——复任权

是否在任何代理关系中代理人都可以为被代理人再选任代理人而形成复代理呢？对这一问题的回答当然是否定的，因为若代理人再为被代理人选任代理人，必须有复任权。而复任权在意定代理与法定代理中，有较大的不同。

（1）在意定代理中

在意定代理中，除非当事人特别约定及特别事由，代理人原则上无复任权。我国《民法典》第 169 条规定的转委托就是在第七章第二节“委托代理”中规定的。

在意定代理中，只有在特别情况下（紧急情况下），代理人才有复任权。《民通意见》第 80 条规定：“由于急病、通讯联络中断等特殊原因，委托代理人自

---

① 沈达明等编：《国际商法》（上），对外贸易出版社 1982 年版，第 300 页。

己不能办理代理事项，又不能与被代理人及时取得联系，如不及时转托他人代理，会给被代理人的利益造成损失或者扩大损失的，属于民法通则第六十八条中的‘紧急情况’”。

（2）在法定代理中

法定代理人应当具有复任权，理由是：（1）被代理人没有同意的能力；（2）法定代理权具有概括性，而法定代理的被代理人因无行为能力或者行为能力受到限制，对其代理人不能代理的行为，其不能另外选任代理人，故若不赋予法定代理人以复任权，将损害被代理人利益。

3. 复代理中的基本问题

（1）被代理人、本代理人与复代理人的关系

通说认为，虽然代理人的任命是多层次的，但复代理人依然是被代理人的代理人，而不是代理人的代理人。因此，复代理权可以由被代理人及本代理人撤回。①

（2）复代理权的范围

通说认为，本代理人所享有的代理权并不因复代理而受到影响。复代理权的范围可能等于或者小于本代理人所享有的代理权限。②如果超出，则不是复代理，要么是无权代理，要么是本代理（若被代理人授权）。

（3）复代理的法律效果归属

虽然本代理人是处于被代理人的地位授权，但通说认为复代理人是被代理人的代理人，而不是本代理人的代理人，因此，复代理人的行为结果归于被代理人。我国《民法典》第169条第2款还规定：“转委托代理经被代理人同意或者追认的，被代理人可以就代理事务直接指示转委托的第三人，代理人仅就第三人的选任以及对第三人的指示承担责任。”

（4）复代理的有效要件

① 本代理合法存在。复代理是建立在本代理之上的第二层代理，因此，本代理有效存在是复代理存在的基础。

---

① ［德］迪特尔·梅迪库斯：《德国民法总论》，邵建东等译，法律出版社2000年版，第720页。

② ［德］卡尔·拉伦茨：《德国民法通论》，王晓晔等译，法律出版社2003年版，第858页。

② 复代理人由本代理人选任。这也是复代理的由来本性，反之，若另外一个代理人由被代理人选任，则只能是本代理。

③ 本代理人必须有复任权。

④ 复代理人的代理权不得大于本代理人的代理权。若本代理人对复代理人的授权超出自己的代理权，相对于被代理人而言，就是无权代理。

六、代理与类似制度的区别

（一）代理与传达的区别

传达人是指向相对人表示委托人已经决定的意思或者将已经完成的意思表示传达给相对人的人。[①] 代理与传达的共同之处在于：二者都涉及意思表示的归属，即无论是传达人，还是代理人，结果都不是由他们承担，而是由委托人承担。二者的主要区别如下。

1. 代理人是自己为意思表示，而传达人传达的是他人的意思。代理人是根据被代理人的授权，在授权范围内自由决定意思表示的内容，而传达人则一般无权决定意思表示的内容，而是传达委托人的意思。如果传达人有自由决定意思表示内容的权利，实质上就不是传达而是代理了。

另外，传达有可能传达错误，此时效力如何？拉伦茨指出：在这种情况下，如果传达人没有像委托人所说的那样去传达，而是在重述时犯有错误，那么委托人必须把传达人所传达的内容作为自己作出表示的内容。他可以撤销这一表示，就如同撤销他自己所作的有错误的表示一样。由于传达人只不过是委托人延长了的手臂，因而他在这种情况下与自己错写或者出现其他错误没有什么两样。[②]

2. 无行为能力人不能为代理人，但可以为传达人。

3. 代理人的意思表示有没有错误、是否为善意等，应当以代理人为判断标准，而在传达中则以被传达人为标准。

---

① ［日］山本敬三：《民法讲义Ⅰ》，解亘译，北京大学出版社 2004 年版，第 230 页。

② ［德］卡尔·拉伦茨：《德国民法通论》，王晓晔等译，法律出版社 2003 年版，第 823 页。

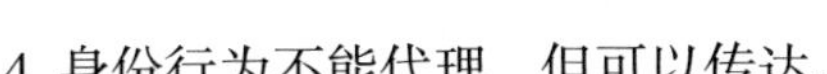

4. 身份行为不能代理，但可以传达。

（二）代理与代表

代理与代表的区别主要有二。

1. 代理是代理人自己为意思表示，但效果归属被代理人，而代表则是以法人的名义行为，效果当然归属法人，因为，代表机关本身就是法人的组成部分，例如，董事长本身就是法人的手足。

2. 代理只是限于法律行为，但代表也包括侵权行为和事实行为。例如，代理人在代理活动中造成损害的侵权行为，被代理人不负担责任。但是，如果是代表人，则法人应当对其代表人的侵权行为承担责任。

（三）代理人与占有辅助人

在自物权与他物权中，占有人都可以让另外一个人替自己实际地占有该物，此人便是占有辅助人。德国学者梅迪库斯指出：行使实际支配、本身不是占有人的人叫“占有辅助人”，另外一个人叫“占有主人”，但法律只承认占有主人为占有人。[①]《德国民法典》第855条规定：“某人在他人的家事或者营业中或者在类似的关系中，为他人行使对物的事实上的支配力，而根据这一关系，其须遵从他人有关物的指示的，只有该他人是占有人。”

一般来说，代理的对象仅仅限于法律行为，因占有是一种事实，不能代理，但是，可以发生占有辅助关系，例如，商店的工作人员受人指示而对物进行占有。但在出卖时，雇员就是代理关系。

但是，占有辅助人有可能与代理人发生重叠，例如，购物中心的女售货员既是代理人，也是占有辅助人。行为人是以何种身份出现的，也视具体的事实而定。此外，无代理权的占有辅助人是比较常见的（如购物中心雇用的司机）。[②]

---

① ［德］迪特尔·梅迪库斯：《德国民法总论》，邵建东等译，法律出版社2000年版，第678页。

② ［德］迪特尔·梅迪库斯：《德国民法总论》，邵建东等译，法律出版社2000年版，第678页。

（四）代理人与履行辅助人及执行辅助人的区别

履行辅助人及执行辅助人在我国民法上没有规定，理论上也涉及较少，但实践中却经常出现，故在责任认定上就存在混淆。对此，《德国民法典》的规定可以为我们所借鉴。《德国民法典》第 278 条、第 831 条分别规定了履行辅助人和执行辅助人（执行助手）的责任归属。

该法典第 278 条规定："债务人对其法定代理人或其为履行债务而使用的人所有的过失，应与自己的过失负同一范围的责任。"这是关于履行辅助人的责任规定。第 831 条规定："雇佣他人执行事务的人，对受雇人在执行事务时不法施加于第三人的损害，负赔偿义务。但雇佣人在受雇人的选用，并在其应提供设备和工具器械或应监督事务的执行时，对装备和监督已尽相当的注意，或纵然已尽相当的注意也难免发生损害者，不负赔偿责任。"这是关于执行辅助人的责任规定。履行辅助人及执行辅助人因在我国民法上没有规定，而实践中经常出现，与代理关系相当难以区分。例如，一个商场的售货员在出售电冰箱时，不慎将顾客碰伤，商场对于顾客的赔偿责任是基于售货员与商场的代理关系、事务履行关系还是事务执行关系？因此，分清这些关系对于实践意义颇大。

1. 代理人与履行辅助人

债务人为履行债务而使用的人叫作履行辅助人。债务人的履行辅助人的行为，被作为债务人自己的行为而归责于债务人，以至于债务人必须对其履行辅助人的行为承担责任，就像他自己实施了辅助人所为的行为时必须承担责任一样。例如，购物中心雇用的司机在将家具运送至顾客家中的途中，因驾驶不慎而使家具受损，购物中心的所有权人应对此承担责任。①

代理人与履行辅助人之间的不同在于：这二者涉及的归属因素不同——代理人是意思表示的归属，而履行辅助人则是违约行为的归属。

但是，代理人与履行辅助人这两种角色有可能重叠，例如，商店的售货员

① ［德］迪特尔·梅迪库斯：《德国民法总论》，邵建东等译，法律出版社 2000 年版，第 675 页。

既是代理人，也是履行辅助人。[①] 但是，这两种角色在许多情况下也是可以分离的，例如，家具店的送货司机就仅仅是履行辅助人而不是代理人。

另外，《德国民法典》第 278 条还涉及法定代理人的责任归属问题。对此，德国学者指出：如果孩子的父母不是以孩子的代理人身份从事法律行为，而是以其他方式从事行为，则孩子应根据第 278 条的规定，为其父母的行为承担责任。父母的缔约行为从代理角度看应归属于孩子，而父母不适当履行合同义务的行为，则根据第 278 条归属于孩子[②]。这种解释对我国实践有较大的借鉴意义。

2. 代理人与执行辅助人

代理人与执行辅助人的区别在于：代理是意思表示的归属，而执行辅助则是侵权责任的归属，即执行辅助人的侵权行为责任归属于他人（使用人）。

3. 履行辅助人与执行辅助人

如果抛开法定代理人，履行辅助人与执行辅助人在人的范围上大概难以区分，仅仅是责任性质的问题，即履行辅助人涉及违约责任的归属问题，而执行辅助人则涉及侵权责任的归属问题。而在责任归属的条件方面，两者也有所不同：履行辅助人的行为后果直接归属于债务人（委托人），而执行辅助人的雇佣人在证明自己善尽注意义务后可以免责。

4. 代理人、履行辅助人与执行辅助人重叠后的后果区分

在代理关系中，一般地说，被代理人对于代理人的侵权行为是不负赔偿责任的；而在履行辅助关系中，委托人仅仅对履行辅助人的违约责任承担责任；在执行辅助关系中，使用人仅仅在选任辅助人及监督或者其他情形中未尽注意义务而有过错时才对其不法侵权行为承担后果。

有的时候，当这三种身份重叠在一起时，就要分清责任的根据与规范基础。如上述购物中心的女售货员既是代理人，又是履行辅助人与执行辅助人时，其与顾客的买卖关系成立的后果归属于购物中心是根据代理关系；若发生违约责任由购物中心负责，是根据履行辅助关系；若发生侵害顾客身体或者人格权时，

① [德]迪特尔·梅迪库斯：《德国民法总论》，邵建东等译，法律出版社 2000 年版，第 675 页。

② [德]迪特尔·梅迪库斯：《德国民法总论》，邵建东等译，法律出版社 2000 年版，第 676 页。

购物中心承担赔偿责任则是根据执行辅助关系。

（五）代理与代理商

代理商是对某种品牌的产品进行销售的商事主体，如德国大众汽车在华代理商。代理商分很多种，其中最重要的是独家代理商与非独家代理商。独家代理商即某品牌产品在某地区仅仅允许此一家销售或者服务，而不允许第二家。

代理商与代理毫无关系，是一种产品或者服务的销售方式。代理商都是独立民事主体或者商事主体，其与顾客之间以自己的名义订立合同，权利义务归属自己。代理商多数是从产品或者服务的品牌生产商购买产品或者服务后再卖给顾客。

第三节　有效代理的要件与后果

一、有效代理的要件概述

德国学者拉伦茨指出，代理有效的前提条件在于首先是法律原则上承认一人可由他人代理进行效果及于该他人的行为；其次则是在具体情况下符合法律规定的条件。法律所规定的两个先决条件是：以被代理人的名义所作的表示；以及在代理人所享有的代理权限内活动。① 除此之外，我认为，有效代理还应具备两个条件：其一是行为人应具备相应的行为能力；其二是代理的行为应是法律允许的法律行为。下面我们将详细讨论这些要件。

二、代理人应当具有代理权——代理有效的第一要件

代理权是代理有效的重要条件之一，代理人的意思表示的自由决定权及代理后果归属被代理人承担的一个很重要的基础就是代理权，因此，代理人必须在代理权限内活动，才发生对被代理人归属的法律后果。

---

①［德］卡尔·拉伦茨：《德国民法通论》，王晓晔等译，法律出版社2003年版，第815页。

（一）代理权发生的根据

代理权发生的根据可以分为两大类：一类是被代理人的授权，另一类是法律的规定。前者称为意定代理权，后者称为法定代理权。代理也因此分为意定代理与法定代理。

在意定代理中，代理人的行为之所以归属于被代理人，是因为被代理人的同意，而同意可以事先为之，也可以事后为之。事先的同意称为“授权”，事后的同意称为“追认”。

在法定代理中，我们通常理解的主要是父母或者其他监护人对于未成年人或者其他行为能力有欠缺的人的代理，但在现实的法律框架内，法定代理要比之宽泛得多。按照德国学者梅迪库斯的观点，“依职当事人”与法人的代表机关也属于法定代理的范围。“依职当事人”是指某些管理他人财产的管理人，如破产管理人与遗产管理人。就“依职当事人”来说，担任这些职务后，当事人都享有处分他人财产的权限，而且能够使财产主体享有权利、承担义务。例如，破产管理人有权为破产财团与破产债务人享有权利、承担义务；遗产管理人和遗嘱执行人有权为遗产的继承人享有权利、承担义务。这些是典型的代理的效果。此类代理属于法定代理，因为代理的效果是依据法律规定产生的，即使当事人在具体情况下不希望这些效果发生，它们仍然会发生。而所谓“机关代表”，也仅仅是法定代表的一种特殊情况。如公司与合作社的董事会，法律在这些地方虽然都规定的是代表，但就此认为这些地方指的不是代理的规定，是缺乏说服力的。在这里，代理权发生的理由是法律的规定以及被任命为机关。① 这是梅迪库斯在代理的实质意义上所言的。我国《民法典》第 170 条规定：“执行法人或者非法人组织工作任务的人员，就其职权范围内的事项，以法人或者非法人组织的名义实施民事法律行为，对法人或者非法人组织发生效力。法人或者非法人组织对执行其工作任务的人员职权范围的限制，不得对抗善意相对人。”

---

① ［德］迪特尔·梅迪库斯：《德国民法总论》，邵建东等译，法律出版社 2000 年版，第 706—707 页。

由于法定代理是基于法律规定产生，故研究其产生根据就没有什么意义，所以，下面仅就意定代理作简要的阐述。

（二）代理权的授予（委托代理）

在代理权的授予中，有以下三个问题殊值探讨：一是代理权授予的方式；二是代理权授予行为的性质；三是代理权授予是否可以附有条件或期限。

1. 代理权授予的方式

通说认为，代理权的授予，既可以通过内部授权的方式，也可以通过外部授权的方式为之。《德国民法典》第 167 条规定了这两种方式。

内部授权通常是由被代理人向代理人发出授权的意思表示，该意思表示为有相对人的意思表示，其成立应适用有相对人的意思表示的规则。

外部授权是指由被代理人通过向与代理人进行行为的相对人（第三人）发出表明授权于代理人的意思表示。

2. 授权行为的性质

授权行为是单方法律行为还是契约行为，学理上存在分歧。大致有以下两种观点。

（1）单方行为说

这种学说认为，代理权的授予行为是被代理人授予代理人代理权的单方意思表示，不管代理人是否同意，都认定有代理权授予的存在。德国学者拉伦茨就持这种观点，他认为：它是一种单方面形成的法律行为，而且是一种权力的授予行为。只要有委托代理权的授予人的意思表示就够了，因而代理权限的产生并不取决于委托代理人的同意。但是，人们必须承认他享有他所不希望有的委托代理权的权利。如果委托代理权是通过完全应该获得允许的委托代理权的授权人和委托代理人之间所签订的协议所授予的，那么这种权利就不存在了。①

（2）无名契约说

代理权授予行为是被代理人与代理人关于代理权授予与接受的一种无名契

① ［德］卡尔·拉伦茨：《德国民法通论》，王晓晔等译，法律出版社 2003 年版，第 860—861 页。

约。依此见解，代理权的授予需要代理人的同意。[①]

将代理权的授予行为解释为单方法律行为或者契约行为，在下列情形下将具有重大意义：（1）在认定代理权是否发生方面，因为在单方法律行为说，只要被代理人有授予代理权的意思表示，代理权即对代理人产生，不待代理人同意；而在契约说，则必须双方就代理权的授予达成一致，代理权才能发生。（2）当涉及限制行为能力人可以作为代理人而可为有效代理行为时，似乎单方法律行为更能够合理地说明之。德国学者拉伦茨认为，虽然单方授权行为为一般情形，也没有任何实质理由认为不允许通过合同赋予代理权。[②]我个人赞同单方行为说，因为单方行为说在代理的体系框架内，与其他制度能够更好地融合，如说明限制行为能力人的代理问题、代理权授予与基础关系的问题等。

3. 代理权授予是否可以附条件或者期限

如果将代理权的授予理解为形成权，那么，代理权的授予就是不可以附条件或者期限的。但是，通说认为，因代理权相对于第三人的特殊性，是可以附条件或者期限的。例如，德国学者梅迪库斯就指出：代理权的情形有所不同，因为只要被授权人不能够证明其享有代理权，那么第三人就没有必要同这么一个处于不确定状态的被授权人订立合同，并且可以拒绝其从事的单方法律行为。根据法律的宗旨，代理权的授予是可以附期限或者条件的。[③]拉伦茨也这么认为。[④]我国民法上没有这种明确规定，从利益衡量角度看，也可以作相同的解释。

（三）代理权的授予与基础关系的关系

在通常情况下，被代理人授予代理人代理权以及代理人为被代理人为法律行为都不是无缘无故的，而必有一定的原因。例如，在法定代理是基于监护而法定；在意定代理是基于被代理人与代理人之间的合同关系，根据这种合同关系，代理人为被代理人为法律行为，被代理人通常要支付报酬（例外的也有无

---

① ［日］山本敬三：《民法讲义Ⅰ》，解亘译，北京大学出版社2004年版，第233页。

② ［德］卡尔·拉伦茨：《德国民法通论》，王晓晔等译，法律出版社2003年版，第861页。

③ ［德］迪特尔·梅迪库斯：《德国民法总论》，邵建东等译，法律出版社2000年版，第711页。

④ ［德］卡尔·拉伦茨：《德国民法通论》，王晓晔等译，法律出版社2003年版，第860页。

偿的代理)。而这种代理权背后的“原因”,通常就是基础关系。对此,拉伦茨指出:代理人与被代理人之间所存在的法律关系是委托代理权的基础。这种法律关系也确定了代理的目的以及代理人仅在特定意义上使用代理权的义务。而且这种法律关系本身也确定了代理人所享有的请求权,如对他的支出予以补偿或者对他的活动给以报酬的请求权以及对他人所承担的其他的义务。与代理权能不同,人们把这种法律关系称为“内部关系”,因为其内容不是代理人对于第三人是否可以进行法律行为,而是代理人与被代理人之间的关系。在法定代理的情况下这种内部关系是一种法定的债务关系,它或者基于广泛的家庭法,或者是基于监护人、保佐人、遗产管理人或者遗嘱执行人的指定。①

这种代理权的授予与基础关系的关系在司法实践中最具有典型性的莫过于律师与当事人的代理关系。在这种关系中,通常律师要与当事人(被代理人)签订一个委托代理合同,合同中要明确约定双方的权利义务,然后再由被代理人向律师(代理人)签署一份授权书,明确代理权的范围。律师在出庭时,法院仅仅要求律师出示书面授权书而不要求出示双方签订的委托代理合同。委托代理合同由双方签字,而授权委托书仅仅有被代理人签字即可。由此也可以看出,我国司法实践对于授权行为采取的是单方法律行为说。

那么,代理权与基础关系的关系如何? 1866 年以前的民法学理与立法均不区分基础关系与代理权的授予,认为委托契约必然伴随着代理权的授予,代理是委托契约的对外效力,或者委托关系的外部表现,代理权授予必然基于委托契约,两者是同一事物的两个方面。而相应的,将授权行为作为无名契约也就顺理成章了。罗马法就将委托与代理视为同一,《法国民法典》承袭此制,成为近代这一立法模式的代表,该法典仅仅规定了“委托”,而没有规定“代理”,而其第 1984 条规定:“委托或者代理,为一方授权他方以委托人的名义为其处理事务的行为。”日本学者对该条解释道:按《法国民法典》,代理权仅因委托契约而生,契约之外别无代理权的渊源。委托契约与代理权的授予有因果关系:授权的意思表示仅仅是委任契约之申告,而委任契约即以代理权之授

① [德]卡尔·拉伦茨:《德国民法通论》,王晓晔等译,法律出版社 2003 年版,第 855 页。

予为目的契约。[①] 这清楚地反映出委托与代理不分的思想。

时至1866年，德国学者拉邦德（Laband）发表了《代理权授予与其基础关系的区别》一文，从法学理论的角度指出了代理权与它所依赖的法律关系之间的差别，其观点为《德国民法典》所采纳。根据这种观点，委托代理权的授予需要一个区别于设立这种内部关系的专门行为，即授权行为，内部关系本身并不会产生代理权。不仅如此，按照德国学者的主流观点，相对于基础行为而言，代理权的授予是无因的。[②] 日本学者更清楚地概括道：德国法系，谓委任契约及代理权的发生，全无因果关系，委任契约以代他人处理事务为目的，代理权的授予，则成立于别种授权的单独行为。授权虽多与委任契约同时成立，是仅欲受任者，履行契约上之义务，以达委任之目的而已，二者性质迥然不同。委任契约非以法律行为的代理为目的，虽其契约成立与代理权之发生同时，然其所生之法律关系，不外本人与代理人之契约关系也。代理权非其契约之结果，盖因授权之别种行为而发生，虽有委任契约，未必即予以代理权，而授权也有成立于没有委任契约的情形。要之，授权非因委任及其他契约而然，为纯然之单独行为，不必等代理人的承诺，唯因本人对于代理人或者第三人的意思表示而成立。[③]

代理权相对于其基础关系的这种独立性与无因性在限制行为能力人为代理的情况下颇具说明意义。在被代理人与作为限制行为能力人的代理人之间所签订的委托合同为效力待定，而未成年人的法定代理人拒绝追认时，委托合同自始无效。但被代理人授予未成年人代理权的行为为单方法律行为而无须相对人承诺即生效力，因此并非无效，也不需要未成年人的法定代理人追认。因此，许多国家的民法典都规定：代理不因代理人为限制行为能力人而无效。

但是，不能绝对坚持代理权授予的无因性，有时，代理权也会因基础关系的消灭而消灭，特别是在内部授权的情况下，二者关系密切，往往是基础关系消灭，代理权也消灭。

---

① ［日］富井政章：《民法原论》（第一卷），陈海瀛等译，中国政法大学出版社2003年版，第289页。

② ［德］卡尔·拉伦茨：《德国民法通论》，王晓晔等译，法律出版社2003年版，第855页。

③ ［日］富井政章：《民法原论》（第一卷），陈海瀛等译，中国政法大学出版社2003年版，第289—290页。

学者一般认为，代理权与委托关系的关系类型体现在三个方面：(1）授权行为伴随有基本法律关系。这一类型为常态，在这种类型中，既有基础关系，又有授权行为，如具有劳动合同关系的法人给予职工的授权。(2）虽有基础关系而无授权行为。例如，商店雇用某人作为职工，但先命其实习观摩而不授予其售货的代理权。(3）仅有授权行为而无基础关系。例如，基于友情，甲委托乙代交房租。①

在无基础关系而仅有代理权的情况下，或者基础关系无效或者消灭后，被代理人与代理人之间的关系应如何解释？因为代理权是解决代理人与第三人之行为结果的归属问题，而不解决代理人与被代理人之间的关系问题，所以，此一问题必须从规范上明确。德国学者认为，应适用无因管理的规定。如拉伦茨指出：如果不存在有效的委托代理关系，应适用无因管理的规定。因此，委托代理权不受内部关系的拘束是“无因的”（抽象的）。委托代理权的范围原则上也取决于委托授权的内容而不是内部关系所表明的关系目的的规定。②也正是基于这一认识，限制行为能力人可以作为代理人，无因管理可以保证其不受损失。

（四）代理权的范围

1. 代理权范围的一般概述

代理权的范围因法定代理与意定代理而有所不同：在法定代理，代理权的范围由法律规定，一般是概括代理权；而在意定代理，被代理人有权自由决定授权的具体范围，可以是授权代理人从事某项特别行为，也可以授予概括代理权。

2. 代理权的法律限制

学理之通说认为，代理权的限制分为：自己代理的限制、双方代理的限制、赠与的限制及滥用代理权的限制。我国《民法典》第168条仅仅规定了自己代理与双方代理的限制，但从法定代理的立法宗旨看，赠与当然应该限制。另外，根据诚实信用的原则，滥用代理权当然也应该受到限制。同时，我国《民法典》第164条第2款规定：“代理人和相对人恶意串通，损害被代理人合法权益的，

① 张俊浩主编：《民法学原理》（上），中国政法大学出版社2000年版，第320页。

② ［德］卡尔·拉伦茨：《德国民法通论》，王晓晔等译，法律出版社2003年版，第856页。

代理人和相对人应当承担连带责任。”

（1）自己代理的禁止

① 自己代理的一般性禁止

大陆法系国家的法律一般都规定，代理人不得以被代理人的名义与自己从事法律行为，以避免代理人损害被代理人的利益。例如，A 是 B 的代理人，被委托为 B 购买一台电脑，结果 A 自己是经营电脑的，就以被代理人 B 的名义与自己（A）订立买卖合同。

我们说，这种行为也许会是公平的。但是，法律之所以禁止这种情况，有其合理的理由：

第一，任何人都有自我利益的计算，代理人如果代理被代理人与自己进行交易的话，究竟是在使什么人的利益最大化？法律禁止这种行为，主要是防止代理人使自己的利益最大化。

第二，在合同关系中，“合意”如何形成？意思的对接在自己的大脑中形成，“合意”就有可能是代理人一方的意思。

② 自己代理的例外允许

第一，经本人同意——这种同意实际上是消灭了上面禁止的两个理由。但是，只适用于意定代理。我国《民法典》第 168 条规定的例外，实际上就是这个意思。

第二，法律行为是为了履行债务。例如，如果父母对子女享有费用补偿请求权的，可以将子女的财产转移给自己——子女有自己的财产，但子女造成了对他人的人身伤害，如果父母不应当为此承担责任的，父母首先承担了责任，然后将子女的财产转移给自己。

③ 自己代理的法律后果

自己代理的法律后果为何？有的学者认为：应构成无权代理，理由是代理人根本就没有实施自己代理的代理权。[①] 我同意这种观点。

在自己代理制度中，有一种变种的自己代理行为，即代理人为自己寻找一个代理人，代理人代理被代理人与代理人的代理人进行交易。这仍然没有改变

① ［日］山本敬三：《民法讲义 I》，解亘译，北京大学出版社 2004 年版，第 237 页；［德］卡尔・拉伦茨：《德国民法通论》，王晓晔等译，法律出版社 2003 年版，第 830 页；［德］迪特尔・梅迪库斯：《德国民法总论》，邵建东等译，法律出版社 2000 年版，第 725 页。

自己代理的性质。

（2）双方代理的禁止

① 一般性禁止

双方代理是指代理人同时代理双方当事人为同一法律行为，这种情况多发生在合同中。例如，A 授权甲出卖汽车，而 B 则授权甲购买汽车，甲就同时代理 A 和 B 订立买卖合同。这种禁止的一般理由同自己代理是一样的：

第一，同时代理双方为同一法律行为，不符合为被代理人利益最大化的代理要求。因为代理制度对代理人的基本要求是代理人必须为了被代理人的利益计算而尽责，如果代理人代理双方为法律行为，难以做到为双方利益最大化，在许多情况下，往往是以损害一方的利益为代价。

第二，"合意"是不真实的。由于代理人代理双方交易（缔结契约），而这种契约却是在代理人一人的头脑中形成的，因此，所谓的"合意"是不存在的。

② 例外

第一，双方被代理人同意或者追认（不适用于法定代理）。

第二，代理仅仅是为了履行双方的义务。

在双方代理关系中，也有一种双方代理的变种，即为一方被代理人任命一个复代理人，再代理另一方与复代理人进行交易。如图所示：

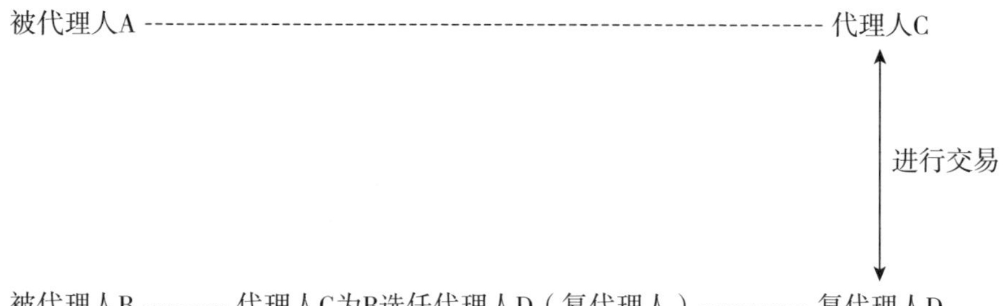

③ 双方代理的法律后果

在双方代理的法律后果方面，也应适用无权代理的规定。

（3）赠与的一般性禁止

这种情况主要是对法定代理人的限制，如果在意定代理，没有授权而从事赠与行为，当然属于无权代理而不对被代理人发生效力。但在法定代理，由于授权是概括性的，因此，才可能发生赠与的行为。在法定代理中，因被代理人无行为能力或者限制行为能力，故容易损害被代理人利益。所以，这种禁止是必要的。

（4）代理权的滥用

① 代理人与第三人恶意串通，损害被代理人的利益。例如，A 是 B 的代理人，B 授权 A 出卖电脑，A 就找到 C，以较低的价格出卖，但条件是 C 必须把一定比例的折扣给 A。

② 代理人一方损害被代理人。

③ 对第三人的保护。

在上述第一种情况下，不存在善意第三人的保护问题。

在上述第二种情况下，存在善意第三人的保护问题，但仅仅限于有偿行为。对于这里所谓的“善意”应如何解释？什么是“非善意”？有人认为，第三人必须是积极地知道了代理权的滥用，方为非善意；有人认为，只要第三人应当知道即为非善意；折中的观点则认为，代理权滥用的明显性是必要条件和充分条件，即代理权的滥用对于第三人而言必须是显而易见的，第三人根据其知悉的一切情形，只要不是熟视无睹，就不可能不知道这种滥用。[①] 折中说占据重要地位。

④ 代理权滥用的法律后果。

第一，在代理人与第三人恶意串通损害被代理人利益的情况下，不仅代理行为无效，而且代理人与第三人对于被代理人的损失负连带赔偿责任。

第二，在一方滥用代理权的情况下，对于善意第三人应当予以保护，即代理行为有效，被代理人因此受到的损失，由代理人承担；对于恶意第三人，即根据当时情况他显而易见地知道代理权滥用时，代理行为无效，因无效给被代理人造成的损失，由代理人与第三人负连带责任。

3. 所授予的代理权不明的法律后果

对于这一问题，各国立法例有所不同。例如，在日本，因其仿效法国立法例，故在代理权授予不明的情况下，代理人只能实施管理行为[②]，而不能为处

① ［德］迪特尔·梅迪库斯：《德国民法总论》，邵建东等译，法律出版社 2000 年版，第 729 页。

② ［日］山本敬三：《民法讲义Ⅰ》，解亘译，北京大学出版社 2004 年版，第 235 页。

分行为。管理行为按照日本学者的解释，主要有两种：一为保存行为，如对毁坏房屋的修缮、对权利的保全等；二为不改变代理目的或者性质的改良行为[①]。但德国民法并没有这种限制。

对于这一问题，我国《民法典》没有明确规定，但《民法通则》第 65 条第 3 款曾规定："委托书授权不明的，被代理人应当向第三人承担民事责任，代理人负连带责任。"这一规定恰恰反映出在授权不明的情况下，代理人如果为处分行为将会给自己带来风险。我认为，在授权不明的情况下，被代理人应就代理过后承担责任，代理人仅仅在有过错的情况下，才对被代理人承担责任，而不是向第三人承担责任。

4. 默示代理权

如果代理人履行其具有明示代理权的行为时，另外一项行为虽然未得到被代理人的授权，但却为履行明示事项的通常方式所需要，代理人对该事项享有默示代理权。例如，被代理人 B 明确授权代理人 A 买鸡蛋，A 顺便买了一个装鸡蛋用的袋子。一般认为，B 虽然没有明确授权 A 买袋子，但因为袋子为履行被授权的行为所需要，因此也认为，A 具有代理权。

（五）代理人之意思瑕疵、善意的判断及归属

代理人在代理权限内为法律行为，若意思存在瑕疵或者是否善意有争议，应以代理人为判断还是以被代理人为判断？

对此，德国民法典的立法理由书以法谚式的语言写道：可能出现的意思瑕疵，仅可于作出意思决定的地方寻找。[②] 在代理中，作出意思表示的地方在哪里呢？在被代理人还是代理人？由于代理人通常是依据他自己做出的利益分析和自行做出决定而进行法律行为的，因而，意思的欠缺或者明知或应当知道的判断，应根据代理人的情况，而不是根据被代理人的情况。[③] 也就是

---

① ［日］富井政章：《民法原论》（第一卷），陈海瀛等译，中国政法大学出版社 2003 年版，第 293 页。

② 《立法理由书》（第 1 卷），第 227 页，转引自［德］迪特尔 · 梅迪库斯：《德国民法总论》，邵建东等译，法律出版社 2000 年版，第 683 页。

③ ［德］卡尔 · 拉伦茨：《德国民法通论》，王晓晔等译，法律出版社 2003 年版，第 846 页。

说，代理人是否具有意思瑕疵，如受到欺诈、胁迫、发生错误、具有真意保留等应以代理人为判断对象；同样，相对人是否受到了欺诈、胁迫等，一般也以代理人为判断。这种观点在德国与日本是通说，我国学者一般也持这种观点。

如果发生了意思瑕疵，撤销权归属何人？一般说来，因代理的后果归属被代理人，因此，虽然是否具有意思瑕疵的判断以代理人为对象，但撤销权归属于被代理人。

在意思瑕疵的问题上，学者普遍讨论的问题是：如果被代理人知道或者应当知道某种情况，而代理人不知，那么，被代理人是否可以主张善意？对于被代理人而言，法律适用的规则是："不得就自己明知的事情，主张代理人不知其事。"也就是说，被代理人明知或者应当知道某种情事，但却指示不知情的代理人为此行为，这时法律就不再以代理人为判断是否善意的对象，而是适用实质性标准否定被代理人关于善意的主张。例如，被代理人明知B的某物存在权利瑕疵，但自己不去购买，却委托并授权A作为代理人向B为其购买，在此情况下，被代理人就不得以善意主张B承担《民法典》第150条规定的权利瑕疵担保责任，而是应适用《民法典》第151条排除B的权利瑕疵担保责任。

（六）代理权的消灭

1. 意定代理权的消灭

（1）意定代理权消灭概述

我国《民法典》第173条规定了委托代理权终止的事由：① 代理期间届满或者代理事务完成；② 被代理人取消委托或者代理人辞去委托；③ 代理人丧失民事行为能力；④ 代理人或者被代理人死亡；⑤ 作为代理人或者被代理人的法人、非法人组织终止。当然，根据《破产法》的特别规定，对被代理人的财产开始破产程序，也是代理权消灭的原因。

德国学者拉伦茨指出，委托代理权因下列原因而消灭：① 如果它是附期限的，期限届满就消灭；如果是附条件的，则条件成就或者不成就时消灭；如果是就特定事项授权，则该事项完成，代理权消灭。② 委托代理人放弃委托代理权。③ 委托代理权的授予人撤回代理权。④ 委托代理权的授予行为所依据的法律关系终止（如劳动关系终止等）。⑤ 委托代理人的正常死亡或者行为能力丧失。⑥ 对委托代理权授予人的财产开始了破产程序。[①]

由此可见，我国法的规定与德国法的规定几乎是一样的。

但是，被代理人的死亡并不必然导致代理权的消灭，对此，我国《民法典》第 174 条第 1 款规定：“被代理人死亡后，有下列情形之一的，委托代理人实施的代理行为有效：（一）代理人不知道且不应当知道被代理人死亡；（二）被代理人的继承人予以承认；（三）授权中明确代理权在代理事务完成时终止；（四）被代理人死亡前已经实施，为了被代理人的继承人的利益继续代理。”

（2）需要讨论的问题

① 代理权的撤回问题

原则上，意定代理权是可以撤回的，因为代理关系是以被代理人对代理人的高度信任为基础的，如果这种信任已经不存在了，再要求被代理人接受代理结果而等到代理事项完成，将不符合代理制度的基本价值。因此，被代理人可以随时撤回代理权。

至于代理权撤回的方式，应当同代理权的授予一样，既可以向代理人直接为撤回的意思表示，也可以向代理行为的相对人为撤回的意思表示。如果代理权是向公众发出的，也应当通过向公众发出撤回的意思表示而撤回之。

那么，是否可以授予不可撤回的代理权呢？学者之间存在争议。虽然可以通过协议授予不可撤回的代理权，但如果委托代理人严重地破坏了对他的信任，尤其是在他滥用代理权的情况下，这种不可撤回的代理权仍然是可以撤回的。[②] 我认为：第一，委托合同是当事人意思自治的体现，被代理人与代理人之间的这种自由约定因不涉及第三者利益，当然应当认可其授予不可撤回的代理权的约定的效力；第二，法律赋予被代理人以任意撤回授权的目的，在于给予被代理人一种保护自己利益的措施，在保护善意第三人及支付代理人报酬的前提下，避免代理人损害被代理人利益；第三，即使作为基础关系的委托合同

① ［德］卡尔 · 拉伦茨：《德国民法通论》，王晓晔等译，法律出版社 2003 年版，第 866 页。

② ［德］卡尔 · 拉伦茨：《德国民法通论》，王晓晔等译，法律出版社 2003 年版，第 869 页。

规定代理权不可撤回，但基础关系与授权关系是相互独立的，所以，授权仍然是可以撤回的，被代理人仅仅是承担违约责任，但这种责任如果有免责事由，如代理人滥用代理权等，是可以免除的。

对于此问题，我国《民法典》第 933 条仅规定："委托人或者受托人可以随时解除委托合同。因解除合同造成对方损失的，除不可归责于该当事人的事由外，无偿委托合同的解除方应当赔偿因解除时间不当造成的直接损失，有偿委托合同的解除方应当赔偿对方的直接损失和合同履行后可以获得的利益。"此条含有被代理人可以随时撤回代理权的意思。另外，法律也没有禁止当事人在委托合同中约定授予不可撤回的代理权的条款。因此，可以授予不可撤回的代理权。但这种不可撤回的代理权是否是绝对不可撤回的呢？我认为，在保护第三人与代理人利益的前提下，撤回并无不妥。

② 基础关系的终止对代理权的影响

虽然基础关系与代理权是相互独立的，甚至在许多情况下具有"无因性"，但学理与立法仍然认为，基础关系的消灭决定着代理权的消灭。但这种代理权消灭的方式可能会产生两方面的问题：第一，因基础关系是内部关系，而代理权则是对第三人公示，故内部关系的终止消灭代理权可能会辜负善意第三人的信赖，如第三人相信了代理人的代理权正准备与代理人缔结合同。因此，善意第三人的合理信赖应受到妥善的保护。第二，被授权人可能不知道自己的代理权因内部关系的终止而消灭，因此也可能承担无权代理的风险，故也有保护其合理利益的必要。为代理人提供必要保护的措施应当是代理权因代理人知道或者应该知道内部关系终结而消灭。

根据我国《民法典》第 933 条的规定，被代理人可以随时解除委托合同，代理权也因此而随时消灭。另外，我国《民法典》第 174 条、《民通意见》第 82 条也规定：代理人不知道被代理人死亡的，委托代理人实施的代理行为有效。这实际上也是在基础关系消灭后为保护代理人利益而规定的代理权继续存在的例外。

2. 法定代理权的消灭

我国《民法典》第 175 条规定："有下列情形之一的，法定代理终止：（一）被代理人取得或者恢复完全民事行为能力；（二）代理人丧失民事行为能力；

（三）代理人或者被代理人死亡；（四）法律规定的其他情形。”

三、代理人应以被代理人的名义为法律行为——代理有效的第二要件

（一）概述

在直接代理中，由代理人发出或者向代理人发出的意思表示的法律后果，不是由代理人自己承担，而是由被代理人承担。这一事实只有在行为相对人能够认识代理人为代理人，并且知道他真正的对方当事人是谁时，才能要求代理人的行为相对人予以接受。因此，直接代理通常必须加以公示[①]，以便于对方知道他在与谁发生交易。

“代理人应以被代理人的名义为法律行为”是代理行为的结果归属被代理人的形式要件，如果代理人不以被代理人的名义为法律行为，将不能分辨哪些行为是本人的，哪些行为是代理人的。也正因如此，法律要求代理一定有显示的标志，例如，可以说明自己是代理人、提交有关证明文件，或者从一些行为中可推断出来。因此，代理应以显名为原则。我国《民法典》第 162 条就将这一要件作为一般要求：代理人以被代理人名义实施的法律行为，才对被代理人发生效力。

民法之所以采取这样的立场，即只有显名的情况下效果才归属被代理人，是为了保护相对人的信赖。代理人没有表明是为被代理人而作的意思表示时，视为为自己所为。但是，在相对人知道或者应当知道代理人是在为了被代理人而为法律行为时，行为结果应归被代理人。这其实就是前面所说的“隐名代理”。其实，无论是显名或者隐名，都是在第三人知道被代理人的情况下所为的法律行为。在第三人根本不知道被代理人存在的情况下，代理人以自己的名义与第三人为法律行为，则不应当发生代理的结果。虽然在国际贸易中的“间接代理”例外地也约束第三人与被代理人，但是，只有在出现消极结果而代理人不能解决的时候，才披露第三人（《民法典》第 926 条）。

---

① ［德］迪特尔 · 梅迪库斯：《德国民法总论》，邵建东等译，法律出版社 2000 年版，第 693 页。

（二）显名中的具体问题

1. 以虚假的姓名从事行为

有时，行为人会虚构一个主体而以这一虚构的主体从事法律行为，但却不想真正使该主体享有行为的法律后果。例如，在住旅馆时，为了不让他人知道自己的真实身份，虚构一个姓名，但却自己付款。这种行为必须同我们所说的代理区别开来。

2. 冒用他人的姓名

冒用他人的姓名进行活动是指借用一特定的他人名义进行法律行为，使人产生他就是该特定人的情形。[①] 与代理不同的是，“冒用他人的姓名”的人并不说明他与被冒用的人是不同的人，而是说他自己就是被冒用的人本人。

在这种情况下就产生了这样的问题，即意思表示是对行为人本人产生效果，还是对被行为人借用名义的人产生效果？因为行为人并没有声明他是为被借用名义的人活动，而是声明为自己进行活动，但同时他把他人的名字作为自己的名字告诉人们，从而骗取人们相信他就是该他人。[②] 许多学者认为，在这种情况下应类推适用无权代理的规定，即被冒用人可以追认，则行为后果由被冒用人承担；若不追认，则行为人自己承担。[③] 但我认为，这种观点值得商榷，因为从代理的基本思想看，是一个人以他人的名义从事行为，并有将该行为的后果归属该他人的意思，才能是代理范围内的事，即使是无权代理，虽未获得被代理人的授权，但也是以被代理人的名义从事行为，且有将该行为后果归属被代理人的意思，仅仅是没有获得授权而已。因此，应区别不同情况分别处理：若行为人冒用他人名字，且有意将该行为后果归属被冒用人的，则适用无权代理的规定；若行为人虽然冒用他人名字，却没有将该行为后果归属该他人的意思者，应视为冒用人自己的行为，不适用代理的规则。

---

① ［德］卡尔·拉伦茨：《德国民法通论》，王晓晔等译，法律出版社 2003 年版，第 842 页。

② ［德］卡尔·拉伦茨：《德国民法通论》，王晓晔等译，法律出版社 2003 年版，第 843 页。

③ ［德］迪特尔·梅迪库斯：《德国民法总论》，邵建东等译，法律出版社 2000 年版，第 694 页。

3. 同企业主发生的行为

同企业主发生的行为，是指在具体情况下，无论行为人是何人，企业主总是交易关系的当事人。例如，在购物中心，无论你与任何一个售货员进行交易，其实你非常清楚是在与企业主进行交易，企业主都是交易当事人。

这种情形，对于判定表见代理十分重要。曾有案例揭示：有人通过非正当途径在某银行摆上办公桌高息揽贷，结果许多到银行来存款的人误认为自己是在与银行交易，故在此信赖的情况下将钱交给该人，而该人在获得一定数量款项后，卷款而逃。法院判决该银行承担赔偿责任。

4. 效力及于自身的行为

“效力及于自身的行为”主要是指无论行为人是否指出自己是在为他人行为，行为的结果都归属他自身的行为。这种情况多发生在现金买卖中，例如，A 顾客在购物中心购买信纸，并声称不是为自己而是为他人购买，售货员对此都毫无兴趣，A 必须自己立即付款，售货员不会追究其被代理人的付款责任。并且，谁能够出示商品购物付款单，谁就被视为合同当事人[①]。也就是说，代理制度在这里失去了作用。

四、代理人个人至少应是限制行为能力人——代理有效的第三要件

德国学者拉伦茨指出：代理有效的另一个条件是代理人最低应具有限制行为能力。理由是：如果代理人在他所享有的代理权范围内所为的法律行为仅对被代理人而不对代理人自己生效，它既不给代理人带来法律上的利益，也不给他带来法律上的不利，对他而言，这是一种无关紧要的法律行为。因此，对他不需要给予法律对未成年人规定的从事一般法律行为要追认的那种保护。同时，被代理人也不需要这种保护。如果他授予未成年人代理权，他自己就要承担该未成年人缺乏经验的风险。而在法定代理的情况下，父母任何一方是限制行为能力人，便不可能成为法定代理人。[②] 另外，被代理人之所以选择限制行为能力人，也是经过利益权衡的，法律没有必要干预。因此，《德国民法典》

① [德]迪特尔·梅迪库斯：《德国民法总论》，邵建东等译，法律出版社 2000 年版，第 701 页。

② [德]卡尔·拉伦茨：《德国民法通论》，王晓晔等译，法律出版社 2003 年版，第 845 页。

第 165 条、《日本民法典》第 102 条都规定了这样的思想：代理行为的效力不因代理人是限制行为能力人而受到影响。在这里，我们再一次看到了基础关系与代理权授予的相互独立性：基础关系因为合同关系，故不经限制行为能力人之法定代理人的追认不能生效，但授权为独立行为，不必经过限制行为能力人之法定代理人的追认。

除此之外，因为法律规定了无行为能力人不能从事任何法律行为，其作出的任何意思表示都是无效的，因此，他不能作为代理人。

五、代理的行为必须是法律允许并可以代理的行为——代理有效的第四要件

1. 代理只能适用于财产性的法律行为，包括负担行为和处分行为，但是，有关身份的行为不能代理（但收养除外）。

2. 非法律行为不能代理。例如，侵权行为不得代理。再如，占有、遗失物的拾得等不得适用代理。故代理人侵犯他人权利时，由代理人自己负赔偿责任。但如果有履行辅助关系、执行辅助关系、占有辅助关系的适用相关规则。

3. 在法定代理，单方法律行为（形成权的行使除外）不能代理，因为单方法律行为一般是给对方设定权利的行为，故允许代理会损害被代理人利益。因德国有监护法院，这样的行为可以在征得监护法院的同意后为之。因我国无此制度，故应作否定的解释更为合适。

六、有权代理的法律后果

1. 一般地说，有权代理的法律后果归属被代理人。我国《民法典》第 162 条就规定了这一基本原则。这是代理这一法律制度的根本目的与价值所在，这一制度设计的根本目的就是让他人以自己的名义并在自己授权的范围内主动活动，而结果归属授权人，因此，代理的法律后果不归属代理人而归属被代理人是代理的基本目的。即使在有的情况下，被代理人与代理人约定：代理后果留给代理人，也是代理之外的另一种法律关系，并没有改变“代理的法律后果归属被代理人”的基本规则。

2. 有关代理的法律行为的撤销权或者合同解除权归属被代理人。虽然意思

表示有无瑕疵以代理人判断，但因代理结果（无论是积极结果——利益，还是消极结果——损失）都由被代理人承担，即无论如何只要是有权代理，被代理人就是法律关系的当事人，故对于因意思表示瑕疵导致的撤销权，归属被代理人。同理，如果代理人缔结的合同具有解除事由，被代理人也有解除权。至于这种解除权代理人是否可以行使，就取决于被代理人是否具有相应的授权。

第四节　无权代理及其法律后果

一、无权代理及其法律后果概述

代理的全部意义在于意思自治的延伸与扩张，即扩大了法律行为的适用范围，被代理人的授权加上代理人的行为，构成了被代理人取得代理行为后果的归属。若超出被代理人的授权，则无论代理人如何行为，行为结果都将难以归属被代理人。因此，法律必须解决无权代理的构成与后果问题。

无权代理主要涉及下列问题：（1）无权代理人所为的行为在被代理人与相对第三人之间的效力如何？（2）法律为被代理人提供了哪些保护措施？（3）法律为相对人提供了哪些救济措施？（4）无权代理人的责任如何？（5）复代理人的责任如何？

我国《民法典》第171条规定了无权代理的三种类型，即没有代理权的无权代理、超越代理权的无权代理、代理权终止后以被代理人名义从事活动的无权代理。此三种无权代理在后果上并无不同。另外，对于自然人来说，无权代理仅可能发生在意定代理，因为法定代理被赋予了概括的代理权，只能发生代理权滥用，而不可能发生无权代理；至于法人，因我国法律采取代表说，法人的机关本身是法人的组成部分，故不可能发生法人机关的无权代理问题。但是，如果法人授权他人为代理活动，则可能发生如自然人之意定代理的无权代理问题。下面我们将一一讨论上面所列无权代理的问题。

二、无权代理行为对于被代理人与相对人的效力

按照我国《民法典》第171条的规定，无权代理行为对于被代理人与相对

第三人而言，属于效力待定的行为，因为：（1）无权代理虽以被代理人的名义为法律行为，无权代理人也有将行为后果归属被代理人的意思，但却因没有代理权，故效力不能直接归属被代理人；无权代理人又没有表示自己承担法律行为后果，故也难以归属于自己。因而，不能确定效果归属。（2）若直接认定其无效，则即使被代理人愿意承担该行为后果，也没有机会。因此，上上之策，就是暂不确定其效力，而是给被代理人一定的合理期限以观其态度：若在此期限内追认，自始有效；若不追认或者拒绝追认，则自始无效。

三、法律为被代理人提供的保护措施

代理人所为的无权代理行为应区分合同行为或者单方法律行为而定其效力，下面分别阐述之。

（一）无权代理人所为的合同行为

包括我国民事立法在内的许多国家的民法都规定：无权代理人所签订的合同是否对被代理人生效，取决于被代理人的事后追认，被代理人可以自行决定是否追认，如我国《民法典》第 171 条第 1 款规定：“行为人没有代理权、超越代理权或者代理权终止后，仍然实施代理行为，未经被代理人追认的，对被代理人不发生效力。”在被代理人的追认问题上，有以下几个问题需要特别注意。

1. 代理人追认的意思表示的相对人

代理人对无权代理行为的追认，是向相对人为追认的意思表示，还是向无权代理人为追认的意思表示？我认为，应向相对人为追认的意思表示。

2. 被代理人的主观意识及注意义务违反的法律后果

按照民法的一般原理，在一般情况下，任何人对自己的行为应负有必要的注意义务，在代理制度中也不例外。如果被代理人在授予代理人以代理权时，以其表见行为使善意第三人产生合理信赖，从而认为代理人具有代理权，或者，被代理人明知代理人为无权代理行为而不予制止，则行为后果归属被代理人。

3. 追认的范围

是否可以追认法律行为的一部分？有学者指出：追认不得仅就契约之一部

为之，凡追认一种行为，即有认其行为全体之效力，一部之追认，通常可视为追认之拒绝。但包含于契约中之事项，有可与他部分分离者，则视为有效亦无不可。[①] 此种观点颇值赞同。

（二）无权代理人所为的单方法律行为

通说认为，无权代理人为他人所为的单方法律行为原则上是无效的。[②] 德国学者梅迪库斯指出了其中的原因：对于无权代理人所为的单方法律行为，第三人是毫无抵御能力的，如代理人代理出租人终止租赁关系。因此，在无权代理的情况下代理他人实施的单方法律行为是不合法的，这种法律行为不是效力待定，而是无效。因此，对于这种行为，被代理人无法追认之，只能重新为之。[③]

我国《民法典》未区分合同与单方法律行为而区别二者的效力，但学者的上述观点及各国的立法主张颇值赞同，在实践中也应作相同的解释。

但是，《德国民法典》第 180 条规定了两种例外：一是单方法律行为的相对人（意思表示的受领人）在为单方行为时，对于无权代理人所主张的代理权表示同意或者没有提出异议，或者同意代理人为无权代理的行为，则适用契约的规定。学者解释说：如果作为代理人出现的人声称自己具有代理权，而第三人对此没有提出异议，甚至同意与无权代理人从事行为，则由第三人承受由被代理人之追认权所产生的不确定的后果，并无不当。[④] 也就是说，在代理方面单方行为无效，但在无权代理人与意思表示受领人之间的关系上，可以成立合同。二是相对人在征得无权代理人的同意后实施的行为，也适用如上相同的规则。日

---

① ［日］富井政章：《民法原论》（第一卷），陈海瀛等译，中国政法大学出版社 2003 年版，第 305—306 页。

② ［日］富井政章：《民法原论》（第一卷），陈海瀛等译，中国政法大学出版社 2003 年版，第 311 页；［德］迪特尔 · 梅迪库斯：《德国民法总论》，邵建东等译，法律出版社 2000 年版，第 741 页；［德］卡尔 · 拉伦茨：《德国民法通论》，王晓晔等译，法律出版社 2003 年版，第 875 页；［日］山本敬三：《民法讲义 Ⅰ》，解亘译，北京大学出版社 2004 年版，第 249 页。

③ ［德］迪特尔 · 梅迪库斯：《德国民法总论》，邵建东等译，法律出版社 2000 年版，第 741 页。

④ ［德］迪特尔 · 梅迪库斯：《德国民法总论》，邵建东等译，法律出版社 2000 年版，第 742 页。

本民法也承认这种例外。[①] 由于我国未作相同的规定，故难以作相同的解释。

（三）被代理人追认的后果

如果被代理人对于无权代理行为予以追认，则行为后果由被代理人承担；若不予追认，则该行为的后果就不能归属于被代理人，而是由无权代理人自己承担。至于承担责任的方式，会因相对人的选择而有不同。下面我们将详细讨论之。

四、相对人可以利用的救济措施

如果相对人不想等待被代理人的追认，而变被动为主动，可以利用法律赋予他的催告权与撤销权达到保护自己利益的目的。

这两种措施对相对人提供了比较周到的保护：催告权是在相对人还愿意与被代理人交易，只是催促被代理人确定是否交易时行使的。而撤销权的行使是相对人已经不愿意等待被代理人的追认，主动取消交易的措施。

我国《民法典》第 171 条第 2 款作出了明确的规定："相对人可以催告被代理人自收到通知之日起三十日内予以追认。被代理人未作表示的，视为拒绝追认。行为人实施的行为被追认前，善意相对人有撤销的权利。撤销应当以通知的方式作出。"如果相对人撤销意思表示，因无权代理而给相对人造成的损失，由无权代理人承担赔偿责任。

五、无权代理人的责任

对于无权代理人所承担的责任，我国《民法典》第 171 条第 3 款规定："行为人实施的行为未被追认的，善意相对人有权请求行为人履行债务或者就其受到的损害请求行为人赔偿。但是，赔偿的范围不得超过被代理人追认时相对人所能获得的利益。"第 171 条第 4 款规定："相对人知道或者应当知道行为人无权代理的，相对人和行为人按照各自的过错承担责任。"

由此可见，《民法典》非常清楚地规定了承担责任的方式及过失赔偿责任。从比较法的视角看，更多的是参照了《德国民法典》的规定。

---

① [日]山本敬三：《民法讲义Ⅰ》，解亘译，北京大学出版社 2004 年版，第 249 页。

（一）无权代理人的责任是过失责任还是无过失责任

无权代理人究竟是承担过失责任还是无过失责任，存在两种不同的观点。

1. 无过失责任说。该说认为：即使在无权代理人没有过失的情形，也应当承担无权代理的责任。按照这种学说，无权代理人承担无过失责任。理由是：（1）为了确保交易安全，维持代理制度的信用，即使在无权代理的情形，也需要保护相对人。在此情形，即使不能追认本人的责任，如果令无过失的无权代理人也承担责任的话，相对人就可以放心地进入代理交易了。（2）因无权代理人也主张代理权的存在，使相对人产生了信赖，因此，令其承担相应的责任，也是迫不得已。

2. 过失责任说。该说认为：无权代理责任的内容是履行责任或者不履行的赔偿损失，这种责任超过了侵权行为责任，等于使无权代理人承担了与其自身订立契约相同的责任。因此，要课以这样的特别责任，就要求使其正当化的足够理由，即无权代理人需要有过失。①

德国与日本许多学者一般都以过失作为承担责任的条件，我赞同我国《民法典》采用的过失责任说。但是，需要注意的是，这里的过失与善意或者恶意不同，是指知道或者应当知道自己的代理权有瑕疵。因为有时，无权代理人知道自己的代理权具有瑕疵，但却是善意地想帮助被代理人，并且有理由认为被代理人一定会追认。但即使代理人是善意的，因其无代理权而以被代理人名义为法律行为，同样可以构成无权代理而承担无权代理的责任。

（二）无权代理人的责任内容

如果代理没有获得被代理人追认，代理人应对相对人承担责任。拉伦茨根据《德国民法典》第 179 条的规定指出：如果代理人应对相对人承担责任，那么他的责任会由于他自己是否知道代理权具有瑕疵而有所不同。如果他并不知道这种瑕疵，那么他只需赔偿交易对方当事人的信赖利益，即应该使相对人在经济上的处境回复到合同缔结前所处的状态。代理人在这种情况下的责任纯粹

---

① ［日］山本敬三：《民法讲义Ⅰ》，解亘译，北京大学出版社 2004 年版，第 250 页。

是信赖责任。但是，如果代理人在缔结合同时知道自己没有代理权，而对方不知道且根据当时的情况也不应当知道代理权的瑕疵，被代理人拒绝追认这种代理行为，代理人就应当根据对方当事人的选择，或者承担履行合同的责任，或者赔偿因合同不履行而生的损害。在这种情况下，由于代理人有意识地欺骗了对方当事人，所以他不仅应该赔偿对方的信赖利益，而且应赔偿对方合同履行利益的损害。他之所以应承担这样的责任，是因为他知道这样做存在这样的风险。[①] 当然，如果相对人选择了履行合同，而无权代理人没有履行能力的，也转换为损害赔偿之债，即应适用合同不能履行的规则。

其实，我国《民法典》第 171 条第 3 款及第 4 款就体现了上述德国学者的思想，区分相对人是否善意而做了不同的处理：（1）行为人实施的行为未被追认的，善意相对人有权请求行为人履行债务或者就其受到的损害请求行为人赔偿，但是赔偿的范围不得超过被代理人追认时相对人所能获得的利益（第 3 款）。这可以理解为善意相对人有选择权——请求无权代理人或者履行法律行为之履行义务，或者承担赔偿义务。（2）相对人知道或者应当知道行为人无权代理的，相对人和行为人按照各自的过错承担责任（第 4 款）。这可以理解为，非善意相对人仅仅能够主张无权代理人的过错责任，即相当于《民法典》第 157 条中规定的法律行为无效后的双方当事人之间的过失赔偿责任。

在此，存在的问题是：

（1）如果相对人选择了履行，那么无权代理人的法律地位如何？

如果相对人选择了履行，其效果就相当于无权代理人与相对人订立了合同[②]。在此情况下，无权代理人是否有权要求对方对待给付？就代理人而言，他应该有权要求合同所规定的相对人向他所作的给付，享有合同中所规定的他所享有的权利。但是，根据学术界通行的观点，在他没有履行自己的义务之前不得要求对方履行。[③]

（2）如果被代理人本来就无法履行合同，无权代理人责任如何？

---

① ［德］卡尔·拉伦茨：《德国民法通论》，王晓晔等译，法律出版社 2003 年版，第 877—878 页。

② ［日］山本敬三：《民法讲义 I》，解亘译，北京大学出版社 2004 年版，第 252 页。

③ ［德］卡尔·拉伦茨：《德国民法通论》，王晓晔等译，法律出版社 2003 年版，第 879 页。

该问题的本质意思是：如果被代理人本来就不能履行合同，即使他追认无权代理的结果或者在有权代理的情况下，也不能履行合同或者仅仅能够履行一部分。例如，被代理人破产，仅仅能够清偿10%的债务，那么无权代理在未被被代理人追认的情况下，无权代理人的责任如何确定？是承担10%，还是全部？通说认为，第三人仅能向无权代理人要求获得被代理人能够履行的东西。否则，若要求无权代理人承担全部责任，第三人就可以从代理权的欠缺中获得利益。在上述案例中，相对第三人仅能够要求无权代理人承担10%的责任。但也有人提出异议：如果这样第三人在无权代理时就承担了不同于有权代理的双重风险，即代理人丧失支付能力的风险和被代理人丧失支付能力的风险。因此，通说是不无疑问的。[①] 我个人赞同通说，因为即使被代理人追认第三人也仅仅能够获得部分履行，让无权代理人承担未被追认的后果不能超过追认后第三人能够获得的利益，是公平的，也符合我国《民法典》第171条第3款规定的精神。

（三）无权代理人的免责事由

1. 相对人知道或者应当知道代理权有瑕疵。《德国民法典》第179条、《日本民法典》第117条、我国《民法典》第171条第4款都规定了这种免责事由。但这种免责事由，在我国法上是"不完全免责"，仅仅是免除了履行责任，仍然要按照过错分担责任。

2. 被代理人对无权代理行为进行了追认。

3. 无权代理人为限制能力人而其代理人没有同意。虽然代理权与基础关系是独立的，代理权不因基础关系的无效或效力待定而受影响，但在无权代理，因被代理人没有追认，这时无权代理人就处于被代理人——行为当事人的地位。而限制行为能力人是不能单独为某些法律行为的，如果无权代理的行为恰恰是超出限制行为能力人所能为的范围时，若其法定代理人对这些行为不予同意，则其可以免除责任。当然，如果是无行为能力人，根本就不能做代理人，故根本谈不上有权或者无权代理的问题。

---

① ［德］迪特尔·梅迪库斯：《德国民法总论》，邵建东等译，法律出版社2000年版，第744页。

第五节　表见代理

一、表见代理概述

法律体系是由逻辑判断方法与价值判断方法构成的，在二者发生冲突时，逻辑判断就要让位于价值判断。表见代理理论就体现了这种冲突的选择结果，正如法国学者所指出的："表见理论"的法律表明了法律对事实的某种屈从，为了照顾事实情况，一些合乎法律逻辑的方式被弃之不用，有悖于法律的事实状态可能直接成为主观权利的渊源。因此，这一具有一般意义的理论对法律规则运行机制起着校正作用，它构成了防止法律自身弊病的一种重要方法。①

所谓表见代理，是指被代理人因疏忽的表见行为使善意第三人对无权代理人有代理权的合理信赖，为保护这种合理信赖而让无权代理产生同有权代理相同的结果。通俗地说，就是表见代理本为无权代理，但在具备法定条件时，无须被代理人追认而直接发生对他的归属结果。我国《民法典》第 172 条就规定了"表见代理"：行为人没有代理权、超越代理权或者代理权终止后，仍然实施代理行为，相对人有理由相信行为人有代理权的，代理行为有效。

在现代语言中，"表见"一词有两个意思：其一，眼睛所清楚地看到的，明摆着的，即显然的、可见的；其二，并不是像表面所显示的那样，而是虚幻的、迷惑人的。"表见"与法律合用时，它表明了假象的法律状况，是经不起深入分析的。第二种含义就是"表见理论"所采用的含义，因为它承认"表见权利"可产生一些法律后果，尽管根据可适用的法律规则的逻辑结论，应该是完全无效的。但是，"表见"的两个含义之间存在着紧密的联系，这是因为明显的事实引诱我们相信某些不存在的权利。赋予"表见"（虚幻的）权利一定的效力，在某种程度上乃是使表见的事实优先于法律事实。②学者的上述论述清晰地阐明了表见代理的制度构造，即表见代理正是利用了"表见"的第二层含义，用一个虚假的外观假象产生了法律的真实后果。但是，从无权代理的真

① ［法］雅克·盖斯旦等：《法国民法总论》，陈鹏等译，法律出版社 2004 年版，第 776 页。
② ［法］雅克·盖斯旦等：《法国民法总论》，陈鹏等译，法律出版社 2004 年版，第 777 页。

实到有权代理的法律后果的过渡，却有许多问题需要研究。

另外，德国学者还区分了表见代理与容忍代理。所谓容忍代理，就是被代理人知道他人为他的利益并作为他的代理人出现，但却不作否认表示而是容忍。德国学者拉伦茨指出：人们对委托代理权的授予的表象予以信赖的另一种情况是所谓容忍代理权。容忍代理权所需要的前提条件是该某人知道未被授予代理权的代理人的行为，而未予以干预，虽然他是可以进行干预的。在这种情况下，既不存在内部授权也不存在外部授权，但却存在应归责于被代理人的在他知晓的情况下所作出的存在代理权的权利表象，为避免误解，人们只能把这种情况称为容忍代理权。[①] 我国 1986 年《民法通则》第 66 条曾规定了这种所谓“容忍代理权”：本人知道他人以本人名义实施民事行为而不作否认表示的，视为同意。但我国的学理一般将这种情况称为“表见代理”。也许正因如此，我国《民法典》没有再沿用《民法通则》第 66 条的规定，而是统统将这些“表象”纳入“相对人有理由相信行为人有代理权”中。德国学者指出：越来越多的学者对这种将“表见代理权”与“容忍代理权”相提并论的做法提出了异议，人们指出，与被代理人对行使代理权的有意的容忍相比，被代理人在表见代理中纯粹的疏忽大意，显然与之不同。[②] 这两种代理在构成要件上确有不同，但在结果上并无区别。下面讨论的表见代理中不包括“容忍代理权”。

二、表见代理的合理性

在通常情况下，权利的外观表象与权利的实际存在是相符合的，但有时二者并不相符合，甚至是大相径庭。例如，我们常说“占有是权利的外观”，但对于动产来说，这一“占有的外观”与实际权利拥有在很多时候就难以相符。那么，法律应如何取舍呢？应当从最终发现的法律真实中得出全部逻辑性后果，还是赋予与可见的外观相应的虚幻权利以法律效力呢？这就是表见理论所要回答的问题。[③] 在民法上，许多国家选择了后者，即赋予可见的外观以相应

---

① ［德］卡尔·拉伦茨：《德国民法通论》，王晓晔等译，法律出版社 2003 年版，第 892 页。

② ［德］迪特尔·梅迪库斯：《德国民法总论》，邵建东等译，法律出版社 2000 年版，第 733 页。

③ ［法］雅克·盖斯旦等：《法国民法总论》，陈鹏等译，法律出版社 2004 年版，第 780 页。

的权利，如对相信占有外观的人承认其善意取得的法律后果，而表见代理理论也正是如此。那么，这种取舍的合理性如何？对此有不同的说明理论。

（一）交易安全说

传统理论把表见代理理解为保护交易安全的制度，按照这种观点，在客观上有代理权存在的外观的情形，保护无过失地信赖该外观的相对人的，便是表见代理。[①] 在当代仍有学者在阐述表见代理的合理性时，重点强调交易安全的意义，如法国学者指出：这一原则适应了法律关系安全的需要，因为只有当人们确信，在审视事实后可以合理地信任法律状态的情况下所取得的权利没有危险时，他们才会放心地行动。这样获得的安全是行动的动力，是对行为人的一种激励。[②]

（二）合理信赖利益保护说

在现代社会中，法律对合理信赖的保护异常重要。也许会有人认为，合理信赖是交易安全的另一种说法，但仔细体味就会发现，二者并不相同，合理信赖比交易安全更具体更客观，更容易判断以利于司法适用。拉伦茨指出：法律保护这种信赖，即对于那种在正常情况下由法律行为而发生的有效的拘束或者授权的发生或者存续的信赖，这种信赖的根据并不是或不仅仅是某项可归责的意思表示，其所根据的只是由其他方式产生的、存在某种相应的权利状态的表象。[③]

（三）表见代理说

按照这种观点，在表见代理制度的背后，存在着表见法理——以作出违反真实的外观这种归责性为前提，保护有正当理由信赖该外观的人。按照这种观点，表见代理制度由以下三个要素构成：（1）外观的存在；（2）对外观的正当信赖；（3）外观作出的归责性，即本人对于这种外观的出现具有可归

---

① ［日］山本敬三：《民法讲义Ⅰ》，解亘译，北京大学出版社2004年版，第266页。

② ［法］雅克·盖斯旦等：《法国民法总论》，陈鹏等译，法律出版社2004年版，第784页。

③ ［德］卡尔·拉伦茨：《德国民法通论》，王晓晔等译，法律出版社2003年版，第886页。

责性。[①]

（四）个人观点

在以上说明理论中，我赞成“表见代理说”，因为如果法律让一个无权代理产生与有权代理相同的法律后果，若没有能够合理信赖存在授权的外观，若无被代理人的可归责性及信赖这种授权外观的正当理由，则难以将这种结果归属被代理人。如果仅仅从“动态安全”的角度来说明表见代理的合理性，就等于说，动态安全优于静态安全，那么，任何一个交易的相对方在交易完毕后就会由动态变为静态，其立即会从一个制度的受益者变为该制度的受害者。因为静态是目的，而动态仅仅是手段。所以，“表见代理说”更具有说服力。

三、表见代理的构成要件

我们在这里讨论的构成要件以我国《民法典》第172条为规范基础，并以“表见代理说”为理论基础，主要构成要件分析如下。

（一）客观要件

法国学者指出，适用表见理论，应当具备观察者认为是显示了法律状态的可见的事实。这些事实所表达的意义应当是不需要复杂的分析就可以自然地被人领会的。这就是为什么表见的客观要素很少由单一事实构成，而是由一系列的情况构成。这些事实相互印证而使观察者对它们的意义不会产生任何怀疑。[②]具体到表见代理，就必须有代理人具有代理权的外观，而这些外观由一系列的情况构成，这些事实使一个正常人会毫不怀疑地信赖代理人具有代理权。也就是我国《民法典》第172条要求的“相对人有理由相信行为人有代理权”。

（二）主观要件

一般地说，表见代理终究是无权代理的例外，既然是无权代理，那么，即

① ［日］山本敬三：《民法讲义Ⅰ》，解亘译，北京大学出版社2004年版，第266页。

② ［法］雅克·盖斯旦等：《法国民法总论》，陈鹏等译，法律出版社2004年版，第797页。

使实施了代理行为，其效果也不应归属本人，这是原则。要置原则于不顾而让本人承担责任，就需要特别的理由。[①] 这个特别的理由对于被代理人来说，就是其应具有可归责性；而对于相对第三人来说，其信赖应具有正当性，只有合理的信赖才能受到法律保护。对此，法国学者指出，表见代理的推理如下：对于那些基于表见而善意行事的人来说，如果幻想破灭后，他所认为已取得的权利被否定时，他将受到损害。然而，这种虚幻的事实情况之所以能够形成，真正权利人肯定忽略了其权利的行使，甚至主动制造出引人误解的假象。忽略、过失，更不必说故意误导第三人，乃是构成行为人责任的过错。因此，最适当的补救，就是应该拒绝根据法律状况得出法律后果，并维护第三人已确信（因合理信赖）取得的权利，以防止损害的发生。[②] 德国学者也指出，那个必须承认这个既存的权利的表象存在的人，通常是以可归责于他自己的方式引发这一权利表象的人，或者具有消除这一表象的能力而未消灭这一表象的人。而在受益人方面，他必须是信赖了这一表象的人，而且在通常情况下，他还应是尽到了应有的注意之后仍然信赖这一表象的人。[③] 因此，在主观要件方面，要求相对人善意而无过失（合理信赖）；要求被代理人有可归责性。

1. 信赖的正当性

信赖的正当性即要求其善意且无过失，法国学理用“共同错误”或者“合理错误”来表达对假象的信赖判断。

所谓“共同错误”是指人人都可能犯的错误，是不能克服的、正常情况下无人能够避免的错误。正因为错误是不可避免的，所以才是共同的。罗马法在某些情况下，赋予共同错误支配行为的效力。注释法学派为此创造了一条长期以来一直被看作表见理论表述的综合性格言：共同错误是权利的来源，它产生权利。[④] 也就是说，如果相对方因为具有“共同错误”而相信“代理人”具有代理权，则构成合理信赖。在我国法上，应当认为是“具有理由”。

但是，“共同错误”可能要求过于严格，因此，法国判例又创造了另外一

① ［日］山本敬三：《民法讲义Ⅰ》，解亘译，北京大学出版社2004年版，第267页。

② ［法］雅克·盖斯旦等：《法国民法总论》，陈鹏等译，法律出版社2004年版，第782页。

③ ［德］卡尔·拉伦茨：《德国民法通论》，王晓晔等译，法律出版社2003年版，第886页。

④ ［法］雅克·盖斯旦等：《法国民法总论》，陈鹏等译，法律出版社2004年版，第785页。

种判断标准——“合理错误”。“合理错误”的灵活性表现在两个方面：首先，它只涉及个人的错误，其他人是否犯错并不重要。这样一来，对错误的裁量就从抽象（共同错误理论要求所有理性的个人必定以同样的方式犯错）过渡到了具体（主体有合理的理由犯错）；其次，它不要求错误不可能被消除。利害关系人进行某些调查可能可以发现真相，但是，在这种情况下，这些调查超过了通常关注的限度，那么，没有进行调查是合理的。①

法国判例根据不同情况或要求“共同错误”，或要求“合理错误”。但大部分适用“合理错误”的判决是关于表见代理的，“共同错误”则常常出现在表见所有权的案件中。因为，在表见代理中涉及的通常是商务关系，需要某种速决性，不允许进行深入调查。由于这些关系只和合同当事人相关，第三人不必介意。但是，只要稍微作些调查，并不是不能获得确切的消息，如向委托人询问一下，就可知道他对委托确认与否。因此，在这个领域中要求共同和不可避免的错误，会完全排除表见代理的适用。故为了保障常见交易的安全，应当仅要求“合理错误”为妥。② 也就是说，对一种假象（代理权的虚假外观）以合理错误加以信赖，即构成正当的信赖。这种观点实值赞同。

2. 被代理人的可归责性

如果被代理人没有内部授权也无外部授权的事实，而且其行为也无任何不当，那么，无论“代理人”如何宣称自己是代理人而且有代理权，并以其名义从事法律行为，也仅仅构成无权代理，不会对被代理人产生法律后果的归属。但问题恰恰就在于被代理人在行为或者语言上有可指责之处，如撤回授权未通知相对第三人、解除了雇佣关系而没有通知相对人等，才导致了无权代理向有权代理结果的转化。因此，其行为应有可归责性才能使其承担责任。

四、各种类型的表见代理的具体法律构成

我国《民法典》第 172 条规定了三种典型的无权代理，也相应有三种表见代理，即无代理权却有授予代理权外观的表见代理、逾越代理权的表见代理、

① ［法］雅克 · 盖斯旦等：《法国民法总论》，陈鹏等译，法律出版社 2004 年版，第 786 页。

② ［法］雅克 · 盖斯旦等：《法国民法总论》，陈鹏等译，法律出版社 2004 年版，第 786 页。

代理权终止后的表见代理。下面分别论述之。

（一）无代理权却有授予代理权外观的表见代理

此类表见代理是指被代理人没有授予他人代理权，但却让相对人产生了具有代理权授予外观的合理信赖，从而被代理人应承担代理行为的后果。例如，一商店学徒，明显被商店排除代理权而仅能观摩，但却没有公示，故让顾客认为其有代理权。

这种代理的构成要件分为积极要件与消极要件：

1. 积极要件。积极要件主要有二：（1）有代理权授予的外观，即被代理人的不谨慎的行为可以被客观地评价（或者说可以被合理地信赖）为授予了他人代理权；（2）表见代理人在“表见代理权”范围内与第三人实施了法律行为。

2. 消极要件。消极要件是相对人明知或者应知自称为代理人的人无代理权。如果相对人明知或者应知自称为代理人的人无代理权时，表见代理不成立。

（二）逾越代理权的表见代理

虽然从本人处获得了授权，但如果逾越其授权范围实施了代理行为，就构成了无权代理。即使在这种情形，如果相对人相信代理人具有那样的权限，且这种信赖具有正当的理由时，本人也承担与有权代理相同的责任。[①] 其构成要件包括以下几个方面。

1. 必须是代理人具有代理权，否则就是上一种类型。

2. 具有权限的逾越行为，即代理人超越了被代理人的授权范围。

何为“权限”？学理上也存在争议。有学者主张，此处的“权限”是指基本代理权。根据这种见解，只要没有赋予实施法律行为的权限，表见代理就不能成立，或者说，超越的权限不是实施法律行为的权限，不能构成表见代理。也有学者主张，这里所谓的“权限”不限于代理权，只要是对外实施了重要的行为的权限即可。日本学者举了一个例子来说明二者的区别：X 是金融公司 Z 的投资推销员，因病缠身，实际的劝诱行为交给了长子 A 来实施。经过 A 的

① ［日］山本敬三：《民法讲义Ⅰ》，解亘译，北京大学出版社 2004 年版，第 275 页。

劝诱，Y 决定给 Z 贷款 200 万元。感到不安的 Y 要求 A 担当保证人，于是 A 擅自拿了 X 的印章，代理 X 与 Y 订立了以 X 为保证人的契约。可是，后来 Z 破产，Y 要求 X 履行保证债务。这里，A 获得的是劝诱的权限，而劝诱本身不是法律行为而是事实行为。问题是：并非代理权而是单纯的代理事实行为的权限，逾越是否也可以构成表见代理？[①] 按照第一种见解，不能成立表见代理，而按照第二种权限，就构成表见代理。我赞同第一种见解，因为按照代理的一般理论，只有法律行为才能代理，事实行为不能代理。故如果仅仅让其从事事实行为，严格意义上说就不成立代理关系，当然也就不存在逾越型的表见代理。我国《民法典》第 170 条对于“职务代理”的规定较为清楚：“执行法人或者非法人组织工作任务的人员，就其职权范围内的事项，以法人或者非法人组织的名义实施民事法律行为，对法人或者非法人组织发生效力。法人或者非法人组织对执行其工作任务的人员职权范围的限制，不得对抗善意相对人。”

3. 第三人的信赖必须有正当性。对于正当性的解释也存在两种学说：一是“善意过失说”，二是“综合判断说”。

（1）善意过失说

何为“善意过失说”？有人主张，对于自称是代理人的人是否具有代理权，相对人本应向本人调查确认，却怠于调查确认的，相对人存在过失，正当性不成立。有人对此批判说：对相对人课以调查确认代理权的义务，是与代理制度的趣旨不相容的。这是因为，如果认为相对人有向本人调查确认的义务，不尽此义务就得不到保护的话，那么就会使以代理人作为直接对象进行交易成为可能的代理制度失去意义。[②]

（2）综合判断说

这种观点认为，正当性不应仅仅限于相对人的善意无过失，本人一方的情形也应包括在内。正当性应理解为：通过考虑双方的事情，综合判断是否应当保护相对人、将责任归属于本人的要件。具体来说，对于相对人来说，是否是无过失善意地信赖；对于本人来说，其对外观形成的参与程度、从基本权限的

① ［日］山本敬三：《民法讲义 Ⅰ》，解亘译，北京大学出版社 2004 年版，第 275—276 页。

② ［日］山本敬三：《民法讲义 Ⅰ》，解亘译，北京大学出版社 2004 年版，第 279—280 页。

脱离程度、本人的不利益等都是综合考虑的因素。[①]

我赞成综合判断说，如不将被代理人一方的情形考虑进去，对正当性的判断将对被代理人不利。

（三）代理权消灭后的表见代理

代理权消灭后的表见代理的构成要件是：（1）代理权过去存在过。正是由于代理人过去曾经有过代理权，因此，在对相对人造成有代理权的假象时，比无权代理更容易使相对人产生信赖。（2）代理人实施了代理行为。（3）相对人善意且无过失，即相对人的信赖必须有正当性。（4）被代理人具有可归责性。这种类型的表见代理多发生在被代理人撤回代理权或者代理权消灭后未及时通知相对人或者未公开声明，以致第三人相信代理人仍然具有代理权。因此，被代理人具有可归责性。

五、表见代理的后果

我们总是笼统地说，在表见代理，该代理人承担如有权代理同样的结果，但该结果究竟是指什么？是损害赔偿责任还是履行责任？还是任凭相对人选择？

德国学者认为，表见代理的效果在民法与商法上应有区别。在民法上，按照正确的观点，表见代理权至少不是在下述意义上的一般法律制度：纯粹因疏忽大意的行为即可产生代理权的效果。也就是说，在通常情况下，行为相对人对于被称为被代理人的人不享有履行请求权，但行为相对人可以以缔约过失为由请求损害赔偿。不过，这种损害赔偿以消极利益为限，即只能要求赔偿因信赖行为人享有代理权而遭受的损害。但是，商法规定的信赖保护要更进一步。在商法中，以可归责于自己的方式引起的表见，可产生履行请求权。[②]

鉴于德国学者的上述论述，我们更应该认真讨论我国《民法典》第172条

① ［日］山本敬三：《民法讲义Ⅰ》，解亘译，北京大学出版社2004年版，第280—281页。

② ［德］迪特尔·梅迪库斯：《德国民法总论》，邵建东等译，法律出版社2000年版，第733—734页。

的规定。问题在于:《民法典》第 172 条规定的效果如何在法官的审判实践中应用?具体来说,尽管该条规定“相对人有理由相信行为人有代理权的,代理行为有效”,但这种规定是给予相对人的请求选择权,还是给予无权代理人的抗辩权呢?也就是说,尽管相对人有充分理由相信所谓的代理人有代理权,但当他知道真相后,是否仍然有权不主张对于被代理人的“法律行为的履行请求权”,而是向无权代理人主张《民法典》第 171 条第 3 款规定的赔偿责任或者履行责任?无权代理人是否可以基于该条规定抗辩:按照《民法典》第 172 条之规定,既然已经有效了,相对人就应该向被代理人主张履行,而不能向他主张,如果他的无权代理按照第 172 条规定的表见代理而有效后,给被代理人造成的损失的话,也是被代理人向他提出赔偿请求?我认为,即使发生表见代理,相对人仍然可以就适用第 171 条第 3 款规定的效果或第 172 条的效果进行选择,这绝对不是给无权代理人的抗辩权,而是给相对人的选择权。即使被代理人具有过错,也是对于相对人的过错,而非对于无权代理人的过错。

六、几种特殊情形的表见代理

(一)空白委托书的滥用

所谓空白委托书,是指代理人的姓名和委托事项的全部或者一部分空白的委托书。为了向外部证明授予了代理人代理权,常常要交付委托书。空白委托书是本人信赖代理人而交付的东西,利用其实施本来没有预定的法律行为的危险性也比较大。[①] 而这种滥用,又可分为不同的情况。

1. 代理人滥用型

例如,X 打算以自己所有的土地作担保从 Y 处融资,便委托 A 办理此事,并将土地权利证书和空白委托书一起交给了 A。A 擅自在该空白委托书中填写了“有关土地问题的一切事项”后,将土地卖给了 Y。在该案件中,应该说有内部授权行为,而代理人 A 超越了代理权,应视为逾越型表见代理。因为,A 实际上被授予了代理权,但却实施了逾越该范围的表见代理行为。

---

① [日]山本敬三:《民法讲义 I》,解亘译,北京大学出版社 2004 年版,第 270 页。

2. 非代理人滥用型

例如，A 把 B 派往 X 处取土地权利证书与空白委托书，B 在该空白委托书上填写了自己的姓名和代理权限后代理 X 将土地卖于 Y。在该例中，X 没有将代理权授予 B，但却有授权的外观及本人的可归责性，因此成立无代理权却有授予代理权外观的表见代理。

3. 转用人滥用型

例如，Y 陷入经营困难，为获得融资，Y 唆使 A 从 X 处获得土地权利证书及空白委托书，转交给 Y。Y 填写上自己为代理人及代理事项后，向 Z 银行抵押并获得了贷款 5000 万元。因有授权的外观、被代理人的可归责性、相对人 Z 的善意，故成立无代理权却有授予代理权外观的表见代理。[①]

（二）违反指示填写其他空白证书

任何人均可以通过这样的方式作出意思表示，即他在一份尚不完全的书面文件上签字，并授权他人去填写空白的书面，然后交给接收人。问题是：被授权人超出对他的授权范围或者违反向他作出的指示去填写空白证书，或者在给他的授权消灭之后填写和发出空白证书时的法律效果如何？德国联邦最高法院的规则是：谁签署空白证书并把它交给他人，谁便使得这种业已签字的空白证书有可能在违背他的意思的情况下填写并投入流通，他由此制造了一种权利表象。基于这种原因，他应对信赖这种证书的人负责。[②] 违反指示填写空白证书的情形十分复杂，如票据法上专门规定，违反指示填写空白票据，因为票据的文义性及无因性，票据债务人不得以此对抗持票人。票据债务人在民法上可以类推适用逾越代理权的规定，或者直接适用违约而追究填写人的责任。但必须明确，由于指示人已经在文件上签字，因此，无论填写人如何填写，他所表达的仅仅是指示人的意思而非填写人的意思，所以，不能直接适用代理的规定。

---

① ［日］山本敬三：《民法讲义 Ⅰ》，解亘译，北京大学出版社 2004 年版，第 271—272 页。

② ［德］卡尔·拉伦茨：《德国民法通论》，王晓晔等译，法律出版社 2003 年版，第 899—900 页。

（三）法人印章或者空白合同书保管不善而被盗用的法律后果

这种情况在我国实践中十分普遍，而且这种情形会使第三人形成很强的信赖。在此情况下，由于具有授权的外观、法人本身的可归责性，若相对人是善意的，则成立表见代理。

如果法人雇用他人，而该他人因故被法人终止基础关系，但该他人手中留有该法人的盖有法人印章的空白合同书，那么，若法人在终止雇佣关系后没有及时通过公告或者个别通知的方式告知第三人，也可能发生代理权终止后的表见代理。

（四）因法人公章被盗而形成的合同关系的效力

在我国的实践中也常常出现这种情况，即法人公章被盗，而盗窃者利用该公章与他人签订了合同，该合同是否适用表见代理的规定？

我认为，就如盗窃不适用善意取得一样，盗窃也应该切断表见代理的成立。另外，在这里，被代理人的可归责性难以成立，若让法人承担这种责任，实在过于苛刻。但是，若公章被盗后不及时报案或者公告，而他人在之后又与盗窃人或者其他公章持有人签订合同的，则法人的可归责性是显而易见的，故应承担责任。

第五编

民法上的时间及确定规则

第一章 诉讼时效与除斥期间

第一节 《民法典》与之前民事立法的区别

应该说，从总体上说，此次《民法典》关于“诉讼时效”的规定几乎是全新的，几乎没有任何一条与《民法通则》原来的规定相同。

一、关于诉讼时效期间及计算起点

《民法典》第 188 条分两款对此两个问题进行了规定：（1）向人民法院请求保护民事权利的诉讼时效期间为三年。法律另有规定的，依照其规定。（2）诉讼时效期间自权利人知道或者应当知道权利受到损害以及义务人之日起计算。法律另有规定的，依照其规定。但是，自权利受到损害之日起超过二十年的，人民法院不予保护，有特殊情况的，人民法院可以根据权利人的申请决定延长。

与之前的《民法通则》比较，《民法典》的具体变化表现为：（1）仅仅规定了“诉讼时效”，而不再像《民法通则》那样规定了普通诉讼时效期间（第 135 条）和为期一年的特殊诉讼时效期间（第 136 条）；（2）应学理和实践的要求，将诉讼时效期间规定为三年；（3）时效期间的起算点从《民法通则》的

“从知道或者应当知道权利被侵害时起计算”改变为“自权利人知道或者应当知道权利受到损害以及义务人之日起计算”；（4）最长时效期间20年的适用从《民法通则》规定的“有特殊情况的，人民法院可以延长诉讼时效期间”改变为“人民法院可以根据权利人的申请决定延长”。

二、对特殊义务的诉讼时效期间进行了专门规定

1. 当事人约定同一债务分期履行的，诉讼时效期间自最后一期履行期限届满之日起计算（第189条）。

2. 无民事行为能力人或者限制民事行为能力人对其法定代理人的请求权的诉讼时效期间，自该法定代理终止之日起计算（第190条）。

3. 未成年人遭受性侵害的损害赔偿请求权的诉讼时效期间，自受害人年满十八周岁之日起计算（第191条）。

三、明确了诉讼时效期间届满后的法律效力

《民法典》之前，在我国学理上关于诉讼时效期间届满后之法律效果，很有争议。对此，《民法典》第192条进行了明确规定：（1）诉讼时效期间届满的，义务人可以提出不履行义务的抗辩。（2）诉讼时效期间届满后，义务人同意履行的，不得以诉讼时效期间届满为由抗辩；义务人已自愿履行的，不得请求返还。

四、对于诉讼时效的适用进行了规定

《民法典》第193条规定：“人民法院不得主动适用诉讼时效的规定。”这基本上也是近些年来学理和司法实践的一般观点。但在《民法通则》通过后的许多年内，法院一直主动适用。

五、完善了诉讼时效中止的原因和效力

《民法典》第194条规定：“在诉讼时效期间的最后六个月内，因下列障碍，不能行使请求权的，诉讼时效中止：（一）不可抗力；（二）无民事行为能力人或者限制民事行为能力人没有法定代理人，或者法定代理人死亡、丧失民事行为能力、丧失代理权；（三）继承开始后未确定继承人或者遗产管理人；

（四）权利人被义务人或者其他人控制；（五）其他导致权利人不能行使请求权的障碍。自中止时效的原因消除之日起满六个月，诉讼时效期间届满。”

六、完善了诉讼时效期间中断的规定

《民法典》第 195 条规定了诉讼时效中断的事由和效力：“有下列情形之一的，诉讼时效中断，从中断、有关程序终结时起，诉讼时效期间重新计算：（一）权利人向义务人提出履行请求；（二）义务人同意履行义务；（三）权利人提起诉讼或者申请仲裁；（四）与提起诉讼或者申请仲裁具有同等效力的其他情形。”

七、对于不适用诉讼时效的权利进行了明确规定

《民法典》第 196 条规定：“下列请求权不适用诉讼时效的规定：（一）请求停止侵害、排除妨碍、消除危险；（二）不动产物权和登记的动产物权的权利人请求返还财产；（三）请求支付抚养费、赡养费或者扶养费；（四）依法不适用诉讼时效的其他请求权。”

八、明确了诉讼时效的强行性规范的特征

《民法典》第 197 条规定：“诉讼时效的期间、计算方法以及中止、中断的事由由法律规定，当事人约定无效。当事人对诉讼时效利益的预先放弃无效。”

九、明确了诉讼时效之规范在仲裁中的适用

《民法典》第 198 条规定：“法律对仲裁时效有规定的，依照其规定；没有规定的，适用诉讼时效的规定。”

第二节　时效制度概述

一、时效制度的概念及其存在的理由

（一）时效制度的概念

时效是指一定的事实状态持续地经过一定期间即在法律上产生一定后果的

事实。一般来说，时效虽与时间相关，但不仅仅是时间问题，必须有两个基本的要素：（1）一定事实状态的持续存在，例如，请求权“不行使”的状态的持续存在；（2）法定期间的届满。

时效又因目的及适用对象不同，分为取得时效与诉讼时效。取得时效是针对物权而规定的，是指占有他人之物（或者物权）的事实状态持续地经过法定期间即取得该物（或者物权）。而诉讼时效一般是指请求权（这里的“请求权”不一定等于债权请求权）的不行使状态持续地经过法定期间的，即发生权利行使障碍（对方抗辩）。

（二）时效制度存在的正当化理由

如果承认时效制度，则意味着：在取得时效，只要符合法定条件，他人之物便会成为自己的物；而在诉讼时效，债务人本应履行的义务就可以拒绝履行。这是否与道德规范或者诚信原则相违背？是否会动摇财产权的宪法基础？对这些问题的讨论，实际上就是在讨论时效制度存在的正当性。

1. 传统民法的观点

传统民法对时效制度的正当化说明，主要集中在以下几个方面：

（1）谋求社会法律关系的稳定

一定的事实状态长期存在后，社会生活在此基础上展开。为了谋求这种构建起来的社会法律关系的稳定，就需要时效制度。一方面，一定的事实状态长期存在后，当事人的生活也建立在这一基础之上，为了原封不动地保持这种已经形成的新生活，需要时效制度。另一方面，对于第三人来说，也已经信赖这种状态，保护这种存在、避免信赖这种状态的第三人蒙受意想不到的不利益，也需要时效制度。

（2）惩罚躺在权利上睡觉的人

既然权利人可以随时行使权利，却长期怠于行使，那么丧失权利也是不得已的。[①]即对于躺在权利上睡觉之人不予救济也符合情理。

---

① ［日］山本敬三：《民法讲义Ⅰ》，解亘译，北京大学出版社2004年版，第346页。

（3）方便审理案件

如果案件时间久远，则会使当事人举证困难而不便于法官查清事实。《德国民法典》之立法理由书对此指出：请求权消灭时效的原因与宗旨，乃使人勿去纠缠陈年旧账之请求权。有些事实可能已经年代久远，一方已长期缄口不提。而今另一方却以此类事实为依据向对方主张权利，这是民事交往难以容忍的。因为时间已使此类事实黯然失色，对方欲举出有利于自己的免责事由并获得成功，纵然并非全然不能，亦属难矣。就常规而言，此类要求或者自身并不成立，或者已具结完案。消灭时效的要旨并非在于侵夺权利人的权利，而是在于给予义务人一种保护手段，使其不需要详查事物即得对抗不成立的请求权。消灭时效乃达到目的的手段，而非目的本身。于具体情形，若消灭时效于实体公正有损，也属关系人必须向公共利益付出的代价。即若权利人不对权利行使置若罔闻，消灭时效本无发生的理由。故权利人于请求权内容的利益，实属微不足道，其因此付出的代价，也难谓严酷。[①]

从学者的论述看，前两个理由主要侧重于取得时效，而后一个理由主要针对诉讼时效。

2. 对传统民法的批判观点

（1）我国学者的批判观点

不论是取得时效，还是诉讼时效，其存在的理由都是维护社会秩序，方便法院审理案件不足以构成时效制度存在的理由。因为，所谓案件因年代久远而证据灭失导致查证困难，只是一种理论假设。它可能符合某些案件的实际情况，但并非所有的案件都因年代久远而证据灭失，即使证据灭失，也并非都无法查明事实。在诸多适用消灭时效尤其是短期消灭时效的案件中，年代并非久远，也并非事实不清、法律关系不能确定。事实上，无论是取得时效还是诉讼时效，都存在两种对立的秩序，而两种对立秩序的背后却隐藏着两种相互冲突的利益。就取得时效而言，这两种秩序分别是：基于所有人对物的所有权而已经存在的旧的秩序和基于占有人基于对物的长期占有的事实而形成的新的秩序。就消灭时效而言，这两种秩序分别是：基于请求权人对义务人的权利义务关系而形

① ［德］迪特尔·梅迪库斯：《德国民法总论》，邵建东译，法律出版社 2000 年版，第 91—92 页。

成的旧秩序和权利人因长时间怠于行使权利而形成的权利处于休眠状态的新秩序。时效制度就其本质而言，不过是在这两种对立的秩序和冲突的利益中作出适当的选择。时效制度之所以偏好新的社会秩序，其原因在于保护新的社会秩序符合社会发展的要求。在长期占有他人财物构成一种秩序时，使占有人依时效取得该物的所有权，符合物尽其用的社会发展要求。在债权人长时间不行使权利的场合，使得债务人得以时效为由拒绝履行义务，可以起到敦促权利人行使权利、加快民事流转、促进交易发展的作用。①

（2）日本学者的批评

将谋求社会法律关系的稳定作为理由并不充分，因为，其一，时效制度中并不要求有以该事实为基础的新的生活关系的建立，即新的生活关系是否建立并不是时效的构成要件；其二，在时效制度下，第三人的信赖也不是构成要件，即使没有第三人，时效也被认可。②

3. 我个人的观点

（1）时效制度的主要目的在于财富利用的合理化，因为社会财富是有限的，而人们的需求却是巨大的。一个人拥有财产或者权利却长期不利用或者不行使，则该财产或者权利在实际掌握的人手中可能更能发挥作用。因此，定有一定期间，以等待权利人对权利或者财产的需求。“物尽其用”必定是社会财富欠缺的另一种表达。也正是因为这种社会作用，法律才不允许当事人事先排除时效的适用。

（2）至于“举证困难”“有利于法院审理案件”或者“有利于稳定社会法律关系”等理由，我同意上述学者的批判性观点，因为那仅仅是一个举证问题，若不能举证，则适用权利推定的原则，自不成为问题。

（3）促使权利人及时行使权利，促进财富的快速流转。

二、时效的本质

（一）时效为实体法还是程序法上的制度

取得时效因直接取得权利，其为实体法上的制度并无太大的争议。唯有日

① 柳经纬：《关于时效制度的若干理论问题》，载《比较法研究》2004 年第 5 期。

② ［日］山本敬三：《民法讲义 Ⅰ》，解亘译，北京大学出版社 2004 年版，第 347 页。

本有学者提出：时效是以真实的权利状态的存在为前提，作为证明该事实的手段发挥技能。在这个意义上将其定位为证明问题，即诉讼法上的问题[①]。

但在诉讼时效的问题上，却有较大的争议。有学者考察了比较法上的时效制度后指出：从比较法上看，消灭时效的法律性质在各国民事立法中分别体现为程序法或者实体法性质。罗马法上，诉讼时效体现为典型的程序法性质；《法国民法典》与《日本民法典》则体现为二重模糊性规定；在《德国民法典》中，由于温德沙伊德创造性地从罗马法中提取出了请求权，所以在消灭时效与请求权之间形成了内在的紧密联系，请求权构成了消灭时效的适用对象，从而德国法凭借请求权的实体性概念，摆脱了消灭时效的程序性性质。[②]

我认为，时效制度应是实体法上的制度，但其行使与程序有关。在民法上有许多制度都规定于民法实体法，而行使却体现在程序法上，如解除权、代位权等。

（二）时效是否能够事先约定而排除适用

时效制度并非基于当事人的约定而是基于社会利益的考量，因此，时效制度为法律的强行性规定，不允许当事人事先免除其适用。例如，《法国民法典》第 2220 条规定："时效不得预先放弃。"《日本民法典》第 146 条规定："时效利益不得预先放弃。"现行《德国民法典》第 202 条的规定，消灭时效可以法律行为抛弃或加重之，但是，因故意而引起的责任不得预先以法律行为减轻。

1986 年《民法通则》颁布之后，很长时间内我国立法对此并不明确，直到 2008 年最高人民法院《关于审理民事案件适用诉讼时效制度若干问题的规定》才有了明确的答案和裁判依据。该规定第 2 条已经明确规定："当事人违反法律规定，约定延长或者缩短诉讼时效期间、预先放弃诉讼时效利益的，人民法院不予认可。"2020 年颁布的《民法典》第 197 条对此进行了明确规定："诉讼时效的期间、计算方法以及中止、中断的事由由法律规定，当事人约定无效。当事人对诉讼时效利益的预先放弃无效。"

---

① ［日］山本敬三：《民法讲义Ⅰ》，解亘译，北京大学出版社 2004 年版，第 348 页。

② 朱岩：《消灭时效制度中的基本问题》，载《中外法学》2005 年第 2 期。

三、取得时效与诉讼时效的内在关系

在我国《民法典》的起草过程中，有一种观点是将诉讼时效与取得时效连接，即返还请求权因诉讼时效届满而被拒绝时，可适用取得时效解决之。[①] 学者对此提出批评并指出：这种见解是存在问题的。首先，关于消灭时效适用的范围、对象和效力，不论采取哪种立法例，消灭时效完成都不会导致所有权的消灭。即使返还原物的请求权适用消灭时效的场合，消灭时效期间届满，物的归属仍然是确定的，无须适用取得时效解决之。其次，消灭时效的适用条件比较单一，只要权利人能够行使请求权而不行使，时效即可进行。但取得时效的适用条件就复杂得多。最后，即使在某些场合，出现所有人请求返还原物的请求权因消灭时效期间届满而遭到占有人拒绝，并且占有人同时可依取得时效届满而取得占有物的所有权，那么，所有权的取得也是适用独立的取得时效制度的结果，而不是建立在所有人的请求权因消灭时效届满而消灭的基础上。[②]

上述见解颇值赞同，但物上返还请求权是否适用诉讼时效的问题，学者之间观点不同。我个人有不同于我国学者及德国学者的看法，容后述之。但是，取得时效与诉讼时效之间存在的主要区别应着重指出：（1）构成要件不同，诉讼时效要求两个要素即可，即权利不行使的状态及经过法定期间；而取得时效则要求物的和平、持续、公开（有的国家还要求善意）占有并经过法定期间。（2）两种时效的期间长短不同，一般地说，取得时效期间要长于诉讼时效的期间（但也有例外的立法例）。（3）适用对象不同，尽管学者对于两种时效的适用对象有不同见解，但从总的方面看，诉讼时效适用于债权，而取得时效适用于物权。至于物上请求权是否适用则存在争议。我国《民法典》第 196 条明确规定了某些动产物权的返还请求权可以适用诉讼时效。（4）结果不同。诉讼时效届满后与取得时效届满后的法律效果不同，而这种不同程度因各国立法不同而不同。

---

① 参见全国人大法律工作委员会 2002 年民法典草案，第 105 条、第 106 条。

② 柳经纬：《关于时效制度的若干理论问题》，载《比较法研究》2004 年第 5 期。

四、取得时效与诉讼时效的立法模式

（一）立法例

在具有代表性的立法例上，主要有两种立法模式，即“分别制”与“统一制”。

“分别制”以《德国民法典》为代表，即将诉讼时效规定于“总则编”，而将取得时效规定于“物权编”。这样做是因为德国人创造性地发明了“请求权”这一概念，而请求权既可能涉及债权性请求权，也可能涉及物权性请求权。因而请求权是属于共同的东西——“公因式”，从而被规定于“总则编”。而取得时效仅仅涉及物权取得问题，主要是动产物权及未登记的不动产的取得问题，故规定于“物权编”。属于这一立法模式的还有《意大利民法典》《荷兰民法典》《俄罗斯民法典》等。

“统一制”以《法国民法典》为代表，该法典第2219条规定：“时效，为在法律规定的条件下，经过一定的时间，取得财产所有权或者免除义务的方法。”

有学者经考察指出，《法国民法典》出于此种本质上的错误，当代法国民法学者已经不再支持法典中统一规定消灭时效和取得时效的做法：他们通常在所有权取得的内容中探讨取得时效，而就债权消灭原因探讨消灭时效。实际上，当代法国学者也是将时效制度作为民法典的一个问题加以处理，其采取了德国法的模式。[①] 但是，只要仔细地阅读《法国民法典》，就会发现，其“统一制”仅仅是形式上的，而实质上还是分别规定的。正如学者所指出的，《法国民法典》第2219条关于时效的定义，指明了时效完成的两种不同效果：取得财产所有权或者免除义务，产生前一种效果的是取得时效，而产生后一种效果的是消灭时效。关于时效期间的规定，《法国民法典》非常明确地区分消灭时效期间和取得时效期间，第2262条、第2270条、第2271条、第2272条、第2273条、第2276条和第2277条规定的是消灭时效的期间，而关于取得时效的期间则规

---

① Freid/Sonnenberger，转引自朱岩：《消灭时效制度中的基本问题》，载《中外法学》2005年第2期。

定在第 2265 条。[①]

我认为，这主要是因为《法国民法典》“三编制”的立法模式造成的，在法典中，无总则、无债权与物权的明确区分。《日本民法典》通常被认为也是采取“统一制”的立法例，但是，《日本民法典》已经将两种时效分别予以规定，即在第一编第六章“时效”中，第一节规定两种时效制度的“通则”，第二节为“取得时效”，第三节为“消灭时效”。这也是形式上的统一制，实质上的分别制。

（二）我国《民法典》关于时效制度的立法例

我国《民法典》实际上缺乏取得时效而仅有诉讼时效制度，但不能就此认为，我国《民法典》是实行时效制度的“统一制”。

我认为，取得时效与消灭时效的制度价值不同，功能不同，因而缺一不可。当尽管因取得时效而取得财产所有权的条件是十分严格的，而且，在动产善意取得与不动产登记制度完善后，其适用范围也十分有限，但《民法典》应规定取得时效与消灭时效制度，且应采取“分别制”的立法模式。

第三节　诉讼时效

一、诉讼时效的适用对象

（一）关于诉讼时效适用对象的立法例

1.《德国民法典》及其学理

《德国民法典》第 194 条第 1 款规定：“要求他人作为或者不作为的权利（请求权），因时效而消灭。”德国学者一般认为：诉讼时效适用于请求权，而这种请求权不仅包括债权性请求权，也包括基于物权而产生的请求权。但是，有些权利则例外地不适用：（1）基于亲属关系而发生的请求权；（2）解除共有关系的请求权；（3）要求在土地进行登记的请求权及更正登记请求权；（4）相邻关

① 柳经纬：《关于时效制度的若干理论问题》，载《比较法研究》2004 年第 5 期。

系请求权；（5）继承人要求分割遗产的请求权；（6）人格权、支配权、管理权和形成权不适用诉讼时效，但为恢复与这些权利相关的状态而服务的独立的返还、排除侵害的请求权，适用诉讼时效。[①]

2.《日本民法典》及学理

《日本民法典》第167条规定：“债权因10年不行使而消灭。债权或者所有权以外的请求权，因20年间不行使而消灭。”日本学者的一般解释是：除所有权、担保物权及相邻权外的物权请求权也适用诉讼时效。[②]

3. 小结

大陆法系国家的民法典在诉讼时效适用于债权性请求权方面均无异议，对于适用于物上请求权的问题，一般持肯定意见，也有反对意见。但排除某些权利适用时效制度，则是通例。

（二）我国立法及学理上的意见

1. 学理

我国学者在诉讼时效适用于债权性请求权方面均无异议，但对于是否适用于物上请求权以及适用于什么样的物上请求权问题，争议颇大。容后述之。

2. 立法

（1）从《民法通则》到《民法典》，我国的民事立法关于诉讼时效的概念都认为，诉讼时效是请求人民法院保护民事权利的制度。而且，从《民法典》第196条、《民法通则》第139条看，都适用了“请求权”一词。由此可见，都是以“请求权”为基础来设计诉讼时效制度的。

（2）从《民法典》第196条的规定看，似乎可以认为诉讼时效既适用于债权请求权，也适用于物权请求权。该条规定：“下列请求权不适用诉讼时效的规定：（一）请求停止侵害、排除妨碍、消除危险；（二）不动产物权和登记的

---

① ［德］迪特尔·梅迪库斯：《德国民法总论》，邵建东译，法律出版社2000年版，第90—91页；［德］卡尔·拉伦茨：《德国民法通论》，王晓晔等译，法律出版社2003年版，第333—334页。

② ［日］山本敬三：《民法讲义Ⅰ》，解亘译，北京大学出版社2004年版，第392页；［日］富井政章：《民法原论》，陈海瀛等译，中国政法大学出版社2003年版，第399—400页。

动产物权的权利人请求返还财产；（三）请求支付抚养费、赡养费或者扶养费；（四）依法不适用诉讼时效的其他请求权。”也就是说，在物权请求权方面，除了“请求停止侵害、排除妨碍、消除危险”与“不动产物权和登记的动产物权的权利人请求返还财产”以外，其他的物权请求权可以适用诉讼时效。

（三）诉讼时效是否适用于物上请求权的讨论

尽管我国《民法典》第196条规定了诉讼时效可以适用于除了个别物权之外的物权请求权，但我认为，对这一问题的讨论，仍然具有意义。

1. 各种观点及理由

在这一问题上，大致有三种观点：一是否定说，即诉讼时效不适用于物上请求权；二是肯定说，即诉讼时效适用于物上请求权；三是折中说，即诉讼时效仅适用于某些物上请求权。

（1）否定说

否定说的主要理由是：① 物上请求权与物权不可分离，与物权同其命运，既然物权不适用诉讼时效，则物上请求权也不适用之。否则，如果所有权的返还请求权因适用诉讼时效而消灭，而所有权又不因适用诉讼时效而消灭，在此情况下，所有权实际上已经变成了一种空虚的所有权，即使仍然存在，也是毫无意义的。② 由于物上请求权通常适用于各种持续性的侵害行为，对于这些侵害行为非常难以确定其时效的起算点。因此，物权请求权难以适用诉讼时效。③ 物上请求权虽然不适用诉讼时效，但由于取得时效可适用之，依然可以发挥防止在权利上睡眠、推动财产流转及维护经济秩序的作用。[①]

我国台湾地区“民法”虽从《德国民法典》之体例，但也有许多学者反对将诉讼时效适用于物上请求权，如史尚宽先生就认为：基于所有权的物上请求权，是否得因时效而消灭，议论不一。余曾主张得因时效而消灭，然其性质上在所有权存续的限度，不断发生，应解为不因时效而消灭。[②]

有的学者更从权利的分层结构来论证《德国民法典》之形式规定的不合

① 王利明：《物权法论》，中国政法大学出版社1998年版，第154页。

② 史尚宽：《物权法论》，荣泰印书馆1979年版，第57页。

理性，即债权请求权与物权请求权是分属不同等级的权利，债权之请求权与物权的支配性对应，属于第一性的权利；而物权的返还请求权属于第二性的权利。《德国民法典》将此不同性质的权利统称为“请求权”，实际上是混淆了两种不同性质的权利的区别。德国法系是凭借着绝对权与相对权的划分构建了其民事权利体系，但由于在定义债权和请求权时对其中使用的“给付”概念的属性未作任何辩明，因此，当债权被定义为“针对特定行为的权利”，“要求特定人为特定给付的权利”被视为债权的效力表现时，却并未区分这一“特定行为”或者“特定给付”究竟是与接受权相对应的义务人之意义上的“给付”，还是作为债权与绝对权划分标准之客体意义上的“行为”或者“给付”。这种简单处理的结果是，所有的给付都被当作债权的客体，在民事责任法上的后果是，绝对权被从相对法律关系中排除出去，造成了客体在法律关系中的地位和作用被忽略。而在德国法系的民事权利体系中，客体恰恰是具有决定性意义的。首先，客体决定着权利的性质与效力。以人自身或者人身之外能够为人力所控制的并对人具有价值的客观事物为客体的权利，因其利益内容的获得无须他人积极行为的协助，法律赋予其支配力。以他人的行为为客体的权利，因义务人的行为涉及其人格自由，故仅以义务人的责任财产作为权利实现的担保，并不赋予权利人以支配力量。其次，客体决定着权利保护方法上的差别。绝对权作为既得利益之享有的权利，系以“存在为目的”的权利，又因其构成人之自由发展的基础，故与其支配性格相适应，民法提供的保护方法有“财产法则”与“补偿法则”两种。其中，“财产法则”相当于物上请求权。而请求权是关于期待利益之取得的权利，系以“消灭为目的”的权利，考虑到义务人人格自由及自由竞争秩序的维护，在其不能正常实现时，民法仅予以“价值补偿”的救济。以“存续保障”为目的的救济关系中，其基础权利是受到侵害的绝对权本身；以“价值补偿”为目的的救济关系，则采取债之关系的构造，此二者构成了责任法上两种最基本的责任类型。最后，客体决定着权利的行使应否受时间的限制。绝对权作为“以存在为目的”的权利，其利益内容的实现无须假他人之手，在以其为基础权利的责任关系中，责任方式并不以财产给付为内容，与责任人以外的第三人无涉，故其行使不应受到诉讼时效的约束。债权则以他人的行为为客体，以财产给付为内容，关涉到债务人的其他债权人的利益实现，故其行使应受诉讼时效的约束。

同时，法律关系的客体是法律关系赖以建立的目标性事物，它是主体之间得以发生权利义务关系的中介。因此法律关系的客体必然具有唯一性和自始确定性。而作为义务内容的“给付”不仅仅作为债权之客体存在，而是存在于一切法律关系的始终。如果一切对物的权利一经侵害即演变为“对人的权利”，“对物权”仅仅存在于第一性关系中，那么“对物”与“对人”、绝对权与相对权的划分的意义就极为有限。另外，在绝对权受到侵害所引发的救济关系中，并没有引起客体的变化，即在所有物的返还请求权、停止侵害、排除妨害、危险预防的法律救济中，义务人的给付并非对权利人丧失利益的补偿，对权利人来说，也未因义务人的给付而获得新的利益。因此，此一以恢复权利的圆满状态为目的的救济关系中并无权利客体的改变，其基础权利仍然是第一性权利中的绝对权本身。因为，此等救济关系旨在保障权利具体形态的存续，所以，在发生要件上，唯以客观状态违法为已足。遵循对作为请求权内容的“特定人的作为或者不作为”的属性不加区分，把一切相对法律关系都视为债的关系的逻辑，就不难理解为什么绝对权被纳入了诉讼时效的适用范围。考察法律发展史，凡对绝对权施以诉讼时效限制的立法无一不是遵循这一逻辑的结果。这一做法的结果有两个弊端：其一，时效经过以后，所有人仍然享有所有权，但不得请求返还其物，占有人在取得占有物之前，终属无权占有。这种结果实际上是造成了所有权的虚无状态，给交易安全带来危害。其二，所有权本属支配效力最强的完全物权，但其标的物的恢复却要倚仗债权的力量，其所谓的支配力徒有其表，在法律关系上也难以自圆其说。[①]

（2）肯定说

肯定说的理由是：① 物上请求权乃独立的请求权，其并非物权的一部分。它只有在物权受到侵害时才显示出来，发挥对物权的保护作用。因此，它不是物权的内容，而是手段性权利。物上请求权与物权并不是同一层次，物上请求权适用诉讼时效也不会导致物权本身的消灭。如果认为物上请求权与物权同其

---

① 徐晓峰：《诉讼时效的客体与适用范围》，载《法学家》2003 年第 5 期。

命运就否定其适用诉讼时效，那么债权请求权与债权不也是同其命运吗？依此逻辑债权请求权岂非也不适用诉讼时效？②主张因物上请求权的连续性侵害特点而难以计算起点，从而否认其适用诉讼时效的观点是站不住脚的，因为债权的迟延不也是连续性的吗？③仅仅因为消灭时效期间与取得时效不一致会导致权利的名不副实，而过于保护债权人利益，在法律上难谓公允，也不符合法律思维逻辑。[①]

有的学者则直接通过论证物上请求权为债权性权利，从而主张诉讼时效应适用之。[②]

（3）折中说

折中说认为，诉讼时效应适用部分物上请求权。但究竟应当适用于哪些物上请求权，学者之间存在争议，主要有如下几种主张：

①返还原物的请求权与恢复原状的请求权应适用诉讼时效，排除妨害请求权与消除危险的请求权不适用诉讼时效。[③]

②有的学者主张：已经登记的不动产物权所生的请求权不适用诉讼时效，但未登记的不动产所产生的请求权则适用诉讼时效。[④]

③排除妨害、消除危险以及恢复原状三种请求权应适用诉讼时效，而返还原物请求权与确认物权请求权不应适用诉讼时效。[⑤]

由此可见，我国《民法典》采用的就是"折中说"。

2. 我个人的观点及理由

我认为，物权性请求权不应适用诉讼时效，只有当依据"物权行为的独立性与无因性"而将原物的返还以不当得利作为请求权基础时，才能适用诉讼时效。理由主要是：

（1）债权请求权与物上请求权是两种截然不同的权利，虽然请求权既可以

① 程啸、陈林：《论诉讼时效客体》，载《法律科学》2000年第2期。

② 董学立：《物权请求权与消灭时效》，载《法学论坛》2005年第3期。

③ 梁慧星：《民法总论》，法律出版社1996年版，第242页；柳经纬：《关于时效制度的若干理论问题》，载《比较法研究》2004年第5期。

④ 陈华彬：《物权法原理》，国家行政学院出版社1998年版，第102页。

⑤ 李建华等：《论我国物权请求权诉讼时效制度的立法选择》，载《法学评论》，2003年第5期。

根据物权发生，也可以根据债权发生，但从本质上说，两种请求权属于异质性权利。因为，债权本身即为请求权，具体来说，债权的目标性财产或者权利并不被债权人享有，仍然属于债务人，因此，这是一种期待性权利，基于对债务人人格的尊重，必须请求债务人以自己的自由意思进行交付（或者称为给付）的积极协助，方可以满足。而物权本来就属于支配权，是非经请求即可实现的权利。当所有人的所有物被他人占有而不能进行事实上的支配时，法律上的支配权仍然没有被阻断，此时的所谓“请求”是法律支配意义上的请求，与债权之请求异其本质。如果对于这种支配意义上的请求用诉讼时效阻隔的话，就会导致一种非常不确定的状态：所有权人无法请求返还，而占有人虽没有取得占有物的所有权，却有权拒绝返还。而且，非常有可能发生这样的状况：占有人尚未因取得时效而取得，但由于已经经过了诉讼时效期间，而所有权人不断请求而中断取得时效期间，占有人则可能长期占有而不能取得，但却可以拒绝返还，而所有人长期所有而不能占有，但却不失去所有权。

（2）虽然所有人之所有物被人占有而请求返还时，这种返还请求权存在于特定人之间，但这不能说这种请求权就从物权性权利变成了债权性权利。因为物权既然能够对抗一切人，当然更能够对抗特定人。

（3）所有权是效力极强的绝对权，物上返还请求权仅仅是物权效力的一种表现形式，并非一种独立于物权的权利，故应同物权本身适用相同的时效，即取得时效而不应另外定其时效。康德指出：什么是所有权呢？所有权是一个外在于我之外的物，并可以在别的空间或者时间中找到它。[①] 如果物的返还请求权适用诉讼时效，则该物可能永远外在于所有权人与占有人，而双方都不能以所有人的身份找到它。

（4）《德国民法典》虽然规定物上请求权适用诉讼时效，但它有其特殊环境。无论是 2001 年以前的《德国民法典》第 195 条，还是 2001 年以后的《德国民法典》第 197 条，都将物上请求权的诉讼时效规定为 30 年，而这一期间的规定要远远长于取得时效期间（第 937 条规定为 10 年）。这样就大大缩小了诉讼时效适用于物上请求权的概率，即取得时效在先，诉讼时效就仅

---

① ［德］康德：《法的形而上学原理》，沈叔平译，商务印书馆 1997 年版，第 55 页。

仅适用于未经取得时效取得的物之返还请求。因此，即使在逻辑上存在障碍，但经过 30 年所有权人仍然不行使返还请求权，用诉讼时效阻隔其请求也有充分的价值判断方面的理由。而在我国，学理普遍认为，诉讼时效期间应短于取得时效期间，在此情况下，若将诉讼时效适用于物上返还请求权，将虚置取得时效，减少取得时效的真正作用。另外，由于《德国民法典》承认物权行为的独立性与无因性，有些所有权的返还之规范基础是不当得利。加之，登记不动产的返还请求权不适用诉讼时效、相邻关系不适用诉讼时效，故物之返还请求权适用诉讼时效的范围就很小了。因此，我国不应照搬德国法的模式。

（四）诉讼时效应适用的范围

1. 不动产物权和登记的动产物权以外的物权请求权。这是我国《民法典》第 196 条之规定，但这种规定可能造成的问题就是：由于我国无任何取得时效的规定，一方请求返还时对方拒绝，但对方又不能根据取得时效而取得物权，标的物就永远处于与物主分离的状态。这种状态实不正常。

2. 停止侵害、排除妨碍、消除危险请求权（《民法典》第 196 条）。

3. 请求支付抚养费、赡养费或者扶养费请求权（《民法典》第 196 条）。这些请求权因关涉未成年人及无劳动能力人的生计问题，涉及父母子女等特殊的亲属关系，而一旦经过诉讼时效，就会影响其生计。因此，不应适用诉讼时效的规定。

4. 其他不适用诉讼时效的请求权（《民法典》第 196 条）。那么，什么是“其他不适用诉讼时效的请求权”？根据学理及最高人民法院的司法解释，应该包括：

（1）基于身份关系产生的请求权一般不适用诉讼时效。由于身份关系的特殊性，其请求权一般不适用诉讼时效。

（2）基于相邻关系的请求权不适用诉讼时效。因相邻关系本身并非独立的权利，其应从属于不动产。故基于相邻关系产生的请求权，不应适用诉讼时效。但若违反相邻关系而产生损害赔偿请求权时，应适用诉讼时效。

（3）抗辩权不适用诉讼时效。德国学者梅迪库斯指出：抗辩权，无论其是否需要主张，也不会因为时效期间届满而消灭。但如果抗辩权是基于请求权而发生的，则请求权消灭时效届满，能够反过来对抗辩权产生作用。[①]其实，抗辩权与诉讼时效并没有直接的关系。因为抗辩权始终与具体权利义务相关，实体权利义务关系在，抗辩权就在；实体权利义务关系消灭了，抗辩权也就不再存在。不过，有时仅仅主张时效抗辩而不主张其他抗辩权而已。

（4）形成权不适用诉讼时效。形成权一般适用除斥期间的规定而不应适用诉讼时效，因此，我国最高人民法院《关于审理民事案件适用诉讼时效制度若干问题的规定》规定：享有撤销权的当事人一方请求撤销合同的，应适用《民法典》关于除斥期间的规定。对方当事人对撤销合同请求权提出诉讼时效抗辩的，人民法院不予支持。

（5）债权请求权一般适用诉讼时效，这是学理普遍接受的观点。这些债权请求权主要包括：因合同所产生的请求权、因无因管理而产生的请求权、因侵权行为而产生的损害赔偿请求权、因不当得利而产生的利益返还请求权、因缔约过失而产生的损失赔偿请求权。但是，基于对某些特殊关系的保护，有些债权性请求权不适用诉讼时效。按照最高人民法院《关于审理民事案件适用诉讼时效制度若干问题的规定》的规定，不适用诉讼时效的几种特殊情形包括：①支付存款本金及利息请求权；②兑付国债、金融债券以及向不特定对象发行的企业债券本息请求权；③基于投资关系产生的缴付出资请求权；④其他依法不适用诉讼时效规定的债权请求权。

二、诉讼时效的期间

一般来说，大陆法系国家及受其影响的国家的民法典，对诉讼时效期间都有明确的规定。诉讼时效期间分为普通期间与特殊期间，如 2001 年修改后的《德国民法典》，将普通诉讼时效期间规定为 3 年（第 195 条），而特殊的期间有的为 30 年（第 197 条）、有的为 10 年（第 196 条）。

我国《民法典》第 188 条已经把一般诉讼时效的期间从原来《民法通则》

① ［德］迪特尔·梅迪库斯：《德国民法总论》，邵建东译，法律出版社 2000 年版，第 90 页。

的 2 年变为 3 年。[①] 但是，从比较法的视角看，这种规定过于单一。因为，在实际生活中，各种不同权利相差很大，通过一刀切的方式是否合适值得研究。例如，《德国民法典》在一般诉讼时效之外，规定有很多例外。

三、诉讼时效期间的开始

由于诉讼时效是对债权人权利行使的限制，故开始计算的起点就具有重要意义。简单地规定一个期间而不规定计算的起点，就很难判断其真正的长短。例如，10 年的期间乍看起来很长，但其是从权利发生开始计算；1 年的诉讼时效期间看起来可能很短，但它是从权利人知道权利被侵害并知道被告人起计算，则从对债权人保护方面看，1 年的期间可能更长。因此，必须研究时效期间的计算起点。

（一）比较法上的参考

1. 日本学理与立法

日本学者指出：消灭时效应自权利人得以行使权利时开始计算[②]。《日本民法典》第 166 条也体现了这种思想："消灭时效自权利得以行使时起进行。"但是，关于如何解释"得以行使权利"，却有两种不同的观点：

一是，债权人得以行使权利是指法律上的可能性，即行使权利的法律障碍消灭时。此说称为"法律上的可能性说"，为日本通说。

二是，所谓"得以行使权利"，是指能够现实期待权利行使的时刻。法律上的权利是否发生，在多数情况下只有在法院才能弄清，因此，让权利承担这种判断的风险不妥。此说被称为"现实可能性说"。

下面的例子可以清楚地说明哪种观点更加合理：K 无权代理 A 从 S 银行借

---

① 我国《民法通则》将诉讼时效分为普通诉讼时效期间与特殊诉讼时效期间。根据《民法通则》第 135 条的规定，普通诉讼时效期间为 2 年；而根据第 136 条的规定，下列的诉讼时效期间为 1 年：(一) 身体受到伤害要求赔偿的；(二) 出售质量不合格的商品未声明的；(三) 延付或者拒付租金的；(四) 寄存财物被丢失或者损毁的。另外，特别法上还有更长或者更短的诉讼时效期间。但《民法总则》却没有规定特殊诉讼时效期间，仅于第 188 条规定了一般诉讼时效期间，大概是将这些特殊诉讼时效期间留给特别法规定。

② [日] 山本敬三：《民法讲义 I》，解亘译，北京大学出版社 2004 年版，第 361 页。

款 3000 万元，以在 A 的土地上设抵押权。其后，K 又进一步无权代理 A 把 A 的土地卖给了 G。至于价款的支付，约定由 G 替代 A 向 S 银行清偿 3000 万元的债务。于是，G 向 S 银行支付了 3000 万元，办理了土地过户登记。经过了 10 年后，才发现 K 实施的是无权代理。由于 K 所为的是无权代理，实际上 G 向 S 银行清偿了本来就不存在的 3000 万元债务。问题是：G 请求 S 银行返还的消灭时效期间从什么时候开始计算？

按照“法律上的可能性说”，如果 G 没有觉察到无权代理，G 就不能行使权利，这属于事实上的障碍。但在法律上，G 自没有债务而向银行支付时起随时可以行使返还请求权，时效自那时就开始计算，权利因 10 年没有行使而消灭。而按照“现实可能性说”，自 G 知道或者应当知道开始计算时效期间。①

我们可以这样理解：“法律上的可能性说”是以客观标准为基础的，即只要法律上能够行使，就应开始计算时效期间。至于债权人主观上如何，不影响时效期间的开始。而“现实可能性说”，不仅要求客观上能够行使，即具有法律上的可能性，而且考虑到权利人是否具有行使的现实可能性（主观标准）。

同时，《日本民法典》还规定了一些特殊的请求权及时效开始的特例，主要体现在该法典的第 168 条、第 170 条、第 171 条、第 724 条、第 884 条。

2. 德国学理与立法

德国学者拉伦茨指出：时效的开始不仅要考虑请求权的发生，也要考虑请求权的到期。因此，原则上时效期间的开始时间和请求权发生的时间是一致的，如果是不作为的请求权，则从违反行为发生时开始。但是，拉伦茨同时也认识到：如果法律规定的债权发生所要求的事实实现，债权也就发生，但是债权这时还不能请求给付。而在债权人能够向债务人请求给付之前，就规定时效期开始，就与法律规定时效的目的不合。因此，这时是指请求权发生而又到期的债权。② 但是，拉伦茨的论述似有不周到之处，特别是在侵权行为之债，如果仅仅是请求权发生或者到期，但受害人（债权人）不知道加害人（债务人）是何

① ［日］山本敬三：《民法讲义 I》，解亘译，北京大学出版社 2004 年版，第 361—362 页。

② ［德］卡尔 · 拉伦茨：《德国民法通论》，王晓晔等译，法律出版社 2003 年版，第 338—341 页。

人时，就开始计算诉讼时效期间，如何公允？因此，梅迪库斯指出：有时消灭时效的目的条件并不存在，因为债权人发现瑕疵或者至少能够发现瑕疵之前，因瑕疵所现的请求权可能已经届满，例如，购买灭火器的人只有在火灾发生时，才可能发现灭火器是空的。不过，这时可能已经超过时效期间。因此，从法律政策上看，最佳的方案或许是规定一项短期的消灭时效期间，但应该是在债权人事实上能够利用该期间时开始计算。①

2002 年修改后的《德国民法典》基本上采用了梅迪库斯的观点，具体体现在该法典的第 199 条。该条规定："（1）普通消灭时效期间自有下列情形之年的年末起算：1. 请求权是在该年内产生的；并且 2. 债权人在该年内知道或者在无重大过失的情况下应当知道使请求权成立的情况和债务人的。（2）以侵害生命、身体、健康或者自由为依据的损害赔偿请求权，不论它们是在何时产生和债权人是否知道或者因重大过失而不知道，自实施行为时、违反义务时或者引起损害的其他事件发生时起，经过 30 年而完成消灭时效。（3）其他损害赔偿请求权：不论是否知道或者因重大过失而不知道，自它们产生时起经过 10 年而完成消灭时效；并且，不论它们是在何时产生和债权人是否知道或者因重大过失而不知道，自实施行为时、违反义务时或者引起损害的其他事件发生时起，经过 30 年而完成消灭时效。最早终了的时间是决定性的。（4）损害赔偿请求权以外的请求权，不论债权人是否知道或者因重大过失而不知道，自它们产生时起经过 10 年而完成消灭时效。（5）请求权的标的是不作为的，以违反行为代替请求权的发生。"《德国民法典》的这一条规定有两点颇值得关注：一是诉讼时效期间的起算既考虑到了客观因素——请求权的产生，又考虑到了债权人的主观态度——知或者应知的因素；二是规定了最长期间，该期间无论是 30 年，还是 10 年，都以请求权发生之日开始计算，即最长时效期间仅仅考虑客观因素。这种计算方式颇似我国民法立法的规定模式。

另外，《德国民法典》第 200 条、第 201 条和第 479 条还规定了一些特殊请求权的起算时点。

---

① ［德］迪特尔·梅迪库斯：《德国民法总论》，邵建东译，法律出版社 2000 年版，第 92、95 页。

（二）我国学理及立法

在《民法典》之前，我国《民法通则》（第137条）规定了诉讼时效期间自债权人知道或者应当知道权利被侵害之日起计算，为我国学理的通说。但有学者对此提出了批评，认为：《民法通则》仅仅规定当事人的主观状态为时效期间起算点而未规定客观标准有悖于计算时效期间的一般顺序。[①]

我认为，诉讼时效的目的之一就是惩罚那些躺在权利上睡觉的人，因此，诉讼时效期间的起算应与此目的相适应，故诉讼时效期间的起算点之一般原则应是：能够行使权利而不行使时开始计算。正如学者所指出的：只有存在权利人享有请求权而怠于行使的事实，方可适用消灭时效，也只有在具备这种事实状态时，时效期间才开始计算。[②] 以上观点恰恰就是兼顾客观与主观要素的结果。

另外，我十分赞同在规定时效期间的计算起点时，注意违约责任的请求权与侵权责任的请求权的区别[③]。我国《民法通则》正是因为没有顾及这一区别，才规定了“从权利人知道或者应当知道权利被侵害之日起计算”的标准，这种规则对于违约责任并无问题，但对于侵权责任则可能存在极大的问题。例如，被侵害人虽然知道自己的权利被侵害，但却不知道加害人（被告或者责任人），如果这时就开始计算诉讼时效期间，那么等到被侵害人知道了加害人时，可能已经超过了诉讼时效期间。因此，这种计算方式对于债权人殊欠公允。

我国《民法典》第188条采取“从权利人能够行使权利时起”开始计算普通诉讼时效的期间的一般原则，兼顾到了合同责任、侵权责任及其他责任的性质，是一种比较合理与可行的方法。这里的“能够行使”包括两个方面的含义：一是在客观上（法律上）请求权已经发生；二是请求权人知道自己的权利发生而且知道相对人。

但是，这种计算方法与最长期间可能会存在矛盾，因为时效期间从知道或

---

① 朱岩：《消灭时效制度中的基本问题》，载《中外法学》2005年第2期。

② 柳经纬：《关于时效制度的若干理论问题》，载《比较法研究》2004年第5期。

③ 朱岩：《消灭时效制度中的基本问题》，载《中外法学》2005年第2期。

者应当知道权利被侵害之日开始计算，如果权利人在权利成立之后的19年才知道权利被侵害的，如果适用3年时效期间，则会超过20年的最长期间。如果适用20年期间，则会少于3年或者1年的期间。这个矛盾如何解决？《民法典》第188条第2款规定：诉讼时效期间自权利人知道或者应当知道权利受到损害以及 义务人之日起计算。法律另有规定的，依照其规定。但是，自权利受到损害之日起超过二十年的，人民法院不予保护；有特殊情况的，人民法院可以根据权利人的申请决定延长。

关于诉讼时效期间的开始，我国台湾地区是这样认识的：

第一，以“作为”为目的的请求权。

以“作为”为目的的请求权，请求权自可以行使时起算。所谓请求权可以行使，是指权利人于法律上并无障碍，而得行使请求权的状态而言。至于义务人实际上能否给付、请求权人主观上何时知悉其可行使，则非所问。具体来说：

① 附停止条件或者期限的权利，自其条件成就或者期限届满时起算。

② 请求权定有清偿期者，自期限届满时即可行使，其消灭时效应自期限届满时起算。

③ 债权未定有清偿期者，债权人得随时请求清偿。此项请求权自债权成立时起即可行使，应自债权成立时起计算；诉讼上的和解，应自和解成立时起计算。

④ 基于法律规定而成立的债权，如不当得利请求权、对于无权代理人的损害赔偿请求权等，于成立时即可行使，于成立时计算时效。

⑤ 出租人对于承租人返还原物的请求权，其消灭时效应自租赁关系消灭时起算。

⑥ 因债务不履行而产生的损害赔偿请求权，乃原来债的变形，与原来的债具有同一性，其消灭时效期间应以原来的债定之，并自原来的债得请求时开始计算。

第二，以“不作为”为目的的请求权。

以“不作为”为目的的请求权，自义务人有违反行为时起算。[①]

---

① 王泽鉴：《民法总则》，中国政法大学出版社2001年版，第530—532页。

（三）几种特殊请求权的时效期间的起算问题

《民法典》第 189 条至第 191 条、我国最高人民法院《关于审理民事案件适用诉讼时效制度若干问题的规定》对于实践中经常发生的几种特殊请求权起算作了规定，主要包括：

1. 当事人约定同一债务分期履行的，诉讼时效期间自最后一期履行期限届满之日起计算。这显然是将分期履行的债务当成一个整体对待，不仅有利于保护债权人利益，也符合公平原则。

2. 无民事行为能力人或者限制民事行为能力人对其法定代理人的请求权的诉讼时效期间，自该法定代理终止之日起计算。这种规定主要是考虑到被代理人的实际行使请求权的情况，在被代理人取得完全行为能力，或因为代理人自身的原因终止法定代理而由新的法定代理人替代后，才能对代理人行使请求权。

3. 未成年人遭受性侵害的损害赔偿请求权的诉讼时效期间，自受害人年满 18 周岁之日起计算。这也是考虑到受害人行使请求权的可能性，以更好地保护受害人。

在现实生活中，不仅是这种情况应该特殊规定，还有很多涉及未成年人的情况都应该加以特殊规定。例如，处在同一基于亲权而产生的监护人之下的兄弟姐妹之间的伤害赔偿请求权，也应该从受害人独立生活后开始计算，否则，就会加重监护人的负担。

4. 关于不当得利返还请求权的诉讼时效期间的起算。返还不当得利请求权的诉讼时效期间，从当事人一方知道或者应当知道不当得利事实及对方当事人之日起计算（最高人民法院《关于审理民事案件适用诉讼时效制度若干问题的规定》第 6 条）。

5. 因无因管理而发生的债权请求权的诉讼时效期间的起算。管理人因无因管理行为产生的给付必要管理费用、赔偿损失请求权的诉讼时效期间，从无因管理行为结束并且管理人知道或者应当知道本人之日起计算。本人因不当无因管理行为产生的赔偿损失请求权的诉讼时效期间，从其知道或者应当知道管理人及损害事实之日起计算（最高人民法院《关于审理民事案件适用诉讼时效制度若干问题的规定》第 7 条）。

6. 未定履行期的债权的时效期间的起算。关于未定履行期的债权的时效期间的起算问题，学者间颇有争议。有学者主张：应从债权成立时起算；有学者主张：应从权利主张而遭受债务人拒绝时开始计算；还有的学者主张：应从予以债务人宽限期届满后的第二日开始计算。崔建远教授非常仔细地研究了这一问题，并区分不同情况进行了分析。他认为：（1）债权人催告当时债务人就同意履行，实际上却未履行的，诉讼时效期间自该催告的次日起算；（2）债务人主动提出履行，且双方约定有固定期间，该期间届满而债务人未履行的，诉讼时效期间自该期间届满的次日起算；（3）债权人向债务人主张一次，债务人当即明确表示拒绝，而且含有将来也不履行的意思的，诉讼时效期间应从该拒绝之日的次日开始计算，而不论债权人是否规定有宽限期以及该期限是否届满；（4）债权人向债务人主张履行债务，而债务人未明确表示拒绝，双方约定有债务履行的宽限期，该期限届满而债务人客观上未履行债务，诉讼时效期间自该宽限期届满的次日开始计算；（5）债权人向债务人主张一次，债务人因行使抗辩权而拒绝。那么债务人的行为不构成违约，诉讼时效期间不起算。[①]

我国最高人民法院《关于审理民事案件适用诉讼时效制度若干问题的规定》第 4 条规定："未约定履行期限的合同，依照民法典第五百一十条、第五百一十一条的规定，可以确定履行期限的，诉讼时效期间从履行期限届满之日起计算；不能确定履行期限的，诉讼时效期间从债权人要求债务人履行义务的宽限期届满之日起计算，但债务人在债权人第一次向其主张权利之时明确表示不履行义务的，诉讼时效期间从债务人明确表示不履行义务之日起计算。"

我认为，从时效期间的意义上看，应认为"从债权成立之时"起算较合目的及逻辑。因为，未定履行期的债权，实际上因法律的补充性规定而使得履行期仍然是明确的，即债权人可以随时请求债务人履行，债权自成立时就已经使"债权人能够行使请求权"了，因此，应从债权成立时开始计算。就如日本学者所言：在债权没有规定期限的情形，债权人可以随时请求履行。因此，时效

① 崔建远：《无履行期限的债务与诉讼》，载《人民法院报》，2003 年 5 月 30 日。

期间应自债权发生之时起进行。[①] 至于宽限期，应是债务履行的实际期限，而非债权人得请求的期限。正确的理解应当是：债权自成立开始计算，而债权人请求则中断时效期间。宽限期是实际履行的期限，即使在定有期限的债权中，双方也可能定一个延展期，而这时诉讼时效期间也不从延展期开始计算。

至于“债务人在债权人第一次向其主张权利之时明确表示不履行义务”，则应当是诉讼时效期间的中断问题，即重新计算的问题。

7. 合同被撤销后的返还财产和损害赔偿请求权的诉讼时效期间计算。我国最高人民法院《关于审理民事案件适用诉讼时效制度若干问题的规定》第 5 条第 2 款规定：“合同被撤销，返还财产、赔偿损失请求权的诉讼时效期间从合同被撤销之日起计算。”

该条规定的合同被撤销后的赔偿损失的诉讼时效期间没有问题，但是，合同被撤销后的返还财产问题是否适用诉讼时效，则存在重大理论争议。这与我国法是否适用物权行为的独立性与无因性有关：如果承认物权行为的独立性与无因性，出卖人返还财产的请求权基础就是债权请求权，即不当得利请求权，当然适用诉讼时效。如果不承认物权行为独立性和无因性，则是物上返还请求权。那么，按照《民法典》第 196 条的规定，除了不动产物权和登记的动产物权不适用诉讼时效外，其他物上返还请求权适用诉讼时效。

但物权行为独立性和无因性这一问题在我国立法和司法解释上，很是含糊，而且左右摇摆：《民法典》第 215 条、第 311 条显然是承认物权行为独立性与无因性的，但学理上并没有形成共识。2012 年最高人民法院《关于审理买卖合同纠纷案件适用法律问题的解释》（该解释已经废止）第 3 条至少是承认独立性的，《民法典》第 597 条也明确承认独立性，无因性并不清楚。但从最高人民法院《关于审理民事案件适用诉讼时效制度若干问题的规定》的规定看，显然属于不当得利请求权，因此，也是承认无因性的。

8. 附停止条件与始期的请求权的诉讼时效期间，应从条件成就或者期限到来开始计算。

9. 不作为请求权的时效期间的起算点。不作为在什么情况下构成义务的标

---

① ［日］山本敬三：《民法讲义Ⅰ》，解亘译，北京大学出版社 2004 年版，第 362 页。

的，是一个十分值得研究的问题。请求权，特别是债权的标的一般是作为，不作为不能一般地作为请求权的标的，只有在当事人特别约定或者法律有特别规定时，才能成为请求权的标的。如对人身权、物权等绝对权的不侵犯义务，不能作为请求权的标的，假如有人侵犯，则属于法律对权利的保护而作为侵权行为论。因此，仅仅在当事人约定与法律规定时，不作为才能成为请求权的标的。

在当事人约定时，不作为成为义务，义务人违反，属于违约。此时，违约责任的诉讼时效期间的起算，无论是按照“权利人能够行使权利时”，还是按照“请求权成立之时”（即不作为义务人违反义务而作为）起算，结果是一样的。在后一种情况下，虽然是法律的规定，但多发生在契约领域，因法律顾及公平与诚信而规定之。如 A 将自己经营川菜的饭馆租赁给 B 收取租金。之后不久，A 又在附近重新开了一家饭馆经营川菜。A 依据诚实信用原则应负有在相当范围（即对 B 的客源有影响的范围）内不竞争的义务。此时，也是合同相对人之间的问题。在这种情况下，适用自“不作为义务人违反义务而作为”时起算更加合理。

综上所述，我认为，诉讼时效的起算只要规定“从权利人能够行使权利开始计算”，就可以解决不同情形的请求权的时效期间的起算问题。具体的情形，应当解释什么是“权利人能够行使权利”。至于说我国《民法典》第 188 条第 2 款规定的“诉讼时效期间自权利人知道或者应当知道权利受到损害以及义务人之日起计算”，与“从权利人能够行使权利开始计算”相比，虽然更加具体，容易理解，但后者更加合理。

四、影响诉讼时效期间进行的因素

诉讼时效期间及开始计算的方法，必然会使债权人产生这样的疑问：只要债务人拖延给付时间，时效期间就必然完成，进而影响自己权利的实现。在诉讼时效期间较短的情况下，更为突出。因此，为保护债权人利益，法律必须赋予债权人对时效期间的进程施加影响的可能性。[①] 一般国家的民法典规定了三种影响因素，即时效期间的中断、中止及不完成。我国《民法典》对于这种影

① ［德］迪特尔·梅迪库斯：《德国民法总论》，邵建东译，法律出版社 2000 年版，第 99 页。

响诉讼时效期间进行的因素规定了诉讼时效期间的中止、中断和延长。[①]

（一）诉讼时效期间的中断

1. 诉讼时效期间中断的概念

诉讼时效的目的在于惩罚那些在权利上面睡觉的人，即对权利不行使的制裁。如果存在与当事人不行使权利相反的事由，则不应当实施这种惩罚。所以，中断就是解除这种惩罚的方法。所谓诉讼时效的中断，是指在诉讼时效期间进行的过程中，出现了与权利人不行使权利相反的法定事由，使得已经经过的时效期间归于消灭，而重新计算期间的制度。

2. 诉讼时效期间中断的事由

各国民法对于诉讼时效期间中断的事由都有专门的规定，这些规定事由可能不尽相同，但大致可以分为以下几类：（1）请求（起诉或者相当于起诉的行为）；（2）债务人承认；（3）其他行为。我国《民法典》第 195 条也规定了大致相同的事由，但学理及司法实践在解释各种事由时，却与国外民法及判例存在较大的不同。下面具体分析之。

（1）向义务人请求履行义务

虽然“请求履行义务”是中断时效期间的法定事由，但关于何为“请求”，却存在较大的差异。

日本学者指出：“这里所说的请求，不仅需要要求债务人的履行，而且还需要在有法院参与的正式程序中请求。”具体是指：裁判上的请求、支付督促、为和解而传唤任意出庭、破产程序的参加。[②]

德国学者指出：“在非法学专业人士中，有一种流行很广的看法，认为用挂号信向债务人发出履行催告（请求）即可中断消灭时效。实际上，这种方式是不起任何作用的。”[③] 因此，德国学理及立法不将这种行为称为“请求”，而

① 我国《民法典》第 194 条是否可以解释为“时效的不完成”，需要认真考虑。

② ［日］山本敬三：《民法讲义Ⅰ》，解亘译，北京大学出版社 2004 年版，第 370 页。

③ ［德］迪特尔·梅迪库斯：《德国民法总论》，邵建东译，法律出版社 2000 年版，第 100 页。

是直接用“起诉或者相当于起诉的行为”[①]。2002年修改后的《德国民法典》第204条规定了消灭时效因下述权利追及行为而中断：①提起给付之诉或者请求权确认之诉，或者诉请发给执行条款或者发布执行判决；②在关于未成年人抚养的简易程序中送达申请；③在督促程序中送达支付令；④向法定调解机构提出的和解申请被通告；⑤在诉讼中主张请求权的抵销；⑥送达诉讼告示；⑦送达进行独立的证明程序的申请；⑧开始约定鉴定程序或者委托鉴定人；⑨送达要求发布假扣押、假处分或者假命令的申请；⑩在破产程序或者在航运分配程序中申报债权；⑪开始仲裁程序；⑫如果是否准予诉讼取决于特定机关的预先裁定时，向该特定机关递交申请；⑬将申请递交给有管辖权的上级法院，并且在申请被处理后3个月内提起诉讼或者提出须为之而确定裁判籍的申请；⑭使要求给予诉讼费援助的最初的申请被通告，在递交申请后随即被通告的，在递交时即发生消灭时效的中断。

也就是说，在大陆法系的许多国家，所谓中断时效期间的“请求”，必须有法院参与其中。当事人相互之间的直接请求不发生中断时效的效果。自我国《民法通则》开始，无论是学理，还是司法实践对于“请求”却不作这样的“限缩性解释”，而是一旦通过口头形式（只要能够证明）、书面形式向对方主张权利，即可发生中断时效期间的效果。像梅迪库斯所说的非法学专业人的流行看法，即认为用挂号信向债务人发出履行催告（请求）即可中断消灭时效，在我国的确能够起到这样的作用。《民法典》第195条规定的“权利人向义务人提出履行请求”可以中断时效期间恰恰就是这种表达。

这种差别实际上造成了许多制度性差别。例如，因《德国民法典》与《日本民法典》不认为一般的请求能够引起诉讼时效中断的效果，因此，在债权转让中，虽然有债权人通知债务人转移债权的事实，但却不中断时效期间，则属于当然的事。而在我国因一般的书面或者口头请求就可以中断诉讼时效期间，而在债权转让时，债权人通知债务人向新的债权人履行义务，就含有主张债权的意思，因此，应当引起诉讼时效期间的中断。但有些学者也在这里使用德国与日本的观点，就与我国立法矛盾。因此，我国最高人民法院《关于审理民事

① ［德］卡尔·拉伦茨：《德国民法通论》，王晓晔等译，法律出版社2003年版，第344页。

案件适用诉讼时效制度若干问题的规定》第 17 条之规定，是对之前我国学理的一次很好的纠正，也是符合我国民事立法和学理的做法。

那么，应该如何理解《民法典》第 195 条“权利人向义务人提出履行请求”呢？在这里，可以参照最高人民法院《关于审理民事案件适用诉讼时效制度若干问题的规定》，其第 8 条规定，具有下列情形之一的，应当认定为“权利人向义务人提出履行请求”，产生诉讼时效中断的效力：① 当事人一方直接向对方当事人送交主张权利文书，对方当事人在文书上签名、盖章、按指印或者虽未签名、盖章、按指印但能够以其他方式证明该文书到达对方当事人的。对方当事人为法人或者其他组织的，签收人可以是其法定代表人、主要负责人、负责收发信件的部门或者被授权主体；对方当事人为自然人的，签收人可以是自然人本人、同住的具有完全行为能力的亲属或者被授权主体。② 当事人一方以发送信件或者数据电文方式主张权利，信件或者数据电文到达或者应当到达对方当事人的。③ 当事人一方为金融机构，依照法律规定或者当事人约定从对方当事人账户中扣收欠款本息的。④ 当事人一方下落不明，对方当事人在国家级或者下落不明的当事人一方住所地的省级有影响的媒体上刊登具有主张权利内容的公告的，但法律和司法解释另有特别规定的，适用其规定。

（2）义务人同意履行义务

如果义务人同意履行义务，在我国法上当然应该发生时效中断的效力。在这里，如果义务人仅仅向权利人表示承认债务的存在，但并未表示同意履行的，是否也发生中断的效力？尽管我国自 1986《民法通则》开始，在立法上表述的就是债务人“同意履行义务”（《民法通则》第 140 条），但司法实践中，凡是债务人承认债务的，视为同意履行债务而中断时效期间。

我国最高人民法院《关于审理民事案件适用诉讼时效制度若干问题的规定》第 14 条规定：义务人作出分期履行、部分履行、提供担保、请求延期履行、制定清偿债务计划等承诺或者行为的，应当认定为《民法典》第 195 条规定的“义务人同意履行义务”。

（3）提起诉讼、仲裁或者有其他相当于提起诉讼的行为

《民法典》第 195 条对于“权利人提起诉讼或者申请仲裁”以及“与提起诉讼或者申请仲裁具有同等效力的其他情形”作为中断诉讼时效期间的事由作

出了明确的规定。但是，如何解释呢？

根据我国最高人民法院《关于审理民事案件适用诉讼时效制度若干问题的规定》第11—13条规定的精神，下列行为也被认定为与提起诉讼具有同等效力：①申请支付令；②申请破产；③申报破产债权；④为主张权利而申请宣告义务人失踪或死亡；⑤申请诉前财产保全、诉前临时禁令等诉前措施；⑥申请强制执行；⑦申请追加当事人或者被通知参加诉讼；⑧在诉讼中主张抵销；⑨权利人向人民调解委员会以及其他依法有权解决相关民事纠纷的国家机关、事业单位、社会团体等社会组织提出保护相应民事权利的请求，诉讼时效从提出请求之日起中断；⑩权利人向公安机关、人民检察院、人民法院报案或者控告，请求保护其民事权利的，诉讼时效从其报案或者控告之日起中断；上述机关决定不立案、撤销案件、不起诉的，诉讼时效期间从权利人知道或者应当知道不立案、撤销案件或者不起诉之日起重新计算；刑事案件进入审理阶段，诉讼时效期间从刑事裁判文书生效之日起重新计算。

由于我国对于时效中断采取比较宽恕的解释态度，因此，以上事由作为我国民法上时效中断的事由当无问题。但需要说明的是，当诉讼或者申请仲裁后又撤回的，不发生时效中断的效力。因为，起诉或者申请仲裁后又撤回的，视为没有起诉或者申请仲裁。在其他相当于权利行使的情形中，若在行使的意思表示后又撤回的，也不发生中断时效的效果。

另外，需要说明的问题是，如果权利人仅就一部分权利具有行使的行为，则中断就全部权利发生，还是仅就该部分发生？对此，有两种不同的主张：部分中断说与全部中断说。部分中断说认为：如果权利人仅就一部分权利具有行使的行为，则时效仅仅在行使的范围内中断，而其余部分并不中断。这是因为，权利只在被行使的部分的范围内得到确认。[①] 德国学者也有此主张。[②] 全部中断说认为：在此情形，时效就全部债权中断。这是因为，既然没有明示是部分债权，就可以认为是以此金额作为全部债权而提起诉讼的。[③]

---

①［日］山本敬三：《民法讲义Ⅰ》，解亘译，北京大学出版社2004年版，第372页。

②［德］迪特尔·梅迪库斯：《德国民法总论》，邵建东译，法律出版社2000年版，第100页。

③［日］山本敬三：《民法讲义Ⅰ》，解亘译，北京大学出版社2004年版，第371页。

我赞成部分中断说的主张。但我国最高人民法院《关于审理民事案件适用诉讼时效制度若干问题的规定》采用了“全部中断说”，其第 9 条规定：“权利人对同一债权中的部分债权主张权利，诉讼时效中断的效力及于剩余债权，但权利人明确表示放弃剩余债权的情形除外。”

3. 时效中断的法律后果

无论是国外的民法学理及立法，还是我国的学理与立法（《民法典》第 195 条），中断的后果都是：已经经过的时效期间归于消灭，重新计算时效期间。

4. 几种特殊情形下的时效中断的效力

（1）对于连带债权或者债务的效力

① 对于连带债权人中的一人发生诉讼时效中断效力的事由，应当认定对其他连带债权人也发生诉讼时效中断的效力。

② 对于连带债务人中的一人发生诉讼时效中断效力的事由，应当认定对其他连带债务人也发生诉讼时效中断的效力（最高人民法院《关于审理民事案件适用诉讼时效制度若干问题的规定》第 15 条）。

（2）代位权诉讼对于时效中断的影响

债权人提起代位权诉讼的，应当认定对债权人的债权和债务人的债权均发生诉讼时效中断的效力（最高人民法院《关于审理民事案件适用诉讼时效制度若干问题的规定》第 16 条）。

（3）债权转让或者债务承担对于时效的影响

① 债权转让的，应当认定诉讼时效从债权转让通知到达债务人之日起中断。

② 债务承担情形下，构成原债务人对债务承认的，应当认定诉讼时效从债务承担意思表示到达债权人之日起中断（最高人民法院《关于审理民事案件适用诉讼时效制度若干问题的规定》第 17 条）。

（二）诉讼时效的中止

1. 中止的概念

（1）定义

诉讼时效的中止，是指在诉讼时效进行中，出现了请求权行使的障碍，诉讼时效期间停止计算，等到障碍事由消失后，期间继续计算的制度。

（2）中止的制度价值

中止的制度价值在于保护权利人的利益，起到真正惩罚权利不行使的人的作用。因为，在有些情况下，并不是权利人不想行使权利，而是不能行使权利。在此情况下，若继续计算诉讼时效期间，就会与时效制度的价值背离。因此，必须中止计算，等到阻碍行使权利的事由消失后，再继续计算。

（3）中止与中断的主要区别

① 事由不同——中断的事由是主观的原因，即权利行使的行为；而中止的事由一般都是客观的，即因权利人之外的原因导致权利不能行使。

② 法律效果不同——中断的法律效果是诉讼时效中断前已经经过的期间归于消灭，重新计算时效期间；而中止则不导致已经经过的时效期间归于消灭，只是暂时停止，等到阻碍事由消灭后，再继续计算。

③ 发生的期间不同——中断在任何时候都可以发生，而中止必须发生在诉讼时效进行中的最后 6 个月内。

（4）时效的中止与不完成

《德国民法典》区分时效的中止与时效的不完成。时效的中止是指由于特定原因，时效期间暂时停止进行，停止进行的时间不计入时效期间。[①] 按照现行《德国民法典》第 205 条至第 208 条的规定，时效期间可因下列原因而停止计算：① 债务人有权拒绝给付的；② 债权人在时效期间进行中的最后 6 个月内，因不可抗力而不能追及权利的；③ 婚姻关系存续期间，配偶之间的请求权；在同性生活伴侣关系存续期间其相互请求权；父母子女之间的请求权在未成年人成年前；监护关系存续期间，监护人与被监护人之间的请求权；照管关系存续期间，照管人与被照管人之间的请求权；保佐关系存续期间，保佐人与被保佐人之间的请求权；④ 到债权人满 21 岁止，因侵害性的自我决定而产生的请求权。

时效的不完成与停止有别：在时效的不完成中，虽然时效本身可以继续进

---

① ［德］卡尔·拉伦茨：《德国民法通论》，王晓晔等译，法律出版社 2003 年版，第 340—341 页。

行，但它不在某个特定的时间之前届满，即时效期间必须延长至该期间到来之时。[①]例如，根据《德国民法典》(2002年前的第206条、2002年之后的第210条)的规定，对于非完全行为能力人无法定代理人的情况，时效期间在其取得行为能力后6个月内不完成。

如果同《德国民法典》比较，我国《民法典》规定的许多所谓“中止”的事由，可以归于时效的“不完成”。《民法典》第194条第2款规定：“自中止时效的原因消除之日起满六个月，诉讼时效期间届满。”

我国台湾地区“民法”也仿照《德国民法典》之体例，规定了时效的不完成。其事由为：①不可抗力；②继承财产的权利或者对于继承财产的权利，自继承人确定或者管理人选定，或者破产宣告时起6个月内，时效不完成；③对于无行为能力人或者限制行为能力人，在其成为完全行为能力人或者自确定法定代理人时起6个月内不完成；④无行为能力人或者限制行为能力人对于其法定代理人的权利，于代理关系消灭后的一年内不完成；⑤夫妻相互之间的请求权在婚姻关系消灭后的一年内不完成。

2. 中止的事由

《民法典》第194条第1款规定：“在诉讼时效期间的最后六个月内，因下列障碍，不能行使请求权的，诉讼时效中止：(一)不可抗力；(二)无民事行为能力人或者限制民事行为能力人没有法定代理人，或者法定代理人死亡、丧失民事行为能力、丧失代理权；(三)继承开始后未确定继承人或者遗产管理人；(四)权利人被义务人或者其他人控制；(五)其他导致权利人不能行使请求权的障碍。”

但这些事由仍然过窄，不能周延地保护权利人利益，故应扩充之。具体来说，中止还应包括下列事由：(1)磋商。当事人就债权债务关系及有关事宜进行磋商的，时效停止进行。自一方当事人拒绝磋商时起，时效继续计算。(2)特殊关系。特殊关系包括两种，一是无民事行为能力人或者限制民事行为能力人与法定代理人之间的请求权，在法定代理关系存续期间，诉讼时效期间停止进行。自代理关系终止后时起，时效期间继续计算(这一点，在第190条

---

① [德]迪特尔·梅迪库斯:《德国民法总论》，邵建东译，法律出版社2000年版，第101页。

已经规定）。二是夫妻之间的请求权或者家庭成员之间的请求权因夫妻关系或者家庭关系的存在而停止进行。

当然，我国《民法典》对于有些特殊情况，用了推迟“起算点”的方式解决，如第 190 条、第 191 条关于行为能力欠缺及未成年人遭受性侵的请求权。

3. 中止的法律后果

时效期间中止并不导致已经经过的时效期间失去效力，仅仅是停止计算，待中止事由消灭后，继续计算。为了更好地保护债权人，有些法律还规定在中止事由消灭后的一定期间内时效不完成。我国《民法典》第 194 条第 2 款规定：“自中止时效的原因消除之日起满六个月，诉讼时效期间届满。”

五、诉讼时效的延长

诉讼时效的延长是指因特殊情况，经权利人申请，法院对于已经完成的时效期间给予延长的情形。

在具体到能够延长的期间是指什么期间时，《民法典》之前学者之间就存在争议。有学者主张适用所有的期间，而有的学者主张仅仅适用于 20 年期间，其他的适用中断与中止。从《民通意见》第 175 条的规定看，延长适用于所有期间。但从《民法典》第 188 条第 2 款的规定进行解释，仅仅适用于最长时效期间。

诉讼时效延长的条件是：（1）有特殊情况。按照《民通意见》第 169 条的规定，所谓特殊情况，是指权利人由于客观的障碍在法定诉讼时效期间不能行使请求权。（2）权利人申请。（3）决定权在法院。

六、诉讼时效的援用

（一）援用的一般原则

法院能否主动适用诉讼时效而审判？从罗马法以来，时效制度一直有一条重要的原则：时效只能由当事人主张，而法官不能主动引用。例如，《法国民法典》第 2223 条规定：“法官不得援用时效的方法。”《日本民法典》第 145 条规定：“除非当事人援用时效制度，法院不得援用时效制度进行审判。”我国《民法典》第 193 条对此也进行了明确的规定:“人民法院不得主动适用诉讼时效的规定。”

(二)法院不能援用的说明理由

虽然大陆法系国家的民法典规定,时效仅能为当事人援用而法官不得主动适用,但在说明理由上却有不同。大致可分为两种观点。

1. 效果确定与辩论主义说

该说的主要观点是:时效的援用,是以时效的完成为基础要求裁判的行为。在要求裁判前因时效的完成所发生的权利消灭,或者取得这种效果虽然已经确定,但如果当事人不援用,则法院不得依时效进行裁判。要求这种援用,是民事诉讼法上的辩论主义——“构成裁判基础的事实的提出属于当事人的责任”——的体现。①

2. 不确定效果及良心说

该说认为:权利的取得或者消灭这种效果即使时效完成也不发生,如果被援用,才自始发生。根据这种见解,援用被理解为效果发生的停止条件。而只能由当事人援用的理由是:因时效而取得权利或者免除义务,是违反道德的。所以,把是否享有这种时效利益交由当事人的良心决定。②

虽然许多国家对时效完成后的效果的规定不尽相同,有的采用抗辩主义,有的采取实体权利消灭主义,但在说明理由方面却可以共通。日本采取的是权利消灭主义,但在说明理由方面完全可以适用于采用“抗辩权发生主义”的国家。我赞成“不确定效果及良心说”。因为,抗辩分为需要主张的抗辩与不需要主张的抗辩,而时效在采取抗辩权发生主义的国家中,恰恰属于需要主张的抗辩。之所以如此,是因为对于义务人来说,他必须就两个问题——一是道德良心,二是抗辩的风险——进行权衡后决定,如果抗辩不当,往往会承担迟延履行等债务不履行的责任。即如德国学者梅迪库斯所言:就某些辩护手段而言,应当由被告来决定其是否提出主张,是容易理解的。消灭时效的例子能够特别

---

① [日]山本敬三:《民法讲义Ⅰ》,解亘译,北京大学出版社 2004 年版,第 380 页。

② [日]山本敬三:《民法讲义Ⅰ》,解亘译,北京大学出版社 2004 年版,第 381 页。

清楚地说明这一点。仅仅因为过了一定的时间，就想逃避承担一种确定无疑存在的义务，这种行为至少在以前的某些交易圈子内被视为不名誉的事情。因此，债务人在这里有可能不提出消灭时效的抗辩。另外，还要就费用等方面的风险进行衡量。[①]

（三）时效抗辩援用的时间

当事人在什么时候才能援用时效抗辩？具体来说，当事人在法院一审时没有提出，在二审时能否提出？对此，在学理上，特别是在诉讼法学界存在争论。最高人民法院《关于审理民事案件适用诉讼时效制度若干问题的规定》第 3 条明确规定："当事人在一审期间未提出诉讼时效抗辩，在二审期间提出的，人民法院不予支持，但其基于新的证据能够证明对方当事人的请求权已过诉讼时效期间的情形除外。当事人未按照前款规定提出诉讼时效抗辩，以诉讼时效期间届满为由申请再审或者提出再审抗辩的，人民法院不予支持。"我支持最高人民法院的上述观点。

（四）时效利益的放弃与禁止

一般地说，因时效利益的放弃涉及受益人的利益，故受益人的放弃应当允许。但是，考虑到对弱者的保护及对第三人利益的照顾，下列两种情况下应予以限制。

1. 事先放弃时效利益的约定无效

由于债务人通常在债成立时处于弱者的地位，所以，如果允许放弃时效利益的约定，就可能迫使债务人放弃时效利益。因此，这种放弃是无效的[②]。如《日本民法典》第 146 条规定："时效利益不得事前放弃。"《德国民法典》第 225 条也作了相同的规定。

我国《民法典》第 197 条第 2 款明确规定："当事人对诉讼时效利益的预先放弃无效。"

---

① ［德］迪特尔·梅迪库斯：《德国民法总论》，邵建东译，法律出版社 2000 年版，第 85—86 页。

② ［日］山本敬三：《民法讲义Ⅰ》，解亘译，北京大学出版社 2004 年版，第 388 页。

2. 事后的放弃不得对抗第三人的利益

债务人虽然可以在事后放弃时效利益，但是，如果这种放弃损害第三人利益的，这种放弃对第三人无效。如根据我国《担保法》第 20 条的规定，债务人放弃时效抗辩的，对保证人不发生效力。

（五）诉讼时效与诚实信用

教皇格雷戈里九世在谴责罗马法中关于恶意占有人可因时效而取得所有权的规定时指出：凡事只要不是出于忠诚就是罪恶……在教会法和罗马法中，时效在并非出于诚实信用的情况下毫无价值。[①] 因此，若诉讼时效期间的经过违反诚实信用原则的，特别是债务人利用非诚信手段导致债权人不主张权利而时效期间经过的，债务人不得主张时效利益。欧洲许多国家的学者及判例持这种观点[②]。我国《民法典》既然将诚信原则作为民法的基本原则，应该认为，债务人违反诚信，不得主张时效利益。

七、诉讼时效完成后的效力

诉讼时效届满后，其法律后果如何，各国立法及学理不一。大致可以分为以下几种。

1. 请求权实体权利消灭主义

《日本民法典》采取这种体例，该法典第 167 条规定："债权，因 10 年不行使而消灭。"

2. 诉权消灭主义

《法国民法典》第 2262 条规定："诉权，无论对人的或者对物的，均以 30 年为消灭时效完成的时间。"

---

① ［德］莱因哈德 · 齐默曼：《欧洲合同法中的诚信原则》，丁广宇等译，法律出版社 2005 年版，第 76 页。

② ［德］迪特尔 · 梅迪库斯：《德国民法总论》，邵建东译，法律出版社 2000 年版，第 104—106 页；［德］卡尔 · 拉伦茨：《德国民法通论》，王晓晔等译，法律出版社 2003 年版，第 347 页；［德］莱因哈德 · 齐默曼：《欧洲合同法中的诚信原则》，丁广宇等译，法律出版社 2005 年版，第 345—354 页。

3. 抗辩权发生模式

时效完成后，债权人的债权实体权利并不消灭，仅仅使债务人发生拒绝履行的抗辩权。《德国民法典》第222条规定：消灭时效完成后，债务人得拒绝履行。德国学者拉伦茨指出：时效并不是请求权消灭的原因，而只是给义务人提供了“抗辩权”。时效抗辩权是永久性的。①

4. 胜诉权消灭主义

“胜诉权消灭主义”为我国学理的通说，已经影响了无数学者。这一观点来源于对我国《民法通则》第135条的理解，该条规定：“向人民法院请求保护民事权利的诉讼时效期间为二年，法律另有规定的除外。”许多学者在解释该条规定的含义时，解释为“胜诉权消灭主义”。但是，如果仔细对照一下司法实践，就会发现这种解释的错误所在：在实践中，经过诉讼时效期间的债权仍然可以起诉，法院也受理并且收取诉讼费用，但债权人却不能胜诉，那么，债权人为什么明知不能胜诉还要起诉呢？实际上，我国法院的司法实践采取的是德国式的“抗辩权发生主义”，即债权人可以起诉，也可能胜诉，条件是债务人不知诉讼时效已经经过或者虽然知道但出于良心而不主张时效抗辩。

我国《民法典》第188条虽然沿用了《民法通则》第135条的“向人民法院请求保护民事权利的诉讼时效期间为三年”，但与之不同的是，《民法典》在第192条第1款明确规定：“诉讼时效期间届满的，义务人可以提出不履行义务的抗辩。”这显然是采取“抗辩权发生主义”而不是“胜诉权消灭主义”。

第四节　除斥期间

一、除斥期间的概念

除斥期间是法律规定或者当事人约定的形成权存续的有效期间。该期间届满，形成权即告消灭。除斥期间是学理称谓，一般未见诸立法，但各国法律上都有这种期间。我国编纂《民法典》时，对于究竟如何规定除斥期间存

① ［德］卡尔·拉伦茨：《德国民法通论》，王晓晔等译，法律出版社2003年版，第345页。

在争议，最后通过的《民法典》是将其规定在“诉讼时效”这一章中的第199条：“法律规定或者当事人约定的撤销权、解除权等权利的存续期间，除法律另有规定外，自权利人知道或者应当知道权利产生之日起计算，不适用有关诉讼时效中止、中断和延长的规定。存续期间届满，撤销权、解除权等权利消灭。”

其实，我国许多法律对于除斥期间都有规定。例如，我国《民法典》第152条规定：“有下列情形之一的，撤销权消灭：（一）当事人自知道或者应当知道撤销事由之日起一年内、重大误解的当事人自知道或者应当知道撤销事由之日起九十日内没有行使撤销权；（二）当事人受胁迫，自胁迫行为终止之日起一年内没有行使撤销权；（三）当事人知道撤销事由后明确表示或者以自己的行为表明放弃撤销权。当事人自民事法律行为发生之日起五年内没有行使撤销权的，撤销权消灭。”该法第564条规定：“法律规定或者当事人约定解除权行使期限，期限届满当事人不行使的，该权利消灭。法律没有规定或者当事人没有约定解除权行使期限，自解除权人知道或者应当知道解除事由之日起一年内不行使，或者经对方催告后在合理期限内不行使的，该权利消灭。”此即当事人约定的形成权存在的除斥期间。

二、除斥期间适用的对象及作用

除斥期间适用于各种形成权，如撤销权、追认权、同意权、决定权、异议权等。其作用是使某种不确定的状态确定化。因此，形成权的行使不得再附条件，以免使不确定的状态不能确定化。

三、除斥期间的性质及届满后的法律后果

1. 除斥期间的性质

除斥期间为不变期间，不会因任何事由而中断、中止或者延长（《民法典》第199条）。

2. 除斥期间满后的法律后果

除斥期间满后，形成权当然地、确定地消灭。

3. 除斥期间的起算

对于除斥期间的具体起算时点及方式，我国《民法典》第 199 条规定“自权利人知道或者应当知道权利产生之日起计算”。另外，凡是适用除斥期间的地方，法律一般都有明确规定，如上述我国《民法典》第 564 条，即从具有解除权的当事人知道或者应当知道解除事由之日起计算。当事人约定的，也有明确的起算时点。

四、诉讼时效与除斥期间的区别

1. 构成要件不同。诉讼时效的构成要件有两个：一是期间经过；二是权利不行使。而除斥期间只有一个要件，即期间经过。

2. 适用对象不同。诉讼时效的对象是请求权，除斥期间的对象是形成权。

3. 法律效力不同。诉讼时效期间经过不消灭实体权利，而除斥期间经过则消灭实体权利。

4. 期间的弹性不同。诉讼时效期间为可变期间，而除斥期间为不变期间。

5. 计算的开始不同。诉讼时效从权利人知道或者应当知道权利被侵害及义务人之日起计算。而除斥期间从权利成立起计算。

第二章 关于期日与期间的实体法解释规则

第一节 期日与期间的意义及规范目的

时间在民法上具有重要意义，其能够直接导致权利的发生或者消灭，例如，出生或者死亡的时间计算就与继承有着重大关系。在实践中出现的时间问题，不仅有当事人以法律行为的约定，也有法律的规定，而且法院的裁判也涉及时间问题。由于人们语言习惯的不同，加之时间的循环流动性，往往会导致人们出现分歧。例如，双方约定义务方应在 2020 年 12 月 22 日履行，那么，在 22 日的什么时间履行为正当履行？该日的什么时间点是计算义务人迟延的起点？因此，需要对之作出统一的解释规则，以避免计算中的分歧。

在民法上，时间主要由期日与期间构成。各国法律一般都有关于期日与期间的规定（《法国民法典》除外），其目的在于对时间的解释提供统一的实体法规则，就如拉伦茨所指出的：法律除规定了一些指示法官如何去解释意思表示的解释原则外，还规定了一些在依据一般原则不能得出准确结论的情况下，以表示的某一特定意义为准的实体解释规则。《德国民法典》第 186 条以下规定了对期间和期日的确定的解释这种实体解释规则，它们不仅适用于解释法律行为中所包含的期间和期日的确定，也适用于法律规定和法院判决与裁定中包含的确定期间和期日的解释。就它们对法律规定中的期间和期日的确定进行解释而言，它们具有说明性法律规则的功能。[①] 我国《民法典》第 200 条至第 203 条规定了这种解释规则。[②]

第二节　期日及确定规则

一、期日的概念

期日是指不可分或者视为不可分的一定时间，乃时之静态，可喻为时之点。[③]

期日可以分为独立的期日与为计算期间的方便而作为期间的起点与终点的期日，在实践中，这两种期日都大量存在。如 2005 年 5 月 1 日，为独立期日；而“自合同签定时起 1 个月内履行”，便有作为“1 个月”之期间的起点与终点的期日存在。我国《民法典》第 201 条、第 202 条仅仅规定了期间及作为期间计算起点与终点的期日。

在本题目下，我们仅仅讨论独立期日。

二、期日的确定规则

1. 期日的终结点

有学者指出：以某日为给付或者意思表示期日的，则该日全日皆视为不可

① [德]卡尔·拉伦茨：《德国民法通论》，王晓晔等译，法律出版社 2003 年版，第 911 页。

② 《民法典》第 200 条规定：“民法所称的期间按照公历年、月、日、小时计算。”

第 201 条规定：“按照年、月、日计算期间的，开始的当日不计入，自下一日开始计算。按照小时计算期间的，自法律规定或者当事人约定的时间开始计算。”

第 202 条规定：“按照年、月计算期间的，到期月的对应日为期间的最后一日；没有对应日的，月末日为期间的最后一日。”

第 203 条规定：“期间的最后一日是法定休假日的，以法定休假日结束的次日为期间的最后一日。期间的最后一日的截止时间为二十四时；有业务时间的，停止业务活动的时间为截止时间。”

③ 王泽鉴：《民法总则》，中国政法大学出版社 2001 年版，第 509 页。

分的期日，但原则上应于通常营业或者作息时间内为给付或者意思表示，于凌晨或者深夜为之者，依其情形，得构成对诚实信用原则的违反。[①]

该计算方式作为原则可资赞同，我国《民法典》第 203 条第 2 款在规定作为期间终点的期日之终结点时，也作了这样的规定，即“期间的最后一日的截止时间为二十四时；有业务时间的，停止业务活动的时间为截止时间”。但也必须承认某些例外，例如，保险合同通常以最后一日的 24 时作为合同的终结点。

2. 期日的顺延

在一定期日应为意思表示或者给付者，如果遇到该日为星期日或者其他法定假日的，以休假日之次日为期日（《民法典》第 203 条）。但是，如果当事人有特别约定的，依其约定。

3. 不确定期日的确定规则

假如以“月初”“月中”“月终”为期日的，分别应确定为该月的“第 1 日”“第 15 日”“该月的最后一日”。《德国民法典》第 192 条作了如此规定，我国《民法典》虽然没有明确规定，但我认为也应作相同的解释。

第三节　期间及确定规则

一、期间的概念与标示方法

期间，是指期日与期日之间的时间长度，如某年某月某日至某年某月某日。

期间的标示方法有两种：一为历法计算法；二为自然计算法。历法计算法是指依历法（非依农历）而为计算的方法。所称一日，是指午前 0 时到午后 12 时；所称一月，是指 1 日到末日；所称一年，是指 1 月 1 日至 12 月末日。月有大小，年有平润，均依历法规定。而所谓自然计算法，是指按实际时间精确计算的方法。所称一日，是指 24 小时；所称一月，是指 30 天，所称一年为 365 日。月不分大小，年不分平润，均依此标准计算。历法计算方法较为简便，

① 王泽鉴：《民法总则》，中国政法大学出版社 2001 年版，第 509 页。

但不甚精确；自然计算方法虽然精确，却不甚简便。[①]

对此问题，许多国家和地区的民法采取的方法为：若是连续计算的年月，则依历法计算；若非连续而是累加计算的，则适用自然计算法。如《德国民法典》第191条规定："某一时期以该时期无须连续经过的方式，按月或者年确定的，每月按30日计算；每年按365天计算。"

我国司法判例采取德国式的规定，《民通意见》第198条第1款曾规定："当事人约定的期间不是以月、年第一天起算的，一个月为三十日，一年为三百六十五日。"这种立法例表明：若是连续计算的，如"自1997年1月1日起两年内"，则以历法标示计算；若非连续计算的，如"累计旷课2个月"，或者"自合同签订之日起2个月内"，则用自然计算法。我国台湾地区"民法"规定：称月或者年者，依历计算。月或年，非连续计算者，每月为30天，每年为365天。

二、期间的确定规则

（一）期间的开始

1. 按小时计算期间的，从规定时开始计算（《民法典》第201条），如上午9点交付照片洗印，约定2小时后取，则应在11时时期间届满。

2. 规定按日、月、年计算期间的，开始的当日不计算在内，从次日开始（《民法典》第201条）。我国台湾地区"民法"也有相似的规定："一日未满之时间为一日，实为不当也。"[②] 例如，2005年3月10日订立合同，约定20日后交付货款，则3月10日当天不计算在内，应从3月11日起计算，至3月30日期间届满。

同时，如果期间开始于某一事实的发生，那么在计算期间时该事实发生的当天不计算在内。[③]

---

① 王泽鉴：《民法总则》，中国政法大学出版社2001年版，第510页。

② 王泽鉴：《民法总则》，中国政法大学出版社2001年版，第510页。

③ ［德］卡尔·拉伦茨：《德国民法通论》，王晓晔等译，法律出版社2003年版，第912页。

（二）期间的终结

1. 以日、星期、月或者年定期间者，以期间最后一日过去之日为期间的终止（《德国民法典》第 188 条）。所谓“最后一日过去之日”，即该期间最后一日的午夜 12 时。

我国《民法典》对此没有明文规定，但根据第 201 条的精神，应作相同的解释。

2. 以星期、月、季度、年确定的期间，则在最后星期、月、季度、年与起算日相当日的前一日终止时，为期间的末日。但在最后一日无相当者，以其月末最后一日终止时为期间末日（《德国民法典》第 188 条）。例如，A 与 B 约定 A 于 10 月 23 日起 2 个月内交货，则交货期间的届满应是 12 月 22 日午夜 12 时。若 A 与 B 约定自 12 月 31 日起 2 个月内交货，因 2 月无 31 日，则 2 月的最后一天终了时，期间届满。

我国《民法典》第 202 条规定：“按照年、月计算期间的，到期月的对应日为期间的最后一日；没有对应日的，月末日为期间的最后一日。”

（三）期间的延长

所谓期间的延长是指如果期间的最后一日恰逢法定节假日的，该期间于法定节假日结束后的次日终了时届满（《德国民法典》第 193 条、我国《民法典》第 203 条）。拉伦茨指出：法律的这种规定是考虑到依据商业习惯，在星期天和假日，现在也包括星期六，作出意思表示或者接受履行大多是不可能或者不合理的，因为这些天并不营业。[①]

（四）年龄的计算规则

在年龄的计算方法上，与上述规则略有不同。出生之日是计算在内的，即使出生的时间是一天的最后几分钟。因此，于 10 月 1 日出生的小孩于翌年 9 月 30 日结束之日为 1 周岁，而不管他出生在那天的什么时候。因此，所谓的

① ［德］卡尔 · 拉伦茨：《德国民法通论》，王晓晔等译，法律出版社 2003 年版，第 914 页。

生日并不是 1 周岁的结束，而是又 1 周岁的开始。[①] 法律这样规定的目的在于保护出生之人，使其一出生便成为具有权利能力的人。我国台湾地区“民法”还特别规定了推定：出生之月日，无从确定时，推定为 7 月 1 日出生。知其出生之月，而不知其出生之日者，推定其为该月 15 日出生。这种推定为取其中也。

（五）期间的逆算

所谓期间的逆算，是指期间自一定起算日溯及往前所为的计算，其期间的计算准用期间的顺算。例如，我国台湾地区“公司法”第 172 条规定，股东大会的召开应于 20 日前通知各股东，以逆算法，开会日为始日，不计算在内。假如股东大会开会日期为 3 月 27 日上午 9 时，则应以其前一日（3 月 26 日）为起算日，逆算至 20 天期间的末日（3 月 7 日）午前 0 时为期间的终止，则开会通知书最迟需要在 3 月 6 日寄送，始符合“应于 20 日前通知”的意旨。[②]

① ［德］卡尔·拉伦茨：《德国民法通论》，王晓晔等译，法律出版社 2003 年版，第 912—913 页。

② 王泽鉴：《民法总则》，中国政法大学出版社 2001 年版，第 512 页。